Volker Reinhardt

PONTIFEX

Volker Reinhardt

PONTIFEX
Die Geschichte der Päpste

Von Petrus bis Franziskus

C.H.Beck

1. Auflage. 2017
2., durchgesehene Auflage. 2018

Mit 109 Abbildungen und 4 Karten

3., aktualisierte Auflage. 2023

© Verlag C.H.Beck oHG, München 2017
www.chbeck.de
Umschlaggestaltung: Rothfos & Gabler, Hamburg
Umschlagabbildung: Diego Velázquez, Porträt von Papst Innozenz X.,
um 1650, Galleria Doria Pamphili, Rom. © akg-images
Satz: Janß GmbH, Pfungstadt
Druck und Bindung: Druckerei C.H.Beck, Nördlingen
Printed in Germany
ISBN Buch 978 3 406 70381 2
ISBN eBook 978 3 406 70382 9

Inhalt

Einleitung   13

1. Legenden, Uranfänge und erste Machtkämpfe
Von Petrus bis Eusebius (309/310)

Das Petrus-Problem   23
Schattenbeschwörung: Von Linus zu Eleutherus   28
Streit um Ostern und das Problem des Kaiserkults: Victor I.,
Zephyrinus, Calixtus I.   31
Das Problem der «Gefallenen»: Urban I., Pontian, Anterus,
Fabian, Cornelius, Lucius I.   35
Taufstreit und Autoritätskonflikte: Stephan I., Sixtus II.,
Dionysius   38
Meeresstille und unruhige Fahrt: Felix I., Eutychianus,
Caius, Marcellinus, Marcellus I., Eusebius   41

2. Die «Konstantinische Wende» und
der Weg zum doppelten Primat
Von Miltiades bis Johannes II. (311–535)

Toleranzedikt und Konzil: Miltiades, Silvester I.   45
Streit um ein Jota: Marcus, Julius I., Liberius   52
Der erste Papst: Damasus I.   57
Reichsverfall und Primatansprüche: Siricius, Anastasius I.,
Innozenz I.   63
Günstlingswirtschaft, Gnadenstreit, Grabenkämpfe:
Zosimus, Bonifaz I., Cölestin I., Sixtus III.   69

Inhalt

«Konsul Gottes»: Leo I. 79
Zwischen Arianern und Monophysiten: Hilarius, Simplicius,
Felix III. 87
Zwei Schwerter, ein Papst: Gelasius I. 93
Zwischen Goten und Kaisern: Anastasius II., Symmachus,
Hormisdas, Johannes I. 97
Streit um die Designation: Felix IV., Bonifaz II., Johannes II. . 104

3. Am langen Arm von Byzanz
Von Agapet I. bis Constantin (535–715)

Marionette und Märtyrer: Agapet I., Silverius, Vigilius . . . 111
Zwischen Langobarden und Byzanz: Pelagius I.,
Johannes III., Benedikt I., Pelagius II. 118
Schutzherr der Ewigen Stadt: Gregor I. 123
Blicke nach Westen: Sabinian, Bonifaz III., Bonifaz IV.,
Deusdedit, Bonifaz V. 132
Der Papst als Ketzer? Honorius I. 136
Gegen den Monotheletismus: Severinus, Johannes IV.,
Theodor I., Martin I., Eugen I., Vitalian 140
Ruhe vor dem Sturm: Adeodatus, Donus, Agatho, Leo II.,
Benedikt II., Johannes V. 145
Eiszeit und Beginn der Emanzipation: Konon, Sergius I.,
Johannes VI., Johannes VII., Sisinnius, Constantin 148

4. Der Weg nach Westen
Von Gregor II. bis Nikolaus I. (715–867)

Bilderkämpfe: Gregor II., Gregor III. 155
Die fränkische Wende: Zacharias, Stephan II. 159

Adelsherrschaft: Paul I., Stephan III. 167

Familienmacht und Nepotismus: Hadrian I. 172

Kaisermacher und Kirchenbauer: Leo III., Stephan IV.,
Paschalis I. 184

Symbolische Selbstbehauptung: Eugen II., Valentin,
Gregor IV., Sergius II. 193

Seeschlacht, Borgomauern und Reliquien: Leo IV. 197

Legenden und letzter Glanz: Benedikt III., Nikolaus I. 206

5. Silberstreifen an blutigen Horizonten
Von Hadrian II. bis Gregor VI. (867–1046)

Verbrechen an Lebenden und Toten: Hadrian II.,
Johannes VIII., Marinus I., Hadrian III., Stephan V. 211

Papst oder nicht Papst? Formosus, Bonifaz VI., Stephan VI.,
Romanus, Theodor II., Johannes IX., Benedikt IV., Leo V. . . 215

Mord und Geblütsheiligkeit: Sergius III., Anastasius III., Lando,
Johannes X., Leo VI., Stephan VII., Johannes XI. 219

Alberichs Päpste: Leo VII., Stephan VIII., Marinus II.,
Agapet II., Johannes XII. 226

Für und gegen Otto I.: Leo VIII., Benedikt V., Johannes XIII. . 231

Marionetten der Crescenzier: Benedikt VI., Benedikt VII.,
Johannes XIV., Johannes XV. 236

Träume von einem neuen Rom: Gregor V., Silvester II. . . . 239

Crescenzier-Päpste, neue Folge: Johannes XVII.,
Johannes XVIII., Sergius IV., Benedikt VIII., Johannes XIX. . 244

Drei sind zwei zu viel: Benedikt IX., Silvester III., Gregor VI. . 251

6. Kirchenreform und Hegemoniekämpfe
Von Clemens II. bis Cölestin III. (1046–1198)

Päpste von Kaisers Gnaden: Clemens II., Damasus II., Leo IX. . . . 259
Emanzipation vom Reich: Victor II., Stephan IX., Nikolaus II., Alexander II. 265
Radikalreform: Gregor VII. 274
Reformkurs und Kreuzzug: Victor III., Urban II. 283
Kämpfe mit dem Kaiser: Paschalis II. 288
Der Weg zum «Wormser Konkordat»: Gelasius II., Calixtus II. 294
Normannen und Schismatiker: Honorius II., Innozenz II. . . 299
Kämpfe um die Kommune: Cölestin II., Lucius II., Eugen III., Anastasius IV., Hadrian IV. 305
Kampf gegen Barbarossa: Alexander III. 311
Ketzerbekämpfung und staufische Umklammerung: Lucius III., Urban III., Gregor VIII., Clemens III., Cölestin III. 317

7. Der Kampf um die Vormacht
Von Innozenz III. bis Benedikt XI. (1198–1304)

Herr der Christenheit: Innozenz III. 327
Trügerische Harmonie: Honorius III. 339
Gegen den Antichrist: Gregor IX. 343
Erstes «Konklave» und finale Kämpfe gegen die Staufer: Cölestin IV., Innozenz IV., Alexander IV. 350
Für die Monarchie der Anjou: Urban IV., Clemens IV., Gregor X., Innozenz V., Hadrian V., Johannes XXI. 356
Bärchen an der Macht: Nikolaus III. 363
Zwischen Rom und Neapel: Martin IV., Honorius IV., Nikolaus IV. 367
Der Eremiten-Papst: Cölestin V. 373
Kleriker gegen Laien: Bonifaz VIII., Benedikt XI. 378

8. Umzug nach Avignon und Schisma
Von Clemens V. bis Gregor XII. (1305–1415)

An der Seite Philipps des Schönen: Clemens V. 389
Finanzgenie mit Tiara: Johannes XXII. 394
Müllerssohn und Minister: Benedikt XII., Clemens VI. . . . 399
Reform- und Rückkehrversuche: Innozenz VI., Urban V.,
Gregor XI. 406
Der Weg ins Schisma: Urban VI. 414
Neapel am Tiber: Bonifaz IX., Innozenz VII. 419
Ein Papst mit zwei Rivalen: Gregor XII. 423

9. Neuanfang, Renaissance-Kultur und Krise
Von Martin V. zu Paul III. (1417–1534)

Rom, süßes Rom: Martin V. 433
Triumph des langen Atems: Eugen IV. 442
Ausgleich im Westen, Katastrophe im Osten: Nikolaus V. . . 453
Türkenkrieg, Nepotismus und Personenkult: Calixtus III.
und Pius II. 463
Intermezzo mit Rufmord: Paul II. 475
Der entfesselte Franziskaner: Sixtus IV. 478
Atempause: Innozenz VIII. 489
Die Borgia an der Macht: Alexander VI. 492
Zurück in die 60er-Jahre – vorwärts ins Goldene Zeitalter:
Pius III., Julius II. 502
Genussmensch und Machtpolitiker: Leo X. 513
Schuldzuweisungen und Selbstzerfleischung: Hadrian VI. . . 522
Selbstzerstörung: Clemens VII. 527

10. Konzil, Reform und die Grenzen der Erneuerung
Von Paul III. bis Clemens VIII. (1534–1605)

Januskopf: Paul III.	537
Förderer des Frohsinns: Julius III.	550
Reform, milde und hart: Marcellus II. und Paul IV.	554
Rollentausch: Pius IV.	559
Radikalreform: Pius V.	564
Rekatholisierung und neue Zeitrechnung: Gregor XIII.	572
Banditenkrieg und Sternplan: Sixtus V.	582
Nachhall der Reform: Urban VII., Gregor XIV., Innozenz IX., Clemens VIII., Leo XI.	592

11. Nepotenherrlichkeit und barocke Prachtentfaltung
Von Paul V. bis Clemens X. (1605–1676)

Verflechtung und Ängstlichkeit: Paul V.	603
Aktives Intermezzo: Gregor XV.	612
Der Kosmos der Barberini: Urban VIII.	618
Die «Päpstin» und ihre Skandale: Innozenz X.	630
Den Sonnenkönig im Nacken: Alexander VII.	640
Maß und Maßlosigkeit: Clemens IX., Clemens X.	649

12. Wider den Geist der Zeit
Von Innozenz XI. bis Pius VI. (1676–1799)

Zweite Reform: Innozenz XI.	655
Rückfall und Fortsetzung: Alexander VIII., Innozenz XII.	663
Ohnmacht in Zeiten des Krieges: Clemens XI.	670

Schwach und aus alter Familie: Innozenz XIII., Benedikt XIII. 679
Vergreisung: Clemens XII. 689
Verjüngung: Benedikt XIV. 699
Venedig am Tiber: Clemens XIII. 708
Gegen die Jesuiten: Clemens XIV. 716
Nepoten und Jakobiner: Pius VI. 722
Zwischenspiel ohne Staat 737

13. Selbstabschließung und Sackgasse
Von Pius VII. bis Pius X. (1800–1914)

Napoleons Papst: Pius VII. 743
Restauration: Leo XII. 758
Kurze Öffnung, lange Isolation: Pius VIII., Gregor XVI. . . . 761
Flirt mit dem Risorgimento und die Revolution: Pius IX.,
1846–1849 771
Vorwärts ins Mittelalter: Pius IX., 1850–1870 776
Unfehlbarkeit und Gefangenschaft im Vatikan: Pius IX.,
1870–1878 791
Diplomatischer Schöngeist: Leo XIII. 799
Gegen Moderne und «Modernisten»: Pius X. 812

14. Schwankende Haltungen zur Gegenwart
Von Benedikt XV. bis Franziskus I. (1914 bis heute)

Zwischen den Fronten: Benedikt XV. 821
Mussolinis Papst: Pius XI. 826
Der letzte Papst im alten Stil: Pius XII. 836
Aufbruch in die Gegenwart: Johannes XXIII. 846

Inhalt

Das Konzil und die Folgen: Paul VI., Johannes Paul I. 851
Polen in Rom: Johannes Paul II. 860
Disziplin und Fürsorge: Benedikt XVI., Franziskus I. 866

Anhang

Karten 878
Liste der Päpste und Gegenpäpste 883
Literaturhinweise 888
Bibliographie 891
Bildnachweis 912
Personenregister 914

Einleitung

Staatsrechtlich ist der Papst heute ein letzter Restbestand Alteuropas: Er ist der einzige absolute, durch keine gesetzgebende Versammlung in seiner Gewaltenfülle eingeschränkte Herrscher des Kontinents. Gewiss, sein Staatsgebiet auf dem Vatikanischen Hügel ist das kleinste der Welt, doch das ändert nichts an dieser Ausnahmestellung. Seine Wahl vollzieht sich nicht demokratisch, sondern unter striktester Geheimhaltung in einem kleinen Kreis von etwa hundert Personen, deren Durchschnittsalter jenseits der in vielen Ländern üblichen Pensionsgrenze liegt. Nach offizieller Lesart kommt in der Kür eines neuen Papstes der Wille des Heiligen Geistes zum Ausdruck, der mit Gottvater und dessen Sohn Christus zusammen nach christlichem Verständnis die Trinität, die heilige Dreifaltigkeit, bildet. Dementsprechend wird der Papst als Heiliger Vater oder auch als Eure Heiligkeit angeredet, was beabsichtigte Missverständnisse zur Folge hat: Der regierende Papst kann nicht als Heiliger verehrt werden, weil man dafür tot sein muss. Eine Anwartschaft auf Heiligkeit scheint das Amt allerdings mit sich zu bringen. Immerhin hat mehr als ein Viertel der Päpste diesen Rang tatsächlich erreicht, die große Mehrheit allerdings in grauer Vorzeit, als dieser Aufstieg noch ohne die Hürden eines hoch formalisierten Prozesses bewältigt werden konnte. In neuester Zeit scheinen sich die Chancen der Päpste auf Heiligkeit allerdings rapide zu verbessern. Von den acht Päpsten, die zwischen 1904 und 2005 regierten, sind immerhin drei bereits heilig, weitere haben angeblich gute Chancen, dies demnächst zu werden oder zumindest die Vorstufe der Seligsprechung zu erklimmen.

Eine Ausnahmeerscheinung, die sich aus den Tiefen der Vergangenheit in die Gegenwart verirrt zu haben scheint, ist der Papst auch durch seine Multifunktionalität. Seine beiden ersten Titel lauten: Bischof von Rom und Stellvertreter Christi auf Erden. Das soll heißen, dass sein Amt nicht von dieser Welt ist, sondern von Gott selbst eingesetzt, und zwar so lange, wie die Geschichte dauert, nach christlichem Verständnis also bis zum Jüngsten

Gericht. An diesem Tag des Zorns geht die Zeit in die Ewigkeit über, und jeder Mensch wird gemäß seinen Taten sein Urteil empfangen: Himmel oder Hölle – mit Ausnahme der Heiligen, die der ewigen Seligkeit bereits teilhaftig sind. Die Position als Vikar des Gottessohnes bringt naturgemäß vielfältige Aufgaben mit sich. Nach päpstlicher Interpretation des Matthäus-Evangeliums, Kapitel 16, Verse 15 bis 19, hat Christus dem Apostel Petrus die alleinige Führung seiner Kirche anvertraut; deren «Verfassung» ist also ein für alle Mal als monarchisch festgeschrieben. Als Herren der Kirche beanspruchen die Päpste durch die Gnade Gottes die einzigartige Gabe, in den großen Fragen des Glaubens und der Sittenlehre unfehlbare Entscheidungen zu fällen. 1870 hat ihnen ein Konzil diese Irrtumslosigkeit bescheinigt; sie wurde daraufhin zum Dogma erhoben, an das jeder gute Katholik zu glauben hat.

Zu dieser ersten Vorherrschaft (Primat) über die Kirche gesellte sich früh der Anspruch auf eine zweite, nicht weniger umfassende Hoheit: Als Mittler zwischen Gott und Mensch weit über die Sphäre des rein Irdischen hinausgehoben, übt der Papst eine Aufsichts- und Korrekturfunktion über die Mächtigen der Christenheit aus. Manche Wortführer der päpstlichen Gewaltenfülle dehnten diese Hoheit sogar auf die «Ungläubigen» aus, also auf die Herrscher und Bewohner nichtchristlicher Weltgegenden. Gestützt auf diesen zweiten, moralisch-politischen Primat, haben Päpste früherer Zeiten Kaiser und Könige aus der Kirche ausgeschlossen, für abgesetzt erklärt und ihre Untertanen vom Treueeid entbunden.

Doch damit erschöpft sich das Amt eines Papstes noch keineswegs. Ein doppelter Herrschaftsanspruch von solcher Tragweite ließ sich nur durchsetzen, wenn die dafür nötigen politischen Voraussetzungen gegeben waren. Deren wichtigste lautete: Unabhängigkeit von weltlichen Herrschern durch die Verfügungsgewalt über ein eigenes Territorium. Diese Rolle als Herren Roms und seiner Umgebung haben die Päpste inoffiziell bereits in der Spätantike gespielt; seit dem 8. Jahrhundert sind sie allmählich, nicht ohne Widerstände und Rückschläge, zu Herrschern eines politischen Gebildes geworden, das als Besitz des heiligen Petrus galt und im Laufe der Jahrhunderte zum «Kirchenstaat» wurde. Als dieser am 20. September 1870 mit Waffengewalt erobert wurde und im Königreich Italien aufging, fühlten sich die Päpste um ein göttliches Recht betrogen; in den Lateranverträgen, die

Papst Pius XI. am 11. Februar 1929 mit dem faschistischen Italien schloss, gewannen sie dieses Recht und ihren Staat in den bis heute bestehenden Miniatur-Dimensionen zurück.

Zu diesen drei Seelen in einer Papstbrust kam lange Zeit eine vierte: der Papst als Haupt und Förderer eines Familienverbandes. Diese Rolle haben die Päpste vor allem vom 13. bis 18. Jahrhundert mit großer Leidenschaft und vollem Einsatz gespielt; zeitweise wurde so aus der wichtigsten Nebensache die alleinige Hauptsache, zum Beispiel unter Alexander VI. Borgia (1492–1503). Seit dem 19. Jahrhundert tritt der Nepotismus der Päpste stark zurück, doch Chefs eines persönlichen Umfelds und Netzwerks bleiben die Päpste bis heute. Sie haben eine lange Karriere innerhalb der Kirche hinter sich, ihren Aufstieg haben nützliche Freunde unterstützt, Feinde hingegen zu verhindern gesucht. Mit jedem Papst steigt daher eine neue Interessengruppe zur Macht auf; das schlägt sich in der Verteilung der Führungsämter und manchmal sogar in der Sprache nieder. Während des langen Pontifikats Johannes Pauls II. wurde vatikanischen Insidern zufolge das Polnische zur zweiten Amtssprache des Heiligen Stuhls, nach dem Lateinischen.

Als Ausnahme-Institution mit dem Anspruch auf eine doppelte Ausnahme-Macht trat das Papsttum früh in erbitterte Konkurrenz zu den etablierten Herrschern und Gewalten, die sich des Christentums als Staatsreligion, das heißt: als Instrument ihrer eigenen Herrschaft, zu bedienen suchten. Diesen langen Machtkampf konnten die Päpste nur bestehen und zeitweise sogar gewinnen, weil sie sich auf eine immer sorgfältiger und wortmächtiger ausgearbeitete Ideologie stützten, die die von ihnen angestrebte Machtstellung als Ausdruck des göttlichen Willens und zugleich als der Natur des Menschen angemessen und daher vernünftig verkündete. Gefährdet war ihre Position trotzdem. Der Herrschaftsanspruch der Päpste beruhte auf der Interpretation von Bibelstellen, war also abstrakt und angreifbar; umso dringender waren sie darauf angewiesen, die daraus abgeleitete Machtstellung eindrucksvoll zu veranschaulichen. Der Mensch glaubt, was er sieht: Dieser tiefen Einsicht in die Psyche und Beeinflussbarkeit des Homo sapiens folgend, haben die Päpste jahrhundertelang intensiver, kostspieliger und aufwendiger bauen, meißeln und malen lassen als alle anderen Herrscher Europas und sind so zu Pionieren moderner Propagandatechniken und Mediennutzung geworden. Ihr Ziel war es, ihre Hauptstadt Rom als

Sitz der höchsten Autorität auf Erden zu kennzeichnen: sichtbar, anfassbar, durchwanderbar. Auf diese Weise wurde Rom zu einem Kulturzentrum ohnegleichen, und der Vatikan mit der Peterskirche, der Sixtinischen Kapelle, dem Papstpalast und seinen Museen zu einem einzigartigen Kunst-Heiligtum. Diese Rolle als pulsierender Mittelpunkt innovativer Ideen und stilbildender Kunstwerke ist seit etwa 1800 ausgespielt; bezeichnend dafür ist, dass die nobel freskierten Borgia-Apartments im Vatikan heute ein Museum für modernen religiösen Kitsch beherbergen.

Gemäß seinem Selbstverständnis steht das Papsttum zugleich über der Geschichte und in der Geschichte. Metahistorisch, also übergeschichtlich, ist sein Anspruch auf göttliche Einsetzung und Unfehlbarkeit sowie die damit verbundene Mission bis ans Ende der Zeit. Historisch und damit dem Wandel unterworfen sind nach eigener Auslegung die Erscheinungsformen des Amts: seine Organisation, seine Behörden, sein Personal und dessen Lebensstil. Mit dieser Verwurzelung in der Zeit und im Menschlichen ist – wiederum nach eigener Anschauung – auch die Sündhaftigkeit verbunden, die die Natur des Menschen nach der Vertreibung aus dem Paradies befallen hat. So kann auch ein böser Mensch Papst werden, wenn der Heilige Geist die sündhafte Menschheit mit einem schlechten Oberhaupt der Kirche strafen will. Der Heiligkeit des Amtes und seiner Irrtumslosigkeit in den dogmatischen Grundfragen aber wird damit nach eigener Auffassung kein Jota fortgenommen. Mit dieser gedanklichen Hilfskonstruktion konnte es sich die mehr oder weniger offizielle Geschichtsschreibung der Kirche erlauben, auch die sogenannten «dunklen Jahrhunderte» des Papsttums mit der «Hurenherrschaft» Marozias und ähnliche Tiefpunkte nicht zu verschweigen. Nach jeder Talsohle verhalf der Herr den Päpsten zu neuem Aufstieg und stellte damit die Unzerstörbarkeit der Kirche unter Beweis – so lautete die Schlussfolgerung aus diesen Epochen des Niedergangs.

Damit erklärt sich, dass die Geschichte der Päpste schon immer mehr war als bloße Historiographie. Im Zeitalter der rivalisierenden Konfessionen zwischen 1550 und 1700 wurde sie zu einem theologischen Kampfplatz ersten Ranges. Lutherische Historiker, die gemeinsam das Monumentalwerk der «Magdeburger Centurien» verfassten, versuchten am Wirken der Nachfolger Petri zu zeigen, wie die vorbildliche Kirche der Uranfänge durch Macht- und Habgier der Päpste vom wahren Glauben abwich und Rom schließlich zum

Sitz des Antichrist, des Bösen auf Erden schlechthin, absank. Demgegenüber hob der Reformkatholik und spätere Kardinal Cesare Baronio am Beispiel der Päpste und ihrer Geschichte die göttlich garantierte Selbsterneuerungskraft der römischen Kirche und damit ihre Zukunftsfähigkeit hervor.

Dieser konfessionelle Gegensatz setzte sich in den repräsentativen Papstgeschichten des 19. Jahrhunderts mit alten und neuen Tönen fort. Als Protestant und Preuße verfasste Leopold Ranke 1832 bis 1836 sein Werk *Die römischen Päpste, ihre Kirche und ihr Staat im sechzehnten und siebzehnten Jahrhundert* aus einer doppelten Gegenposition. Gerade wegen dieses nationalen und weltanschaulichen Kontrasts wurde dieses Thema für ihn zu einer methodischen Probe aufs Exempel: Geschichte zu schreiben, wie sie wirklich gewesen war, ohne moralischen Zeigefinger, ohne Beimengung hochtrabender Geschichtsphilosophie, stattdessen ganz aus dem Geist der Zeit selbst geschöpft. Dieses anspruchsvolle Unterfangen, den eigenen Schlagschatten aus der Vergegenwärtigung der Vergangenheit so weit wie möglich herauszuhalten, gelang Ranke, wie er selbst wusste (und sagte), außergewöhnlich gut. Trotzdem ist sein weltanschaulicher Standpunkt allenthalben spürbar, und zwar so sehr, dass sich der katholische Konvertit Ludwig Pastor zu einem monumentalen Gegenwerk aufgerufen fühlte. Seine von 1879 bis 1928 verfasste *Geschichte der Päpste seit dem Ausgang des Mittelalters* behandelt nach einem weit ausholenden Rückblick die Zeit von Martin V. bis Pius VI., also von 1417 bis 1799. Das Werk beruht auf Quellen aus dem Vatikanischen Geheimarchiv, dem Archivio Segreto Vaticano, das Leo XIII. mit seinen älteren Beständen 1881, nicht zuletzt auf Drängen Pastors, für die Historiker geöffnet hatte. Pastors Papstgeschichte ist konfessionell eingebunden und macht auch kein Hehl daraus: Der doppelte päpstliche Primat ist von Gott eingesetzt, Papstgeschichte ist daher letztlich Heilsgeschichte. Gemäß diesen außerwissenschaftlichen Überzeugungen wird das Handeln der Päpste in der Geschichte so weit wie möglich gerechtfertigt und nicht selten beschönigt, doch ohne aus dieser theologisch-moralischen Perspektive peinliche Tatbestände zu verschweigen. So ist Pastors Werk trotz längst überholter Konzeptionen und Deutungen im Großen wie im Kleinen durch die Fülle des gesichteten Materials bis heute ein unerschöpflicher Steinbruch für alle Versuche, Papstgeschichte anders zu verstehen und darzustellen.

Im Geiste Pastors, allerdings in Polemik und Apologie deutlich zurückgenommen, nahm Franz Xaver Seppelt ab 1931 eine Geschichte der Päpste von den Anfängen bis zur Gegenwart in Angriff, die von seinem Schüler Georg Schwaiger weiter- und schließlich zu Ende geführt wurde. Obwohl im Ton moderater, steht auch sie ungebrochen in der Tradition des konfessionellen Wahrheitsbeweises. Das gilt auch für Johannes Hallers drei Jahre nach Seppelt begonnene Papstgeschichte, allerdings aus der protestantisch-konservativen Gegenposition, wie schon der Untertitel «Idee und Wirklichkeit» andeutet. Für Haller ist der Aufstieg des Bischofs von Rom zur Herrschaft über die Kirche und die Christenheit eine Geschichte des Abfalls von den urchristlichen Prinzipien, ganz so, wie es Flavius Illyricus und seine Mitstreiter der Magdeburger Centurien sahen, nur sehr viel verbindlicher in der Wortwahl und natürlich auf der Höhe neuer Quellenerschließungen.

Der alles beherrschende Gegensatz zwischen katholischen und protestantischen Standpunkten, Blickwinkeln, Zugängen und Urteilen durchzieht die Geschichte der Päpste bis heute, allerdings noch unterschwelliger, uneingestandener und damit unaufrichtiger und unwissenschaftlicher. Das zeigt sich zum Beispiel selbst in der 2000 erschienenen dreibändigen *Enciclopedia dei Papi*, die von dem renommierten Institut des Dizionario biografico in Rom organisiert wurde und deren einzelne Pontifikatsabrisse in der Regel von ausgewiesenen Fachleuten aus ganz Europa und damit aus unterschiedlichen historiographischen Traditionen stammen. Trotzdem treten Differenzen der Bewertung deutlich hervor; sie stechen zwischen katholischen und nicht-katholischen Sichtweisen hervor, doch sind auch nationale Einfärbungen pro und contra oft unübersehbar.

Eine Geschichte der Päpste ist somit eine Nagelprobe auf die Wissenschaftlichkeit der Geschichte. Nach offiziellem vatikanischem Amtsverständnis kann ein Papst als Stellvertreter Christi auf Erden nicht abgesetzt werden, weder von weltlichen Machthabern noch von Konzilien. Diese nicht historisch, sondern theologisch bestimmte Sicht der Vergangenheit hat Eingang in den offiziösen Katalog der Päpste im *Annuario Pontificio* gefunden. Nach dieser Zählung ist der regierende Papst Franziskus I. der 267. Bischof von Rom, Petrus eingeschlossen. Doch so einfach ist weder die Auflistung noch der ihr zugrunde liegende Sachverhalt. Für die Zeitgenossen war häufig nicht erkennbar, welcher Papst legitim und welcher nur «Gegenpapst» war. Besonders verzwickt, ja geradezu zum Verzweifeln unübersichtlich war die Lage 1378, als sich die Kirche für fast vierzig Jahre erst in zwei, dann sogar drei Päpste und ihre Gefolgschaften spaltete. Hier im Nachhinein über Rechtmäßigkeit oder Usurpation zu entscheiden, ist dogmatisch, aber nicht historisch. In diesem Buch wird ein Mittelweg eingeschlagen: Erzählabfolge und Überschriften orientieren sich der Übersichtlichkeit halber an den offiziell in ihrer Rechtmäßigkeit bestätigten Päpsten; zugleich wird darauf verwiesen, wie die Zeitgenossen diesen Sachverhalt sahen, welche Argumente sie in diesen Debatten anführten und warum die Kirche schließlich so und nicht anders entschied.

Auch das theologisch Undenkbare ist mehr als einmal verbürgte historische Wirklichkeit geworden: Päpste sind mehrfach auch ohne ihre vorherige oder nachträgliche Zustimmung abgesetzt worden. Nur durch ihre Zustimmung aber würde eine Absetzung zu einem legitimen Rücktritt, wie ihn Cölestin V. 1294 und Benedikt XVI. 2013 vollzogen haben. Darüber hinaus haben Päpste in Entscheidungen über Glaubensfragen nach dem Urteil ihrer Nachfolger und der Gesamtkirche nachweislich geirrt.

Eine Geschichte der Päpste lässt sich also als eine Geschichte des Glaubens und als eine Geschichte des Wissens schreiben, doch sollte man diese grundverschiedenen Gattungen tunlichst nicht miteinander vermengen. Noch weniger sollten sie in Konkurrenz zueinander treten. Als wissenschaftliche Darstellung der Papstgeschichte behandelt das vorliegende Buch alle Fragen des Glaubens als reine Ideen und Vorstellungen, nicht als Tatsachen. Auch wer mit der Geschichte der Päpste höhere, transzendente Wahrheiten verknüpft, sollte an dieser Beschränkung keinen Anstoß nehmen: Als Wissenschaft vom Menschen ist die Geschichte im Sinne Voltaires die Summe menschlicher Erfahrungen; das Übernatürliche hat darin als menschliche Vorstellung seinen Platz. Wer mehr darin sieht, möge, nachdem er die Fakten zur Kenntnis genommen hat, zur Theologie überwechseln.

Auf diese Weise tritt eine Geschichte der Päpste notwendigerweise auch gegen Mythen des Amtes, der Institution und der Personen an. Der Hauptmythos der Päpste ist die Unveränderlichkeit ihrer Geschichte in der Substanz. Als solcher hat er in anderthalb Jahrtausenden Eingang in zahllose Verlautbarungen gefunden, die sich alle in einem Punkt einig sind: Als Fels, auf den Christus seine Kirche bauen will, ist das Papsttum in seiner vollendeten Gestalt geschaffen und verharrt in dieser bis heute. Dass dem nicht so ist, haben die Historiker früh entdeckt: Keine andere Institution der Geschichte hat ihre eigene Geschichte so oft und so kreativ neu erfunden und einen so umfassenden und häufigen Gestaltwandel erlebt wie das Papsttum. Diese Arbeit an der eigenen Geschichte ist nicht als plumper Betrug abzutun. Die Päpste und ihre Ratgeber haben zu verschiedenen Zeiten Dokumente gefälscht, um die Unordnung der Welt zu beheben und diese wieder ins Lot zu bringen. Ihre Fälschungen waren für sie daher in Wirklichkeit Richtigstellungen eines falschen, schlimmer noch: schädlichen und Gott feindlichen Zustands von Staat und Gesellschaft und daher eine dem Herrn wohlgefällige Tat.

Als Herren der Christenheit, die nach eigener Einschätzung mit einem Fuß über der Erde und mit dem anderen auf ihr standen, mussten die Päpste Trennstriche ziehen: zwischen einer dem Wandel nicht unterworfenen Wahrheit und deren zeitbedingter und zeitgemäßer Einkleidung. Diese Grenzziehung ist das Grundproblem der Kirche bis heute: Was ist verzichtbar oder vielleicht sogar bloßer Ballast, was rührt an den Kern des Amtes und seiner Mission? Diese Unterscheidung vorzunehmen, ist jedem Papst aufs Neue aufgetragen; hier muss sich jeder Pontifikat neu positionieren. Daran, wie eng oder weit er diese Trennlinie zieht, wird er von der öffentlichen Meinung gemessen – nicht erst seit dem 20. Jahrhundert.

In dieser Wahrnehmung von außen ist eine Fülle von Missverständnissen angelegt. Wie weit ein Papst der Welt und ihren Forderungen nach «Modernität», «Zeitgemäßheit» und «Reformen» entgegenkommt, ist für ihn und die Kurie nur eine Frage des taktischen Ermessens und der Imagebildung; die uralte Substanz des Amtes mit seinem Anspruch auf doppelten Primat wird durch diese wechselnde Einkleidung in keiner Weise tangiert. Daher hat es auch nie einen «Papst der Aufklärung» – gängiges Klischee für Benedikt XIV. (1740–1758) – gegeben. Die Selbstgewissheit eines Voltaire, Hume oder Kant, die Welt ohne die Deutungshegemonie der Kirche und der Religion zu erklären, war und ist für alle Päpste bis heute unannehmbar, ja geradezu ein Merkmal des Bösen: Die Ratio hat ihren Platz, doch der Glaube vermittelt höhere Wahrheiten als der Verstand. Auch die so beliebte Gegenüberstellung von «progressiven» und «rückwärtsgewandten» Päpsten relativiert sich vor diesem Hintergrund beträchtlich. Man kann sie eingeschränkt aufrechterhalten, wenn man sie auf die Haltung zur Welt, auf mehr oder weniger Entgegenkommen gegenüber dem Zeitgeist und seinen Erscheinungsformen, reduziert. Dazu gehören auch die Staats- und Herrschaftsformen wie Monarchie oder Demokratie. Die Päpste haben erst seit Johannes XXIII., das heißt erst seit der Mitte des 20. Jahrhunderts, begonnen, sich mit der Demokratie auszusöhnen, nachdem sie diese wie den Liberalismus und die moderne Kultur lange Zeit als des Teufels verdammt hatten. Doch eine Anwendung demokratischer Prinzipien innerhalb der Kirche selbst kam und kommt für die Päpste deshalb noch lange nicht infrage; damit wäre in ihren Augen nicht die Form angepasst, sondern die Substanz zerstört.

Die vorliegende Geschichte will ein ganzheitliches Profil der Päpste und ihrer Pontifikate bieten. Dazu gehört eine Bestandsaufnahme ihrer Tätigkeiten in den Hauptfeldern der Kirchenherrschaft, der moralisch-politischen Aufsicht über die christlichen Herrscher, der Machtausübung in Rom und dem übrigen Kirchenstaat, des Nepotismus sowie der Mediennutzung und Propaganda im weitesten Sinne. Lokale, regionale, italienische, europäische und globale Gesichtspunkte sollen so in einer möglichst anschaulichen und behutsam erklärenden Erzählung miteinander verschmelzen, die nicht einem starren Schema folgt, sondern nach den jeweils hervorstechenden Aktivitäten, Problemstellungen und Strategien gewichtet.

In diesen Profilen ist von den Päpsten als «öffentlichen» Persönlichkeiten die Rede, nicht vom Menschlich-Allzumenschlichen, das sich dem Zugriff der Geschichtswissenschaft beharrlich entzieht. In einer Prälatenkarriere an der Kurie, wie sie die meisten Päpste vor ihrer Wahl durchlaufen haben, ist nichts privat. Welche Bücher ein Kardinal liest, nicht liest oder schreibt, mit wem er nützliche Allianzen schließt oder verfeindet ist, wie er wohnt, sich kleidet, welche Bilder er sammelt – all das ist öffentlich, wird gesehen und bewertet, ist also Inszenierung. Für diese Inszenierungen gibt es Grundmuster mit einem bestimmten Spielraum für individuelle Akzente, doch sind diese Freiräume begrenzt. Die Kurie ist früh eine höfische Gesellschaft, in der die Akteure Masken tragen. Der Historiker kann diese Inszenierungen beschreiben und deuten; das ist sogar seine wichtigste und schwierigste Aufgabe. In das «Wesen», das «Ich», das dahintersteht, hat er jedoch kaum je Einblick. Lobreden oder Abkanzelungen verbieten sich von selbst.

Das von dem altrömischen Historiker Cornelius Tacitus beschworene Ideal einer Geschichtsschreibung *sine ira et studio*, ohne Parteilichkeit und Parteinahme, verliert seine Gültigkeit als moralischer Imperativ auch dadurch nicht, dass es von seinem Erfinder und den meisten Historikern bis heute mit Füßen getreten wurde. Diesem Ideal fühlt sich der Verfasser weiterhin verpflichtet – im Wissen, dass es ein ebenso lichter wie ferner Horizont bleibt. Er hat selbst Jahrzehnte lang im Vatikanischen Archiv und zahlreichen weiteren römischen Archiven zur Geschichte der Päpste und Roms geforscht; diese Quellenstudien finden vor allem für die Zeit vom 15. bis 18. Jahrhundert in zentrale Aspekte der Darstellung Eingang. Darüber hinaus beruht die Darstellung auf einer Synthese des Forschungsstands, wie er sich gewissermaßen als Schnittmenge der wissenschaftlichen Literatur zum Thema ergibt. Welche Texte zu diesem Zweck herangezogen wurden, darüber gibt die Bibliographie Aufschluss; besonders wichtige Kontroversen der Forschung, die weitreichende Unterschiede in der Deutung wichtiger Fragen und Ereignisse zur Folge haben, werden in den Pontifikatserzählungen explizit erwähnt.

In solchen Kernpunkten wird auch aus besonders bedeutsamen Quellen zitiert, auf denen das Verständnis der Papstgeschichte letztlich beruht. Sie bestehen zum einen aus erzählenden Texten, die Vergangenheit bewusst überliefern wollen und daher immer auch standpunktabhängig, also «parteiisch» sind wie etwa die «offizielle» Papstgeschichte des *Liber pontificalis*, dessen Lebensabrisse seit der Antike fortgeführt wurden, sowie aus den Verlautbarungen der Päpste selbst, ihren Breven, Motuproprien, Bullen und Enzykliken. Dazu ist seit Ranke eine Fülle neuer Quellen hinzugekommen: Berichte der päpstlichen Nuntien und fremder Diplomaten, Memoiren, Tage- und Rechnungsbücher, Inschriften und archäologische Zeugnisse aller Art. Auf dieser Grundlage soll das vorliegende Buch die Leitmotive und Entwicklungslinien aufzeigen, die der Geschichte der Päpste ihre Einzigartigkeit verleihen: als Kampf um den Glauben, die Gewissen, die Seelen und damit um die Macht in ihrer höchsten und reinsten Potenz.

1.

Legenden, Uranfänge und erste Machtkämpfe

Von Petrus bis Eusebius (309/310)

Das Petrus-Problem

«Papa» wurden die Bischöfe von Rom seit dem 5. Jahrhundert genannt, sechshundert Jahre später gehörte ihnen diese Ehren-Bezeichnung allein. «Papst» in der vollen Wortbedeutung – das heißt: einschließlich der damit verbundenen Ansprüche auf alleinige Hoheit über die Kirche und die Herrscher der Christenheit – waren die Bischöfe von Rom frühestens seit der zweiten Hälfte des 4. Jahrhunderts, und zwar mit so herausragenden Gestalten wie Damasus I. und Leo I., dem Großen. Trotzdem setzt die vorliegende Geschichte der Päpste mit Petrus und seinen Nachfolgern ein, wie sie von späteren «Papstlisten» aufgeführt werden. Dieser Ansatz dient nicht dazu, eine so gar nicht vorhandene Kontinuität zu untermauern, sondern will die früh wuchernden Legendenbildungen um die ersten Päpste kritisch den dürren Fakten gegenüberstellen.

Von der Persönlichkeit des Fischers Petrus aus Bethsaida und seinem Wirken berichten ausschließlich Quellen des christlichen Glaubens, nämlich vor allem die vier Evangelien und die sogenannte Apostelgeschichte des Lukas, aber keine außerhalb dieser Zirkel stehenden Historiker. Als Zeugnisse einer religiösen Gemeinschaft sind diese Texte bemüht, so viel Übereinstimmung im Glauben wie möglich herzustellen; besonders wichtig ist ihnen, dass das Zeitalter des Heils angebrochen ist und die Wiederkehr Christi unmittelbar bevorsteht. An der Lebensgeschichte der Glaubenszeugen sind diese Quellen kaum interessiert: Das Ende der Zeiten naht, alles Menschlich-Allzumenschliche tritt dagegen in den Hintergrund. Eine Petrus-Biographie, die wissenschaftlichen Maßstäben standhält, lässt sich daher nicht schreiben. Gesichert ist immerhin, dass Petrus nach der Kreuzigung Jesu in Jerusalem zu einem Zwölfer-Gremium gehörte, das eine Art lockere Führungsstellung innerhalb der dortigen judenchristlichen Gemeinde innehatte, um das Jahr 43 vor Verfolgungen fliehen musste und danach in die mit großer Leidenschaft geführte Debatte verwickelt wurde, ob Heiden Aufnahme in die neue Glaubensgemeinschaft finden durften und als deren Glieder den mosaischen Gesetzen wie der Beschneidung und dem Verbot unreiner Nahrung unterworfen waren. In dieser Kontroverse stand Petrus nach Aussage der Apostelgeschichte von Anfang an auf der Seite des Paulus, der die vollständige Lösung von den Geboten der jüdischen Religion forderte und die neue Lehre damit universell zu machen suchte. Zeugnisse des Paulus selbst weisen stattdessen auf tiefgreifende Meinungsverschiedenheiten in dieser entscheidenden Frage hin.

Nach dem Jahr 48 verschwindet Petrus auch aus den zeitgenössischen Quellen des Glaubens; über seine spätere Tätigkeit und sein Ende haben sie nichts zu berichten. Kurz vor dem Ende des ersten Jahrhunderts tauchte dann erstmals die Erzählung auf, dass der Fischer aus Bethsaida unter Kaiser Nero in Rom das Martyrium erlitten habe, und zwar als Haupt der dortigen Christen-Gemeinde. Historische Beweiskraft hat diese Überlieferung nicht, zu starke Interessen waren von Anfang an mit dem Todesort des Apostels verbunden. Erst um 96 n. Chr. ist in einem Schreiben der römischen Christen an die Glaubensbrüder von Korinth davon die Rede, dass außer dem Heidenapostel Paulus auch Petrus am Tiber gewirkt und das Martyrium erlitten habe. Solche «Berichte» sind ein Kernstück der Strate-

gien, dem Bischof von Rom einen Vorrang der Ehre und Autorität in der
Kirche einzuräumen, und müssen daher mit der gebotenen Quellenkritik
gewichtet werden. So ist dem betreffenden Brief, der einige Jahrzehnte später
unter dem Namen des Papstes Clemens firmierte, nur zu entnehmen, dass
die römischen Christen Präsenz und Märtyrertod des Petrus für ihre Stadt
in Anspruch nahmen und damit eine bis heute ungebrochene Tradition begründeten. Die apostolische Gründung war nicht das einzige Argument, mit
dem dieser Primat untermauert werden sollte. Im Laufe der nächsten drei
Jahrhunderte kamen weitere «Beweisstücke» hinzu: Bibelstellen und ihre
Auslegung vor allem, doch wurden auch der angeblich immer schon vorhandene Glaube an diese Führungsstellung und die Bereitschaft, sich dieser
unterzuordnen, früh zu diesem Zweck herangezogen – die Herrschaft der
Päpste beruht in hohem Maße auf ihrer selbst konstruierten Geschichte.
Wie sich die Idee des päpstlichen Primats entfaltete und entwickelte, wird
als zentrales Element der Papst- und Kirchengeschichte bei der Darstellung
der einzelnen Pontifikate eingehend nachgezeichnet.

In wissenschaftsgläubigen Zeiten reichten die späten Textstellen, die vom
Wirken des Petrus in Rom kündeten, als historische Belege nicht mehr aus.
«Harte» Disziplinen wie die Archäologie sollten daher im 20. Jahrhundert
bestätigen, dass der Apostel tatsächlich in Rom gestorben sei und sein Grab
sich unter dem Petersdom befinde. Dort wurde zwar eine antike Totenstadt
von beträchtlichen Dimensionen ausgegraben, in der ein nicht mehr auffindbares Grab offenbar als Ausrichtungspunkt für andere Bestattungen
diente und ab etwa 150 besondere Verehrung genoss. Als Beweis für die
letzte Ruhestätte des Petrus kann es jedoch nicht dienen. Auch der Kult, der
sich seit der Mitte des 2. Jahrhunderts um den *mons Vaticanus* und die dort
324 von Kaiser Constantin errichtete Basilika entfaltete, zeugt nur von einer
alten Tradition, nicht von historischen Fakten.

Seinen Platz kann Petrus am Beginn einer Geschichte der Päpste unter
bestimmten Voraussetzungen trotzdem finden, nämlich dann, wenn er
nicht für eine reale, sondern für eine imaginäre Kontinuität steht. Diese
fiktive Bruchlosigkeit, die sich seit dem 5. Jahrhundert in den bis heute beliebten Porträtgalerien «von Petrus bis heute» niederschlägt, ist ein geschichtsmächtiges Motiv ersten Ranges. Der mit großer propagandistischer
Kunst von Rom aus verbreitete Glaube, dass die doppelte Führungsstellung

des Papstes in der Kirche und über alle Herrscher der Christenheit von Anfang an Bestand hatte, ist ein ideologischer Stützpfeiler der päpstlichen Machtstellung bis heute. Daran ändert nichts, dass rein wissenschaftlich betrachtet das Gegenteil wahr ist.

Unter den Quellen des Glaubens gewannen die im Matthäus-Evangelium (Kapitel 16,17–19) verzeichneten Worte Christi an Petrus ausschlaggebende Bedeutung. Aus gutem Grund sind sie im Inneren von Michelangelos Petersdom-Kuppel in riesenhaften Lettern verewigt: «Du bist Petrus, und auf diesen Felsen werde ich meine Kirche bauen, und die Pforten der Hölle werden sie nicht überwinden. Ich werde dir die Schlüssel des himmlischen Reichs geben. Und alles, was du auf Erden binden wirst, wird auch im Himmel gebunden sein, und alles, was du auf Erden lösen wirst, wird auch im Himmel gelöst sein.» Diese Verheißung, die zum Auftrag wird, ist in knapp zweitausend Jahren immer wieder kontrovers gedeutet worden. Für den 258 gestorbenen heiligen Cyprian wurde sie in der Person des Petrus allen Aposteln gemeinsam zuteil und ging danach an die Bischöfe in ihrer Gesamtheit über; Cyprian war selbst Bischof von Karthago, begründete mit dieser Interpretation also Würde und Autorität seines eigenen Amtes. Für diese Auslegung ließen sich zudem weitere Bibelstellen, zum Beispiel im Johannes-Evangelium Kapitel 20, Vers 23 heranziehen. Im 14. und 15. Jahrhundert hatten solche «kollektiven» Deutungen der Schlüsselgewalts-Verleihung erneut Hochkonjunktur; in einer von inneren Zwistigkeiten zerrissenen Kirche versuchten die Kardinäle, ihre korporative Führung der Kirche dadurch zu untermauern. In der Zeit des Großen Schismas von 1378 wurden die Verse des Matthäus-Evangeliums sogar als Rechtfertigung für die Oberhoheit des Konzils gedeutet – Petrus stand jetzt für die Kirche in ihrer Gesamtheit, die dem Papst nur noch eingeschränkte Kompetenzen auf Widerruf übertrug. Von der Interpretation der Matthäus-Verse hing somit die Stellung zu den Päpsten ab. So prägte die Stellung zu den Päpsten die Interpretation der Verse. Wer ihren Ansprüchen spektisch gegenüberstand, tendierte dazu, ihnen einen übertragenen Sinn zu unterlegen. Für die «Papalisten», die dem Papst unbegrenzte Vollmachten zuschrieben, war der *sensus litteralis*, die wörtliche Bedeutung, hingegen sonnenklar und für die Organisation der Kirche verpflichtend. Protestantische Kirchenhistoriker des 19. und frühen 20. Jahrhunderts begründeten ihre kritische Sicht mit der Überlieferungsgeschichte. Das Matthäus-Evangelium war etwa vierzig Jahre nach der Kreuzigung Christi entstanden, also keine wirklich zeitgenössische Quelle; so schien manches dafür zu sprechen, dass die ominöse Rede noch später eingefügt worden sei. Hatten die Päpste im Lauf der Geschichte nicht nachweislich zahlreiche Dokumente gefälscht, die ihre Machtstellung begründen sollten? Aufgrund der Überlieferungslage ist die «Einschubtheorie» heute verblasst, doch darüber, was das «Tu es Petrus», das vertont sinnigerweise zur Papsthymne geworden ist, bedeutet, besteht bis heute zwischen Katholiken und Nicht-Katholiken keine Übereinstimmung.

Die Gegner des römischen Primats waren von Anfang an die führenden Bischöfe im Osten des Römischen Reiches, also in Konstantinopel, Jerusalem, Antiochia, Alexandria und Karthago. Über den Gegensatz zu Paulus hinaus erscheint Petrus in den Evangelien keineswegs als prädestinierter Stellvertreter des Erlösers; dafür käme eher dessen Lieblingsjünger Johannes infrage, dessen Loyalität zum Herrn jederzeit außer Zweifel steht. Petrus aber verleugnet Jesus, wie von diesem geweissagt, dreimal. Ja, in einer späteren Legende will er sogar vor dem Martyrium aus Rom fliehen und lässt sich erst kreuzigen – aus Demut mit dem Kopf nach unten –, als ihm Christus mahnend erscheint. Für ihn sprachen die vielfach bezeugte Liebe zu Christus, den er mit dem Schwert in der Hand verteidigt, und der Märtyrertod. Von den beiden «Petrusbriefen» des Neuen Testaments stammt der zweite aus dem 2. Jahrhundert, der erste dürfte aus der Zeit Kaiser Domitians (85–96) stammen. Besonders populär wurde der Petrus-Kult unter den germanischen Völkern im Norden und Westen Europas, denen sich die Päpste mit der allmählichen Ablösung von Byzanz ab dem 7. Jahrhundert zuwandten.

Ansätze einer christlichen Gemeindebildung lassen sich unter den zahlreichen Juden in Rom – Schätzungen gehen von bis zu 50 000 Personen mit einem Dutzend Synagogen aus – ab den vierziger Jahren des 1. Jahrhunderts erkennen, also mindestens ein Jahrzehnt, bevor nach dem Bericht der Apostelgeschichte Paulus nach Rom gebracht wurde, um dort als römischer Bürger vom Kaiser sein Urteil zu empfangen. Von einem Zusammentreffen, geschweige denn einem Zusammenwirken mit Petrus ist in seinen Briefen jedoch nicht die Rede. Das legt den Schluss nahe, dass bis zur Mitte der fünfziger Jahre von einer Präsenz des angeblich «ersten Bischofs von Rom» am Tiber nicht die Rede sein kann. Auch das Amt, das der Fischer aus Bethsaida innegehabt haben soll, gab es noch nicht. Aus Quellen, die um das Jahr 100 entstanden, lässt sich vielmehr entnehmen, dass die römische Gemeinde kein klar definiertes Oberhaupt besaß, sondern als ganze agierte und wahrgenommen wurde. Allenfalls ist von einfachen Aufgaben- und Funktionsteilungen auszugehen: Charismatische Prediger waren für die Verkündigung und Deutung des Wortes, Diakone für die Organisation von Gottesdienst und Mildtätigkeit zuständig. Die Dokumente dieser frühesten Zeit, vor allem der sogenannte «Clemensbrief», deuten darauf hin, dass sich zumindest der innere Kern der Gemeinde aus philosophisch gebildeten und sozial höherstehenden Personen rekrutierte.

Schattenbeschwörung: Von Linus zu Eleutherus

Seit der zweiten Hälfte des 2. Jahrhunderts zeichnen sich Symptome des Wandels ab, wie sie für die meisten Religions- und Kirchenbildungen typisch sind. Im Zuge einer «Professionalisierung» des religiösen Gemeinschaftslebens hoben sich Amtsträger zunehmend von den übrigen Gläubigen ab. An der Spitze dieser «Kleriker» (vom griechischen Wort *kleros* für das Los, also: die durch den göttlichen Willen Berufenen) stand der Bischof (*episkopos*, von *episkopein* = leiten, beaufsichtigen). Dieser war für die Ausgestaltung von Kulthandlungen, die Aufnahme neuer Mitglieder durch die Taufe sowie die Kontrolle von Leben und Lehre der Gläubigen verantwortlich und traf sich bei Fragen von übergeordnetem Interesse mit seinen Kollegen auf «Synoden» (Zusammenkünften). Beim Gottesdienst gingen den *episkopoi* die *presbyter*, die «Ältesten», in Verwaltung und Sozialfürsorge die Diakone zur Hand. An die Stelle charismatischer Führungspersönlichkeiten, die ihre Eingebungen und Visionen spontan mitteilten, traten Geistliche mit fest umrissenen Kompetenzen und Aufgaben; aus der lose verfugten Gemeinschaft der Gläubigen wurde so eine Kirche, im Osten des Reichs früher als in den westlichen Provinzen. Eng verbunden mit dieser ersten Stufe der administrativen Verfestigung und Hierarchiebildung war die Eingrenzung eines Kanons der allgemein verbindlichen heiligen Texte und der Kampf gegen diejenigen, die von der dadurch festgelegten Lehre abwichen. Das waren schon zu Beginn des 3. Jahrhunderts nicht wenige; ein Katalog dieser «Häresien» (Abweichungen) kommt auf mehr als dreißig solcher «Irrlehren». Zur institutionellen Konsolidierung der frühen Kirche gehörte auch der Kult der Glaubenshelden beiderlei Geschlechts, die ihre Treue zu Christus mit ihrem Blut besiegelt hatten. Um die Erinnerung an ihre Standfestigkeit wachzuhalten, zur Nachahmung anzuspornen und die Kirche dadurch zu adeln, wurden die Stätten ihres Martyriums gekennzeichnet und für pietätvolle Besuche eingerichtet; schon zu diesem frühen Zeitpunkt ging es also um sichtbare Nachweise von Kontinuität und lebendiger Tradition. Zum selben Zweck wurden Listen von wichtigen Amtsinhabern erstellt, die die Bruchlosigkeit von Aufgaben, Rang und Würdigkeit belegen sollten.

Diesen Zweck erfüllte für Rom die sogenannte «Papstliste» des heiligen Irenäus von Lyon (etwa 130–200) aus Kleinasien, die älteste und wichtigste Quelle für die Frühgeschichte der römischen Gemeinde. Für den griechischen Kleriker, der als Bischof im südlichen Frankreich amtierte, waren die Bischöfe in den wichtigsten Städten des Reichs von den Aposteln selbst eingesetzt und mit einer speziellen Lehrbefugnis ausgestattet worden. «Da es aber allzu umständlich wäre, in diesem Buch die Nachfolgeserien sämtlicher Kirchen aufzuführen, begnügen wir uns damit, für die besonders große, altehrwürdige und überall bekannte römische Kirche die Tradition, welche sie durch die Apostel besitzt, und den Glauben, den sie die Menschen öffentlich gelehrt hat und wie er durch die Nachfolge der Bischöfe auf uns gelangt ist, darzulegen» (Iräneus von Lyon, Adversus haereses III, 3, 1–2) – so begründet der Kirchenlehrer aus Smyrna seine Auflistung der römischen Bischöfe. Diese besitzen so viel Autorität, dass die anderen Kirchen mit ihrer Lehre übereinstimmen müssen, doch eine Rechtshoheit über die anderen Kirchen kommt ihnen dadurch nicht zu.

So wurde durch die Rückübertragung der Gegenwart in eine andersartige Vergangenheit für die Bischöfe von Rom eine lückenlose «Ahnenreihe» erstellt: Auf Petrus folgte Linus, auf Linus Cletus (auch Anacletus genannt), auf Cletus Clemens I. Sie alle sind bloße Namen ohne gesicherte Daten oder gar Taten. Für spätere Legendenbildungen und Amtsansprüche am ergiebigsten erwies sich Clemens, der es bis heute auf dreizehn Namensnachfolger brachte. Ihm schrieb Irenäus noch Kontakte mit den Aposteln und den Brief an die Christen von Korinth zu, unter denen es zu gotteslästerlichen Unruhen der Unfriedfertigen und Neidischen gekommen war.

Zweck des Schreibens war die Wiederherstellung der Ordnung durch Rückbesinnung auf die christliche Lehre und philosophische Wahrheiten, aber auch durch die Ausweisung der Rädelsführer. Verfasst wurde die Epistel im Namen der römischen Gemeinde, deren Rang durch die Aktivitäten der Apostel Petrus und Paulus am Tiber begründet wurde. Ein Haupt dieser Gemeinde aber wurde bezeichnenderweise nicht genannt; erst recht beanspruchte sie keine Weisungsbefugnis oder gar eine Rechtsprechungshoheit, wie sie spätere Päpste aus diesem «Clemensbrief» abzuleiten versuchten. Stattdessen gehört er zur Gattung brüderlicher Mahnschreiben, wie sie zwischen den Gemeinden der Zeit häufiger ausgetauscht wurden. Eine solche Aufforderung zu Frieden und Eintracht setzte voraus, dass auf der Seite der Schreibenden ein beträchtliches Maß an Autorität eingefordert und von den Adressaten auch akzeptiert wurde. Das war hier offensichtlich der Fall. Nach der Eroberung Jerusalems durch Titus im Jahre 70 hatte es mit der Führungsstellung der dortigen Gemeinde ein Ende. Als Mittelpunkt des Imperiums kam Rom, unter dessen Herrschaft der Erlöser geboren wurde, ohnehin eine Bedeutung zu, die für die Christen durch das Wirken der beiden höchsten Apostel am Tiber weiter gesteigert wurde. Doch solche apostolischen Stiftungen nahmen auch andere Gemeinden wie Alexandria, Antiochia, Karthago und Konstantinopel für sich in Anspruch; aus solchen Gründungsmythen ließen sich keine Rechte, wohl aber Würde und Anspruch auf Gehör ableiten.

Schemenhaft und nur als Projektionsflächen späterer Zeiten bedeutend blieben auch die folgenden neun «Pontifikate» auf der Liste des Irenäus von Lyon. Demnach folgten auf Clemens die römischen Bischöfe Evaristus, Alexander, Sixtus, Telesphorus, Hyginus, Pius, Anicetus, Soter und Eleutherus, die – mit im einzelnen unsicheren Datierungen – den Zeitraum von etwa 97 bis etwa 189 abdecken. Ihre Namen zeigen an, wie stark zu dieser Zeit der griechische Einfluss am Tiber war.

Streit um Ostern und das Problem des Kaiserkults: Victor I., Zephyrinus, Calixtus I.

Für Viktor, den Nachfolger des Eleutherus als Vorsteher der römischen Gemeinde, ist immerhin ein Konflikt mit bezeichnendem Verlauf und Ausgang sicher bezeugt. Dabei ging es rein theologisch betrachtet um eine Nebensächlichkeit, die jedoch für die Einheit des Kultes und damit für den Zusammenhalt der Kirche große Bedeutung hatte, nämlich um das richtige Datum des Osterfests. Diesen höchsten Feiertag begingen die Kirchen Kleinasiens am vierzehnten Tag nach dem ersten Neumond im Frühling und damit in der jüdischen Tradition des Pessachfestes, während überall sonst erst der Sonntag danach als Ostertermin galt.

Letztere Praxis schrieb Viktor verbindlich vor und exkommunizierte nach dem Bericht des Kirchenhistorikers Eusebios von Cäsarea (etwa 265–339) alle Gemeinden, die sich dieser Order nicht fügten; nach anderen Quellen begnügte er sich damit, die Wortführer der Opposition aus der Gemeinschaft der Gläubigen auszuschließen. Eusebios merkt dazu an, dass dieser römische Machtspruch nicht unwidersprochen geblieben sei. Vor allem Irenäus von Lyon habe das Recht der kleinasiatischen Kirchen betont, mit ihren gewohnten Bräuchen fortzufahren. Eusebios sah dieses Recht in den Zugeständnissen von Viktors Vorgängern begründet. Auf diese Weise sprach er dem römischen Bischof die Kompetenz zu dieser harten Strafmaßnahme in diesem besonderen Einzelfall zwar ab, doch schrieb er ihm in Lehrentscheidungen grundsätzlich hohe Autorität zu; das war ein untrügliches Indiz dafür, wie sehr sich Ansehen und Durchsetzungsvermögen des römischen Bischofs bis zum ersten Viertel des 4. Jahrhunderts verstärkt hatten.

Der tatsächliche Machtspielraum Viktors erwies sich demgegenüber als deutlich beschränkter. Er konnte zwar eine Synode der kleinasiatischen Bischöfe einberufen, doch seinen Standpunkt in Sachen Ostertermin machte sich diese Versammlung nicht zu Eigen. So wirft die Episode ein Schlaglicht auf die Bestrebungen der römischen Bischöfe, sich einen Vorrang innerhalb der Kirche zu sichern, der über den Ehrenplatz eines *primus inter pares* deutlich hinausging, und auf die Widerstände, die einer solchen Vorrangstellung weiterhin entgegengebracht wurden.

Legenden, Uranfänge und erste Machtkämpfe

Die lange Amtszeit seines Nachfolgers Zephyrinus eröffnet tiefe Einblicke anderer Art: Sie zeigt, wie heillos zerstritten die Führung der römischen Gemeinde durch persönliche Feindschaften und theologische Kontroversen um 200 war. So wird Zephyrinus in einer zeitgenössischen Kampfschrift des Presbyters Hippolyt, der häufig mit dem Heiligen desselben Namens gleichgesetzt wurde, als unwissendes, ungebildetes, unerfahrenes und willenloses Werkzeug des Diakons Calixtus abqualifiziert, der von 217 bis 222 als sein Nachfolger amtierte. Dahinter stand ein Streit zwischen «Fundamentalisten» und «Realisten», in dem Calixtus wie sein Vorgänger der Schwäche der menschlichen Natur mehr Verständnis entgegenbrachte, als es nach Meinung seines Gegenspielers Hippolyt von Christus und der alten Kirche erlaubt war. So reduzierte Calixtus die Zahl der Verstöße, die die Exkommunikation nach sich zogen, beträchtlich, behielt sich überdies das Recht vor, die Schuldigen von solchen «Todsünden» freizusprechen, und begründete dieses Privileg mit der Lehrhoheit der römischen Kirche – auch das war ein Schritt, der weit in die Zukunft wies. Der Bischof von Rom hat die Weisungsbefugnis für die gesamte Kirche: Diese Botschaft widersprach dem individuellen und korporativen Selbstverständnis der Bischöfe, die im Laufe des 3. Jahrhunderts in den größeren Städten des Reiches die Führung der Kirche an sich zogen und ihre Amtsgewalt nach dem Vorbild der römischen

Würdig, bärtig, alt und zugleich alterslos. Die im 5. Jahrhundert einsetzenden Darstellungen der Päpste in der Basilika San Paolo fuori le mura sind keine Porträts, sondern Zeugnisse eines Amtsverständnisses, das auf göttlicher Einsetzung und bruchloser Kontinuität beruht. Hier die Medaillons von Zephyrinus und Calixtus I.

Magistrate als Herrschaft (*imperium*) mit der dazugehörigen Zwangsgewalt auffassten. Der Bischof verkörpert die Kirche, wer ihm nicht gehorcht, steht außerhalb der Glaubensgemeinschaft: Gegen solche Lehrsätze, wie sie der Bischof Cyprian von Karthago um die Mitte des 3. Jahrhunderts verkündete, hatten Calixtus und seine Nachfolger mit ihren Versuchen, die Autorität des römischen Stuhls hervorzuheben, weiterhin einen schweren Stand.

Die hierarchische Organisation der Kirche war aus der politischen Erfahrung des Imperiums hervorgegangen und orientierte sich mit ihren Grundsätzen an dessen Aufbau. Paulus hatte im dreizehnten Kapitel seines Briefs an die Römer ein für alle Mal eingeschärft, dass auch die weltliche Gewalt von Gott sei. Gute Christen beteten daher für den Kaiser, der den Frieden auf einer Welt erhalten sollte, die sie selbst nur als eine kurze Durchgangsstation zur ewigen Seligkeit im Paradies ansahen. Die rote Linie, die ihnen ihr Glaube zu überschreiten verbot, bestand in der Teilnahme am Kaiserkult, der sich in den schweren Krisen des 3. Jahrhunderts stetig intensivierte. Durch ihre Weigerung, den alten Göttern zum Heil des Herrschers Opfer darzubringen, zogen sich die Christen die Verurteilung als Verbrecher zu; Christ zu sein wurde schon seit der Zeit Kaiser Trajans (98–117) ein fester Straftatbestand. Eine systematische oder gar flächendeckende Verfolgung entsprang dieser juristischen Festlegung jedoch vorerst nicht. Trajan selbst verfügte, dass Prozesse gegen Christen nicht pauschal, sondern nur individuell, aufgrund persönlicher Anzeige, zu führen seien. Dabei stand dem Beschuldigten stets der Ausweg offen, Reue zu zeigen, dem Kaiser zu opfern und auf diese Weise wieder in die Gemeinschaft der loyalen Bürger des Imperiums aufgenommen zu werden, selbst wenn er der Zugehörigkeit zu einer christlichen Gemeinde überführt war.

In größerer Zahl fanden solche Prozesse nur in Notzeiten statt, wenn die verängstigte Menge Sündenböcke suchte und bei den Christen als Störer des öffentlichen Heils fündig wurde. Prädestiniert für diese Rolle waren sie durch ihren asketischen Lebensstil, der von ihren Nachbarn als Arroganz und Vorwurf zugleich ausgelegt wurde, und durch das Mysterium einer Religion, die einen ans Kreuz geschlagenen Staatsverbrecher als Gott verehrte. Menschen, die einem solchen Aberglauben huldigten, trauten ihre Mitbürger das Schlimmste zu, umso mehr, als sie ihre Riten häufig im Verborgenen vollzogen; Berichte von unerhörten Ausschweifungen in düsteren Katakomben machten regelmäßig die Runde und spornten zum Vorgehen gegen die Feinde der Götter und des Menschengeschlechts an. Im Gegensatz zur jüdischen Religion, die sich ähnlichen Vorwürfen ausgesetzt sah, war der Glaube der Christen neu und daher nicht von der Macht der Tradition geschützt, sondern als Verstoß gegen die Sitten der Vorfahren missliebig und daher verdächtig.

Christus hatte von seinen Jüngern eine Loyalität gefordert, die die natürlichen Bindungen des Menschen überstieg und im Konfliktfall sogar zerriss: Vor die Wahl gestellt, ob sie der Familie, ihren Freunden, Protektoren und dem Kaiser ergeben sein sollten oder Christus und seinen Geboten allein, mussten sie sich aus Treue zu ihrem Gott für einen Weg entscheiden, der aus allen Geborgenheiten der Gesellschaft und der Korporation herausführte und im schlimmsten Fall direkt ins Martyrium mündete. Diese heroische Überwindung der natürlichen Ängste und Instinkte fiel vielen umso schwerer, als ein einfaches Lippenbekenntnis zur Rettung reichte. Die große Frage war, wie die Gemeinde mit Mitgliedern umgehen sollte, die in Zeiten der Verfolgung auch in religiöser Hinsicht dem Kaiser gegeben hatten, was dieser von ihnen verlangte. Sollte man ihnen ihre Schwäche im Geiste brüderlicher Großherzigkeit verzeihen – oder mussten sie als Gefallene (*lapsi*) für immer außerhalb der Gemeinschaft des Heils verharren?

Mit seiner Bereitschaft, den Bedürfnissen der einfachen Gläubigen so weit wie möglich entgegenzukommen, stand Calixtus für eine nachgiebige Haltung, die naturgemäß großen Anklang fand; mit seinem Verständnis für das Menschlich-Allzumenschliche hatte er gegen die Opposition Hippolyts und seiner Anhänger durchschlagenden Erfolg. Zu dieser Beliebtheit trug die in großem Stil organisierte Versorgung der Armen wesentlich bei; finanziert wurde sie aus den reichen Erträgen, die aus den immer umfangreicheren Gütern der römischen Kirche flossen. Hippolyts Widerstand gegen diesen populären Kurs war zwar mit großem theologischem Scharfsinn begründet, doch fand er innerhalb der römischen Gemeinde kaum Widerhall; vom «Gegenpontifikat» des ersten «Gegenpapstes» der Geschichte kann daher keine Rede sein. Wie alle römischen Bischöfe bis zum Ende des 5. Jahrhunderts (mit der einzigen Ausnahme des Liberius) wurde auch Calixtus als Heiliger verehrt. Im Gegensatz zu manchen seiner Vorgänger gilt sein Märtyrertod als gesichert.

Das Problem der «Gefallenen»: Urban I., Pontian, Anterus, Fabian, Cornelius, Lucius I.

Für Urban I., der von 222 bis 230 als Bischof von Rom amtierte, liegen keine gesicherten Nachrichten vor, wohl aber für dessen Nachfolger Pontian, der während der Verfolgungen unter Kaiser Maximinus Thrax 235 zur Zwangsarbeit in einem Bergwerk Sardiniens verurteilt wurde, was einem Todesurteil gleichkam. Vor seiner Deportation designierte er einen Griechen namens Anterus zum Nachfolger, der nach vierzig Tagen ebenfalls das Martyrium erlitt. Schattenhaft bleibt auch die Gestalt des Fabian, der nach späteren Quellen die Organisation der römischen Kirche durch die Aufteilung in Diakoniebezirke und durch die Anlage zahlreicher Friedhöfe vorangetrieben haben soll. Für solche administrativen Tätigkeiten standen die Zeichen unter den Kaisern Gordian III. und Philippus Arabs einige Jahre lang günstig, da diese die Verfolgungsedikte ihres Vorgängers nicht mehr anwandten. Die schroffe Wende erfolgte 249 unter Kaiser Decius, der seine Stellung in Zeiten äußerer Gefährdungen und innerer Schwäche durch einen forcierten Kaiserkult zu stärken versuchte; so wurden alle Bewohner des Imperiums dazu verpflichtet, vor der Statue oder Büste des Imperators ihr Opfer darzubringen. Decius wurde dadurch für die Christen zum Urbild des heidnischen Tyrannen, der mit seiner Grausamkeit zahlreiche Martyrien verursachte. Zu diesen Blutzeugen gehörte im Januar 250 auch Fabian.

So standhaft wie der römische Bischof waren nicht alle Gläubigen geblieben. Die Problematik der *lapsi* drohte die Gemeinden in diesen Zeiten der Bedrängnis stärker zu spalten als alle Abweichungen dogmatischer Art: Wiedereingliederung oder dauerhafter Ausschluss, diese Frage stellte sich immer drängender. Für die milde Lösung votierten vor allem die unbeugsamen «Bekenner», die trotz Kerker und Folter ihren Glauben standhaft bewiesen hatten. Diese Festigkeit schrieben sie dem Wirken des Heiligen Geistes zu, der sie mit seiner Gnade dazu ermächtigte, den Schwachen Vergebung zu gewähren. Dahinter stand der Anspruch auf eine kollektive Führung der Kirche durch die «Geistträger», die mit der fortgeschrittenen Institutionalisierung und Hierarchisierung längst unvereinbar war. Ihre Gegner verstanden sich als die «Reinen», die die Kirche von den Abgefallenen säubern und auf diese Weise das echte, unverwässerte Christentum erhalten wollten.

Die Frage Reintegration oder Exklusion stellte sich mit allem Nachdruck, als nach dem Abflauen der Verfolgungswelle im Frühjahr 251 die Erhebung von Fabians Nachfolger anstand. Gewählt wurde er theoretisch von der gesamten Gemeinde, doch gaben dabei die Kleriker und andere einflussreiche Persönlichkeiten den Ausschlag. Zu diesen christlichen Honoratioren gehörten auch die beiden Kandidaten, die jetzt zur Wahl standen. Die weitherzige Position gegenüber den zeitweise Abgefallenen vertrat der Presbyter Cornelius, und zwar nach Ansicht seiner Gegner im eigenen Interesse. Sie warfen ihm vor, sich durch Bestechung eine «Opferbescheinigung» und damit Verschonung von Verfolgung erkauft zu haben; stimmte das, war er naturgemäß für das Amt des Bischofs zutiefst diskreditiert. Weniger feindlichen Beobachtern wie Bischof Cyprian von Karthago zufolge, dessen Briefe den Streit überliefern, hatte er «nur» einen der prominentesten *lapsi*, und zwar einen Priester, nach Absprache mit seinen Kollegen wieder in die Gemeinde aufgenommen, doch nicht mehr als Priester, sondern als bloßen Laien.

Cornelius' Gegner Novatian agitierte vehement gegen die Befürworter so lockerer Praktiken. Diese klagten ihn ihrerseits an, nicht gültig getauft worden zu sein; in der Hitze des «Wahlkampfs» schreckten beide Seiten vor Verunglimpfungen und Verleumdungen nicht zurück. Aus ihm ging der «milde» Cornelius als Sieger hervor, auch das war ein Zeichen für die Zukunft: Allzu «heilige» Bischöfe waren für die Führung einer immer wohlhabenderen Kirche unbequem oder sogar ungeeignet und zudem ein steter Vorwurf an die weniger asketisch lebenden Gläubigen, ihre Pflichten gegenüber Christus zu vernachlässigen. Einen Triumph der «Bekenner» bedeutete die Wahl des neuen Bischofs trotzdem nicht. Die «Gefallenen» wurden zwar wieder in die Gemeinschaft aufgenommen, doch nicht durch die kollektive Fürsprache der standhaft Gebliebenen, sondern nach einem genau geregelten Bußverfahren durch den zuständigen Bischof. Dieser nahm ihre Schuld zur Kenntnis, urteilte über die Aufrichtigkeit ihrer Reue und gewährte ihnen schließlich die Lossprechung; so wirkte er als Mittler zwischen Gott und den Menschen, ausgestattet mit der Gewalt zu binden und zu lösen. Die ältesten christlichen Gemeinden waren Zusammenschlüsse von Gläubigen gewesen, die sich in freier Willensentscheidung von der Welt absonderten, um gemeinsam die Parusie, die Wiederkehr des Herrn, zu erwarten und als dessen Auserwählte die ewige Seligkeit zu gewinnen, vorzugsweise durch das freudig ertragene Martyrium. Durch die ursprünglich undenkbare Wiederaufnahme der Abgefallenen wandelte sich das Wesen der Kirche (*Ecclesia*) grundlegend: Sie wurde jetzt zu einer Institution, die auf die Sündhaftigkeit der Fehlbaren ausgerichtet war und sich auf die Angst der Schwachen, ihr schlechtes Gewissen und die Furcht vor der verdienten Strafe gründete. Christus war Mensch geworden, um diejenigen, die an ihn glaubten, vor Tod und Verdammnis zu retten. Diese Erlösung wurde jetzt zusätzlich vom Gehorsam gegenüber dem Bischof und dessen Schlüsselgewalt abhängig gemacht.

Der Klerus steht über den Laien *peccati causa*, der menschlichen Sündhaftigkeit halber: Solche Antworten sollten den Mächtigen dieser Welt noch tausend Jahre später, auf dem Höhepunkt der Konflikte zwischen geistlicher und weltlicher Gewalt, zuteilwerden, wenn sie gegen ihre Absetzung durch den Papst protestierten. Zu diesem Zeitpunkt hatte sich der Bischof von Rom als höchster Richter über die Christen längst das Monopol für die Lossprechung von den schwersten Sünden gesichert. Von einer solchen Stellung konnte um die Mitte des 3. Jahrhunderts jedoch noch keine Rede sein: Die verschiedenen Gemeinden bildeten einen Verbund, in dem Entscheidungen auf Synoden der Bischöfe gefällt wurden. Einige von diesen genossen aufgrund der apostolischen Gründung ihrer Kirchen höheres Prestige als andere und wurden deshalb häufig in Zweifelsfragen konsultiert. Das galt auch für den Bischof von Rom, doch eine Befugnis, mit überlegener Autorität in die Fälle seiner Kollegen einzugreifen, war damit nicht verbunden.

Der in der Wahl des Jahres 251 unterlegene Novatian hielt an seinem Gegenentwurf einer Kirche der Heiligen nicht nur fest, sondern verschärfte die Anforderungen an seine Anhänger weiter und ließ sich als Haupt der wahren *Ecclesia* zum Gegen-Bischof erheben. Allerdings blieben die «Rigoristen» gegenüber den «Laxisten» weiterhin in der Minderzahl, unter den Bischöfen wie unter den Laien. In Teilen Asiens und in Nordafrika konnten sich «novatianische» Gemeinden immerhin bis zum Vordringen des Islams im 7. Jahrhundert behaupten. Der Urheber der Spaltung selbst erlitt höchstwahrscheinlich unter den Verfolgungen des Kaisers Valerian in den Jahren 257/58 in Rom das Martyrium. Während dieser letzten großen Repression vor dem Jahr 302 blieben große Abfallbewegungen wie unter Decius aus, was für die weitherzige Strategie des Cornelius sprach – mit Milde ließ sich offensichtlich mehr erreichen als mit Zwang. Von Cornelius' Nachfolger Lucius I. ist nur die Pontifikatsdauer von knapp acht Monaten gesichert.

Taufstreit und Autoritätskonflikte:
Stephan I., Sixtus II., Dionysius

Von Stephan I., der Lucius I. von März 254 bis August 257 als Bischof von Rom nachfolgte, lässt sich ein konturenreicheres Bild zeichnen, und zwar wiederum dank der Briefe Cyprians von Karthago, der in die großen kirchenpolitischen Affären der Zeit an vorderster Front verwickelt war. Der erste der drei von ihm überlieferten Fälle zeigt exemplarisch, wie Stephan konkrete Hoheitsrechte als Bischof von Rom in Anspruch nahm und beim Versuch, diese durchzusetzen, scheiterte. Dabei ging es um einen klassischen Tatbestand der Verfolgungszeit: Zwei spanische Bischöfe hatten sich unter Decius gegen das Opferverbot vergangen; daraufhin hatte der eine reumütig auf sein Amt verzichtet, der andere hingegen musste zwangsweise aus diesem entfernt werden. Danach wurden beide als Laien wieder in die Kirche aufgenommen und Nachfolger für ihre vakanten Posten gewählt. Diese neuen Bischöfe sahen sich jedoch unversehens mit dem Widerstand ihrer Vorgänger konfrontiert, die ihre Absetzung nicht hinnehmen wollten und sich mit ihrem Protest an den Bischof von Rom wandten. Stephan gab ihnen Recht, setzte sie wieder in ihre Funktionen ein und befahl den Gläubigen, sie wieder als ihre legitimen Oberhirten zu respektieren. Doch dazu waren die betroffenen Gemeinden nicht bereit; stattdessen suchten sie Rückendeckung beim hoch respektierten Cyprian in Karthago. Dieser berief eine Synode ein, die von mehr als vierzig afrikanischen Bischöfen besucht wurde und den Fall umgekehrt entschied: Die beiden Abgefallenen hatten ihr Amt zu Recht verloren! Der von Cyprian redigierte Beschluss der Synode war geradezu eine Ohrfeige für den römischen Bischof. Dieser habe sich von einem der beiden *lapsi* in Rom umgarnen lassen und versäumt, auch die andere, bessere Seite anzuhören. Das war ein schwerer Tadel. Reaktionen des Gescholtenen sind nicht überliefert, in die Rechtsprechung der spanischen Kirche scheint er nicht mehr eingegriffen zu haben.

Im zweiten von Cyprian überlieferten Fall erscheint die Autorität des römischen Bischofs in einem etwas helleren Licht. Die Problematik war dieselbe: Der Bischof von Arles hatte die Wiederzulassung der «Gefallenen» verweigert, worauf sich seine gallischen Amtskollegen mit der Bitte um Klärung der Rechtslage an Rom wandten. Der ebenfalls zu diesem Problem kontaktierte Cyprian riet Stephan I. nachdrücklich, gegen den rigorosen Oberhirten in Arles vorzugehen, billigte seinem römischen Kollegen also ausdrücklich das Recht zum Eingreifen zu. Das hing fraglos mit der geographischen Lage und der daraus resultierenden Anlehnung zusammen: Der gallische Episkopat richtete sich an Rom aus, doch teilte der römische Bischof diese apostolische Autorität mit anderen, ähnlich prestigeträchtigen Amtsbrüdern, zu denen Cyprian zweifellos sich selbst zählte.

Das zeigte sich in seinem Streit mit Stephan I. über den Umgang mit Christen, die von den «Novatianern» durch die Taufe in deren inzwischen als ketzerisch verurteilte Kirche aufgenommen worden waren. Sollte man diesen Akt, wenn sie in die Mehrheits-Kirche überzutreten wünschten, als gültig erachten und sich damit begnügen, durch bloßes Handauflegen den Heiligen Geist auf die neuen Mitglieder herabzurufen, oder musste die gesamte Taufprozedur erneuert werden? Für den Bischof von Rom reichte das verkürzte Verfahren aus, und dieses Vorgehen schrieb er auch den übrigen Kirchen bei Strafe des Ausschlusses vor. Damit provozierte er den energischen Widerstand Cyprians, der der römischen Entscheidung den umgekehrt lautenden Beschluss einer reich beschickten afrikanischen Synode und die Meinung hoch angesehener Theologen entgegenstellte: Ketzer stehen außerhalb der Kirche und der Wahrheit, ihre Taufe ist keine Taufe, sondern ein wirkungsloses Wasserbad. Die Gnade des Heiligen Geistes kann nur denjenigen zuteil werden, die zuvor durch die wahre Taufe wiedergeboren sind. Auf so tiefsinnige Diskussionen ließ man sich in Rom jedoch nicht ein, hier zählten allein die pragmatischen Lösungen. Als der Streit seinen Höhepunkt erreichte, setzten die Verfolgungen des Valerian ein, und Cyprian erlitt das Martyrium. An der unterschiedlichen Taufpraxis änderte sich jahrhundertelang wenig.

Stephans Nachfolger Sixtus II. hatte sich mit der weiterhin schwelenden Taufproblematik zu beschäftigen, fiel im Gegensatz zu seinem Vorgänger der rigorosen Verfolgung Valerians zum Opfer und wurde von allen Märtyrer-Päpsten am meisten verehrt; mehr ist über seine einjährige Amtszeit nicht überliefert.

Dionysius, der im Juli 259, nach dem Höhepunkt der Verfolgung, zum Bischof von Rom gewählt wurde, sah sich mit dogmatischen Streitigkeiten konfrontiert, die ein Namensvetter, der Bischof von Alexandria, hervorgerufen hatte. Dabei ging es um die Deutung der Trinität, des christlichen Mysteriums par excellence und Quelle zahlreicher Abweichungen von der approbierten Lehre. Für Dionysius von Alexandria stand der griechische Begriff *logos* (Wort, Lehre) im Zentrum; Christus war in seinen Augen vor allem Wort und Weisheit Gottes und dadurch eine eigenständige, allerdings vom Vater nicht getrennte göttliche Wesenheit. Diese Lehre von den unterschiedlichen Erscheinungsformen (Hypostasen) Gottes rief den Widerspruch von Theologen hervor, die die unauflösliche Einheit von Gottvater, Sohn und Heiligem Geist in den Vordergrund stellten; einige von ihnen betrachteten die Unterscheidung von Vater, Sohn und Heiligem Geist sogar als rein nominell. Die afrikanischen Gottesgelehrten, die in diesem Streit vermittelnde Positionen einnahmen, hatten sich mit ihren Anklagen und der Bitte um Intervention bereits an Sixtus II. gewandt. Dessen Nachfolger Dionysius forderte den Bischof von Alexandria brieflich auf, von seinen extremen Positionen Abstand zu nehmen.

Doch dazu war dieser nicht bereit. Er verteidigte seine Positionen nicht nur, sondern legte sie in einem gelehrten Werk noch sehr viel eingehender dar. Daraufhin – so eine mehr als hundert Jahre später entstandene Quelle – sei ihm ganz direkt vorgeworfen worden, die Wesensgleichheit des Sohnes mit dem Vater zu leugnen. Falls diese Nachricht zutrifft, war damit der Begriff geprägt worden, an dem sich die Christenheit einige Jahrzehnte später regelrecht zerfleischen sollte: *homoousios*, wesensgleich. Dionysius von Alexandria bevorzugte dagegen den Begriff *homogenis*, von derselben Natur: eine feine, aber folgenreiche Nuancierung. An seiner Theorie der drei Hypostasen als Beschreibung der Dreifaltigkeit hielt er ebenfalls fest. Offenbar kam die Auseinandersetzung mit seiner Replik vorerst zum Abschluss; sie endete also unentschieden. So sah es auch der Bischof von der Nilmündung: Als Oberhirte Ägyptens und Libyens ernannte er aus eigener Machtvollkommenheit sämtliche Bischöfe dieser Provinzen, nahm also eine Stellung ein, um die ihn sein Kollege in Rom nur beneiden konnte. Dass seine eigenen Untergebenen seinen theologischen Standpunkt nicht teilten, sondern ihn durch eine Intervention beim römischen Bischof auszuhebeln versuchten, muss der machtbewusste Metropolit als zusätzliche Provokation empfunden haben.

Meeresstille und unruhige Fahrt:
Felix I., Eutychianus, Caius, Marcellinus, Marcellus I., Eusebius

Von inneren Streitigkeiten abgesehen, brachen für die christlichen Kirchen jetzt ruhigere Zeiten an. Die Konflikte mit der weltlichen Obrigkeit flauten stark ab, wozu auch der immer größer werdende Besitz der christlichen Gemeinden beitrug. Der Bischof, der die Erträge in Form von Almosen an die Armen verteilte, wuchs dadurch in den großen Städten wie Rom in die Rolle eines «Sozialministers» hinein, der für inneren Ausgleich und Ruhe sorgte; das war ein Stabilisierungseffekt, den die von schweren Abwehrkämpfen an den Grenzen des Imperiums in Anspruch genommenen Kaiser wohlwollend betrachteten. Der historischen Überlieferung war diese relative Ruhe nicht förderlich; über die Amtszeiten der römischen Bischöfe Felix I., Eutychianus und Caius ist kaum etwas bekannt. Es war die Ruhe vor dem letzten Sturm, der mit der Christenverfolgung unter Kaiser Diocletian 303 losbrach.

Diesem Druck soll der seit 296 amtierende Bischof von Rom namens Marcellinus – so berichten verschiedene Quellen ab etwa 400 – nicht standgehalten haben. Angeblich hatte er den heidnischen Göttern Weihrauch dargeboten oder sogar regelrecht geopfert und die Bücher der Bibel verbrannt. Der Wahrheitsgehalt dieser Nachrichten ist jedoch zweifelhaft, wahrscheinlich spiegeln sie die theologischen Dispute ihrer Entstehungszeit. Dieser Meinung war zumindest Augustinus, der Bischof von Hippo und spätere Kirchenvater. Allerdings wurde das Grabmal des verdächtigen Papstes früh mit einem Fresko der drei jüdischen Knaben geschmückt, die sich weigerten, König Nebukadnezar anzubeten. Das war eine posthume Ehrenrettung, die mehr Fragen offenlässt als beantwortet.

Die harte Verfolgung unter Diocletian konnte die christlichen Gemeinden nicht in ihren Fundamenten erschüttern, im Gegenteil: Sie gingen gestärkt aus ihr hervor. An der Spitze der römischen Kirche aber trat eine Sedisvakanz ein, deren Dauer ebenso umstritten ist wie der Name des Papstes, der ihr ein Ende bereitete. War Bischof Marcellus, der auf Marcellinus gefolgt sein soll, mit diesem identisch? Die Namensähnlichkeit wird dafür ins Feld geführt. Oder war Marcellus ein einfacher Priester, der die römische Kirche in den dunklen Zeiten der Verfolgung gewissermaßen per Notmandat führte? Doch warum sollten die Fast-noch-Zeitgenossen, darunter sein späterer Nachfolger Damasus, die Existenz dieses römischen Oberhirten erfunden haben? So spricht alles dafür, dass Marcellus 306, als die Verfolgungen unter Kaiser Maxentius zu Ende gingen, zum Nachfolger des Marcellinus gewählt wurde. Sein Wirken fasste Damasus in einem Grabspruch prägnant zusammen: Als wahrhaftiger Hirte habe Marcellus die Abgefallenen schroff ermahnt, ihre Vergehen zu beweinen, und sich als bitterer Feind dieser elenden Sünder bewährt. Daraus seien Wut, Hass, Zwietracht, Aufruhr und Mord entstanden, was den Frieden in der Kirche völlig zerstört habe. Marcellus sei von einem Verräter denunziert und daraufhin vom «Tyrannen», das heißt dem Kaiser Maxentius, exiliert worden. Das alles – so Damasus – habe er sorgfältig recherchiert und zum Gedächtnis an Marcellus' Verdienste niedergeschrieben.

Der Epitaph-Bericht fasst das dramatische Geschehen knapp und parteiisch zusammen: In Rom, Karthago und Alexandria spaltete sich die Gemeinschaft der Gläubigen wieder einmal an der Frage des Umgangs mit den *lapsi*. Diejenigen, die standhaft geblieben waren, blickten wie üblich mit Verachtung und Zorn auf die Schwachen, die dem Druck nachgegeben hatten und jetzt, unter Berufung auf die Präzedenzfälle unter Bischof Cornelius, Mitglieder der Gemeinde bleiben wollten, am liebsten sogar ohne wirkliche Bußleistung. Der Streit wurde so vehement ausgetragen, dass sich – so Damasus – das Volk in zwei Parteien teilte. So drohte ein regelrechter «Christenkrieg», den Maxentius offenbar durch die Verbannung des Hardliners Marcellus im Keim zu ersticken versuchte; es wäre der erste Beleg dafür, dass die oberste Reichsgewalt in die inneren Belange der Kirche eingriff. Marcellus starb in der Verbannung, doch sein Exil brachte der römischen Kirche keinen Frieden. Die Streitigkeiten dauerten unter seinem schattenhaften Nachfolger Eusebius fort, der 309 bzw. 310 nur vier Monate amtierte, von Maxentius nach Syrakus verbannt wurde und dort starb.

2.

Die «Konstantinische Wende» und der Weg zum doppelten Primat

Von Miltiades bis Johannes II. (311–535)

Toleranzedikt und Konzil: Miltiades, Silvester I.

Der neue Bischof von Rom hieß Miltiades, stammte trotz seines griechischen Namens aus Afrika und wurde Anfang Juli 311, also nach einer Sedisvakanz von mindestens einem Jahr, gewählt. Die Verzögerung hatte ausnahmsweise nichts mit Druck von außen zu tun; unter Kaiser Maxentius, der 306 seine umstrittene Herrschaft über Italien und Nordafrika angetreten hatte, erfreuten sich die römischen Christen völliger Kultusfreiheit. Sie ist stattdessen auf die Spannungen zwischen «Rigoristen» und «Laxisten» zurückzuführen, die mit der Wahl des neuen Oberhirten ein Ende fanden. Offenbar war Miltiades wie so viele seiner Nachfolger ein typischer Kompromisskandidat, mit dem beide Seiten leben konnten. In seine zweieinhalbjährige Amtszeit fällt mit dem Sieg Constantins über Maxentius an der Milvischen Brücke am 28. Oktober 312 ein historischer Wendepunkt von ungewöhnlicher Tragweite. Miltiades war unter der Herrschaft des Maxentius gewählt worden, der in dieser Schlacht sein Leben verlor, pflegte jedoch auch mit dem Sieger Constantin gedeihliche Beziehungen.

Constantin schrieb seinen Sieg der Unterstützung einer Gottheit zu, wie immer diese auch heißen mochte oder von den Theologen definiert wurde. So war es an der Zeit, auch den christlichen Kultus zur erlaubten Religion zu erklären. So erließ Licinius, Constantins Verbündeter und Mitkaiser, in dessen wie im eigenen Namen am 13. Juni 313 in Nikomedia ein Toleranzedikt, das durch Unterredungen in Mailand vorbereitet worden war. Dieser Erlass kam nicht nur den Christen, sondern allen monotheistischen Religionen zugute. Jeder Bewohner des Imperiums, der in geordneten und rechtlichen Bahnen dieser höchsten Gottheit (*summa divinitas*) seine Verehrung zollte, sollte in Zukunft den Schutz des Reiches und seines Oberhaupts genießen. Mit dieser Duldung der Ein-Gott-Kulte war die Rückgabe von zuvor beschlagnahmten Gütern verbunden.

Bei dieser Rückverteilung ergaben sich in Afrika Probleme. Hier waren die Gemeinden in Anhänger des Bischofs Caecilianus von Karthago und dessen Gegner gespalten, die ihm vorwarfen, in den Zeiten der Verfolgung unter Diocletian vom Glauben abgefallen zu sein. Constantin nahm erst für Caecilianus Partei, den er irrtümlich für den Kandidaten der breiten Mehrheit hielt, und ernannte danach ein Schiedsgericht, das über Recht und Unrecht befinden sollte. Dadurch weitete der Imperator seine Befugnisse wie selbstverständlich in den Zuständigkeitsbereich der Kirche aus: Das Wohlergehen des Imperiums hing davon ab, dass es mit den religiösen Kulten seine Ordnung hatte. Wenn eine so gewichtige Gemeinschaft wie die christliche sich nicht über die legitimen Amtsträger einigen konnte, war das Verhältnis zu den himmlischen Mächten gestört. Also musste der Kaiser, die höchste Macht auf Erden, Abhilfe schaffen.

Die Fachkompetenz, die Constantin als Nicht-Theologen fehlte, brachten die Bischöfe Reticius von Autun, Marinus von Arles, Maternus von Köln sowie Miltiades von Rom in das Schiedsgericht ein, das am Tiber tagen sollte. Die streitenden Parteien Afrikas wurden mit jeweils zehn ihrer Wortführer vorgeladen. Unter Ausnutzung seines Heimvorteils zog Miltiades fünfzehn weitere Experten hinzu, so dass aus der Fachkommission fast eine römische Synode wurde. Drei lange Herbsttage des Jahres 313 hindurch wurde jetzt debattiert und disputiert, bis das Ergebnis feststand: drei zu eins für Caecilianus, dessen Rechtmäßigkeit als Bischof damit bestätigt wurde. Die Gegenstimme war nicht die des Bischofs von Rom: Miltiades betrieb sogar besonders aktiv die Rehabilitierung des Bischofs von Karthago, die einer Verurteilung von dessen Gegnern gleichkam, unter denen sich Donatus von Casae nigrae durch seine wortgewaltige Opposition die Führung gesichert hatte. Die Niederlage, die er in Rom erlitt, spornte ihn und seine Anhänger, die «Donatisten», jedoch zu so entschlossenem Widerstand an, dass sich der Kaiser von seinem Ziel, der höchsten Gottheit durch ein friedliches Zusammenleben der Religionen die gebührende Reverenz zu erweisen, weiter denn je entfernt sah. So berief er im August 314 eine Synode in seine südfranzösische Residenzstadt Arles ein, um den Furor der zerstrittenen Christen endgültig zu bändigen.

Miltiades erlebte diese Zusammenkunft nicht mehr. Sein Nachfolger Silvester I., der vom 31. Januar 314 bis zum 31. Dezember 335 amtierte, ließ sich in Arles durch einen Vikar vertreten, den Vorsitz hatte der örtliche Bischof inne. Die Synode kam im Fall Caecilianus zu demselben Ergebnis wie das Schiedsgericht des Vorjahres. Darüber hinaus beschäftigten sich ihre Teilnehmer ausgiebig mit Fragen der Lehre und Disziplin, um den Eindruck zu vermeiden, dass sie nur als Berater des Kaisers tagten. Worum es dabei vor allem ging, machte der Beschluss (Kanon) deutlich: dass höhere Amtsinhaber des Imperiums, die dem christlichen Glauben anhingen, eine Art Führungszeugnis ihres Bischofs benötigten und von diesem in ihrer Lebens- und Amtsführung überwacht und gegebenenfalls bestraft werden sollten. Christliche Funktionäre bildeten vorerst eine Minderheit innerhalb der imperialen Kader, doch zeigte der betreffende Kanon, welche Ziele die Spitze der Kirche verfolgte: Sie wollte so viel Kontrolle wie möglich über die Diener eines Staates gewinnen, der ihr zwar Handlungsfreiheit gewährte und Hochachtung erwies, doch bislang keinen Vorrang vor anderen Kulten einräumte, vom ersehnten Status einer Staats- und Monopolreligion ganz zu schweigen. Als Gegenleistung erklärte die Synode von Arles die Verweigerung des Militärdienstes unter Berufung auf die Lehre Christi für unstatthaft. Auch das wies auf eine künftige Symbiose von Imperium und christlicher Kirche voraus. Ihren inneren Frieden gewann die Kirche jedoch auch in Arles nicht zurück. Donatus und seine Anhänger zeigten sich weiterhin unversöhnt. Für Constantin waren diese Abweichler von jetzt an allerdings nur noch Unruhestifter, die die guten Beziehungen zwischen ihm und dem Himmel nicht mehr ernsthaft gefährden konnten.

Über Bischof Silvester und seine fast einundzwanzigjährige Amtszeit haben die Quellen kaum etwas zu berichten. Die Kluft zwischen der intensiven Legendenbildung um diesen «Papst», die im 5. Jahrhundert einsetzte und gegen Ende des 8. Jahrhunderts ihren Höhepunkt erreichte, und den dürren Fakten ist unüberbrückbar. Gemessen an den spärlichen Tatsachen erscheint Silvester als einer der bislang schwächsten Inhaber des römischen Bischofsstuhls, der vom «Pontifikat» eines der stärksten und erfolgreichsten Kaiser der Geschichte fast völlig in den Schatten gestellt wird. So gingen alle Initiativen zur Ordnung der Kirche von Constantin aus; umso mehr musste die Kirche wie 314 in Arles ihre Fähigkeit zur Selbstregulierung und damit ihre Unabhängigkeit vortäuschen. Im nachfolgenden Jahrzehnt hatte Constantin andere Sorgen als die von christlichen Eiferern verursachten Unruhen. Das Verhältnis zu seinem Schwager und Mitkaiser Licinius verschlechterte sich rapide und führte schließlich zum Krieg. Den vollständigen Sieg über seinen Rivalen im Herbst 324 schrieb er der Unterstützung durch den Christengott zu. Dieser habe im entscheidenden Moment die Flotte seines Gegners durch widrige Winde zerstreut. Das war ein Himmelszeichen, das nach Konsequenzen verlangte. Sie bestanden darin, das Imperium Romanum zu verchristlichen. Diese Wende war von beispielloser Tragweite. Weniger als zwei Jahrzehnte zuvor waren die Anhänger des Gekreuzigten noch brutal verfolgt worden, jetzt wurden ihre Feinde der Unterwanderung der öffentlichen Ordnung bezichtigt.

Dass ein siegreicher Imperator den Göttern Dank für seinen Triumph abstattete, war ein fester Ritus der alten römischen Staatsreligion. Dass der Triumphator seine Untertanen zu seinem eigenen Kult bekehren wollte, war hingegen revolutionär. Für Constantin war das die Fortsetzung seiner Feldzüge mit religiösen Mitteln. Er hatte die politische Einheit wiederhergestellt; diese sollte jetzt durch die Übereinstimmung im Glauben so gestärkt werden, dass es nie wieder Bürgerkriege geben würde. Für die christliche Religion sprach aus seiner Sicht weiter, dass sie sich trotz aller Unterdrückung so weit ausgebreitet hatte, dass die Christen in absehbarer Zeit die Mehrheit der Reichsbewohner stellen würden. Zudem schien sie ihm mit ihrem alles beherrschenden Jenseitsbezug und der Aufforderung, dem Kaiser zu geben, was des Kaisers war, wohltuend weltabgewandt und damit als Herrschaftsinstrument bestens geeignet. Um die neue Religion den Noch-nicht-Christen schmackhaft zu machen, musste man sie als alt und ihren Aufstieg als Triumph der Tradition ausgeben. Damit war die Toleranzpolitik der jüngsten Zeit überholt. Alle, die sich der neuen Glaubenslehre verweigerten, setzten sich von jetzt an dem Vorwurf aus, die offenbare Wahrheit zu leugnen und ihrem Kaiser grundlos Widerstand zu leisten.

Allerdings waren «die Christenheit» und «das Christentum» als geschlossene Einheiten bloße Fiktionen. In Afrika bestand die Abspaltung der Donatisten fort, während sich im Osten des Reichs ein weiterer schwerer Glaubenskonflikt zusammenbraute. Hier ging es um ein viel grundsätzlicheres Problem als um den Abfall in Verfolgungszeiten und die Notwendigkeit bzw. Widersinnigkeit einer zweiten Taufe, nämlich wieder einmal um das Problem der Trinität, genauer: um das Verhältnis zwischen Gottvater und Christus. Zu diesem Mysterium hatte ein Presbyter aus Alexandria namens Arius kurz vor 320 eine Theorie entwickelt, die dem gesunden Menschenverstand und damit den Nicht-Theologen einleuchtete: Christus sei die Kreatur Gottvaters, und zwar seine höchste, weit über allen anderen Lebewesen stehende Schöpfung. Christus war also geschaffen, das heißt: Er existierte nicht von Anbeginn der Zeiten an. Das entsprach in vieler Hinsicht dem natürlichen Verhältnis von Vater und Sohn und machte die zentrale Glaubenslehre des Christentums menschlich und persönlich nachvollziehbar. Die Lehre des Arius verbreitete sich denn auch unaufhaltsam, gegen alle Einsprüche hochgestellter Fachtheologen, als deren Wortführer Arius' Vorgesetzter, Bischof Alexander, auftrat. Die Vorwürfe, die er gegen seinen ungehorsamen Priester und dessen Anhänger vorbrachte, wogen schwer: Sie verbündeten sich mit Juden und Heiden, denen die Vorstellung eines «monarchischen» Gottes sehr viel mehr behagte als die unverständliche Dreieinigkeit.

Da die Kleriker allein unfähig waren, diesen zerstörerischen Konflikt beizulegen, musste erneut der Kaiser eingreifen. Um sein Ziel, die Einheit im Kultus, zu erreichen, musste er als erstes die Bischöfe für sich gewinnen. Zu diesem Zweck musste er seine Abneigung gegen die spitzfindigen Theologen, die alles zerredeten und sich nie einigen konnten, verhehlen und nach seiner Betrübnis über den Streit der Hoffnung Ausdruck verleihen, mit ihrer Hilfe die Geschlossenheit im Glauben wiederherzustellen. In Wirklichkeit sah er die Dinge sehr viel nüchterner und praktischer: Die ganze Auseinandersetzung zeugte von Rohheit, Ignoranz und Streitlust und musste daher schleunigst beigelegt werden. So forderte Constantin im Frühsommer 325 die Bischöfe des Reichs auf, in Nicaea zu einem Konzil zusammenzukommen, an dem er selbst teilnehmen werde. Auf diese Rolle bereitete er sich durch theologische Studien bestens vor. Auf der Versammlung, die den Kurs der universellen Kirche für alle Zukunft bestimmen sollte, war vor allem der östliche Episkopat vertreten, der Bischof von Rom dagegen nahm wie schon in Arles nicht selbst teil. Der Kirchenhistoriker und Bischof Eusebius von Cäsarea erklärt diese auffallende Absenz mit dem fortgeschrittenen Alter Silvesters. Dieser schickte zwei Stellvertreter, die auf dem Konzil jedoch keine Spuren hinterließen. Auch Reaktionen Silvesters auf die Beschlüsse des Konzils sind nicht überliefert. Für die späteren Päpste war das eine Peinlichkeit ersten Ranges, die um jeden Preis überspielt und wenn nötig offen geleugnet werden musste.

Offiziell präsentierte sich der Kaiser auf dem Konzil als ein «Diener» der Kirche und ihrer Versammlung, doch in Wirklichkeit war er allmächtiger Organisator und Schiedsrichter. Seine Einladung nach Nicaea kam einem Befehl gleich, dem sich kein östlicher Bischof entziehen konnte; so kamen mehr als 250 Oberhirten zusammen. Sie erlebten einen allgegenwärtigen Imperator: Constantin vermittelte, wenn die Standpunkte allzu weit auseinanderdrifteten, schlichtete, wenn sich die theologischen Debatten erhitzten, und versöhnte, wenn sich die Gottesgelehrten mit persönlichen Invektiven attackierten. Wohlweislich hatte er zuvor die zahlreichen Briefe, in denen Bischöfe ihre Kollegen anschwärzten, ungeöffnet verbrennen lassen. Am Ende nahm er sogar auf die Ausformulierung der zentralen Dogmenartikel entscheidenden Einfluss. So fügte er laut Eusebius bei der Verlesung des künftig «katholischen», das heißt: rechtgläubigen Glaubensbekenntnisses in der Auflistung der Eigenschaften des Gottessohns das Eigenschaftswort «homoousios», wesensgleich, hinzu, das seit geraumer Zeit in den Debatten über das Verhältnis von Gottvater und Christus aufgetaucht war. Damit wollte er den Theologen Einhalt gebieten, die das Würdigkeitsgefälle zwischen beiden allzu stark betonten. Diese Formel hatte von jetzt an Gesetzeskraft: Alle Konzilsteilnehmer mussten das Glaubensbekenntnis von Nicaea unterschreiben oder in die Verbannung gehen. Manche Theologen fügten sich dem kaiserlichen Diktat nur murrend. Arius und einige seiner Anhänger wählten den Weg des offenen Dissenses. Auf ihre Verdammung durch den Kaiser folgte der Ausschluss aus der Kirche, und zwar mit Wendungen, die neue Proteste von theologischer Seite zur Folge hatten. Das Imperium und die Kirche marschierten im Gleichschritt, Taktgeber aber war der Kaiser. Aus der Verfolgung der Kirche war ihre Vereinnahmung geworden. Darüber hinaus bezeichnet Nicaea den Tiefpunkt des römischen Einflusses. Von einem wie auch immer gearteten Vorrang Silvesters war auf dem Konzil keine Rede, den formellen Vorsitz teilten sich verschiedene Bischöfe.

Der ersehnte Friede zog trotzdem nicht in die Kirche ein. Im Gegenteil, die Spaltung vertiefte sich weiter: Die Anhänger des Arius und seines erbitterten Feindes Athanasius von Alexandria verleumdeten und bekämpften sich gegenseitig immer erbitterter. Dabei zog sich Athanasius durch seine Unnachgiebigkeit und Streitlust die Ungunst des Kaisers zu, der ihn schließlich im Jahr 335 nach Trier an den nördlichen Rand des Imperiums verbannte. Dagegen wurde Arius, der für die spätere Kirche das Urbild des spalterischen Ketzers darstellte, rehabilitiert. Als Constantin an Ostern 337 sein Ende nahen fühlte, ließ er sich taufen, und zwar von einem arianischen Bischof.

Auch für die Stadt Rom war seine Regierungszeit folgenreich, vor allem durch die Verlegung der kaiserlichen Residenz nach Konstantinopel, in die neu erbaute Konstantins-Stadt am Bosporus, die der *urbs* auf den Sieben Hügeln viel von ihrem alten Glanz wegnahm. Andererseits mehrte Constantin den spirituellen Ruhm Roms dadurch, dass er am Tiber die ersten großen Basiliken des christlichen Glaubens errichten ließ: die dem Erlöser geweihte Basilika beim Lateran, Sankt Peter auf dem Vatikanischen Hügel, Sankt Paul vor den Mauern, die Kirche «Heiliges Kreuz in Jerusalem», Sankt Laurentius vor den Mauern sowie Sankt Agnes vor den Mauern. Vor allem die beiden ersten gewannen für die Geschichte der Päpste überragende Bedeutung. Die Lateranbasilika stieg als Kirche des römischen Bischofs zu «Haupt und Mutter» aller christlichen Kultorte auf; dadurch trat sie in Konkurrenz zur Peterskirche, der Verehrungsstätte des Apostelfürsten, wo sich genauso wie beim Lateran und in Sankt Paul vor den Mauern eine regelrechte «Kirchenstadt» im Kleinen entwickelte. Speziell die architektonische Ausgestaltung und weitere Ausschmückung beider Hauptbasiliken wurde von jetzt an zur Selbstdarstellung des Papsttums gegenüber der Christenheit.

Streit um ein Jota: Marcus, Julius I., Liberius

Von Silvesters Nachfolger Marcus ist nur überliefert, dass er in seiner knapp dreivierteljährigen Amtszeit zwei Kirchen, den Vorgängerbau der Basilika San Marco in der Stadt und eine nicht erhaltene Basilika außerhalb an der Via Ardeatina, errichten ließ; das waren erste, noch bescheidene Versuche, die Konkurrenz mit dem übermächtigen Kaiser in Sachen Selbstdarstellung und Propaganda aufzunehmen. Auch kirchenpolitisch und theologisch war es höchste Zeit, nach der Dauerabsenz unter Silvester wieder Flagge zu zeigen und die geschwächte römische Position in der Kirche und gegenüber dem Reich zu stärken. Dieses wurde jetzt de facto unter zwei Söhne Constantins aufgeteilt. Im Westen regierte Constans, im Osten Constantius II. Dieser begünstigte in seiner Reichshälfte die Bischöfe, die wie Eusebius von Nikomedia einen zwischen Arianern und Athanasianern vermittelnden Kurs einschlugen. Für sie war Christus wahrhaftiger Sohn Gottes und dadurch selbst göttlich, doch in seiner Erscheinungsform (Hypostase) vom Vater unterschieden, diesem untergeordnet und zugleich untrennbar mit ihm verbunden. Damit sollte den Arianern der Wind aus den Segeln genommen und zugleich Distanz zur *homoousios*-Formel von Nicaea bezogen werden. Durch die kaiserliche Unterstützung dieser Kompromissposition wurde die Stellung der eingefleischten Arianer und Athanasianer im Osten unhaltbar. Viele der letzteren flohen daher nach Westen, wo unter Constans ein anderer, den «Nicaenern» günstigerer Wind wehte. So konnte sich Athanasius in Rom nicht nur behaupten, sondern auch die Anhänger des «mittleren» Dogmas im Osten erfolgreich des «Arianismus» bezichtigen.

Julius I., der kurz vor Constantins Tod gewählte neue Bischof von Rom, profilierte sich von Anfang an mit aller Entschiedenheit als Fürsprecher und Förderer der «Athanasianer». Rom trat damit nach langer Pause wieder in die direkte theologische Auseinandersetzung mit dem in dieser Hinsicht weit überlegenen Osten ein – auch das ein kluger Schritt zur Aufwertung innerhalb der Gesamtkirche. Allerdings mussten sich Julius und seine Berater davor hüten, sich auf komplizierte Debatten mit ihren griechischen Gegnern einzulassen, denn dabei konnten sie nur verlieren. Umso geschickter schlugen sie aus der doktrinären Spaltung Kapital. Der allmächtige Kaiser war tot, seine Söhne zeigten sich wie die Kirche zerstritten. Das waren ausgezeichnete Voraussetzungen, um den seit Langem schlummernden Anspruch des römischen Bischofs auf das letzte Wort innerhalb der Kirche wieder zur Geltung zu bringen. Die Gelegenheit dazu ergab sich, als beide Seiten Delegationen mit Anklage- und Verteidigungsschriften nach Rom sandten. Diese Situation nutzte Julius I. zur Einberufung einer Synode nach Rom, auf der er als Schiedsrichter zwischen den streitenden Parteien auftreten wollte. Allerdings zeigte ihm Eusebius, der Wortführer der östlichen Mehrheitsposition, die kalte Schulter: Die Positionen seien geklärt, an weiteren Debatten bestehe kein Bedarf, erst recht nicht im theologisch rückständigen Rom.

So kamen dort 341 nur etwa fünfzig westliche Bischöfe zusammen, deren Beschlüsse wie vorhersehbar «pro-athanasisch» ausfielen und der griechischen Seite arianische Sympathien unterstellten. Öl ins Feuer goss Julius I. auch mit seinem Postulat, dass wichtige dogmatische Beschlüsse vom römischen Bischof approbiert werden müssten. Wie alle wussten, war das auf dem Konzil von Nicaea gerade nicht geschehen. So aussichtslos sich diese Forderung in der aktuellen Situation auch ausnahm, so offenbarte Julius damit doch zugleich die große Stärke der Institution, der er vorstand: Der römische Stuhl entwickelte utopisch anmutende Machtansprüche gegenüber den anderen Bischöfen und dem Kaiser und hielt an diesen auch unter den widrigsten Umständen unbeirrt fest, in der Erwartung, dass die Zeit für deren Einlösung schon noch kommen werde.

Die Antwort auf die römische Synode bestand in der Einberufung einer Versammlung der östlichen Bischöfe nach Antiochia, die die Arianer verurteilte, sich zu Nicaea ausschwieg und ein neues Glaubensbekenntnis formulierte, das der vermittelnden Position entsprach. Die neue Kompromissformel lautete nun, dass Christus dem Vater *homoios kat'ousian*, in der Substanz ähnlich, sei, was dem Gottessohn mehr Profil und Eigenständigkeit verleihen sollte. Den «Homoousianern» standen jetzt also die «Homoiousianer» entgegen. Man musste somit den Antiochenern nur ein Jota fortnehmen, und beide Seiten fielen in eins. Doch dazu kam es nicht. Nach den für Rom enttäuschenden Beschlüssen von Antiochia berief Julius I. eine gemeinsame Kirchenversammlung beider Reichshälften ein, die im Herbst 343 in Serdica, heute Sofia, zusammenkam; er selbst ließ sich dort wie Silvester in Nicaea vertreten.

Seine Hoffnung, auf dem Balkan über die «Eusebianer» zu triumphieren, schlug jedoch fehl; schon über die Frage, ob die abgesetzten Athanasianer teilnehmen durften oder nicht, zerstritten sich die Anwesenden heillos. So kam es, wie es kommen musste: Die östlichen Bischöfe reisten wutentbrannt ab und exkommunizierten kurzerhand ihre Gegner, darunter auch Julius. Die Zurückgebliebenen bestätigten die Beschlüsse der römischen Synode und regelten darüber hinaus, wie juristisch mit einem Bischof verfahren werden sollte, der von seinen Provinz-Kollegen verurteilt worden war. In diesem Fall durfte er sich nicht mehr an Bischöfe außerhalb seiner Provinz wenden, sondern nur an den Bischof von Rom appellieren. Dieser konnte das Urteil entweder bestätigen, womit es rechtskräftig wurde, oder Bischöfe einer anderen Provinz mit der Findung eines neuen Urteils beauftragen. Formell war das ein Kompromiss zwischen der östlichen Synodal-Leitung der Kirche und dem römischen Primats-Anspruch, dem es de facto weit entgegenkam. Allerdings war von vornherein absehbar, dass die Beschlüsse von Serdica im Osten auf Ablehnung stoßen würden. Als Reaktion darauf verschärfte Kaiser Constantius II. sogar noch sein Vorgehen gegen die Athanasianer. Doch nach der Eiszeit folgte ab Mitte der 340er-Jahre Tauwetter: Die beiden zerstrittenen Kaiser näherten sich einander politisch wieder an, und die Gegensätze innerhalb der Kirche schwächten sich so weit ab, dass Athanasius an seinen Bischofssitz Alexandria zurückkehren konnte. Im Zeichen dieser politischen und theologischen Beruhigung konnte sich Julius I. der Errichtung neuer Kirchen in Rom widmen, darunter dem Vorgängerbau der Basilika Santa Maria in Trastevere.

Doch diese Idylle war trügerisch. Nach Constans' Ermordung vereinigte Constantius II. ab 350 wieder beide Reichshälften unter seiner Herrschaft, was für die Athanasianer und damit auch den römischen Bischof nichts Gutes verhieß. Die negativen Folgen der reichsweit vereinheitlichten Religionspolitik bekam allerdings erst Julius' Nachfolger Liberius zu spüren. Ein erster Rückschlag war die Synode von Arles 353, die Athanasius verurteilte, ohne dass die beiden Vertreter des Bischofs von Rom dagegen Einspruch erhoben. Zwei Jahre später wiederholte sich in Mailand dieselbe Prozedur. Die Anträge westlicher Bischöfe, die *homoousios*-Formel von Nicaea zu bestätigen, verhallten ungehört, Athanasius wurde erneut verdammt. Die römischen Repräsentanten, die diesmal immerhin dagegenhielten, wurden in die orientalische Verbannung geschickt, wohin sie ein Trost- und Ermunterungsbrief ihres Bischofs begleitete. Darin bat dieser seine exilierten Gesandten auch, für seine Standhaftigkeit in den Zeiten der jetzt beginnenden Unterdrückung zu beten.

Zuerst versuchte es Kaiser Constantius – glaubt man den pro-athanasischen Quellen – mit Zuckerbrot und Peitsche. Um Liberius für seine Position zu gewinnen, ließ er ihm kostbare Geschenke überbringen. Als diese schroff zurückgewiesen wurden, plante der Agent des Kaisers, diese Präsente bei Sankt Peter öffentlich auszustellen, um Liberius vor aller Augen der Bestechlichkeit zu beschuldigen. Doch kam dieser dem perfiden Manöver zuvor und ließ die Gaben in den Tiber werfen; das war ein Akt, der sich als Majestätsbeleidigung auslegen ließ. Als Liberius sich weiterhin weigerte, die Beschlüsse der Mailänder Synode zu unterschreiben, die er für rein arianisch hielt, wurde er auf Constantius' Befehl nach Thrakien in die Diözese eines besonders feindlichen Bischofs verbannt und in Rom ein «Gegenbischof» namens Felix eingesetzt. Auf dem Weg nach Nordgriechenland wurde Liberius von ehemaligen Gesinnungsgenossen zur Nachgiebigkeit gedrängt, blieb aber standhaft. Bis hierhin klingen die Berichte über den römischen Bischof wie eine Heiligenvita, nach dem gängigen Muster: Finsterer Tyrann und Feind des wahren Glaubens verfolgt dessen unbeugsamen Bekenner. Als logischer Abschluss dieser Erzählung wäre das Martyrium zu erwarten, doch es kam anders.

Im Exil gab Liberius seinen Widerstand gegen die kaiserliche Religionspolitik plötzlich auf. In vier Briefen, deren Echtheit aus naheliegenden Gründen bestritten wurde, aber heute außer Frage steht, schloss er sich der Verurteilung des Athanasius an. Seine Hoffnung, als Lohn für diese Gefügigkeit wieder als Bischof an den Tiber zurückkehren zu können, erfüllte sich nicht sofort. Zuvor soll ihm Constantius nach dem Bericht einer einzigen Quelle (Sozomenos, *Historia ecclesiastica*) noch eine formelle Verurteilung der nicaenischen *homoousios*-Formel abgerungen haben. Danach stand zwar einer Reise nach Rom nichts mehr im Wege, doch als alleiniger Bischof sollte Liberius dort nicht mehr fungieren. Aus Misstrauen gegenüber seinen dogmatischen und kirchenpolitischen Positionen wollte der Kaiser dort eine Doppelspitze etablieren: Felix und Liberius sollten gleichrangig und einträchtig ihres bischöflichen Amtes in der alten Reichshauptstadt walten! Das war eine unerhörte Neuerung und zudem eine unerträgliche Demütigung für Liberius, der auf diese Weise unter Kuratel gestellt wurde. Auch die Römer waren mit dieser Lösung nicht einverstanden, sondern blieben überwiegend ihrem alten Oberhirten in Treue verbunden. So musste Felix bald das Feld räumen; ein Rückkehrversuch blieb vergeblich, doch behielt der «Gegenbischof» viele Anhänger, vor allem in den unteren Schichten der Bevölkerung. Ob er als rechtmäßiger Papst Felix II. zu zählen sei, ist bis heute umstritten. Je nachdem wird der nächste Papst mit Namen Felix als «II.» oder «III.» geführt. Das *Martyrologium Romanum* von 2001 betrachtet ihn als rechtmäßig, das *Annuario pontificio* von 2016 als Gegenpapst.

Liberius' Rolle war trotzdem weitgehend ausgespielt. Der Konflikt um das Jota mehr oder weniger – ob der Sohn dem Vater *homoousios* (wesensgleich) oder *homoiousios* (wesensähnlich) sei – ging ohne nennenswerte Initiativen von seiner Seite weiter. Umso aktiver trat Kaiser Constantius II. auf. Um seinen zerstrittenen Klerus zu einen und zu zähmen, suchte er nach einem vierten Weg, abseits der Athanasianer, Arianer und der Homoiousianer, die er eben noch unterstützt hatte, deren Formel er aber inzwischen auch nicht mehr für mehrheitsfähig hielt. Die neue, von mehreren Synoden ausgearbeitete Kompromissformel lautete schlicht und verkürzt *homoios*, ähnlich, ohne Verweis auf die Substanz *(ousia)*, deren bloße Erwähnung allen Parteien untersagt wurde. Nach der in theologischen Grundsatzdebatten förderlichen Methode, zentrale Begriffe kurz und damit für alle Seiten akzeptabel zu formulieren, boten die «Homoianer» jetzt allen Streithähnen die Hand zur Versöhnung. Angenommen wurde das Friedensangebot von den Nicaenern, die das *homoios* für weitgehend identisch mit ihrer Formel *homoousios* hielten.

Dieser Ansicht war auch Liberius, der sich in Rom wieder ganz auf den Boden des Konzils von 325 stellte, den er kurz zuvor in Thrakien verlassen hatte. Mehr noch: Er feierte die neue Kompromisslehre als Triumph der Orthodoxie und übersah dabei die theologischen Differenzen, die im Osten fortbestanden. Dort betrachteten sowohl die Athanasianer als auch die Homoiousianer und natürlich die Arianer den vierten Weg als Irrweg und bekämpften sich und dessen Vertreter unvermindert weiter.

In Rom ließ Liberius eine Basilika errichten, aus der in den 430er-Jahren Santa Maria Maggiore hervorging. Eine spätere Legende machte ihn zum eigentlichen Bauherrn dieses vornehmsten römischen Marienheiligtums und verknüpfte dessen Gründung mit einem Wunder: Im heißen römischen August sei auf den künftigen Bauplatz Schnee gefallen, in den Liberius den Grundriss der Kirche einzeichnete. Der für die Jahreszeit außergewöhnliche Niederschlag sollte ein Gleichnis für den Charakter des römischen Bischofs sein: Als «unbefleckt wie Schnee» wurde Liberius auch in späteren Lebensbeschreibungen bezeichnet, die damit seine Schwäche in der Zeit der Verbannung überdecken wollten. Die Heiligsprechung blieb ihm deshalb versagt. Stattdessen wurde seine schwankende Haltung in dogmatischen Fragen in den erregten Debatten über die Unfehlbarkeit des Papstes im 19. Jahrhundert zu einem Argument der Gegner.

Der erste Papst: Damasus I.

Liberius' Nachfolger Damasus bezeichnen die Quellen seit dem 6. Jahrhundert als Spanier, doch ist seine römische Abkunft wahrscheinlich. Als Diakon hatte er Liberius ins thrakische Exil begleitet, war danach zu Felix übergegangen, um sich nach Liberius' Rückkehr diesem wieder anzunähern. Diese Wendungen wurden ihm nach seiner Wahl von seinen zahlreichen Gegnern als Belege für Opportunismus und krankhaften Ehrgeiz vorgehalten. Schon seine Erhebung war äußerst umstritten. Was genau nach Liberius' Tod am 24. September 366 in Rom geschah, lässt sich aus den Quellen nicht ermitteln, dazu sind sie allesamt zu voreingenommen. Einigermaßen gesichert sind allein die folgenden Fakten: An zwei getrennten Orten der Stadt fanden sich zwei feindliche Gruppierungen zusammen, um einen ihnen genehmen Nachfolger zu wählen. Die erste dieser Parteien, die sich aus den Reihen der treuesten Liberius-Anhänger rekrutierte, traf sich in der Basilika des Bischofs Julius, der späteren Kirche Santa Maria in Trastevere, erhob aus ihrem Kreis den Diakon Ursinus zum Bischof und ließ diesen unmittelbar danach zum Bischof von Rom weihen. Ihre Gegner versammelten sich in der Kirche San Lorenzo in Lucina und wählten Damasus zum Nachfolger. Dieser schritt sofort zur Attacke gegen die «Ursinianer» und belagerte deren Rückzugsort in Trastevere mit rasch angeworbenen Truppen, die in dreitägigen Kämpfen ein Blutbad anrichteten. Am 1. Oktober besetzten die «Damasianer» den Lateran und ließen dort ihren Kandidaten durch den Bischof von Ostia weihen. Politiker und Militär hatten sich in dieser Auseinandersetzung zurückgehalten; erst als der Sieger feststand und ihre Unterstützung verlangte, griffen sie zu seinen Gunsten ein.

Doch damit war der Krieg innerhalb der Kirche noch nicht zu Ende. Die Ursinus-Anhänger sammelten ihre Kräfte erneut und verschanzten sich in der Marien-Basilika auf dem Esquilin. Dort wurden sie von einer Truppe aus Klerikern und Gladiatoren belagert. Diese kletterten auf das Dach der Kirche und bewarfen die darin Verschanzten mit Ziegeln; andere verbrannten die Tore und stürmten den Kirchenraum. Dabei kamen mehr als 160 Anhänger des Ursinus ums Leben. Ursinus selbst musste fliehen. Dieser wurde von Kaiser Constantius II. bald darauf rehabilitiert, konnte mit seinen verbliebenen Anhängern nach Rom zurückkehren und ließ sich mit diesen erneut in der Liberius-Basilika auf dem Esquilin nieder, wurde aber Anfang 368 auf Damasus' Drängen endgültig aus Rom verbannt. Trotzdem behaupteten sich einige Ursinianer in der Basilika Sant' Agnese fuori le mura, bis sie nach blutigen Scharmützeln auch von dort vertrieben wurden. Die weltlichen Machthaber warteten erneut den Ausgang der Kämpfe ab und nahmen dann wiederum für den Sieger Partei. Ursinus wurde erst aus Rom und Umgebung, dann nach Gallien und schließlich nach Köln verbannt, doch hielt er an seinem Anspruch, der wahre Nachfolger des Liberius zu sein, unerschütterlich fest, und zwar über den Tod seines erfolgreichen Konkurrenten hinaus. Ein wesentlicher Störfaktor aber war Ursinus nach 375 nicht mehr, dafür saß Damasus zu fest im Sattel.

In diesem Jahr überstand dieser auch einen Kriminalprozess wegen Gewaltanwendung gegen seine Gegner dank der Intervention Kaiser Valentinians I. ohne Verurteilung. Es blieb nicht die einzige Beschuldigung, der sich der energische und tatkräftige Bischof in seiner achtzehnjährigen Amtszeit ausgesetzt sah. Als Parteigänger der römischen Aristokratie, die ihn gegen Ursinus unterstützt hatte, war Damasus unbeliebt bei den kleinen Leuten, die ihm vorwarfen, bei reichen Witwen Erbschleicherei zu betreiben. Die bloßen Gerüchte hatten ein kaiserliches Edikt zur Folge, das Klerikern den Umgang mit reichen Matronen und die Annahme von Legaten ausdrücklich untersagte. Ähnliche Töne schlug auch der dem Christentum fern stehende Historiker Ammianus Marcellinus an. Er kritisierte vor allem Damasus' aufwendigen, in seinen Augen penetrant parvenühaften Lebensstil und dessen Anbiederung an die römische Oberschicht, speziell an einflussreiche Frauen. Damit war eine Debatte eröffnet, die mit mancherlei Variationen bis heute anhält: Sollten die höchsten Vertreter der Kirche arm wie der Fischer Petrus oder reich wie Fürsten auftreten? Schlichtheit – so das wichtigste Argument für kirchliche Prunkentfaltung – wurde von der Masse mit Macht- und Bedeutungslosigkeit gleichgesetzt und verachtet. Die Größe der Kirche und speziell des römischen Bischofsamts musste daher sichtbar manifestiert werden, mit allen Attributen des Ranges und der Würde.

Die blutigen Vorkommnisse, die Damasus den Weg auf den römischen Bischofsstuhl öffneten, kontrastieren eigentümlich mit seiner weit gespannten literarischen Tätigkeit. Machtmensch und frommer Schöngeist zugleich, feierte er in zahlreichen, regelmäßig am Ort des Geschehens in Stein gehauenen Epigrammen die römischen Märtyrer und ihre ruhmvolle Blutzeugenschaft. In solche Tatenberichte fügte der dichtende Bischof bei passender Gelegenheit gerne auch Verweise auf seine eigene Lebensgeschichte ein, zum Beispiel wie er der Gefahr einer erfundenen Anklage entrann oder über seine böswilligen Feinde triumphierte. Zugleich verherrlichen die mehr als sechzig erhaltenen Versdichtungen Rom, wo so viel heiliges Blut vergossen wurde, als die Stadt des Heils und verleihen ihrem Oberhirten damit eine Stellung weit über allen anderen Bischöfen. Durch die kunstvoll gemeißelten Epigramme, aber auch durch Titel und Widmungen von Kirchen sowie die Kennzeichnungen weiterer wichtiger Erinnerungsorte wurde Rom jetzt zu einem Raum der erbaulichen Meditation und des ehrfurchtsvollen Gedenkens ausgestaltet. Das christliche Heilszentrum begann sich über das heidnische Zentrum des Imperiums zu stellen, ja, dieses zu verdrängen; damit war ein Prozess eingeleitet, der anderthalb Jahrtausende fortdauern sollte.

Mit Damasus erschloss, entdeckte und erfand die römische Kirche erstmals ihre eigene Geschichte als Quelle des Ruhmes und Legitimationsbeweis. Der Reichtum an Märtyrern beiderlei Geschlechts, die Präsenz der beiden vornehmsten Apostel Petrus und Paulus, die ununterbrochene Abfolge der Oberhirten, die Führungsstellung, die diese angeblich von Anfang an innegehabt hatten, die Wunder, von denen so viele Heiligenviten zu erzählen wussten – alle diese «historischen» Motive wurden von jetzt an neben der theologischen Begründung im engeren Sinne zum Kernbeleg für den Primat, die Oberhoheit, des römischen Bischofs über die ganze christliche Kirche und bald auch über deren weltliche Gewalten. Die Hinwendung zur eigenen Vergangenheit, die für das Papsttum, die am stärksten auf die Geschichte fixierte Institution überhaupt, bis heute prägend bleibt, erforderte von Anfang an eine «kreative» Arbeit an der Geschichte, die darauf abzielte, die sperrigen Fakten mit dem eigenen Geschichtsbild in Übereinstimmung zu bringen, notfalls durch Fälschungen, die als heilsame Richtigstellung heilloser Zeitläufte verstanden wurden. Unter all diesen Gesichtspunkten lässt sich Damasus I. als erster Papst bezeichnen, obwohl er diesen Titel noch nicht führte und weit davon entfernt war, die mit seinem Amt verknüpften Ansprüche in der widerspenstigen Realität durchzusetzen.

Diesem ebenso hohen wie fernen Ziel war Damasus' gesamter Pontifikat gewidmet. Ohne theologische Ausbildung und daher an den Feinheiten der christologischen Dogmatik der letzten Jahrzehnte desinteressiert, verfocht er die Gültigkeit des Glaubensbekenntnisses des Konzils von Nicaea, dem er entgegen den historischen Fakten eine römische Einberufung und Approbation andichtete. Mit der umgekehrten Begründung, dass die Billigung seiner Vorgänger fehle, verwarf er die Beschlüsse aller übrigen Kirchenversammlungen, die mit seiner Position nicht übereinstimmten, obwohl von einer solchen Genehmigungspflicht vorher nie die Rede gewesen war. Damasus' Bestrebungen, Rom zum zentralen Entscheidungsort der Kirche zu erheben, wurden von dogmatischen Zwistigkeiten im Osten begünstigt, wo das Verhältnis von Gottvater und Christus immer neue «Lösungsvorschläge» provozierte. Konkret griff der Papst, von einer römischen Synode unterstützt, mit Verdammungssprüchen in die inneren Angelegenheiten der Kirche von Antiochia ein, die sich wie die von Karthago, Alexandria und Konstantinopel aufgrund ihrer apostolischen Ableitung als ebenbürtig verstand; dabei wurde seine Intervention allein von machtpolitischen Gesichtspunkten, nicht von theologischen Akzentsetzungen geleitet, zu denen das römische Umfeld weiterhin außerstande war.

Eine ähnlich günstige Gelegenheit, seine Primatansprüche geltend zu machen, bot Damasus 378 die konflikträchtige Lage in der Diözese Karthago, wo die Donatisten weiterhin stark waren und daher endlose Streitigkeiten über mehrfach besetzte Bistümer ausgetragen wurden. Seine – wiederum von einer römischen Synode mitgetragenen – Beschlüsse ließ er Kaiser Gratian mit dem Ersuchen zukommen, deren Befolgung zu erzwingen. Dem Schreiben waren weitere unbescheidene Bitten beigefügt: Die weltlichen Machthaber sollten die kirchliche Entscheidungshoheit des Bischofs von Rom in der westlichen Reichshälfte anerkennen und durchsetzen helfen. Darüber hinaus sollten sie ein für alle Mal dekretieren, dass über den Bischof von Rom nur der Kaiser selbst oder eine Kirchenversammlung zu Gericht sitzen könne; in dieser Forderung klingt der Nachhall von Damasus' Kriminalprozess unüberhörbar an. Seine Forderung war noch weit vom späteren Grundsatz, dass über den Papst niemand urteilen könne, entfernt, aber dem zuständigen Kaiser Gratian erschien sie dennoch allzu kühn. So blieb der Bischof von Rom einstweilen der Gerichtsbarkeit des römischen Stadtpräfekten untergeordnet. Davon abgesehen zeigte Gratian mancherlei Entgegenkommen: Von fünf oder sechs Beisitzern beraten, sollte der römische Oberhirte künftig über alle Bischöfe des Westens die Jurisdiktionshoheit besitzen. Das alles blieb vorerst weitgehend Theorie, wurde aber von Damasus und seinen Nachfolgern als kostbares Privileg betrachtet, das nur noch seiner Umsetzung harrte. 380 wurde dem dynamischsten aller bisherigen Bischöfe von Rom dann die nächste Genugtuung zuteil: Der neue Ost-Kaiser Theodosius bestätigte feierlich die Gültigkeit des nicaenischen Glaubensbekenntnisses, wie es in Rom von Damasus und in Alexandria von Bischof Petrus aufrechterhalten worden sei. Nur wer dieser Formel zustimme, gehöre zur «katholischen», das heißt allumfassenden, Kirche, alle Abweichler hingegen galten als Ketzer.

Einen weiteren bedeutsamen Etappensieg konnte der römische Stuhl 381 auf dem Konzil von Konstantinopel erringen. Die Kirchenversammlung legte erstmals verbindlich die Rangfolge der Bischofssitze fest und setzte Rom auf den ersten Platz, gefolgt von Konstantinopel, dessen Bischof sich wie seine Kollegen in Antiochia, Jerusalem und Alexandria «Patriarch» zu nennen begann. Für Rom war das vorerst ein reiner Primat *honoris causa*, ohne konkrete rechtliche Konsequenzen, doch zugleich ein Ausgangspunkt:

Von jetzt an musste es darum gehen, diesen Ehrenvorrang zur Jurisdiktionshoheit auszubauen. Dabei waren vor allem im Osten starke Widerstände zu überwinden, die sich schon auf dem Konzil unüberhörbar artikulierten. Das zeigte sich bereits im Jahr darauf, als Damasus eine Synode nach Rom berief, an der hochkarätige Theologen wie Bischof Ambrosius von Mailand, nicht aber die Bischöfe des Ostens teilnahmen. Sie wussten, warum: Auf der römischen Kirchenversammlung wurde der umfassende Primat des römischen Stuhls in der Kirche erstmals mit dem direkten Bezug auf die Verse «Du bist Petrus, und auf diesen Felsen werde ich meine Kirche bauen ...» im 16. Kapitel des Matthäus-Evangeliums begründet. So fügte sich zusammen, was nach Damasus' Ansicht zusammengehörte.

Trotz und oft auch wegen seiner Triumphe über Gegner und Konkurrenten blieb «der erste Papst» bis zum Schluss seines langen Pontifikats umstritten. Die gegen ihn vorgebrachten Vorwürfe waren stets dieselben: die Lust an Prunk und Prestige, der Personenkult, die Habgier und als Urgrund dieser Laster Hochmut und Eitelkeit. Die Antwort darauf gab der Beschuldigte in seinen Epigrammen, in denen er seinen ganzen Pontifikat und speziell seine Bau- und Ausschmückungstätigkeit dem Ruhm der Märtyrer und Rom als Sitz der Apostel (*sedes apostolica*) unterordnete. Die Unterscheidung zwischen Person und Amt, die dieser Verteidigungs-Strategie zugrunde liegt, wird auch in seinem selbst verfassten Grabspruch aufrechterhalten, der ganz der Erlösungstat Christi und dem Glauben an die Wiederauferstehung gewidmet ist: «Der dem sterblichen Samen der Erde Leben zurückgibt, der nach dem Tod die Schlingen der Sterblichkeit löste und nach drei Tagen den Bruder Marthas wieder lebendig machte, der wird auch, so glaube ich, Damasus wiederauferstehen lassen» (Epigrammata Damasiana 12).

Der Begründung und Festigung des Primats diente auch der Ausbau der kirchlichen Organisation und Verwaltung am Tiber. In seinen Prozessen gegen klerikale Gegner bediente sich Damasus ohne Skrupel nicht-christlicher Juristen. In seinem Auftrag säuberten sie die Korporationen der Presbyter und Diakone von oppositionellen Elementen. Parallel dazu wurden die Grundlagen einer zentralen Kirchenadministration geschaffen, die später den antiken Namen «Kurie» erhalten sollte. So ließ der Papst ein Archiv anlegen, das die Alters- und Kontinuitätsnachweise zu liefern hatte, die im

Kampf um den Primat immer größere Bedeutung gewannen. Als Entdecker, Planer und Gestalter der «heiligen Stadt» überzog Damasus Rom und seine Umgebung nicht nur mit einem dichten Netz von Erinnerungsorten, sondern ließ auch eine Reihe wichtiger neuer Bauten errichten, etwa die heute in den Cancelleria-Palast eingegliederte Kirche San Lorenzo, die durch ihren Beinamen «in Damaso» bis heute an ihren Auftraggeber erinnert, und den Vorgängerbau der Kardinalstitelkirche Santi Nereo e Achilleo bei den Caracallathermen.

Reichsverfall und Primatansprüche: Siricius, Anastasius I., Innozenz I.

Als Damasus im Dezember 384 im Alter von achtzig Jahren starb, war das Amt des römischen Bischofs nicht mehr dasselbe. Hinter die Marksteine, die er in seinen achtzehn Pontifikatsjahren gesetzt hatte, führte kein Weg mehr zurück. Als eigentlichen Begründer ihres Amts sahen ihn auch die nachfolgenden Päpste. So wird er im Epitaph seines Nachfolgers Siricius als «großer Mann in all seinen Lebensjahren» gefeiert; das war eine eher seltene Verbeugung eines Papstes vor seinem meist ungeliebten Vorgänger. In diesem Tatenbericht zu Händen des Jüngsten Gerichts wird natürlich auch Siricius mit Lob überschüttet: «Fromm und gerecht machte er seine Zeit glücklich, durch seine Mildtätigkeit und Freigiebigkeit verdiente er sich einen Namen für alle Zeit und genießt jetzt die ewige Ruhe, hat er sich doch das Himmelreich erobert» (Inscriptiones Christianae urbis Romae septimo saeculo antiquiores II, S. 102). Als besonderer Ruhmestitel wird zudem vermerkt, dass er dem Volk den ersehnten Frieden verschafft und die Kirche gegen alle Angriffe der Mächtigen tapfer verteidigt habe.

Siricius' fünfzehnjähriger Pontifikat stand ganz im Zeichen des erfolgreichen Vorgängers. Innerkirchlich ging es ihm vor allem darum, seine Rolle als Regelgeber und Richter des Klerus einzuschärfen. In einem Schreiben an den spanischen Bischof Imerius, das später zu den päpstlichen Dekretalen – Verfügungen mit Gesetzeskraft für die gesamte Kirche – gezählt wurde, erließ er eine Fülle detaillierter Bestimmungen, die den Lebensstil der Geistlichen und des frühen Mönchtums reglementieren sollten. Ihr Ziel bestand darin, das öffentliche Auftreten der Kleriker mit den strengen Moralvorstellungen des frühen Christentums wieder in Übereinstimmung zu bringen; angesichts des wachsenden Reichtums der Kirche und ihrer zunehmenden Verschmelzung mit der weltlichen Gewalt war das keine leichte Aufgabe. Probleme warf vor allem die von Paulus so stark betonte Norm der geschlechtlichen Enthaltsamkeit auf, da der Großteil der Kleriker verheiratet war. Die von Siricius gefundenen Kompromisse bestanden darin, dass geistliche Berufsanwärter bis zum dreißigsten Lebensjahr nur den niederen Grad eines Subdiakons erwerben konnten, es sei denn, sie verpflichteten sich von Anfang an zur Keuschheit; in diesem Fall konnten sie nach fünfjähriger Bewährungszeit Priester und nach zehn Jahren sogar Bischof werden. Insgesamt zeugt der Katalog der Vorschriften von einer Formalisierungswut der Kirche und des religiösen Lebens, die kaum einen Lebensbereich ausspart; so wurden die Tage, an denen Taufen vorgenommen werden durften, als Bestätigung einer alten Tradition auf Ostern und Pfingsten beschränkt.

Seinen im Epitaph hervorgehobenen Ehrentitel als Verteidiger kirchlicher (Sonder-)Rechte verdiente sich Siricius dadurch, dass er gegen die Verurteilung und Hinrichtung von Ketzern durch kaiserliche Verfügungen protestierte. Dahinter stand nicht das Mitleid mit «Irrlehrern» wie Priscillian, der in Spanien das nahende Zeitenende verkündete und zu einem Leben in asketischer Abgeschiedenheit von der böse geschaffenen Welt aufrief, sondern die Sorge um die Autonomie der Kirche und ihrer Gerichtsbarkeit. Dazu gehörte auch, gegen jede Neufassung von Dogmen durch die Kaiser und ihren Hof reflexartig Stellung zu beziehen. So berief Siricius sofort eine römische Synode ein, als im politischen Entscheidungszentrum des Westens Sympathien für die im Osten weiterhin einflussreichen Vertreter der *homoios*-Formel, der bloßen Ähnlichkeit des Sohnes mit dem Vater, aufkamen. Zusammen mit der Einschärfung der nicaenischen Glaubensformel verkündete die Synode unter Siricius' Vorsitz die Bestimmung, dass künftig kein Bischof ohne Wissen des Papstes geweiht werden dürfe. Das war ein weiterer wichtiger Schritt zur Verwirklichung des Primats, zumindest in der Theorie; in der Praxis war diese Verfügung lange Zeit nicht durchsetzbar, vor allem im Osten waren die Hindernisse unüberwindlich. Im Westen waren die Probleme anders gelagert. Hier stellte der Mailänder Bischof Ambrosius durch seine theologische Bildung und seine wortgewaltigen Predigten Rom in den Schatten und nahm mit seinem einzigartigen Charisma auf die Berufung neuer Oberhirten in Norditalien bestimmenden Einfluss. Zu einem Streit um den Primat kam es dennoch nicht, da Ambrosius den Vorrang Roms in Glaubens- und Rechtssachen rückhaltlos anerkannte.

Siricius' Nachfolger Anastasius I. war wie seine beiden Vorgänger Römer und ist in römischen Kunstwerken bis heute an herausragender Stelle zu sehen, so in einem Mosaik des 7. Jahrhunderts im Baptisterium des Lateran und einem tausend Jahre später entstandenen Medaillon Giovanni Lorenzo Berninis in der Peterskirche. Diese Prominenz ist weder durch einen bedeutenden Pontifikat noch durch ein Martyrium, sondern allein durch das Lob eines befreundeten Zeitgenossen, des Kirchenvaters Hieronymus, zu erklären, der ihn wegen seiner «allerreichsten Armut und apostolischen Fürsorge» rühmte und damit gegen Damasus und seine eindrucksvolle Selbstdarstellung ausspielte. Innerkirchlich musste sich Anastasius mit den Bestrebungen auseinandersetzen, die Lehren des großen Theologen Origenes (185–254) zeitgemäß wiederzubeleben. Dieser wurde schon zu Lebzeiten als Ketzer verdächtigt (aber erst 553 als solcher verurteilt), weil er in enger Anlehnung an die platonische Philosophie die ewige Dauer der Materie, die Vielzahl der geschaffenen Welten und eine Geschichtssicht vertreten hatte, die mit der apokalyptischen Naherwartung des frühen Christentums kollidierte. Anastasius schloss sich diesem Urteil an, obwohl er nach seinem eigenen brieflichen Zeugnis von Origenes und dessen Lehre noch nie gehört hatte. Dem theologischen Bildungsstand in Rom stellte dieses naive Eingeständnis nicht das beste Zeugnis aus.

Hieronymus bezeichnet Anastasius' Nachfolger Innozenz I. als dessen Sohn. Falls damit nicht ein rein geistliches Verhältnis, sondern tatsächlich die «fleischliche» Herkunft gemeint ist, wäre es der erste Beleg dafür, dass das Papstamt in den Händen derselben Familie blieb. Da die Wahl von hohen Geistlichen nach dem Prinzip der reinen Würdigkeit, ohne jede Rücksichtnahme auf Verwandtschaft und Vernetzung, erfolgen sollte, war eine solche Quasi-Erblichkeit des höchsten Kirchenamts äußerst problematisch. Schließlich lief diese Sukzession auf eine Art Familien-Berufung, ja Familien-Heiligkeit hinaus, die jeglicher theologischer Grundlage entbehrte.

Innozenz' fünfzehnjähriger Pontifikat fiel in militärisch und politisch bewegte Zeiten. Der innere und äußere Verfall des Westreichs wurde durch die

Invasion der Goten unübersehbar, die 408 unter ihrem König Alarich Italien verwüsteten und im Jahr darauf vor den Mauern Roms standen. Für den noch nicht zum Christentum bekehrten römischen Stadtadel war die Invasion der nördlichen Barbaren die Strafe für den Abfall von den alten Göttern. Um deren Gunst zurückzugewinnen, wollten ihnen die Aristokraten während der Belagerung Opfer darbringen, was durch ein kaiserliches Dekret verboten war. Innozenz erklärte sich mit dessen Aufhebung einverstanden, und zwar unter der Voraussetzung, dass die heidnischen Riten im Stillen vollzogen wurden. Seine eigenen Versuche, Alarich in letzter Minute zum Abzug zu bewegen, schlugen fehl. Die Goten plünderten Rom im August 410 drei volle Tage und Nächte hindurch.

Wie für seine Vorgänger Damasus und Siricius stand auch für Innozenz I. die Durchsetzung des römischen Primats im Vordergrund. Dieser Vorrang bildete mit der dazugehörigen Autorität und Jurisdiktion das Thema seiner Briefe an Bischöfe in Ost und West. Begründet wird er mit der Führungsstellung des Apostels Petrus vor allen anderen Jüngern; von Petrus habe alles apostolische und bischöfliche Wirken für Christus seinen Anfang genommen. Auf diese Weise leiteten sich alle anderen Kirchen von der «Geburtsquelle Rom» (*velut de natali suo fonte*) ab. Innozenz' Vorgänger Siricius und Anastasius hatten zur Rechtfertigung ihrer Führungsstellung die schon bei den römischen Historikern beliebte Körper-Metapher herangezogen: Rom ist das Haupt, die übrige Kirche der Leib; wenn dieser leidet, muss der Kopf Abhilfe schaffen. Verglichen mit solchen Gleichnissen bedeutete die neue Sprachregelung eine klare Steigerung: Dem römischen Stuhl allein verdankten die anderen Kirchen ihr Dasein und ihr spirituelles Leben. Dafür schuldeten sie dessen Inhaber Gehorsam. Kirchliche Streitfälle von größerer Tragweite sollten von nun an nach Einholung des bischöflichen Votums zur unwiderruflichen Entscheidung an den Papst in Rom überwiesen werden; dieser konnte jederzeit alle Fälle an sich ziehen und auch die Beschlüsse von Synoden nach seinem überlegenen Gutdünken bestätigen oder umstoßen. Im Namen der klerikalen Disziplin, ihrer Kontrolle, Einschärfung und Verbesserung wurde der Papst somit zum unumschränkten Rechtsherrn der Kirche erhoben. Er allein besaß die nötige *auctoritas*, um durch seine unumstößlichen Entscheidungen Ärgernisse aus der Welt zu schaffen, die durch den unsittlichen Lebenswandel von Geistlichen und Mönchen verursacht wurden. Die Reform der Kirche und der ganzen Christenheit hatte vom Papst auszugehen. Er hatte diese Rechtshoheit als Erbe des Petrus erhalten, der in Rom das Martyrium erlitt, um dort eine nie mehr abreißende Nachfolge der Würde und der Macht zu begründen. Das sollte auch in Zukunft der römische Standpunkt bleiben: Die Heilung aller kirchlichen Gebrechen musste vom Haupt ausgehen. Initiativen «von unten», von Bischöfen, Priestern oder gar Laien, waren ohne die Billigung von oben keine Reform, sondern Revolten gegen die gottgewollte Ordnung. Dieses Prinzip gilt bis heute.

Das apostolische Erbe gehört Petrus allein, dem Fürsten der Apostel, nicht allen Aposteln gemeinsam: Mit dieser Formel stritt Innozenz I. an allen Fronten für die Vereinheitlichung von Rechtsprechung und Kultus zu seinen Gunsten, in Italien gegen die Verbreitung der von Rom abweichenden ambrosianischen Liturgie, in Griechenland gegen die Hoheitsansprüche des Bischofs von Konstantinopel. Seine Primatsforderungen gegenüber den westlichen Kirchen inklusive Afrikas untermauerte der Papst damit, dass sie alle von Petrus begründet worden seien. Das verblüffende Argument für diese wundersame Kirchenvermehrung durch den Fischer von Bethsaida lautete: Nirgendwo wird ein anderer Apostel als Ahnherr erwähnt, also kann es nur der Apostelfürst selbst gewesen sein. Dass diese seltsame Logik den dialektisch geschulten griechischen Theologen nicht einleuchten wollte, verwundert nicht. Vor allem in Antiochia, das sich auf die Gründung durch Petrus, und zwar vor Rom, berief, stieß Innozenz I. mit seinen gesteigerten Ansprüchen auf entschiedene Ablehnung.

Theologische Turbulenzen gingen zu Beginn des 5. Jahrhunderts wieder einmal von Afrika aus, das Innozenz I. als seine unmittelbare Einflusszone ansah. Diesmal ging es nicht um die Wiedereingliederung der «Gefallenen» und auch nicht um das Verhältnis von Christus und Gottvater, sondern um die Bedeutung und Funktion der göttlichen Gnade. Damit war eine theologische Problemzone markiert, die den christlichen Kirchen auf Dauer erhalten bleiben sollte, sei es im Prozess der Reformationen ab 1517, sei es im Streit von Jansenisten und Jesuiten des 17. und 18. Jahrhunderts. Die Kernfrage lautete: War die Natur des Menschen durch die Erbsünde, die von Generation zu Generation wie eine fatale Ansteckung fortwirkte, so irreparabel beschädigt, dass er ohne göttliche Gnadenerweise nicht zum Heil gelangen konnte? Falls ja, worin bestand dann die Leistung des freien Willens und damit das Verdienst des Menschen vor Gott? Falls nein, wie machte sich dann die Erlösungstat Christi und die Wirkung der Taufe bemerkbar? Falls ja *und* nein, in welchem Verhältnis standen dann menschliche Leistungsnachweise und gratis geschenkte göttliche Gnaden? Die Debatte über diese Mysterien gestaltete sich nicht zuletzt deshalb kontrovers, weil das Neue Testament selbst keine eindeutige Antwort bot. Passagen aus den Lehrbriefen des Paulus, die die absolute Abhängigkeit des Menschen von der unverdienten Gnade, die als bloßes Geschenk daher auch nicht allen gewährt wurde, hervorhoben, kontrastierten mit viel optimistischeren Einschätzungen der Möglichkeit, sich das Heil zu verdienen, in den Briefen des Petrus und Jakobus.

Deren menschenfreundlichen Standpunkt machten sich der englische Mönch Pelagius und sein Schüler Caelestius zu eigen, die es auf der Flucht vor den Goten nach Afrika und Palästina verschlagen hatte, wo sie zuerst verurteilt (Karthago 411) und dann gerechtfertigt wurden (Jerusalem und Diospolis 415). Pelagius lehrte, dass der Mensch aus freiem Willen zur Sündenlosigkeit gelangen könne, vorausgesetzt, er strebe ehrlich nach der Überwindung des Bösen, zum Beispiel als Mönch durch die Abkehr von der Welt und ihren Versuchungen. Dabei bediente auch er sich des Konzepts der Gnade, doch fiel diese *gratia divina*, da sie für alle erreichbar war, weitgehend mit der menschlichen Natur zusammen. Mit diesen kühnen Thesen leugnete Pelagius nicht nur die Erbsünde und ihre Folgen, sondern stellte sogar die Kirche als «Bußanstalt» und damit auch die Machtstellung des Papstes *peccati causa*, aufgrund der unentrinnbaren Neigung des Menschen zum Bösen, infrage. Den theologischen Kampf gegen die «Pelagianer» führte an vorderster Front der afrikanische Bischof Augustinus von Hippo, der die umgekehrte Position extrem zuspitzte: Gott hat in seinem unerforschlichen Ratschluss die Gnade nicht allen, sondern nur den Erwählten gewährt, und zwar unabhängig von Sünde oder Verdienst: «Gott tut in den Herzen der Menschen, was er will, um ihren Willen geneigt zu machen. Bei der Annahme der Gnade ist kein Wille tätig, dessen Verdienste angeblich vorangingen.» (Augustinus, De gratia et libero arbitrio, 42, 44). In seiner Rolle als Schiedsrichter lobte Innozenz I. erst einmal das vorbildliche Verhalten der afrikanischen Bischöfe, die die endgültige Beantwortung der

Frage seiner höchsten Lehrautorität unterstellten; damit zollten sie nicht nur ihm, sondern auch dem Apostel Petrus den gebührenden Respekt, von dem alle Ämter und Würden der Kirche ihren Ausgang nahmen. Die Verurteilung des Pelagius und des Caelestius schrumpfte neben dieser Hervorhebung des römischen Primats zur Nebensache.

Günstlingswirtschaft, Gnadenstreit, Grabenkämpfe: Zosimus, Bonifaz I., Cölestin I., Sixtus III.

Innozenz' Nachfolger Zosimus war griechischer Herkunft, was häufig als Erklärung für die vielen Konflikte in seinem gerade einmal 21 Monate währenden Pontifikat angeführt wird: Als Außenseiter und «Seiteneinsteiger» habe er die römischen Verhältnisse und Gebräuche ungenügend gekannt. Doch in Wirklichkeit waren andere Motive ausschlaggebend. Gleich nach seiner Wahl im März 417 vermehrte Zosimus die Befugnisse des Bischofs Patroclus von Arles so weit, dass dieser fast wie ein gallischer Vize-Papst über den übrigen Episkopat der Provinz gebieten konnte. So war er als Metropolit Galliens dazu berechtigt, in allen Streitfällen souverän zu entscheiden. Rom kam dabei nur ins Spiel, wenn es Patroclus für nötig hielt. Das stand im krassen Widerspruch zu den Verfügungen Innozenz' I. und minderte den römischen Primat empfindlich. Der Grund für die ungewöhnliche Bevorzugung dürfte darin zu sehen sein, dass Patroclus dem Kaiserhaus nahestand und mit Zosimus eng verbündet war, vielleicht sogar als dessen Wahlhelfer agiert hatte. Wie unschwer vorhersehbar, brachte diese Favoritenstellung den Großteil der gallischen Bischöfe gegen Rom auf, was Doppelbesetzungen von Diözesen und weitere Wirren zur Folge hatte.

Augustinus war der Meinung gewesen, dass die päpstliche Verurteilung der Pelagianer das Ende des Streits zur Folge haben würde. Doch dem war nicht so: Rom hatte gesprochen, doch der Fall war strittiger denn je. Ihren Höhepunkt erreichte die Auseinandersetzung über die natürliche Fähigkeit des Menschen zum sündenfreien Leben sogar erst nach dem römischen Machtspruch. Pelagius' wichtigster Mitstreiter Caelestius reiste 417 mit einem eigens dafür ausformulierten Glaubensbekenntnis nach Rom, wo er von Zosimus feierlich in der Basilika des heiligen Clemens empfangen wurde. Dort wurde dieser Text von Bischöfen und Priestern sorgfältig überprüft und sein Verfasser eingehend verhört, offenbar mit überraschenden Ergebnissen: Caelestius selbst behauptete – ob wider besseres Wissen oder nicht, bleibt offen –, in seinen Positionen mit Innozenz I. übereinzustimmen. Daraufhin wurden die gegen ihn verhängten Urteile als unzureichend belegt eingestuft und als Ergebnis fehlerhafter Prozessführung aufgehoben. Caelestius' Ankläger sollten binnen zwei Monaten mit stichhaltigeren Beweisen in Rom erscheinen und dessen dort gemachte Aussagen mit seinen Schriften vergleichen; danach wollte Zosimus das Urteil in letzter Instanz selber fällen. Auch wenn so die Möglichkeit einer zweiten, besser begründeten Verurteilung gewahrt blieb, war dieses Zwischenresultat bereits eine schallende Ohrfeige für Innozenz I. und dessen Administration.

Es kam noch schlimmer. Nach einer weiteren Überprüfung von Pelagius' und Caelestius' Schriften sei er – so der Papst in einem Schreiben an die afrikanischen Bischöfe – zu der Erkenntnis gelangt, dass deren Positionen voll und ganz mit der offiziellen Glaubenslehre vereinbar und die gegen sie erhobenen Beschuldigungen daher böswilliger Natur seien. Das war ein Seitenhieb gegen die theologischen Hauptankläger, zwei gallische Bischöfe, die sich als unversöhnliche Gegner des Patroclus von Arles einen Namen gemacht hatten. Damit verletzte der Grieche an der Spitze der römischen Kirche eine Regel, die sich zur Basisnorm des Papsttums schlechthin entwickeln sollte: Niemals Grundsatzkritik an einem Vorgänger üben oder dessen Entscheidungen in Fragen der Lehre und Moral revidieren! Beides gefährdete den mühsam genug konstruierten und noch längst nicht befriedigend durchgesetzten Anspruch auf den Primat in der Kirche. Wenn Beschlüsse eines Papstes von seinem Nachfolger korrigiert wurden, hieß das, dass zumindest einer von beiden irren musste. Ein solcher Widerruf stellte das Vertrauen in die Kirchenführung infrage; zudem mussten sich Kleriker und Laien gleichermaßen aufgerufen fühlen, römische Bestimmungen auf den Prüfstand zu stellen.

Die Entrüstung über Zosimus' Freispruch der Pelagianer fiel heftig aus. In Karthago kamen mehr als zweihundert Bischöfe zusammen und verfassten ein geharnischtes Protestschreiben, das sie an Kaiser Honorius in Ravenna adressierten. Dieser zögerte nicht lange, übernahm die Verurteilung der Synode, ohne die römische Gegenposition überhaupt zu erwähnen, und verbannte Pelagius und Caelestius als Ketzer und Aufrührer aus Rom. Jetzt erst schwenkte Zosimus um und verurteilte die eben noch Freigesprochenen, und zwar mit Argumenten aus den Schriften des Paulus und des Augustinus.

In einem weiteren afrikanischen Streitfall unterstützte der Papst einen Priester, der gegen die Absetzung durch seinen Bischof in Rom Berufung einlegte, und drohte seinerseits dem Bischof gravierende rechtliche Schritte an. Diese Maßnahme entsprach dem Selbstverständnis des römischen Stuhls, wie es sich seit Innozenz I. herausgebildet hatte, stand jedoch im Widerspruch zur herrschenden Praxis, die solche Appelle an Instanzen außerhalb Afrikas ausschloss. Sein Vorgehen rechtfertigte der Papst unter Berufung auf das Konzil von Nicaea, das dazu jedoch nie Stellung genommen hatte. Am Ende seines kurzen Pontifikats nahm auch in Rom das Unbehagen an seinem Führungsstil so stark zu, dass Beschwerden darüber an den kaiserlichen Hof in Ravenna gelangten. Als Heiliger wurde Zosimus denn auch erst vierhundert Jahre nach seinem Tod verehrt – die Zeit tilgte am Ende jeden Makel.

Wie immer nach polarisierenden Pontifikaten war die römische Kirche nach Zosimus' Tod Ende Dezember 418 zutiefst gespalten. Zuerst erhob eine Gruppe von Priestern und Diakonen den Erzdiakon Eulalius, kurz darauf eine zweite, wohl größere Wählerschaft Bonifaz I. zum Nachfolger. Wer zuerst kommt, hat Recht: Nach diesem Motto erkannte Kaiser Honorius Eulalius als Bischof von Rom an und verbannte dessen Konkurrenten aus Rom. Doch so einfach ließ sich der Streit nicht beilegen. Bonifaz kehrte an der Spitze einer bewaffneten Truppe an den Tiber zurück, wo seine Anhänger gewaltsam protestierten. Daraufhin übertrug der Kaiser die Entscheidung einer Synode in Ravenna. Als auch diese ratlos auseinanderging, sollte eine größere Kirchenversammlung in Spoleto die Spreu vom Weizen trennen. Bis zu deren Urteil galten beide Kandidaten als suspendiert. Da sich Eulalius im Gegensatz zu seinem Konkurrenten nicht an diesen kaiserlichen Machtspruch hielt, wurde Bonifaz im Frühjahr 419 als Zosimus' legitimer Nachfolger anerkannt. So eindeutig wie kaum je zuvor hatte die weltliche Gewalt über die Besetzung des römischen Stuhls entschieden. Um Wirren wie diese künftig zu unterbinden, setzte der neue Papst ebenfalls auf die Autorität des Kaisers. Dieser erließ auf sein Drängen hin eine Bestimmung, die im Falle einer Doppelwahl beide Konkurrenten zum Verzicht zwang und die Erhebung eines dritten, für alle akzeptablen Kandidaten vorsah. Diese weise Regelung hätte der Kirche zahlreiche Spaltungen und innere Kriege erspart, wäre sie nur durchsetzbar gewesen; doch davon konnte keine Rede sein.

In den weiterhin akuten afrikanischen Streitfragen agierte Bonifaz I. mit sehr viel mehr Fingerspitzengefühl als sein Vorgänger. So nahm er den Appell eines Bischofs, der von seinen Kollegen auf einer Synode abgesetzt worden war, zwar entgegen und wahrte damit die römischen Rechtspositionen, konsultierte jedoch bei der Erörterung des Falls die Ankläger ausgiebig, zögerte die Entscheidung hinaus und vermied so eine erneute Brüskierung des afrikanischen Episkopats. Noch stärker als im Süden war das päpstliche Vermittlungsgeschick in Gallien gefordert, wo zahlreiche Bischöfe weiterhin gegen den von Zosimus zum Metropoliten erhobenen Patroclus von Arles rebellierten. Bonifaz löste das Problem dadurch, dass er dessen Vollmachten formell unangetastet ließ, de facto jedoch wesentlich einschränkte. Auch im Kampf um die kirchliche Hoheit über die neuerdings zum Oströmischen Reich gehörige Provinz Illyrien agierte der Papst erfolgreich. Dass er sich in diesem Streit gegen seinen Konkurrenten in Konstantinopel, der Illyrien für sich reklamierte, durchsetzte, verdankte er der politischen Annäherung der beiden Kaiser Honorius und Theodosius II. Offiziell wurde der römische Hoheitsanspruch jedoch mit Sätzen begründet, die inzwischen zu weihevollen Formeln geronnen waren: Die Einrichtung der universellen Kirche geht von Anfang an allein auf die Würde des heiligen Petrus zurück. Er und seine römischen Nachfolger sind daher als Häupter aller Einzelkirchen zu betrachten; wer diesen Primat nicht anerkennt, steht außerhalb der christlichen Glaubensgemeinschaft. Das war ein Seitenhieb gegen die Christen im Osten, die mit dem Vorrang Konstantinopels vor Rom liebäugelten. Allen frevelhaften Anschlägen dieser Art wurden von jetzt an die einschlägigen Stellen von Matthäus, Kapitel 16 – «Du bist Petrus ...» – als Banner des römischen Primats entgegengehalten. Zusätzlich wurde der römische Führungsanspruch mit einem Verweis auf die Geschichte untermauert, der seit Damasus gängig war: So war es nach göttlichem Willen immer schon; wenn es ausnahmsweise einmal anders war, bedeutete das eine frevelhafte Abweichung von der Norm.

Bonifaz' Nachfolger Cölestin I. wurde im September 422 ohne Widerspruch gewählt und widmete seinen Pontifikat in nahtloser Anknüpfung an seine Vorgänger der weiteren Festigung des römischen Primats und dessen praktischer Durchsetzung, vor allem im Osten. Theorie und Praxis gingen dabei Hand in Hand: Die römische Kirche allein – so der offizielle Tenor unter Cölestin – ist eine apostolische Gründung, alle anderen Gemeinden wurden von ihren Abgesandten ins Leben gerufen, sind also letztlich abhängige Pflanzstätten zweiten Ranges. Natürlich entsprach das nicht den Tatsachen, doch Eindruck machte diese Ableitungsthese trotzdem. Wer wusste es denn schon besser? Kirchengeschichte war ja keine unabhängige Disziplin, sondern der Theologie, ihren Streitfragen und Strategien, untergeordnet. Mit dieser theologischen und historischen Rückendeckung beanspruchte Cölestin die dogmatische und disziplinarische Entscheidungshoheit in den Auseinandersetzungen, die ab 428 die östliche Kirche erschütterten. Deren Ausgangspunkt waren die Thesen des Bischofs Nestor von Konstantinopel, der die Verehrung Marias als Gottesmutter ablehnte und damit heftigen Widerspruch provozierte, vor allem von seinem Amtsbruder Kyrillos in Alexandria. Beide Kontrahenten wandten sich an Rom und boten Cölestin damit ungewollt die Gelegenheit, sich im Jahr 430 mit einem Votum gegen Nestor als oberster Schiedsrichter in dieser heiklen Streitfrage zu präsentieren.

Als das von kaiserlicher Seite einberufene Konzil von Ephesos kurz darauf zu demselben Schluss gelangte, dass Maria als Gottesmutter zu verehren sei, schrieb sich der Papst das Verdienst zu, mit seiner Entscheidung die Kirche von dem schweren Übel der Nestorschen Irrlehre geheilt zu haben. In Wirklichkeit hatte das Konzil seinen Beschluss bereits gefasst, bevor Cölestins Delegierte in Ephesos angekommen waren; Grundlage der Verurteilung war nicht das päpstliche Schreiben, sondern die Stellungnahme von Nestors Intimfeind Kyrillos. Deutlicher konnten die östlichen Konzilsväter kaum ausdrücken, dass sie die römischen Primatansprüche nicht anerkannten. Dass Cölestins Schreiben in einer späteren Session nachträglich verlesen wurde, wahrte nur den Minimalrespekt gegenüber dem römischen Bischof. Auch in Afrika, wo die seit zwei Pontifikaten schwelenden Zwistigkeiten über die Ein- und Absetzung von Bischöfen fortdauerten, konnte der Papst seinen Rechtsstandpunkt nicht durchsetzen. Die dortigen Bischöfe beharrten auf der geheiligten Tradition, solche Streitfälle auf ihren Synoden selbst zu entscheiden: *Africa locuta, causa finita.*

Der kirchliche Störenfried Patroclus von Arles wurde zwar 426 ermordet, doch war das von Zosimus heraufbeschworene Chaos damit weder für die gallische Kirche noch für Rom beendet, denn Patroclus' Nachfolger Honoratus und dessen Nachfolger Ilarius, beide Mönche des mächtigen Klosters Lérins, hielten als Bischöfe von Arles nicht nur eisern an den Vollmachten ihres Sitzes fest, sondern dehnten diese sogar bis zur völligen Ablösung von der römischen Jurisdiktion aus und versuchten, diese Autorität zu einer radikalen Reform des Klerus im Geiste klösterlicher Askese zu nutzen. Zu diesem Zweck ernannten sie Mönche – kirchenrechtlich betrachtet fast immer Laien – und Fremde zu Bischöfen, was den Unmut gegen Arles schürte und die Krise der gallischen Bistümer weiter verschärfte.

Schließlich bot ein gewöhnlicher Kriminalfall dem Papst die ersehnte Gelegenheit zum Eingreifen. Ein übel beleumdeter Mönch war aus dem Osten des Reichs nach Arles geflüchtet und dort zum Bischof erhoben worden. Daraufhin setzte Cölestin diesen und seinen Protektor ab, und zwar mit einer Begründung, die mehr denn je zum Leitmotiv der Papstgeschichte werden sollte: Die falschen Asketen beeindruckten das unwissende Volk dadurch, dass sie sich in härene Lumpen kleideten und mit Wasser und Brot begnügten. Doch inszenierten sie ihre Weltabgewandtheit allzu öffentlich und übersahen im Stolz auf ihren Rigorismus, dass vor Gott nicht Äußerlichkeiten wie diese, sondern allein die inneren Werte zählten. Eine ganz ähnliche Formel lehrte Augustinus, der 430 während der Belagerung seiner Bischofsstadt Hippo durch die Vandalen starb: Der Christ soll die Güter dieser Welt weder verweigern noch überschätzen. *Uti non frui*, nutzen, nicht genießen, lautete die richtige Devise. Die römische Kirche richtete sich in einer bösen Welt, die offenbar nicht untergehen wollte, auf Dauer ein, und zwar in dem Bewusstsein, dass die wahren Christen in diesem Jammertal eine stille Minderheit duldender Jenseits-Wanderer bildeten. Aufgeregte Prediger der nahenden Apokalypse störten dieses schwierige Miteinander empfindlich.

In diesem Sinne schrieb Cölestin vor, dass Bischöfe Kleriker sein mussten, also keine Mönche sein durften; zudem sollten sie möglichst der Kirche angehören, zu deren Vorsitz sie berufen wurden. Ortskundig und bodenständig, wie sie jetzt sein sollten, konnten die Oberhirten in die Rolle geistlicher und materieller Nothelfer hineinwachsen, die ihnen durch den unaufhaltsamen Niedergang der Reichsgewalt im Westen förmlich aufgedrängt

Die Zeit im Untergrund ist vorbei, jetzt triumphiert das Licht und mit ihm die Kirche Die Basilika Santa Sabina mit ihren eleganten korinthischen Säulen wurde unter Cölestin I. über dem Haus einer ehrwürdigen christlichen Matrone gleichen Namens errichtet.

wurde. Auch dogmatisch steuerte Cölestin einen vorsichtigen Mittelkurs zwischen den Extremen. Stoff für kontroverse theologische Debatten boten vor allem die Spätwerke Augustinus', in denen die Prädestination, die Vorherbestimmung des Menschen zu Verdammnis oder Erlösung, immer beherrschender hervortrat. Anstoß an diesen Thesen, die die Verdienstlichkeit des menschlichen Strebens minimierten, nahmen vor allem die Mönchsgemeinschaften, die ihre radikale Askese als Weg zum Heil dadurch entwertet sahen; auf der anderen Seite forderten die Parteigänger des großen afrikani-

schen Theologen den Papst auf, dessen Andenken gegen solche Anwürfe in Schutz zu nehmen. Cölestin äußerte sich zwar positiv zu Augustinus' Wirken im Allgemeinen, vermied aber eine klare Position im Streit darüber, ob die Gnade allen Menschen oder nur den Erwählten angeboten werde. Nicht wenige seiner Vorgänger hatten sich an komplizierten theologischen Fachfragen die Finger verbrannt, Zurückhaltung war in dieser schwierigen Materie also angebracht. Auf der sicheren Seite wusste sich Cölestin hingegen mit seiner nochmaligen Verurteilung des Pelagianismus.

In Rom hat sich Cölestin I. durch den Bau von Santa Sabina verewigt. In der monumentalen Basilika feiert eine 13 Meter breite und 3 Meter hohe

Die vornehmste römische Basilika der Gottesgebärerin So prächtig baute Sixtus III. Santa Maria Maggiore für die Himmelskönigin. Die dorischen Säulen und die Mosaiken der Kindheit Christi am Triumphbogen zeugen eindrucksvoll von Macht und Reichtum des Papsttums im zu Ende gehenden Westreich.

Mosaik-Inschrift seine unsterblichen Verdienste: Er besetzte den «apostolischen Gipfel», er spendete als erster Bischof der ganzen Welt Licht und Glanz. Der Priester namens Petrus, dem er die Errichtung der Kirche aufgetragen hat, ist reich für die Armen und arm für sich selbst, er verdient sich damit das Himmelreich. Der Leser sollte ergänzen: zusammen mit dem Papst, der dieses architektonische Wunderwerk in Auftrag gegeben hatte. Auch das war eine zukunftsweisende Position Roms: Die Kirche musste reich sein, um Bauten zu finanzieren, die den Armen die Herrlichkeit des Paradieses vor Augen führten.

Cölestins Nachfolger Sixtus III. wurde erstmals als Mitstreiter von Papst Zosimus erwähnt, dessen anfängliche Sympathien für die Pelagianer er zur Besorgnis des Augustinus teilte. Doch schloss er sich zu dessen Erleichterung später der Verurteilung der «Erbsünde-Leugner» an. Dogmatisch bezog er in den Streitigkeiten des Ostens noch vorsichtigere Positionen als sein Vorgänger. So war Rom an der Ausarbeitung der Glaubensformel, auf die sich die östlichen Bischöfe während des Konzils von Ephesos zur Beilegung des Streits über das Verhältnis von Gottvater und Gottessohn einigten, nicht beteiligt, begrüßte aber die dort beschlossene Bekräftigung des *homoousios*: Christus ist dem Vater wesensgleich und durch seine Inkarnation als Mensch auch dem Menschen. Für den Papst war das die längst überfällige Bestätigung der römischen Position und des römischen Primats. Dasselbe galt für die vom Konzil ausgesprochene Verurteilung Nestors, der mit der Leugnung, dass Christus von der Jungfrau Maria geboren sei, den Gottessohn in unzulässiger Weise vom Menschen unterschied und das göttliche Erlösungswerk damit infrage stellte.

Tiefere Spuren hinterließ der achtjährige Pontifikat Sixtus' III. im römischen Stadtbild. So ließ er die durch die gotische Plünderung von 410 schwer beschädigte Basilika Sankt Paul vor den Mauern restaurieren und die Basilika Santa Maria Maggiore auf dem Esquilin vollenden, deren Bau zwei Jahrzehnte zuvor auf den Fundamenten der älteren Liberius-Kirche begonnen worden war. Obwohl die größte Marienkirche Roms im 13. Jahrhundert ein Querschiff und eine neue Apsis erhielt und ihr unter Sixtus V. (1585–1590) und Paul V. (1605–1621) zwei riesige Grabkapellen angefügt wurden, zeugt sie bis heute eindrucksvoll von der Machtstellung, die das Papsttum kurz vor der Mitte des 5. Jahrhunderts errungen hatte. Im Grundriss lehnt sich die «Sixtus-Basilika» an die großen Kirchenbauten Kaiser Constantins an, übertrifft diese jedoch durch die Hervorhebung des Mittelschiffs, die vierzig Säulen mit ionischen Kapitellen und die Ausschmückung mit Mosaikfeldern im Langhaus und auf dem Triumphbogen. Diese erzählen Schlüsselepisoden des Alten Testaments und der Passion Christi, dessen Menschwerdung sie ebenso hervorheben wie, ganz aktuell, die Gottesmutterschaft Mariens. Dazwischen zeigt die Inschrift «Sixtus, dem Volk Gottes Bischof» *(Xystus episcopus plebi Dei)* mit den darüberstehenden Aposteln Petrus und Paulus und den Symbolen der vier Evangelisten den Primat des römischen Stuhls an.

«Konsul Gottes»: Leo I.

Über Leo I., der Sixtus III. im September 440 nachfolgte und volle einundzwanzig Jahre lang amtierte, weiß der *Liber pontificalis*, die älteste aus den Bischofslisten hervorgegangene Quelle zur Geschichte der Päpste, wenig mehr zu berichten als die ungewöhnlich lange Dauer seines Pontifikats, seine Herkunft aus der Toskana und die Aufdeckung von zwei Häresien. Damit wird diese Quelle dem Wirken des ersten Papstes, der im Rückblick «der Große» genannt wurde, jedoch in keiner Weise gerecht. Mehr noch als Damasus wurde Leo für seine Nachfolger zum Vorbild und Vollender, zur Referenz und zur ultimativen Autorität. Schon unter seinem Vorgänger spielte er nach glaubwürdigen Quellen als Erzdiakon und Diplomat eine führende, wenn nicht sogar dominierende Rolle. Dass sich diese Tätigkeit nicht allein auf die Kirche beschränkte, zeigt die Mission, die ihm die Kaiserin-Mutter Galla Placidia 440 übertrug: Der einflussreiche Kleriker sollte in Gallien Frieden zwischen Gouverneur und Heerführer stiften. Dort erreichte den geistlichen Diplomaten die Nachricht von seiner Wahl zum Papst. Den 29. September, den Tag seiner Weihe, beging Leo Jahr für Jahr mit einer römischen Synode, die er mit eigenen Predigten eröffnete.

Als theologisch-politischer Denker brachte Leo der Große die Konstruktion des römischen Primats zu einem ersten Abschluss, und zwar nicht durch die Erschließung neuer Quellen oder durch Hinzufügung grundsätzlich neuer Motive, sondern durch die systematische Zusammenfügung, konsequente Auswertung und kühne Ausnutzung der in den drei Jahrhunderten zuvor zusammengetragenen Elemente. Die tragende Achse seines hochragenden Theoriegebäudes ist die doppelte apostolische Begründung des römischen Stuhles durch Petrus und Paulus. Sie reicht bis an den Urgrund der Geschichte zurück. Die göttliche Vorsehung hatte Rom dazu auserkoren, die Welt zu erobern und in einem Reich zu vereinen, damit sich in diesem Imperium das Gotteswort ungehindert verbreiten konnte. Die heidnischen Feldherrn und Kaiser führten diesen Auftrag aus, ohne ihn auch nur zu erahnen; ihre Erfolge schrieben sie ihren eingebildeten Göttern und sich selbst zu. In diesem auf Eitelkeit, Blut und Betrug gegründeten Reich aber entwickelte sich, von seinen bösen Herrschern erst vernachlässigt und dann verfolgt, in Gestalt der christlichen Kirche eine gewaltlose Gegenmacht, der allein die friedliche Eroberung der Welt durch das Evangelium am Herzen lag. Auch sie teilte ihr Reich in Bezirke ein. Als Oberhaupt des apostolischen Ranges erhielt Petrus selbstverständlich Rom, die Hauptstadt des Weltreichs, als Wirkungsort zugewiesen: Die Bekehrung der Welt musste von ganz oben und vom Zentrum ausgehen. Petrus' Führungsstellung aber geht nicht auf menschliche Einsetzung, sondern unmittelbar auf Christus zurück, der ihm allein die Schlüssel zu binden und zu lösen übertragen hat. Petrus gab diese Vollmacht an die übrigen Apostel weiter, die sie ebenfalls ausübten, so wie der Papst seine richterlichen Befugnisse an die Bischöfe delegiert. Dadurch stehen sie zu ihm im selben Verhältnis wie die übrigen Apostel zu Petrus – sie sind ebenso gleich wie ungleich. Bischöfe und Jünger haben dieselben Befugnisse wie ihre Häupter, doch nicht aus eigenem Recht, sondern durch deren Übertragung. Der Papst allein herrscht als Stellvertreter des heiligen Petrus im eigenen Namen, die anderen amtieren in seinem Auftrag. In der Ausübung seiner Macht wird der Papst also zu Petrus; das Erbe, das er antritt, macht ihn mit dem Erblasser wesensgleich. Als *princeps* der Kirche hat er den *principatus* des Apostelfürsten inne – aus der bloßen Autorität ist eine juristische Ermächtigung umfassender Art geworden.

Petrus regierte die Kirche in Rom und von Rom aus, doch Rom war alles andere als ein «Gefäß der Erwählung» wie die Apostel. Rom war die Kapitale des Heidentums, in Leos eigenen Worten: ein Urwald voll brüllender Bestien, ein bodenloser Ozean gottlosen Aberglaubens. Doch davon ließ sich das Haupt der Apostel nicht abschrecken. Petrus drang furchtlos in diese Lasterhöhle vor und erfüllte sie mit dem Weihrauch der göttlichen Wahrheit, bis das wahnwitzige Monstrum Nero sein irdisches Leben beendete, ohne dadurch die von ihm verkündete Lehre auslöschen zu können. Damit werden die zwei *civitates* Augustins, die Reiche Gottes und des Teufels, unmittelbar auf Rom bezogen. Das heidnische Rom wird durch das christliche exorzisiert und auf diese Weise vom Zentrum eines Ausbeutungs- und Unterdrückungs-Imperiums zum Neuen Jerusalem erhoben. Auch die Idee der radikalen Umwertung der Ewigen Stadt war nicht neu, aber bestens dafür geeignet, die imperialen Aspirationen der Päpste in Kirche und Politik zu rechtfertigen: Das päpstliche Rom tritt das Erbe der

Imperatoren an, nachdem es dieses von allen Schlacken gereinigt hat. Der historische Übergang vom heidnischen zum christlichen Rom bildete daher die Scheidelinie, die niemals verwischt werden durfte; sonst lief die Herrschaft der Päpste Gefahr, mit der brutalen Machtausübung blutbefleckter Wüteriche wie Caligula, Nero oder Domitian verwechselt zu werden.

Mit dieser Geschichtskonstruktion war der Machtwechsel von den Kaisern zu den Päpsten, der sich ankündigte, aber noch drei Jahrhunderte auf sich warten ließ, ideologisch vorbereitet. Wenn Rom seine wahre Identität erst durch seine Verchristlichung erhielt, dann gewann auch das Imperium als ganzes unter dem *principatus* des Papstes ein höheres Wesen. Für den Kaiser blieb dann nur noch die untergeordnete Rolle, dieser segensreichen Geist-Herrschaft den äußeren Schutz zu spenden. So zeichnet sich im Ideengebäude Leos I. der zweite, politische Primat der Päpste bereits deutlich konturiert ab.

Die Vorstellungen, die der Papst in seinen zahlreichen Briefen und Predigten wortgewaltig verkündete, setzte er konsequent in liturgische, ökonomische und politische Praxis um – so weit es die dramatischen Zeitläufte erlaubten oder auch erforderten. Am erfolgreichsten war diese schleichende Machteroberung bei der Umwertung der Zeit und ihrer Gliederung. Schenkt man Leos Predigten Glauben, waren heidnische Kulte in Rom weiterhin verbreitet. Besonders die Anbetung der Sonne an den Tagen der Sonnenwende war der Kirche ein Dorn im Auge. Dagegen half nur, diese gottlosen Feiertage christlich zu besetzen. Die erfolgreichste dieser Umwertungen war das Fest der Geburt Christi, das den «unbesiegten Sonnengott» vom 25. Dezember verdrängte. Die altrömischen Apollo-Spiele, mit denen die Republik Jahr für Jahr im Juli dem Gott für die Rettung nach der Katastrophe der Schlacht von Cannae durch Armenspeisungen Dank abstattete, wurden zu einem Akt christlicher Mildtätigkeit umfunktioniert. Sozialfürsorge hatte schon zum Programm der frühesten christlichen Gemeinden gehört. Sie gewann mit dem wachsenden Reichtum der Kirche und den Krisen des Imperiums an Bedeutung und wurde unter Leo I. zu einem Grundpfeiler der wirtschaftlichen und gesellschaftlichen Ordnung.

Das Problem der «Proletarier» – im wörtlichen Sinne diejenigen, die nichts außer ihren Nachkommen besaßen – war bereits in der späten Republik akut gewesen und hatte sich unter den Kaisern weiter verschärft. Von den Einwohnern der Millionenstadt am Tiber lebte mehr als die Hälfte am Rande des Existenzminimums. Die stets unruhige Masse war den Schwankungen des Brotpreises schutzlos ausgesetzt, Hungersnöte drohten mindestens einmal pro Jahrzehnt. Dieser permanenten Gefährdung der sozialen und politischen Stabilität suchten die Mächtigen durch kostenlose Getreidespenden Herr zu werden, die zusammen mit den blutigen Spektakeln im Zirkus nach der Devise «Brot und Spiele» zu einer festen Einrichtung wurden. Für die materielle Seite dieses Ruhigstellungsprogramms war der Präfekt der Annona, der römischen Getreideversorgungsbehörde, zuständig; sein Amt war eine Schlüsselposition des politischen Systems. Diese Funktionen gingen jetzt zunehmend an die Kirche und deren Haupt über, und zwar mit kaum zu überschätzenden Folgen für die Verlagerung von Autorität und Ansehen von der weltlichen auf die geistliche Gewalt. Wer das tägliche Brot spendete, gewann unverbrüchliche Loyalität und ging zugleich Verpflichtungen ein, die sich nie mehr auflösen ließen. In welcher Bringschuld sie bei den Armen standen, sollten die Nachfolger des Petrus von jetzt an stets aufs Neue zu spüren bekommen. Noch viel schwerer zu tragen wurde diese Last, als die Päpste Rom und sein Umland im Namen des heiligen Petrus selbst regierten. Doch bis dahin sollten noch mehr als drei Jahrhunderte vergehen; unter Leo I. ließen sich die Kosten für die Brotsubventionierung noch mühelos aus den Erträgen kirchlicher Besitzungen und aus Kollekten bestreiten.

Noch bedrohlicher als die heidnischen Bräuche und Geisteshaltungen erschienen dem Papst die Irrlehren, die sich inmitten der christlichen Gemeinden ausbreiteten. Eine gefährliche Konkurrenz erwuchs der christlichen Verkündigung vor allem durch die Manichäer. Sie schrieben die Schöpfung der sichtbaren Welt dem Teufel zu und hatten damit eine naheliegende Erklärung für den allgegenwärtigen Triumph des Bösen. Da sie überdies die Fleischwerdung Christi und die Auferstehung des Fleisches am Jüngsten Tag leugneten, boten sie der Kirche bequeme Handhaben für die Verdammung als Jünger der Hölle. Die kaiserlichen Gerichte nahmen dieses Urteil auf; sie beschlagnahmten die Besitzungen der Manichäer und verbannten sie aus Rom. Mit derselben Härte ging der Papst gegen Pelagianer und Nestorianer vor.

Unabsehbare Kontroversen zeichneten sich in den 440er-Jahren ab, als im Osten des Reiches der Streit um die Natur beziehungsweise die Naturen Christi in eine neue Runde ging. Als Nährboden für das Aufkommen ebenso origineller wie irritierender Ideen zu diesem unerschöpflichen Thema erwies sich wieder einmal das Mönchtum in Konstantinopel. Da dessen Wortführer mit dem dortigen Hof eng verflochten waren und die herrscherliche Gunst genossen, verbreiteten sich ihre Thesen schnell. Urheber des neuen Zwists, der die christlichen Kirchen tief und lange spalten sollte, war der betagte Klosterbruder Eutyches, der sich in den Kämpfen gegen die nestorianische Lehre als Verteidiger der Rechtgläubigkeit ausgezeichnet hatte. Im Bestreben, die Göttlichkeit des Gottessohnes vor dem Auseinanderdividieren in zwei völlig getrennte Erscheinungsformen zu bewahren, betonte er die unteilbare Einheit von dessen Wesen: Auch die menschliche Natur des Erlösers sei von dessen Göttlichkeit so durchdrungen, dass sie sich von der Natur der in Sünde gezeugten Menschheit fundamental unterscheide. So könne letztlich nur von einer einzigen Natur Christi die Rede sein.

Einspruch gegen diese Thesen konnte nicht ausbleiben. Eine rasch zusammengerufene Bischofssynode arbeitete 448 eine Kompromissformel aus und verurteilte Eutyches, der diese zurückwies, als Ketzer und Schismatiker. Daraufhin wandte sich der unbeugsame Greis mit einer lateinischen Zusammenfassung seiner Lehre an Leo I., der mit der Autorität seines apostolischen Sitzes die Frage entscheiden sollte; für die Theologen des Ostreichs war diese Anrufung eine zusätzliche Provokation. Darum reagierte der Papst vorsichtig und zurückhaltend: Er sei unzulänglich über die zur Debatte stehende Doktrin informiert und benötige aussagekräftigere Unterlagen. In der Zwischenzeit erreichte Eutyches durch einflussreiche Fürsprecher am kaiserlichen Hof seine Rehabilitierung und die Einberufung eines allgemeinen Konzils zur Lösung der dogmatischen Streitfragen. Daraufhin wandte sich der Patriarch von Konstantinopel, der als Eutyches' Hauptgegner nach dem kaiserlichen Meinungsumschwung in Ungnade gefallen war, mit einem eigenen Dossier über die Synode von 448 an Leo I. und bat diesen um seine Einschätzung. Dieser erteilte Eutyches eine klare Absage und ließ seine Stellungnahme nach Ephesos bringen, wo erneut eine Synode der östlichen Bischöfe tagte. Doch dort stellten die «Eutychianer» die Mehrheit. Sie verhinderten die Verlesung des päpstlichen Schreibens, organisierten Tumulte gegen ihre Gegner und ließen diese verbannen; Leo I. sprach danach abschätzig von einer «Räubersynode». Nach ihrer Vertreibung wandten sich die Gegner des Eutyches erneut an den Papst und boten ihm damit die willkommene Gelegenheit, seine höchste Lehrautorität geltend zu machen.

Die zwei Naturen, die sich in Christus vereinten – so die Quintessenz von Leos Lehre –, hatten eine Vereinigung der Gegensätze zur Folge: Die Majestät der göttlichen Natur verschmolz mit der Demut der menschlichen Existenz, die Macht mit der Schwäche, Zeitlichkeit mit Ewigkeit, Unantastbarkeit mit Leidensfähigkeit. So konnte Christus mit seiner menschlichen Natur dulden und sterben, mit der göttlichen aber über den Tod triumphieren. Seine beiden Naturen allein machten ihn zum Mittler zwischen Gott und den Menschen, deren Sünden er auf sich nahm und tilgte. Auch wenn Leo I. damit nicht alle Feinheiten der griechischen Theologie nachvollzog, sondern manche Differenz einebnete – so verwendete er die im Osten inzwischen unterschiedlich konnotierten Begriffe «Natur» und «Substanz» als Synonyme –, holte er damit doch viel von der Rückständigkeit Roms gegenüber den theologischen Zentren Alexandria und Konstantinopel auf. Seine Positionen waren klar formuliert, stützten sich auf den gesunden Menschenverstand, ließen haarfeine Spitzfindigkeiten getrost beiseite und waren gerade dadurch potentiell mehrheitsfähig, selbst für erklärte Gegner. Sogar der in die Einsamkeit der afrikanischen Wüste verbannte Nestor konnte ihnen am Ende seines bewegten Lebens zustimmen. Auch in der Debatte über Prädestination, freien Willen und Wirksamkeit der Gnade, die seit den Spätschriften Augustins heftiger denn je ausgetragen wurde, vertrat der Papst vermittelnde Positionen. Er ließ die Allmacht Gottes und die Entscheidung des Einzelnen zum Guten oder Bösen, Sündenverfallenheit und menschliche Verdienste nebeneinander bestehen, um sie so miteinander vereinbar zu machen.

Im Oktober 451 trat in Chalcedon bei Konstantinopel ein Konzil zusammen, das der neue Kaiser Markianos zur definitiven Klärung der christologischen Streitigkeiten einberufen hatte. Um den auch politisch brisanten Kontroversen ein Ende zu bereiten, verlangte er von den Teilnehmern die Ausarbeitung einer neuen Glaubensformel, die künftig für alle Seiten verbindlich sein sollte. Eine solche Neuformulierung war für Leo I., der sich durch Gesandte vertreten ließ, überflüssig; nach seiner Einschätzung hatte er dazu erst kürzlich alles Nötige verlauten lassen. Die Kirchenversammlung folgte jedoch den Wünschen des östlichen Reichsoberhaupts und verabschiedete einen Text, der im Wesentlichen auf den Vorgänger-Konzilien von Nicaea und Ephesos fußte, einige damit vereinbare Nuancierungen neuerer Theologen einflocht und dabei auch Schlüsselbegriffe aus Leos Schriften übernahm. Für diesen war der Ausgang des Konzils daher ein Triumph: Die ewig besserwisserischen Bischöfe des Ostens hatten seine Worte als die Worte des heiligen Petrus begrüßt! Negative Reaktionen auf den neuen Konsens ließen nicht lange auf sich warten, doch auch in diesen «Nachbereitungs-Konflikten» spielte der Papst erfolgreich die Rolle des Mittlers und Schiedsrichters. Doch fehlte es in Chalcedon nicht an kirchenpolitischem Zündstoff. Der Kanon 28 des Konzils legte das Patriarchat von Konstantinopel, des neuen Rom, im Einklang mit den Bestimmungen von 381 auf Platz zwei. Leo I. hingegen sah die Reihenfolge anders – Rom, Alexandria, Antiochia – und stützte sich dabei auf Kanon 6 des Konzils von Nicaea. In Jerusalem und Alexandria hatten die Christus-Formeln von Chalcedon wütende Abfallbewegungen, vor allem unter den Mönchen, zur Folge, die die Einheit der Naturen Christi sehr viel stärker als das Konzil hervorhoben.

Um dieselbe Zeit wurden Leos Fähigkeiten als Friedensstifter an einer anderen Front beansprucht. Das Nomaden- und Reitervolk der Hunnen rückte unter seinem König Attila seit geraumer Zeit gegen die Grenzen des Imperiums vor. 452 zerstörten die Hunnen Aquileia und drohten von dort nach Rom zu marschieren. Der kaiserliche Rat beschloss daraufhin, Verhandlungen mit dem «Barbarenkönig» aufzunehmen, und schickte diesem Gesandte entgegen: einen ehemaligen Konsul, einen Ex-Präfekten und Leo I., den Bischof von Rom. In der Nähe von Mantua traf diese Delegation mit dem Hunnenkönig zusammen. Um die nachfolgenden Unterredungen rankten sich früh Legenden: Attila habe die Delegation ehrenvoll empfangen, seine Kriegspläne begraben, Frieden versprochen und den Rückzug hinter die Donaugrenze angeordnet, und das alles nur wegen Leo, dessen majestätisches Auftreten allein ihn zu Einkehr und Umkehr bewogen habe. Das war erstklassiger Propagandastoff für Gegenwart und Zukunft. In Raffaels Fresko der Vatikanischen Stanzen (1512–1514) reitet Leo I. auf einem edel gezäumten Schimmel in himmlischer Gelassenheit der wilden Hunnen-Horde entgegen. Deren finsterer König wird angesichts der Erscheinung des Papstes mit der ausgestreckten Segenshand fast

Die «Konstantinische Wende» und der Weg zum doppelten Primat

Dichtung und Wahrheit zum Ruhme des ersten Medici-Papstes Raffael lässt in diesem Fresko der Vatikanischen Stanzen Leo den Großen, der die Gesichtszüge Leos X. trägt, und den Hunnenkönig Attila nicht historisch korrekt bei Mantua, sondern vor den Mauern Roms aufeinandertreffen. Die Botschaft, die von dieser «Verlegung» ausgeht, lautet wie folgt: Die Hauptstadt des Papstes wird von den Aposteln Petrus und Paulus geschützt, ihr können daher selbst die schlimmsten Barbaren nichts anhaben. Anderthalb Jahrzehnte nach Fertigstellung des Bildes verwüsteten deutsche und spanische Söldner die Ewige Stadt.

von seinem düsteren Reittier geworfen: Über dem Papst und seinen nur mit dem Kreuz bewaffneten geistlichen Begleitern schweben die Apostel Petrus und Paulus heran und gebieten den Barbaren ultimativ Einhalt. Auf diese Weise teilt sich die Welt in zwei Hälften: Über Rom und seinen antiken Ruinen scheint eine milde Gnadensonne, jenseits davon verdunkelt der Rauch verbrannter Erde und Städte den Horizont. Die Botschaft leuchtet auch den Ungebildeten ein: Wo der Papst herrscht, herrscht Friede in einer ansonsten friedlosen Welt, einst wie heute. Um diese Botschaft unübersehbar zu machen, trägt Leo I. die Gesichtszüge Leos X. Medici, der das schon gemalte Antlitz seines Vorgängers Julius' II. herausschlagen ließ, um seines einzusetzen.

In Wirklichkeit verzichtete Attila aus militärischen und politischen Erwägungen auf seinen Italienzug, doch das tat dem Prestige Leos nach seiner Rückkehr aus Mantua keinen Abbruch. Drei Jahre später sollte Leo I. erneut den Friedensvermittler spielen, aber diesmal blieb seine Mission erfolglos: Der Vandalenkönig Geiserich ließ die wehrlose Ewige Stadt volle vierzehn Tage lang plündern. Immerhin verzichtete er darauf, sie anzuzünden und ihre Einwohner zu töten; selbst die vornehmsten Basiliken blieben verschont. Die zweite Plünderung der ehemaligen Welthauptstadt zeigte unmissverständlich, dass es mit dem Imperium im Westen zu Ende ging. Auf schwache Kaiser folgten noch schwächere. Diese Abfolge wurde nur von kurzlebigen Usurpatoren unterbrochen, die gegen die immer häufigeren Einfälle von Norden jedoch auch kein Rezept hatten. Was die weltliche Gewalt verlor, gewann die geistliche hinzu: Autorität, Prestige, Kompetenzen. Wie sich das Verhältnis zwischen Papst und Kaiser aus päpstlicher Sicht entwickeln sollte, hatte Leo I. als erster vorgezeichnet: Der Nachfolger Petri stand über dem Nachfolger Neros, der ihm Schutz und Schirm schuldete. Ein starker Imperator wie Constantin hätte sich mit dieser untergeordneten Position nie und nimmer zufrieden gegeben, insofern war eine gewisse Schwächung der kaiserlichen Gewalt durchaus erwünscht. Doch was würde geschehen, wenn sich diese völlig auflöste? Konnten die Päpste die Machtstellung, die sie den Bischöfen und Kaisern nach und nach abgerungen hatten, auch unter «barbarischen» Herrschern behaupten oder vielleicht sogar weiter ausbauen? Oder waren sie auf die Symbiose mit dem Reich und seinem Oberhaupt angewiesen?

Zwischen Arianern und Monophysiten: Hilarius, Simplicius, Felix III.

Von Leos Nachfolger Hilarius ist aus der Zeit vor seiner Wahl mehr bekannt als über seinen sechsjährigen Pontifikat. Als Leos Gesandter im Osten hatte er die «Räubersynode» und das Konzil von Chalcedon aus nächster Nähe erlebt und auf diesen bewegten Versammlungen zur Zufriedenheit seines

Dienstherrn die römischen Positionen vertreten. Als Papst sah er sich mit dem Dauerproblem konfrontiert, das Zosimus der römischen Kirche eingebrockt hatte: Leontius, der Bischof von Arles, gebärdete sich mehr denn je als Herr der gallischen Kirche, was den Unwillen der übrigen Bischöfe erregte und Hilarius' Einschreiten erforderlich machte. Seine Maßnahme bestand darin, den selbstherrlichen Metropoliten zum päpstlichen Vikar zu ernennen, um so zumindest den römischen Primat geltend zu machen, doch an Leontius' Machtstellung und den dadurch verursachten Konflikten änderte sich dadurch nichts.

Wie sehr das Bischofsamt inzwischen von seinen Inhabern als frei verfügbarer Besitz betrachtet wurde, zeigte sich in Spanien. Dort wurden Diözesen getauscht und vererbt, Nachfolger eigenmächtig bestimmt. Sozialer Status und kirchlicher Rang verschmolzen immer mehr zu einer unteilbaren Einheit. Dagegen konnten alle päpstlichen Einsprüche und Verbote solcher Praktiken kaum etwas ausrichten.

In Rom herrschte ab 456 de facto der suebische Militärbefehlshaber Flavius Ricimer, der für seine gotischen Soldaten arianischen Glaubens zum Entsetzen des Papstes Prediger dieser von Rom als ketzerisch verdammten Lehre nach Rom berief. Nach späteren Berichten vermochte Hilarius zwar Schlimmeres, das heißt: den Bau neuer arianischer Kirchen in der Ewigen Stadt, zu verhindern, doch ein unheilvolles Omen war das Wiederauftauchen dieser zumindest im Westen überwunden geglaubten Häresie allemal.

Noch stärker als Hilarius verblasste dessen Nachfolger Simplicius in den fünfzehn Jahren seiner Amtszeit vor den dramatischen Ereignissen im Westreich und in der Kirche. Der von Leo I. so eingängig proklamierte und erfolgreich durchgesetzte Primat war eng an die persönliche Ausstrahlung und Durchsetzungsfähigkeit des Papstes gebunden; wenn dieser im vollen Wortsinn als Nachfolger des heiligen Petrus amtieren wollte, musste er Autorität, ja Charisma in die Waagschale werfen können, sonst erloschen die in dreihundert Jahren ausgebauten Ansprüche schnell. Das zeigte sich schon unter den Nachfolgern Leos I.

Die politischen und militärischen Umwälzungen im Westen blieben vorerst ohne einschneidende Konsequenzen für die Kirche und ihr römisches Oberhaupt. Im Jahr 476 setzte der Germane Odoaker den letzten Kaiser Romulus Augustulus ab und wurde selbst König von Italien. Da er zwar

Arianer, aber kein Glaubenseiferer war, ließ er die katholischen Gemeinden und ihren Kultus unbehelligt und begnügte sich damit, wie zuvor der Kaiser bei der Wahl des Bischofs von Rom konsultiert zu werden, das heißt: seinen Einfluss geltend zu machen. Mit dieser Rückendeckung konnte sich Papst Simplicius im Westen innerkirchlich durchsetzen, wie seine Disziplinarentscheidungen und Bischofsernennungen belegen.

Im Osten nahm der römische Einfluss hingegen rapide ab, und das Gewicht des Patriarchen von Konstantinopel wuchs. Das hatte neue Gefahren für den römischen Primat zur Folge. Das Konzil von Chalcedon hatte den Rang des Oberhirten vom Bosporus nach dem römischen Bischof zwar bestätigt, diesen zweiten Platz aber durch die Hoheit über alle Bischöfe Asiens beträchtlich aufgewertet und dadurch den in Nicaea 325 festgeschriebenen Ehrenvorrang von Alexandria und Antiochia missachtet. Simplicius sah darin nicht nur eine Herabwürdigung der «Mutter aller Konzilien», sondern auch eine Bedrohung für seine eigene Stellung: Wenn es mit Rom politisch weiter bergab ginge, würde der nächste Schritt des Rivalen in Konstantinopel darin bestehen, den höchsten Rang in der Kirche für sich zu beanspruchen. Bezeichnenderweise verhallten seine Proteste gegen die Beschlüsse von Chalcedon wirkungslos.

Noch viel gefährlicher für das gedeihliche Verhältnis zwischen Rom und dem Osten wurde das – aufs Engste mit den Thronwirren der 470er-Jahre verbundene – Wiederaufleben des «Eutychianismus», der die Einheitlichkeit der göttlichen und der menschlichen Natur Christi und damit den Unterschied zwischen der Inkarnation Christi und der gewöhnlichen Menschennatur so schroff betonte. Dieser Monophysitismus («Einnaturenlehre») hatte jetzt in Konstantinopel Hochkonjunktur: Die Anhänger der monophysitischen Lehre wurden vom Hof unterstützt und säuberten die oberen Ränge der Kirche von ihren Gegnern. Darunter war auch Akakios, der Patriarch von Konstantinopel, dessen Widerstand der Papst unterstützte, obwohl er dessen Ranganspruche bekämpfte. Mit der Rückeroberung der Macht durch Kaiser Zenon wendete sich 476 zwar das Blatt wieder zugunsten der Eutyches-Gegner, doch war dieser von Simplicius begrüßte Umschwung nicht von Dauer. Der wieder eingesetzte Akakios machte von seinem in Chalcedon verbürgten Recht, im Zusammenspiel mit dem Kaiser den Bischofssitz von Antiochia zu besetzen, Gebrauch, nachdem dessen Inhaber von wütenden Monophysiten vor dem Altar seiner Kirche ermordet worden war. Mehr denn je verbargen sich hinter den dogmatischen Streitigkeiten Kämpfe um Macht, Einfluss und Posten, in der Kirche wie am Hof. Als der Patriarch und der Kaiser trotz Simplicius' immer nachdrücklicheren Abmahnungen nicht von dieser Praxis der gemeinsamen Kirchenhoheit ablassen wollten, rückte der Bruch zwischen der westlichen und der östlichen Kirche in greifbare Nähe. Dabei gestaltete sich die Stellung des Papstes und seiner Nachfolger umso schwieriger, als Zenon Odoaker zwar als König von Italien, nicht jedoch als Militärbefehlshaber im Namen des Reichs anerkannte und damit seine kaiserliche Oberhoheit zum Ausdruck brachte. So musste der Papst zwei Herren dienen, dem König von Italien und dem römischen Kaiser in Konstantinopel, eine bekanntermaßen dornige Aufgabe. Beide Herrscher hatten in Rom und auch im Klerus ihre Anhänger. Das verhieß nichts Gutes für die Wahl der künftigen Päpste und ihre Pontifikate.

In Rom entfaltete Simplicius eine rege Sakralbau-Tätigkeit. Von ihr zeugt bis heute am eindrucksvollsten die Kirche Santo Stefano Rotondo auf dem Caelius-Hügel; ihr aus Kreis und Kreuz kombinierter Grundriss ist östlichen Vorbildern verpflichtet.

Mit seinem Nachfolger Felix III. bestieg ein Mitglied des einflussreichen aristokratischen Geschlechts der Anici den Papstthron. Der neue Papst war seit elf Jahren Witwer und Vater eines Sohnes und zweier Töchter. Ein römischer Adliger als römischer Bischof: diese Kombination drängte sich in schlechten Zeiten, in denen der nahe Herrscher ein Germane und der ferne ein Grieche war, geradezu auf. Wer sollte die Interessen der Ewigen Stadt und ihrer Bewohner wahren, wenn nicht ein Oberhirte aus ihrer Mitte? Als Wunschkandidat Odoakers, den die römische Oberschicht als eine Art «Ersatzkaiser» akzeptierte, zögerte Felix III. nicht, in den Streitigkeiten mit dem Osten entschieden für den Westen Partei zu ergreifen. Dort hatte Akakios mit dem so genannten *Henotikon* eine theologische Kompromissformel entworfen, um den Bruch mit den monophysitischen Kirchen seines Reiches zu überwinden. Sie wurde von Kaiser Zenon gebilligt, war für den Papst aber allzu monophysitisch eingefärbt und wurde daher in Rom als Abkehr vom Konzil von Chalcedon in schroffen Tönen bekämpft. Die Gesandten, die dem Kaiser und dem Patriarchen diese Ablehnung nach Konstantinopel überbringen sollten, erfüllten ihren Auftrag jedoch nicht. Ja, sie nahmen sogar an einem Gottesdienst teil, in dessen Verlauf monophysitische Kirchenfürsten wie der Patriarch von Alexandria als rechtgläubig gefeiert wurden. Daraufhin berief Felix III. im Juli 484 eine Synode italienischer Bischöfe nach Rom ein, deren Beschlüsse von vornherein feststanden: die Exkommunikation der Patriarchen von Konstantinopel und Alexandria nebst ihren Helfershelfern, einschließlich der beiden päpstlichen Gesandten, die sich erst hatten einschüchtern und dann korrumpieren lassen. Der todesmutige Bote, der diese Strafbefehle am Bosporus zustellen sollte, entkam allen Anschlägen, nahm Kontakt mit der anti-monophysitischen Minderheit des Klerus auf – und stach in ein Wespennest: Als sich die Nachricht vom römischen Machtspruch verbreitete, lieferten sich Anhänger und Gegner des exkommunizierten Patriarchen blutige Straßenschlachten. Danach schlug das Pendel noch weiter zugunsten der Akakios-Anhänger aus, die jetzt auch den Patriarchen von Antiochia stellten. Daraufhin ließ Felix III. 485 auf einer weiteren römischen Synode auch diesen aus der Kirche ausschließen und die Bannsprüche gegen die beiden anderen bestätigen. Mit seinem Vorgehen verprellte der Papst sogar die anti-monophysitische Opposition des Ostreichs; die Folge war ein regelrechtes Schisma.

Dieselbe rigorose Sinnesart legte der Papst an den Tag, als sich in Nordafrika der Zwist erneuerte, der schon die Kirche des 3. und 4. Jahrhunderts gespalten hatte: Unter der Herrschaft der arianischen Vandalen waren zahlreiche Katholiken, Geistliche und Laien, unter massivem Druck zu dieser von Rom als ketzerisch verdammten Kirche übergetreten und baten nun um ihre Wiederaufnahme in den Schoß der allein selig machenden Glaubensgemeinschaft. Diese wurde ihnen zwar gewährt, doch zu Konditionen von unerbittlicher Härte: «Gefallene» Bischöfe, Priester und Diakone sollten erst auf dem Totenbett Gnade finden, Kleriker mit niederen Weihen und Laien nach zwölf Jahren demütigender Bußen. Die starre Haltung, die der Papst gegenüber den Afrikanern an den Tag legte, verhinderte auch eine rasche Beendigung des «Akakios»-Schismas zwischen Ost- und Westkirche, obwohl die Zeichen dafür 491 denkbar günstig standen. Nach Akakios' Tod wurden nämlich Patriarchen erhoben, deren Rechtgläubigkeit auch Rom anerkannte; zudem wünschte der neue Kaiser Anastasios eine Annäherung an den Westen. Da Felix III. jedoch darauf bestand, dass die Verdammung der von ihm abgesetzten Ketzer auch nach deren Tod fortdauerte, blieb die Spaltung bestehen.

Familiensinn vor Amtskontinuität Als einziger Papst überhaupt ließ sich Felix III. in der Basilika San Paolo fuori le mura beisetzen, und zwar nicht in einsamer Größe, wie es sich für einen Papst gehört, sondern mit seinem Vater, seiner Gemahlin und seinen Kindern. Die Grabanlage ist bis auf geringe Reste dem Brand zum Opfer gefallen, der die Basilika in der Nacht vom 15. auf den 16. August 1823 verwüstete. Dem sterbenden Papst Pius VII. verschwieg man die Katastrophe, deren Ergebnis die zeitgenössische Zeichnung wiedergibt. Links oben Papst-Medaillons, die den Feuersturm überstanden haben (vgl. Abb. S. 32/33).

Als erster Bischof von Rom überhaupt ließ sich Felix III. nicht als geistlicher Amtsträger, sondern als Mitglied der *gens* Anicia zusammen mit seinen Vorfahren, seiner Frau Petronia und seinen vor ihm verstorbenen Kindern in der Basilika Sankt Paul vor den Mauern bestatten. Die Abstammung aus einem vornehmen Geschlecht war ihm offensichtlich wichtiger als die Erhebung zum Nachfolger des Petrus: eine bemerkenswerte Priorität, die seine Nachfolger mehrheitlich nicht teilten. So blieb die Beisetzung im Familien-Mausoleum eine Ausnahme. Die späteren Päpste ließen sich ganz überwiegend in den großen römischen Basiliken eigene Grabmäler errichten, die seit der Mitte des 15. Jahrhunderts immer aufwendiger und prunkvoller ausfielen. Auf diese Weise sollte das Papstamt die Familie erhöhen, nicht umgekehrt die Familie den Papst wie im Falle Felix' III.

Zwei Schwerter, ein Papst: Gelasius I.

Felix' Nachfolger Gelasius I. war zuvor sein Sekretär und wohl auch Ideengeber gewesen. Sein nicht einmal fünf Jahre dauernder Pontifikat bildet nach Damasus I. und Leo I. den dritten Meilenstein in der Ausbildung und Begründung päpstlicher Machtansprüche. Das zeigt sich gleichermaßen in seiner theologischen Theorie und seiner politischen Praxis. Als der Patriarch von Konstantinopel wie schon unter Felix III. zur *Henotikon*-Formel auf Distanz ging, um das Schisma zwischen Ost und West zu überwinden, beharrte auch Gelasius darauf, dass die Namen der verurteilten Monophysiten aus der liturgischen Lesung gestrichen werden und damit der *damnatio memoriae* anheimfallen sollten. Doch das war für die Ostkirche eine demütigende und daher unannehmbare Forderung, zumal Gelasius sie mit der schroffen Betonung seines Primats als *vicarius* des heiligen Petrus verknüpfte. So war auch eine Verbesserung der Beziehungen zwischen dem Papst und Kaiser Anastasios zu dessen großer Enttäuschung ausgeschlossen.

Eine solche Einigung scheiterte nicht zuletzt an der Unvereinbarkeit der ideologischen Positionen. Die Herrscher am Bosporus sahen sich in der Tradition des *Rex Sacerdos*, des Priesterkönigs, die auf jüdische, griechische und römische Vorbilder zurückging. Als Geweihte des Herrn und dessen Stellvertreter auf Erden hatten sie unbeschränkte Macht über ihre Untertanen und umfassende Hoheitsrechte über die Kirche. Ihre Mission bestand darin, die ihrer Herrschaft anvertrauten Menschen zu einem moralisch einwandfreien Leben anzuleiten, damit sie nach dem Tod der Freuden des Paradieses teilhaftig werden konnten. Um diese Aufgabe erfüllen zu können, mussten sie über die Kirche und ihre Lehre wachen und notfalls dogmatische Streitigkeiten selbst entscheiden. So hatte es ihr großes Vorbild Constantin gehalten, und so sollte es auch bleiben. Umso selbstverständlicher war es ihre Aufgabe, disziplinierend, korrigierend und reglementierend einzugreifen, wenn die Kirche die Reinheit der Lehre vernachlässigte und die Zügel gegenüber dem Klerus schleifen ließ. Mit dieser hohen Auffassung von den Rechten und Pflichten der obersten weltlichen Machthaber waren die Kaiser den Päpsten seit Leo I. ein Dorn im Auge.

Seit dessen ruhmvollem Pontifikat war der päpstliche Primat in der Kirche einigermaßen gesichert, weiter östlich im stetigen Ausbau begriffen. Jetzt war es an der Zeit, das Verhältnis zwischen geistlicher und weltlicher Gewalt definitiv zu klären und damit die Durchsetzung des zweiten Primats, die Oberhoheit über die Kaiser, in Angriff zu nehmen. Das ideologische Rüstzeug dafür war seit drei Jahrhunderten zusammengetragen und unter Leo I. in ein geordnetes, in sich geschlossenes System übertragen worden. Doch das hieß nicht, dass die ideologische Fundamentierung abgeschlossen war; alte Motive ließen sich steigern und zuspitzen, neue verstärkend hinzufügen. In seiner Auseinandersetzung mit dem selbst ernannten Vize-Gott in Konstantinopel machte Gelasius I. vor, wie man dessen Ansprüche abschmettern und die Stellung des Papstes weiter erhöhen konnte.

In seinen Briefen und einer ausführlichen Abhandlung, dem so genannten *Gelasii Tomus*, argumentierte der Papst wie folgt: Die Überlegenheit der Kirche leitet sich aus der Höherwertigkeit des Jenseits vor dem Diesseits ab. Ohne die Leitung der Kirche ist der Staat ein Unterdrückungs- und Ausbeutungsapparat der Mächtigen; zu einer Gemeinschaft in Christus wird die irdische Gesellschaft erst durch die Sakramente. Sie zu spenden, ist den Geistlichen vorbehalten, den Mittlern zwischen Gott und den Menschen. Ihre Mission ist durch die Weihe besiegelt; sie hebt den geistlichen Stand weit über die Laien hinaus. Die Welt zu regieren, ist daher eine zweifache Aufgabe; auf der unteren Ebene ist es das Amt der weltlichen Obrigkeit, das Schwert gegen die Bösen zu führen. In höheren Sinne aber heißt herrschen unterrichten, unterweisen, anleiten und intervenieren, wenn die irdischen Machthaber gegen die Gebote Gottes und seiner Kirche verstoßen. Das aber kann nur eine Instanz, die von Gott diesen höchsten Auftrag erhalten hat und dafür mit umfassenden Vollmachten ausgestattet ist. Diese Weihe und Einsetzung aber kann nur der Papst für sich in Anspruch nehmen; der Kaiser hat sich jeglicher Einmischung in diesen übergeordneten Bereich der Herrschaftsausübung zu enthalten. Mehr noch: Er muss anerkennen, dass allein die Kirche durch ihre moralischen Direktiven die Aufrechterhaltung der sozialen und politischen Ordnung garantiert. Eine christliche Gesellschaft muss von Grundsätzen geleitet werden, die aus der Bibel geschöpft sind. Sie können von keinem weltlichen Gesetzgeber geschaffen, sondern allein vom Haupt der Kirche bestimmt werden.

Wo dieses Grundgesetz der christlichen Weltordnung geschrieben stand, war für Gelasius keine Frage. Verbürgt ist sie in der Schlüsselgewalt des heiligen Petrus, die jeder Papst von ihm ungeschmälert übernimmt. Christus hat in der Vollmacht, zu binden und zu lösen, alles eingeschlossen, was das menschliche Leben ausmacht. Damit hat er Petrus und seine Nachfolger ganz unmittelbar dazu berufen, über die Ausübung der weltlichen Gewalt zu wachen und sie durch Lob und Tadel, Warnungen und Mahnungen anzuleiten. Auf diese Weise verschiebt sich die Machtbalance zugunsten des Papstes: Was der Kaiser nicht darf, nämlich die Grenze zur anderen Gewalt überschreiten, ist für den Stellvertreter des Petrus selbstverständliche Pflicht. So ist auch die Würde der beiden ungleich. Gewiss, Christus hatte zwei Gewalten auf Erden eingerichtet, die geistliche und die weltliche, die damit auch unmittelbar von Gott herrührte: «Es gibt zwei Gewalten, erhabener Kaiser, durch die die Welt vornehmlich regiert wird, nämlich die heilige Autorität der Priester und die königliche Gewalt. Von diesen beiden ist die der Priester gewichtiger, weil sie beim göttlichen Gericht auch für die Könige Rechenschaft ablegen müssen» (Epistolae Romanorum Pontificum, hg. A. Thiel, Braunsberg 1868, I 12).

Die Aufteilung der Kompetenzen ist für den Kaiser, an den sich dieser Brief richtet, also nur ein bescheidener Trost. Die in Jahrhunderten gereifte römische Rechtsterminologie bot dem juristisch beschlagenen Papst verbale Handhaben, um die Kaiser dahin zu versetzen, wo sie seiner Ansicht nach hingehörten, nämlich unter die Hoheit des Pontifex maximus, des höchsten Priesters; dieser Titel war in Rom zuletzt von Kaisern wie Constantin geführt worden und wurde seit Leo dem Großen für das Papsttum in Anspruch genommen. Der Papst besaß nämlich eine «geheiligte Autorität» *(auctoritas sacrata)*, der Kaiser nur eine «königliche Gewalt» *(regalis potestas)*. Diese ist ein *beneficium*, Geschenk und Auftrag, das ihm von Gott verliehen, doch der Oberaufsicht des Papstes unterstellt ist. Denn dieser hat ja, wie im Brief hervorgehoben, am Tag des Zorns, wenn die Posaunen zum Jüngsten Gericht blasen, auch über das Verhalten der weltlichen Machthaber Rechenschaft abzulegen. Um vor Christus, dem Weltenrichter, bestehen zu können, muss der Kaiser also seine Regierungshandlungen von der Kirche und ihrem Haupt überprüfen lassen. Umgekehrt gilt das natürlich nicht: Niemand darf – unter welchen Vorwänden auch immer – über den Nachfolger des Petrus zu Gericht sitzen, den Christus über alle Menschen erhoben hat und dessen höchste Jurisdiktion von der gesamten Kirche von Anfang an anerkannt wurde. Dieses historische Zusatzargument war nachweislich falsch. Doch hatten die Päpste seit Damasus alles getan, um ihre Vergangenheit so darzustellen, dass sie ihren Vorstellungen von der Ordnung der Welt und der Heilsgeschichte entsprach.

Für den Kaiser in Konstantinopel war das ein Schlag ins Gesicht. Sein Anspruch, König und Oberpriester zugleich zu sein, war damit definitiv zurückgewiesen. Nach päpstlicher Auffassung hatte Christus diese Doppelherrschaft in seiner Person vereinigt und würde sie bei seiner Wiederkunft am Ende der Zeit wieder übernehmen. Bis dahin hatte er die damit verbundenen Kompetenzen auf die christliche Gesellschaft verteilt, und zwar nach dem Modell des menschlichen Körpers: Die Laien waren nachgeordnete Glieder (*membra*) dieses *corpus christianum*, des christlichen Körpers, der Papst hatte als Haupt (*caput*) die Befugnis, darüber zu entscheiden, ob die *membra* ihre Funktion angemessen erfüllten, und sie notfalls abzutrennen. Dass der Stellvertreter des heiligen Petrus diese höchste Strafgewalt nicht nur theoretisch besaß, sondern auch erfolgreich in der Praxis zur Anwendung gebracht hatte, versuchte Gelasius mit sieben Fällen zu belegen. Der erste und berühmteste bestand darin, dass der Mailänder Erzbischof Ambrosius im Auftrag des Papstes Kaiser Theodosius nach der blutigen Niederschlagung eines Aufstands zu öffentlicher Buße verurteilt und dieser den Spruch demütig, wie es sich gehörte, akzeptiert habe.

So fügsam war Kaiser Anastasios zu Gelasius' Leidwesen nicht. Er wies die Verurteilung seiner Kirchenführer als Ketzer und Schismatiker entschieden zurück und hielt an seiner Rolle als Herr der Kirche fest, was ihm vonseiten des Papstes schärfsten Tadel einbrachte. Gegenüber dem ostgotischen König Theoderich, der 493 Odoaker besiegte und als Herrscher Italiens ablöste, trat Gelasius vorsichtiger auf. Obwohl der neue germanische Machthaber Arianer war und Ketzerei für Gelasius schwerer als jede barbarische Eroberung wog, fand er auf der Basis gegenseitiger Nicht-Einmischung einen Modus vivendi, der ihm Handlungsfreiheit in seinem erbitterten Kampf gegen Manichäer, Pelagianer und Monophysiten garantierte. Nicht minder engagiert widmete sich der Papst dem Kampf um eine durchgreifende Disziplinierung des Klerus, dessen Rekrutierung und Lebensführung er strengen Regeln unterwarf. Priester konnte demnach nur noch werden, wer ein tadelloses Führungszeugnis und eine solide Grundausbildung nachweisen konnte; Priester bleiben durfte nur, wer für kirchliche Akte wie Taufe und Eheschließungen kein Geld nahm und sich auch sonst sittlich einwandfrei verhielt. In Zeiten des akuten Priestermangels ließen sich solche Forderungen allerdings leichter aufstellen als einlösen. Die Klagen über «Verweltlichung», Gebührenwildwuchs und ungenügenden Bildungsstand blieben daher auch in Zukunft Leitmotive der Kirchenkritik und der Kirchenreform.

Im März 495 erlebte Gelasius I. auf einer römischen Synode die Krönung seines Lebenswerks: Nicht weniger als elfmal jubelten ihm die dort versammelten Bischöfe als *vicarius Christi* zu; verglichen mit dem bislang üblichen Spitzentitel eines *vicarius Petri* war das eine atemberaubende Aufwertung. Die neue Bezeichnung spiegelt wider, was er und seine Vorgänger inzwischen erreicht hatten: Der doppelte Primat – die geistliche und politische Hoheit des Papstes in der Kirche und über alle Christen einschließlich christlicher Herrscher – stand auf festen theoretischen Fundamenten; spätere Päpste konnten auf dieser Konstruktion aufbauen und sie weiter erhöhen – falls sie die dazu nötigen Eigenschaften besaßen.

Zwischen Goten und Kaisern: Anastasius II., Symmachus, Hormisdas, Johannes I.

Gelasius' Nachfolger Anastasius II. verfügte nicht über die nötigen Eigenschaften, um den doppelten Herrschaftsanspruch des Papsttums weiter zu sichern. Er war das Gegenbild seines machtbewussten und unnachgiebigen Vorgängers, vor allem in seinen Beziehungen zum Osten. Um eine Überwindung des Schismas in die Wege zu leiten, zeigte der neue Papst dem Kaiser seine Wahl in den versöhnlichsten Tönen an. Doch hielt auch er an den Forderungen fest, die Rom als Voraussetzung für den Ausgleich aufgestellt hatte: Die dauerhafte Verurteilung des häretischen und schismatischen Patriarchen Akakios über das Grab hinaus war für Rom nicht verhandelbar. Allerdings machte Anastasius II. deutlich, dass er diese *damnatio memoriae* für eine reine Formalität hielt, an der die Kirche nicht auseinanderbrechen dürfe. Wieweit der Papst sich darüber hinaus den Positionen der Gegenseite annäherte, wurde während und nach seiner Regierungszeit zum Gegenstand erregter Debatten. Seine Gegner warfen ihm vor, in geheimen Verhandlungen die dogmatischen Positionen seiner großen Vorgänger preisgegeben zu haben. Und am Bosporus hoffte man offenbar, Anastasius II. sogar zur Unterschrift unter das *Henotikon* bewegen zu können und so den Konflikt mit dem römischen Stuhl siegreich zu beenden. Solche Absichten unterstellt ihm auch der *Liber pontificalis*, die älteste, mehr oder weniger «offizielle» Quelle zur Papstgeschichte. Das Urteil des kurialen Insiders, der sie um 530 verfasst hat, fällt unerbittlich aus: Der Tod nach weniger als zwei Pontifikatsjahren war eine Strafe Gottes für pflichtvergessene Nachgiebigkeit!

Als Folge dieser Konflikte versagte ein nicht beträchtlicher Teil des römischen Klerus seinem Oberhirten schließlich die Gefolgschaft, so dass es nach dessen Tod im November 498 wieder einmal zu zwei gleichzeitigen Wahlen kam. Als Vertreter der gelasianischen Positionen wurde Symmachus I. gewählt, als Wortführer der pro-östlichen Richtung Laurentius. Beide Kandidaten erkannten König Theoderich als Schiedsrichter an. Dieser votierte für Symmachus, der ein Plus an Dienstjahren und Anhängern für sich geltend machen konnte. Die Gefolgsleute seines Rivalen warfen ihm daraufhin vor, den «Barbarenherrscher» bestochen zu haben, was aber nicht bewiesen werden konnte und darüber hinaus unwahrscheinlich ist. Symmachus war bei der Masse der römischen Bevölkerung beliebt, hatte einflussreiche Kleriker hinter sich und stand für die Unabhängigkeit vom Ostreich; das waren für den Herrscher der Goten gute Gründe, seinen Anspruch zu bestätigen.

Um seine Stellung zu festigen, berief Symmachus im März 499 eine Synode nach Rom ein. Haupttagesordnungspunkt war aus gegebenem Anlass die Papstwahl, die künftig ohne die Intrigen, geheimen Abmachungen und den Stimmenkauf über die Bühne gehen sollte, die laut Symmachus im Jahr zuvor zur Spaltung der Kirche geführt hatten. Die neuen Regelungen waren jedoch kaum dazu geeignet, den Pontifikatswechsel zu erleichtern: Der regierende Papst sollte im passenden Moment, also wohl auf dem Totenbett, seinen Nachfolger designieren, der dann vom Klerus einstimmig gewählt werden würde; Mehrheiten sollten nur noch im äußersten Notfall den Ausschlag geben. Wurden diese Bestimmungen eingehalten, gab es künftig keinen Wechsel der Richtungen und Parteien mehr, was zu noch mehr Intrigen und Gegenpäpsten führen musste. Erstaunlicherweise unterschrieben alle Synodalen, darunter auch der Abweichler Laurentius, diesen Text. Daraufhin kehrte ein Jahr lang Ruhe ein. Theoderich, der inzwischen vom Kaiser in Konstantinopel als König von Italien bestätigt worden war, reiste 500 nach Rom, wo er von Papst, Klerikern und Volk feierlich empfangen wurde.

Kurz darauf sorgte Symmachus für neuen Aufruhr: Er ließ das Osterfest des Jahres 501 am 25. März und nicht wie in Konstantinopel am 22. April feiern. Damit wurde das für die Gläubigen bislang kaum spürbare Akakios-Schisma zwischen Ost- und Westkirche plötzlich Realität – und der Konflikt zwischen den römischen Parteien flammte heftiger denn je wieder auf. Symmachus' Gegner stellten eine Anklageschrift zusammen und schickten diese an Theoderich, der den Papst daraufhin zur Rechenschaftsablegung nach Ravenna zitierte. Lässt man die Liebschaften mit Damen der römischen Gesellschaft als Gemeinplatz klerikaler Polemiken beiseite, dann war der Hauptvorwurf neben der liturgischen Eigenmächtigkeit die unerlaubte Veräußerung kirchlicher Güter für undurchsichtige Zwecke. Knapp zwei Jahrhunderte nach ihrer Legalisierung war die römische Kirche reicher denn je; ihr Bischof verfügte über diverse Haupt- und Nebenkassen, entsprechend schwierig war die Kontrolle seiner Buchführung. Symmachus brach zwar von Rom auf, um der königlichen Vorladung Folge zu leisten, machte aber auf halber Strecke kehrt, um den Nachstellungen seiner Feinde zu entgehen. Diese – so seine Version – hatten ihm die Frauen nachgeschickt, mit denen sie ihm unerlaubte Beziehungen unterstellten. Beide Seiten waren nicht zimperlich, wenn es darum ging, die Gegner zu diskreditieren; dazu waren selbst die anrüchigsten Methoden recht und billig. Auch im Umgang mit der Geschichte kannte man weniger Skrupel denn je. Nie zuvor wurden in einer solchen Auseinandersetzung so viele Dokumente gefälscht wie jetzt; besonders beliebt waren «Vordatierungen», die je nach Parteizugehörigkeit belegen sollten, dass die von Symmachus gepflegten Bräuche in der guten alten Zeit verpönt oder legal gewesen waren. An diesen «pseudosymmachischen» Texten sollten sich noch lange Zeit die Geister scheiden; späteren Kirchenhistorikern boten sie reichlich Stoff für erhitzte Kontroversen.

Bei seiner Rückkehr aus Ravenna fand der Papst den Großteil der Ewigen

Stadt von den Laurentius-Anhängern besetzt vor. Er musste sich daraufhin in Sankt Peter verschanzen, konnte aber trotzdem eine Synode versammeln, die strenge Regeln für den Umgang mit Kirchengütern erließ; von wenigen Ausnahmen abgesehen, galten sie künftig als unveräußerlich. Daran musste sich auch der Bischof von Rom halten, nur unprofitable Besitzungen durfte er eigenmächtig verkaufen. Symmachus sah sich dadurch gerechtfertigt, doch seine Gegner gaben sich damit nicht zufrieden. Um für das Jahr 502 eine erneute Abweichung vom üblichen Ostertermin zu verhindern, wandten sie sich nochmals an Theoderich. Dieser entsandte einen Bevollmächtigten, der den Papst entmachtete und ein Verfahren gegen ihn eröffnete. Damit war das Fundament erschüttert, auf dem die Konstruktion des römischen Primats beruhte: Der Papst sollte von niemandem gerichtet werden können, wurde aber jetzt einem peinlichen Dienstaufsichtsverfahren unterzogen. Um den Schein zu wahren, schönt der *Liber pontificalis* die unbequemen Fakten: Symmachus selbst habe die Synoden der folgenden Jahre einberufen, um sich in vollständiger Freiwilligkeit von den bösartigen Anschuldigungen reinzuwaschen.

Wenn Theoderich das Ziel verfolgte, durch den Prozess die römische Kirche zu befrieden, so erreichte er das Gegenteil: Die Bischöfe Italiens zerfleischten sich in endlosen Debatten über das Für und Wider der Anklagen, in den Straßen Roms tobten blutige Kämpfe zwischen Anhängern und Gegnern des Papstes, der Mordanschlägen mit knapper Not entkam und sich daraufhin weigerte, weiteren Vorladungen zu folgen, was ihm von der Gegenseite als Schuldeingeständnis ausgelegt wurde. Doch schließlich hatte Symmachus mit seiner Verweigerungshaltung Erfolg: Die Norm, dass niemand über den Nachfolger des Petrus zu Gericht sitzen dürfe, schlug immer tiefere Wurzeln, und das Unbehagen, gegen diese vermeintlich göttliche Maxime zu handeln, war inzwischen so verbreitet, dass der Prozess nicht mit einem Freispruch endete, sondern sogar als unrechtmäßig niedergeschlagen wurde – das war eine Absolution allererster Klasse. Die Amtsträger, die zu Richtern über den Stellvertreter Christi auf Erden bestellt worden waren, legten ihr Mandat nieder, weil sie es als illegitim betrachteten und um ihr Seelenheil fürchteten.

Lange konnte der Papst seinen Triumph nicht auskosten. Die Gegner erneuerten ihre Vorwürfe und zogen Theoderich auf ihre Seite, der Laurentius nach Rom zurückbeorderte. Dieser Rückruf bescherte Rom vier weitere Jahre Bürgerkrieg; Symmachus verschanzte sich in seiner Peterskirchen-Festung, der Gegenpapst im Lateran. Der Konflikt endete 506, als sich Theoderich aufgrund der veränderten politischen Großwetterlage zu einer Annäherung an Symmachus veranlasst sah, dem sich daraufhin auch die meisten Anhänger des Laurentius anschlossen. Die restlichen acht Jahre von Symmachus' Pontifikat standen ganz im Zeichen der sichtbaren Wiederherstellung der kirchlichen Einheit und des päpstlichen Primats. Mit enormem finanziellem Aufwand ließ der Papst ältere Basiliken wie Sant'Agnese an der Via Nomentana restaurieren und ausschmücken sowie neue Kultstätten für die bislang weniger populären Heiligen Andreas, Agata und Pancratius errichten.

Symmachus' Nachfolger Hormisdas war verheiratet gewesen und hatte einen Sohn namens Silverius, der dreizehn Jahre nach dem Tod des Vaters selbst zum Papst gewählt und später ebenfalls als Heiliger verehrt wurde. In der Grabinschrift für seinen Vater pries er die Beilegung zweier Kirchenspaltungen, in Rom und mit Konstantinopel, als dessen unsterbliche Großtaten. Dass es 518 zu einem Ende des Akakios-Schismas kam, war allerdings nicht auf Hormisdas' Initiative zurückzuführen, sondern von den politischen Umständen auf dem Balkan erzwungen. Dort erhoben sich Bulgaren und Hunnen gegen Kaiser Anastasios, belagerten die Hauptstadt und forderten eine Wende in der Religionspolitik gegen die Monophysiten und die Versöhnung mit dem Papst. Dieser sollte auf ein Konzil eingeladen werden, um die Trennung der Kirchen endgültig zu überwinden. Anastasios musste diese Konditionen akzeptieren und eröffnete Verhandlungen mit Hormisdas; um sein Gesicht zu wahren, schob er die Schuld an der Spaltung dessen Vorgänger Symmachus zu, der mit seiner Inflexibilität jegliche Einigung verhindert habe. Doch damit kam er bei Hormisdas an die falsche Adresse, der sich als Gralshüter der von Leo I., Gelasius und Symmachus verkündeten Prinzipien sah. Auf nennenswerte Unterstützung in Rom konnte der Kaiser in dieser Auseinandersetzung nicht mehr zählen. Durch Straßenkämpfe und Säuberungsaktionen war die pro-östliche Partei innerhalb des römischen Klerus weitgehend liquidiert.

So konnte der Papst dem Kaiser aus einer Position der Stärke heraus gegenübertreten. Seine Forderungen stellte er in einer eigenen Schrift, den

«Rechtgläubigkeitsregeln des Hormisdas» (*Regula rectae fidei Hormisdae*), zusammen. Dieser Katalog bündelte alles, was der römische Bischofssitz als seine wichtigsten Errungenschaften seit Leo I. betrachtete: die theologischen Grundsätze gemäß dem Konzil von Chalcedon, die Verdammung des Akakios und weiterer «Erzketzer» des Ostens, darunter Nestor und dessen Anhänger, sowie die Anerkennung des römischen Jurisdiktions-Primats über die universelle Kirche. Diesen Katalog konnte Anastasios ohne Gesichtsverlust nicht annehmen. Doch seine Versuche, bei König Theoderich oder in den Kreisen der römischen Aristokratie Unterstützung zu finden, schlugen fehl. So bahnte sich eine Lösung der verfahrenen Situation erst nach dem Tod des Kaisers im Juli 518 an. Sein Nachfolger Justinus I. nahm die unterbrochenen Verhandlungen wieder auf, in deren Verlauf Hormisdas an seinen Kernpostulaten festhielt, und zwar mit Erfolg, wie seine Gesandten in Konstantinopel jubelnd berichteten: Akakios nebst Genossen wurden aus der Liturgie gestrichen, das Regelwerk des Papstes vom Kaiser und den Patriarchen des Ostens unterschrieben und das Schisma damit überwunden!

Allerdings hatte die Wiedervereinigung vom 25. März 519 aus römischer Sicht einen Schönheitsfehler: Der Patriarch von Konstantinopel hatte durchgesetzt, dass das Schriftstück der Versöhnung in einem wesentlichen Punkt modifiziert wurde. Gleich zweimal war darin jetzt von der Gleichrangigkeit des alten und des neuen Rom am Bosporus die Rede, der Primat des Papstes also infrage gestellt. Zudem war die Haltung zahlreicher östlicher Bischöfe alles andere als eindeutig; einige von ihnen verweigerten ihre Zustimmung, andere akzeptierten die Konkordanzformeln nur zum Schein. Zusätzliche Konflikte provozierte Hormisdas mit seiner Forderung, jetzt auch die liturgische Erinnerung an die Bischöfe zu tilgen, die gegen die Verurteilung des Akakios und der übrigen Ketzer votiert hatten. Für weitere Unruhen sorgten skythische Mönche, die sich an die heikle Materie der Christologie wagten. Wie so oft sorgte ihr aufrichtiges Bemühen, durch neue «Zauberformeln» die festgefahrenen Fronten zu überwinden, für noch schlimmere Verwirrung: Der Mensch gewordene Gottessohn Christus – so ihr Kompromissvorschlag für die Verfechter der Ein- und Zweinaturenlehre – hatte als Gott am Kreuz gelitten. Damit waren die beiden Naturen des Erlösers durch die Passion verschmolzen. Als Justinus' Neffe und designierter Nachfolger Justinian die Einheit der göttlichen Natur im gekreuzigten Christus noch stärker hervorhob, witterten die Monophysiten Morgenluft, was in Konstantinopel zu blutigen Ausschreitungen führte. Hormisdas, dem die Frage zur Entscheidung übertragen wurde, entschied nach der traditionellen römischen Regel: keine Experimente mit dem Mysterium der Trinität und der Gnade! Der Papst teilte dem Kaiser seine Ablehnung mit, ohne dass sich dieser in seinem Standpunkt beirren ließ. Allerdings ging das Herrscher-Duo Justinus-Justinian schon bald energisch gegen die Monophysiten vor, was in Rom lobend zur Kenntnis genommen wurde.

Mit der Überwindung des Schismas rückte ein bislang eher zweitrangiges Problem in den Vordergrund: die arianische «Ketzerei» König Theoderichs und seiner Goten. Die Gemeinden dieser Kirche wurden im Ostreich während der allgemeinen kirchenpolitischen Flurbereinigung ab 523 intensiv verfolgt. Theoderich, dessen Stellung in Italien durch eine Reihe außenpolitischer Schlappen angeschlagen war, sah darin bedrohliche Vorzeichen; sie mehrten sich, als nach Hormisdas' Tod mit Johannes I. ein Papst gewählt wurde, dessen Sympathien für Konstantinopel notorisch waren. Dieser lief jetzt Gefahr, zwischen den Fronten zermahlen zu werden, denn Theoderich schwenkte zu einer repressiven Religionspolitik gegenüber Katholiken um, die mit Konstantinopel kooperierten. Als einer der Ersten fiel diesem Richtungswechsel der Philosoph Boethius zum Opfer, der am Hof des Königs eine hohe Position bekleidet hatte. Er wurde des Hochverrats angeklagt, in den Kerker geworfen, wo er sein Hauptwerk *Vom Trost der Philosophie* verfasste, und 524 hingerichtet.

Im Jahr darauf wurde der Papst nach Ravenna zitiert und mit einer schwierigen Mission betraut: Er sollte als Haupt einer hochrangig besetzten Delegation im Auftrag Theoderichs den Kaiser in Konstantinopel von der weiteren Verfolgung der Arianer abhalten, dafür sorgen, dass diesen ihre Kirchen zurückgegeben wurden, und die Zwangsbekehrungen für ungültig erklären lassen. Johannes I. war bereit, diesen Auftrag zu übernehmen – mit Ausnahme der letzten Bedingung, die gewaltsam «konvertierten» Arianer wieder zu ihrem ursprünglichen Glauben zurückkehren zu lassen. Zu allen Zugeständnissen bis auf dieses eine war auch Kaiser Justinus bereit, der den Papst mit allen Zeichen der Anerkennung des Primats empfing. Das war ein Triumph, auf den die Bischöfe von Rom lange gewartet hatten, doch nach der Rückkehr an den Tiber erwies sich die Reise nach Konstantinopel als

Desaster. Theoderich unterstellte den Mitgliedern seiner Gesandtschaft Verrat und ließ sie in den Kerker werfen, wo der Papst kurz darauf im Mai 526 starb. Seine Verehrung als Märtyrer ließ nicht lange auf sich warten. Ende August folgte ihm Theoderich ins Grab nach, für den *Liber pontificalis* war sein Tod die göttliche Strafe für diesen Frevel.

Streit um die Designation: Felix IV., Bonifaz II., Johannes II.

Vor seinem Tod hatte Theoderich noch die Zeit gefunden, Johannes' Nachfolger zu bestimmen. Seinen Anweisungen gemäß wurde ein unbequemer Kandidat aus dem Rennen geworfen und sein Wunschkandidat im Juli 526 geweiht: Felix IV., ein Kleriker, der sich in den Diensten von Papst Hormisdas bewährt hatte und als loyaler Parteigänger des Goten-Königs galt. Durch diese Haltung polarisierte er den römischen Klerus weiter, der sich tiefer denn je in eine prokaiserliche und eine progotische Fraktion spaltete. In diesen Streitigkeiten griff der Papst mit Unterstützung des neuen Königs Athalarich und der Regentin Amalaswintha hart und einseitig durch; mehr als fünfzig «unzuverlässige» Priester verloren ihr Amt, doch blieb die Opposition trotz aller Säuberungen stark. Im Streit um die Universalität oder Exklusivität der Gnade, der durch Augustins Spätwerk ausgelöst worden war und seither vor allem in Gallien ausgetragen wurde, schwächte Felix die schroffe Prädestinationslehre des Bischofs von Hippo ab und betonte, dass sich der Mensch aus freiem Willen zum Guten entscheiden und sich so die weiteren zum Heilserwerb nötigen Gnaden verdienen könne. Eine absolute Vorherbestimmung des Einzelnen durch göttlichen Ratschluss musste aus römischer Sicht dazu führen, dass die Gläubigen jegliches Streben nach sittlicher Besserung als nicht heilswirksam einstellten, sich einem verhängnisvollen Fatalismus anheimgaben, die Gebote der Kirche missachteten und deren Vermittlungsfunktion zwischen Mensch und Gott infrage stellten.

Durch seine guten Beziehungen zum Hof in Ravenna erhielt der Papst die Verfügung über Grundstücke in der Umgebung des – politisch seit Langem brachliegenden – Forum Romanum, auf denen er christliche Kultstätten errichten ließ. Die Umwertung des heidnischen Rom zum Neuen Jerusalem,

Zu viel Selbstverherrlichung Felix IV. ließ eine antike Bibliothek und einen heidnischen Tempel zu einer Kirche verschmelzen, die er den heiligen Ärzten Cosmas und Damian widmete. In einem Mosaik dieser Basilika ließ er sich – offensichtlich zu selbstbewusst – zusammen mit diesen Patronen und den Aposteln Petrus und Paulus darstellen, doch die Figur des Papstes wurde zerstört und in der heutigen Gestalt unter Urban VIII. (1623–1644) erneuert.

wie sie die Päpste seit Leo I. als ihren Auftrag verstanden, setzte sich damit fort. So ließ Felix IV. den alten Romulus- und späteren Jupiter Stator-Tempel zur Kirche der heiligen Ärzte Cosmas und Damian umgestalten und sich selbst auf dem Apsismosaik zwischen den Aposteln Petrus und Paulus darstellen. Diese Selbstverewigung stieß nicht auf ungeteilten Beifall; einige Jahrzehnte später wurde seine Figur sogar herausgeschlagen und erst tausend Jahre später wieder eingefügt – wenn man des lebenden Papstes nicht mehr habhaft werden konnte, kühlte man sein Mütchen eben an seinem «Stellvertreter» aus Mosaiksteinen.

Unmut und Widerstand erregte Felix IV. auch ganz am Ende seines Pontifikats. Als er im September 530 schwer krank war und sich dem Tod nahe glaubte, designierte er seinen Nachfolger Bonifaz dadurch, dass er ihm vor ausgewählten Vertretern von Klerus und Aristokratie sein Pallium, das wollene Abzeichen seiner höchsten Würde, überreichte. Eine Machtübertragung ohne Wenn und Aber war das jedoch nicht; würde der sieche Papst wider Erwarten genesen, sollten Pallium und Kirchenhoheit wieder an ihn zurückfallen. Bei dieser Designation des neuen Papstes konnte sich Felix IV. zwar auf die Bestimmungen des Jahres 499 berufen, doch wurde die eklatante Missachtung des bisher gültigen Wahlmodus von den geistlichen und weltlichen Würdenträgern, die sich jetzt zu Statisten degradiert sahen, naturgemäß mit Unwillen aufgenommen. Daher drohte der Papst allen, die seiner Verordnung nicht Folge leisten wollten, die Exkommunikation an. Begründet wurde die neue Nachfolgeregelung mit der Notwendigkeit, Tumulte und Spaltungen zu verhindern, die in letzter Zeit immer häufiger bei Papstwahlen vorgefallen seien und sowohl die Würde als auch den Besitz der römischen Kirche empfindlich gemindert hätten. Für seine Gegner wog der Bruch mit einer geheiligten Tradition weit schwerer: So trieb man den Teufel mit Beelzebub aus!

Es überrascht demnach nicht, dass das umstrittene Dekret eine Doppelwahl zur Folge hatte: Nach dem Tod Felix' IV. standen sich der designierte Nachfolger Bonifaz II. und ein Gegenpapst namens Dioscurus feindlich gegenüber. Nur weil dieser schon drei Wochen später das Zeitliche segnete und Bonifaz dessen Wähler durch Drohungen und Entgegenkommen von der Wahl eines neuen Gegenpapstes abhalten konnte, blieb der Kirche ein längeres Schisma erspart. Der Vater des neuen Papstes hieß Sigibuldo, war also germanischen Ursprungs, doch offenbar in Rom akkulturiert, wo Bonifaz auch zur Welt gekommen war. Trotzdem war die Wahl eines «stammverwandten» Papstes eine Geste, mit der das Wohlwollen des gotischen Hofes in Ravenna gewonnen werden sollte.

Um alle Zweifel an der Gültigkeit seiner Wahl zu zerstreuen, tat es der neue Papst seinem Vorgänger nach und ernannte seinerseits seinen Nachfolger. Darauf reagierte der römische Senat mit einem eigenen Papstwahldekret, das solche Manöver zu Lebzeiten des Amtsinhabers für illegal erklärte und mit Verbannung und Vermögensentzug bestrafte. Damit meldete sich der römische Adel neben dem Kaiser, dem König, dem Papst und dem Klerus als eigenständige Autorität auf kirchlichem Gebiet zu Wort. Je mehr der Einfluss des Petrus-Nachfolgers auf alle Bereiche des öffentlichen und privaten Lebens in der Ewigen Stadt zunahm, desto stärker musste die dortige Oberschicht darauf bedacht sein, ihre Interessen in diesem neuen Machtgefüge zu wahren. Ja, sie musste geradezu den Augenblick herbeisehnen, in dem sie bei der Bestimmung des neuen Papstes das Zünglein an der Waage bildete.

Doch so weit war es noch nicht. 531 wurde der Versuch der römischen Führungsschicht, sich als eigenständiger Machtfaktor zu profilieren, von den gotischen Machthabern hart bestraft, obwohl man in Ravenna die Nachfolgeregelung durch Designation keineswegs unterstützte und den Bestrebungen, sie abzuschaffen, freien Lauf ließ. So hatte Bonifaz II. in dieser entscheidenden Frage die Mehrheit von Klerus und Adel gegen sich und musste eine Synode einberufen, die darüber entscheiden sollte. Dazu war auch der Senat eingeladen. Seine Mitglieder kamen vollzählig; das Schauspiel, den verhassten Papst gedemütigt zu sehen, wollte sich kein Patrizier entgehen lassen. Die hohen Erwartungen wurden nicht enttäuscht. Die Versammlung dekretierte, dass Bonifaz II. mit der eigenmächtigen Bestimmung seines Nachfolgers die Rechte von Klerus und Volk mit Füßen getreten und die Würde des Heiligen Stuhls geschmälert habe. Damit nicht genug: Der Papst musste die anstößige Verordnung vor dem Altar von Sankt Peter eigenhändig verbrennen. Ein ehrendes Andenken erwarb sich der bei den Eliten so unbeliebte Papst beim mittellosen Gros der römischen Bevölkerung, die er während des Hungerjahres 531 in Sankt Peter mit Brot versorgte. Um dieselbe Zeit wurden erstmals die Biographien erwähnt, die als *Liber pontificalis* eine Art fortlaufende «Hauschronik» des Papsttums bildeten, bei der Schilderung umstrittener Pontifikate aber auch unterschiedliche, manchmal sogar polemische Standpunkte vertraten.

Bonifaz II. hatte einen Diakon namens Vigilius zum Nachfolger designiert, doch nach der Verdammung dieses Verfahrens war dieser Wunschkandidat beim Tod seines Gönners im Oktober 532 erst einmal chancenlos; er musste drei Konkurrenten an sich vorbeiziehen lassen und viereinhalb Jahre warten, bis seine Stunde dann doch noch schlug. Anfang Januar 533 aber hieß der erfolgreiche Kandidat Mercurius. Da er als vicarius Christi nicht den Namen eines heidnischen Gottes tragen wollte, nahm er den Namen Johannes an und war damit der erste Papst, der nach der Wahl seinen Namen änderte.

Johannes II. sah sich im Osten mit neuen dogmatischen Auseinandersetzungen über die alte Dauerstreitfrage konfrontiert, in welchem Verhältnis zueinander die zwei Naturen Christi standen, deren Koexistenz das Konzil von Chalcedon 451 dekretiert hatte. In dieser Formel sahen einflussreiche Theologen weiterhin die Gefahr gravierender Irrtümer beschlossen. Die zwei Naturen ließen sich, wie die Lehre der Nestorianer zeigte, zu zwei unterschiedlichen Christus-Persönlichkeiten verselbständigen, was die Erlösungstat des Fleisch gewordenen Gottessohns infrage stellte. Der Trend in Konstantinopel, Alexandria und Antiochia, den Zentren der Debatte, ging daher seit Längerem in Richtung einer stärkeren Betonung der Einheit, die von den skythischen «Theopaschiten» mit der Lehre, dass sowohl die menschliche als auch die göttliche Natur Christi am Kreuz gelitten habe, unterstrichen wurde. Demnach gab es einen Austausch, ja geradezu eine Kommunikation zwischen den beiden Naturen Christi, was die «Chalcedonisten» als eine unerlaubte Annäherung an die monophysitische Lehre ansahen und daher erbittert bekämpften. Wie der Papst machten sie ihre Rechnung jedoch ohne den seit 526 allein regierenden Kaiser Justinian, der sich aufgrund seiner theologischen Studien und seines Selbstverständnisses als *Rex Sacerdos* nicht nur zum Schiedsrichter in solchen Streitigkeiten, sondern sogar zu eigenständigen Lösungen berufen fühlte. 533 fiel seine Formel sehr theopaschitisch aus, was weiteres Öl ins Feuer goss. So war es unvermeidlich, dass sich die unterlegene Partei mit ihren Beschwerden an den Papst wandte. Um ihre Manöver zu durchkreuzen, schickte der Kaiser einen Bericht an Johannes II., in dem er sich rühmte, den «Nestorianern» das Handwerk gelegt und die wahre Lehre verteidigt zu haben. Sie bestand darin, dass Christus als Sohn Gottes der Trinität und dem Vater zugehöre, als Mensch hingegen dem Menschen wesensgleich sei. So habe er mit seiner menschlichen Natur die Passion erduldet, während er zugleich mit seiner Göttlichkeit über dieses Leid erhaben gewesen sei. Auf diese Weise verdiene Maria den ihr von den Nestorianern abgesprochenen Rang als Gottesmutter voll und ganz.

Dieses Glaubensbekenntnis bestätigte Johannes II. auf Wunsch Justinians mit seiner apostolischen Autorität. Doch seine Willfährigkeit rief Stirnrunzeln bei den Theologen hervor, die Hormisdas bei seiner Ablehnung der skythischen Mönchsdoktrin beraten hatten. Wie konnte ein Papst billigen, was einer seiner Vorgänger verworfen hatte? Eine Antwort könnte in den respektvollen Wendungen zu sehen sein, mit denen Justinian sein Schreiben an Johannes II. spickte. So betonte er die Rolle des Papstes als Vater der Christenheit, die Funktion des römischen Stuhls als Wächter der kirchlichen Einheit und den Vorrang des Papstes vor allen anderen Bischöfen. Doch dieser salbungsvolle Ton darf nicht darüber hinwegtäuschen, dass der Kaiser damit nicht Herrschaftsbefugnisse über die Kirche oder gar über die weltliche Gewalt, sondern einen reinen Ehren-Primat meinte und sich selbst diese doppelte Hoheit vorbehielt. Wie unvereinbar die beiden Auffassungen und Ansprüche waren, sollte sich erst unter den Nachfolgern Johannes' II. zeigen.

3.

Am langen Arm von Byzanz

Von Agapet I. bis Constantin (535–715)

Marionette und Märtyrer: Agapet I., Silverius, Vigilius

Mit Agapet I. wurde im Mai 535 ein Mitglied des römischen Adels gewählt, das sich wie wenige seiner Vorgänger des Rückhalts der römischen Bevölkerung und des Klerus sicher wusste. Mit dieser Unterstützung konnte es der neue Papst wagen, einen weiteren Triumph über die «Designations-Päpste» zu feiern: Kaum gewählt, verbrannte er öffentlich die von Bonifaz II. ausgesprochene Verurteilung des Dioscurus, der es gewagt hatte, sich gegen den erklärten Willen dieses Papstes zur Wahl zu stellen. In Wirklichkeit – so Agapet – hatte nicht Dioscurus, sondern Bonifaz gegen das gültige Kirchenrecht verstoßen. Mit dieser Verurteilung missachtete er den Grundsatz, dass ein Papst von niemandem gerichtet werden konnte. Diese Regel war gewiss auf den lebenden Papst gemünzt, doch musste sie das Verbot, Entscheidungen früherer Päpste zu kritisieren oder gar rückgängig zu machen, einschließen, wenn sich der so aufwendig konstruierte und mühsam durchzusetzende Primat des römischen Stuhls behaupten lassen sollte. Mit jedem Papst, der von seinen Nachfolgern diskreditiert wurde, verlor dieser Anspruch an Glaubwürdigkeit.

Während sich Agapet in Rom sicher fühlen durfte, war er in der großen Politik nur ein Spielball der Mächte in West und Ost. Das zeigte sich, als Justinian 535 seine systematische Politik der Rückeroberung Dalmatiens, Siziliens und des italienischen Festlands in Angriff nahm. Im Auftrag des neuen Gotenkönigs Theodahad musste der Papst an der Spitze einer Delegation nach Konstantinopel reisen, um den Kaiser von seiner Reconquista-Politik abzubringen. Agapet nutzte das von vornherein aussichtslose Unterfangen dazu, die von der Kaiserin Theodora unterstützten monophysitischen Tendenzen zu bekämpfen und in diesem Zusammenhang die römische Lehrautorität hervorzuheben. So gelang es ihm, den kurz zuvor inthronisierten Patriarchen von Konstantinopel als Ketzer absetzen und mit Zustimmung des Kaisers ein neues, unzweifelhaft romtreues Oberhaupt wählen zu lassen, das er kurz darauf sogar selbst weihte. Vervollständigt wurde dieser Triumph durch die Glaubensbekenntnisse des Kaisers und der Kaiserin, die sich an der Rechtgläubigkeitsregel von Papst Hormisdas orientierten und so die umstrittenen theopaschitischen Formeln vermieden. Darüber hinaus feierte Justinian die Einheit der Universalkirche in der Gestalt der römischen Kirche; dadurch bestätigte er nach römischer Auffassung den päpstlichen Primat mit all seinen juristischen und politischen Konsequenzen.

Dass die wohlklingenden Verlautbarungen wenig mehr als Lippenbekenntnisse waren, zeigte sich in der kirchenpolitischen Praxis schon bald. Als Agapet I. nach knapp einjährigem Pontifikat im April 536 starb, hatte er sich mit seiner festen Haltung gegenüber Byzanz die Bewunderung seiner katholischen Zeitgenossen und späterer Kirchenhistoriker gesichert. Seinen viel weniger gerühmten Nachfolgern ist zugutezuhalten, dass sie es mit einem viel weniger konzilianten Justinian zu tun hatten.

Als die Nachricht von Agapets Tod Anfang Juni 536 nach Rom gelangte, setzte Theodahad die Wahl von Hormisdas' Sohn Silverius durch, und zwar zum Unwillen des römischen Klerus, hatte der neue Papst doch als Subdiakon zuvor nur eine untergeordnete Stellung in der Kirche bekleidet. Zur selben Zeit bestätigte eine Synode in Konstantinopel abermals die Abkehr vom Monophysitismus und die Hinwendung zu den römischen Positionen. Dieses Votum polarisierte die Hofgesellschaft am Bosporus und rief die Kaiserin Theodora auf den Plan, der die Verständigung mit Rom ein Dorn im Auge war. Mit dem Diakon Vigilius, der vier Jahre zuvor von Bonifaz II. zum Nachfolger designiert, doch am Widerstand von Klerus und Adel gescheitert war und sich seit geraumer Zeit in Byzanz aufhielt, stand ihr für solche Störmanöver das geeignete Instrument zur Verfügung.

Unterdessen gestaltete sich die militärische und politische Lage Roms dramatisch. Im Dezember 536 zog der oströmische Feldherr Belisar, der zuvor Neapel erobert und geplündert hatte, kampflos in die Ewige Stadt ein; die ansonsten selten übereinstimmenden Quellen heben unisono hervor, dass Silverius die Übergabe der Stadt in die Wege leitete und sich als Retter feiern lassen durfte. Doch als die Goten unter dem neuen König Witigis kurz darauf Rom belagerten, schlug die Stimmung um: Der Papst wurde des geheimen Einvernehmens mit dem Feind bezichtigt und abgesetzt, Vigilius unter dem Druck Konstantinopels Ende März 537 zu seinem Nachfolger gewählt. Silverius gewogene Quellen wussten darüber hinaus zu berichten, dass dieser das Ansinnen der Kaiserin, den von Agapet als Ketzer verurteilten Patriarchen von Konstantinopel zu rehabilitieren, mit unerschütterlicher Würde und in der sicheren Erwartung seines Martyriums zurückgewiesen habe. Dieser Leidensweg wird im Einzelnen unterschiedlich geschildert. Fest steht, dass der Papst zuerst in den Osten, nach Griechenland oder Kleinasien, deportiert wurde. Von dort wurde er nach Rom, das Belisar gegen den Ansturm der Goten verteidigte, zurückgebracht und schließlich in ein Insel-Kloster verbannt, wo er im Dezember 537 starb – ob eines natürlichen Todes oder auf Befehl des Vigilius an Hunger oder Gift, muss offenbleiben. Dabei handelten weltliche und geistliche Gewalt Hand in Hand: Der Kaiser verurteilte Silverius wegen Hochverrats, der neue Papst Vigilius degradierte ihn zum Mönch. Genau so stellte sich Justinian die ideale Kooperation mit einem willfährigen Papst vor.

Die Rolle, die Vigilius in diesen dramatischen Geschehnissen spielte, stellt sich unterschiedlich dar, je nachdem, welche Quellen als glaubwürdig eingestuft werden. Brutaler Usurpator, ehrgeiziger Opportunist, uneigennütziger Vermittler oder gar Retter des römischen Stuhls in Zeiten der Auflösung: alle diese Versionen sind in den zeitgenössischen Berichten vertreten. Vom Vorwurf dogmatischer Irrtümer sprechen ihn die gesicherten Dokumente frei; die Gültigkeit der Beschlüsse von Chalcedon und der Lehrentscheidungen Leos I. habe er nicht infrage gestellt. Andererseits machte er dem Kaiser gegenüber Zugeständnisse, die den römischen Primat aufs Höchste gefährden mussten. So billigte er Justinian auf kirchlichem Gebiet weitreichende Kompetenzen zu und akzeptierte dessen Rolle als Wächter über die Papstwahl und Richter über die Rechtgläubigkeit der Kandidaten. In diesem Entgegenkommen spiegelten sich die grundlegend veränderten Machtverhältnisse in Rom und Italien wider. Anderthalb Jahrhunderte lang hatten es die Bischöfe von Rom mit eher schwachen und theologisch meist uninteressierten Herrschern zu tun gehabt, die ihnen dennoch den nötigen Rückhalt gegen die kirchenpolitisch weitaus aktiveren und dominanteren Kaiser des Ostreichs boten und damit die Gelegenheit gaben, ihre eigene Machtstellung in Theorie und Praxis immer weiter auszubauen. Jetzt aber waren sie einem dynamischen und ehrgeizigen Herrscher unterstellt, der sie nicht nur ganz direkt in die dogmatischen Auseinandersetzungen der griechischen Kirche verwickelte, sondern seine Rolle als «Priester-König» immer kühner und selbständiger interpretierte.

In Rom sah der Papst seine Stellung als Stadtherr, die seine Vorgänger so mühsam errungen hatten, durch die Machtfülle des oströmischen Feldherrn Belisar gefährdet. Umso energischer widmete er sich kirchlichen Bauprojekten im Umkreis des Forum Romanum wie der Kirche Santi Quirico e Giulitta. Darüber hinaus versuchte er, durch eine Fülle von Inschriften die Kontinuität der Amtsgewalt und Amtsautorität zu bezeugen, die durch den Machtwechsel in der Ewigen Stadt infrage gestellt wurde. Demselben Zweck dienten die sozialpolitischen Hilfsmaßnahmen des Papstes in einer durch die Kriege zwischen Goten und Griechen verwüsteten Stadt. Diese Kämpfe und die in ihrem Gefolge auftretenden Hungersnöte und Epidemien hatten zur Entvölkerung ganzer Stadtviertel geführt, zahlreiche Familien der alten Aristokratie waren ausgestorben oder nach Konstantinopel ausgewandert. Vigilius' Versuche, diesem Niedergang entgegenzuwirken, wurden im März 544 belohnt, als ihm in einer aufwendig inszenierten Zeremonie ein Lobgedicht überreicht wurde, das ihn als guten Hirten der Ewigen Stadt feierte und vier Tage lang vor einem zu Tränen gerührten Publikum aus Klerikern und Laien verlesen wurde. Vigilius – so die Ruhmesbotschaft des Poems – bewährte sich durch seine Mildtätigkeit als würdiger Erbe des Apostelfürsten

Petrus und bestätigte als Friedensfürst in der Nachfolge Christi den Primat des römischen Stuhls.

Kurz darauf bereits war es mit dieser Harmonie vorbei: Ende November 545 wurde der Papst mitsamt den führenden römischen Klerikern von oströmischen Truppenkontingenten nach Sizilien verschleppt. Ausschlaggebend für diese – je nach Blickwinkel und Deutung – Deportation oder Evakuierung war die militärische Lage, die sich nach der Abberufung Belisars und durch die Gegenoffensiven des neuen Gotenkönigs Totila gravierend verschlechtert hatte. Justinian wollte offensichtlich verhindern, dass der Papst in die Hände Totilas fiel, sei es als Geisel oder als Alliierter. Zudem hatte er seit dem Vorjahr intensiv an einer theologischen Stellungnahme gefeilt, die er von Vigilius bestätigt sehen wollte. So war es in jeder Hinsicht ratsam, den Papst aus dem unsicheren Rom in den oströmischen Machtbereich zu überführen, zumal der Kaiser geahnt haben dürfte, dass sein Schiedsspruch nicht auf spontane Gegenliebe stoßen würde. Dieser bestand in einer Verurteilung der sogenannten «Drei Kapitel», die Justinian aus Schriften dreier östlicher Theologen exzerpiert hatte, die bei der Verurteilung der Monophysiten und der Verteidigung der Beschlüsse von Chalcedon eine wichtige Rolle gespielt hatten. Mit der Verurteilung der Verurteiler wollte der Kaiser die Monophysiten für sich gewinnen und damit eine politische Befriedung im Osten herbeiführen, ohne die seine Rückeroberungspolitik im Westen aussichtslos war.

Wie immer in Fällen kaiserlicher Machtsprüche war das Gegenteil der Fall: Nun fühlten sich die Gralshüter von Nicaea und Chalcedon zur Verteidigung der heiligen Konzilien aufgerufen und hofften auf Unterstützung durch den Papst; drei Patriarchen des Ostens machten ihre Unterschrift unter das kaiserliche Dekret von der Annahme durch Vigilius abhängig, der aus seinem sizilianischen Exil ihre vorbildliche Standfestigkeit lobte. Die Verteidiger der inkriminierten Texte konnten sich darauf berufen, dass zwei von deren Verfassern in Chalcedon als rechtgläubig bestätigt worden waren. Sie posthum zu verurteilen, hieß, das Konzil insgesamt infrage zu stellen.

546 reiste Vigilius nach Konstantinopel, wo seine Entscheidung mit Spannung erwartet wurde. Die Meinungen seiner Begleiter waren geteilt. Die römischen Aristokraten wollten ihre guten Beziehungen zum Kaiser nicht durch theologische Spitzfindigkeiten gefährden und schlossen sich der

Verurteilung der «Drei Kapitel» an. Die Mehrheit der Kleriker war vehement dagegen, weil sie – über die Unhaltbarkeit der theologischen Positionen im Einzelnen hinaus – einen Präzedenzfall fürchteten, der eine immer intensivere Einmischung der weltlichen Gewalt in die Rechte und Befugnisse der Kirche begründete. Eine dritte Gruppe war entschlossen, dem päpstlichen Beschluss zu folgen, egal wie er ausfallen mochte. Doch eine solche Entscheidung ließ einstweilen auf sich warten. In langwierigen Verhandlungen mit dem Papst berief sich Justinian auf Briefe seines großen Vorbildes Constantin, in denen dieser seine «Schutzherrschaft» über die Kirche einschließlich seiner Kompetenz, dogmatische Streitigkeiten zu schlichten, rechtfertigte. Das war ein geschickter Schachzug, um die päpstlichen Positionen aufzuweichen.

Am Ostersamstag des Jahres 548 verkündete Vigilius seinen sehnlichst erwarteten Schiedsspruch (*Iudicatum*): Er bestätigte die Verurteilung der «Drei Kapitel» und zugleich die Gültigkeit der Konzilsbeschlüsse von Chalcedon. Das war ein widersprüchliches «Sowohl – als auch», das ihm führende Bischöfe des Westens nicht abnahmen. Schon in Konstantinopel kam es zu Missfallenskundgebungen. Als Vigilius mit dem dortigen Patriarchen zusammen die Weihnachtsfeier zelebrierte, verließen zwei römische Diakone ostentativ die Kathedrale; drei Monate darauf wurden sie als Strafe für ihre Unbotmäßigkeit exkommuniziert. Später setzte der Papst durch, dass das *Iudicatum* zurückgenommen wurde, und zwar zu Bedingungen, die beide Seiten unterschiedlich interpretierten. Laut Justinian schwor Vigilius, dass er die Verurteilung der «Drei Kapitel» damit nicht infrage stelle; laut Vigilius schwor Justinian, sich künftig nicht mehr in die innersten Angelegenheiten der Kirche einzumischen und ein allgemeines Konzil das endgültige Urteil zu diesem Fall sprechen zu lassen.

Als dieses Konzil im Frühjahr 553 in Konstantinopel vor der Eröffnung stand, hatten sich die Beziehungen zwischen Papst und Kaiser weiter verschlechtert. Justinian hatte entgegen seinen Versprechungen die Versammlung im Alleingang organisiert, die westliche Kirche war nur mit wenigen Bischöfen vertreten. Vigilius musste daher damit rechnen, dass die Teilnehmer den Anweisungen des Kaisers bedingungslos folgen würden. Seine Versuche, das Konzil hinauszuzögern oder durch eine informelle Patriarchen-Konferenz zu ersetzen, schlugen fehl; je länger er seinen Obstruktionskurs fortsetzte, desto eisigerer Wind schlug ihm vonseiten des Kaisers und des diesem ergebenen Episkopats entgegen. Während die Kirchenversammlung ohne ihn zu tagen begann, verfasste der Papst eine neue Stellungnahme (*Constitutum*) zu den «Drei Kapiteln», die seine Zustimmung zu deren Verurteilung teilweise zurücknahm und jegliche Lehre, Erörterung und Debatte der «Drei Kapitel» untersagte. Doch wurde das *Constitutum* weder vom Kaiser noch vom Konzil zur Kenntnis genommen. Stattdessen bestätigte das Zweite Konzil von Konstantinopel die Verdammung der «Drei Kapitel» und erklärte den Papst am 26. Mai 553 für abgesetzt. Dieser – so Justinian – habe sich durch seine Verteidigung der häretischen Schriften selbst aus der Gemeinschaft der Gläubigen ausgeschlossen. Doch sei die Einheit der Kirche durch diesen individuellen Abfall vom wahren Glauben genauso wenig gefährdet wie ihr innerer Friede. Die Bischöfe waren derselben Meinung und dankten dem Kaiser dafür, dass er so unermüdlich und uneigennützig für das Wohl der Christenheit tätig war. Deutlicher konnten sie dem römischen Primat keine Absage erteilen. Sie verloren kein Wort darüber, dass der Papst von niemandem gerichtet werden könne, und stimmten stattdessen ein Loblied auf Justinian, den neuen Constantin, an, der seine von Gott verliehene Macht zum Segen der Kirche einsetzte. Eben noch hatte sich der Papst als Stellvertreter Christi in seiner Machtfülle bestätigt gefühlt, jetzt sah er sich von Kaiser und Konzil gleich doppelt entmachtet. Triumphe und Demütigungen lagen irritierend dicht beieinander. Höhen und Tiefen hingen vom Wohlwollen eines weltlichen Herrschers ab – für den *vicarius Christi* war das eine unhaltbare Situation. Abhilfe war jedoch nicht in Sicht. Einstweilen fehlte es an einer starken Gegenkraft, die sich gegen die byzantinischen Allmachtansprüche ausspielen ließ.

Dem vereinten Druck des Konzils und des Kaisers zeigte sich Vigilius nicht gewachsen. Nachdem einige seiner engsten Mitstreiter gefangen gesetzt worden waren, schwenkte er ein weiteres Mal auf die Linie Justinians um, dessen Verurteilung der «Drei Kapitel» er in einem erneuten *Iudicatum* mit ungewöhnlich selbstkritischen Tönen bestätigte. Das Einknicken vor dem «Priester-König» hatte zur Folge, dass der Papst die Geistlichen in seiner Umgebung, die diesen Gesinnungswechsel nicht mit vollzogen, selbst verurteilen musste; das war eine weitere Peinlichkeit, die seine Autorität noch tiefer untergrub. Mit seiner Unterwerfung erkaufte sich Vigilius die

Rückkehr nach Rom, wo während seiner Abwesenheit ein Priester namens Mareas als sein Statthalter amtiert hatte. Dessen Grabinschrift rühmt seine unerschütterliche Treue zum wahren Glauben und hebt damit die Qualitäten hervor, die Vigilius nach dem Urteil seiner Zeitgenossen fehlten. Für seine Kritiker war es daher ein Omen, dass der bislang umstrittenste aller Päpste auf dem Weg nach Rom in der sizilianischen Stadt Syrakus das Zeitliche segnete. Eine vollständige Heimkehr blieb ihm auch nach dem Tod versagt; seine sterblichen Überreste wurden zwar nach Rom überführt, doch nicht wie üblich in Sankt Peter beigesetzt – so viel Distanz musste auch posthum demonstriert werden.

Allzu viel hätte auch ein lebender Vigilius in der alten Reichshauptstadt nicht ausrichten können. Nach seinem vollständigen Sieg über die Goten zog Justinian die Herrschaft über Rom wieder ganz an sich, vor allem im Bereich der Armenversorgung. Er wusste warum: Wer den Römern das Brot spendete, durfte auf ihre Anhänglichkeit zählen. So mussten die Päpste – so schien es zumindest – wieder bei Null anfangen.

Zwischen Langobarden und Byzanz:
Pelagius I., Johannes III., Benedikt I., Pelagius II.

Als Vigilius im Juni 555 starb, lag die Bestimmung seines Nachfolgers ganz in den Händen des Kaisers, der sich bei diesem Anlass als kluger Machtpolitiker und Psychologe erwies, denn seine Wahl fiel ausgerechnet auf den Diakon Pelagius, den standhaftesten der «Drei-Kapitel»-Verteidiger, der seine Unbeugsamkeit mit Klosterhaft bezahlt hatte. Dass er seinen Widerstand gegen die kaiserliche Verordnung nach seiner Erhebung aufgeben musste, lag auf der Hand. Pelagius setzte seine Unterschrift unter die Verurteilung der Texte, die er zuvor so unermüdlich verteidigt hatte, approbierte das Konzil von Konstantinopel und machte sich nach Rom auf, wo ihn niemand erwartete. Am Tiber war offenbar noch nicht einmal die Nachricht vom Tod des Vigilius bestätigt worden, der immerhin ein Dreivierteljahr zurücklag. So kam jetzt der Verdacht auf, dass Pelagius, der sich den staunenden Römern als neuer Papst präsentierte, seinen Vorgänger ermordet habe, um selbst den Stuhl Petri zu besteigen. Zudem sahen sich Klerus und römischer

Adel ihres Wahlrechts beraubt; für weiteren Unmut sorgte Pelagius' Umschwenken auf die theologischen Positionen des Kaisers, das im Westen allgemeines Kopfschütteln erregte. So ließen sich im April 556 nicht einmal die drei Bischöfe zusammenbringen, die nach kirchlichem Recht die Weihe des neuen Papstes vornehmen mussten.

Unübersehbar war hingegen die Präsenz von Justinians General Narses, der den Festlichkeiten seinen Stempel aufdrückte. So musste Pelagius in Sankt Peter einen feierlichen Eid darauf leisten, dass er Vigilius nicht ermordet und das Konzil von Chalcedon nicht diskreditiert habe. Beides stimmte zwar, machte als Einleitung zur Amtseinführung eines Papstes jedoch einen seltsamen Eindruck. Es war schlecht um die Würde des Petrus-Nachfolgers bestellt, wenn dieser sich von solchen Vorwürfen reinigen musste.

In Rom konnte sich Pelagius daraufhin behaupten, doch im übrigen Italien und im Frankenreich blieb das Misstrauen gegen ihn lebendig. Um dieses zu zerstreuen, verfasste er ein ausführliches Bekenntnis zur Rechtgläubigkeit, die mit der Lehre der ökumenischen Konzilien seit Nicaea und den wichtigsten Lehrbriefen seiner Vorgänger gleichgesetzt wurde. Die Opposition, die sich auf Venetien und Istrien konzentrierte, konnte er damit jedoch nicht unterdrücken; hier sagten sich Kirchenführer wie der Bischof von Aquileia von Pelagius, den sie offen des Verrats am Glauben beschuldigten, und damit von Rom los. Ihr Appell, dem Papst als Häretiker die Gefolgschaft aufzukündigen, fand in weiten Teilen Mittelitaliens Gehör. Pelagius forderte militärische Unterstützung an, um die immer bedrohlichere Bewegung einzudämmen. Das Schisma – so sein Argument – ist mehr als eine innerkirchliche Revolte, es ist ein Aufstand gegen die öffentliche Ordnung und damit gegen den Kaiser. Doch auch mit den Zwangsmaßnahmen, die Narses gegen die Abweichler ergriff, ließ sich die Spaltung der Kirche, das sogenannte Dreikapitelschisma, nicht beheben. Seine Grabinschrift feiert Pelagius als unbeirrbar rechtgläubigen Steuermann der Kirche und Vater der Armen in einer Zeit der Tränen und Wirrungen, dem als Lohn für diese Selbstaufopferung sofort die Seligkeit des Paradieses zuteilwerde. Die offizielle Kirche ist dieser Einschätzung nicht gefolgt: Im Gegensatz zur großen Mehrheit seiner Vorgänger wurde er nicht heiliggesprochen.

Pelagius' Nachfolger Johannes III. musste nach seiner Wahl vier Monate auf seine Weihe warten, so lange dauerte das von Justinian angeordnete

Prüfverfahren in Byzanz. Dass die Kirche jetzt am Bosporus und nicht in Rom regiert wurde, zeigt sich an der Quellenarmut zum dreizehnjährigen Pontifikat des Papstes, der aus den obersten Rängen der römischen Aristokratie stammte und trotzdem in Rom kaum Spuren hinterlassen hat. Bezeugt ist immerhin, dass es ihm gelang, das «Pelagianische Schisma» in Norditalien und Istrien teilweise beizulegen und gute Kontakte zum kaiserlichen Hof in Byzanz zu unterhalten.

Das alles trat jedoch hinter dem für die Geschichte Italiens und des Papsttums bedeutendsten Ereignis der Zeit zurück, der Invasion der Langobarden ab 568. Dieser germanische Stammesverband hatte sich ein halbes Jahrhundert zuvor im östlichen Donauraum niedergelassen, aber trotz Siedlung auf dem Gebiet des Reichs nicht akkulturiert. Respekt vor den Traditionen und Institutionen des Imperiums war den Eroberern Italiens daher fremd. Die Führer ihrer zahlreichen Gefolgschaftsverbände wählten zwar Könige, handelten jedoch bei der Besetzung und Verteilung des Landes weitgehend autonom. In dieser Konkurrenz mit ihrem Adel konnten sich die langobardischen Monarchen nie entscheidend durchsetzen; bezeichnend dafür ist, dass die ersten «Eroberkönige» Alboin und Clef schon vier beziehungsweise sechs Jahre nach Beginn der Invasion ermordet wurden. Die wenigen italienischen Quellen zu diesen Ereignissen spiegeln denn auch einen Kulturschock wider: Im Verhältnis zu den Ostgoten, die sich als Erben des Imperiums im Westen betrachtet und nach der Anerkennung ihrer Herrschaft durch den Kaiser gestrebt hatten, erschienen die Langobarden den Einheimischen als rohe Barbaren, die rücksichtslos Kulturschätze zerschlugen und das Land brutal ausbeuteten, ohne jemals zu einer großräumigen und stabilen Herrschaft zu gelangen.

Neben dem Königreich mit seiner Hauptstadt Pavia fielen vor allem die Herzogtümer Spoleto und Benevent nördlich beziehungsweise südlich von Rom ins Gewicht. Die Ewige Stadt selbst blieb mit ihrer ländlichen Umgebung ebenso wie das sogenannte Exarchat Ravenna an der Adria, Ligurien und der größte Teil Süditaliens unter byzantinischer Herrschaft, wobei sich die Grenzen zwischen den Machtbereichen in den folgenden zwei Jahrhunderten häufig verschoben, je nachdem, welche Seite gerade Oberwasser hatte oder in die Offensive ging. Größere Umschichtungen von längerer Dauer ergaben sich in diesem labilen Machtgefüge jedoch nicht. Die Päpste standen damit vor ganz neuen Herausforderungen. Sie mussten sich gegen Invasoren behaupten, die zwar formell Christen, doch nicht bereit waren, ihre Primatansprüche anzuerkennen oder ihnen gar als «weltlicher Arm» in den Auseinandersetzungen mit Häretikern oder mit dem Kaiser am Bosporus Unterstützung zukommen zu lassen. Auf der einen Seite standen Barbaren ohne Interesse an Theologie und Kirchenpolitik, auf der anderen Seite die oströmischen Kaiser von oft zweifelhafter Rechtgläubigkeit, die sich als Oberherrn der Christenheit betrachteten und entsprechend rücksichtslos gegenüber Rom agierten. Aus dieser unbehaglichen Lage gab es nur einen Ausweg: Der Nachfolger Petri und Stellvertreter Christi auf Erden musste sich in diesem Zangengriff als fürsorglicher und aufopferungsvoller Sachwalter des ihm anvertrauten römischen Gottesvolkes profilieren, der im Gegensatz zu den finsteren Tyrannen im Norden und im Osten seine Macht nicht für seinen eitlen Ruhm, sondern zum Schutz der Christenheit vor den zerstörerischen Kräften dieser Welt ausübte. Ein solches Charisma bot zwar keine Garantien gegen Übergriffe der langobardischen Barbaren oder der byzantinischen Generäle, dafür aber die Aussicht, nach und nach politische Selbstbestimmung zu gewinnen, die zur Behauptung zwischen den übermächtigen Fronten notwendig war. Ob sich diese Unabhängigkeit aus eigener Kraft erringen ließ, war allerdings zweifelhaft. So richtete sich der Blick der Päpste vom Ende des 6. Jahrhunderts an immer wieder über den langobardischen Störfaktor hinaus nach Norden.

Von der angestrebten Stabilisierung war der Pontifikat von Johannes' Nachfolger Benedikt I. noch weit entfernt. Wie unsicher die Verkehrs- und Kommunikationswege in der ersten langobardischen «Landnahmephase» waren, zeigte sich daran, dass der neue Papst erst elf Monate nach seiner Wahl im Mai 574 das zur Weihe nötig kaiserliche Plazet erhielt. Die kriegerischen Verwicklungen hatten in großen Teilen Italiens zu Epidemien und zu Ernteausfällen geführt, deren Folgen auch die Ewige Stadt im Sommer 578 drastisch zu spüren bekam. Kaiserliche Getreidelieferungen verhinderten zwar den Ausbruch einer Hungersnot, doch im Jahr darauf rückten die Langobarden so weit nach Rom vor, dass der *Liber pontificalis* eine regelrechte Belagerung überliefert. Der Papst starb im Juli 579, als die Lage am bedrohlichsten war, so dass sein Nachfolger Pelagius II. vor seiner Weihe nicht einmal die kaiserliche Bestätigung einholen konnte. Die wenigen

Primat-Demonstration in Zeiten der Krise Pelagius II. ließ sich in einem Mosaik der Basilika San Lorenzo fuori le mura als Stifter des neuen Kirchenbaus mit den Aposteln Petrus und Paulus sowie den Heiligen Laurentius, Stephanus und Hippolytus darstellen.

Quellen zeichnen für diese Jahre ein dramatisches Bild des städtischen Niedergangs: Immer mehr Quartiere innerhalb des Aurelianischen Mauerrings verödeten, das alte Herrschaftszentrum auf dem Palatin verfiel zusehends; wer es sich leisten konnte, zog nach Konstantinopel. Vom Kaiser war keine Unterstützung zu erwarten; der Exarch von Ravenna, sein Stellvertreter in Italien, sah sich selbst von den Langobarden bedrängt und hatte Mühe, mit deren neuem König Autari akzeptable Waffenstillstandsbedingungen auszuhandeln. Pelagius' Appell an den merowingischen König Childebert II., einen Feldzug gegen die Langobarden zu unternehmen, blieb ohne Echo – Rom war und blieb isoliert, der Papst musste sich selbst helfen. Mit der immer noch abgespaltenen Kirche Venetiens und Istriens versuchte er eine gütliche Einigung zu erzielen. Doch das Entgegenkommen, mit dem er die Rest-Schismatiker von ihrer Verteidigung der «Drei Kapitel» abzubringen suchte, wurde nicht belohnt. Auch das bewaffnete Vorgehen des Exarchen hatte keinen Erfolg. Im Gegenteil: das Verhältnis der «Abtrünnigen» zu Rom wurde dadurch nur noch zerrütteter.

Umso dringender war die krisengeschüttelte Stadt am Tiber auf den Glanz neuer Bauten angewiesen. So ließ Pelagius II. trotz aller politischen und militärischen Rückschläge und natürlichen Katastrophen wie Überschwemmungen und Epidemien neben der konstantinischen Basilika San Lorenzo fuori le mura eine neue Kirche errichten, die demselben Heiligen gewidmet war und im 13. Jahrhundert mit älteren und neueren Bauten zu einer einzigen Anlage verschmolz. Darin hat sich das Mosaik des Triumphbogens erhalten, das den Papst unter dem thronenden Christus neben den Aposteln Petrus und Paulus, flankiert von den Heiligen Laurentius, Stephanus und Hippolytus mit dem Modell seiner Stiftung in der Hand zeigt: Die ruhmvolle Selbstdarstellung des *vicarius Christi* durfte auch in dunklen Zeiten nicht abbrechen. Kurz nach dieser Verewigung im griechischen Stil fiel Pelagius II. im Februar 590 der am Tiber wütenden Seuche zum Opfer.

Schutzherr der Ewigen Stadt: Gregor I.

Der Selbsthelfer, den das Papsttum und seine Hauptstadt so dringend wie nie zuvor benötigten, ließ sich am ehesten in der alten Oberschicht finden; sie allein hatte die soziale Autorität und die finanziellen Mittel, um einen weiteren Abstieg zu verhindern und vielleicht sogar Zeichen eines Neuanfangs zu setzen. Wünschenswert waren darüber hinaus gute Kontakte zum Kaiserhof, fundierte Kenntnisse in Theologie und diplomatische Erfahrung. Alle diese Voraussetzungen erfüllte der neue Papst Gregor I., der Große, exemplarisch. Er entstammte einer senatorischen Familie, die mit weltlichen und geistlichen Würdenträgern bestens vernetzt und zudem reich begütert war. Gemäß den ungebrochenen Traditionen dieser stadtrömischen Elite hatte er eine sorgfältige Ausbildung in klassischer Rhetorik, Literatur und Philosophie erhalten; er war also in «heidnischen» Künsten beschlagen, vor deren Überschätzung er als Papst eindringlich warnte. Das Gegengewicht dazu bildeten theologische Studien, die den frommen Aristokraten später zu einer reichen Eigenproduktion auf diesem Gebiet anregten.

Bei diesen Studien dürfte er sich Kenntnisse des Griechischen angeeignet haben, die ihn dazu befähigten, die komplexen Debatten der Ostkirche zumindest in den Grundzügen nachzuvollziehen. So konnte er es als päpstlicher Gesandter in Konstantinopel wagen, sich auf eine schwierige theologische Diskussion einzulassen: Wie würde die Auferstehung des Fleisches am Jüngsten Tag vonstattengehen? Die Gegenposition in dieser Debatte trug kein Geringerer als der Patriarch von Konstantinopel höchstselbst vor. Dieser vertrat den ätherischen Standpunkt, dass der neue Leib der Wiederauferstandenen von subtilerer Beschaffenheit sein müsse als der grobe menschliche Körper zu Lebzeiten. Das leuchtete dem späteren Papst nicht ein, und zwar mit guten Argumenten: Christus selbst war nach drei Tagen mit seinem gewohnten Leib dem Grabe entstiegen, und was für den Erlöser gut war, reichte für die Christen allemal aus. Mit dieser soliden Position, die sich auf den gesunden Menschenverstand stützte und ausgeklügelte Spitzfindigkeiten vermied, überzeugte der päpstliche Botschafter nach eigenen Worten sogar den Kaiser. So bodenständig und einfach behandelte er seine theologischen Themen auch als Papst.

Ein Jahrzehnt zuvor hatte der junge Aristokrat, dem nach dem Tod des Vaters ein großes Vermögen zugefallen war, seine Lebenswende vollzogen. Wie viele seines Standes wandte er sich in einer Zeit der Erschütterungen von den flüchtigen Freuden dieser Welt ab und einem Leben in mönchischer Strenge zu. Zu diesem Zweck gründete er sechs Klöster in Sizilien und ein siebtes in seinem römischen Stadtpalast, für das er eine eigene Regel verfasste. In dieser Stiftung lebten die alten römischen Traditionen der *pietas*, des Ahnenkults und der Familienverherrlichung, zusammen mit den Studien der klassischen Autoren fort. Neu war die asketische und zugleich karitative Ausrichtung dieser exklusiven Lebensgemeinschaft. Seit mehr als tausend Jahren ließen sich die Oberhäupter der großen römischen Geschlechter (*gentes*) jeden Morgen von ihren *clientes*, ihren Gefolgsleuten und Schutzbefohlenen aus allen Schichten der Gesellschaft, ihre Aufwartung machen, um diese sichtbar dokumentierte Ergebenheit danach durch ihre Fürsprache zu belohnen. Im Kloster des frommen Patriziers auf dem Caelius-Hügel – die linke und die mittlere der drei Kapellen bei der Kirche San Gregorio gehen auf seine Bauten zurück – lebte dieser Brauch in seiner christlichen Variante fort. Hier wurden die Bedürftigen leiblich und geistlich genährt; der Effekt, Ergebenheit gegenüber dem Wohltäter, blieb der gleiche.

Nach frommer Überlieferung wollte Gregor aus übermäßiger Demut den Kaiser bei der Benachrichtigung von seiner Wahl bitten, diese nicht zu bestätigen; sein Bruder, der Stadtpräfekt, habe den Boten mit dieser Verzichtserklärung in letzter Minute an der Abreise zum Bosporus hindern können. Zum Mythos wurde auch die erste Regierungshandlung des neuen Papstes: Um die Gottesstrafe der Epidemie zu beenden, die zusammen mit Pelagius II. Tausende von Einwohnern dahingerafft hatte, ordnete er Buß- und Bittprozessionen in allen Stadtteilen an, die bei Santa Maria Maggiore zusammentrafen. Daraufhin – so will es die Heiligenlegende – erschien am Himmel ein Engel, der das Schwert in die Scheide steckte: Zeichen dafür, dass der Papst den Zorn des Herrn besänftigt hatte, und Vorlage für die Bronzestatue auf dem Hadrians-Mausoleum, das daraufhin in «Engelsburg» umgetauft wurde.

Auf sich gestellt und auf die Ressourcen der Kirche wie der eigenen Familie verwiesen, musste Gregor neue Lösungen zur Behebung alter Probleme finden, die sich in den letzten Jahrzehnten stetig verschärft hatten. Für diese neuen Ausgaben benötigte er geschultes Personal. So mussten zur religiösen und moralischen Unterweisung der immer zahlreicheren Armen neue Formen der Liturgie entwickelt werden; dabei kam der musikalischen Untermalung des Gottesdienstes besondere Bedeutung zu. Dass die Nachwelt diese Gesangsformen später als «gregorianisch» bezeichnete, zeigt, wie tief sich die Reformen in die kollektive Erinnerung eingruben.

Weitere vorrangige Tätigkeitsfelder des von Gregor instruierten Klerus waren der Unterricht der höheren Schichten und die *res annonaria*, die Versorgung der Stadt Rom mit Getreide. Auch dieses vitalste aller Ressorts wurde jetzt von Geistlichen verwaltet, und zwar systematischer und umfassender als zuvor. Nach einem halben Jahrtausend frommer Stiftungen und Nachlässe war die Kirche zur größten Grundbesitzerin des Imperiums aufgestiegen. Zwar hatte sie die langobardische Eroberung um einige ihrer ertragreichsten Besitzungen, zum Beispiel in Ligurien, in der Toskana, im heutigen Kroatien und in Nordafrika, gebracht, doch waren ihr die ausgedehnten Güter im Süden Italiens und in Sizilien weitgehend unversehrt erhalten geblieben; allein auf der Insel gehörte etwa ein Fünftel des Bodens dem heiligen Petrus, das heißt dem Papst. Durch nachlässige Administration waren die Erträge aus diesem «Kirchenschatz» bislang ungenügend genutzt worden. Mit dieser Verschwendung war jetzt Schluss. Gregor setzte für die verschiedenen Provinzen Generalverwalter ein, die ihm minutiöse

Am langen Arm von Byzanz

Rechenschaft ablegen mussten, und ging gegen die weiterhin verbreiteten Unterschleife und Fehlabrechungen mit einer buchhalterischen Gewissenhaftigkeit und einem moralischen Rigorismus vor, der bei seinen Zeitgenossen tiefen Eindruck hinterließ.

In dieser Haltung spiegelten sich Selbstverständnis und Selbstdarstellung des Papstes als Vater der Armen wider, der Gott für deren Fürsorge direkt verantwortlich ist. Das Ziel der Wirtschaft ist nicht die Bereicherung des Einzelnen, sondern das gesicherte Überleben der Vielen. Zu diesem Zweck musste die Kirche in die Regelung der Ökonomie eingreifen. Die weltlichen Machthaber besaßen dazu weder die Einsicht noch die moralische Befähigung, sie begünstigten statt der Armen ihresgleichen. Mit solchen Prinzipien schrieb der asketische Aristokrat auf dem Stuhl Petri Grundsätze einer *moral economy* fest, die von den kleinen Leuten als dauerhafte Verpflichtung der christlichen Herrscher und von seinen Nachfolgern als unveräußerliche Prinzipien einer christlichen Sozialordnung verstanden wurden.

Der Papst musste die Ewige Stadt nicht nur vor Hunger schützen. Zwischen 591 und 594 rückten langobardische Truppenverbände so bedrohlich gegen Rom vor, dass Gregor selbst die politische Initiative ergreifen musste. Da die militärische Unterstützung durch den Exarchen von Ravenna unzureichend ausfiel, sah er sich gezwungen, in eigener Person Waffenstillstände mit dem verhassten Feind auszuhandeln. Für den römischen Adligen auf dem Stuhl Petri waren die arianischen Barbaren aus dem Norden das verfluchte Volk schlechthin; der Teufel hatte diese wüste Räuber- und Mörderbande aufgehetzt, nach Italien zu ziehen und dort den wahren Glauben zu

Dem Himmel zu nahe – Roms gefährdetste Statue Der erste Engel auf dem Mausoleum des Hadrian war aus Holz und ging ökologisch einwandfrei durch Verrottung zugrunde, der zweite wurde bei einer Belagerung 1379 zerschlagen, der dritte 1497 von einem Blitz zerstört, der vierte während des Sacco di Roma 1527 zu einer Kanone umgeschmolzen, der fünfte wurde 1753 in den Innenhof der Festung verbracht und im selben Jahr durch eine Bronzestatue des Niederländers Peter Anton von Verschaffelt ersetzt; nach ihrer Restauration in den Jahren 1983 bis 1986 trotzt sie weiterhin den Naturgewalten und verkündet unverdrossen die Botschaft, dass Papst Gregor der Große durch seine Fürbitte den Zorn Gottes und mit ihm die Pest enden ließ.

vernichten. Widerstand gegen die Langobarden war daher erste Römerpflicht. Dazu rief der Papst in zahlreichen Predigten auf, die er mit großem Einfühlungsvermögen den Vorstellungen und der Sprache des einfachen Volkes anpasste. Darin erzählte er nicht von den Märtyrern der Frühzeit, sondern von Männern und Frauen, die sich hier und jetzt dem tyrannischen Wüten der neuen Gottesfeinde tapfer entgegenstellten und sich dadurch die Seligkeit des Paradieses verdienten. Heiligkeit – so lautete die praktische Nutzanwendung – konnten nicht nur Päpste, Bischöfe und vornehme Jungfrauen, sondern auch die einfachen Leute gewinnen, die den Anweisungen des Papstes folgten und im Kampf gegen die Langobarden einen seligen Tod fanden. Zu den erbaulichen Berichten von heroischer Selbstaufopferung gesellten sich Erzählungen von Wundern, mit denen der Himmel seine Macht demonstrierte und den Sieg des Guten über das Böse ankündigte.

Parallel zu dieser ideologischen Aufrüstung wandelte der Papst die aus der Zeit der gotischen Herrschaft stammenden arianischen Heiligtümer auf römischem Boden in katholische Kirchen um; auch das sollte ein Zeichen der Ermutigung sein. Theologie, Seelsorge, Selbstdarstellung und sakrale Stadtplanung: Alle diese Facetten von Gregors Wirken wurden durch die Notwendigkeiten der politischen und militärischen Selbstbehauptung bestimmt und koordiniert. Trotz dieser konzertierten Anstrengungen schrumpfte das Einflussgebiet des Papstes, der sogenannte «Dukat von Rom», unaufhaltsam zusammen. Im Nordosten reichte diese Zone noch bis ins umbrische Narni und im Süden bis zur Grenze der heutigen Region Lazio, umfasste also einen Radius von etwa hundert Kilometern; im Südosten aber waren die Feinde schon bis Palestrina vorgerückt, und auch im toskanisch-römischen Grenzgebiet waren Auflösungserscheinungen unübersehbar.

Weiter geschwächt wurde die römisch-ravennatisch-byzantinische Abwehrfront durch die Denunziationen des Exarchen, der dem Kaiser einzureden versuchte, der Papst mache gemeinsame Sache mit den Langobarden und strebe nach unabhängiger Macht. Gegen diese Vorwürfe verteidigte sich Gregor in rhetorisch wirkungsvollen Briefen. Darin schilderte er die verzweifelte Lage Roms, hob die ungebrochene Widerstandsbereitschaft der Römer hervor und unterstrich zugleich seine Loyalität gegenüber Konstantinopel. Auf diese Weise kehrte er den Spieß um: Nicht er und seine Mitstreiter, sondern seine Ankläger spielten den verfluchten Teufelsanbetern vor den Toren der Ewigen Stadt in die Hände.

In diese Korrespondenz mit dem Kaiser am Bosporus mischen sich, je nach Thema und Situation, neben nüchternen juristischen Argumenten auch ironische, apologetische und didaktisch-erbauliche Töne. Auf diese Weise brachte der Papst das Kunststück fertig, aus der Defensive zur Offensive überzugehen und dem Kaiser die Verletzung kirchlicher Sonderrechte vorzuhalten – in die Watte wortreicher Ergebenheitserklärungen, väterlicher Ermahnungen und heroischer Leistungsbilanzen verpackt, sollte diese Kritik nicht verletzen, sondern zur Besserung anspornen. Bei diesen Übergriffen habe die weltliche Gewalt – so der Tenor der päpstlichen Mahnschreiben – gewiss aus Unwissenheit gehandelt, so dass sich solche unerfreulichen Vorkommnisse nach entsprechender Belehrung in Zukunft ausschließen ließen. In ihrer Summe liefen alle diese Unterweisungen auf die milde Einschärfung des zweifachen römischen Primats hinaus: «Wer weiß nicht, dass die heilige Kirche auf den festen Grund des Apostelfürsten gegründet ist, der in seinem Namen die Unerschütterlichkeit seines Geistes ausdrückte und sich nach dem Felsen (*petra*) Petrus nannte?» (Registrum epistolarum VII, 24).

Der Kaiser hatte die Kirche vor äußeren und inneren Feinden, vor Langobarden und Schismatikern, zu schützen und dem Papst bei der Durchsetzung der klerikalen Disziplin seinen weltlichen Arm zu leihen. Doch damit waren der höchsten weltlichen Gewalt zugleich ihre Grenzen gezogen: In die Auslegung der Heiligen Schrift und die Verkündung der verbindlichen Glaubenslehre durfte sie sich auf keinen Fall vorwagen; ebenso waren die Privilegien und Immunitäten der Kirche unantastbar. Damit war eine klare Rangordnung vorgezeichnet: Auch die weltliche Gewalt leitete sich unmittelbar von Gott ab, doch waren ihr die geistlichen Schätze des Evangeliums nur durch die Vermittlung der Kirche zugänglich. Der Kaiser war ein von Gott gesandtes Werkzeug des Papstes, dem er zu dienen hatte. Mit derselben Haltung freundlich verbrämter Unnachgiebigkeit trug Gregor den Streit mit dem Patriarchen von Konstantinopel aus, der seinen Titel durch die Hinzufügung des Wortes «universell» im Sinne von ökumenisch erhöhen wollte. Diese Würde verweigerte ihm der Papst mit dem Argument, dass sie dem Apostelfürsten Petrus und seinen Nachfolgern in Rom allein gebühre, auch wenn diese sich aus Bescheidenheit nicht mit diesem hochtrabenden Attribut schmückten.

Alles an dieser Begründung – die alleinige Schlüsselgewalt, Petrus als Felsen der Kirche und die daraus entspringende Hoheit des römischen Bischofs über die Kirche – war längst approbierte Standardargumentation, der Gregor nichts Wesentliches hinzufügte, außer dem Ton gelassenen Staunens darüber, dass solche Selbstverständlichkeiten überhaupt der Erwähnung bedurften. Schon die übrigen Apostel – so Gregor – hatten diesen Vorrang neidlos anerkannt, und die Kirche war ihnen in dieser widerspruchslosen Verehrung von Anfang an willig gefolgt. Mit anderen Worten: Wer wie der Patriarch von Konstantinopel den römischen Führungsanspruch bestritt, stellte sich genauso gegen ein halbes Jahrtausend allgemein anerkannter Rechtgläubigkeit wie die weltlichen Potentaten, die sich zu Herren der Kirche aufschwingen wollten, anstatt ihr den schuldigen Gehorsam zu leisten. Nach der Erfindung und der theologischen Untermauerung des doppelten Primats war es darum gegangen, diese ebenso neuen wie kühnen Forderungen in die Uranfänge des Christentums zurückzudatieren; diese historische Patina war jetzt überzeugend aufgetragen.

Hinter dem Streit um ein Wort mehr oder weniger verbarg sich ein Kampf um gegenwärtige und künftige Machtstellungen. Wie schon sein Vorgänger hielt Gregor I. Ausschau nach Auswegen aus der geopolitischen Umklammerung Roms. Dabei blickte er konsequenter als je zuvor nach Westen und nahm Regionen wie das Reich der Merowinger und die angelsächsischen Königreiche ins Visier, die bislang weitgehend außerhalb der kirchenpolitischen Perspektive Roms gelegen hatten, jetzt aber als Ziele der Missionierung und der damit verbundenen Ausweitung von Autorität und Jurisdiktion attraktiv wurden. Um in diesen noch «unerschlossenen» Gebieten mit dem nötigen Nachdruck auftreten zu können, musste der Papst seinen lästigen Konkurrenten am Bosporus zurückstufen und die Herrscher im fernen Westen aufwerten. So betonte er geradezu genüsslich, dass die Könige außerhalb des Imperiums diesem an Rang und Würde nicht nachstanden. Sie waren dem Kaiser nicht tributpflichtig, doch dem Papst, ihrem väterlichen Mentor, schuldeten sie Dankbarkeit und Gehorsam. Schließlich hatte er seinen «geliebten Söhnen» die Schätze des wahren Glaubens geschenkt und damit die Pforten des Paradieses geöffnet.

Damit nahm die Vision einer neuen politischen Ordnung feste Umrisse an. Der Papst ist in dieser Ordnung kraft seiner von Gott verliehenen Vollmacht Regelgeber und Schiedsrichter der christlichen Gesellschaft. Die Gesetze, die er für sie erlässt, sind nach dem Vorbild der Klöster, der gottgefälligsten Lebensgemeinschaften auf Erden, geschaffen, doch ohne deren Strenge ungemildert in die Sphäre der Laien zu übertragen, denn der *vicarius Christi*, der Stellvertreter des Mensch gewordenen Gottessohns, muss als Gesetzgeber mancherlei Zugeständnisse an die Schwachheiten des Fleisches machen, ohne das Ziel einer umfassenden Verchristlichung aller Lebensbereiche aus den Augen zu verlieren. Papst, Bischof und Priester werden damit, jeder auf seiner Rangstufe und mit seinen eigenen Aufgaben, zu Erziehern, ja Vormündern der weltlichen Gewalt, die ihren moralischen Anweisungen direkt unterworfen ist. Damit waren hohe Maßstäbe für den geistlichen Stand als ganzen gesetzt: Wer Vormund sein wollte, musste Vorbild sein.

Mit solchen Grundsätzen sicherte sich die Kirche die Aufsicht über den christlichen Teil der Welt, solange diese Bestand haben würde. Dass sie sich dem Ende zuneigte, stand für den Mönchs-Papst außer Frage: Alles deutete auf Vergreisung und Verfall hin, die Staaten zerfielen, die Barbaren triumphierten, die Sitten verkamen, die Künste gerieten in Misskredit und Vergessenheit. Es war also höchste Zeit für ihn, sich auf die großen Kämpfe vorzubereiten, die laut Offenbarung des Johannes dem Jüngsten Gericht vorangehen würden. So mehrten sich für Gregor die Zeichen, dass die Ankunft des Antichrist, des bösen Nachäffers Christi, unmittelbar bevorstand. Die heillose Verwirrung, die dieser perfide Verführer der Seelen anrichtete, glaubte er darin zu erkennen, dass die Christen in Rom jüdische Praktiken wie die Heiligung des Sabbat übernahmen. Für ihn stand fest, dass sich die Juden vor dem Anbruch des Jüngsten Tages zum wahren Glauben bekehren würden; die umgekehrte Konversion konnte also nur ein Werk des Bösen sein.

Das Böse sah der Papst auch im Osten unaufhaltsam voranschreiten. Dort fiel Kaiser Maurikios 602 einem Militärputsch zum Opfer, der den Centurio Phokas an die Macht brachte. Dieser sah sich den Angriffen des persischen Großkönigs Chosrau II. ausgesetzt, der wichtige Provinzen des Reichs eroberte. Mit der pragmatischen Flexibilität, die sein politisches

Handeln während des gesamten Pontifikats kennzeichnet, unterhielt Gregor I. auch mit dem Usurpator Phokas, dem der Ruf unmenschlicher Grausamkeit vorauseilte, gedeihliche Beziehungen: Kaiser kamen und gingen; dass die bösen häufiger wurden als die guten, wies gleichfalls auf den nahenden Weltuntergang hin. Bis es so weit war, musste die Kirche die Gläubigen zum Heil anleiten, und dazu bedurfte sie der weltlichen Gewalt. So setzte der Papst auch gegenüber dem Parvenü-Kaiser am Bosporus auf die Strategie von äußerlichem Gehorsam und moralischer Unterweisung. Doch bevor die Welt unterging, segnete Gregor I. im März 604 das Zeitliche.

Blicke nach Westen:
Sabinian, Bonifaz III., Bonifaz IV., Deusdedit, Bonifaz V.

Nach Gregors Tod schlug das Pendel wie so oft nach besonders markanten Pontifikaten zur anderen Seite aus: Der neue Papst namens Sabinian war ein Mann der Routine und des administrativen Apparates, der sich an der Spitze der Kirche gebildet hatte. Statt Charisma schätzte er die Einhaltung von Traditionen. Diese Priorität spiegelt sogar sein Grabstein wider: «Nicht mit plötzlichem Lob gewann er hier die Krone, sondern er verdiente es, stufenweise zu einem heiligen Mann heranzuwachsen» (Inscriptiones Christianae N. S., II 4157). Das war ein Satz, der so manche Papstkarriere der Folgezeit trefflich charakterisierte. Gregor I. hatte seinen späteren Nachfolger nach Byzanz geschickt, um der päpstlichen Position im Titelstreit mit dem dortigen Patriarchen Nachdruck zu verleihen, war aber mit dem vorsichtigen Auftreten seines Gesandten so unzufrieden, dass er diesen danach nur noch mit untergeordneten Aufgaben betraute. Diese Zurückstufung kam Sabinian jetzt zugute: Der hohe Klerus und der römische Adel waren die «Mönchsherrschaft» ebenso leid wie die kostenlosen Armenspeisungen, die die Getreide- und Bodenpreise ins Bodenlose stürzen ließen und ihre Renditen beschnitten. Die Wende ließ denn auch nicht lange auf sich warten. Der neue Papst bevorzugte bei der Ernennung von Bischöfen wieder Weltpriester statt Mönche wie Gregor I. und verlangte für den Weizen aus kirchlichen Beständen Summen, die aufgrund der Missernte von 603 im darauffolgenden Frühjahr schwindelerregende Höhen erklommen.

Damit erschien der Gegensatz zu seinem heiligen Vorgänger krass: hochherzig und großzügig der eine, mitleidlos und geizig der andere. Im Widerspruch dazu steht allerdings Sabinians Grabinschrift, die seine aufopferungsvolle Mildtätigkeit in den Zeiten der Not und speziell die Verteilung kostenloser Lebensmittel hervorhebt. So spricht alles für ein gemischtes Vorgehen: Verkauf des Getreides an besser gestellte Schichten zu Marktpreisen, Gratisabgabe an die Bedürftigen. Rechtfertigen ließ sich dieses duale System allemal: Kirchliche Angestellte mussten bezahlt werden, bei weiterer Verschwendung von Ressourcen durch Verteilung zum Nulltarif drohte der Kollaps der gesamten Administration. Sollte man nur fördern oder fördern und fordern? Vertreter dieser unterschiedlichen Positionen standen sich von jetzt an mehr als tausend Jahre lang in Rom gegenüber. Hatten die Armen, das Volk Gottes, unbegrenzte Ansprüche auf Versorgung durch die Kirche? Oder durfte man ihnen Eigenleistungen abverlangen, vorausgesetzt, diese bewegten sich im Rahmen des Zumutbaren?

Wie verhasst sich der Papst mit seiner Wirtschaftspolitik, die auch die Interessen der produktiven Klasse berücksichtigte, in Rom gemacht hatte, zeigte sich nach seinem Tod im Februar 606, als der Begräbniszug vom Lateran nach Sankt Peter mehrfach umgeleitet werden musste, um die sterblichen Überreste vor dem Volkszorn zu schützen. Spätere Autoren, denen die Heiligkeit Gregors des Großen am Herzen lag, ließen ihren Helden seinem hartherzigen Nachfolger sogar im Traum erscheinen und diesen um Gnade für die hungernde Bevölkerung bitten – vergeblich, am nächsten Morgen zeigte sich der Papst nur umso knauseriger. Durch solche Legenden geriet in Vergessenheit, dass der «Hungerpapst» an der Front zu den Langobarden erfolgreich tätig war. Als diese 605 wieder gegen Rom vorrückten, handelte er einen neuen Waffenstillstand aus, der ein weiteres Mal das Schlimmste verhinderte.

Nach Sabinians Tod hatten die Anhänger Gregors des Großen die besseren Karten. Der neue Papst Bonifaz III. hatte in dessen Auftrag als Verwalter kirchlicher Güter und als Diplomat beim neuen Kaiser Phokas gewirkt, dessen Wohlwollen er genoss. Trotzdem musste er fast ein Jahr auf seine Weihe warten, so tief gespalten waren Klerus und Adel nach den beiden gegensätzlichen Pontifikaten. So war es wieder einmal Zeit für ein neues Papstwahlgesetz, das die üblichen Begleiterscheinungen wie Stimmenkauf und

Vom Tempel aller Götter zur Kirche der Gottesmutter Maria und der Märtyrer Unter Bonifaz IV. wurde das Pantheon, das Kaiser Hadrian zwischen 118 und 128 erbauen ließ, zur christlichen Kirche umfunktioniert. Später wurden dort große Künstler wie Raffael und gekrönte Häupter wie Vittorio Emanuele II. beigesetzt. Foto um 1890

Gewalttätigkeiten in Zukunft verhindern sollte. Zu diesem Zweck verbot eine römische Synode Wahlwerbung zu Lebzeiten eines Papstes und unmittelbar nach dessen Tod. Wie unschwer voraussehbar, blieben auch diese Bestimmungen toter Buchstabe.

So unsicher Bonifaz' Stellung in Rom blieb, so unerwartet war sein Triumph im Osten: Kaiser Phokas, der sich weiterhin in schwere Kämpfe mit dem sassanidischen Herrscher Chosrau II. verwickelt sah, erkannte den Bischof von Rom als Haupt aller Kirchen und damit als alleine universell an. Es blieb nicht bei Worten: Auf der Suche nach Rückendeckung durch Rom befahl der Usurpator dem Exarchen von Ravenna, mit aller Härte gegen die letzten Schismatiker, die die Verurteilung der «Drei Kapitel» immer noch bekämpften, in Venetien und Istrien vorzugehen. Das Verhältnis zwischen geistlicher und weltlicher Gewalt hatte sich selten so einvernehmlich, ja harmonisch gestaltet wie jetzt. Nach dem Tod Bonifaz' III. im November 607 war der Übergang zum nächsten Pontifikat daher so gleitend, wie schon der Name des Nachfolgers zeigt: Bonifaz IV. setzte die Politik der Anknüpfung an Gregor den Großen auf allen Ebenen und mit allen Mitteln fort. Zum Zeichen des fortdauernden Einverständnisses zwischen Rom und Konstantinopel wurde auf dem Forum Romanum eine Ehrensäule für Kaiser Phokas errichtet und mit einer feierlichen Zeremonie eingeweiht; als letzte ihrer Art ist sie bis heute gut erhalten. Als Lohn für so viel Anhänglichkeit durfte der Papst 608 ein kolossales Geschenk entgegennehmen: Der von Augustus' Feldherrn und Schwiegersohn Vipsanius Agrippa errichtete und von Kaiser Hadrian neu erbaute Pantheon-Tempel auf dem Marsfeld gehörte jetzt der römischen Kirche, wurde von ihr zur christlichen Kultstätte umfunktioniert und anstelle der Göttermutter Kybele und «allen Göttern» nun der Gottesmutter Maria nebst sämtlichen Märtyrern gewidmet: «Sancta Maria ad Martyres». Das war ein Akt des Exorzismus. Im Volksglauben waren die heidnischen Götter, denen der alte Tempel geweiht gewesen war, längst zu Dämonen mutiert, die aus Hass auf den wahren Glauben Unheil über die Ewige Stadt heraufbeschworen hatten und auch jetzt ihre alte Wohnstätte nicht kampflos preisgeben wollten. So wurden sie im Mai 609 zur allgemeinen Erleichterung mit Kreuz und Weihwasser ausgetrieben. Ihren Platz nahmen Gebeine von Märtyrern aus den Katakomben Roms ein.

An hoffnungsvollen Zeichen für die Zukunft fehlte es auch im übrigen Italien nicht. Der langobardische König Agilulf trat vom arianischen zum katholischen Glauben über, zahlreiche Adlige folgten seinem Beispiel. Auf diese Weise entspannte sich das Verhältnis zwischen Einheimischen und Eroberern, die sich allmählich der vorgefundenen Lebensweise anpassten. Im Gegensatz zu dieser fortschreitenden Akkulturierung war das Verhältnis zwischen Italien und Konstantinopel von jetzt an durch fortschreitende Entfremdung geprägt. 610 war der romfreundliche Phokas von Herakleios gestürzt und hingerichtet worden. Der neue Kaiser musste schwere Kämpfe gegen die Perser bestehen, Italien rückte deshalb aus seinem geostrategischen Blickfeld. Umso konsequenter setzte Bonifaz IV. die «Westorientierung» fort, die mit der England-Mission unter Gregor I. eingesetzt hatte und sich jetzt im Ausbau der kirchlichen Hierarchie auf der Insel niederschlug.

Nach Bonifaz' Tod im Mai 615 setzte sich mit der Wahl seines Nachfolgers Deusdedit (auch bekannt als Adeodatus I.) erneut der kirchliche Apparat gegen die «Quereinsteiger» aus dem Mönchtum durch. «Vom zartesten Alter an in der Herde des Petrus genährt, verdiente er schließlich, Hirte der heiligen Herde zu sein» (Inscriptiones Christianae N. S. II, 4160). Während seines dreijährigen Pontifikats blieb in Rom alles ruhig, in Ravenna hingegen gärte es. Dort schlug der Exarch Eleutherios einen Aufstand seiner eigenen Truppen nieder, die wegen ausbleibender Soldzahlungen rebelliert und kaiserliche Amtsträger ermordet hatten. Zu diesem Zeitpunkt tendierte der Einfluss des Byzantinischen Reiches in Italien gegen Null: Herkleios' Herrschaft war nach schweren Niederlagen gegen die Perser im Süden und die Avaren im Norden auf das Gebiet seiner Hauptstadt beschränkt.

Diese Autonomie nutzte der Exarch Eleutherios unter Deusdedits Nachfolger Bonifaz V., der im Dezember 619 geweiht wurde, zu einem gewagten Coup. Er organisierte einen erneuten Militärputsch, ließ sich zum Kaiser ausrufen und zog von Ravenna nach Rom, um sich dort krönen zu lassen, wurde aber in der Schlucht von Scheggia bei Gubbio von loyal gebliebenen Truppen besiegt. Welche Rolle der neue Papst in dieser Revolte spielen sollte, ist unklar. Die Legitimierung seiner Herrschaft konnte der aufständische General nur vom römischen Senat erhoffen, so wollte es die Tradition; Bonifaz' Part hätte sich wahrscheinlich auf den Akt der Weihe und Krönung beschränken sollen. Die Episode zeigt, wie weit die Entfremdung Italiens vom Osten vorangeschritten war. Für die Päpste hatte dieser Prozess bislang ein Plus an Handlungsspielräumen und Profilierungschancen zur Folge gehabt, die vor allem unter Gregor I. geschickt genutzt worden waren. Die große Frage war, wie sich dieses Verhältnis gestalten würde, wenn sich die Macht der Kaiser wieder konsolidierte.

Der Papst als Ketzer? Honorius I.

Noch während des Pontifikats Bonifaz' V. ging Kaiser Herakleios wieder in die Offensive. Ein Waffenstillstand mit den Avaren bot ihm freie Hand gegenüber den Persern; finanziert wurden die Feldzüge zum großen Teil

Der Papst als Ketzer?

Ein Papst, den seine Nachfolger am liebsten vergessen hätten Honorius I. im Mosaik der Basilika Sant'Agnese fuori le mura

durch Kredite der Kirche. Nachdem ein letzter Angriff auf Konstantinopel von der Seeseite 626 zurückgeschlagen worden war, begann die systematische Rückeroberung der asiatischen Provinzen. Nach nur zwei Jahren war der Großkönig Chosrau II. besiegt und gestürzt; alle seine Eroberungen fielen an das Imperium zurück. Zu diesem Zeitpunkt hatte bereits Bonifaz' Nachfolger Honorius den Stuhl Petri inne. Seine Wahl im Oktober 625 war erstmals nicht vom Kaiser, sondern auf dessen Anordnung vom Exarchen in Ravenna bestätigt worden; das war ein weiteres Zeichen dafür, dass Rom für den Hof am Bosporus zur Peripherie herabsank. Damit verlor auch das «Drei Kapitel-Schisma» in Venetien und Istrien als Protest gegen die byzantinische «Kirchentyrannis» seinen Sinn. Mit der Unterstützung des langobardischen Hofes zog Honorius die Nachfolgeregelung im Patriarchat Aquileia an sich und leitete damit das Ende der Spaltung ein.

Als der Patriarch Sergios von Konstantinopel 634 im Auftrag seines Kaisers neue Lösungsvorschläge für das weiterhin heiß diskutierte Problem der zwei Naturen in Christus machte, kam es ein weiteres Mal zu schweren dogmatischen Auseinandersetzungen zwischen Rom und Konstantinopel. Honorius' Haltung in diesem Streit sollte innerkirchliche Erschütterungen auslösen, die noch im 19. Jahrhundert hohe Wellen schlugen und bis in die Gegenwart spürbar bleiben. Herakleios hatte nach mancherlei Rückschlägen über seine Feinde triumphiert und sah darin eine göttliche Bestätigung für seine Rolle als oberster Herr des Reiches und der Kirche. Mit dem Segen des Herrn hatte er die syrischen und ägyptischen Provinzen zurückerobert, in denen die Vertreter des Monophysitismus während der persischen Okkupation die Oberhand gewonnen hatten. Hier gab es also dogmatischen Klärungsbedarf. So machte sich das Duo Sergios – Herakleios an die Arbeit. Mit dem griffigen Motto «Christus: zwei Naturen – ein Handeln» glaubten Patriarch und Kaiser, die so lange gesuchte Zauberformel zur Versöhnung der Kirche gefunden zu haben. Sie sollte den Theologen entgegenkommen, die in der forcierten Unterscheidung des menschlichen und des göttlichen Christus eine Gefahr für die Erlösungsbotschaft sahen und daher die unauflösliche Einheit von Streben und Wirken des Gottessohnes hervorhoben.

Der Patriarch von Jerusalem protestierte sofort, Honorius aber nahm die neue Definition positiv auf. Ja, er fügte sogar ausdrücklich hinzu, dass in beiden Naturen Christi nur ein einziger Wille am Werke sei. Kaiser Herakleios sah sich daraufhin in seiner Haltung bestätigt und erließ 638 mit der *Ekthesis* ein Dekret, das die Diskussion über vereinte oder getrennte Handlungsantriebe und Handlungsweisen in Christus verbot und die Lehre von dessen einem und unteilbarem Willen verbindlich festlegte. Dieser «Monotheletismus» (von griechisch *thelos*, Ziel; *thelema*, Wille) wurde später als häretisch verurteilt. Damit nahm der römische Anspruch auf die ungeteilte Lehrautorität in der Kirche schweren Schaden; in späteren Debatten wurde damit auch die Unfehlbarkeit (*infallibilitas*) des Papstes infrage gestellt. Die höchsten Wellen schlug die «Honoriusfrage» 1870 auf dem Ersten Vatikanischen Konzil, das die von Christus garantierte Irrtumsfreiheit des Pontifex maximus, wenn er Entscheidungen zu Dogma und Moral fällte, zum Dogma erhob. Bei den erbitterten Diskussionen darüber berief sich die Minderheit der Infallibilitäts-Gegner auf die Pontifikate, in denen ein Papst von Positionen abgewichen war, die vorher oder nachher als rechtgläubig definiert worden waren. Einen solchen Kronzeugen negativer Art sahen sie vor allem in Honorius mit seinem Bekenntnis zu einem einzigen, unteilbaren Willen in Christus.

Honorius' Verteidiger konnten sich auf die Unsicherheiten der Textüberlieferung berufen, schließlich liegt einer der beiden inkriminierten Briefe heute nur noch in einer griechischen Übersetzung und in einer danach vorgenommenen Rückübertragung ins Lateinische und der andere nur in Fragmenten vor. Die eher unbestimmte und daher missverständliche Formulierung des Papstes sei dann von der byzantinischen Seite bewusst aus dem Zusammenhang gerissen und zu einem monothelistischen System ausgestaltet worden, das nicht Honorius' Absichten entsprach. Ein weiteres Argument «pro Honorio» war, dass die westlichen Bischöfe und vor allem die Päpste dessen Aussagen zunächst als rechtgläubig ausgelegt hätten. Das hat zwar wenig Beweiskraft, doch ein Ketzer in der Kette der Petrus-Nachfolge war schließlich ein untilgbarer Makel, also musste man einen dogmatischen Fehltritt um jeden Preis leugnen. Diejenigen, die Honorius ab 640 für einen Ketzer hielten, behaupteten dagegen, dass die Originale der beiden Honorius-Briefe schon bald nach dem Tode des Papstes aus dem ansonsten so sorgfältig geführten Vatikanischen Archiv entfernt worden waren und spätere Päpste daher aus allen Wolken gefallen seien, als sie diese zu sehen bekamen; nicht minder suspekt war in ihren Augen, dass der Inhalt der Briefe in eindeutig geschönten Versionen zirkulierte.

So ist es kein Wunder, dass sich um Honorius' Stellungnahme Verschwörungstheorien rankten: Weitere Schreiben des Papstes, in denen dieser seine ketzerischen Lehren dargelegt habe, seien vom Vatikan unterdrückt worden, um die Fiktion der Rechtgläubigkeit aufrechterhalten zu können. Andere Versuche, Honorius' Stellungnahme und deren Folgen für das Unfehlbarkeitsdogma zu entschärfen, zielten in den Augen der Gegner des Unfehlbarkeitsdogmas darauf ab, diese aus der höchsten Sphäre dogmatischer Lehrentscheidungen in den profaneren Bereich der praktischen Seelsorge zurückzustufen, in denen auch die Stellvertreter Christi auf Erden irren dürfen.

Betrachtet man die Stellungnahme des Honorius jedoch unabhängig von dem Streit um das Unfehlbarkeitsdogma, dann könnte eine einfache Erklärung dafür sein, dass dem Papst die Tragweite der griechischen Kontroversen und Vermittlungsvorschläge wie so vielen seiner Vorgänger nicht bewusst war. Auf jeden Fall steht fest, dass Honorius erstmals vom Dritten Konzil von Konstantinopel (680/81) verdammt wurde, das die Lehre von den zwei Willen in Christus zur verbindlichen Doktrin erhob. Seitdem musste jeder Papst bis zum 8. Jahrhundert bei Pontifikatsbeginn seine Rechtgläubigkeit ausdrücklich beschwören und Honorius in diesem Zusammenhang ausdrücklich verurteilen. Damit wurde der Honorius-Pontifikat zu einem wichtigen Argument für Anhänger der Konzilshoheit sowie für Protestanten und innerkirchliche Kritiker des päpstlichen Primates wie die Jansenisten des 17. und 18. Jahrhunderts.

Im kurz nach dem Tod des Papstes verfassten Pontifikatsabriss des *Liber pontificalis* wird zur Ehrenrettung des Papstes dessen emsige Bautätigkeit in der Ewigen Stadt gelobt. Die größten Summen investierte Honorius in Neubauten auf den Fundamenten älterer Gründungen, zum Beispiel für die Kirche San Pancrazio an der Via Aurelia und die Basilika Sant'Agnese an der Via Nomentana; darin ist der nach seinem Tod so umstrittene Papst auf einem Mosaik mit dem Modell des Neubaus verewigt.

Gegen den Monotheletismus:
Severinus, Johannes IV., Theodor I., Martin I., Eugen I., Vitalian

Die volle Wucht der Kontroversen, die Kaiser Herakleios mit der *Ekthesis* über den unteilbaren Willen Christi ausgelöst hatte, bekam erst Honorius' Nachfolger Severinus zu spüren. Dieser wurde im Oktober 638 gewählt, doch erst im Mai 640 vom Kaiser bestätigt. In der Zwischenzeit hatte dieser den Lateran plündern und den dort aufbewahrten päpstlichen Schatz beschlagnahmen lassen. Solche Repressalien sollten Severinus zur Unterschrift unter die *Ekthesis* zwingen, blieben aber ohne den gewünschten Erfolg. Bessere Aussichten für die Annahme des Dekrets schienen sich mit der Wahl seines Nachfolgers Johannes IV. im August 640 aufzutun, dessen aus Dalmatien stammender Vater höhere Funktionen im Stab des Exarchen von Ravenna bekleidet hatte. Doch wider Erwarten blieb auch dieser Papst in seiner Ablehnung der *Ekthesis* fest und bestritt gegenüber dem Patriarchen von Konstantinopel, dass Honorius jemals eine Billigung des Monotheletismus ausgesprochen habe; die ominöse Formel von «einem Willen» habe sich ausschließlich auf die menschliche Natur Christi bezogen. Johannes IV. starb im Oktober 642 in Rom.

Sein Nachfolger Theodor I. stammte aus Jerusalem, gehörte zum Kreis des dortigen Patriarchen Sophronios, der sich als Vorkämpfer gegen die *Ekthesis* hervorgetan hatte, und war vor den Arabern nach Rom geflohen, die kurz nach Herakleios' Triumph über die Perser die von diesem zurückgewonnenen Provinzen Palästina und Syrien eroberten. Als Papst widersetzte er sich dem Monotheletismus, der sich in Byzanz durchgesetzt hatte, mit gewagten Strategen. Er verbündete sich mit dem Exarchen von Nordafrika und Pyrrhos, dem ehemaligen Patriarchen von Konstantinopel, der in Rom feierlich seinen dogmatischen «Irrtümern» abschwor, doch kurz darauf wieder auf monothelistischen Kurs umschwenkte. Als der Exarch 647 im Kampf gegen die Araber fiel, musste Theodor mit Gegenmaßnahmen des neuen Kaisers Constans II. rechnen. Dieser nahm zwar mit seinem Edikt *Typos* im Jahr 648 die *Ekthesis* zurück, untersagte aber gleichzeitig jegliche Debatte über den Willen Christi und befahl darüber hinaus, die ganze Angelegenheit der ewigen Vergessenheit zu überantworten. Wie immer in solchen Fällen fachte er damit den Streit der Theologen erst richtig an. In Rom ließ der Papst das kaiserliche Verbot auf einer Synode als Verstoß gegen die Rechtgläubigkeit verurteilen, in Byzanz sahen sich die römischen Gesandten Repressalien ausgesetzt. Um ein Schisma zu verhindern, schickte Constans eine Gesandtschaft nach Rom, die Theodor I. für seinen Standpunkt gewinnen sollte, doch starb dieser im Mai 649 vor deren Eintreffen.

Sein Nachfolger Martin I. stammte aus dem umbrischen Todi, ließ sich ohne kaiserliche Genehmigung weihen und berief unmittelbar danach eine Synode nach Rom ein: untrügliche Zeichen dafür, dass sich der Konflikt zwischen Rom und Byzanz wieder einmal gefährlich zuspitzte. Die Versammlung im Lateran nutzte der Papst zu einer Generalabrechnung mit den

Abweichlern im Osten, denen er die römische Kirche als strahlendes Gegenbild immerwährender Rechtgläubigkeit gegenüberstellte. Dieser theologische Rundumschlag setzte mit Leo I. und seinem Kampf für die reine Lehre von Chalcedon ein, fuhr mit einer Verurteilung des Ediktes *Typos* fort und schloss mit der Exkommunikation der letzten Patriarchen von Konstantinopel als Häretiker. Am Ende bekannten sich alle Anwesenden zur Lehre von den zwei Willen in Christus; auch die Vertreter der lange abgespaltenen Kirchen in Venetien und Istrien unterschrieben diese Beschlüsse. Deren Reichweite blieb allerdings begrenzt; zudem hatten nur wenige westliche Bischöfe an der Versammlung teilgenommen.

Am Bosporus musste die Verdammung der *Ekthesis*, des Ediktes *Typos* und der Patriarchen als offene Kampfansage aufgefasst werden. Eine formelle Handhabe gegen den unbotmäßigen Papst ließ sich schnell finden. Mangels Approbation seiner Wahl durch den Kaiser ließ er sich als illegitim abstempeln, musste also nicht einmal abgesetzt, sondern nur gefangen genommen werden. Doch das war leichter gesagt als getan. Der damit beauftragte Exarch von Ravenna namens Olympios verweigerte kurzerhand den Befehl und schritt danach zu einer noch viel größeren Unbotmäßigkeit: Wie einige seiner Vorgänger sagte er sich von Byzanz los, ließ sich zum Herrscher Italiens ausrufen und Martin in Rom unbehelligt seines Amtes walten. Als Olympios 652 im Kampf gegen die Araber in Afrika fiel und ein kaisertreuer Exarch die Macht in Ravenna übernahm, wurde die Lage für den aufsässigen Papst bedrohlich. Im Juni 653 wurde er als potentieller Staatsverbrecher gefangen gesetzt, unter strenger Bewachung per Schiff nach Byzanz gebracht, dort drei Monate lang eingekerkert und dann des Hochverrats angeklagt – theologische Streitfragen waren in diesem Prozess offiziell ausgeklammert. Nach einem kurzen Verfahren wurde er für schuldig befunden, zum Tode verurteilt, zur Richtstätte geschleift, in letzter Minute begnadigt und schließlich nach Cherson am Schwarzen Meer verbannt, wo er bis zu seinem Tod im September 655 ein kümmerliches Dasein fristete. Sein Sterbeort wurde rasch zur Wallfahrtsstätte. Er sollte der letzte Papst sein, der als Märtyrer verehrt wird.

Gegen die Hochverrats-Anklage hatte sich Martin I. mit dem Verweis auf seine Macht- und Schutzlosigkeit verwahrt, die ihn dem Usurpator Olympios in die Hände gespielt habe. Ob er in die Pläne des abtrünnigen Exarchen eingeweiht war oder mit diesem sogar gemeinsame Sache gemacht hatte, lässt sich nicht sicher belegen. Mit seiner Verurteilung war nach kaiserlicher Rechtsauffassung der Stuhl Petri seit sechs Jahren vakant. Es war also höchste Zeit, einen rechtmäßigen Nachfolger zu wählen. Als Wunschkandidat von Kaiser Constans II. wurde im August 654 Eugen I. gekürt, den der *Liber pontificalis* als «gutmütig, milde, sanft und zu allen freundlich» bezeichnet. Das war ein vergiftetes Lob: In diesen schlimmen Zeiten musste ein guter Papst nicht gefügig, sondern mutig, beständig und notfalls auch hart sein. Martin I. hatte aus seinem fernen Exil darum gebeten, mit der Erhebung eines neuen Papstes bis nach seinem Tod zu warten. Obwohl man diesen Wunsch nicht respektierte, protestierte er nicht gegen die Wahl seines Nachfolgers, sondern begnügte sich mit einem Gebet für dessen Glaubenstreue. Offensichtlich zweifelte er am Bekennermut seines Nachfolgers. Einen Verzicht auf das Amt bedeutete diese Fürbitte jedoch nicht, so dass Eugen I. nach katholischer Auffassung erst ab September 655 als rechtmäßig gewählt gelten kann. Da der Kaiser in der Folgezeit schwere Abwehrkämpfe gegen die Araber zu bestreiten hatte und daher in Rom keine neuen Konflikte provozieren wollte, blieb Eugen das Schicksal seines Vorgängers erspart, obwohl auch er zur Enttäuschung des Kaisers bis zu seinem Tod im Juni 657 die Billigung des *Typos* verweigerte.

Unter Eugens Nachfolger Vitalian, der schon im Monat darauf gewählt und geweiht wurde, entspannte sich das Verhältnis zwischen Rom und Konstantinopel beträchtlich. Beide Seiten klammerten die alten Streitpunkte aus und bemühten sich um Annäherung. Dazu kam es 663 auch räumlich: Der von den arabischen Eroberungszügen schwer bedrängte Kaiser Constans II. verlegte seinen Herrschaftssitz vom Bosporus nach Sizilien und machte vorher einen längeren Abstecher nach Rom. Für die Bewohner der Ewigen Stadt war das eine Sensation, hatten sie doch seit mehr als zwei Jahrhunderten kein Reichsoberhaupt mehr zu Gesicht bekommen. Für den Papst stand bei dieser Visite viel auf dem Spiel: Zwei Herren in einer Stadt, konnte das gut gehen? Würde der Kaiser die Stellung respektieren, die der Nachfolger Petri inzwischen bekleidete – oder würde er diesen demütigen und seine Rolle als Priester-König ausspielen, wie er es mit Martin I. getan hatte? Vitalian bereitete dem ungebetenen Gast einen feierlichen Empfang. Er zog ihm mitsamt den höheren Klerikern bis weit vor die Stadttore entgegen und hoffte danach auf das Beste. Die ersten Zeichen standen auf Entspannung. Constans zelebrierte bei einem Bankett im Lateran sein Einvernehmen mit dem Papst, besuchte mit ostentativer Frömmigkeit die vornehmsten römischen Basiliken und nahm an zahlreichen Gottesdiensten teil. Allerdings ließ er bei diesen Pilgertouren an Wertgegenständen entfernen und einpacken, was nicht niet- und nagelfest war. Dass er bei seinen Diebeszügen auch die Bronzeverkleidung des ehemaligen Pantheon-Tempels mitgehen ließ, verziehen ihm die Römer nie. So herrschte bei seiner Abreise allgemeine Erleichterung. Doch diese war verfrüht.

Der Kaiser überzog Süditalien von Sizilien aus mit drückenden Abgaben, um seinen Abwehrkampf gegen die Araber zu finanzieren, und belastete damit die Güter der Kirche schwer. Auch für den Papst hatte er noch eine unliebsame Überraschung parat. 666 verlieh er dem Erzbischof Maurus von Ravenna den Status der «Autokephalie» (wörtlich: «Eigenköpfigkeit») und entzog ihn damit der päpstlichen Oberhoheit und Rechtsprechung. Dahinter stand die Angst, dass sich Episoden wie die «Olympios-Martin-Verschwörung», von der Byzanz weiterhin ausging, wiederholen könnten und Italien dadurch dem Reich gänzlich verloren gehen würde. Vitalian, dessen Stellung dadurch geschmälert wurde, reagierte auf diesen Affront zunächst mit taktisch bedingter Zurückhaltung und erst nach Constans' Ermordung im Jahr 668 mit voller Härte. Er ließ Maurus zweimal nach Rom vorladen und drohte ihm, als dieser die Fristen verstreichen ließ, mit der Exkommunikation, die dieser daraufhin prompt gegen den Papst verhängte. Der damit weiter geschürte Konflikt wurde erst lange nach dem Tod der beiden Kontrahenten mit der Unterwerfung von Maurus' Nachfolger beigelegt.

Im Kampf um die kaiserliche Thronfolge unterstützte Vitalian Constans' Sohn Constantin IV., was die wechselseitigen Beziehungen nach dessen Thronbesteigung wesentlich verbesserte. Unter Vitalians langem Pontifikat festigten sich die Bindungen der englischen Kirche an Rom auf Dauer; diese engen Beziehungen schlugen sich in zahlreichen Besuchen von Bischöfen und Mönchen in Rom, in der Liturgie und im ausgeprägten Petrus-Kult angelsächsischer Herrscher nieder. Vitalian starb nach vierzehnjährigem Pontifikat im Januar 672.

Ruhe vor dem Sturm:
Adeodatus, Donus, Agatho, Leo II., Benedikt II., Johannes V.

Die Pontifikate von Vitalians Nachfolgern Adeodatus (672–676) und Donus (676–678) sind schattenhaft durch die Armut an Quellen, die ihrerseits vom unaufhaltsam fortschreitenden Verfall der Schriftlichkeit und der antiken Kultur im Allgemeinen zeugt; von jetzt an nahm die Beherrschung des klassischen Lateins auch im Umkreis des Papstes rapide ab, wie die wenigen erhaltenen Inschriften bezeugen. Von Adeodatus ist immerhin seine feste Haltung gegenüber den im Osten fortlebenden monothelistischen Strömungen überliefert. Donus wiederum ging gegen nestorianische Gemeinden in Rom vor. An ihn adressierte Kaiser Constantin IV. sein Schreiben, das eine Kirchenversammlung in Konstantinopel ankündigte. Ihre Aufgabe sollte darin bestehen, die christologischen Streitigkeiten definitiv zu beenden. Die Aussichten dafür waren nicht schlecht, denn die arabischen Eroberungen hatten die Provinzen mit monophysitischen oder monothelistischen Neigungen von der übrigen Christenheit abgeschnitten; so hatten die schmerzvollen Gebietsverluste auch ihr Gutes.

Die Einladung des jungen Kaisers traf erst unter Donus' Nachfolger Agatho (678–681) in Rom ein. Dieser ließ sich mit seiner Antwort Zeit; auch die von Konstantinopel dringend erwünschten Vertreter des römischen Stuhls trafen im September 680 mit auffälliger Verspätung am Bosporus ein. Die Verzögerung war beabsichtigt. Sie sollte die Autorität des Papstes gegenüber dem Kaiser unterstreichen, der die Initiative zur Einberufung der Versammlung ergriffen hatte, und sie sollte Agatho die nötige Zeit geben, um die Weichen für eine endgültige Verurteilung der dogmatischen Abweichler zu stellen. Sie hatte aber auch den unerwarteten Nebeneffekt, dass aus einem informellen Arbeitstreffen durch den Zuzug zahlreicher Bischöfe das sechste Ökumenische Konzil wurde (zugleich das dritte Konzil von Konstantinopel). Um die römischen Positionen in der Auseinandersetzung mit den östlichen Theologen zu stärken, hatte Agatho bereits im März 680 eine Synode nach Rom einberufen; sie arbeitete ein Glaubensbekenntnis aus, das die römischen Vertreter nach Konstantinopel mitbrachten. Diese Delegation bestand aus vier Klerikern, von denen zwei später als Johannes V. und Constantin selbst den Stuhl Petri besteigen sollten.

Agathos Bekenntnis war in urrömischer Tradition betont schlicht gehalten. So wurde aus der Not der theologischen Unterlegenheit eine Tugend gemacht. Die Päpste präsentierten sich als Schützer eines Glaubens ohne intellektuelle Spitzfindigkeiten, der in den Herzen und Gemütern der einfachen Leute rein bewahrt wurde, ganz wie vom Evangelium verheißen. Damit traf der Papst den richtigen Ton. Das Konzil sah in seinem Text die Hand Gottes und die Stimme des Petrus am Werk. Agatho selbst erlebte diesen Triumph nicht mehr. Er verstarb während des rund zehn Monate dauernden Konzils. Sein Nachfolger Leo II. wurde zwar nach kurzer Sedisvakanz im Januar 681 gewählt, musste aber anderthalb Jahre auf seine kaiserliche Bestätigung und daher auch auf seine Weihe warten. Zusammen mit dem kaiserlichen Plazet erhielt der Papst die Beschlüsse des Konzils zugesandt, das im September 681 zu Ende gegangen war. In diesen vom Kaiser unterschriebenen Akten fand er zwar die theologischen Positionen Roms wieder, aber auch den Namen des Honorius unter den vom Konzil verurteilten Ketzern. Alle Versuche, diesen Vorgänger vom Vorwurf, den Monotheletismus begünstigt oder zumindest nicht bekämpft zu haben, reinzuwaschen, waren damit fehlgeschlagen. Von jetzt an bestand die römische Taktik darin, den Namen Honorius in der öffentlichen Wahrnehmung und Erinnerung vom Amt, das er bekleidet hatte, zu trennen und ihn so zu einer unhistorischen Figur zu machen.

Der römische Primat war jedoch nicht nur durch die Verdammung eines Papstes gefährdet. Constantin IV. hatte sich ganz im Stile Justinians durch die Einberufung des Konzils als Herr der Kirche präsentiert und war von den Konzilsteilnehmern auch als solcher akklamiert worden. Hier bestand aus päpstlicher Sicht also dringender Klarstellungs-Bedarf. Leo II. machte die Beschlüsse der Kirchenversammlung einschließlich der Verurteilung des Honorius zwar im Westen bekannt und dankte dem Kaiser für seine guten Dienste, betonte aber in allen seinen Schreiben seine uneingeschränkte Führungsrolle in der Kirche. Zudem bezeichnete er Constantin als «Sohn und Verteidiger der Kirche» und stellte durch diese Anrede die römische Wunschrangordnung wieder her. Der so Angesprochene ließ es sich gefallen und kam dem Papst sogar in einer wichtigen Frage entgegen: Er hob das «Eigenhaupt»-Privileg für Ravenna auf. Damit kehrte diese Kirche, der Leo als Gegenleistung Abgaben erließ, unter die direkte römische Weih-Hoheit zurück. Bald nach diesem Erfolg starb Leo II. im Frühsommer 683.

Unter seinem Nachfolger Benedikt II. wurde die wiedergefundene Eintracht zwischen Ostrom und Rom noch inniger zelebriert. Zum Zeichen der Verbundenheit zwischen der neuen und der alten Hauptstadt des Reichs sandte Constantin IV. sogar Locken seiner beiden Söhne an den Tiber. Um die langen Zeitspannen zwischen Wahl und Bestätigung der Päpste – in Benedikts Fall fast ein Jahr, bis Juni 684 – abzukürzen, wurde die Approbationsbefugnis erneut dem Exarchen von Ravenna übertragen. Im Südwesten hingegen standen die Zeichen auf Sturm. Im westgotischen Königreich Spanien provozierte der Papst mit seiner Aufforderung, die Beschlüsse des Konzils von Konstantinopel zu akzeptieren, heftige Konflikte. Der Erzbischof von Toledo sah dadurch seine Führungsstellung auf der Iberischen Halbinsel beeinträchtigt und reagierte äußerst gereizt. Im nachfolgenden verbalen Schlagabtausch hielt er dem Papst dessen schlechtes Latein sowie gravierende theologische Auslegungsfehler vor. Der süffisante Verweis auf die Bildungsdefizite zeigt, dass Rom nicht nur im Osten als kulturelle Provinz galt. Von Benedikt II. auf Rom zu schließen, war legitim. Er war – wie der *Liber pontificalis* betont – Römer, und zwar durch seine Geburt und seine Gesinnung. Er habe sich vom zartesten Knabenalter an dem Dienst an der römischen Kirche gewidmet und sei daher «nach der Väter Recht» zum Papst aufgestiegen. Damit wurde nach zwei sizilianischen Päpsten die Anwartschaft des römischen Klerus auf den Stuhl Petri nachdrücklich zur Geltung gebracht. Für die Römer selbst leitete sich dieses Recht nahtlos aus der Geschichte ab: Petrus war nicht nur nach Rom gekommen, um den Vorrang der dortigen Kirche zu begründen, sondern hatte damit auch die Einwohner der Ewigen Stadt zum erwählten Volk und ihre Kleriker zu bevorrechtigten Kandidaten für seine Nachfolge erhoben.

Dieser Anspruch erwies sich schon bei der nächsten Papstwahl im Juli 685 als nicht durchsetzbar. Johannes V. stammte aus der Provinz Antiochia und verdankte seine Erhebung wahrscheinlich seinen guten Kenntnissen der griechischen Sprache und der griechischen Theologie. Mit diesen Qualifikationen schien er geeignet, das intellektuelle Ungleichgewicht zwischen Rom und Konstantinopel zugunsten seines apostolischen Sitzes zu beheben.

Allerdings sah er sich mangels großer Streitpunkte – und durch seinen frühen Tod im August 686 – der Notwendigkeit enthoben, diese Fähigkeiten unter Beweis zu stellen. Doch diese Ruhe an der Dogmen-Front war die Ruhe vor dem Sturm. Kaiser Justinian II., der 685 den Thron bestieg, machte seinem Namen alle Ehre.

Eiszeit und Beginn der Emanzipation: Konon, Sergius I., Johannes VI., Johannes VII., Sisinnius, Constantin

Der neue Wind, der von Byzanz herüberwehte, machte sich schon bei der Wahl von Johannes' Nachfolger bemerkbar. Im August 686 standen sich Klerus und Adel wieder einmal unversöhnlich gegenüber; die höheren städtischen Amtsträger (*iudices*) lavierten zwischen den Fronten. Die Geistlichen hatten einen der Ihren zum Nachfolger und Gralshüter der römischen Traditionen auserkoren, die überwiegend in militärischen Funktionen tätigen (und daher als *exercitus* bezeichneten) Patrizier favorisierten einen Priester, der ihre kaiserfreundliche Haltung teilte. Nach einem längeren Patt einigten sich die Kontrahenten schließlich auf einen greisen Priester namens Konon, der diesen Namen auch als Nachfolger Petri beibehielt. Als Sohn eines byzantinischen Amtsträgers galt er dem Kaiser und seinen Anhängern als loyal, seine lange Laufbahn an der römischen Kirche machte ihn für den Klerus akzeptabel. Doch ein Gleichgewicht zwischen den Parteien und Interessen stellte sich während Konons kurzem Pontifikat nicht ein. Dessen Biograph drückt es im *Liber pontificalis* für den hochbetagten Papst so schonend wie möglich aus: Er sei von schlechten Ratgebern zu einer Politik gegen die Interessen der römischen Geistlichkeit verführt worden und habe sich dadurch deren Feindschaft zugezogen. Offene Konflikte brachen aus, als Konon bei der Ernennung von Verwaltern der kirchlichen Besitzungen auf Sizilien alte Privilegien des römischen Klerus missachtete.

Den Kampf um seine Nachfolge, der schon vor seinem Tod im September 687 einsetzte, hoffte ein Erzdiakon namens Paschalis durch die Bestechung des Exarchen von Ravenna für sich zu entscheiden. Doch auch der gegen Konon unterlegene Kandidat des römischen Militärs namens Theodor war wieder mit von der Partie, so dass die Wahl des neuen Papstes zu wechselseitigen Belagerungen und Kämpfen in den Straßen Roms eskalierte. Schließlich einigten sich die Spitzen von Klerus, Adel und *iudices* erneut auf einen betagten Kompromisskandidaten, den Priester Sergius, der wie Johannes V. aus Antiochia stammte, wie Konon in Sizilien tätig gewesen war und seinen Namen als Papst ebenfalls nicht änderte. Nach seiner Wahl Ende 687 unterwarf sich Theodor, während Paschalis weiter für seine Ansprüche kämpfte, als Magier vor Gericht gestellt und in ein Kloster verbannt wurde. Das Bestechungsgeld, das Paschalis dem Exarchen für den Fall seiner Wahl in Aussicht gestellt hatte, musste Sergius I. schließlich trotz seiner Proteste bezahlen. Erst danach konnte er zum Papst geweiht werden.

Er begann seinen Pontifikat mit einer Prozession, die als Demonstration an die Adresse des Kaisers gedacht war: Er ließ die sterblichen Überreste Leos I., des Großen, feierlich in ein eigens dafür erbautes Oratorium in Sankt Peter überführen, um ihnen an dieser herausgehobenen Stelle die verdiente Verehrung zukommen zu lassen. Die Botschaft war unmissverständlich: Der neue Papst war gesonnen, sein Amt im Geiste seines großen Vorgängers zu führen, der den römischen Primat für alle Zeiten gültig formuliert und auch gegenüber dem Osten durchgesetzt hatte. Das erwies sich schnell als schwierige Aufgabe. Justinian II. ließ in Byzanz eine Synode, das so genannte Quinisextum oder auch Trullanum, abhalten. Sie erließ sage und schreibe 692 Disziplinarregelungen, die für den Klerus der Gesamtkirche in Kraft treten sollten. Folgt man der Darstellung des *Liber pontificalis*, dann unterschrieben die Vertreter Sergius' I. diese Dekrete – im Gegensatz zum Papst, der ihnen 693 entgegen der kaiserlichen Anweisung seine Zustimmung verweigerte.

Anstößig war aus römischer Sicht eine ganze Reihe von Klauseln: die Verurteilung des Honorius, das Verbot, von verheirateten Priester-Kandidaten vor der Weihe ein Zölibatsgelöbnis zu verlangen, und vor allem die Erklärung, dass der Patriarch von Konstantinopel denselben Ehrenvorrang wie der Bischof von Rom genoss. Auf die römische Zurückweisung der Trullanum-Beschlüsse reagierte Justinian II. mit dem Befehl, den Papst gefangen zu nehmen und nach Byzanz zu deportieren. Doch dagegen hatte Sergius in weiser Voraussicht Vorsorge getroffen: Er verbündete sich mit den Truppen, die in Ravenna wieder einmal gegen den Kaiser rebellierten, und konnte sich so dessen Nachstellungen entziehen. Das Schicksal Martins I. blieb ihm aufgrund der veränderten Machtverhältnisse erspart. Rom und die übrigen Gebiete Italiens, die formell dem Kaiser unterstellt waren, entwickelten von nun an ein immer ausgeprägteres Eigenständigkeitsbewusstsein und eine immer größere Distanz zu Konstantinopel. Mit der Absetzung Justinians II. im Jahr 695 war die Bedrohung ohnehin erst einmal gebannt.

Die Probleme mit dem Osten verstärkten die West-Ausrichtung der römischen Kirche, die sich seit dem Pontifikat Gregors des Großen abzeichnete. So weihte Sergius I. Willibrord, den Missionar der Friesen, in der römischen Basilika Santa Cecilia zum Erzbischof. Besonders eng gestalteten sich unter seinem Pontifikat die Kontakte mit den Kirchen der angelsächsischen Königreiche, deren Äbte und Bischöfe jetzt regelmäßig die Gräber der Apostel besuchten und bei diesen Gelegenheiten kirchenpolitisch instruiert wurden. Sergius I. starb nach vierzehnjährigem Pontifikat im September 701.

Unter seinem Nachfolger Johannes VI., einem Griechen, rebellierten die Truppen in Ravenna gegen den Exarchen Theophylakt, der im Auftrag des neuen Kaisers Tiberios III. die kaiserliche Machtstellung in diesem «Außenbezirk» wieder stärker zur Geltung bringen sollte. Theophylakt konnte in letzter Minute nach Rom fliehen, wo ihn die Meuterer belagerten und seine Auslieferung forderten, doch konnte der Papst durch kirchliche Unterhändler das Schlimmste verhindern. Auch gegenüber dem langobardischen Herzog Gisulf, der von Benevent gegen Rom vorrückte, trat er erfolgreich als Vermittler und Friedensstifter auf. In England vermehrte er das Prestige des Papsttums, als er in einem Konflikt zwischen dem Erzbischof von York und zwei angelsächsischen Königen mit der vollen Autorität des Petrus-Nachfolgers als Schlichter auftrat. Zu Beginn des 8. Jahrhunderts hatte sich die Position der Päpste somit deutlich verbessert. Die Macht des Kaisers in Italien bröckelte unaufhaltsam, die Stellung des Pontifex maximus in Rom hingegen erwies sich als einigermaßen gefestigt und vor allem ausbaufähig.

Gewiss, die päpstliche Administration in Rom war weiterhin Teil einer Triarchie: An der Spitze der Stadt stand offiziell der byzantinische Statthalter, der sich mit dem Titel eines Dux (»Herzog«) schmückte; darunter rangierten die städtischen Behörden und Ämter, die immer wieder auf ihre Autonomie pochten. Doch de facto war die Kirche längst der bestimmende Faktor im städtischen Leben geworden. Nach dem Motto: Wer die Massen ernährt, hat die wahre Macht, war der Papst der heimliche Herrscher der

Ewigen Stadt. Die Gefahr, die diesem komplexen Machtgefüge innewohnte, war – wie sich bald zeigen sollte – weder der Kaiser noch die Stadtgemeinde, sondern der römische Adel, der sich immer mehr als bestimmende Schicht profilierte. Wenn aus diesem Kreis eine einzelne Familie übermächtig wurde, drohte das Papsttum zu ihrem Spielball abzusinken.

Doch einstweilen hatten die Päpste im Rückblick Anlass zur Genugtuung. Die Langobarden im Norden hatten im alten Streit um die «Drei Kapitel» endlich nachgegeben, die Erzbischöfe von Toledo und Ravenna wurden in die Schranken gewiesen, Monophysiten, Monotheletisten und Nestorianer schienen Ruhe zu geben. Was jetzt noch fehlte, war eine starke politische und militärische Gegenkraft im Westen, die sich bei Bedarf gegen neue «Kirchentyrannen» wie Justinian II. ausspielen ließ. Die angelsächsischen Könige waren dafür zu schwach und zu fern, die Westgoten in Spanien wurden bald von den arabischen Truppen überrannt, die Langobarden zeigten sich trotz gelegentlicher Annäherung unberechenbar. Blieben die Merowinger im Frankenreich, die Rom schon einmal um Hilfe ersucht hatte. Doch als Schutzherrn der Päpste kamen auch sie bislang nicht ernsthaft infrage: Zu oft zerfiel ihr Reich im Laufe des 7. Jahrhunderts in Territorien rivalisierender Dynastien, zu instabil waren auch die Machtverhältnisse an den Höfen, wo regelmäßig Mord und Totschlag herrschten. Allerdings zeichnete sich hinter den wechselnden Königen mit den Hausmeiern aus der Dynastie der Pippiniden ein neuer, stabilerer Machtfaktor ab. Ursprünglich waren sie bloße Verwalter des königlichen Haushalts, doch schon bald zogen sie die Aufsicht über die Krongüter an sich und stiegen zu Truppenführern auf, so dass ihnen zur Machtausübung nur noch der Titel fehlte.

Johannes' VI. gleichnamiger Nachfolger, der Anfang März 705 gewählt wurde, konnte als Sohn eines byzantinischen Funktionärs in Rom eine lange Laufbahn im dortigen Klerus vorweisen; das war ein Aufstieg, wie er inzwischen im Buche stand. Unter Johannes VII. gestalteten sich die Beziehungen Roms zu den langobardischen Herrschern freundlicher denn je, doch in Konstantinopel wiederholte sich mit der erneuten Thronbesteigung Justinians II. ein Alptraum. Der neue alte Kaiser rächte sich grausam an allen, die in den zehn Jahren nach seiner Absetzung mit seinen Feinden kollaboriert hatten; so ließ er den Patriarchen von Konstantinopel blenden und zur Abschreckung nach Rom schicken. Kirchenpolitische Pressionen ließen gleich-

Erster quadratischer Heiligenschein Von der Grabkapelle, die sich Johannes VII. in der alten Peterskirche errichten ließ, sind nach dem Abriss von 1506 nur Bruchstücke erhalten. Reste eines Mosaiks zeigen den Papst zu Lebzeiten mit dem quadratischen Nimbus.

falls nicht lange auf sich warten – die für Rom längst erledigten Edikte der Trullanum-Synode standen plötzlich wieder auf der Tagesordnung. Für den Kaiser war ihre Durchsetzung eine Frage der Autorität. So verlangten seine Gesandten kategorisch, dass der Papst sich zu ihnen äußern und dafür eine Synode einberufen solle.

Johannes' Antwort ist nicht erhalten, fiel nach den Worten seines Biographen im *Liber pontificalis* aber allzu nachgiebig aus. Er habe die Beschlüsse der von Rom verurteilten Kirchenversammlung aus menschlicher Schwäche, also aus Angst vor Repressalien, unkorrigiert zurückgeschickt, allerdings ohne sie zu unterschreiben. Doch als Zeichen der Missbilligung reichte die fehlende Signatur den Verfechtern des römischen Standpunkts nicht aus. Widerstand gegen die repressive Religionspolitik vom Bosporus artikulierte der Papst stattdessen im Bild: Auf einem Fresko in der Kirche

Santa Maria Antiqua im Bereich des alten Forum Romanum ließ sich Johannes VII. neben Leo I. und Martin I. malen, was als Bekenntnis zur stolzen Selbstbehauptung dieser beiden Vorgänger zu verstehen ist. Auf den (nur fragmentarisch erhaltenen) Mosaiken seiner zu Lebzeiten errichteten Grabkapelle in Sankt Peter waren die Heldentaten des überlebensgroß dargestellten Apostelfürsten in Jerusalem, Antiochia und natürlich in Rom zu sehen, auch das eine kühne neue Verherrlichung des römischen Primats in schwierigen Zeiten. Johannes VII. starb im Oktober 707 in Rom.

Sein Nachfolger Sisinnius war ein hinfälliger Greis syrischer Herkunft und starb nach nur dreiwöchigem Pontifikat Anfang Februar 708. Betagt und Justinian entsprechend genehm war auch der nächste Papst namens Constantin, auch er Syrer und vielleicht sogar Bruder seines Vorgängers.

Im März 708, dem Monat von Constantins Weihe, hielt man in Rom den Atem an: Welche Schritte würde der Tyrann am Bosporus unternehmen, um seine Macht im byzantinischen Italien zu festigen? Nach der Methode «teile und herrsche» stärkte Justinian II. zuerst in bewährter Weise dem neu erhobenen Erzbischof von Ravenna den Rücken, so dass dieser sich bei seiner Weihe durch den Papst in Sankt Peter weigerte, die dabei üblichen Bekundungen der Loyalität und des Gehorsams zu unterzeichnen. Der nächste Schritt bestand darin, Papst Constantin zu einem Besuch in Konstantinopel einzuladen, und zwar in den verbindlichsten Tönen, wie sie bei einem solchen Arbeitsgespräch auf Augenhöhe angemessen waren. Der Papst nahm die Einladung an und reiste mit seinen wichtigsten Würdenträgern und Ratgebern an den Bosporus, wo er mit allen Ehren empfangen wurde.

Auf diese Weise entgingen er und seine Begleiter dem Massaker, das der Exarch von Ravenna nach Constantins Abreise unter den hohen römischen Klerikern anrichtete. Justinians Plan war aufgegangen: In Abwesenheit des Papstes wagten die Römer, durch eine Hungersnot geschwächt, keinen Widerstand gegen die kaiserlichen Zwangsmaßnahmen. Auch die Truppen in Ravenna eilten diesmal nicht zu Hilfe, obwohl sie wieder einmal gegen Konstantinopel rebellierten und den Exarchen ermordeten. Währenddessen spielte der Kaiser den gehorsamen Sohn der Kirche, küsste dem Papst die Füße und bestätigte ihm die Privilegien der römischen Kirche. Obwohl er inzwischen über die bestürzenden Ereignisse in Rom informiert war, wagte

Constantin keinen Protest, um die wundersame neue Harmonie nicht zu gefährden. Dass die von Justinian II. zelebrierte Eintracht nur dazu diente, die Allianz der auf Unabhängigkeit bedachten Kräfte in Italien auseinanderzudividieren, erkannte er nicht. So reagierte der Papst nach seiner Rückkehr in die Ewige Stadt auf die Ermordung des Kaisers im Dezember 711 mit tiefer Trauer, als ob die Kirche eine treue Stütze verloren hätte.

Völlig unbegründet war diese Trauer jedoch nicht. Justinians Mörder und Nachfolger Philippikos Barda begünstigte den Monotheletismus und verlangte von Constantin die Unterzeichnung eines entsprechenden Glaubensbekenntnisses. Diese Zumutung, eine verurteilte Häresie gutzuheißen, wies der Papst zurück; dabei konnte er auf die Unterstützung der römischen Oberschicht und ihrer städtischen Amtsträger zählen, die Philippikos als Usurpator jeglichen Gehorsam verweigerten und gegen den von diesem geschickten Dux rebellierten. Constantin schlichtete diesen Streit zugunsten des byzantinischen Statthalters, was ihn bei der römischen Oberschicht die Sympathien kostete, die er bei den byzantinischen Funktionären und Militärs in Rom gewann. Zudem glätteten sich mit dem Sturz Philippikos' und der Thronbesteigung des neuen Kaisers Anastasios II. im Juni 713 die dogmatischen und politischen Wogen erneut. In diesem Klima der Entspannung unterwarf sich auch der Erzbischof von Ravenna dem Papst, der im April 715 starb.

4.

Der Weg nach Westen

Von Gregor II. bis Nikolaus I. (715–867)

Bilderkämpfe: Gregor II., Gregor III.

Der Friede, der bei Papst Constantins Tod im Frühjahr 715 herrschte, dauerte bis zur Wahl seines Nachfolgers Gregor II. fort. Dieser Name war ein Programm: Wie sein illustrer Namensvorgänger war der neue Papst Römer und entschlossen, dessen Pontifikat innerkirchlich und politisch fortzusetzen, und zwar im Westen wie im Osten. 722 weihte er den angelsächsischen Mönch Winfried alias Bonifatius in Rom zum Bischof und übertrug ihm die Missionierung des heidnischen Germaniens, das bislang am äußersten Rande des römischen Interessenspektrums gelegen hatte. Im Osten aber standen die Zeichen erneut auf Sturm.

Deutlicher denn je zeigte sich jetzt, dass die unterschiedlichen Interessen und Machtansprüche von Papst und Kaiser ein dauerhaftes Einverständnis ausschlossen. So wurden alle kaiserlichen Zugeständnisse an den Papst hinfällig, sobald die Bedrohungen, die sie erzwungen hatten, überstanden waren. Anastasios' Nachfolger Leon III. schlug 718 die Araber zurück, die seine Hauptstadt ein Jahr lang belagert hatten, und schritt danach sofort in Italien zur Offensive. Drückende Abgaben sollten die dortigen Provinzen und speziell die römische Kirche für ihren Ungehorsam bestrafen. Die Reaktion ließ nicht lange auf sich warten: Gregor II. verweigerte nicht nur die fälligen Zahlungen, sondern rief sogar zu einem Steuerstreik auf. Die Maßnahmen der Gegenseite waren noch viel drastischer. Hohe kaiserliche Würdenträger trachteten dem Papst nach dem Leben, doch wurde die Verschwörung blutig unterdrückt. Die Truppen, die daraufhin von Ravenna gegen Rom zogen, wurden von Römern und Langobarden gemeinsam zurückgeschlagen.

Den militärisch verlorenen Krieg setzte Kaiser Leon III. mit theologischen Waffen fort. 726 verbot er in seinem Reich die Verehrung religiöser Bilder als Götzendienst und ordnete deren Vernichtung an. Für Rom war das eine doppelte Kampfansage. Zum einen maßte sich der Kaiser die Gesetzgebungshoheit über die Kirche an, zum anderen gefährdete er damit eine tief verwurzelte Frömmigkeitspraxis, die sich kurz zuvor bei der Missionierung im Westen glänzend bewährt hatte. Gregor II. zögerte deshalb nicht, das Bilderverbot und den darauffolgenden Bildersturm (Ikonoklasmus) als ketzerisch zu verdammen, und forderte die Gläubigen auf, diese gottlosen Bestimmungen zu missachten. Aus dem theologischen Krieg wurde jetzt wieder ein politischer und militärischer Konflikt. In Ravenna und Venetien kam es zu Rebellionen gegen die kaiserliche Herrschaft, die den Exarchen und weitere hohe Funktionäre das Leben kosteten. Die Aufständischen planten sogar die Wahl eines eigenen Herrschers und eine Expedition an den Bosporus, um Leon III. zu stürzen, doch dem widersetzte sich der Papst mit Erfolg. Er fürchtete ein Machtvakuum in der Mitte Italiens, das die Langobarden nur allzu bald auffüllen würden.

Solche Sorgen erwiesen sich rasch als berechtigt. Der langobardische König Liutprand unterwarf das Herzogtum Spoleto und rückte weiter nach Süden vor. In der Zwischenzeit hatte Leon III. einen neuen Exarchen mit dem Auftrag nach Italien geschickt, den Papst zu ermorden. Doch schlug auch dieser Anschlag fehl. Gregor II. konnte daraufhin Liutprand zur Einstellung der Feindseligkeiten und zu einem Ritus von hohem Symbolwert bewegen: Statt die Ewige Stadt zu erobern, besuchte der König das Grab des Apostelfürsten und legte dort zum Zeichen der Gefolgschaft die Abzeichen seiner Macht nieder. Was für ein Triumph: In einer chaotischen Welt stand der Papst vor den Römern und dem Kaiser gleichermaßen als Friedensbringer und Ordnungsstifter da! Das schützte ihn vor weiteren Attentaten, doch nicht vor Unbill an der dogmatischen Front.

730 setzte Leon III. den bilderfreundlichen Patriarchen von Konstantinopel ab und erhob stattdessen einen bekennenden Ikonoklasten, dessen Wahl Gregor II. nicht anerkannte. Der Papst starb im Februar 731, bevor die Antwort des Kaisers auf seine gezielte Provokation in Rom eintraf. Sein Nachfolger Gregor III. stammte aus einer syrischen Familie, die vor den arabischen Eroberern nach Rom geflohen war, und hatte innerhalb des dortigen Klerus Karriere gemacht. Seinen Pontifikat richtete er ganz an den Leitlinien seines Vorgängers aus. So bestand seine erste Amtshandlung in einer Ermahnung an den Kaiser, von seiner ikonoklastischen Politik abzulassen. Danach berief er eine Synode nach Rom, die die dogmatischen Gegenpositionen zusammenfasste: Der Kult von Bildern, die Christus und die Heiligen darstellen, entspricht den sakrosankten Traditionen der Kirche und ist daher erlaubt; wer sich an ihnen vergreift, verfällt der Exkommunikation. Mit der Verhängung des Kirchenbanns verschärfte Gregor III. den Ton der Auseinandersetzung und schritt konsequent von der Theorie zur Praxis. So ließ er in Sankt Peter ein Oratorium errichten, das dem Kult Christi, der Jungfrau Maria sowie aller Heiligen gewidmet war, und dieses wie auch andere Sakralbauten mit prächtigen Bildern ausschmücken. In derselben Kapelle wurden Marmortafeln angebracht, die die Beschlüsse der Synode über die Bilderverehrung verewigten; gegen alle Gewohnheit wurden sie nicht nach den kaiserlichen Regierungsjahren datiert.

Damit trieb er die Auseinandersetzung auf die Spitze. Leon III. rüstete eine Flotte aus, doch erlitt die Strafexpedition in der Adria Schiffbruch. Daraufhin entzog er der römischen Kirche ihre Besitzungen in Süditalien, was deren Einnahmen wesentlich schmälerte, und unterstellte Süditalien sowie die Provinzen auf dem Balkan entgegen ältesten kirchlichen Traditionen dem Patriarchen von Konstantinopel. Trotz dieser Repressalien hielt der Papst den Augenblick für die politische Abwendung von Byzanz noch nicht für gekommen. Als König Liutprand 737 oder 738 Ravenna einnahm und den Exarchen zur Flucht nach Venetien zwang, machte sich Gregor III. sogar für die Rückeroberung der byzantinischen Hauptstadt in Italien stark, die kurz darauf auch gelang. Damit war die kurze Phase der Annäherung zwischen Rom und den langobardischen Herrschern auch schon wieder zu Ende: Gewogen und für zu unzuverlässig befunden, so lautete das römische Urteil. Mit der Oberhoheit des fernen Kaisers konnten sich die Päpste zur Not arrangieren. Unter einem langobardischen König aber würde der *vicarius Christi* die Stellung eines jederzeit kündbaren Hofkaplans bekleiden.

Ein solcher Alptraum konnte schnell Wirklichkeit werden. 739 rückte Liutprand erneut mit einem Heer gegen Rom vor, richtete in der Umgebung schwere Verwüstungen an und nahm zahlreiche vornehme Römer gefangen. Die Aurelianischen Mauern der Ewigen Stadt erwiesen sich zwar erneut als uneinnehmbar, doch brachte der König wichtige Orte an den alten Römerstraßen unter seine Kontrolle und konnte dadurch lebenswichtige Verkehrs- und Pilgerströme unterbinden. In der Not der Belagerung wandte sich Gregor III. brieflich an den fränkischen Hausmeier Karl Martell, der sich durch seinen Sieg über die Araber bei Tours und Poitiers im Jahre 732 großen Ruhm als Schutzherr der Christenheit erworben hatte und daher zum Protektor der Kirche und ihres Hauptes prädestiniert schien. Doch Karl war mit Liutprand verbündet und winkte ab. Immerhin schickte er Gesandte nach Rom, die den Klagen des Papstes über die langobardischen Übergriffe nachgehen sollten. So blieb Gregor III. weiterhin auf sich allein gestellt und zur Suche nach alternativen Lösungen gezwungen.

Ein erfolgversprechender Weg zu mehr Unabhängigkeit bestand darin, die Bewohner Roms noch enger als bisher an den Papst zu binden und ihnen dadurch eine neue politische Identität zu verleihen: Als christlicher *populus Romanus* waren sie nicht mehr Konsuln oder Kaisern, sondern deren Rechtsnachfolger, dem Stellvertreter Christi auf Erden, Dienst, Treue und Gefolgschaft schuldig und dadurch als Volk Gottes geadelt. In dieser ideologischen und juristischen Neudefinition lagen gleichermaßen Chancen und Risiken. Aussichtsreich war sie, wenn die Verpflichtung gegenüber dem Papst und seiner Herrschaft stärker war als die Erinnerung an das republikanische Rom und seine historische Größe. Gewannen die ruhmreichen Reminiszenzen hingegen die Oberhand, mussten die Päpste mit der Opposition einer starken römischen Stadtgemeinde rechnen. In seinen beiden letzten Pontifikatsjahren bemühte sich Gregor III. geradezu verzweifelt darum, das politische Gleichgewicht auf der Halbinsel aufrechtzuerhalten. Doch König Liutprand wurde seinem Ruf als Unruheherd Italiens auch weiterhin gerecht; als der Papst im November 741 starb, bereitete er gerade einen weiteren Zug gegen Rom vor.

Die fränkische Wende: Zacharias, Stephan II.

Gregors Nachfolger Zacharias stammte ebenfalls aus dem Osten und hatte sich durch seine Bildung, speziell als Übersetzer von Schriften Gregors des Großen ins Griechische, einen Namen gemacht. Griechische Bildung, gepaart mit römischem Kontinuitätsbewusstsein: Das waren die besten Voraussetzungen dafür, Geschlossenheit zu demonstrieren, neue Wege zu gehen und zugleich an gewachsenen Traditionen festzuhalten. Dazu kam im Falle des neuen Papstes ein ausgeprägter politischer Pragmatismus, gepaart mit diplomatischem Geschick. So verbündete er sich mit Liutprand gegen den Herzog von Spoleto und stellte dem König in diesem Kampf sogar sein Heer zur Verfügung. Auf diese Weise gewann Zacharias strategische Schlüsselpositionen an den großen Fernstraßen zurück und schloss danach einen zwanzigjährigen Waffenstillstand, der nur für Rom und seinen Dukat galt; von Kaiser Constantin V. in Byzanz und seinen Rechten war darin keine Rede. Schon zuvor hatte er es nicht für nötig befunden, diesem seine Wahl anzuzeigen. Die Ablösung vom Reich schritt unaufhaltsam voran.

Ebenso vorurteilslos und selbstbewusst ging der Papst aus dem Osten im Bilderstreit mit Byzanz vor. So erkannte er den zeitweise erfolgreichen Usurpator Artabasdos als legitimen Kaiser an, weil sich dieser als «Ikonodul», das heißt als Freund der Bilderverehrung, präsentierte. Doch Constantin eroberte die Macht zurück und ließ den «Thronräuber» sowie dessen Söhne blenden. Zacharias hingegen musste keine Rache befürchten, im Gegenteil: Der reinthronisierte Kaiser war auf gute Beziehungen zu Rom angewiesen, um seine Besitzungen in Italien zu behaupten. Der Papst enttäuschte seine Hoffnungen nicht. Er begab sich in eigener Person nach Pavia, um Liutprand von der Eroberung Ravennas abzuhalten, und hatte selbst mit dieser schwierigen Mission Erfolg. Dabei agierte er zwar offiziell in einer rein geistlichen Rolle und im Auftrag des Kaisers, doch stärkte der Erfolg vor allem seine eigene Autorität als Schutzherr Italiens: Der gute

Hirte konnte zum besseren Schutz seiner Herde jederzeit auch die weltliche Herrschaft übernehmen.

Damit bildete eine dritte Hoheitsfunktion des Papstes immer konkretere Umrisse aus. Neben der Herrschaft über die Kirche und der moralischen Aufsicht über die christlichen Machthaber trat der *vicarius Christi* als Regent der Ewigen Stadt die Nachfolge der Kaiser an. Diese Funktion war seit Leo I. theologisch vorbereitet und durch Gregor I. programmatisch bestimmt. Jetzt war der Zeitpunkt nahe herangerückt, den Schritt in die politische Realität zu vollziehen. Doch um diesen Übergang unangreifbar zu machen, fehlte noch etwas: eine historische und zugleich juristisch hieb- und stichfeste Begründung. Wie diese aussehen musste, leitete sich aus den Grundlagen des Papsttums ab: Es war Zeit, ein Herrschaftsgebiet zu erfinden, das dem heiligen Petrus gehörte und von dessen Nachfolgern als eine unantastbare Mitgift regiert werden sollte. Zur Einrichtung eines solchen «Patrimonium Petri» mussten die Mächtigen dieser Welt natürlich ihre Zustimmung geben. Dem Kaiser am Bosporus konnte man diese territoriale Eigenständigkeit nie und nimmer abringen, das hatten die Konflikte der letzten beiden Jahrhunderte zur Genüge erwiesen. Im Westen aber war die Verehrung des Apostelfürsten so groß, dass sich in seinem Namen ein solcher «Kirchenstaat» rechtfertigen, definieren und auch beherrschen ließ. Das war ein weiterer guter Grund dafür, sich jenseits des langobardischen Reichs nach Unterstützung umzusehen.

Nach dem Tod König Liutprands im Jahr 744, den der *Liber pontificalis* Zacharias' Verfluchung zuschreibt, entspannte sich das Verhältnis zwischen Rom und den Langobarden für einige Jahre. Neue Bedrohungsszenarien zeichneten sich jedoch ab, als Liutprands Nachfolger König Aistulph 751 Ravenna einnahm und damit der byzantinischen Herrschaft in Mittelitalien ein Ende bereitete. Auch versorgungspolitisch sah sich der Papst vor große Herausforderungen gestellt, nachdem der Kaiser die Besitzungen der Kirche im Süden Italiens beschlagnahmt hatte. Um die Ertragslage auf den Besitzungen im römischen Dukat zu steigern, kündigte Zacharias die Pachtverträge mit den Agrarunternehmern, die für solche Latifundien jährliche Pauschalsummen zahlten, und ließ diese oft viele Hundert Hektar umfassenden Anbauflächen von Bauern bewirtschaften, die an die Scholle gebunden waren und Abgaben in Naturalien abzuliefern hatten. So besaß die

Die fränkische Wende

Bevorzugter Selbstdarstellungsort des römischen Stadtadels vom 7. bis 9. Jahrhundert Die Kirche Santa Maria Antiqua auf dem Forum Romanum am Fuß des Palatins war ursprünglich eine kaiserliche Empfangshalle und wurde im 6. Jahrhundert in eine Kirche umgewandelt. Der mächtige Patrizier Theodotus ließ hier sogar eine eigene Kapelle als Begräbnis- und Erinnerungsstätte seiner Familie errichten, die erste ihrer Art überhaupt in der Ewigen Stadt. Die Fresken, die sie schmücken, zeigen Papst Zacharias, unter dem Theodotus seinen Einfluss in Rom festigte, und auf der gegenüberliegenden Seite diesen selbst mit dem Modell der Kirche, die er im Auftrag des Papstes restaurieren ließ.

Kirche in den regelmäßig auftretenden Hungerkrisen direkten Zugriff auf die immer knapper werdenden Getreide- und Viehbestände.

Eine Weichenstellung für die Zukunft wurde Zacharias' Intervention in die inneren Probleme des Frankenreichs. 749 wandte sich der allmächtige Hausmeier Pippin III. mit der Frage an den Papst, ob der gegenwärtige politische Zustand mit einem machtlosen König gut oder schlecht sei. Zacharias' Antwort, dass der Inhaber der Macht auch den Königstitel tragen sollte, lieferte die erhoffte Rechtfertigung für den Putsch des Hausmeiers, der sich im November 751 von einer Versammlung des Reiches zum König ausrufen und salben ließ. Wenige Monate darauf, im März 752, verstarb der Papst. In der von ihm ausgeschmückten Kirche Santa Maria Antiqua auf dem Forum wird er in einem Fresko verewigt.

Zacharias' Nachfolger Stephan II. entstammte einer römischen Adelsfamilie aus dem Gebiet um die *Via lata*, dem Straßenzug in Rom, der der römischen Kirche allein mehr Päpste stellte als die meisten europäischen Länder. Vor ihm war ein gleichnamiger Priester gewählt worden, der vier Tage später starb, ohne die Weihe erhalten zu haben, und der daher offiziell nicht als Papst gezählt wird. Der neue Papst sah sich wie so viele seiner Vorgänger mit einem gegen Rom vorrückenden Langobarden-König konfrontiert, zu dessen Abwehr er auf die bewährten Methoden setzte: auf die himmlische Autorität des heiligen Petrus und seiner Nachfolger, auf Ehrengeschenke und auf die Aushandlung eines Waffenstillstands. Doch gegen König Aistulph half das alles nichts. Er verlangte eine förmliche Unterwerfung Roms und des Dukats sowie hohe Tribute, was der Papst zurückwies.

Schon bald nach seiner Wahl wandte sich Stephan II. an Kaiser Constantin V. mit der Bitte um Hilfe. Dieser schickte auch Gesandte, die mit Aistulph Verhandlungen aufnahmen, um eine Rückgabe der von diesem eroberten byzantinischen Gebiete zu erreichen, allerdings ohne dabei die römischen Interessen zu berücksichtigen. So musste der Papst befürchten, bei einem byzantinisch-langobardischen Interessenausgleich das nützliche Bauernopfer zu werden. Deshalb sandte er einen Botschafter zu Pippin mit dem Ersuchen, ihm sicheres Geleit ins Frankenreich zu garantieren. Der neue fränkische König, der auf die traditionell pro-langobardische Politik der von ihm entmachteten Merowinger und die entsprechenden Sympathien des Adels Rücksicht nehmen musste, ließ zunächst einen Geistlichen die Lage in Rom sondieren. Dieser brachte päpstliche Schreiben an den Hof zurück, in denen Stephan II. mit großem Einfühlungsvermögen in die Mentalität seines Wunsch-Protektors alle Register der Überredungskunst zog: Der heilige Petrus werde die Hilfe, die der König seinem Nachfolger gewähre, reich belohnen, und zwar politisch und geistlich, im Diesseits wie im Jenseits. Die Eskorte, die Pippin daraufhin an den Tiber abordnete, traf in Rom mit einer byzantinischen Gesandtschaft zusammen, die dem Papst auftrug, mit Aistulph in Pavia über die Rückgabe des Exarchats Ravenna an den Kaiser zu verhandeln. Constantin V. machte mit dieser Anweisung deutlich, dass er den Papst weiterhin als Befehlsempfänger betrachtete, der seine Interessen denen des Reichs unterzuordnen hatte. So erhielt der Papst die Order, mit dem verhassten Langobardenkönig Unterredungen im Dienste des kaum weniger verabscheuten Kaisers zu führen, genau in dem Augenblick, in dem er den Befreiungsschlag gegen diese doppelte Umklammerung vorbereitete. Das Papsttum stand an einem Wendepunkt seiner Geschichte.

Stephan II. löste das Problem souverän. Nach außen hin präsentierte er sich ganz als loyaler Diener des Reichs. In dessen Auftrag begab er sich in Begleitung byzantinischer Würdenträger an den Hof des langobardischen Königs, der jegliche Unterredung über die Rückgabe der vormals kaiserlichen Territorien kategorisch ablehnte und stattdessen Verhandlungen über die Unterwerfung Roms und seines Dukats führen wollte. Der Papst erklärte daraufhin seine Mission in Pavia für beendet und verlieh seinem Wunsch Ausdruck, zu Pippin weiterzuziehen. Aistulph versuchte, ihn zum Verzicht auf diese Reise zu bewegen, von der er nichts Gutes erwartete, wagte aber nicht, sich diesem Plan offen zu widersetzen. So zog der Papst im November 753 über die Westalpen, traf im Walliser Kloster Saint Maurice mit Abgesandten Pippins und kurz darauf in der Ile-de-France mit diesem selbst zusammen. Wie er dort auftrat, überliefern fränkische und römische Quellen unterschiedlich: demütig um Schutz flehend die einen, mit der Würde und Autorität des Petrus-Nachfolgers um Unterstützung gegen den Kirchenverfolger Aistulph werbend die anderen. Pippin jedenfalls schickte daraufhin Gesandte nach Pavia, die den König von seiner aggressiven Haltung gegenüber dem Papst abbringen sollten – ohne Erfolg: Aistulph beauftragte Pippins Bruder Karlmann, der 747 abgedankt und sich in ein Kloster zurückgezogen hatte, mit einer Werbetour ins Frankenreich, um die Adligen in ihrer Loyalität zu ihrem alten Verbündeten in Pavia zu bestärken. Doch mit diesem Versuch, die Herrschaft Pippins zu schwächen, bewirkte er das Gegenteil. An Ostern 754 leisteten der König und seine Söhne dem Papst das feierliche Gelöbnis, militärisch gegen Aistulph vorzugehen.

Darüber hinaus wurde eine Umverteilung von Territorien in Italien vereinbart, die das Machtgefüge auf der Halbinsel nachhaltig verändern musste. Nach späteren Quellen versprach Pippin Stephan II. alle Gebiete Italiens südlich des Po, einschließlich Venetiens, Korsikas und der langobardischen Herzogtümer Spoleto und Benevent. In Anbetracht der politischen Verhältnisse des Jahres 754 ist eine Schenkung von solchen Ausmaßen jedoch mehr als unwahrscheinlich. Mit der Zurückdrängung der Langobarden an den Fuß der Alpen hätte der neue König der Franken seine Adligen vor den Kopf gestoßen. So dürften sich die Gebietsversprechen Pippins auf Rom und seinen Dukat zum einen und auf das Exarchat von Ravenna nebst angeschlossenen Distrikten zum anderen beschränkt haben. Diese Regionen betrachteten die Päpste seit Längerem als ihre Einflusszonen; hier hatten sie parallel zum Niedergang der kaiserlichen Macht neben der geistlichen Hoheit nach und nach auch die Ausübung der weltlichen Gewalt an sich gezogen.

Die Übernahme der direkten politischen und militärischen Herrschaft war in römischen Augen schon deshalb kein Problem, weil dem Papst ohnehin die Oberaufsicht über alle christlichen Herrscher zustand. Unmittelbar an deren Stelle zu treten bedeutete zwar eine Ausweitung dieses Primats, doch konnten die Folgen für die Untertanen wie für die ganze Christenheit nur heilsam ausfallen. Nach offizieller Version regierte der Papst diese Gebiete als Stellvertreter Christi auf Erden, also ohne Ehrgeiz, ohne Ruhmsucht und ohne Eroberungsgelüste. Als treuer Sachwalter der Armen und Schwachen ohne jegliches Eigeninteresse nahm er die Beschwernisse dieses Herrscheramts klaglos auf sich und schuf dadurch auf Erden einen Abglanz der himmlischen Ordnung und Gerechtigkeit, soweit ihm dies die sündhafte Menschheit mit ihren zerstörerischen Trieben erlaubte.

Die päpstliche Direktherrschafts-Ideologie ist somit älter als der «Kirchenstaat», den viele Historiker mit den Abmachungen von 754 aus der Taufe gehoben sehen wollen. Doch so weit war es noch längst nicht. Zum einen dauerte es noch mehr als vier Jahrhunderte, bis von päpstlicher Herrschaft in diesem «Patrimonium des heiligen Petrus» auch nur ansatzweise die Rede sein konnte. Zum anderen blieb der «Staat» des Papstes immer ein Gebilde eigener, in vieler Hinsicht unvergleichbarer Art. Die Macht der Päpste war nach eigenem Verständnis nicht von dieser Welt, sondern von Gott eingesetzt, um zwischen Himmel und Erde zu vermitteln, und zwar geistlich, ethisch und damit notwendigerweise auch politisch. Dieser höhere Rang durch himmlische Einsetzung musste sich in der moralisch überlegenen Regierung dieser Territorien widerspiegeln. So haben die Nachfolger Petri ihr unmittelbares Herrscheramt in Rom und im übrigen Patrimonium des heiligen Petrus als ein politisches Lehramt zur Unterweisung des übrigen Europa und ihren Staat als ein Modell verstanden, an dem sich die anderen ein Beispiel nehmen sollten. Damit lastete auf den Päpsten, doch auch auf ihren Untertanen ein ungeheurer Erwartungsdruck: Wenn sich die Spiegelungen des Himmlischen im politischen Alltag nicht zeigen wollten und stattdessen Defizite in Form von Korruption und Rückständigkeit zu Buche schlugen, ließ sich daraus der gefährliche Rückschluss ableiten, dass auch die Begründung des doppelten Primats auf schwachen Füßen stand.

Auch in seiner reduzierten Dimension war der Anspruch Stephans II. auf die Herrschaft über die ehemals byzantinischen Gebiete in Italien revolutionär; ja, aus der Sicht des Kaisers klang er geradezu blasphemisch. Dem fränkischen König hingegen leuchtete er offensichtlich ein. Truppen aus dem Exarchat waren dem Papst regelmäßig gegen die Strafexpeditionen und sonstigen Kommandounternehmen vom Bosporus zu Hilfe geeilt; offensichtlich war die Loyalität der dortigen Bewohner auf den Papst ausgerichtet, und so war es nur gerecht, ihn zu ihrem Herrscher zu machen. Doch die Gerechtigkeit allein reichte nicht aus, ein Rechtstitel musste dazukommen. Aus diesem Grund verlieh Stephan II. Pippin den Titel eines *patricius Romanorum*. Das war eine Neuschöpfung aus alten Bestandteilen, die zusammen genommen weitreichende Befugnisse gegenüber Rom und seinem Dukat ausdrücken sollte. Aus päpstlicher Sicht entsprach dies dem Pflichtenkodex des idealen Kaisers, den die schnöde politische Wirklichkeit nie hervorgebracht hatte und den die Päpste sich daher selbst heranziehen mussten: Als *patricius* der Römer hatte der fränkische König den Papst vor feindlichen Mächten zu schützen und ihm in Krieg und Frieden als nützliches Werkzeug zu dienen.

Als vorauseilende Belohnung für die «Pippinsche Schenkung», wie das Gebietsversprechen später genannt wurde, erteilte Stephan II. Pippin und seinen Söhnen Karl und Karlmann die Königsweihe, schloss alle anderen fränkischen Adligen von der Thronfolge aus und begründete damit eine ganz besondere geistliche und politische Nähe der Dynastie zum Amt des

Petrus-Nachfolgers. Nun war es Zeit für Pippin, den Worten Taten folgen zu lassen. Im Spätsommer 754 zog sein übermächtiges Heer über die Alpen und nahm Pavia ein, wohin sich Aistulph zurückgezogen hatte. Trotz des leichten militärischen Erfolgs fiel der Frieden für den Besiegten milde und für Stephan II. unbefriedigend aus. Der langobardische König musste versprechen, sich gegenüber dem Papst wohlzuverhalten, diesem die ehemals byzantinischen Gebiete übertragen sowie Pippin Tribut zahlen und Geiseln stellen. Doch Aistulph fühlte sich durch diese Klauseln nicht gebunden und belagerte Rom 756 erneut. In dieser Notlage verfasste der Papst ein weiteres Mal Hilferufe, die von tiefem Einfühlungsvermögen in die Vorstellungswelten und speziell die Ehrbegriffe des Empfängers zeugen. So ließ er in einem dieser Schreiben den Apostelfürsten selbst zu Wort kommen; das war ein literarischer Kunstgriff, der seine Wirkung nicht verfehlte. In dieser fiktiven Rede wandte sich Petrus an Pippin und das gesamte Volk der Franken, das durch den Vertrag mit dem Papst enge Bande mit dem römischen Brudervolk geschlossen habe, und bat seine geliebten Söhne um die Unterstützung, die sie der Kirche und ihrem Haupt als deren Schutz und Schirm von jetzt an schuldeten.

Diese Hilfe blieb nicht aus. Zwei Jahre nach der ersten Eroberung Pavias wiederholten sich die Ereignisse: Aistulph musste wiederum kapitulieren und die Bedingungen von 754 beschwören, doch diesmal wurden sie unter rigoroser Kontrolle des Siegers auch umgesetzt. So musste der langobardische König die Schlüssel ehemals byzantinischer und jetzt dem Papst übertragener Städte in Sankt Peter hinterlegen. Saturiert war Stephan II. damit trotzdem noch nicht, wie seine Klagen gegenüber Pippin und die Forderungen, ihm Italien bis zur Po-Linie zu übertragen, zeigen. Dabei hätte man in Rom allen Grund zur Zufriedenheit gehabt. Zumindest auf dem Papier waren die Päpste, die ein Jahrhundert zuvor als ungehorsame Untertanen des Kaisers noch mit der Deportation in gottverlassene Winkel des Imperiums rechnen mussten, jetzt Herren über einige der reichsten Provinzen Italiens. Zudem hatten sie einen Protektor gefunden, dem sie vieles glaubhaft machen konnten, was in Byzanz sofort als plumpe Fälschung aufgeflogen wäre. So hatte Pippin einen byzantinischen Gesandten, der die Rückgabe des alten Exarchats verlangte, mit der Erklärung abgewiesen, dass diese Gebiete jetzt dem heiligen Petrus gehörten; das war eine Begründung, die am Bosporus bizarr klingen musste. Jetzt oder nie, lautete daher in Rom die Devise. Noch war der König der Franken erpressbar und daher zu Zugeständnissen zu bewegen, die schon seine Söhne vielleicht nicht mehr machen würden.

Glück hatte Stephan II., der bislang politisch erfolgreichste aller Päpste, auch, als Aistulph Anfang 757 starb und danach Thronstreitigkeiten ausbrachen. In diesen Wirren unterstützte Rom den Prätendenten Desiderius, der nach seiner Wahl zum langobardischen König dem Papst weitere Gebiete, darunter Ferrara, übertrug. Kurz darauf, im April 757, verstarb auch Stephan II.

Adelsherrschaft: Paul I., Stephan III.

Stephans Nachfolger wurde sein Bruder Paul I., der in den spektakulären Ereignissen des vorangehenden Pontifikats als Diplomat eine herausragende Rolle gespielt hatte. Die Weitergabe der Petruswürde innerhalb derselben Familie war zwar nicht unumstritten, doch konnte der zweite Adelspapst aus der *Via lata* auf die Unterstützung der übrigen mächtigen Clans zählen, die sich als Gewinner der jüngsten Entwicklungen betrachteten und sich jetzt auch mit dem pompösen Titel «Senatoren» schmückten, obwohl sie mit den großen *gentes* des alten Rom nicht verwandt waren. Lästige Kandidaten aus dem Osten standen ihren Aspirationen auf den Papstthron nicht mehr im Wege, ihre Herrschaft im römischen Dukat war von byzantinischer Einmischung befreit; zudem konnten sie ihre Macht jetzt in die neuen Herrschaftsgebiete des Papstes ausweiten. So hatte der Gegenkandidat aus dem römischen Klerus keine Chance; nach der verlorenen Wahl wurden seine Parteigänger verfolgt und ausgeschaltet.

Gleich nach seiner Erhebung knüpfte Paul I. enge Beziehungen zu Pippin und seinem Hause und setzte damit die Politik seines Bruders fort. Auf diese Weise konnte er dem Langobarden-König Desiderius aus einer Position der Stärke gegenübertreten, als dieser damit liebäugelte, ein Bündnis mit Byzanz zwecks Aufteilung Mittelitaliens zu schließen, und die vertraglich vereinbarte Übertragung von Territorien an den Papst hinauszögerte. Die römischen Alarmrufe erzielten schnell die erwünschte Wirkung: Nach fränkischem

Druck und unter fränkischer Kontrolle zeigte sich Desiderius gefügig, so dass sich das Verhältnis zwischen Pavia und Rom normalisierte. Mit dem Rückhalt des mächtigsten Monarchen im Westen musste Paul I. auf die Empfindlichkeiten des Kaisers am Bosporus keine Rücksicht mehr nehmen. Er verletzte sie sogar gezielt, als er dem Ostreich den angestammten Titel «Imperium Romanum» verweigerte und stattdessen den Ausdruck «griechisches Reich» (Imperium Graecorum) verwendete. Mit dieser wohlerwogenen Provokation entzog der Papst Rom und seinen Dukat nicht nur dem ideologischen und politischen Zugriff des Kaisers, sondern ließ zugleich eine Würde vakant werden, die sich zum Vorteil der Päpste neu vergeben ließ. Der Ton zwischen dem alten und dem neuen Rom verschärfte sich jedoch nicht nur aus politischen Gründen. Die Kaiser Constantin V. und Leon IV. waren überzeugte Ikonoklasten und daher für den Papst Häretiker. Dieses Verdammungsurteil dehnte er auf Klerus und Volk «der Griechen» aus, um demgegenüber seine eigene Rolle als Wächter des wahren Glaubens hervorzuheben.

Den «griechischen Kaiser» konnten die Päpste für immer abschreiben. Der fränkische König verhielt sich insgesamt zufriedenstellend, musste aber in die für ihn vorgesehene Rolle als Werkzeug der Kirche noch genauer eingewiesen werden. Vieles deutet darauf hin, dass unter Paul I. dafür zumindest wichtige Vorarbeiten geleistet wurden. Der Papst betrieb nämlich einen auffallenden Silvester-Kult und ließ damit einem Vorgänger Verehrung zukommen, der bislang in der römischen Erinnerungspflege keine Rolle gespielt hatte. Erst jetzt wurde dieser halb vergessene, zu Lebzeiten von Kaiser Constantin an den Rand des Geschehens gedrängte Bischof von Rom wiederentdeckt und entgegen den historischen Fakten zu einer Gründergestalt des Primats verklärt. Eine solche Überhöhung war seit Langem überfällig, um die Rolle des Papsttums in dieser Wendezeit, speziell auf dem Konzil von Nicaea, aufzuwerten; darüber hinaus planten die Päpste jetzt mit dem «wiederentdeckten» Silvester einen noch viel größeren Coup. So ließ der Papst auf Familienbesitz nahe der *Via lata* für nach Rom geflohene griechische Mönche eine Kirche und ein Kloster bauen, die er Silvester und dem Protomärtyrer Stephan widmete.

So souverän sich der Papst nach außen abzusichern verstand, so gefährdet war seine Stellung am Ende des Pontifikats in Rom. Fünfzehn Jahre Familienherrschaft hatten das soziale Gleichgewicht am Tiber so empfindlich gestört, dass die übrigen römischen Adelsclans begannen, gegen diese einseitige Bevorzugung zu rebellieren, und sich für die demnächst anstehende Wahl in Position brachten. Sie waren nicht die Einzigen, die um Macht und Einfluss kämpften. Auch der römische Klerus insgesamt hatte viel zu verlieren, wenn das Papstamt künftig nur noch an Mitglieder der aristokratischen Geschlechter vergeben werden sollte. Eine einheitliche Interessengruppe bildete die Geistlichkeit am Tiber jedoch nicht, dazu waren die Rangunterschiede zu groß und die Interessen zu gegensätzlich. An ihrer Spitze standen die sieben Bischöfe der suburbikarischen Bistümer in der näheren Umgebung Roms, dahinter rangierten die fünfundzwanzig Presbyter, gefolgt von den höheren Funktionsträgern der päpstlichen Verwaltung, den Klerikern mit niederen Weihen und den Mönchen. Theoretisch sollte der Papst weiterhin von «Klerus und Volk» erhoben werden. Ein «demokratisches» Prozedere war damit zu keinem Zeitpunkt gemeint. Dass geistliche und weltliche Eliten dominierten, wurde durchgehend als selbstverständlich vorausgesetzt. Allerdings schwankte das Gewicht der beiden Führungsschichten beträchtlich; ursprünglich sollten die «Politiker» die Entscheidung des Klerus nur bestätigen, von jetzt an spielten sie zunehmend die Hauptrolle. Eine Papstwahl ging jedoch nicht nur die Eliten, sondern alle Schichten an. So versuchten auch die römischen Großhändler, Handwerker, Ladenbesitzer und Tagelöhner darauf Einfluss zu nehmen. Gerade für die kleinen Leute stand viel auf dem Spiel: Würde der neue Papst eine Politik zugunsten der Reichen betreiben oder den Versorgungsbedürfnissen der Armen höchste Priorität einräumen?

Als es im Juni 767 mit Paul I. zu Ende ging, schlug die römische Adelspartei als erste zu. Ihr Kandidat namens Constantin entstammte einer mächtigen Familie, die in der Gegend von Nepi ihren Hauptstützpunkt hatte und auch in der Toskana reich begütert war. Seine Anhänger besetzten die Schlüsselpositionen Roms, riefen ihn zum Papst aus, ohne dass eine kanonisch einwandfreie Wahl stattfand, und ließen ihn weihen, ebenfalls ohne Berücksichtigung der kirchenrechtlichen Vorschriften. Daraufhin wandte sich Constantin an König Pippin, um seine Erhebung bestätigen zu lassen, erhielt jedoch keine Antwort. In einem zweiten Schreiben an den fränkischen Monarchen betonte er daraufhin, gegen seinen Willen vom wütenden Volk zum Nachfolger Petri bestimmt worden zu sein, um die von

Paul I. begangenen Verbrechen zu sühnen und den Frieden wiederherzustellen. Pippin verweigerte ihm jedoch die Anerkennung, ebenso der römische Klerus. Dessen Wortführer namens Christophorus versuchte daraufhin, Constantin mit Unterstützung des langobardischen Königs Desiderius zu stürzen. Dessen Truppen drangen Ende Juli 768 in Rom ein, schlugen das römische Adelsaufgebot zurück und nahmen Constantin, der sich in das Baptisterium des Lateran geflüchtet hatte, gefangen. Am 31. Juli erhob eine dritte Partei aus römischen Klerikern und Adligen den Presbyter Philippus zum Papst, doch wurde dieser noch am selben Tag von Christophorus und seinen Anhängern für abgesetzt erklärt und in ein Kloster verbannt. Seinen Anhängern ging es schlimmer; nach grausamer Verstümmelung ließ man sie elendiglich verhungern.

Unmittelbar danach riefen die Sieger Klerus und Volk zur Papstwahl, die zur Erhebung von Christophorus' Wunschkandidaten, des aus Sizilien stammenden Presbyters Stephanus, führte, der eine Woche darauf als Stephan III. geweiht wurde. Constantin wurde in einer brutalen Schandprozession durch die Stadt getrieben, sämtlicher geistlicher Würden entkleidet, geblendet und kurz darauf vor eine Synode geladen, die ihm zum Hauptvorwurf machte, dass er sich als Laie zum Papst hatte erheben lassen. Als der Angeklagte darauf verwies, dass sowohl der Erzbischof von Ravenna als auch der Bischof von Neapel ohne vorherige geistliche Weihen in ihre Ämter gelangt seien, traktierten die Synodalen den Angeklagten mit Fußtritten und ließen ihn in ein Kloster sperren, wo sich seine Spuren verlieren. In Vergessenheit sollte auch sein «Anti-Pontifikat» geraten, er selbst wird heute, obwohl nicht «gegen» einen legtimen Papst erhoben, offiziell als «Gegenpapst» gezählt. So wurden alle Akten über Amtshandlungen Constantins getilgt und die von ihm geweihten Bischöfe degradiert.

Die damit geschaffenen Machtverhältnisse wurden durch eine neue Papstwahlordnung festgeschrieben, die den Laien nur noch eine akklamierende Rolle einräumte. Der römische Klerus allein sollte künftig sein neues Oberhaupt küren, und zwar ausschließlich aus seiner Spitzengruppe: Als Kandidaten kamen jetzt nur noch die Diakone und Priester infrage, die an den wichtigsten römischen Kirchen herausgehobene Positionen bekleideten und sich daher mit dem Prädikat «Kardinal» schmücken durften, das sie als «Angelpunkte» der Kirche bezeichnete (von lat. *cardo*, «Türangel», «Dreh-

und Angelpunkt»). Diese «Oligarchisierung» ging mit einer Entfesselung von Gewalt einher, die schon die zeitgenössischen Chronisten bestürzte. Vor allem die «Constantin-Episode» zeigt schlaglichtartig den Zivilisationsverfall am Tiber, der sich nicht nur in der Verrohung der Sitten, sondern auch in der immer mangelhafteren Beherrschung des klassischen Lateins und im allmählich abnehmenden Interesse an der Außenwelt niederschlug. Diese Abkapselung bezeugt auch der *Liber pontificalis* mit seinen unmittelbar nach dem Tode der Päpste entstandenen Kurzbiographien; seit jeher auf Rom und sein Verhältnis zum Kaiser am Bosporus zentriert, färben sich die Viten von jetzt an noch «römischer» ein.

Diese «Barbarisierung» ist nicht – wie es spätere Humanisten und Kirchenhistoriker wahrhaben wollten – auf äußere Faktoren wie den Langobarden-Einfall und seine Folgen, sondern im Gegenteil auf die jetzt einsetzende «Romanisierung» des Papsttums zurückzuführen. Klerus und Adel der Ewigen Stadt bildeten zwar rivalisierende Netzwerke, aber ungeachtet aller Konkurrenz im Einzelnen eine eng verflochtene, durch Verwandtschaft und Verschwägerung verschweißte Führungsschicht, die sich nach der Abnabelung vom Ostreich nicht mehr wie im Jahrhundert zuvor durch den Zuzug des gebildeten griechischen Klerus erneuerte, sondern sich bei gleichzeitiger Anlehnung an die fränkische Schutzmacht so weit wie möglich gegen alle Einflüsse von außen abschottete. Auf diese Weise bildete sich ein spezifisch römisches «Kleinklima» heraus, das den westlichen Völkerschaften oft barbarischer vorkam als ihre eigene vorchristliche Vergangenheit.

Stephan III. bezeichnet der *Liber pontificalis* als «eifrig, in den heiligen Schriften bewandert, von kirchlichen Traditionen durchdrungen und in deren Beachtung überaus streng» (Le Liber pontificalis, hg. L. Duchesne, I, Paris 1955, S. 468); das hieß im Klartext: Er war ein nützliches Instrument in den Händen der prolangobardischen Klerikerpartei. Unter ihm herrscht in Rom das Chaos. Der langobardische König Desiderius fühlte sich durch eine Heiratsallianz mit den Franken gestärkt. Pippins Sohn Karl, später der Große genannt, hatte eine seiner Töchter geehelicht und dadurch die Oberhand über seinen Bruder Karlmann gewonnen. Als Desiderius erneut gegen Rom vorrückte, versuchte der «Papstmacher» Christophorus, Stephan III. zu einem strikt antilangobardischen Kurs zu zwingen, worauf dieser zum König überlief. Dieser ließ daraufhin seine Gegner in Rom ausschalten.

Christophorus wurde geblendet und starb drei Tage darauf. Im Dezember 771 wurde Karl durch den Tod Karlmanns Alleinherrscher im Frankenreich; im selben Jahr hatte er seine langobardische Gemahlin verstoßen und so mit Desiderius gebrochen. Für den langobardenfreundlichen Stephan III. war das ein bedrohliches Omen. Doch ließen sich aus der veränderten Lage auch Vorteile ziehen. Statt zweier rivalisierender Brüder hatten die Päpste wieder einen einzigen starken Protektor im Westen. Das war immerhin ein Silberstreif an einem düsteren Horizont. Stephan III., am Ende wenig mehr als eine Marionette des Langobardenkönigs, starb im Januar 772.

Familienmacht und Nepotismus: Hadrian I.

Mit der Wahl Hadrians I. im Februar 772 schlug das Pendel zugunsten der Langobarden-Feinde aus, und zwar mit der inzwischen üblichen Heftigkeit: Über Desiderius' Handlanger und Anhänger in Rom brach unter dem neuen Adelspapst aus der *Via lata* dasselbe blutige Strafgericht herein, das sie kurz zuvor über ihre geschlagenen Gegner verhängt hatten. Den Weg auf den Papstthron hatte Hadrian ein an der Spitze der Kirche bestens etablierter Onkel gebahnt; das war eine für die Folgezeit geradezu klassische Konstellation. Reich und mächtig war dieser Verwandte namens Theodotus durch seinen umfangreichen Grundbesitz in der Umgebung Roms geworden (vgl. Abb. S. 161). Seine Latifundien hatten ihm zuerst eine Position eingetragen, die der eines Generalbevollmächtigten für Getreide- und Brotversorgung entsprach, und ihn danach zum weltlichen Herrschaftsstellvertreter der Päpste emporgehoben. Diese Karriere war alles andere als zufällig. Wer den *populus romanus*, das römische Volk, de facto die drei Viertel der städtischen Kleinverdiener und Armen, ernährte, war mehr denn je auf dem Sprung zur Herrschaft, wenn er sie nicht schon vorher innehatte.

Aus seinem eigenen Einzugsgebiet hatte sich Rom bislang nie ernähren können. Die Abschnürung von den «natürlichen» Versorgungsregionen des Südens hatte eine enorme Aufwertung der Campagna Romana, eine starke Steigerung der dortigen Anbauquoten und einen nicht minder jähen Aufstieg der dortigen Großgrundbesitzer zur Folge. Als ein solcher «Weizenbaron» der ersten Stunde tritt Theodotus denn auch in den Quellen auf.

Familienpapst mit fast vierundzwanzigjährigem Pontifikat In Santa Maria Antiqua ist auch Hadrian I. im Bild verewigt, der durch den Einfluss seines Onkels Theodotus in jugendlichem Alter den Stuhl Petri bestieg und den Einfluss seiner Familie weiter festigte.

Seinen Rang hat er durch kostspielige Stiftungen eindrucksvoll veranschaulicht; eine von ihm restaurierte Kapelle der prestigeträchtigen Kirche Santa Maria Antiqua am Fuß des Palatinhügels zeigt ihn bis heute als verdienten Stifter. Noch aufwendiger war die Kirche Sant' Angelo in Pescheria, wörtlich: am Fischmarkt, beim Theater des Marcellus, an deren Errichtung bis heute eine Inschrift erinnert. Wie zu Zeiten des Augustus sicherte sich Theodotus also als Beschützer der Armen Popularität und seinem Neffen durch massiven Einsatz all dieser Ressourcen einen raschen und verheißungsvollen Einstieg in die kirchliche Ämterlaufbahn.

Diese Methoden waren an der Spitze der Kirche umstritten. Um die Kleriker gegen solche Einflüsse und Eingriffe abzuschirmen, war ja erst kürzlich ein Dekret erlassen worden, das alle Nicht-Geistlichen von der Papstwahl fernhalten sollte. Doch dieses Verbot trat bei der Erhebung des wahrscheinlich noch recht jungen Hadrian am 1. Februar 772 ganz offensichtlich nicht in Kraft; schon bald wurde das Papstwahldekret von 769 vollends zur

Makulatur. Über den Werdegang des neuen Pontifex maximus hat der *Liber pontificalis* wie fast immer in dieser Zeit nur stereotype Versatzstücke der lobenden Art zu bieten: unwiderstehliche Neigung zum klerikalen Beruf, heiligmäßiger Lebenswandel, Kür des Würdigsten.

Als «Familienpapst» im ganz speziellen Wortsinn hatte Hadrian I. wie so viele seinesgleichen in der Folgezeit erst einmal soziale Schulden zu begleichen. Wer durch den geballten Einsatz von Verwandten und nützlichen Freunden nach oben kam, unterlag einer fast unbegrenzten Pflicht, Dank abzustatten. So war es nur logisch, dass enge Verwandte des neuen Pontifex maximus in Rom und Umgebung die Schlüsselpositionen besetzten. Die lange Dauer des Pontifikats festigte diese Führungsstellung, wurde nach dessen Ende aber zu einer akuten Gefahr. Hadrian sah voraus, dass dann die Stunde der Zukurzgekommenen und Geschädigten mit ihren offenen Rechnungen schlagen würde. Darum versuchte er, schon zu Lebzeiten einen geeigneten Nachfolger aus den Reihen der eigenen Familie aufzubauen und ihm durch seinen Einfluss die Stimmen der künftigen Wähler zu sichern. Solche Strategien sind für den durch und durch politischen Pontifikat Hadrians vielfältig bezeugt, hatten aber schließlich nicht den gewünschten Erfolg.

Die Herrschaftsanstrengungen Hadrians konzentrierten sich ganz auf Rom, wo die Interessen der Familie und ihrer Verbündeten lagen. Während seines fast vierundzwanzigjährigen Pontifikats – dem längsten bis zu Pius VI. (1775–1799) – verdichteten und verfestigten sich die Entwicklungen, die zu Beginn des Jahrhunderts mit Gregor II. eingesetzt hatten und die Physiognomie des Papstamtes auf Dauer prägen sollten. So wurde die geopolitisch und kulturhistorisch folgenreiche Abkehr von Byzanz und seinen Kaisern unter Hadrian auch symbolisch besiegelt. Ab 781 datierte die päpstliche Kanzlei ihre Urkunden nicht mehr nach den Regierungsjahren der Herrscher am Bosporus, sondern nach den Pontifikatsjahren der Päpste – ein Brauch, der sich bis in die Gegenwart erhalten hat. Noch sinnfälliger wurde die Ablösung von der jahrhundertelangen Schutz- und Vormundschaftsmacht im Osten im täglichen Zahlungsverkehr. Ab seinem fünften Regierungsjahr ließ der Papst eigene Münzen prägen, die sein Bildnis zeigten und ihn in der Umschrift als «unseren Herrn» auswiesen; solche Töne hatte bislang allein der Kaiser in Byzanz angeschlagen. Dabei hätte es durch-

Das erste Münzbild
eines Papstes
Der Denar Hadrians I.

aus Alternativen gegeben. Nach offizieller römischer Sprachregelung gehörten die Territorien des Papstes dem heiligen Petrus. Warum prangte dann nicht der Kopf des Apostels auf den römischen Zahlungsmitteln?

Die Antwort liegt in einer weiteren Entwicklung beschlossen, die sich unter Hadrian zuspitzte: dem päpstlichen Nepotismus. Sein Vor-Vorgänger Paul I. hatte die Nachfolge seines Bruders Stephan II. angetreten und damit ein ebenso verführerisches wie theologisch bedenkliches Gegen-Modell der künftigen Kirchenführung entworfen. Diese Alternative lautete: das Papsttum als dynastisch fundiertes Herrschaftssystem statt einer offenen Wahlmonarchie. Nach offizieller Doktrin entschied bei der Papstwahl der Wille des Heiligen Geistes zugunsten des Würdigsten. Würde, Ehre und Reputation aber wurden nach dem vorherrschenden Zeitverständnis nicht individuell, sondern durch Abstammung und Herkunft, also letztlich durch die Qualitäten der Familie, begründet. So lag es nahe, dass der Heilige Geist diese herausragenden Eigenschaften im selben Sippenverband suchte und fand. Die Risiken dieser Rekrutierung lagen auf der Hand. Das Papsttum hätte sich auf diese Weise den fürstlichen Herrschaften der Zeit allzu stark angeglichen und damit seinen Nimbus der höherwertigen Andersartigkeit, der Unantastbarkeit und Unangreifbarkeit aufs Spiel gesetzt, der ja gerade in der individuellen Erhebung des Würdigsten zum Stellvertreter Christi auf Erden bestand. Trotzdem waren die von nun an regelmäßigen Versuche einflussreicher Familien, in kurzen Abständen einen weiteren Pontifikat eines Angehörigen, meistens eines Neffen des ersten Papstes, durchzusetzen, bis zum 16. Jahrhundert immer wieder erfolgreich. Langfristig bestand der Kompromiss zwischen den Ideologien dynastischer Erwählung und individueller Erhebung darin, dass sich eine begrenzte Zahl von Familien – erst römische, im 14. Jahrhundert zeitweise französische, danach italienische – die Führungspositionen an der Kurie teilte. Auf diese Weise ließ sich die anstößige Häufung von Familienpontifikaten vermeiden und der dauerhafte Einfluss von Familienverbänden durch enge Vernetzung, vor allem durch Heiratsverbindungen, dennoch auf Dauer behaupten.

Zwei Jahre nach Hadrians Wahl veränderte sich die europäische Großwetterlage und speziell die Machtbalance in Italien entscheidend. 774 überrollte der fränkische König Karl mit seiner überlegenen Militärmaschinerie das Königreich der Langobarden und verleibte es seinem Machtbereich ein. Rom wurde dadurch von einem zweihundert Jahre lang äußerst unbequemen, oft sogar bedrohlichen Nachbarn im Norden befreit. Doch so erwünscht der Untergang des langobardischen Königreichs aus päpstlicher Sicht auch war, so stellten die damit geschaffenen Machtverhältnisse den Pontifex maximus doch zugleich vor neue Probleme und Herausforderungen. Unter Karl wurde die fränkische Monarchie zur Hegemonialmacht des Kontinents. Mit übermächtigen Fürsten aber hatten die Päpste Probleme, das hatte eine leidvolle Vergangenheit zur Genüge erwiesen. Sie neigten dazu, sich in die inneren Angelegenheiten der Kirche einzumischen, zum Beispiel bei der Papstwahl. Eine Vielzahl christlicher Herrscher, die sich allesamt gesunde Konkurrenz machten, war viel mehr im römischen Sinne.

Diese Erfahrung machte Hadrian schnell. Seine Forderungen, dem Patrimonium Petri weitere Gebiete einzuverleiben, fanden bei Karl wenig Gehör. Durchsetzen konnte er nur die Rückgabe der Territorien, die zur Pippinschen Schenkung von 754 gehört hatten und in der Zwischenzeit wieder verloren gegangen waren. Ansonsten tauschten beide Seiten überwiegend diplomatische Höflichkeiten aus, was den fränkischen König nicht daran hinderte, seine Herrschaft auch auf die Gebiete des Papstes auszudehnen, selbst bei der Auswahl von Bischöfen. Das fränkische Überlegenheitsgefühl, das in den Beziehungen mit Rom zum Ausdruck kam, beruhte nicht nur auf der politischen und militärischen Vorrangstellung, sondern hatte auch kulturelle Wurzeln. Die Briefe des Papstes an den König strotzen nur so vor Grammatikfehlern und falsch verwendeten Begriffen; selbst einfachere Sachverhalte konnte die päpstliche Kanzlei jetzt nicht mehr in korrektem Latein ausdrücken. Auch das war ein Vorbote dunkler Jahrhunderte.

Die offizielle Biographie Hadrians I. im *Liber pontificalis* hebt seine Bautätigkeit innerhalb der römischen Stadtmauern hervor, und zwar aus gutem Grund: Alte Kirchen zu erneuern und neue, prächtige Gotteshäuser mit kostbarer Ausstattung zu errichten, wurde in enger Anlehnung an die Propaganda-Programme der römischen Kaiser immer mehr zum Nachweis legitimer Machtausübung und herrscherlicher Größe. Zugleich trat der Papst damit in Konkurrenz zum Kaiser in Byzanz, den er durch die Großartigkeit seiner Projekte zu übertreffen suchte. Besonders intensiv widmete sich Hadrian der Ausgestaltung der beiden Hauptbasiliken San Giovanni in Laterano und Sankt Peter, wo ein umfangreiches Freskenprogramm Gestalt annahm. Die dürre Aufzählung des *Liber pontificalis* sagt leider nichts über die Thematik; mit dem Abriss der alten Peterskirche ab 1506 ging auch diese Ausstattung verloren. Umso minutiöser verzeichnet Hadrians anonymer Biograph im *Liber pontificalis* die Summen, die dafür aufgewendet wurden: 300 Pfund Gold allein für die Kirche des Apostelfürsten. Die Auflistung der enormen Kosten wirkt protzig, ja parvenühaft. Ein fest etablierter Herrscher hatte es nicht nötig, mit solchen Zahlen um sich zu werfen, sondern konnte sich auf den dauerhaften Eindruck von Majestät und Würde verlassen, den die fertiggestellten Werke beim Betrachter hervorrufen mussten. Einem Aufsteiger wie Hadrian aber fehlte das Fingerspitzengefühl, das ein über Generationen hinweg gesicherter Rang verlieh. So machte er durch seine forcierte Selbstdarstellung unfreiwillig deutlich, dass seine Machtposition in Wirklichkeit nicht gesichert, sondern gefährdet war. Zugleich gewannen solche Projekte eine geradezu aggressive Dimension; sie forderten ultimativ zur Bewunderung, ja Verehrung des Bauherrn als Gegenleistung für so viel Uneigennützigkeit und Großzügigkeit auf.

Diese Merkmale und Gesetzmäßigkeiten galten von nun an für die meisten Päpste. Ihre Regierungszeiten waren im Durchschnitt um mindestens die Hälfte kürzer als die der weltlichen Herrscher. Für die Mehrheit von ihnen war die Erhöhung der Familie ein Hauptanliegen. In wenigen Jahren die Grundlagen für die möglichst dauerhafte Führungsstellung des eigenen Verwandtschaftsverbandes zu schaffen, war allerdings eine wahre Herkulesaufgabe. Zu diesem Zweck mussten die Päpste ihre Nepoten nicht nur mit lukrativen Führungspositionen versehen, sondern auch so schnell und aufwendig wie möglich Propagandamaßnahmen ergreifen, die den neu gewonnenen Rang der Papstfamilie für alle Ewigkeit vorwiesen und dadurch festigten. Das römische Stadtbild wurde so zu einem heiß umkämpften Medium, in dem sich jeder neue Papst zum Ruhme seiner Herrschaft und der Seinen möglichst glanzvoll zu verewigen suchte. Da sich die Herrscher und ihre Familien rascher als an irgendeinem anderen Ort der Welt abwechselten, stieg der Bedarf an Prestige und Verherrlichung schnell ins Unermessliche. Rom wurde dadurch für mehr als tausend Jahre zu einem Experimentierfeld neuer Stile und Ausdrucksformen in aufsehenerregenden Kunstwerken, die vor allem eine Aufgabe hatten: die der Vorgänger zu übertreffen. Auf der anderen Seite schrieben die Traditionen des Papstamts unverrückbare Normen der Selbstdarstellung und Rechtfertigung vor, die durch alle Veränderungen des Zeitgeschmacks erhalten bleiben mussten. Das Kultur-Laboratorium Rom wurde auf diese Weise innovativ und konservativ zugleich geprägt: Traditionelle Botschaften wurden in hinreißend neuartige Formen eingekleidet. Für diese Konkurrenz, die erst mit dem Ende des Kirchenstaats 1870 ihr Ende fand, reichte der städtische Raum nicht aus. So ist es kein Wunder, dass von Hadrians prächtigen Auftragswerken nichts erhalten ist. Spätere Päpste haben sie abreißen, umgestalten, überbauen und verschwinden lassen, auch das war ein Leitmotiv des päpstlich beherrschten Rom.

Zur neu definierten Rolle des Papst-Kaisers gehörte selbstverständlich auch die ostentative Fürsorge für das römische Volk. So hebt die Vita Hadrians die großen Summen hervor, die er für die Ausbesserung der römischen Stadtmauern und damit für den Schutz der Ewigen Stadt vor den Attacken äußerer Feinde aufgewendet habe. Allerdings nahm es der Liber pontificalis mit der Wahrheit nicht immer genau; so erfand er hohe Ausgaben für eine Wasserleitung, die nie gebaut wurde. Das lässt auf mancherlei weitere Übertreibungen schließen, hebt die gestiegene Bedeutung dieser Tätigkeitsfelder aber umso mehr hervor.

In das erregende Umfeld neuer Perspektiven und Konzepte gehört höchstwahrscheinlich auch ein Dokument, das den Päpsten zuerst machtpolitisch von großem Nutzen war und ihr Ansehen danach schwer beschädigt hat: das sogenannte *Constitutum Constantini* bzw. die Konstantinische Schenkung. In dieser «Bestimmung Kaiser Constantins» (so die wörtliche Übersetzung des Titels), die nach Aussage der Urkunde aus dem 4. Jahrhundert stammt, überträgt der Kaiser dem zu seiner Zeit regierenden Papst Silvester eine unerhörte Machtfülle: Silvester erhält nicht weniger als die Oberhoheit über Kaiser und Reich, das gesamte Imperium romanum, übertragen! Eine solche Übereignung war in der Geschichte ohne Beispiel und bedurfte daher einer außergewöhnlichen Begründung. So ist der eigentlichen Schenkung (*donatio*) eine *confessio*, eine erbauliche Erzählung, beigegeben, die erklärt, wie es dazu kam: Constantin hat im Zeichen des Kreuzes über seinen Rivalen Maxentius an der Milvischen Brücke unweit Roms gesiegt, aber in der Euphorie des Triumphes vergessen, dafür demjenigen Dank abzustatten, dem Dank gebührte, und damit gegen das maßgebliche Gesetz der *pietas* verstoßen. Dadurch hat er nicht nur seine Pflicht verletzt, sondern die Weltordnung gestört. Von jetzt an trägt seine Herrschaft den Makel der Unrechtmäßigkeit; dass er vom Aussatz befallen und dadurch regierungsunfähig wird, ist die logische Folge. Um ihn von der Lepra zu heilen, wollen ihn seine heidnischen Ärzte im Blut unschuldiger Kindlein baden lassen. Dieses Massaker wird in letzter Minute von den Aposteln Petrus und Paulus verhindert, die dem kranken Kaiser im Traum erscheinen und ihm Heilung verheißen. Sein Retter – so ihre Botschaft – lebt als Eremit auf dem Berg Soracte unweit Roms. Dorthin hatte sich Papst Silvester unter diesem dem Christentum feindseligen Kaiser zurückgezogen. Jetzt aber wird er im Triumph nach Rom gebracht, wo Constantin ihm als seinem künftigen Wohltäter huldigt. Silvester spendet dem aussätzigen Imperator die heilige Taufe, der daraufhin physisch und moralisch sofort gesundet – und weiß, was er jetzt zu tun hat: Er überträgt Silvester die höchsten Insignien der Macht, ordnet sich und seine Nachfolger ihm damit für alle Zeit unter und zieht als Diener seines Herrn in eine neue Hauptstadt, nach Byzanz am Bosporus, um. Genauso hat ein unbekannter Maler das *Constitutum* viereinhalb Jahrhunderte später, als der Streit zwischen Kaiser und Papst einen Höhepunkt erreichte, in einer Kapelle bei der römischen Basilika Santi Quattro Coronati gemalt.

Gemäß dieser Rechtskonstruktion stand der Papst über dem Kaiser, dem Imperium und allen weltlichen Mächten, die wiederum dem Kaiser untergeordnet waren. Diesen konnte der Papst bei ungenügender Pflichterfüllung wie ein ungeeignetes Werkzeug nach Belieben austauschen. In welchem Maße er selbst in die laufenden Geschäfte der weltlichen Regierung ein-

Der Weg nach Westen

180

greifen wollte, hatte er von Fall zu Fall zu entscheiden. Grundsätzlich musste die spirituelle Entrücktheit des Papstamtes Schaden nehmen, wenn sich sein Inhaber allzu sehr in die moralisch zweifelhaften Händel der Mächtigen einmischte. Wo der Papst künftig seines Amtes als Oberaufseher des Reiches walten würde, war gleichfalls vorgezeichnet: Dafür kam nur Rom, die erhabenste Stadt auf Erden, infrage, die durch die Anwesenheit des *vicarius Christi* von allen heidnischen Schlacken gereinigt werden sollte. Dass der Mittelpunkt der Christenheit von einem ausgedehnten Herrschaftsgebiet umgürtet sein musste, das dem päpstlichen Weltherrscher Schutz und Unabhängigkeit garantierte, verstand sich von selbst.

Seit den scharfsinnigen Untersuchungen des humanistischen Meister-Philologen Lorenzo Valla (1407–1457) ist definitiv erwiesen, dass es sich bei diesem Text nicht um eine kaiserliche Urkunde des 4. Jahrhunderts, sondern um eine sehr viel später angefertigte Fälschung handelt. Wann sie entstand, war für Valla, der durch die Minderwertigkeit des Lateins die Würde der Antike in den Staub gezogen sah, unerheblich. Die neuere Forschung hat sie überwiegend auf die Zeit zwischen 750 und 850 datiert. Die gewichtige Gegenstimme des renommierten Mediävisten Johannes Fried geht von einer Entstehung im deutschen Reichsklerus des 10. Jahrhunderts aus. Doch fällt es schwer, das *Constitutum Constantini* nicht mit den wachsenden Ambitionen und Ansprüchen der Päpste nach der Wende zum Westen in Verbindung zu bringen; dafür spricht nicht zuletzt die planmäßig betriebene Wiederentdeckung Papst Silvesters I., der die angebliche Schenkung des Kaisers in Empfang genommen haben soll. Besonders gut würde die Herstellung des Falsifikats in den Pontifikat Hadrians I. passen, der so viele von seinen Vorgängern angestoßene Entwicklungen zum Abschluss brachte.

Die Konstantinische Schenkung als erbauliche Legende Ein knappes halbes Jahrtausend nach ihrer Erfindung wurde die Konstantinische Schenkung plötzlich brandaktuell. Im Endkampf zwischen dem Stauferkaiser Friedrich II. und der Kurie schuf ein unbekannter Künstler 1246/47 in der Silvesterkapelle von Santi Quattro Coronati eine Freskenserie, die die Legende Szene für Szene illustriert. Am guten Ende verzichtet Kaiser Constantin darauf, im Blut unschuldiger Kindlein zu baden, lässt sich stattdessen durch Papst Silvester die heilende Taufe verabreichen und überreicht diesem als treuer Diener der Kirche das Phrygium, Abzeichen der höchsten Macht auf Erden.

Durch diese grandiose Märchenerzählung schrumpfte die Pippinsche Schenkung zu einer vernachlässigbaren, ja geradezu peinlichen Größe: Die fränkischen Herrscher mussten sich die unbequeme Frage gefallen lassen, warum sie im Vergleich mit Constantin so knauserig dastanden. Wer wollte dem Herrn der Welt in Rom jetzt noch Städte und Provinzen verweigern, wenn ihm doch von Rechts wegen das ganze Römische Reich gehörte?

Der talentierte Fälscher war fraglos der Meinung, mit dem *Constitutum Constantini* die Geschichte zu berichtigen, ja die Welt wieder ins Lot zu bringen. Dass sie späteren Kaisern zur Beschwörung vorgelegt wurde, verwundert nicht. Kritik an ihr kam trotzdem reichlich auf. Dem Imperator war das Imperium wie eine Mitgift zur Nutznießung anvertraut; er hatte diese zu mehren und nicht zu mindern, geschweige denn zu verschenken. Das Papsttum aber hielt an der Leitidee der Unterordnung der weltlichen Gewalt unter die Weisungsbefugnis der Kirche weit über das Ancien Regime hinaus fest und damit auch an der Konstantinischen Schenkung, selbst wenn diese für das Jubeljahr 1600 in etwas entschärfter Form freskiert wurde. Zur Zeit ihrer Entstehung war die Konstantinische Schenkung eine Utopie. Am Ende des 8. Jahrhunderts war das Papsttum kein größerer politischer Machtfaktor; auch sein Herrschaftsanspruch über die christliche Kirche war zu dieser Zeit uneinlösbar. Davon unbenommen war das *Constitutum Constantini* ein Pfund, mit dem sich wuchern ließ: Vierhundert Jahre später setzte Papst Innozenz III. (1198–1216) Kaiser ab und ein, vernichtete Ketzer in Kreuzzügen und war als Schiedsrichter der Christenheit anerkannt. In vieler Hinsicht war die Utopie damit Wirklichkeit geworden. Diese zur Zeit Hadrians I. unvorstellbare Entwicklung zeigt, welches Potential eine religiös begründete, theologisch nahezu unbegrenzt ausbaufähige, von der Tradition stets aufs Neue geheiligte, mit dem Nimbus der Überzeitlichkeit und der Hoheit über die Gewissen ausgestattete Institution wie das Papsttum bei geschickter und disziplinierter Ausnutzung ihrer Handlungsspielräume und der Zeitverhältnisse entfalten konnte.

Am Ende des 8. Jahrhunderts war die Erfindung des *Constitutum Constantini* ungeachtet aller utopischen Elemente auch ein zukunftsweisender Lösungsentwurf. Eingezwängt zwischen zwei Imperien, dem absteigenden in Byzanz und dem aufsteigenden im Westen, erklomm das Papsttum in seiner reinen Theorie schwindelerregende Höhen. Dieser Anspruch ließ sich gegenüber einem Herrscher vom Format eines Karl des Großen nicht einmal ansatzweise durchsetzen. Doch die Päpste hatten einen längeren Atem als die übrigen Herrscher. Imperien kamen und gingen, ihre Ansprüche aber blieben auch in Zeiten extremer Schwäche bestehen.

Mit der politischen Klugheit der Konstantinischen Schenkung hielt die theologische Kultur der Zeit nicht Schritt. Sein Biograph schreibt Hadrian I. die Initiative zur Einberufung des Konzils von Nikäa im Jahre 787 zu, das in Wirklichkeit auf die byzantinische Kaiserin Irene zurückging. Hadrian wurde zwar eingeladen, ließ sich jedoch vertreten und trug am Ende die Beschlüsse, die den Ikonoklasmus unterbanden und die Bilderverehrung legalisierten, mit, weil sie die dogmatische Einheit der Christenheit wiederherstellten. Doch ein tiefer reichendes Interesse an den auf der Kirchenversammlung erörterten Fachfragen ließ er nicht erkennen – und erst recht kein Verständnis der Materie: Die römische Übersetzung der auf Griechisch formulierten Konzilsbeschlüsse fiel so falsch aus, dass sie die ausschlaggebende Differenz zwischen – erlaubter – Verehrung und – verbotener – Anbetung der Bilder verwischte und den Bilderkult damit uneingeschränkt freigab. An dieser Unterscheidung hielten die Theologen am Hof Karls des Großen jedoch fest und verwarfen die Konzilsbeschlüsse daher 794 auf einer Synode in Frankfurt, womit sie bei Hadrian auf völlige Verständnislosigkeit stießen. Am Ende hatte der Papst in dieser Frage nachzugeben. Um diese Blamage zu verschleiern, wurden der Kirchenversammlung absurde Entscheidungen zugeschrieben, die sie nie gefasst hatte. Der päpstliche Standpunkt in dogmatischen Fragen wurde im Frankenreich daher nicht mehr selbstverständlich übernommen, sondern vorher kritisch geprüft und nicht selten korrigiert, wozu die völlig unzulänglichen lateinischen Ausdrucksmittel der kirchlichen Zentrale das Ihre beitrugen. Hadrian I. scheint am Verlust seiner Lehrautorität keinen Anstoß genommen zu haben. Während der Auseinandersetzung über das Konzil war er ohnehin damit beschäftigt, die von Byzanz vor Jahrzehnten beschlagnahmten Landgüter in Süditalien zurückzugewinnen. Bei seinem Tod am Weihnachtstag des Jahres 795 waren Klerus und Volk zutiefst gespalten.

Kaisermacher und Kirchenbauer:
Leo III., Stephan IV., Paschalis I.

Wie die Frontlinien in Rom nach dem Tod Hadrians I. genau verliefen, lässt sich nicht mehr präzise nachzeichnen; mit einer schematischen Gegenüberstellung von «Stadtadel» und «Klerus» ist es jedenfalls nicht getan. Zum einen waren die römischen «Patrizier» keine in sich geschlossene Gruppe, auch wenn sie bestimmte Stadtquartiere festungsartig besetzten, sondern durch Rivalitäten und Vorrangkämpfe gespalten. Zum anderen waren sie im römischen Klerus durch die soziale und ökonomische Potenz ihrer Familien gut vertreten. Doch muss es in den Reihen des Klerus Gegenkräfte gegeben haben, die ein Absinken des Papsttums zum Spielball der städtischen Elite verhindern wollten. Sie stützten sich auf die Gefolgsleute von Hadrians Vorgänger Stephan III. – die Verwandten und Freunde des Vorgängers waren die natürlichen Feinde des nächsten Papstes und seiner Nepoten.

Bei der Wahl von Hadrians Nachfolger setzten sich diese Feinde durch, und dies unter ungewöhnlichen Umständen: Nur einen einzigen Tag nach dem Tod seines Vorgängers wurde der neue Pontifex Leo III. am 26. Dezember 795 inthronisiert. Er stammte wahrscheinlich aus Griechenland oder Kleinasien, war also in jeder Hinsicht ein krasser Außenseiter. Aus seiner abgrundtiefen Abneigung gegen seinen Vorgänger macht sein Biograph im *Liber pontificalis* kein Hehl – an Hadrian I. wird im Pontifikatsabriss Leos III. kein gutes Haar gelassen.

Wie tief die Feindschaft zwischen den rivalisierenden Lagern schon wenige Jahre später geworden war, zeigt ein Mordanschlag vom 25. April des Jahres 799. Bei der Prozession zu Ehren des Evangelisten Markus vom Lateran zur Peterskirche auf dem Vatikan wurde Leo III. von Bewaffneten überfallen, die versuchten, ihn zu blenden und durch Herausschneiden der Zunge amtsunfähig zu machen. Doch die doppelte Verstümmelung gelang ihnen nicht. Der Papst war zwar verletzt, hatte aber weder sein Augenlicht noch seine Sprache verloren. Um weiteren Nachstellungen zu entgehen, floh er nach Paderborn zu König Karl, den er gleich nach seinem Amtsantritt durch die Übersendung von Insignien symbolisch zum Schutzherrn Roms und seines Pontifikats erhoben hatte. Doch auch seine Feinde wurden am

Hofe des europäischen Universalherrschers vorstellig. Sie trugen schwere Vorwürfe gegen die Lebens- und Amtsführung Leos III. vor und machten Karl damit zum Schiedsrichter. Dieser ließ den Papst nach Rom zurückführen und ordnete Nachforschungen darüber an, ob die Anklagen berechtigt waren oder nicht. Doch wie immer das Ergebnis dieser Untersuchung auch ausfallen würde, das Problem war damit nicht gelöst. *Nemo enim judicabit primam sedem* – der Papst kann von niemandem außer von Gott gerichtet werden: Diesen ehernen Grundsatz der um 500 entstandenen Symmachianischen Fälschungen musste selbst der allmächtige Frankenherrscher respektieren.

Andererseits war ein moralisch suspekter Papst für die Kirche und die weltlichen Mächte eine Belastung. Die Lösung fand sich in einer archaischen Zeremonie: Am 23. Dezember des Jahres 800 schwor Leo III. einen Eid, der ihn von allen Vorwürfen reinigen sollte. Da sich dagegen kein Himmelszeichen erhob, galt der Schwur als Gottesurteil, das seine Ankläger ins Unrecht setzte. Ob der Papst damit seine Autorität zurückgewann, ist fraglich. Dass er sich einer solchen Prozedur unterwerfen musste, war eine Peinlichkeit ersten Ranges; der *vicarius Christi* sollte über so schnöde Verdächtigungen eigentlich erhaben sein. Das Fresko, das Raffael und seine Schüler 1516 in den Vatikanischen Stanzen malten, zeigt die umgekehrte Sicht des Ereignisses: Von andächtig zuschauenden kirchlichen Würdenträgern umringt und gepanzerten Wachen geschützt, legt der so übel verleumdete Papst die Schwurhand auf die Bibel und leistet mit fromm nach oben gerichteten Augen den Eid auf seine Unschuld, die Gott, der Empfänger dieser Botschaft, in seiner Allwissenheit kennt. Von Zwang oder Anklage ist in diesem Bild nichts zu sehen. Der Schwur wird ganz und gar freiwillig, im Geiste selbst gewählter Demut geleistet. Um diese *humilitas* zu bezeugen, hat der Pontifex maximus sogar seine dreifache Krone, die Tiara, abgelegt; sie bezeichnete schon zur Zeit Leos III. die weltliche Herrschaft der Päpste. So wird der Reinigungseid im Bild unversehens zu einer Demonstration höchster Macht: Der rechtmäßige Papst kommuniziert unmittelbar mit Gott und kann jederzeit die Unterstützung des Himmels abrufen, die er gegen die finsteren Machenschaften seiner irdischen Feinde benötigt.

Raffaels Darstellung dürfte der Auffassung, die der durch das Gottesurteil Gereinigte selbst von der Zeremonie hegte, weitgehend entsprechen.

Diese Annahme legt zumindest der noch viel sensationellere Akt nahe, den Leo III. zwei Tage später, an Weihnachten 800, im Petersdom vollzog. Nachdem der Frankenkönig sein Gebet verrichtet hatte, wurde er von Leo III. zum Kaiser gekrönt und danach von den Anwesenden akklamiert. Karls Biograph Einhard behauptet, dass der Gekrönte von der Krönung überrascht worden sei und sie verweigert hätte, wenn er in die Pläne Leos III. eingeweiht worden wäre. Das ist eine durchsichtige Schutzbehauptung. Das Zeremoniell am 25. Dezember 800 war von langer Hand geplant. Allerdings spricht vieles dafür, dass der Papst den mit Karl vereinbarten Ablauf eigenmächtig abwandelte, und zwar so, dass der Krönungsakt eine andere, für ihn günstigere Bedeutung gewann.

Mit der Kaiserkrönung des Jahres 800 machte der Papst durch die souveräne Beherrschung der Riten aus einer Schwäche eine Stärke – spätere Päpste sollten diese Kunst perfektionieren. Korrekt hätte die Zeremonie umgekehrt ablaufen müssen: zuerst die Akklamation und dann die Übertragung des Herrschaftszeichens. In dieser Reihenfolge hätte der Papst nur den Willen des Volkes und die bestehenden Machtverhältnisse bestätigt. So, wie Leo III. sie umfunktionierte, gewann die Zeremonie die umgekehrte Bedeutung: Der Papst verlieh aus eigener Machtvollkommenheit demjenigen, den er für den Würdigsten hielt, Rang und Aufgaben des Kaisers. Wie Rom diese Rolle verstand, war im *Constitutum Constantini* genau definiert worden: Der Papst war der rechtmäßige Herr über das Imperium, der Imperator nur sein gehorsames Werkzeug. Er hatte die böse Welt so weit in Zaum zu halten, dass die Kirche ihre Mission bis zum Ende der Zeit erfüllen konnte; er war also der erste Erfüllungsgehilfe des Papstes. Natürlich hat der fränkische Monarch seinen Platz in der Hierarchie der Weltordnung anders gesehen. Für ihn war der Pontifex maximus wenig mehr als ein Bischof unter anderen.

Ein weiterer positiver Effekt der Krönung bestand für Leo III. darin, dass Karl der Große als Kaiser seine Schutz- und Schirmfunktion auch in Rom auszuüben hatte. Von weiterer Opposition gegen den Papst wissen die Quellen denn in den nächsten anderthalb Jahrzehnten auch nichts mehr zu berichten. Dass dieser mit dem Coup vom Weihnachtstag des Jahres 800 Großes für die Machtstellung des Papsttums geleistet hatte, zeigte sich schon bald. Für alle künftigen Päpste wurde damit ein dauerhaftes Recht und eine Kontinuität begründet, die nicht mehr abbrechen sollte. Am Bosporus erregte die Rangerhöhung des fränkischen Königs naturgemäß Unwillen; hier galt die Krönung Karls als dreiste Usurpation. Um die Beziehungen mit dem Byzantinischen Reich nicht auf Dauer zu belasten, verzichtete Karl 802 auf die provozierende Bezeichnung «Kaiser der Römer», so dass sein bloßer Kaiser-Titel jetzt mehr wie eine rein persönliche Würde klang. 805 reiste Leo III. ein weiteres Mal über die Alpen zu «seinem» Kaiser, ohne dass die Quellen genauer angeben, warum; vielleicht hatte er die Konstantinische Schenkung im Gepäck, um damit seine Position gegenüber Karl und Byzanz zu stärken. In den folgenden Jahren widmete sich der Papst der Restaurierung der römischen Hauptkirchen, und zwar mit höchster Intensität; glaubt man dem *Liber pontificalis*, so wendete er dafür nicht weniger als sieben Tonnen Silber auf.

Am Ende des Pontifikats standen dennoch Rückschläge. 813 ließ Karl seinen Sohn Ludwig den Frommen zum Mitkaiser krönen, ohne den Papst darüber auch nur zu informieren; der Übergang der Kaiserwürde auf die nächste Generation war damit aus eigenem Recht vollzogen und jeglicher Einfluss Roms ausgeschaltet. Zwei Jahre darauf kam es in Rom erneut zu einer Verschwörung gegen Leo III., die dieser jedoch rechtzeitig niederschlagen und mit einem blutigen Strafgericht unterdrücken konnte. Der zweite überlange Pontifikat nacheinander hatte in der römischen Elite offensichtlich für reichlich Ressentiments gesorgt – es war Zeit für eine Umverteilung der Ressourcen.

Sie ließ nicht lange auf sich warten. Leo III. starb im Juni 816, und schon zehn Tage darauf wurde mit Stephan IV. ein Römer aus einer der führenden Adelsfamilien zum Nachfolger gewählt. Um jeglichen Untreue-Verdacht im Frankenreich zu zerstreuen, ließ er die Römer gleich nach seiner Wahl einen Loyalitätseid schwören und machte sich wenig später selbst auf die Reise zum neuen Alleinherrscher Ludwig dem Frommen. Dieser machte seinem Namen bei der Begrüßung des Papstes in Reims alle Ehre – nicht weniger als dreimal warf er sich vor ihm zum Zeichen der Verehrung auf den Boden. Danach wurde er in der Kathedrale von Stephan IV. gekrönt und gesalbt. Aus den nachfolgenden Verhandlungen ging eine Vereinbarung hervor, die die Rechte des Papstes in Rom und im Patrimonium Petri sicherte, aber auch wesentliche Kompetenzen des Kaisers, zum Beispiel bei der Papstwahl, vorsah. Stephan IV. starb kurz nach seiner Rückkehr an den Tiber im Januar 817.

Sein Nachfolger Paschalis I. wurde bereits einen Tag später gewählt. Er schickte sofort Gesandte an Ludwig den Frommen, um seine schnelle Erhebung zu rechtfertigen. Seine Gesandtschaft kehrte mit einem Vertrag zurück, der die von seinem Vorgänger ausgehandelten Abmachungen erneuerte und präzisierte. In dieser *Hludovicianum* genannten Urkunde, die nur in fast dreihundert Jahre späteren Fassungen überliefert ist, wurden dem Papst zwar ausgedehnte Gebiete übertragen, doch seine Herrschaftsrechte zugleich wesentlich eingeschränkt. So behielt sich der Kaiser ausdrücklich das Recht vor, wenn nötig in die päpstliche Machtausübung einzugreifen. Er war gewissermaßen der Herr über den Notstand, und dieser war in Anbetracht der allgegenwärtigen Gewalt in Rom die Regel und nicht die Ausnahme. Diese bittere Pille konnten auch die wortreichen Schutzversprechen nicht versüßen. Weitere Bestimmungen machten nur allzu deutlich, wer die Macht hatte und wer gehorchte: Neu gewählte Päpste hatten den Treueeid auf den fränkischen Kaiser abzulegen und umgehend das «Freundschaftsbündnis» mit diesem zu bekräftigen. Als Belohnung für diese Willfährigkeit sicherte Ludwig die freie Wahl des neuen Pontifex maximus zu. In Wirklichkeit war diese Freiheit damit stark eingeschränkt.

Vor diesem Hintergrund konnte es sich Ludwig der Fromme erlauben, bei der Zuschreibung der päpstlichen Territorien großzügig zu verfahren. Nach der Auflistung des *Hludovicianum* übertrug der Kaiser dem Papst nicht nur Rom und das heutige Latium, sondern auch das ehemalige Exarchat von Ravenna nebst der Pentapolis, also die Regionen Emilia-Romagna, Marche und Umbrien, sowie weite Teile der Toskana und Süditaliens, dazu die drei großen Inseln Korsika, Sardinien und Sizilien. Natürlich war das reine Theorie; kein Papst hat jemals einen so ausgedehnten Staat regiert. Wie *potestas* und *ditio*, Macht und Rechtsprechung, des Pontifex maximus in diesem Gebiet aussehen sollten, blieb vollends unklar; hier den Souveränitätsbegriff der Neuzeit anzulegen, führt in die Irre. Weit eher ist davon auszugehen, dass damit Zonen päpstlicher Einflussbildung und Abgabenabschöpfung unter fränkischer Oberhoheit umrissen werden sollten. Zu bedenken ist auch, dass die Anzahl der Regionen im Laufe der nachfolgenden Jahrhunderte von späteren «Bearbeitern» der Urkunde kräftig aufgestockt worden sein könnte. Bis zur Mitte des 15. Jahrhunderts verfügten die Päpste weder über die Machtmittel, um ihre Autorität notfalls mit Gewalt durchzusetzen, noch über den administrativen Apparat, um diese Herrschaft gegen Widerstände vor Ort auszuüben.

823 krönte Paschalis I. Ludwigs Sohn Lothar in Rom zum Mit-Kaiser, obwohl dieser schon 817 von seinem Vater zu dieser Würde erhoben worden war. Mit diesem feierlichen Akt machte der Papst deutlich, dass er allein das Recht zu solchen Rangerhöhungen besaß. Zudem nutzte er den Aufenthalt des fränkischen Mitherrschers dazu, seine Rechte in Rom und Umgebung auszudehnen. Nach Lothars Abreise wurden einflussreiche Gegner des Papstes geblendet und danach ermordet. Da diese als Parteigänger der Franken galten, wurde Paschalis am Hof Ludwigs des Frommen als Mörder verdächtigt, konnte sich jedoch wie Leo III. durch einen Reinigungseid selbst freisprechen.

Chancen, sich aus der fränkischen Umklammerung zu lösen, boten sich dem Papst vorerst nur auf symbolischer Ebene. Dass sich die Nachfolger Karls des Großen wie dieser vom Papst krönen ließen, war ein ausbaufähiger Ansatzpunkt, auch wenn sich die römische Interpretation des Krönungsakts noch längst nicht durchgesetzt hatte. Seine wahre Größe aber konnte der *vicarius Christi* am besten in aufwendigen Bauprojekten demonstrieren. Auf diesem Gebiet hat sich der durch schriftliche Quellen kaum präsente Paschalis I. grandios verewigt: Er errichtete oder renovierte zahlreiche Kirchen, die er prachtvoll mit Mosaiken ausstatten ließ, die ihn selbst und seine Familie verherrlichen. Dieser machtvollen Propaganda dürfte er auch seine anderweitig kaum zu begründende spätere Heiligsprechung verdanken. Mit solchen Projekten ließen sich in Zeiten der Machtlosigkeit Zeichen einer himmlisch verbürgten Allmacht setzen, die der demütigenden Realität eine höhere Wirklichkeit gegenüberstellten, wie sie von Gott gewollt war und daher eigentlich auch auf Erden sein sollte. Der Kontrast zwischen der Machtfülle, die dem Papst durch göttliches Recht zustand, und der faktischen Ohnmacht, zu der ihn die fränkischen Herrscher herabdrückten, schlug auf diese Weise zu seinen Gunsten aus; ja dieser krasse Gegensatz ließ ihn geradezu als Märtyrer erscheinen, der das ihm zugefügte Unrecht klaglos duldet, um die Welt nicht in noch schwerere Turbulenzen zu stürzen.

Die Papstmutter als Bischöfin? Ob Paschalis II. seine Mutter Theodora nun in der Zeno-Kapelle von Santa Prassede bestatten oder «nur» verherrlichen ließ, ist für die Botschaft der dort geschaffenen Mosaiken unerheblich – so stolz präsentiert sich die Papst-Gebärerin mit dem quadratischen Nimbus. Eine Inschrift bezeichnet sie als *episcopa*, Bischöfin. Ob das ein reiner Ehrentitel oder eine Amtsbezeichnung war, wird heute mit ideologischen Untertönen leidenschaftlich diskutiert.

So hat Paschalis I. in seinem siebenjährigen Pontifikat sein eigenes Bildnis in drei großen Mosaiken römischer Kirchen verewigt: in Santa Cecilia in Trastevere, in der von ihm runderneuten Basilika Santa Prassede und in der ebenfalls neu errichteten Kirche Santa Maria in Domnica. In der Apsis von Santa Prassede erscheint der Papst, der durch seinen viereckigen Nimbus als lebend ausgewiesen ist, neben der monumentalen Gestalt Christi, den Aposteln Petrus und Paulus und den heiligen Patronen der Basilika. Das Modell der Kirche, das er in der Hand hält, zeigt ihn in seiner Rolle als verdienstvoller Stifter. In Santa Maria in Domnica kniet Paschalis zu Füßen der von Engeln umgebenen Jungfrau Maria mit dem Jesuskind; in den Arkaden darüber ist Christus mit den Aposteln dargestellt, darunter schlagen Moses und Elias den Bogen zwischen dem Alten und dem Neuen Testament. So macht die Komposition deutlich, dass sich die Heilsgeschichte von den fernsten Anfängen über die Geburt des Erlösers bis in die Regierungszeit des Papstes fortsetzt, der in bruchloser Nachfolge des heiligen Petrus als Stellvertreter Christi auf Erden seines Amtes waltet. Auch in Santa Cecilia ließ sich der päpstliche Stifter mit der Miniaturkirche in illustrer Gesellschaft abbilden, nämlich in einer Reihe mit der Märtyrerin Cecilia und den Aposteln Petrus und Paulus.

Noch kühner als in diesen drei Mosaiken fiel die Selbstdarstellung des Papstes in der San-Zeno-Kapelle von Santa Prassede aus, die er wahrscheinlich als Mausoleum seiner Mutter Theodora errichten ließ. Dieser Widmung entsprechend herrscht hier eine feminine Note vor. So prangt über der Tür die Jungfrau Maria, umgeben von der heiligen Praxedis, der heiligen Pudenziana und der Papstmutter, die wie ihr Sohn einen viereckigen Heiligenschein trägt. Von diesem Detail abgesehen, steht sie mit den beiden Märtyrerinnen auf derselben Würdigkeitsstufe: Was noch nicht ist, wird bald werden – an der Heiligkeit von Paschalis und Theodora lässt die Ausstattung der Kirche nicht den geringsten Zweifel. Dadurch, dass die Verherrlichung des Papstes auf die vorangehende Generation übertragen wird, gewinnt die Ideologie der Familien- oder sogar Geblütsheiligkeit erstmals in der Geschichte des Papsttums sichtbaren Ausdruck: Der Heilige Geist hat Paschalis und mit ihm dessen Sippe erwählt und erhöht, ein so erhabener Spross kann nur aus einer gleichermaßen edlen Wurzel erwachsen sein. Mit der Verklärung Theodoras knüpfte Paschalis I. an berühmte Vorbilder an: sichtbar genug an den Marienkult, aber auch an verehrungswürdige Mutter-Sohn-Paare wie Monica und Augustinus sowie Constantin und Helena.

Die Theologen mussten sich allerdings die Frage stellen, ob eine solche Verherrlichung eigentlich erlaubt war. Im Alten Testament und bei den Aposteln war Verwandtschaft häufig ein Synonym für spirituelle Würde. Doch hier nahm ein Lebender das Urteil in eigener bzw. familiärer Sache vorweg, und das empfanden viele als anstößig. Im Zusammenhang mit den päpstlichen Grabmälern sollten sich ähnliche Fragen in der Folgezeit immer wieder aufdrängen: Wie viel Selbstbelobigung und Selbstverherrlichung vertrugen Papsttum und Kurie, ohne das Bild der demütigen Christus-Nachfolge irreparabel zu beschädigen?

Eine sehr viel nüchternere Frage lautet: Wie konnten die Päpste die enormen Kosten für die aufwendigen Bauten und deren Ausschmückung aufbringen? Derselbe Paschalis I. ließ immerhin über die genannten Projekte hinaus die Kirche San Giorgio in Velabro am Fuße des Palatins von Grund auf neu erbauen, und zwar in majestätischen Dimensionen; die neue Kirche verschmolz so die Elemente frühchristlicher Basiliken mit zeitgemäßer Monumentalität. Primärquellen wie Register über Einnahmen und Ausgaben liegen für diese Zeit nicht vor, so dass sich nur mehr oder weniger begründete Vermutungen über die Finanzierung solcher Prunkbauten anstellen lassen. Zum einen könnte der Pilgerverkehr nach der fränkischen Eroberung des Langobardenreichs im Zeichen höherer «Rechtssicherheit» zugenommen haben, zum anderen flossen höchstwahrscheinlich substantielle fränkische Subventionen nach Rom. Zudem spricht vieles dafür, dass der kirchliche Grundbesitz effizienter als zuvor bewirtschaftet wurde und überdies höhere Erträge aus Zöllen und Abgaben gezogen wurden. Durch die steigende Vermögenskonzentration aufseiten des römischen Stadtadels und dessen zunehmende Kaufkraft nahm auch der Handel mit Luxusprodukten zu.

Trotzdem wurde Rom weder jetzt noch später zu einem weit ausstrahlenden Wirtschaftszentrum. Dafür fehlte es an dynamischen Unternehmern, rührigen Zünften und innovativen Geschäftsideen. Vor allem stand die Verteilung der politischen Macht und der Profite, die aus dem Grundbesitz erwirtschaftet wurden, einem Aufschwung im Wege. Die Gewinne wurden ganz überwiegend von den einflussreichen Klerikern, den führenden Adelsclans und seit dem 12. Jahrhundert auch den Bankhäusern abgeschöpft, die als Kontoführer und Kreditgeber des Papstes eine immer wichtigere Rolle spielten. Für Groß- und Fernhandel fehlten in Rom die logistischen Voraussetzungen. Zum Warentransport innerhalb Italiens war der Tiber nur begrenzt nutzbar. An die maritimen Verkehrsrouten war Rom nur indirekt angebunden. Für die Ewige Stadt bestimmte Güter mussten in Civitavecchia auf Boote umgeladen und durch die Tibermündung zum Stadthafen von Ripa grande getreidelt werden; das war ein ebenso kostspieliges wie gefährliches Verfahren.

Paschalis I. starb im Februar 824; bei seinem Tod war Rom erneut in Aufruhr.

Symbolische Selbstbehauptung:
Eugen II., Valentin, Gregor IV., Sergius II.

Klerus und Adel standen sich im Frühjahr 824 erneut so feindselig gegenüber, dass es sogar zu einer Doppelwahl kam, doch setzte sich mit Eugen II. der Kandidat der aristokratischen Familien durch. Er hatte es eilig, seine Erhebung den fränkischen Herrschern anzuzeigen, die nach dem Vorgehen gegen ihre Anhänger auf eine Klärung der römischen Verhältnisse und der Papstwahl drangen. Zu diesem Zweck schickte Ludwig der Fromme seinen Sohn und Mitkaiser Lothar erneut an den Tiber. Dessen Bilanz lautete: Schlechte Päpste wie Leo III. und Paschalis I. hatten die Missstände zu verantworten. Um sie künftig zu verhindern, erließ Lothar im November 824 ein neues Grundgesetz, die *Constitutio Romana*. Darin wurde den Geschädigten des Vorjahres Ersatz zugesprochen und jeglicher Aufruhr streng verboten. Verwaltung und Justiz in Rom wurden der kaiserlichen Kontrolle unterstellt. Über die Rechtsprechung hatten künftig zwei «Gesandte» (*missi*), der eine im Auftrag des Kaisers, der andere für den Papst, jährlich Rechenschaft abzulegen; alle Justizbeamten mussten dem Kaiser zudem namentlich genannt und von ihm genehmigt werden. Ihm oblag auch die Aufsicht über die Papstwahl, die nach den traditionellen Regeln vollzogen werden sollte, von jetzt an jedoch immer stärker von den römischen Adelsfamilien dominiert wurde.

Das zeigte sich schon nach dem Tod Eugens II. im August 827. Sein Nachfolger Valentin war ein Kompromisskandidat der beiden Parteien, starb jedoch schon nach einem Monat. Im Oktober 827 aber wurde mit Gregor IV. erneut ein Vertreter des römischen Stadtadels zum Papst gewählt. Diese Herkunft war laut *Liber pontificalis* die Voraussetzung für die Erhebung des neuen Pontifex maximus. Die an ihn gerichteten Erwartungen werden darin klipp und klar formuliert: «Er sollte durch die Gnade des Heiligen Geistes als rechtmäßig gewählt erkennbar sein und so lehren und regieren, dass der gesamte senatorische Adel ein standesgemäßes Leben führen könne» (Liber pontificalis, 2, S.73). Diesen Hoffnungen wurde der neue Papst voll und ganz gerecht, mit ihm hatte die römische Führungsschicht ihren idealen Interessenvertreter gefunden. Schon seine Wahl ging problemlos über die

Bühne, und auch sein siebzehnjähriger Pontifikat blieb von größeren Konflikten verschont. Offensichtlich gelang es dem neuen Stadtoberhaupt, eine allzu einseitige Ressourcenverteilung zugunsten seiner Verwandten und Gefolgsleute zu vermeiden und auf diese Weise die soziale und politische Stabilität zu bewahren. Nach außen sicherte Gregor seine Herrschaft dadurch ab, dass er vor seiner Weihe die Zustimmung Kaiser Ludwigs des Frommen einholte.

So viel vorauseilender Gehorsam war eigentlich unannehmbar; schließlich verstand sich der *vicarius Christi* als oberster Herr der christlichen Welt, der von niemandem außer Gott gerichtet werden konnte. In dieser unvollkommenen Welt war die Macht jedoch nicht einmal in der eigenen Hauptstadt unbeschränkt. So musste auch Gregor IV. der Strategie seiner Vorgänger folgen und das Unvermeidliche so weit wie möglich herunterspielen und durch eindrucksvolle Bauwerke sowie durch die Sammlung geistlicher Schätze ein Prestige gewinnen, das sich unter günstigeren Verhältnissen in realen Machtzuwachs ummünzen lassen würde. Auf diesen beiden Tätigkeitsfeldern kam dem Bischof von Rom kein weltlicher Potentat in die Quere.

Ganz oben auf der Prioritätenliste stand für Gregor IV. die Neuerrichtung der baufälligen Kirche San Marco. Sie lag in der Nähe seines Geburtsorts, unterstand bereits vor seiner Wahl seiner Leitung und war somit «seine» Kirche, ja sein Glücksbringer. Im Zeichen der vorgeschriebenen Dankabstattung wurde die Kirche mit Gunstbeweisen nur so überschüttet. Stilistisch orientierte sich der Architekt des Neubaus an spätantiken Basiliken wie Santa Sabina; das Herzstück bildet auch hier die Apsis mit ihrem farbenprächtigen Mosaik. Was Paschalis I. recht war, war Gregor IV. billig: Die Komposition zeigt den Stifter-Papst mit viereckigem Heiligenschein und dem Kirchenmodell in der Hand. Die beiden gleichfalls dargestellten Heiligen Agapitus und Felicissimus spielten mit ihren Reliquien während Gregors Pontifikat eine wichtige Rolle und haben sich daher ihren Ehrenplatz redlich verdient. Papst Marcus, der Nachfolger Silvesters und Gründer der Kirche, war als Titelheiliger gesetzt. Umso auffälliger ist, dass dem Evangelisten Marcus auf dem Mosaik die ehrenvolle Aufgabe zufällt, Gregor IV. Christus zu präsentieren. Zu Beginn von Gregors Pontifikat hatten die Venezianer die Gebeine ihres Stadtheiligen, dem Petrus nach römischer

Auffassung das Evangelium diktiert hatte, aus Alexandria an ihre Lagune entführt, wo sich schnell ein intensiver Kult um ihn entfaltete. Dieser Vereinnahmung, die das Selbstbewusstsein der Stadt im Meer und ihre Machtansprüche auch gegenüber der Kirche enorm erhöhte, stand der Papst ablehnend gegenüber. Der Evangelist aus Mosaiksteinen erhebt daher Einspruch: Marcus gehört Rom und nach Rom!

Von Bescheidenheit kann auch in der Inschrift des Mosaiks keine Rede sein, obwohl darin der heilige Papst Marcus um Fürbitte für Gregor IV., den Stifter und Bauherrn, ersucht wird: Er möge ihm bei Gott nicht nur die ewige Seligkeit, sondern bezeichnenderweise auch einen langen Pontifikat erwirken! Diese Fürsprache sei berechtigt, da Gregor den Ruhm seines Vorgängers durch den Neubau der Kirche, deren Schönheit dem Tempel Salomons zu Jerusalem gleichkomme, kräftig gemehrt habe. So läuft der Kirchenbau auf ein *Do ut des* («Ich gebe, damit du gibst») zwischen Himmel und Erde hinaus: Der heilige Markus erhält die verdiente Verehrung, die sein Prestige im Himmel erhöht, und der Papst bekommt ein langes Leben sowie einen Platz im Paradies.

Die Apsis blieb nicht das einzige Schmuckstück der neuen alten Kirche. Wie schon der Biograph Hadrians I. listet auch der anonyme Autor der Lebensbeschreibung Gregors IV. dessen Schenkungen an die römischen Basiliken mit geradezu buchhalterischer Akribie auf: Kerzenhalter, Altardecken, Bilder und Dutzende von kleineren und größeren Vorhängen werden in dem ansonsten knapp gehaltenen Text erwähnt. Außergewöhnlich reich bedacht wurde laut diesem Katalog des *Liber pontificalis* auch die Basilika Santa Maria in Trastevere. In diesem Stadtteil hatte sich die Macht der Päpste aus dem römischen Stadtadel erst kürzlich gefestigt; reiche Stiftungen, mit denen sie das Wohlwollen der Bevölkerung gewannen, waren daher geostrategisch angebracht.

Zur geistlichen Fürsorge kam die weltliche. Die Wiederherstellung von Wasserleitungen, der Bau von Spitälern und Speichern gehörten inzwischen zu einem Pflichtprogramm, das jeder Papst bis ins 19. Jahrhundert zu absolvieren hatte. Gregor IV. fügte ihm mit dem Neubau und der Befestigung Ostias eine besondere Note hinzu. Der kosmopolitische Handelsplatz der römischen Kaiserzeit war längst verfallen, sein Hafen versandet und verödet. Die verbliebenen Einwohner waren weiter landeinwärts gezogen, doch waren sie auch dort vor den Überfällen der muslimischen «Sarazenen» aus Sizilien und Nordafrika nicht mehr sicher. Ihre Siedlung, die sich schutzsuchend um die Kirche der heiligen Märtyrerin Aurea drängte, ließ Gregor IV. mit starken Mauern befestigen und von einer Garnison beschützen. Glaubt man seinem Biographen, dann arbeitete der Papst sogar eigenhändig an diesem gottgefälligen Projekt mit.

Auf der Bühne der großen Diplomatie spielte Gregor IV. die ihm zugewiesene Nebenrolle. 833 zog er über die Alpen ins Frankenreich, um dort im Streit zwischen Kaiser Ludwig dem Frommen und dessen rebellischen Söhnen zu vermitteln. Die feindlichen Heere standen sich in der Nähe von Colmar gegenüber, bis die Truppen des Kaisers zu den Aufständischen überliefen, in deren Lager sich auch der Papst befand. Ludwig musste sich ergeben und faktisch abdanken, bis der Streit zwischen ihm und seinen Söhnen 834 in eine neue Runde ging. Ob die Mission des Papstes damit gescheitert und er selbst sogar kompromittiert war, hängt davon ab, welche Absichten er mit seiner Reise verknüpft hatte. Aus römischer Sicht war jede politische Vormacht- oder gar Monopolbildung in Europa von Übel. An einer weiteren Stärkung der fränkischen Monarchie konnte das Papsttum daher kein Interesse haben; stattdessen bot es sich an, rivalisierende Prätendenten gegeneinander auszuspielen und so selbst zum Zünglein an der Waage zu werden. Vor allem aber musste Gregor IV. in einer Auseinandersetzung, in der es um das Kaisertum ging, Flagge zeigen, schließlich nahm er das Vorrecht in Anspruch, den geeignetsten Kandidaten für dieses Amt zu küren. So betrachtet, war der Ausgang des Thronstreits unter den Nachkommen Karls des Großen für ihn ein voller Erfolg. Von nun an war die Zersplitterung des Riesenreichs unaufhaltsam, eine Entwicklung, die den Päpsten ganz neue Profilierungs- und Handlungschancen bieten musste. Auch innerkirchlich hielt Gregor IV. an den Primatansprüchen seiner Vorgänger unverdrossen fest. So hob er gegenüber den Bischöfen seine einzigartige, da von Christus direkt übertragene Machtfülle hervor und stellte die geistliche Macht, die sich auf Jenseits und Ewigkeit erstreckte, der weltlichen Herrschaft voran.

Als der Papst im Januar 844 starb, erhoben laut dem *Liber pontificalis* Klerus und Adel einvernehmlich Sergius II. zum Nachfolger; er stammte aus derselben Familie wie Stephan IV. und Hadrian II., war also ebenfalls ein Vertreter des römischen Stadtadels. Gegen dessen Dominanz hatte der von einer «Volkspartei» auf den Schild gehobene Gegenkandidat keine Chance. Umstritten war nicht nur die Wahl, sondern auch die Amtsführung des neuen Papstes. Im Gegensatz zu den Gemeinplätzen der Tugend und Mildtätigkeit, mit denen Gregor IV. im *Liber pontificalis* regelrecht eingedeckt wurde, schlug sein Biograph bei der Schlussbeurteilung von Sergius' Herrschaft kritische Töne an. Der verstorbene Pontifex maximus habe Simonie betrieben, das heißt: verbotenerweise geistliche Würden gegen Geld vergeben. Zudem habe nicht er, sondern sein Bruder Benedikt in Rom das Zepter geführt. Sergius' plötzlicher Tod im Januar 847 nach nur dreijähriger Amtszeit wurde daher als eine verdiente Strafe des Himmels gedeutet. Doch damit nicht genug: Um die verkommene Kirchenführung zu züchtigen, die von den pflichtvergessenen Christen nicht zur Rechenschaft gezogen werde, habe Gott den Heiden erlaubt, in die Ewige Stadt einzudringen und diese zu verheeren. Durch diese kausale Verknüpfung machte der *Liber pontificalis* den Papst ganz direkt dafür verantwortlich, dass Rom im August 846 durch die arabischen Aghlabiden geplündert wurde. Die Invasoren zerstörten die Basilika Sankt Peter und raubten die goldenen Türen. Bei diesem Angriff fiel auch Sardinien in die Hände der «Sarazenen».

Zeichen für die Auflösung der überkommenen Ordnung hatte es schon zwei Jahre zuvor gegeben. Sergius II. hielt es nicht für nötig, Kaiser Lothar I. seine Wahl anzuzeigen und seine nachfolgende Weihe genehmigen zu lassen. Dessen Sohn Ludwig II. zog daraufhin nach Rom, billigte zwar die Erhebung des Papstes, schärfte aber die kaiserlichen Rechte erneut ein.

Seeschlacht, Borgomauern und Reliquien: Leo IV.

Auch Leo IV., der im April 847 zum Nachfolger Sergius' gewählt wurde, beachtete nicht die Bestimmungen des Kaisers und versäumte es, seine Wahl zu melden; eine fränkische Reaktion wie drei Jahre zuvor blieb allerdings aus. Sein Papstname lässt aufhorchen. Hier galt die Regel «nomen est omen» – die Amtsbezeichnung ist Dankabstattung für Förderung, in diesem Fall durch den Außenseiter-Papst Leo III. Auf besondere Verpflichtungen diesem gegenüber weist auch die Planung Leos IV. für die Zeit nach seinem Tod hin: Er ließ in Sankt Peter ein Oratorium bauen, in dem er sich selbst zusammen mit den Gebeinen seiner drei Namens-Vorgänger bestatten ließ; den Wartesaal für die Ewigkeit teilte man nur mit Freunden. Darüber hinaus listet seine Vita vorzugsweise Bauprojekte und andere fromme Projekte auf, die bereits unter Leo III. begonnen worden waren.

Der *Liber pontificalis* erwähnt nur die römische Herkunft Leos IV. und den Namen von dessen Vater. Dem römischen Stadtadel gehörte seine Familie jedenfalls nicht an. Eine genauere Verortung des Papstes im Spannungsgefüge der römischen Parteien ist schwierig – außer, dass er sich während seines Pontifikats der Opposition des Anastasius zu erwehren hatte, der als Kandidat des fränkischen Kaisers galt und diese Positionen auch während der nachfolgenden Pontifikate vertrat. Eine wichtige Trennlinie verlief somit zwischen Anhängern und Gegnern der karolingischen Herrscher. Die Parteien an der Spitze der Kirche sortierten sich bis ins 20. Jahrhundert nach unterschiedlichen Merkmalen. In der Regel scharten sie sich um einflussreiche Parteiführer, oft um die Neffen des vorangehenden Papstes, und definierten sich darüber hinaus durch ihre Loyalität zu auswärtigen Mächten. So wiesen die Konflikte um die Mitte des 9. Jahrhunderts weit in die Zukunft.

847 brauchte Rom einen tatkräftigen Verteidiger. Die Plünderung des Jahres 846 hatte die militärischen Defizite des päpstlichen Herrschaftsgebiets aufgedeckt: Die Araber konnten weitgehend unbehindert in die Stadt eindringen und die Hauptkirchen wie Sankt Peter ausrauben, ohne dass sich ihnen nennenswerter Widerstand entgegenstellte. Bei einem anschließenden Gefecht im Nordosten der Stadt war das schlecht organisierte römische Aufgebot dann auch noch vernichtend geschlagen worden. Die Beute, die die Invasoren bei ihrem Überfall gemacht hatten, war so groß, dass Wiederholungen in allernächster Zeit zu befürchten waren. Um sie zu verhindern, verbündete sich der Papst mit den südlichen Seestädten Gaeta, Neapel und Amalfi. Deren Schiffen reiste Leo IV. persönlich nach Ostia entgegen, wo er eine Messe feierte, die Kommunion austeilte und eine Rede an die Truppe hielt, in der er die Verdienstlichkeit der nahenden Abwehrschlacht gegen die Feinde des wahren Glaubens hervorhob; Motive der anderthalb Jahrhunderte später von Papst Urban II. verkündeten Kreuzzugs-Idee klingen hier erstmals an. Da ein Priester kein Blut vergießen darf, zog sich Leo IV. vor

Seeschlacht, Borgomauern und Reliquien

Unbesiegbares Papsttum Als die Programmgeber Leos X. Medici nach historischen Episoden für die von Raffael und seiner Werkstatt gemalten Fresken in den Vatikanischen Stanzen suchten, die den himmlischen Schutz des Papsttums gegen alle Feinde belegen sollten, wurden sie im Pontifikat Leos IV. fündig: Der Papst, der die Züge des Medici-Pontifex trägt, betet, Gott schenkt der christlichen Flotte mit dem Kreuz auf dem Schild vor Ostia den Sieg über die «Sarazenen», und diese werden mit aller Brutalität versklavt, 1515–1517.

der Schlacht nach Rom zurück, wo er die Apostel Petrus und Paulus um den Sieg anflehte. Den Ausschlag im nachfolgenden Seegefecht gab ein Gewittersturm, der den Seestädten und dem Papst den Sieg ermöglichte und als Himmelszeichen gedeutet wurde. Für den Biographen des Papstes war die Kausalkette damit geschlossen: Leo IV. hatte als legitimer Statthalter Christi auf Erden himmlischen Schutz erbeten und erhalten, er war daher der eigentliche Sieger.

So haben ihn Raffael und seine Schüler im Auftrag Leos X. aus der Familie Medici zwischen 1515 und 1517 auch gemalt. Im Fresko der Seeschlacht vor

Ostia in den Stanzen des Vatikan haben sie der historischen Gestalt Leos IV. die Gesichtszüge Leos X. verliehen, so dass das wild bewegte Geschehen eine tagespolitische und zugleich überzeitliche Bedeutung gewinnt. So wie das Gebet Leos IV. erhört wurde, so wird auch Leo X. bei seiner riskanten Großmachtpolitik in Italien und Europa Erfolg haben; ja, diese Unterstützung wird bis zum Ende der Zeit allen legitimen Päpsten zuteil werden. Der unbekannte Programmgeber der Malerwerkstatt hat sich im Übrigen eine kühne Abweichung von der Biographie Leos IV. erlaubt. Die arabische Flotte wird nicht vom Sturm, sondern von den tapferen christlichen Streitern vernichtet. Diese treiben ihre versklavte menschliche Beute sogar als lebende Trophäen vor den Thron des Papstes.

Die Versklavung der Besiegten war keine Fiktion. Die arabischen Kriegsgefangenen wurden nicht nur im Triumphzug durch Rom geführt, sondern auch beim wichtigsten Bauvorhaben Leos IV., den Befestigungsanlagen um den Vatikan, eingesetzt. Dieses Stadtviertel auf dem jenseitigen Tiberufer war nicht durch die Aurelianische Mauer geschützt und daher Überfällen von der Seeseite schutzlos ausgesetzt. Leo IV. ließ diesen «Borgo» (Vorort) nach dem Sieg von Ostia mit einem Mauerring umgeben, der allerdings mit acht Metern nicht einmal die halbe Höhe der antiken Festungswerke erreichte.

Leos Biograph berichtet im Zusammenhang mit diesen Projekten von einer Wundertat des Papstes: Noch vor der Schlacht von Ostia sei im Borgo ein gefährlicher Flächenbrand ausgebrochen, der auch die Peterskirche zu vernichten drohte. Leo IV. aber habe die Hilfe des Himmels gegen diese Feuersbrunst herabgerufen, so dass die Flammen jäh in sich zusammenfielen und erloschen. Auch dieses Ereignis war Leo X., der seinem Vorgänger erneut seine Gesichtszüge lieh, ein großes Fresko in den Vatikanischen Stanzen wert: Der Papst schützt das ihm anvertraute Gottesvolk gegen die Glaubensfeinde und alle übrigen Arten irdischer Unbill; diese Schirmfunktion kann er effizienter als alle weltlichen Fürsten wahrnehmen, weil er im Gegensatz zu diesen den direkten Draht zu Gott hat.

Im Kampf gegen die Araber ging es – so der *Liber pontificalis* – gegen die «Söhne Satans», und gegen diese Mächte der Finsternis waren stärkere Waffen erforderlich, als sie weltliche Herrscher aufbieten konnten. So dürfte schon Leo IV. seine Rolle als Herr der Ewigen Stadt verstanden haben. Dass

Seeschlacht, Borgomauern und Reliquien

Noch einmal Leo IV. als Leo X. In Raffaels Fresko in den Vatikanischen Stanzen hebt der Pontifex maximus als gottgesandter Feuer-Löscher die Hand, und schon brechen die Flammen im Borgo, die kein Wasser ersticken konnte, in sich zusammen, 1516/17.

er hier nur unter Aufsicht und Oberhoheit des fränkischen Kaisers amtierte, wird aus seiner Biographie weitestgehend ausgeblendet; so wird der Anteil, den Kaiser Lothar an der Befestigung des Borgo-Viertels hatte, schlicht verschwiegen.

Dass die Seeschlacht mithilfe fremder Truppen gewonnen und die Borgomauern von Sklaven erbaut wurden, zeigt, wie schwach die päpstlichen Machtmittel waren. Von einer geordneten Stadt- oder gar Staatsverwaltung kann noch jahrhundertelang keine Rede sein. In den Quellen werden zwar Amtsträger wie *magister militum, consiliarius* oder *superista* erwähnt, doch was sich unter diesen hochtrabenden Titeln verbirgt, bleibt nebulös. Hinter pompösen Amtsbezeichnungen tritt stattdessen der Einfluss von Adligen,

Familien und Clanallianzen hervor. Macht beruhte nicht auf Gesetzen, Ämtern und öffentlichen Ordnungskräften, sondern auf der informellen Autorität, die ausgedehnter Grundbesitz und die damit verknüpfte Hoheit über Personen auf dem Land und in der Stadt mit sich brachten. Selbst eine päpstliche Kanzlei im eigentlichen Wortsinn hat es zu dieser Zeit nicht gegeben; bei der Ausstellung von Schriftstücken griffen die Päpste je nach Bedarf auf römische Notare zurück, was das miserable Latein ihrer Schriftstücke wesentlich mit erklärt. Im Vergleich mit der römischen Glanzzeit unter Kaisern wie Trajan und Antoninus Pius war die Ewige Stadt tief gesunken. Diesen Niedergang der öffentlichen Ordnung versuchen die päpstlichen Quellen so weit wie möglich zu verschleiern. So hat Leo IV. nach den Worten seines Biographen zweimal wöchentlich bei seinem Herrschaftssitz, dem Lateran, Gerichtstag gehalten. Dass dem so war und ob er seine Rechtsprechung auch durchsetzen konnte, lässt sich mit guten Gründen bezweifeln, denn gerade im Bereich der Justiz fehlte es am nötigen Unterbau, vor allem an der Erzwingungsgewalt und ihren Organen. Auch das sollte bis zum Ende des Kirchenstaats 1870 ein Kernmerkmal päpstlicher Machtausübung im Kirchenstaat bleiben: Die Kluft zwischen den umfassenden Ansprüchen auf Gehorsam und der tatsächlichen Herrschaftsgewalt der Päpste schloss sich nie.

Trotzdem kann man schon um die Mitte des 9. Jahrhunderts von «Politik» und Tendenzen der «Staatsbildung» in Rom sprechen. Was darunter zu verstehen ist und wie dieser Prozess verlief, machen die Quellen schon zum Pontifikat Gregors IV. deutlich. Sie berichten mit großer Ausführlichkeit von Bauten und ihren Ausstattungen, Bildern, Schenkungen, Reliquien, kirchlichen Festen, Zeremonien, Prozessionen, Eidesleistungen, Bischofsweihen, Wundern, Verehrung ausgewählter Heiliger und päpstlichen Reisen – und listen auf diese Weise die päpstlichen Herrschaftsmittel lückenlos auf. Die Analogien zur Gegenwart stechen sofort ins Auge. Auch im 21. Jahrhundert hat das Papsttum keine politische Machtbasis, doch eine Macht ist es gleichwohl. Die symbolischen Machtmittel des Papsttums zu einem Zeitpunkt, als die faktische Macht zusammen mit der militärischen Gewalt in fränkischen Händen lag, stützten sich gleichermaßen auf Theorie und Tradition. Dass Petrus, der Apostelfürst, und nicht das «Kollegium» der Apostel die Stellvertreterschaft Christi auf Erden angetreten habe und der Papst daher aller irdischen Gerichtsbarkeit entzogen sei, die uneingeschränkte Entscheidungshoheit über die Kirche und ihre Kleriker und, neueste Hinzufügung seit 800, das Recht zur Krönung des Kaisers habe: Alle diese Prinzipien wurden grundsätzlich im christlichen Europa weitgehend akzeptiert, doch das hieß nicht, dass die daraus abgeleiteten Kompetenzen in Konfliktfällen auch durchsetzbar waren. Hier war noch viel ideologische Verbreitungs- und Vertiefungsarbeit zu leisten.

Diesem Zweck dienten die von Gregor systematisch vorgenommenen Schenkungen von Reliquien. Wer solche erhielt, war dem Geber nicht nur Dankbarkeit schuldig, sondern hatte damit auch Anteil an Gnaden, die auf Rom und seine Vorrangstellung zurückgingen. Die zahlreichen Klöster und Kirchen, die diese kostbaren Überreste in Empfang nehmen durften, wurden unauflöslich mit Rom und der segensreichen Herrschaft der Päpste verknüpft. Seine Hoheit über die Kirche brachte Leo IV. auch durch aufwendig gefeierte religiöse Feste zum Ausdruck; die sakralen Gedenktage erhöhten nicht nur die Heiligen, denen sie gewidmet waren, sondern auch die Reputation des Papstes. Mit solchen Anlässen waren Prozessionen und Gesänge verbunden, die den Papst als Heilsvermittler und besten aller Herrscher feierten. Leos Biograph erweitert die Schilderung eines Marienfestes sogar um eine regelrechte Wundertat: Der Papst habe durch tränenreiche Gebete ein Ungeheuer gezähmt, das in Rom seit Längerem sein Unwesen getrieben habe. Ob ein solcher Exorzismus während des feierlichen Umzugs stattfand oder als spätere Legende posthum die Heiligkeit des verstorbenen Pontifex maximus begründen sollte, muss offenbleiben; in jedem Fall stärkte die Erzählung die spirituelle Autorität des Papsttums und die Anbindung der Christenheit an Rom.

Dazu dienten auch die Restaurierungen und Neubauten von Kirchen sowie deren Ausschmückung mit Mosaiken und Bildern. So ließ Leo IV. in der von ihm erneuerten Kirche seines heiligen Vorgängers Clemens eine Freskenserie malen, die ihn selbst zusammen mit den Aposteln, der Kreuzigung und der Himmelfahrt Christi zeigt. Deutlicher ließ sich die Heilsbotschaft des Evangeliums nicht auf Rom und das Papsttum beziehen: Bis zur Wiederkehr des Erlösers steht die Welt unter der segensreichen Leitung seines Stellvertreters; ohne ihn gibt es kein Heil. Auch der Kult der Heiligen und ihrer Reliquien wurde jetzt konsequent auf Rom ausgerichtet. Im Mittelpunkt der

Hauptort päpstlicher Propaganda Die Basilika San Clemente wurde nach Santa Maria Antiqua vom 9. bis 11. Jahrhundert zum bevorzugten Ort, um Primatansprüche und die eigene Macht darzustellen. Hier Leo IV. mit dem quadratischen Nimbus des Lebenden zwischen Himmelfahrt und Kreuzigung Christi sowie dem Heiligen Vitus.

Verehrung standen Märtyrer beiderlei Geschlechts, die am Tiber gemartert worden waren, und heilige Päpste: Rom ist das Zentrum der geistlichen Schätze, von denen alle Gläubigen durch Pilgerfahrt, aber auch durch ihren Gehorsam gegenüber den Päpsten profitieren können: Diese Botschaft wurde jetzt mit Knochen-Schenkungen und frommen Bildern in der ganzen Christenheit verbreitet.

Über diese symbolischen Anbindungen hinaus lassen sich unter Leo IV. auch handfestere Vernetzungen nachweisen. Empfänger von Land-, Geld- und Reliquienschenkungen waren besonders häufig Klöster in der Umgebung Roms und im übrigen Mittelitalien. Diese Abteien verfügten über ausgedehnten Grundbesitz und Jurisdiktionsrechte, bildeten also Machtschwerpunkte und Machtstützpunkte, deren Gewicht durch die Schenkungen für die römische Zentrale nutzbar gemacht wurde. Nach Nützlichkeitserwägungen ging Leo IV. auch in der kirchlichen Personalpolitik vor. Allerdings schrumpfte sein Einfluss bei der Ernennung von Bischöfen mit zunehmender Distanz von Rom rapide; an der Wahl neuer Oberhirten waren von den fränkischen Herrschern bis hinab zu den lokalen Eliten und Klerikern viele Instanzen beteiligt. Seine Wunschkandidaten konnte der Papst daher nur in den seltensten Fällen durchsetzen. Immerhin blieb ihm in den meisten Fällen die Weihe der erfolgreichen Kandidaten vorbehalten; durch diesen feierlichen Akt ließ sich häufig ein Treueverhältnis herstellen. Allerdings galt diese Loyalität wohl in der Regel dem einzelnen Papst und dessen Familie, weniger dem Papsttum als Institution. Wie weit sich diese Ergebenheit auf den nächsten Pontifikat übertragen ließ, hing davon ab, in welchem Verhältnis der neue Papst zu seinem Vorgänger stand. War er dessen Feind, so wurden aus nützlichen Freunden nach dem Pontifikatswechsel ebenfalls Feinde. Diese Diskontinuität war die Achillesferse des politischen Systems Rom schlechthin. Ähnliche Einschränkungen galten für ein weiteres Herrschaftsmittel, die persönliche Präsenz des Papstes vor Ort. Um seine Autorität als Herrscher zu zelebrieren, reiste Leo IV. sogar nach Ravenna, wo die byzantinische Tradition weiterhin lebendig und die päpstliche Machtposition entsprechend schwach war.

Der Stärkung der päpstlichen Machtstellung in Theorie und Praxis sollte auch eine Sammlung von ganz oder teilweise gefälschten Bestimmungen dienen, die um die Mitte des 9. Jahrhunderts entstanden und bezeichnenderweise auch das *Constitutum Constantini* umfassten. Diese umfangreichste kirchenrechtliche Fälschung des Mittelalters wurde einem historisch nicht nachweisbaren Bischof Isidorus Mercator zugeschrieben. Wahrscheinlich gingen diese Pseudo-Isidorischen Dekretalen auf einen Konflikt zwischen dem Erzbischof von Reims und seinen Bischöfen zurück, die sich von diesem in der Ausübung ihrer Rechte eingeschränkt fühlten. Um ihre Position zum Nachteil des Erzbischofs zu stützen, schrieben die Fälscher dem Papst allein die Oberaufsicht über die Diözesen zu. Um diese Machtstellung unangreifbar zu machen, wurden Synodalbeschlüsse früherer Jahrhunderte abgeändert und päpstliche Entscheidungen (Dekretalen) aus jüngerer und jüngster Zeit zurückdatiert, um sie dadurch als ehrwürdiges, schon immer gültiges Recht der Kirche auszugeben.

Solche Dekretalen wurden von nun an immer häufiger und wichtiger; ab dem 11. Jahrhundert wurden diese päpstlichen Verfügungen von hoch qualifizierten kanonischen Rechtsgelehrten ausgefeilt und zum juristischen und organisatorischen Grundgerüst der Kirche ausgebaut. Unwidersprochen blieb die rechtliche Fundamentierung der päpstlichen Machtstellung jedoch nie. Theologen, die diese Machtfülle bestritten, beriefen sich meistens auf das Prinzip, dass Grundgesetze der Kirche von einem Konzil beschlossen werden mussten. Auch in der Regierung der Kirche klafften zur Zeit Leos IV. und seiner Nachfolger Anspruch und Wirklichkeit weit auseinander. Päpstliche Machtansprüche wurden vorzugsweise von streitenden Parteien angerufen, die damit über ihre Gegner triumphieren wollten. Ob die römische Entscheidung den Ausschlag gab oder nicht, hing jedoch von einer Vielzahl von Faktoren ab, am stärksten von der Parteinahme der weltlichen Gewalt.

Leo IV. starb im Juli 855 und wurde in der von ihm errichteten Kapelle der Leo-Päpste von Sankt Peter beigesetzt.

Legenden und letzter Glanz: Benedikt III., Nikolaus I.

Nach einer verbreiteten und bis heute mit Inbrunst geglaubten Legende folgte auf Leo IV. eine Päpstin namens Johanna, die sich als Mann ausgegeben habe und erst durch die Geburt eines Kindes, die sie das Leben kostete, entlarvt worden sei. Den Anschein von Glaubwürdigkeit gewann die seit dem 13. Jahrhundert verbreitete Sage dadurch, dass der Humanist Platina (1422–1482) sie in seine Sammlung von Papstviten aufnahm, die noch lange nach seinem Tod als Standardwerk galt. Der ehemalige Söldner Platina hatte wie die Chronisten zweihundert Jahre zuvor seine Gründe, diese ebenso skandalöse wie tragikomische Geschichte zu erzählen. Sein Verhältnis zu Papst Paul II. war so gespannt, dass der aufmüpfige Gelehrte, der den Nepotismus und den Lebensstil der Renaissancepäpste missbilligte, in der Engelsburg gefangen gehalten wurde und sogar seine Hinrichtung befürchten musste. Unter Sixtus IV., der ab 1471 regierte, machte er jedoch als erster Bibliothekar der Biblioteca Apostolica Vaticana Karriere.

In Wirklichkeit folgte 855 auf Leo IV. Benedikt III., dem ein früher Vorgänger Platinas als Bibliothekar, der ebenso gelehrte wie gewalttätige römische Aristokrat Anastasius, heftige Konkurrenz machte; er wird als «Gegenpapst» gezählt. Bei Benedikts Wahl hatten die kaiserlichen Amtsträger ihr Mandat als Ordnungshüter nicht wahrgenommen; das Chaos, das sich daraufhin einstellte, gab eine Vorahnung von dem, was geschehen würde, wenn die fränkische Macht in Rom schwächer wurde und der immer tiefer zerstrittene römische Adel allein über die Besetzung des Stuhls Petri zu entscheiden hatte.

Doch ganz so weit war es noch nicht. Im April 858 wurde mit dem Römer Nikolaus I. ein Papst gewählt, der die in Jahrhunderten gewachsene Theorie vom zweifachen Primat über die Kirche und die Christenheit zumindest teilweise in die politische Praxis umsetzte. Diese Theorie hatte Nikolaus selbst um einige Sätze ergänzt, die zwar im Kern nicht neu waren, den Sachverhalt jedoch mit ungewohnter Schärfe auf den Punkt brachten: dass der Papst oberste Beschlussinstanz in allen Streit- und Zweifelsfällen sei und daher von allen angerufen werden könne; dass Beschlüsse von Konzilien erst durch die päpstliche Bestätigung Gesetzeskraft gewinnen und alle Christen, auch Kaiser und Könige, als sündhafte Menschen dem Urteil des Pontifex maximus unterworfen seien. Diese Prinzipien, die bislang im Wesentlichen toter Buchstabe geblieben waren, brachte Nikolaus gegenüber dem fränkischen König Lothar II. erfolgreich zur Anwendung. Dieser wollte seine nach kanonischem Recht legitime Gattin verstoßen und eine Mätresse, mit der er eine nach germanischem Gesetz gültige «Zweitehe» geschlossen hatte, zur alleinigen Königin erheben, um den mit ihr gezeugten Sohn als Nachfolger anerkennen zu lassen. Diesem politischen Deal stimmten die beiden höchsten Kleriker von Lothars Mittelreich, die Erzbischöfe von Köln und Trier, zu; selbst päpstliche Gesandte hatten nichts dagegen einzuwenden. Gegen diese nachträgliche Legitimierung mehrfachen Unrechts erhob allein der Papst Einspruch. Die Beschlüsse der fränkischen Geistlichen wurden für null und nichtig erklärt, die beiden Erzbischöfe ihres Amtes enthoben und der fehlbare König ultimativ zum Gehorsam gegenüber seinem höchsten Richter in Rom aufgefordert – mit Erfolg. Bei seinem schroffen Eingriff in die inneren Verhältnisse des Reichs hatte der Papst die Mehrzahl der dortigen Bischöfe auf seiner Seite, und zwar aus gutem Grund. Er unter-

Ehre, wem diese Ehre nicht gebührt Papst Nikolaus I. lässt in diesem Fresko der Kirche San Clemente aus dem 11. Jahrhundert die Reliquien Clemens' I. in dessen Basilika übertragen. Der fromme Transfer geschah erst einige Monate nach dem Tod Nikolaus' I., aber die Bildprogrammgeber der Reformzeit brauchten diesen als Ideengeber und Vorläufer ihrer Erneuerungsbestrebungen.

stützte sie nämlich gegen die Führungsansprüche des Erzbischofs Hinkmar von Reims; dabei berief er sich auf angeblich falsch ausgelegte Beschlüsse älterer Kirchenversammlungen und wahrscheinlich auch auf die frisch gefälschten Pseudo-Isidorischen Dekretalen. Für die römische Seite war der Sieg über einen ehebrecherischen Monarchen gottgewollt und ein Präzedenzfall für die Zukunft: Das Recht der Kirche brach das Recht der sündigen Welt. So war es die heilige Pflicht des Papstes, frevelnde Machthaber zur Ordnung zu rufen, notfalls unter Einsatz der schärfsten geistlichen Waffen.

Seine schroffen Ansprüche auf Oberhoheit über die gesamte Kirche brachte Nikolaus auch gegenüber Byzanz zum Ausdruck. Im Streit zweier Kandidaten um die Würde des dortigen Patriarchen fällte er ein Urteil, das den romfreundlicheren Prätendenten begünstigte. Dessen Konkurrent reagierte prompt und setzte Nikolaus im Namen seiner eigenen Machtfülle ab. Beide Akte blieben ohne größeren Einfluss auf die Ereignisse am Bosporus und am Tiber, zeigten aber, wie zerrüttet das Verhältnis zwischen West- und Ostkirche war. Die Rivalität erstreckte sich auch auf die Missionierung im östlichen Europa. Dabei gingen Nikolaus I. und seine Nachfolger mit einer kulturellen und sprachlichen Inflexibilität vor, die den byzantinischen Rivalen entscheidende Vorteile verschaffte. Sie waren nicht bereit, dem frisch getauften Herrscher der Bulgaren das von diesem gewünschte kirchliche Führungspersonal zu stellen, und trieben ihn so in die Arme des byzantinischen Patriarchen.

In Rom war der auf europäischer Bühne aktivste Papst des 9. Jahrhunderts weniger präsent als seine Vorgänger. Wie üblich verzeichnet sein Biograph zahlreiche Schenkungen an Kirchen und Klöster, doch keine größere Bautätigkeit. Dieser Wechsel des Herrschaftsstils hatte zweifellos damit zu tun, dass Nikolaus nicht aus dem römischen Stadtadel stammte; sein Vater war im Dienste der Kirche für die Güterverwaltung eines römischen Stadtviertels tätig gewesen. Eine Dynastie- und Parteibildung, wie sie die meisten seiner Vorgänger betrieben hatten, war damit ausgeschlossen. Dieser Verzicht auf intensive Familienförderung erhöhte nicht nur Nikolaus' Autorität, sondern setzte darüber hinaus Energien frei, die dem Prestige des Amts zugute kamen. Auch das sollte ein Leitmotiv der späteren Papstgeschichte bleiben: Päpste, die keinen Nepotismus betrieben, vermehrten das Ansehen der Institution. Zudem widerlegten sie die stereotype Rechtfertigung päpstlicher Verwandtenförderung, dass der Pontifex maximus loyale und effiziente Mitarbeiter überwiegend im Kreis seiner Familie finde; fast immer war das Gegenteil der Fall.

Sichtbaren Niederschlag fand die Gestalt Nikolaus I. und sein Wirken in einer zweihundert Jahre später entstandenen Freskenserie der Kirche San Clemente, in der sich schon Leo IV. verewigt hatte. An diesen Vorgänger knüpfen die Bilder bewusst an: Wie der «Sarazenensieger» auf dem Papstthron wird Nikolaus als Heilsbringer verherrlicht, der die verehrungswürdigen Überreste Papst Clemens' I. in dessen Kirche übertragen ließ, obwohl diese Translation erst 868, einige Monate nach seinem Tod im November 867, unter Hadrian II. stattfand. Doch aus späterer Sicht ergab die Abweichung von der Chronologie Sinn: Nikolaus I. war für die Reformbewegungen des 11. Jahrhunderts und ihre Päpste ein wichtiger Vorläufer, der ihr eigenes Handeln in eine lange Tradition stellte und damit legitimierte.

5.

Silberstreifen an blutigen Horizonten

Von Hadrian II. bis Gregor VI. (867–1046)

Verbrechen an Lebenden und Toten:
Hadrian II., Johannes VIII., Marinus I., Hadrian III., Stephan V.

Wie instabil die römischen Verhältnisse in den letzten Jahrzehnten geworden waren und wie wenig dort von einer tatsächlichen Herrschaft der Päpste die Rede sein konnte, zeigte sich schon unter dem anschließenden Pontifikat Hadrians II., der wiederum dem römischen Stadtadel entstammte. Der Angehörige einer verfeindeten aristokratischen Sippe, der auch der mächtige Bibliothekar Anastasius angehörte, entführte die Tochter des Papstes bald nach dessen Wahl und ermordete diese zusammen mit ihrer Mutter; für Anastasius blieb die Bluttat seines Verwandten folgenlos.

Als in Byzanz 867 mit Basilios I. eine neue Dynastie an die Macht kam, verbesserte sich das Verhältnis von Ost- und Westkirche aus politischen Gründen schlagartig. Der neue Kaiser suchte das Einvernehmen mit dem Papst und lud diesen ein, seine Vertreter zu einem Konzil nach Konstantinopel zu schicken, das den Streit um die Besetzung des dortigen Patriarchenstuhls endgültig entscheiden sollte. Diese Kirchenversammlung bestätigte das Vorgehen Nikolaus' I. auf der ganzen Linie und erkannte damit die römische Lehr- und Entscheidungshoheit an; das war einer der letzten Triumphe, den das Papsttum für lange Zeit feiern sollte, und er war nicht von Dauer. Im Frankenreich hingegen stießen die Versuche des Papstes, mit der Autorität des Petrus-Nachfolgers in die Thronstreitigkeiten einzugreifen, auf Widerstand: In rein weltliche Angelegenheiten – so der Tenor dieser Absagen – habe sich der Papst nicht einzumischen. Auch in kirchlichen Streitigkeiten hatte das Votum Roms von jetzt an immer weniger Gewicht.

Nach dem Tod des ältlichen und schwächlichen Hadrian im Dezember 872 erhielt Rom mit Johannes VIII. einen entscheidungsfreudigen Politiker-Papst; da erneut arabische Überfälle drohten, war ein solcher Herrscher auch dringend vonnöten. Umstritten war die Wahl auch diesmal. In Formosus, dem einflussreichen Bischof von Porto, erwuchs dem Papst ein mächtiger Rivale; daraus entwickelte sich ein Konflikt, der den ganzen Pontifikat überschatten sollte.

Von der arabischen Bedrohung war auch die «Frankenpolitik» des Papstes bestimmt. Mit Karl dem Kahlen krönte Johannes VIII. am 25. Dezember 875 den Kandidaten zum Kaiser, von dem er sich am meisten Unterstützung in diesem Kampf versprach. Wie er zwei Jahre später vor einer Bischofsversammlung in Ravenna erklärte, hatte er mit diesem Akt ein Dreivierteljahrhundert nach Leo III. und Karl dem Großen erneut demonstriert, dass das Recht, das Reichsoberhaupt zu bestimmen, für alle Zeit unverrückbar beim Papst lag.

Die Hoffnungen auf nachhaltige Hilfe gegen die Araber erwiesen sich schnell als Illusion, so dass der Papst selbst diplomatisch und militärisch die Initiative ergreifen musste. Durch weitreichendes Entgegenkommen und Gebietsschenkungen gelang es ihm, die Seestädte Süditaliens auf seine Seite zu ziehen; zuvor hatten sich die geistlichen Waffen des Papsttums für diese Zwecke als unwirksam erwiesen. Die von Johannes VIII. zusammengebrachte Flotte trug zwar 877 am Kap Circeo südlich von Rom den Sieg davon, aber dauerhaft war die Gefahr dadurch nicht gebannt. Zum Schutz gegen erneute Überfälle wurde deshalb bei der Basilika San Paolo fuori le mura ein Festungswerk mit dem hochtrabenden Namen «Johannispolis» errichtet.

Die schon bald wieder aufflammenden dynastischen Konflikte im Frankenreich griffen immer heftiger und gewaltsamer auf Rom über. Dort verbanden sich die verfeindeten Netzwerke des römischen Adels mit den rivalisierenden Kandidaten, von denen sie sich Unterstützung im Kampf um Rom erhofften. Im Zuge dieser Auseinandersetzungen wurde Johannes VIII. von seinem Dauerkonkurrenten Formosus sogar gefangen gesetzt, doch konnte er im Mai 878 fliehen und sich in die Provence absetzen. Der Papst kehrte zwar bald danach in die Ewige Stadt zurück, doch war seine Herrschaft auf Dauer geschwächt. Dieser Eindruck vermittelte sich auch nach außen. So berichtet die deutsche Quelle der Annales Fuldenses, dass Johannes VIII. im Dezember 882 unter grausigen Umständen zu Tode gekommen sei: Zuerst hätten ihm seine Feinde Gift eingeflößt und dann den Schädel zertrümmert. Die Nachricht ist wahrscheinlich falsch, zeugt aber davon, wie schlecht der Ruf des Papsttums insgesamt nördlich der Alpen geworden war: Schauergeschichten über Mordtaten, Orgien und Skandale am Tiber rissen von jetzt an nicht mehr ab. Die tiefe Abneigung des deutschen Klerus gegen Johannes VIII. hatte einen speziellen Grund: Zum Missfallen des deutschen Klerus begünstigte der Papst Methodius, den Missionar der Mähren, der sich in der Liturgie der slawischen Sprachen bedienen durfte. So erhoben sich immer mehr Stimmen, die die Monopolisierung des Papstamts durch die dekadenten römischen Adligen anprangerten und eine Besserung dieser beklagenswerten Zustände durch deutsche Kandidaten forderten.

Johannes' Nachfolger Marinus I. (auch als Martin II. gezählt) wurde nach einer langen Karriere als Diplomat im Dienste der Kirche im Dezember 882 gewählt, blieb in den knapp anderthalb Jahren seines Pontifikats jedoch eine schattenhafte Figur. Von Bedeutung war nur, dass er Formosus nach Rom zurückkehren ließ und dessen Mitverschwörer rehabilitierte. Vor seiner Erhebung auf den Stuhl Petri war Marinus Bischof von Ceri gewesen, was seine Wahl zum Bischof von Rom und damit zum Papst eigentlich ausschloss. Nach den Bestimmungen des Konzils von Nicaea (325) war eine solche *translatio* (»Übertragung«) auf den römischen Bischofsstuhl untersagt, es sei denn, sie wurde von einer übergeordneten Instanz des damit für die Kirche verbundenen Nutzens wegen ausdrücklich genehmigt. Für dieses Verbot, eine Diözese gegen die andere einzutauschen, sprachen gute Gründe.

Auf diese Weise wurden Karrieren in der Kirche normiert und allzu ehrgeizige Kleriker kontrolliert, Korruption und Klientelbildung zumindest begrenzt. Bis zur Mitte des 11. Jahrhunderts hielt sich die Zahl der Überschreitungen in Grenzen, danach wurden sie bei der Papstwahl die Regel. Mit dem Fall dieser Schranke konnte sich überdies ein Pfründenmarkt entfalten, der dem Ansehen der Kirche schweren Schaden zufügen sollte.

Noch schemenhafter und blutiger zeichnet sich der nachfolgende Kurzpontifikat Hadrians III. ab. Gut dokumentiert sind für seine Regierung nur die Gewalttaten. Selbst die vornehmsten Basiliken boten jetzt keinen Schutz vor Anschlägen mehr. So wurde kurz nach dem Amtsantritt Hadrians im Mai 884 ein hoher Kleriker von einem Kollegen in Sankt Peter ermordet. Der Papst selbst ließ einen hohen Prälaten, der die Gunst Marinus' I. genossen hatte, blenden und eine römische Adlige namens Maria nackt durch die Straßen Roms treiben und auspeitschen. Marinus hatte mit den Anhängern Johannes' VIII. abgerechnet, Hadrian III. hatte es auf die Marinus-Gefolgsleute abgesehen; wenn solche Vendettas zur Regel wurden, war es um das Ansehen des Papsttums schlecht bestellt.

Der fränkische Kaiser Karl III., der Dicke, lud den Papst nach Deutschland ein, um dort im Streit um die Legitimierung seines Sohnes Bernhard zu vermitteln. Hadrian folgte der Aufforderung in der Hoffnung, ein weiteres Mal die Oberhoheit des Papsttums zur Geltung zu bringen, wurde aber auf dem Weg nach Norden bei der Stadt Modena im September 885 ermordet, vielleicht vom Gatten der in Rom gedemütigten Aristokratin. Wer auch immer hier Revanche übte, er zeigte der Welt, dass der Stellvertreter Christi auf Erden definitiv nicht mehr sakrosankt war. Seinem gewaltsamen Ende dürfte Hadrian III. seine – 1891 bestätigte – Heiligkeit verdanken, andere «Verdienste» sind in den Quellen nicht zu erkennen.

Mit Hadrians Nachfolger Stephan V. kam im selben Monat wieder ein Adliger aus der Gegend der *Via lata* zum Zuge. Mit ihm schlug das Pendel zur anderen Seite aus: Der neue Papst war ein Verwandter des ebenso gelehrten wie gewalttätigen Anastasius und ein enger Verbündeter Marinus' I. Damit waren die Weichen innerhalb der Stadtmauern gestellt. Sein Biograph merkt zu seiner Wahl an, dass der Lateranpalast unmittelbar danach geplündert worden sei. Noch tiefer in die römischen Verhältnisse lässt die

Nachricht derselben Quelle blicken, dass der frischgebackene Papst daraufhin das zur Reparatur nötige Geld von seinem Vater leihen musste. Das spricht für ein jugendliches Alter; von nun an wurde der Stuhl Petri häufig mit nachgeborenen Söhnen der großen Adelssippen besetzt. Während Stephans sechsjährigem Pontifikat wurde Rom immer tiefer in die Turbulenzen hineingezogen, die von der fortschreitenden Auflösung der karolingischen Herrschaft im Frankenreich ausgingen; als Reaktion darauf versuchten Territorialfürsten in Nord- und Mittelitalien, das Machtvakuum auf der Halbinsel zu füllen. Um ihre stets umstrittene Stellung zu stärken, strebten sie nach der Kaiserwürde. So musste Stephan V. 891 den erfolgreichsten dieser italienischen Kleinkönige, Herzog Guido IV. von Spoleto, feierlich zum Imperator krönen. Damit wurde der von Leo III. eingeführte Ritus zur Farce, der Titel zur Worthülse, das damit beanspruchte Recht zum Fluch und das Papstamt zum Spielball immer brutaler ausgefochtener Interessengegensätze.

Papst oder nicht Papst? Formosus, Bonifaz VI., Stephan VI., Romanus, Theodor II., Johannes IX., Benedikt IV., Leo V.

Wie stark die Interessengegensätze in Rom geworden waren, zeigte sich bei der nächsten Papstwahl im Herbst 891, als «Klerus und Volk», also die einflussreichsten Prälaten und Adligen, mit Formosus den Mann zum Nachfolger erkoren, der Rom seit drei Jahrzehnten in Atem hielt. Der erfolgreiche Kandidat war weit emporgekommen und als Verschwörer tief gefallen, rehabilitiert und wieder in seine Würden eingesetzt worden. Nun erklomm Formosus im hohen Alter von fünfundsiebzig Jahren den Gipfel seiner bewegten Laufbahn, obwohl er als Bischof von Porto eigentlich vom höchsten Amt der Kirche ausgeschlossen war. Seinen Namen Formosus – «der Schöne» – behielt der neue Papst bezeichnenderweise auch nach seiner Wahl bei. Zum Omen seines Pontifikats wurde der Name nicht. Noch stärker als sein Vorgänger war Formosus von Kaiser Guido von Spoleto abhängig, dessen Sohn Lambert er in Ravenna zum Co-Imperator krönen musste; die beiden Universalgewalten erreichten damit gemeinsam einen Tiefpunkt. Um sich dieser Umklammerung zu entziehen, knüpfte Formosus engere Beziehungen zu Arnulf von Kärnten, dem letzten politisch und militärisch handlungsfähigen Karolinger. Nach Guidos Tod setzte sich Arnulf gegen dessen Anhänger durch und ließ sich im Februar 896 seinerseits in Rom vom Papst zum Kaiser krönen, um danach gegen Spoleto zu ziehen. Doch schlugen diese letzten Versuche, die karolingische Schutzherrschaft in und um Rom dauerhaft zu erneuern, fehl; im April desselben Jahres sank der enttäuschte Pontifex achtzigjährig in das Grab, das ihm im Atrium von Sankt Peter bereitet wurde.

Eine ungestörte Ruhe war ihm darin jedoch nicht vergönnt. Ein Dreivierteljahr später ließ Formosus' zweiter Nachfolger Stephan VI. – der nach Formosus' Tod im April 896 unter turbulenten Umständen gewählte Bonifaz VI. starb schon zwei Wochen nach seiner Erhebung – den verwesenden Leichnam aus seiner Gruft zerren, in päpstliche Amtsgewänder einkleiden und in einer römischen Basilika vor ein Konzil stellen, dem er selbst präsidierte. Dort wurde dem Exhumierten der Prozess gemacht. Anstelle des Toten, der auf dem Anklagestuhl platziert wurde, antwortete ein Diakon, und zwar so, wie es der päpstliche Ankläger hören wollte. Auf das «Geständnis» folgte die Verurteilung: Aufgrund schwerer Vergehen wie der unzulässigen Translation vom Bistum Porto auf den Papstthron wurde Formosus posthum abgesetzt und sein Pontifikat mit allen seinen Handlungen für ungültig erklärt. Zum Zeichen dafür wurden ihm zwei oder drei Finger der rechten Hand abgeschnitten, mit der er einst Segen gespendet und Weihen erteilt hatte. Danach wurde der verstümmelte Leichnam zuerst auf dem Friedhof der Fremden verscharrt und kurz darauf in den Tiber geworfen. Warum diese makabere Zeremonie, die schon die nicht gerade zimperlichen Zeitgenossen verstörte und bis heute zum Kernbestand päpstlicher Kriminalgeschichte gehört?

Stephan VI. war ein Parteigänger Spoletos, doch Lambert und dessen einflussreiche Mutter Ageltrude scheiden als Anstifter aus, da durch die Annullierung des Formosus-Pontifikats auch Lamberts Krönung zum Mitkaiser ungültig wurde. Zudem ist die Anwesenheit der beiden bei der Leichensynode nicht gesichert. Aufgehoben wurde durch die gespenstische Verurteilung auch die Weihe, die Formosus dem regierenden Papst seinerzeit als Bischof von Anagni hatte zuteil werden lassen; dadurch war dieser zum Zeitpunkt seiner Wahl zum Nachfolger Petri nicht mehr Bischof, also selbst nicht dem Vorwurf einer illegalen Erhebung ausgesetzt. Doch die Reinigung von dieser Anklage erklärt nicht den Hass, der sich in der rituellen Schändung niederschlug. Die Annahme, dass Stephan VI. von einer fortdauernden Amtsautorität auch nach dem Tod des Amtsinhabers ausging und dessen «Rechtspersönlichkeit» endgültig austilgen wollte, ist zu abstrakt und zu modern. Viel eher kommen hier magisch-abergläubische Vorstellungen ins Spiel: Dem verstorbenen Feind soll durch den Entzug der Legitimität die Fähigkeit genommen werden, von jenseits des Grabes schädlichen Einfluss auf die Lebenden auszuüben. Das Christentum hatte sich seit Jahrhunderten mit heidnischen Ideen vom Jenseits und dem Glauben an Geister verquickt und prägte mit dieser Mischung die Mentalitäten, nicht nur im Volk, sondern auch im Adel.

Die nachträgliche Amtsenthebung eines Papstes, der immerhin viereinhalb Jahre lang regiert hatte, erwies sich für Stephan VI. als kontraproduktiv, weil sie ein Klima der Rechtsunsicherheit schuf und einflussreiche Persönlichkeiten delegitimierte. So zeigte sich ein für alle Mal, dass sich aus der Kette der Päpste kein Glied herauslösen ließ. Ein Pontifex maximus konnte von Grund auf böse sein; mit einem solchen Nachfolger Petri bestrafte der Heilige Geist die Christenheit für ihre Sünden – so lautete seit Leo I. die offizielle Theorie. Ein ungültiger Pontifikat aber war nicht denkbar, weil er die Kontinuität und damit die Legitimität des Amtes und der Kirche infrage stellen würde. Wäre der Pontifikat des Formosus ungültig, dann hätten nicht ordnungsgemäß berufene Kleriker an Einsetzungen, Weihen und Wahlen teilgenommen, die dadurch unrechtmäßig zustande gekommen und ebenfalls null und nichtig wären. Den Fluch der makaberen Tat erfuhr Stephan VI. am eigenen Leibe, als er ein halbes Jahr nach der Leichensynode von Aufständischen gefangen genommen, für abgesetzt erklärt und erwürgt wurde.

Der «Fall Formosus» aber war damit noch nicht abgeschlossen. Sein Leichnam wurde aus dem Fluss geborgen, ehrenvoll beigesetzt und sein Pontifikat von den Päpsten Theodor II. und Johannes IX. rehabilitiert. Zwar erklärte Papst Sergius III. sieben Jahre nach dem Totenprozess Herrschaft und Herrschaftshandlungen des Formosus erneut für ungültig und damit für erneuerungspflichtig, doch konnte er sich mit dieser Auffassung nicht mehr durchsetzen.

Romanus, der Nachfolger Stephans VI., stammte wie Marinus I. aus dem unweit von Rom gelegenen Kastell Gallese und ist derselben Partei wie dieser Papst zuzurechnen. Wahrscheinlich vertrat er dessen «Pro-Formosus»-Kurs aber nicht entschieden genug und wurde daher nur drei Monate nach seiner Inthronisation im August 897 wieder abgesetzt. Offenbar entging er dem Schicksal seines Vorgängers und wurde nach seiner Entmachtung nur ins Kloster geschickt, was einer unblutigen Mundtotmachung gleichkam. Auch der nächste Papst, Theodor II., saß nur knapp drei Wochen auf dem Stuhl Petri, ohne dass die – natürlichen oder gewaltsamen – Gründe für dieses rasche Abtreten von der historischen Bühne bekannt sind. Wie seine beiden Vorgänger war auch sein Nachfolger, der sich Johannes IX. nannte, ein «Formosianer»; seine Gegner wählten gleichzeitig einen Kandidaten namens Sergius, der sich nicht lange behaupten konnte, dafür aber sechs Jahre später zum Zuge kam.

In seinem gerade einmal zweijährigen Pontifikat gelang es Johannes IX., den Zerfall der Amtsautorität, den Reputationsverlust und die Auflösung der Ordnung in Rom und im Patrimonium Petri noch einmal aufzuhalten. Eine nach Ravenna einberufene Kirchenversammlung verdammte in Gegenwart von 73 Bischöfen und des «Klein-Kaisers» Lambert die Leichensynode und tilgte durch den Befehl zur Vernichtung aller Unterlagen die Erinnerung an sie. Den meisten Teilnehmern wurde mit der Begründung, dass sie nur unter Zwang mitgemacht hätten, Verzeihung und Rehabilitierung gewährt, nicht jedoch ihren Anführern, darunter dem Gegenpapst und späteren Papst Sergius III. Die Wahl von Bischöfen zum Bischof von Rom wurde ein weiteres Mal verboten. Trotzdem erklärte die Synode den Formosus-Pontifikat für rechtmäßig und dessen Akte damit für rechtsgültig – mit Ausnahme der Kaiserkrönung Arnulfs von Kärnten. Damit sicherten sich Papst und Episkopat den Schutz Lamberts, den sie zur Aufrechterhaltung ihrer Stellung in Rom und Italien dringend benötigten. Zu diesem Zweck wurde sogar die *Constitutio Romana* Lothars I. von 824 wieder in Kraft gesetzt, die die Papstwahl in Anwesenheit kaiserlicher Vertreter eingeschärft hatte; diese Bestimmung wurde auf die Weihe des neuen Pontifex maximus bezogen. Das «Grundgesetz», das die Macht der Karolinger in Rom sichern sollte, kam jetzt also Herrschern aus italienischen Dynastien zugute.

Die drei Nachfolger Johannes' IX., die es zusammen auf knapp vier Pontifikatsjahre brachten, bleiben schemenhafte Figuren. Der erste von ihnen, Benedikt IV., wurde im Jahr 900 inthronisiert und krönte 901 noch einen Schattenkaiser. Der zweite, Leo V., wurde nach knapp zweimonatigem Pontifikat im September 903 von dem Kardinalpriester Christophorus eingekerkert und von dessen Nachfolger Sergius III. ermordet. Von Leo ist überliefert, dass er nicht aus Rom stammte; die Darstellung, er sei als frommer Pilger nach Rom gekommen und dort nach einem Himmelszeichen zum Papst erhoben worden, ist legendär. Christophorus, der offiziell als Gegenpapst gilt, wurde im Januar 904 ebenfalls vom einstigen Gegenpapst und jetzt neu erhobenen Pontifex maximus Sergius III. umgebracht. Die vier letzten Päpste waren Formosus-Anhänger gewesen, mit Sergius III. wendete sich das Blatt nochmals, als er die Beschlüsse der Leichensynode bestätigte, doch wie erwähnt ohne nachhaltige Wirkungen.

Mord und Geblütsheiligkeit: Sergius III., Anastasius III., Lando, Johannes X., Leo VI., Stephan VII., Johannes XI.

Mit dem siebenjährigen Pontifikat Sergius' III. zwischen Januar 904 und April 911 wandelten sich die Machtverhältnisse in Rom einschneidend. Bislang waren sie von starken Rivalitäten innerhalb der stadtrömischen Adelsschicht und hoher Instabilität geprägt worden. An die Stelle dieser Clankämpfe traten jetzt für fast anderthalb Jahrhunderte klar definierte Vormachtstellungen einzelner Aristokraten, die die Mehrheit ihrer Standesgenossen hinter sich wussten.

Den Anfang machte Theophylakt, der für die päpstliche Finanz- und Militärpolitik zuständig gewesen war und bis zu seinem Tod im Jahr 925 als allgemein anerkannter Schiedsrichter der römischen Oberschicht und damit auch als Papstmacher auftreten konnte. Unter seiner Parteiführerschaft wurde seine Tochter Marozia, die er mit dem Markgrafen Alberich von Spoleto verheiratet hatte, immer einflussreicher; nach Theophylakts Tod beherrschte sie Rom und das Papsttum sieben Jahre lang weitgehend unbeschränkt. Noch sehr viel mächtiger als seine Mutter Marozia und sein Großvater wurde Alberich II. Er hatte von 932 bis 955 in Rom eine Vorherrschaft inne, die in mancher Hinsicht der Machtstellung von Einzelherrschern (*signori*) des 13. und 14. Jahrhunderts gleichkam. Spätere Historiker wie Liutprand von Cremona, der im Dienste Kaiser Ottos I. tätig war, haben diese Jahrzehnte rückblickend als Hölle auf Erden voll himmelschreienden Unrechts, zügelloser Gewalt und unaussprechlicher Unsittlichkeit gebrandmarkt. Neuzeitliche Historiker schrieben sogar von «Pornokratie», also einem «römischen Hurenregiment». Speziell Marozia erscheint in diesen Darstellungen wie eine neue Messalina, die ihre Liebhaber auf den Papstthron erhebt und stürzt, wenn neue Günstlinge an deren Stelle getreten sind. Da die römischen Quellen für diese Zeit äußerst spärlich fließen – poetisch begabte Historiker sprechen sogar von einer «Zeit der Mysterien» – und dementsprechend wenig harte Fakten zu Buche schlagen, sind solche Aussagen mit großer Vorsicht aufzunehmen. Liutprand hatte als geschworener Parteigänger der Sachsen-Herrscher lebhaftes Interesse daran, die Zustände, die sein Held Otto I. bei seiner Krönung zum Kaiser im Jahre 962 in der Ewigen Stadt vorfand, in den düstersten Farben zu schildern. Zudem kamen im Laufe des 10. Jahrhunderts im Umkreis des Klosters Cluny und anderer Reformzentren neue Vorstellungen von den geistlichen und moralischen Pflichten des *vicarius Christi* auf, denen das römische Adelspapsttum der Zeit nicht gerecht werden konnte. Darüber hinaus entwickelte sich in dieser Zeit bei den Historikern ein zunehmendes Bewusstsein für die kollektiven Eigenschaften von Völkerschaften, das zu deutlich abgegrenzten Stereotypen von «Deutschen» und «Italienern» führte. Dahinter standen noch keine klar definierten Nationen, wohl aber Feindbilder, die im Kampf um die Führungspositionen in der Kirche publizistisch ausgeschlachtet wurden. Das alles hatte zur Folge, dass Kleriker aus Frankreich und Deutschland mit den römischen Zuständen sehr viel härter ins Gericht gingen als ihre Kollegen in Italien – ein Unterschied in Beurteilung und Bewertung, der bis in die historische Forschung des 21. Jahrhunderts hinein spürbar ist.

Für die katholischen Reformer im Umkreis des Konzils von Trient (1545–1563) und danach waren die meisten Päpste zwischen 904 und 1046 eine Peinlichkeit ersten Ranges. Dem Ideal eines sittenstrengen, den Verlockungen dieser Welt gegenüber immunen, ganz auf die Stärkung der Kirche, die Verbreitung des wahren Glaubens in der Welt und die Erziehung der Gläubigen ausgerichteten Papsttums standen sie denkbar fern; protestantische

Historiker benutzten sie daher als willkommenes Argument, um die These Luthers zu belegen, dass das Papsttum nach seiner frühen Abkehr von heiligmäßigen Anfängen zur Inkarnation des Antichrist schlechthin geworden war. Für katholische Historiker war diese «dunkle Zeit» daher eine heikle Materie. Wie konnte man die bestürzenden Fakten einräumen, ohne die Schlussfolgerung zu ziehen, dass das Papsttum damit seinen Anspruch auf die umfassende Führung der Kirche verwirkt habe? Der offiziöse Historiker der katholischen Reform und spätere Kardinal Cesare Baronio fand Ende des 16. Jahrhunderts in seinen monumentalen *Annales Ecclesiastici* die Lösung für dieses *saeculum obscurum*. Er leugnete nicht, was offensichtlich geschehen war, weil er damit dem konfessionellen Gegner noch mehr Blößen geboten hätte, sondern betonte die wundersamen Wege der Rettung, auf denen die Päpste aus dieser Talsohle ihrer Geschichte zu neuen, strahlenden Höhen emporgestiegen waren. Wenn die Stellvertreter Christi auf Erden als Strafe Gottes für die verrohte Christenheit so tief gesunken waren wie die Gespielen der Marozia im 10. Jahrhundert, dann mussten himmlische Kräfte am Werk gewesen sein, um schon im nächsten Säkulum einen Reform-Papst wie Gregor VII. auf den Stuhl Petri zu setzen.

Die nüchternen Fakten ergeben ein differenziertes Gesamtbild. Außerhalb Roms und vor allem nördlich der Alpen büßten die Päpste in dieser Zeit unleugbar das Prestige, das ein Nikolaus I. dem Amt verschafft hatte, fast völlig ein. Immer häufiger kam es jetzt vor, dass Bischöfe und ihre Versammlungen in Frankreich und Deutschland päpstliche Verlautbarungen für unmaßgeblich erklärten – wenn sie sich nicht sogar noch viel despektierlicher ausdrückten. Das hatte weiterhin damit zu tun, dass die päpstliche «Kanzlei» Texte in grausam misshandeltem Latein verbreitete; Hohn und Spott für diesen Bildungsverlust waren ihr dafür sicher – die Päpste der Renaissance wussten wohl, warum sie die wortmächtigsten und stilsichersten Humanisten als Sekretäre engagierten. Auf der anderen Seite ist nicht zu leugnen, dass einzelne Päpste wie Johannes X. erfolgreich gegen die arabische Bedrohung vorgingen und wie Johannes XII., der am übelsten beleumdete von allen, wegweisende politische Lösungen weit über die Mauern der Ewigen Stadt hinaus fanden.

So stellt sich die Frage, welchen Stellenwert das Papstamt für die Stadtherren bzw. die Stadtherrin Roms in dieser Zeit eigentlich besaß. Dass man es mit eigenen Gefolgsleuten, besser noch: mit Blutsverwandten, besetzen musste, war unstrittig, weil sich sonst wie im letzten Viertel des 9. Jahrhunderts eine Doppelspitze mit unabsehbarem Konfliktpotential gebildet hätte. Doch welche Vorteile verschaffte ein Papst aus der eigenen Familie einem Theophylakt, einer Marozia und einem Alberich II. konkret und praktisch? Selbst in einer so geschichtsvergessenen Zeit, in der nicht einmal mehr der *Liber pontificalis* mit seinen durchlaufenden Papstbiographien fortgeführt wurde, kann die Erinnerung an größere und glänzende Zeiten und Gestalten auf dem Papstthron und damit die Aussicht auf eine ruhmreiche Zukunft nicht völlig erloschen sein. Sehr viel nüchterner als Baronio kann man im bloßen Festhalten an Riten und Ansprüchen, so formelhaft, erfolglos und oft sinnentleert sich diese im Hier und Jetzt auch ausnahmen, die Leistung des «dunklen Jahrhunderts» sehen; dieses Minimum an Kontinuitätswahrung hat das Überleben des Papsttums gewährleistet und seinen Aufstieg zu ungeahnten Machthöhen überhaupt erst möglich gemacht.

Nun zu den harten Fakten in dieser legendenumwobenen Zeitspanne! Sergius III. stammte aus einer römischen Adelsfamilie, war mit seinem «Protektor» Theophylakt aber wohl nicht verwandt. Rätsel gibt seine Grabinschrift auf, die seine Wahl zum Papst *in iure paterno* verkündet. Was es mit diesem «väterlichen Recht» auf sich haben könnte, das dem Mörder seiner beiden Vorgänger die Papstwürde einbrachte, lässt sich nicht eindeutig bestimmen. Am wahrscheinlichsten ist, dass Sergius III. der Sohn Benedikts III. war. Daraus einen Anspruch auf Nachfolge abzuleiten, zeigt, wie nahtlos sich die Kirchenspitze der Zeit mit ihren Werten und ihrer Mentalität adligen Vorstellungen angenähert hatte. Andere Interpretationen deuten die Formulierung als Berufung auf das Kirchenrecht, die Schöpfung der Kirchenväter, doch spricht angesichts der familiären Verflechtung im Umkreis des Papstamts sehr viel mehr für die Auffassung von der Erblichkeit des Papsttums. Aus diesem Blickwinkel musste Formosus, der Repräsentant einer feindlichen Interessengruppe, wie ein Usurpator erscheinen, dem die angemaßte Würde zu Recht aberkannt wurde. Der Kampf um die Annullierung seines Pontifikats stand denn auch ganz im Zentrum von Sergius' Regierung, die ansonsten kaum über die römische Stadtgrenze hinausreichte. Auch über dieses beschränkte Wirken haben die Quellen wenig genug zu berichten; außer Restaurierungsarbeiten an der päpstlichen Bischofskirche, der Lateranbasilika, ist nichts sicher bezeugt. Liutprand von Cremona behauptet, der Papst habe ein stadtbekanntes Verhältnis mit Marozia, der Tochter Theophylakts, unterhalten, aus dem mit Johannes XI. ein späterer Papst hervorgegangen sei. Doch diese Nachricht bedarf der kritischen Überprüfung. Liutprand hatte eine ausgeprägte Vorliebe für pikanten Klatsch und auch die dazugehörige Phantasie; andererseits entspräche eine solche Erhebung dem Selbstverständnis und den Herrschaftsmethoden der regierenden Sippe voll und ganz. Zudem genoss der spätere Johannes XI. Marozias Gunst in so auffallendem Maße, dass zumindest seine Abstammung mütterlicherseits als einigermaßen gesichert gelten darf. Auch die Vaterschaft Sergius' III. hat im Lichte neuester Untersuchungen einiges für sich; zumindest die Zeitgenossen, und zwar auch die Parteigänger der Theophylakt-Sippe, hegten daran keinen Zweifel. Ein Papst als Sohn eines Papstes: Das Papsttum glich sich den Vorstellungen von Geblütsheiligkeit und Herrscherheil weltlicher Dynastien gefährlich nahe an.

Sergius' Nachfolger Anastasius III. (911–913) und Lando (913–914) standen ganz im Schatten Theophylakts. Anastasius' Grabinschrift im Vorhof von Sankt Peter bittet die Pilger, für dessen ewige Ruhe zu beten, die er sich durch seine Milde verdient habe; das war eine schmeichelhafte Umschreibung für die völlige Machtlosigkeit dieses Papstes. Ist sein Wirken immerhin noch durch eine Bulle für eine norditalienische Kirche bezeugt, so fehlt für den gut viermonatigen Pontifikat Landos jegliches Zeugnis dieser Art. Auch für den nächsten Papst hat Liutprand die fast schon obligatorische Skandal-Anekdote bereit: Johannes X. (914–928), der wahrscheinlich aus der heutigen Region Emilia-Romagna stammte, sei als Liebhaber von Theophylakts Gattin Theodora früh zu hohen kirchlichen Würden, zuerst dem Bistum Bologna, dann dem Erzbistum Ravenna, und auf dieselbe Weise auch auf den Stuhl Petri gelangt. Dass auch dieser Papst ein Günstling des römischen Adelschefs war, steht außer Frage. Allerdings vermochte er sich diesem gegenüber sehr viel besser zu behaupten als seine Vorgänger. An dem 915 errungenen Sieg über die Araber, die von Süden her weiterhin das römische Umland verheerten, hatte Johannes X. wesentlichen Anteil. In einem Brief an den Bischof von Köln rühmte sich der Papst sogar, an der Seite seiner Verbündeten aus Gaeta, Neapel, Salerno und Capua in der entscheidenden Schlacht am Garigliano selbst mitgekämpft zu haben; das war ein Ruhmestitel für einen adligen Krieger, doch ein eklatanter Verstoß gegen die Amtspflichten eines Papstes, dem jegliches Blutvergießen strikt untersagt war. Selbst ins ferne Deutschland streckte der rührige Pontifex maximus seine Fühler aus. Die Instruktion für den päpstlichen Legaten fordert diesen auf, das «teuflische Unkraut, das sich in diesen unseren Landen breit gemacht hat», auszureißen und den «verhängnisvollen Verschwörungen einiger bösartiger Männer» entgegenzutreten. Das bedeutete wohl, die schwindende Autorität König Konrads durch römische Unterstützung zu stärken.

Seine Verwicklungen in die europäische Machtpolitik wurden Johannes X. schließlich zum Verhängnis. Nach dem Tod seiner Verbündeten Theophylakt und Alberich von Spoleto festigte Marozia ihre Machtstellung durch eine zweite Eheschließung mit dem toskanischen Markgrafen Guido, während der Papst Hugo von der Provence, den neuen König von Italien, begünstigte und sogar zum Kaiser krönen wollte, um durch diese Anlehnung an einen auswärtigen Herrscher seine Unabhängigkeit vom römischen Adel weiter zu festigen. Doch so viel Selbständigkeit hatte Marozia für ihren Strohmann auf dem Papstthron nicht vorgesehen. Ende 927 schlug die römische Adelspartei erstmals zu, noch nicht unmittelbar gegen Johannes X., sondern gegen dessen einflussreichen Bruder Pietro, der daraufhin die Ungarn zu Hilfe rief, die damals große Teile Europas verwüsteten. Nach deren Niederlage floh Pietro nach Rom, wo er kurz darauf umgebracht wurde. Wenig später, im Mai oder Juni 928, schlug auch dem tatkräftigsten Papst des «dunklen Jahrhunderts» die Stunde. Marozia und Guido ließen ihn gefangen nehmen, setzten ihn ab und ließen ihn nach einem Jahr im Kerker ermorden. Durch diese Galgenfrist überlebte Johannes sogar noch seinen Nachfolger Leo VI., der Ende 928 oder Anfang 929 starb.

Da ein Pontifex maximus nach römischer Rechtsauffassung von niemandem gerichtet und erst recht nicht seines Amtes enthoben werden kann, hatten spätere Juristen und Historiker im Dienste des Vatikan mit diesen Vorgängen ihre Probleme: Waren die zu Lebzeiten Johannes' X. gewählten Päpste Leo VI. und Stephan VII. legitim oder Gegenpäpste? Im Vergleich mit der Formosus-Frage waren die praktischen Konsequenzen einer solchen Debatte gering. Leo und Stephan hatten keinerlei Interesse an innerkirchlichen Aktivitäten, so dass niemand den Verlust seiner Weihen und Würden befürchten musste, wenn diese Pontifikate als ungültig eingestuft würden. Doch so weit kam es nicht, denn es gab ein rechtliches Schlupfloch: Wie immer in solchen Fällen stellte sich die Kurie auf den Standpunkt, dass der abtretende Papst auf sein Amt verzichtet und damit Raum für Neuwahlen geschaffen hatte; die Umstände, die zu diesem «Rücktritt» führten, fielen demgegenüber rechtlich nicht ins Gewicht.

Der Nachfolger Leos VI., Stephan VII., war ein Platzhalter für Johannes XI., der beim – wahrscheinlich natürlichen – Tod seines Vorgängers im Februar 931 kaum zwanzig Lenze zählte – der Wille Marozias, die sich mit den für sie kreierten Titeln einer «senatrix et patricia» schmückte, war in Rom Gesetz. Der Tragweite seiner am besten dokumentierten Amtshandlung vom März 931 dürfte sich der jugendliche Pontifex maximus, der sich in den vierdreiviertel Jahren seines Pontifikats nie von seiner übermächtigen Mutter emanzipierte, kaum bewusst gewesen sein: In einem umfassend angelegten Privileg für das zwei Jahrzehnte zuvor gegründete burgundische Kloster Cluny befreite Johannes XI. dessen Abt Odo von jeglicher Unterordnung unter weltliche und kirchliche Gewalten und stellte ihn stattdessen direkt unter Schutz und Jurisdiktion des Papstes. Verbunden mit diesen Immunitäten war die Befugnis, andere Klöster zu beaufsichtigen und nach dem Vorbild der Mutter-Abtei zu reformieren. Damit förderte einer der «ungeistlichsten» und in den Augen aller späterer Reformer skandalösesten Päpste die Erneuerungsbewegung, die nach ihrer raschen Ausdehnung über ganz Europa Kirche und Papsttum von Grund auf verändern sollte.

Gefügiges Werkzeug seiner Senatorin-Mutter war der Papst auch in seiner «Ostpolitik». Marozia hegte den ehrgeizigen Plan, ihre Tochter Berta mit einem Sohn des regierenden byzantinischen Usurpatoren-Kaisers zu verheiraten, um dadurch einen uneinholbaren Prestigevorrang vor den übrigen römischen Adelsfamilien zu gewinnen. Da traf es sich gut, dass auch der Herrscher in Konstantinopel ein familiäres Anliegen hatte, bei dem ihm der Papst Schützenhilfe leisten konnte, nämlich seinen minderjährigen Sohn Theophylakt zum Patriarchen zu erheben. Seiner brieflich ausgedrückten Bitte, diesen Herzenswunsch mit der Autorität des Papsttums nachhaltig zu unterstützen, kam Johannes XI. freudig nach; schließlich winkten als Belohnung für seine Willfährigkeit freundschaftliche Beziehungen zum Kaiserhaus. Den übrigen römischen Adelsfamilien musste diese Verschwägerung mit der renommiertesten Macht der Christenheit ein Dorn im Auge sein, sprach doch alles dafür, dass die «Theophylaktoiden» damit gleichfalls eine neue, vom Konsens der übrigen Aristokraten abgehobene Machtstellung erreichen wollten. Ein weiteres Anzeichen dafür war das brüske Umschwenken Marozias in der italienischen Politik. Fünf Jahre zuvor hatte sie noch die Ambitionen König Hugos auf die Kaiserkrone zunichte gemacht, um die Eigenständigkeit des römischen Adels zu bewahren; jetzt heiratete sie diesen König von Italien 932 in dritter Ehe. Für ihre Standesgenossen am Tiber war diese Verbindung das Signal, dass sich ihre Interessenvertreterin zur Alleinherrscherin aufschwingen wollte. Das zeigte sich schon während der Zeremonie, in der Johannes XI. seine Mutter mit seinem zweiten Stiefvater vermählte. Während der Feierlichkeiten kam es zu einem heftigen Zusammenstoß des Bräutigams mit Alberich II., dem Sohn der Braut aus erster Ehe. Dieser hatte keine großen Schwierigkeiten, die Römer, die jetzt auch noch eine Verlagerung der Kurie nach Südfrankreich befürchten mussten, zum Aufstand anzustacheln. Im Dezember setzte Alberich seine Mutter ab und gefangen; sie verschwindet danach aus den Quellen. Seinen päpstlichen Halbbruder stellte der neue Machthaber im Lateran unter Hausarrest, wo dieser weitgehend vergessen Ende 935 mit fünfundzwanzig Jahren eines natürlichen Todes starb.

Alberichs Päpste:
Leo VII., Stephan VIII., Marinus II., Agapet II., Johannes XII.

Die vier nächsten Päpste waren allesamt Kreaturen Alberichs II., der Rom bis zu seinem Tod 954 mit der Machtfülle beherrschte, die der römische Adel seiner Mutter Marozia nicht zugestehen wollte. Papstmacherinnen waren in der Kirche nicht vorgesehen; mit diesem Handicap hatte Marozia zu Lebzeiten und posthum zu kämpfen. Da sie keine Heilige war, wurde sie in der katholischen Historiographie zur Hure. Dabei unterschieden sich ihre Ziele und Methoden nur unwesentlich von denen ihres Sohnes.

Dieser hatte sich der Angriffe seines Stiefvaters Hugo von der Provence zu erwehren. Das gelang ihm mithilfe Leos VII., der im Januar 936 die Nachfolge Johannes' XI. antrat und den schon zu Lebzeiten als heilig verehrten Abt Odo von Cluny als Vermittler zwischen den Kontrahenten einschaltete. Von den Schalthebeln der Macht gänzlich ferngehalten, förderte der Papst, der vor seiner Wahl vielleicht selbst dem Benediktinerorden angehört hatte, die Bestrebungen Odos, die auf eine moralisch runderneuerte, von jeglichem Einfluss weltlicher Herrscher befreite, pastoral und asketisch ausgerichtete Kirche abzielten. Nach der äußerlichen Bekehrung sollte sie jetzt die innere Christianisierung in Angriff nehmen und zu diesem Zweck die Gewissens- und Erziehungshoheit über die Gläubigen gewinnen. Wie schon Johannes XI. verlieh Leo VII. dem mächtigen Mutterkloster in Burgund weitere Sonderrechte, die dieses zu einem eigenständigen Machtfaktor in der Kirche aufsteigen ließen.

Leos Nachfolger Stephan VIII. (939–942) setzte diese Politik fort und versuchte in den Thronstreitigkeiten Frankreichs zu vermitteln. So lassen sich die gesicherten Nachrichten über seinen Pontifikat zusammenfassen. Die Quellenarmut steht in ausgeprägtem Kontrast zu den politisch und militärisch wild bewegten Zeitläuften, in denen sich Alberich nicht nur gegen seinen Dauergegner aus der Provence, sondern auch gegen den immer mächtigeren Markgrafen Berengar von Ivrea und andere italienische Fürsten behaupten musste. Eine spätere Quelle, die in eine Bearbeitung des *Liber pontificalis* aus dem 15. Jahrhundert Eingang fand, berichtet, dass Stephan VIII. an Verletzungen gestorben sei, die ihm als Verschwörer gegen den römischen Stadtherrn zugefügt worden seien. Ihr Wahrheitsgehalt ist ungewiss.

Von seinem Nachfolger Marinus II. (942–946) weiß ein zeitgenössischer Chronist nur zu erzählen, dass er ohne ausdrücklichen Befehl Alberichs nichts zu unternehmen wagte. Damit ist die Nachrichtenarmut für die mehr als dreieinhalbjährige Regierungszeit dieses Papstes erklärt, der die Klosterpolitik seiner Vorgänger durch direkte Unterstellung weiterer Reformklöster unter die römische Jurisdiktion fortsetzte. Gegenüber dieser monastischen Reformbewegung scheint Alberich wohlwollend eingestellt gewesen zu sein, da sie die innerkirchliche Autorität des Papsttums und damit indirekt auch seine Macht als «Fürst, Patrizier und Senator aller Römer» erhöhen musste. Agapet II. (946–955), der vorletzte Papst von Alberichs Gnaden, hatte sich nicht nur mit den Thronstreitigkeiten in Frankreich auseinanderzusetzen, sondern sah sich auch mit den Machtansprüchen des deutschen Königs

Otto I. konfrontiert. Dieser war von seinem Vater Heinrich I. als Thronfolger designiert worden, hatte sich seit seinem Herrschaftsantritt 936 in anderthalb Jahrzehnten gegen innere und äußere Feinde durchgesetzt und strebte jetzt danach, seinen Einfluss nach Italien auszudehnen und vom Papst bestätigen zu lassen. Für Alberichs Machtstellung war diese Expansion eine akute Bedrohung, und so musste Agapet II. Ottos Ersuchen, ihn in der Ewigen Stadt zu empfangen, zurückweisen. Diese Ablehnung machte er durch sein kirchenpolitisches Entgegenkommen mehr als wett. Wie aus einem Protestschreiben des Erzbischofs von Mainz, des Primas von Deutschland, zu entnehmen ist, hatte Agapet Otto die Vollmacht übertragen, neue Bistümer einzurichten und die Grenzen dieser Diözesen nach Gutdünken festzulegen. Mit diesem Privileg schuf der Papst die Voraussetzungen für den Ausbau des ottonischen Herrschaftssystems, in dem vom König handverlesene Bischöfe und Äbte der großen Klöster politische und militärische Funktionen ausübten.

In Rom sah sich Agapet II. nach achtjährigem Pontifikat zur Randfigur herabgedrückt. Auf dem Sterbebett verpflichtete Alberich die römischen Adligen eidlich, seinen Sohn Ottaviano zum Nachfolger zu wählen, sobald der regierende Papst das Zeitliche gesegnet haben würde. Damit verstieß er gleich mehrfach gegen kirchenrechtliche Bestimmungen. Er schränkte die Freiheit der Papstwahl ein, traf entgegen den Vorschriften des Papstes Symmachus zu Lebzeiten des regierenden Pontifex maximus Absprachen für dessen Nachfolge und bestimmte einen Kandidaten zum neuen Papst, der mit seinen gerade einmal siebzehn Lebensjahren den kanonischen Altersanforderungen für die höchste kirchliche Würde in keiner Weise entsprach. Agapet II. wurde durch diesen Designationsakt vollends zum Schattenherrscher auf Zeit degradiert. Im Dezember 955 tat auch er seine Pflicht und starb, ohne dass sein bereits bestimmter Nachfolger nachhelfen musste.

Mit Ottaviano, der sich Johannes XII. nannte, vereinigte ein achtzehnjähriger Aristokrat erstmals seit Jahrzehnten als *princeps* und Papst wieder die ganze Macht in Rom. Die große Frage war, ob der jugendliche Herrscher das diplomatische Geschick aufbringen würde, diese Machtfülle im Interesse seiner Standesgenossen auszuüben und trotz der zweifelhaften Umstände seiner Erhebung seine Autorität in der Christenheit zu behaupten. Für diese schwierigen Aufgaben war Johannes XII. denkbar ungeeignet. Darin waren sich die zeitgenössischen Historiker sämtlicher Parteirichtungen einig, so dass ihr Urteil nicht einfach als von politischen Interessen diktierte Rufschädigung abgetan werden kann. Dieser Papst – so ein besonders wütender Kritiker – hatte keinerlei religiöse Unterweisung genossen und gehörte auch nicht zum Klerus. Seine Biographie im *Liber pontificalis* bringt seinen Lebenswandel lakonisch und resignativ zugleich auf den Punkt: Er widmete sein ganzes Leben dem Ehebruch und anderen leeren Vergnügungen.

Dazu kamen gefährliche militärische Unternehmungen. Im Gegensatz zu seinem vorsichtigen Vater ließ sich der jugendliche Papst auf einen erfolglosen Vorstoß zur Eroberung Süditaliens und auf Konflikte mit König Berengar II. von Italien ein. Als dieser päpstliche Gebiete besetzte und plünderte, rief Johannes XII. den deutschen König Otto I. zu Hilfe, der 951 in Pavia das langobardische Königreich Italien erneuert und vier Jahre darauf die Ungarn vernichtend geschlagen hatte. Durch diese Erfolge profilierte er sich in römischen Augen als idealer Protektor gegen die Übergriffe seines Vasallen Berengar. Was der römische Adelspapst vom sächsischen König erwartete, stand somit fest: Otto sollte ihn aus der gegenwärtigen Notlage befreien, seine Gegner dauerhaft einschüchtern und sich dann in seine rauen deutschen Gefilde jenseits der Alpen zurückziehen. Was die römischen Aristokraten am allerwenigsten wollten, war eine Erneuerung des karolingischen Aufsichts- und Vormundschaftssystems mit seinen permanenten Eingriffen in die Regierung der Stadt und der Kirche. Doch wieder einmal kam alles anders.

Um seine Ziele zu erreichen, musste Johannes XII. dem mächtigen Doppel-König das Höchste, was er zu bieten hatte, nämlich die Kaiserkrönung, antragen. Als Gegenleistung musste Otto Anfang Dezember 961 vor seinem Einzug in die Ewige Stadt schwören, dass er die römische Kirche unterstützen und den Papst schützen werde. Darüber hinaus verpflichtete er sich dazu, in Sachen Roms, der Römer und des Papstes keine Beschlüsse ohne dessen ausdrückliche Zustimmung zu fassen. Johannes XII. schwor seinerseits, dass er selbst und das römische Volk Otto immer treu geblieben seien und dessen Gegner niemals unterstützt hätten. Hinter diesen feierlichen Bekundungen war das wechselseitige Misstrauen mit Händen zu greifen.

Trotzdem wurde Otto I. am 2. Februar 962 in der Peterskirche von Johannes XII. zum Kaiser gekrönt. Im Anschluss an diesen feierlichen Akt wurde in der Krönungsbasilika eine Synode abgehalten, die mit dem Erzbistum Magdeburg eine neue (968 eingerichtete) Diözese zur Bekehrung der Slawen vorsah und damit den macht- und kirchenpolitischen Interessen des neuen Kaisers entsprach. Im Gegenzug bestätigte dieser im sogenannten *Privilegium Ottonianum* dem Papst sämtliche Territorien, die seinen Vorgängern seit Pippin übertragen worden waren. Ob in der Kirchenversammlung auch die Vorwürfe gegen den Lebenswandel des Pontifex maximus zur Sprache kamen, ist unsicher. Doch gegen solche Anklagen durfte sich der jugendliche Papst einstweilen gefeit fühlen. So schien seine Kalkulation aufzugehen: Mit dem sächsischen Herrscher hatte er einen Protektor gefunden, der ihm die dringend benötigte Rückendeckung gegen seine Feinde in Italien verschaffte, ohne dass eine Dauerpräsenz der Deutschen am Tiber drohte. Die weitreichenden Folgen dieser *translatio imperii*, der Übertragung der Kaiserwürde an die Deutschen, konnte der Papst, der aus rein römischer Macht-Räson handelte, unmöglich abschätzen. Für ihn dürfte die Krönung Ottos in der Nachfolge zahlreicher ähnlicher Akte gestanden haben, mit denen seine Vorgänger seit der zweiten Hälfte des 9. Jahrhunderts Kandidaten und Dynastien gegeneinander auszuspielen versuchten, die um die Vormacht in Italien rivalisierten. Dass damit eine Weichenstellung vorgenommen wurde, die in der Folgezeit das nationale Selbstverständnis der Deutschen tiefgreifend prägen, erbitterte Debatten über den Vorrang von geistlicher oder weltlicher Gewalt provozieren und letztlich eine achthundertjährige Tradition des Heiligen Römischen Reiches begründen sollte, war im Februar 962 in keiner Weise absehbar. Dass ein nach einhelligem Urteil so fragwürdiger Papst wie der Sohn Alberichs II. aus dubiosen Antrieben eine so folgenreiche historische Wende einleitete, entbehrt nicht der Ironie.

Die künstliche Harmonie zwischen den beiden Universalgewalten überdauerte das Jahr 962 nicht. Schon bald nach seinem Abzug erreichten den Kaiser beunruhigende Nachrichten: Johannes XII. hatte eine Allianz mit Ottos italienischen Feinden geschlossen und überdies Botschafter entsandt, die ihn in Konstantinopel anklagen und die Ungarn zum Einfall nach Deutschland anspornen sollten. Darüber hinaus machten Berichte von schweren Verbrechen, Ausschweifungen und grenzenloser Misswirtschaft des Papstes die Runde. Dieser stritt die politischen Vorwürfe rundweg ab und kehrte den Spieß um: Otto habe die Versprechungen, die er im *Ottonianum* gemacht habe, nicht eingehalten und sei deshalb in Wahrheit der Meineidige. Seinen freizügigen Lebenswandel rechtfertigte der Papst mit der Heißblütigkeit seines jugendlichen Alters; das war eine ungewöhnliche Entschuldigung für einen regierenden Pontifex maximus. Der Konflikt zwischen Kaiser und Papst ließ sich mit solchen Ausflüchten jedenfalls nicht entschärfen.

Im Herbst 963 zog Otto nach Rom, wo sich der Adel in papst- und kaisertreue Parteien gespalten hatte. Johannes XII., der die Verteidigung der Ewigen Stadt in der Rüstung des Kriegers selbst geleitet haben soll, musste fliehen, und der römische Adel dem Kaiser mit einem feierlichen Eid das Recht übertragen, die Wahl der künftigen Päpste zu «beaufsichtigen». Darüber hinaus trat eine Synode zusammen, die alle gegen den Papst vorgebrachten Anklagen einer sorgfältigen Prüfung unterziehen sollte; nach offizieller Verlautbarung wurde sie auf dringenden Wunsch des römischen Volkes und der in Rom anwesenden Bischöfe einberufen, in Wirklichkeit auf Druck des Kaisers und seiner Parteigänger. Laut Liutprand von Cremona wurden im Zuge dieser Untersuchung ungeheuerliche Missetaten Johannes' XII. aktenkundig gemacht: Verstöße gegen das Kirchenrecht wie der Verkauf von Bistümern und die Bischofsweihe eines zehnjährigen Knaben, aber auch Blasphemien wie die Anrufung heidnischer Gottheiten beim Würfelspiel und schließlich eine lange Reihe von Ehebrüchen und Mordtaten, eine haarsträubender als die andere und naturgemäß kaum zu überprüfen. Der Kaiser ergriff selbst das Wort und bezichtigte den Papst des Eidbruchs und der Rebellion, doch für abgesetzt erklärte ihn die Synode aufgrund seines Lebenswandels.

Für und gegen Otto I.: Leo VIII., Benedikt V., Johannes XIII.

Zum Nachfolger des abgesetzten Johannes XII. wählte die Synode von 963 einen Laien, der daraufhin alle Weihen an einem einzigen Tag empfing – ein kirchenrechtlich unzulässiges Verfahren – und den Namen Leo VIII. annahm. Befriedet war die Lage in Rom damit nicht. Einen Aufstand der Parteigänger Johannes' XII. zu Beginn des Jahres 964 konnte Kaiser Otto gewaltsam unterdrücken, doch die Gegenwehr des abgesetzten Papstes war damit nicht erschöpft. Kaum war der Kaiser aus der Ewigen Stadt abgezogen, berief er Ende Februar eine Synode ein, die Leo VIII. ihrerseits mit den schwersten Vorwürfen überschüttete und exkommunizierte. Johannes' Rache traf nicht nur Leos Unterstützer, sondern auch alle, die von ihm Weihen erhalten hatten. So konnte er ungehindert nach Rom zurückkehren und dort erneut als *princeps* und Papst herrschen, allerdings in steter Furcht vor der Rückkehr des Kaisers. Als Otto nach Ostern 964 erneut nach Rom zog, floh Johannes XII. nach Süden und hielt sich – so der *Liber pontificalis* – wie ein wildes Tier in den Wäldern versteckt. Dort starb der Sechsundzwanzigjährige im Mai 964, laut Liutprand an einem Schlaganfall, nachdem er sich bei einem seiner vielen Ehebrüche allzu sehr verausgabt hatte.

Als die Nachricht von seinem Ableben nach Rom gelangte, wählten seine ehemaligen Parteigänger mit Benedikt V. einen Papst, dem die Anerkennung des Kaisers versagt blieb. Daraufhin setzten ihn seine eigenen Wähler gefangen und öffneten dem anrückenden Heer die Stadttore. In einer weiteren Synode unter Vorsitz von Kaiser und Papst Leo VIII. wurde Benedikt V. für abgesetzt erklärt und später nach Hamburg ins Exil geschickt, wo er noch viele Jahre lebte und nach seinem Tod als Heiliger verehrt wurde.

Wichtiger als die chaotischen Ereignisse wurde in der Folgezeit die Frage, welcher der drei Päpste – Johannes XII., Leo VIII. und Benedikt V. – zu welchem Zeitpunkt legitim oder Gegenpapst gewesen war. Kompliziert wurde die Rechtslage dadurch, dass sich zeitgenössische und spätere Historiker im Falle Johannes' XII. nicht, wie bei ähnlichen Vorkommnissen zuvor, auf einen freiwilligen oder erzwungenen Amtsverzicht berufen konnten. Da andererseits ein Papst weder gerichtet noch abgesetzt werden konnte, müsste die Wahl Leos VIII. zu Lebzeiten seines Vorgängers eigentlich als null und nichtig und die Erhebung Benedikts V. als gültig betrachtet werden. Vollends ausgeschlossen ist es nach diesen Kriterien, beide Pontifikate als rechtmäßig zu betrachten – was das *Annuario pontificio*, die offiziöse Papstliste, allerdings nicht von einer solchen Anerkennung abhält. Nicht weniger problematisch erscheint in diesem Licht die Absetzung Benedikts V. Laut Liutprand, dem aufgrund seiner Parteilichkeit wenig glaubwürdigen Chronisten, trat dieser reuig vor seine Richter und räumte in vorauseilendem Gehorsam ein, mit illegalen Methoden auf den Stuhl Petri gelangt zu sein; andere, glaubwürdigere Quellen wissen von so viel unterwürfiger Bußfertigkeit nichts zu berichten. So bleibt die Frage nach der Rechtmäßigkeit der Pontifikate letztlich offen. De facto bestimmten die Machtverhältnisse, wer Papst war und wer nicht. Die Macht aber hatte Otto I. In diesem Sinne wurde unter Leo VIII. auch das *Ottonianum* ergänzt: Der Kaiser musste den neu gewählten Papst bestätigen und dieser einen Treueeid auf den Kaiser ablegen.

Diese Bestimmungen traten schon bei der nächsten Papstwahl nach dem Tod Leos VIII. in Kraft; als einer der beiden kaiserlichen «Kontrolleure» fungierte Liutprand von Cremona, der die Erhebung Johannes' XIII. im Herbst 965 daher aus eigener Anschauung schildern konnte. Die Wahl des Amtsnamens legt eine Anbindung an den wild bewegten Pontifikat nahe, der anderthalb Jahre zuvor in der Waldeinsamkeit Campaniens endete, doch wird diese Vermutung vom Vorleben des neuen Papstes nur teilweise gestützt. Er stammte aus vornehmem römischem Adel, war aber nicht mit den «Theophylaktoiden» verwandt oder verschwägert; diese Verbindung sollte erst sein Bruder Benedetto herstellen, der mit Stefania da Palestrina in diese Sippe einheiratete. Der neue Papst hatte auf der Synode Ottos I. gegen Johannes XII. gestimmt, ohne dass ihn dieser für seinen «Verrat» zur Rechenschaft gezogen hatte. Dass er jetzt unter den Augen und mit Billigung der kaiserlichen Beauftragten den Stuhl Petri bestieg, zeigt, dass beide Seiten auf den Rückhalt im römischen Adel angewiesen waren und dieser sich daher unterschiedliche Optionen offenhalten konnte. Eine «Kreatur» Ottos I. war Johannes XIII. jedenfalls nicht.

Umso mehr war der neue Papst gezwungen, sich durch Begünstigung seiner Verwandten eine eigene Hausmacht zu schaffen. Doch diese Versuche, eine weitere starke Familienpartei aufzubauen, stießen auf erbitterten Widerstand. Im Dezember 965, gerade einmal drei Monate nach seiner Wahl, wurde der Papst von aufständischen Adligen – darunter der vom Kaiser ernannte Stadtpräfekt – gefangen genommen, misshandelt, in die ländliche Umgebung Roms verschleppt und dort fast ein Jahr lang gefangen gehalten. Erstaunlicherweise schritten seine Gegner diesmal nicht zur Ernennung eines Gegenpapstes, obwohl die Bischofswürde, die Johannes XIII.

vor seiner Erhebung auf den Stuhl Petri innegehabt hatte, dafür die kirchenrechtliche Handhabe geboten hätte. Wahrscheinlich stand einer solchen Wahl der Einfluss des mächtigen Adligen Crescenzio entgegen, der aus einer Seitenlinie der Theophylakt-Sippe stammte.

Im Vorfeld der nächsten kaiserlichen Strafexpedition konnte Johannes XIII. Ende 966 nach Rom zurückkehren. Die Rache, die dieser am Stadtpräfekten, seinem Erzfeind, nahm, schildert der *Liber pontificalis* wie folgt: «Der besagte Papst Johannes ließ ihm den Bart abschneiden und ihn zur Abschreckung an den Haaren am Pferd Constantins (= der Reiterstatue Mark Aurels) aufhängen. Danach wurde er entkleidet und rückwärts auf einen Esel gesetzt, mit den Händen unter dessen Schwanz. Danach setzten sie ihm einen gefederten Schlauch auf den Kopf und zwei gefederte Schläuche auf die Schenkel; dem Esel banden sie eine Schelle um den Hals. In diesem Aufzug wurde er durch ganz Rom gepeitscht und zur Schau gestellt; danach wurde er eingekerkert, ausgiebig gefoltert und nach Deutschland ins Exil geschickt» (Liber pontificalis, II, S. 252).

Das Einvernehmen zwischen Papst und Kaiser wurde auf einer anschließenden Synode besiegelt. Otto I. bestätigte die Zusagen von 962 und erweiterte das Patrimonium Petri um die Grafschaften Ferrara und Comacchio sowie die Stadt Ravenna. Daraufhin übertrug der Papst Comacchio an Ottos Gemahlin Adelheid, so dass der kaiserliche Einfluss in dieser Region gewahrt blieb. Am Weihnachtstag des Jahres 967 krönte Johannes XIII. Ottos gleichnamigen Sohn in Sankt Peter zum Mitkaiser – mehr Harmonie schien kaum möglich.

Auch Johannes' zweiter großer Helfer Crescenzio «vom marmornen Pferd» – wie er nach der antiken Statue bei seinem städtischen Festungspalast genannt wurde – empfing jetzt reichen Lohn. Der Papst übertrug ihm die Grafschaft Sabina und damit eine ländliche Basis für seine Vormacht in Rom. Als Gegenleistung durfte Johannes' Neffe Crescenzios Tochter Theodoranda ehelichen. Damit war aus päpstlicher Sicht die Voraussetzung für einen gedeihlichen Pontifikat geschaffen – und zugleich, wie sich schnell zeigen sollte, die dauerhafte Hegemonie des Crescenzier-Clanverbandes besiegelt. Da er unter kaiserlicher und adliger Hoheit von Regierungsaufgaben in Rom und Umgebung weitgehend freigestellt war, widmete sich der Papst wieder stärker den geistlichen Aufgaben seines Amtes, und dies nicht ohne

Erfolg. Rat und Entscheidung Roms in Zweifels- und Streitfragen wurden weiterhin vom europäischen Klerus intensiv nachgefragt; zumindest in dieser Hinsicht war der päpstliche Primat also nicht völlig erloschen.

In diesem Zusammenhang nahm Johannes XIII. die von seinen Vorgängern erfolgreich praktizierte «Reliquienpolitik» wieder auf, wie eine für Kultur und Mentalitäten der Zeit bezeichnende Episode belegt. 969 hatte der Papst nach Meinung der Zeitgenossen einen Gefolgsmann Ottos I. durch Berührung mit der Eisenfessel geheilt, die gemäß frommer Überlieferung der Apostel Petrus im Kerker getragen hatte. Als der Bischof von Metz sie daraufhin entwendete und nicht wieder hergeben wollte, fand der Papst einen Kompromiss nach dem Motto «Der Klügere gibt nach, zumindest ein Stückchen»: Der diebische Oberhirte durfte ein Glied der Kette behalten, die Rom und Metz danach zum Vorteil beider Seiten eng miteinander verknüpfte.

Weniger Fingerspitzengefühl bewies Johannes XIII. als Vermittler in den Verhandlungen, die die Eheschließung des jungen Mitkaisers Otto mit einer Tochter Kaiser Nikephoros' II. Phokas in Konstantinopel zum Ziel hatten. Der Papst empfahl dem «Imperator Graecorum» diese Heirat aufs Wärmste und gefährdete sie dadurch aufs Höchste, da der Adressat die ungewöhnliche Anrede als «Kaiser der Griechen» als Affront zugunsten Ottos I. verstand, den der Papst als «Kaiser der Römer» tituliert hatte. Damit sah Nikephoros seine Rechte auf den westlichen Reichsteil und speziell Süditalien bestritten, das im Zentrum seiner Rückeroberungspläne stand. Für eine solche Eheschließung mit der sächsischen Dynastie stellte der Herrscher am Bosporus Bedingungen, die das Papsttum unmittelbar bedrohten: Er verlangte gleichsam als Mitgift die Überlassung des ehemaligen Exarchats Ravenna und der Stadt Rom. 972 kam die Eheschließung des westlichen Kaisersohns Otto und der östlichen Kaisertochter Theophano jedoch auch ohne diese exorbitanten Forderungen zustande. Im April 972 vollzog der Papst die Trauung; im September darauf segnete er das Zeitliche.

Marionetten der Crescenzier: Benedikt VI., Benedikt VII., Johannes XIV., Johannes XV.

Johannes' Nachfolger Benedikt VI. war der letzte Papst, der im Zeichen der «ottonischen Hegemonie» gewählt wurde, die Rom und dem Papsttum zumindest eine partielle Befriedung gebracht hatte. Damit war es nach dem Tod Kaiser Ottos I. im Mai 973 schnell vorbei, wie der neue Pontifex maximus am eigenen Leib erfahren musste. Der junge Otto II. war zu diesem Zeitpunkt in Deutschland unabkömmlich und die Stellung der Crescenzier-Fraktion daher übermächtig. Benedikt stärkte dagegen die direkten Theophylakt-Nachkommen und erregte dadurch den Zorn der Crescenzier, die wahrscheinlich von Byzanz unterstützt wurden. Nach einem Pontifikat von anderthalb Jahren wurde ihm diese Parteinahme zum Verhängnis. Ein weiterer Crescenzio, dessen Macht während des Ponitfikats Johannes' XIII. stetig gewachsen war, ließ den unliebsamen Pontifex maximus im Juni 974 in der Engelsburg einkerkern und einen Nachfolger namens «Bonifaz VII.» inthronisieren, der seinen Vorgänger erwürgen ließ, sich jedoch nicht durchsetzen konnte und nach Byzanz flüchtete. Am Bosporus schwang sich der umtriebige Kleriker zum Haupt einer anti-ottonischen Partei auf, die vom neuen Kaiser Johannes I. eifrig gefördert wurde und auf ihre Chance wartete, in Süditalien und Rom zurückzuschlagen.

In dieser spannungsgeladenen Situation wurde in der zweiten Hälfte des Jahres 974 mit Benedikt VII. ein Kompromisskandidat gewählt, der sowohl Otto II. als auch Crescenzio genehm war. Ob der neue Papst mit dem Stadtherrn verwandt war, ist unsicher, jedenfalls zog er ihn wegen der Ermordung Benedikts VI. nicht zur Verantwortung. Trotz dieser Rücksichtnahme und enger Beziehungen zur Familie Johannes' XIII. konnte sich Benedikt VII. nicht auf Dauer in Rom behaupten. 980 kehrte «Bonifaz VII.» mit byzantinischer Truppenunterstützung nach Italien zurück und zwang den Papst zur Flucht nach Ravenna, wo dieser im Jahr darauf Otto II. traf, der ihn wieder nach Rom zurückführte.

Auf der nachfolgenden Synode in Sankt Peter wurden Bestimmungen erlassen, die die von Cluny ausgehenden Klosterreformen auf den Weltklerus übertragen sollten. Diese Erneuerungsbewegung förderte Benedikt VII.

dadurch, dass er immer mehr Reformklöster aus der Rechtsprechung der Bischöfe herauslöste und direkt den Päpsten unterstellte. Glaubt man den romfreundlichen Quellen, dann trugen diese Maßnahmen bereits erste Früchte: Rom gewann neue Attraktivität als Pilgerziel, vor allem die Bischöfe strömten wieder ad *limina apostolorum*. An den Gräbern der Apostel widmeten sie sich eifrig den üblichen Frömmigkeitsübungen und holten päpstliche Weisungen für die Amtsführung in ihrer Diözese ein. Nicht nur hohe kirchliche Würdenträger, sondern auch einfache Leute pilgerten in steigender Zahl nach Rom, so die Wahrnehmung der Zeitgenossen. So bestätigte sich für sie nochmals, dass die kirchliche Führungsrolle Roms durchaus nachgesucht wurde. Dafür waren allerdings Päpste vonnöten, die wie Benedikt VII. diese Funktion auch wahrzunehmen vermochten. Auf der anderen Seite wurde der Rückgewinn von Prestige und Autorität in solchen Erholungsphasen immer wieder durch das Entsetzen gefährdet, das die Gewalttaten bei der Besetzung des Stuhls Petri in ganz Europa erregten. Vor einem blutigen Ende blieb Benedikt nach knapp neunjährigem Pontifikat verschont. Er starb im Juli 983 eines natürlichen Todes. Den kulturellen Verfall Roms, der sich am krassesten in den erhaltenen Inschriften der Zeit niederschlägt, hatte auch er nicht aufhalten können. Seine eigene Grabtafel spottet nicht nur aller lateinischen Kasusregeln, sondern ist auch noch aus drei Epitaphien seiner Vorgänger zusammengeklaubt.

Im Gegensatz zu seinem Vater kämpfte Otto II. in Italien erfolglos; nach einer schweren Niederlage gegen die Araber bei Crotone in Kalabrien im Juli 982 war seine Stellung im Süden der Halbinsel geschwächt. Im Herbst 983 wurde mit Johannes XIV. einer seiner engsten Gefolgsleute zum Nachfolger Benedikts VII. gewählt, am 7. Dezember 983 starb der zweite Sachsen-Kaiser achtundzwanzigjährig in Rom und wurde in der Peterskirche begraben. Damit sah der rührige Gegenpapst «Bonifaz VII.» den Augenblick für einen zweiten Comeback-Versuch gekommen. Diesmal hatte er mithilfe Crescenzios, der kurz darauf starb, Erfolg. Für Johannes XIV. bedeutete das den Tod; ihn ließ der Eroberer in der Engelsburg gefangen setzen und im August 984 verhungern, nach einer anderen Quelle vergiften. Damit gingen bereits zwei Papstmorde auf das Konto des neuen Machthabers, der trotzdem lange als rechtmäßig galt. Allerdings wurde das «grauenhafte Monstrum» – wie Bonifaz VII. von einem französischen

Zeitgenossen genannt wurde – sogar für seine alles andere als zimperlichen Parteigänger zur Belastung; mit seinem Tod im Juli 985 nahm er den Verschwörern die blutige Arbeit ab. Daraufhin ließen sie ihre Wut an seinem Leichnam aus, der mit Lanzenstichen verunstaltet und an den Füßen durch die Stadt geschleift wurde.

Der neue Papst Johannes XV. war, wie angesichts des Kräfteverhältnisses in Rom und Italien nicht anders zu erwarten, eine Kreatur des Crescenzier-Clans, in dem Crescenzio II. nach dem Tode seines Vaters die Führung übernommen hatten. So hatte der neue Papst am Tiber wenig zu sagen und hinterließ dort noch weniger Spuren. Ansehnlicher nimmt sich die Bilanz von Johannes' innerkirchlichen Aktivitäten aus. Er setzte die Klosterpolitik Benedikts VII. fort und konnte wie dieser eine beträchtliche Zahl europäischer Erzbischöfe bei ihren Besuchen *ad limina apostolorum* in Rom begrüßen. Seine Autorität in Frankreich war jedoch geschwächt, wie sich während des Streits um die Besetzung des Erzbistums Reims zeigte; hier erhielt das Papsttum die Quittung für die Mordtaten und Skandale der jüngsten Zeit präsentiert.

Andererseits wurde die Heiligsprechung des zwanzig Jahre zuvor verstorbenen Bischofs Ulrich von Augsburg im Januar 993 zukunftsweisend. Beschlossen wurde sie von einer Synode im Lateran; danach ordnete der Papst die Verehrung des neuen Heiligen für die gesamte Christenheit an. Bislang waren solche Kulte aus örtlichen Traditionen erwachsen und von der Kirche danach mehr oder weniger stillschweigend anerkannt worden. Von nun an versuchten die Päpste, das Monopol für die Heiligsprechungen zu gewinnen, die ihre Rolle als Inhaber der Schlüsselgewalt und Mittler zwischen Gott und den Menschen eindrucksvoll unter Beweis stellten. Allerdings dauerte die Zurückdrängung der «wilden» Heiligenkulte ein gutes halbes Jahrtausend; noch die 1542 eingerichtete römische Zentralinquisition hatte ihre liebe Mühe und Not mit den Heiligen von Volkes Gnaden.

So hatte die erzwungene Abstinenz von der großen Politik auch ihr Gutes. Johannes XV. sah das allerdings anders; ihn drängte es an die Schalthebel der Macht, und zwar zu seinem Schaden. Als er nach einem Jahrzehnt der Unterordnung politische Eigenständigkeits-Bestrebungen an den Tag legte, wurde er in das nördlich von Rom gelegene Städtchen Sutri vertrieben.

Dort knüpfte er Beziehungen zum fünfzehnjährigen Otto III., der ihn nach Rom zurückführen sollte. Als der jugendliche Herrscher kurz darauf seinen Zug in die Ewige Stadt vorbereitete, um sich dort wie sein Vater und Großvater zum Kaiser krönen zu lassen, gab Crescenzio II. nach, ließ den Papst feierlich in seine Hauptstadt eskortieren und erhielt von diesem die vollständige Vergebung seiner Sünden – der Machtwechsel in Rom warf seine Schatten voraus, doch diesen erlebte der Papst nicht mehr; er starb im März 996.

Träume von einem neuen Rom: Gregor V., Silvester II.

Die Wahl des Nachfolgers stand ganz im Zeichen des sächsischen Herrschers Otto III., der in Ravenna vom Tod des Papstes erfuhr und daraufhin den Wählern seinen fünfundzwanzigjährigen Cousin Bruno ans Herz legte. Sein Wunsch war Klerus und Adel in Rom Befehl: Mit Gregor V., wie sich der neue Pontifex maximus zum Zeichen seiner Verehrung für Gregor I., den Großen, nannte, wurde nach fast zweieinhalb Jahrhunderten die Reihe italienischer, überwiegend römischer Päpste durchbrochen und zum ersten Mal ein Deutscher Oberhaupt der Kirche. Eine seiner ersten Amtshandlungen bestand im Mai 996 darin, Otto III. zum Kaiser zu krönen. Zumindest nominell waren jetzt zwei junge deutsche Hochadlige – in römischen Augen barbarische Hinterwäldler – weltliche und geistliche Herren einer Stadt, deren Mentalität, Gesetze, Werte und Gewohnheiten ihnen völlig fremd waren. Dieser Kulturkonflikt war schon in Norditalien, in Ravenna und Cremona, aufgebrochen, wo die adlige Führungsschicht die traditionelle Herrschaft von Grafen und Bischöfen zunehmend infrage stellte – ähnlich wie in Rom, wo die Vorherrschaft der aristokratischen Clans seit einem Jahrhundert dieselbe Entwicklung widerspiegelte.

Die entscheidende Frage lautete von jetzt an mehr als dreihundert Jahre lang, wie sich die deutschen Herrscher auf dem Weg zu ihrer Krönung in Rom zu diesem andersartigen politischen Ambiente positionieren sollten. Sie konnten aktiv intervenieren und so die Autorität des Reiches im Zentrum des antiken Imperiums nachdrücklich zur Geltung bringen; sie konnten zweitens die kaiserfreundlichen Kräfte vor Ort stärken, ohne die politischen Verhältnisse grundlegend umzugestalten, oder sie konnten drittens die Krone in Empfang nehmen und diesem lebensgefährlichen Milieu so schnell wie möglich den Rücken kehren: So lauteten schon 996 die Alternativen. Ottos kluger Kanzler Heribert, Erzbischof von Köln, riet seinem jungen Schützling von der ersten Strategie ab und votierte umso dringlicher dafür, sich durch vorsichtiges Taktieren einflussreiche Verbündete vor Ort zu schaffen und so allzu heftige Abstoßungsreaktionen zu vermeiden. Ähnlich dachte auch Gregor V., der deshalb prompt die von Otto verhängte Verbannung Crescenzios aus Rom aufhob. Er wusste warum: Sein kaiserlicher Cousin würde schon bald weiterziehen, er aber musste sich in Rom auch ohne den Rückhalt eines eigenen Heeres behaupten.

Otto III. hatte jedoch andere Pläne. Unter dem Einfluss des großen französischen Gelehrten Gerbert d'Aurillac schwebte ihm eine umfassende Erneuerung von Kaisertum und Papsttum im gemeinsamen Zentrum Rom vor. Gerbert hatte sich in den Streitigkeiten um das Erzbistum Reims einen Namen als Wortführer der Kritiker gemacht, die den moralischen Niedergang der Päpste mit drastischen Worten brandmarkten. Für ihn hatte die Würde des *vicarius Christi* schweren Schaden genommen; sie musste in inniger Kooperation mit dem Kaiser von Grund auf erneuert werden.

Otto III. und Gerbert besaßen gewiss eine hohe Vorstellung von Rom und seiner heilsgeschichtlich verbürgten Führungsstellung, doch von der realen Stadt am Tiber und den Wünschen ihrer Bewohner hatten sie keine Ahnung. Auch die Römer waren davon überzeugt, dass ihre *urbs* zur Weltherrschaft berufen war, doch ausüben wollten sie diese selbst. Ihr Kampfruf lautete: Rom den Römern; deutsche Kaiser und die von ihnen eingesetzten Päpste waren allenfalls als Zaungäste vorgesehen.

Wie schwierig es für Gregor V., den Cousin des Kaisers, auf dem Papstthron werden würde, zeigte sich daher schnell. Im August 996 zog Otto III. nach Norden ab, nachdem er den Schutz Roms und des Papstes dem Markgrafen von Tuszien und dem Grafen von Spoleto anvertraut hatte. Die beiden «Protektoren» sahen tatenlos zu, wie Gregor V. schon wenige Wochen später von Crescenzio II. aus Rom vertrieben wurde. Während seines Exils in Norditalien präsidierte der Papst einer Synode, die seine innerkirchliche Autorität unter Beweis stellen sollte. So wurde dem König von Frankreich wegen einer vom kanonischen Recht verbotenen Eheschließung die Exkommunikation angedroht und ein deutscher Erzbischof zur Rechtfertigung nach Rom zitiert. Hier gelangte also das Kirchenrecht als päpstliches Machtinstrument zur Anwendung; im krassen Widerspruch zu dessen Vorschriften verkaufte Gregor V. die Abtwürde des unweit von Rom gelegenen Klosters Farfa an einen zahlungskräftigen Mönch – die Abtei war ein wichtiger Machtfaktor, besondere Umstände rechtfertigten offenbar auch dubiose Mittel.

Während Gregors Exil wählten seine römischen Feinde mit Unterstützung von Byzanz einen Günstling des dortigen Hofes zum Papst, der sich «Johannes XVI.» nannte. So war es für Otto III. an der Zeit, ein weiteres Mal nach Rom zu ziehen und dort die kirchliche und weltliche Macht wiederherzustellen; bestärkt wurde er in diesem Plan nicht nur von seinem vertriebenen Cousin, sondern auch von Odilo, dem charismatischen Abt des Reformklosters Cluny. Im Frühjahr 998 zog das kaiserliche Heer in Rom ein, ohne auf Widerstand zu treffen, doch verschanzte sich Crescenzio II. in der Engelsburg. Der Gegenpapst «Johannes XVI.» wurde in der Nähe der Ewigen Stadt aufgespürt; ihm wurden auf Anweisung Gregors V., der damit eine mildere Bestrafung durch den Kaiser verhindern wollte, die Augen ausgestochen sowie Nase und Zunge abgeschnitten. Danach wurde der grausam Verstümmelte von einer Synode exkommuniziert und zur Abschreckung rückwärts auf einem Esel sitzend durch die Stadt getrieben. Crescenzio wurde nach ergebnislosen Verhandlungen über eine gütliche Übergabe der Stadtfestung überwältigt, enthauptet und sein Torso auf dem Monte Mario an den Füßen aufgehängt.

Unter der erneuerten Herrschaft des Kaisers in Rom gelang es Gregor V., die innerkirchliche Autorität des Papsttums durch eine Reihe von Entscheidungen zu stärken; die wichtigste betraf den seit Jahren schwelenden Streit um die Besetzung des Erzbistums Reims. Gerbert d'Aurillac, der Verlierer in dieser Auseinandersetzung, erhielt als Ersatz das Erzbistum Ravenna, für das ihm Kaiser und Papst wichtige Privilegien übertrugen. Eine Synode vom Januar 999 in Sankt Peter, an der zwei Erzbischöfe und sechsundzwanzig Bischöfe, davon die meisten aus Italien, teilnahmen, sollte mit wichtigen Entscheidungen in Streitfällen und Personalfragen der französischen und deutschen Kirche demonstrieren, dass das Papsttum Reputation und Durchsetzungsfähigkeit zurückgewonnen hatte.

Gregor V. starb im Februar oder März 999, noch keine dreißig Jahre alt;

nur eine einzige, wenig glaubwürdige Quelle weiß von seinem gewaltsamen Tod zu berichten. Sein Nachfolger wurde mit Gerbert d'Aurillac, der den Namen Silvester II. annahm, der renommierteste Gelehrte seiner Zeit, dessen enzyklopädisches Wissen schon früh Mythen und Legenden hervorbrachte. In diesen phantastischen Erzählungen erscheint der südwestfranzösische Kleriker, der einfachen Verhältnissen entstammte, als gottgesandter Heiler der Kirche und der Kranken, aber auch als Schüler und Gehilfe des Teufels, mit dessen Unterstützung er seine nicht geheuren Wunder vollbringt.

Gerberts schriftstellerische Tätigkeit deckt ein breites Themenspektrum ab, von der Mathematik, Astronomie und Physik über die Musik und Logik bis hin zu historischen Abhandlungen und Traktaten über theologische Fachfragen. Das vom späteren Papst in seinen Briefen gezeichnete Selbstbild eines weltabgewandten und machtfernen Gelehrten, der sich aus den Händeln der Großen heraushalten und allein seinen seelsorgerischen Pflichten und wissenschaftlichen Interessen widmen wollte, ist Selbststilisierung und entspricht nicht den sicher überlieferten Fakten. Diese belegen, dass sich das intellektuelle Wunderkind Gerbert früh Anerkennung, Protektion und ein nützliches Beziehungsnetzwerk zu verschaffen wusste: zuerst die Unterstützung des katalanischen Grafen Borrell, danach die Förderung Papst Johannes' XIII. und schließlich die Nähe zum Hof Ottos I. und seiner Nachfolger. Durch diese Förderung verlief seine kirchliche Karriere erfolgreich, provozierte aber auch Konflikte – nach der Absetzung als Erzbischof von Reims durch Gregor V. 997 verstand der große Gelehrte in seinen Briefen die Welt nicht mehr, die ihm seine Verdienste mit Undank lohnte.

Dann die jähe Wende: Der siebzehnjährige Otto III., hungrig nach verborgenem Wissen und neugierig auf die Geheimnisse des großen Meisters, rief den eben noch Gedemütigten an seinen Hof. Als Ratgeber des Kaisers begleitete er diesen nach Italien und entwarf als Oberhirte von Ravenna ein umfassendes Programm zur Erneuerung der Kirche. Dieses richtete sich gegen den verbreiteten Verkauf geistlicher Ämter und die Erpressung überhöhter Gebühren für Taufen, Heiraten und Begräbnisse und traf Vorkehrungen für eine bessere Bildung der Kleriker sowie für die Einhaltung der bischöflichen Residenzpflicht. Das waren Reformforderungen, die von nun an fünfhundert Jahre lang nicht mehr aus den Agenden der Päpste und Konzilien verschwinden sollten. Ein weiteres Hauptanliegen, der Schutz kirchlicher und klösterlicher Besitzungen, war politisch motiviert: Die kaiserliche Partei in Italien stützte sich auf hohe Kleriker, die durch Schenkungen und Privilegien an das Reich gebunden wurden. Gingen diese Güter verloren, mussten Otto III., Silvester II. und die Anhänger ihrer Partei an Boden verlieren.

Nach dem plötzlichen Tod Gregors V. diktierte der Kaiser Adel und Klerus von Rom die Wahl seines engsten Ratgebers. Dass sich der erste französische Pontifex maximus Silvester II. nannte, hatte programmatischen Charakter: Otto III. und «sein» Papst wollten das vermeintliche Goldene Zeitalter des 4. Jahrhunderts zurückkehren lassen, in dem der Legende nach die beiden Universalgewalten einträchtig und harmonisch zur Befriedung und sittlichen Besserung der Welt zusammengearbeitet hatten. Die Grundlage dieser vertrauensvollen Kooperation konnte daher nicht das *Constitutum Constantini* sein, das den Papst zum Herrn über das Imperium erhob und den Kaiser zum Werkzeug des Stellvertreters Christi auf Erden herabdrückte. Beide, Kaiser und Papst, wandten sich deshalb gegen die angebliche Schenkung. Für Otto III. war sie unrechtmäßig, weil ein Kaiser das ihm anvertraute Reich vergrößert und gestärkt an seinen Nachfolger weitergeben musste und daher nicht verschenken konnte. Für Silvester II. bestand die Aufgabe eines Papstes nicht darin, die Mächtigen dieser Welt zu richten, sondern Frieden und Ausgleich zu stiften. In dieser besseren Welt fielen Politik und Moral in eins.

Doch so idyllisch waren die Verhältnisse hienieden nicht. Papst und Kaiser machten die Rechnung ohne das reale Rom und die Interessen der Römer. Diese wollten nicht Komparsen einer weltbeglückenden Doppelherrschaft werden, sondern das Schicksal ihrer Stadt selbst bestimmen. Das zeigte sich schon bald nach der mit großen Erwartungen begrüßten Jahrtausendwende, als Aufstände unter Führung der Crescenzier den Kaiser aus Rom vertrieben und die Stellung Silvesters damit entscheidend schwächten. Einen letzten großen Erfolg zugunsten des Papsttums erzielte dieser mit der Taufe des ungarischen Königs Stephan, der sich durch diesen Akt der römischen und nicht der byzantinischen Obödienz unterstellte. Otto III. versuchte währenddessen, das verlorene Terrain in Italien zurückzugewinnen, starb jedoch im Januar 1002 nördlich von Rom. Danach verlor Silvester II. in Rom jeden politischen Einfluss.

Als Silvester im Mai 1003 starb, fiel die Besetzung des Stuhls Petri erneut in die Hände des Crescenzier-Clans. Einer der von ihnen erhobenen Päpste ließ dem sagenumwobenen Vorgänger aus Frankreich eine Grabinschrift setzen, die diesen als «Wächter der Himmel» feiert, der zusammen mit Otto III. das Verbrechen aus der Welt verbannte, so dass die Menschen nach seinem Tod aus Angst vor der Rückkehr des Bösen erzitterten. Diese Ruhmestöne lassen aufhorchen, schließlich war der Konflikt zwischen der führenden römischen Adelssippe und den fremden Päpsten aus Deutschland und Frankreich erbittert, ja blutig ausgetragen worden. Die blumige Würdigung, die Silvester von seinen Todfeinden zuteilwurde, lässt sich nur so erklären, dass auch die römischen Adelsparteien lebhaftes Interesse daran hatten, die geistliche Autorität und Ausstrahlungskraft des Papstamts zu erhöhen, das sie jetzt wieder dauerhaft unter ihre politische Kontrolle brachten und mit ihren Wunschkandidaten besetzten. Je mehr Ansehen der Pontifex maximus als Oberherr der Kirche gewann, desto stärker musste die Stellung der adligen Stadtherren in Rom und Mittelitalien ausfallen: Diese Rechnung ging so lange auf, wie sich die Päpste dieser «Arbeitsteilung», die de facto eine Unterordnung war, fügten und die europäischen Mächte dieses Modell akzeptierten.

Crescenzier-Päpste, neue Folge: Johannes XVII., Johannes XVIII., Sergius IV., Benedikt VIII., Johannes XIX.

Die Aufgabenverteilung zwischen Papst und adligen Stadtherren in Rom bewährte sich unter Silvesters Nachfolgern Johannes XVII. – der eigentlich als sechzehnter gezählt werden müsste, weil der vorangehende Träger dieses Namens Gegenpapst war –, Johannes XVIII. und Sergius IV. durchaus. Johannes XVII. regierte im Jahr 1003 nur etwa fünf Monate und hinterließ *urbi et orbi*, in der Stadt Rom und in der Kirche, keine Spuren. Umso mehr tat er für seine Familie, die dem römischen Adel angehörte und sich in einer knapp vier Jahrzehnte später entstandenen Inschrift der Blutsverwandtschaft mit diesem Pontifex maximus rühmte – mit Erfolg, wie die hohen

Ämter der Nachkommen beweisen. Aus der Erinnerung an einen «Familienpapst» ließ sich nach dessen Tod also soziales und politisches Kapital schlagen; wie die stolze Formulierung *sanguine papae* («vom Blut des Papstes») zeigt, versuchten die Papstverwandten im Einklang mit zeitgenössischen Vorstellungen die Idee der «Geblütsheiligkeit» von weltlichen Dynastien auf die geistliche Wahlmonarchie des Papsttums zu übertragen.

Unter der politischen Dominanz des römischen *patricius* Giovanni di Crescenzio blieb auch der Pontifikat Johannes XVIII. (1004–1009) auf innerkirchliche Akzentsetzungen beschränkt. Ob er, wie eine deutsche Quelle zu wissen behauptet, Heinrich II., den Nachfolger Ottos III., zur Kaiserkrönung nach Rom einladen wollte, dies jedoch auf Druck des *patricius* unterließ, muss offenbleiben. Für eine solche Aufforderung spricht, dass der Papst kirchenpolitisch den Wünschen des neuen Reichsoberhaupts entgegenkam, zum Beispiel bei der Schaffung des Bistums Bamberg, das nicht nur für die Mission im Osten, sondern auch als politische Stützpunktbildung im Reich von Bedeutung war. Auf die guten Beziehungen zu Heinrich II. dürften auch die Berichte zurückgehen, dass der Papst beim römischen Stadtherrn in Ungnade gefallen sei und seine Tage in einem Kloster beschlossen habe. Dass Johannes XVIII. im Mai 1009, wenige Wochen vor seinem Tod, selbständig eine Gesandtschaft nach Ungarn abordnete, spricht allerdings gegen die Absetzung. Aussagekräftig sind solche Gerüchte trotzdem: Sie spiegeln das Bild wider, das sich das christliche Europa von Rom und der Rolle des Papstes machte, und zeugen dadurch von einem immer dramatischeren Imageverlust.

Johannes' Nachfolger Sergius IV. (1009–1012) war nach vertrauenswürdigen Quellen der Sohn eines Schuhmachers. Dass der Chef des herrschenden Clans diesmal einen Gefolgsmann so niedriger Herkunft auf den Stuhl Petri platzierte, lässt sich als Sicherheitsmaßnahme für den anstehenden Machtwechsel deuten: Die Tage Giovanni di Crescenzios gingen zur Neige, und für diesen Fall war ein machtloser Papst ohne adlige Klientel die adäquate Rückversicherung. Sergius' Abstammung dürfte auch seinen unschönen Beinamen «Schweinemaul» erklären; sein deutlich vornehmer geborener Vorgänger hörte immerhin auf den Spitznamen «Fasan», für Johannes XVII. ist «Sicco» (der Trockene?) überliefert. Darüber hinaus vermerken die Quellen, die über die Pontifikate selbst wenig zu melden haben, mit äußerster

Genauigkeit die Stadtquartiere, in denen die Päpste geboren wurden. So stammte Sergius IV. aus der Gegend der Via lata, an der sich die Sitze des römischen Stadtadels konzentrierten, gehörte also offensichtlich zu deren Klientel. Der Stadtteil zeigte schon für die Zeitgenossen die Parteizugehörigkeit an; die Siedlungsfläche innerhalb der Stadtmauern löste sich immer mehr in isolierte Stützpunkte auf, die Adelsfamilien in ihren aus antiken Ruinen gefertigten Festungen dominierten. Sergius' in krausem Küchenlatein abgefasste Grabinschrift, die beim Umbau der Lateranbasilika durch den Architekten Francesco Borromini in ein barockes Grabmal eingefügt wurde, erwähnt als besonderen Ruhmestitel des Papstes, dass dieser die römischen Armen großzügig mit Brot versorgt habe. Hungersnöte, die den Brotpreis in unerschwingliche Höhen emportrieben, sind für das 11. Jahrhundert vielfach bezeugt. Sie zeigen, dass die Anbauflächen in der römischen Campagna dramatisch abnahmen. Dieser Rückgang ist auf die Entvölkerung zurückzuführen, die von Überfällen der Araber, der Malaria und chronischer Unsicherheit der Verkehrswege verursacht wurde.

Anfang 1012 trat der Ernstfall ein, für den die Crescenzier mit der Erhebung ihres treuen Klienten Sergius IV. Vorsorge treffen wollten: Ihr Clanchef Giovanni di Crescenzio starb. Doch der ihm zugedachten Aufgabe, die Macht seiner Protektoren zu sichern, konnte der schwache Papst, der schon vier Monate darauf, im Mai 1012, das Zeitliche segnete, nicht gerecht werden. Noch im selben Monat schwang sich daraufhin eine neue Sippe zur Macht in Rom auf, deren Namen alles über ihre Herkunft verraten: Ihr Chef hieß Theophylakt, einer seiner Brüder Alberich, und alle zusammen nahmen sie die Abstammung von der «Senatorin» Marozia als Ruhmestitel für sich in Anspruch. Zur Abgrenzung von den ungeliebten Verwandten der Crescenzier nannten sich die Mitglieder der neuen Dynastie nach ihrer Hauptbesitzung «Grafen von Tusculum». Doch so reich und so mächtig wie die Crescenzier waren sie nicht. Diese gaben denn auch nicht klein bei, sondern erhoben Mitte Mai 1012 einen Gefolgsmann als «Gregor VI.» zum Papst, der sich jedoch gegen den Kandidaten der Tusculum-Partei nicht durchsetzen konnte, umgehend wieder aus den Quellen verschwand und als Gegenpapst gezählt wird. Den Stuhl Petri bestieg stattdessen mit Theophylakt, der den Namen Benedikt VIII. annahm, der Chef der herrschenden Familie selbst: Experimente mit einer Doppelspitze aus einem *patricius* und einem Papst wie die Crescenzier konnte sie sich nicht erlauben, dazu war ihre Machtstellung zu ungefestigt.

So vereinte der neue Papst wieder Stadtherrschaft und Kirchenhoheit in einer Hand. Die Machtkonzentration blieb nicht unbemerkt; selbst im fernen Deutschland notierten die Chronisten, dass dieser Papst stärker auftrat als alle seine Vorgänger. Voraussetzung dafür war, dass auch die übrigen Familienmitglieder bei der neuen Rollenverteilung mitspielten. Dazu waren sie umso leichter zu bewegen, als ihnen diese Unterordnung mit Einkünften und Titeln schmackhaft gemacht wurde – für knapp dreieinhalb Jahrzehnte entwickelt sich das Papsttum jetzt zu einem mehr oder weniger florierenden Familienbetrieb der Grafen von Tusculum.

Benedikt VIII. hatte zum Zeitpunkt seiner Wahl noch keinerlei Weihen empfangen, und einen geistlichen Lebensstil pflegte er auch in den elf Jahren seines Pontifikats nicht. Im Gegenteil: Seine Regierung war von permanenten Kriegszügen gegen innere und äußere Feinde geprägt. Gleich im Juni 1012 rückte der Papst gegen Palestrina, den Hauptsitz der Crescenzier, aus, die er durch Eroberung zahlreicher Burgen bald zur Aufgabe zwang, in Rom jedoch in ihren zunehmend einflusslosen Ämtern beließ. Ähnlich ging der kluge Machtpolitiker auf dem Papstthron in den stadtnahen Provinzen vor: Den Mitgliedern oder Anhängern des entmachteten Familienzweigs wurden mächtige Amtsträger vor die Nase gesetzt. Auch in den kirchlichen Schlüsselpositionen dieser Regionen knüpfte Benedikt VIII. durch Ernennungen, Schenkungen und Privilegienverleihungen ein «tuscolanisches» Netzwerk. Zusätzlich stützte er seine Macht durch gute Beziehungen zu Heinrich II. ab, den er im Februar 1014 in Rom zum Kaiser krönte.

Wie bei solchen «Besuchen» nördlicher Machthaber üblich, kam es auch diesmal zu Unruhen. Heinrich II. mischte sich zum Nachteil der Crescenzier in Streitigkeiten ein, die seit Langem um die Abtwürde und die Besitzungen des reichen Kloster Farfa geführt wurden, und provozierte damit einen gefährlichen Aufstand, der erst nach blutigen Straßenschlachten bei der Engelsbrücke niedergeschlagen werden konnte. Doch selbst damit war der Kampf zwischen Tuscolanern und Crescenziern nicht beendet. Nach dem Abzug Heinrichs II. belagerte der Papst, der nun ganz auf sich gestellt war, in den Jahren 1014 und 1015 an der Spitze eigener Truppen seine Gegner in der Sabina, ohne sie entscheidend zu besiegen. Als 1019 die Bedrohung durch die Araber in Sardinien und durch Byzanz in Süditalien immer akuter wurde, verbündete sich Benedikt VIII. mit den Pisanern und Genuesen. Diese Allianz schlug die arabische Flotte im Juni 1016 vernichtend. Benedikt VIII. nahm wahrscheinlich persönlich an den Kämpfen teil, doch die Früchte des Sieges ernteten die Pisaner.

In Süditalien war die politische und militärische Gemengelage äußerst unübersichtlich. Araber, Fürsten langobardischen Ursprungs, lokale Adlige, griechische Klöster mit ihren reichen Besitzungen, die deutschen und griechischen Kaiser und seit etwa 1000 auch normannische Söldner kämpften hier um Einfluss. Angespannt wurde die Lage zur Zeit Benedikts VIII. vor allem durch die Rückeroberungsversuche des Kaisers in Konstantinopel. Dieser behielt nicht nur gegen die sächsischen Herrscher, sondern auch gegen die lokalen Adligen die Oberhand und sicherte seine Macht dadurch, dass er die Bischofssitze mit byzanztreuen Kandidaten besetzte und so der römischen Obödienz abspenstig machte. 1010 und 1016 schlugen die kaiserlichen Truppen Aufstände süditalienischer Barone gegen die byzantinische Herrschaft blutig nieder. In diese Unruhen griff der Papst nach Absprache mit Heinrich II. diplomatisch und militärisch ein. Dabei setzte Benedikt VIII. vor allem auf die Normannen, die sich allerdings bald als eigenständiger Machtfaktor entpuppen und ungeahnte Eigendynamik entfalten sollten. Um sein Herrschaftsgebiet gegen eine byzantinische Invasion zu schützen, reiste der Papst 1020 sogar nach Bamberg, wo ihm Heinrich II. Unterstützung für eine erneute Unternehmung in Süditalien zusagte.

Diese Feldzüge führten jedoch keine grundlegende Umschichtung der Machtverhältnisse herbei. Einen Erfolg konnte Benedikt VIII. allerdings verbuchen: die Rückgewinnung des Klosters Montecassino, das aus der griechischen wieder in die römische Obödienz zurückgeführt wurde – nicht ohne den vorangehenden «Verrat» mit dem Verlust von Privilegien zu bezahlen.

Innerkirchlich förderte der Krieger-Papst wie inzwischen üblich die Reformklöster um Cluny. Auf drei Synoden in Rom, Ravenna und Pavia wurden im Geiste von Cluny Beschlüsse gegen die Heirat von Bischöfen und Priestern und gegen den Übergang von Kirchengut an deren Nachkommen gefasst. In welchem Maße diese Bestrebungen auf den Papst oder Heinrich II. und König Robert II. von Frankreich zurückgingen, ist schwer abzuschätzen. Vieles spricht dafür, dass die beiden mächtigsten Herrscher der Christenheit die Initiative ergriffen hatten. Benedikt VIII. hingegen lag vor allem die Wahrung seiner Autorität gegenüber den Bischöfen am Herzen. Tiefergreifende Reformen der Kirche, die darauf abzielten, die Quasi-Erblichkeit klerikaler Führungspositionen zu verhindern und diese von den weltlichen Machthabern unabhängig zu machen, widersprachen seinen eigenen Interessen als Chef eines römischen Adelsclans diametral.

Nach Benedikts Tod im April 1024 trat sein Bruder Romanus als Johannes XIX. seine Nachfolge an. Zum Zeitpunkt der Wahl war der neue Papst Laie, musste also in sehr unkanonischer Art und Weise alle Weihen auf einmal erhalten, was in Reformkreisen des europäischen Klerus Unwillen erregte und das Bild des Pontifikats düster einfärbte. Die meisten Päpste der Marozia-, Crescenzier- und Tuscolaner-Zeit förderten die von Cluny ausgehenden kirchlichen Erneuerungsbestrebungen aktiv, doch brachte ihnen diese Unterstützung bei den Chronisten, die dieser Bewegung nahestanden, keinen Nachruhm ein. Im Gegenteil, einer von ihnen, der burgundische Mönch Rodulfus Glaber, berichtete maliziös, wie sich Johannes XIX. im April 1024 die Wahl mit Geldzahlungen erkauft habe. Vor solchen Methoden schreckten die römischen Adeslclans – wie sich später zeigen sollte – zwar nicht zurück, doch saßen die Tuscolaner zu dieser Zeit zu fest im Sattel, um so verzweifelte Maßnahmen nötig zu haben. Das damit angeschlagene Motiv der Geldgier und Käuflichkeit steigerte Rodulfus durch die Nachricht, dass eine Gesandtschaft aus Konstantinopel im Auftrag von Kaiser Basileios II. in Rom Verhandlungen über die leidige Frage des Primats geführt habe. Ziel des Kaisers sei es gewesen, dem Oberhaupt der Ostkirche den Titel eines «ökumenischen Patriarchen» zu verschaffen, der diesen dem Papst, dem allenfalls ein gewisser Ehrenvorrang bleiben würde, zumindest gleichstellte. Johannes XIX. – so weiter der boshafte Bericht des gelehrten Mönchs – sei für diesen Vorschlag durch reiche Geldgeschenke gewonnen worden, habe seine Zustimmung aber in Anbetracht des Protestes zahlreicher Kleriker, vor allem von der Reformpartei, zurücknehmen müssen.

Der Wahrheitsgehalt der Episode ist bis heute umstritten. Dass sich der Kaiser in Konstantinopel um eine Rangerhöhung seiner Kirche bemühte und diese im Osten auch durchsetzte, steht fest; dass sich der ungeistliche und ungelehrte Adlige auf dem Papstthron solchen Offerten gegenüber zunächst offen zeigte, passt zum Habitus der Tuscolaner-Päpste. Allerdings hätte eine Einschränkung oder gar Preisgabe der Primatansprüche die Position des Papsttums und damit auch des römischen Adels entscheidend schwächen müssen. So scheint die Erzählung des Chronisten zwar auf Fakten zu beruhen, diese jedoch tendenziös zu verfälschen. Gerade dadurch aber wird deutlich, welchen Unwillen die Päpste dieser Zeit in klerikalen Kreisen außerhalb Roms erregten. Ein Papst, der seine höchste Würde für Geld zu verkaufen bereit war, hatte Judaszüge. Er verriet sein Amt und seinen Herrn im Himmel. Für die Reformkreise war es also höchste Zeit, das Papsttum den Händen der unwürdigen Petrusnachfolger zu entwinden. Als Befreier kam nur ein mächtiger Herrscher infrage, denn kampflos würden die Tuscolaner ihre Familienpfründe nicht aufgeben. Die karolingischen und sächsischen Herrscher hatten vorgemacht, wie es gehen konnte, aber ihre Präsenz in Rom war nicht dauerhaft genug und die Reformbewegung damals noch zu schwach gewesen. Jetzt war sie erstarkt, und ein neuer Versuch, den römischen Sumpf trockenzulegen, aller Ehren wert und darüber hinaus Erfolg versprechend.

Johannes XIX. folgte in seinem Pontifikat den Richtlinien seines Vorgängers. Regelrecht unterwürfig verhielt er sich gegenüber Konrad II., dem neuen Reichsoberhaupt aus der salischen Dynastie, den er im März 1027 in Rom zum Kaiser krönte. Dieser betrachtete den Papst auch in kirchlichen Angelegenheiten als Befehlsempfänger. So zwang er Johannes XIX., seine Entscheidung, den Patriarchen von Grado aus der Hoheit von Aquileia herauszulösen, rückgängig zu machen, denn der Patriarch von Aquileia war ein getreuer Gefolgsmann des Kaisers und durfte keineswegs vor den Kopf gestoßen werden. So hatte Konrad II. auch gegenüber der Kirche im Reich weitgehend freie Hand und konnte die dortigen Schlüsselpositionen mit seinen Anhängern besetzen. In Rom zeigte sich Johannes XIX., der im Oktober 1032 starb, dem Crescenzier-Clan gegenüber sehr viel kompromissbereiter als sein Bruder und Vorgänger.

Drei sind zwei zu viel:
Benedikt IX., Silvester III., Gregor VI.

Die Wahl von Johannes' Nachfolger ging Anfang 1033 glatt über die Bühne. Alberich III., der Bruder Benedikts VIII. und Johannes' XIX., setzte die Wahl seines Sohnes Theophylakt, der sich Benedikt IX. nannte, ohne nennenswerten Widerstand des römischen Adels durch und verhalf damit einem der bis heute umstrittensten Päpste zur höchsten Würde der Kirche. Die Zeit war seit Längerem reif für eine grundlegende Auseinandersetzung über Selbstverständnis, Aufgaben, Ziele und Auftreten des Papsttums. Nach der Wahl Benedikts IX. wurde sie vollends unvermeidlich, denn dieser Papst verkörperte alles, was die Nachfolger des Petrus seit anderthalb Jahrhunderten zum Stein des Anstoßes gemacht hatte. Die durch ihn ausgelöste Kontroverse wurde im Zeitalter der rivalisierenden Konfessionen nach 1530 wieder aufgenommen und setzte sich mit nationalistischen Untertönen im 19. und 20. Jahrhundert fort: Deutsche Historiker protestantischer Prägung hoben die Reformleistungen der salischen Kaiser hervor, die den römischen Augiasstall ausmisteten und damit wie Vorläufer Luthers erschienen; ihre italienischen Kollegen waren (und sind) um ein besseres Verständnis des «stadtrömischen» Papsttums bemüht, das nicht selten in allzu vollmundige Ehrenrettungen umzuschlagen droht.

Der Streit begann schon mit dem Alter des neuen Pontifex maximus. Die dem Reformkloster Cluny und Konrad II. nahestehenden Chronisten wetteiferten geradezu darum, wer dem Neugewählten weniger Lebensjahre zuschrieb: vierzehn, zwölf oder gar nur zehn. Ein nüchterner Blick auf die Generationsverhältnisse und ungefähren Geburtsjahre innerhalb des herrschenden Clans lässt hingegen ein Lebensalter von etwa fünfundzwanzig plausibel erscheinen; damit war Benedikt IX. immer noch jung, doch kaum jünger als der deutsche «Reformpapst» Gregor V. bei seiner Wahl im Jahre 996. Auch die nicht weniger ehrenrührige Annahme, der neue Papst sei bei seiner Wahl Laie gewesen, findet in keiner glaubwürdigen Quelle eine Bestätigung. Ebenso ungesichert ist die Behauptung, dass sich Benedikt IX. seine Wahl durch Zahlungen an die Wähler erkauft haben soll. Dass er eine typische «Familienkreatur» war, steht hingegen außer Frage. Ob die in der

Zwischenzeit geschwächte Machtstellung des Tuscolaner-Clans so weit abgesunken war, dass man zu dieser Form von Bestechung griff, muss jedoch offenbleiben.

Als Maßstab für seine Beurteilung bleibt daher nur sein Pontifikat, der immerhin gut zwölf Jahre dauerte. Dieser stand mehr noch als die Regierung seiner Vorgänger im Zeichen des Versuches, die Stellung der Familie durch enge Beziehungen zu Adligen und Bischöfen in Mittelitalien zu festigen. Zu diesem Zweck waren vor allem gute Beziehungen zu Konrad II. erforderlich, die Benedikt IX. im Stile seines Vorgängers durch Nachgiebigkeit gegenüber kaiserlichen Forderungen herbeizuführen suchte. 1037 trafen sich Kaiser und Papst in Cremona; die Benedikt feindliche Geschichtsschreibung hat diese Reise als Flucht nach der Vertreibung aus Rom gedeutet, doch davon kann bei nüchterner Betrachtung der Quellen ebenfalls keine Rede sein.

Auch in den folgenden Jahren weist der Pontifikat des dritten Tuscolaner-Papstes keine Abweichungen von den inzwischen etablierten Normen, geschweige denn Anomalien auf. Das Verhältnis Benedikts IX. zu Konrads Sohn und Nachfolger Heinrich III. war überwiegend von derselben Anlehnung, ja Gefügigkeit wie zuvor geprägt. Nur wenige Indizien wiesen zu diesem Zeitpunkt auf die Konflikte voraus, die 1046 zum Ausbruch gelangten. Erkundungsmissionen im Auftrag Heinrichs III., die eine materielle und moralische Bilanz der italienischen Bischöfe und ihrer Diözesen ziehen sollten, und Stellungnahmen des italienischen Episkopats gegen allzu selbstherrliche Interventionen des Königs in diesem Bereich zeigen immerhin, dass die Fassade der Harmonie zwischen den beiden Universalgewalten durch Gegensätze der Interessen und Werte brüchig zu werden begann. Dieses Konfliktpotential verstärkte sich dadurch, dass der deutsche König durch Konflikte in Ungarn und Lothringen von Italien ferngehalten wurde. Die Abwesenheit des Reichsoberhaupts hatte seit zwei Jahrhunderten stets ein Erstarken der Kräfte zur Folge gehabt, die auf regionale und lokale Autonomie abzielten; so kam es auch diesmal. Benedikt IX. musste daher befürchten, dass ihm seine Anbindung an den Kaiser von den Römern als Schwäche ausgelegt werden und Gegenreaktionen provozieren würde. So schwenkte er im Dauerstreit um Aquileia schließlich auf die Linie der italienischen Bischöfe ein, erhob Grado zum Sitz eines eigenständigen Patriarchen und bezog damit Position gegen die Politik Heinrichs III.

Zur dramatischen Wende des Pontifikats führte jedoch nicht diese Kurskorrektur, sondern ein Aufstand, der im September 1044 losbrach und Benedikt IX. in eine Familienfestung der Albaner Berge südlich von Rom vertrieb. Wer hinter dieser Rebellion stand und von ihr profitierte, wird von den widersprüchlichen und oft konfusen Quellen eher verdeckt als geklärt, doch dürfte die Rivalität zwischen den Tuscolanern und Crescenziern, die trotz aller Beschwichtigungsmaßnahmen und -gesten der drei letzten Pontifikate weiter schwelte, erneut die Hauptursache gewesen sein. Sie führte diesmal zu einem regelrechten römischen Bürgerkrieg, da die Einwohner von Trastevere in einer zweiten Revolte versuchten, Benedikt IX. die Rückkehr nach Rom zu bahnen. Doch am Ende setzte sich die Gegenseite durch, die einen eigenen Kandidaten auf den Stuhl Petri zu heben versuchte: Giovanni, den Bischof von Sabina, der mit den Crescenziern durch Verschwägerung solide verbunden war und sich hoffnungsvoll Silvester III. nannte. War er Gegenpapst oder Papst?

An dieser Frage scheiden sich die römischen Quellen. Ein den Tuscolanern feindlich gesinnter Chronist namens Bonizo von Sutri erzählt eine unglaublich klingende Geschichte, mit der die abgrundtiefe Lasterhaftigkeit und Unwürdigkeit Benedikts ein für alle Mal erwiesen und dessen Pontifikatsende gerechtfertigt werden soll. Dem Papst sei die Heirat mit der Tochter eines mächtigen Adligen so schmackhaft gemacht worden, dass er auf die Vorbedingung, seine päpstliche Würde niederzulegen, sofort eingegangen sei. Daraufhin sei der Priester, der diese Verhandlungen führte, durch Bestechung des römischen Volkes zum Papst gewählt worden; erst danach hätten die römischen Adligen Silvester III. auf den Schild gehoben. Einig sind sich alle Quellen immerhin im – vorläufigen – Ausgang der verworrenen Vorgänge: Mit Unterstützung seiner Brüder kehrte Benedikt IX. nach Rom zurück, verjagte die beiden Gegenpäpste und versuchte so, weiterzuregieren, als sei nichts geschehen.

Bonizo zufolge löste der Skandal, dass ein Papst sein Amt aufgab, um sich fleischlichen Lüsten hinzugeben, den Aufstand der Römer überhaupt erst aus. Diese Erklärung überzeugt jedoch nicht, da das Papstamt für den römischen Adel seit Langem Familienbesitz war. Auf diese Würde zu verzichten, um den Rang der Familie zu wahren, wäre zwar ein ungewöhnlicher, doch keineswegs schockierender Akt gewesen, erst recht nicht für das «römische

Volk», das sich über seine Herren keine Illusionen machte und selbst dem Grundsatz frönte, dass Blut dicker war als Wasser. So spricht alles dafür, dass der Papst als Bräutigam ein weiteres Motiv der schwarzen Legendenbildung ist, die in der Folgezeit denn auch üppig weiter wucherte. Ein besonders phantasievoller Chronist weiß zu berichten, dass sich Benedikt IX. dem Teufel verschrieben habe, damit ihm die Frauen in hellen Scharen nachliefen. Andere malen die Orgien, die darauf folgten, in wolllüstigen Farben aus.

In Wirklichkeit nutzten die Crescenzier und ihr Anhang im römischen Adel mit sicherem Gespür die Chancen aus, die sich aus der Abkühlung der Beziehungen zwischen König und Papst ergaben. Von strategischem Weitblick zeugt allerdings auch ihr Vorgehen nicht, denn ein Umsturz in Rom musste nach den Erfahrungen der letzten Jahrzehnte Heinrich III. auf den Plan rufen. Nach einem Comeback von einem Monat und 21 Tagen sah auch Benedikt IX. offenbar für sich als Papst keine Zukunft mehr und übertrug am 1. Mai 1045 seine Würde an einen Interessenten, dessen Würdigkeit er vorher sorgfältig überprüft haben soll. Allerdings verließ er sich nicht allein auf diese Charakterprobe. Gregor VI., wie sich der neue Pontifex maximus nannte, musste seinem Vorgänger für die Überlassung des Amtes erhebliche Zahlungen leisten. Solche Praktiken waren zwar bei der Verleihung höherer kirchlicher Würden gang und gäbe und auch bei der Papstwahl alles andere als unbekannt, doch fiel ein so direkter Verkauf des Papstamts entschieden aus dem Rahmen. Vor allem die Kreise der Reformer musste eine solche Simonie zur Weißglut reizen. Mit anderen Worten: Willkommenere Argumente konnte ihnen der neue Papst gar nicht liefern.

Wie von unsichtbarer Hand inszeniert, drängte sich zwischen September 1044 und Mai 1045 alles an Missbräuchen und Anstößigkeiten zusammen, was die selbst ernannten Erneuerer von Kirche und Klerus seit Längerem gebrandmarkt und als Anklagepunkte gegen das römische Adelspapsttum ins Feld geführt hatten. Dabei fanden die Motive des Käufers schon bei den Zeitgenossen mehr Gnade als die des Verkäufers. Gregor VI. erwarb die Papstwürde offenbar nicht vorrangig aus persönlichem Ehrgeiz, sondern um den unhaltbaren Zuständen an der Kirchenspitze ein Ende zu bereiten; Diese Motivation wird auch durch die nachfolgenden Ereignisse bestätigt. Benedikt IX. hingegen scheint die Transaktion nicht als endgültig, sondern eher als eine Verleihung auf Zeit angesehen zu haben. Jedenfalls betrachtete er sich auch in der Folgezeit – er überlebte seine vier Nachfolger und starb erst 1054 – weiterhin als legitimen Papst und datierte seine «Regierungsjahre» entsprechend, allerdings ohne damit auf Dauer größeren Anhang zu finden.

In Rom war die Verwirrung noch größer als zuvor: Wer war jetzt Papst und wer Gegenpapst? Diese Frage stellen sich Historiker und Juristen bis heute. Das quasi amtliche *Annuario pontificio* zeigt sich in dieser Hinsicht großherzig. Seine Reihenfolge lautet: Benedikt IX. (bis 1044) – Silvester III. (1045) – Benedikt IX. (1045) – Gregor VI. (1045/46). Damit werden alle drei Prätendenten zumindest für eine Amtszeit anerkannt, Benedikt IX. sogar für zwei. Doch das ist nicht schlüssig. Hält man den Verkauf an Gregor VI. für rechtens, so geht dessen Pontifikat in Ordnung, ebenso dessen Ende, wie gleich zu schildern. Schwer erklärlich aber ist die Aufnahme Silvesters III. in die Reihe der rechtmäßigen Päpste, denn Benedikt IX. war 1045 nicht rechtsgültig zurückgetreten, ebenso wenig wie Silvester kurz darauf. Dieser nahm zwar nach seiner Vertreibung seine Tätigkeit als Bischof von Sabina wieder auf, meldete aber gleichwohl seine Ansprüche auf den Stuhl Petri weiterhin an. Da er dabei jedoch sehr vorsichtig auftrat, ersparte er sich neue Unannehmlichkeiten und segnete lange nach den dramatischen Vorgängen der Drei-Päpste-Zeit im Jahr 1063 hochbetagt das Zeitliche.

Die «Wahl» Gregors VI. wurde von den engagierten Reformern, die sich von ihm kühne Besserungsmaßnahmen erhofften, anfangs begeistert begrüßt. Dass der Papst für seinen gekauften Pontifikat solche Absichten hegte, lässt sich auch daraus schließen, dass an seiner Seite mit Ildebrando di Sovana, dem künftigen Gregor VII., die Inkarnation der radikalen Kirchenreform schlechthin als Mitarbeiter und Vertrauter erscheint.

Im Herbst 1046 zog Heinrich III. erneut nach Italien; in Pavia ließ er eine Synode abhalten, die den Kauf kirchlicher Würden ein weiteres Mal aufs Schärfste verurteilte. Gregor VI. reiste ihm bis Piacenza entgegen und wurde offenbar auch als Papst empfangen. Berichte über die dubiosen Umstände, unter denen er sein Amt erlangt hatte, waren anscheinend noch nicht an den königlichen Hof gedrungen. Die Nachrichtenlage muss sich bald danach allerdings entscheidend verbessert haben. Heinrich III. berief nämlich in Sutri, zwei Tagesreisen nördlich von Rom, am 20. Dezember 1046 eine Synode ein, die in unmittelbarem Zusammenhang mit seiner bevorstehenden

Kaiserkrönung stand: War Gregor VI. überhaupt befugt, ihm die Krone aufs Haupt zu setzen? Oder stand dieses Recht einem der beiden Konkurrenten, Silvester III. oder Benedikt IX., zu – oder keinem der drei? Diese Frage musste unbedingt in kirchenrechtlich einwandfreier Art und Weise beantwortet werden, sonst war die Kaiserwürde anfechtbar.

Gregor VI. hatte selbst den Vorsitz der Kirchenversammlung inne, die über seine Legitimität entscheiden sollte; das war eine bizarre Konstellation. Um das Problem der rechtmäßigen Besetzung des Heiligen Stuhls ein für alle Mal zu lösen, wurden auch Benedikt IX. und Silvester III. vorgeladen. Der Tuscolanerpapst hütete sich, dieser Aufforderung Folge zu leisten, eine Verurteilung wegen Simonie war ihm sicher. Silvester aber kam nach Sutri, und zwar weiterhin mit dem Anspruch, rechtmäßiger Papst zu sein. Darstellungen, wonach er sich zu diesem Zeitpunkt selbst nur noch als Bischof von Sabina verstand, entsprechen der Rechtsauffassung des Papsttums, dass ein Pontifex maximus von niemandem abgesetzt werden konnte – weshalb er freiwillig zurückgetreten sein musste –, aber nicht der Quellenlage. Der Fall Benedikts IX. erschien den Synodalen hingegen einfach. Dieser Papst hatte sein Amt ja selbst verkauft; dass er sich weiterhin für den rechtmäßigen Nachfolger Petri hielt, fiel demgegenüber nichts ins Gewicht. So begnügte sich die Synode damit, seine Absetzung nochmals zu bestätigen. Silvester III. aber wurde beschuldigt, das Papstamt mit unlauteren Mitteln erschlichen zu haben, und soll daraufhin nicht nur dieses, sondern auch seinen Rang als Bischof und Priester eingebüßt haben; eine weitere Quelle will sogar von seiner Exkommunikation wissen. Da der angeblich so hart Verurteile schon bald wieder als Bischof amtierte, ist unsicher, welche Strafen überhaupt gegen ihn verhängt wurden.

Gregor VI. traf es am härtesten. Er wurde verhaftet und nach Deutschland, wahrscheinlich nach Köln, in die Verbannung geschickt. Auf diesem Weg begleitete ihn Ildebrando di Sovana. Dreieinhalb Jahrzehnte später schrieb er als Gregor VII., dass er damals den Papst ins Exil begleitet habe. Das hieß, dass für ihn Gregor VI. damals der legitime Pontifex maximus war. Vom kanonischen Standpunkt hatte Ildebrando zweifellos Recht: Gregor VI. trat nicht, wie Heinrich III. nahestehende Quellen behaupteten, freiwillig zurück, sondern wurde auf Befehl des Königs abgesetzt; das aber war ein kirchenrechtlich ungültiger Akt. Schon am Ende des 11. Jahrhunderts erscheint der salische Herrscher in romtreuen Quellen denn auch als Ketzer, der seine tyrannische Gewalt ruchlos auf die Kirche ausgedehnt und dieser seinen finsteren Willen aufgezwungen habe. Spätere Historiker in Diensten des Vatikans haben ihren Frieden mit dem Gewaltakt gemacht und die damit geschaffenen Tatsachen anerkannt. Zu diesem Zweck wurde die Synode von Sutri mit mancherlei Legenden ausgeschmückt: Gregor VI. habe nach den Ausführungen seiner Ankläger eingesehen, dass er mit dem Kauf des Pontifikats vom Teufel betrogen worden und deshalb für die Petrus-Nachfolge unwürdig sei; tränenreich habe er daraufhin um seine eigene Absetzung gebeten.

Am 24. Dezember 1046 wurde die Synode in Rom fortgeführt. Sie setzte Benedikt IX. nochmals feierlich ab und sandte damit ein klares Signal an die Adresse der Tuscolaner-Gefolgschaft: Eure Zeit an der Spitze der Kirche ist endgültig abgelaufen! Die Hauptaufgabe der Versammlung aber bestand darin, einen Kandidaten für die Nachfolge der drei abgesetzten Päpste zu finden. So lautete ihr Auftrag offiziell. Doch lange suchen musste die Kommission nicht mehr. Dass der Wunschkandidat des Königs, der sich schon am nächsten Tag von diesem zum Kaiser krönen lassen wollte, das Rennen machen würde, stand von vornherein fest. Römische und italienische Kandidaten waren chancenlos; unter ihnen, so die Rechtfertigung, habe sich niemand befunden, der den hohen sittlichen Ansprüchen an das Papsttum genügen konnte. Im Klartext hieß das: Alle hatten ihre kirchlichen Ämter gekauft! Die seit mehr als einem Jahrhundert gegen das Papsttum der Crescenzier und Tuscolaner vorgebrachten Anklagen und die damit verbundenen Propagandakampagnen hatten ihr Ziel erreicht: Jetzt waren die Besseren an der Reihe, die Nachfolge Petri anzutreten!

6.

Kirchenreform und Hegemoniekämpfe

Von Clemens II. bis Cölestin III. (1046–1198)

Päpste von Kaisers Gnaden: Clemens II., Damasus II., Leo IX.

Nach der Absetzung der drei Papst-Prätendenten auf den Synoden von Sutri und Rom am 20. und 24. Dezember 1046 entschied sich Heinrich III. in Rom mit der gebotenen Eile für Suidger, den Bischof von Bamberg, als neuen Pontifex maximus. Suidger stammte aus einer sächsischen Hochadelsfamilie und hatte dem Kaiser in seiner Hofkapelle treue Dienste geleistet. Nachdem Erzbischof Adalbert von Hamburg-Bremen seinen Verzicht erklärt hatte, war Suidger auch der Favorit der Reformpartei um Abt Odilo von Cluny und Petrus Damiani. Um den Zustand der Rechtsunsicherheit zu beenden, wurde seine Wahl unter Beachtung aller kanonischen Formen vollzogen: «Klerus und Volk» gaben demnach einhellig ihre Zustimmung, obwohl weder die hohe römische Geistlichkeit noch der städtische Adel mit der Erhebung eines deutschen Bischofs auf «ihren» Stuhl Petri einverstanden waren. Der neue Papst nannte sich Clemens II. und erweckte damit einen Papstnamen des frühen Christentums zu neuem Leben. Diese Anknüpfung war Programm: Clemens II. war gewählt worden, um die Kirche im reinen Geist der heiligen Anfänge zu reformieren. Um seine Erhebung zu rechtfertigen, berief der zweite deutsche Papst schon im Januar 1047 eine Synode ein, die erneut einen Beschluss gegen «simonistische» Priester verabschiedete. Dieses Dekret fiel wie die anschließende Reformtätigkeit des Papstes jedoch so zahm aus, dass sich radikale Reformer wie Petrus Damiani von Clemens II. enttäuscht zeigten und ihn zu entschlossenerem Eingreifen aufforderten.

Nach der römischen Synode zog Clemens II. als treuer Vasall mit seinem Kaiser nach Süditalien, wo dieser die verworrenen Machtverhältnisse in seinem Interesse ordnen wollte; nach der erfolglosen Belagerung der Stadt Benevent, die der Papst exkommunizierte, gab Heinrich III. dieses unmögliche Unterfangen jedoch auf. Der Papst zog daraufhin mit dem salischen Herrscher nach Norden und starb im Oktober 1047 in einem Kloster bei Pesaro. Zwei Wochen vor seinem Tod erwähnte er in einer Stiftung für diese Abtei seine schwere Krankheit, was den Verdacht einer Vergiftung aufkommen ließ. Er schien sich zu bestätigen, als bei einer Untersuchung der sterblichen Überreste im 20. Jahrhundert eine auffallend hohe Bleikonzentration festgestellt wurde. Da damals Bleizucker zum Süßen von Speisen gereicht wurde, ist jedoch ein Tod durch Malaria viel plausibler. Da auch Clemens' Nachfolger, ebenfalls ein deutscher Gefolgsmann Heinrichs III., früh das Zeitliche segnete, verdichteten sich Giftmord-Gerüchte zu einer regelrechten «Verschwörung der Italiener» gegen deutsche Päpste: Durch die heimtückisch herbeigeführte Kürze der Pontifikate sollten Kandidaten von nördlich der Alpen systematisch abgeschreckt werden.

Nach dem Tod Clemens' II. witterten die römischen Adelsfraktionen erneut Morgenluft. Auch italienische Regionalfürsten wie der Markgraf Bonifacio von Canossa und der Fürst Guaimario von Salerno sahen jetzt die Gelegenheit gekommen, das Joch der deutschen Vorherrschaft abzuschütteln. Unter diesen Vorzeichen glaubte auch Benedikt IX. an die Chance für sein Comeback; ab dem 1. November 1047 amtierte er erneut als Papst, erstaunlicherweise sogar mit dem späten Segen des *Annuario Pontificio*, das ihn für das Dreivierteljahr zwischen dem Tod Clemens' II. und der Wahl Damasus' II. gegen alle Logik nochmals als Papst – nunmehr mit einem dritten

Pontifikats-Abschnitt! – aufführt. Die erneute Herrlichkeit des umtriebigen Tuscolaners konnte jedoch nur so lange Bestand haben, wie Heinrich III. von Rom ferngehalten wurde. Bei seiner Rückkehr an den Tiber hatte der Salier bereits seinen Wunschkandidaten für die Nachfolge Petri im Gefolge: Bischof Poppo von Brixen, wie sein Vorgänger ein Exponent der Kirchenreform unter kaiserlichem Schutz. Als Damasus II. amtierte er nur dreiundzwanzig Tage; sein Tod in der Augusthitze des Jahres 1048 ist ebenfalls auf die in Rom bis ins 20. Jahrhundert grassierende Malaria zurückzuführen, die durch den Stich der Anopheles-Mücke vor allem in den Sommermonaten ganze Landstriche entvölkerte und später so manches Konklave dezimierte.

Damasus' Nachfolger Leo IX. entstammte einem elsässischen Grafengeschlecht und hatte zuvor ein Vierteljahrhundert lang als Bischof von Toul amtiert. In dieser Zeit hatte er Verbindungen zu Reformkreisen geknüpft, die sich seit Jahrzehnten im burgundischen und lothringischen Raum in Klöstern und unter Eremiten verwurzelt und ausgebreitet hatten. Führende Persönlichkeiten dieser Bewegung wie Humbert von Silva Candida, Erzbischof Helinard von Lyon, Abt Hugo von Cluny und Hugues Candide de Remiremont begleiteten den vom Kaiser designierten Papst nach Rom, wo dieser im Februar 1049 regulär geweiht und gewählt wurde. Die meisten seiner Ratgeber befürworteten in Sachen Kirchenreform einen moderaten Kurs, der gute Beziehungen zum Reichsoberhaupt garantierte und Schroffheiten vermied, die innerkirchliche Unruhen oder sogar Spaltungen zur Folge haben mussten.

Fingerspitzengefühl und die Fähigkeit, zwischen radikalen und gemäßigten Reformern zu vermitteln, war vor allem beim Problem der Simonie gefordert. Machten sich nur diejenigen, die kirchliche Ämter für Geld erwarben, dieser Sünde schuldig, oder auch alle Kleriker, die ihre Position durch gute Dienste für einen Patron und Versprechungen künftiger Gegenleistungen erhalten hatten? Falls ja, so war die gesamte Kirchenspitze aufgrund ihrer engen klientelären Verflechtungen und Verpflichtungen einst, jetzt und in Zukunft illegitim. Dieser Meinung waren jedoch nur einzelne Hardliner; die Mehrheit der Reformer, unter ihnen auch der strenge Asket Petrus Damiani, votierten für ein behutsameres Vorgehen.

Das zweite Hauptanliegen der Reform, das die innerkirchlichen Auseinandersetzungen und die Konflikte mit Kaisern und Königen in den kommenden Jahrzehnten beherrschen sollte, war die Abschaffung der Priesterehe und die Durchsetzung des Zölibats für alle Inhaber kirchlicher Weihen vom Subdiakon aufwärts. Die Forderung nach Ehelosigkeit wiederum war aufs Engste mit den Bestrebungen verknüpft, die kirchlichen Besitzungen vor Usurpation und die Kirche als ganze vor dem Zugriff der weltlichen Eliten zu schützen. Allzu oft folgte auch in den höheren Rängen des Klerus der Sohn auf den Vater; durch diese Quasi-Erblichkeit von Würden und Einkünften war die Kirche Bestandteil eines aristokratischen und fürstlichen Patrimoniums geworden. In den Augen der Reformkreise war das ein unerträglicher Zustand, der dem Auftrag Christi an seine Kirche, ja der göttlichen Weltordnung widersprach und daher schleunigst nach Abhilfe verlangte. Zu den praktischen Gesichtspunkten, die die Abschaffung der Priesterehe wünschenswert erscheinen ließen, kamen somit ideologische Zwänge, ohne die der Zölibat wahrscheinlich die Jahrhunderte nicht überdauert hätte: die Höherwertigkeit der Ehelosigkeit als gottgefälliger Reinheits-Zustand und der Wille, die Kirche als oberste Moralinstanz über alle weltlichen Herrschaften zu stellen. Das war eine Überordnung, die nur durch den permanenten Nachweis sittlicher Überlegenheit begründet werden konnte.

Alle diese Reformen – so viel war von vornherein absehbar – konnten nur durch schwere Kämpfe gegen einflussreiche Interessen umgesetzt werden. Vor allem musste zuvor geklärt werden, wer diese revolutionären Veränderungen eigentlich erzwingen sollte. Bislang hatten sich die kirchlichen Erneuerungsbewegungen unter der Schirmherrschaft des Kaisers entfaltet, also in Abhängigkeit von der weltlichen Gewalt, deren Hoheit über die Kirche die Reformer mit aller Kraft zurückdrängen wollten. Leo IX. scheint diesen Gegensatz noch kaum empfunden zu haben. Als Reformer mit konservativen Impulsen hielt er an den durch Alter ehrwürdig gewordenen Bräuchen der Reichskirche fest, die die Stellung des Reichsoberhaupts stärkten.

Für seine Kirchenpolitik entwickelte der Papst einen eigenen, ungewöhnlichen Herrschaftsstil. Er hielt nicht nur wie seine Vorgänger regelmäßig Reformsynoden ab, sondern zog selbst nach Frankreich und Deutschland und damit an die Brennpunkte, an denen sich die Auseinandersetzungen um die Reform im spannungsreichen Wechselspiel mit Rom und Italien entscheiden mussten. So waren die beiden ersten Pontifikatsjahre des elsässischen

Papstes den Aufenthalten an Rhein, Main und Mosel mit dem Zentrum Toul gewidmet, dessen Bischofswürde Leo IX. erstaunlicherweise bis 1051 behielt. 1052 standen Besuche in Süditalien, danach in Pressburg, Regensburg und Bamberg im Zentrum. In Rom verbrachte der «Reisepapst» nur gut ein Achtel seiner Regierungszeit und nie mehr als drei Monate am Stück. Das war auch eine Methode, mit dem Problem der ewig unruhigen Stadt und ihren aufsässigen Adelsparteien fertigzuwerden, und spiegelte darüber hinaus eine romkritische Auffassung vom Papsttum, die sich untergründig durch die Jahrhunderte hinziehen und immer wieder aufbrechen sollte. Sie besagte, dass die Nachfolge Petri universeller sei als die Stadt, in der die beiden vornehmsten Apostel das Martyrium erlitten hatten, und dass die Würde des Amtes durch eine Verlegung des Amtssitzes in eine andere Gegend der Christenheit keinen Schaden nehmen würde. Dass die meisten Schenkungen und Privilegien Leos IX. seinen «Heimatregionen» Elsass und Lothringen sowie deren Umgebung zugutekamen, zeigt sein Selbst- und Amtsverständnis nochmals mit aller Deutlichkeit an.

Die letzte Phase des Pontifikats in den Jahren 1053 und 1054 stand ganz im Zeichen der süditalienischen Machtumschichtung. Hier waren die normannischen Söldner in einem halben Jahrhundert von Hilfstruppen zum Zünglein an der Waage und schließlich zum dominierenden Machtfaktor geworden, gegen den sowohl Konstantinopel als auch der Kaiser, der lokale Adel und nicht zuletzt der Papst den Kürzeren zogen. Unter der Führung des diplomatisch und militärisch außerordentlich geschickten Robert Guiscard und seines nicht wengier gewieften Bruders Roger, der sich vorerst mit der Rolle eines Juniorpartners zufriedengeben musste, hatten sich «die Normannen» in den Augen des Papstes vom Alliierten zu einer akuten Bedrohung Roms und seiner Unabhängigkeit gewandelt, gegen die jetzt militärisch vorgegangen werden musste. In weiser Voraussicht drohender Katastrophen verweigerte Heinrich III. seine Mithilfe beim «Normannenzug» Leos IX., der im Juni 1053 mit einer schweren Niederlage des päpstlichen Heeres bei Civitate endete. Laut den päpstlichen Quellen zog sich der geschlagene Pontifex maximus daraufhin nach Benevent zurück; das war die rücksichtsvolle Beschreibung für eine Gefangenschaft, aus der die Sieger den Papst jedoch bald in ehrenvollen Formen entließen. Dem Ruf der Heiligkeit, den sich der Papst schon zu Lebzeiten erwarb, schadete das von ihm geleitete Kriegsunternehmen nicht; im Gegenteil, die Niederlage gewann die Züge eines Quasi-Martyriums und wurde so zum Sieg umgewertet.

In die Annalen der Christenheit gingen die beiden letzten Pontifikatsjahre Leos IX. durch den definitiven Bruch mit der Ostkirche ein. Dogmatische Streitigkeiten hatten Rom und Konstantinopel seit Langem entzweit. Aus der Sicht des Patriarchen am Bosporus waren der Papst und die von ihm geführte Kirche Irrtümern verfallen, unter denen die Einfügung des «filioque» ins Glaubensbekenntnis am schwersten wog; nach dieser Formel ging der Heilige Geist nicht nur aus Gottvater, sondern auch aus Christus hervor. Das von den Reformern propagierte Verbot der Priesterehe, das samstägliche Fasten, die Art und Weise der Kommunion, die Taufpraxis und der weiterhin ungelöste Streit um den Vorrang in der Christenheit verschärften diese Konflikte, die jetzt nach einer relativen Ruhe von zwei Jahrhunderten mit aller Schärfe wieder aufflammten.

Anlass für das Schisma war ein Schreiben des Patriarchen von Konstantinopel, in dem dieser dem süditalienischen Klerus die Verwendung von ungesäuertem Brot beim Abendmahl als «jüdischen» Brauch verbot; alle Kirchen, die daran festhielten, sollten sofort geschlossen werden. Leo IX. reagierte darauf mit einem geharnischten Schreiben an den Patriarchen und einem versöhnlicheren Brief an den Kaiser, dem er zugleich die Entsendung von Legaten ankündigte. Die Vertrauten des Papstes, die die Reise an den Bosporus antraten, erwiesen sich schnell als ungeeignet, einen Kompromiss auszuhandeln. Speziell Humbert von Silva Candida, der inzwischen auf der Leiter der kirchlichen Würden weit nach oben gestiegen war, trat unversöhnlich auf und verhinderte eine Einigung. Am 16. Juli 1054 legten die Legaten auf dem Hauptaltar der Hagia Sophia eine Bulle nieder, die den Patriarchen von Konstantinopel exkommunizierte; zu diesem Zeitpunkt war Leo IX. bereits seit drei Monaten tot, womit die Vollmachten seiner Gesandten eigentlich erloschen waren. Das durch die Exkommunikation begründete Schisma hat jedoch bis heute Bestand; die «Wiedervereinigung» auf dem Konzil von Florenz im Juli 1439 blieb eine Episode.

Emanzipation vom Reich:
Victor II., Stephan IX., Nikolaus II., Alexander II.

Leos Nachfolger Victor II. namens Gebhard entstammte dem schwäbischen Adel und stand durch seine familiären Verbindungen dem salischen Kaiserhaus nahe. Sein Bruder brachte es zum Patriarchen von Aquileia, er selbst 1042 zum Bischof von Eichstätt und nach Einschätzung zeitgenössischer Beobachter zur einflussreichsten Persönlichkeit am Hof nach dem Kaiser selbst. Diese Nähe zur weltlichen Macht sprach für und gegen ihn, als Heinrich III. nach dem Tod Leos IX. im Herbst 1054 eine Versammlung zur Bestimmung eines geeigneten Nachfolgers einberief. Skeptisch war vor allem die römische Delegation eingestellt, die keinen weiteren Befehlsempfänger des Reichsoberhaupts am Tiber wollte. Auch der Kandidat selbst hatte Vorbehalte. Er hatte reichlich Gelegenheit gehabt, die Beschränkungen der päpstlichen Amtsgewalt unter den drei letzten Pontifikaten zu ermessen, und akzeptierte die Anwartschaft auf den Stuhl Petri erst, als ihm Heinrich III. die Rückgabe von Gütern versprach, die der römischen Kirche in den letzten Jahrzehnten entzogen worden waren; auch sein Bistum Eichstätt behielt er als eine Art Faustpfand. Nach seiner Wahl am Gründonnerstag des Jahres 1055 berief Victor II., der sich bezeichnenderweise wie Clemens II. nach einem Papst des 2. Jahrhunderts nannte, eine Synode nach Florenz ein, an der über hundert Bischöfe teilnahmen. Auf der Tagesordnung standen wie inzwischen üblich das Verbot von Simonie und Priesterehe sowie der Schutz kirchlicher Besitzungen.

Zwecks Kooperation mit Heinrich III. reiste der Papst im Sommer 1056 nach Goslar und stand kurz darauf an dessen Sterbebett. Als Protektor des – bereits zum Nachfolger gewählten und gekrönten – sechsjährigen Königs Heinrich IV. erklärte sich der Papst mit der Regentschaft von dessen Mutter Agnes einverstanden und ließ die geistlichen und weltlichen Fürsten einen Treueeid auf das minderjährige Reichsoberhaupt schwören. Als Victor II. jedoch auf einer weiteren Reformsynode in Arezzo im Juli 1057 starb, zeigte sich schnell, dass die Zeit kaiserlicher Papst-Designationen vorbei war.

Als Papstmacher trat nun Markgraf Gottfried von Tuszien aus dem Hause Lothringen auf, den Heinrich III. als Gegner des Reiches bekämpft hatte. Die neuen Machtverhältnisse fanden ihren Ausdruck darin, dass die Wähler Gottfrieds Bruder Friedrich von Lothringen zum Nachfolger Victors II. erhoben und es nicht für nötig befanden, die Regentin Agnes über ihre Entscheidung zu informieren. Mit Stephan IX., wie sich der neue Pontifex maximus nannte, kamen erneut die Reformer ans Ruder, die schon den Pontifikat Leos IX. bestimmt hatten. Ihre Bestrebungen galten einer größeren Unabhängigkeit vom Reich, die mit der Wahl des lothringischen Papstes eingeleitet worden war, doch war diesem nur ein Pontifikat von knapp acht Monaten beschieden.

Nach Stephans Tod witterten die römischen Adligen, die sich seit den Synoden von Sutri und Rom 1046 vom Papsttum ausgeschlossen fühlten, noch einmal Morgenluft und schritten unter einvernehmlicher Führung der Crescenzier und Tuscolaner zur Tat – Notlagen und gemeinsame Feinde schweißten zusammen. In einer handstreichartig vollzogenen, kanonisch anfechtbaren Wahl erhoben sie den Bischof von Velletri auf den Stuhl Petri, der sich «Benedikt X.» nannte und durch diesen Papstnamen ein eindeutiges Bekenntnis zur Tradition der römischen Adelspontifikate ablegte. Für die Reformer war Benedikts Erhebung ein Rückfall in die düstersten Zeiten der Korruption und Dekadenz. Laut Petrus Damiani hatten die Putschisten alles von langer Hand geplant; sie schüchterten die Römer durch nächtliches Waffengerassel ein und verteilten Unmengen an Geld unter den Wählern.

Mit diesen Methoden hatten die römischen Adligen zweihundert Jahre lang Erfolg gehabt, doch im Jahr 1058 muteten solche Umtriebe unzeitgemäß an. Das Papsttum war nicht mehr römischer Stadtbesitz, sondern stand wie nie zuvor im Zentrum europäischer Aufmerksamkeit. Ungeachtet aller Divergenzen zwischen den verschiedenen Flügeln und Strömungen waren sich die Vertreter der Reformbewegung in einem entscheidenden Punkt stets einig: Erfolg hatten die Anstrengungen zur umfassenden Erneuerung der Kirche nur, wenn sie von einem moralisch, institutionell, theologisch und nicht zuletzt personell gestärkten Papsttum ausgingen. Päpste, die diese Bestrebungen verkörperten und in ihrem Pontifikat mustergültig umsetzten, mussten aber erst noch herangezogen werden. Leo IX. war diesem Ideal bereits recht nahegekommen, doch war sein Auftreten gegenüber der weltlichen Gewalt, gemessen an den neuen Idealen, viel zu schüchtern ausgefallen.

Da die Reformbewegungen nicht von Rom ausgegangen waren, stellt sich die Frage, warum ihre Protagonisten so konsequent für die Führungsrolle der Päpste bei der Durchsetzung der großen Erneuerung votierten und nicht auf die großen Klöster, die sie hervorgebracht hatten, oder auf die Bischöfe als kollektive Führungsschicht der Kirche setzten. Zum einen hatten die römischen Adelspäpste die Reformzentren wie Cluny oder Gorze stets mit allen juristischen Mitteln begünstigt und gefördert, so dass es sich anbot, diese Symbiose jetzt unter veränderten Vorzeichen fortzuführen. Zum anderen betrachteten die Reformer die seit Langem ungenügend ausgeschöpften Prestige- und Autoritätsressourcen der Petrusnachfolger als ausbaufähig. Große Päpste wie Damasus I., Leo I. und Gregor I. hatten ein symbolisches Kapital angesammelt, das sich durch geschickte Propaganda zu einer umfassenden Erneuerung der Kirche nutzen ließ – vorausgesetzt, die Reform nahm für alle sichtbar von den Päpsten ihren Ausgang. Wenn «Papst» und «Reform» Synonyme wurden, musste die Erneuerungs-Bewegung unwiderstehlich werden. In dieser Symbiose durften sich auch die Päpste als Sieger fühlen, denn so fielen «Reform» und «Primat» in eins, und zwar mit Folgen, die für die Reformer selbst noch gar nicht absehbar waren.

Im Klima so hoher Erwartungen war «Benedikt X.» ein ärgerliches Relikt, das rasch aus dem Weg geräumt werden musste. 1057 war mit Ildebrando di Sovana die graue Eminenz der letzten Pontifikate als Legat nach Deutschland geschickt worden, um dort mit der Kaiserin-Regentin und den führenden Vertretern des Episkopats den weiteren Kurs der Reform abzustimmen und festzulegen. Diese Mission war so wichtig, dass Stephan IX. den Römern den Eid abgenommen hatte, im Falle seines Todes mit der Wahl eines neuen Papstes bis zur Rückkehr des Legaten zu warten; auch diese Bestimmung hatten die Adelsclans missachtet. Ildebrando hatte keine Schwierigkeiten, den Markgrafen von Tuszien, dessen Autorität durch die Wahl Benedikts ebenfalls Schaden genommen hatte, für die Erhebung eines Reformpapstes zu gewinnen, da der dafür in Aussicht genommene Kandidat Gerhard von Burgund, der Bischof von Florenz, dessen Gefolgs- und Vertrauensmann war. Dieser wurde im Dezember 1058 in Siena gewählt und nahm den Namen Nikolaus II. an – auch das ein Signal der moralischen Erneuerung. Doch die römische Adelspartei gab immer noch nicht klein bei, so dass sich der neue Papst vom Markgrafen den Weg nach Rom freikämpfen lassen musste. «Benedikt X.» kam nach der Inthronisation Nikolaus' II. im Januar 1059 relativ glimpflich davon und wurde, seiner kirchlichen Weihen entkleidet, in die Kirche Sant'Agnese unweit der römischen Stadtmauern verbannt.

Die wichtigste Konsequenz der Gegenpapst-Episode war das neue Papstwahldekret der Lateransynode, das Nikolaus II. 1059 verkündete. Es diente nicht nur dazu, die Kür des Pontifex maximus künftig zu verrechtlichen, sondern sollte auch seine eigene, nicht unumstrittene Wahl rechtfertigen. Bei ihr hatten nämlich die sogenannten Kardinalbischöfe, sieben an der Zahl, den Ausschlag gegeben. Diese traten seit dem 8. Jahrhundert als eine Elite innerhalb der schmalen Spitze der Kirche auf, und zwar nicht nur in ihren Bistümern – darunter Ostia, Porto und Albano in der unmittelbaren Nähe Roms –, sondern auch in den großen römischen Basiliken. Sie sollten jetzt nach dem Willen Nikolaus' II. das alleinige Recht besitzen, den neuen Papst zu bestimmen und zu weihen; die übrigen Kleriker und das «Volk» hatten diesem Votum nur noch Folge zu leisten. Ob sich dadurch viel am Wahlverfahren änderte, sei dahingestellt; den Ausschlag hatte ohnehin immer eine kleine Gruppe, sei es von Geistlichen, sei es von Adligen, gegeben. Zeittypisch und zugleich in die Zukunft weisend war hingegen das Bemühen, den Wahlmodus juristisch präziser zu fassen und damit unanfechtbar zu machen. Ihre Monopolstellung behaupteten die Kardinalbischöfe allerdings nicht lange. Schon zwei Jahrzehnte später mussten sie diese mit den Kardinalpriestern teilen, einem Kreis von achtundzwanzig weiteren einflussreichen Geistlichen mit überwiegend städtischen Funktionen. Um dieselbe Zeit kamen als dritte Gruppe die Kardinaldiakone hinzu, so dass die Erhebung des neuen Pontifex maximus theoretisch von zweiundfünfzig Klerikern vorgenommen wurde; in Wirklichkeit waren es durch die Vakanz von Posten jedoch weitaus weniger.

Nikolaus II., der Papst der Kardinalbischöfe, stammte aus Burgund, gehörte aber – wie sich aus seiner Kirchenpolitik zugunsten der Bischöfe schließen lässt – keinem der dortigen Reformklöster an. Ein engagierter Reformer war der neue Papst trotzdem, wie sich schon auf der großen Lateransynode vom April 1059 zeigte. Sie verabschiedete nicht nur das neue Papstwahldekret, sondern erließ auch ein weiteres Mal rigorose Bestimmungen gegen Simonie sowie Ehe und Konkubinat der Priester; die zahlreichen Wiederholungen solcher Edikte zeigen, wie schwierig es war, diese Bestimmungen in einer Gesellschaft mit gegenteiligen Mentalitäten und Gewohnheiten durchzusetzen. Darüber hinaus wurde allen Klerikern aufs Strengste untersagt, von Laien Kirchen und Kirchengüter entgegenzunehmen. Wenn diese Regel konsequent umgesetzt wurde, musste sie den Einfluss des Kaisers auf die Reichskirche aushöhlen und daher schwere Konflikte provozieren. Auch für die Lebensführung der Geistlichen inner- und außerhalb der Klöster erließ die Synode neue Richtlinien. Dabei setzte sich Ildebrando di Sovana mit seinen radikalen Vorschlägen, die letztlich auf die Abschaffung des Privateigentums und die Erneuerung eines frühchristlichen Armutsideals hinausliefen, nicht durch.

In seiner Süditalienpolitik brach Nikolaus II. mit den Grundsätzen Leos IX.: Er erkannte die von Robert Guiscard geschaffenen Tatsachen an und schlug daraus zugleich den maximalen Profit für das Papsttum. Der Chef der Normannen leistete der römischen Kirche und dem Papst einen Treueeid, in dem er sich dazu verpflichtete, für die Rückerstattung von deren Gütern und Rechten zu kämpfen. Mit dem anschließenden Schwur, dafür zu sorgen, dass nach Nikolaus' Tod das neue Papstwahldekret eingehalten werde, trat Robert als Schutzherr des Papsttums geradezu an die Stelle des Kaisers. Für diese Verpflichtungen wurde er reich belohnt. Er durfte die Länder der Kirche, die er besetzt hatte, gegen eine jährliche Abgabe behalten und wurde zum Herzog von Apulien, Kalabrien und Sizilien ernannt. Diese Insel mussten der «Schlaukopf» und sein nicht minder erfolgreicher Bruder Roger allerdings noch arabischen Fürsten entreißen, was ihnen bis Anfang der 1070er-Jahre gelang. Mit dieser «Realpolitik» stellte der burgundische Papst die Weichen für die politische Neuordnung der Region, die dadurch eng an das Papsttum angebunden wurde.

Die Debatten über Simonie und illegale Besetzungen kirchlicher Ämter zogen inzwischen immer weitere Kreise. Die Kirche durchdrang die Lebenswelten und Lebenserfahrungen aller sozialen Schichten, sie war integraler Bestandteil und zugleich Spiegel der Gesellschaft. Fragen wie die, ob ein durch Geldzahlungen zu seiner Würde gelangter Priester überhaupt Heilsvermittler zwischen Gott und den Menschen sein konnte, bewegten auch die einfachen Leute. Für den Adel aber stand fraglos am meisten auf dem Spiel. Er hatte seit Generationen für die Versorgung seiner nachgeborenen Söhne viel Geld in kirchliche Ämter investiert und in den Kirchen unter seinem Patronatsrecht seine Gefolgsleute als Geistliche eingesetzt. Dieser Familienbesitz und diese Familienvorrechte wurden jetzt auf einmal infrage gestellt, und zwar von rivalisierenden Clans, die sich der Reformbewegung anschlossen, um daraus Vorteile zu ziehen, sowie von Klerikern niedriger Herkunft, die auf ihre überlegene Sittlichkeit und Bildung pochten. Damit waren die sozialen und politischen Hierarchien akut gefährdet.

Zu diesen Erschütterungen gesellte sich die Angst um das Seelenheil: Hatte die Kirche die Gläubigen bislang nicht ins Paradies, sondern geradewegs in die Hölle geführt? Damit waren alle Voraussetzungen für Revolten, ja Revolutionen gegeben. Eine neue, den strengsten Idealen verpflichtete Kirche machte eine neue, egalitärere Gesellschaftsordnung erforderlich; unter diesem Vorzeichen kam es in den Städten Italiens zu Unruhen und Aufständen. Besonders radikal war die – nach einem volkstümlichen Markt benannte – Pataria-Bewegung in Mailand.

Hier griff Nikolaus II. mit zwei Legaten ein, die in seinem Auftrag eine moderate Lösung anvisierten. Der dortige Erzbischof, ein notorischer Simonist, unterzeichnete ein Dokument, das solche Praktiken ebenso wie Priesterehe und -konkubinat verurteilte, und versprach zusammen mit seinem Klerus baldige Besserung. Danach verpflichteten sich die Einwohner insgesamt zum Kampf gegen die Korruption in der Kirche. Nach vollzogener Bußleistung wurden die simonistischen Priester als «gereinigt» betrachtet und wieder mit der Kirche versöhnt. Für die Legaten und den Papst war diese Zeremonie Ausdruck des römischen Primats im Zeichen der Reform. Doch mit der Einbeziehung breiterer Kreise hatten die Legaten die Bekämpfung der Simonie der alleinigen Aufsicht der Kirche entzogen. So erwies sich der Kompromiss von Mailand schnell als brüchig. Dass ausgerechnet der Erzbischof, der sein Amt gekauft hatte, die weiteren Aktionen gegen die Simonie leiten sollte, leuchtete nicht nur den radikaleren Anhängern der Pataria nicht ein. So sah sich schon 1060 eine Synode in Rom zu weitergehenden Maßnahmen veranlasst: Der einflussreiche Mailänder Oberhirte wurde von allen Vorwürfen freigesprochen, aber zugleich ein hartes Vorgehen gegen alle übrigen simonistischen Priester beschlossen; diese sollten ihr Amt verlieren, allerdings wurden die von ihnen geweihten Geistlichen als legitim betrachtet, sofern sie nicht selbst dafür gezahlt hatten. Das war ein typisch römischer Kompromiss, der das soziale und politische Konfliktpotential entschärfen und die Institutionen der Kirche durch eine Reform stärken sollte, die dem Volk den Eindruck durchgreifender Neuerung vermittelte, ohne die Interessen der Eliten allzu sehr zu verletzen. Vor allem aber wollte der Papst religiöse Massenbewegungen verhindern, die seine Macht unterminieren mussten. Die Kirche würde unter der Führung des Papstes bis zum Ende der Zeiten dauern, doch dieser Jüngste Tag war noch längst nicht angebrochen, auch wenn unzufriedene Kleriker diese apokalyptische Erregung von jetzt an immer wieder zu entfachen suchten.

Am Ende von Nikolaus' kurzem Pontifikat – er starb Ende Juli 1061 – brachen die Gegensätze zwischen Rom und dem Kaiser offen aus, ohne dass die Gründe dafür im Einzelnen bekannt sind. Jedenfalls wurde einem Legaten des Papstes in beleidigenden Formen der Zugang zum Hof verweigert. Mit der Wahl des Mailänders Anselmo da Baggio zu Nikolaus' Nachfolger, die gemäß dem neuen Dekret von den Kardinalbischöfen Ende September 1061 unter normannischem Schutz außerhalb der römischen Stadtmauern vollzogen wurde, schienen solche Konflikte jedoch erst einmal beigelegt. Der neue Papst Alexander II. war von Heinrich III. zum Bischof von Lucca ernannt worden und galt als erprobter Parteigänger des Reiches. Die Umstände seiner Erhebung waren allerdings eine Provokation: Weder wurde vorab die Zustimmung des Reichsoberhaupts eingeholt noch nach vollzogener Wahl dessen Bestätigung für nötig gehalten. Stattdessen wurde eine Delegation römischer Adliger nach Deutschland geschickt, die dem jungen König die Abzeichen des römischen Patriziers überreichen sollte. Die Regentin Agnes reagierte darauf mit der Einberufung einer Synode, die Ende Oktober 1061 den Bischof von Parma zum Gegenpapst «Honorius II.» wählte. Dessen Erhebung war mit einem regelrechten *renversement des alliances* verbunden. In der Vergangenheit hatten sich die Kandidaten der Kaiser und des römischen Adels feindlich gegenübergestanden. Jetzt verbündeten sich beide Seiten gegen Alexander II., den Papst der Reformpartei. Mit Unterstützung der römischen Barone konnte «Honorius II.» in Rom einziehen und dort die Engelsburg sowie den Borgo, das Stadtviertel um den Vatikan, besetzen. Alexander II. hingegen hatte die Normannen auf seiner Seite. Zum Schiedsrichter und Vermittler zwischen den streitenden Parteien schwang sich im Mai 1062 der Markgraf Gottfried von Tuszien auf. Er bewog mit einem starken Heer beide Seiten dazu, die Kämpfe einzustellen, und forderte die Rivalen zum Rückzug in ihre Diözesen Lucca bzw. Parma auf. Zu diesem Zeitpunkt hatten sich die Machtverhältnisse im Reich bereits grundlegend gewandelt. Dort hatten die Erzbischöfe Anno von Köln und Adalbert von Hamburg-Bremen den zwölfjährigen Heinrich IV. unter ihre Kontrolle gebracht und die Kaiserinmutter entmachtet. Damit neigte sich auch nördlich der Alpen die Waagschale zugunsten Alexanders II., der mit Unterstützung Gottfrieds und der Normannen 1063 nach Rom zurückkehrte.

In Rom erließ eine vom Papst einberufene Synode die inzwischen obligatorischen Edikte gegen Simonie, Laien-Investitur und Priester-Konkubinate, fügte den gewohnten Verboten jedoch beträchtliche Verschärfungen hinzu. So war es den Gläubigen jetzt strikt untersagt, Gottesdiensten von Priestern, die in Sünde lebten, auch nur beizuwohnen; Geistliche durften nicht nur von Laien keine Benefizien mehr annehmen, sondern diese auch nicht kumulieren. Der Gegenpapst reagierte darauf mit einer eigenen Kirchenversammlung in Parma, die Alexander vorwarf, nicht wie vorgeschrieben von Klerus und Volk Roms gewählt, sondern von den Normannen erhoben worden zu sein.

Kurz darauf gab der mittlerweile zum Kardinalbischof von Ostia aufgestiegene Radikalreformer Petrus Damiani dem Streit eine neue Wendung. Ohne Wissen Alexanders schlug er dem Erzbischof Anno von Köln vor, ein Konzil als Schiedsgericht einzuberufen, und traf damit beim Hof auf offene Ohren. Diese Versammlung trat im Namen des Königs zu Pfingsten 1064 in Mantua zusammen. Von den beiden Prätendenten hatte sich nur Alexander II. eingefunden, der sich vor diesem Gremium von den Vorwürfen reinigen sollte, mit simonistischen Methoden gewählt worden zu sein und zum Schaden des Reichs mit den Normannen paktiert zu haben.

Dagegen verwahrte sich Alexander II. gleich mehrfach. Er sei aus freien Stücken erschienen, da der Papst bekanntlich von niemandem gerichtet werden könnte, so wenig wie der Lehrer von den Schülern. Bei seiner Wahl seien die Vorschriften Nikolaus' II. ohne jegliche Form von Simonie minutiös eingehalten worden. Das hieß im Klartext: Damit war die Erhebung gültig, und zwar ohne Aufsicht und Approbation des Reichsoberhaupts. Was den angeblichen Verrat zugunsten der Normannen betraf, so solle der

König in Rom eigene Nachforschungen anstellen, die diese Anklage widerlegen würden. Mit diesem selbstbewussten Auftreten überzeugte Alexander II. die Synode, die daraufhin den Gegenpapst «Honorius II.» für abgesetzt und exkommuniziert erklärte. Mit Unterstützung der Pataria-Führer konnte der Papst danach nach Rom zurückkehren; diesen verlieh er für ihren Kampf gegen «korrupte» Priester sogar das Banner des heiligen Petrus. Dasselbe Ehrenzeichen ließ der Papst auch dem normannischen Herzog Wilhelm zukommen, der 1066 mit seinem Sieg auf dem Schlachtfeld von Hastings den Beinamen «der Eroberer» und die Krone Englands gewann. Ausschlaggebend für diese Parteinahme waren kirchenpolitische Streitigkeiten mit Wilhelms Vorgänger und die Erwartungen Roms, dass eine neue, stärkere Monarchie die Reform der englischen Kirche vorantreiben werde. Diese Hoffnungen erfüllten sich noch zu Lebzeiten Alexanders II.; so wurde mit Lanfranco di Pavia ein ehemaliger Schüler des Papstes zum Erzbischof von Canterbury erhoben.

In Italien und in weiten Teilen Europas konnte Alexander II. jetzt mit gestärkter Autorität auftreten. In den erneut aufflammenden Pataria-Unruhen Norditaliens spielte er die angestrebte Rolle des Vermittlers; in Frankreich und Spanien wurde sein Einfluss dadurch spürbar, dass Bischöfe und weltliche Herrscher gleichermaßen gegen Simonie und Priesterkonkubinat vorgingen. Die neue Machtposition des Papstes machte sich auch in Deutschland bemerkbar. So trat er dem Wunsch Heinrichs IV., seine aus politischen Gründen eingegangene Ehe mit der Tochter des Markgrafen von Turin zu annullieren, schroff entgegen – und setzte sich durch. Doch das alles waren nur Vorspiele für noch viel härtere Konflikte.

Auch in der Frage, wer 1071 die Nachfolge im Erzbistum Mailand, einer Schlüsselposition des Königreichs Italien, antreten sollte, standen sich Papst und König unversöhnlich gegenüber. Hier konnte sich Alexanders Kandidat trotz Unterstützung der Pataria nicht behaupten, zu viel stand für Heinrich IV. politisch auf dem Spiel. Für ihn und seine Ratgeber war das Argument der Reform kaum mehr als ein Vorwand in einem Kampf, der um die Hoheit über die Kirche und damit um den Vorrang der beiden Universalgewalten ausgetragen wurde. Für Rom wiederum waren die Bischofsernennungen des Königs aus politischen und finanziellen Gründen eine Kampfansage an die gottgewollte Kirche und ihr Haupt. Dessen Stellung fasste

Alexander II., der im April 1073 nach elfeinhalb Pontifikatsjahren starb, in einem Schreiben an den französischen König zukunftsträchtig zusammen: Dekrete des Papstes haben dieselbe Gesetzeskraft wie das kanonische Recht!

Radikalreform: Gregor VII.

Nach kanonischem Recht war die Wahl des neuen Papstes illegal. Nur einen Tag nach dem Tod Alexanders II. wurde am 22. April 1073 mit Ildebrando di Sovana, dem Erzdiakon der römischen Kirche, die seit Langem einflussreichste Persönlichkeit der Kurie zum Nachfolger erhoben. Als er in der Lateranbasilika mit den Vorbereitungen für die Begräbnisfeierlichkeiten Alexanders II. beschäftigt war – so ein bald nach den Ereignissen aufgesetztes Protokoll –, seien die Gläubigen in die Kirche hereingestürmt und hätten den völlig Überraschten, ja Widerstrebenden durch Akklamation zum Papst gemacht; das war ein klarer Verstoß gegen die neuen Dekrete, den der Gewählte in einer Reihe von Briefen an führende europäische Persönlichkeiten abzuschwächen versuchte. Sein Argument: Die Stimme des Volkes sei die Stimme Gottes, außerdem seien in der Menge auch die rechtmäßigen Wähler in ausreichender Zahl vertreten gewesen. Eine Rechtfertigung gegenüber Heinrich IV. hielt der neue Papst jedoch nicht für nötig. Dass seine «Wahl» kein spontaner Akt des «Volkes», sondern sorgsam geplant war, machen diese Erklärungen unfreiwillig deutlich: Durch die Präsenz der eigentlich allein zuständigen Kardinäle und die Zustimmung aller Anwesenden, Kleriker wie Laien, sicherten sich die Organisatoren des «Wahlputsches» vorsorglich gegenüber alten und neuen Regelungen ab.

Mit dem neuen Pontifex maximus, der sich aus Verbundenheit mit dem 1046 abgesetzten und nach Deutschland ins Exil geschickten Vorgänger Gregor VII. nannte, wurde der diplomatisch aktivste und kirchenpolitisch radikalste Reformer an die Spitze der Kirche gewählt. Als beherrschende Gestalt der zentralen Kirchenverwaltung – die sich bald in Analogie zum Senat des alten Rom «Kurie» nennen sollte – hatte Gregor VII. vor und nach seiner Wahl eine Führungsstellung inne, die nicht durch familiäre Beziehungen gestützt wurde. Über seine Abstammung und Verwandtschaft gibt es viele Vermutungen und wenige gesicherte Fakten; diese verweisen auf eine bescheidene Herkunft, wohl aus der Südtoskana. Auf einflussreiche Netzwerke in der Ewigen Stadt konnte Gregor während seiner zwölfjährigen Regierung jedenfalls nicht zurückgreifen. Während der Kämpfe in und um Rom, in die der Papst verwickelt wurde, zeichnet sich zwar die Anlehnung an eine aristokratische Partei und ihre Festungen ab, doch lässt sich daraus keine engere Verflechtung ableiten. Bei der Umsetzung seines kühnen Herrschaftsprogramms, das alle Strategien seiner Vorgänger in den Schatten stellte, musste Gregor VII. daher auf andere, persönlichere Prestigetitel zurückgreifen. Schon die Inszenierung seiner Wahl sollte zeigen, dass hier ein charismatischer Herrscher par excellence auf den Schild gehoben wurde.

Seine Auffassung von den Rechten und Pflichten des Papstamts legte Gregor VII. im *Dictatus Papae* nieder. Die Bestimmungen dieses «Papst-Diktats» knüpften an ältere Dokumente wie das *Constitutum Constantini* an und steigerten diese Tradition zugleich mit unerhörter Schärfe zu einem «Grundgesetz», das mit seiner schroffen Betonung des allumfassenden päpstlichen Primats auf moderater denkende Zeitgenossen wie ein Schock wirkte. Schwer erträglich war für sie auch die Kompromisslosigkeit, mit der Gregor VII. diese Prinzipien umzusetzen versuchte. Seine unbeugsame Härte entsprang dem Willen, eine irregehende Welt grundlegend umzugestalten und umzuerziehen, und wurde deshalb von der Außenwelt als ein Umsturz ohnegleichen verstanden, heilig für die einen, maßlos überzogen, ja größenwahnsinnig für die anderen. Dass die Welt für eine solche Revolution nicht reif war (und vielleicht auch nie werden würde), verlieh dem Papst zudem die Aura des scheiternden Helden. Der kompromissloseste aller Päpste legte seine Ideen über den *Dictatus Papae* hinaus in zahlreichen Briefen nieder, von denen mit dreihundertsechzig nur etwa ein Viertel erhalten ist. Sich selbst sah er als ein Werkzeug Christi, in dessen Nachfolge er den Menschen ein Ärgernis werden musste. Die Selbststilisierung zum Märtyrer vervollständigte sich damit.

Seinen Willen, die Kirche zu reformieren und mit ihr die Welt neu zu ordnen, bezeugte Gregor VII. in jährlichen Kirchenversammlungen, die treffend als Inquisitionstribunale bezeichnet wurden. Auf diesen römischen Synoden wurden schwerste Strafen gegen alle diejenigen verhängt oder angedroht, die gegen die drei zentralen Verbote von Simonie, Konkubinat und Laieninvestitur verstießen. Schon auf der dritten dieser Gerichtssynoden in der Fastenzeit des Jahres 1075 rechnete der Papst unnachsichtig mit den Hauptsündern in Deutschland ab. So wurde fünf engen Vertrauten Kaiser Heinrichs IV., die diesen zum Verkauf hoher kirchlicher Würden angestiftet haben sollten, die Exkommunikation angedroht, falls sie sich nicht bis zum 1. Juni in Rom den Anklagen stellten; vier führende deutsche Bischöfe wurden kurzerhand von ihrem Amt suspendiert. Auch vor einem gekrönten Haupt machte der Disziplinierungswille des Papstes nicht Halt: Der französische König musste mit dem Ausschluss aus der Kirche rechnen, wenn er nicht Genugtuung für seine Vergehen leistete und Beweise für seine Reue lieferte.

Der Papst sprach jetzt den weltlichen Herrschern pauschal das Recht ab, Bistümer an ihre Gefolgsleute zu vergeben, und schloss damit Laien von kirchlichen Investituren systematisch aus. Dieses Verbot war für alle christlichen Herrscher und speziell für das Oberhaupt des Heiligen Römischen Reiches eine Kampfansage ohnegleichen. Wurde diese Bestimmung politische Wirklichkeit, war seine Machtstellung, die in hohem Maße auf der Loyalität des hohen Klerus beruhte, irreparabel geschwächt, da die weltlichen Herrschaftsrechte der kirchlichen Würdenträger seit Otto I. stetig ausgeweitet worden waren. Das politische Ringen um die Besetzung dieser Positionen zog sich in unterschiedlicher Form und Intensität bis zum Ende des Alten Reichs unter Napoleon I. hin und dauert in veränderter Form bis in die Gegenwart fort, wenn vom Vatikan eingesetzte Kandidaten in der Öffentlichkeit kontrovers diskutiert werden.

Nach ergebnislosen Verhandlungen mit päpstlichen Legaten nahm Heinrich IV. den Fehdehandschuh auf und berief seinerseits im Januar 1076 eine Versammlung der deutschen Bischöfe nach Worms ein, die ganz im Sinne des Königs Gregor VII. die Legitimität absprach, die Anerkennung verweigerte und den Gehorsam aufkündigte. Als Gründe wurden die Ungültigkeit seiner Wahl, sein Machtmissbrauch gegenüber dem Episkopat und der Bruch der eidlichen Treueverpflichtung gegenüber Heinrich III. und seinem Sohn genannt. Heinrich IV. selbst nahm in einem eigenen Brief an den Papst diese Anklagen auf und warf diesem darüber hinaus vor, ihn in einem Kampf auf Leben und Tod seines Seelenheils und seines Königreichs berauben zu wollen. In einem weiteren Schreiben an die Römer forderte der König diese auf, Gregor VII. von seinem Thron zu stoßen und den neuen

Papst, den er mit Zustimmung aller wählen lassen werde, als ihren neuen Oberhirten anzunehmen. Gregors Antwort ließ nicht lange auf sich warten: Im Februar 1076 exkommunizierte er Heinrich und löste dessen Untertanen von ihrem Treueeid. Damit sahen dessen adlige Feinde im Reich die Gelegenheit gekommen, sich des in ihren Augen allzu hochfahrenden Reichsoberhaupts zu entledigen und einen ihnen genehmeren Nachfolger zu wählen. Im Oktober 1076 versammelten sich die einflussreichsten Fürsten in der königlichen Pfalz Tribur bei Frankfurt und stellten Heinrich IV. ein Ultimatum: Wenn er sich nicht binnen Jahr und Tag in Deutschland vom Bann lösen lasse, werde ein neuer König gewählt. Außerdem wurde eine Reichsversammlung nach Augsburg anberaumt, zuerst auf den 6. Januar, dann auf den 2. Februar 1077, damit Gregor VII. in eigener Person die Leitung übernehmen könne.

Um dieses Tribunal über sich und seine Regierung zu verhindern, das ihn aller Voraussicht nach absetzen und im günstigsten Fall der Aufsicht seines Todfeindes unterstellen würde, zog Heinrich IV. im eisigen Winter im Büßergewand, nur von einigen wenigen Getreuen, seiner Gattin und seinem zweijährigen Sohn begleitet, auf Umwegen – die gängigen Pässe waren von Gegnern besetzt – über die Alpen und dem Papst entgegen. Dieser war auf diese Nachricht hin nicht, wie geplant, nach Deutschland weitergereist, was sich rasch als schwerer taktischer Fehler erwies, sondern machte in der nahe Reggio gelegenen Burg Canossa Halt, die der mächtigen Markgräfin Mathilde von Tuszien gehörte. Dort ließ er den König drei eisige Tage und Nächte lang warten, bis er sich in das Unvermeidliche schickte, den König vorließ und als Büßer am 28. Januar 1077 vom Bann löste.

So lautet zumindest die Meistererzählung vom «Gang nach Canossa», wie sie seit Jahrhunderten in allen Hand- und Schulbüchern nachgeschrieben wurde. An dieser Darstellung sind begründete Zweifel aufgekommen. Die Reisegeschwindigkeiten der hohen Herrschaften stimmen nicht, die verlässlichsten italienischen Chronisten wissen von der winterlichen Demütigung im Burghof nichts zu berichten; eine offizielle Version von königlicher Seite gibt es nicht. So spricht manches dafür, dass die je nach Standpunkt und Blickwinkel empörenden, befriedigenden oder auch einfach nur erregenden Begebenheiten erfunden oder zumindest stark entstellt wiedergegeben wurden. Ein König als armer Sünder vor dem allmächtigen Papst:

Damit ließ sich dem Herrscher die Ehre absprechen oder der Pontifex maximus als Tyrann brandmarken, ungerührt ließ diese Version niemanden. Die plausible Gegendarstellung fällt viel nüchterner aus: Die Einladung zur Reichsversammlung erhielt Gregor VII. von Heinrich IV. selbst, allerdings so spät, dass es zur Fahrt nach Deutschland nicht mehr reichte und das Treffen deshalb in Canossa stattfand. Dort einigten sich die Vertreter der beiden Universalgewalten schiedlich-friedlich auf einen Vertrag, der das wechselseitige Verhältnis bereinigte.

Ob die Demütigung in Canossa erfunden ist oder nicht: Durch die Lösung vom Bann erkannte Heinrich IV. aus römischer Sicht die Unterordnung unter den Papst als oberste Aufsichts- und Strafinstanz der Christenheit an, wie sie der Fälscher des *Constitutum Constanini* dreihundert Jahre zuvor konstruiert hatte. Der Papst hatte das Recht, einen Herrscher, der sich an der Kirche versündigte und dadurch gegen die göttliche Weltordnung verstieß, zur Rechenschaft zu ziehen und wenn nötig abzusetzen. So wurde das Oberhaupt des Reichs zu einem Instrument herabgedrückt, das der Papst als Stellvertreter Christi auf Erden frei wählen und wieder verwerfen konnte. Insofern war der 28. Januar 1077 ein Tag des symbolischen Triumphes für Gregor VII. und die Kirche, so wie er sie verstand. Doch politischer Sieger war der König. Durch die Aufhebung des Banns gewann Heinrich IV. die politische Handlungsfähigkeit in Deutschland und damit die Initiative zurück, die Gregor VII. jetzt verlor. Dieser setzte weiterhin auf eine große Reichsversammlung unter seinem Vorsitz, doch sein Plan ließ sich nicht durchsetzen. Auch den Gegenkönig Rudolf von Rheinfelden, den Heinrichs Feinde im März 1077 auf den Schild gehoben hatten, unterstützte der eigentümlich passive Papst, der jetzt die Rolle eines unparteiischen Schiedsrichters zu spielen versuchte, nicht nachhaltig.

So blieb Gregor nach der Begegnung in Canossa nur die Rückkehr nach Rom, wo sich die Machtverhältnisse innerhalb des Stadtadels zu seinen Ungunsten entwickelt hatten. Drei Jahre lang schickte der Papst jetzt Legaten nach Deutschland, die zwischen den Rivalen um die Königskrone vermitteln und Frieden stiften sollten, und widmete sich auf seinen Synoden dem Kampf gegen die Investitur durch Laien, die im November 1078 untersagt und für ungültig erklärt wurde. Wer diesem Verbot zuwiderhandelte, galt jetzt bis zur Leistung ausreichender Genugtuung als exkommuniziert. Erst

1080 nahm Gregor VII. den Kampf gegen Heinrich IV. wieder auf. Auf der römischen Fastensynode dieses Jahres exkommunizierte er den König erneut, dieses Mal als notorischen Lügner und ungehorsamen Sohn der Kirche. Der Gemaßregelte ergriff umgehend Gegenmaßnahmen. Ende Mai erklärte eine Versammlung deutscher Bischöfe Gregor VII. für abgesetzt, womit eine Neubesetzung des Stuhls Petri notwendig werde. Dieser Akt wurde im folgenden Monat in Brixen mit der Wahl des exkommunizierten Erzbischofs Wibert von Ravenna vollzogen, der den Namen «Clemens III.» annahm. Beide Seiten hatten ihre symbolischen Waffen damit ausgereizt. Jetzt mussten militärische Mittel die Entscheidung herbeiführen. Hier befand sich Gregor VII., der sich mit dem Normannen Robert Guiscard überworfen hatte, in der schwächeren Position.

Im Oktober 1080 verlor Heinrich IV. zwar die Entscheidungsschlacht gegen Rudolf von Rheinfelden, doch starb dieser an einer im Kampf erlittenen Verwundung. Ihm war – nicht nur für seine Gegner symbolträchtig – die Schwurhand abgeschlagen worden. Gott schien auf der Seite des Saliers zu stehen. Dem starken Heer, mit dem Heinrich IV. 1081 gegen Rom zog, hatte der Papst nichts Gleichwertiges entgegenzusetzen, und so begann im Mai 1081 eine fast dreijährige Belagerung. Im März 1084 eroberte der König das Borgoviertel, sodass er seinen Gegenpapst «Clemens III.» nach dessen Weihe in Sankt Peter feierlich inthronisieren lassen konnte; für den in der Engelsburg eingeschlossenen Gregor VII. war das eine unerträgliche Provokation. Vor der schlimmsten Demütigung bewahrten ihn die Normannen, die er in letzter Minute durch Zugeständnisse auf seine Seite gezogen hatte und die ihn nun in einem kühnen Kommandounternehmen aus seiner Gefängnis-Festung befreiten. Allerdings nutzten die wilden Krieger diese Gelegenheit zu einer Plünderung, bei der in weiten Teilen der Stadt kaum ein Stein auf dem anderen blieb. Unter anderem zerstörten sie die bis zu diesem Zeitpunkt noch funktionstüchtigen antiken Aquädukte, was die Verödung der tiberfernen Quartiere mangels Wasserversorgung zur Folge hatte.

Der «befreite» Papst zog mit den Normannen nach Salerno; von dort aus setzte er den zum Äußersten gesteigerten Kampf gegen Heinrich IV., den «Clemens III.» am 31. März 1084 zum Kaiser gekrönt hatte, moralisch ungebrochen und vom Bewusstsein seines göttlichen Rechts durchdrungen fort.

Allerdings musste er in seinem Exil erleben, wie sich immer mehr Bischöfe und Fürsten von ihm abwandten. Gregor VII. starb am 25. Mai 1085 in Salerno und wurde dort in einem spätantiken Sarkophag bestattet. Nach den Untersuchungen seines Skeletts, die 1985 zu seinem 900. Todestag erfolgten, wurde er etwa siebzig Jahre alt und war damit um einiges betagter als angenommen; der Zustand der Knochen weist zudem auf schmerzhafte Krankheiten in den letzten Regierungsjahren hin.

Gregors Glaubensbekenntnis zu Kirche und Papsttum, wie er es im März 1075 in den siebenundzwanzig kurzen Leitsätzen des *Dictatus Papae* niederlegte, war sein Regierungsprogramm und ein Leitfaden für die Päpste der Zukunft. Darin nahm Gregor VII. Rechte in Anspruch, die bislang von keinem Gesetzbuch gestützt und von keinem ökumenischen Konzil bestätigt worden waren. Das Leitmotiv des Textes ist die einzigartige Stellung der römischen Kirche, die mit dem Papst identisch ist. Diese Ausnahmeposition wird in den Sätzen eins und zwei begründet: «Die römische Kirche ist von Gott allein gegründet worden. Deshalb wird nur der römische Pontifex zu Recht universell genannt.» Die Universalität hat Unfehlbarkeit zur Folge, wie Satz 22 betont: «Die römische Kirche hat niemals geirrt und wird nach dem Zeugnis der Schrift auch in alle Ewigkeit nicht irren.» Aus der Garantie der Irrtumslosigkeit leitet sich die Schlussfolgerung in Satz 26 nahtlos ab: «Wer nicht mit der römischen Kirche übereinstimmt, gilt nicht als katholisch.» Damit ist die Hoheit des Papstes über die Gewissen ebenso absolut wie über die Lehre, ja über die Kultur insgesamt, wie Satz 17 unterstreicht: «Keine Rechtssetzung und kein Buch darf ohne die Autorität des Papstes für rechtgläubig gehalten werden.»

Die unvergleichlichen Eigenschaften, die damit in Anspruch genommen werden, finden ihre extreme Steigerung in Satz 23: «Der römische Pontifex wird – falls er rechtmäßig eingesetzt worden ist – unzweifelhaft durch die Verdienste des heiligen Petrus heilig gemacht *(efficitur sanctus)*, wie der heilige Ennodius, Bischof von Pavia, bezeugt, dem zahlreiche heilige Väter zustimmen, und wie es in den Dekreten des heiligen Papstes Symmachus enthalten ist.» Mit dieser kühnen Aussage ist nicht nur das Amt, sondern auch der Amtsinhaber als Person heilig. Von dieser Aussage hat die Kirche in der Folgezeit stillschweigend Abschied genommen, schließlich warf sie schon zu Lebzeiten Gregors unlösbare Probleme auf: Benedikt VII., der bis

1903 als rechtmäßiger Papst geführt wurde, war der Mörder seiner beiden Vorgänger und sollte trotzdem heilig sein?

Aus der Nachfolge des heiligen Petrus leitete Gregor VII. eine schwindelerregend hohe Stellung des Papstes über der Welt ab, wie Satz 8 belegt: «Allein der Papst kann die kaiserlichen Insignien benutzen.» Die Konsequenz daraus ziehen die Sätze 9 bis 11: «Nur des Papstes Füße küssen alle Fürsten. Nur der Name des Papstes wird in den Kirchen verlesen. Sein Name ist auf der Welt einzigartig.» Solche Aussagen klingen nach Größenwahn, genauer: nach «Papstwahn» in Analogie zu Cäsarenwahn. Da sich Gregor VII. in seinen Briefen je nach Situation genauso unnachgiebig wie im *Dictatus Papae* zeigen, aber auch sehr viel verbindlicher auftreten konnte, sind solche psychologischen Diagnosen zweifelhaft. Stattdessen müssen diese Sätze aus der Konfliktlage ihrer Entstehungszeit verstanden werden. Gregor hatte erlebt, wie mit Kaiser Heinrich III. ein Laie der Kirche seinen Willen aufzwang und einen rechtmäßig geweihten Papst absetzte. Das war für ihn eine unerträgliche Demütigung der Kirche und eine Verkehrung des himmlischen Willens, die nach extremen Gegenmaßnahmen verlangte. Diese Kluft zwischen dem Ist- und dem Sollzustand der Welt wird im *Dictatus Papae* mit lakonischer Zuspitzung in Satz 12 notiert: «Der Papst darf Kaiser absetzen.» Das gilt, wie Satz 5 erläutert, auch für Abwesende. Mit dieser knappen Sentenz wird der irregehenden Gegenwart der Spiegel vorgehalten und zugleich die revolutionäre Wende zur göttlichen Weltordnung eingeleitet. Der Papst ist der oberste Richter auf Erden, gegen dessen Urteil kein Einspruch eingelegt und kein Appell vorgebracht werden kann: Dieses Prinzip wird als Leitmotiv eingeschärft. Wer vom Papst aus der Gemeinschaft der Gläubigen ausgeschlossen wird, ist heimatlos, unbehaust: «Wir dürfen mit denjenigen, die der Papst exkommuniziert hat, nicht im selben Haus bleiben.» Dieser sechste Satz des *Dictatus Papae* ist wörtlich und im übertragenen Sinn zu verstehen: Der Papst kann Menschen zur Unperson machen, wenn sie es durch ihren Abfall vom Glauben verdient haben.

Innerhalb der Kirche ist die Macht des Papstes absolut. Das wird für alle nur denkbaren Fälle durchgespielt: Der Papst kann Bischöfe ein- und absetzen, Bistümer teilen und neue Gesetze dekretieren. Kirchenversammlungen werden erst durch seine Zustimmung universell, Streitigkeiten aller Art von ihm allein entschieden. Er selbst kann von niemandem zur Rechenschaft gezogen werden, kann aber Untergebenen anderer Herren erlauben, vor seinem Gericht Klage gegen diese zu erheben. Nach dem *Dictatus Papae* ist der Papst der Herr der Welt und die Welt damit einem Theokraten von einzigartiger Machtfülle unterworfen.

Gregors Herrschaftsanleitung in eigener Sache wurde zu Lebzeiten nicht publiziert und auch kein offizieller «Verfassungstext» der Päpste, doch durch seine Heiligsprechung indirekt gebilligt und gerechtfertigt. Seine Ideen wurden ab dem 13. Jahrhundert von den «Papalisten» zu einem in sich geschlossenen System erweitert. Dieses wurde zwar vor 1870 nie von Konzilien approbiert, fand dafür aber in zahlreichen Einzeldekreten Niederschlag und prägte das Selbst- und Amtsverständnis der Päpste tiefgreifend. Für die weltlichen Herrscher waren die brisanten 27 Sätze bis ins 19. Jahrhundert ein rotes Tuch und ihr Verfasser ein Störenfried der öffentlichen Ordnung. So polarisierte Gregor VII. wie kein anderer Papst der Geschichte. Für alle Theoretiker staatlicher Autonomie war seine Weltsicht pures Gift, das die politischen Organismen der Christenheit lähmen und am Wachsen hindern sollte. Die nachfolgenden Päpste haben das Erbe ihres radikalen Vordenkers eher vorsichtig verwaltet. Beleg dafür ist, dass es keiner von ihnen für nötig befand, die sterblichen Überreste Gregors VII. aus seinem süditalienischen Exil, wo sie bis heute ein ziemlich unauffälliges Dasein fristen, in die Ewige Stadt heimzuholen. Trotzdem hat sich kein späterer Pontifex maximus vom *Dictatus Papae* distanziert. Nicht mit allen Detailforderungen, wohl aber mit seinen Prinzipien wirkt das Programm des kämpferischsten aller Päpste bis heute fort.

Während Gregors Exil in Salerno hatte auch «Clemens III.» das normannisch beherrschte Rom verlassen müssen, konnte aber 1087 dorthin zurückkehren. Eine von ihm einberufene Synode schärfte zwar ebenfalls den priesterlichen Zölibat ein, doch wurden die Gläubigen zugleich dazu angehalten, die Sakramente auch von «unwürdigen» Priestern entgegenzunehmen. Für Gregor VII. standen diese außerhalb der Kirche, für «Clemens III.» ging ihre Würde auch durch Simonie und Konkubinat nicht verloren. Beide Auffassungen von Kirche und Klerikern standen sich noch lange unversöhnlich gegenüber.

Reformkurs und Kreuzzug: Victor III., Urban II.

Orbis und *urbs*, die Christenheit und die Stadt Rom, blieben beim Tod Gregors VII. gespalten zurück. Die «gregorianische» Partei, die in «Clemens III.» alle Missbräuche der Vor-Reformzeit vereinigt sah, wählte im Mai 1086 keinen der drei Kandidaten, die der sterbende Papst für seine Nachfolge benannt hatte, sondern den Abt Dauferio von Montecassino aus einem Seitenzweig der Fürstenfamilie von Benevent zum Papst. Victor III., wie sich der neue Pontifex maximus nannte, konnte die Unterstützung seiner mächtigen Verwandten und gute Beziehungen zu den Normannen in die Waagschale werfen. Mit fast sechzig Jahren war er zudem der älteste der aussichtsreichen Kandidaten, was einen Übergangspontifikat von kurzer Dauer erwarten ließ; das war für die jüngeren und ehrgeizigen Kardinäle von jetzt an eine willkommene Aussicht.

Dem neuen Papst fehlte ein solcher Ehrgeiz völlig. Dass sich ein frischgewählter Pontifex maximus tränenreich sträubte, die Wahl anzunehmen, gehörte zum Ritus, mit dem der erfolgreiche Kandidat seine Demut (*humilitas*) und damit seine Eignung für sein neues Amt unter Beweis stellte. Victor III. aber meinte seine Verweigerung offensichtlich ernst, wozu seine tumultuös vollzogene Wahl und die schwierigen Verhältnisse in Rom und Umgebung wesentlich beitrugen. Er setzte sich schleunigst in sein geliebtes Kloster Montecassino ab, wo seine Anhänger fast ein Jahr lang versuchten, ihn zur Rückkehr nach Rom zu überreden. Dass er sich schließlich in seine Erhebung fügte und dann noch ein knappes halbes Jahr bis zu seinem Tod im September 1087 als Papst amtierte, hatte mehrere Gründe. Zum einen zeigte sich die Gruppe der «Ultra-Gregorianer», die Victor III. seine ehemals engen Beziehungen zu Heinrich IV. vorwarf und von ihm eine Aufweichung des strengen Reformkurses befürchtete, kompromissbereit, um eine gemeinsame Front gegen «Clemens III.» zu bilden; zum anderen konnte der Papst wieder auf die militärische Unterstützung der Normannen zählen. Auf einem Konzil in Benevent profilierte er sich durch das Verbot der Laieninvestitur und simonistischer Praktiken vollends als Erbe Gregors VII.

Victors Nachfolger Urban II. wurde im März 1088 in Terracina gewählt, da «Clemens III.» wieder einmal Rom besetzt hielt. Mit ihm bestieg nach dem Abt von Montecassino ein ehemaliger Abt von Cluny den Stuhl Petri; seine Erhebung macht sinnfällig, wie tiefgreifend sich die Physiognomie des Papsttums in dem halben Jahrhundert, das seit der Zeit der Tusculaner- und Crescenzier-Kreaturen verstrichen war, gewandelt hatte. Um sich politisch und militärisch gegen die Anhänger Heinrichs IV. zu behaupten, musste auch Urban II. die Unterstützung der Normannen suchen. Das war nach dem Tod des großen Robert Guiscard im Jahr 1085 leichter gesagt als getan. Erst einige Jahre darauf setzte sich nach Kämpfen innerhalb der Familie Altavilla mit Roberts jüngerem Bruder Roger (Ruggero), dem Grafen von Kalabrien und Sizilien, wieder eine unbestrittene Führungspersönlichkeit durch, mit der Rom langfristig kooperieren konnte. Diesem verlieh Urban II. am 5. Juli 1098 die *legatio apostolica* für die von den Arabern zurückeroberte Insel Sizilien. Legaten schickte der Papst üblicherweise mit genau definierten Vollmachten auf Auslandsgesandtschaften, damit sie dort in seinem Interesse und mit seiner Autorität auftreten konnten; mit der Erledigung dieser Geschäfte fiel das Mandat wieder an den Auftraggeber zurück.

Im Falle des Grafen von Sizilien stellte sich die Lage grundlegend anders dar: Die ihm übertragene Vollmacht ließ ihm freie Hand bei der Leitung und personellen Besetzung seiner Kirche. Gregor VII. hatte den Kampf gegen die Laieninvestitur zu einem heiligen Krieg gegen das Böse in der Welt erklärt. Sein zweiter Nachfolger aber verlieh einem Laien ziemlich niedriger Herkunft – Roger und Robert Guiscards Vater war ein kleiner Landadliger in Nordfrankreich – gewissermaßen auf dem Silbertablett die ganze Fülle der Rechte, die Gregor VII. dem viel vornehmeren Heinrich IV. unter Einsatz aller Kräfte und Waffen zu entreißen versucht hatte. Die Normannenherrscher und ihre Erben konnten jetzt mit der reichen Kirche Siziliens nach Belieben schalten und walten. Urbans Nachfolger behaupteten zwar, die Vollmacht könne jederzeit rückgängig gemacht werden, doch das war eine reine Schutzbehauptung; die *legatio apostolica* galt bis 1867, als Sizilien längst im Königreich Italien aufgegangen war. Natürlich gab Urban II. so kostbare Vorrechte nicht ohne die Erwartung von Gegenleistungen aus der Hand: Der mächtige Graf von Sizilien, die neue Ordnungsmacht im Süden, wurde dadurch als Protektor eng an die Päpste gebunden. Darüber hinaus erwarteten sie von ihm, dass er die ein Jahrtausend lang griechisch geprägte Kirche in seinem Herrschaftsgebiet latinisierte. Aus dem Rahmen fällt die *legatio apostolica* trotzdem. Sie zeigt, wie flexibel Päpste vorgehen konnten, wenn Macht und Einfluss in Rom auf dem Spiel standen.

Mit der soliden Rückendeckung seiner französischen «Landsleute» – Urbans Vater war ein Lehensmann des Grafen der Champagne im Marne-Tal – baute der «cluniazensische» Papst seine Machtposition im süditalienischen Exil systematisch aus. In den Zielen stimmte der zweite französische Papst der Geschichte mit Gregor VII. überein, doch zeigte er sich mit seinen Methoden einfallsreicher, in seinem Vorgehen geschmeidiger und im Verhältnis zu den Eliten entgegenkommender. Als Spross einer Adelsfamilie war ihm die Mentalität des französischen Rittertums und der städtischen Kanoniker vertraut, als Abt von Cluny wurzelte er in der großen monastischen Tradition Burgunds. Alle diese Einflüsse einer aristokratisch geprägten Kultur waren Gregor VII. fremd geblieben, Urban II. hingegen nutzte sie auf seinen zahlreichen Reisen in Italien und nach Frankreich systematisch zur Steigerung seines Ansehens. Auf den Synoden, denen er bei diesen «Auslandaufenthalten» vorsaß, wurden nicht nur die inzwischen üblichen Reformmaßnahmen zur Neuordnung der Kirche verkündet, sondern auch Versuche unternommen, die gewalttätige Welt der Laien zu befrieden. Zu diesem Zweck propagierte Urban II. das französische Modell des «Gottesfriedens» (*Trêve de Dieu*, eigentlich «Waffenstillstand Gottes»), das die zahlreichen Fehden zwischen adligen und nichtadligen Familien, Dörfern und Korporationen zumindest an hohen kirchlichen Feiertagen untersagte. Selbst bei den kriegerischen Normannen hatte der Papst Anfang der 1090er-Jahre mit dieser Mission Erfolg. Auch seine Politik gegenüber den süditalienischen Bischöfen führte zum Ziel. Diese durften ihren griechischsprachigen Ritus beibehalten und erkannten im Gegenzug die Autorität Roms an; die Ablösung von Konstantinopel war damit definitiv vollzogen.

Auch im nördlichen Italien konnte Urban II. mit Unterstützung der Markgräfin Mathilde von Tuszien immer mehr Bischöfe auf seine Seite ziehen – im Unterschied zu Deutschland, wo seine Position weiterhin prekär blieb. 1091 trat Heinrich IV. einen weiteren Italienzug an, der anfangs erfolgreich verlief und dadurch die Position des Papstes aufs Höchste gefährdete, doch nach der vergeblichen Belagerung der inzwischen symbolträchtigen Burg Canossa im Sande verlief. Zudem brach ein Konflikt zwischen dem Kaiser und seinem Sohn Konrad aus, der sich in Mailand zum König von

Italien krönen ließ, mit Mathilde ein Bündnis schloss und auf Anraten Urbans II. eine Tochter Rogers von Sizilien ehelichte; eine antikaiserliche Partei in Italien gewann damit Konturen. Das alles trug jetzt auch in der Ewigen Stadt Früchte. Ende 1093 konnte Urban II., geschützt von der mächtigen Adelsfamilie Frangipane, in deren römisches Festungsquartier zurückkehren und im Jahr darauf sogar den Lateran besetzen. «Clemens III.» versperrte allerdings weiterhin den Zugang nach Sankt Peter und blieb bis zu seinem Tod im Jahr 1100 ein Unruhefaktor.

1095 hielt der Papst in Piacenza eine Synode ab, die für die Langzeitprobleme Simonie und Konkubinat weiterhin nach praktikablen Lösungen suchte und zur Enttäuschung der strengen Erneuerer Kompromisse fand: Die von schismatischen und simonistischen Bischöfen erteilten Weihen waren ungültig, es sei denn, deren Empfänger hatten von dieser fehlenden Legitimität nichts gewusst. Speziell gegenüber den niederen Klerikern verfuhr die Kirchenversammlung nach dem Grundsatz, dass derjenige, der in gutem Glauben gehandelt hatte, nichts zu befürchten hatte; das war ein Dorn im Auge der Radikalreformer. Ihren Höhepunkt erlebte die gesetzgeberische und jurisdiktionelle Tätigkeit Urbans II. auf der Reformsynode in Clermont Ende 1095. Hier bestätigte der Papst die schon zuvor von seinem Legaten ausgesprochene Exkommunikation König Philipps I. von Frankreich, der seine Gattin verstoßen und sich danach wiederverheiratet hatte.

Urbans «Ablasskanon» und seine große Schlussrede vom 25. November 1095 sind als Aufruf zum Kreuzzug ins Weltgedächtnis eingegangen. Dadurch gilt der französische Papst als einer der Hauptverantwortlichen für die kriegerischen Auseinandersetzungen, die dreihundert Jahre lang mit Grausamkeit und Fanatismus vor allem im Nahen Osten ausgetragen wurden, aber auch kulturelle Begegnungen und Veränderungen von größter Tragweite zur Folge hatten und bis ins 21. Jahrhundert enormes Provokationspotential entfalten. Das gängige Bild vom Kreuzzugsprediger Urban II. ist jedoch von der neueren Forschung revidiert worden. Die Frage ist, ob er überhaupt zum Kreuzzug nach Jerusalem aufgerufen hat. Dafür wird meist das Versprechen angeführt, das er der Christenheit machte: «Wer auch immer aus reiner Frömmigkeit, nicht um Ehre oder Geld zu erwerben, zur Befreiung der Kirche Gottes nach Jerusalem zieht, dem soll jene Reise als gesamte Buße angerechnet werden» (R. Somerville, The Councils of Urban II, Amsterdam 1972, S. 74). Das hieß, ihm wurden alle Sündenstrafen und damit jahrelange Qualen im Fegefeuer erlassen.

Urbans Ansprache an die in Clermont versammelten Ritter ist allerdings nur in Aufzeichnungen erhalten, die nach der Eroberung Jerusalems durch die Kreuzfahrer am 15. Juli 1099 entstanden. Dass Jerusalem erobert werden würde, war nicht nur für den Papst, der zwei Wochen danach am 29. Juli starb und nicht mehr davon erfuhr, unvorhersehbar. Möglicherweise ist der Wortlaut seiner berühmten Ansprache diesem Ereignis also nachträglich angepasst worden. Das Ziel der Rede könnte stattdessen darin bestanden haben, den europäischen Adel zur Unterstützung des byzantinischen Kaisers gegen die vorrückenden Seldschuken zu bewegen – eines der Hauptziele von Urbans Pontifikat. Aufs Engste mit diesen Bestrebungen verbunden war die päpstliche Politik auf der Iberischen Halbinsel. Dort zog er die Lehenshoheit und die Reorganisation der Kirche in den Gebieten an sich, die im Zuge der «Reconquista» von den Arabern erobert worden waren. Innerkirchlich förderte der Papst die Ausbreitung der Regularkanoniker und damit eine neue kirchliche Elite, die durch ihre gehobene Herkunft die Beziehungen zwischen Kirche und Führungsschichten enger knüpfte, als es die Bischöfe vermochten.

Während der Pontifikate Urbans II. und seines Nachfolgers Paschalis II. tritt die römische Kurie – die ab 1098 auch als fester Begriff in den Quellen erscheint – als administrative Einheit neben dem Papst mit immer deutlicheren Konturen hervor. Zu ihr zählte die päpstliche Kanzlei, die mit ihren Schreibern und Notaren für die Ausstellung päpstlicher Urkunden zuständig war, deren Zahl im Zeichen stetig steigender Verrechtlichung und Verschriftlichung unaufhaltsam zunahm. Dementsprechend gewann das Amt ihres Vorstehers an Bedeutung; ja, sein Inhaber, der Vizekanzler, wurde seit dem 15. Jahrhundert geradezu eine Art «Vizepapst», so groß waren die mit dieser Funktion verbundenen diplomatischen Einflussmöglichkeiten und nicht zuletzt auch die Einkünfte. Eine weitere Schlüsselposition bekleidete der Kämmerer oder Camerlengo, der die Geschäfte der Apostolischen Kammer, der obersten päpstlichen Finanzbehörde, leitete. Bei deren Organisation orientierten sich die Päpste am ebenso frommen wie geschäftstüchtigen und unermesslich reichen Kloster Cluny. Der Kämmerer verwaltete die regulären Einkünfte der Päpste. Diese bestanden aus ursprünglich freiwilligen, später als Lehenszins verstandenen Abgaben (»Peterspfennig«), die vor allem aus England, Skandinavien und Osteuropa nach Rom flossen, und aus Zöllen und Zahlungen für die Überlassung von Herrschaftsrechten im Kirchenstaat. Dazu kamen Schenkungen, die ebenfalls immer häufiger als verpflichtend angesehen wurden. Trotzdem steckte das päpstliche Finanzwesen um 1100 noch in den Kinderschuhen, was Kritik daran nicht ausschloss. Sie sollte sich in dem Maße verstärken, in dem das Papsttum in den nächsten zweihundert Jahren seine fiskalischen Praktiken perfektionierte, ein flächendeckendes System zur Besteuerung des europäischen Klerus ausbaute und sich zu diesem Zweck eng mit führenden Bankhäusern vernetzte.

Kämpfe mit dem Kaiser: Paschalis II.

In einem merkwürdigen Kontrast zu den zukunftsweisenden Entwicklungen seines Pontifikats blieb Urban II. bis zu seinem Tod Ende Juli 1099 in Rom auf die Festungsbezirke seiner Anhänger beschränkt. Sein Nachfolger Paschalis II. wurde schon am 13. August von den in der Basilika San Clemente versammelten Kardinälen gewählt. Der neue Papst war Italiener, und sein Pontifikat dem Ausbau seiner Macht in Italien, vor allem im Patrimonium Petri, gewidmet. Diese Schwerpunkte sollte auch die Wahl des Papstnamens anzeigen: Für Paschalis II. war sein Namensvorgänger der Papst, der sich erfolgreich gegen fremde Einflüsse und Einmischungen gewehrt hatte. Diese Unabhängigkeit war seit August 1101 für anderthalb Jahrzehnte gesichert, als die letzten Anhänger des im Jahr zuvor verstorbenen «Clemens III.» aus ihrer städtischen Festung vertrieben wurden. Auch in der Folgezeit wurden Gegenpäpste gewählt, doch größeren Einfluss auf den Pontifikat gewannen sie nicht mehr.

Allzu sicher durfte sich Paschalis II. seiner Hauptstadt trotzdem nicht fühlen. Seine Stellung war immer dann gefährdet, wenn er zu Reisen in Länder nördlich der Alpen oder nach Süditalien aufbrach. Der römische Adel, der während dieser Abwesenheiten rebellierte, hatte andere Namen und Ziele als ein Jahrhundert zuvor. Neue Familien wie die Frangipani, Pierleoni und Colonna waren an die Stelle der Crescenzier und Tuscolaner getreten. Sie besaßen wie ihre Vorgänger starke Stützpunkte in der römischen Campagna und beherrschen mit ihren Festungen, die häufig in antike Monumente eingefügt waren, große Teile des ummauerten Stadtgebiets. Den Stuhl Petri konnten diese Geschlechter jedoch nicht mehr besetzen – ein Mitglied der Familie Pierleoni, das heute als Gegenpapst betrachtet wird, ausgenommen. Dafür gewannen sie starken Einfluss auf die Wahl des Papstes, den sie je nach Interessenlage fördern oder behindern, auf jeden Fall aber kontrollieren und notfalls auch vertreiben konnten. Es sollte gut vierhundert Jahre dauern, bis die Päpste sich gegen die großen römischen Baronalgeschlechter durchsetzten: gelegentlich mit der Peitsche, doch meistens mit viel Zuckerbrot.

Wie seine Vorgänger erbte Paschalis II. den von Gregor VII. entfachten Konflikt mit Heinrich IV., dessen Stellung in Deutschland trotz Fortdauer der Exkommunikation unanfechtbar schien. Erschüttert wurde sie erst im Dezember 1104, als sich Heinrichs gleichnamiger Sohn gegen den Vater erhob. Die Kurie sah jetzt die lang ersehnte Chance gekommen, mit der Entmachtung des verhassten Herrschers den Konflikt um die Investitur und damit um die Hoheit über die Kirche beizulegen. Zu diesem Zweck wurde der rebellische Sohn vom Bann befreit und zugleich von dem Treueeid gelöst, den er seinem Vater geschworen hatte; durch diese Zersetzung der heiligsten Familienbande für eigennützige Zwecke zeigte das Papsttum in den Augen seiner Feinde sein wahres, perfides Gesicht.

Die Hoffnungen, nach der Abdankung Heinrichs IV. mit dem neuen Herrscher in Deutschland zu einer raschen, für Rom günstigen Einigung zu gelangen, zerschlugen sich jedoch rasch. Ein pauschaler Verzicht auf die Investitur kam auch für den neuen König Heinrich V. nicht in Frage, da er damit seine Stellung im Reich entscheidend geschwächt hätte. Er war bereit, dem Papst seinen Gehorsam zu versprechen und sich von der Politik seines Vaters gegenüber Rom zu distanzieren – mehr nicht. In der kirchenpolitischen Praxis setzte Heinrich V. die salische Tradition der Ernennung und Investitur deutscher Bischöfe ungebrochen fort.

Auf einer Synode im Städtchen Guastalla, das zum Machtbereich der Markgräfin Mathilde von Tuszien gehörte, versuchte Paschalis II. im Oktober 1106 die Weichen in Richtung einer Aussöhnung mit dem deutschen Klerus zu stellen. Er bot an, Bischöfe wieder zu ihrem Amt zuzulassen, die während des «Schismas», also unter der Obödienz «Clemens' III.», geweiht worden waren, vorausgesetzt, sie hatten sich nicht der Simonie oder anderer schwerer Vergehen schuldig gemacht. Ein «Splitting» der Investitur in einen dem Papst vorbehaltenen Akt für das geistliche Amt (*spiritualia*) und der Verleihung der damit verbundenen weltlichen Herrschaftsrechte (*temporalia*) durch den Kaiser, wie er von vermittelnden Theologen seit Längerem als Lösung vorgeschlagen wurde, zeichnete sich in Guastalla jedoch noch nicht ab; stattdessen wurde die Laieninvestitur weiterhin in Bausch und Bogen verdammt, ihre Empfänger verfielen der Exkommunikation.

In ein dramatisches Stadium trat der Dauerkonflikt ein, als Heinrich V. im Jahr 1110 Vorbereitungen für einen Romzug traf. Die Befürchtungen des Papstes, dass damit eine gewaltsame Entscheidung zugunsten des Kaisers herbeigeführt werden sollte, wurden durch das gewaltige Heeresaufgebot bestätigt, mit dem das Reichsoberhaupt über die Alpen ziehen wollte. Dagegen traf Paschalis seine Vorkehrungen, und zwar doppelt: Eine römische Synode bestätigte im März 1110 die römische Position zur Laieninvestitur; wenige Monate später sicherte sich der Papst durch eine Reise nach Benevent die militärische Unterstützung der Normannen. Als Heinrich V. im Jahr darauf in Italien erschien, erwiesen sich deren Zusagen jedoch als hinfällig. Bewaffneter Widerstand schied damit aus, Verhandlungen wurden unumgänglich. Aus ihnen ging ein Vorvertrag hervor, der für beide Seiten auf einen Verzicht hinauslief: Der Papst befahl Bischöfen und Äbten, ihre Regalien, also die vom Reich übertragenen Herrschaftsrechte und Güter, aufzugeben. Als Gegenleistung dafür würde Heinrich V. auf die Investitur verzichten. Das waren radikale Konditionen, die die politischen und ökonomischen Macht- und Besitzverhältnisse umstürzen mussten.

Ob diese Lösung praktikabel war, stand auf einem anderen Blatt. Die Geistlichen im Gefolge des Königs waren jedenfalls strikt dagegen, würde die deutsche Kirchenspitze dadurch doch ihre seit Otto I. immer weiter ausgebaute Machtstellung im Reich einbüßen. Der König aber sprach sich dafür aus. Die geistlichen Reichsfürsten hatten sich längst von der Krone emanzipiert und strebten nach Erweiterung ihrer Territorien und Befugnisse; diese radikal zu beschneiden, würde die Stellung des Reichsoberhaupts daher stärken. Der Papst wiederum durfte sich schmeicheln, damit das lockende Ziel, die Kirche aus den Händen der Laien zu befreien, erreicht und den großen Gregor VII. übertroffen zu haben; zudem würde sich der deutsche

Klerus ohne seine fürstliche Stellung sehr viel fügsamer gebärden. So wurde das Abkommen von beiden Seiten ratifiziert, bevor Heinrich V. in Rom einzog. Als Sicherheit stellten König und Papst einander Geiseln.

Als Voraussetzung und Vorbereitung der Kaiserkrönung wurden in Sankt Peter die beiden Verzichtsurkunden feierlich verlesen. Die päpstliche Version war mit reichlich Polemik gegen die unhaltbaren Zustände der Kirche gespickt: Bischöfe und Äbte mussten am Hof und im Krieg Dienste verrichten, die eines Geistlichen unwürdig waren, passten sich dem adligen Lebensstil an, schwelgten im Luxus und vernachlässigten ihre eigentlichen Aufgaben. Auf diese Weise glich sich der geistliche Stand der weltlichen Elite immer mehr an und stellte dadurch die Existenzberechtigung der Kirche infrage; die Investitur durch weltliche Machthaber sei nur die Folge dieses fundamentalen Missstandes. Während dieses Vortrags brach ein Sturm der Entrüstung aus. Die Geistlichen und Adligen im Gefolge Heinrichs V. bekundeten ihren Protest so lautstark und so ungestüm, dass die sakrale Handlung abgebrochen und die Krönung verschoben werden musste. Als es unter der Menge vor Sankt Peter zu ersten Handgreiflichkeiten kam, ließ Heinrich V. den Papst gefangen setzen und stellte ihm unannehmbare Forderungen: Krönung und Bestätigung seines Investiturrechts, und zwar sofort und auf einmal!

Nach blutigen Straßenkämpfen zog der König mit seinem päpstlichen Gefangenen in Richtung Tivoli weiter und verwüstete von dort aus die römische Umgebung. Als ein normannisches Ersatzheer aufgrund der ungleichen Kräfteverhältnisse wieder umkehrte und die päpstlichen Geiseln misshandelt wurden, um den Druck weiter zu erhöhen, gab Paschalis II. im feindlichen Feldlager schließlich nach – die papstfreundlichen Quellen sprechen von systematischer Erpressung – und machte die folgenden Zugeständnisse: Der König verleiht den erwählten Kandidaten weiterhin Ring und Stab als Abzeichen ihrer geistlichen Würde, darauf erfolgt die Weihe durch den dafür zuständigen Bischof. Damit schien die Niederlage des Papstes im Kampf um die Kirchenhoheit besiegelt; um die Demütigung voll zu machen, musste er schwören, sich für die Überrumpelungsaktion nicht zu rächen, die Kaiserkrönung zu vollziehen und den neuen Imperator umfassend zu unterstützen. Für Rom war dieses erzwungene Privileg ein «Pravileg» (von lateinisch *pravus*: schäbig, schändlich). Immerhin gelang es der

Kurie, in dieses Schand-Dokument ihren Protest einzubringen, und zwar in der Anrede Heinrichs V., der in längst ungebräuchlicher Form als «König der Deutschen» und nicht mit seinem angestammten Titel «König der Römer» tituliert wurde. Durch diese subtile Unterscheidung, die im Lärm des Militärlagers offenbar unterging, machte der Papst deutlich, dass es keinen Automatismus gab, der einen «König der Römer» zum «Römischen Kaiser» beförderte, sondern dass allein sein Wille und seine Auswahl diese Erhöhung bestimmten. Allerdings war dieser Wille im Hier und Jetzt alles andere als frei. In einer düsteren, von militärischen Schutzmaßnahmen bestimmten Zeremonie wurde der Erpresser vom Erpressten am 13. April 1111 zum Kaiser gekrönt; selbst während dieser feierlichen Handlung musste Paschalis das ihm abgerungene «Pravileg» nochmals feierlich bestätigen.

Das «Schanddiktat» wurde von den kirchlichen Reformern als Triumph des Bösen verdammt. Selbst in der nächsten Umgebung des Papstes kam Kritik daran auf, dass es ihm gegenüber dem neuen Nero an Bekennermut gefehlt habe. Paschalis' Verteidigung gegen diese Vorwürfe blieb matt: Er habe den Geiseln und der Stadt Rom das Schlimmste ersparen wollen. Doch selbst zu diesem Preis durfte ein Pontifex maximus nicht die Rechte der Kirche veräußern. Offenbar erwog der Papst in dieser bedrängten Lage sogar seinen Rücktritt und den Rückzug auf ein abgeschiedenes Eiland, falls es bei diesen Ankündigungen nicht nur darum ging, der Opposition den Wind aus den Segeln zu nehmen. Denn die Schwächung der päpstlichen Stellung, die mit einem solchen Amtsverzicht verbunden gewesen wäre, kam gerade den energischsten Befürwortern der kirchlichen Erneuerung am ungelegensten.

Allmählich zeichnete sich die einzig mögliche Lösung für dieses Dilemma ab: Auf der Lateransynode vom März 1112 wurde das «Pravileg» für ungültig erklärt. Es sei durch Gewalt erpresst worden, richte sich gegen den Heiligen Geist und verletze das kanonische Recht. Um den Papst, der das anstößige Dokument akzeptiert hatte, aus der Schusslinie zu nehmen, wurde die kollektive Verantwortung dafür unterstrichen, die durch die Mitunterzeichnung der Kardinäle zum Ausdruck kam. Auf diese Weise übernahm die Synode die Initiative im Kampf gegen Heinrich V., während Paschalis II. geschickt die Rolle des Opfers spielte, das die Wiedergutmachung anderen überließ. Allerdings musste der Papst ein formelles Bekenntnis ablegen, um die Zweifel an seiner Rechtgläubigkeit zu zerstreuen. Darin übernahm er die Positionen Gregors VII. und Urbans II. und stellte so den alten Rechtszustand wieder her: Das Verbot der Laieninvestitur war jetzt wieder in Kraft. Von der Exkommunikation des kaiserlichen Missetäters nahm die Kirchenversammlung jedoch Abstand.

Die endgültige Bereinigung der kompromittierenden Ereignisse nahm eine weitere römische Synode vom März 1116 vor. Hier hielt Paschalis II. eine Rede, die einem Schuldbekenntnis gleichkam; allerdings war es ein «Mea culpa», wie es nur ein Papst ablegen konnte. Er habe das «Pravilegium» zum Schutze Roms und speziell der Geistlichen erlassen und bereue diese Schwäche zutiefst. Dieser Selbsttadel roch nach Eigenlob. Nicht aus Eigennutz, sondern aus purer Menschlichkeit habe er nachgegeben. Ein Papst sei Mensch und Nachfolger Petri zugleich. Als solcher habe er die Interessen der Kirche über alles zu stellen. Diese Prioritäten – so weiter Paschalis II. – habe er 1111 vertauscht und sich damit vor Gott versündigt. Gott allein konnte daher den «elenden Sünder» auf dem Papstthron lossprechen, dafür sollten die Gläubigen jetzt beten. Die Selbstdemütigung des Papstes schlug damit zu einer stolzen Bekundung der Überlegenheit um. Nicht die Synode, sondern der Herr im Himmel allein würde das Urteil über den Papst sprechen, das dieser im Bewusstsein seiner Zerknirschung, Reue und Buße guten Mutes erwarten durfte.

Dem kirchlichen Triumph folgte der politische Rückschlag auf dem Fuße. Paschalis wurde von einer feindlichen Adelspartei aus Rom vertrieben, die Heinrich V. die Tore öffnete. Nach offiziellen Verlautbarungen wollte dieser durch seinen zweiten Romzug im Jahr 1117 den Papst von seinen Feinden befreien; in Wirklichkeit ging es erneut darum, den kaiserlichen Standpunkt in der Investiturfrage durchzusetzen und die Besitzungen der zwei Jahre zuvor verstorbenen Markgräfin Mathilde von Tuszien für das Reich zu sichern. Bei seinem Aufenthalt am Tiber verbündete sich das Reichsoberhaupt mit der papstfeindlichen Partei, ohne damit entscheidenden Einfluss auf die römischen Machtverhältnisse zu gewinnen. Ein halbes Jahr nach seiner Flucht kehrte Paschalis II. nach Rom zurück und rächte sich an seinen Feinden, starb aber kurz darauf am 21. Januar 1118.

Der Kreuzzugsbewegung, die seit der Synode von Clermont immer unkontrollierbarere Dimensionen angenommen hatte, ließ Paschalis II. in seinem langen Pontifikat bedingungslose Unterstützung zukommen: Was die Kreuzfahrer taten, geschah letztlich durch Gott – Gott kämpfte also selbst gegen die «Ungläubigen». Gott weihte die Hände durch das Blut der Feinde. Aus solchen Äußerungen durften die Kreuzfahrer schließen, dass sie durch das Abschlachten der «Glaubensfeinde» die Nachfolge Christi antraten. Dadurch war die päpstliche Position für mehr als drei Jahrhunderte vorgezeichnet.

Der Weg zum «Wormser Konkordat»: Gelasius II., Calixtus II.

Drei Tage nach dem Tod Paschalis II. wählten die Kardinäle am 24. Januar 1118 mit Giovanni da Gatea den langjährigen Vorsteher der päpstlichen Kanzlei zum Nachfolger. Auch dessen Name Gelasius II. war Programm: Seit Gregor VII. stand der erste Gelasius mit seiner Theorie der zwei Schwerter und zwei Gewalten für die theoretische Begründung des doppelten päpstlichen Primats über Kirche und weltliche Herrscher. Von einer effizienten Kontrolle der Politik konnte unter dem zweiten Gelasius jedoch nicht einmal in Rom die Rede sein. Der Chef des Hauses Frangipane, ein Parteigänger der Reform, bemächtigte sich des neu gewählten Papstes und schloss ihn in seiner Festung ein, weil er ihn für zu kompromissbereit gegenüber Heinrich V. und dem «Pravilegium» hielt. Diese Befürchtungen erwiesen sich rasch als unbegründet. Als der Kaiser erneut gegen Rom zog, floh der Papst nach Süden ins heimatliche Gaeta, erneuerte die militärischen Bündnisse mit den Normannen und exkommunizierte Heinrich V. mitsamt dessen neuem Gegenpapst «Gregor VIII.». Nach dem Abzug des Kaisers konnte Gelasius im Juli 1118 nach Rom zurückkehren, um kurz darauf von einem Aufstand der Frangipane erneut vertrieben zu werden; solche Konstellationen sollten sich in den nächsten zwei Jahrhunderten mit monotoner Regelmäßigkeit wiederholen. Gelasius wich nach Pisa aus, wo er die noch unfertige Kathedrale weihte, zog von dort über Genua nach Marseille weiter und starb am 29. Januar 1019 in Cluny.

Im Kloster Cluny wählten die Kardinäle, die mit dem Papst aus Rom geflohen waren, einen Papst aus hochadliger Familie zum Nachfolger: Als

Sohn des Grafen von Burgund war Calixtus II. – wie sich der neue Papst wiederum nach einem Amtsvorgänger aus der Frühzeit des Christentums nannte – mit diversen Herrscherdynastien Frankreichs, Deutschlands und Italiens verwandt und verschwägert, was seinen raschen Aufstieg in der Kirche wesentlich mit erklärt. Ihr diente er auf mehreren Legationen als geschickter Diplomat; dieselben Qualitäten stellte er auch als Papst unter Beweis. Wenige Monate nach seiner Wahl ließ er auf einer reich beschickten Synode in Reims Heinrich V. nebst dessen Gegenpapst «Gregor VIII.» verurteilen und diesen Worten politische Taten folgen. Dafür standen die Zeichen 1119 günstig. In Deutschland hatten sich einflussreiche weltliche und geistliche Reichsfürsten gegen Heinrich V. erhoben und Calixtus II. als rechtmäßigen Papst anerkannt. In Frankreich sicherte sich dieser auf zahlreichen Treffen mit Bischöfen und König Ludwig VI. die Unterstützung für seine Verhandlungen mit Heinrich V., die jetzt in die entscheidende Phase eintraten. Seine Legaten führten dem Kaiser die Vorzüge des für Frankreich in der Investiturfrage gefundenen Kompromisses vor Augen: Die neuen Bischöfe erhielten die Abzeichen ihrer Würde vom Papst allein, doch dienten sie ihrem König deshalb nicht weniger treu; schließlich hatte dieser die Kandidaten aus der Schar seiner Gefolgsleute ausgewählt. Trotzdem scheiterte ein Treffen von Papst und Kaiser im Anschluss an die Synode in letzter Minute, da auf römischer Seite die traumatischen Erinnerungen an die Überrumpelung von 1111 noch zu lebendig waren. Obwohl sich die Positionen beider Seiten im Stillen bereits angenähert hatten, kam es nochmals zu einem schroffen Bruch mit den üblichen Verurteilungen und Kampfansagen.

Nach erfolgreicher Friedensvermittlung zwischen England und Frankreich konnte der Papst seine Rückkehr nach Rom ins Auge fassen, der sich keine Widerstände mehr entgegenstellten. Im Juni 1120 wurde Calixtus II. feierlich in Sankt Peter inthronisiert; «Gregor VIII.», der Gegenpapst von Heinrichs V. Gnaden, verschwand nach einer demütigenden Prozession durch die Straßen Roms in einem Kloster. Seine Herrschaft am Tiber sicherte der burgundische Papst durch gute Beziehungen mit den Normannen ab.

In Deutschland unterstützten die meisten Fürsten nach der Synode von Reims, deren schroffe Beschlüsse gegen jede Art von Laieninvestitur ihren Interessen entgegenstanden, wieder Heinrich V., während der hohe Klerus mehr denn je auf die Seite des Papstes trat. So war die Zeit reif für den entscheidenden Schlussakt. Nach weiteren Gesandtschaften leitete Calixtus die Einigung mit einem versöhnlichen Brief an den Kaiser ein. Danach kamen die deutschen Bischöfe in Worms, einer notorisch kaisertreuen Stadt, zusammen, wo die Verhandlungen mit der päpstlichen Seite am 23. September 1122 zum Abschluss gelangten. Im Rahmen dieser Einigung, die als «Wormser Konkordat» in die Geschichte eingegangen ist, verzichtete Heinrich V. auf die Investitur mit Ring und Stab und versprach eine Wahl nach kanonischem Recht nebst ordnungsgemäßer Weihe in allen deutschen Diözesen. Calixtus II. gestand zu, dass die Wahl der deutschen Bischöfe und Äbte in Anwesenheit des Kaisers vorgenommen wurde, wobei Simonie und Gewalt ausgeschlossen sein sollten. Bei umstrittenen Entscheidungen sollte der Kaiser nach Anhörung des zuständigen Erzbischofs und der übrigen Bischöfe der *sanior pars*, wörtlich: dem «gesünderen Teil», de facto dem ausschlaggebenden Kreis der klerikalen Elite, zum Sieg verhelfen. Darüber hinaus übergab er dem Neugewählten ein Zepter als Zeichen der Belehnung mit den Regalien. In Deutschland sollte diese Verleihung vor der Weihe erfolgen, im übrigen Reich und damit auch in Italien sechs Monate danach. Im Herrschaftsgebiet der Päpste traten alle diese Bestimmungen ausdrücklich nicht in Kraft.

Formell bestand der Vertrag aus zwei Urkunden, nach deren Unterzeichnung der päpstliche Legat Heinrich V. ohne jegliche Bußzeremonie wieder in den Schoß der Kirche aufnahm. Damit war ein Kompromiss gefunden, der dem Kaiser seinen ungeschmälerten Einfluss auf die Auswahl des geistlichen Führungspersonals in Deutschland garantierte, diesen Zugriff im Königreich Italien aber schwächte. Der Papst seinerseits verzichtete auf illusorische Maximalforderungen, die von Reform-Hardlinern seit Gregor VII. immer wieder aufgestellt worden waren und eine völlige Loslösung der Kirche von der weltlichen Gewalt zum Ziel hatten. Davon abgesehen durfte sich der Papst als Gewinner des jetzt beendeten Konflikts betrachten. Zum einen war der «Kirchenstaat», der allmählich festere Umrisse gewann, von fremder Einflussnahme ausgenommen; zum anderen hatten die Päpste als Vorkämpfer der Reform ihre Vorrangstellung unter Beweis gestellt und, noch wichtiger, gerechtfertigt.

Als Rahmenabkommen ließ das «Wormser Konkordat» Spielraum für unterschiedliche Interpretationen. Die wichtigste Streitfrage lautete: War

Der Weg zum «Wormser Konkordat»

Päpste und Gegenpäpste Am Ende des Machtkampfs zwischen Papst und Kaiser um die Hoheit über die Kirche ließ Calixtus II. im Lateranpalast Fresken malen, die rechtmäßige und unrechtmäßige Stellvertreter Christi gegenüberstellen. Wie die beim Neubau des Palastes im späten 16. Jahrhundert zerstörten Bilder ausgesehen haben, zeigen damals angefertigte Zeichnungen.

die Einigung auf die Lebenszeit Heinrichs V. beschränkt, oder galt sie unbefristet? Das päpstliche Dokument war *ad personam* ausgestellt, doch machte das Prozedere wenig Sinn, wenn nach dem Ableben des Kaisers von Grund auf neu verhandelt werden musste. Trotzdem hatte sich die Kurie mit der vagen Formulierung ein ideales Druckmittel geschaffen. Auf der Lateransynode im März 1123 – die später als erstes Ökumenisches Konzil des Westens gezählt wurde – feierte Calixtus II. erst einmal seinen Triumph. Die Wormser Dokumente wurden von den dreihundert anwesenden Bischöfen feierlich gebilligt. Darüber hinaus bestätigte das Konzil ältere Beschlüsse und Maßnahmen gegen Simonie, Priesterkonkubinat, Usurpation von Kirchengut und andere Missstände. Auch im Bild ließ Calixtus II. die Errungenschaften seines Pontifikats verherrlichen. In einem Raum des Lateranpalastes, der für wichtige Beratungen reserviert war, malte ein unbekannter Künstler den Sieg der legitimen Päpste über die vom Kaiser aufgestellten Gegenpäpste. In dieser Triumphgalerie fehlte nur Gelasius II. – offensichtlich wollte Calixtus seinen Erfolg nicht mit seinem Vorgänger teilen.

Mit dem Tod Calixtus' II. im Dezember 1124 brachen die Gegensätze zwischen den römischen Adelsfamilien wieder auf. Die Pierleoni standen auf der Seite der Kardinäle, die das Erbe Gregors VII. bewahren wollten, die Frangipane, ihre Rivalen, unterstützten dagegen die Kandidaten eines «moderneren» Reformflügels, die den Regularkanonikern und den Orden der Prämonstratenser und Zisterzienser nahestanden. So kam es unter unklaren Umständen zu einer Doppelwahl. Zuerst – so ein mit den Pierleoni sympathisierender Chronist – sei mit Cölestin II. ein rechtmäßiger Papst gewählt worden, den die Frangipane mit Schlägen und Drohungen zum Verzicht auf die Weihe gezwungen hätten. Diese hätten daraufhin mit Honorius II. ihren eigenen Kandidaten proklamiert, der sich rasch durchsetzte. Cölestin II. war demnach gewählt, aber nicht geweiht, also gewissermaßen ein «steckengebliebener» Pontifex maximus. Honorius II. – so eine ihm wohlgesinnte Quelle – habe daraufhin die Abzeichen seiner Würde niedergelegt und sich von den Kardinälen, die von dieser Demutsgeste gerührt waren, nach vorangehendem Verzicht Cölestins II. nochmals rechtmäßig zum Papst wählen lassen. Was in diesen wild bewegten Dezembertagen in welcher Reihenfolge und mit welchen rechtlich relevanten Schritten geschah, muss offenbleiben.

Normannen und Schismatiker: Honorius II., Innozenz II.

Lamberto Scannabecchi – ab Dezember 1124 Papst Honorius II. – entstammte bescheidenen Verhältnissen und repräsentierte damit nach seinem hochadligen Vorgänger den Typus des «Karrierepapstes». Durch Bildung und Protektion konnten auch Kleriker ohne familiäres Netzwerk weit nach oben kommen, allerdings bezahlten sie diesen Aufstieg mit «Dankesschulden», die einer weitreichenden Abhängigkeit gleichkamen. So war und blieb Honorius II. der Papst der Frangipane-Fraktion. Mit dieser Rückendeckung verlief sein fünfjähriger Pontifikat relativ ruhig. Als in Deutschland das salische Herrschergeschlecht mit dem Tod Heinrichs V. im Mai 1125 ausstarb, unterstützte der Papst die Nachfolge Lothars von Supplinburg, des Herzogs von Sachsen, der sich in seiner zwölfjährigen Regierungszeit Rom gegenüber entgegenkommend verhielt. In Honorius' letztes Regierungsjahr fiel die offizielle Bestätigung der «Armen Streiter Christi und des Salomonischen Tempels», des ersten christlichen Ritterordens, der sich unter dem abgekürzten Namen «Templer» in Italien und Frankreich rasch ausbreitete.

Nach dem Tod der letzten Guiscard-Nachkommen in Süditalien versuchte der Papst, die Vereinigung dieser Provinzen mit Sizilien zu verhindern. Zu diesem Zweck exkommunizierte er Roger II. und versprach im Stile eines neuen Kreuzzugs allen, die im Kampf gegen ihn fielen, vollständigen Ablass ihrer Sündenstrafen. Doch musste er bald darauf klein beigeben und Roger, den Eroberer, mit dem Herzogtum Apulien belehnen. Damit war das gesamte Gebiet südlich des Patrimonium Petri nebst Sizilien in einer starken Hand vereinigt. Diese Machtbündelung barg für die Päpste Chancen und Risiken. Solange die normannischen Herrscher und ihre Nachfolger die Interessen ihres päpstlichen Lehensherrn in Rom respektierten, war dessen Stellung durch die politische Flurbereinigung im Süden gestärkt. Wenn allerdings Konflikte zwischen Rom und Palermo bzw. Neapel ausbrachen, war das Papsttum an seiner südlichen Flanke äußerst verwundbar.

Das zeigte sich schon im Februar 1130. Während der langen, schweren Krankheit Honorius' II. spaltete sich das Kollegium der Kardinäle tiefer denn je in die Lager der Frangipane- und der Pierleoni-Anhänger. Am Sterbeort des Papstes im Kloster der Heiligen Andrea und Gregor auf dem

Celio-Hügel versammelten sich die zwölf Parteigänger der Frangipane. Mit der Wahl ihres Kandidaten, des Römers Gregorio, der sich Innozenz II. nannte, am frühen Morgen des 14. Februar hatten sie die Nase vorn; wenige Stunden später erhoben ihre vierzehn Konkurrenten in der Basilika San Marco Pietro Pierleoni, der sich Anaclet II. nannte, auf den Thron; dessen Stammvater Benedetto Cristiano war ein getaufter Jude. Deshalb blieb Anaclet II. der Nachwelt als «Der Papst aus dem Ghetto» in Erinnerung. So nannte ihn die Schriftstellerin Gertrud von Le Fort historisch nicht sonderlich zutreffend (ein Ghetto gab es in Rom erst ab 1555) im Titel eines Romans aus dem Jahre 1930, in dem sie auf die Judenfeindlichkeit ihrer eigenen Zeit reagierte. An beiden Wahlakten hatten insgesamt nur zwei Drittel der Kardinäle teilgenommen, die übrigen befanden sich zu diesem Zeitpunkt außerhalb Roms; sie neigten in der Folgezeit überwiegend Anaclet (II). zu. Rein numerisch hatte dieser das Rennen gemacht, für Innozenz II. sprachen der zeitliche Vorsprung von drei oder vier Stunden und das Mehrheits-Votum derjenigen Kardinäle, die vor Honorius' Tod als Vorwahl-Komitee eingesetzt worden waren; zudem hatten vier der sieben Kardinalbischöfe für den Papst der frühen Morgenstunde gestimmt, so dass sich dessen Anhänger mit einer gewissen Berechtigung als *sanior pars* betrachten durften. Für Anaclets Anhänger war ihr Vorgehen hingegen eine betrügerische Nacht- und-Nebel-Aktion, mit der die Mehrheit der Kardinäle, aber auch Klerus und Volk von Rom um ihre legitimen Rechte gebracht werden sollten.

Hinter diesen Gruppierungen zeichneten sich ideologische und programmatische Spaltungen ab. Die Frangipane- oder Innozenz-Partei scharte sich um den französischen Kardinal-Kanzler Aimeric, das Haupt der «jüngeren» Reformströmung. Sie war mit ihren Vorstellungen von Kirche und Papsttum stark von den Ideen der Zisterzienser um Bernhard von Clairvaux geprägt, der eine Erneuerung des klösterlichen Lebens im Geist von Schlichtheit, Armut, Disziplin und Seelsorge anstrebte. Jünger als ihre Gegner waren diese Kardinäle nicht nur durch ihre Einstellung, sondern auch durch ihr Lebensalter. Zudem waren sie internationaler ausgerichtet. Für sie war das Papsttum nicht primär römisch, sondern Gemeinbesitz der Christenheit. Auf ihrer Seite standen nicht nur die Frangipane, sondern auch die meisten mittelitalienischen Adelsgeschlechter, die durch ihre Besitzungen an Handelsbeziehungen mit Pisa, Genua und außeritalienischen Zentren interessiert waren. Wie Innozenz selbst und sein Vorgänger identifizierten sie sich mit dem «Wormser Konkordat» und hofften, auf dieser Grundlage eine intensive Reform-Kooperation mit Kaiser und Reich anzustoßen. Die Macht der Normannen im Süden hingegen betrachteten sie als Ärgernis und Bedrohung zugleich.

Die Anaclet- oder Pierleoni-Fraktion hingegen verstand sich als Gralshüterin der Tradition, aus der sie ihre Lehren für die Zukunft ableitete. Für sie konnte die Kirche nicht römisch genug sein, äußere Einflüsse des Kaisers oder Clunys wurden als störend empfunden. So dachte fraglos auch die Mehrheit der römischen Bevölkerung, die sich daher leicht für die Ziele der Pierleoni einspannen ließ und mit Sankt Peter, der Engelsburg und dem Lateran die strategischen Schlüsselpositionen der Ewigen Stadt besetzte. Am 23. Februar 1130 wurden beide Päpste gleichzeitig geweiht: Anaclet (II). in Sankt Peter, Innozenz II. in der zum Machtbereich der Frangipane gehörigen Kirche Santa Maria Nuova. Doch selbst dort konnte sich der Papst der Reformpartei nicht lange sicher fühlen. Im April floh er per Schiff nach Pisa und zog von der Toskana aus jahrelang durch Norditalien und Frankreich.

1130 ging es somit um mehr als eine bloße Doppelwahl. Europa hatte die Wahl zwischen zwei unvereinbaren Vorstellungen vom Papsttum. Innozenz II. hatte die tonangebenden Intellektuellen aus den Reformorden auf seiner Seite; der charismatischste von allen, Bernhard von Clairvaux, ließ ihm seine ungeteilte Unterstützung zukommen. Auch König Lothar III. ließ sich vom Liebeswerben Anaclets nicht beeindrucken und neigte dessen Rivalen zu; ähnliche Positionen bezogen die Könige von Frankreich und England. Alliierte fand Anaclet allein im Süden, allerdings zu einem hohen Preis; so ließ sich der Machtpolitiker Roger II. seine Hilfe mit der Verleihung des Königstitels bezahlen. Mit Rogers Rückendeckung konnte sich der Pierleoni-Papst bis zu seinem Tod im Januar 1138 fast durchgehend in Rom behaupten; außerhalb der Stadtmauern schrumpfte sein Anhang allerdings unaufhaltsam zusammen.

Im Gegensatz zu seinem römischen Rivalen entfaltete Innozenz II. eine intensive innerkirchliche Reformtätigkeit. Er war von der Überlegenheit der klösterlichen Lebensform zutiefst durchdrungen und zielte daher darauf ab, die Regularkanoniker zur tragenden Säule der kirchlichen Organisation zu machen und auch den Weltklerus zu einem gemeinsamen Leben nach festen

Regeln zu verpflichten. Doch mit diesen radikalen Plänen stieß der Papst auf unüberwindliche Widerstände. In seinem gleichermaßen unerbittlich geführten Kampf gegen Anaclet II., gegen Revolutionäre wie den «Ketzer» Arnaldo da Brescia, der die weltliche Macht der Kirche und die Gültigkeit der von simonistischen Priestern gespendeten Sakramente bestritt, und gegen die Normannen kannte der rigorose Reformer Innozenz II. keine Skrupel, nützliche Verbündete auch kirchenpolitisch zu begünstigen. So erhob er das stets loyale Genua zum Erzbistum, um damit das «schismatische» Mailand zu schwächen; Pisa und sein Erzbischof wurden für ihre Treue durch die beträchtliche Erweiterung ihrer geistlichen Einflusszonen belohnt. Auch Lothar III. war ein verlässlicher Bundesgenosse und durfte sich daher am 4. Juni 1133 in der römischen Lateranbasilika – den Zugang zu Sankt Peter blockierten Anaclet II. und die Pierleoni – vom Papst die Kaiserkrone aufs Haupt setzen lassen. Danach kam es wie üblich zum Aufstand gegen den fremden Herrscher aus dem Norden, der daraufhin schleunigst den Rückzug antrat. Auch Innozenz II. musste bald darauf ins Exil gehen, kehrte aber zusammen mit dem Kaiser im Frühjahr 1137, ein knappes Jahr vor dem Tod Anaclets II., den die offizielle Kirchengeschichte als Gegenpapst einstuft, in die Ewige Stadt zurück.

Im Dezember 1137 konnte Bernhard von Clairvaux Roger II. dazu überreden, ein Streitgespräch von jeweils drei Kardinälen beider Parteien anzuberaumen, die die Legitimität ihres Pontifex maximus nachzuweisen versuchten. Den hoch gebildeten Herrscher der Normannen konnten Innozenz' Anhänger von dessen Rechtmäßigkeit nicht überzeugen; größeren Erfolg hatten sie jedoch bei Anaclets Anhängern, von denen nicht wenige ins gegnerische Lager überliefen; eine Einigung oder gar Befriedung führte die Disputation jedoch nicht herbei. Das Ende des achtjährigen Schismas leitete erst der Tod des Pierleoni-Papstes im Januar 1138 ein. Die Gefolgsleute seiner Familie ließen im März zwar mit «Victor IV.» noch einen Gegenpapst wählen, doch musste sich dieser mitsamt der adligen Opposition schon im Mai Innozenz II. bedingungslos unterwerfen. Sein Versprechen, Gnade vor Recht ergehen zu lassen, hielt der Papst nicht. An der Kurie und im Episkopat Italiens wurde jetzt durchgreifend gesäubert; die von Anaclet eingesetzten Kardinäle verloren ihre Würde, zahlreiche Bischöfe wurden abgesetzt. Selbst die römischen Notare und Richter mussten einen Treueid leisten. Sein hartes Durchgreifen begründete der Papst mit der Notwendigkeit, jede Erinnerung an die Spaltung der Kirche zu tilgen, doch stieß seine Rache selbst bei Anhängern wie Bernhard von Clairvaux auf Kritik.

Die Fastensynode des Jahres 1139 im Lateran, die als Zehntes Ökumenisches Konzil in die Kirchengeschichte einging, wurde zu einer Triumphfeier des päpstlichen Primats. Die unter dem Vorsitz des Papstes versammelten Bischöfe erklärten alle Weihen Anaclets II. für ungültig und mussten dann erleben, dass ihre «schismatischen» Kollegen wie ungezogene Schuljungen einzeln aufgerufen und ihrer Insignien entkleidet wurden. Die exemplarische Abstrafung sollte eine heilsame Warnung für alle Kleriker sein. Für sie verkündete das Konzil, das damit Innozenz' Herzenswunsch folgte, nochmals verschärfte Disziplinarregeln. Doch auch die sittliche Verbesserung der Laien stand jetzt auf der Tagesordnung. Als oberster Erzieher der Christenheit erließ der Papst einen Kodex von Verhaltensnormen, die den Alltag breiter Schichten durch Waffen-, Gewalt- und Wucherverbote verändern sollten. Über die Durchsetzbarkeit solcher Verbote und Gebote machte man sich an der Kurie jetzt und in Zukunft allerdings kaum Illusionen. Aber darauf kam es auch nicht vorrangig an. Der Papst als Haupt der Kirche konnte das Böse in der Welt nicht austilgen, sondern nur bekämpfen und so zumindest das Schlimmste verhindern. Er war der höchste Richter über Recht und Unrecht, nur mit seiner Zustimmung konnten Ämter in der Kirche rechtmäßig bekleidet werden; so lautete der *Dictatus Papae* in zeitgemäßer Form.

Im Vollgefühl seines Sieges und seines Rechts wandte sich Innozenz II. gegen Roger II., den er auf dem Konzil als Herrscher des Unrechts exkommunizieren ließ. Nach den geistlichen Waffen sollte jetzt das Schwert den dreisten Usurpator in die Schranken weisen. Doch auf diesem Gebiet war der König der Normannen um einiges beschlagener als der Papst, den er nach der siegreichen Schlacht von San Germano Ende Juli 1139 gefangen nahm. Innozenz musste die Forderungen des normannischen Herrschers annehmen, so dass nur fünf Tage später aus den Todfeinden Lehnsherr und Vasall wurden: Roger II. leistete nach Anaclet II. jetzt auch Innozenz II. den Treueeid als Vasall und wurde von diesem als König von Sizilien bestätigt; seine beiden Söhne erhielten das Herzogtum Apulien und das Fürstentum Capua. Damit war der Sohn des Söldnerführers und Enkel eines obskuren nordfranzösischen Landadligen auch offiziell in die oberste Riege der europäischen Souveräne aufgestiegen, sehr zum Missfallen der etablierten Dynastien. Mit dieser Rangerhöhung erkaufte sich Innozenz II. die Rückkehr nach Rom.

In Rom knüpfte Innozenz II. an die großen Bau- und Bildschöpfungstraditionen des Papsttums an, die seit der Mitte des 9. Jahrhunderts abgebrochen waren. Gregor VII. war ein Papst des Wortes, nicht des Bildes; seine Nachfolger waren entweder durch ihr Amts- oder Kirchenverständnis nicht auf Rom fixiert oder wurden von ihren Feinden aus Rom vertrieben. Innozenz II. aber war Römer. Nach dem Tod seines Konkurrenten glaubte er, freie Hand zu haben, seinen persönlichen Ruhm zusammen mit den Anliegen der kirchlichen Erneuerung dauerhaft zu verewigen.

Dazu kam eine kräftige Prise persönlicher Revanche, wie sein bei Weitem kostspieligstes und prestigeträchtigstes Projekt, der Neubau der altehrwürdigen Basilika Santa Maria in Trastevere, zeigt. Sie war die Kardinal-Titelkirche Anaclets II. gewesen, dessen Gedächtnis durch Abriss und Neuerrichtung getilgt und überstrahlt werden sollte. Zu diesem Zweck wurde in die Apsis des Neubaus ein Mosaik mit anspruchsvollem Bildprogramm eingefügt. Sein Leitmotiv ist der Triumph der Kirche über alle Schismatiker und Häretiker. Er wird nicht nur in der Krönung Mariens durch Jesus Christus symbolisiert, sondern auch durch die Darstellung von Päpsten ganz direkt verkündet: Calixtus I., Cornelius und Julius I. hatten allesamt mit Gegenpäpsten und Kirchenspaltungen zu kämpfen, genauso wie Innozenz II., der auf gleicher Höhe mit ihnen auftreten und stolz sein Modell der neuen Basilika vorzeigen darf. Die durch sein segensreiches Wirken wiedervereinigte Kirche wird unter der Führung legitimer Petrus-Nachfolger ihre Mission bis zum Ende der Zeit erfüllen, das machen die sieben Leuchter der Apokalypse und weitere Symbole aus der Offenbarung des Johannes deutlich.

Santa Maria in Trastevere blieb durch mehrere Generationen die «Familienkirche» der Papareschi, wie sich die Verwandten Innozenz II., darunter zahlreiche Kardinäle, nach ihrem Statusbegründer nannten. Mit der intensiven Förderung seiner Verwandten machte sich der Papst in Rom nicht beliebt. Als er die von den Römern mit seiner tätigen Mithilfe besiegte Stadt Tivoli nicht zerstören ließ, sondern sich mit der Anerkennung seiner Hoheit begnügte, brach im Sommer 1143 ein Aufstand aus. Innozenz II. konnte sich in Rom behaupten, starb aber am 24. September auf dem Höhepunkt der Unruhen. Im 14. Jahrhundert wurden seine sterblichen Überreste aus der Lateranbasilika in «seine» Kirche Santa Maria in Trastevere umgebettet.

Kämpfe um die Kommune: Cölestin II., Lucius II., Eugen III., Anastasius IV., Hadrian IV.

Mit dem hoch betagten Guido de Castello wählten die Kardinäle am 26. September 1143 einen engen Mitarbeiter und Vertrauten Innozenz' II. zum Nachfolger. Der neue Papst, der sich Cölestin II. nannte, hatte sich – eine Ausnahme nicht nur in dieser Zeit – durch seine profunde Bildung einen Namen gemacht; er kannte und schätzte die Werke des umstrittenen Theologen Pierre Abélard, korrespondierte aber auch mit dessen Gegner Bernhard von Clairvaux. Die Wogen in Rom glättete der greise Pontifex maximus durch eine Reihe von Versöhnungsmaßnahmen; seine Machtstellung stärkte er durch die Ernennung von (mindestens) zehn neuen Kardinälen auf einen Schlag. Wesentlich zur inneren Befriedung trug zudem bei, dass er sich gegenüber den Bestrebungen der führenden römischen Familien, nach toskanischem Vorbild eine Kommune mit weitreichender Selbstverwaltung unter Führung eines Senats zu begründen, kompromissbereit zeigte. König Roger II. von Sizilien verweigerte er zunächst die Belehnung, die nach jedem Pontifikatswechsel erneuert werden musste. Ja, er bezweifelte sogar die Gültigkeit des Abkommens, das sein Vorgänger unter Zwang mit dem Normannenherrscher geschlossen hatte. Als dieser militärisch gegen Rom vorrückte, musste er jedoch nachgeben. Nach einem nicht einmal halbjährigen Pontifikat starb Cölestin II. im März 1144.

Die unter seiner kurzen Regierung beigelegten Unruhen brachen nach der Wahl seines Nachfolgers Lucius II., der wahrscheinlich aus Bologna stammte, unter Führung der Pierleoni mit aller Heftigkeit wieder aus. Die Forderungen der Aufständischen waren radikal: Der neue Papst sollte auf alle Herrschaftsrechte über Rom zugunsten des kommunalen Senats verzichten und künftig nur noch von geistlichen Abgaben leben. Dahinter verbarg sich der Versuch des römischen Stadtadels, die Kontrolle über die

Ewige Stadt und über das Papsttum zurückzugewinnen. Die aus Städten wie Pisa und Siena importierte kommunale Ideologie mit den Werten des gemeinen Nutzens, des Patriotismus und des streng geregelten politischen Wettbewerbs verschleierte diese Interessen allenfalls notdürftig. Eine Stadtrepublik unter der Führung wirtschaftlich und kulturell dynamischer Eliten aus Großhandel und Bankgewerbe, die sich mit einem starken Mittelstand aus Handwerkern und Ladenbesitzern verbünden mussten, hat es in Rom jedoch nie gegeben. Hier dominierte auf dem Kapitol, dem politischen und religiösen Heiligtum der Kommune, eine stets labile Koalition von Grundbesitzern, Großpächtern und Viehhändlern, die regelmäßig in die Abhängigkeit von den großen Baronalfamilien im römischen Umland geriet.

Für Lucius II. waren die Bedingungen der Rebellen natürlich unannehmbar. Besiegen konnte er sie allerdings auch nicht; ein wahrscheinlich mit normannischen Hilfstruppen unternommener Angriff auf das Kapitol schlug fehl. Beim Tod des Papstes im Februar 1145 war Rom weiterhin in Aufruhr. So trafen sich die Kardinäle noch am selben Tag, um seinen Nachfolger zu bestimmen. Ihre Wahl fiel auf den pisanischen Abt eines römischen Zisterzienserklosters, den die Quellen als «einfach» (*simplex*) und «bäuerlich» (*rusticanus*) bezeichnen. Spätere Historiker schreiben ihm die Herkunft aus einer Adelsfamilie zu, doch ist diese Angabe in Anbetracht seines unhöfischen Auftretens als Papst unglaubwürdig. Von den meisten Päpsten dieser Zeit ist nicht einmal der «Familienname» bekannt, der sich damals erst in der Oberschicht herauszubilden begann; auch hier haben phantasievolle Chronisten späterer Zeit prestigeträchtige Abhilfe zu schaffen versucht. Nach römischen Patriziern, gelehrten Theologen, europäischen Hochadligen und kirchlichen Diplomaten war der Zisterzienser-Papst eine ungewohnte Erscheinung auf dem Stuhl Petri. Für die aufständischen Römer sollte die Wahl des unbekannten Mönchs, der sich Eugen III. nannte, ein Angebot zur Versöhnung sein. Angenommen wurde es jedoch nicht: Schon anderthalb Tage nach seiner Wahl musste der neue Papst aus Rom fliehen und seine Weihe ins Kloster Farfa verlegen. Weniger als zwei seiner achteinhalb Pontifikatsjahre konnte er am Tiber verbringen, und auch während dieser sporadischen Aufenthalte in einzelnen Stadtbezirken war seine Position nie gefestigt.

In Rom regierte der Senat unter Führung der Pierleoni, die diesen Machtwechsel auch ideologisch zu untermauern versuchten. So hielt der radikale Kirchenkritiker Arnaldo da Brescia auf dem Kapitol flammende Predigten gegen den korrupten Klerus und stellte sogar die Wirksamkeit der Sakramente infrage, wenn sie von sündigen Priestern gespendet wurden. Damit war eine rote Linie überschritten: Wenn die Würdigkeit des einzelnen Geistlichen über die Gültigkeit seiner Amtshandlungen entschied, war die Kirche als Institution fragwürdig geworden. Wer so radikale Thesen verkündete, musste wie Arnaldo mit der Verfolgung durch kirchliche und weltliche Obrigkeiten gleichermaßen rechnen. Doch in Rom waren die Obrigkeiten einstweilen noch auf seiner Seite. Unter Arnaldos Einfluss nahm der römische Senat als Erbe des antiken Imperiums das Recht für sich in Anspruch, die Kaiserkrone aus eigener Machtvollkommenheit zu vergeben. Diese Offerte wurde vom deutschen König Konrad III. von Hohenstaufen zwar ausgeschlagen, doch war damit eine Alternative zur Krönung durch den Papst aufgezeigt, die künftig immer dann aktuell wurde, wenn die Beziehungen zwischen den Universalgewalten zerrüttet waren.

Eugen III. blieb nichts anderes übrig, als mit seiner Kurie durch Italien und Frankreich zu ziehen. Auf diversen Stationen dieser Reisen erließ er Bullen, die zu einem neuen Kreuzzug aufriefen. Diesmal ergriffen die Könige Ludwig VII. von Frankreich und Konrad III., den der Papst wie sein Konkurrent Pierleoni vergeblich zur Kaiserkrönung nach Rom einlud, die Führung des Unternehmens, das diplomatisch und militärisch Schiffbruch erlitt. «Kreuzzüge» autorisierte Eugen III. auch gegen die heidnischen Slawen und gegen die Mauren in Spanien; die Zahl der «heiligen Kriege» vermehrte sich von jetzt an inflationär und hatte unweigerlich Abnutzungseffekte zur Folge. Auf seinen Synoden in Italien und Frankreich erneuerte der Papst die Reformgesetzgebung seiner Vorgänger, ohne wesentliche neue Akzente zu setzen, und ergriff harte Disziplinarmaßnahmen gegen Bischöfe, deren Gehorsam ihm zweifelhaft erschien. Mit derselben Entschlossenheit ging er gegen Arnaldo da Brescia und andere «Ketzer» vor, die den doppelten Primat des Papsttums infrage stellten.

Die beste Methode, sich gegen die immer häufiger aufkommenden Häresien zu schützen, bestand für Rom darin, selbst die ideologische Offensive zu ergreifen, das heißt: die Vormachtstellung des Papsttums theologisch und kirchenrechtlich noch stärker zu untermauern. Diesem Zweck diente die immer minutiösere Kodifizierung des kanonischen Rechts, wie sie in den Sammlungen und Kommentaren des Bologneser Kamaldulenser-Mönchs Gratian zum Ausdruck kam. Dazu gehörte auch, in einem Klima neuer Ideen, die mit der Lehre der Kirche nicht immer vereinbar waren, so viele führende Intellektuelle wie möglich durch lukrative Posten oder Pfründen an die Kurie zu binden. Auch diese Strategie zeichnete sich schon unter Eugen III. ab, der neben anderen Koryphäen der Zeit den renommierten englischen Gelehrten John of Salisbury in seiner Kanzlei beschäftigte. Und noch eine weitere zukunftsweisende Entwicklung setzte unter dem Mönchs-Papst ein: Er betrieb einen «Ordens-Nepotismus», der sich in der Erhebung von drei Zisterziensern zu Kardinälen manifestierte.

Eugens Anlehnung an das Heilige Römische Reich schlug sich 1153 im «Konstanzer Vertrag» nieder, den er mit dem ein Jahr zuvor in Frankfurt zum König gewählten Friedrich Barbarossa schloss. In diesem Dokument politischer Nostalgie sollte eine heile politische Welt wiederhergestellt werden, in der sich Imperium und Sacerdotium, Kaisertum und Papsttum, vertrauensvoll bei der Rückgewinnung von Ehre, Würde und Macht zur Seite standen. Konkret hieß das, die Autorität des Reichsoberhaupts gegenüber den Reichsfürsten zu stärken und dem Papst seine Hauptstadt am Tiber zurückzugewinnen. Doch die rückwärtsgewandte Idylle, die in diesem Vertrag beschworen wurde, ließ sich nicht so einfach in die sperrige Realität umsetzen. Dem standen neue politische Kräfte entgegen: im Süden die starke Normannen-Monarchie und in Mittel- und Norditalien die stetig wachsende Zahl von Städten, die ihrem Bischof oder Grafen die Herrschaft aufgekündigt hatten und vom lokalen Adel als unabhängige Republiken regiert wurden. Zugleich versuchte die alte Vormacht Byzanz mit neuer Energie, ihre verlorene Machtstellung in Süditalien zurückzuerobern. Kaiser und Papst waren durch diese Widerstände gleichermaßen herausgefordert. Nur wer die Zeichen der Zeit erkannte und sich mit den neuen Machtfaktoren zu seinem Vorteil zu arrangieren verstand, konnte seine Stellung in Italien behaupten. Doch bis zu dieser Einsicht war es für beide Universalmächte noch ein langer, beschwerlicher Weg der politischen Erkenntnis. Eugen III. starb im Juli 1153, noch bevor Friedrich Barbarossa wie in Konstanz vereinbart nach Italien ziehen konnte, um ihm gegen die rebellischen Römer beizustehen.

Eugens Nachfolger Anastasius IV. war Römer, Vikar seines Vorgängers und hochbetagt – ein typischer Übergangskandidat, der in anderthalb Pontifikatsjahren wenig Spuren hinterließ. Seine größte Leistung bestand darin, dass er sich in Rom behaupten konnte, allerdings unter der politisch-geistlichen Doppelspitze der Kommune und Arnaldo da Brescias.

Mit der Wahl von Anastasius' Nachfolger Hadrian IV. zeigte sich nochmals mit aller Deutlichkeit, welche Wandlungen das Papsttum von stadtrömischer Beschränktheit zu europäischer Öffnung erfahren hatte. Nicolas Breakspear, so der Name des erfolgreichen Kandidaten, war nämlich Engländer – der einzige Vertreter seiner Nation auf dem Stuhl Petri. Er entstammte bescheidenen Verhältnissen (vielleicht sogar einem «Kleriker-Haushalt»), zog als fahrender Scholar nach Paris, wurde Regularkanoniker in Südfrankreich, reiste als Abt wegen interner Streitigkeiten nach Rom, wurde dort aufgrund seiner Bildung «entdeckt», zum Kardinalbischof von Albano befördert – und jetzt, am 4. Dezember 1154, zum Papst gewählt: eine akademisch-klerikale Karriere, wie sie für Europa vor der Reformation im Buche steht. Sein kirchenpolitisches Organisationstalent hatte der neue Papst zwei Jahre zuvor als Legat in Norwegen und Schweden, zwei aus römischer Perspektive exotischen Ländern, unter Beweis gestellt, wo er die Diözesen einrichtete bzw. Zwistigkeiten schlichtete.

Die politische Großwetterlage stellte Hadrian IV. von Anfang an vor gravierende Probleme. In Deutschland war 1152 mit dem Staufer Friedrich I., genannt Barbarossa, ein junger König an die Spitze des Reiches gelangt, der eine sehr hohe Auffassung von der Ehre und den Rechten seines Amtes hatte und dazu neigte, die Spielräume anderer Herrscher zu beschneiden. Rom fürchtete nicht ohne Grund eine Wiederherstellung der Verhältnisse, wie sie unter Karl dem Großen und Otto dem Großen, Friedrichs erklärten Vorbildern, geherrscht hatten. Hadrian setzte vor diesem Hintergrund auf eine gütliche Einigung, die sich in der Erneuerung des Konstanzer Vertrages Anfang 1155 auch abzuzeichnen schien. Sie war für den Papst umso dringlicher, als sich die Lage in Rom durch die antiklerikalen Predigten Arnaldos weiter zuspitzte. Am Palmsonntag 1155 verhängte Hadrian als Reaktion darauf das Interdikt über seine eigene Hauptstadt.

Auch im Süden war die Situation ungeklärt. Nach dem Tod Rogers II. im Februar 1154 bestieg sein bereits zu Lebzeiten des Vaters zum Mitkönig gekrönter Sohn Wilhelm I. den Thron, ohne die päpstliche Zustimmung einzuholen. Für den Papst ging es um Sein oder Nichtsein, als Friedrich Barbarossa im Frühjahr 1155 nach Rom zog, um durch die Krönung zum Kaiser seine Machtposition zu stärken. Nach schwierigen Verhandlungen, in denen der König seine hohe Auffassung von der Ehre des Reichs gegenüber dem Papsttum zum Ausdruck brachte, einigten sich beide Seiten auf ein Abkommen, das Barbarossa die Krönung zum Kaiser zusicherte; im Gegenzug sollte er den Papst gegen die aufständischen Römer sowie normannische und byzantinische Machtansprüche schützen. Am 18. Juni 1155 wurde die Krönung nach traditionellem Zeremoniell in Sankt Peter vollzogen; gleichzeitig wurde Hadrian von seinem schärfsten Kritiker befreit: Arnaldo da Brescia, der dem Kaiser auf seinem Zug nach Rom in die Hände gefallen war, wurde auf dem Scheiterhaufen verbrannt, seine Asche in den Tiber geworfen.

Allerdings zeigte sich schnell, dass Kaiser und Papst mit diesem Prediger-Opfer die Rechnung ohne den Dritten, die römische Kommune, gemacht hatten: Unmittelbar nach den Krönungsfeierlichkeiten wurden die Vertreter der beiden Universalgewalten aus Rom vertrieben. Wenig später ließ sich Hadrian IV. auf ein politisches Abenteuer in Süditalien ein. Mit Truppen des byzantinischen Kaisers, der Sizilien zurückerobern wollte, und normannischen Rebellen ging er militärisch gegen König Wilhelm I. vor, wurde geschlagen und musste diesem im Konkordat von Benevent die umfassenden Rechte der *legatio apostolica* bestätigen. Dieses Abkommen wurde am Hof Friedrich Barbarossas als Provokation aufgefasst: Der Papst übertrug einem obskuren König, der überdies noch sein Vasall war, Rechte, die er dem Oberhaupt des Heiligen Römischen Reiches verweigerte. So kam es 1157 auf dem Reichstag von Besançon zum offenen Bruch. Hadrian IV. protestierte dagegen, dass Übergriffe gegen einen seiner Legaten straflos geblieben waren, und warf Barbarossa vor, das ihm übertragene weltliche Schwert so nachlässig zu führen, dass solche Sakrilegien ungesühnt blieben. Die Unterordnung des Reiches unter das Papsttum, die in dieser Theorie und in Formulierungen wie *beneficium* (Wohltat, Geschenk) für die Kaiserkrönung zum Ausdruck kam, wurde von der kaiserlichen Seite vehement zurückgewiesen: In der Tradition so großer Kaiser wie Justinian, Karl und Otto leitete sich die Herrschaft über das Reich direkt von

Gott ab und konnte vom Papst nicht wie ein Lehen oder gar wie eine Pfründe vergeben werden. Zudem habe sich Hadrian durch seine Bündnisse mit Wilhelm und den Griechen mit Reichsfeinden eingelassen.

Als Friedrich 1158 auf dem Reichstag von Roncaglia die Regalien, das heißt: die Hoheit des Reichs in Nord- und Mittelitalien unter Berufung auf das römische Recht und seit Langem ruhende Feudalbestimmungen, einforderte, brachte er nicht nur die Führungsschicht der dortigen Kommunen, sondern auch den Papst gegen sich auf. Allzu deutlich traten damit die Absichten des Kaisers zutage: Die de facto unabhängigen Stadtrepubliken sollten politisch domestiziert, nämlich der obersten Entscheidungsgewalt des Reiches und seiner Rechtsprechung unterstellt und durch neue Abgaben ökonomisch geschröpft werden. In diese Abhängigkeit sollte auch das Herrschaftsgebiet des Papstes einbezogen werden; dessen Proteste wurden mit dem Hinweis auf die von Karl dem Großen begründete Machtstellung des Kaisers in Rom zurückgewiesen. Wenn der Staufer diese hochfliegenden Pläne verwirklichte, würde das Rad der Geschichte aus Sicht des Papsttums um mehr als dreihundert Jahre zurückgedreht werden. Die gemeinsame Bedrohung musste die Kommunen und den Pontifex maximus also von selbst zusammenführen. Hadrian IV. starb auf dem Höhepunkt der Auseinandersetzungen im September 1159 und konnte diese Allianz allenfalls vorzeichnen. Das Bündnis schließen und mit Leben erfüllen musste sein Nachfolger – falls dieser den Kampf gegen Barbarossa weiterführen wollte. Das war jedoch keineswegs sicher.

Kampf gegen Barbarossa: Alexander III.

Wie immer in schweren Konflikten mit weltlichen Mächten war das Kollegium der Kardinäle gespalten, vor allem, wenn sich die große Politik mit lokalen Interessen verquickte. So hatten die Parteigänger des Kaisers die römische Kommune und die führenden Adelsfamilien mit Ausnahme der Frangipane auf ihrer Seite. Trotzdem wählte eine Mehrheit der Kardinäle nach turbulenten Beratungen am 7. September 1159 Rolando, den Kanzler Hadrians IV., der sich in Besançon mit starken Worten für den politischen Primat des Papsttums bei Friedrich Barbarossa unbeliebt gemacht hatte, zum Papst; Rolando, dem später ebenfalls eine aristokratische Abstammung zugeschrieben wurde, stammte aus Siena und nannte sich Alexander III. Die Parteigänger des Kaisers konterten mit der Erhebung eines römischen Adligen, der sich «Victor IV.» nannte. Die Doppelwahl hatte wie üblich schwere Kämpfe in Rom zur Folge, die Alexander zur Flucht und in den nachfolgenden neunzehn Jahren zu einem Reise-Pontifikat zwangen, der nur von sporadischen Aufenthalten am Tiber unterbrochen wurde.

Die fehlende Unterstützung in seiner Hauptstadt machte der sienesische Papst durch wortgewaltige Beteuerungen seiner Legitimität wett, die er mit schweren Vorwürfen gegen den Kaiser verband, der aus purem politischem Eigennutz ein gefährliches Schisma heraufbeschworen habe. Diese Propaganda verschaffte Alexander III. schon bald die Anerkennung der meisten italienischen Machtzentren wie Venedig, Mailand und Genua und der wichtigsten europäischen Herrscher. Friedrich Barbarossa seinerseits berief eine Kirchenversammlung nach Pavia ein, auf der die Rechtmäßigkeit der Wahlen vom September 1159 geklärt werden sollte. Alexander verweigerte die Teilnahme mit der Standardbegründung, dass der römische Pontifex von niemandem auf Erden gerichtet werden könne – hundertdreizehn Jahre nach der Synode von Sutri hatte sich das Selbstverständnis, aber auch das Durchsetzungsvermögen der Kurie grundlegend gewandelt. Dass «Victor IV.» die «Legitimitäts-Probe» von Pavia glanzvoll bestehen würde, stand von vornherein fest und vermehrte seinen Anhang daher nicht – im Gegenteil: Allzu krass war seine Abhängigkeit vom Kaiser damit erwiesen.

Im Kampf um die öffentliche Meinung an den Höfen und in den städtischen Zentren war Alexander III. während seines fast zweiundzwanzigjährigen Pontifikats erfolgreicher als Victor und die drei weiteren Gegenpäpste, die nach dessen Tod im April 1164 noch folgen sollten. Dabei machte er aus der Not der Verbannung eine propagandistische Tugend: In zahlreichen Versammlungen des Klerus in Italien und Frankreich präsentierte er sich als Hüter der kirchlichen Einheit, der die Christenheit vor einem neuen Schisma bewahrte und das Seelenheil der Gläubigen dadurch sicherte. Solche Töne blieben auch in Rom nicht ohne Widerhall. So konnte sich Alexander III. mit der Rückendeckung der Könige von Frankreich, England und Sizilien Ende 1165 wieder in Rom niederlassen.

Allerdings war dieser Aufenthalt akut gefährdet. 1166 zog Friedrich

Barbarossa zum vierten Mal nach Italien, und zwar mit dem erklärten Ziel, gegen den unbotmäßigen Papst und die nicht minder unbequemen Normannen im Süden vorzugehen. Im Mai 1167 schlug er das Heer der römischen Kommune in den Albaner Bergen vernichtend und besetzte kurz darauf den Borgo mitsamt der Peterskirche. Fünf Jahre zuvor hatte das kaiserliche Heer im besiegten Mailand schwere Zerstörungen angerichtet. Solche Verwüstungen der nördlichen Barbaren fürchteten jetzt auch die Vertreter der römischen Stadtgemeinde. Von dieser Angst getrieben, baten sie den Papst, als guter Hirte zum Schutz seiner Herde sein Amt niederzulegen, so dass nach dem gleichzeitigen Rücktritt des Gegenpapstes ein neuer, allen willkommener Pontifex maximus gewählt werden könne. Natürlich ging Alexander III. auf diesen allzu deutlich von Barbarossa inspirierten Vorschlag nicht ein, sondern zog sich nach kurzem Widerstand nach Süden, in den Schutz der Normannen, zurück. Dort sah er seine mutige Haltung durch ein «Gottesurteil» bestätigt: In Rom brach eine Seuche aus, die das kaiserliche Heer dezimierte und schließlich zum Rückzug zwang. Der Kampf zwischen Imperium und Sacerdotium ging vorerst unentschieden aus.

Den Kommunen des Königreichs Italien ließ der Papst in ihrem Kampf gegen die Hoheitsansprüche des Reichs Unterstützung zukommen. Ja, er schenkte ihnen sogar seinen Namen: Die neue Stadt, die als Vorposten gegen die Markgrafen von Montferrat, treue Verbündete des Kaisers, gegründet wurde, erhielt zu seinen Ehren den Namen Alessandria. Diese Verbundenheit wurde schon bald auf eine harte Probe gestellt. 1176 unterlag der Kaiser dem lombardischen Städtebund in der Schlacht von Legnano. Der Sieg wird von italienischen Patrioten bis heute als Triumph Italiens über die Fremdherrschaft und speziell über die barbarischen Deutschen gefeiert; die «Lega Lombarda – Lega Nord» erinnert in ihrem Namen und mit ihrem Symbol an diese Schlacht. Der Kaiser zeigte sich daraufhin gegenüber Alexander III. kompromissbereit. Dieser erklärte sich zum Abschluss eines Vorvertrags geneigt, was ihm von den Kommunen als Verrat ausgelegt wurde. Die eigentlichen Friedensverhandlungen fanden von Mai bis Juli 1177 in Venedig statt. Im Konflikt zwischen dem Reich und den Stadtrepubliken wurde ein sechsjähriger Waffenstillstand geschlossen. Kaiser und Papst einigten sich auf einen Friedensvertrag, der allerdings wesentliche Fragen wie die genauen Grenzen des päpstlichen Herrschaftsgebiets offenließ; auch wie es mit den

Kirchenreform und Hegemoniekämpfe

Der Frieden von Venedig aus päpstlicher Sicht Der Kampf zwischen Papst Alexander III. und Kaiser Friedrich Barbarossa ist in dem von Spinello Aretino 1407 für den Stadtpalast von Siena gemalten Fresko zum ruhmvollen Stadtmythos geronnen. Der arrogante Kaiser ist zu Boden geworfen worden und muss dem Pontifex maximus aus Siena Abbitte leisten.

Geistlichen weitergehen sollte, die zu den Gegenpäpsten gehalten hatten, wurde darin nicht entschieden.

Trotzdem zelebrierte Alexander III. den Frieden von Venedig als großen Sieg: Die von Gott unterstützte Kirche hatte den scheinbar unbesiegbaren Potentaten aus dem Norden in die Knie gezwungen, Gerechtigkeit hatte über Gewalt triumphiert. Diese Botschaft verbreitete Alexander III. jetzt in allen Ländern der Christenheit. Zum Abschluss des Abkommens hatte Friedrich Barbarossa dem Papst als Zeichen der wiedergefundenen Eintracht nach dem alten Zeremoniell die Füße geküsst und die traditionellen Steigbügel-Dienste geleistet. Die geschickte Propaganda des Papstes machte daraus einen regelrechten Unterwerfungsakt, der sich in der Zukunft für vielfältige Zwecke verwenden ließ. So liegt Friedrich Barbarossa in einem Fresko des Regierungspalasts von Siena, Alexanders Heimatstadt, das 1407 von Spinello Aretino gemalt wurde, vor dem Papst und fleht um Verzeihung: Die Kommune und der Papst hatten gemeinsam über den Tyrannen gesiegt. Noch im 16. Jahrhundert sollte es über die bildliche Darstellung des Friedens zu einem ernsten diplomatischen Konflikt zwischen der Republik Venedig und dem Papst kommen.

Mit diesem (Propaganda-)Erfolg im Rücken konnte Alexander III. aus einer Position der Stärke mit der Kommune Rom verhandeln. Im März 1178 war es so weit: Von Senat und Volk Roms feierlich begrüßt, zog der greise Pontifex maximus triumphal in seine Hauptstadt ein, wo er im Jahr darauf das von mehr als dreihundert Bischöfen besuchte III. Laterankonzil abhielt. Auf dieser Kirchenversammlung zeigte sich Alexander III. in seiner Lieblingsrolle als Richter des Klerus und Gesetzgeber der Kirche. Das wichtigste der 1179 beschlossenen Grundgesetze betraf die Modalitäten der Papstwahl, die – siehe die Unruhen von 1130 und 1159 – immer noch nicht befriedigend geregelt waren. Von jetzt an musste ein erfolgreicher Kandidat mindestens zwei Drittel der Stimmen auf sich vereinigen; diese Bestimmung ist mit mancherlei Modifizierungen bis heute in Kraft geblieben. Darüber hinaus erließ das Konzil Dekrete, die den Anstoß erregenden Reichtum des hohen Klerus eindämmen sollten. Die Zauberformel dafür lautete «Ein Geistlicher, ein Benefizium». Doch diese neue Bescheidenheit blieb genauso wie die Vorschrift, dass Bischöfe mindestens dreißig Jahre alt sein mussten, ein frommer Reformwunsch. Die kuriale Führungsschicht und besonders die engsten Verwandten des Papstes waren von diesen rigorosen Regelungen durchgehend ausgenommen. Exemplarische Härte legte Alexander III. gegenüber den Anhängern seiner diversen Gegenpäpste an den Tag. Ihre Weihen wurden für ungültig erklärt, womit zahlreichen deutschen Klerikern die Legitimation entzogen wurde.

Seine Tätigkeit als höchster Richter der Kirche, der alle Prozesse niederer Instanzen an sich ziehen konnte, übte Alexander III. mithilfe qualifizierter Juristen aus, die in dieser Zeit zunehmender Verrechtlichung und Verschriftlichung gute Chancen auf Führungspositionen an der Kurie einschließlich des Kardinalats besaßen. Zugleich wurden die Zuständigkeiten und Kompetenzen der kurialen Behörden genauer definiert und voneinander abgegrenzt. Diese Tendenz zur Formalisierung und «Bürokratisierung» wurde durch die steigende Zahl der in Rom entschiedenen Fälle unvermeidlich, verlieh der Kurie aber einen Behörden-Charakter, der mit der geistlichen Begründung der Petrusnachfolge nicht ohne Weiteres vereinbar war und daher Kritik erregte. Nach der Reform des 11. Jahrhunderts mit ihrer grundlegenden Neuorientierung und ihren Kämpfen um Unabhängigkeit legte sich das Papsttum jetzt einen administrativen Apparat zu, mit dem es die kühnen Forderungen eines Gregor VII. zumindest teilweise einlösen konnte und den weltlichen Herrschaften weit vorauseilte.

Die Kurie reagierte mit dem Ausbau des administrativen Apparates auch auf Herausforderungen, die der Papst bei seinen Aufenthalten im Süden Frankreichs vor Augen gehabt hatte. Dort hatte sich unter der Führung des Lyoner Kaufmanns Pierre Valdes eine Laienbewegung gebildet, die auf eigene Faust den Weg zurück zu den Wurzeln des Christentums suchte: durch Eidverweigerung gegenüber der weltlichen Obrigkeit, durch Armutsgelöbnisse und unter der geistlichen Führung von Laien, die aufgrund ihrer vorbildlichen Lebensführung eine sehr persönliche, institutionell nicht abgestützte Autorität gegenüber ihrer Gemeinde besaßen. Ungeachtet ihrer Kritik an einem immer reicheren und mächtigeren Klerus empfingen diese «Waldenser» die Sakramente der Amtskirche, deren innere Erneuerung sie anstrebten. Wie sich diese zu der neuen Bewegung stellen würde, hing von Machtfragen ab: Waren die «Armen von Lyon» bereit, sich der päpstlichen Entscheidungs- und Urteilsfindung zu unterstellen? Auf dem III. Laterankonzil ermahnte Alexander III. ihre Vertreter dazu, sich der Disziplin der

Kirche zu fügen. Doch dem standen Hindernisse entgegen. Für die Waldenser war die Laienpredigt der Angelpunkt ihrer Gemeinschaftsbildung. Nur durch Sittlichkeit und Frömmigkeit bewährte Männer konnten als Mittler zwischen Gott und den Menschen wirken; das waren Prinzipien, die mit den Grundsätzen einer immer hierarchischer aufgebauten Kirche nicht in Übereinstimmung gebracht werden konnten. Damit baute sich ein Konfliktpotential auf, das die Kirche in schwere Turbulenzen stürzen und die Nachfolger Alexanders III. vor schwierige Entscheidungen stellen sollte.

Die Harmonie zwischen dem Papst und der Kommune Rom erwies sich schnell als brüchig. Zu unvereinbar waren die Ansprüche des Pontifex maximus und der immer selbstbewusster auftretenden Kommune; sogar ein vierter Gegenpapst namens «Innozenz III.» wurde gegen ihn erhoben. Dieser konnte sich zwar nur kurzfristig behaupten, doch musste Alexander III. seine unruhige Hauptstadt im Sommer 1179 wieder verlassen. Er starb im August 1181 in Civita Castellana.

Ketzerbekämpfung und staufische Umklammerung: Lucius III., Urban III., Gregor VIII., Clemens III., Cölestin III.

Alexanders Nachfolger Ubaldo aus Lucca, der sich Lucius III. nannte, wurde am 1. September 1181 in Velletri gewählt und konnte sich ebenfalls nur wenige Monate lang am Tiber behaupten. In seinem vierjährigen Pontifikat türmten sich aus römischer Sicht dunkle Wolken an allen politischen Horizonten auf. Zum einen verschlechterten sich die Beziehungen zu Kaiser Friedrich Barbarossa erneut. Zum anderen plante dieser, seinen Sohn Heinrich zum Mitkaiser krönen zu lassen; von ihm hatten Päpste und Kommunen noch viel weniger Entgegenkommen zu erwarten als von seinem Vater. Am gefährlichsten aber war aus päpstlicher Sicht die unerwartete Annäherung zwischen den Staufern und den Normannen. Im Oktober 1184 verlobte sich Heinrich mit Constanze, der Tochter König Rogers II., die Eheschließung erfolgte im Januar 1186. Damit zeichnete sich für Rom ein geopolitischer Alptraum ab: Wenn die normannische Dynastie im Mannesstamm ausstarb, würden die Nachkommen Friedrich Barbarossas Könige von Sizilien! Dann wäre der Papst mit seinen locker verfugten Territorien in der

Mitte Italiens von seinen Feinden im Norden und Süden regelrecht umklammert.

Ein Treffen zwischen Kaiser und Papst Ende 1184 in Verona verbesserte das Klima nicht. Das Problem der «schismatischen» Weihen wurde auf ein späteres Konzil verschoben. Vor allem aber verweigerte Lucius III. die Krönung Heinrichs mit der Begründung, dass sich dieser im Streit um die Besetzung des Erzbistums Trier gewaltsame Übergriffe gegen den von Rom favorisierten Kandidaten hatte zuschulden kommen lassen. Auch über die kaiserlichen Rechte in Italien, speziell die Aufteilung von Abgaben zwischen dem Reich und dem Papst, wurde keine Einigung erzielt. An sich bedurfte die Kurie dringend neuer Einnahmen, um ihre wachsenden Behörden finanzieren zu können, doch witterte sie hinter dem Angebot, ihr ein Fünftel der kaiserlichen Einkünfte in Italien zu überlassen, einen erneuten Versuch, die Kirche ihrer schwer errungenen Unabhängigkeit zu berauben. Einig waren sich Kaiser und Papst nur darin, die neuen religiösen Bewegungen, die sich seit einigen Jahrzehnten ausbreiteten, einer verschärften Kontrolle und Regulierung zu unterziehen. Zu diesem Zweck erließ Lucius III. Ende 1184 in Verona seine Dekretale «Ad abolendam». Wie schon der Titel «Zur Abschaffung» zeigt, war die Urkunde ganz den bedrohlichen Ketzereien der Gegenwart gewidmet. Das machte schon die Einleitung deutlich: «Wir verdammen durch diese Bestimmung jede Art von Häresie, unter welchem Namen sie auch auftreten mag, durch unsere apostolische Autorität» (Enchiridion fontium valdensium, hg. v. G. Gonnet, Torre Pellice 1958, S. 50–53). Diesen Kampf führt der Papst – so die Dekretale – in Aktionseinheit mit dem Kaiser, Kardinälen und Prälaten; religiöse Abweichung ist zu einer Gefahr für die Weltordnung insgesamt und damit auch für die weltliche Gewalt geworden. Sie überlässt es der Kirche, solche Häresien aufzuspüren und zu verurteilen. Die Dekretale listet sie namentlich auf: «Katharer und Anhänger der Pataria sowie diejenigen, die sich Humiliaten und Arme von Lyon nennen, dazu Passaginer, Josephiner und Arnaldo-Anhänger». Die Kirche wollte mit diesem Katalog zeigen, dass sie ihre Gegner entlarvt hatte.

Nach der Kirche ist die weltliche Obrigkeit an der Reihe. Sie leiht der Kirche ihren Arm für die Verfolgung und Unterdrückung der Häresie und ihrer Lehrer. Der Papst kann darüber hinaus die Organe der weltlichen Gewalt zum Eingreifen verpflichten. Gehorchen diese den Befehlen nicht, werden sie exkommuniziert und ihre Herrschaftsgebiete unter das Interdikt gestellt, so dass dort keine kirchlichen Funktionen mehr wahrgenommen werden können. Das war eine Warnung, die sich vor allem an die großen Städte richtete, die erfahrungsgemäß den Nährboden für die meisten Häresien bildeten. Ketzerverfolgung in diesem neuen Stil bot den Päpsten somit optimale Chancen, ihre Autorität zur Geltung zu bringen. Auf diesem Gebiet war selbst der Kaiser nur ihr Erfüllungsgehilfe.

Als Feinde der Kirche wurden jetzt auch Gruppierungen wie die wenig bekannten «Passaginer» und «Josephiner» betrachtet, denen eine zu große Nähe zum Judentum vorgeworfen wurde. Doch im Mittelpunkt der Abwehrmaßnahmen standen die Katharer, eine Erlösungsreligion, die vor allem im Süden Frankreichs verbreitet war, sowie «die Armen von Lyon», also die Waldenser, und die ihnen nahestehende Humiliatenbewegung. Mit den Katharern und Waldensern wurden zwei Strömungen in einen Topf geworfen, wie sie aus heutiger Sicht nicht unterschiedlicher sein konnten. Die Katharer (von griechisch *katharoi*, die Reinen) vertraten ein rigoros dualistisches Weltbild: Gott hatte Himmel, Engel und die Seelen der Menschen, der Teufel aber die materielle Welt erschaffen; für gemäßigtere Strömungen hatte sich Satan der ursprünglich auf Gott zurückgehenden sichtbaren Schöpfung erst später bemächtigt. Aus dieser Zweiteilung in eine gute und böse Sphäre leiteten die Katharer strikte Verhaltensmaßregeln ab: Sexualität und Zeugung galten ihnen als unrein und waren ihren Führern daher untersagt, die Sakramente der Kirche wurden als unwirksam verworfen.

Die eigentliche Zielgruppe von «Ad abolendam» bildeten jedoch die Armutsbewegungen und alle anderen Gruppierungen, die sich über das Verbot der Laienpredigt hinwegsetzten und damit Aufgaben und Funktionen der Kirche beanspruchten. Diese Amtsanmaßung wurde in der päpstlichen Dekretale sogar noch stärker hervorgehoben als die Verkündigung der nicht näher spezifizierten falschen Lehren. Umso ausführlicher regelte sie, was mit den Abweichlern zu geschehen hatte: Ketzerische Kleriker wurden aus dem geistlichen Stand ausgestoßen, verloren die damit verbundenen Privilegien und sollten wie Laien dem «weltlichen Arm», also den ordentlichen Gerichten, zu Aburteilung und Bestrafung übergeben werden – es sei denn, sie bekannten sich wieder zum wahren Glauben, schworen öffentlich ab und leisteten angemessene Genugtuung. Zumindest für rückfällige

Ketzer bedeutete diese Überstellung die Todesstrafe. Bei all diesen Prozeduren kam den Bischöfen als Stellvertretern des Papstes die Schlüsselrolle zu. Damit stand die geistliche Gewalt weithin sichtbar über der weltlichen. Der Papst verpflichtete alle Fürsten und Magistrate der Republiken dazu, gemäß den Anweisungen der Kirche ihres Amtes als Richter und Henker zu walten. Erfüllten sie diese Verpflichtung nicht oder auch nur ungenügend, mussten sie selbst mit schweren Strafen rechnen.

Vorerst hatten diese Bestimmungen nur auf dem Papier Bestand. Doch sollte es nicht mehr lange dauern, bis der Papst die Machtmittel besaß, um diese Theorie in die Praxis der geordneten Inquisitionsgerichtsbarkeit zu überführen. Lucius III. selbst spielte dabei keine Rolle mehr; er starb ein gutes Jahr nach Veröffentlichung der Dekretale «Ad abolendam» im November 1185 in Verona.

Lucius' Nachfolger Uberto Crivelli, der sich Urban III. nannte, entstammte einer Mailänder Adelsfamilie, deren Angehörige zu den erbittertsten Gegnern Friedrich Barbarossas zählten, nach dem «Tauwetter» im Anschluss an den Frieden von Venedig jedoch mit ihrer antikaiserlichen Haltung selbst in die Opposition geraten waren. Der politische Kurs von Urbans knapp zweijährigem Pontifikat war damit festgelegt: Die in seinen Augen unnatürliche Annäherung zwischen dem Reich und den Kommunen Italiens musste rückgängig gemacht werden. Unter diesem Vorzeichen war die Krönung von Friedrich Barbarossas Sohn Heinrich zum König Italiens, die ebenso wie seine Heirat mit der normannischen Erbin Constanze am 27. Januar 1186 in der Mailänder Kirche Sant'Ambrogio durch den Patriarchen von Aquileia vollzogen wurde, ein Rückschlag und eine Provokation zugleich.

Der Papst reagierte darauf mit den Waffen der Kirche. Das Papsttum hatte sich im Laufe von zwei Jahrhunderten das Vorrecht gesichert, Heiligsprechungen vorzunehmen. Wie man dieses Monopol politisch nutzen konnte, machte Urban III. jetzt vor: Er kanonisierte den erst 1176 verstorbenen Erzbischof Galdino von Mailand und damit die geistliche Seele des Widerstands gegen den Kaiser. Dieser ließ als Reaktion darauf die Zugangswege nach Verona, wo der Papst residierte, sperren und die Umgebung Roms verwüsten. Auf dem Weg, der ihn über Venedig in die Ewige Stadt führen sollte, starb Urban III. im Oktober 1187 in Ferrara, der Legende nach aus Kummer über die Eroberung Jerusalems durch Sultan Saladin.

Sein Nachfolger Alberto di Morra aus einer vornehmen Familie Benevents regierte nur zwei Monate lang. Wie sein Amtsname Gregor VIII. anzeigt, verstand sich der Papst als Vollender einer rigorosen Reform, die Weltklerus und Laien gleichermaßen zu einem christlichen Leben anhalten sollte. Diese Bemühungen um eine durchgreifende Disziplinierung aller Lebensbereiche waren mit einer schroffen Betonung des römischen Primats und einer intensivierten Gesetzgebung verbunden; aus der kurzen Regierungszeit des juristisch hoch gebildeten Papstes ging so eine große Zahl von grundlegenden Dekretalen und Konstitutionen hervor. Gregors bei Weitem wichtigstes Anliegen aber war ein neuer – der Dritte – Kreuzzug nach Jerusalem, zu dem er die Mächtigen der Zeit in zahlreichen Briefen aufrief. Voraussetzung dafür war eine Aussöhnung mit dem Kaiser, dem der Papst daher sein Entgegenkommen in den ungelösten Streitfragen signalisierte.

Gregors Nachfolger Paolo Scolari wurde am 19. Dezember 1187 gewählt und nannte sich Clemens III. Er stammte aus Rom und siedelte nach zwei «romlosen» Pontifikaten auch wieder an den Tiber über. Die Rückkehr im Februar 1188 hatte allerdings ihren Preis. Der Papst musste einem Konkordat mit dem Senat zustimmen, in dem beide Seiten von ihren Maximalforderungen abrückten. Die Kommune Rom erkannte die Hoheit des Pontifex maximus über die Ewige Stadt mit allen dazugehörigen Rechten und Einkünften an. Als Ausdruck dieser Anerkennung hatte der Senat dem Papst künftig einen jährlichen Treue- und Friedenseid zu leisten und darüber hinaus Sicherheiten für die Mitglieder der Kurie zu stellen. Clemens wiederum gestand den Römern kommunale Selbständigkeit und Selbstregierung mit eigenen Räten und Ämtern zu, deren Kosten er ebenso übernahm wie die Aufwendungen für den Unterhalt der römischen Stadtmauern. Darüber hinaus erlaubte er der römischen Stadtgemeinde, die Befestigungen der verhassten Rivalin Tuscolo in den Albaner Bergen zu zerstören, und verpflichtete sich, diesen Feldzug militärisch und mit seinen geistlichen Waffen zu unterstützen; für den Papst als gemeinsamen Vater der Christenheit war das ein peinliches Zugeständnis. So säuberlich wie auf dem Papier ließen sich die Kompetenzen der Gemeinde Rom und der Kurie in der Praxis jedoch nicht auseinanderdividieren. Konflikte über die jeweiligen Einflusssphären waren für die nächsten zweieinhalb Jahrhunderte damit vorprogrammiert.

Im Ausgleich mit dem Kaiser gab Clemens III. gleich doppelt nach: Er setzte den von Urban III. geweihten Erzbischof von Trier, einen Gegner des Kaisers, ab und erklärte sich zur Kaiserkrönung Heinrichs bereit, die seine beiden Vorgänger noch verweigert hatten. Als Gegenleistung gelobte Friedrich Barbarossa einen neuen Kreuzzug und die Rückgabe von Gebieten des Patrimonium Petri, die sein Sohn bei der Strafexpedition des Jahres 1186 besetzt hatte. Auch in Italien versuchte der Papst, durch Friedensschlüsse zwischen verfeindeten Fürsten und Städten die Bereitschaft zur Teilnahme am Kreuzzug zu fördern. Der Kaiser löste sein Versprechen im Frühjahr 1189 ein und zog auf dem Landweg nach Kleinasien, wo er im Juni des darauffolgenden Jahres bei einem Badeunfall ums Leben kam. Sein Sohn und Mitkaiser wurde jetzt als Heinrich VI. alleiniges Reichsoberhaupt.

Es war nicht der einzige politisch brisante Todesfall der Zeit. Im November 1189 starb König Wilhelm II. von Sizilien ohne männliche Nachkommen. Heinrich VI. beanspruchte nun das Königreich als Erbteil seiner Gemahlin für sich. Für den Hof in Palermo und die Kurie sah die Rechtslage anders aus. Sie favorisierten die Thronfolge Tancredis di Lecce aus einer Seitenlinie der normannischen Dynastie. Um seine Rechte auf Sizilien geltend zu machen und sich zum Kaiser krönen zu lassen, zog Heinrich VI. 1191 nach Italien, doch bevor er die Ewige Stadt erreichte, starb Clemens III. im März oder April 1191. Sein Nachfolger, der Römer Giacinto, konnte in Anbetracht seines hohen Alters – er ist schon 1126 als Prior römischer Subdiakone bezeugt – nur als Übergangspapst und lebender Kompromiss zwischen Anhängern und Feinden Heinrichs VI. gelten, doch regierte er als Papst Cölestin III. gegen alle Erwartungen fast sieben Jahre lang, und zwar vor allem zum Vorteil seiner Familie. Diese führte eigentlich den Namen Bobone, nannte sich von jetzt an aber nach ihrem Ahnherrn Orso (»Bär«) Orsini (»kleine Bären«). Der putzige Name passte allerdings nicht zum Sozialverhalten des Clans, der sich in wenigen Jahrzehnten zusammen mit den Colonna an die Spitze Roms und des Kirchenstaats emporkämpfen sollte und dabei alte wie neue Konkurrenten rücksichtslos verdrängte. Die Voraussetzungen dafür schuf Cölestin III., mit dem der päpstliche Nepotismus nach einer längeren Atempause wieder kräftig zunahm. Zwei der sechs von ihm ernannten Kardinäle waren Verwandte, die mit ihrem Einfluss und ihren Einkünften den Grundstein für den Aufstieg der Familie legten.

Während des Pontifikats des greisen Orsini-Papstes zeigten sich die Folgen der Machtkonzentration, die mit dem alleinigen Wahlrecht der Kardinäle eingesetzt hatte, immer deutlicher. Gut dreißig an der Zahl, drängten sie immer stärker nach einer Mitregierung, die unter schwachen Päpsten zu einer Bevormundung oder sogar Lähmung durch zerstrittene Parteien inner- und außerhalb Roms führen konnte. Andererseits war der Papst auf die Kardinäle angewiesen, um die steigende Zahl von Gesuchen, Bittschriften und Streitfällen zu bewältigen, die jetzt aus der ganzen Christenheit an die Kurie herangetragen wurden. Das war eine unmittelbare und erwünschte Folge des Verrechtlichungs- und Zentralisierungsprozesses, der sich seit dem Beginn der Reform stetig intensiviert hatte.

Zu diesem Zweck hatten die Kardinäle nun die Aufgabe von «Auditoren», in deren Audienzen wichtige Fälle vorgetragen, erörtert und entweder entschieden oder, bei besonders heiklen Dossiers, dem Papst zur Beschlussfassung vorgelegt wurden. Hier zeigte sich der betagte Pontifex maximus in seinem Element – schließlich war er fünfundsechzig Jahre lang auf allen Stufen der Kurie tätig gewesen. Als Mann des administrativen Apparats kannte er nicht nur dessen Mechanismen und Kniffe, sondern auch die immer drängenderen Probleme der Kurie aus eigener Anschauung. Diese waren vor allem finanzieller Natur.

Auf dem Papier waren die Päpste reich. Die Könige von Sizilien, Aragon und Portugal schuldeten ihnen Lehenszins, die Herrscher Englands, der drei skandinavischen Königreiche und Polens hatten den Peterspfennig zu zahlen, zahlreiche Rom direkt unterstellte Klöster Abgaben zu leisten; dazu kamen die Erträge des eigenen Herrschaftsgebiets zwischen Ravenna und dem südlichen Latium. Doch in Wirklichkeit fielen alle diese regulären Einkünfte bescheiden aus: Zahlungsfristen wurden nicht eingehalten, Schuldner erwiesen sich als insolvent, Abzüge für Überweisungen und andere Dienstleistungen der Banken waren hoch. Die niedrigen Einnahmen aus dem Patrimonium Petri zeigen, dass hier Anspruch und Wirklichkeit auch politisch weit auseinanderklafften. In den Provinzen Campagna, Marittima und Sabina, die im Norden, Osten und Süden einen Radius von etwa hundert Kilometern um Rom schlugen, schöpften die großen Adelsfamilien den Rahm ab. Weiter nördlich, in Bologna, Ferrara und den

Städten der Romagna, hatten Stadtherren das Sagen, die den finanziellen Mehrwert ohne wesentlichen Profit für die Päpste abkassierten.

So blieb die Kurie in hohem Maße auf außerordentliche Einnahmen aus Schenkungen und Zahlungen für ganz spezielle «Gnaden» angewiesen; dazu gehörte die Beseitigung von Ehehindernissen oder die Ungültigkeitserklärung von Eheschließungen. Auch die Gebühren für die Ausstellung von Urkunden aller Art nahmen von jetzt an überproportional zu. Alle diese Entwicklungen schadeten dem Ansehen der Kurie. Wer in Rom etwas erreichen wollte, musste reichlich Geld mitbringen, sonst wurde er nicht einmal angehört: Solche Erfahrungen machten in der Christenheit schnell die Runde und verdichteten sich zu einem negativen Bild der Päpste. Wie aus präzisen Aufstellungen hervorgeht, brachte Cölestin III. die Papstfinanz für einige Zeit wieder in die schwarzen Zahlen. Weniger erfolgreich agierte der älteste aller Päpste auf dem Feld der lokalen und internationalen Politik; hier war er mehr noch als seine Vorgänger nicht Treibender, sondern Getriebener. In Rom erwies sich der «Abgrenzungs-Pakt» mit der Kommune schnell als illusorisch. Ihr Führungsgremium, der Senat, und dessen Führer strebten nach der Zerstörung Tuscolos die Vormacht in der römischen Umgebung an und engten dadurch den Handlungsspielraum des Papstes immer weiter ein.

Noch bedrohlicher gestaltete sich das Verhältnis zu Kaiser, Reich und Sizilien. Bei Cölestins Wahl lag Heinrich VI. mit seinem Heer vor den Toren der Stadt. Mit diesem Aufgebot wollte er nach der Kaiserkrönung Sizilien erobern, das der Papst Tancredi di Lecce zugedacht hatte. So ging die feierliche Krönungszeremonie in Sankt Peter am Ostermontag des Jahres 1191 in einem äußerst frostigen Klima über die Bühne. Heinrichs anschließender Feldzug nach Süden schlug zu Cölestins Erleichterung fehl. Doch mehr als eine Atempause war ihm nicht vergönnt. Zwar erkannte König Tancredi, der mehr denn je auf die römische Unterstützung angewiesen war, die Lehenshoheit des Papstes an und machte weitreichende kirchenpolitische Zugeständnisse, doch wurde das alles mit seinem Tod im Februar 1194 Makulatur. Das Königreich Sizilien ging jetzt an Heinrich VI. über, der unter den Anhängern seines Vorgängers mit einer Grausamkeit wütete, die ihm in ganz Italien den Ruf eines deutschen Barbaren eintrug. Für Rom war damit der größte anzunehmende Politik-Unfall eingetreten: die Vereinigung der Kaiserwürde mit der sizilianischen Krone. Ausgerechnet ein Herrscher, der den Ansprüchen der Päpste mit beispielloser Härte und Aggressivität entgegengetreten war, trug nun beide Kronen. Für den Staufer war auch der Kirchenstaat nicht unabhängig, sondern in der Tradition der Karolinger seiner strikten Kontrolle unterworfen.

Die Folgen traten schnell zutage. Heinrich VI. bestritt die Herrschaft der Päpste in Mittelitalien und weigerte sich kategorisch, die Krone Siziliens als Vasall des Papstes zu empfangen. Dessen Einmischung in die kirchlichen Belange der Insel spitzte den Konflikt weiter zu. Doch bevor er ausgetragen werden konnte, starben die beiden Protagonisten kurz nacheinander: Heinrich VI., erst zweiunddreißig Jahre alt, am 29. September 1197, Cölestin III., wahrscheinlich hoch in den Neunzigern, am 8. Januar 1198. Den Tod seines Feindes empfand der Papst als ein Zeichen des Himmels, doch ausnutzen konnte er diese Gunst nicht. Seine Bitte, zurücktreten und zugleich seinen Nachfolger designieren zu dürfen, schlugen ihm die Kardinäle in schroffen Tönen ab.

7.

Der Kampf um die Vormacht

Von Innozenz III. bis Benedikt XI. (1198–1304)

Herr der Christenheit: Innozenz III.

Nach dem Tod des greisen Cölestin III. war es Zeit für einen durchgreifenden Wandel und einen Wechsel der Generationen. Der neue Pontifex maximus Innozenz III., den die Kardinäle am 8. Januar 1198 auf den Stuhl Petri erhoben, war gerade einmal siebenunddreißig Jahre alt – ein bis heute nicht mehr unterbotenes Lebensalter. Eine solche «Jugendlichkeit» reduzierte die Aussicht auf den Stuhl Petri normalerweise auf Null, weil dadurch ein langer und daher für das Machtgefüge in Rom und Umgebung gefährlicher Pontifikat zu erwarten war und die Chancen der übrigen Kardinäle auf das höchste Amt der Kirche schwanden. Dass es diesmal anders kam, lag am bescheidenen Rang der Familie. Die Vorfahren Lotarios – so der Taufname des neuen Papstes – nannten sich zwar vollmundig «Grafen von Segni», doch mehr als Kleinstadt-Patrizier waren sie trotz dieses Titels nicht. Zwischen ihnen und den Frangipane, Pierleoni und Orsini klaffte ein gewaltiger Abstand im Hinblick auf Prestige und Besitz, von dem achtzehn Jahre später allerdings nichts mehr übrig war. Im Gegenteil: Am Ende des Pontifikats hatten die «de' Conti», wie sich die Verwandten des Papstes von jetzt an nannten, die Nase vorn.

Statt ererbter Vornehmheit hatte der «junge» Papst andere Vorzüge aufzuweisen: Er war mütterlicherseits mit einflussreichen römischen Geschlechtern vernetzt, hatte in Paris und Bologna, den beiden renommiertesten Hochschulen, Theologie und Jurisprudenz, studiert, gute Beziehungen zu Clemens III. unterhalten, der den Dreißigjährigen zum Kardinal erhob, und durch seine Schriften zu aktuellen Themen der Zeit Prestige erworben.

Nach überwiegend betagten und vorsichtigen Päpsten gelangte jetzt ein begnadeter Machtpolitiker zur Herrschaft, der zugleich ein profunder Theologe und gewiefter Diplomat war und darüber hinaus ein unfehlbares Gespür für Außenwirkung und Propaganda besaß. In einem langen Jahrhundert hatten die Päpste europaweites Ansehen als Erneuerer der Kirche gewonnen, ihre ideologische Basis als Oberhaupt der Kirche und der Christenheit gefestigt, ihre Position gegenüber den weltlichen Gewalten behauptet und ausgebaut, ein funktionstüchtiges Verwaltungs- und Herrschaftszentrum ausgebildet, durch die Aufrufe zum Kreuzzug Massenwirkungen weit über die Eliten der Zeit hinaus erreicht, die Gegner ihrer Machtstellung als Ketzer verurteilt und ihr juristisches Fundament mit dem *Decretum Gratiani*, der Summe ihrer rechtlichen Verfügungen, untermauert. Alle diese Machtmittel standen 1198 bereit, doch konsequent ausgenutzt hatte sie noch kein Papst. Jetzt aber bestieg ein Mann den Stuhl Petri, der die schlummernden Ressourcen nicht nur meisterlich aktivierte, sondern ihnen sogar noch weitere hinzufügte, zudem von Zufällen begünstigt wurde und dadurch zum Schiedsrichter der Christenheit aufstieg.

Der lebenslange Erfolg spiegelt sich in Innozenz' theologischen Texten jedoch nicht wider. In seinem theologischen Bestseller «Vom Elend der menschlichen Lebensbedingungen» zeichnete der damals dreiunddreißigjährige Kardinal die Conditio humana in den düstersten Farben. Das Leben des Menschen ist kurz, unglücklich und von unauflöslichen Widersprüchen gekennzeichnet: Er weiß aus den Belehrungen der Bibel und der Kirche, wie er leben soll, wird aber ständig von den Leidenschaften der Seele und den Gelüsten des Körpers aus der Bahn geworfen. Diese Passionen öffnen den Lastern des Geizes und der Habgier, der Wollust und des Hochmuts Tür und Tor. So ist jeder Mensch die Quelle seiner eigenen Misere, obwohl deren Urgrund im Sündenfall liegt, denn Eva und Adam haben sich aus freiem Willen von Gott abgewandt und durch diese Auflehnung ihre Nachkommenschaft bis zum Jüngsten Gericht mit dem Bösen infiziert. So müssen alle Menschen an diesem Tag des Zorns mit der verdienten Verdammung zum ewigen Höllenfeuer rechnen.

Solche Sätze aus der Feder des mächtigsten Papstes der Geschichte haben seit jeher Verwunderung erregt. Wie konnte ein so pessimistischer Menschenschilderer, für den die Welt Asche, Staub und Hinfälligkeit war, dieses irdische Jammertal mit solcher Leidenschaft beherrschen und umgestalten? Die Antwort liegt in einem zweiten Traktat über die Größe des Menschen, den der Papst geplant, aber nicht vollendet hat. Demnach ist die Natur des Menschen aus Niedrigkeit und Erhabenheit gemischt. Adam hatte von seinem Schöpfer die Anlage zur Gottebenbildlichkeit erhalten, aber dieses Geschenk aus freiem Willen verworfen; trotzdem sind die Spuren dieser Großartigkeit selbst in der irdischen Verworfenheit noch auffindbar. Weitere Werke des Papstes behandeln die Mysterien der Messe, vor allem die Transsubstantiation, wie sie die scholastische Theologie der Zeit unter Zuhilfenahme aristotelischer Kategorien als Wandel von Brot und Wein in Leib und Blut Christi bei unveränderter äußerer Form erklärte. Nichts in diesem theologischen Œuvre ist neu, aber alles ist auf der Höhe der Zeit und des Zeitgeistes.

Pessimistisch fiel auch das Fazit aus, das der Papst in seiner letzten theologischen Abhandlung, einem Psalmenkommentar, kurz vor seinem Tod zog: Wer sich in die Händel dieser Welt einmischt, geht daraus nicht unbefleckt hervor. Deshalb ist das Papstamt eine schwere Bürde, denn der Nachfolger Petri kann nicht abseits stehen: Er muss dem Menschen, dieser gefallenen Gottesschöpfung, stets aufs Neue entgegentreten, da er zur Missachtung des göttlichen und natürlichen Rechts neigt. Ja, diese Auflehnung ist sogar zu seiner zweiten Natur geworden und richtet sich vor allem gegen die Gebote des Papstes, da dieser den zerstörerischen Trieben viel stärker und konsequenter entgegentritt als die laxen und gleichgültigen weltlichen Gewalten. Ungehorsam gegenüber dem Papst ist daher Häresie in ihrer reinsten Form. Die Welt zum Gehorsam gegenüber dem Papst zu zwingen, heißt, die Voraussetzungen für die Erlösung durch Christus zu schaffen. Theologie und Politik bilden daher eine Einheit.

Als Stellvertreter Christi stand der Papst – wie er es selbst ausdrückte – zwischen Gott und Mensch: unter Gott, aber über den Menschen, und zwar mit einer unbeschränkten Fülle der Macht über die Kirche und die Fürsten dieser Welt, wie sie von Gregor VII. im *Dictatus Papae* festgelegt war. Diese Hoheit über die Christenheit sollte sich jedoch nicht in direkter Machtausübung, sondern in geistlicher Aufsicht niederschlagen. Da Glaube und Moral allerdings aufs Engste mit der Politik verknüpft waren, beschränkte sich dieser zweite Primat nicht auf Mahnungen und Warnungen, sondern brachte die Pflicht zur Intervention mit sich, wenn ein Machthaber gegen das sittliche Gebot der Kirche verstieß. Als Stellvertreter des Gottessohns, dem die ganze Welt gehörte, waren die Päpste für das Ganze zuständig, die Fürsten immer nur für das ihnen unterstellte Territorium.

Damit war ein Herrschaftsanspruch über die Christenheit formuliert, der sich kaum noch steigern ließ, denn für Kaiser und Könige blieben nur noch Unterwerfung und Gehorsam übrig. Die Position des Kaisers leitete sich zwar ebenfalls unmittelbar von Gott ab, doch durfte dieser daraus nicht auf seine Ebenbürtigkeit oder auch nur Unabhängigkeit schließen. Gott hatte ihm die Aufgabe übertragen, den Papst und die Kirche zu schützen, also konnte sich der Papst den Kaiser auswählen, so wie ein Meister den besten Gehilfen anstellt. Konkret bedeutete das, dass die deutschen Fürsten ihren Favoriten zum römischen König wählten und ihm damit eine Anwartschaft auf die Kaiserwürde verliehen, die jedoch keine einklagbaren Rechte mit sich brachte. Der Papst allein hatte das Recht, den Kandidaten auf Herz und Nieren zu prüfen; erst wenn dieser das Würdigkeits-Examen bestanden hatte, erhielt er die Krone, die er nach derselben Logik wieder verlor, wenn er sich gegen den Papst, seinen Auftraggeber und Oberherrn, wendete. Ein so machtbewusster Papst war auf einen funktionstüchtigen Apparat angewiesen. So trieb Innozenz III. den Ausbau der kurialen Behörden, speziell der Kanzlei, energisch voran. Sie hatte viel zu tun: Aus achtzehn Pontifikatsjahren sind mehr als zehntausend im Namen des Papstes verfasste Briefe überliefert.

Kaiser Heinrich VI. hatte bei seinem Tod 1197 einen Knaben namens Friedrich zurückgelassen, für den seine Mutter Constanze Verhandlungen mit der Kurie führte, um ihn als König von Sizilien bestätigen zu lassen. Dafür musste sie den Papst als Lehnsherrn ausdrücklich anerkennen. Constanze starb Ende 1198 und setzte Innozenz III. in ihrem Testament zum Vormund des vierjährigen Friedrich ein. Als Lehnsherr und Tutor spielte der Papst fortan eine Schlüsselrolle in den sizilianischen Wirren, und zwar mit hohen Kosten und Risiken, doch am Ende erfolgreich: Im Dezember 1208 konnte der für volljährig erklärte vierzehnjährige Friedrich II. die Herrschaft in seinem südlichen Königreich antreten. Allerdings zeigte sich schon bald, dass der junge König nicht bereit war, auf die Vollmachten seiner Vorfahren über die sizilianische Kirche zu verzichten. Doch das war nur ein Vorgeschmack weit schwererer Konflikte mit Innozenz' Nachfolgern.

Ein weiterer politischer Glücksfall für den Papst war die Doppelwahl des Jahres 1198. Im März kürte die Mehrheit der deutschen Fürsten den Staufer Philipp von Schwaben zum König; im Juni erhoben norddeutsche Fürsten unter Führung des Erzbischofs von Köln den Welfen Otto, den Sohn Heinrichs des Löwen, auf den Schild. Für Innozenz III. war das die perfekte Ausgangslage, um sein Prüfungs- und Entscheidungsrecht zur Geltung zu bringen. Beide Kandidaten mussten sich an ihn wenden, ihm ihre vermeintlich besseren Rechte darlegen und durch Versprechungen gegenüber der Kurie darauf hoffen, mit seiner Unterstützung endgültig das Rennen zu machen. Dabei schlug der Staufer Philipp, ganz in der Tradition seiner Vorfahren, die deutlich selbstbewussteren Töne an. Otto hingegen versuchte, seine ungünstigere Ausgangslage dadurch wettzumachen, dass er seinen Gehorsam gegenüber dem Heiligen Stuhl geradezu devot betonte; Philipp hingegen vermied solche Unterwürfigkeits-Beteuerungen, mit denen sein Konkurrent in Rom punktete. In Deutschland kam diese Folgsamkeit hingegen weniger gut an. So setzte sich Philipp durch und ließ sich nach erneuter Wahl 1205 in Aachen zum König krönen. Obwohl aus römischer Sicht alles für Otto, den schwächeren Kandidaten, sprach, war Innozenz III. nach längeren Verhandlungen dazu bereit, den Staufer anzuerkennen. Erst nach dessen Ermordung im Juni 1208 kam erneut der päpstliche Wunschkandidat an die Reihe; Otto IV. wurde zum König gewählt und nach umfassenden Versprechen, die Rechte der Kirche zu respektieren und zu schützen, im Oktober 1209 in Sankt Peter von Innozenz III. zum Kaiser gekrönt. Was diese Zusagen wert waren, zeigte sich schnell: Der Welfe schickte Truppen nach Süden, um das Königreich Sizilien zu erobern, und wurde daraufhin vom Papst exkommuniziert.

Zu den geistlichen Waffen kamen jetzt die politischen. Der eine Kaiser hatte sich nicht bewährt, also musste ein anderer Kaiser gemacht werden, und zwar am besten einer, der sich kontrollieren ließ und dem Papst Dankbarkeit schuldete: Friedrich von Hohenstaufen, dem Titel nach König von Sizilien, de facto aber ziemlich ohnmächtig. Das änderte sich mit der Unterstützung des Papstes schnell. Ottos deutsche Gegner wählten den siebzehnjährigen Enkel Barbarossas 1211 zum römischen König; im Jahr darauf machte er sich auf die lange Reise nach Deutschland, wo er nochmals gewählt und in Mainz gekrönt wurde. Den Ausschlag zu seinen Gunsten aber gab eine Schlacht in Frankreich. Im Juli 1214 siegte der französische König Philippe II. Auguste bei Bouvines über Ottos englische Verbündete, womit das welfische Kaisertum endgültig in sich zusammenbrach.

Friedrichs Position war jetzt gefestigt, doch das Prestige des Reichs hatte irreparablen Schaden genommen. Dem kampflosen Sieger präsentierte Innozenz III., der Kaisermacher, jetzt seine Rechnungen: Nach der Krönung müsse Friedrich auf das Königreich Sizilien zugunsten seines ältesten Sohnes verzichten, der seiner väterlichen Verfügungsgewalt entzogen und bis zur Volljährigkeit der Vormundschaft eines päpstlichen Vertrauten unterstellt werden solle. Das war die beste Absicherung gegen die gefürchtete Umklammerung Roms, doch blieb die entscheidende Frage offen: Würde Friedrich diese harten Bedingungen auch dann noch akzeptieren, wenn sich seine Position in Sizilien wie im Reich gefestigt hatte? Einstweilen standen diese Bedingungen nur auf dem Papier, auch die Kaiserkrönung ließ auf sich warten.

Den Vierten Kreuzzug hatte Innozenz III. von seinem Vorgänger geerbt, doch machte er ihn nach ersten Misserfolgen schon 1198 zu seiner eigenen Sache. Bei der finanziellen und militärischen Organisation des Unternehmens stieß er allerdings schon bald an seine Grenzen und musste der Republik Venedig den Vortritt lassen. Diese hatte die nötigen Schiffe und bestimmte damit die Logistik, die Konditionen und bald auch die Ziele. Diese standen für den greisen, aber überaus tatkräftigen Dogen Enrico Dandolo fest: Die Markusrepublik benötigte sichere Handelsstützpunkte im Ostmittelmeer und war daher lebhaft an einer Ausweitung ihres Einflusses im byzantinischen Imperium interessiert. Dazu bot sich jetzt eine einmalige Gelegenheit. In Konstantinopel tobte ein heftiger Streit um den Thron, der das Reich schwächte und Venedig die optimale Gelegenheit zum Eingreifen bot. Dazu musste man nur das Kreuzfahrer-Heer in die richtige Richtung «umleiten». Mit dem Versprechen, die griechische Kirche unter die römische Obödienz zurückzuführen, ließ sich auch das bewerkstelligen. Innozenz' Versuche, durch seinen Legaten die verlorene Kontrolle über das zweckentfremdete Unternehmen zurückzugewinnen, scheiterten kläglich. Auf die Einnahme Konstantinopels im Frühjahr 1204 reagierte der Papst begeistert, doch verflog sein Enthusiasmus schnell, als die Eroberer keine Neigung zeigten, nach Jerusalem weiterzuziehen – ein peinlicher Misserfolg für den Papst.

Neun Jahre später, im Frühjahr 1213, rief Innozenz erneut zu einem Kreuzzug auf, der diesmal unter römischer Leitung zum Erfolg führen sollte. In seiner minutiösen Planung wurde nichts außer Acht gelassen: Von der Versöhnung der christlichen Herrscher, die zu einer vierjährigen Friedenszeit verpflichtet werden sollten, über Bittprozessionen und Reuebekundungen bis zum Spendensammeln bei den kleinen Leuten für dieses «gottgefällige» Unternehmen wurde an alles gedacht. Der Erfolg bei den gekrönten Häuptern wie bei den einfachen Christen war nachhaltig, doch verzögerte sich der Aufbruch ins Heilige Land zum Unwillen des Papstes immer wieder.

Erfolgreicher war Innozenz III. mit seinen Kreuzzügen in der westlichen Christenheit. Dem Papst als Mittler zwischen Himmel und Erde war die *potestas clavium*, die Schlüsselgewalt, übertragen worden, um damit die Reuigen in den Himmel und die Verstockten in die Hölle zu schicken. Die Erlösung der Guten aber setzte seit Gregor VII. die Verfolgung und Vernichtung der Bösen durch die geistliche und die weltliche Gewalt voraus. Der Kampf gegen die Häretiker wurde damit zu einer Hauptaufgabe des Pontifikats und nahm in Anbetracht der gesteigerten Machtmittel des Papstes ungeahnte Dimensionen an. Ketzer waren für ihn von Gott verworfen. Die Aufgabe der Kirche war es, sie zu widerlegen, zu überführen, aufzuspüren, kenntlich zu machen und aus der Gemeinschaft der Christen auszuschließen. Nach dieser geistlichen Überwindung war es die Pflicht der Fürsten, sie auch physisch zu vernichten.

Im Südwesten Frankreichs hatten die Katharer seit den Zeiten Alexanders II. kräftigen Zulauf, nicht zuletzt durch den aufwendigen Lebensstil der

Bischöfe, der die Kritik an der Kirche verschärfte. Der Papst ersetzte einige besonders anstößige Oberhirten durch Zisterzienser und ließ sogar Sondierungsgespräche mit den Abweichlern führen. Als die erhoffte Bekehrung ausblieb und sein Legat Anfang 1208 ermordet wurde, forderte er König Philippe II. Auguste zum Eingreifen auf. Als dieser abwinkte, organisierte der Papst den Kreuzzug gegen die Katharer in eigener Regie und gewährte den Teilnehmern dieselben Privilegien, wie sie die «Jerusalemfahrer» erhielten, nämlich vollständigen Erlass aller Sündenstrafen und damit die Anwartschaft aufs Paradies. Das Ergebnis seiner Aufrufe ähnelt dem Verlauf des Vierten Kreuzzugs. Die nordfranzösischen Barone, die auf reiche Beute im Süden hofften, und der gleichfalls lebhaft interessierte König von Aragon fielen brandschatzend und mordend über Okzitanien her, vertrieben und töteten Ketzer und Nicht-Ketzer, ohne viel nach den Unterschieden zu fragen, vernichteten eine reiche Kultur und sicherten sich die Lehenshoheit über die verwüsteten Gebiete. Am Ende setzte der Papst sein Siegel unter das Marodieren, als er dem siegreichen Chef-Eroberer Simon de Montfort das Gros der besetzten Besitzungen zusprach und der römischen Kirche zugleich die Anwartschaft auf wichtige Territorien sicherte.

Entgegenkommender zeigte sich Innozenz III. gegenüber Vertretern der Armuts-Bewegungen, die 1184 als häretisch gebrandmarkt worden waren. So wurden die Humiliaten, eine Gemeinschaft von Laien, die durch Mildtätigkeit und freiwillige Armut beträchtliche Popularität gewonnen hatte, wieder in die Kirche aufgenommen. Vorausgegangen waren eine minutiöse Prüfung ihrer Lehre und Lebensführung und der Schwur, die Autorität des Papstes ohne Einschränkung anzuerkennen. Eine weitere Voraussetzung für die Wiedereingliederung war die Annahme einer hierarchischen Ordnung unter der Führung eines Generalkapitels und einer verbindlichen Regel, so dass die Humiliaten unter Innozenz III. zu einem Orden wurden. Das war der Preis, den die jetzt offiziell anerkannte Gemeinschaft für die Erlaubnis bezahlen musste, an ihren traditionellen Bräuchen festzuhalten. Als Gegenleistung blieb die Predigt der Laien, von wenigen Ausnahmen abgesehen, ebenso wie die intensive Frömmigkeitspraxis. Auch ein Teil der Waldenser ließ sich zu ähnlichen Bedingungen – Autorisierung von Wanderpredigern und ein Leben im Zeichen der Besitzlosigkeit – wieder unter die Obödienz Roms zurückführen. Die Flexibilität, die Innozenz III. und

Der *poverello* stützt die einstürzende Lateranbasilika Das berühmte, traditionell Giotto zugeschriebene Fresko aus der oberen Franziskus-Basilika in Assisi illustriert eine nächtliche Vision von der Rettung der krisengeschüttelten Kirche, die Papst Innozenz III. zuteil geworden sein soll. In Wirklichkeit war die Haltung des machtbewusstesten aller Päpste zu den Armutsbewegungen der Zeit viel distanzierter und kritischer.

seine Legaten hier an den Tag legten, zeigt unmissverständlich, worum es der Kurie vorrangig ging: Ausschlaggebend waren die Machtfrage, das damit verbundene Prestige, die Ehre und die Ordnung. Durch ihre Nachgiebigkeit in diesen zentralen Punkten erkauften sich die «Armen Christi» beträchtliche Freiheiten im Alltag.

Dieselbe Kompromissbereitschaft wie gegenüber den Humiliaten und Waldensern und dasselbe Bestreben, diese Bewegungen durch umfassende Reglementierungen zu kontrollieren, legte Innozenz III. auch gegenüber der Gemeinschaft der Minderbrüder an den Tag. Zum Mythos geworden ist seine Begegnung mit Franziskus von Assisi im Frühjahr 1209, der mit seinen Gefährten nach Rom gezogen war. Der Kaufmannssohn, der seine Güter an die Bedürftigen verteilt hatte, mit seinen Gefolgsleuten ein Leben in apostolischer Armut führte und mit seinen Predigten alle Schichten der Bevölkerung zu Versöhnung und zu tatkräftiger Nächstenliebe aufrief, erhoffte sich vom Papst das, was die Humiliaten acht Jahre zuvor erhalten hatten, nämlich die schriftliche Genehmigung seiner Gemeinschaftsregeln. Doch so weit ging der Papst diesmal nicht. Immerhin billigte er mündlich die Ziele sowie die Lebensform der neuen Laiengemeinschaft, die sich einer strikten Kontrolle durch die Bischöfe und in letzter Instanz durch den Papst unterstellen musste. Daher spricht nichts dafür, dass der mächtigste aller Päpste den «Armen von Assisi» so gesehen hat, wie es das am Ende des 13. Jahrhunderts gemalte Fresko in der Oberkirche von Assisi suggeriert: als lebende Säule, die die einstürzende Lateranbasilika mit seiner Hand aufrechterhält und damit die Kirche insgesamt vor dem Untergang rettet. Die endgültige Bestätigung als Orden erhielten die «Franziskaner» erst 1223 unter Innozenz' Nachfolger.

Dem Selbstverständnis und dem Machtanspruch Innozenz' III. konnten die Zustände im Patrimonium Petri keineswegs genügen. Wie sollte man der andächtigen Christenheit erklären, dass der Stellvertreter Christi auf Erden, dem doch die ganze Welt zu gehorchen hatte, nicht einmal Herr seiner Hauptstadt und seiner Provinzen war, wie es die jüngste Vergangenheit leidvoll belegte? Diese Schwäche war ein Skandal, der zum Zweifel an der gottgewollten Macht des Papstes und damit zum Abfall vom Glauben führen konnte. Das weltliche Herrschaftsgebiet des Papstes musste stattdessen die Wesenszüge seines Herrn sichtbar durch vorbildliche Ordnung, Frieden und Eintracht widerspiegeln. So wie die Macht des Papstes begründet war, musste auch sein Staat sein: harmonischer, menschlicher und vor allem frommer als die anderen. Damit standen nicht nur die Päpste selbst, sondern auch ihre Untertanen unter einem unerhörten Bewährungsdruck, dem sie sich jahrhundertelang konsequent zu entziehen wussten.

Innozenz III. aber machte sich ans Werk, wie es seine Art war: energisch, planvoll und ungeduldig. Er konnte nicht alle seine territorialen Forderungen einklagen; so gaben die Pisaner die Insel Sardinien, auf die die Päpste seltsamerweise seit Langem ein Auge geworfen hatten, einfach nicht her. Doch davon abgesehen nahm der Staat der Kirche ab 1200 nach außen und innen etwas festere Umrisse an. In den peripheren Provinzen der Romagna und der Marche schloss der Papst mit den lokalen Machthabern und Eliten neue Verträge, die engere Bindungen an die Zentrale herstellten und erhöhte Abgaben und militärische Verpflichtungen sowie striktere Kontrollen zur Folge hatten. Zudem mussten alle diese Verträge durch regelmäßige Eide neu bestätigt werden. In den römischen Provinzen wurden Rektoren als oberste Aufsichtsorgane eingesetzt und mit einem für die Zeitverhältnisse ansehnlichen bürokratischen Unterbau versehen. Sie sollten ein Gegengewicht zur Macht der Barone bilden, und diese durch eine präzisere Fassung ihrer feudalen Pflichten an die kürzere Leine genommen werden. Das alles war eine bemerkenswerte Initiative, doch nicht mehr als ein erster Ansatz von Staatswachstum. Denn die Loyalität der Eliten, die jetzt mit Nachdruck eingefordert wurde, war nicht der anonymen Größe Papsttum oder dem Kirchenstaat als abstraktem Gebilde geschuldet, sondern Innozenz III. persönlich und daher auch nicht automatisch auf dessen Nachfolger übertragbar. Im Gegenteil: Immer häufiger standen sich von nun an die Familien der aufeinander folgenden Päpste feindlich gegenüber; ihre Rivalität wurde umso heftiger ausgetragen, je mehr an Besitz und Prestige es in Rom und Umgebung zu verteilen gab. Dadurch wurden die Alliierten des vorangegangenen Pontifex maximus nahezu gesetzmäßig die natürlichen Feinde von dessen Nachfolger, so dass sich dieser ein eigenes, ihm ergebenes Netzwerk knüpfen musste.

Auch der von jetzt an immer intensiver betriebene Nepotismus trug nicht, wie die Päpste und ihre Entourage behaupteten, zur Stärkung des Kirchenstaats bei. Auch hier ist das Gegenteil wahr. Natürlich konnte jeder Papst seine Stellung in Rom und den angrenzenden Provinzen dadurch zu stärken versuchen, dass er Provinz-Rektorate und andere Schlüsselpositionen an ihm ergebene Verwandte übertrug und deren Landbesitz beträchtlich erweiterte. Doch schon für seinen Nachfolger war diese Nepoten-Macht eine erdrückende Hypothek; sie ließ sich nur dadurch reduzieren, dass der neue Papst mit anderen großen Familien Pakte gegen die Verwandten seines Vorgängers schloss. Für die meisten Päpste wurde ihr Nepotismus sogar schon zu Regierungszeiten eine schwere Belastung. Neffen, Brüder und Onkel waren oft untereinander zerstritten, stellten maßlose Ansprüche, erregten Feindschaften, die bewaffnete Auseinandersetzungen zur Folge hatten, und neigten dazu, sich ungefragt in politische Geschäfte einzumischen, von denen sie meist kaum etwas verstanden. Die gängige Rechtfertigung, dass ein Papst nur mit Nepoten als verlässlicher Herrschaftsstütze erfolgreich regieren konnte, wird von der politischen und sozialen Realität somit durchgehend widerlegt.

Das zeigte sich unter Innozenz III. am deutlichsten in Rom selbst. Hier wurde Riccardo, der Bruder des Papstes und Hauptprofiteur des Pontifikats, zur Hassgestalt der Kommune, die den «Supernepoten» 1203 aus seiner massiven Stadtfestung, der (bis heute erhaltenen) Torre de' Conti bei den Kaiserforen, vertrieb. Doch gelang es Innozenz, durch geschicktes Taktieren die führenden Familien der Stadtgemeinde gegeneinander auszuspielen, so dass er dieser für die zwölf letzten Jahre seiner Regierung seine Bedingungen diktieren konnte: Der Papst entschied in letzter Instanz über die Besetzung der Senatorenposten und gewann damit die Hoheit in seiner Hauptstadt zurück.

Im November 1215 hielt Innozenz III. das Vierte Laterankonzil ab, die mit mehr als vierhundert Bischöfen größte Kirchenversammlung der Zeit. Sie hatte die Aufgabe, den von Rom geplanten Fünften Kreuzzug zu unterstützen, und sollte weitere Reformmaßnahmen, vor allem strengere Verhaltensregeln für Klerus und Laien und diskriminierende Maßnahmen gegen die Juden, verabschieden – und natürlich dem Papst als unumschränktem Herrn der Kirche huldigen. Unter diesem Vorzeichen wurde die Kirchenversammlung zu einer Triumphveranstaltung ohnegleichen. Doch die Herrlichkeit währte nicht lange. Schon wenige Monate später starb Innozenz III. am 16. Juli 1216 im Alter von etwa fünfundfünfzig Jahren in Perugia. Was daraufhin geschah, beschrieb der Bischof Jacques de Vitry wie folgt: «Danach kam ich in die Stadt Perugia, wo ich Papst Innozenz III. tot, aber noch nicht bestattet vorfand. In der Nacht beraubten ihn unbekannte Diebe seiner kostbaren Gewänder, mit denen er bestattet werden sollte. Den Leichnam aber ließen sie nahezu nackt und stinkend in der Kirche zurück» (R. C. B. Huygens, Hg., Lettres de Jacques de Vitry, Bd. 1, Leiden 1960, S. 73). Ähnlich erging es vielen Päpsten: So verging der Ruhm der Welt, Innozenz III. hatte es ja selbst gesagt. Erst 1892 wurden die sterblichen Überreste des mächtigsten aller Päpste nach Rom in die Lateranbasilika überführt.

Trügerische Harmonie: Honorius III.

Zwei Tage nach dem Tod Innozenz' III. wählten die Kardinäle in Perugia seinen Nachfolger: Honorius III., von dem nur der Vorname Cencio und eine lange, erfolgreiche Tätigkeit im kurialen Apparat überliefert ist. Erfinderische römische Adelsfamilien wie die Savelli und Capocci beauftragten später gefügige Genealogen damit, diesen Papst als Ruhmestitel in ihre Ahnengalerien einzufügen. Doch von einer solchen Verwandtschaft kann definitiv keine Rede sein: Honorius III. war Römer, aber kein Adliger. Als Kämmerer der römischen Kirche erstellte er 1192 ein umfangreiches Verzeichnis der päpstlichen Güter und Einnahmen, unter Innozenz III. wurde er hingegen aus dem kurialen Machtzentrum verdrängt. Dass die Kardinäle ihn jetzt an dessen Spitze setzten, ist verständlich. Sie wollten keinen zweiten Papst mit so ausgeprägten Machtgelüsten, dann schon lieber einen ältlichen Buchhalter von schlichter Gemütsart, der sich gegen jedermann freundlich verhielt und zu intensiver Mildtätigkeit neigte! Diese zeitgenössischen Beschreibungen spiegeln nicht nur die herablassende Wertschätzung für Honorius, sondern auch das tief gespaltene Verhältnis der Kardinäle zu seinem unerträglich brillanten Vorgänger. Kein Wunder also, dass der neue Papst bei seinem Einzug in Rom mit nie gekannten Freudenkundgebungen begrüßt wurde; das römische Volk liebte seinen päpstlichen Herrn nur, wenn er gutmütig und schwach war.

Von seinem Vorgänger erbte Honorius III. das Projekt eines erneuten Kreuzzugs zur Eroberung Jerusalems, das sich seit 1187 wieder unter muslimischer Herrschaft befand. Honorius zog seine Lehren aus dem Desaster von 1204 und versuchte, das Unternehmen solide zu finanzieren. Planmäßig machten sich die Kreuzfahrer im Juni 1217 unter der Leitung der drei Könige von Ungarn, Zypern und Jerusalem von Split aus auf den Seeweg, erreichten Akkon, die Hauptstadt des verbliebenen Königreichs Jerusalem, konnten aber von dort aus nicht weiter vordringen und kehrten 1218 unverrichteter Dinge in die Heimat zurück. Einige Monate später erreichte eine zweite Kreuzfahrerflotte den Orient und entschloss sich, die Muslime unter Sultan al-Adil zunächst an einem strategisch wichtigen Punkt in Ägypten anzugreifen. Sie eroberten die Festung von Damiette an der Nilmündung, gerieten dann aber in Streit über die Führung und das weitere Vorgehen, so dass dieser Zug 1221 ebenfalls fehlschlug.

Der große Abwesende bei diesen Kreuzzügen hieß Friedrich II., der Doppel-König der Römer und Siziliens, der seine Teilnahme gelobt hatte, dieses Versprechen aber bis zum Tod des Papstes im März 1227 nicht einlöste. Dass er trotzdem nicht exkommuniziert, sondern sogar zum Kaiser gekrönt wurde, zeigt, wie grundlegend sich die Verhältnisse in Rom ab dem Sommer 1216 verändert hatten; im Gegensatz zu Innozenz III. ließ sich Honorius von Friedrich stets aufs Neue vertrösten. Dabei stand außer Frage, dass Friedrich II. nach der Schlappe von 1221 einen erneuten Kreuzzug wollte, plante und organisierte, aber nicht mit dem Nachdruck, den ein Innozenz III. von einem Kaiser verlangt hätte.

Mit Friedrichs Krönung zum Kaiser des Heiligen Römischen Reiches am 22. November 1220 war die Einlösung der Vertragsklausel fällig, die ihm eine doppelte Trennung abverlangte: die Trennung seiner beiden Reiche in Deutschland und im Süden Italiens und die Trennung von seinem Sohn Heinrich (VII.). Doch dazu war der Doppelherrscher nicht mehr bereit. Im April 1220 hatte er Heinrich in Deutschland zum König der Römer und damit zu seinem Nachfolger im Reich wählen lassen. Und von einem Verzicht auf Sizilien konnte jetzt erst recht keine Rede mehr sein. Stattdessen garantierte er dem Papst, dass das Königreich Sizilien nie juristisch mit dem Reich vereint werde, und erkannte die Lehnshoheit des Papstes über die Insel an. Doch das alles änderte nichts daran, dass er jetzt beide Reiche in Personalunion regierte und damit das Patrimonium Petri von Norden und Süden umklammerte. Die Sicherheitsvorkehrungen Innozenz' III. waren damit außer Kraft gesetzt und schwere Konflikte vorhersehbar, wenn ein weniger konzilianter Papst als Honorius III. in Rom ans Ruder gelangen sollte.

Dieselbe Nachgiebigkeit legte Honorius beim Streit um die Besetzung von Führungspositionen der sizilianischen Kirche an den Tag. Während der Minderjährigkeit Friedrichs II. und seines anschließenden langen Aufenthalts in Deutschland hatten Innozenz III. und Honorius III. romtreue Bischöfe ernannt, um die in ihren Augen viel zu unabhängige Kirche der Insel stärker an die Zentrale anzubinden. Nach seiner Rückkehr nach Sizilien im September 1220 bestand der König auf der Investitur von Kandidaten, die ihm ergeben oder zumindest genehm waren, um die traditionelle Kirchenhoheit seiner normannischen Vorfahren zurückzugewinnen. Der greise Honorius III. stand ihm dabei nicht im Wege.

Der Papst war nicht der einzige, der die steigenden Machtansprüche des Kaisers und Königs mit Sorge betrachtete. Bedroht fühlten sich auch die Kommunen Norditaliens. Sie fürchteten, dass der Enkel Barbarossas dessen Versuche, die Stadtrepubliken der direkten Herrschaft des Reichs zu unterwerfen, mit seinen gesteigerten Machtmitteln wieder aufnehmen werde, und erneuerten deshalb 1226 den mythisch verklärten Lombardenbund, der dem Kaiser 1176 bei Legnago Einhalt geboten hatte. Auch in diesen sich anbahnenden Konflikt griff der Papst als Vermittler ein. In einigen Kommunen erfreuten sich kirchenkritische Bewegungen, die von der Kurie als ketzerisch angesehen wurden, der Duldung oder sogar Förderung durch die politische Führungsschicht. Diese städtischen Eliten neigten überdies dazu, die Einflusssphären des Bischofs zu beschneiden und kirchliche Güter zu beschlagnahmen. Solche Auseinandersetzungen führten in Lucca zur Vertreibung sämtlicher Kleriker. Der Papst verhängte daraufhin das Interdikt über die Stadt und ließ damit alle kirchlichen Kulthandlungen und Dienstleistungen einstellen.

Diese Turbulenzen waren Teil eines sozialen Umschichtungsprozesses, der die politische und kulturelle Landschaft Italiens bis zum Ende des Jahrhunderts neu formieren und auf Dauer prägen sollte. Die adlige Führungsschicht, die den Kampf um die Unabhängigkeit der Kommune gewonnen und diese jahrzehntelang dominiert hatte, sah sich der Konkurrenz neuer Familien ausgesetzt. Diese waren erst vor zwei oder drei Generationen vom Land in die Stadt eingewandert, dort durch Großhandel, Textilproduktion und Bankgewerbe reich geworden und kämpften jetzt um politische Positionen, die ihrer wirtschaftlichen Potenz entsprachen, ihnen von der alten

Oberschicht jedoch verweigert wurden. In diesen Kämpfen zwischen «Adel» und «fettem Volk» – wie die neuen Reichen von Patriziern und kleinen Leuten abschätzig genannt wurden – spielte die Mittelschicht der Handwerker und Ladenbesitzer oft das Zünglein an der Waage, meistens an der Seite der Großhändler und Bankiers. Auch die Parteinahme der Kirche und des Reiches war von Bedeutung. Aus der Frage, ob man sich an das Reich oder an das Papsttum anlehnen sollte, entwickelten sich sogar regelrechte Ideologien. Die sogenannten Ghibellinen betonten ihre Loyalität zum Kaiser, die Guelfen ihre Ergebenheit gegenüber dem Pontifex maximus, doch dienten diese Bekenntnisse vor allem dazu, die in Wirklichkeit dominierenden Interessen lokaler und regionaler Netzwerke hinter wohlklingenden Floskeln zu verbergen. Für die Kurie war der damit verbundene Prozess der politischen Polarisierung folgenreich. Die Selbstbehauptung der Päpste in Italien hing in hohem Maße davon ab, wie sie sich gegenüber den neuen Kommunen positionieren würden, die den Norden und die Mitte des Landes künftig wirtschaftlich, politisch und kulturell dominieren sollten.

Honorius III. erkannte die Zeichen der Zeit noch nicht und setzte ganz auf die alte, aristokratische Führungsschicht. Mit seiner ängstlichen Vermittlungstaktik unterminierte der greise Papst auch seine Position in Rom, wo Friedrich II. kräftig für seine Sache agitierte. Auch hier gab jedoch das lokalpolitische Interesse den Ausschlag dafür, welche Adelsfamilien der kaiserfreundlichen «Partei» angehörten oder loyal zum Papst standen. Diese Waagschale neigte sich unter Honorius zu seinen Ungunsten, so dass er mehr als ein Drittel seiner Regierungszeit außerhalb der Ewigen Stadt residieren musste. Sein Pontifikat führte der Kurie drastisch vor Augen, wie schnell die unter Innozenz III. gewonnene Machtstellung unter einem schwachen Papst wieder verspielt werden konnte und wie viel daher davon abhing, den richtigen Kandidaten auf den Stuhl Petri zu erheben. Ein unfähiger König konnte auf das Prestige seiner Dynastie und den Glauben an deren Vorherbestimmung zurückgreifen, aber die ideologische Basis der Päpste war subtiler und fragiler; ihre Machtstellung war theologisch begründet und daher auch theologisch bestreitbar. Zudem war sie seit Gregor VII. so hochgeschraubt, dass der Kontrast zwischen der Erhabenheit des Amtes und seinem unfähigen Inhaber die Institution Papsttum als ganze infrage stellen musste. Wenn der Papst eine Mittelstellung zwischen Gott und den Menschen einnahm, musste sich diese Größe auch in seiner Persönlichkeit und in seiner Amtsführung widerspiegeln. Diese Schlussfolgerung war von gefährlicher Eingängigkeit. Innerkirchlich ist der Pontifikat des milden Greises gleichwohl von großer Bedeutung. 1216 bestätigte er die Regel der Dominikaner, der «Predigerbrüder» und 1223 die der Franziskaner; drei Jahre darauf wurden auch die Statuten der Carmeliter genehmigt. Honorius III. starb am 18. März 1227 in Rom.

Gegen den Antichrist: Gregor IX.

Bei der Kür von Honorius' Nachfolger wurde eine starke Persönlichkeit gesucht, die in der Lage war, den päpstlichen Machtanspruch zu verkörpern. Schon einen Tag nach Honorius' Tod, am 19. März 1227, wählten die Kardinäle mit Ugolino de' Conti einen Nepoten Innozenz' III., der sich Gregor IX. nannte, zum Papst. Er war das absolute Gegenbild seines Vorgängers und seinem großen Verwandten auf dem Stuhl Petri dafür umso ähnlicher. Wie Innozenz III. hatte Gregor IX. in Paris Theologie studiert und zugleich eine profunde juristische Ausbildung erhalten. Mit der Wahl des «Familienpapstes», im Januar 1198 beschleunigte sich die Karriere des Dreißigjährigen. Schon im selben Jahr wurde er Kardinal und bald darauf mit wichtigen diplomatischen Missionen betraut. Diese Tätigkeit setzte sich unter Honorius III. bruchlos fort, der den ebenso gelehrten wie tatkräftigen Kirchenfürsten mit der Organisation eines neuen Kreuzzugs nach Jerusalem beauftragte, den Kaiser Friedrich II. versprochen und zuletzt für 1227 in Aussicht gestellt hatte. Die jahrelange Verschiebung der militärischen Operation war für den Legaten wie die Kurie als ganze eine Enttäuschung, die Verdacht und Misstrauen gegenüber dem Kaiser erregte.

Friedrich II. brach zwar im Sommer 1227 Richtung Jerusalem auf, kehrte jedoch schon bald zurück, nachdem in seinem Heer eine Seuche ausgebrochen war. Für Gregor IX. war das ein durchsichtiger Vorwand. Ende September 1227 exkommunizierte er den Kaiser in der Kathedrale von Anagni und hoffte, damit den für ein zweites, erfolgreicheres Unternehmen nötigen Druck zu erzeugen. Der Konflikt hatte unmittelbare Rückwirkungen auf das Herrschaftsgebiet des Papstes, wo die städtischen Eliten auf die Unterstützung des Staufers hofften und nur darauf warteten, ihren Kampf um Autonomie zu beginnen.

Seinen zweiten Kreuzzug unternahm Friedrich II. im Sommer 1228 mit einem stark reduzierten Heer und einem ebenso unerwarteten wie zweifelhaften Erfolg: Durch einen Vertrag mit dem ägyptischen Sultan Al-Kamil sicherte er sich für zehn Jahre die Herrschaft über das Kerngebiet des Heiligen Landes nebst Küstenstreifen. So konnte er sich zum König von Jerusalem krönen lassen, ohne einen einzigen Schwertstreich geführt zu haben. Währenddessen löste Gregor IX. Friedrichs Untertanen von ihrem Treueeid gegenüber dem Kaiser, bahnte eine Neuwahl an und ließ seine Truppen in den festländischen Teil des Königreichs Sizilien einmarschieren. Doch diese militärischen Aktionen brachen wie fast alle päpstlichen Unternehmungen dieser Art schnell in sich zusammen; der Kaiser kehrte aus dem Heiligen Land zurück und stellte seine Autorität wieder her. Im 1230 geschlossenen Frieden von San Germano näherten sich die Vertreter der beiden Universalgewalten einander an. Obwohl Gregor IX. Zusicherungen für den Kirchenstaat und Zugeständnisse für eine größere Unabhängigkeit der sizilianischen Kirche erhielt, war er der große Verlierer. In den Augen der Christenheit stand er als Aggressor da, der einen christlichen Herrscher überfallen hatte, als dieser gerade Jerusalem für die Christenheit zurückgewann; dieses Bild verbreitete die kaiserliche Propaganda mit großem Geschick.

Darauf folgte ein Jahrfünft misstrauischer Kooperation. Der Papst erneuerte die Exkommunikation aller Häretiker, die im letzten halben Jahrhundert als solche namhaft gemacht worden waren, und diente damit den Zwecken des Kaisers im Kampf gegen den zweiten Lombardenbund. Auf Friedrichs Ersuchen bannte er auch dessen Sohn Heinrich (VII.), der sich mit dem Vater überworfen hatte und aller Würden beraubt in einem kalabrischen Burggefängnis endete, wahrscheinlich durch Selbstmord. Der Schein des Einvernehmens hielt jedoch nicht lange vor. Im Konflikt zwischen dem Kaiser und den Kommunen versuchte Gregor IX. unermüdlich zu vermitteln und machte sich dadurch am Hof von Palermo der Komplizenschaft mit den Rebellen verdächtig. Die Unterstellungen, an der «Verschwörung» der Stadtrepubliken gegen das Reich beteiligt zu sein, beantwortete der Papst mit dem Vorwurf, dass Friedrich die Kirche in Sizilien unterdrücke und gegen die Barone, die deren Rechte verteidigten, mit unzulässiger Härte vorgehe. So steuerte die Auseinandersetzung unaufhaltsam auf eine erneute Eskalation zu. Zur Vorbereitung des Endkampfes fasste der Papst im Herbst 1236 seinen Standpunkt in einem Schreiben an Friedrich II. so nachdrücklich wie möglich zusammen: Durch die Schenkung Kaiser Constantins stand der Papst über dem Kaiser, dessen Insignien er tragen durfte; der Papst hatte die kaiserliche Würde von den Griechen auf die Franken und von diesen an die Deutschen übertragen und konnte sie daher einem unwürdigen Nachfolger auch wieder entziehen. Doch statt diese gottgewollte Ordnung zu beherzigen, agitierte der Kaiser in Rom, der Hauptstadt des Papstes, gegen dessen Herrschaft.

Von dieser Abmahnung zeigte sich Friedrich völlig unbeeindruckt. Im Februar 1237 war es ihm gelungen, seinen Sohn Konrad in Deutschland als Heinrichs Nachfolger zum römischen König wählen zu lassen. Damit hatte er den Rücken frei, um gegen die Städte in Norditalien vorzugehen. Im November 1237 schlug er südlich von Bergamo das mailändische Heer; den dabei erbeuteten *carroccio*, den Ochsenwagen, der die Freiheit der Stadtrepublik symbolisierte, schickte der Sieger als ein Zeichen der Warnung nach Rom. Sie blieb ungehört. Gregor IX. trat jetzt offen auf die Seite der Kommunen und versuchte, eine Koalition gegen die bedrohliche Übermacht des Staufers zusammenzubringen: Venedig und Genua sollten mit Rom gegen das Reich des Tyrannen kämpfen. Die neuerliche Exkommunikation des Kaisers besiegelte im März 1239 den Kampf der Universalgewalten, den beide Seiten mit intensiver Propaganda begleiteten.

So beantwortete Friedrich II. den Bann mit einem Manifest, das den europäische Fürsten vor Augen führen sollte, was für sie auf dem Spiel stand: Freiheit oder Unterwerfung unter den päpstlichen Allmachtanspruch! Das probate Gegenmittel sei ein Konzil, das über den Papst zu richten habe; einberufen sollten es die Kardinäle. Einen ähnlichen Schlagabtausch mit vergleichbaren Manövern hatten sich schon Friedrich Barbarossa und Alexander III. geliefert, was beide nicht daran gehindert hatte, sich nach Beilegung der Konflikte wieder zu arrangieren. Eine solche Versöhnung wurde 1239 von päpstlicher Seite bewusst ausgeschlossen. In seinem Gegenmanifest schlug Gregor IX. schrille Töne an: Friedrich sei das Untier der Apokalypse, das Gott mit Blasphemien verhöhnt, und der Antichrist, der perfide Nachäffer des Erlösers, der die Welt durch Täuschung und Mord in Verwirrung stürzt. Er bezeichne Christus als Betrüger, leugne alle Glaubenswahrheiten und stütze sich wie der schlimmste Heide allein auf die trügerische Kraft des Verstandes. In seiner Replik auf diese Verdammung blieb Friedrich dem Papst nichts an Vehemenz und an Zitaten aus der Offenbarung des Johannes schuldig.

Das Echo auf die fulminanten Worte des Papstes blieb schwach. In Deutschland standen die Fürsten auf der Seite des Kaisers, der ihnen in den letzten Jahrzehnten immer mehr Rechte und Kompetenzen in ihren Territorien übertragen hatte. Im Gegensatz zum Jahr 1077 trat auch kein Gegenkandidat auf den Plan. Auch die Kommunen Oberitaliens hielten still, die Niederlage von 1237 war ihnen noch in allzu frischer Erinnerung. Die militärische Initiative ergriff allein Friedrich II. Er besetzte das Gebiet um Spoleto und bedrohte Rom von Norden. Als Gegenwehr berief Gregor IX. im August 1240 ein Konzil ein, doch durchkreuzte sein Gegner auch diesen Plan. Die mit dem Kaiser verbündete Flotte Pisas besiegte vor der Insel Giglio die genuesischen Schiffe, die Äbte und Bischöfe zur Kirchenversammlung nach Rom transportieren sollten. Anstatt an der Seite des Papstes den Kaiser abzusetzen, schmachteten sie jetzt in dessen Gefangenschaft. Gleichzeitig rückte Friedrich gegen Rom vor, letzte Verhandlungsangebote des Papstes wies er zurück. Als dieser am 22. August 1241 starb, stand das kaiserliche Heer in Tivoli. Den Befehl, zur Kontrolle der Papstwahl in Rom einzurücken, erteilte der Staufer jedoch nicht.

Wollte er der Welt beweisen, dass er nicht, wie die päpstliche Propaganda behauptete, der perfide Unterdrücker der Kirche war? Über die «Weltanschauung» Friedrichs, der als *stupor mundi*, als «Erstaunen der Welt» in die Geschichte eingegangen ist, ist von Anfang an viel gerätselt worden. War er – wie enthusiastische Historiker des 19. und frühen 20. Jahrhunderts entdeckt zu haben meinen – der erste Empiriker, Rationalist, ja Wissenschaftler im modernen Sinn auf einem europäischen Fürstenthron? Zu so überzogenen Bewertungen hat die endzeitlich erregte Publizistik des Papstes, der Friedrich zum freigeistigen Religionsleugner zu stilisieren schien, viel beigetragen. Fest steht, dass der Enkel Friedrich Barbarossas und Sohn Heinrichs VI. wie seine Vorfahren eine hohe Auffassung von den Rechten und Pflichten seines Amtes hatte. Die kaiserliche Gewalt – so das Leitmotiv seiner «Propagandazentrale» – leitete sich unmittelbar von Gott ab, wurde also nicht vom Papst verliehen, der sich diese Zuständigkeit schnöde erschlichen hatte. Als Erbe des Augustus übte das Oberhaupt des Imperiums eine Vorherrschaft über alle politischen Gebilde der Christenheit aus; dieser Primat gehörte somit ihm und nicht dem Papst. Die Verantwortung des Kaisers umfasste auch die Aufsicht über die Kirche in seinem Herrschaftsgebiet. Dem Papst blieb bei dieser Machtverteilung wenig mehr als die Lehrhoheit und die moralische Kontrolle des Klerus; selbst innerhalb des Patrimonium Petri war seine Herrschaft durch kaiserliche Rechte eingeschränkt. Das galt selbstverständlich auch für den Adel, dem nach Friedrichs Auffassung seine Herrschaftsaufgaben und die damit verbundenen Privilegien von ihm allein verliehen wurden und auch wieder entzogen werden konnten. So wurden auch die Kommunen nach der Niederlage von 1237 politisch bevormundet und mit drückenden Abgaben belastet.

Vor dem Hintergrund der politischen Entwicklung nahmen sich die ganzheitlichen Führungsansprüche von päpstlicher und kaiserlicher Seite gleichermaßen unzeitgemäß aus. Im Reich war die fürstliche Landesherrschaft mit Friedrichs tätiger Mithilfe in den größeren Territorien bis zur faktischen Unabhängigkeit gediehen. In der Lombardei und in der Toskana hatten Kommunen wie Mailand, Pisa und Florenz nicht nur in der Stadt selbst, sondern auch in deren weiterem Umland eine autonome Machtstellung erobert, ganz zu schweigen von der französischen Monarchie, die kulturell, wirtschaftlich und politisch immer erfolgreicher mit dem Reich um den Führungsanspruch in Europa konkurrierte und immer stärkeren Einfluss auf die Päpste gewann.

Was er als Kardinal im Auftrag von Honorius III. in schwierigen Verhandlungen mit Franziskus von Assisi und seinen Anhängern angebahnt hatte, besiegelte Gregor IX. als Papst mit der ganzen Autorität seines Amtes: Gegen den Willen ihres charismatischen Gründers setzte er die verbindliche Reglementierung einer Frömmigkeits- und Armutsbewegung durch, die nur als juristisch präzise definierter Orden für die Kurie akzeptabel wurde. Zu diesem Zweck erklärte Gregor IX. 1230 Franziskus' Testament, in dem die Vorbehalte gegen eine solche Normierung machtvoll zum Ausdruck gebracht wurden, für nicht verbindlich. Schon 1228 hatte er den Armen von Assisi zwei Jahre nach dessen Tod nach nur einwöchigem Prüfungsprozess heiliggesprochen. Alle drei Maßnahmen, die ungewöhnlich schnelle Kanonisierung, die Entkräftung des Letzten Willens und die Einrichtung des Ordens, bildeten eine Einheit: Sie sollten das Potential an Protest und Widerstand gegen die reiche und mächtige Kirche, das in der franziskanischen Bewegung angelegt war, zurückdrängen und auf diese Weise eine Vereinbarkeit mit den Zielen des Papsttums vorspiegeln, die weder jetzt noch in Zukunft gegeben war.

Weniger spannungsreich gestalteten sich die Beziehungen der Päpste zu dem zweiten neu gegründeten Bettelorden, den Dominikanern. Die Prediger-Brüder hatten schon unter Honorius III. eine verbindliche Satzung erhalten. Gregor IX. sprach ihren Gründer Domenicus heilig und wies ihnen 1231 Aufgabenbereiche zu, die ihrer rhetorischen und theologischen Schulung entsprachen: Auf der Grundlage der Dekretale «Ad abolendam» von 1184 und der nachfolgenden Gesetzgebung gegen ketzerische Bewegungen bildeten die Mitglieder des Predigerordens von jetzt an den Kernbestand der Inquisitionsgerichte, die auf päpstliche Initiative im Zusammenspiel mit der weltlichen Gewalt in weiten Teilen Europas die Verfolgung religiöser Minderheiten übernahmen.

Dadurch besaßen die Inquisitoren gegenüber den Verdächtigen und ihren vermeintlichen Sympathisanten weitreichende Vollmachten. Ihre Aufspür-Arbeit wurde ihnen durch einen starken Anreiz zur Denunziation erleichtert: Wer einen «Häretiker» zur Anzeige brachte, erhielt im Falle von dessen Verurteilung häufig einen beträchtlichen Anteil des beschlagnahmten Vermögens; am Rest hielten sich Richter und Magistrate schadlos. Ketzerverfolgung wurde auf diese Weise schnell zu einem probaten Instrument der Politik; in guelfisch regierten Städten wurden «Ghibellinen» als Häretiker verfolgt und umgekehrt. Als solche galten jetzt sogar Bauern, die kirchliche Abgaben wie den Zehnten verweigerten; gegen sie wurden ebenso Kreuzzüge ausgerufen wie gegen notorische Feinde des Papstes vom Kaliber des Ezzelino da Romano und andere mächtige Feudal- und Stadtherrn Oberitaliens, deren Parteinahme für den Kaiser pauschal mit Ketzerei gleichgesetzt wurde. Die Verquickung mit persönlicher Revanche und politischen Rivalitäten führte dazu, dass immer häufiger Scheiterhaufen loderten. Widerstand gegen diese Bespitzelung blieb nicht aus. In Südfrankreich und in oberitalienischen Städten kam es zu Aufständen, die den Radius der Inquisitoren zeitweise einschränkten.

Auch als Gesetzgeber setzte Gregor IX. starke Akzente: durch fast zweihundert neue Dekretalen, die den schon von seinen Vorgängern solide untermauerten Primat weiter ausbauten, und noch mehr durch die autoritative Sammlung und Kodifizierung des kanonischen Rechts insgesamt. Seine Macht demonstrierte der Papst auch durch Aufsehen erregende Heiligsprechungen. Durch die Prominenz der neuen Heiligen, unter denen neben den Ordensgründern Franziskus und Domenicus die Landgräfin Elisabeth von Thüringen und Antonius von Padua hervorstachen, die Schnelligkeit der Prozesse, den Aufwand der Feierlichkeiten und die bei diesen Anlässen verkündeten Ablässe wurde die Schlüsselgewalt des *vicarius Christi* eindrucksvoll demonstriert.

So musste die Kurie nach dem zweiten De' Conti-Pontifikat ein zwiespältiges Fazit ziehen. Einerseits hatte das Papsttum seine innerkirchliche Autorität und die darauf beruhende Machtstellung weiter gefestigt, die Eingliederung oder Verfolgung von abweichenden Glaubensbewegungen wirkungsvoll organisiert und seine Ansprüche gegenüber Kaiser und Reich mit aller Härte geltend gemacht. Auf der anderen Seite zeigte sich, dass die geistlichen Waffen des Pontifex maximus gegenüber einem fest im Sattel sitzenden Herrscher wie Friedrich II. stumpf blieben, auch infolge Abnutzung durch zu häufige Anwendung in rein politischen oder finanziellen Streitfällen. Militärisch war der Papst weiterhin schwach. Akut gefährdet war er zudem in seiner notorisch unruhigen Hauptstadt mit ihren rivalisierenden Adelsparteien. Im übrigen Kirchenstaat, dessen Eliten gleichfalls immer energischer auf ihre Autonomie pochten, sah es nicht besser aus. Auch politische Allianzen mit Feinden des Feindes hatten 1241 keine Abhilfe gebracht. So blieb als letzter Schutzschild nur noch die Aura des *vicarius Christi*. 195 Jahre nach der Absetzung dreier Päpste durch Heinrich III. auf der Synode von Sutri im Jahr 1046 musste ein christlicher Herrscher, der militärisch gegen einen allgemein anerkannten Pontifex maximus vorging, mit einer Ächtung rechnen, die ihn in der Christenheit diskreditierte. Selbst ein so skrupelloser Machtpolitiker wie Friedrich II. konnte diesen Effekt nicht völlig ignorieren.

Erstes «Konklave» und finale Kämpfe gegen die Staufer: Cölestin IV., Innozenz IV., Alexander IV.

Beim Tod Gregors IX. im August 1241 stand der Kaiser mit seinem Heer in Tivoli vor den Toren Roms, aber in die Papstwahl griff er nur indirekt ein: Er entließ die beiden Kardinäle, die nach dem Seesieg Pisas über die genuesischen Schiffe in seine Hände gefallen waren, nicht aus der Gefangenschaft und reduzierte das Wahlgremium dadurch auf gerade einmal zehn Köpfe. Innozenz III. allein hatte seinerzeit dreißig neue Kardinäle ernannt und deren individuellen Einfluss damit verringert. Jetzt hatte jeder Kardinal rein statistisch eine zehnprozentige Chance auf die Nachfolge, vorausgesetzt, das Kollegium beschränkte die Auswahl der Kandidaten auf sich selbst. Das erwies sich, wie sich schnell zeigte, als schwierig. Um den Druck auf die Kardinäle zu erhöhen, ließ der römische Senator Matteo Rosso Orsini sie handstreichartig in einen verfallenen antiken Palast entführen und dort wie Sträflinge bei Wasser und Brot einsperren. Ob er damit einem Ratschlag Gregors IX. folgte, der damit die krisenanfällige Sedisvakanz abkürzen wollte, oder als Sympathisant des Kaisers auftrat, der die Kardinäle einschüchtern wollte, bleibt offen. Trotzdem erreichte der aussichtsreichste Anwärter auf den Stuhl Petri, Kardinal Goffredo da Castiglione aus einer reichen und vornehmen Mailänder Adelsfamilie, die notwendigen sieben Stimmen vorerst nicht. Um das Patt aufzuheben, favorisierten die Kardinäle daraufhin den General des Dominikanerordens, der ihrem illustren Kreis nicht angehörte, doch stießen sie mit diesem Votum bei Orsini auf unüberwindlichen Widerstand. Erst als einer der Kardinäle an den unerträglichen Haftbedingungen starb, machten die neun Überlebenden dem grausamen Spiel ein Ende und entschieden sich für Goffredo als den Bestplatzierten der ersten Abstimmungsrunde, allerdings mit der düsteren Ahnung, in Anbetracht von dessen gleichfalls angegriffenem Gesundheitszustand bald wieder zusammengepfercht zu werden. Der Gewählte nahm den Namen Cölestin IV. an und starb wie befürchtet nach einem Kurzpontifikat von siebzehn Tagen am 10. November 1241 in Anagni, wohin sich auch seine gepeinigten Wähler geflüchtet hatten.

Cölestin war dem Kaiser genehm, sein Nachfolger Sinibaldo Fieschi, der nach gut anderthalbjähriger Vakanz des päpstlichen Stuhls im Juni 1243 gewählt wurde, anfangs auch, doch hielt diese Freude nicht lange an. Das machte schon der programmatisch gewählte Papstname Innozenz IV. überdeutlich: Der neue Papst war offensichtlich gesonnen, in den Bahnen seines großen Namensvorgängers zu regieren. Dabei stammte er nicht aus der Familie de' Conti, sondern aus einem der reichsten und mächtigsten Adelsgeschlechter der Republik Genua. Seine Vorfahren aus dem Clan der Fieschi da Lavagna waren durch Handel und Bankgeschäfte reich geworden und zu Feudalherren mit ausgedehnten Grafschaften und Herrschaftsrechten in Ligurien und den südlich angrenzenden Regionen aufgestiegen – eine Kombination von modernster wirtschaftlicher Potenz und aristokratischem Rang, wie sie nur in italienischen Stadtrepubliken akzeptabel war. Die genuesischen, florentinischen und sienesischen Firmen hatten seit dem Pontifikat Innozenz' III. Rom als lukratives Geschäftszentrum entdeckt. Mit der Ausdehnung ihrer Macht- und Einflusszonen innerhalb des Kirchenstaats und durch ihre intensivierten Beziehungen zu den reichen Stadtrepubliken waren die Päpste auch finanziell und fiskalisch, durch Erhebung neuer Steuern und Abgaben, kreativer geworden. Für den Transfer der Einnahmen nach Rom waren sie auf zahlungskräftige Bankiers angewiesen. Obwohl die kurialen Theologen mancherlei Einwände gegen Geldgeschäfte, vor allem gegen das Zinsnehmen, vorbrachten und die Päpste solche Operationen erschwerten, entwickelte sich daraus eine Symbiose von Kirche und Finanzsektor, die bis ins 18. Jahrhundert anhielt.

Da sich in Rom gute Geschäfte machen ließen, war es nur logisch, dass die großen genuesischen Familien ihrerseits in die Kurie investierten. Ihre nachgeborenen Söhne machten aufgrund ihrer großzügigen Finanzausstattung und ihrer gelehrten Studien an der Kurie schnell Karriere und trugen mit ihrem geschäftlichen und juristischen Fachwissen dazu bei, Verwaltung und Diplomatie weiter zu professionalisieren. Das galt auch für Sinibaldo Fieschi, den späteren Innozenz IV., der sich als Diplomat in Diensten Honorius' III. Verdienste erwarb und von diesem frühzeitig den Kardinalshut erhielt. Hinzu kamen gute Beziehungen zu Gregor IX. und einflussreichen Adelsfamilien. Ohne eine solche Vernetzung ging es auch 1243 nicht, doch kam das Papsttum seinem Ideal einer «Meritokratie» zu keinem Zeitpunkt näher als im 13. Jahrhundert, von einigen Aussetzern, die auch jetzt nicht ausblieben, abgesehen. In den krisenhaften Zeiten härtester Konflikte, wenn es um Sein oder Nicht-Sein ging, konnte sich die Kurie definitiv keine Fehlbesetzung mehr erlauben, das hatte die Einbuße an Selbstbehauptungsvermögen und Effizienz unter Honorius III. dramatisch erwiesen. Dass mit Innozenz IV. nach Gregor IX. ein zweiter «Alpha-Pontifex» gekürt wurde, erklärt sich somit aus der bedrohlichen Lage zu Beginn der 1240er-Jahre.

Der genuesische Papst gehörte zu den entschiedensten Gegnern des Kaisers; so schlugen alle Verhandlungen, doch noch zu einem Frieden zu gelangen, aufgrund des wechselseitigen Misstrauens rasch fehl. Da Rom weiter von kaiserlichen Truppen bedroht war, hielt sich Innozenz nach seiner Wahl nur ein Jahr am Tiber auf, um sich dann über Genua nach Lyon zurückzuziehen. In die nominell kaiserliche, doch de facto weitgehend autonome Stadt an der Rhone berief er 1245 ein Konzil, zu dem neben den erstmals vertretenen neuen Orden auch Friedrich II. geladen wurde. Obwohl der Papst wenige Monate vor der Eröffnung der Kirchenversammlung die Exkommunikation des Kaisers erneuerte, war dieser entschlossen, der Einladung Folge zu leisten. Doch dazu kam es nicht. Kurz vor seiner Abreise rebellierte die Stadt Parma, deren Belagerung im Jahr darauf mit einem Desaster für die kaiserlichen Truppen endete. Für den Papst war das ein Zeichen des Himmels, der das Ende des Tyrannen einleitete.

Das war ein Silberstreif an einem ansonsten dunklen Horizont: 1244 ging Jerusalem wieder verloren, die Mongolen rückten gegen Europa vor, im Herzen der Christenheit erhoben die Ketzer stets von Neuem das Haupt. Vor diesem bedrohlichen Hintergrund fiel Innozenz' Rede zur Eröffnung des Konzils von Lyon im Juni 1245 düster aus. Gott hatte die Christenheit für ihre Sünden ebenso hart wie gerecht bestraft, Abhilfe war nur durch eine umfassende Reform von Klerus und Volk unter der unumschränkten Leitung des Papstes zu erhoffen. Wo der Papst war, war Rom mit den *limina apostolorum*; diese «Schwellen» des Petrus und Paulus wanderten mit ihm vom Tiber an die Rhone. Den Römern verhießen solche Töne nichts Gutes: Wenn sie sich weiterhin aufmüpfig gebärdeten, würde der Papst wegziehen und ein neues, frommeres Rom an einem gefügigeren Ort begründen. Im Vollgefühl seiner Allmacht hielt es Innozenz IV. nicht für nötig, die Exkommunikation des Kaisers vom Konzil bestätigen zu lassen. Wie er es in seinem Kommentar zu dessen Beschlüssen selbst formulierte: Christus, der Gottessohn, war Schöpfer und Herr der Welt und konnte daher seine Geschöpfe nach Belieben erhöhen oder erniedrigen, und diese Autorität besaß auch der Papst, sein Stellvertreter. Rechenschaft schuldete der *vicarius Christi* dem Konzil also nicht. Wenn er diesem in mehr als 90 Dokumenten die Privilegien vorlegte, welche die Kaiser von Otto I. bis Friedrich II. der Kirche und ihrem Staat ausgestellt, aber nicht respektiert hatten, dann nicht, um sein Vorgehen nachträglich billigen zu lassen, sondern um die Verworfenheit des Staufers aller Welt vor Augen zu führen und einen vorweggenommenen Triumph zu feiern. Letzteres gelang dem Papst vollständig – das politischste aller Konzilien folgte ihm als Herrn der Kirche bedingungslos.

Allerdings fehlte es nicht an Gegenstimmen. Die lauteste war die des kaiserlichen Vertreters, der die Legitimität der ganzen Veranstaltung bestritt. Das Unbehagen am Zustand der mächtigen, reichen und politisierten Kirche, das in breiteren Kreisen und auch unter Klerikern aufgekommen war, konnte sich in Lyon jedoch nicht angemessen artikulieren. Die immer höhere Besteuerung der Geistlichkeit, die Pfründenvergabe an kuriale Günstlinge ohne Rücksicht auf Verdienste, der wachsende römische Einfluss auf die Wahl der Bischöfe und die Beschneidung von deren Kompetenzen: Alle diese Entwicklungen fügten sich zum Bild eines Papsttums zusammen, dessen Macht ins Maßlose anzuwachsen schien und dessen Interessen immer mehr der großen Politik galten, im Gegensatz zu Christus, dessen Reich nach seinen eigenen Worten nicht von dieser Welt war. In den Augen seiner schärfsten Kritiker stand der Papst am Scheideweg: Er musste sich entscheiden, ob er geistlich oder fleischlich, für die Kirche oder für seine Macht und seine Verwandten regieren, Christus nachfolgen oder ihn verraten wollte.

Zu welcher Seite Innozenz IV. neigte, war zumindest zweifelhaft. Er hatte zwei seiner Verwandten zu Kardinälen erhoben und durch reiche Ausstattung mit Pfründen und Ämtern dafür gesorgt, dass sich seine Familie für lange Zeit innerhalb der schmalen Führungsgruppe der Kurie behaupten konnte. Das war menschlich und natürlich, doch musste ein guter Papst nach Ansicht der kirchlichen Reformkräfte alles Kreatürliche hinter sich lassen, wenn er wirklich Stellvertreter Christi auf Erden sein wollte. Dazu aber war bis 1294 kein Pontifex maximus bereit.

Trotz nochmaliger Exkommunikation konnte sich Friedrich II. auch nach dem Konzil von Lyon in seinem Königreich Sizilien behaupten. In

Deutschland wählten geistliche Kurfürsten mit päpstlicher Unterstützung den Landgrafen Heinrich von Thüringen und nach dessen Tod den Grafen Wilhelm von Holland zum Gegenkönig, doch konnte sich dieser erst nach Friedrichs Tod im Dezember 1250 durchsetzen und dessen Sohn Konrad verdrängen. Einer Rückkehr des Papstes nach Rom stand jetzt nichts mehr im Wege, ja, sie wurde geradezu ein Triumphzug. Nach einer Zwischenstation in Genua, wo er einen Nepoten prunkvoll mit einer Braut aus vornehmster Familie vermählte, traf der Papst im Sommer 1251 in Rom ein. Für die schöne neue Zeit am Tiber, die jetzt anbrechen sollte, ließ Innozenz IV. auf dem vatikanischen Hügel inmitten von Weinbergen einen befestigten Palast errichten. Bislang hatten die Päpste bei ihrer Bischofskirche, der Lateranbasilika, residiert, nicht zuletzt aus Sicherheitsgründen. Der Umzug in die Nähe der Peterskirche auf der anderen Seite des Tibers wurde jetzt als Nachhall der Propagandakämpfe zwischen Papst und Kaiser unumgänglich: In unmittelbarer Nähe zum Grab des Apostelfürsten zu wohnen, sollte die Würde des Papstes sichtbar erhöhen, nicht zuletzt in den Augen der Pilger, die in immer größerer Zahl zu dieser Kultstätte strömten.

Der päpstliche Primat, den der neue Palast sichtbar zum Ausdruck brachte, wurde während der Abwesenheit Innozenz' IV. in Lyon auch gemalt. Im Auftrag eines Nepoten Innozenz' III. stellte ein unbekannter Künstler in der 1247 geweihten Kapelle des Kloster-Palastes Santi Quattro Coronati auf dem Celio-Hügel das *Constitutum Constantini* im Stil einer Armenbibel dar. Auch Betrachter ohne Vorwissen konnten diese Bildererzählung lesen, verstehen und im gewünschten Sinne deuten. Sie sahen, wie Kaiser Constantin vom Aussatz befallen wird, weil er es sträflicherweise versäumt hat, Christus und seinem Stellvertreter, dem Papst Silvester, Dank für den Sieg über seinen Rivalen Maxentius abzustatten, den er allein durch die Hilfe des Kreuzes errungen hat. Um sich von der Krankheit, die ihn regierungsunfähig macht, zu heilen, will der Kaiser auf Anraten seiner heidnischen Minister im Blut unschuldiger Kinder baden, doch wird dieses Gemetzel in letzter Minute durch einen Traum verhindert. Die Apostel Petrus und Paulus verweisen den Imperator auf die wahre Quelle des Heils, den in eremitenhafter Einsamkeit verweilenden Papst Silvester. Dieser tauft Constantin, der daraufhin gesund wird und jetzt endlich tut, was er viel zu lange hinausgeschoben hat: Er überträgt Silvester die Insignien des Reichs und damit die Oberhoheit über sich und seine Nachfolger nebst der Hauptstadt Rom. Während in der Kapelle bei den «heiligen vier Gekrönten» die Farbe zu trocknen begann, stand Friedrich II. wieder einmal mit seinem Heer vor den Toren Roms. Die Fresken waren also ein Manifest des Widerstands; in Zeiten höchster Bedrohung aktivierte die Kurie alle Ressourcen und wurde in Sachen Propaganda erfinderischer denn je.

Innozenz IV. starb im Dezember 1254 in Neapel. In Neapel wurde auch der neue Papst gewählt. Der dortige Stadtherr erinnerte sich offenbar an das Vorgehen seines römischen Kollegen dreizehn Jahre zuvor und ließ für die Zeit der Wahl die Stadttore schließen, ersparte den Kardinälen aber ärgere Unannehmlichkeiten. Zum Dank dafür einigten sie sich in nur fünf Tagen auf den betagten Rinaldo de' Conti, der sich Alexander IV. nannte. Der Verwandte Gregors IX. – und damit ein «Enkel-Nepot» Innozenz' III. – war ein Kompromiss-Papst, von dem man sich einen kurzen Übergangspontifikat versprach. Doch in diesen bewegten Zeitläuften hätte es einer stärkeren Herrscherpersönlichkeit bedurft. Am Tiber trat die Kommune unter der Führung des charismatischen und selbstbewussten Senators Brancaleone degli Andalò so schroff gegenüber dem Papst auf, dass dieser nach Viterbo ausweichen musste. Parallel dazu spitzte sich die Lage im Süden weiter zu. Nach der Exkommunikation und Absetzung Friedrichs II. betrachteten die Päpste das Königreich Sizilien als an sie zurückgefallenes Lehen; 1255 übertrug es Alexander IV. dem englischen König. De facto aber regierte dort seit Friedrichs Tod erfolgreich dessen unehelicher Sohn Manfred; im August 1258 ließ er sich sogar zum König krönen, ohne nach der Zustimmung des Papstes zu fragen. Die im Frühjahr 1259 gegen ihn verhängte Exkommunikation blieb ohne größeres Echo, selbst in Rom fand Manfred Unterstützung. Zudem schlug im September 1260 das ghibellinische Siena das guelfische Florenz vernichtend, ohne dass der dadurch akut bedrohte Papst an weiterreichende Gegenmaßnahmen dachte. Dieselbe Mischung aus Entscheidungsschwäche und Apathie legte Alexander IV. in seiner Politik gegenüber dem Reich an den Tag. Dort standen sich nach dem Tod Wilhelms von Holland im Jahr 1256 schwache Prätendenten gegenüber, von denen keiner auf nachhaltige Unterstützung des Papstes zählen konnte.

Mehr Interesse zeigte der dritte De' Conti-Papst an innerkirchlichen Aktivitäten, die vor allem den Franziskanern, seinem Lieblings-Orden, zugute kamen, zum Beispiel bei der Besetzung von Lehrstühlen an der Universität und in ihren Rivalitäten mit den Weltpriestern um die Zuständigkeit für die Seelsorge. Als Alexander IV. nach sechseinhalbjährigem Pontifikat im Mai 1261 in Viterbo starb, wies das Kollegium der Kardinäle mit gerade einmal acht Mitgliedern wieder einen Tiefstand auf, auch das ein Zeichen von Herrschaftsschwäche.

Für die Monarchie der Anjou: Urban IV., Clemens IV., Gregor X., Innozenz V., Hadrian V., Johannes XXI.

In dem Mini-Gremium von nur acht Kardinälen, die im Mai 1261 zur Wahl eines neuen Papstes zusammenkamen, hielten sich Befürworter einer Aussöhnung mit König Manfred von Sizilien und Verfechter eines harten Kurses die Waage, so dass keiner der Kardinäle die notwendige Zahl von sechs Stimmen auf sich vereinigen konnte. In dieser Blockadesituation einigten sich die Purpurträger Ende August spontan auf den gerade anwesenden Bischof von Verdun, der soeben aus dem Heiligen Land zurückgekehrt war, um dem Papst über seine erfolglosen Bemühungen um Frieden zwischen Venezianern und Genuesen in Konstantinopel und Teilen des Heiligen Landes Bericht zu erstatten. Jacques de Pantaléon – wie der neue Papst Urban IV. mit Familiennamen hieß – war der Sohn eines Schusters aus Troyes und fünfundsiebzig Jahre alt. Er war wahrscheinlich aufgrund seiner schönen Singstimme in die dortige Kapitelschule aufgenommen worden und auf dem Konzil von Lyon zum Kaplan Innozenz' IV. ernannt worden. Unter dem Strich hatte er eine respektable, aber keineswegs außergewöhnliche Leistungsbilanz als Diplomat, Jurist und Reformer vorzuweisen.

Falls seine Wähler auf einen weiteren schwächlichen Greisenpontifikat gehofft hatten, so sahen sie sich jetzt gründlich getäuscht. Wie die meisten Päpste, die von unten kamen, fühlte sich Urban von der Vorsehung zu Großem auserwählt und regierte mit einer Unabhängigkeit und Selbstherrlichkeit, die den Kardinälen den Atem verschlug. Zur Weißglut brachte sie, dass ihnen der Schusterssohn gleich sieben neue Kollegen an die Seite setzte, darunter nur einen Italiener (den späteren Honorius IV.) und sage und schreibe sechs Franzosen. Davon war einer ein Neffe des Papstes, drei standen dem französischen König Ludwig IX. nahe und bestiegen als Clemens IV. und Martin IV. später selbst den Stuhl Petri. Damit war nicht nur der Kurs des Pontifikates, sondern auch die Ausrichtung des Papsttums für mehr als ein Jahrhundert vorgegeben. Schon Innozenz IV. war vor dem Kaiser und den Römern nach Westen geflüchtet; unter Urban IV. wurden Weichen gestellt, die zu einer immer engeren Anlehnung der Päpste an das französische Königshaus und schließlich zu einer regelrechten Abhängigkeit von diesem führten.

Hatte Innozenz IV. in der Sizilien-Frage noch auf einen englischen Prinzen gesetzt, so fasste der französische Papst jetzt eine französische Lösung ins Auge: Karl von Anjou, der jüngere Bruder König Ludwigs IX., des Heiligen, drängte sich als neuer König von Sizilien geradezu auf, und zwar im doppelten Wortsinn. Um den Staufer Manfred, der inzwischen fest im Sattel saß, zu vertreiben und darüber hinaus das «Natterngezücht» der Staufer mit Stumpf und Stiel auszurotten, bedurfte es eines starken Verbündeten, allein schon um die in der letzten Zeit verloren gegangenen Gebiete des Kirchenstaats zurückzugewinnen. Die Skrupel König Ludwigs, der die staufische Dynastie als rechtmäßig betrachtete, ließen sich mit dem Argument zerstreuen, dass Sizilien nach der Eroberung durch seinen Bruder Ausgangspunkt für einen neuerlichen Kreuzzug werden sollte. Karl selbst musste beschwören, niemals nach der Krone des Heiligen Römischen Reichs zu streben, und bei der territorialen Wiederherstellung des Kirchenstaats Waffenhilfe zusagen. Dafür wurde ihm die Würde eines römischen Senators übertragen und die Krone Siziliens als erbliches Lehen in Aussicht gestellt, sogar für Seitenzweige seiner Familie. Der Vertrag war unterschriftsreif, als Urban IV. Anfang Oktober 1264 nach dreijährigem Pontifikat das Zeitliche segnete. Wie sein Vorgänger und Nachfolger hat er Rom als Papst nie betreten.

Urbans Tod bedeutete keine Zäsur, auch wenn es bis zur Wahl seines Nachfolgers Clemens IV. vier Monate dauerte. Als Kreatur seines Vorgängers und Landsmanns setzte er dessen Politik konsequent fort: Die Vernichtung der Staufer und die Etablierung der Anjou im Süden Italiens bildeten die Kernpunkte seines Herrschaftsprogramms. Umso auffälliger unterschied sich sein Vorleben von dem seiner Vorgänger, die früh in den geistlichen Stand eingetreten und danach Stufe für Stufe die kuriale Karriereleiter emporgeklettert waren. Guy Foucois – so der Taufname Clemens' IV. – war dagegen in seiner langen ersten Lebensphase Laie und Jurist. Er hatte geheiratet, war Vater zweier Söhne und in Diensten seiner Heimatregion Saint-Gilles, später des Grafen von Toulouse tätig. Aus diesem provinziellen Rahmen wurde er erst als gesetzter Mittfünfziger durch einen Erbfall herausgerissen: Als die Grafschaft Toulouse an eine Seitenlinie des französischen Königshauses überging, wurde der Mann aus Saint-Gilles in den damit verbundenen Verhandlungen als kluger Ratgeber «entdeckt» und flugs an den König weitergereicht. Bei Hofe profilierte er sich als Spezialist für Fragen der Inquisition, für die er ein sehr erfolgreiches Handbuch verfasste. Nach dem Tod seiner Frau trat er als Weltpriester in den geistlichen Stand ein, wurde kurz darauf Bischof von Le Puy und 1261 als Wunschkandidat seines Königs Kardinal und Bischof von Sabina. Dass in dieser erstaunlichen Laufbahn die Hand der Vorsehung waltete, stand für Clemens IV. fest; im brieflichen Rückblick auf sein Leben wusste er wie so viele andere erfolgreiche Zeitgenossen von Zeichen und Wundern des Himmels reichlich zu berichten.

In der alles beherrschenden Sizilien-Frage bestätigte der französische Juristen-Papst die unter seinem Vorgänger ausgehandelten Konditionen, so dass im Juni 1265 die feierliche Belehnung des neuen Königs Karl von Anjou stattfinden konnte. Für den anschließenden Feldzug gegen Manfred gewährte der Papst Kreuzzugs-Ablässe und stellte darüber hinaus Mittel zur Verfügung, die eigentlich der Finanzierung einer Jerusalem-Expedition dienen sollten. Da diese zweckentfremdeten Summen nicht ausreichten und Ludwig IX. die Pläne seines Bruders weiterhin missbilligte, musste der Papst beträchtliche Summen aus der eigenen Schatulle beisteuern und sogar Kredite aufnehmen, für die er Juwelen und Immobilien zahlreicher römischer Kirchen verpfändete. Auf diese Weise wurde ausreichend Geld zusammengebracht, um französische Ritter und Söldner mit der Hoffnung auf reiche Beute anzulocken. Als letzte Vorbereitung des Feldzugs wurde Karl im Januar 1266 zum König von Sizilien gekrönt, das er im Monat darauf durch den Sieg über Manfred in der Schlacht von Benevent gewann. Allerdings musste sich der Papst schnell fragen, ob er nicht den Teufel mit dem Beelzebub ausgetrieben hatte, so selbstherrlich und rücksichtslos gebärdete sich der neue König als Senator von Rom gegenüber den Baronen, der Kirche und den Verbündeten des Papstes in der Toskana. Offensichtlich gab sich der erfolgreiche Eroberer mit dem Süden Italiens nicht zufrieden, sondern strebte nach einer Ausdehnung seines Herrschaftsgebiets. Damit drohte der Kurie eine noch viel schlimmere Umklammerung als unter Friedrich II.

Clemens IV. musste seine Bedenken jedoch einstweilen zurückstellen: Konradin, der sechzehnjährige Enkel Friedrichs II., machte seine Ansprüche auf Sizilien geltend und bereitete zu diesem Zweck einen Italienzug vor. Mit der geballten Unterstützung der italienischen Ghibellinen gestaltete sich dieses Unternehmen anfangs erfolgreich. Konradin zog unter den Augen des Papstes an Viterbo vorbei nach Rom, wo er im Juli 1268 von der Kommune triumphal empfangen wurde. Doch schon wenige Wochen darauf waren die Träume der Staufer-Nostalgiker ausgeträumt. Konradin verlor die Schlacht von Tagliacozzo, die er eigentlich schon gewonnen hatte, durch die Disziplinlosigkeit seines Heeres, geriet in Gefangenschaft und wurde in Neapel öffentlich enthauptet. Clemens IV. hatte keine Einwände gegen die Hinrichtung, hob allerdings zuvor die zuletzt im April erneuerte Exkommunikation Konradins auf.

Der Prozess gegen Konradin, der die Auslöschung der Staufer juristisch legitimieren sollte, und das Schweigen des Papstes dazu erregten in Deutschland heftige Aversionen gegen den französischen Papst und «seinen» König Karl von Anjou. Für die deutschen Humanisten war das Ende des Kaiserenkels symptomatisch dafür, wie die Päpste die Ehre der deutschen Nation in den Staub zogen. Auch in den antirömischen Kampfschriften Martin Luthers diente die Konradin-Episode als Beweis dafür, mit welcher Treulosigkeit die Päpste die Deutschen schon immer behandelt hatten. In Wirklichkeit war die Eskalation des Konflikts durch die Machtansprüche und das unvereinbare Rechtsverständnis beider Seiten unvermeidlich. Nach dem Grundsatz, dass jeder, der sich gegen die Interessen des Heiligen Stuhls stellte, Ketzer war, bekämpften die Päpste ihre politischen Gegner auch mit geistlichen Waffen. Darin einen «Machtmissbrauch» anzuklagen, ist daher unhistorisch: Häresie war in römischen Augen eine Verschwörung gegen die Weltordnung und daher auch ein «Staatsverbrechen». Erfolg hatte der Kampf gegen die Staufer allerdings nur, weil sich mit Karl von Anjou ein Kandidat fand, der sich pro forma als Instrument für die Ausräucherung des sizilianischen Ketzernests zur Verfügung stellte, in Wirklichkeit aber handfeste eigene Machtinteressen verfolgte.

Nach dem Tod Clemens' IV. im November 1268 kam es in Viterbo, wo sich die Kurie weiterhin aufhielt, zu einem fast dreijährigen Patt zwischen italienischen und französischen Kardinälen. Dabei war nicht der Gegensatz der Nationalitäten ausschlaggebend, sondern die Unvereinbarkeit der Interessen und der politischen Ausrichtung. Diese chronische Zerstrittenheit der Purpurträger wuchs sich schließlich zu einem Skandal in der ganzen Christenheit aus. Im Reich konnte sich seit zwanzig Jahren keiner der vielen Prätendenten nachhaltig als Kaiser durchsetzen, und jetzt war auch noch der Sitz der zweiten Universalgewalt vakant. Zu allem Unglück starb Ludwig IX. von Frankreich, der angesehenste Fürst der Christenheit, bei einem weiteren gescheiterten Kreuzzugsunternehmen 1270 in Tunis an der Pest. Die Welt war in Unordnung geraten und schien ihrem verdienten Ende entgegenzutaumeln.

Für den europäischen Klerus war die Vakanz des höchsten Kirchenamts besonders problematisch, denn die Päpste des 13. Jahrhunderts hatten die Vergabe von immer mehr Pfründen an sich gezogen. Clemens IV. hatte im Juni 1265 mit seiner Konstitution «Licet ecclesiarum» die Verfügungsgewalt der Päpste auf sämtliche niederen Benefizien ausgedehnt und sich sogar die «Anwartschaft» auf diese vorbehalten; damit konnte er schon zu Lebzeiten des Nutznießers dessen Nachfolger bestimmen. Vor dem Sturm der Entrüstung, der sich daraufhin erhob, musste der Papst zwar zeitweise zurückweichen, doch baute er die römische Pfründenhoheit im Stillen weiter aus. Für die Personalpolitik der Kirche war die lange Sedisvakanz daher ein gravierender Störfaktor.

Allmählich hatten auch die Viterbesen vom endlosen Taktieren und Gezerre der Kardinäle genug. Sie erinnerten sich an die Methoden, mit denen dreißig Jahre zuvor der römische Senator eine schnelle Papstwahl erzwungen hatte, schlossen die Kardinäle in ihrem Tagungspalast ein und deckten dessen Dach ab, um ihnen den Aufenthalt so ungemütlich wie möglich zu machen: Das Licht des Heiligen Geistes – so ein englischer Kardinal mit dem seiner Nation eigenen Humor – sollte ungehindert von Schindeln und Dachbalken in die Herzen und Sinne der Purpurträger dringen und sie zu einer guten Wahl erleuchten. Am Ende der langen Sedisvakanz einigten sich die Kardinäle am 1. September 1271 wie so oft auf einen Außenseiter. Sie wählten den Lütticher Erzdiakon Tebaldo Visconti aus Piacenza, einen bejahrten Kleriker ohne Priesterweihe, der mit der Mailänder Signoren-Familie weder verwandt noch verschwägert war, dafür aber einen guten Ruf besaß und gerade im Heiligen Land weilte, um die dort verbliebenen Christen zu einem erneuten Kreuzzug aufzurufen.

Dieses Anliegen trug Gregor X., wie sich der neue Papst nannte, gleich nach seiner Ankunft in Viterbo auch den Kardinälen vor. Nicht nur der Verlust der heiligen Stätten in Palästina, sondern auch die Abwesenheit der Päpste von ihrer Hauptstadt mit den Gräbern so vieler Heiliger war für ihn ein Skandal, der nach sofortiger Abstellung verlangte. Dem stand vonseiten der Römer nichts im Wege: Im März 1271 wurde Gregor X. in Sankt Peter feierlich nach dem neuen, vom Lyoner Konzil reformierten Zeremoniell eingesetzt; dabei spielte von jetzt an die Übertragung der Tiara die Hauptrolle. Beim anschließenden Krönungs-Bankett im Lateran bediente ihn Karl von Anjou, der neue starke Mann im Süden Italiens einschließlich Roms. Mit dem Enthusiasmus und der Naivität des politischen Seiteneinsteigers, für den der Glaube Berge versetzte, machte sich der Papst an die Befriedung der Christenheit, die er zu Recht als Voraussetzung für seine drei großen Ziele, einen neuen Kreuzzug, die Union mit der griechischen Kirche und die umfassende Reform des Klerus, ansah. Mit diesem Aussöhnungswerk begann der toskanische Papst in seiner Heimat: Die herrschenden Guelfen und die exilierten Ghibellinen schworen sich ewigen Frieden, den die regierende Partei jedoch schon wenige Tage darauf im Einvernehmen mit König Karl wieder brach. Ebenso kläglich endeten die päpstlichen Pazifizierungs-Bemühungen in der Lombardei, denn keine der beiden Universalgewalten konnte die inneren Konflikte der Kommunen beilegen. Um der Rivalitäten zwischen den führenden Familien, aber auch der Reibungen zwischen diesen und dem Mittelstand Herr zu werden, bedurfte es einer neuen Machtverteilung zugunsten eines Stadtherrn *(signore)*, der seine auf dem Papier unbegrenzten Vollmachten zur Sicherung seiner Position über den Parteien und zum Ausgleich zwischen diesen einsetzte. Dieses neue Herrschaftsmodell trat mit der Machteroberung der Este in Ferrara unter Gregor X. seinen Siegeszug an.

Das Konzil, das der Papst kurz nach seiner Wahl angekündigt hatte, berief er vor dem Hintergrund dieser Unruhen nach Lyon ein. Die im Mai 1274 eröffnete Kirchenversammlung beschloss Sondersteuern für einen erneuten

Kreuzzug, der nie zustande kam, und erließ Bestimmungen für die Papstwahl, um lange Sedisvakanzen zu verhindern. Künftig mussten die Kardinäle spätestens zehn Tage nach dem Tod des Papstes zusammenkommen und so lange hinter verschlossenen Türen zusammenbleiben, bis sie über die Nachfolge entschieden hatten. Um diese Beschlussfassung zu beschleunigen, sollten ihnen nach drei Tagen die Essensrationen gekürzt werden, bis nur noch Wasser und Brot übrigblieben. Darüber hinaus wurden in Lyon zwei Weichenstellungen Gregors X. abgesegnet, die erste von großer historischer Tragweite: Gregor X. erkannte den am 1. Oktober 1273 in Frankfurt zum König gewählten Rudolf von Habsburg als Reichsoberhaupt an, stellte ihm die Kaiserkrönung (zu der es nicht kam) in Aussicht und unterstützte ihn gegen seine mächtigen Rivalen, vor allem König Ottokar II. von Böhmen. Damit stiegen die Habsburger, die bislang auf den Südwesten des Reichs beschränkt waren, kometenhaft unter die europäischen Spitzendynastien auf.

Die zweite Weichenstellung, die Rückkehr der griechischen Kirche unter die Obödienz des Papstes, war von geringerer Bedeutung, denn diese «Wiedervereinigung» nach dreihundertzwanzig Jahren war rein politisch motiviert und daher von kurzer Dauer. 1261 war das Kreuzfahrer-Imperium am Bosporus nach siebenundfünfzig turbulenten Jahren zusammengebrochen, doch fehlte es weiterhin nicht an westlichen Prätendenten, die der neuen Herrscherfamilie der Palaiologen die frisch gewonnene Macht wieder entreißen wollten. Diesen Versuchen erteilte der Papst mit seiner Unionspolitik eine Absage.

Der Tod Gregors X. im Dezember 1276 leitete an der Kurie eine neue Phase der Instabilität ein, obwohl sein Papstwahldekret Beachtung fand und dadurch längere Sedisvakanzen vermieden wurden. Dafür hielt der Tod jetzt reiche Ernte: Innerhalb der nächsten sechzehn Monate starben gleich drei weitere Päpste: Innozenz V., ein gelehrter Dominikaner aus Savoyen, regierte von Januar bis Juni 1276. Hadrian V., ein Nepot Innozenz' IV., saß nur fünf Wochen lang von Juli bis August auf dem Stuhl Petri. Johannes XXI., ein Portugiese, der sich als Universalgelehrter, speziell als Mediziner, einen Namen gemacht hatte und in der Kirche zum Erzbischof von Braga und Kardinal aufgestiegen war, folgte ihm von September 1276 bis Mai 1277 nach. Alle drei Päpste residierten in Viterbo und standen politisch ganz unter dem Einfluss Karls von Anjou.

Der Pontifikat des portugiesischen Papstes ist allerdings durch seine Verurteilung prominenter Pariser Theologen wie Siger von Brabant von Bedeutung. Dieser hatte in Anlehnung an den großen jüdischen Aristoteles-Interpreten Averroes die These aufgestellt, dass allen Menschen ein gemeinsamer Intellekt zu eigen sei, und damit einen für die Kurie gefährlichen «Rationalismus» gelehrt, der den Vorrang des Glaubens vor dem Wissen in Abrede zu stellen schien. Johannes XXI. wurde beim Einsturz seiner Wohnräume so schwer verletzt, dass er sechs Tage darauf starb. Sein spektakuläres Ende heizte Legendenbildungen an, die zeigen, wie unbeliebt er sich in weiten Kreisen der Kirche gemacht hatte, speziell bei den Dominikanern, die sich durch seine Lehrentscheidungen diskriminiert fühlten. Als Magier habe der Papst aus dem fernen Lusitanien mit dem Teufel paktiert und sei von diesem als betrogener Betrüger getötet worden – so lautete eine beliebte Version der Papst-Sage.

Bärchen an der Macht: Nikolaus III.

Mit dem Konklave nach dem Tod des Gelehrten-Papstes, das sich von Mai bis November 1277 hinzog, erfolgte eine brüske Wende: Gewählt wurde mit Giangaetano Orsini, der sich Nikolaus III. nannte, der Sohn des römischen Senators, der 1241 das Konklave «erfunden» hatte. Schon als Kardinal hatte sich der spätere Papst wie sein Vater als begnadeter Machtpolitiker erwiesen, der nichts dem Zufall überließ, auch nicht seine Wahl. Während des Konklaves amtierte «zufällig» einer seiner Neffen als Stadtoberhaupt von Viterbo. Andere Familienmitglieder hatten Schlüsselpositionen in Rom und Umgebung inne, so dass sich ein durch und durch römischer Pontifikat abzeichnete. Der Kurie konnte ein Papst aus einer der zwei mächtigsten römischen Baronalfamilien nach anderthalb Jahrzehnten des Exils nur guttun, er würde sie in die Ewige Stadt zurückführen und dort für geordnete Verhältnisse sorgen – darauf hofften zumindest seine Wähler.

Türöffner für die Rückkehr nach Rom oder neuer «Familienpapst» im Stile Theophylakts, der für sich und seine Sippe Stadtherrschaft und Kirchenhoheit bündeln würde? Die Risiken einer solchen Wahl waren jedenfalls nicht von der Hand zu weisen: Seit mehr als zwei Jahrhunderten hatte kein so mächtiger römischer Baron wie Nikolaus auf dem Stuhl Petri gesessen. Die Furcht vor einer Übermacht-Bildung bestätigte sich, als der Orsini-Papst drei Monate nach seiner Erhebung neue Kardinäle ernannte. Eine Aufstockung des Kollegiums war an sich dringend erforderlich, im Konklave von 1277 hatten nur noch sieben Kardinäle abgestimmt. Doch waren von den neun neuen Purpurträgern nicht weniger als drei Nepoten des Papstes, zwei weitere aus dem Franziskanerorden durften als seine ergebenen Kreaturen gelten. So war die Spitze der Kirche mit einem Schlag «orsinisiert», romanisiert, italianisiert. Kritik vonseiten der Zukurzgekommenen, vor allem der Franzosen, konnte daher nicht ausbleiben. Auch Karl von Anjou musste sich zu den Verlierern zählen. Der neue Papst dachte und gestaltete seinen Pontifikat von Rom her und auf Rom bezogen; in seinem Rom aber war für einen starken König von Sizilien kein Platz.

Schon im Juli 1278 erließ Nikolaus III. sein Grundgesetz, das die Beziehung zwischen dem Papst und der Ewigen Stadt neu regeln sollte. Die Römer konnten in diesem Statut lesen, dass sie das erwählte Volk seien und in einer besonders engen Beziehung zu Gott stünden. Diese Privilegien verdankten sie allein dem Papst, dem Kaiser Constantin ihre Stadt zur Herrschaft über die Christenheit verliehen hatte, und zwar mit unbeschränkten Rechten und Vollmachten. Für die römische Kommune blieben nur dienende Funktionen übrig. Vor allem aber musste die Erwählte Stadt am Tiber vor dem schädlichen Einfluss fremder Machthaber geschützt werden – das war eine Ohrfeige für den König von Sizilien. Die Gemeinde Rom verstand die Signale richtig und trug dem Papst die Senatorenwürde an; dieser nahm sie an und ließ sich von zwei Verwandten vertreten.

Auch im Norden des Kirchenstaats sorgte Nikolaus III. für klare Verhältnisse. Die Romagna war lange ein Zankapfel zwischen Kaiser und Papst gewesen. Erst Rudolf von Habsburg, der schwächste römische König seit Menschengedenken, erklärte sich zu ihrer Abtretung bereit. Der Orsini-Papst brachte die Eingliederung rechtlich unanfechtbar unter Dach und Fach – und machte einen Nepoten zum Rektor der Provinz, dem ein anderer Nepot als Legat zur Seite stand. Ein weiterer Neffe wurde Rektor im nördlichen Latium, das er mit sieben Schlössern und einer neuen Musterfestung zu einer Orsini-Provinz ausbaute. So ist es kein Wunder, dass kritische Zeitgenossen Nikolaus III. kühne Pläne zur Neuaufteilung Italiens in zwei Königreiche unter der Führung seiner Familie unterstellten.

Zwar war der Orsini-Papst zu sehr pragmatischer Machtpolitiker, um sich auf solche Abenteuer einzulassen, doch zeigte er mit seinem extremen Nepotismus späteren Päpsten, was sich bei äußerster Anspannung aller Machtmittel für die eigene Familie aus einem Pontifikat herausholen ließ. Für die Wahlmonarchie Rom war diese schrankenlose Begünstigung der Blutsverwandten fatal. Zum einen verführte sie zur Nachahmung, zum anderen musste jeder neue Papst die Neffen seines Vorgängers aus ihren Schlüsselpositionen vertreiben, was beträchtlichen materiellen und politischen Aufwand erforderte und dem Ansehen des Papsttums schweren Schaden zufügte. Erst wenn die Verwandten des verstorbenen Pontifex maximus ihre Machtstellungen friedlich und freiwillig räumten, ohne ihren Nachfolgern Steine in den Weg zu legen, und diese darauf verzichteten, ihre Vorgänger zur Rechenschaft zu ziehen, war die nötige Stabilität im Inneren garantiert. Doch bis ein solcher gleitender Machtwechsel gewährleistet war, sollte es noch Jahrhunderte dauern.

Der Vorherrschaft seiner Familie diente auch Nikolaus' intensive Bautätigkeit in Rom. Auf dem vatikanischen Hügel ließ er als Fortsetzung und Übertrumpfung von Vorgänger-Projekten einen prächtigen Palast errichten und die Petersbasilika, die in Jahrhunderten gewachsene «Kirchenstadt», erweitern und ausschmücken. Für den Familienpapst war die Kirche des Apostelfürsten ein Familienheiligtum, denn zahlreiche Vorfahren hatten hier hohe Positionen bekleidet. Da der befestigte Familienpalast von Montegiordano den Zugang zur Engelsbrücke und damit den Weg zum Vatikan beherrschte, gelangte niemand mehr gegen den Willen der Orsini dorthin. Zur Abrundung der Orsini-Hoheit über das Borgo-Viertel und seine Umgebung übertrug der Orsini-Papst seinen Nepoten die Engelsburg, die uneinnehmbare Festung des Hadrian-Mausoleums, als dauerhaften Besitz. Für schlechte Zeiten ließ er zudem auf dem Kamm der Borgo-Mauer aus der Zeit Leos IV. einen gedeckten Fluchtkorridor errichten, durch den man vor Pfeilen geschützt vom Vatikan in die Engelsburg (und von dort nach Montegiordano) fliehen konnte.

Bei der Lateranbasilika ließ Nikolaus III. die von einem Erdbeben zerstörte Kapelle Sancta Sanctorum von Grund auf neu erbauen und mit Fres-

Der Papst, der laut Dante die kleinen Bären über alles liebte, als frommer Stifter Nikolaus III. lässt sich mit dem Modell der von ihm neu erbauten und ausgestalteten Kapelle Sancta Sanctorum des alten Lateranpalastes von Petrus und Paulus Christus präsentieren, kniend zwar, doch fast so groß wie die Apostel und der Erlöser. Selbstgewisser konnte man den päpstlichen Primat kaum darstellen.

ken schmücken. Das zentrale Bildfeld zeigt drei gleich große Gestalten: Von den Aposteln Paulus und Petrus Christus präsentiert, kniet der Orsini-Papst in der Mitte mit dem Modell der Kapelle in den Händen, das zugleich von den Händen des Apostelfürsten getragen wird. Eingängiger konnte man das «Tu es Petrus», die Wesens- und Würdegleichheit des regierenden Papstes mit dem ersten Stellvertreter Christi auf Erden, nicht veranschaulichen.

Im August 1280 starb Nikolaus III. nach dreijährigem Pontifikat an einem Schlaganfall und wurde in Sankt Peter bestattet. Der florentinische Dichter Dante Alighieri (1265–1321), der wie so viele Intellektuelle seiner Zeit von einer pastoralen und spirituellen Kirche träumte und einen Engelspapst herbeisehnte, hat den Orsini-Pontifex in die Hölle versetzt. Dort stellt er sich dem Jenseitswanderer vor: «So wisse, dass ich einst den hohen Mantel trug und ein echter Sohn der Bärin war, so begierig, die Bärchen zu fördern, dass ich den Sack mit Geld anfüllte und mich selbst hierher brachte» (In-

ferno XIX, 69–72). Hierher – das ist der achte Kreis der Hölle, in dem die
Simonisten Feuerqualen leiden. Mit diesem bösen Nachruf hat Dante das
Andenken des ersten von zwei Orsini-Päpsten auf Dauer geprägt.

Zwischen Rom und Neapel:
Martin IV., Honorius IV., Nikolaus IV.

Nach dem Tod Nikolaus' III. fand die Politik des «Zurück zu den römischen Wurzeln» ein jähes Ende. Für Karl von Anjou war es ein Leichtes, die verbreiteten Ressentiments und Revanchegelüste gegenüber den Orsini zu seinem Vorteil zu nutzen. So wurden die beiden Nepoten-Kardinäle gefangen gesetzt und vom Konklave ferngehalten; zudem traten die Kardinäle in Viterbo zusammen, wo sich die Orsini gründlich unbeliebt gemacht hatten. Nach einem sechs Monate dauernden Ringen wurde am 22. Februar 1281 schließlich auf Druck Karls von Anjou ein französischer Kardinal gewählt. Simon de Brie (Brion), der sich Martin IV. nannte, hatte jahrzehntelang dem französischen Monarchen als Ratgeber und Kanzler gedient und erfüllte auch in seiner neuen Funktion die in ihn gesetzten Erwartungen. Von den sieben neuen Kardinälen, die er ernannte, waren vier Franzosen, einer Brite und nur zwei Italiener, darunter Benedetto Caetani, der Vertrauensmann des Königs von Sizilien an der Kurie.

Martin IV. bewährte sich auch in seinen vier Pontifikatsjahren als gehorsamer Diener und Erfüllungsgehilfe des französischen Königs. Eine seiner ersten Regierungshandlungen bestand darin, Karl wieder zum Senator Roms auf Lebenszeit zu machen. Auf dessen Wunsch brach er sogar die guten Beziehungen zum Kaiser in Byzanz ab, dessen Reich die Anjou zu erobern hofften, und exkommunizierte diesen 1281. Die stets brüchige Union der lateinischen und der griechischen Kirche fand damit nach nur sieben Jahren ein jähes Ende.

Allerdings kamen Karls phantastische Eroberungspläne schon am Ostermontag des Jahres 1282 zum Halten, als eine wütende Volksmenge während der «Sizilianischen Vesper» Jagd auf die französischen Besatzer machte. Diese hatten allenthalben Hass erregt, weil sie den Steuerdruck erhöht, einheimische Grundbesitzer verdrängt und die Hauptstadt des Königreichs von Palermo nach Neapel verlegt hatten. Der Tumult sprang rasch auf die ganze Insel über, so dass die Herrschaft der Anjou und ihrer Anhänger wie ein Kartenhaus zusammenbrach. Die Anführer des Aufstands ersuchten daraufhin den Papst, als Lehensherr über Sizilien selbst die Herrschaft zu ergreifen. Nach dessen Weigerung erhoben sie im September 1282 König Pedro III. von Aragon zum neuen König, der die Insel von Afrika aus rasch eroberte und dafür von Martin IV. mit Exkommunikation und Absetzung bestraft wurde. Als die Anjou 1284 den Aragonesen in einer Seeschlacht unterlagen und Karls gleichnamiger Sohn und späterer Nachfolger in Gefangenschaft geriet, rief der Papst sogar den französischen König Philipp III. zur Führung eines Kreuzzugs gegen den «Usurpator» auf, dessen Königreich Aragon an einen französischen Prinzen fallen sollte. Das Unternehmen endete nach einigen Jahren mit einem militärischen Desaster und dem Tod Philipps in Perpignan.

Für die Anjou, die weiter über Süditalien herrschten, war der Verlust der Insel ein schwerer Schlag, der ihr Prestige und ihre Autorität, vor allem in ihrer Hauptstadt Neapel, dauerhaft beschädigte. Von nun an hatte der Feudaladel im Süden gegenüber den wechselnden Monarchen ein halbes Jahrtausend lang die Oberhand. Trotz aller Anstrengungen der Anjou und der mit ihnen verbündeten Päpste konnte sich die aragonesische Dynastie in Sizilien behaupten. Der Konflikt zwischen den rivalisierenden Dynastien zog sich anderthalb Jahrhunderte hin, bis König Alfonso von Aragon 1442 Neapel in Besitz nahm und Süditalien und Sizilien wieder zu einem Königreich vereinigte.

Martin IV. starb Ende März 1285 in Perugia; dort wählten die Kardinäle schon fünf Tage später seinen Nachfolger. Mit Honorius IV., wie sich der neue Papst nannte, schlug das Pendel wieder kräftig zur römischen Seite aus: Der neue Papst entstammte der Familie Savelli, die zusammen mit den Orsini und Colonna unter Innozenz III. aufgestiegen war und von der kirchlichen Karriere ihres erfolgreichsten Mitglieds jetzt noch höher emporgetragen wurde. Schon als Kardinal kaufte Giacomo Savelli aus seinen reichlich fließenden Pfründen-Erträgen Landgüter und Paläste en gros, wie sein sieben Jahre vor der Erhebung zum Nachfolger Petri verfasstes Testament bezeugt. Während seines zweijährigen Pontifikats setzte er diese Familienförderung so gezielt fort, dass sich die Savelli fortan auf dem dritten oder vierten Platz der römischen Adelspyramide festsetzen konnten. Auch politisch wiederholte sich der Orsini-Pontifikat, wenngleich in abgeschwächter Form. Als Römer von Rang führte Honorius die Kurie, wie seine Wähler es von ihm erwarteten, nach Rom zurück. Dort residierte er im Savelli-Familienpalast bei Santa Sabina auf dem Aventin, nahm das Amt eines Senators auf Lebenszeit an, in dem er sich von Verwandten vertreten ließ, machte seine Neffen zu Provinz-Rektoren und widmete sich vorrangig der Regierung des Kirchenstaats, allerdings ohne die harte Hand und das Durchsetzungsvermögen Nikolaus' III.

Trotzdem erlebte die Ewige Stadt unter dem Savelli-Papst eine relativ ruhige Zeit. In den Rom nahen Provinzen reichte der administrative Unterbau der Kurie aus, um in guten und friedlichen Jahren, das heißt solchen ohne Ernteausfälle und kriegerische Auseinandersetzungen, die Getreideversorgung der Hauptstadt und ein Minimum an öffentlicher Ordnung zu garantieren. Doch in den peripheren Regionen der Marche und der Romagna dünnte diese Autorität fast völlig aus. Hier blieben die päpstlichen Rektoren und Legaten im Wesentlichen auf eine Rolle als nominelle Statthalter beschränkt, deren Funktion darin bestand, gedeihliche Beziehungen zu den führenden Familien vor Ort anzubahnen, Informationen nach Rom zu senden und zwischen zerstrittenen Clans und Städten zu vermitteln.

In Honorius' Wahljahr 1285 starben Karl von Anjou, Pedro III. von Aragon und Sizilien sowie König Philipp III. von Frankreich; zudem befand sich Karls Sohn und Nachfolger weiterhin in aragonesischer Gefangenschaft. Dieses Machtvakuum bewahrte den greisen Pontifex vor dem Druck aus dem Süden, unter dem seine Vorgänger zu leiden gehabt hatten, doch die damit gebotenen Chancen zu einer durchgreifenden Neuordnung der Machtverhältnisse ergriff er mangels Interesse nicht.

Innerkirchlich setzte der Papst das in Lyon beschlossene Verbot kleinerer Bettelorden um, die ohne eigene Besitzungen nach ihrem selbst verfassten Armutsgelübde lebten. Das war ursprünglich das Markenzeichen des heiligen Franziskus und seiner Jünger gewesen. Allerdings hatte sein Orden infolge seiner stürmischen Ausbreitung durch Schenkungen und Nachlässe so viel Besitz angehäuft, dass die Päpste seit der Mitte des Jahrhunderts als dessen Treuhänder eingesprungen waren, um einen allzu offensichtlichen Bruch mit den alten Armutsidealen zu verbergen. Trotzdem nahm die

Der Tod glättet alle Runzeln Honorius IV. war in seinem kurzen Pontifikat ein hinfälliger Greis, den man nur mit Grauen betrachten konnte; auf seinem Sarkophag in Santa Maria in Aracoeli aber erscheint er in heiterer Gelassenheit, der ewigen Seligkeit sicher: So schrieb es die für päpstliche Grabmäler gültige Norm vor.

Debatte über die Kluft zwischen Ideal und Wirklichkeit in den Bettelorden und in der gesamten Kirche unter Päpsten, die wie Honorius IV. Reichtümer zugunsten ihrer Familie anhäuften, stetig an Schärfe zu.

Der Savelli-Papst starb Anfang April 1287 und wurde in Sankt Peter beigesetzt; nach der Zerstörung der alten Basilika zu Beginn des 16. Jahrhunderts wurden die Reste seines Grabmals in die Kirche Santa Maria in Aracoeli übertragen. Die Liegestatue zeigt den Savelli-Papst mit harmonischen Gesichtszügen auf seinem wappengeschmückten Totenbett. Diese stille Würde kontrastiert mit zeitgenössischen Berichten, die Honorius IV. als gichtbrüchigen, von der Arthritis gelähmten lallenden Greis, ja geradezu als lebendes *Memento mori* schildern. Diese extreme Hinfälligkeit, ja die Sterblichkeit des Pontifex maximus an sich wurde jetzt zunehmend als Widerspruch zu dessen Stellung zwischen Himmel und Erde empfunden: Warum musste der Stellvertreter Christi wie die übrige Menschheit der Sterblichkeit Tribut zollen? Speziell die Armen im Geiste mussten an diesem Widerspruch Anstoß nehmen, ja, sie liefen sogar Gefahr, daran ihren Glauben zu verlieren. Umso wichtiger war es, frommen Gemütern vor Augen zu führen, dass der Tod alle Runzeln glättete, und ihn durch lebensverlängernde Maßnahmen so weit wie möglich hinauszuschieben. Aus diesen Gründen waren die Päpste des 13. Jahrhunderts lebhaft an guten Ärzten, Badekuren und Wellness-Behandlungen interessiert.

Nach dem Tod Honorius' IV. zeigte sich, dass selbst die ausgeklügelsten Konklave-Ordnungen wirkungslos blieben, wenn das Kardinalskollegium so tief zerstritten war wie jetzt. Erst nach zehn Monaten und dem Tod zahlreicher Purpurträger einigten sich die übrig gebliebenen Kirchenfürsten im Februar 1288 auf den ehemaligen Franziskanergeneral und Bischof von Palestrina namens Girolamo d'Ascoli. Das war kein Nachname, sondern eine bloße Herkunftsbezeichnung: Im Gegensatz zu seinem Vorgänger hatte Nikolaus IV., wie sich der neue Papst aus Dankbarkeit für die Verleihung des roten Huts durch Nikolaus III. nannte, keine starke Familie hinter sich, ja noch nicht einmal einen Familiennamen. Seine Herkunft aus einfachen Verhältnissen hob ihn jetzt auf den Stuhl Petri, denn als Kontrastprogramm zu Honorius IV. wollten die Kardinäle einen nepotenfreien Ordenspapst mit überwiegend geistlichen Interessen. In dieser Rolle ließ sich Nikolaus IV. dann auch in einem Mosaik in der Apsis der Lateranbasilika darstellen: um

Der Kampf um die Vormacht

Papst und Über-Papst, in frommer Anbetung vereint Nikolaus IV. *(links)* und Kardinal Giacomo Colonna, sein «Protektor» *(rechts)*, wohnen auf Jacopo Torritis Meister-Mosaik in der Apsis von Santa Maria Maggiore aus dem Jahr 1295 der Krönung Mariens durch ihren göttlichen Sohn bei. Dabei knien sie zwischen Engeln, Aposteln und Heiligen, darunter ganz links Franz von Assisi.

einiges kleiner als den heiligen Franziskus, als dessen Sohn er sich bezeichnet, und viel kleiner als die Apostel Petrus und Paulus.

Doch in der harten politischen Realität war es mit dieser spirituellen Würde allein nicht getan. Hier musste sich der ehemalige Bischof von Palestrina an die Colonna anlehnen, denen dieser Ort gehörte, und zwar so eng, dass er auch als Papst wie ihr Gefolgsmann auftrat. Mitglieder dieses durch seine Arroganz und seine Gelehrsamkeit berüchtigten und berühmten Geschlechts nahmen in den vier Jahren von Nikolaus' Pontifikat so viele Schlüsselpositionen mit so reichen Einkünften ein, dass sich ein indirekter Nepotismus eigener Art herausbildete. Wer in den vier Jahren seiner Regierung das Sagen hatte, zeigt ein Mosaik in Santa Maria Maggiore: Als eine Art Über-Papst ließ sich Kardinal Giacomo Colonna dort mit verewigen. In der großen Politik hinterließ der Franziskaner-Papst kaum Spuren. Seine

Bemühungen um eine Lösung des Sizilien-Problems blieben ebenso erfolglos wie Aufrufe zu einem erneuten Kreuzzug.

Nach dem Tod Nikolaus' IV. am 4. April 1292 zeigten sich die Folgen der Entwicklung seit Nikolaus III. mit aller Deutlichkeit: Im zwölfköpfigen Kardinalskollegium waren außer zwei Franzosen, die die Interessen Karls II. von Anjou wahrnahmen, fast nur noch Mitglieder und Gefolgsleute der römischen Baronalfamilien vertreten, die sich argwöhnisch belauerten, jedes Manöver der Gegenseite für einen möglichen Kandidaten mit Gegenintrigen beantworteten und die Ernennung neuer Purpurträger eifersüchtig durchkreuzten. Je aussichtsloser sich die Bemühungen um eine Nachfolge gestalteten, desto mehr schmolz die Zahl der Wähler zusammen, bis das Konklave mit nur noch vier standhaft Ausharrenden im Sommer 1293 ergebnislos abgebrochen werden musste. Auch nach Wiederaufnahme seiner Tätigkeit im Oktober desselben Jahres blieb das Kollegium zutiefst gespalten. Die am Ende siebenundzwanzigmonatige Sedisvakanz war vor allem für Karl II. ein Ärgernis, da er glaubte, auf dem Verhandlungsweg eine Einigung mit seinem aragonesischen Rivalen über die Rückkehr Siziliens unter die Herrschaft der Anjou erzielt zu haben, und dafür den Segen des Papstes brauchte.

Der Eremiten-Papst: Cölestin V.

Was am Ende der langen Sedisvakanz nach dem Tod Nikolaus' IV. geschah, ist in den Legenden- und Mythenschatz Europas eingegangen. Doch zunächst die unbezweifelbaren Fakten: Pietro del Morrone, ein schon zu Lebzeiten als Heiliger verehrter fünfundachtzigjähriger Einsiedler, der in den Abruzzen eine Eremitenkongregation gegründet und auf eine verschärfte Benediktinerregel festgelegt hatte, wurde im April 1295 von König Karl II. und seinem Sohn in seiner Grotte bei Sulmona aufgesucht. Die beiden drängten den Einsiedler, dessen Gemeinschaft sie gefördert hatten, einen geharnischten Brief an die Kardinäle zu schreiben. Darin schalt der als heilig verehrte Asket die Purpurträger wegen ihres Parteigeistes und hielt ihnen den Schaden vor, den sie in der Kirche durch ihren kleinlichen Egoismus anrichteten. Der Hintergedanke des Königs dabei war, dass die

Gescholtenen in einer Aufwallung frommer Scham ihren Tadler zum Papst wählen sollten. Und so kam es auch, allerdings nicht ohne unschöne Zwischenfälle. Kardinal Latino Malabranca, ein Parteigänger Karls und der Orsini, berichtete seinen Kollegen auftragsgemäß von einem Traum, in dem ihm ein heiliger Einsiedler schwere Gottesstrafen vorhergesagt habe, falls der Stuhl Petri noch längere Zeit unbesetzt bleibe. Die ironische Frage des Kardinals Benedetto Caetani, der als überparteilicher Kandidat seine eigene Wahl anstrebte, ob es sich bei diesem Warner um Pietro del Morrone, den Verfasser des Brandbriefs, handele, musste Malabranca peinlicherweise bejahen. Trotzdem gaben dem für die politischen Zwecke des Königs eingespannten Einsiedler sechs Kardinäle am 5. Juli 1294 ihre Stimme, nach kurzem Zögern folgten zwei weitere nach, womit die Zweidrittelmehrheit erreicht war. Dass sich die übrigen anschlossen, gehörte zum guten Ton, denn der Heilige Geist konnte in den Wählern ja nicht unterschiedlich wirken.

Es war nicht die erste und nicht die letzte «Stresswahl», aber die mit dem ungewöhnlichsten Ergebnis. Die überwiegend adligen und schwer reichen Kardinäle hatten den Sohn armer Bauern, dem schon die Würde als Abt seiner Kongregation zu schwer geworden war, zum Chef einer globalen Institution mit einer für die Zeitverhältnisse weit verzweigten, modernen Behördenorganisation gemacht. Damit stand ein Einsiedler, der dreiundsechzig Jahre lang die Gesellschaft anderer Menschen systematisch gemieden hatte, an der Spitze eines ebenso umtriebigen wie intriganten Hofes, dessen Werte er nicht teilte, dessen juristische Bildung ihm fremd war und dessen verfeinertes Latein er wahrscheinlich kaum verstand. Die Nachricht, dass dem frommen Eremiten bei der Nachricht von seiner Erhebung angst und bange wurde, ist daher glaubhaft und nicht mit den rituellen Unwürdigkeitsbekundungen zu verwechseln, die man inzwischen von einem neu gewählten Pontifex maximus erwarten durfte. Mit anderen Worten: Pietro del Morrone war Objekt, nicht Drahtzieher des Spiels um die höchste Würde der Kirche. Spielleiter aber war Karl II., der «seinen» Papst von jetzt an nicht mehr aus den Augen ließ.

Alle diese Machenschaften schließen nicht aus, dass der König wie die Mehrheit des Kardinalskollegiums davon überzeugt war, der Kirche endlich den «Engelspapst» zu schenken, dessen Ankunft vor allem die Franziskaner, gestützt auf die Schriften des Endzeit-Visionärs Joachim von Fiore, sehnlichst erwarteten. Dieser 1202 gestorbene Zisterzienser aus Kalabrien hatte in seiner «Erläuterung der Apokalypse» (*Expositio in Apocalypsim*) ein drittes Zeitalter des Heiligen Geistes geweissagt, das nach der vergangenen Ära des Vaters und der gegenwärtigen des Sohnes die Missstände in der Kirche beheben, den Antichrist überwinden, die gesamte Christenheit mit wahrer Spiritualität erfüllen und damit bereit für das bevorstehende Jüngste Gericht machen würde. Laut Joachim, dessen Trinitätslehre auf dem Konzil von Lyon 1215 verurteilt worden war, würde bei der bevorstehenden Läuterung der Welt ein neuer, sittlich vollendeter Mönchsorden die Führung übernehmen. Als Heilsbringer wurde dieser Orden in der allgemeinen Erwartung bald vom *Pastor angelicus*, dem Engelspapst, abgelöst.

Solche Hoffnungen schienen sich zu erfüllen, als der greise Eremit wie Christus am Palmsonntag in Jerusalem auf einem Esel in L'Aquila, einer Stadt Karls II., einzog, wo auf Wunsch des Königs die Krönungsfeierlichkeiten stattfanden. Auch der von lateinisch *coelum*, «Himmel», abgeleitete Name des neuen Pontifex maximus, Cölestin V., suggerierte die Nähe zu den höheren Mächten. Seine Regierungshandlungen aber wurden ausschließlich von Karl II. bestimmt, als dessen willenloses Werkzeug sich der heillos überforderte Papst schnell erwies. Alle nach dem Pontifikatswechsel vakanten Spitzenpositionen der Kurie wurden mit Kreaturen des Königs besetzt, der selbst zum römischen Senator auf Lebenszeit ernannt wurde. Am krassesten zeigte sich diese Abhängigkeit, als Cölestin V. im September 1294 die Ernennung neuer Kardinäle verkündete. Von den zwölf Purpurträgern, deren Zahl an die Apostel des Herrn gemahnte, waren sieben Franzosen und erprobte Parteigänger der Anjou; von den fünf Italienern, allesamt Gefolgsleute des Königs, gehörten zwei der vom Papst gegründeten Kongregation an. Nicht nur Karl und die alten Weggefährten des Papstes, die jetzt sogar das altehrwürdige Kloster Montecassino übernehmen durften, sondern auch für die oppositionellen Franziskaner-Spiritualen, die sich vom Franziskanerorden abgespalten hatten, brachen jetzt goldene Zeiten an. Der Papst rief sie aus ihrem griechischen Exil zurück und erlaubte ihnen, nach den Regeln des Franziskus-Testaments, das heißt: in Armut, und strenger als die übrigen Ordensmitglieder unter dem neuen Namen «Arme Einsiedler und Brüder des Papstes Cölestin» zu leben. Offensichtlich deutete der Einsiedler-Papst seine Erhebung auf den Papstthron als eine Mit-Erwählung seiner Gesinnungsgenossen. Was unter den meisten Pontifikaten den Blutsverwandten zugute kam, erhielten jetzt die Verwandten im Geiste. Sie und die Günstlinge Karls II. waren nicht die Einzigen, die in Audienzen reich beschenkt wurden. Der greise Pontifex maximus verweigerte in seiner naiven Güte keinem Bittsteller, der fromme Töne anschlug, Ämter und Benefizien, was an der Kurie, die sich wie der Papst in Neapel unter der «Protektion» Karls II. aufhielt, schnell für Chaos und Unwillen sorgte.

Der immer hilflosere Cölestin V. trug sich daher schon im November 1294 mit Rücktrittsgedanken. Ein Papst durfte aus Alters- und Krankheitsgründen sein Amt zur Verfügung stellen, darin waren sich alle Kirchenrechtler der älteren und neueren Zeit einig. Hatten die Kanonisten früher die Gültigkeit der Demission noch von der Zustimmung der Kardinäle oder sogar eines Konzils abhängig gemacht, so war diese Entscheidung jetzt nach übereinstimmender Meinung der Kanonisten und Theologen dem freien Willen des *vicarius Christi* anheimgestellt. In diesem Sinne äußerten sich auch die Berater, die Cölestin heranzog. Speziell Kardinal Benedetto Caetani, ein gewiefter Jurist, überzeugte den Papst davon, dass er seine Würde ohne Gefahr für sein Seelenheil niederlegen durfte, da er seine Wahl nur aus Angst, durch die Ablehnung eine Todsünde zu begehen, angenommen hatte. Dass der ehrgeizige und skrupellose Caetani damit seine eigene Kandidatur vorbereitete, steht außer Frage. Dass er dem Papst mit seiner diabolischen Eloquenz die Idee des Rücktritts überhaupt erst nahegelegt und ihn dann mit seinen heimtückischen Winkelzügen so unter Druck gesetzt habe, dass er schließlich keinen anderen Ausweg mehr sah – diese schwarze Legende haben die Franziskaner-Spiritualen und ihre Anhänger gegen ihren Todfeind in Umlauf gebracht.

Am 13. Dezember 1294 verlas Cölestin V. vor den Kardinälen die Erklärung über seinen Rücktritt, den er mit körperlicher Schwäche, fehlendem Herrschaftswissen und der Sehnsucht nach dem Leben in Einsamkeit begründete. Seine Bitte, die Abzeichen der abgelegten Würde während der Messe weiter tragen zu dürfen, wurde ihm von den Kardinälen abgeschlagen. Auch seine Hoffnung, wieder in seine geliebte Grotte am Monte Morrone einziehen zu dürfen, erfüllte sich nicht.

Am 24. Dezember 1294 ging Benedetto Caetani aus einem kurzen Konklave als neuer Papst Bonifaz VIII. hervor. Dieser hatte nichts Eiligeres zu tun, als sämtliche Privilegien seines Vorgängers zugunsten der verschiedenen Armutsbewegungen außer Kraft zu setzen. Den zurückgetretenen Papst ließ er gefangen nehmen, weil er fürchtete, dass dieser unter dem Einfluss der Spiritualen seinen Rücktritt widerrufen und ein Schisma herbeiführen würde. Um den Schein zu wahren, ließ er Pietro del Morrone, wie sich Cölestin V. jetzt wieder nannte, beim Umzug der Kurie von Neapel nach Rom nur von einem Ordensbruder begleitet voranreiten. Dieser ließ seinen ehemaligen Abt bei Sulmona entkommen und bezahlte für seine Fluchthilfe mit dem Tod im Kerker. Nach dem flüchtigen Ex-Papst aber wurde jetzt monatelang in ganz Süditalien gefahndet. Dieser hielt sich im Hafenstädtchen Rodi am Monte Gargano versteckt, um von dort nach Griechenland überzusetzen, doch trieben ihn widrige Winde an die Küste von Vieste zurück, wo er von seinen Häschern ergriffen und erst Karl II. und dann Bonifaz VIII. überstellt wurde. Auf allen Stationen dieser Irrfahrt – so wollen es die zeitgenössischen Quellen wissen – vollbrachte der vertriebene Einsiedler mannigfaltige Wunder, vor allem Teufelsaustreibungen. Diese Praxis setzte er auch auf seiner letzten Reise zu Lebzeiten fort, die ihn in die Festung Fumone bei Ferentino führte. Dort lebte er bis zu seinem Tod im Mai 1296 eingesperrt in einer engen Zelle. Ein Papst-Rücktritt warf nahezu unlösbare rechtliche Probleme auf und überschattete den Pontifikat des Nachfolgers. So ist es kein Wunder, dass es mehr als siebenhundert Jahre dauerte, bis mit Benedikt XVI. im Februar 2013 ein regierender Pontifex maximus erneut diesen Schritt vollzog.

Nicht der chaotische Pontifikat von knapp einem halben Jahr, sondern die zum Symbol gewordene Gestalt des Papstes wirkte machtvoll fort. Cölestin V. stand für eine andere, auf Frömmigkeit und Weltabgewandtheit statt auf Geld und Macht gegründete Kirche. Dass sie gegen die reiche und mächtige Kirche, die Benedetto Caetani alias Bonifaz VIII. verkörperte, den Kürzeren zog, war für Pessimisten die unvermeidliche Folge der Verderbnis des Klerus und der ganzen Welt. Für die Franziskaner-Spiritualen aber starb die Hoffnung zuletzt. Für ihre Wortführer Pietro di Olivi und Ubertino da Casale (deren Ideen dem Leser aus Umberto Ecos Roman «Der Name der Rose» vertraut sind) ließ sich trotz der scheinbaren Niederlage des Engelspapstes der Anbruch des letzten, seligen Zeitalters des Heiligen Geistes nicht aufhalten. Aus dem Chor der Verehrung, die mit der Heiligsprechung Pietros (nicht Cölestins!) im Jahr 1313 offiziell wurde, fallen wenige Stimmen wie die Dantes heraus, der dem Papst seinen Rücktritt als feigen Verzicht vorwarf. Der florentinische Dichter hatte dafür auch sehr persönliche Gründe: Er führte seine Verbannung aus Florenz auf Bonifaz VIII. zurück, der seinen politischen Gegnern am Arno zum Erfolg verholfen hatte.

Kleriker gegen Laien: Bonifaz VIII., Benedikt XI.

Mit Bonifaz VIII. stieg nach den Colonna, Orsini, de' Conti und Savelli eine fünfte Familie in die Spitze der römischen Latifundien- und Lehens-Aristokratie auf. Der neue Papst war in jeder Hinsicht das Gegenbild des alten. Cölestin V. war arm, ungebildet, unerfahren, unpolitisch und immun gegen Nepotismus (außer bei seinen Ordensgenossen). Bonifaz VIII. entstammte einer Adelsfamilie, die in der Gegend um Anagni und Segni – das «Papstnest» des 13. Jahrhunderts – begütert und mit den de' Conti verschwägert war. Er hatte eine vorzügliche juristische Ausbildung genossen, war früh auf diplomatischen Missionen im Dienst der Kirche weit gereist, zum Beispiel nach England und Frankreich, mit den einflussreichsten Persönlichkeiten an der Kurie und in ganz Italien vernetzt und mit siebzehn Pfründen, darunter einigen besonders ertragreichen Kanonikaten, so üppig ausgestattet, dass er schon als Kardinal (ab 1281) in großem Stil und sehr systematisch darangehen konnte, den Grund- und Lehensbesitz seiner Sippe zu erweitern.

Diese Akquisitionen steigerten sich während seines Pontifikats zu regelrechten Haupt- und Staatsaktionen, bei denen die politischen und finanziellen Ressourcen der Kirche vielfach zum Einsatz kamen, zum Beispiel gegen die Colonna, die der unaufhaltsamen Ausdehnung der Caetani erbitterten Widerstand entgegensetzten. Gegen die verhassten Rivalen in der südlichen Campagna rief Bonifaz VIII. sogar zu einem Kreuzzug auf. Was einst zur Rückgewinnung der heiligen Stätten Jerusalems führen sollte, diente jetzt dazu, die Machtposition der Nepoten auf Dauer zu befestigen. Mit dem allerhöchsten Segen des Papstes wurden in rascher Folge Kastelle, Herrschaftsrechte und Landgüter in strategischen Schlüssellagen erworben oder beschlagnahmt, so dass sich ein geschlossener «Caetani-Feudalstaat» innerhalb des südlichen Kirchenstaats bildete, in dem die Nepoten Abgaben einzogen, Truppen aushoben und die gesamte Gerichtsbarkeit innehatten. Dass dieser feudalen Hoheitsbildung rigorose Verbote seiner Vorgänger entgegenstanden, kümmerte Bonifaz nicht. Einschränkungen dieser Art ließen sich mit der Vollmacht des *vicarius Christi* von jetzt an problemlos aufheben; begründet wurden sie stereotyp mit den einzigartigen Verdiensten, die sich die Verwandten des Papstes um die Kirche erworben hätten. Das Argument überzeugte zwar niemanden außer eingefleischten Anhängern, spiegelt aber wider, wie sich die Papstfamilien selbst sahen: Wir sind zusammen mit «unserem» Papst erwählt, wir sind die Kirche. Wie die übrigen Baronalfamilien verteidigten die Caetani ihre Stellung als Kleinkönige auf dem Lande bis zum Ende des Kirchenstaats im Februar 1798 recht erfolgreich; den Rechten und Kompetenzen der päpstlichen Amtsträger waren durch die feudalen Privilegien enge Grenzen gezogen.

Die Kardinäle, die für Benedetto Caetani gestimmt hatten – also alle außer den Franzosen –, müssen gewusst haben, dass sie sich auf einen «römischen», hoch politischen und aller Wahrscheinlichkeit nach sogar konfliktreichen, ja turbulenten Pontifikat einließen. Bonifaz VIII. verstand sich nämlich, wie allgemein bekannt, als Erbe und Vollender Innozenz' III., des ersten Papstes aus der Gegend von Segni. Nach mancherlei kompromissbereiten und schwächlichen Regierungen war es seiner Ansicht nach an der Zeit, Härte zu zeigen, die Stellung des Papstes weit über den Fürsten dieser Welt wieder kraftvoll zur Geltung zu bringen und auf diese Weise ungehorsame Machthaber in die Schranken zu weisen. Zur Verwirklichung dieses Regierungsprogramms besetzte der Machtmensch auf dem Stuhl Petri sämtliche Schlüsselpositionen des kurialen Apparats mit seinen Gefolgsleuten, ohne bei diesem handstreichartigen Revirement die geringste Rücksicht auf Empfindlichkeiten und Interessen der Geschassten und ihrer Protektoren zu nehmen. Das war ein gewichtiger Unterschied zum Vorgehen Innozenz' III., der seine Familie und Klienten nicht weniger intensiv förderte, doch dabei mehr Fingerspitzengefühl und Flexibilität an den Tag legte.

Die politischen Brennpunkte des Caetani-Pontifikats waren Sizilien und Frankreich, das Heilige Römische Reich dagegen lag – anders als ein

Jahrhundert zuvor – am Rande dieses Interessenspektrums, auch wenn der Papst zeitweise eine französische Kandidatur gegen den schwachen römischen König Adolf von Nassau ins Auge fasste. Umso stärker mischte sich Bonifaz VIII. in die Angelegenheiten der Republik Florenz ein, die er unter der Hoheit seiner Familie dem Kirchenstaat einverleiben wollte. Zu diesem Zweck unterstützte er die Clan-Allianz der «schwarzen Guelfen», die mit seiner Hilfe ihre Gegner, darunter den noch kaum bekannten Dichter Dante Alighieri, in die Verbannung schickten und ihre Vormacht auf Dauer konsolidierten, jedoch einer Caetani-Signorie eine klare Absage erteilten. Schiffbruch erlitt der umtriebige Papst auch in seiner Sizilienpolitik. Alle Anstrengungen, die unbequeme Monarchie der Aragonesen auf der Insel vertraglich oder militärisch zu beseitigen und an ihrer Stelle die Rechte des Hauses Anjou und des Papstes selbst wiederherzustellen, schlugen trotz vorübergehender Erfolge am Ende fehl.

Zu Frankreich hatte Benedetto Caetani als Kardinal gute Beziehungen unterhalten, schließlich lagen acht seiner ertragreichsten Pfründen dort. Das gedeihliche Verhältnis trübte sich schlagartig ein, als Bonifaz VIII. dem französischen König Philipp dem Schönen verbot, die Kleriker in seinem Königreich mit einer Abgabe zur Finanzierung des Kriegs gegen England zu belasten. Der Papst fühlte sich herausgefordert, weil er kurz zuvor zwischen den beiden Monarchen einen Frieden vermittelt hatte, der jetzt gebrochen wurde; mit der Kriegssteuer verletzte König Philipp nicht nur die päpstliche Ehre, sondern auch kirchliche Immunitätsrechte, die allerdings überall kaum noch respektiert wurden. Aus diesem Routinekonflikt machte der Papst durch seine Enzyklika «Clericis laicos» vom 24. Februar 1296 einen Präzedenzfall und einen Skandal, der Schockwellen durch die ganze Christenheit aussandte und ihn bei den Fürsten gründlich diskreditierte. Diese mussten sich nämlich in der Enzyklika sagen lassen, dass sie als Laien seit je die geborenen und geschworenen Feinde der Kleriker seien, denen sie ihre durch Askese, Nächstenliebe und Fürsprache vor Gott wohlverdienten Privilegien neideten und jetzt durch unzulässige Besteuerung sogar raubten. Da die Geistlichen ihrem friedliebenden Naturell gemäß das ihnen angetane Unrecht lieber duldeten, als durch noch so berechtigte Gegenwehr Unruhe zu erzeugen, war es die Sache des Papstes, einzuschreiten und ein Machtwort zu sprechen: Hände weg von den Gütern der Kirche, die so wie die Kleriker der weltlichen Macht entzogen und allein der Autorität des Papstes unterstellt sind, der ihre Besteuerung daher auch allein legalisieren kann!

In der Sache war das nichts Neues, wohl aber im Ton. Die Laien, die hier pauschal als bösartig verunglimpft wurden, hatten seit den Tagen Innozenz' III. ein neues kulturelles Selbstbewusstsein und damit ein Selbstverständnis ausgebildet, das mit einer solchen Abwertung und Unterordnung unvereinbar war. In den verschiedenen Armutsbewegungen inner- wie außerhalb der Kirche hatte sich eine Laienfrömmigkeit mit eigenständigen Ausdrucksformen entwickelt, die mit teilweise heftiger Kritik am Lebensstil des Klerus einherging. Zudem hatten kritische Theologen wie Siger von Brabant und Roger Bacon das scheinbar harmonische Gefüge von Wissen und Glauben aufgesprengt. Die *fides* hatte in ihren Augen nicht mehr das letzte und höchste Wort weit über der *ratio*, sondern dem Glauben und dem Wissen wurden autonome Zuständigkeitsbereiche zugewiesen. Damit waren der diesseitige Lebensraum des Menschen und dessen natürliche Organisation, der Staat, aufgewertet und der Bevormundung durch die Kirche entzogen worden. Die Unabhängigkeit der königlichen Politik von jeglicher Einmischung durch Kaiser und Papst wurde zudem von französischen Juristen im Umkreis des Hofes durch konsequenten Rückgriff auf das römische Recht untermauert und ausgebaut. Die Untersuchungen dieser «Legisten» gipfelten in der These, dass der König von Frankreich in seinem Reich uneingeschränkte Hoheitsrechte wie ein Kaiser genieße – wohlgemerkt wie ein Kaiser der Antike, nicht wie ein Kaiser nach päpstlichen Vorstellungen.

Mit solchen Argumenten rechtfertigte Philipp der Schöne die Gegenmaßnahmen, die er gegen das Steuererhebungsverbot des Papstes ergriff. Das Wohlergehen und der Schutz seines Königreichs machten – so die königliche Verfügung vom August 1296 – eine Ausfuhrsperre erforderlich, unter die sämtliche Einnahmen der Kirche fielen. Damit sah sich Bonifaz VIII. mit einem Schlag von einem seiner finanziellen Hauptströme abgeschnitten. Auch die toskanischen Bankiers, die diesen Zahlungsverkehr abwickelten, saßen unversehens auf dem Trockenen. Diese unhaltbare Situation provozierte schon im September die nächste päpstliche Bulle. Darin sparte Bonifaz nicht mit schweren Beleidigungen und Drohungen: Es gibt immer noch fromme christliche Herrscher, die im Namen des Papstes dessen Kränkungen rächen werden! Er selbst aber sei bereit, als Schutzherr der Kirche das Martyrium auf sich zu nehmen.

Doch so weit war es noch nicht. Beide Seiten wollten den Streit nicht auf die Spitze treiben, Zugeständnisse machte vor allem der Papst in der Steuerfrage. In dieser Situation kam eine neuerliche Vermittlung im Streit der Kronen Frankreichs und Englands über lehensrechtliche Fragen wie gerufen; strittig war vor allem die Zugehörigkeit des Herzogtums Guyenne im Südwesten Frankreichs, das im Vertrag von Paris 1259 England zugesprochen worden war. Allerdings wurde Bonifaz VIII. von der französischen Seite nur als Schlichter «Benedetto Caetani» akzeptiert, was nichts Gutes für die Zukunft verhieß: Behielt sich Philipp der Schöne den Appell an ein Konzil und die Wahl eines neuen Papstes vor? Trotz der beunruhigenden Formulierung besiegelte Bonifaz im September 1297 den fragilen Frieden mit der Heiligsprechung von Philipps Großvater Ludwig IX., die der ganzen Dynastie hohes Ansehen verschaffte.

Der Ausgleich mit der Großmacht im Westen verschaffte dem Papst den notwendigen Aktionsspielraum in seinem Vernichtungskrieg gegen die Colonna, der immer dramatischere Formen annahm. Wie sehr der impulsive Möchtegern-Theokrat zu pathetisch überzogenen Gesten neigte, zeigte sich nach der Belagerung und Eroberung von Palestrina: Nur mit Mühe konnte er davon abgehalten werden, den uralten Ort des berühmten Fortunatempels, auf dessen Fundamenten die Burg der verhassten Colonna emporragte, dem Erdboden gleichzumachen und darüber eine neue «Papststadt» zu errichten. Als «Ersatz» mussten die gefangenen Feinde in einer öffentlichen Zeremonie kniefällige Abbitte leisten. Verstörend klang auch, was die englischen Botschafter von Unterredungen mit dem Papst im Jahr 1299 zu berichten hatten: Dieser habe in schroffen Tönen seinen doppelten Primat und damit seine Rolle als oberster Richter der Christenheit hervorgehoben und drohend angedeutet, dass er von diesem doppelten Schwert strafenden Gebrauch machen werde.

Offensichtlich sah sich der Caetani-Papst jetzt auf dem Höhepunkt seiner Macht, auf Augenhöhe mit Innozenz III. oder sogar noch darüber. Aus dieser Seelenlage heraus verkündete er am 22. Februar 1300 – rückwirkend ab Weihnachten 1299 – das erste Heilige Jahr, das allen Gläubigen, die ihre Sünden aufrichtig bereuten, den vollständigen Ablass (*indulgentia plenaria*) der von Gott verhängten Strafen versprach. Dieses «Jubeljahr» sollte zunächst alle hundert Jahre stattfinden. Da die Pilgerströme für Rom eine willkommene Konjunkturbelebung mit sich brachten, speziell für das Gastgewerbe, aber auch für die Apostolische Kammer, und da die Nachfrage groß war, pendelte sich das Heilige Jahr später auf einen Vierteljahrhundertrhythmus ein (außerordentliche Anlässe nicht mitgerechnet).

Mit dem genialen Schachzug eines Erlassjahres kam der Papst, der persönlich kaum zur Zerknirschung neigte, einer weit verbreiteten Erwartungshaltung in der Christenheit entgegen: Die Angst vor den Qualen des Purgatoriums förderte in breiten Schichten die Bereitschaft zu einem Frömmigkeitsaktionismus, der sich in Wallfahrten und Reliquienverehrung niederschlug. Dass die Plenarindulgenz jetzt auch für Verstorbene gelten sollte, machte die päpstliche Offerte noch viel attraktiver. Allerdings waren damit auch theologische Kontroversen vorgezeichnet, die hohe Wellen schlagen sollten, zum Beispiel am Beginn der Reformation.

Der Papst selbst sah in dem Heiligen Jahr einen nachhaltigen Ausdruck seines höchsten Richteramts über die gesamte Christenheit. Selbst dieser Anspruch war jetzt noch steigerungsfähig: Im Schriftverkehr mit dem neu gewählten König Albrecht I. aus dem Hause Habsburg erklärte sich Bonifaz VIII. kurz und bündig zum Herrn der Welt, ob christlich oder nicht. Auf die damit verbundene Forderung, ihm die Toskana als direktes Herrschaftsgebiet abzutreten, ging das neue Reichsoberhaupt jedoch nicht ein. Daraufhin drohte ihm der Papst unter fadenscheinigen Vorwänden damit, seine Untertanen vom Treueeid zu lösen.

Doch dazu kam es nicht, weil der Papst ein neues Abenteuer favorisierte. Mithilfe eines französischen Prinzen sollten jetzt zwei Fliegen mit einer Klappe geschlagen, nämlich Florenz doch noch gewonnen und Sizilien zurückerobert werden. Beides schlug jedoch kläglich fehl, so dass der Papst zähneknirschend den aragonesischen König von Sizilien anerkennen musste. Während dieser erfolglosen Expedition bahnte sich der zweite, noch viel dramatischere Konflikt mit der französischen Krone an. Anlass war ein kirchenpolitischer Streit in der Provinz: Bonifaz VIII. hatte für einen französischen Günstling ein eigenes Bistum eingerichtet und dessen Sitz zur Stadt erhoben, Philipp der Schöne aber machte diese eigenmächtigen Maßnahmen schnurstracks rückgängig. Aus diesem begrenzten Konflikt machte der Papst eine Haupt- und Staatsaktion, als er alle französischen Bischöfe und die übrigen führenden Kleriker des Landes nach Rom zu einer Synode einberief, auf deren Tagesordnung nicht weniger als die Neuordnung des ganzen Königreichs und die «Besserung» des Königs standen. Aus Philipps Sicht war das der erste Schritt zu seiner Entmachtung. Gott habe den Papst über ihn gesetzt, dessen Anweisungen er bedingungslos folgen sollte, so konnte er es im Begleitschreiben nachlesen.

Der König antwortete darauf mit einer regelrechten Medienkampagne. Er ließ Dokumente zirkulieren, die auf authentische Texte des Papstes zurückgingen, an den passenden Stellen jedoch so «überarbeitet» waren, dass sie die ohnehin schon reichlich vorhandenen Attacken gegen die weltliche Gewalt weiter zuspitzten. Dadurch zog er die Eliten des Landes vollends auf seine Seite; bei der ersten Zusammenkunft der Generalstände sicherten ihm Adel, Geistlichkeit und Städte ihre Unterstützung zu. Dabei klagte der königliche Vizekanzler Guillaume de Nogaret den Papst der Häresie an und stellte ein Konzil zu seiner Aburteilung in Aussicht. Darauf reagierte Bonifaz VIII. mit der Drohung, den König abzusetzen, doch seine eigentliche Antwort war die Bulle «Unam sanctam» vom 18. November 1302. Darin formulierte der zum Äußersten gereizte Papst seine theokratischen Positionen nochmals mit donnerndem Pathos: «Beide Schwerter gehören der Kirche, das geistliche wie das weltliche. Letzeres wird für die Kirche, ersteres von ihr geführt. Das weltliche Schwert aber untersteht dem geistlichen, so wie die geistliche Gewalt der weltlichen unterworfen sein muss. Wenn die irdische Gewalt in die Irre geht (*deviat*), wird sie von der geistlichen Gewalt gerichtet werden. Daher erklären, sagen, definieren und verkünden wir, dass alle menschlichen Geschöpfe aus Heilsnotwendigkeit dem römischen Pontifex unterstehen» (C. Mirbt, Quellen zur Geschichte des Papsttums, Freiburg/Leipzig 1895, S. 88–90, aus den Abschnitten 4, 5, 7, 9).

Beide Seiten hatten sich damit den Krieg erklärt, doch geführt wurde er nur von Philipp dem Schönen und seinen Ratgebern, die die öffentliche Meinung weiterhin mit ihren Pamphleten geschickt beeinflussten. Die darin enthaltenen Anklagen lasen sich ungeheuerlich: Dieser Papst glaube weder an die Auferstehung noch an das das ewige Leben und lasse sich wie ein Götze verehren; das für den Kreuzzug bestimmte Geld verteile er unter seinen Verwandten, die Herrscher der Christenheit hetze er gegeneinander auf, seinen Vorgänger habe er ermordet. Da ein Häretiker nicht Papst sein könne, sei der Stuhl Petri vakant, Abhilfe könne nur ein Konzil schaffen. Auf diese Anschuldigungen entgegnete Bonifaz VIII. wie gewohnt in der Pose des Weltenrichters. Mitte August verfasste er eine Bulle, die den französischen König als exkommuniziert und unfähig zur Vergabe von Benefizien bezeichnete; sie sollte am 8. September veröffentlicht werden, doch dazu kam es nicht mehr

Der Papst ahnte zu diesem Zeitpunkt nicht, dass sich die Schlinge um seinen Hals bereits zuzog. Philipp der Schöne hatte heimlich eine Strafexpedition unter Führung Guillaume de Nogarets nach Italien gesandt, die den Papst gefangen nehmen und nach Frankreich verschleppen sollte. Südlich von Rom vereinigte sich Nogarets Kommando mit den militärischen Restbeständen der Colonna und anderer Barone, die darauf brannten, sich für die Gewaltakte und Enteignungen der letzten Jahre zu revanchieren. Die Rächer konnten am 7. September ungehindert in Anagni einziehen und belagerten den Papst in seinem befestigten Palast. Nogaret forderte die Auslieferung des Kirchenschatzes und die sofortige Abdankung des Papstes; wie er wusste, waren das unannehmbare Konditionen. Im anschließenden Handgemenge bedrohten die Colonna den Papst, der im vollen Ornat auf seinem Thron saß, mit dem Tod, wenn er nicht sofort seinen Amtsverzicht erklärte – doch ohne Erfolg. Dass der Pontifex maximus bei dieser hitzigen Auseinandersetzung von seinem Todfeind Sciarra Colonna geohrfeigt wurde, ist wahrscheinlich eine Legende. Drei Tage nach Nogarets Handstreich befreiten die Einwohner Anagnis Bonifaz VIII. aus seiner Gefangenschaft und vertrieben die französischen Truppen aus der Stadt. Kurz darauf konnte sich der Papst im Vatikan in Sicherheit bringen, wo er am 18. September eintraf und am 11. Oktober starb.

Der bewegteste Pontifikat seit Jahrhunderten war zu Ende, doch seine Folgen dauerten fort: durch den Prozess, den Philipp der Schöne gegen den toten Papst führte, durch den Krieg in der römischen Campagna, durch die Polarisierung innerhalb des Franziskanerordens, doch am stärksten durch die extreme Zuspitzung des päpstlichen Primats. Einerlei, ob man

Bonifaz VIII. im Kampf gegen Philipp den Schönen als Verlierer oder durch seine imponierende Unbeugsamkeit als moralischen Sieger ansieht – eine Lektion hatten die Fürsten aus diesem erbitterten Ringen gelernt: Die Ansprüche des Papstes auf umfassende weltliche Oberhoheit nebst Interventionsrecht ließen sich ideologisch mit neuen Ideen der Juristen und Philosophen zurückweisen und auch politisch erfolgreich bekämpfen, wenn es gelang, eine Aktionseinheit mit Adel und Geistlichkeit zusammenzubringen und so ein «Wir-Bewusstsein» gegen die «fremde» Kurie aufzubauen. Zudem war die Kluft zwischen Anspruch und Wirklichkeit des Papsttums unüberbrückbar geworden: Was ein «Engelspapst» ohne irdische Eigeninteressen vielleicht noch hätte einfordern dürfen, konnte ein Papst wie Bonifaz VIII., der die gesteigerte Frömmigkeit der Franziskaner-Spiritualen mit schneidendem Sarkasmus bekämpfte, die Verkünder des nahenden Weltendes mit dem Hinweis auf die Ewigkeit der Welt lächerlich machte und für die Bereicherung seiner Familie einen Kreuzzug ausrief, nicht glaubhaft begründen.

Die Erschütterungen, die vom turbulenten Caetani-Pontifikat ausgingen, waren tief und nachhaltig, doch im Konklave vom Oktober 1303 war davon noch kaum etwas zu spüren. Die Kardinäle hielten sich minutiös an den Zeitplan der neuen Konklaveordnung und wählten an einem Tag mit dem Dominikaner Niccolò da Treviso den unprofiliertesten, unpolitischsten und unerfahrensten Kandidaten aus ihrem Kreis. Mildtätig, aber frei von radikalen Armutsanwandlungen, gelehrt, aber kein besserwisserischer Bücherwurm, leutselig, aber nicht so weltfremd wie Cölestin V., mit dreiundsechzig Jahren alt, aber noch nicht hinfällig, treuer Diener Bonifaz' VIII., dem er den roten Hut verdankte, aber kein Caetani-Hardliner, Italiener, aber ohne habgierige Familie, an der Kurie allgemein beliebt, aber von allen wichtigen Geschäften ferngehalten: Mit diesem Steckbrief war Benedikt XI., wie sich der neue Papst nannte, der ideale Kompromisskandidat in schwierigen Zeiten, ja geradezu ein lebendes Friedensangebot an die Adresse Philipps des Schönen und zudem der Wunschkandidat Karls II., des Königs von Sizilien ohne Sizilien.

Allerdings machten sich auch die Schattenseiten dieser Erhebung rasch bemerkbar: Dem neuen Papst fehlte es an Autorität und Durchsetzungsfähigkeit nach innen und außen. Dieser Schwäche versuchte Benedikt XI.

durch die Ernennung zweier Ordensbrüder zu Kardinälen abzuhelfen, doch machte er damit seine verzweifelte Suche nach Unterstützung nur noch sichtbarer. So konnte der Dominikaner-Papst mit seinem Bestreben, keine einflussreiche Partei gegen sich aufzubringen, in den schwelenden Konflikten nur auf Beschwichtigungsgesten setzen, die mit ihrer Halbherzigkeit diesen Zweck jedoch gründlich verfehlten. Die zwei von Bonifaz VIII. exkommunizierten Colonna-Kardinäle löste er zwar vom Bann, doch Rang und Würde gab er ihnen nicht zurück, auch ihre Güter blieben beschlagnahmt. Die enttäuschten Clanchefs setzten daraufhin ihre mit Philipp dem Schönen abgesprochenen Propagandakampagnen gegen den verstorbenen «Teufels-Papst» fort und stachelten ihre Anhänger in Rom zum Aufstand an, so dass der hilflose Benedikt XI. schon im April 1304 nach Perugia ausweichen musste.

Währenddessen hing das Damoklesschwert eines allgemeinen Konzils über ihm und allen anderen Kreaturen Bonifaz' VIII. Philipp der Schöne verfolgte sein Lieblingsprojekt, den verhassten Caetani-Papst posthum verurteilen zu lassen, weiterhin mit Leidenschaft. Kam es wirklich so weit, waren dessen Amtshandlungen einschließlich der von ihm vorgenommenen Kardinalsernennungen hinfällig und die Grundlagen von Benedikts Pontifikat damit erschüttert. Trotzdem ergriff er keine wirkungsvollen Maßnahmen, um das Andenken seines Vorgängers zu schützen und seine eigene Position damit abzusichern. Ja, selbst den letzten römischen Trumpf gab er ohne Not aus der Hand: Philipp der Schöne wünschte seine Lösung vom Bann, ohne die Exkommunikation mit einem entsprechenden Ersuchen offiziell anerkennen zu müssen, und machte dadurch unfreiwillig deutlich, dass ihn die Maßnahme Bonifaz' VIII. härter getroffen hatte, als er zugab. Hier wäre also Verhandlungsspielraum gegeben, aus dem sich Zugeständnisse hätten gewinnen lassen, doch annullierte der eilfertige Papst die Exkommunikation schon im März 1304 ohne Vorleistungen. Schlimmer noch, er formulierte seine Bulle so, dass unklar blieb, ob der Ausschluss aus der Gemeinschaft der Gläubigen überhaupt gültig vollzogen worden war. Philipps Drohung mit einem Konzil erfüllte ihren Zweck somit auf der ganzen Linie. Auch alle anderen Boykott- und Zwangsmaßnahmen gegen französische Städte, Kirchen und Prälaten wurden aufgehoben, mit einer einzigen Ausnahme: Guillaume de Nogaret sollte persönlich in Rom erscheinen und sich vor dem Papst rechtfertigen. Doch damit gewann Benedikt XI. das Prestige als sittenstrenger und gerechter Kirchenfürst, das er durch seine Gefügigkeit verspielt hatte, nicht wieder zurück, zumal er den harten Kurs seines Vorgängers gegenüber den Franziskaner-Spiritualen ungemildert fortsetzte.

Am 7. Juli 1304 starb der Papst in Perugia. Damit endete der kurze Epilog zum Caetani-Pontifikat und zugleich eine Epoche der Papstgeschichte.

8.

Umzug nach Avignon und Schisma

Von Clemens V. bis Gregor XII. (1305–1415)

An der Seite Philipps des Schönen: Clemens V.

Ein Vierteljahrtausend lang hatten sich die Päpste durch die Symbiose mit den Reformbewegungen ideologisch und juristisch gestärkt, um ihre immer höher geschraubten Ansprüche in schweren Kämpfen innerhalb der Kirche und gegenüber den weltlichen Herrschern abzusichern und schließlich zumindest zeitweise auch mehr oder weniger vollständig durchzusetzen. Dabei zeigte sich, dass die politische Machtposition stärker, als Rom wahrhaben wollte, von Zufallsfaktoren abhing und unter Bonifaz VIII., der diesen Bogen überspannte, nicht mehr in die Zeit passte. Innozenz III., Gregor IX. und Innozenz IV. hatten über die Staufer triumphiert, doch ein Benedikt XI. musste gegenüber der neuen politischen und kulturellen Führungsmacht Frankreich klein beigeben.

Die weitere Entwicklung war damit für längere Zeit vorherbestimmt. In Rom hatte Bonifaz VIII. verbrannte Erde zurückgelassen, so dass eine durchgehende Residenz des Pontifex maximus *ad limina apostolorum* nicht mehr infrage kam. Parallel dazu war den italienischen Kardinälen, die die Kirche so lange wie selbstverständlich dominiert hatten, von französischer Seite eine Konkurrenz erwachsen, gegen die sie sich nur durch äußerste Geschlossenheit behaupten konnten. Gerade daran aber fehlte es. Der Riss zog sich sogar durch ein und dieselbe Familie: Während des fast elfmonatigen Konklaves nach dem Tod Benedikts XI. standen sich in Perugia zwei Orsini-Kardinäle in unversöhnlicher Feindschaft als Anführer rivalisierender Fraktionen gegenüber. Dabei untergrub ein Neffe als Wortführer einer Sperrminorität die Chancen seines Onkels auf den Papstthron systematisch. Zu Beginn des Jahres 1305 zeichnete sich ab, dass keiner der Purpurträger das Rennen machen würde. Von den Kandidaten ohne roten Hut hatte Bertrand de Got, seines Zeichens Erzbischof von Bordeaux, die besten Aussichten: Sein Bruder Béraud war von Cölestin V. zum Kardinal erhoben worden und konnte daher wirkungsvoll die Werbetrommel rühren. Für Bertrand sprach vor allem, dass er das Kunststück fertiggebracht hatte, gleichzeitig gute Beziehungen zu Philipp dem Schönen und Bonifaz VIII. zu unterhalten; eine solche Gratwanderung schien ihn für schwierige Vermittlungsakte in der Zukunft zu qualifizieren. So zumindest lauteten die Informationen, die die skeptischen Kardinäle bei ihren Nachforschungen vor der Wahl erhielten. Beruhigt stimmten sie daher am 5. Juni 1305 mit der nötigen Zweidrittelmehrheit für den Kompromisskandidaten aus dem südlichen Frankreich.

Krönen ließ sich der neue Papst, der den Namen Clemens V. annahm, in Lyon. Das war für die italienischen Purpurträger ein erstes Warnzeichen. Bestätigt wurde das Menetekel schon im Dezember, als der Papst aus der Gironde zehn neue Kardinäle ernannte: neun Franzosen und einen Engländer. Von Clemens' Landsleuten waren nicht weniger als vier mit ihm verwandt, eine neue Rekordzahl in Sachen Nepotismus. Bei der zweiten Kardinalsernennung einige Jahre später gingen sogar alle zehn roten Hüte an Franzosen, die jetzt eine klare Mehrheit an der Kurie bildeten. Doch mit diesen Ergebenheitsbeweisen an die Adresse des französischen Königs hatte es noch längst nicht sein Bewenden. Innerhalb weniger Monate gab Clemens V. den Colonna ihre kirchlichen Würden und Besitzungen zurück und verlieh Philipp dem Schönen das Recht, fünf Jahre lang die französische Geistlichkeit mit einer zehnprozentigen Abgabe auf ihre Benefizien zu belegen. Darüber hinaus nahm er die wichtigsten Bestimmungen der Bullen zurück, mit denen Bonifaz VIII. Philipp den Schönen herausgefordert hatte, und setzte dessen Günstlinge in kirchliche Schlüsselpositionen ein. Doch mit all diesem vorauseilenden oder nachvollziehenden Gehorsam konnte der Papst den unersättlichen König nicht zufriedenstellen. Philipp wollte den Triumph über seinen Todfeind durch dessen Verurteilung bis zur Neige auskosten. Außerdem gelüstete es ihn nach den Besitzungen des Templerordens, der in Frankreich reich begütert war.

In Sachen des Bonifaz-Prozesses spielte Clemens V. auf Zeit und versuchte einen Kompromiss zu finden, der die Ehre des Königs wiederherstellte, ohne seinen Vorvorgänger völlig zu delegitimieren. Doch auch auf diesem Mittelweg musste der Papst dem König sehr weit entgegenkommen. So wurde im März 1310 der Prozess gegen den Caetani-Papst eröffnet, in dessen Verlauf dieser von diversen Zeugen der Häresie und schwerster moralischer Verfehlungen beschuldigt wurde. Eine formelle Verurteilung wurde jedoch nicht ausgesprochen, und darauf kam es Clemens V. letztlich an. Um das halbwegs glimpfliche Ende des peinlichen Verfahrens zu gewährleisten, hatte der Papst selbst die Vergangenheit zu entsorgen: Er musste aus sämtlichen kurialen Dokumenten die für den König ehrenrührigen Eintragungen tilgen lassen und ihm in einem gesonderten Dekret bescheinigen, dass er immer nur die löblichsten Absichten gehegt sowie einen vorbildlichen Eifer für den Schutz der Kirche an den Tag gelegt habe.

Mit so schönen Worten ließ sich Philipp der Schöne bei seinem Vorgehen gegen die Templer nicht abspeisen: Der Orden sollte aufgehoben und seine Führung verurteilt werden. Nach anfänglichen Protesten gegen das gewaltsame Vorgehen des Königs, der dabei kirchliche Vorrechte missachtet habe, zeigte sich Clemens V. als dessen gefügiger Erfüllungsgehilfe, der die ihm zugedachte Rolle in der nachfolgenden Justizfarce ergeben spielte. 1308 erklärte er sich damit einverstanden, das Ordensvermögen «Treuhändern» des Königs zu übertragen. Im selben Jahr ging das kirchliche Verfahren mit Geständnissen über die Bühne, die durch Folter erpresst wurden. Daraufhin zeigte sich der Papst von der Schuld der Angeklagten überzeugt und leitete weitere Verfolgungsmaßnahmen ein. Über die formelle Auflösung des Ordens sollte ein Konzil entscheiden, das im März 1312 in Vienne an der Rhone eröffnet wurde. Doch das war nur ein weiterer Versuch, das Unvermeidliche hinauszuzögern. Als der König mit einem bedrohlichen Militäraufgebot in Vienne erschien, hob der Papst am 3. April 1312 den Orden ohne Angabe genauer juristischer Gründe und gegen den Willen der Konzilsmehrheit auf. Diese verlangte unverdächtige Zeugen und über jeden Zweifel erhabene Beweise für die Anschuldigungen der Ketzerei und der sittlichen Verfehlungen, die der Ordensführung zur Last gelegt wurden – vergeblich: Das Schicksal der Ordensoberen war besiegelt. Ursprünglich hatte sich Clemens V. selbst das Urteil über diese vorbehalten, doch trat er diese Entscheidung schließlich an eine willfährige Kommission königlicher Juristen ab. Im März 1314 wurden der Großmeister Jacques de Molay und ein weiteres Mitglied der Ordensleitung lebendig verbrannt, zahlreiche weitere Templer zu lebenslangem Kerker verurteilt.

Auch in seiner Politik gegenüber dem Reich handelte der französische Papst nach den Wünschen und Anweisungen des französischen Königs. Dem Luxemburger Grafen Heinrich VII., der im November 1308 als Nachfolger des ermordeten Albrecht I. zum König der Römer gewählt wurde, zeigte er sich anfangs gewogen, vielleicht in der Hoffnung, in ihm ein Gegengewicht gegen seinen übermächtigen «Protektor» zu finden. Doch damit war Schluss, als Heinrich 1310 nach Italien zog, um sich in Rom zum Kaiser krönen zu lassen und die politischen Verhältnisse Reichs-Italiens grundlegend neu zu ordnen. Eine solche Befriedung, die mit der Wiedereinschärfung in Vergessenheit geratener Reichsrechte einherging, erwies sich schnell als unmögliche Mission. Um sich auf diesem unbekannten politischen Terrain mit seinen zahlreichen unabhängigen Stadtrepubliken behaupten zu können, musste der König die Ghibellinen, die ihm militärische Unterstützung leisteten, begünstigen und verlor dadurch schnell die Aura der Überparteilichkeit. Seine Zustimmung zur Kaiserkrönung hatte Clemens V. davon abhängig gemacht, dass Heinrich einen genau fixierten politischen Verhaltenskodex beachtete, dessen wichtigste Regeln lauteten: Einvernehmen mit König Robert von Anjou, dem Nachfolger Karls II., und keine Maßnahmen gegen die Guelfen in Florenz und anderswo! Da Robert und seine Anhänger in der Toskana Heinrichs Unternehmen mit diplomatischen und schließlich auch militärischen Mitteln torpedierten, waren statt Harmonie schwere Konflikte mit Neapel und dem Papst vorgezeichnet. Heinrich VII. wurde zwar im Juni 1312 im Lateran – den Weg zur Peterskirche blockierten die feindlichen Orsini – zum Kaiser gekrönt, verwickelte sich danach aber in aussichtslose Kämpfe mit seinen italienischen Gegnern und starb im August 1313 in der Nähe von Siena. Den sang- und klanglosen Untergang des «hohen Arrigo», von dem er sich die Versöhnung Italiens und die Heimkehr nach Florenz versprach, hat Dante Alighieri Clemens V. nie verziehen. In seiner «Göttlichen Komödie» versetzte er den Papst in die Hölle, weil er die Kirche zur Hure gemacht und König Philipp zur Unzucht überlassen habe.

Nach Aufenthalten an verschiedenen französischen Orten, zuletzt in Carpentras in der Grafschaft Venaissin, die als Beute aus den Katharer-Kreuzzügen zum päpstlichen Herrschaftsgebiet gehörte, berief Clemens V. 1309 die Kurie in die nahe gelegene Stadt Avignon, die dem Haus Anjou unterstand. Einen dauerhaften Aufenthalt der Kurie an der Rhone wollte der Papst aus der Gironde dadurch nicht begründen, dafür hatte er sein geliebtes Bordeaux auserkoren, doch diese Pläne zerschlugen sich. Den Kirchenstaat überließ er seinen zahlreichen Verwandten zur Verwaltung, und das hieß de facto: Ausbeutung. Die Nepoten schickten ihre Stellvertreter nach Rom und in die Provinzen und behielten sich die reichen Einkünfte aus diesen Ämtern vor. Ansehen und Macht des Papstes sanken so auf einen Tiefpunkt. Rom ist, wo der Papst ist – nach diesem Motto lag Rom jetzt achtundsechzig Jahre lang im Süden Frankreichs.

Als Clemens V. im April 1314 das Zeitliche segnete, fand das Konklave in Carpentras, also auf päpstlichem Gebiet, statt. Von den dreiundzwanzig im Bischofspalast versammelten Kardinälen waren nur noch sieben Italiener. Die sechzehn französischen Purpurträger hätten also die nötige Zweidrittelmehrheit gehabt, wenn sie sich auf einen gemeinsamen Kandidaten hätten einigen können. Stattdessen zerfielen sie in zwei landsmannschaftlich sortierte Parteien: die «Gascogner» gegen den Rest des Königreichs. Als nach drei Monaten kein Ende der Wahlverhandlungen absehbar war, unternahmen die Nepoten Clemens' V. einen Mordanschlag gegen die sieben italienischen Kirchenfürsten, dem diese nur mit viel Glück entkamen. Trotzdem dauerte es noch anderthalb Jahre, bis die Kardinäle zur Fortsetzung des Konklaves wieder zusammenkamen. In der Zwischenzeit starb Philipp der Schöne, erst sechsundvierzigjährig. Gott habe ihn durch einen frühen Tod für seine Übergriffe gegen Bonifaz VIII. gestraft – dieses Gerücht verbreiteten die Caetani-Parteigänger. Glaubhaft wurde es, als auch Philipps Söhne nach kurzer Regierung starben, der erste, Ludwig X., sogar noch während des Konklaves.

Finanzgenie mit Tiara: Johannes XXII.

Im August 1316 einigte sich die notwendige Zweidrittelmehrheit der Kardinäle auf ihren zweiundsiebzigjährigen Kollegen Jacques Duèze, den Sohn eines wohlhabenden Kaufmanns aus Cahors und profilierten Juristen, von dem sie mit Fug und Recht einen kurzen Übergangs-Pontifikat erwarten durfte. Diese Hoffnungen wurden allerdings enttäuscht. Johannes XXII. wie sich der neue Pontifex maximus nannte, regierte achtzehn Jahre, vier Monate und fünfundzwanzig Tage lang und damit länger als alle seine Nachfolger in den nächsten dreihundert Jahren. Seine Erhebung vollzog sich unter den düsteren Vorzeichen einer undurchsichtigen Affäre: Der Bischof von Cahors wurde angeklagt, Johannes' Vergiftung geplant und einen Fluch über ihn und seine Angehörigen verhängt zu haben, dem sein Lieblingsneffe zum Opfer gefallen sei, und wurde als Strafe für dieses «Verbrechen» lebendig verbrannt.

Dem Nepotismus des neuen Papstes tat der hässliche Zwischenfall keinen Abbruch. Seine Verwandten wurden im Stile Clemens' V. mit kirchlichen Würden, Pfründen und Ämtern im Kirchenstaat nur so überschüttet. Seine Herkunft aus dem Kaufmanns-Milieu verleugnete der Papst aus Cahors während seiner langen Regierung nicht. Er ging als der Kirchenmanager in die Annalen des Papsttums ein, der die Besteuerung der Kleriker durch neue Abgaben um ein Mehrfaches steigerte und sich darüber hinaus die Vergabe aller Pfründen reservierte, die durch Tod der Inhaber am Sitz der Kurie, durch die Übertragung neuer Benefizien, durch Absetzung oder erzwungene Abtretung frei geworden waren. Da er gleichzeitig die Anhäufung von Pfründen verbot, strömten von jetzt an immer höhere Erträge in die Schatulle des Papstes, den feindlich gesinnte Zeitgenossen dementsprechend als abstoßenden greisen Geizhals schildern. «Meine Begierde richtet sich allein auf den, der wegen eines Tanzes das Martyrium erlitt. Von Petrus und Paulus aber habe ich noch nie gehört» – so präsentiert sich Johannes XXII. in Dantes Göttlicher Komödie (Paradiso XVIII, 133–136). Der heiß geliebte Märtyrer ist Johannes der Täufer, der auf den vom Papst gehorteten Münzen prangte. Auch im persönlichen Lebensstil entsprach der reichste Papst der Geschichte, der immer mehr Bischofsernennungen auf Kosten der Kapitel an sich zu ziehen wusste, diesem Feindbild perfekt: An seinem Hof wurden nur kärgliche Mahlzeiten serviert, aufwendige Repräsentation war verpönt.

In die kollektive Erinnerung der Christenheit ging der Pontifikat Johannes' XXII. durch drei Aufsehen erregende Konflikte ein: erstens durch seinen erbitterten Kampf gegen Kaiser Ludwig IV., den Bayern, zweitens durch seinen Streit um die Armut Christi und drittens durch die brisante Kontroverse darüber, ob die Heiligen wie normale Sterbliche das Ende der Zeit abwarten mussten, bevor sie der ewigen Seligkeit teilhaftig wurden, oder gleich nach ihrem Tod zur Anschauung Gottes gelangen durften. Alle drei Auseinandersetzungen waren eng miteinander verflochten.

Der Armutsstreit hatte den Franziskaner-Orden nach einem knappen Jahrhundert seines Bestehens endgültig in die zwei verfeindeten Lager der gemäßigten Conventualen und der radikalen Spiritualen gespalten. Die Spiritualen bildeten eine Minderheit, sahen sich als letztes Häuflein der wahren Kirche vor dem Weltuntergang und drängten nach einer Absonderung von der Welt in Abgeschiedenheit und Besitzlosigkeit; konkret verstanden sie darunter ärmliche Kleidung und sogar den Verzicht auf Lebensmittelvorräte. Zu diesem Zweck rebellierten sie häufig gegen ihre Oberen und tauschten ihre Klöster gegen Einsiedeleien. Der Jurist auf dem Papstthron sah in diesem Aufstand eine gefährliche Auflösung von Disziplin und Gehorsam und schritt rigoros dagegen ein: Im Frühjahr 1318 loderten in Marseille vier Scheiterhaufen, auf denen die ersten Märtyrer der Spiritualen-Bewegung starben. Das Grab ihres Vordenkers Pietro di Olivi in Narbonne wurde im Jahr darauf dem Erdboden gleichgemacht, um die Wallfahrt dorthin und die üppig sprießenden Berichte über Wunder des Verstorbenen zu unterbinden.

Doch damit kehrte keine Ruhe ein, denn die Diskussion konzentrierte sich jetzt erst recht auf den Ursprung der Kontroverse: Hatte Christus mit seinen Jüngern besitzlos gelebt? Diejenigen, die das verneinten, konnten sich auf eine Dekretale Nikolaus' III. stützen, der jede Debatte darüber in weiser

Voraussicht untersagt hatte – ein Verbot, das Johannes XXII. jetzt aufhob, um ein möglichst großes Spektrum an Meinungen einzuholen. 1322 hielt er den Ertrag seiner Erkundungen in einer Bulle fest: Der Gottessohn und die Apostel hatten Güter besessen, um die Armen unterstützen zu können; für sich allein aber hatten sie auf alles verzichtet, was über die elementaren Bedürfnisse des täglichen Lebens hinausging. Diese subtile Unterscheidung zwischen «professionellem» Besitz und individueller Besitzlosigkeit goss weiteres Öl ins Feuer: In einem feierlichen Protest votierten prominente Theologen aus ganz Europa für die Armut des Erlösers und seiner Jünger ohne Wenn und Aber.

Im Streit mit den Franziskanern machte Johannes einen geschickten Schachzug: Er übereignete dem Orden die Güter, die unter päpstlicher Verwaltung standen, mit der provozierenden Begründung, dass die Bettelorden durch den Verzicht auf Eigentum nur in ihrer Gier nach Reichtum bestärkt worden seien. Damit brachte er die Minderbrüder erst recht gegen sich auf. Um sie zum Schweigen zu bringen, erließ der Papst aus Cahors im November 1323 die Bulle «Cum inter nonnullos», in der er die Aussage, dass Christus und die Apostel besitzlos gelebt hätten, als ketzerisch verdammte. In seinen späteren Erläuterungen leitete er das – sündenfreie – Recht auf Eigentum direkt aus dem Paradies und damit aus der Natur ab: Adam sei vor dem Sündenfall natürlicher Herr aller Dinge und Güter gewesen.

Die Mehrheit der Ordensmitglieder unterwarf sich diesem Urteilsspruch: die Unbeugsamen, darunter der Ordensgeneral Michele da Cesena und der berühmte Theologe und Philosoph Wilhelm von Occam, liefen hingegen ins Lager von Johannes' politischem Todfeind Ludwig dem Bayern über, wo sich auch der politische Denker Marsilius von Padua einfand, der von der päpstlichen Seite wegen seiner radikalen Thesen angefeindet wurde. Ludwigs Hof in München wurde so als Gegenpol zu Avignon für einige Jahre zur pulsierenden Geburtsstätte erregender neuer Ideen und Theorien. Marsilius verkündete an der Isar die Souveränität des Volkes und nicht nur die vollständige Unabhängigkeit des Staates von der Kirche, sondern sogar den Vorrang des Staates vor der Kirche im Diesseits.

Der Riss zwischen dem Papst und dem römisch-deutschen König hatte sich aufgetan, nachdem im Oktober 1314 zwei verfeindete Parteien zwei römische-deutsche Könige gewählt und gekrönt hatten: Ludwig, den Herzog von Oberbayern, und Friedrich den Schönen von Habsburg. Der Papst zog daraus den Schluss, dass der Thron des Reichs unbesetzt sei und dieses daher unter seiner uneingeschränkten Verfügungsgewalt stehe. Mit dieser Begründung setzte er in Italien seine guelfischen Alliierten wie König Robert von Neapel in die Schlüsselpositionen des Reiches ein. Auch nach dem Sieg Ludwigs über seinen Konkurrenten im September 1322 verweigerte Johannes diesem die Anerkennung.

Damit kam es nach dem Kampf der Päpste gegen Heinrich IV., die Staufer und Philipp den Schönen zu einem weiteren Krieg der Worte und der Waffen zwischen kirchlicher und weltlicher Macht. Dabei zogen beide Seiten erneut alle Register, doch im Unterschied zu den vorangehenden Duellen blieb eine klare Entscheidung diesmal aus. Das hatte viel damit zu tun, dass sich die geistlichen Waffen und die Propagandakampagnen beider Seiten abgenutzt hatten. Wie üblich in solchen Konfliktfällen exkommunizierte der Papst den König, worauf dieser den Papst für häretisch erklärte und ein Konzil für die Wahl eines rechtmäßigen Pontifex maximus ankündigte; dazu hatte er laut Marsilius von Padua nicht nur das Recht, sondern sogar die Pflicht. Mit dieser Rechtfertigung ließ sich Ludwig 1328 in Mailand zum König Italiens und in Rom von städtischen Amtsträgern zum Kaiser krönen – Kaisermacher waren de facto die Colonna, die zuvor den Einfluss der Anjou-Anhänger am Tiber gebrochen hatten. Die Erhebung eines Gegenpapstes namens «Nikolaus V.» rundete das Alternativprogramm zur päpstlichen Einsetzung ab. Allerdings musste sich der Kaiser von Roms Gnaden schnell wieder nach Norden zurückziehen; der Gegenpapst von Kaisers Gnaden unterwarf sich Johannes XXII. fast ebenso schnell. Im Reich vermochte sich Ludwig der Bayer aber trotz der päpstlichen Opposition zu behaupten.

Um die Jahreswende 1331/32 brach der fünfundachtzigjährige Papst mit einer Reihe von Predigten einen theologischen Streit vom Zaun, der mit dem Zwist über die Armut Christi eng verknüpft war. Laut Johannes XXII., der sich dabei auf den heiligen Bernhard von Clairvaux stützte, mussten auch die Seelen der Heiligen bis zum Jüngsten Gericht darauf verzichten, Gott von Angesicht zu Angesicht zu schauen. Diese restriktive Auffassung von der *visio beatifica* stand im Widerspruch zur vorherrschenden Lehrmeinung der maßgeblichen Theologen und einer Lehrentscheidung aus dem

Jahr 1241. Über die Gründe, die den greisen Papst dazu bewogen, den Status der Heiligen so empfindlich einzuschränken, lässt sich nur spekulieren. Am plausibelsten ist die Theorie, dass Johannes XXII. mit dieser Wartefrist seine Autorität als *vicarius Christi* nicht aus der Hand geben wollte: Der Mensch gewordene Christus hatte bis zum Ende der Zeiten eine umfassende Rechtsprechungshoheit über die Menschen inne, die sich auf seinen Stellvertreter, den Papst, übertrug. Diese Autorität würde erst mit den Urteilssprüchen des Jüngsten Tages enden, so lange hatten sich also auch die Heiligen zu gedulden.

Das entbehrte nicht der Logik, widersprach aber der theologischen Tradition, wie der Sturm der Entrüstung als Reaktion auf diese Predigten bewies. Führende Gottesgelehrte waren bereit zuzugestehen, dass sich die selige Gottesschau der Heiligen nach dem Tag des letzten Gerichts erweiterte, doch dass sie damit erst einsetzte, war für sie häretisch. In den Augen seiner Gegner überdehnte Johannes XXII. seine Schlüsselgewalt damit ins Maßlose und wurde zum geistlichen Tyrannen. Kaum weniger kontrovers fiel eine weitere Lehrentscheidung des Papstes aus: In seiner Bulle «In agro dominico» vom 27. März 1329 verurteilte der Papst sechsundzwanzig Sätze aus den Werken des kurz zuvor verstorbenen deutschen Mystikers Meister Eckhart von Hochheim, die neben weiteren schweren Irrtümern zur Erschaffung der Welt dem Menschen Eigenschaften zuschrieben, die allein dem Mensch gewordenen Gottessohn zukamen.

Selbst an der Kurie standen sich Kritiker und Befürworter der päpstlichen Thesen unversöhnlich gegenüber: die Dominikaner als Ankläger und die Franziskaner als Verteidiger. Für die Parteigänger Ludwigs des Bayern bot die Aufregung willkommenes Material im Propagandakampf gegen den Papst. Selbst König Robert von Neapel griff zur Feder und erwarb sich mit seinen Traktaten den schmeichelhaften Beinamen «der Weise». Erstaunlicherweise bezog er Position gegen die Lehren des Papstes, seines politischen Alliierten. Dieser widerrief seine Thesen erst einen Tag vor seinem Tod, der am 4. Dezember 1334 eintrat: Die Heiligen sehen das Wesen Gottes von Angesicht zu Angesicht, soweit diese *visio beatifica* abgeschiedenen Seelen zugänglich ist – so lautete das Zugeständnis des Greises auf dem Totenbett. Seine Heiligsprechung wurde niemals auch nur erwogen.

Müllerssohn und Minister: Benedikt XII., Clemens VI.

Nach einem nur einwöchigen Konklave wählten die Kardinäle am 20. Dezember 1334 den Kardinal zum Papst, der Johannes XXII. auf dem Totenbett die Erklärung zugunsten der Heiligen abgerungen hatte und sich jetzt Benedikt XII. nannte: Jacques Fournier, Sohn eines südfranzösischen Müllers, mit etwa fünfzig Lebensjahren jung für das höchste Amt der Kirche, als Theologe renommiert, als Kirchenpolitiker kaum profiliert. Damit stimmte die Mehrheit der Kardinäle für eine deutliche Kurskorrektur, denn der neue Papst stand dem florierenden Geschäftsbetrieb der Kurie skeptisch gegenüber. Er war auf alternativen Karrierewegen nach oben gekommen und qualifizierte sich auch anders. Sein Onkel hatte es zum Abt der Zisterzienserabtei Fontfroide am Fuß der Pyrenäen und 1310 zum Kardinal gebracht; danach setzte er seinen hoffnungsvollen Neffen zum Nachfolger in «seinem» Kloster ein, womit dessen weiterem Aufstieg nichts mehr im Wege stand. Das war der typische Laufbahnstart in der zölibatär verfassten Kirche bis zur Französischen Revolution. Nachdem er zum Bischof von Pamiers aufgestiegen war, widmete sich Jacques Fournier der Ketzerverfolgung im «infizierten» Pyrenäenvorland. In diesen «Katharernestern» sind fast hundert seiner Untersuchungen und Prozesse dokumentarisch bezeugt. Fünf von ihnen endeten mit der Verbrennung von rückfällig gewordenen Ketzern, eine Quote, die als Beleg für eine eher milde Grundhaltung des Inquisitors gedeutet worden ist. Als «Ketzereispezialist» stieg Fournier, der 1327 zum Kardinal ernannt wurde, zum Hoftheologen Johannes' XXII. auf, den er in den Verfahren gegen Spirituale aller Richtungen und gegen den deutschen Mystiker Meister Eckhart beriet.

Gleich zu Beginn seines Pontifikats versuchte Benedikt XII., den kurialen Pfründenmarkt einzuschränken, der unter seinem Vorgänger geradezu globale Dimensionen angenommen hatte. Zu diesem Zweck machte er die Umwandlung von Klöstern in Kommenden, deren Ertrag nicht mehr den Mönchen, sondern einem Kirchenfürsten zufloss, rückgängig und ergriff Maßnahmen gegen die Übertragung von Benefizien zu Lebzeiten des Inhabers. Danach machte er sich an die Disziplinierung der Orden, speziell seines eigenen. Allerdings wurden die strengen neuen Normen durch die

Verweigerungshaltung von Äbten und Mönchen sowie durch zahlreiche Dispense und Ausnahmeregelungen durchlöchert: Kardinäle durften weiterhin Kommendatarabteien kumulieren, und der Papst selbst verlieh Hunderte von «Anwartschaften» auf noch besetzte Benefizien. Durch die Zentralisierungsmaßnahmen seiner Vorgänger konnte er mehr als 300 «große» Pfründen, das heißt: Bistümer und Abteien, sowie über 1500 kleinere in eigener Regie vergeben. Immerhin senkte er durch die Streichung anstößiger Erträge die Gesamteinkünfte der Kurie um etwa ein Viertel; parallel dazu reduzierte er die Ausgaben, vor allem für repräsentative Zwecke, um die Hälfte, so dass die unter Johannes XXII. angelegten Reserven der Kirche weiter anwuchsen. Diesen Rücklagen kam weiter zugute, dass der Zisterzienser-Papst keinen intensiven Nepotismus betrieb – eine viel bestaunte Ausnahme.

Nach nunmehr fast dreißigjähriger Abwesenheit von Rom stellte sich die Frage, wie es mit der päpstlichen Residenz weitergehen sollte. Theoretisch war das kein Problem: Der Papst gehörte nach Rom, so lautete auch das (Lippen-)Bekenntnis der französischen Päpste in Avignon. Hindernisse, die dieser Rückkehr entgegenstanden, ließen sich aber glücklicherweise immer finden. Die Baronalfamilien waren zerstrittener denn je, in wechselnden Koalitionen untereinander und mit der Kommune. Doch das war nichts Neues und für einen energischen Pontifex maximus kein unlösbares Problem, zumal sich die gesamtitalienische Situation nach dem Tod des streitbaren Johannes XXII. spürbar entspannt hatte. Dieser hatte alle führenden Ghibellinen, darunter die mächtigen Stadtherren Mailands und Veronas, exkommuniziert und auf diese Weise Italien in Konflikte gestürzt, die sein Nachfolger beilegte. Er beharrte auf Drängen der Könige von Frankreich und Neapel zwar auf der Auffassung seines Vorgängers, dass das Amt des Kaisers vakant sei und das Reich daher seiner Verwaltung unterstehe, erkannte aber die Visconti in Mailand, die Della Scala in Verona, die Gonzaga in Mantua und die Este in Modena als Reichsvikare an und segnete damit die bestehenden Machtverhältnisse ab.

Die Kurie aber blieb an der Rhone, weil die Päpste und die große Mehrheit der Kardinäle es so wollten. So ließ Benedikt XII. in Avignon einen Palast bauen, der eine Mischung aus Festung und Kloster wurde und bald von einer weit aufwendigeren Konstruktion seines Nachfolgers Clemens VI.

Ein Palast für die Ewigkeit, nach hundert Jahren verwaist In der grandiosen Residenz am Ufer der Rhone, den die Päpste Benedikt XII., Clemens VI. und Innozenz VI. ab 1334 für sich und ihre Nachfolger errichten ließen, residierte vom 16. Jahrhundert bis zur Französischen Revolution nur noch ein schlecht bezahlter römischer Vizelegat.

in den Schatten gestellt werden sollte. Der Preis für den Aufenthalt in Avignon war die fortbestehende Abhängigkeit von der französischen Monarchie, die mit dem Verlust von Autorität und Macht in Italien und Deutschland einherging. So verkündeten die Kurfürsten des Reichs im Juli 1338 in Rhense bei Koblenz, dass der von ihnen gewählte Kandidat auch ohne päpstliche Bestätigung rechtmäßiger König sei und als solcher regieren könne. Ludwig der Bayer fügte dieser Absage hinzu, dass der römische König bereits alle Rechte eines Kaisers besitze und daher auch nicht mehr in Rom gekrönt werden müsse. Die Frage war, ob sich dieses neue Rechtsverständnis in der Praxis durchsetzen oder nur als Manifest gegen eine feindliche Kurie dienen würde.

Nach dem Tod Benedikts XII. am 25. April 1342 wählten die achtzehn Kardinäle – vierzehn Franzosen, drei Italiener, ein Spanier – nach kurzem Konklave Pierre Roger, den Kardinal-Erzbischof von Rouen, der reichsten

Diözese Frankreichs, und einen der engsten Vertrauten des französischen Königs, zum Nachfolger. Seinen Namen Clemens VI. verstand der Neugewählte als Programm: Milde – *clementia* – war für ihn Mildtätigkeit, Großzügigkeit und Prachtentfaltung in einem. Nach minutiösen Berechnungen gab er in seinem zehneinhalbjährigen Pontifikat ein Sechstel seiner – nach der Flaute unter Benedikt XII. wieder kräftig gesteigerten – Einnahmen für die Armenfürsorge aus: mehr als für seine intensive Bautätigkeit und ein künftig kaum noch übertroffener Spitzenwert. Doch auch sich selbst und den Kurialen versagte der «milde» Papst nichts. Ob er den ominösen Satz, dass seine Vorgänger es nicht verstanden hätten, Papst zu sein, wirklich ausgesprochen hat oder nicht – wie er sein Amt auffasste und gestaltete, machte der theologisch gebildete und rhetorisch brillante neue Pontifex maximus jedenfalls schnell unübersehbar deutlich. Die Würde des *vicarius Christi*, die diesen weit über alle Menschen hinaushob, musste eindrucksvoller als je zuvor veranschaulicht werden. Dazu gehörten eine neue Ästhetik des Alltags, also Gewänder und Speisen, die Großartigkeit der Empfänge und Feste und vor allem die grandiosen Bauten, die als ein Abbild der Erhabenheit des Amtes und seines Inhabers verstanden werden sollten. In einer von prunkverliebten Herrschern regierten Welt, in der die Menschen nur glaubten, was sie sahen, musste sich der Papst durch die Pracht seines Auftretens und seiner Entourage als das zeigen, was er war: Oberherr der Christenheit und Vermittler zwischen Himmel und Erde. Diese herausgehobene Andersartigkeit ließ sich entweder durch radikale Askese im Auftreten oder durch konsequente Übertrumpfung der fürstlichen Höfe visualisieren. Clemens VI. und viele seiner Nachfolger entschieden sich für den zweiten Weg, also für das «Mehr ist mehr».

Daraus entstand ein Muster- und Pionierhof, an dem sich die italienischen Fürsten mit der Zeit orientieren sollten. Neu am avignonesischen Papsthof war, dass sein Personal nur noch knapp zur Hälfte aus «Funktionären» mit konkreten Verwaltungs- und Rechtsprechungsaufgaben bestand. Diese kurialen «Bürokraten» arbeiteten vor allem in der Apostolischen Kammer, die die immensen Finanzflüsse kanalisierte und registrierte, in der Cancelleria, die die geistlichen Gnaden für zahlungskräftige Kunden, mit oder ohne Krone, aushandelte, und in den beiden neu ausgebauten Gerichten der Pönitentiarie und der Sacra Rota, die gleichfalls ansehnliche Ge-

Die Kunst, mit Falken und Hunden zu jagen Der Maler Matteo Giovannetti hat 1343 im Arbeitskabinett Clemens' VI. im neuen Papstpalast von Avignon die Freuden des Gaumens und das aristokratische Vergnügen am Waidwerk dargestellt – passende Themen für einen so «fürstlichen» Pontifex maximus.

bühren scheffelten. Mehr als dreihundert Personen aber hatten jetzt überwiegend repräsentative Aufgaben: von Türstehern und Kammerdienern unterschiedlicher Kategorien bis hin zu Malern, Musikern, Gelehrten und Adligen, die hochgestellte Gäste stilvoll willkommen hießen. Der Hof wurde auf diese Weise zur Bühne, auf der das Dauerschauspiel der erhabensten Herrschaft auf Erden dargeboten wurde.

Dafür war der einfache Wohnsitz, den Benedikt XII. hatte errichten lassen, ungeeignet. Einen neuen Palast nach seinen Vorstellungen ließ Clemens VI. südlich davon um einen prachtvollen Innenhof herum anlegen. Er besaß eine prachtvoll ausgestattete Kapelle, einen eleganten Audienzsaal sowie Wohn- und Arbeitsräume, die durch ihre Fresken mit Szenen des Landlebens, der Jagd und des Fischfangs den Besucher bis heute bezaubern; für einen geistlichen Herrscher waren das recht weltliche Bildthemen. Gestaltet wurden sie unter Leitung des päpstlichen Hofmalers Matteo Giovannetti aus Viterbo von Künstlerteams, die der Papst aus Frankreich, den Niederlanden und Italien an die Rhone zog.

Der aufwendige Neubau wollte ebenso wie die ausgedehnte Mildtätigkeit des Papstes bezahlt sein, und so erhöhte sich erneut der Abgabendruck, der auf dem europäischen Klerus lastete. Parallel dazu wurde das ohnehin schon dichte Netz der Steuereinzieher weiter ausgebaut. Natürlich gingen unter einem solchen Papst auch die Nepoten nicht leer aus. Der französische König überschüttete sie mit Feudaltiteln und Einnahmen, so dass sie vom Landadel in die obersten Ränge der südfranzösischen Aristokratie aufstiegen. Er wusste warum: Nepotistische Päpste waren durch Wohltaten für ihre Verwandten beeinflussbar, solche Investitionen zahlten sich reichlich aus. Noch dauerhafter war der Erfolg der Roger-Sippe in der Kirche. Clemens VI. erhob nicht weniger als sechs Familienmitglieder zu Kardinälen, darunter seinen Bruder Hugues und seinen Neffen Pierre Roger, der 1370 als Gregor XI. den Stuhl Petri bestieg. Der «Gießkannen-Nepotismus» des «milden» Papstes kam darüber hinaus zahlreichen verschwägerten und verbündeten Familien aus dem Limousin, seiner Heimat-Region, zugute; in Avignon bildeten sie eine eigene, von den Einheimischen misstrauisch beäugte Kolonie.

Mit Clemens VI. regierte ein Weltmann die Kirche. Nach einem Einsiedler, zahlreichen Juristen, Professoren, Ordensmännern und Theologen, Diplomaten und Inquisitoren verkörperte er einen neuen Typus an der Spitze der Kurie: geschmeidig in seinen Verhandlungen, großzügig gegenüber Gelehrten und Künstlern, vor allem Musikern des neuen, polyphonen Stils, glänzend in seinem Auftreten und allen radikalen Strömungen der Zeit entschieden abgeneigt. Das zeigte sich vor allem im Umfeld der Großen Pest, die Ende 1347 von der Schwarzmeergegend nach Sizilien übergegriffen hatte und von dort aus mit einer durchschnittlichen Mortalitätsrate von etwa einem Drittel fast ganz Europa verheerte. So verbot der Papst die Flagellanten-Bewegung, die mit massenhaften Selbstgeißelungen die «Gottesstrafe» der Seuche beenden wollte, und untersagte die Verfolgung der Juden, die in zahlreichen Städten als deren Urheber verleumdet wurden.

An theologischen Grundsatzfragen, wie sie Johannes XXII. und Benedikt XII. umgetrieben hatten, war der ehemalige Chefberater der französischen Monarchie desinteressiert. Lieber widmete er sich seinem Hof und der großen Politik. Seine beneidenswerte Finanzsituation erlaubte es ihm, dem klammen Haus Anjou die Herrschaftsrechte über die Stadt Avignon abzukaufen, so dass die Kurie dort endlich nicht mehr zur Miete, sondern auf eigenem Grund und Boden residierte. Für die Römer war das die letzte Bestätigung ihrer Befürchtung, dass sie kaum auf eine baldige Rückkehr des Pontifex maximus an den Tiber hoffen durften. Das war ein harter Schlag, vor allem für die Kaufleute, doch es gab Alternativen. Rom war schließlich lange vor den Päpsten groß und erhaben gewesen, diese Traditionen mussten also nur wiederbelebt werden.

Eine solche Erneuerung schrieb sich 1347 der junge Notar Cola di Rienzo auf seine Fahnen. Der Sohn eines Tavernenwirtes aus dem römischsten der dreizehn *rioni* (Stadtviertel), Trastevere, ging dabei mit einer doppelten Stoßrichtung vor: gegen die Päpste, die der Ewigen Stadt untreu geworden waren, und gegen die Barone, die ihr Territorium in eine Orsini-Bastion im Westen und eine befestigte Colonna-Region im Osten aufgespalten hatten. Dazwischen lagen die Gebiete der übrigen großen Clans der De' Conti, Savelli und Caetani als wechselnde Parteigänger. Von den endlosen Fehden der großen Adelsfamilien hatte der gehobene Mittelstand aus Viehzüchtern und Notaren längst genug. Cola machte sich zum Wortführer dieser Unzufriedenen und sagte den streitlustigen Aristokraten als Tribun den Kampf an, den er anfangs auch gewann. Allerdings stiegen ihm diese Erfolge zu Kopf. So forderte er alle Herrscher auf, sich Rom, dessen Recht auf Weltherrschaft nie erloschen sei, zu unterwerfen und ihre Macht aus den Händen des römischen Tribunen neu zu empfangen. Für sich selbst strebte der Gastwirtssohn sogar nach der Würde des römischen Kaisers, was er mit einem rituellen Bad im Lateran und anderen ebenso hochtrabenden wie unbeholfenen Zeremonien anzeigte. Doch solche Pläne, die sich aus der Lektüre der antiken Historiker speisten, erwiesen sich schnell als Traumgespinste. Die römischen Barone verhängten eine Getreidesperre, hungerten die Bevölkerung aus und stürzten den Tribunen, der nach Avignon ausgeliefert und von Clemens VI. in Gefangenschaft gehalten wurde. Nach seiner Rückkehr an den Tiber wurde der unglaubwürdig gewordene Volksführer Cola di Rienzo 1354 von Aufständischen am Fuß des Kapitols erschlagen.

Auch die übrigen Regionen Italiens entzogen sich zunehmend dem Einfluss des Papstes. So musste Clemens VI. im Kampf gegen Giovanni Visconti, seines Zeichens Erzbischof und Stadtherr von Mailand, auf der ganzen Linie kapitulieren. Die Exkommunikation des mächtigen *signore* war wirkungslos verpufft. Als sich ihm auch das päpstliche Bologna unterstellte, musste ihn der Papst vom Bann lösen und als seinen Stellvertreter in der florierenden Universitätsstadt anerkennen.

Erfolgreicher war Clemens' Politik gegenüber dem Reich. Auch er zeigte sich im Dauerkonflikt mit dem gebannten Ludwig von Bayern unerbittlich und baute mit Karl von Luxemburg, dem König von Böhmen, einen Gegenkandidaten auf, der 1346 von fünf Kurfürsten zum römischen König gewählt wurde und sich durchsetzte, nachdem Ludwig im Oktober 1347 bei der Bärenjagd gestorben war. Ein Wermutstropfen für den Papst war, dass der Neugewählte ihn nicht um seine Bestätigung bat, sondern im Sinn der Beschlüsse von Rhense seine Krönung zum Kaiser verlangte. Dafür stellte Clemens VI. eine Bedingung: Abzug aus Rom unmittelbar nach der Krönung! Karl IV. wusste, dass ihm in Anbetracht der dortigen Machtverhältnisse ohnehin nichts anderes übrigblieb, und stimmte zu. Für italienische Beobachter wie den Humanisten Francesco Petrarca war der Akt, der im April 1355 in größter Eile über die Bühne ging, eine Herabwürdigung Roms und eine Peinlichkeit für Kaiser und Papst gleichermaßen, da beide Universalgewalten mit der Abwesenheit von Rom ihr Zentrum und ihre Existenzberechtigung verloren hatten. Karl IV. sah das gelassener: Italien mit seinen zahlreichen Stadtrepubliken und Stadtherren hatte bereits seinen Großvater Heinrich VII. das Leben gekostet; für das Reich war hier außer der Krone nichts mehr zu gewinnen.

Der «fürstliche» Papst starb am 6. Dezember 1352. Sein Grabmal in der Abtei Chaise-Dieu entsprach mit seiner Pracht dem Pontifikat.

Reform- und Rückkehrversuche: Innozenz VI., Urban V., Gregor XI.

Mit der Wahl von Clemens' Nachfolger Innozenz VI. setzten die Kardinäle im September 1362 auf Kontinuität, was das Profil des erfolgreichen Kandidaten betraf: Etienne Aubert entstammte ebenfalls dem Landadel des Limousin, war nach juristischen Studien zum Berater und Botschafter König Philipps VI. von Frankreich aufgestiegen, erst relativ spät in die kirchliche Laufbahn übergewechselt und von Clemens VI. zum Kardinal erhoben worden. Neu war hingegen der Vertrag, den die Kardinäle an den zwei Tagen des Konklaves aufsetzten: eine Wahlkapitulation, mit der die Machtfülle des Pontifex maximus zugunsten der Purpurträger eingeschränkt werden sollte. Derartige Abmachungen sollten von jetzt an immer häufiger zustande kommen, doch nachhaltiger Erfolg war ihnen kaum je beschieden. Woran das lag, machte Innozenz VI. vor: Er annullierte die Vereinbarung, die seiner Regierung im Wege stand, und konnte dabei theologische und juristische Argumente geltend machen: Der Papst ist als Stellvertreter Christi auf Erden an keine Beschränkungen seiner Macht gebunden; zudem ist ein Konklave nicht dazu da, dem neuen Papst Fesseln anzulegen.

Trotz aller Ähnlichkeiten im Werdegang und Aufstieg des Papstes, trotz einer ähnlich langen Regierungszeit von rund zehn Jahren und trotz eines fast ebenso intensiven Nepotismus war der Pontifikat des zweiten Papstes aus dem Limousin keine reine Kopie des ersten. Drei Unterschiede stechen ins Auge: erstens die Ausrichtung auf die innerkirchlichen Verhältnisse, zweitens die Versuche, den Kirchenstaat für eine Rückkehr der Päpste nach Rom neu zu ordnen, und drittens der Machtverlust vor der eigenen Haustür. Die Bemühungen des neuen Papstes, den päpstlichen Pfründenmarkt zu regulieren und die immer lautere Kritik am Lebenswandel des Klerus zu entkräften, konzentrierten sich auf die Probleme der Residenz der Kleriker und ihrer Bildung. Pfarrer und Bischöfe sollten bei ihren Schäfchen wohnen und arbeiten und ihre Einkünfte nicht im luxuriösen Vorruhestand verprassen, während miserabel bezahlte Stellvertreter mehr schlecht als recht die Pflichten der Abwesenden wahrnahmen. Ein weiterer Stein des Anstoßes war, dass es keinen geordneten Ausbildungsgang für Kleriker gab, was häufig elementare Bildungslücken, etwa bei der Beherrschung des Lateinischen, zur Folge hatte. Diesen Missständen versuchte Innozenz VI. durch strengere Vorschriften abzuhelfen, doch erwiesen sich diese wie so viele Reformgesetze als undurchführbar, nicht zuletzt wegen der zahlreichen von der Kurie genehmigten Ausnahmeregelungen.

Als dauerhafter Erfolg wird hingegen bis heute die Mission des spanischen Kardinals Gil Albornoz zur «Wiederherstellung» des Kirchenstaats verbucht – ein positives Pauschalurteil, das der Differenzierungen bedarf. Der diplomatisch und militärisch erfahrene Kirchenfürst begann seine schwierige Aufgabe in Rom und Umgebung, wo sich die von den Kämpfen mit Cola di Rienzo und der Kommune geschwächten Baronalfamilien als Lehensmänner des Papstes vertraglich zu Abgaben und Wohlverhalten verpflichteten. Je weiter jedoch die Regionen vom Zentrum entfernt lagen, desto schwerer wurde es für Albornoz, die lokalen Machthaber zu solchen Zugeständnissen zu zwingen; gegen besonders widerspenstige Stadtherren wie die Malatesta in Rimini und die Ordelaffi in Forlì etwa war der Einsatz von massiver militärischer Gewalt notwendig. Auch sie mussten am Ende Pakte unterschreiben, in denen sie die Oberhoheit des Papstes und die daraus abgeleiteten Verpflichtungen wie jährliche Zinszahlung, politische Loyalität und militärische Unterstützung akzeptierten.

Ob sich die auf dem Papier festgeschriebene Hoheit des Papstes tatsächlich durchsetzen ließ, stand auf einem anderen Blatt. Die Stadtherrenfamilien waren in der Provinz verwurzelt, die erfolgreicheren von ihnen wie die Malatesta und die Montefeltro in Urbino übten regelrechte regionale Hegemonien aus und waren an die bequeme Abwesenheit ihres Oberherrn gewöhnt. Zudem wechselte dieser mit schöner Regelmäßigkeit, was Diskontinuität und damit Schwäche zur Folge hatte. Allerdings hatte dieser beständige Austausch der kirchlichen Spitze für die lokalen Machthaber im Kirchenstaat auch seine Risiken: Gute Beziehungen konnten sich unter einem neuen Papst und seinen Nepoten schnell ins Gegenteil verkehren. Unter dem Strich schuf Albornoz einen neu austarierten Gleichgewichtszustand, der auch den Päpsten Chancen bot – vorausgesetzt, sie kehrten nach Rom zurück und ließen die Zügel nicht wieder schleifen.

Nach der Neuordnung durch den tatkräftigen Kardinal hob sich das Herrschaftsgebiet der Kirche positiv vom übrigen Italien ab. Vor allem der Süden versank nach dem Tod König Roberts des Weisen unter der unsteten Regierung der Königin Johanna zunehmend in Anarchie. Rivalisierende Günstlinge und Thronprätendenten bekämpften sich mithilfe von Söldnerarmeen, die im Zeichen des allgemeinen Ordnungsverlusts überall wie Pilze aus dem Boden schossen und auf eigene Faust eine Provinz nach der anderen ausplünderten, nicht nur in Süditalien, sondern bald auch in Südfrankreich. Schon Albornoz hatte seine liebe Not mit einer berüchtigten Kompanie unter dem Kommando des Grafen Landau gehabt. Innozenz VI. musste in Avignon hautnah miterleben, dass selbst die Würde des *vicarius Christi* keinen Schutz gegen diese Landplage bot. Die abgebrühten

Söldnerführer lachten über seine geistlichen Waffen, für sie zählte nur reiche Beute. So musste der Papst sich und seine Stadt Avignon mehrfach gegen hohe Lösegelder freikaufen. Auch die Begleiterscheinungen der Söldnerzüge wie Hungersnot und Pest blieben der Region nicht erspart. Gegenüber dem neuen Kaiser Karl IV., den er 1355 in Rom durch einen Kardinallegaten krönen ließ, verhielt sich Innozenz VI. in der vergeblichen Hoffnung auf Unterstützung gegen die marodierenden Söldner nachgiebig. Obwohl in der 1356 erlassenen Goldenen Bulle, die das alleinige Königswahlrecht der sieben Kurfürsten regelte, jeglicher Hinweis auf das päpstliche Approbations- und Bestätigungsrecht fehlte, verzichtete der Papst auf Proteste. Im Konflikt zwischen England und Frankreich, der sich nach 1339 vom Herzogtum Guyenne über die Bretagne bis nach Flandern ausdehnte, hatte Clemens VI. schon als Kardinal zu vermitteln versucht. Nach der vernichtenden Niederlage des französischen Ritterheeres bei Poitiers, wo der französische König Johann II. 1356 in Gefangenschaft geriet, handelten päpstliche Diplomaten 1357 und 1360 Waffenstillstände aus, in deren Folge die arbeitslos gewordenen Söldner auf der Suche nach Beute in die Provence strömten. Als Innozenz VI. am 12. September 1362 starb, war die akute Gefahr jedoch gebannt.

Nach seinem Tod fiel die Wahl zuerst auf Hugues Roger, den Bruder Clemens' VI., doch dieser lehnte die ihm angetragene Würde ab. Nach dieser ungewöhnlichen Weigerung einigten sich die Kardinäle auf einen Prälaten zweiten Ranges namens Guillaume Grimoard, der den Namen Urban V. annahm. Dieser hatte sich als Abt eines Benediktinerklosters und Diplomat in päpstlichen Diensten einen guten Ruf erworben. Doch die Tiara verdankte der Spross einer südfranzösischen Landadelsfamilie der Fürsprache eines Kardinals aus der höher gestellten aristokratischen Sippe Aigrefeuille. Als Papst stattete er dieser in Form von kirchlichen Ämtern und Einkünften den erwarteten Dank ab, machte einen seiner Brüder zum Kardinal und umgab sich mit Führungskräften aus seinem Orden, für dessen Mitglieder an der Kurie goldene Zeiten anbrachen. Seine eigentümlichste Ausprägung erfuhr der – insgesamt moderate – Nepotismus Urbans V. durch die Heiligsprechung des Elzéar de Sabran, eines Verwandten mütterlicherseits. Das war ein Leitmotiv für die Zukunft: Selige oder Heilige in der Familie zu haben, war ein begehrter Prestigetitel auch für sehr vornehme Familien.

Mit Urban V. schlug das Pendel nach dem «höfischen» Pontifikat Clemens' VI. zum entgegengesetzten Extrem aus. Unter seinem Pontifikat hielten die strengen Sitten einer reformierten Benediktinerabtei Einzug in die mondänen Gemächer des Papstpalastes. Diese Regeln versuchte der Mönchs-Papst nicht nur für die anderen Orden, sondern auch für den Weltklerus durchzusetzen, doch verpufften seine Reformanstöße so schnell wie die mancher Vorgänger. Einer durchgreifenden Erneuerung standen wieder die Dispense für Kuriale und ihre Schützlinge, Personalwünsche der weltlichen Herrscher, der Reichtum vieler Klöster, fehlende Bildungseinrichtungen und die Verrohung infolge der dauernden Kriege unüberwindlich entgegen. Der hohe Klerus teilte die Werte des Adels, dem er ganz überwiegend entstammte, und pflegte dessen Lebensstil. Die Kirche war ein Abbild der Gesellschaft und ihrer Mentalität, dagegen kamen alle Reformbemühungen der Kurie und einzelner Bischöfe nicht an.

Politisch schloss sich der sechste französische Papst in Folge der Linie seines Monarchen an, mit dem er sich sogar die Diplomaten teilte. Nach schweren Niederlagen im Hundertjährigen Krieg gegen England und angesichts der bedrohlichen militärischen Präsenz des «Schwarzen Prinzen» in Aquitanien war König Karl V. auf diese Unterstützung angewiesen. Allerdings erwiesen sich die Vermittlungsversuche des Papstes in diesem Konflikt, der weite Teile Frankreichs verheerte und zeitweise auch politisch destabilisierte, durch diese einseitige Parteinahme als aussichtslos.

Mit der Parole «Päpste zurück nach Rom!» machte Urban V. im Gegensatz zu seinen Vorgängern Ernst. Nach mehr als einem halben Jahrhundert der Abwesenheit mussten dafür sorgfältige Vorbereitungen getroffen werden. Zu diesem Zweck bestätigte der Papst die Macht der Stadtgemeinde und beschränkte sich auf die Ernennung von Bevollmächtigten, die seine Hoheit repräsentieren und die kommunalen Organe im Auge behalten sollten. Allerdings bevorzugte er bei diesen Ernennungen wie auch im übrigen Kirchenstaat südfranzösische Adlige und Benediktiner, was in Rom und in den Provinzen schnell für Unmut sorgte. Städte wie Viterbo, Orvieto und Perugia hatten sich nur allzu leicht an die Abwesenheit ihres Oberherrn gewöhnt und stellten jetzt die allerorten verfügbaren Söldnerbanden in ihre Dienste, damit sich an diesen Verhältnissen nichts änderte. So bekam Urban V. die Quittung für die Versäumnisse seiner Vorgänger.

Reform- und Rückkehrversuche

Auch in den übrigen italienischen Machtzentren hielt sich die Begeisterung über die päpstlichen Rückkehrpläne in Grenzen. Vor allem Bernabò Visconti, der starke Mann der Mailänder Stadtherren-Familie, der seine Macht in Richtung Kirchenstaat und Toskana ausdehnte, stellte sich quer. Natürlich war auch das Kardinalskollegium mit seiner breiten französischen Mehrheit entschieden gegen die seit dem Frühjahr 1363 angekündigte Verlegung der Kurie, von den Einschüchterungsbemühungen König Karls V. ganz zu schweigen. Auf der anderen Seite konnte Urban V. auf die Unterstützung Kaiser Karls IV. zählen, der seinen Einfluss auf die Stadtherren Oberitaliens für ihn geltend machte. Und auch die italienischen Humanisten, die in der Nachfolge Petrarcas das Studium der lateinischen Sprache, der Rhetorik, der Laienphilosophie, Geschichte und Epik auf der Grundlage der antiken Texte zum Programm einer neuen, höheren Bildung und Kultur erhoben, ließen ihre Stimme immer lauter und nachhaltiger erschallen: Das Papsttum gehört Italien, der einzig zivilisierten Nation auf Erden, die ihren barbarischen Nachbarn uneigennützig das Licht der wahren Religion und der Bildung vermittelt und dafür nichts als Undank geerntet hat, speziell von den sittenlosen und käuflichen Franzosen! Das Ringen um das Papstamt wurde von Petrarca selbst, der seinen langjährigen Aufenthaltsort Avignon als Lasterhöhle beschrieb, und seinen jüngeren Nacheiferern wie Coluccio Salutati in Florenz als Kampf um nationalen Vorrang und nationale Würde ausgetragen – mit unabsehbaren Folgen für die nähere Zukunft.

Erst einmal aber ging alles glatt. Urban V. setzte sich über alle düsteren Prophezeiungen, die ihm im Auftrag des französischen Königs den Märtyrertod am Tiber voraussagten, hinweg und zog im Oktober 1367 feierlich in Rom ein. Doch nach knapp drei Jahren verließ der französische Papst die Ewige Stadt im September 1370 wieder und kehrte nach Avignon zurück, wo er kurz darauf am 19. Dezember starb. Warum? Die Konflikte zwischen den römischen Adelsparteien, die als Erklärung herhalten mussten, hielten sich in Grenzen; zudem verfügte der Papst über frisch renovierte Wehrpaläste beim Vatikan und Lateran, auch die großen Basiliken waren wiederhergestellt. Der wahre Grund für den zweiten Wegzug aus Rom war die Opposition der französischen Kardinalsmehrheit, der der immer kränklichere und schwächlichere Papst nichts mehr entgegenzusetzen hatte.

Der Nachfolger Urbans V., Pierre Roger, wurde am 30. Dezember 1370 gewählt und nannte sich Gregor XI. Er war ein Neffe des «prächtigen» Clemens VI., der den neuen Palast in Avignon gebaut hatte. Eine deutlichere Absage konnten die französischen Kardinäle den Romplänen Urbans V. posthum nicht erteilen. Als einer der Meistbegünstigten seines Onkels erhielt Pierre Roger im zarten Alter von zwölf Jahren sein erstes von insgesamt achtzehn Erzdiakonaten. Dabei handelte es sich um die reich dotierte Kathedrale von Rouen, die die Familie Roger über mehrere Generationen wie ihren Privatbesitz vererbte. Sechs Jahre später wurde der Nepot, der bis zur Papstwahl nur die niederen Weihen empfangen hatte, Kardinal; am Ende des «Familienpontifikats» nannte er sechsunddreißig reich dotierte Pfründen sein eigen. Der Reformbedarf der Kirche begann an der Spitze: Pierre Roger alias Gregor XI. war der lebende Beweis dafür.

Mit so viel Geld ließen sich vielversprechende Netzwerke knüpfen. Besonders eng gestalteten sich anfangs die nützlichen Beziehungen zu Herzog Ludwig von Anjou, dem Bruder des französischen Königs Karl V., der im Konklave den Ausschlag für «seinen» Kandidaten gab und so den unter Urban V. geschrumpften Einfluss an der Kurie zurückgewann. Von den zwölf neuen Kardinälen, die Gregor XI. kurz nach seiner Wahl ernannte, waren zehn Franzosen, darunter allein sechs aus dem Limousin und mit dem Papst verwandt, verschwägert oder anderweitig eng verbunden, dazu kamen ein Spanier und ein Italiener. Als Alliierter des französischen Königshauses vermittelte auch Gregor XI. im Krieg mit England erfolglos. In einem Punkt kam er dem englischen König Edward III. allerdings entgegen: Er verurteilte neunzehn Lehrsätze des Theologen und Diplomaten John Wyclif(fe), der mit seiner radikalen Kirchen- und Gesellschaftskritik große Resonanz fand, besonders bei den einfachen Leuten auf dem Land. Für Wyclif war das Papsttum, so wie es sich zu seiner Zeit präsentierte, eine Fehlentwicklung der Kirche, die sich von ihren reinen, weltabgewandten Anfängen in ihr abstoßendes Gegenteil verwandelt hatte. Zu den perfiden Erfindungen dieser Machtkirche zählten der geistliche Stand mit seinen ungerechtfertigten Privilegien, die Klöster, die Wandlung während des Abendmahls und die Verehrung der Heiligen. Das Unbehagen am äußeren Erscheinungsbild von Kurie und Klerus führte jetzt immer häufiger zu einem Vergleich von einst und jetzt, von apostolischer Gründungszeit und avignonesischer Hofhaltung, bei dem die Päpste nur verlieren konnten.

Reform- und Rückkehrversuche

In Italien traten die französischen Legaten auch unter Gregor XI. so kontraproduktiv auf, dass sich sogar die Republik Florenz, seit hundert Jahren die verlässlichste Verbündete des Papstes, gegen diesen wendete. Auch im Kirchenstaat rebellierten wichtige Städte wie Viterbo und Perugia gegen die Statthalter Gregors XI., denen sie steuerliche Ausplünderung und persönliche Bereicherung vorwarfen. Coluccio Salutati, der wortgewaltige Kanzler der Republik Florenz, brachte die vorherrschende Stimmung auf den Punkt, wenn er forderte: Weg mit den Franzosen, die Italien im Namen der Kirche aussaugen! Auch gegen den Mailänder Bernabò Visconti ließ sich der Papst auf lange und kostspielige Kriege ein, zu deren Führung er berüchtigte Söldnerkompanien ins Land rief. Trotzdem schien die Situation im Norden und im Süden Italiens, wo römische Beauftragte die unberechenbare Königin von Neapel, Johanna von Anjou, weitgehend unter Kontrolle hielten, im Juni 1376 durch mehr oder weniger brüchige Friedensschlüsse so weit bereinigt, dass das Unternehmen beginnen konnte, das die Welt diesem Papst am allerwenigsten zutraute: die definitive Rückführung der Kurie nach Rom.

Zu diesem Entschluss hatte die wachsende Entfremdung zwischen dem zweiten Papst aus der Roger-Sippe und der französischen Monarchie sowie dem Haus Anjou wesentlich beigetragen. Nach fast siebzig Jahren war der Prestigeverlust der Päpste durch die königliche Bevormundung unübersehbar, vor allem in Italien. Im Verhältnis dazu erschienen die unruhigen römischen Barone und die umtriebige Kommune auf dem Kapitol als das kleinere Übel. Gegen solche Gegner konnten sich die Päpste durchsetzen, wenn sie ihre Ressourcen geschickter als bisher ausnutzten; in Avignon mussten sie dagegen mit weiteren Machteinbußen rechnen.

Keinen wesentlichen Einfluss auf die Entscheidung Gregors XI. hatte – entgegen verbreiteten Legenden – der Auftritt der Caterina Benincasa in Begleitung ihres geistlichen Tutors in Avignon. Caterina war die Tochter eines sienesischen Färbers, hatte sich schon in jungen Jahren durch ihre Visionen und ihre Mildtätigkeit einen Namen gemacht und führte eine äußerst selbstbewusste Korrespondenz mit den Mächtigen dieser Welt, einschließlich des Papstes. Für Katharina von Siena, wie sie nach ihrer Heiligsprechung meist genannt wurde, und ihre hochgestellten Förderer in der Kirche gehörte das Papsttum nach Rom. In diese Kerbe hatte schon die ebenfalls heiliggesprochene Mystikerin Birgitta von Schweden unter Urban V. geschlagen, jedoch mit geringem Erfolg. Der Entschluss Gregors XI. hatte mit Visionen und Weissagungen beider Frauen jedenfalls wenig zu tun, denn seine Rückkehr sollte sich im Schutz starker Bewaffneter vollziehen, nicht, wie es die wortgewaltige Mystikerin aus Siena wollte, allein mit dem Kreuz in der Hand. Am 17. Januar 1377 war es endlich so weit: Von einem schlagkräftigen Heer unter Führung eines Nepoten eskortiert, hielt der französische Papst mit seinen französischen Vertrauten seinen Einzug in Rom.

Sechs der fünfundzwanzig Kardinäle waren jedoch in Avignon zurückgeblieben, das sich kurz darauf wieder einmal durch Lösegeld von der Bedrohung durch Söldnerbanden freikaufen musste und jetzt einer unsicheren Zukunft entgegensah. Zwei Herrschaftszentren konnte sich das Papsttum weder ideologisch noch finanziell leisten. Die Zusammensetzung des Kardinalskollegiums ließ die Hoffnungen auf eine Rückkehr an die Rhone nicht aussichtslos erscheinen. Rom oder Avignon – das musste sich im nächsten Konklave entscheiden. Gregor XI. starb ein gutes Jahr nach seinem Einzug in Rom Ende März 1378. In den Augen der Avignon-Partei war sein unerwarteter Tod die gerechte Strafe für seine fatale Fehlentscheidung. Am 7. April kamen sechzehn Kardinäle in einer Kapelle des vatikanischen Palastes zur Wahl des Nachfolgers zusammen; elf von ihnen waren Franzosen, vier Italiener, einer stammte aus Spanien. Es wurde das dramatischste, umstrittenste und folgenreichste Konklave der Kirchengeschichte.

Der Weg ins Schisma: Urban VI.

Während die Kardinäle berieten – so die schwer zu überprüfende Überlieferung –, übten die städtischen Behörden und «Volksmengen» auf den Straßen mit der Parole «Wir wollen einen Römer als Papst!» Druck auf das Wahlgremium aus. Wie stark diese Pressionen wirklich waren und in welchem Maße sie die Entscheidung beeinflussten, war und ist bis heute strittig. Auf jeden Fall einigten sich die Purpurträger schnell. Schon im ersten Wahlgang des ersten Wahltags erhielt Bartolomeo Prignano, Erzbischof von Bari, doch nicht Kardinal, die nötige Zweidrittelmehrheit, der sich bei einer zweiten Stimmabgabe alle außer dem mächtigen Kardinal Giacomo Orsini anschlossen. Um die Wut der Römer, die keinen Römer, sondern einen Neapolitaner als Papst erhalten hatten, zu dämpfen, verfiel das Kollegium auf die seltsame Entscheidung, die wartende Menge mit der Nachricht irrezuführen, dass der römische Kardinal Francesco Tebaldeschi das Rennen gemacht habe. Trotzdem zogen sich am 8. April sechs Kardinäle aus Furcht vor Ausschreitungen in die Engelsburg zurück. Am Tag darauf wurde der wahre Sieger, der sich Urban VI. nannte, öffentlich bekannt gemacht und neun Tage danach auf den Stufen von Sankt Peter gekrönt.

Damit schien die Wahl trotz einiger Abweichungen von der Norm bestätigt zu sein, doch schon zwei Monate später war die Mehrheit der Kardinäle mit dem von ihnen gekürten Papst so zerstritten, dass Gerüchte über Widerstandsmaßnahmen gegen den Neugewählten umgingen. Anfang August ließen zwölf Purpurträger (die elf Franzosen und der Spanier) Urban VI. wissen, dass sie seine Wahl als ungültig betrachteten, eine Woche später erklärten sie den päpstlichen Stuhl für vakant. Sie begründeten ihre Entscheidung damit, dass das Konklave aufgrund der Unruhen einen irregulären Verlauf genommen habe. Diese Umstände wurden daraufhin von beiden Seiten minutiös unter die Lupe genommen, ohne dass sich dadurch Klarheit über die Vorkommnisse zwischen dem 28. März und dem 8. April 1378 herstellen ließ. Im Gegenteil: Die Berichte der mehr als hundertfünfzig einvernommenen Augenzeugen widersprachen sich in allen wichtigen Punkten. Je nach Standpunkt, Sichtweise und Parteinahme hatte der römische Mob wie ein brüllender Löwe getobt oder war lammfromm geblieben, war die Wahl also schwer gestört worden oder ordnungsgemäß über die Bühne gegangen.

Ausführlich, doch ebenfalls nicht eindeutig beantwortet ist die Frage, warum die Mehrheit der Kardinäle an ihrer Entscheidung irrewurde. Für die römischen Zeitzeugen war der Sachverhalt klar: Dieser Papst war verrückt! So exzentrisch wie Urban VI. verhielt sich kein «normaler» Papst. Verstörend war für sie vor allem, mit welcher Vehemenz er seine Allmacht als *vicarius Christi* geradezu herausschrie; seine Verlautbarungen klangen so, als ob Bonifaz VIII. wütender denn je wiederauferstanden wäre. Dabei hatte der sechzigjährige Neapolitaner vor seiner Wahl als klug, besonnen, durchsetzungsfähig und vor allem reformfreudig gegolten; diese Qualitäten hatte er als Spezialist für kanonisches Recht vielfach unter Beweis gestellt. Und nun dieser plötzliche Wandel! Offensichtlich hatte der Prälat aus der zweiten Reihe seinen kometenhaften Aufstieg an die Spitze der Kirche mental nicht verkraftet, sondern war – wie so manch ein Aufsteiger vor ihm – dem Pontifex-Wahnsinn verfallen. Dass Urban VI. seine unerwartete Erhebung auf den Stuhl Petri als einen persönlichen Auftrag Gottes zur Reform der Kirche an Haupt und Gliedern verstand, steht außer Frage. Besonders gegenüber den Kardinälen führte er diese Mission mit einer so beleidigenden Schroffheit aus, dass er – wie ein nüchterner Beobachter vermerkt – in kürzester Zeit alle gegen sich aufbrachte. Zudem ging er dabei inkonsequent vor. So monierte er den mondänen Lebensstil der Purpurträger und verbot ihnen, von weltlichen Herrschern Pfründen oder andere Gunstbeweise entgegenzunehmen, um sie danach mit der Verheißung neuer Reichtümer zu umwerben. Das alles spricht für tiefe Ressentiments eines Newcomers gegenüber der etablierten Elite.

Hinter diesen persönlichen Motiven zeichnen sich aber auch die ungelösten Fragen der Zeit ab. Die Kardinäle strebten danach, die Kirche gemeinsam zu führen und den Papst zu einem Primus inter pares zu machen, was die Allmachtsansprüche ihres erfolgreichen Kollegen nach dem Konklave weiter forciert haben dürfte. Verbindliche Normen für Amtsführung, Auftreten und Selbstdarstellung von Kirchenfürsten und Päpsten waren weniger denn je in Sicht, wie die unterschiedlichen Pontifikate der letzten Jahrzehnte gezeigt hatten. Ebenso wenig konnte man sich an der Kurie über Ausmaß und Grenzen einer Reform einigen, die nicht nur von Kritikern wie Wyclif immer drängender gefordert wurde. Vor allem aber wurde die Kluft zwischen französischen und italienischen Kardinälen immer tiefer.

Der Gegensatz war tief, doch in diesem speziellen Fall nicht unüberwindlich, wie sich jetzt zeigte. Nach längerem Zögern schlossen sich nämlich auch die drei italienischen Kardinäle dem Widerstand gegen Urban VI. an. Von ihrem ursprünglichen Plan, die verfahrene Situation durch ein allgemeines Konzil bereinigen zu lassen, rückten die oppositionellen Kirchenfürsten bald wieder ab und wählten stattdessen am 20. September 1378 mit Kardinal Robert von Genf einen Papst aus ihrer Mitte, der sich Clemens (VII). nannte und ab Juni 1379 in Avignon residierte. Er entstammte einer vornehmen Feudalfamilie Savoyens und entsprach durch sein Auftreten ganz und gar dem von Clemens VI. begründeten Typus des «Fürsten-Papstes». Allerdings eilte ihm seit dem «Sacco di Cesena» vom Februar 1377 auch der Ruf eines brutalen Menschenschinders und Massenmörders voraus. Unter seiner Verantwortung und mit seiner Billigung war die Stadt Cesena in der Romagna von Soldtruppen so gebrandschatzt worden, dass dabei Tausende ihr Leben verloren. Trotzdem ging es 1378 anders als 1294 nicht um den Gegensatz von «Engelspapst» und Machtkirche. Urban VI. war kein zweiter Cölestin V.; zudem waren die Reformimpulse des neapolitanischen Papstes mit dem Kampf um die Anerkennung seiner Wahl weitgehend zum Erliegen gekommen.

Wer war nun Papst und wer Gegenpapst? Diese Frage bewegte die ganze Christenheit. Die offizielle Kirche hat im Nachhinein zugunsten der römischen Obödienz entschieden, doch für die Gläubigen, die das jetzt anhebende Schisma erlebten und durchlitten, war die Antwort weniger eindeutig. Als nach dreißigjähriger Spaltung dann noch ein dritter Papst hinzukam, wuchs die Heilsangst ins Unermessliche: Gelangte überhaupt noch ein Christ ins Himmelreich? Für die Theologen und Rechtsgelehrten waren damit ebenso beunruhigende wie intellektuell stimulierende Fragen aufgeworfen: Was sollte mit einem geisteskranken Papst geschehen? Musste man ihn nach dem Grundsatz, dass er von niemandem gerichtet werden könne, seufzend als Gottesstrafe ertragen oder die Christenheit gegen sein verhängnisvolles Gebaren schützen? Und wenn ja, wer konnte ihn absetzen?

Urban VI. waren seine Kardinäle abhanden gekommen, also musste er neue erheben. Dasselbe galt für den kurialen Apparat, der ebenfalls fast vollständig nach Avignon abgezogen war. Ersatz fand der Neapolitaner, der sich anfangs mit seinem Kampf gegen den Nepotismus gebrüstet hatte, in Neapel und speziell in seiner Verwandtschaft. Von den achtunddreißig Kardinälen, die der «römische» Papst während seines Pontifikats ernannte, waren siebzehn Neapolitaner, zwei davon Nepoten. In auffallendem Gegensatz dazu unterstützte die neapolitanische Königin Johanna Urbans Konkurrenten Clemens (VII.), so dass sich durch die Stadt am Vesuv ein noch tieferer Riss als durch die übrige Christenheit zog. Urban VI. goss weiteres Öl ins Feuer, als er die Königin exkommunizierte und deren Cousin Karl III. als König anerkannte. Den Vatikan und das Borgoviertel bevölkerten jetzt zum Entsetzen der Römer immer mehr Neapolitaner, die unbeliebtesten Nachbarn überhaupt. Avignon hingegen, das zweite Rom an der Rhone, wurde von Franzosen beherrscht. Von einer angemessenen Vertretung der Christenheit konnte angesichts dieser Zweiteilung keine Rede sein, auch das trug zum Reputationsverlust des Papsttums in seiner doppelten Gestalt wesentlich bei. Zudem bekämpften sich die beiden Päpste gnadenlos mit geistlichen und weltlichen Waffen. Der europäische Klerus – einerlei welcher Obödienz – hatte daher regelmäßig neue Abgaben zu leisten, mit denen Urban VI. und Clemens (VII.) gegeneinander aufrüsteten. Natürlich spaltete sich auch der römische Adel in zwei Lager, so dass der Krieg im Mikrokosmos Roms und seiner ländlichen Umgebung eine blutige Fortsetzung fand.

Europa musste jetzt zwischen zwei Päpsten und zwei Kurien entscheiden; dabei erwiesen sich politische Optionen, Allianzen und Feindschaften als ausschlaggebend. Für Clemens (VII.) entschieden sich Frankreich, Kastilien, Aragon, Schottland und Savoyen. Karl IV. und Wenzel, sein Sohn und Nachfolger als böhmischer und römischer König, standen wie die Mehrheit der Kurfürsten aufseiten Urbans VI., dem auch England, Portugal, Polen und Ungarn anhingen. Die wortmächtigste Unterstützung aber fand der neapolitanische Papst in Katharina von Siena, die mit ihrer ganzen Autorität als hochverehrte Visionärin dazu aufrief, sich ihm als dem legitimen Pontifex maximus zu unterwerfen. Geschickte Machtpolitiker wie Gian Galeazzo Visconti, der Stadtherr von Mailand, erkannten schnell, welche Chancen ihnen das Schisma bot, ließ sich doch das Versprechen der Obödienz in handfeste Zugeständnisse kirchenpolitischer Art ummünzen.

Ab 1384 verwickelte sich Urban VI. immer gefährlicher in die neapolitanischen Wirren. So exkommunizierte er König Karl III., der den Papst daraufhin zur Flucht nach Genua zwang. Dort ließ dieser fünf seiner Kardinäle, die er der Konspiration verdächtigte, hinrichten – mit verheerendem Echo weit über Italien hinaus. Seine Pläne, das Heilige Jahr künftig alle dreiunddreißig Jahre zu begehen, wurden durch seinen Tod im Oktober 1389 durchkreuzt, doch wurde das nächste Jubiläum wie vorgesehen 1390 begangen. Urbans Konkurrent in Avignon überlebte ihn um fünf Jahre.

Neapel am Tiber: Bonifaz IX., Innozenz VII.

Vor jeder Papstwahl florierten in Rom die Wettbüros, doch im Herbst 1389 machten sie keine Geschäfte. Dass ein Neapolitaner zum Nachfolger Urbans VI. gewählt werden würde, lohnte den Wetteinsatz nicht, weil niemand dagegenhielt. Nach dem Wüten des verstorbenen Papstes gegen seine eigenen Kardinäle waren einige von diesen zur Gegenseite übergelaufen, um ihr Leben zu retten, so dass jetzt nur noch dreizehn zum Konklave zusammenkamen. Sie einigten sich nach mühsamen Beratungen Anfang November auf den knapp vierzig Jahre alten neapolitanischen Adligen Pietro Tomacelli, ein an der Kurie weitgehend unbeschriebenes Blatt. Dieser nannte sich zwar Bonifaz IX., war aber in jeder Hinsicht das Gegenteil des Caetani-Papstes: leutselig, im Verhältnis zu den Kardinälen sogar kollegial, unzeremoniös im Auftreten und ohne tiefere Bildungsinteressen. Eine Gemeinsamkeit mit seinem Namensvorgänger war allerdings der Nepotismus. Verwandtenförderung hatte schon ihn selbst an die Spitze der halbierten Kirche emporgetragen: Der Tomacelli-Papst war nicht nur mit Urban VI., sondern darüber hinaus mit zwei weiteren Kardinälen verwandt und mit den meisten anderen durch nützliche Freundschaften vernetzt. Alle diese Förderer wurden jetzt überreichlich belohnt. Allein an die fünfzig Mitglieder des Tomacelli-Clans wurden während Bonifaz' fünfzehnjährigem Pontifikat mit lukrativen Posten in Kirche und Kirchenstaat überschüttet, von den zahlreichen verwandten und verschwägerten Sippen ganz zu schweigen. Selbst sechs- oder siebenjährige Knaben erhielten fette Pfründen in weiten Teilen Europas; die entgegenstehenden kirchenrechtlichen Bestimmungen wurden durch seriell gewährte Dispense aufgehoben. Im Süden des Kirchenstaats drängten die Tomacelli mit Unterstützung ihres Papstes die Caetani zurück und bauten dort ein geschlossenes Feudalterritorium auf, das sich durch großzügige Schenkungen des neuen neapolitanischen Königs Ladislaus von Durazzo in Richtung Neapel erweiterte.

Dass Bonifaz IX. sein Amt so intensiv dazu nutzte, seine Familie und seine Klientel zu bedienen, ist verständlich, denn überall sonst sah für ihn die Lage schlecht bis aussichtslos aus: Im Kirchenstaat wüteten Söldnerbanden, Städte fielen reihenweise von Rom ab, die Anhänger Clemens' (VII.)

besetzten die Häfen. In Rom gebärdete sich die Kommune aufmüpfig, im Süden eroberte ein feindlich gesinntes Mitglied der Familie Anjou Neapel, von Norden her stieß Gian Galeazzo Visconti immer weiter Richtung Bologna vor, Abhilfe durch den deutschen König Wenzel, der nicht zur Kaiserkrönung kam, war nicht zu erwarten. Kein Wunder, dass die Gegenseite in Avignon eine Aufhebung des Schismas auf dem «Weg der Tatsache» ins Auge fasste. Mit diesem beschönigenden Ausdruck bezeichneten die Theologen die Anwendung von Gewalt. Eine friedlichere Alternative bestand darin, dass beide Päpste um des Friedens und Heils der Christenheit willen synchron Verzicht leisteten und Platz für eine einhellige Neuwahl machten. Auch eine verbindliche Rechtmäßigkeitsprüfung durch eine überparteiliche Kommission aus Juristen und Theologen hätte die Lösung sein können, selbst ein Gottesurteil kam theoretisch infrage. Allerdings erwiesen sich alle diese Auswege aus der verfahrenen Situation rasch als verstellt, so dass nur noch eine letzte, realistischere und radikalere Maßnahme übrigblieb: die Einberufung eines allgemeinen Konzils.

Bonifaz IX. tat, was in seiner Macht stand, um alle diese Lösungen zu torpedieren, während sein neuer Rivale Benedikt (XIII.) in Avignon, der nach dem Tod Clemens' (VII.) 1394 gewählte spanische Kardinal Pedro de Luna, mehrfach einen Doppelrücktritt ins Spiel brachte. Bonifaz' starres Festhalten an seinem Alleinvertretungsanspruch hatte viel damit zu tun, dass sich seine Lage schnell verbesserte, denn der wendige Neapolitaner legte ein erstaunliches Talent dafür an den Tag, seine Feinde auszuzahlen, auszuschalten, auszumanövrieren und gegeneinander auszuspielen. Ausgezahlt wurden die Söldnerbanden im Kirchenstaat, die sich daraufhin andere Provinzen zur Ausplünderung suchten. Mit militärischen Mitteln ausgeschaltet oder gegeneinander ausgespielt wurden die rivalisierenden Gruppierungen in den wichtigsten Städten des Kirchenstaats, nach allen Regeln der Kunst ausmanövriert sah sich die Kommune Rom.

In Rom hatten die wohlhabenden Viehhändler, Notare und Luxushändler durch die Bildung einer «Bürgermiliz» ihr Selbstbewusstsein und ihr politisches Gewicht seit dem Sturz Cola di Rienzos stark gesteigert. Gegen die Führer dieser Truppe und die drei kommunalen Oberbeamten der Konservatoren konnte sich die Kurie seit ihrer Rückkehr an den Tiber immer weniger durchsetzen. So hatte die Kirche zwei Päpste und Rom zwei Verwaltungen, die sich gegenseitig bekämpften und lahmzulegen versuchten. Vollends unhaltbar wurde die Lage dadurch, dass die Vertreter der Gemeinde auf dem Kapitol in Anhänger der Orsini und der Colonna gespalten waren, die sich nur in ihrer Gegnerschaft zum Vatikan einig waren. Diese Feindseligkeiten boten Bonifaz IX. schließlich die Gelegenheit zur Intervention. Als der Führer der Orsini-Partei mit Truppen gegen Rom vorrückte, um dort eine Alleinherrschaft zu begründen, konnte sich der Papst als Retter in der Not profilieren, einen Aufstand der Orsini niederschlagen und danach die politischen Verhältnisse in der Ewigen Stadt zu seinen Gunsten neu ordnen.

Auch im Ringen um den neapolitanischen Thron setzte sich der von Bonifaz IX. favorisierte Kandidat Ladislaus von Durazzo durch, allerdings so nachhaltig, dass am Ende seines Pontifikats eine erneute Abhängigkeit von der Anjou-Monarchie drohte. Einen weiteren Triumph erlebte der Papst im Juli 1398, als der französische König dem avignonesischen Papst Benedikt (XIII.), dessen Anlehnung an Aragon er missbilligte, die Unterstützung entzog und zusammen mit seinen Kardinälen aus Avignon vertrieb; allerdings gewann der spanische Rivale Bonifaz' IX. diese Rückendeckung schon wenige Jahre später wieder zurück.

Weitere Zugewinne an Prestige und Finanzen verbuchte der «römische» Papst durch das – offiziell als solches gar nicht proklamierte – Heilige Jahr 1400, das von den Gläubigen beider Obödienzen gefordert und auch eifrig besucht wurde. Die Pilgerfahrt zu den Apostelgräbern war ein Lichtblick für die Christenheit in Zeiten der Verwirrung und Verunsicherung. Das Geld, das die Fremden nach Rom brachten, benötigte Bonifaz IX. dringend. Das Schisma hatte nicht nur eine Spaltung der Gefolgschaft, sondern auch der Einkünfte zur Folge; bei diesem unfreiwilligen Splitting schnitt die avignonesische Seite besser ab. Beide Päpste waren weiterhin auf die Dienste der großen Bankhäuser angewiesen, die deshalb, unbehelligt von Zwangsmaßnahmen der einen oder anderen Seite, eine Freihandelszone der besonderen Art bildeten.

Um seine diplomatischen und militärischen Unternehmungen bezahlen zu können, musste Bonifaz IX. erfinderisch werden: Alte Steuern wurden erhöht und rigoros eingetrieben, neue Abgaben dekretiert. Doch diese regulären Einnahmen reichten vorne und hinten nicht, so dass immer höhere Kredite die immer dramatischeren Finanzierungslücken schließen mussten.

Um neue Anleihen zu erhalten, musste der Papst zeitweise die Einnahmen von Städten und Provinzen verpfänden. Gegen Ende seines Pontifikats erschloss er dann noch eine Finanzquelle, der in ganz Europa eine große Zukunft beschieden sein sollte: Er verkaufte Ämter, zwar nicht in der Kirche, denn das wäre offene Simonie, sondern in der kurialen Verwaltung. Hier konnten Interessenten von jetzt an Schreiber- und Notarposten erwerben, die sich in Form von Gehältern und Sporteln angemessen rentierten. In der Folgezeit wurden auch die Einstiegsämter für die kuriale Laufbahn kostenpflichtig, immer unter sorgfältiger Trennung von den nicht käuflichen geistlichen Würden. Allerdings wurde dieser Unterschied in den immer heftiger tobenden Debatten über den sittlichen Zustand der Kurie zunehmend verwischt. Das hatte verheerende Folgen für den Ruf der Päpste: Rom, die käufliche Stadt – dieses Image war von jetzt an irreparabel.

Alle politischen und finanziellen Errungenschaften des Tomacelli-Pontifikats schienen plötzlich infrage gestellt, als der Herzog von Mailand Gian Galeazzo Visconti in den späten 1390er-Jahren unaufhaltsam nach Süden expandierte und nach der Königskrone Italiens zu greifen schien. Als der mächtigste Territorialfürst Italiens im September 1402 der Pest zum Opfer fiel, fühlten sich Florenz und Bonifaz IX. wie aus einem Alptraum erwacht. Bevor Bonifaz IX. Anfang Oktober 1404 seinerseits das Zeitliche segnete, durfte er sich nach vielen überstandenen Krisen als Herr des Kirchenstaats fühlen, auch wenn das Ansehen des Papsttums tief gesunken war.

Wie fragil das politische Gleichgewicht in Rom zu dieser Zeit war, zeigte sich gleich nach der Wahl des neuen Papstes, der sich Innozenz VII. nannte. Mit Cosmato dei Meliorati, der dem Provinzadel des Königreichs Neapel entstammte, wählten die neun Kardinäle einen ältlichen und schwachen Nachfolger des politisch so aktiven Tomacelli-Papstes. Sofort erwies sich der von diesem erzwungene Pakt mit der Kommune Rom als brüchig. Deren Vertreter setzten in wenigen Tagen ein neues Abkommen durch, das die Gemeinde und ihre Amtsträger wieder besser stellte; kommunale Amtsträger waren demnach für den militärischen Schutz der Ewigen Stadt zuständig und wurden dadurch praktisch deren Herren. Die Kompetenzen in Rechtsprechung und Verwaltung wurden je zur Hälfte zwischen Kapitol und Vatikan aufgeteilt, was angesichts zahlreicher Überschneidungen und Grauzonen keine Lösung für die Zukunft sein konnte.

Vor dem Konklave hatten alle aussichtsreichen Kandidaten schwören müssen, im Falle ihrer Wahl alles zur Beilegung des Schismas zu tun, notfalls durch Abdankung, und so schnell wie möglich ein allgemeines Konzil einzuberufen. Von Rücktritt war nach der Erhebung Innozenz' VII. jedoch keine Rede mehr, ein Konzil kam nicht zustande, und in Rom explodierte die Gewalt: Ein päpstlicher Unterhändler, der im Sommer 1405 erneut aufflammende Streitigkeiten mit der Kommune schlichten sollte, wurde enthauptet, worauf ein Nepot des Papstes elf Vertreter des Kapitols umbringen ließ. Danach gingen Kardinalspaläste in Flammen auf, selbst der vatikanische Papstpalast wurde geplündert. Innozenz VII. blieb nur die Flucht nach Viterbo; nach Aushandlung eines erneuten Abkommens mit der Kommune konnte er im März 1406 nach Rom zurückkehren, starb aber schon am 6. November desselben Jahres. Dauerhafte Spuren hinterließ Innozenz VII. in Rom immerhin durch die Förderung der daniederliegenden Universität, die durch seine Verfügung den *studia humanitatis*, dem Bildungsprogramm der Humanisten, geöffnet wurde.

Ein Papst mit zwei Rivalen: Gregor XII.

Zum Nachfolger Innozenz' VII. wählten vierzehn Kardinäle nach zwölftägigem Konklave Angelo Correr, einen mindestens siebzigjährigen venezianischen Adligen, der den Namen Gregor XII. annahm und den seine Hinfälligkeit zum typischen Kompromiss- und Übergangskandidaten abstempelte. Bei der Wahl eines so greisen Papstes dürfte die Hoffnung auf eine «natürliche» Lösung des Schismas den Ausschlag gegeben haben, schließlich stand auch Benedikt (XIII.) nach menschlichem Ermessen am Rande des Grabes.

Gregor XII. war der erste Papst aus der Lagunenrepublik; bis zu deren Untergang im Jahr 1799 sollten ihm vier Landsleute auf den Stuhl Petri folgen. Erstaunen erregte seine Wahl vor allem, weil die Serenissima eine sehr eigenständige Kirchenpolitik betrieb, Einmischungen der Kurie zurückzudrängen pflegte und dafür kühle bis eisige Beziehungen zum Papst bewusst in Kauf nahm. Dieses «Staatskirchentum» schloss eine staatliche Kontrolle der Inquisition und die Ernennung von kirchlichem Führungspersonal auf dem Territorium der Republik ein. Hier zeigte der venezianische Senat dem Papst an, wen er zum Bischof oder Abt ernannt sehen wollte, und dieser Wunsch war von wenigen Ausnahmen abgesehen für Rom ein Befehl. Für die nachgeborenen Söhne der führenden Adelsfamilien hatte das Misstrauen zwischen ihrer Republik und der Kurie zur Folge, dass sie in ihrer kirchlichen Laufbahn nicht über heimische Positionen hinausgelangen konnten – es sei denn, sie wagten den kühnen Sprung und wechselten aus der Patronage der Republik in die des Papstes über. Gregor XII. aber hatte sich bislang als treuer Sohn der Serenissima erwiesen, weshalb der Doge offizielle Freudenkundgebungen zu seiner Wahl anordnete. Venedig oder Rom: Für die zahlreichen Nepoten Gregors XII. war das keine Frage. Zwei seiner Neffen wurden zu Kardinälen erhoben, weitere Verwandte besetzten Führungspositionen im Kirchenstaat.

Von beiden Greisen mit der Tiara erwartete die Christenheit jetzt nur noch eins: den gleichzeitigen Rücktritt. Ihn sollte ein Abkommen in die Wege leiten, das im April 1407 auf Gregors Initiative geschlossen wurde: Beide Päpste sollten sich im Herbst desselben Jahres in der genuesischen Provinzstadt Savona treffen, um hier die doppelte Abdankung zu vollziehen. Benedikt (XIII.) war rechtzeitig zur Stelle, doch wer fehlte, war Gregor XII. Angeblich war die Reise zu Lande unzumutbar, für eine Seefahrt fehlten geeignete Schiffe, zudem stand Genua unter der Oberhoheit des französischen Königs, eines «Schismatikers» – an Vorwänden herrschte auf römischer Seite kein Mangel. Allerdings war auch die Bereitschaft seines Rivalen, die päpstlichen Insignien abzulegen, nicht über jeden Zweifel erhaben. In den Augen der europäischen Öffentlichkeit aber stand er vorbildlich da. Das schwante auch Gregor, der sich daraufhin nach Norden in Bewegung setzte, allerdings zögerlich. Am Ende kam er bis Lucca, während sein Widerpart sich bis Portovenere vorwagte. Angesichts des heiligen Ernstes, der für die Christenheit mit der Wiedervereinigung der Kirche verbunden war, hatten die Manöver der beiden Rivalen etwas von einem komischen Ballett: ein Schritt vor, einer zurück, Kehrtwendung und dann das Ganze noch einmal von vorn!

Die Loyalitäten der europäischen Herrscher zu dem einen oder anderen Papst hatten sich nach drei Jahrzehnten nicht wesentlich verschoben; der Großteil des Heiligen Römischen Reichs, die drei unter der dänischen Königin Margarethe vereinten skandinavischen Reiche, England, Polen, Ungarn,

Venedig, Florenz und Neapel hielten weiterhin zu Gregor, der Rest zu Benedikt. Aber die Geduld der Fürsten war jetzt erschöpft, da die Auswirkungen der Spaltung überall bis in den Alltag zu spüren waren. Wer im Kampf um Pfründen oder in ehe- und familienrechtlichen Prozessen den Kürzeren zog, wandte sich an die andere Kurie; oft wurden Benefizien doppelt vergeben, was zu endlosen Konflikten führte, von der steigenden Angst um das Seelenheil ganz zu schweigen. So sprach König Karl VI. von Frankreich im Januar 1408 ein Machtwort an die Adresse Benedikts (XIII.): entweder ein Ende des Schismas oder Aufkündigung der Obödienz und Neutralität! Auch Gregor XII. stand das Wasser jetzt bis zum Hals, da ihm die Mehrheit seiner Kardinäle die Gefolgschaft aufkündigte.

So schlug nun die Stunde der Purpurträger auf beiden Seiten. Sie setzten sich über die Widerstände ihrer Päpste hinweg, trafen sich zu Beratungen in Pisa und beschlossen die Einberufung eines allgemeinen Konzils zur Behebung des Schismas. Dass allein eine universelle Kirchenversammlung dem Übel abhelfen konnte, zeichnete sich seit Längerem ab. Ob sie dazu die Autorität besaß, darüber diskutierten die führenden Theologen Europas auf höchstem intellektuellem Niveau. Für die Wortführer der päpstlichen Allmacht, die seit der Zeit Bonifaz' VIII. in Rom systematisch gefördert worden waren, hatte allein der Pontifex maximus als *vicarius Christi* die Befugnis, ein Konzil einzuberufen, das ausschließlich beratende Funktionen hatte; Gesetzeskraft gewannen Konzilsbeschlüsse demnach allein durch die päpstliche Approbation.

Doch die «Papalisten» hatten jetzt einen schweren Stand. Ihre Gegner deuteten die Evangelien anders. Die einen betonten die Position der Kardinäle, die als Nachfolger der Jünger Jesu deren kollektiven Auftrag zur Führung der Kirche übernommen hatten. Die anderen argumentierten noch viel radikaler. In ihren Augen stand Petrus, dem der Herr die Schlüssel übertragen hatte, für die Gläubigen in ihrer Gesamtheit, sie bildeten den mystischen Leib der Kirche. Ihnen beziehungsweise den von ihnen bestimmten Repräsentanten kam daher auf einem Konzil die Entscheidung über die Lehre und die Organisation der Kirche zu. Ob Kardinäle oder Konzilien – den Päpsten blieb nur noch die Rolle von Befehlsempfängern, die bei ungenügender Leistung abgesetzt werden konnten. Die Argumente der «Konziliaristen» stimmten mit Forderungen überein, wie sie Marsilius von Padua ein Menschenalter zuvor auf der Grundlage antiker Naturrechtsideen vorgetragen hatte: Das, was alle betraf, sollte auch von allen entschieden werden. Da die Gesamtheit der Gläubigen dazu nicht die Kenntnisse besaß, sollten sie sich auf dem Konzil von der *sanior pars*, wörtlich: dem gesunderen Teil, in diesem Fall von den verantwortungsbewussten Sachkundigen, vertreten lassen. Dieses «kongregationalistische» Modell war daher nicht im heutigen Sinne demokratisch, sondern kam den weltlichen Herrschern weit entgegen, die von sich behaupteten, den Willen ihres Volkes zu vollziehen.

1409 waren erst einmal die Kardinäle an der Reihe. Sie luden Prälaten und Potentaten zu ihrem Konzil nach Pisa ein. Das ließen sich die beiden Päpste nicht zweimal sagen: Benedikt (XIII.) berief daraufhin sein eigenes Konzil nach Perpignan, Gregor XII. seines nach Cividale ein. Von allen drei Veranstaltungen stach Pisa die Konkurrenz klar aus, ohne einen durchschlagenden Erfolg zu erzielen. Zwar kamen dort zwei Dutzend Kardinäle und mehr als hundert Bischöfe zusammen, doch schickten Spanien und das Reich ihre Abgesandten nur, um Protest gegen das Konzil und sein Vorgehen anzumelden. Auch theologisch blieben Zweifel. Schließlich waren die in Pisa vertretenen Purpurträger von zwei Päpsten ernannt worden, von denen nur einer rechtmäßig sein konnte. Waren sie trotzdem zusammen die legitimen Rechtsnachfolger der Apostel?

Einig waren sich die Kardinäle jedenfalls gegen ihre alten Herren: Sowohl gegen Gregor XII. als auch gegen Benedikt (XIII.) wurden in Pisa die wüstesten Beschuldigungen vorgetragen. Sie mündeten in die Verurteilung und Absetzung beider Päpste als Schismatiker und notorische Ketzer, die sich gegen die Einheit der Kirche verschworen hätten. Um die Einheit wiederherzustellen und eine umfassende Reform einzuleiten, wurde im Juni 1409 mit Pietro Filargis, dem aus Kreta stammenden Erzbischof von Mailand, ein neuer Pontifex maximus gewählt, der sich Alexander (V.) nannte. Daraufhin bröckelte die Gefolgschaft der beiden alten Päpste zwar, brach aber nicht völlig ein. Statt zweier Prätendenten, die behaupteten, die alleinige Statthalterschaft Christi innezuhaben, bekämpften sich jetzt deren drei! Wie schwer sich die Mächte mit dieser unerwarteten Situation taten, zeigt das Beispiel der Republik Venedig. Nach endlosen Debatten und zahlreichen ergebnislosen Wahlgängen votierte der Senat schließlich mit hauchdünner Mehrheit für den Pisaner Papst. Die Unterlegenen konnten nur hoffen, dass sie wirklich von der *sanior pars* überstimmt worden waren, sonst war ihr Seelenheil verspielt.

Für Gregor XII., dem seine Heimat dadurch die Legitimität absprach, wurde es immer enger. Nach seinem gescheiterten Konzil von Cividale entkam er mit knapper Not in neapolitanisches Herrschaftsgebiet, wo ihm König Ladislaus, einer seiner treuesten Helfer, Asyl gewährte. Uneigennützig war diese Unterstützung jedoch nicht, denn der energische und militärisch aktive König plante eine Expansion nach Norden, in das Gebiet des Kirchenstaats, um eine Art «Schutzherrschaft» über Rom zu errichten. Vom Pisaner Konzil seines Prestiges beraubt und aus seiner Hauptstadt vertrieben, sank Gregor XII. vollends zum Schattenpapst ab.

Seinen Platz am Tiber nahm ab April 1411 der zweite Pisaner Papst Johannes (XXIII.) ein, der nach dem frühen Tod Alexanders (V.) im Mai 1410 von siebzehn Kardinälen in Bologna gewählt wurde. Baldassare Cossa, wie er mit Familiennamen hieß, entstammte einer Adelsfamilie der Insel Ischia, wurde als einer der zahllosen Verwandten Bonifaz' IX. 1402 Kardinal und kurz darauf in dessen Auftrag Legat der Romagna. Dort ging er mit großer Härte gegen die weitgehend autonomen Stadtherren vor, erweiterte sein ohnehin schon ansehnliches Vermögen beträchtlich, ging nach den gescheiterten Verhandlungen über die Doppelabdankung von 1408 zu den rebellischen Kardinälen über und spielte auf dem Konzil von Pisa, das er zu großen Teilen mitfinanzierte, eine so tragende Rolle, dass man ihn schon im ersten Anlauf als «Konzilspapst» erwartet hatte. Sein Ruf lässt sich am besten daran ermessen, dass man ihm 1406 die Ermordung Innozenz' VII., der seine Kompetenzen in der Romagna beschneiden wollte, zur Last legte und ihm drei Jahre später zutraute, auch den lästigen Alexander (V.) aus dem Weg geräumt zu haben. Solche Gerüchte standen seiner Erhebung zum Papst jedoch nicht entgegen. Seine Wähler waren im Jahr zuvor mit dem Anspruch angetreten, die bessere Kirche zu verkörpern und deren Reform an Haupt und Gliedern in Angriff zu nehmen; doch jetzt ging es nur noch um die Macht in Rom und im Kirchenstaat, und dafür war Cossa, der die finanzkräftige Medici-Bank im Rücken hatte, zweifellos der beste Mann.

Außerhalb Italiens stärkte Johannes (XXIII.) seine Position durch gute Beziehungen zum neu gewählten römisch-deutschen König Sigismund, dem

Enkel Karls IV., und zu König Karl VI. von Frankreich. Auch mit seinen Kardinalsernennungen legte er Ehre ein. Im Gegensatz zum Gießkannen-Nepotismus Bonifaz' IX. und Gregors XII. verlieh er nur einem Neffen den Purpur und erhob ansonsten Persönlichkeiten von europäischem Ruf wie Francesco Zabrella und Pierre d'Ailly in den Senat der Kirche. Sogar den Konflikt mit Neapel legte der tatkräftige Pisaner Pontifex maximus zumindest vorübergehend bei. Hatte er anfangs König Ladislaus exkommuniziert, so erkannte er diesen im Oktober 1412 als König und als Herrn zahlreicher Städte im Kirchenstaat an. Als Gegenleistung stellte ihm Ladislaus Truppen zur Verfügung und entzog Gregor XII. seine Unterstützung. Der venezianische Papst floh daraufhin zu Carlo Malatesta nach Rimini, einem seiner letzten Anhänger in Italien, und verschwand dort für die nächsten zwei Jahre von der europäischen Bildfläche.

Johannes (XXIII.) hatte jetzt den Rücken frei, um im Februar 1413 in Rom ein Konzil abzuhalten, das seinen Ruf als «Reformer» begründen sollte. Als reine Alibiveranstaltung wurde die schwach besuchte Versammlung allerdings schon nach drei Wochen an einen unbestimmten Ort verschoben. Kurz darauf stand König Ladislaus, der die zugesagte Bezahlung für seine Truppen nicht erhalten hatte, mit einem Heer vor Rom, zu dessen «Schutzherrn» ihn der Papst ernennen sollte. Johannes musste nach Bologna fliehen und bat von dort aus König Sigismund um Unterstützung. Dieser rang ihm die Zusage ab, das neue Konzil nach Konstanz, also auf Reichsgebiet, zu berufen.

In der Folgezeit profilierte sich Sigismund durch seine erfolgreichen Verhandlungen mit den spanischen Königreichen und seine Vermittlung im englisch-französischen Konflikt als der eigentliche Organisator der Kirchenversammlung, die Johannes (XXIII.) am 8. Dezember 1413 offiziell zum ersten November des kommenden Jahres einberief. Das war ein riskantes Zugeständnis: Ein allgemeines Konzil außerhalb des eigenen Machtbereichs, das die Kirche in ihrer Gesamtheit vertrat, war für jeden der drei Päpste potentiell gefährlich, auch für Johannes, der mit Abstand die besten Karten hatte und sich durch die Verhandlungen mit Sigismund indirekt anerkannt fühlen durfte.

Doch an Konstanz führte jetzt kein Weg mehr vorbei. König Ladislaus besetzte Rom und den Großteil des Kirchenstaats, den er damit faktisch auslöschte. Sein plötzlicher Tod im August 1414 kam für den neapolitanischen Papst zu spät. Wäre es nach ihm gegangen, hätte er jetzt seine Hauptstadt wieder in Besitz genommen und das lästige Konzil auf unbestimmte Zeit verschoben, doch dem standen seine eigenen Kardinäle im Wege. So blieb ihm nichts anderes übrig, als am 28. Oktober, vier Tage vor dem angekündigten Eröffnungstermin, in der Konzilsstadt am Bodensee zu erscheinen. Gregor XII., der erst Ende Juli 1414, also beleidigend spät, eingeladen wurde, schickte immerhin seine bevollmächtigten Delegierten, der avignonesische Papst Benedikt (XIII.) erschien dagegen überhaupt nicht, aber von ihm hatte dies auch niemand erwartet.

Den greisen Venezianer Gregor VII. hatten in Konstanz alle wichtigen Fürsten außer dem Pfalzgrafen bei Rhein bereits abgeschrieben, und doch gelang ihm noch ein großer Abschiedscoup. Durch seinen Delegierten Carlo Malatesta machte er dem Konzil ein Angebot, das dieses hätte ablehnen können, doch um des Ausgleichs und Friedens willen annahm: Er werde das Konzil einberufen und danach zurücktreten! Was das Konzil damit gewann, ist fraglich. Gewiss, die freiwillige Abdankung des «römischen» Papstes war die schnellste und leichteste Drittel-Lösung. Doch wäre es auch anders gegangen, wie das Vorgehen gegen den unbeugsamen Benedikt (XIII.) zeigte, der von allen Mächten verlassen auf einer einsamen nordspanischen Festung ausharrte und sich bis zu seinem Tod 1423 als einzig legitimen Papst betrachtete: Er wurde am 26. Juli 1417 vom Konzil exkommuniziert und abgesetzt.

Genauso hätte das Konzil auch mit Gregor XII. verfahren können, dieses Recht hatten sich die Konzilsväter schon am 6. April 1415 mit dem Dekret «Haec sancta synodus» zugeschrieben. Demnach war das Konzil als Vertretung der Christenheit die von Gott eingesetzte Führungsinstanz der Kirche und als solche ausdrücklich befugt, über die Amtsführung des Pontifex maximus zu urteilen, diesen bei gravierenden Verstößen abzusetzen und einen würdigeren Nachfolger zu bestimmen. Das war eine Revolution, mit der die Entwicklung der Kirche in den letzten dreieinhalb Jahrhunderten umgestoßen und den tausendjährigen Primatansprüchen der Päpste eine Absage von schneidender Schärfe erteilt wurde: Der Papst war jetzt nicht mehr Herr, sondern Diener der universellen Kirche und schuldete ihr in Gestalt von Konzilien regelmäßige Rechenschaft. Um sie zu garantieren, schrieb das Konzil mit seinem Dekret «Frequens» vom 1. Oktober 1417 einen präzisen Zeitplan vor: Die nächste allgemeine Kirchenversammlung sollte in fünf, die übernächste in sieben Jahren stattfinden, danach sollten Konzilien alle zehn Jahre zusammenkommen. Dieser Rhythmus war nach der durchschnittlichen Pontifikatsdauer berechnet, so dass sich jeder Papst in der Regel vor einem eigenen Konzil verantworten musste.

Trotzdem erlaubten die Konstanzer Konzilsväter dem greisen Gregor XII., ihre Veranstaltung gewissermaßen zu seiner zu machen. Damit boten sie späteren Päpsten und den ihnen ergebenen Historikern bis ins 21. Jahrhundert einen Ausweg aus einem Deutungs-Dilemma: Johannes (XXIII.) wurde später offiziell als Gegenpapst eingestuft, seine Konzilseinberufung war also kirchenrechtlich ungültig; ein Laie wie König Sigismund konnte dem Konzil sowieso keinen Rechtstitel verschaffen. Wenn das Konzil von Konstanz aber nicht rechtmäßig zustande gekommen war, war auch der dort gewählte Papst und damit die gesamte nachfolgende Kirchengeschichte illegitim. So kam der letzte Akt Gregors XII. wie gerufen: Er machte die vorher «wilde» Versammlung zu einer ordnungsgemäßen. Die Datierung des Konzils von Konstanz auf den 4. Juli 1415, den Tag, an dem Gregor XII. das Konzil noch einmal einberief und dann abdankte, hatte für die Theoretiker der päpstlichen Unabsetzbarkeit einen zweiten unschätzbaren Vorteil: Das drei Monate zuvor erlassene Dekret «Haec sancta synodus» wurde damit zu einer kirchenrechtlich unverbindlichen Selbstermächtigung und die Oberhoheit des Konzils über den Papst zu einer reinen Absichtserklärung ohne verpflichtende Wirkung. Natürlich entsprach eine solche Deutung weder dem Selbstverständnis noch den Absichten des Konzils, das auf Dauer eine neue Verfassung der Kirche einrichten wollte.

Für seinen klugen Schachzug, dessen weitreichende Folgen für die Konzilsteilnehmer nicht absehbar waren, erhielt Gregor XII. auch noch eine ansehnliche Abfindung. Nach seiner Abdankung wurde er Kardinalbischof von Porto und Legat für die Provinz Marche, wo er im Oktober 1417 starb. Am härtesten traf es Johannes (XXIII.). Er stürzte am tiefsten, weil seine Erwartungen am höchsten waren. Schließlich hatte er das Konzil einberufen und eröffnet; von allen drei Päpsten durfte er als einziger mit seiner Bestätigung rechnen. Doch es kam anders, das Konzil wollte keinen übel beleumdeten Alt-Pontifex, sondern einen neuen Papst von seinen Gnaden. Am

Was ich geschrieben habe, habe ich geschrieben Mit dieser trockenen Feststellung beendete der große Bankier und heimliche Machthaber von Florenz, Cosimo de' Medici, als Auftraggeber dieses prächtigen Grabmals die Diskussion über dessen Inschrift. Sie bezeichnet den darin bestatteten Baldassare Cossa als «Johannes XXIII., einst Papst». In der offiziösen Papstliste des Vatikans wird der Pisaner Pontifex jedoch als Gegenpapst geführt; Werkstatt Donatello und Michelozzo, Baptisterium von Florenz.

winterlichen Bodensee wehte dem Cossa-Papst daher früh ein eisiger Wind entgegen. Seine vermeintlichen Freunde wie König Sigismund und seine eigenen Kreaturen wie Kardinal Pierre d'Ailly zeigten ihm die kalte Schulter: Falls er sich weigere, freiwillig zurückzutreten, werde er vom Konzil zur Abdankung gezwungen werden. Schon vor Konzilsbeginn hatte der Papst aus Neapel für alle Fälle den jungen Herzog Friedrich IV. von Österreich zu seinem Militärchef ernannt; das war jedoch weder für den Beschützer noch für den Beschützten eine gute Wahl, wie sich bald zeigen sollte. Anfang März 1415 musste Johannes (XXIII.) die Erklärung unterschreiben, dass er zu einem Simultanrücktritt zusammen mit seinen Rivalen bereit sei. Doch das war er keineswegs. In der Nacht vom 20. auf den 21. März 1415 flüchtete er verkleidet aus Konstanz nach Schaffhausen und damit in den Machtbereich seines habsburgischen Protektors. Dadurch drohte sich das Schisma erneut auf unbestimmte Zeit zu verlängern, drastische Maßnahmen waren also erforderlich. Als Reichsoberhaupt verhängte König Sigismund gegen Friedrich IV. Strafmaßnahmen, die einer Ächtung durch das Reich entsprachen und ihm jegliche Herrschaftsrechte entzogen. Damit war ein ausgedehnter Raum zwischen Elsass und Bodensee de jure herrenlos, was zahlreiche Begehrlichkeiten weckte; so ließen sich die Eidgenossen nicht lange bitten, große Teile des heutigen Kantons Aargau zu besetzen und als gemeinsames Untertanengebiet einzurichten.

Johannes (XXIII.) aber wurde im April 1415 von seinem habsburgischen Schutzherrn an Sigismund ausgeliefert, im Mai vom Konzil abgesetzt und verurteilt und verbrachte die nächsten vier Jahre in Kerkern deutscher Reichsfürsten. Aus dieser Gefangenschaft konnte er sich im Frühjahr 1419 durch die Zahlung eines hohen Lösegelds freikaufen, das ihm die Medici-Bank vorstreckte. Giovanni di Bicci, der Chef des florierenden Unternehmens, wusste warum: Johannes (XXIII.), jetzt wieder Baldassare Cossa, hatte als Papst Giovannis Firma mit der Abwicklung seiner Geschäfte betraut und diesem damit die Tür zu jahrzehntelang äußerst lukrativen Aktivitäten als Bankier der Kurie geöffnet. 1419 wurde der Ex-Papst aus Neapel sogar wieder Kardinalbischof von Porto. Durch dieses partielle Comeback ermutigt, versuchte er Venedig zu einer Koalition mit Mailand gegen Sigismund, seinen Todfeind, anzustiften, doch starb er zur großen Beruhigung der neuen kirchlichen Machthaber Ende Dezember 1419 in Florenz. Dort ließ ihm Cosimo de' Medici, der neue Chef des Bankhauses und künftige Herr von Florenz, im Baptisterium von den Bildhauern Michelozzo und Donatello ein prachtvolles Grabmal errichten. «Joannes quondam Papa XXIII» war dort zu lesen. Dass Johannes einstmals rechtmäßiger Papst gewesen sei, ärgerte vor allem den neuen, vom Konzil gewählten Papst, dessen Legitimität damit infrage gestellt schien. Doch das war dem klugen Banker offensichtlich egal: Die Ehre Cossas und seine eigene Ehre gingen vor.

9.

Neuanfang, Renaissance-Kultur und Krise

Von Martin V. zu Paul III. (1417–1534)

Rom, süßes Rom: Martin V.

Im Sommer 1415 konnte das Konzil von Konstanz stolz auf seine Leistungen zurückblicken. Es hatte sich nach bescheidenen Anfängen zu einem quantitativ und qualitativ eindrucksvollen Forum der lateinischen Christenheit entwickelt, seine künftige Oberhoheit festgeschrieben, einen Papst entmachtet und einen anderen zum Rücktritt bewogen. Die Absetzung des dritten im Bunde, Benedikts XIII., war reine Formsache, die im Juli 1417 erledigt wurde. Damit war die unselige Spaltung behoben und das Fundament für eine neue Kirche gelegt worden. Jetzt mussten sich die Konzilsväter nur noch einen Papst wählen, der ihren Anweisungen gehorchte und das neue Grundgesetz respektierte; das war die mit Abstand schwierigste Aufgabe. Die Vorstellung, dass das Konzil in gravierenden Notlagen der Kirche – zum Beispiel unter einem geisteskranken oder offen vom Glauben abgefallenen Papst – als höchste Korrekturinstanz eingreifen musste, um schweres Unheil von der Christenheit abzuwenden, war zwar alt, doch die direkte Führungsrolle, die das Konzil jetzt in Konstanz beanspruchte, war so neu und ungewohnt, dass im Namen der Tradition mit erbittertem Widerstand zu rechnen war, wenn sich die neue Kurie unter einem neuen Papst erst einmal solide etabliert hatte. Kein Pontifex maximus, der etwas auf sich hielt, konnte sich mit einer so drückenden Abhängigkeit zufriedengeben. Dem standen der *Dictatus Papae* Gregors VII. und die faktische Machtstellung so vieler prominenter Vorgänger unüberwindlich entgegen. Schwere Konflikte um die Hoheit in der Kirche zeichneten sich also schon in Konstanz ab.

Kontrovers diskutiert wurde dort schon der Wahlmodus: Wer sollte den neuen Pontifex küren? Das Konklave wie bisher den Kardinälen allein zu überlassen, war mit dem Führungsanspruch des Konzils unvereinbar. So gesellten sich den dreiundzwanzig Purpurträgern dreißig Prälaten und Doktoren hinzu, die von den *nationes* – England, Frankreich, Spanien, Deutschland und Italien – delegiert wurden, die auf dem Konzil als ganze jeweils eine Stimme hatten. Dieses Dreiundfünfziger-Gremium wählte am 11. November 1417 Oddone Colonna zum Papst; nach dem Heiligen dieses Tages nannte er sich Martin V. Das Votum für ihn war eine politische Entscheidung. Der neue Pontifex maximus entstammte einer der beiden mächtigsten Adelsfamilien Roms, die mit ihren Dutzenden von befestigten Orten in der Campagna und den umliegenden Provinzen eine starke Machtposition innehatte. Nur ein Papst mit einer solchen Hausmacht konnte nach menschlichem Ermessen das heterogene Gebilde namens Kirchenstaat zusammenhalten, das trotz aller kurzfristigen Rückeroberungen und Konsolidierungen nach vier Jahrzehnten des Schismas der Kontrolle Roms weitgehend entglitten war.

Durch die Beziehungen seiner Familie war der neue Papst bereits in jungen Jahren reichlich mit ertragreichen Pfründen eingedeckt und von Innozenz VII. früh zum Kardinal erhoben worden. Wie so viele seines Ranges hatte er sich zum richtigen Zeitpunkt von Rom nach Pisa abgesetzt und sich später Johannes (XXIII.) angeschlossen, um diesen nach seiner Flucht aus Konstanz gerade noch rechtzeitig im Stich zu lassen. Das waren zwei Treuebrüche, die die meisten Kardinäle in ihrer Vita aufzuweisen hatten. Sie wurden ihm daher nicht angekreidet, sondern als verdienstvoll angerechnet. Die Gefahren eines Colonna-Pontifikats waren gleichwohl nicht von der Hand zu weisen; die Erinnerungen an die Regierungszeit Nikolaus III., der das

Patrimonium Petri zwischen 1277 und 1280 zur cosa nostra des Orsini-Clans gemacht hatte, waren noch frisch. Doch solche Bedenken gehörten 1417 nach Meinung der Wähler zurückgestellt: Lieber einen halbwegs geordneten Kirchenstaat mit mächtigen Colonna als das bisherige Chaos, lautete ihre Devise.

Die Wiederherstellung der politischen Ordnung war nur eine der dringlichen Aufgaben, die der neue Papst zu bewältigen hatte, und nicht einmal die schwierigste: Die Reform der Kirche und der Kurie standen auf Platz eins und zwei des Pflichtenhefts, das ihm das Konzil, sein Arbeitgeber, mit auf den Weg gegeben hatte. Das war viel Arbeit für einen einzigen Papst. Sie begann überdies mit einer Demütigung: Bevor er überhaupt regieren durfte, musste Martin V. sein Einverständnis mit den Dekreten der Kirchenversammlung, von deren Gnaden er Papst geworden war, mit einer Bulle bekräftigen. Darin bestätigte er auch die Verurteilungen der großen Reformer Jan Hus und Hieronymus von Prag, die in Konstanz als Ketzer verurteilt und verbrannt worden waren, obwohl ihnen König Sigismund freies Geleit zugesichert hatte.

Der Radikalreformer Hus hatte die scholastische Transsubstantiationslehre, nach der sich während der Messe Brot und Wein gemäß ihrer Substanz in Fleisch und Blut Christi verwandelten, infrage gestellt und das Abendmahl in beiderlei Gestalt – Brot und Wein – für die Laien gefordert. Noch schwerer wog, dass er die Machtstellung des Papstes, ja die Institution des Papsttums selbst vehement bestritten und darüber hinaus Missbräuche wie den Ablasshandel und den Pfründenmarkt angeprangert hatte. Mit seiner Hinrichtung war das Problem jedoch nicht gelöst, wie der neue Papst schnell erkennen musste, denn die theologische, politisch-militärische und nationale Bewegung der «Hussiten» in Böhmen sollte Kaiser und Päpste in den folgenden Jahrzehnten vor schier unlösbare Probleme stellen.

Mit der Wahl eines so römischen Papstes war die Entscheidung über die Residenz der Kurie de facto entschieden, obwohl die Debatte darüber noch einige Zeit fortdauerte. Die Rückkehr nach Rom stand denn auch in den ersten drei Pontifikatsjahren ganz im Mittelpunkt der päpstlichen Aktivitäten. In der Ewigen Stadt handelte ein Bruder des Papstes einen Waffenstillstand mit den Baronen aus. Eine Nichte Martins V. heiratete den Grafen Guidantonio da Montefeltro, den Herrn von Urbino, dem jetzt auch Spoleto übertragen wurde; mit Bologna wurde ein Vertrag ausgehandelt, der die Quasi-Autonomie der städtischen Behörden unter der päpstlichen Hoheit garantierte. Ähnliche Pakte wurden mit den Stadtherren in Umbrien und den Marche geschlossen, denen im Umland ihrer Hauptorte mehr Kompetenzen zugestanden wurden. Die Eliten in den entfernteren Provinzen waren damit ruhiggestellt. So konnte Martin V. 1418 dekretieren, dass von jetzt an alle Teile des Kirchenstaats eigens dazu abgestellten päpstlichen Amtsträgern unterstanden: Große Städte wie Bologna wurden von Kardinälen im Rang eines Legaten kontrolliert, kleinere Orte von Gouverneuren, die sich auf der Stufenleiter des kurialen *cursus honorum* erst noch emporarbeiten mussten.

Wie sich das Machtgleichgewicht zwischen Zentrale und Peripherie einpendeln würde, hing davon ab, wie fest und dauerhaft sich die Päpste diesmal in Rom etablieren konnten. Auf dem Weg dorthin hatte der Colonna-Papst so viele Gefolgsleute seines Hauses wie möglich in städtische Schlüsselpositionen gebracht und der dortigen Kommune zugleich Entgegenkommen signalisiert: eine Strategie, die vorerst aufzugehen schien und eine problemlose Rückkehr an den Tiber gewährleistete.

Am 30. September 1420 war es so weit: Martin V. hielt seinen feierlichen Einzug in die Ewige Stadt. Dieser *ingresso* wurde nicht nur mit dem üblichen Pomp begangen, sondern auch von den Humanisten in der Begleitung des Papstes durch Reden und Schriften als ein Ereignis von epochaler Bedeutung gefeiert. Das Leitmotiv dieser Texte war der schmerzvolle Kontrast zwischen Einst und Jetzt: Rom, die ehemalige Herrin der Welt, war zu einem weitgehend wüsten Ort abgesunken. Der größte Teil der Siedlungsfläche innerhalb des Aurelianischen Mauerrings war unbewohnt. Im Ödland, das sich über Palästen und Thermen ausgebreitet hatte, wohnte lichtscheues Gesindel, das bei Nacht zusammen mit den Wölfen, die auf der Suche nach Beute umherstreiften, die Straßen unsicher machte. In der einstigen Millionenmetropole hausten höchstens noch 20 000 Einwohner. Auf der Suche nach Schutz und Wasser drängten sie sich in den tibernahen Stadtteilen zusammen, in grauen, geduckten und baufälligen Häusern und engen Gassen. Die Ruinen der alten Welthauptstadt waren zu Festungen zweckentfremdet worden oder dienten, schlimmer noch, als Kalksteinbrüche. Nachts loderten auf dem *Forum romanum*, das jetzt als Viehweide diente, die Kalköfen, die bald auch die letzte Erinnerung an die vergangene Größe getilgt haben würden. Selbst die wenigen repräsentativen Bauten aus jüngerer Zeit wie die Basiliken des Lateran und von Sankt Peter neigten sich unter der Last der Jahre.

Fast alles (außer den Wölfen) an diesen Klageliedern stimmte, doch waren sie mehr als eine wehmütige Bestandsaufnahme. Mit ihrer Schreckensbilanz konstruierten die Literaten im Auftrag des Papstes eine fiktive Stunde Null und boten diesem dadurch einen idealen Ausgangspunkt: Von jetzt an konnte alles nur noch besser werden! Die deprimierende Schilderung einer verlassenen und veruntreuten Stadt war zugleich eine große Herausforderung an ihn und seine Nachfolger: Macht Rom auch äußerlich seiner einzigartigen Geschichte würdig! Dazu gehörte an vorderster Stelle, die humanistische Gelehrsamkeit zu würdigen und ihre Vertreter an der Kurie angemessen zu fördern, das heißt: auf lukrativen Posten anzustellen. Dieser Aufforderung wurde Martin V. nach dem Urteil der von ihm großzügig unterstützten Gelehrtenwelt voll und ganz gerecht. Humanisten wie Poggio Bracciolini und Antonio Loschi spielten von jetzt an eine wichtige Rolle in den «Public relations» der Kurie; mit dem immer eleganteren und raffinierteren Latein ihrer Briefe verliehen sie den Päpsten das Gütesiegel, auf der Höhe der innovativsten Kultur zu stehen.

Anders als die humanistischen Literaten es in ihren Lobliedern auf Martin V. darstellten, war der Papst selbst in seiner Hauptstadt nicht frei. Als Papst des Konzils war er an dessen Weisungen gebunden. Eine dieser Direktiven lautete: Kurienreform. Der Papst erfüllte diese Order, allerdings auf seine eigene Weise. So teilte er den ausgedehnten Zuständigkeitsbereich seiner Kanzlei in die Sparten der Justiz- und der Gnadenangelegenheiten auf. Während die Zuständigkeiten der Gerichte weitgehend unverändert blieben, wurde der zweite Sektor administrativ ausgebaut und neu geordnet, ebenso wie der Geschäftsbereich des Datars. Dieser stand bald einer weitgehend autonomen Behörde vor, die außerordentliche, in den Büchern der Apostolischen Kammer nicht verzeichnete Einnahmen verwaltete. Sie flossen vor allem aus den «Gnaden», die der Vizekanzler im Namen des Papstes hochgestellten Persönlichkeiten gewährte, zum Beispiel dadurch, dass er lästige Bestimmungen des kanonischen Rechts wie Ehehindernisse aus dem Weg räumte oder uneheliche Sprösslinge legitimierte. So geriet die Datarie als «schwarze Kasse» des Papsttums schnell in Misskredit, ja, sie wurde geradezu zum Symbol eines mehr denn je reformbedürftigen Papsttums.

Dass die Kurie wieder international wie im 13. Jahrhundert werden müsse, war eine weitere Forderung des Konzils. Auch ihr kam Martin V. durch ausgewählte Berufungen formell nach; trotzdem italianisierte, ja «colonnisierte» er den Verwaltungsapparat der Kirche und des Kirchenstaats gründlich. An Rechtfertigungen dafür fehlte es ihm nicht. Finanziell hatte sich die Lage gegenüber der vorschismatischen Zeit dramatisch verschlechtert. Vor allem im letzten Jahrzehnt der Kirchenspaltung hatten die mächtigeren Fürsten die unübersichtlichen Verhältnisse dazu genutzt, die Abgaben des Klerus in die eigenen Kassen umzuleiten. Martin V. selbst musste diese Zustände nach seiner Wahl in einer Reihe von Konkordaten billigen. Von der flächendeckenden Besteuerung unter dem Meisterfiskalisten Johannes XXII. waren nur noch bescheidene Reste übrig geblieben, vor allem auf der Iberischen Halbinsel, in Deutschland sowie in Süditalien. Umso mehr waren die Päpste von jetzt an – den Reformimpulsen von Konstanz zuwider – auf die «anrüchigen» Gelder der Datarie angewiesen

Das Vorgehen in diesen heiklen Bereichen zeigt, wie geschickt Martin V. seine schwierige Rolle interpretierte: Er agierte nach außen im Sinne des Konzils, führte dessen Bestimmungen jedoch so aus, dass daraus ein möglichst großer Machtzugewinn für das Papstamt entsprang, wobei er zugleich eine offene Konfrontation vorerst vermied. Diese Gratwanderung bewältigte der Colonna-Papst virtuos. Getreu den Bestimmungen des Dekrets «Frequens», das den Rhythmus der künftigen Konzilien festlegte, berief er ein Konzil nach Pavia. Es wurde pünktlich im April 1423 eröffnet, doch nach dem Ausbruch der Pest schon zwei Monate später nach Siena verlegt und auch dort nur schwach besucht. Dieses Mini-Konzil bekräftigte die Bestimmungen von Konstanz, womit es seiner Pflicht Genüge getan hatte, und wurde schon im Februar 1424 wieder geschlossen. Der Papst konnte nach dieser eher schwächlichen Machtdemonstration der Konzilsanhänger aufatmen. Er hatte seine Verpflichtung eingehalten und durch seine Abwesenheit zugleich seine Ablehnung demonstriert. Das nächste Konzil kündigte er, ebenfalls dem Zeitplan getreu, für 1431 in Basel an. Das bedeutete sieben Jahre Handlungsspielraum.

Rom, süßes Rom

Eine Säule steht für den Papst Im vorangehenden Fresko von Masolino da Panicale in der Kirche San Clemente hat die kluge Jungfrau die heidnischen Weisen in der Disputation besiegt. Hier zerstört ein Engel zwei der vier Räder, die die kluge Jungfrau zerfleischen sollen. Wer dieses Wunder vermittelt hat, macht die Säule mit dem korinthischen Kapitell, dem Wappensymbol Papst Martins V., deutlich.

Martin V. nutzte diese Zeit zweifach: zur Förderung seiner Familie und zur Wiederherstellung und Verschönerung der Ewigen Stadt. Doch entgegen allen Befürchtungen praktizierte er auch seinen Nepotismus mit Augenmaß. In seiner Kardinalserhebung vom Mai 1426 erhielten so viele verdiente und gebildete Prälaten aus ganz Europa den roten Hut, dass ein Neffe und zwei treue Parteigänger des Hauses Colonna nicht sonderlich auffielen. Auch dass der Colonna-Papst die wichtigsten Lehen seiner Familie von Zollabgaben befreite, wurde im Rahmen dieser «Unanstößigkeits-Strategie» kaum zur Kenntnis genommen, ebenso die Verleihung vieler Ämter an Gefolgsleute aus dem ländlichen Herrschaftsbereich seiner Familie.

In Rom entfaltete Martin V. ein umfassendes Restaurierungsprogramm: Basiliken, Brücken, antike Großbauwerke wie das Pantheon, die Engelsburg und Spitäler wurden wieder instandgesetzt und teilweise neu erbaut. Parallel dazu wurden Statuten erlassen, die die unhygienischen Viertel der Altstadt von Abfall und Schadstoffen, vor allem aus den Werkstätten der Färber und Gerber, entlasten sollten. Zu einem urbanistischen Neuanfang, dessen Notwendigkeit schon jetzt klar erkannt wurde, reichten Zeit und Geld jedoch noch nicht aus. Da die päpstlichen Paläste beim Lateran und auf dem Vatikan nach langer Vernachlässigung noch nicht bewohnbar waren, residierte Martin V. im befestigten Palast der Colonna neben der Kirche der Zwölf Apostel unweit der heutigen Piazza Venezia.

Programmatischen Charakter haben die Fresken, die der Kardinal Branda da Castiglione, der dem Papst nahestand, in den Jahren 1428 bis 1431 von Masolino da Panicale in der Basilika San Clemente malen ließ. In einem der Bilder überwindet die jugendliche Katharina aus Alexandrien heidnische Gelehrte in der Disputation. Die Weisheit einer einzigen Heiligen siegt über die vermeintlich überlegene Kompetenz der versammelten Spezialisten: Das konnte und sollte man als Oberhoheit des Papstes über das Konzil und die Kardinäle verstehen. Im Fresko des Katharina-Martyriums sticht überdies eine Säule mit prachtvollem korinthischem Kapitell ins Auge: das Wappen der Colonna und ihres Papstes. Auch diese Botschaft war auf diskrete Weise unmissverständlich: Die Colonna sind die Stütze der Kirche, jetzt und in Zukunft.

Im Sommer 1429 ging das große Schisma auch formell zu Ende. Clemens

(VIII.), der 1423 die Nachfolge Benedikts (XIII.) auf der Halbinsel Peñiscola im Königreich Aragon angetreten hatte, erklärte seinen Verzicht und erkannte zusammen mit seinen Wählern Martin V. als alleinigen Pontifex maximus an.

Am 1. Februar 1431 berief Martin V. das nächste Konzil nach Basel ein, das im Sommer dieses Jahres eröffnet werden sollte. Neunzehn Tage später starb er. Die Kraftprobe mit dem Konzil musste sein Nachfolger bestehen. Das war keine beneidenswerte Aufgabe. Bis zu diesem Zeitpunkt hatten die Hussiten in Böhmen alle kaiserlichen Heere besiegt. Johann Hus, der Märtyrer von Konstanz – so die hussitische Propaganda – triumphierte über seine Henker. Wegen der dadurch fortdauernden Spaltung der Kirche wurde ein neues Konzil immer nachdrücklicher gefordert. Auch von den Kardinälen hatte der künftige Papst harten Widerstand zu erwarten. Für die Mehrheit der Purpurträger hatte sich Martin V. viel zu selbstherrlich gebärdet. Um solche Eigenmächtigkeiten in Zukunft zu verhindern, griffen sie auf das Instrument der Wahlkapitulation zurück, das sich 1352 nicht bewährt hatte. Um einen erneuten Misserfolg zu verhindern, stockten die Kardinäle die Vorschriften, zu deren Einhaltung der neue Pontifex maximus verpflichtet sein sollte, nochmals kräftig auf. Die wichtigsten Bestimmungen kamen einer partiellen Entmachtung des Papstes und einer Machtteilung mit den Kardinälen gleich, denen die Hälfte aller Einnahmen zufließen sollte. Darüber hinaus sollten alle Vikare, Lehnsmänner und Amtsträger im Kirchenstaat nicht nur dem Papst, sondern auch den Kardinälen den Treueeid leisten. Innerhalb seines eigenen Herrschaftsgebiets sollten dem Papst dadurch die Hände gebunden werden, dass alle wichtigen Entscheidungen und Maßnahmen von den Kardinälen genehmigt werden mussten. Wenn sich diese Konditionen durchsetzen ließen, war der Papst künftig zweifach abhängig: vom Konzil, das ihm alle zehn Jahre Rechenschaft abforderte, und von den Kardinälen, die ihn permanent unter ihre Kuratel stellten – ganz zu schweigen von den Mitregierungsansprüchen der Kommune Rom, die sich auch wieder kräftiger zu regen begann, und der Vormachtstellung der Colonna in den umliegenden Provinzen.

Triumph des langen Atems: Eugen IV.

Der Mann, der alle diese Aufgaben mehr oder weniger gleichzeitig bewältigen sollte, hieß Gabriele Condulmer, stammte aus reichem venezianischem Adel, war ein Neffe Gregors XII., erst achtundvierzig Jahre alt und nannte sich Eugen IV. Sein Onkel hatte den Vierundzwanzigjährigen zum Bischof von Siena und im Jahr darauf zum Kardinal erhoben, viel mehr war über ihn nicht bekannt. Die Kardinäle setzen mit ihm also auf ein ziemlich unbeschriebenes Blatt, hofften auf einen schwachen Pontifikat eines nachgiebigen Papstes – und täuschten sich gründlich, wie so oft in solchen Fällen.

Die erste der vielen Auseinandersetzungen, die seinen Pontifikat zum turbulentesten bis zur Französischen Revolution machten, musste Eugen IV. wie vorhersehbar mit den Colonna bestehen. Ihr Versuch, bei Nacht und Nebel die Engelsburg einzunehmen, scheiterte blutig. Aus Rom wurden sie daraufhin mit der Unterstützung Venedigs und Florenz' zurückgedrängt, aber in ihren zahlreichen Bastionen der Campagna konnten sie sich behaupten – der Nepotismus Martins V. forderte seinen Tribut.

Mit derselben Schärfe und Schroffheit ging der neue Papst auch gegen das Konzil in Basel vor, das Ende Juli 1431 eröffnet, anfangs aber nur schwach besucht wurde. Schon im Dezember erklärte Eugen die Kirchenversammlung für aufgelöst; anderthalb Jahre später sollte sie gemäß diesem Dekret wieder zusammentreten, doch nicht in der Reichsstadt Basel (die erst 1501 der Eidgenossenschaft beitrat), sondern in Bologna, einer Stadt des Papstes. Das war ein offener Bruch mit der Politik Martins V. Doch da Eugen IV. weder vom Konzil gewählt worden war noch dessen Dekrete persönlich beschworen hatte, war der Hoheitsanspruch des Konzils für ihn erledigt. Darauf liefen alle seine Maßnahmen hinaus. Auch sein Vorgehen gegen die Colonna trug zur Beschleunigung und Vertiefung des Konflikts mit dem Konzil bei. Eugen IV. verweigerte Domenico Capranica, einem entfernten Verwandten und Günstling Martins V., die Anerkennung als Kardinal. Die fadenscheinige Begründung lautete, dass ihm der rote Hut, das Abzeichen seiner Würde, noch nicht überreicht worden sei. So wurde der hoch gebildete und allgemein sehr angesehene Prälat eine Seele des Konzils, das ihm die versagte Würde ohne Weiteres zuerkannte.

Mit seiner Auflösung des Konzils im Dezember 1431 eröffnete Eugen IV. einen Krieg um die Hoheit über die Kirche, der siebzehn Jahre lang von beiden Seiten mit der größten Erbitterung geführt wurde und den erst sein Nachfolger endgültig beilegte. Die Konzilsteilnehmer verhinderten, dass die päpstliche Bulle zur Auflösung des Konzils öffentlich verlesen wurde. Stattdessen bekundeten sie in einer stolzen Note ihren Protest und den festen Willen, zum Wohle der Kirche zusammenzubleiben. Das schien umso nötiger, als ein weiterer Kreuzzug gegen die Hussiten im August 1431 mit einer vernichtenden Niederlage geendet hatte. Zudem war die Erinnerung an das glanzvolle Konzil am Bodensee lebendig. Was damals die Einheit der Kirche wiederhergestellt hatte, versprach auch jetzt Abhilfe. So standen führende Intellektuelle wie der Theologe Nikolaus von Kues und der Humanist Enea Silvio Piccolomini auf der Seite des Konzils, während die angesehensten Kardinäle Giuliano Cesarini und Niccolò Albergati zwischen der Kirchenversammlung und dem Papst zu vermitteln versuchten. Fürsten wie der römisch-deutsche König Sigismund verschafften dem Konzil zusätzliche Rückendeckung, das im Februar 1432 unter Berufung auf die Konstanzer Bestimmungen seine Hoheit über den Papst bekräftigte und diesen im April mitsamt seinen Kardinälen nach Basel vorlud. Im Juni folgte der Beschluss, dass Eugen IV. während seiner Abwesenheit vom Konzil keine neuen Kardinäle erheben dürfe und im Falle seines Todes das Konklave in Basel stattfinden müsse; im August wurde ihm praktisch jede Regierungstätigkeit im Kirchenstaat untersagt.

Mit diesen Kampfmaßnahmen setzte das Konzil seine Hoheitsansprüche konsequent um: Der Papst war im besten Falle nur noch sein ausführendes Organ, bei weiterem Widerstand musste er folglich mit der Absetzung rechnen. Gleichzeitig verschlechterte sich die Lage Eugens IV. in Rom rapide. Er hatte seine Heimatrepublik Venedig im Kampf gegen Mailand unterstützt und sich dadurch den Zorn von Herzog Filippo Maria Visconti zugezogen, der jetzt seine gefürchteten Condottieri Niccolò Fortebraccio, Francesco Sforza und Niccolò Piccinino in den Kirchenstaat einfallen ließ. Auch in Rom gärte es. Die Colonna sannen auf Revanche und verbündeten sich mit der Kommune, die sich durch die Nepoten des Papstes zurückgedrängt fühlte.

In dieser bedrängten Situation blieb Eugen IV. nichts anderes übrig, als an beiden Fronten nachzugeben. Am 15. Dezember 1433 hob er seine eigene

Auflösungsbulle auf und stellte dem Konzil eine umfassende Rechtmäßigkeits-Bescheinigung aus: Es habe bis zum heutigen Tag legal gearbeitet und müsse zur Bekämpfung der Hussiten, für den Frieden in der Christenheit und zur umfassenden Reform der Kirche fortgesetzt werden. Das war eine heikle Kapitulation, denn damit legitimierte der Papst den Widerstand gegen seine eigenen Verfügungen. Auch wenn er die Drohungen und Zwangsmaßnahmen des Konzils nicht approbierte, schien er auf diese Weise doch das höhere Recht der Kirchenversammlung anzuerkennen, ja sich ihr geradezu unterzuordnen. Die politische Demütigung war nicht weniger brennend: Eugen ernannte notgedrungen Francesco Sforza, den gefährlichsten der feindlichen Söldnerführer, zu seinem Stellvertreter in den Marche und verlor so jeden Zugriff auf eine wichtige Provinz.

Doch alle diese erzwungenen Zugeständnisse fruchteten nichts. Ende Mai 1434 schienen die Tage Cola di Rienzos zurückgekehrt: Die Vertreter der Kommune nahmen die strategischen Schlüsselpositionen der Ewigen Stadt in Besitz, erklärten die weltliche Herrschaft des Papstes für beendet und riefen die Republik Rom aus. Eugen IV. konnte dem Zugriff der Republikaner nur mit knapper Not entkommen: als Mönch verkleidet, auf dem Boden eines Bootes ausgestreckt, von Schilden gegen die Steine geschützt, die eine wütende Menge gegen ihn schleuderte. Am 30. September 1420 war Martin V. triumphal nach Rom zurückgekehrt, am 4. Juni 1434 musste sein Nachfolger die Ewige Stadt unter Gefahr für Leib und Leben fluchtartig verlassen. Dieser Tag markierte eine Talsohle der päpstlichen Macht, tiefer noch als in den Tagen des Schismas: Die Herrschaft über die Kirche und den Kirchenstaat war gleichzeitig verloren.

Oder besser: schien verloren, denn neun Jahre später kehrte derselbe Eugen IV. im Triumph zurück, fünfzehn Jahre nach seiner Vertreibung löste sich das einst so feindliche Konzil auf; mit ihm dankte der letzte Gegenpapst der Geschichte ab. Sechsundzwanzig Jahre nach diesem Tiefpunkt verbot ein Papst jeden Appell an ein Konzil – als ob es «Konstanz» und «Basel» nie gegeben hätte. Der sechzehnjährige Pontifikat des Condulmer-Papstes umspannt somit eine Scharnier- und Wendezeit der Papstgeschichte: Letzte Widerstände flammten auf und erloschen, neue Herrschaftsverhältnisse wurden begründet. Am Anfang seiner Regierung hatte der venezianische Pontifex maximus seine Kräfte überschätzt und den Bogen überspannt; das

Exil zwang ihn zu einer pragmatischen Politik. Am Ende nutzte er die Schwächen seiner Gegner aus und führte neue Machtverhältnisse herbei.

1434 war diese Wende jedoch noch in weiter Ferne. Eugen IV. floh im Juni zu Schiff über Livorno nach Florenz, um von dort die doppelte Riconquista der Macht über die Stadt und die Kirche in die Wege zu leiten. Erst einmal aber spielte er an seinem Exilort eine unerwartete Rolle: Er war Zünglein an der Waage im Kampf um die Macht. Seit Mitte der 1420er-Jahre standen sich am Arno zwei annähernd gleich starke Interessengruppen feindlich gegenüber: die Partei der Albizzi und anderer führender Patrizierfamilien und die Partei der Medici, die ganz auf Cosimo ausgerichtet war, den Chef der Familie und Bankier des Papstes. Im ersten Akt dieses Politdramas war Cosimo wenige Monate vor der Ankunft Eugens IV. mit seinen engsten Angehörigen und treuesten Anhängern aus Florenz verbannt worden. Die Partei der Albizzi und ihrer Freunde wagte es jedoch nicht, härtere Maßnahmen wie eine radikale Säuberung der politischen Klasse zu ergreifen, und das sollte sich schon bald bitter rächen. In Florenz bestimmte nämlich das Los über die Mitglieder der Stadtregierung (Signoria), so dass eine Zufallsmehrheit für die Medici nur eine Frage der Zeit war. Als es im Spätsommer 1434 so weit war, berief die Signoria Cosimo und die Seinen zurück, die Albizzi riefen zum Straßenkampf auf – und wurden im entscheidenden Moment von Eugen IV. zur Aufgabe bewogen. Von jetzt an hatte der Papst am Arno einen verlässlichen Partner, der als Geschäftsmann in Rom viel Geld verdiente und als Politiker zu Mäßigung und Wahrung des Status quo riet. Gemeinsame Interessen schmiedeten ein solides Band.

Den richtigen Verbündeten zu finden, wurde zu einem Leitmotiv von Eugens Pontifikat. Das zeigte sich auch bei der Rückeroberung Roms und des übrigen Kirchenstaats. Sein politischer Retter hieß Giovanni Vitelleschi, entstammte einer Adelsfamilie aus der nördlich von Rom gelegenen Hafenstadt Corneto (heute Tarquinia) und hatte mit großem Erfolg die militärische Laufbahn eingeschlagen, bevor er in den Dienst der Päpste überwechselte. Die wussten seine Talente ebenfalls zu schätzen und erhoben ihn zum Bischof von Recanati und zum Kardinal. Seine Begabung zum Condottiere stellte Vitelleschi in den folgenden Jahren eindrucksvoll unter Beweis. Die feindliche Front der führenden Adelsfamilien (ohne die Orsini, die aufseiten des Papstes standen) wurde nach allen Regeln der Kunst auseinanderdividiert, eine Burg nach der anderen wurde eingenommen und durch die Hinrichtung besonders widerspenstiger Barone Furcht und Schrecken verbreitet. In Rom griff der scheinbar allmächtige Legat des Papstes nicht weniger rabiat durch. Im März 1440 war der Widerstand allenthalben gebrochen, Vitelleschi hatte seine Mission erfüllt – und Vitelleschi konnte gehen. Sein Abgang wurde nach allen Regeln der Kunst vollzogen, die Niccolò Machiavelli dreiundsiebzig Jahre später in seinem «Buch vom Fürsten» in solchen Situationen zu befolgen riet: Der Kommandeur der Engelsburg verwickelte den streitbaren Kirchenfürsten in eine Auseinandersetzung, die in ein Handgemenge ausartete. Vitelleschi wurde verwundet und starb vierzehn Tage später, ob an den Verletzungen oder an Gift, blieb ungeklärt. So konnte Eugen IV. wortreich den tragischen Verlust eines treuen Dieners beklagen. Doch ein bedauerliches Missverständnis war der «Zwischenfall» nicht. Der Papst befreite sich von einem übermächtigen Stellvertreter und ging zu dessen blutigem Vorgehen auf Distanz.

Das war Staatsräson reinsten Wassers. Einer Versöhnung aus der Position der Stärke stand damit nichts mehr im Wege. Die großen Familien Roms wurden in Gnaden wieder aufgenommen und erhielten ihre Besitzungen zurück. Ihre Machtstellung war geschwächt, doch nicht gebrochen und immer noch stark genug, um den nachfolgenden Päpsten bei Konflikten nachhaltigen Widerstand zu leisten.

Der Nachfolger des nach allen Regeln der Kunst entsorgten Vitelleschi wurde Kardinal Ludovico Scarampo, der vor seinem Aufstieg in der Kirche Arzt und Söldnerführer gewesen war. Er vollendete das Werk seines Vorgängers im Süden des Kirchenstaats und handelte im Auftrag Eugens IV. einen Pakt aus, der die Machtverhältnisse in Neapel und Sizilien auf Jahrzehnte bereinigte. Dort hatte König Alfonso V. von Aragon und Sizilien nach langen und schweren Kämpfen über seinen Rivalen René d'Anjou gesiegt und 1442 triumphal in seine neue Hauptstadt am Fuß des Vesuvs einziehen können. Der Papst hatte lange Zeit Alfonsos Gegner unterstützt, vollzog aber jetzt eine Kehrtwendung zur Anerkennung der politischen Realitäten: Der aragonesische Monarch erhielt im Juli 1443 als Gegenleistung für militärische Hilfsversprechen die päpstliche Belehnung und die Zusicherung, dass ihm sein unehelicher Sohn Ferrante auf dem Thron von Neapel nachfolgen dürfe. Damit war der Kirchenstaat im Norden und Süden durch solide Allianzen so gut geschützt wie seit Langem nicht mehr. Als Schlusspunkt dieser Entwicklung kehrte Eugen IV. am 28. September 1443 nach Rom zurück.

An der Konzilsfront sah es lange Zeit ebenfalls nach einer Niederlage des Papstes aus. Nachdem das Konzil Eugen IV. die Zurücknahme seiner Auflösungsverfügung abgerungen hatte, versuchte es, seine Herrschaft über die Kirche auf Dauer zu festigen. Zu diesem Zweck erließ es eine Reihe von Dekreten, die einer regelrechten Enteignung der Kurie gleichkamen: Alle regulären Abgaben, die der Kirche noch zustanden, sollten jetzt nicht mehr nach Rom, sondern nach Basel fließen, wo auch in letzter Instanz über alle hängigen und künftigen Streit- und Zweifelsfragen entschieden werden sollte. Zwei Jahrzehnte nach Konstanz war der dort angelegte, durch die taktisch motivierte Nachgiebigkeit Martins V. aber vorerst schlummernde Konflikt mit aller Härte ausgebrochen: Konzilskirche oder Papstkirche, das war hier die Frage. Sie hatte nichts mit der viel zitierten «Starrsinnigkeit» oder «Unbeugsamkeit» Eugens IV. und der nicht weniger oft behaupteten Radikalisierung des Konzils zu tun, sondern war in der Geschichte der Kirche angelegt und musste jetzt ein für alle Mal beantwortet werden.

Ende Juli 1437 zitierte das Konzil den Papst zur Rechenschaftsablegung nach Basel, sieben Wochen später verlegte dieser das Konzil nach Ferrara, wo sich ab Januar 1438 die Anhänger der Papstkirche versammelten. Selbstverständlich erklärten die Basler diese Konkurrenzveranstaltung für ungültig, doch damit nicht genug: Im Juni 1439 setzten sie Eugen IV. ab und wählten im November mit Amadeo VIII., dem offiziell zurückgetretenen, de facto aber weiterhin einflussreichen Herzog von Savoyen, einen Gegenpapst, der sich Felix (V.) nannte. Die unseligen Tage der Kirchenspaltung von 1378 schienen zurückgekehrt zu sein. Doch während es damals um persönliche und nationale Rivalitäten gegangen war, kamen jetzt unvereinbare Ideologien ins Spiel. Dass trotzdem kein dauerhaftes Schisma ausbrach, sondern die Papstkirche schon wenige Jahre später gestärkt aus der scheinbar aussichtslosen Auseinandersetzung hervorging, hatte vielfältige Ursachen.

Eugen IV. konnte in diesem Ringen zum einen die Tradition und damit einen hohen Wert für sich geltend machen, zum anderen zeigte er sich innovativer und flexibler als das Konzil. Was wie ein Widerspruch anmutet, erwies sich als einzig Erfolg versprechende Strategie. Im Namen der Tradition agierte und agitierte der Papst gegen das Konzil, dem er vorwarf, aus reiner Machtgier einen Umsturz der gottgewollten Ordnung zu vollziehen. Das Konzil – so der Tenor seiner Verlautbarungen – behauptete, die Kirche der Frühzeit wiederherzustellen, doch in Wahrheit schuf es mithilfe von Stallknechten und Domestiken, denen kurzerhand die niederen Weihen einschließlich des vollen Stimmrechts verliehen wurden, ein groteskes Zerrbild dieses erhabenen Modells. Diese Anklagen hatten Gewicht, da sie, was die Massenmobilisierung in den Konzilssessionen anging, belegbar waren. Im durch und durch konservativen Klima der Zeit wog vor allem der Vorwurf der wurzellosen Neuerung schwer, Reform wurde als Wiederherstellung des bewährten Alten verstanden, nicht als Aufbruch in eine vermeintlich bessere Zukunft. Vor die Wahl zwischen einem Papst als Gralshüter der Tradition und einem neuerungssüchtigen Konzil gestellt, votierten mit der Zeit immer mehr Herrscher für die römische Option, die ihnen überdies mancherlei Vorteile und Vergünstigungen in Gegenwart und Zukunft versprach. Eugen IV. präsentierte sich zudem als sicheres Bollwerk gegen Aufruhr, nicht nur in der Kirche. Auch weltliche Herrscher sahen sich wie der Pontifex maximus von Mitregierungsansprüchen ihrer heimischen Eliten bedroht, die sich in Ständeversammlungen, Stadträten und ähnlichen Gremien organisierten. Eine Kirche, die diesen «Demokratisierungen» in Theorie und Praxis Einhalt bot, war daher als nützlicher Bundesgenosse willkommen. Für einen Papst an der Spitze der Kirche und an ihrer Seite sprach aus Sicht der weltlichen Herrscher auch, dass sich ihm leichter kirchenpolitische Zugeständnisse abringen lassen würden als einem Konzil mit seinen schwankenden Mehrheitsverhältnissen. Auch dieser Gesichtspunkt der besseren Erpressbarkeit fiel ins Gewicht, obwohl sich Konzil und Papst in ihren Zugeständnissen an die wichtigsten Fürsten zeitweise geradezu überboten.

Ausschlaggebend aber wurde, dass ausgerechnet der angeblich so biedere und starrsinnige Eugen IV. im Kampf um die Führungspersönlichkeiten wie kaum ein anderer Papst über seinen Schatten zu springen vermochte. Gewiss, er hatte mit der Kardinalswürde ein starkes Lockmittel, doch wie er es einsetzte, zeugt von ungewöhnlichem Weitblick und Pragmatismus. Rom betrieb jetzt eine regelrechte Abwerbungspolitik. Allen, die sich bislang für das Konzil engagiert und dort Einfluss gewonnen hatten, winkte beim

Übertritt nach Rom ein Karrieresprung und nicht selten der rote Hut. Dabei sah man über mancherlei Unregelmäßigkeiten und sogar Ungereimtheiten im bisherigen Lebensweg hinweg, getreu dem Motto, dass einmal zu irren menschlich und daher verzeihlich war. Auf diese Weise ließen sich herausragende Ideengeber und Wortführer des Konzils wie Nikolaus von Kues auf die andere Seite herüberziehen. Selbst ein scheinbar so eingefleischter «Konziliarist» wie der Humanist Enea Silvio Piccolomini, der die Kirchenversammlung mit seiner begnadeten Beredsamkeit in seinen Bann geschlagen hatte und an einer fehlgeschlagenen Entführung des Papstes beteiligt gewesen war, fand am Ende den Weg zu einer Aussöhnung auf Bewährung. Extreme Krisen machten außergewöhnliche Maßnahmen erforderlich: So wurde das zeitweise zur Peripherie abgesunkene Rom wieder zum unbestrittenen Zentrum. Wann hatte man in Rom zuletzt einen Kardinal aus Griechenland oder der Ukraine gesehen?

Basilios Bessarion und Isidor von Kiew erhielten den roten Hut als Ergebnis des päpstlichen Konzils, das Eugen IV. nach wenigen Sitzungen von Ferrara nach Florenz verlegt hatte, wo er sich zu Gast bei guten und vor allem zahlungskräftigen Freunden wusste. Für ihn wie seinen generösen Gastgeber Cosimo de' Medici wurde die Konkurrenzveranstaltung am Arno zu einem durchschlagenden Propagandaerfolg. Dazu trugen dramatische historische Umstände bei. Nach mehr als hundertjährigem Vorrücken hatte das Osmanische Imperium vom Byzantinischen Reich nur noch Restbestände am Bosporus und in Griechenland übriggelassen. Um Konstantinopel aus der Umklammerung zu befreien, liebäugelten Kaiser Johannes VIII. und ein Teil seines Klerus mit einer Kirchenunion, die – so ihre Hoffnung – kräftige militärische Unterstützung des Westens nach sich ziehen würde, und bereiteten sich für die Reise zum Konzil vor. Doch zu welchem Konzil sollten die Griechen gehen, nach Basel oder nach Florenz? Auch in dieser wichtigen Frage gaben Tradition und Flexibilität den Ausschlag: Eugen IV. warf die Autorität seines Amtes und Cosimo de' Medici sein Geld in die Waagschale, das heißt: Er finanzierte dem klammen Kaiser, dem Patriarchen von Konstantinopel und deren Entourage die Reise in die Toskana.

Hier wurde man sich verblüffend schnell einig, fast so, als habe es das Schisma von 1054 nie gegeben. Die Kunst des Ausklammerns triumphierte über Dogmatismus und Rechthaberei: Beide Seiten blieben bei ihren Positionen und betonten gleichzeitig, dass diese im Wesentlichen übereinstimmten. So einfach und schnell konnte es gehen, wenn die Not drängte und die Politiker unter den Theologen das Sagen hatten. Natürlich stimmte die theologische Harmonie nicht, wie sich schon bald zeigen sollte. Die Differenzen in Sachen «filioque» – ging der Heilige Geist «auch aus dem Sohn» hervor oder nur aus Gott? –, Ostertermin und Primat des Papstes blieben unüberwindlich. Doch für einen strahlenden Sommertag des Jahres 1439 wurden all diese Divergenzen ausgeblendet. Eugen IV. teilte der Christenheit mit, dass er das Wunder ihrer Wiedervereinigung unter seinem jetzt auch im Osten unbestrittenen Vorrang vollbracht habe, und gewann damit einen Prestigevorsprung, den das feindliche Konzil nicht mehr aufholen konnte. Daran änderte auch die Kurzlebigkeit der Union nichts. Als ein europäisches «Kreuzfahrerheer» unter polnischer und ungarischer Führung im November 1444 bei Varna im heutigen Bulgarien von Sultan Murad II. vernichtend geschlagen wurde, avancierte die «Türkengefahr» zu einem Thema der öffentlichen Debatten – auch das ein Motiv, das das Streben nach kirchlicher Einheit und politischer Geschlossenheit der christlichen Fürsten stärkte.

Als Anfang 1447 auch die deutschen Fürsten ihren Frieden und Konkordate mit Eugen IV. schlossen, war der Umschwung nach sechzehn Pontifikatsjahren weitgehend zum Ende geführt: Das Konzil in Basel und sein Papst Felix (V.) waren zur Bedeutungslosigkeit abgesunken und suchten nach Mitteln und Wegen, um sich ohne Gesichtsverlust aus der Geschichte zu verabschieden. Die römische Kommune war ruhiggestellt und wurde schleichend ihrer Kompetenzen beraubt. Die politische Lage in Italien war weitgehend konsolidiert, mit Ausnahme Mailands, wo dieser Prozess noch drei Jahre andauerte. Das Kardinalskollegium war so international wie seit anderthalb Jahrhunderten nicht mehr und intellektuell so hochkarätig wie nie zuvor oder später, der päpstliche Nepotismus war einigermaßen unter Kontrolle. Wenn eine Reform der Kirche an Haupt und Gliedern Chancen hatte, dann jetzt.

Allerdings ließen sich auch Verluste nicht leugnen. Die Papstfinanz war als Folge des Schismas irreparabel geschwächt. Vor allem der König von Frankreich hatte mit der «Pragmatischen Sanktion von Bourges» 1438 eine faktische Kirchenhoheit gewonnen, die es ihm gestattete, die wichtigsten und lukrativsten Positionen wie Bistümer und Kanonikate mit seinen Gefolgsleuten zu besetzen. Gewiss, diese neu ernannten Kleriker aller Rangstufen schuldeten Rom immer noch diverse Zahlungen wie die – vor allem in Deutschland viel beklagten – Annaten, doch fielen diese Summen innerhalb des päpstlichen Budgets nach dem Schisma nicht mehr allzu sehr ins Gewicht.

Das Gros der Ausgaben mussten Eugen IV. und seine Nachfolger aus den Erträgen ihres eigenen Staatsgebiets bestreiten, doch das war leichter gesagt als getan. In der nördlichen Hälfte dieses Territoriums regierten lokale Machthaber, die es nicht einmal für nötig hielten, ihren – durch Inflation ohnehin meist auf lächerlich geringe Beträge abgesunkenen – Lehenszins zu begleichen. Stolze Stadtrepubliken unter mehr oder weniger stabilen Familienherrschaften wie Bologna unter den Bentivoglio und Perugia unter den Baglioni waren erst recht nicht zahlungswillig. Neue Abgaben, die Abhilfe schaffen konnten, hatten unangenehme Nebenwirkungen. Sie galten den Untertanen als ein untrügliches Zeichen für einen Herrschaftsmissbrauch, gegen den sie geradezu reflexartig revoltierten. Trotzdem führte kein Weg daran vorbei, an der Steuerschraube zu drehen: Fleisch, Wein, Mehl und andere Konsumgüter wurden mit immer neuen *dazi* und *gabelle* belastet, was den Päpsten, die diese Zölle und Steuern einführten, immer neue Flüche ihrer Untertanen eintrug. Da die römische Zentrale nicht über das Personal verfügte, um die Abgaben effizient einzutreiben, wurden diese verpachtet, was die Erträge nochmals reduzierte. Zu einem geordneten Finanzwesen fanden die Päpste bis zum – vorläufigen – Ende des Kirchenstaats im Februar 1798 nie.

Was der Kirchenstaat nicht abwarf, musste auf anderen Wegen beschafft werden. Hohe, aber im Einzelnen schwer bezifferbare Summen ließen sich weiterhin aus dem Verkauf von «Gnaden» – Dispense für kirchenrechtlich verbotene Heiraten oder die eigentlich genauso verpönte Kumulation von Bistümern in einer Hand und ähnliche «Spezialerlaubnisse» – ziehen. Dazu kamen Erträge aus dem Verkauf von Verwaltungsposten der Kurie und Gebühren für die Investitur mit geistlichen Ämtern. Da auch das alles in der Regel nicht reichte, mussten immer mehr Schulden gemacht werden. Gemeinsam war den meisten Einnahmen aus dem Kirchenstaat und aus den übrigen Quellen ihre Anrüchigkeit. Dagegen haben sich die Päpste mit dem

Der Pontifikat Eugens IV. auf Filaretes Bronzeportal der Peterskirche In dieser Szene empfängt Antonio da Rido, der Kastellan der Engelsburg, den griechischen Kaiser Johannes VIII., der sich zum Unionskonzil nach Florenz begeben hat. Einige Jahre später schaltete der Burgwächter mit dem Bluthund den allzu mächtig gewordenen Kardinal Vitelleschi aus, die Verewigung beim Grab des heiligen Petrus hat er sich also redlich verdient.

Argument verteidigt, dass der Ausbau ihrer Behörden eine europäische Nachfrage nach letztinstanzlicher Bestätigung und Zertifizierung befriedigte, also durch Dienstleistungen zugunsten der Christenheit gerechtfertigt war. Das ist nicht von der Hand zu weisen, doch nicht der einzige, ja nicht einmal der wichtigste Grund, der die Ausgaben am Tiber von jetzt an nach oben trieb: Neubauten und Nepoten und besonders die Kriege, die die Päpste für ihre Blutsverwandten führten, kosteten bald mehr Geld als alle neuen Ämter und Verwaltungszweige zusammen. So hatte die Umschichtung des päpstlichen Finanzwesens ein verstärktes Interesse der europäischen Öffentlichkeit am päpstlichen Finanzgebaren zur Folge.

Eugen IV. starb am 23. Februar 1447 nach einem fast sechzehnjährigen Pontifikat. Sein Grab im Petersdom ging beim Neubau der Kirche im 16. Jahrhundert verloren, aber andere Monumente überdauerten: Die von dem italienischen Bildhauer, Architekten und Architekturtheoretiker Antonio Averulino, genannt Filarete, geschaffenen Bronzetüren für Sankt Peter wurden in den Neubau der Basilika eingefügt und bilden bis heute deren Hauptpforte. Darauf wird in zahlreichen erzählenden Feldern mit der

Schlüsselübergabe an Petrus der päpstliche Primat gefeiert und der bewegte Pontifikat Eugens IV. als dessen Bestätigung verherrlicht, doch hält auch die antike Götterwelt mit Zeus und Ganymed, ja sogar mit Leda und dem Schwan Einzug in die Kirche des Apostelfürsten.

Ausgleich im Westen, Katastrophe im Osten: Nikolaus V.

Der Nachfolger Eugens IV. wurde am 5. März 1447 schon im dritten Wahlgang mit zwölf Stimmen und damit der Zweidrittelmehrheit der achtzehn Kardinäle – elf Italiener, drei Spanier, zwei Franzosen, ein Portugiese und ein Grieche – gewählt, obwohl ihn vor der Wahl niemand auf der Rechnung gehabt hatte: Tommaso Parentucelli war der Sohn eines früh verstorbenen Arztes aus dem Städtchen Sarzana an der Grenze von Toskana und Ligurien und damit ohne Familienstatus und ohne Hausmacht. Er hatte sich durch seine humanistischen Studien qualifiziert und in den Diensten einflussreicher Persönlichkeiten Schritt für Schritt nach oben gedient. Da sich die Kardinäle der Colonna und Orsini wie üblich gegenseitig blockiert hatten, war er ein Kompromisskandidat, doch seine Wahl war zugleich ein erster, noch tastender Versuch, nach einem römischen und einem venezianischen Adligen mit einem ausgewiesenen humanistischen Gelehrten neue Wege bei der Besetzung des höchsten Amts der Kirche zu gehen, die den Reformforderungen der europäischen Öffentlichkeit entgegenkamen.

Die alternative Auffassung vom Papsttum, für die Tommaso Parentucelli stand, kam schon in seinen ersten symbolischen Handlungen, der Wahl seines Papstnamens und seines Wappens, zum Ausdruck: Nach seinem ehemaligen Dienstherrn, dem sowohl bei Konziliaristen wie Anhängern Eugens IV. als Vermittler und Versöhner hoch angesehenen Kardinal Niccolò Albergati, nannte er sich Nikolaus V. Und das Schild seines Wappens, das seine Vorgänger stolz mit den heraldischen Zeichen ihrer Familie besetzten, füllte er mit den gekreuzten Schlüsseln, dem Symbol der Päpste. Das war eine klare programmatische Aussage und zugleich propagandistisch wirkungsvoll: Der neue Papst, der das klienteläre Gefüge der Kurie auf seinem langen Weg nach oben wie kaum ein Zweiter kennen, aber nicht schätzen gelernt hatte, war gesonnen, kein eigenes Familien-Netzwerk aufzubauen, sondern dem Gemeinwohl, den Interessen der Kirche und Italiens zu dienen. Was den darin eingeschlossenen Verzicht auf Nepotismus betraf, hat Nikolaus V. dieses Versprechen im Wesentlichen eingelöst. Er ernannte seinen Halbbruder Filippo Calandrini zum Kardinal, der durch sein unprätentiöses Auftreten und seinen vollständigen Mangel an Ehrgeiz ebenfalls eine Ausnahmeerscheinung im Heiligen Kollegium bildete. Mit dieser Neuausrichtung setzte sich Nikolaus V. zugleich gefährlich weit von seinen Vorgängern ab – mehr Kritik ließ das System Rom kaum zu.

Das galt auch für die Haltung des Parentucelli-Papstes zum Konzil in Basel. Dieses hatte nach der Einigung König Friedrichs III. und der deutschen Fürsten mit der Kurie über ein Konkordat, das im Februar 1448 unterzeichnet wurde, seinen letzten Rückhalt verloren und musste mit seiner stark geschrumpften Belegschaft und seinem «Papst» Felix (V.) nach Lausanne umziehen. Auf französische Vermittlung fand sich Nikolaus V. zu einer überaus großzügigen Lösung bereit. Zuerst erklärte er alle Strafen und Sanktionen, die sein Vorgänger gegen die Kirchenversammlung verhängt hatte, für erledigt. Danach erlaubte er dem «Konzilspapst», seinerseits die von ihm erlassenen Kampfmaßnahmen gegen Eugen IV. zurückzunehmen und zugleich die Bestimmungen und Ernennungen seines «Pontifikats» zu bekräftigen. Das konnte man – wie kuriale Juristen warnten – als nachträgliche Legitimierung verstehen, doch Nikolaus ging es allein um das Ergebnis: Nach dieser letzten großen Geste gab der greise Ex-Herzog von Savoyen, für den die Erhebung durch das Konzil zu seinem großen Ärger auch finanziell ein Verlustgeschäft gewesen war, seine Würde an das Konzil zurück, das jetzt seinerseits seine Verurteilungen des römischen Papstes zurücknahm.

Den Schlusspunkt unter dreieinhalb bewegte Jahrzehnte setzten die letzten «Konzilsväter», als sie Tommaso Parentucelli am 19. April 1449 zum Papst wählten und ihre Versammlung sechs Tage später für aufgelöst erklärten. Dass sich ein seit zwei Jahren regierender und nahezu allgemein anerkannter Papst auf die Fiktion einließ, dass der Stuhl Petri seit der Absetzung seines Vorgängers durch ein von diesem aufgelöstes Konzil vakant gewesen sei, erregte Kopfschütteln, zeigt aber, wie stark die Kurie durch die jetzt überstandenen Kämpfe mit der kirchlichen Gegengewalt erschüttert, ja verunsichert worden war. Wie tief und lange dieses «Konzilstrauma» fortdauerte, sollte sich knapp siebzig Jahre später beim Auftreten Luthers zeigen, als ein Konzil auch von katholischer Seite als einziges Heilmittel gegen die drohende Spaltung der Kirche angesehen, aber ein entscheidendes Jahrzehnt lang von einem Papst verhindert wurde. Eugen IV. und Nikolaus V. aber legten in einer Zeit extremer Krisen eine Flexibilität an den Tag, zu der sich die Päpste bis heute nicht mehr durchgerungen haben. Sie zeigten, was auch in einem so konservativen, auf Traditionen gegründeten System wie dem Papsttum möglich ist, wenn seine Machtgrundlagen bedroht sind: Sie kamen den Erfordernissen der Zeit notgedrungen weit entgegen und opferten Formen, um die Substanz zu retten.

Mit ähnlichen Strategien des Ausgleichs ging Nikolaus V. im Kirchenstaat und in Italien vor. Befriedung durch die Festschreibung des Status quo, so lautetet seine Devise. Sie war glaubwürdig, da sie nicht mit weitreichenden Plänen für die eigene Familie einherging. In der Umgebung Roms kam der Papst den Baronen durch die Bestätigung ihrer Privilegien entgegen und nahm auch hier von seinem Vorgänger verhängte Sanktionen zurück. In der Romagna wurden die Verträge mit den Stadtherren erneuert; das lange rebellische Bologna bewahrte seine kommunale Selbstverwaltung unter einem päpstlichen Legaten, der die Kreise der lokalen Oligarchie nur selten störte. Als mit dem Tod Filippo Maria Viscontis 1447 der Kampf um Mailand eröffnet wurde, das sich danach kurzfristig zur Ambrosianischen Republik erklärte, unterstützte Nikolaus V. früh den schließlich siegreichen Bewerber, den Söldnerführer Francesco Sforza: Dieser war aufs Engste mit Cosimo de' Medici verbündet, der nicht nur den erfolgreichen Condottiere mit viel Geld versehen, sondern auch in die Karriere Tommaso Parentucellis investiert hatte. So waren jetzt die Chefs von drei der fünf italienischen Großmächte – Rom, Florenz und Mailand – durch solide Bande miteinander verknüpft. Sie waren sich darin einig, dass die Zeit der politisch-militärischen Experimente vorbei war und eine Ära der Konsolidierung anbrechen musste. Auch der mächtigste Herrscher der Halbinsel, König Alfonso von Neapel und Sizilien, neigte nach anfänglichen Expansionsgelüsten diesem System des Machtgleichgewichts zu. So musste nur noch die Republik Venedig, der Unruhefaktor im Nordosten, von den Vorteilen eines umfassenden Interessenausgleichs überzeugt werden.

Ein solcher Friedensschluss wurde geradezu zum Gebot der Stunde, da sich die Lage des Byzantinischen Reichs und seiner Hauptstadt immer dramatischer gestaltete. Ohne Hilfe des Westens würde auch Konstantinopel mit dem Restterritorium am Bosporus und in Griechenland binnen Kurzem in die Hände des osmanischen Sultans fallen, das war seit Längerem absehbar. Um sich diese Unterstützung zu sichern, hatten Kaiser und Patriarch von Konstantinopel 1439 auf dem Konzil von Florenz in die Union mit der lateinischen Kirche eingewilligt, die jedoch schon bald darauf am Widerstand des orthodoxen Klerus scheiterte. Zu Beginn der 1450er-Jahre war die Bedrohung weiter gestiegen. Der junge und ehrgeizige Sultan Mehmet II. plante die Eroberung der feindlichen Hauptstadt von langer Hand und scheute dafür keinen Aufwand. Trotzdem stießen die immer dringlicher formulierten Hilfsgesuche Kaiser Constantins XI. bei Nikolaus V. auf taube Ohren. Ausschlaggebend dafür waren nicht die feinen Unterschiede der Christologie, die schon in Florenz als unbedeutend beiseite gewischt worden waren, und auch nicht unterschiedliche Berechnungen des wahren Ostertermins, sondern die Machtfragen: «Die Schismen sind stets strenger bestraft worden als andere Vergehen ... Das griechische Kaiserreich selbst ist hierfür ein lebendiger Beweis. Was mag wohl der Grund dieses schweren göttlichen Strafgerichts sein? ... Schon fast fünf Jahrhunderte hat der Satan, der Urheber alles Bösen, vornehmlich aber der Zwietracht, die Kirche von Konstantinopel zum Ungehorsam gegen den römischen Bischof, den Nachfolger Petri und Stellvertreter unseres Herrn Jesus Christus, verführt» (zitiert aus Pastor 1, S. 601 f.).

In seinen allerletzten Tagen erhielt das byzantinische Reich die Quittung für seinen mehr als tausendjährigen «Ungehorsam» und die Spaltung von 1054: Solange der Kaiser nicht den Primat des Papstes anerkannte, sah dieser ungerührt dessen Untergang zu. Die Rückkehr in den Schoß der allein seligmachenden Kirche hatte der Kaiser 1439 beschworen; solange dieses Gelöbnis nicht erfüllt war, leistete Rom keinen Beistand.

Als Kaiser Constantin XI. kurz vor Beginn der türkischen Belagerung notgedrungen nachgab, schickte Nikolaus V. einen Legaten, der in der Hagia Sophia den Zusammenschluss der Kirchen unter der Hoheit des Papstes verkündete, und eine Hilfstruppe von zweihundert Mann. Da die meisten anderen italienischen Mächte kaum größere Kontingente stellten, wurde die

Hauptstadt Constantins des Großen am 29. Mai 1453 von den weit überlegenen Truppen des Sultans erobert. Der letzte byzantinische Kaiser fiel im Straßenkampf, eine italienische Flotte, zu der auch Nikolaus V. zehn Galeeren beigesteuert hatte, lief viel zu spät aus und kehrte unverrichteter Dinge zurück. Mit seiner erst unnachgiebigen und dann zögerlichen Haltung erregte der Papst selbst an der Kurie Kritik, zum Beispiel in der Lebensbeschreibung, die Enea Silvio Piccolomini, der spätere Papst Pius II., von seinem Vor-Vorgänger verfasste.

Nach dieser Niederlage im Osten widmete sich Nikolaus V. umso energischer seinem Lieblingsprojekt, einer politischen Flurbereinigung Italiens. Doch der Kongress, den er fünf Monate nach dem Fall von Konstantinopel nach Rom einberief, wurde zu einem Fiasko. Vor allem Venedig stellte unerfüllbare Forderungen, Francesco Sforza verlangte Gebietsabtretungen von Venedig an Mailand, der neapolitanische König Alfonso drohte dem Papst mit Interventionen in Rom, Mittelstaaten wie Mantua und Ferrara fühlten sich von allen bedroht, so dass die Gesandten uneiniger denn je auseinandergingen.

Doch das waren Wort- und zum großen Teil auch Schaugefechte. Zwar gönnte niemand dem Papst den Ruhm des allgemeinen Friedensstifters, doch ein allgemeiner Friede lag sehr wohl im Interesse der Großmächte. So schaffte römische, mailändische und florentinische Geheimdiplomatie binnen weniger Monate das scheinbar Unmögliche: Im April 1454 vereinbarten die Markusrepublik und Francesco Sforza mit Wissen Cosimo de' Medicis in Lodi, die wechselseitigen Gebietsansprüche zu erfüllen, alle weiteren Streitigkeiten aus der Welt zu schaffen und die übrigen italienischen Mächte aufzufordern, sich diesem System des Interessenausgleichs anzuschließen. Dass diese Einigung auf der Grundlage des Status quo schließlich bis auf die Republik Genua und das Herrschaftsgebiet der Malatesta von Rimini, mit denen König Alfonso Rechnungen offen hatte, für ganz Italien zustande kam, war vor allem ein Verdienst Nikolaus' V. Er hatte dafür am eifrigsten gewirkt und geworben und durfte daher die für ein Vierteljahrhundert geschlossene italienische Liga Anfang März 1455 auch feierlich verkünden.

Hinter der Liga von Lodi verbarg sich ein komplexes und fragiles Beziehungsgefüge, in das mancherlei Überschneidungen, Widersprüche und damit potentielle Konfliktgründe Eingang gefunden hatten. An seiner Spitze standen die fünf Vormächte Venedig, Mailand, Florenz, Rom und Neapel, die zugleich als Protektoren ihrer Schutzbefohlenen auftraten. Zu diesen gehörten mittlere Territorien wie das Gebiet der Markgrafen von Mantua oder Ferrara, doch auch kleine und kleinste Herrschaften wie die der Pio in Carpi oder der Pico in Mirandola, die durch ihre enge Anlehnung an ihre «Schutzmächte» kaum noch als souverän einzustufen waren. Das Besondere an dieser klientelären Verflechtung bestand darin, dass sich die nachgeordneten Mächte mehrfach vernetzen konnten. So hatte Federico da Montefeltro, der Herr von Urbino, mit dem Papst, seinem Lehnsherrn, und dem König von Neapel zwei hochgestellte Protektoren, die er notfalls gegeneinander ausspielen konnte. Als renommiertester Söldnerführer seiner Generation wurde Federico denn auch zum Feldherrn der Liga bestellt, deren Gleichgewichtssystem er mit einer eigens dafür bezahlten Truppe garantieren sollte. Von außen gefährdet wurde diese labile Machtbalance in den nächsten vier Jahrzehnten nicht. Der römisch-deutsche König Friedrich III. holte sich 1452 die Kaiserkrone ab und gewann damit die Rangerhöhung, die er in seinen Kämpfen gegen die Hussiten und gegen die rebellischen Adligen und Stadtbürger in seinen Erblanden dringend benötigte, doch in die inneren Verhältnisse Roms oder gar Italiens griff er weder bei dieser Gelegenheit noch später ein.

Was Nikolaus V. auf der italienischen Bühne so spektakulär gelang, missriet ihm in Rom: der Ausgleich zwischen den divergierenden politischen Kräften durch die Bestätigung von Privilegien und durch weitere Zugeständnisse. So bewahrte und erweiterte er die Zuständigkeiten der römischen Kommune innerhalb der römischen Stadtverwaltung, um damit einen potentiellen Unruhefaktor auszuschalten, bewirkte damit jedoch das Gegenteil: die legendenumwobene Verschwörung des Stefano Porcaro. Dieser gehörte dem römischen Stadtadel an, der Sekundärelite im Schatten der Colonna und Orsini. Er hatte in Florenz bei Leonardo Bruni humanistische Studien betrieben, als Redner wie als politischer Vermittler in Bologna und in Siena großes Ansehen erworben und an der Kurie Eugens IV. ehrenvolle Posten bekleidet. Während dieser Zeit verstärkte sich seine Aversion gegen die «Priesterherrschaft», die er als unerträgliche Herabwürdigung der Ewigen Stadt und ihrer Traditionen betrachtete. Aus dieser Gesinnung hatte Porcaro beim Besuch Friedrichs III. und bei der Wahl Nikolaus' V. kein

Hehl gemacht; trotzdem ließ ihn der um Ausgleich bemühte Papst nur von Rom nach Bologna verbannen und ihm dort sogar eine hohe Pension auszahlen. Anfang Januar 1453 begab sich Porcaro heimlich an den Tiber, um dort zum republikanischen Befreiungsschlag auszuholen und nach geglücktem Umsturz wie Cola di Rienzo als Tribun zu amtieren. Doch das Komplott flog auf, und die Parole «Volk und Freiheit», mit der die Verschwörer – allesamt Angehörige derselben Schicht und meist miteinander verwandt oder verschwägert – die Bevölkerung mobilisieren wollten, zündete nicht. Porcaro wurde mit einigen seiner Mitverschwörer hingerichtet.

Hinter der antiken Tyrannenmord-Rhetorik mit ihrer hymnischen Brutus-und-Cassius-Verehrung stand die Frustration von Familien, die sich als die Verlierer der politischen Entwicklung seit 1420 ansahen. Aus dem gescheiterten Umsturzversuch und mehr oder weniger ähnlichen Vorkommnissen in der Folgezeit darauf zu schließen, dass sich in Rom und anderen Kulturzentren Italiens ein «heidnischer» Humanismus ausgebildet habe, ist abwegig. Porcaro und seine Genossen wollten die politische Macht des Papstes und der Kardinäle in Rom und im Kirchenstaat brechen, notfalls durch Mord, aber nicht das Christentum abschaffen. Im Gegenteil: Durch die Trennung von geistlicher und weltlicher Gewalt sollte die Kirche ihre alte sittliche Strahlkraft zurückgewinnen. Unmutsbezeugungen vonseiten der kommunalen Behörden gegenüber der päpstlichen Stadtherrschaft blieben auch in Zukunft nicht aus, doch über die Androhung von Steuer- und Justizstreiks gingen sie selten hinaus. Von jetzt an wurden die Stadtadelsfamilien, die mit schöner Regelmäßigkeit das führende Gemeindeamt der Konservatoren bekleideten, mit einer modifizierten Taktik ruhiggestellt: Sie erhielten mehr Geld, mehr Personal, repräsentativere Amtssitze, prächtigere Gewänder und großartigere Titel als Ausgleich für immer weiter reduzierte Kompetenzen und Aufgaben.

Diesem Ziel diente auch das kühnste Kunstprojekt des Humanisten-Papstes, der Neubau von Sankt Peter. Hatte er am Anfang noch Reparaturarbeiten an der baufälligen Kirchenstadt auf dem Vatikan mit ihren zahlreichen Innenhöfen, Loggien und Brunnen angeordnet, so entschloss er sich unter dem Eindruck von grandiosen Projektskizzen des humanistisch gebildeten Architekten Leon Battista Alberti zu einer radikalen Lösung: Die altehrwürdige Anlage sollte im Zuge einer städtebaulichen Neuordnung des

Eine fromme Szene von einem frommen Maler Sixtus II. (257–258) überreicht in diesem Fresko Fra Angelicos aus der Cappella Niccolina im Vatikan dem heiligen Laurentius einen Kelch und eine Patene zum Zeichen seiner Diakonswürde. Dass der Märtyrer-Papst die Züge Nikolaus V. trägt, soll zeigen, dass das Papsttum zwölf Jahrhunderte danach immer noch dieselbe heilige Institution ist. Dabei hält sich der Personenkult in engen Grenzen, denn das Wappen des Parentucelli-Papstes unter dem Fresko besteht nur aus den goldenen Petrus-Schlüsseln auf rotem Grund.

gesamten Borgo-Viertels abgerissen und von Grund auf neu errichtet werden. Allerdings wurden zu Lebzeiten Nikolaus' V. nur einige Mauern für den Chor hochgezogen, ohne dass alte Bausubstanz zerstört wurde. Auf dem Totenbett trug er im März 1455 den versammelten Kardinälen Theorien und Pläne vor, die von nun an zum Basisprogramm der Päpste gehören und ihr Selbstverständnis dauerhaft prägen sollten: Die Macht des Pontifex maximus ist die höchste und zugleich die zerbrechlichste auf Erden, denn sie beruht nicht auf natürlichen Grundlagen wie Familie und Abstammung, Wahl oder Eroberung, sondern auf einer übernatürlichen Einsetzung durch Christus. Daher ist sie stets durch Bestreitung gefährdet, denn die meisten Menschen glauben nur an das, was sie aus der eigenen Lebenserfahrung kennen. So leuchtet ihnen ein, dass auf den toten König dessen Sohn folgt,

Nepotismus mit Augenmaß Nikolaus V. zeigte in der Calandrini-Kapelle der Kathedrale von Sarzana seinen Nachfolgern, wie man seine Verwandten getreu der *pietas*-Norm fördert. Die Familie des Papstes erhielt eine dezente Grabstätte, geschmackvoll ausgeschmückt, doch ohne übertriebenen Prunk, und zudem nicht in Rom, sondern in der Provinz.

nicht jedoch, dass der Heilige Geist im Konklave den würdigsten Kandidaten zum Nachfolger des Petrus bestimmt. Aus diesem Nachteil müssen die Päpste, so Nikolaus, durch umfassenden Medieneinsatz einen Vorzug machen: Sie müssen die unsichtbare Erhabenheit ihres Amtes in Bauten, Statuen und Bildern veranschaulichen, so dass alle Schichten der Christenheit, ob gebildet oder nicht, diese Botschaft aufnehmen können.

Damit war ein Tätigkeitsfeld für Jahrhunderte vorgezeichnet: Rom war 1455 eine schmutzstarrende Stadt mit engen Gassen und baufälligen Häusern mit vielen Ruinen, ohne die Glanzpunkte eines neuen, an der Antike orientierten Stils, die Florenz zum Eldorado der Künstler und Humanisten erhoben. Roms mittlerweile dreißigtausend Einwohner drängten sich weiterhin am Tiber zusammen, dessen Wasser sie tranken; zwei Drittel der alten Siedlungsfläche innerhalb der Aurelianischen Stadtmauern lagen wüst und leer, nachts tummelten sich dort die Gesetzlosen. So spiegelte die Stadt, die die Pilger durchwanderten, Niedergang statt Größe und erst recht nicht die künftigen Freuden des Paradieses. Das konnte nicht so bleiben: Ein neues Jerusalem am Tiber, der würdige Sitz des vicarius Christi, sollte auf den Ruinen der antiken Welthauptstadt erstehen. Wenn dieser große Plan Wirklichkeit werden sollte, mussten auch die Römerinnen und Römer mitspielen. Nicht nur die Bauten, auch ihre Bewohner hatten die übernatürliche Größe, Macht und Herrlichkeit des Papsttums widerzuspiegeln.

Nikolaus V. hat den Neubau Roms nur in allerersten Ansätzen erlebt. Straßen, Brücken, Wasserleitungen, Brunnen und Verteidigungsanlagen wurden während seines Pontifikats instandgesetzt und ausgebaut. Der Vatikanische Palast wurde erweitert, befestigt und eine Kapelle von Fra Angelico, dem frommsten Maler der Zeit, mit Fresken zum Leben der Heiligen Stephanus und Laurentius ausgeschmückt. Darin trägt der «historische» Papst Sixtus II. die Gesichtszüge Nikolaus' V. und macht dadurch eine Kernaussage des Zyklus deutlich: Die Kirche sollte unter diesem Papst an die heiligen Anfänge ihrer frühesten Märytrer anknüpfen.

Kurze Zeit, nachdem er sein Programm für Rom als ein neues irdisches Jerusalem skizziert hatte, und drei Wochen nach der Verkündigung der Liga von Lodi starb Nikolaus V. in der Nacht vom 24. auf den 25. März 1455.

Türkenkrieg, Nepotismus und Personenkult: Calixtus III. und Pius II.

Am Karfreitagmorgen 1455 wurden fünfzehn Kardinäle zur Wahl des Nachfolgers von Nikolaus V. im Vatikan eingeschlossen, davon sieben Italiener, vier Spanier sowie je zwei Griechen und Franzosen. Trotz dieser internationalen Zusammensetzung war das Wahlgremium ein «Lodi» im Kleinen. Die Kontrahenten aus den Familien Colonna und Orsini kämpften nicht nur in eigener Sache um Stimmen, sondern vertraten auch die Interessen der Mächte, deren Protektion sie genossen; so waren die Orsini mit Neapel und Venedig verbündet, die Colonna mit Mailand und Florenz. Da sich wie schon acht Jahre zuvor keine dieser Parteien durchsetzen konnte, schlug erneut die Stunde der Kompromisskandidaten. Dem angesehenen und hoch gebildeten griechischen Kardinal Basilios Bessarion fehlten nur zwei Stimmen zur notwendigen Zweidrittelmehrheit, doch erwiesen sich die Widerstände gegen die Erhebung eines «Ex-Schismatikers» als unüberwindlich. So fiel die Wahl auf einen anderen Außenseiter, den sechsundsiebzigjährigen Alonso de Borja aus Játiva bei Valencia, der seine Karriere König Alfonso von Neapel verdankte und den Namen Calixtus III. annahm. In Alfonsos Diensten war der renommierte Jurist und Kleriker zuerst in Spanien, dann in Neapel weit emporgestiegen. Als Bischof von Valencia und wichtigster Ratgeber bei Hofe leistete er seinem gekrönten Herrn wertvolle Dienste, vor allem bei den Verhandlungen mit Eugen IV., der 1443 schließlich die aragonesische Herrschaft im südlichen Königreich anerkannte. Der Lohn für diese Vermittlung war die Kardinalswürde.

Borjas Wahl zum Papst überraschte alle, mit Ausnahme des Gewählten selbst. Ihm war diese Erhebung in jungen Jahren von dem dominikanischen Bußprediger Vicente Ferrer geweissagt worden. Die Heiligsprechung des «Propheten» Ferrer war denn auch im Juni 1455 eine der ersten großen Amtshandlungen Calixtus' III. Sie war eine Dankabstattung und knüpfte zugleich unauflösliche Bande zwischen dem neuen Papst, seiner Familie und dem neuen Heiligen: Als Gegenleistung für seine Kanonisation würde der 1419 verstorbene und in den Himmel aufgefahrene Ferrer auch künftig seine segensreiche Hand über die Familie Borgia (wie sie sich in Italien nannte und schrieb) halten.

Von einem greisen Spanier, der ganz in den Traditionen der Rückeroberung der Iberischen Halbinsel von den Mauren wurzelte, durfte man einen frommen Pontifikat ohne Nepotismus erwarten. Doch wie so oft in solchen Fällen kam es ganz anders. Calixtus III. war nicht gesonnen, wie sein Vorgänger als Papst ohne Familie in die Geschichte einzugehen. Im Februar 1456 erhob er gleich zwei Neffen, Rodrigo Borgia und Luis Juan de Milas, zu Kardinälen; einen dritten namens Pedro Luis Borgia bestimmte er zum fürstlichen Stammhalter seines Geschlechts. Die drei am meisten Begünstigten des Pontifikats waren alle um die fünfundzwanzig Jahre alt, doch damit erschöpften sich die Gemeinsamkeiten bereits. Luis Juan und Pedro Luis waren Befehlsempfänger und lebende Nummernkonten.

Rodrigo Borgia dagegen, der Sohn der Papstschwester Isabel und Jofrés de Borja aus einem anderen Zweig der Familie, profilierte sich von Anfang an durch Energie, Willenskraft, Durchsetzungsvermögen und Skrupellosigkeit als «Obernepot» und Garant des Familienrangs für die Zeit nach dem Pontifikat. Zu diesem Zweck ernannte ihn sein Onkel zum Vizekanzler und damit zu einer Art «Vizepapst» auf Lebenszeit. Mehr denn je wurden nun über die Kanzlei der Kirche die Geschäfte abgewickelt, die beide Seiten mit höchster Diskretion behandelt sehen wollten und deshalb der Kirche (und dem Vizekanzler) große Summen in die Kassen spülten: Die Aufhebung von Gelöbnissen, die Beseitigung von Ehehindernissen und andere Gefälligkeiten vernetzten den Nepoten rasch mit den Reichen und Schönen aller christlichen Länder, speziell mit Spanien, der Heimat, die für die Borgia noch drei Jahrzehnte lang im Mittelpunkt ihrer Aspirationen stehen sollte.

Doch mit dem Aushandeln von Gnaden und dafür fälligen Summen waren die Talente Rodrigo Borgias noch lange nicht erschöpft, wie der Papst klar erkannte. In Würdigung seiner militärischen Fähigkeiten übertrug er ihm den Oberbefehl über seine Truppen in Italien und überschritt damit gleich zweifach Grenzen: Zum einen war ein Kardinal als General eine ungewöhnliche Erscheinung, zum anderen kam Rodrigo damit seinem Vetter Pedro Luis ins Gehege, der die übrigen lukrativen Ämter im Kirchenstaat auf sich vereinigte, darunter die Hoheit über die uneinnehmbare Stadtfestung der Engelsburg. Dazu verlieh Calixtus III. Pedro Luis zahlreiche befestigte Orte mit der dazugehörigen Lehenshoheit in der Umgebung Roms, die er den etablierten Baronalfamilien entzogen hatte, und dokumentierte damit seinen Willen, die eigene Familie auf Dauer an der Spitze der römischen Feudalpyramide zu installieren.

Nach zweieinhalb Pontifikatsjahren zeigte sich, dass der erste spanische Papst und seine Nepoten noch viel höhere Ziele ins Auge gefasst hatten: Der Abkömmling kleiner spanischer Landjunker wollte seinen Neffen zum König von Neapel erheben! Schon bald nach Calixtus' Wahl hatte sich sein Verhältnis zu seinem alten Patron und lebenslangen Förderer Alfonso rapide verschlechtert. Als dieser im Januar 1458 starb, verweigerte der Borgia-Papst dessen unehelichem Sohn Ferrante die Anerkennung als Nachfolger in Neapel und begann mit den Vorbereitungen für einen Eroberungsfeldzug, den sein Tod im August 1458 zunichte machte.

Ein Außenseiter von der Iberischen Halbinsel hatte damit alle Regeln gebrochen, die in Lodi gerade erst als verbindlich eingeschärft worden waren: Mit dem Kampf gegen die aragonesische Dynastie in Süditalien öffnete Calixtus eine wahre Büchse der Pandora – nach anderthalb Jahrzehnten der Stabilisierung und Befriedung brachen erneut Thronfolgekämpfe und die damit verbundenen Verwüstungen über den Süden der Halbinsel herein. Als noch gravierender erwies sich, dass der spanische Papst damit das zarte Pflänzchen des politischen Vertrauenskapitals vernichtete, das gerade erst schüchtern zu wachsen begonnen hatte: Eine Großmacht durfte nicht aus heiterem Himmel die andere überfallen und ein ehemaliger Klient nicht den Stachel gegen seinen einstigen Herrn löcken, selbst wenn er diesen mit der Wahl zum Papst an Prestige überholt hatte. Der gefährlichste Präzedenzfall aber war für Rom gegeben: Nach einem weitgehend nepotismusfreien Pontifikat war mit einem Schlag eine neue Epoche der Papstgeschichte eröffnet worden, in der den Papstverwandten alles erlaubt zu sein schien. Selbst mit dem Segen des vicarius Christi Throne zu stürzen, war jetzt kein Tabu mehr.

Allerdings hatte der erste Borgia-Pontifikat noch eine andere, traditionellere und für fromme Christen akzeptablere Seite. Calixtus III. war unermüdlich für eine europäische Koalition gegen das Osmanische Reich tätig; ja, er warb geradezu für einen neuen «Kreuzzug» und ließ dafür europaweit Geld eintreiben, auch durch Sondersteuern für kirchliche Güter. Da parallel dazu die «Katalanen» – fortan ein römisches Lieblings-Schimpfwort – die

Schlüsselpositionen in Rom und Umgebung besetzten, kam früh der Verdacht auf, dass zumindest Teile der «Kreuzzugsgelder» in die Kassen der Nepoten und ihrer Gefolgsleute umgeleitet wurden.

Calixtus' Neapelpolitik bescherte Rom nach seinem Tod ein unruhiges Konklave. Was dort zwischen dem 16. und 19. August 1458 geschah, ist fast ausschließlich aus den Lebenserinnerungen (*Commentarii*) des Siegers, Enea Silvio Piccolomini, bekannt, der nach der Herkunft seiner Familie «der Kardinal von Siena» genannt wurde. Sein Bericht liest sich wie ein Drama mit einem Schurken, einem Helden, sechzehn Nebenrollen und einem glücklichen Ende. Als sicherer Sieger ging laut Piccolomini der französische Kardinal Guillaume d'Estouteville in die Wahlversammlung, denn er verfügte über schier unerschöpfliche Wahlkampfmittel, sprich Bestechungsgelder und -güter wie reiche Abteien und weitere Pfründen, die er seinen Wählern für den Fall seiner Erhebung versprach. Piccolomini durchkreuzte diese anrüchigen Manöver – immer nach eigenen Worten – durch Brandreden an die Adresse der italienischen Purpurträger. Wollt ihr wirklich einen korrupten Franzosen zum Papst machen, die Kirche damit einer zutiefst verdorbenen Nation ausliefern und das Risiko eingehen, dass die Kurie wieder nach Avignon zurückverlegt wird? Diese Warnungen hätten so tiefen Eindruck gemacht, dass der Mahner von seinen einsichtigen Zuhörern in spontaner Aufwallung selbst zum Papst gewählt wurde. Nüchtern nachzutragen ist, dass sich über den Nationalitätengegensatz hinaus die üblichen Parteien der Colonna und Orsini gegenseitig blockierten und mit Piccolomini daher ein weiterer Seiteneinsteiger zum Zuge kam.

Ein weitgehend unbeschriebenes Blatt wie sein Vorgänger war der neue Papst nicht. In den Augen seiner Kritiker hatte er sogar viel zu viel geschrieben, darunter einige schlichtweg skandalöse Texte. Auch als ein Mann ohne Familie wie Nikolaus V. konnte er nicht gelten: Die Piccolomini zählten zu den ältesten und vornehmsten Adelsgeschlechtern der Republik Siena, hatten allerdings zu Beginn des 15. Jahrhunderts ihren Wohlstand und ihren Rang vor Ort weitgehend eingebüßt. So kam der spätere Papst in einem Dorf namens Corsignano zur Welt, in dem die einstmals stolzen Patrizier bescheidende Restbestände von Besitz und Ansehen bewahrt hatten. Seinen Aufstieg zum Papstthron beschreibt Pius II. – wie sich der neue Papst nach dem Beinamen des trojanischen Prinzen Aeneas nannte – in den *Commen-*

tarii als vorherbestimmt und redlich verdient: Die Vorsehung habe ihn zum höchsten Amt auf Erden auserwählt und zugleich auf die härtesten Proben gestellt, die er allesamt durch Glauben und Scharfsinn glänzend bestanden habe.

In der Tat nahm Piccolominis Lebens- und Karriereweg einen ungewöhnlichen Verlauf. Zum Juristen bestimmt, wandte sich der mittellose Adlige in Siena den *studia humanitatis* zu, in deren Disziplinen Rhetorik, Dichtung und Geschichtsschreibung er es nach dem Urteil seiner Zeitgenossen zur höchsten Meisterschaft brachte. Als Sekretär des Kardinals Capranica profilierte er sich in Basel als einer der entschiedensten Wortführer des Konziliarismus und als harter Kritiker Eugens IV.; sogar an einer – fehlgeschlagenen – Aktion zur Entführung des Papstes war er beteiligt. Sein Bruch mit Rom schien unwiderruflich, als er zum Sekretär des «Konzilspapstes» Felix (V.) aufrückte. Von dort wechselte er in den Dienst König Friedrichs III. von Habsburg über, dem er an allen Fronten – gegen Hussiten und aufständische österreichische Adlige, bei Verhandlungen über die Kaiserkrönung und über das Konkordat – so nützliche Dienste leistete, dass durch dessen Vermittlung sogar eine Versöhnung mit Eugen IV. zustande kam, in dessen Dienste der brillante Diplomat kurz vor Pontifikatsende trat.

Zu diesem Zeitpunkt hatte er sich als Verfasser literarischer, historischer und philosophisch-theologischer Texte im elegantesten Latein der Zeit einen großen, allerdings nicht unumstrittenen Namen gemacht. Bewunderung und Anstoß zugleich erregte er vor allem mit seiner erotisch freizügigen Novelle «Geschichte zweier Liebender», die die Gefühlswelt eines ehebrecherischen Paares nüchtern seziert und dabei neben der sexuellen Anziehung Egoismus und Eigenliebe als Triebkräfte freilegt. In seiner Komödie *Chrysis* machen die anrüchigen Protagonisten – Prostituierte und ihre Kunden – aus ihrer epikuräischen Gesinnung kein Hehl. Mehr noch, sie leben und lügen auch nach der Devise: Pflücke den Tag, denn es könnte dein letzter sein! In seinen historischen und landeskundlichen Texten unterstrich der adlige Humanist die zivilisatorische Mission Italiens und speziell der Kurie, die den barbarischen Völkerschaften, vor allem den Deutschen, die Schätze des höheren Menschentums und des wahren Glaubens vermittelt habe. Als Pädagoge betonte der Vater zweier unehelicher Kinder die Einheit von Körper und Geist, was auf das Lob einer maßvoll ausgelebten Sexualität

Eine Stadt als Piccolomini-Erinnerungs-Parcours Pius II., geboren als Enea Silvio Piccolomini, liebte Rom und die Römer nicht. Deshalb verewigte er sich nicht bei den Gräbern der Apostel, sondern in seinem eigenen Geburtsdorf Corsignano, das er in Pienza umtaufte, zur Bischofsstadt erhob und prächtig ausgestaltete. Hier die Fassade der neu erbauten Kathedrale mit dem Wappen des Papstes. Direkt gegenüber erhebt sich der monumentale Piccolomini-Palast, in dem die Nachkommen Pius' II. als adlige Lehnsherrn und Großgrundbesitzer residierten. Dass die Verwandten eines Papstes von dessen Wahl profitierten, war für die Zeitgenossen vertretbar, solange dabei Maß gehalten wurde. Doch davon konnte weder bei Pius II. noch bei seinen Nachfolgern die Rede sein.

hinauslief; als Theologe unterstrich er die Freiheit des menschlichen Willens, sich zum Guten oder Bösen zu entscheiden.

Mit dieser Willensfreiheit erklärte Piccolomini auch seine innere Wende, die ihn im Alter von vierzig Jahren zur Abkehr vom mondänen Leben und zum Eintritt in die kirchliche Laufbahn bewog, die ihn über die Stufen des Bischofs von Triest und Siena zum Kardinalat (Dezember 1456) und auf den

Papstthron emporführte. Für diesen Aufstieg waren die pikanten Texte kein Hindernis, doch konfrontiert wurde der Papst mit seiner literarischen Vergangenheit öfter, vor allem von deutscher Seite. Auf solche Vorhaltungen reagierte Pius II. souverän: mit dem Verweis auf große Sünder, die nach ihrer Bekehrung große Heilige wurden wie Paulus und Augustinus, und am knappsten und eingängigsten mit der Formel «Verwerft Aeneas, nehmt Pius an!» Doch das war nur ein geschickter Propaganda-Slogan. Piccolomini war auch als Papst Pius und Aeneas in einer Person, wie schon sein nach dem Trojanerprinzen gewählter Papstname zeigte. So stand sein sechsjähriger Pontifikat im Zeichen des Kreuzzugs, des Personenkults, des Nepotismus, der Selbstinszenierung und des Strebens nach Heiligkeit – scheinbare Widersprüche, die sich nur durch ihre Rückbindung an die ungewöhnliche Lebensgeschichte des Humanisten-Papstes auflösen.

Die Rückgewinnung des christlichen Ostens und speziell Jerusalems von den Osmanen verstand Pius II. als einen sehr persönlichen Auftrag, dessen Erfüllung er gleich nach Pontifikatsbeginn energisch in Angriff nahm. Allerdings zeigte sich schnell, dass die europäischen Mächte, die er für dieses Unternehmen gewinnen wollte, nicht mitzogen. Hinter dieser Weigerung stand politisches Eigeninteresse, doch auch die Einsicht in die Aussichtslosigkeit eines solchen Unterfangens, wie sie die katastrophalen Niederlagen christlicher Heere in den letzten Jahrzehnten erwiesen hatten. Der Fürstenkongress, den der Papst 1459 zur Koordinierung des Feldzugs nach Mantua einberief, fand anfangs kaum ein Echo und endete schließlich mit rhetorischen Bekundungen, deren Hohlheit der große Redner auf dem Papstthron selbst am besten durchschaute. Nach dem blamablen Ausgang dieser Veranstaltung trat die Kreuzzugsidee für einige Jahre im politischen Alltagsgeschäft des Papstes zurück. Im Vordergrund der mittleren Pontifikats-Jahre stand der Krieg um Neapel zwischen Ferrante von Aragon und René d'Anjou, der nach dem Tod Alfonsos von Aragon 1458 das Königreich Neapel wiedergewinnen wollte. Der Papst war in diesem Konflikt als Lehnsherr das Zünglein an der Waage. Trotz massiver Drohungen vonseiten Frankreichs unterstützte er, nicht ohne gelegentliches Schwanken, Alfonsos Sohn Ferrante, der sich nach schweren Niederlagen schließlich durchsetzte – sehr zum Vorteil des Papst-Neffen Antonio Piccolomini, der mit neapolitanischen Adelstiteln und Würden regelrecht überhäuft wurde.

Das Lieblingsprojekt dieser Jahre aber hieß Pienza. So taufte der Papst sein Geburtsdorf Corsignano um, das er zur Stadt mit eigenem Bischof erhob und dessen Zentrum er mit monumentalen Bauten zum ewigen Erinnerungsort an sich und seine unsterbliche Größe ausgestaltete. Spiegel seines bewegten Lebens wurde vor allem die neue Kathedrale, deren Chor und Schiff der florentinische Architekt Bernardo Rossellino nach dem Vorbild einer gotischen Hallenkirche errichtete, wie sie Piccolomini in Österreich kennen und schätzen lernte, und mit einer Fassade im modernsten Renaissancegeschmack vollendete. Durch diese Stilmischung wurde die neue Bischofskirche zum Sinnbild dafür, dass der neue, christliche Aeneas nach mancherlei Irrfahrten durch die Fremde in Italien seine vom Schicksal vorherbestimmte Erhöhung erfahren hatte und jetzt der Vorsehung den dafür schuldigen Dank abstattete. So erfährt bis heute jeder Besucher der Kirche die Lebensstationen des Bauherrn bis zum finalen Triumph, den das Papstwappen mit den fünf Halbmonden der Piccolomini an der Schauseite zum Platz anzeigt. Gegenüber der Kirche erhebt sich der monumentale Palast, den Pius II. zum dauerhaften Wohnsitz seiner Familie bestimmte, aber ebenso wie alle anderen Bauwerke aus Einkünften der Kirche finanzierte. Weitere repräsentative Bauten wurden für den Bischof, die Domherren und die städtischen Beamten errichtet. Damit nicht genug: Reiche Kardinäle wie Rodrigo Borgia folgten dem Appell des Papstes, sich mit eigenen Residenzen an der Ausgestaltung des neuen Stadtzentrums zu beteiligen.

Von einer neuen, nach humanistischen Ideen konstruierten Modellstadt konnte jedoch keine Rede sein. Die baulichen Eingriffe in das alte Corsignano beschränkten sich auf das Zentrum; Pius siedelte keine Kaufleute und keine Handwerker an und kümmerte sich auch nicht um eine bessere Anbindung an die Verkehrswege. Sein Ziel war keine pulsierende Handelsmetropole, sondern ein dauerhaftes Museum der eigenen Größe; um dieses der Nachwelt zu erhalten, verbot er jegliche Veränderung an seinem Memorial-Ensemble. Schon zu Lebzeiten diente Pienza seinem Schöpfer als Bühne. Bei seinen Aufenthalten in seinem Geburtsort inszenierte sich der medienbewusste Pontifex maximus als patriarchalischer Idealherrscher und trat damit in Konkurrenz zur chronisch zerstrittenen Republik Siena, der dieser Geist christlicher Nächstenliebe in der Politik seiner Ansicht nach völlig abging. Ein solcher Aufschwung konnte nicht von Dauer sein. Nach Pius'

Tod sank Pienza wieder zur stillen Peripherie ab, doch als einzigartiges Monument der Selbstverherrlichung und Selbstverewigung eines Papstes blieb es der Kurie im Gedächtnis. Spätere Päpste sollten mit noch kühneren Projekten daran anknüpfen.

Pius II. mischte sich in die inneren Angelegenheiten der Republik Siena, in der seine Vorfahren vor langer Zeit eine Führungsrolle gespielt hatten, nicht nur durch das Projekt Pienza ein, sondern wurde auch im politischen Alltag aktiv. Er forderte mit einer Intensität, ja Penetranz, die die dort regierenden Kreise vor ein Rätsel stellte, dass der Adel Sienas einschließlich der Piccolomini und ihrer Freunde wieder seinen «gerechten» Anteil an den Führungspositionen erhielt, den er unter der Herrschaft der «Nove» schon 1287 verloren hatte. Diese «Neun» bildeten ein Netzwerk aus wohlhabenden Familien des «Volkes», die ihr Ämtermonopol gegen Aristokraten und Großkaufleute eifersüchtig verteidigten. Auf die Forderungen des Papstes ging die herrschende Clique denn auch nur zögerlich und unvollkommen ein. Diese Hinhaltetaktik hatte wiederum verstärkte Repressionen des Papstes zur Folge und mündete schließlich in Kompromisse, die beide Seiten höchstens partiell zufrieden stellten. Dabei ging es dem Papst vor allem um die Ehre: Eine Familie, deren großer Sohn vom Schicksal zum Stellvertreter Christi auf Erden auserkoren war, durfte im kleinen Siena nicht klein bleiben. Zumindest damit hatte er zu Lebzeiten Erfolg, doch zeigte sich auch hier die Vergänglichkeit päpstlicher Macht: Nach dem Tod des Piccolomini-Papstes büßten die Piccolomini und ihre Standesgenossen die Vorteile, die ihnen «ihr» Papst verschafft hatte, rasch wieder ein.

So weit ausgreifende Pläne wie sein Vorgänger, der Borgia-Papst Calixtus III., hegte Pius II. für seine Nepoten nicht, doch fiel auch für sie Erkleckliches ab. Die feudalen Lehen und Titel in Neapel als «Dank» für die Unterstützung Ferrantes im Thronfolgestreit waren nicht alles. Darüber hinaus ging auf «echte» und adoptierte Mitglieder der Familie Piccolomini sowie ihre Verbündeten ein warmer Regen aus geistlichen Pfründen und weltlichen Ämtern nieder, so dass am Ende des Pontifikats «die Sienesen» im Kirchenstaat so verhasst waren wie kurz zuvor «die Katalanen». Auch an der Ländermasse, die der von Pius mit allen Mitteln der Propaganda verteufelte und schließlich auch militärisch besiegte Sigismondo Malatesta in der Romagna abtreten musste, taten sich die Papstverwandten gütlich.

Zu Kardinälen erhoben wurden Francesco Todeschini-Piccolomini, der Sohn einer Papstschwester, und Jacopo Ammanati, ein entfernter Verwandter, den der Papst adoptiert hatte und als engsten Ratgeber schätzte; beide mochten sich zwar nicht, genossen aber in hohem Maße den Respekt ihrer Kollegen.

Der Kurie und ihren Geschäftsgängen drückte der toskanische Humanisten-Papst wie keiner seiner Vorgänger seinen Stempel auf. Gegen das kulturell rückständige und chronisch unruhige Rom, in dem Porcaro-Epigonen weiterhin für einen republikanischen Umsturz agitierten, hegte er eine kaum verhehlte Abneigung. So hielt er sich während der schönen Jahreszeit in lieblichen Landschaften, vor allem in der Nähe von Siena, auf, dessen Führungsschicht er dabei genauso observierte wie diese ihn. Allerdings fielen die Beschreibungen der Landschaft lieblicher aus als die der Menschen, die sie bewohnten: «Bei Capodimonte gibt es Weinberge, die zur gegebenen Zeit mit dem Schatten ihrer Blätter locken. Reben und Obstbäume schließen sich an, wo die Felsen enden. Von ihrem Geröll führt ein Treppenweg fast bis zum See hinunter; zwischen dem steilen und spitzen Geröll wachsen Steineichen. Mit ihrem immergrünen Laub bilden sie zu jeder Zeit einen dichten Wald, in dem die Drossel lebt» (zitiert aus Reinhardt, Pius II., S. 313).

Bei solchen Badekuren und landeskundlichen Ausflügen, die der Papst in seinen *Commentarii* geographisch präzise und poetisch einprägsam beschrieb, hatte ihn die Kurie zu begleiten. Sitzungen des Konsistoriums fanden dann auf blühenden Wiesen und neben rauschenden Flüsschen statt – ein völlig neuer Regierungsstil, der mancherlei Kopfschütteln erregte, zumal sich der Papst dabei von den verblüfften Landleuten wie einer himmlischen Erscheinung huldigen ließ und auch sonst keine Gelegenheit ungenutzt ließ, sich von seinen Untertanen als Abgesandter des Himmels feiern zu lassen.

Naturschwärmerei und Selbstverklärung war die eine Seite der Medaille, Ernüchterung die andere. Dem brillanten Intellektuellen auf dem Papstthron war der drängende, von allen Seiten angemahnte Reformbedarf der Kirche wohl bewusst; nicht minder hellsichtig erkannte er, was einer solchen Erneuerung entgegenstand. Letztlich war die Kirche nicht Vorbild, sondern Abbild ihrer Zeit und manchmal sogar ihr Zerrbild, selbst der Stellvertreter

Christi auf Erden konnte an diesem beklagenswerten Zustand wenig ändern – so lautete die bittere Einsicht Pius' II. Auf jeden Reformkardinal, den er ernannte, kam mindestens ein Kronkardinal, der seine Ernennung dem Einfluss eines Fürsten und nicht seiner Nächstenliebe zu verdanken hatte. Welt und Kirche – so Pius II. in Ansprachen an seine Kardinäle und in kontrovers geführten Diskussionen mit dem Theologen und Reformkardinal Nikolaus von Kues – ließen sich so nicht verbessern. Im Gegenteil: Päpste und Kardinäle verloren in den Augen der Gläubigen zunehmend an Glaubwürdigkeit. Doch der Rückzug aus der bösen Welt und der schlechten Kirche in die Abgeschiedenheit frommer Studien, wie ihn Nikolaus von Kues herbeisehnte, war auch keine Lösung. Ein neues Konzil kam erst recht nicht infrage: In radikaler Abkehr von seiner Basler Vergangenheit verbot Pius II. 1460 bei schwersten Strafen jeglichen Appell an eine solche Kirchenversammlung. Am Ende konnte ein Papst wie er nur noch zeigen, dass er den Zeitgeist missbilligte, und der Kirche wie der Welt gerade dadurch ein Beispiel geben.

Die letzten Einträge in den *Commentarii* deuten auf zunehmenden Realitätsverlust und auf ein Streben nach Heiligkeit, das die Erwählung durch die Vorsehung, Leitmotiv von Piccolominis Leben und Regierung, krönend bestätigen sollte. So trat am Ende des Pontifikats der Kreuzzug wieder ganz in den Vordergrund. An der politischen Lage hatte sich nichts geändert, jedenfalls nicht zum Besseren: Alle – so das ernüchterte Fazit des Papstes – redeten davon und drückten sich davor. So musste er selbst, hinfällig wie er war, die Führung übernehmen und sich mit den wenigen Getreuen, die ihm verblieben waren, nach Osten einschiffen. Ob dieser Zug gegen das Osmanische Imperium ein militärischer Triumph oder ein Martyrium werden würde, lag bei Gott allein. Im Juni 1464 brach Pius II. zu Schiff auf dem Tiber nach Ancona an der Adria auf, wo ihn venezianische Kriegsschiffe erwarten sollten. Als er nach qualvoller Reise über den Apennin im August dort eintraf, war das Flottenkontingent noch nicht da. Als es ankam, starb der Papst in der Nacht vom 14. auf den 15. August 1464 – zur grenzenlosen Erleichterung der meisten Kardinäle und auch der Venezianer, die das aussichtslose Unternehmen sofort abbrachen.

Intermezzo mit Rufmord: Paul II.

Nach drei Außenseitern hatte die Kurie von Normenbrechern genug und sehnte sich nach Bewährtem und noch mehr nach Kontrolle: Der neue Papst sollte dem Apparat gehorchen statt diesen wie Pius II. vorzuführen. So setzten die Kardinäle wieder einmal eine Wahlkapitulation auf, die den neuen Papst wie eine Verfassung zu einer einvernehmlichen Regierung mit den Kardinälen zwingen sollte; ohne deren Plazet sollte künftig keine wichtige Entscheidung getroffen werden. Gewählt wurde nach kurzem Konklave Pietro Barbo, ein Neffe Eugens IV., der seinerseits Nepot Gregors XII. gewesen war. Sein Name wurde sofort zum Politikum. Kardinal Ammanati berichtet süffisant, dass sich der Neugewählte Formosus II. nennen wollte, und zwar aus Bewunderung für die Frömmigkeit dieses Vorgängers; die Kardinäle hätten ihn darauf hinweisen müssen, dass dieser Name als unpassend empfunden werde – *formosus* hieß «schön», und Barbo war stolz auf sein gutes Aussehen. Dass der erste Formosus in der Kirchengeschichte einen mehr als zweifelhaften Ruf genoss, schien niemanden gestört zu haben – auch das ein Zeichen der Zeit. Auch im zweiten Anlauf klappte es nicht. Marcus, wie sich der venezianische Kardinal jetzt nennen wollte, roch nach Lagune, der Kriegsruf der Serenissima lautete schließlich «San Marco». So wurde aus Barbo schließlich Paul II. – gegen die Nachfolge des Heidenapostels konnte niemand etwas haben.

Die höchste Würde fiel damit zum dritten Mal demselben Familienverband zu, eine in der neueren Papstgeschichte einmalige Häufung. Dabei ging es den Wählern nicht um dynastisches Charisma oder gar herausragende individuelle Qualitäten – beides hatte der neue Papst nicht vorzuweisen. Doch gerade dieser Mangel qualifizierte ihn jetzt zur höchsten Würde: Als Kandidat ohne Eigenschaften garantierte er nach vierundzwanzigjährigem Kardinalat die Rückkehr zur administrativen Normalität; dafür nahmen die alten Kardinäle, die ihn wählten, sogar in Kauf, dass er erst siebenundvierzig Jahre zählte. Den in ihn gesetzten Erwartungen wurde der venezianische Pontifex maximus voll und ganz gerecht: Sein Pontifikat wurde mit sieben Jahren kurz und farblos, mit einer Ausnahme: der «Verschwörung der Humanisten».

Pius II. hatte sich auch während seines Pontifikats als Haupt und Protektor der *studia humanitatis* verstanden und deshalb zahlreichen Gelehrten, die auf seinen Spuren wandelten, Ämter und Würden in den vatikanischen Behörden verschafft. Paul II., der die in die roten Zahlen geratenen Finanzen der Kirche sanieren wollte, strich diese überflüssigen Posten zusammen, was wütende Proteste der Entlassenen zur Folge hatte. Als diese nicht einmal zu einer Audienz vorgelassen wurden, unternahm der kühnste von ihnen, Bartolomeo Sacchi, genannt Platina, einen tollkühnen Schritt: Er verfasste einen Protestbrief, in dem er dem Papst mit der Einberufung eines Konzils drohte, und war auch noch so leichtsinnig, diesen persönlich im Vatikan abzugeben. Das hatte er einige Monate im Gefängnis zu bereuen, bis er durch die Fürsprache des Kardinals Gonzaga wieder freikam. Natürlich wurden die gestrichenen Stellen jetzt erst recht nicht wieder eingerichtet.

Dreieinhalb Jahre später dann der Paukenschlag: Eine Verschwörung gegen das Leben des Papstes in letzter Minute aufgedeckt, vier führende Humanisten als Rädelsführer verdächtigt, einer von ihnen eingekerkert – so lauteten die Schlagzeilen der in Rom ansässigen Diplomaten in den Berichten an ihre Auftraggeber in ganz Europa. Der Verhaftete war niemand anders als Platina, für den es als «Wiederholungstäter» jetzt lebensgefährlich wurde. Auch sein Vorleben wurde ihm zur Last gelegt: Der Sohn armer Leute hatte sich als Söldner verdingt, bevor er sich mit glänzendem Erfolg den Studien der lateinischen Sprache und ihrer großen Autoren widmete, verstand also etwas vom Töten. Doch der Vorwurf, einen Mordanschlag geplant zu haben, war noch nicht alles: Der Ankläger warf Platina außerdem Ketzerei und heidnische Götzenanbetung vor. Mit seinen Gesinnungsgenossen aus der «Römischen Akademie» habe er nicht nur einen republikanischen Umsturz in Rom, sondern mit dem Ende der Priesterherrschaft auch die Abschaffung des Christentums geplant.

Damit wurden banale Fakten maßlos aufgebauscht. Die pauschal verunglimpften «Akademiker» bildeten unter der Führung des «Berufsrömers» Pomponius Laetus (natürlich ein Künstlername) einen losen Kreis von Antike-Enthusiasten und betrieben einen oftmals bizarr anmutenden Romkult. Sie feierten den «Geburtstag» der Ewigen Stadt am 21. April, legten an jedem «dies ater», den Daten schwerer Niederlagen gegen die Gallier oder gegen Hannibal, Trauerkleidung an und verehrten die Ruinen auf dem

Forum und dem Palatin mit religiöser Inbrunst. In diesen Aktivitäten vermischten sich typisch humanistische Selbstdarstellung, seriöse archäologische Interessen, antiklerikale Neigungen, republikanische Überzeugungen und die Lust an geheimbündlerischen Mysterien zu einem von außen schwer durchschaubaren Ganzen. Paul II. vermutete dahinter, vielleicht nicht ganz zu Unrecht, eine Fortsetzung der kommunalen Autonomiebestrebungen, die er mit dem Vorwurf atheistisch-kirchenfeindlicher Umtriebe ein für alle Mal diskriminieren wollte. Doch das gelang ihm nicht. Der Prozess, der gegen Platina angestrengt wurde, führte zu dessen Freilassung und zur Entlastung seiner angeblichen Hintermänner. Schon unter dem nächsten Papst stieg Platina in die höchste Position auf, die die Kirche einem Gelehrten ohne Weihen zu bieten hatte: Er wurde Direktor der Vatikanischen Bibliothek. Nach seiner Rehabilitierung verfasste er einen Traktat «Über die ehrenhafte Wollust und die Pflege der Gesundheit», ein Kochbuch mit vielen appetitlichen Diät-Rezepten sowie sein Hauptwerk, die Biographien aller Päpste, von den Anfängen bis in die Gegenwart.

In diesen Biographien rächte er sich mit den Waffen des Historikers: Er schilderte Paul II. als einen rohen, habgierigen und brutalen Verächter aller Wissenschaften und Künste, der statt erhabener Bildwerke des Altertums Edelsteine sammelte und damit seiner hässlichen Habgier frönte. Dieses Urteil ist so ungerecht wie das negative Image insgesamt. Als Regent des Kirchenstaats zeichnete sich der nüchterne Barbo-Papst durch seine Abneigung gegen Todesurteile, die er in Galeerenstrafen umwandelte, und seine umfassende Armenfürsorge aus. In seiner Italienpolitik stach die antivenezianische Stoßrichtung hervor. Wie sein Onkel Eugen IV. tauschte er seine Loyalitäten gründlich aus und wandte sich gegen die «staatskirchlichen» Tendenzen der Serenissima, die mit Erfolg die Kontrolle über die Besetzung ihrer Bistümer, die Aufsicht über den Lebenswandel ihrer Kleriker und die Rechtshoheit über die Besitztümer der Kirche durchsetzte. Die zu diesem Zweck erlassenen Gesetze bekämpfte Paul II. erbittert und belegte damit für seine Standesgenossen an der Lagune ein weiteres Mal die politische Wahrheit, dass man entweder der Republik oder der Kurie, aber nicht beiden zugleich dienen könne. Obwohl Paul II. das Gegenteil bewies, verfestigte sich durch die Politik der Lagunenrepublik auch auf der anderen Seite ein Vorurteil: In Rom war man von jetzt an der Meinung, dass ein typischer venezianischer Adliger zuerst Venezianer und erst danach Christ war; so wurde bis 1689 kein weiterer Sohn der Serenissima Papst. Die drei Nepoten, die Paul II. zu Kardinälen erhob, mussten also mit einem doppelten Stigma leben: In Rom galten sie als republikhörig, in Venedig galten sie als romtreu. Drei Familienkardinäle waren ein weiterer Normenbruch, doch davon abgesehen überschritt der Nepotismus Pauls II. keine Grenzen.

Die Kurie war für einen Papst mit haushälterischen Neigungen, Sinn für korrekte Dienstwege und ohne innovative Projekte dankbar. Sein Tod durch einen Schlaganfall mit nur vierundfünfzig Jahren wurde auch von den Römern, denen er keine neuen Steuern auferlegt hatte, aufrichtig betrauert.

Der entfesselte Franziskaner: Sixtus IV.

Anfang August 1471 waren achtzehn Kardinäle, davon fünfzehn Italiener, zur Kür des neuen Pontifex maximus aufgerufen. Von einer angemessenen Vertretung der ganzen lateinischen Christenheit im Heiligen Kollegium konnte für das nächste halbe Jahrtausend keine Rede mehr sein. Auch diesmal vermochten sich die ehrgeizigsten Aspiranten – der übliche Verdächtige Estouteville und ein Orsini-Kardinal – nicht durchzusetzen, so dass erneut die Stunde eines Außenseiters schlug: Papst wurde nach zweitägigen Wahlgängen Franceso della Rovere, der es als Franziskaner 1464 bis zum General seines Ordens gebracht und drei Jahre darauf den roten Hut erhalten hatte. Mit diesem Aufstieg repräsentierte der neue Papst, der sich Sixtus IV. nannte, einen alten, fast schon in Vergessenheit geratenen Karrieretypus. Als Sohn von bescheiden begüterten Notabeln aus der ligurischen Provinz machte er im überwiegend aristokratisch besetzten Kardinalskollegium eine seltsame Figur, als studierter Theologe war er auf dem Papstthron ebenfalls eine Ausnahmeerscheinung; seine Vorgänger und Nachfolger waren Humanisten und Juristen, doch von wenigen Ausnahmen abgesehen ebenso wie die meisten Kardinäle keine Gottesgelehrten. Die zum Aufstieg innerhalb des Ordens wie zum Triumph im Konklave nötige Protektion hatten ihm die Gonzaga in Mantua, die Sforza in Mailand und Rodrigo Borgia verschafft, der den frommen Franziskaner als eine Art Platzhalter bis zur Durchsetzung seiner eigenen Kandidatur vorsah. Die meisten seiner Wähler

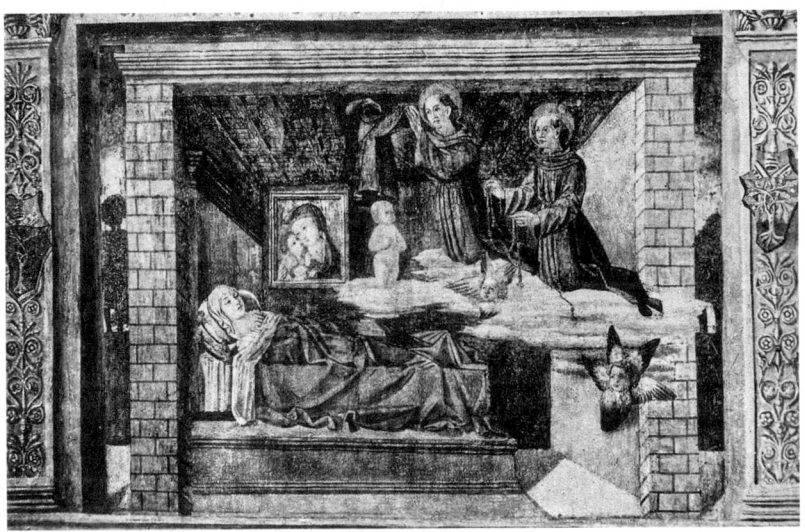

Im Kleinen kündigt sich Großes an Die heiligen Franziskus und Antonius erscheinen der Mutter Sixtus' IV. und weissagen ihr, dass es ihr Söhnchen auf den Stuhl Petri bringen wird. Fresko im Ospedale di Santo Spirito, 1476–1480.

aber erwarteten von diesem Theologen-Papst einen unpolitischen, weltabgewandten, ja asketischen Pontifikat – und wurden vom schieren Gegenteil überrascht: Unter Sixtus IV. erlebten sie den politisch umtriebigsten, nepotistischsten, kriegerischsten und durch eine bislang unbekannte Prunkentfaltung «weltlichsten» Pontifikat seit Menschengedenken.

Der Schlüssel zum Verständnis des Pontifikats ist in einer Dutzende von Bildfeldern umfassenden Freskenserie im Ospedale del Santo Spirito im Borgo gemalt. Sie sind gewissermaßen Sixtus' IV. *Commentarii* in Farben, zwar auf sehr viel niedrigerem künstlerischem Niveau als die romanhaft ausgestalteten Lebenserinnerungen Pius' II., doch mit denselben Leitmotiven der Erwählung und der unaufhörlichen Bewährung auf allen Karrierestationen. Die Vorherbestimmung zur höchsten Würde beginnt mit der wundersamen Rettung des Knaben vor dem Ertrinken sowie den Visionen der Mutter von seiner künftigen Größe und endet mit der Erhebung zum Stellvertreter Christi. Wie Calixtus III. und Pius II. sah auch Sixtus IV. in seinem Leben die Vorsehung walten, und wie seine Vorgänger bezog auch er diese Vorherbestimmung nicht nur auf sich, sondern übertrug sie auf seine ganze Familie. In dreizehn Pontifikatsjahren erhob er sechs enge Verwandte zu Kardinälen. Im Interesse seiner weltlichen Nepoten beteiligte er sich an der Aufsehen erregendsten Verschwörung seiner Zeit; für sie führte er überdies Kriege, die das Gleichgewicht der italienischen Staatenlandschaft nachhaltig störten: ein nicht gerade franziskanisches Herrschaftsprogramm.

Da der Aufstieg der Della Rovere und Riario zum alles beherrschenden Pontifikats-Ziel erhoben wurde, bestimmten deren Interessen die Auswahl neuer Kardinäle. Je mehr Wähler im Konklave dem Della Rovere-Papst nach seinem Tod Dankbarkeit für ihre Erhöhung schuldeten, so das Kalkül, desto besser waren die Chancen für einen weiteren Papst der gleichen Familie. Darüber hinaus sollten sich die Nepoten Sixtus' IV. an der Spitze des römischen Adels etablieren und schließlich – Krönung aller Pontifikats-Strategien – zu Herren über einen eigenen Staat aufsteigen und dadurch Fürstendynastien wie denen der Gonzaga, Este und Montefeltro ebenbürtig werden. Auf diese Weise wurde der Nepotismus Sixtus' IV. ein italienisches Politikum ersten Ranges.

Diese dreifache Stoßrichtung zeichnete sich von Anfang an ab. Schon im Dezember 1471 erhob Sixtus IV. seine beiden fünfundzwanzig und achtundzwanzig Jahre alten Neffen Pietro Riario und Giuliano della Rovere zu Kardinälen und stattete sie durch zahlreiche ertragreiche Bistümer, kuriale Ämter, Kommendatarabteien und direkte Schenkungen mit Einkünften aus, wie sie kein Papstverwandter vorher jemals erhalten hatte. Allein die Einnahmen Pietros, des erklärten Papst-Favoriten, betrugen 60 000 Dukaten jährlich, was dem Kaufpreis von einem Dutzend repräsentativer Paläste entsprach. Nicht minder verstörend wirkte das öffentliche Auftreten der beiden Nepoten. Bei Empfängen von Fürsten und Diplomaten spielten die Kardinäle die Rolle von Prinzen und entfalteten dabei einen Prunk, der den Aufwand der Fürsten in Mailand und Neapel in den Schatten stellte. Nach Theateraufführungen, Turnieren und Musikdarbietungen luden Pietro und Giuliano zu Banketten, deren Luxus in ganz Italien ungläubiges Staunen erregte. Kritische Kommentare waren schnell bei der Hand: So protzten nur Parvenüs, denen der aristokratische Sinn für das rechte Maß fehlte! Dass sich ein ehemaliger Franziskanerbruder wie Pietro Riario jetzt wie ein weltlicher Potentat aufführte, stieß nicht nur bei konservativen Kardinälen auf Missbilligung.

Die Verwandlung des Vatikans in einen mondänen Hof hatte Methode. Die Hauptrolle in diesen Inszenierungen spielte der Papst selbst, gerade weil er sich bei solchen Anlässen betont zurückhielt. Die ostentative Distanzierung schützte ihn vor Kritik und diente seiner spirituellen Entrückung: Der Stellvertreter Christi gab den vergnügungssüchtigen Menschen, was sie zu ihrer Zerstreuung begehrten, doch er selbst war den vergänglichen Freuden dieser Welt entrückt. Dass sich seine Neffen dazu herabließen, den Mächtigen dieser Welt Schauspiele und Genüsse zu bieten, die ihre Sinne kitzelten, zeugte von tiefem Verständnis für das Menschlich-Allzumenschliche und diente letztlich dem Wohlergehen der Kirche und der Gläubigen. Diese mussten durch Gaumen- und Augenschmaus von der Größe der päpstlichen Macht überzeugt werden, die sie ohne diese unmittelbare Sinneserfahrung nie und nimmer anerkennen würden. Das große Programm Nikolaus' V. war damit im Alltag angekommen. Nicht mehr nur Bauten und Bilder, auch Feste, Kostümierungen und Gastmähler sollten jetzt die herausgehobene Stellung des *vicarius Christi* über allen Herrschern der Christenheit veranschaulichen. Diese Ausweitung war bestechend und gefährlich zugleich. Für die meisten Besucher und Beobachter Roms spiegelte der höfische Luxus nicht Erhabenheit, sondern Verfall wider – der Nachfolger des einfachen Fischers Petrus war ein Fürst unter Fürsten und damit angreifbar geworden. Das böse Wort von der Verweltlichung des Papsttums machte jetzt immer häufiger die Runde.

Die beiden «Kardinal-Prinzen» waren nicht die einzigen Familienmitglieder, auf die die Gnadensonne des Papstes schien. Einem weiteren Neffen namens Lionardo della Rovere wurde das Amt des Präfekten von Rom übertragen, das vorher den Colonna gehört hatte und den Parvenüs aus Ligurien mit einem Schlag den Ehrenvorrang vor den großen Baronalfamilien einräumte. Für die nötige materielle Ausstattung Lionardos sorgte der Papst durch die Schenkung ausgedehnter Lehen und Latifundien in Südlatium. Dieser geographische Schwerpunkt des Della-Rovere-Feudalstaats war nicht zufällig gewählt, sondern aufs Engste mit der Heiratspolitik des Papstes abgestimmt: Nach langen Verhandlungen gelang es ihm nämlich, Lionardo mit einer unehelichen Tochter König Ferrantes von Neapel zu verheiraten. Um das Ranggefälle zwischen Braut und Bräutigam zu überbrücken, löste Sixtus IV. die Stadt Sora aus dem Kirchenstaat heraus und übertrug sie Ferrante, der sie seinerseits seinem Schwiegersohn als Lehen weitergab. Das war ein Skandal und zudem ein gefährlicher Präzedenzfall. Ein Papst musste das Patrimonium Petri als eine Mitgift betrachten, die er an seine Nachfolger möglichst vermehrt, auf jeden Fall jedoch unangetastet weiterzureichen hatte; jetzt aber wurde ein Teil davon als Geschenk für eine Nepotenheirat zweckentfremdet. Gleichgesinnte Kirchenfürsten wie Rodrigo Borgia beobachteten diese Entwicklung mit Sympathie; sie warteten nur darauf, die ohnehin schon lockeren Normen zugunsten der eigenen Familie weiter aufweichen zu können.

Eine «Nebenbeschäftigung» war dieser Nepotismus nicht mehr, vielmehr stand er im Zentrum der «großen» Politik Sixtus' IV., wie seine einseitige Ausrichtung auf Neapel zeigt. Das heißt nicht, dass jeder Schachzug im Einzelnen vorrangig von den Zielen der Papstverwandten bestimmt war, doch geschah auch auf der Mikroebene nichts, was ihren Zwecken abträglich sein konnte. Zu regelrechten Haupt- und Staatsaktionen steigerte sich die Familienpolitik Sixtus' IV., als es darum ging, seinem Neffen Girolamo Riario ein eigenes Herrschaftsgebiet zu sichern. Das war ein Novum. Zwar hatten päpstliche Nepoten schon vor den Della Rovere und Riario feudale Herrschaftsrechte im Kirchenstaat und weiter südlich gesammelt, doch zu Herren weitgehend souveräner Staaten waren sie bislang nicht aufgestiegen. Für den Nepotenstaat fasste Sixtus IV. ein Territorium in der Romagna um die Stadt Imola ins Auge. Imola gehörte dem Herzog von Mailand, der diese Enklave meistbietend zu verkaufen gedachte und 1473 zur Empörung des Papstes den Florentinern den Zuschlag erteilte.

Kaum war die Transaktion zwischen Mailand und Florenz über die Bühne gegangen, da bestürmte Sixtus IV. den Herzog auch schon, die Übertragung rückgängig zu machen. Sein Insistieren hatte Erfolg: Imola ging an den Kirchenstaat über und wurde Girolamo Riario als Lehen überlassen; dass der Papst seinem Neffen den Kaufpreis erließ, verstand sich von selbst. Florenz und sein «erster Bürger» Lorenzo de' Medici, der in Wirklichkeit die Fäden hinter der Fassade der Republik zog, hatten den Preis für ihre «Unbotmäßigkeit» zu zahlen: Lorenzo fiel beim Della-Rovere-Papst in Ungnade und verlor den Posten eines päpstlichen Haus- und Hofbankiers, der das Bankhaus der Familie unter seinem Großvater Cosimo reich gemacht hatte. Dieses Amt übernahm nun die florentinische Konkurrenz, nämlich die

Firma der Pazzi, die dem Papst die Kosten für den Erwerb Imolas sogleich vorstreckte. So überflügelten die Pazzi die Medici geschäftlich und bereiteten ihnen eine schwere außenpolitische Niederlage. Lorenzo verstand das als offene Kampfansage. Von jetzt an wurden die Pazzi in Florenz systematisch diskriminiert. Sie erhielten keine Ämter mehr und verloren Prozesse, obwohl sie das Recht auf ihrer Seite hatten. In eine ähnliche Situation geriet die einflussreiche Patrizierfamilie Salviati, deren Beziehungen zu den Medici notorisch angespannt waren. Als Sixtus IV. einen der Ihren zum Erzbischof von Pisa erhob, um dadurch die Stellung der Medici zu schwächen, verweigerte Lorenzo dem neuen Oberhirten den Zugang zu seiner Diözese.

Den Anstoß zu einer groß angelegten Verschwörung gegen das Leben Lorenzos und seines jüngeren Bruders Giuliano aber gab Girolamo Riario und damit letztlich der Papst selbst, bei dem von jetzt an alle Fäden zusammenliefen. Solange die Medici in Florenz dominierten, war die Herrschaft des Nepoten in Imola ungesichert, also mussten die Medici beseitigt werden. Dafür wurden Mitwisser und Mitorganisatoren wie Federico da Montefeltro gewonnen, erfahrene Berufs-Mörder angeheuert, Truppen für den Straßenkampf in Florenz angeworben und minutiöse Pläne für ein Attentat geschmiedet. Um Lorenzo und Giuliano in Sicherheit zu wiegen, sollte der Doppelmord bei einem Besuch des jungen Nepoten-Kardinals Raffaele Sansoni Riario stattfinden, der offiziell die Versöhnung zwischen den zerstrittenen Parteien zum Ziel hatte.

Doch der schöne Plan geriet plötzlich ins Schlingern, als der Anschlag in die Kathedrale von Florenz verlegt werden musste. Die gedungenen Killer bekamen nun religiöse Skrupel und sprangen ab. Die Geistlichen, die für sie einsprangen, töteten am 26. April 1478 nur Giuliano. Lorenzo, die eigentliche Zielperson, konnte leicht verletzt entkommen und organisierte umgehend die Gegenwehr. So brach der Aufstand gegen die Medici-Herrschaft zusammen, bevor er eigentlich begonnen hatte. Die von den Verschwörern angeworbenen Truppen außerhalb der Stadt zogen sich zurück, die Parole der Pazzi «Volk und Freiheit» zündete nicht, die wenigen Anhänger der Verschwörer, die den Straßenkampf wagten, wurden zusammen mit ihren Anführern im Stadtpalast gelyncht. Unter den Gehängten war auch Francesco Salviati, der blockierte Erzbischof von Pisa.

Für Sixtus IV. war das Blutgericht gegen die Verschwörer ein Akt der blasphemischen Tyrannei. Er verhängte das Interdikt über Florenz, exkommunizierte Lorenzo und verlangte dessen Auslieferung. So kam es zu einem Krieg zwischen Florenz einerseits und dem Papst und dessen Verbündeten Ferrante von Neapel auf der anderen Seite. Zweieinhalb Jahre tobten die Kämpfe, bis es Lorenzo gelang, Neapel aus der Koalition mit dem Della-Rovere-Papst herauszulösen.

Zwei Jahre später rückte Ferrante selbst ins Visier der päpstlichen Eroberungspläne. Girolamo Riario war mit seinem Rang als Graf von Imola und von Forlì, das er mit päpstlicher Unterstützung 1480 dazugewonnen hatte, bei Weitem nicht zufrieden, sondern strebte wie die Borgia ein Vierteljahrhundert zuvor nach dem Thron Neapels. Um dieses Unternehmen in die Wege zu leiten, verband sich Sixtus IV. mit der Republik Venedig, der er als Belohnung für ihre Schützenhilfe Ferrara, ein Lehen der Kirche, versprach. Die Rangerhöhung der Nepoten war dem Haupt der Kirche jetzt nicht mehr nur ein Städtchen wie Sora, sondern ein reiches und renommiertes Herzogtum wert. Der neuerliche Krieg verlief für Rom jedoch so ungünstig, dass man am Tiber das Schlimmste befürchten musste. Ein Sieg des päpstlichen Heeres in den Pontinischen Sümpfen bewahrte die Ewige Stadt im August 1482 vor Belagerung und Plünderung, doch mehr als die Bestätigung der alten Besitzverhältnisse ließ sich im Friedensschluss mit Neapel nicht herausholen. Im Norden ging der Krieg, den Sixtus IV. 1482 für seine Nepoten angezettelt hatte, unterdessen heftiger denn je weiter. Nach dem Scheitern des neapolitanischen Feldzugs fühlte sich Sixtus IV. an die Zusagen, die er Venedig gemacht hatte, nicht mehr gebunden. Dieses sah sich um seine Beute Ferrara betrogen, appellierte im Juni 1483 an ein Konzil, das den Papst absetzen sollte, und rückte gegen die päpstliche Romagna vor. Im Jahr darauf griff der Nepotenkrieg sogar auf Rom selbst über. Die mit Girolamo Riario verbündeten Orsini nutzten die Gunst der Stunde zur Abrechnung mit ihren Dauerrivalen, den Colonna, und deren Anhängern. Auf den römischen Straßen kam es zu Mord und Totschlag; der Papst sah die Schuld natürlich nicht bei seinem Nepoten, sondern aufseiten der Colonna, deren Chef er hinrichten ließ.

Als Sixtus IV. sieben Wochen später im August 1484 das Zeitliche segnete, war das drei Jahrzehnte zuvor in Lodi mühsam hergestellte Gleichgewicht zwischen den italienischen Mächten restlos zerstört. Das Vertrauenskapital, mit dem Nikolaus V. die italienische Liga errichtet hatte, war verbraucht und ließ sich nicht mehr zurückgewinnen. Vor allem Mailand und Neapel standen sich von jetzt an mit wachsendem Misstrauen gegenüber, Venedig tat sich bei seiner Expansion in den Nordosten der Halbinsel keinerlei Zwang mehr an. Ausschlaggebend für die Auflösung aller Normen und Bindungen war der zum Äußersten gesteigerte Nepotismus Sixtus' IV., den dieser mit dem Nutzen für den Kirchenstaat rechtfertigte. Das Gegenteil war jedoch der Fall: Was die Verwandten des Papstes gewannen, verloren dessen Nachfolger, die sich mit widerspenstigen Ex-Nepoten herumzuschlagen hatten. Und auch die Nepoten gewannen nicht viel. Girolamo Riario wurde 1488 von seinen wütenden Untertanen als Tyrann ermordet, seine Witwe Caterina Sforza hielt Stadt und Festung Forlì noch weitere elf Jahre, bis sie von Cesare Borgia, einem Nepoten Alexanders VI., vertrieben wurde, dessen Herrlichkeit auch nur vier Jahre dauerte. Im konservativen Klima der Zeit schlug die Herrschaft der Nepoten-Parvenüs keine tiefen Wurzeln.

Grundlegende Wandlungen bewirkten die Nepotenkriege Sixtus' IV. auch in Rom. Für seine militärischen Unternehmungen mussten teure Söldnerkompanien angeworben werden. Das dafür benötigte Geld ließ sich nur durch zusätzliche Einnahmen beschaffen. Auf diesem Gebiet erwies sich der Franziskaner-Papst als besonders kreativ. Er erhöhte nicht nur die Steuern auf Lebensmittel, sondern verkaufte auch in großem Maßstab kuriale Verwaltungsämter. Da dieses neue Personal bezahlt werden wollte, stiegen die Gebühren für die Ausstellung römischer Dokumente steil an, was in ganz Europa zunehmend zu einem Ärgernis wurde. Die Spirale aus Nepotismus, Krieg und Teuerung schadete dem Ruf der Päpste und verlangte nach Erklärungen. Der römische Senatsschreiber Stefano Infessura, ein Anhänger der Colonna und Lobredner der kommunalen Vergangenheit, fand sie in seinem Tagebuch auf seine Weise: Für ihn musste ein Papst, der so viele junge Männer zu Kardinälen machte und so viele neue Abgaben erfand, aus den schlimmsten Motiven handeln: «Dieser Papst ist ... ein Knabenschänder und Sodomit gewesen ... Dieser Papst war überaus geizig ... Dieser Papst hat, um neue Gelder einzutreiben, die er in seinen Kriegen und seinem luxuriösen Leben durchbrachte, viele und bisher völlig unbekannte Ämter an der römischen Kurie erfunden (und meistbietend verkauft, V. R.) ...

Neuanfang, Renaissance-Kultur und Krise

Keine Chance für Aufrührer Sandro Botticelli zeigt auf diesem Fresko, wie ein zweifacher Aufstand gegen Moses, den Geweihten des Herrn, zusammenbricht. Wie die römische Triumpharchitektur in der Wüste mit ihrer warnenden Inschrift deutlich macht, stehen die Aufrührer des Alten Testaments für die Konziliaristen in der Gegenwart. Auch sie haben keine Chance, wie das gegenüberliegende Fresko verdeutlicht: Christus hat die Schlüssel Petrus allein übergeben und wird dessen **Nachfolger gegen jede Opposition zu schützen**

Dieser Papst hat der Bürgerschaft eine neue Steuer auf Nahrungsmittel auferlegt ... Dieser Papst hat, um Geld einzutreiben, solange er lebte, immer wieder eine Hungersnot herbeigeführt ... Dieser Papst wandelte die Strafen für Verbrechen jeder Art in Geldstrafen um ... Dieser Papst war ein Feind aller Gebildeten und Gutgesinnten ... Dieser Papst wäre doch als Stellvertreter Gottes verpflichtet gewesen, alles zu halten, was er versprochen; aber er hielt sich nur an das, was nach seinem Wunsche und zu seinem Nutzen war» (zitiert aus Stefano Infessura, Römisches Tagebuch, übersetzt und eingeleitet von Hermann Hefele, Düsseldorf/Köln 1979, S. 140–143). Wer wie Sixtus IV. einflussreiche Interessen schädigte und Macht kumulierte, musste mit einer moralischen Aburteilung rechnen – protestantische Autoren haben dieses Verdammungsurteil lange Zeit kritiklos nachgeschrieben.

Wer sich so viele Feinde machte, musste auch mit Widerstand innerhalb der Kirche rechnen. So witterte die in den Untergrund gedrängte konzi-

Der entfesselte Franziskaner

wissen Im römischen Ospedale di Santo Spirito hatte zunächst ein römischer Provinzmaler den Pinsel geschwungen, bevor an den Wänden der frisch erbauten Cappella Sistina ein umbrisch-toskanisches Team von Spitzenkünstlern arbeitete, allerdings nicht freiwillig, sondern als eine Bedingung des Vertrags, der den Krieg zwischen Florenz und Rom als Folge der Pazzi-Verschwörung beendete.

liare Opposition auf dem Höhepunkt der Nepotenkriege Sixtus IV. Morgenluft, doch zu mehr als einem schwachen Aufflackern reichte es nicht. So fanden die Aufrufe des in seinen Hoffnungen auf eine noch steilere Karriere an der Kurie enttäuschten Andrea Zamometic, seines Zeichens Titular-Erzbischof von Granea in Nordgriechenland, das Basler Konzil wiederzubeleben, kaum Gehör. An einer radikalen Kirchenversammlung wie zwischen 1431 und 1449 hatten die europäischen Fürsten kein Interesse; ein nepotistischer Papst wie Sixtus IV. ließ sich viel leichter unter Druck setzen.

Immerhin bot dieser Protest der unbeugsamen Konzilsanhänger dem Papst zusammen mit den dramatischen Ereignissen der Pazzi-Verschwörung den Anlass für seinen größten Kunstauftrag, die Ausmalung der neuen päpstlichen Hauskapelle, die ab 1475 im Vatikanischen Palast errichtet, nach ihm «Sixtina» genannt wurde und als ein Propagandamanifest ohnegleichen konzipiert war. Zur Verwirklichung dieser Pläne beorderte er Ende 1481 eine hochkarätige Maler-Equipe unter Führung des umbrischen Meisters Perugino in den Vatikan. Ihr gehörten mehrheitlich toskanische Meister an, darunter Sandro Botticelli, der einige Jahre zuvor den Tod der Pazzi-Verschwörer in Schandbildern verewigt hatte. Jetzt malte er den immerwährenden Triumph des Papstes durch die stets abrufbare Hilfe des Himmels. Das war eine pikante Wendung für alle Beteiligten: für den Maler, für den Papst sowie für Lorenzo de' Medici, der dieser Versöhnungsmaßnahme notgedrungen zugestimmt hatte.

Das offizielle Thema der zwei Freskenserien auf den beiden Seitenwänden der Kapelle waren das Leben Moses' und Christi. Vor allem ging es dabei um den Widerstreit zwischen der wahren und der falschen Kirche und zwischen den Kräften, die für die eine bzw. die andere standen. So wird im zentralen Bildfeld der Moses-Erzählung Widerstand gegen den von Gott eingesetzten geistlichen und politischen Führer des Volkes Israel niedergeschlagen, ohne dass der Herausgeforderte selbst Gewalt anwenden muss. Moses hebt nur den Arm zum Himmel, und schon greifen himmlische Mächte zu seinen Gunsten ein: gegen die Führer der Rotte Korah, die im Namen der ganzen Gemeinde die direkte Kommunikation mit Gott einfordern und deshalb in die Eingeweide der Erde hinabgestürzt werden, und gegen die Söhne Aarons, die selbst Priester sein wollen und als Strafe für ihre Rebellion von ihren Opfergeräten erschlagen werden. Die beiden aufrührerischen Gruppen sind Sinnbilder des Konzils, das sich ebenfalls hoheitliche Funktionen anmaßt und ebenso gesetzmäßig zugrunde gehen muss – so lautet die negative Propagandabotschaft der Fresken.

Die positive Aussage verkündet das gegenüberliegende Fresko. Dort empfängt Petrus, der Fürst der Apostel, von Christus zwei riesige Schlüssel und damit die Vollmacht, zu binden und zu lösen; die übrigen Jünger schauen andächtig und einträchtig zu. Das war eine Warnung an die Kardinäle, die monarchische Verfassung der Kirche zu respektieren, anstatt die päpstliche Vollgewalt durch Wahlkapitulationen zu beschneiden.

Atempause: Innozenz VIII.

Nach dem Tod Sixtus' IV. im August 1484 hatte sich die Parteienkonstellation des Konklaves entscheidend verändert. Jetzt standen sich nicht mehr Colonna- und Orsini-Kardinäle als Repräsentanten und Gefolgsleute der italienischen Vormächte gegenüber, sondern zwei fest gefügte Blöcke unter Führung von ehemaligen Kardinalnepoten, die selbst Papst werden wollten, koste es, was es wolle. Dass Rodrigo Borgia und Giuliano della Rovere, die beiden Konkurrenten, tödlich miteinander verfeindet waren und einander nach dem Leben trachteten, trug weiter zur Polarisierung bei. Das Kräftemessen endete mit einem Punktsieg Della Roveres. Er konnte zwar nicht seine eigene Kandidatur durchsetzen, wohl aber die Wahl eines Gefolgsmannes, der allgemein als wenig profiliert, kaum durchsetzungsfähig und daher als williges Werkzeug seines Patrons galt: Giovanni Battista Cibo aus Genua, der den Namen Innozenz VIII. annahm. Eine größere Hausmacht brachte der neue Papst nicht mit nach Rom; seine Familie gehörte zwar nominell zum Patriziat, besaß aber weder in Ligurien noch außerhalb davon nennenswerten Einfluss.

In den ersten Pontifikatsjahren erwies sich der Papst wie erwartet als willfähriges Geschöpf seines Patrons. Auf Drängen Giuliano della Roveres griff er in den Kampf der Barone gegen König Ferrante von Neapel ein, mit dem der mächtige Ex-Nepot Sixtus' IV. so manche Rechnung offen hatte. Dadurch verwickelte er sich in einen weiteren blutigen Bürgerkrieg im Süden, der nach Erfolgen Ferrantes schnell auf den Kirchenstaat übergriff und Rom zeitweise akut gefährdete. In diesem Konflikt verhielt sich Innozenz VIII. – glaubt man den römischen Quellen – planlos, nachgiebig und ängstlich, mit einem Wort: würdelos. Diesem Papst ging alles ab, was herrscherliche Größe ausmachte. Statt kraftvoll aufzutreten, feilschte, klagte und lavierte er. Dieses Bild von einem schwachen Papst machten sich die Beobachter und Berichterstatter in ganz Italien rasch zu eigen, so dass sich der Ton der öffentlichen Meinung – und der Historiker bis heute – wie auf Kommando ironisch einfärbte: Der Krämer-Papst mit seinem noch kläglicheren Sohn Franceschetto («Fränzchen») lieferte von jetzt an Geschichten zum herablassenden Schmunzeln.

Die hämischen Kommentatoren übersahen jedoch zweierlei: Innozenz VIII. war sich der Schwäche seiner Position bewusst und verzichtete bewusst darauf, den Kampf um Rom gegen die großen Barone und die Nepoten seines Vorgängers aufzunehmen. Wenn auch er einen Neffen zum Kardinal ernannte und «Fränzchen» eine Reihe ansehnlicher Lehen in der Umgebung Roms verschaffte, dann deshalb, weil seine Familienstrategie darin bestand, so viel wie möglich an Titeln und Geld aus dem Pontifikat herauszuschlagen und dann die Zelte in diesem mörderischen Ambiente so schnell wie möglich wieder abzubrechen.

Die römischen Humanisten, die darin Feigheit und – schlimmer noch – Rom-Verachtung witterten, übersahen geflissentlich, dass die Regierungsmaximen Innozenz' VIII. darüber hinaus von einem Hauch Reformgeist geleitet wurden. Wie seine Vorgänger hatte auch er eine Wahlkapitulation unterschreiben müssen. Im Gegensatz zu seinen Vorgängern hielt er zumindest eines der darin gemachten Versprechen: Er wartete sein fünftes Pontifikatsjahr bis zur Ernennung neuer Kardinäle und damit auch seines Kardinalnepoten ab, was in Anbetracht seiner steten Kränklichkeit die Stellung der Familie akut gefährdete. Dabei achtete er darauf, die in der Kapitulation festgesetzte Obergrenze von vierundzwanzig Purpurträgern nicht zu überschreiten.

Auch Innozenz' viel bespötteltes Anlehnungsbedürfnis lässt sich als Ansatz zu einer konstitutionell eingebundenen Amtsführung und Ausdruck eines entsprechenden Amtsverständnisses deuten. Im Prinzip sollte ein Papst in Abstimmung mit seinen Kardinälen regieren, was deren Einverständnis zu wichtigen Entscheidungen bei der gemeinsamen Beratung im Konsistorium voraussetzte, doch war diese einhellige Beschlussfassung seit Langem graue Theorie. Wenn viel auf dem Spiel stand, berief sich der Papst auf seine von Christus verbürgte Autorität, die in den letzten Jahrzehnten von «papalistischen» Theologen zu immer umfassenderer Machtvollkommenheit ausgebaut worden war, und setzte seinen Standpunkt durch. Hinter dem vorsichtigen Gegenkurs des Cibo-Papstes ist somit – über die fraglos sehr ausgeprägt vorhandenen persönlichen Schwächen hinaus – ein diffuses Unbehagen an den jüngsten Entwicklungen des Nepotismus und der Kurie im Allgemeinen auszumachen.

Allerdings ließ Innozenz VIII. bei seinem sensationellsten Deal keinerlei

Skrupel erkennen. Nach dem desaströsen Krieg gegen Neapel kühlte sich das Verhältnis des Papstes zu seinem Direktiven-Geber Giuliano della Rovere merklich ab. Der erste, der die damit gebotenen Chancen erkannte und ergriff, war Lorenzo de' Medici, der nach der langen florentinisch-römischen Eiszeit dringend bessere Beziehungen zum südlichen Nachbarstaat anbahnen wollte. Mit seinem sprichwörtlichen Scharfsinn fand er dafür auch den besten Ansatzpunkt: Er schlug Innozenz ein Heiratsbündnis zwischen den Häusern Medici und Cibo vor. Dass eine solche Allianz einen hohen Preis haben würde, war dem Papst klar – und er war bereit, ihn zu zahlen. Franceschetto – nach dem nicht unverdächtigen Bericht der kurialen Insider ein notorischer Glücksspieler und Trinker – erhielt Lorenzos Tochter Maddalena zur Frau und Lorenzos Zweitgeborener Giovanni als Gegenleistung den roten Hut. Das Problem dabei war, dass Giovanni bei der Unterzeichnung des Ehevertrags im Januar 1488 gerade einmal zwölf Lenze zählte; für einen Kardinal war er damit selbst nach den lockersten Normen allzu jung. Die Ernennung des bereits reichlich mit fetten Pfründen ausgestatteten Knaben erfolgte denn auch erst ein Jahr später. Publik gemacht wurde sie sogar erst 1492, doch das Aufsehen, das dieses Geschäft erregte, war deshalb nicht geringer.

Italien bescherte der moralisch so anstößige Tauschhandel eine Ruhepause von vier Jahren. Innozenz VIII. schloss sich jetzt ganz und gar dem Schwiegervater seines Sohnes an, dessen Politik auf die Bewahrung des Gleichgewichts und auf die Abwehr fremder Interventionen gerichtet war. Solche drohten vonseiten des französischen Königs Karl VIII., der das Erbe der Anjou in Neapel für sich beanspruchte, und durch Spanien. Zu Beginn des Jahres 1492 endete in Granada die letzte maurische Herrschaft auf der Iberischen Halbinsel. Das verlieh den «katholischen Königen» Isabella von Kastilien und Ferdinand von Aragon freie Hand für Expeditionen in Süditalien, wo Ferrantes Macht nach der blutigen Unterdrückung der Barone immer unbeliebter und schwächer wurde.

In der europäischen Kulturgeschichte hat der Pontifikat des intellektuell und künstlerisch desinteressierten Cibo-Papstes durch die Bulle «Summis desiderantes affectibus» vom 5. Dezember 1484 Spuren hinterlassen, deren Tiefe und Dauerhaftigkeit bis heute umstritten sind. «Mit tiefem Kummer» – so die einleitenden Worte – wünschte der Papst, dem zerstörerischen

Treiben der Hexen in Deutschland entgegenzutreten, die sich freiwillig mit dem Teufel verbanden, mit ihm Buhlschaft trieben und dafür mit der Fähigkeit belohnt wurden, Schadenszauber anzurichten. Im Kampf gegen diese Verschwörung des Bösen hatten sich die beiden deutschen Dominikaner Heinrich Institoris und Jakob Sprenger mit päpstlichen Vollmachten hervorgetan, doch waren sie bei ihrem unerschrockenen Vorgehen gegen die Hexen auf rechtliche Hindernisse gestoßen, die jetzt aus dem Weg geräumt werden sollten. Künftig – so die Anweisung des Papstes – sollte den beiden Inquisitoren bei ihrem segensreichen Wirken niemand mehr ins Handwerk pfuschen. Wer dies weiterhin wagte, wurde mit schwersten Kirchenstrafen bedroht. Einen drastischen Anstieg der Hexenverfolgung hatte die päpstliche Verlautbarung nicht zur Folge, und auch eine dogmatische Lehrentscheidung traf Innozenz VIII. damit nicht. Eine generalstabsmäßig angelegte Hexenverfolgung setzte erst nach der Mitte des 16. Jahrhunderts ein, und zwar in katholischen wie in protestantischen Gebieten. Allerdings hat er mit seiner Bulle dem Handbuch der Hexenjäger, das Institoris kurz darauf 1486 unter dem Titel *Malleus maleficarum* («Hexenhammer») veröffentlichte, mit seinen frauenfeindlichen Wahnvorstellungen, die schon von besonnenen Zeitgenossen vielfach kritisiert wurden, apostolische Autorität verliehen. Doch von Rom gesteuert wurde die Hexenverfolgung zu keinem Zeitpunkt – im Gegenteil: Die römischen Inquisitoren betrachteten wie die meisten weltlichen Richter in Italien Anzeigen wegen Schadenszauber ganz überwiegend als volkstümlichen Aberglauben, der deshalb keine Konsequenzen nach sich zog. Im 17. Jahrhundert verhinderte die Kurie durch ihre strengen Anforderungen an Prozessverlauf und Beweisführung in angeblichen Hexenfällen sogar mehrfach Verurteilungen. In den katholischen Territorien Mitteleuropas aber hat die Bulle Innozenz' VIII. den Kampf gegen Hexenwahn und Hexenverfolgung ohne Frage stark erschwert.

Die Borgia an der Macht: Alexander VI.

Lorenzo de' Medici starb im April 1492, Innozenz VIII. überlebte ihn nur um gut drei Monate. Selten wurde ein Konklave mit solcher Spannung erwartet und von so langer Hand vorbereitet wie das nun folgende. Für Rodrigo Borgia ging es im August 1492 um alles oder nichts. Er zählte einundsechzig Lebensjahre, davon sechsunddreißig als Kardinal, kannte den kurialen Apparat wie kein Zweiter und war mit den europäischen Souveränen, besonders den spanischen Majestäten, eng vernetzt. Moralische Bedenken gegen seinen Lebensstil hegte nur noch eine wertkonservative Minderheit im Kardinalskollegium. Für die meisten seiner deutlich jüngeren Kollegen war er mit seinen Mätressen und seinem luxuriösen Palast sogar ein leuchtendes Vorbild. Für Giuliano della Rovere hingegen musste ein zweiter Borgia-Pontifikat Tod oder Exil bedeuten. Doch diesmal hatte sein Todfeind mit einer ebenso einfachen wie durchschlagenden Strategie Erfolg: Er versprach seinen Wählern, was er an Pfründen, Immobilien und Wertgegenständen besaß, und gewann damit in der heißen und malariaschwangeren Nacht vom 10. auf den 11. August 1492 die nötige Zweidrittelmehrheit.

Am Morgen des 11. August sahen sich die «neutralen» Kardinäle wie Francesco Todeschini Piccolomini und Oliviero Carafa, die keinen der Parteiführer, sondern einen Papst vom Format eines Nikolaus' V. oder Pius' II. wollten, vor vollendete Tatsachen gestellt. Sie konnten von jetzt an nur noch demonstrieren, dass sie die Zustände in Rom missbilligten, und auf Distanz gehen – mental, verbal und bald auch räumlich. Als Insider der Kurie ahnten sie, was kommen würde: ein Pontifikat, der ausschließlich auf die dauerhafte Erhöhung der Familie Borgia ausgerichtet war und bei der Verfolgung dieses Ziels alles in den Schatten stellen würde, was Päpste wie Bonifaz IX. und Sixtus IV. für ihre Verwandten getan hatten. Dafür stand Rodrigo Borgia mit seiner langen Vergangenheit. Für sämtliche seiner zahlreichen Nachkommen hatte er auf das Rührendste gesorgt, für die Mädchen durch Heiraten mit Abkömmlingen des römischen Stadtadels, für einen Sohn durch ein Herzogtum in Spanien. Seine erklärten Lieblinge Cesare, Giovanni, Lucrezia und Jofré, die ihm seine langjährige Lebensabschnittspartnerin Vanozza de' Cattanei geboren hatte, erkannte er sogar notariell als seine Sprösslinge an. Ihnen allen stand jetzt eine große, aber auch bewegte Zukunft bevor.

Wie ihr Vater Papst geworden war, blieb kein Geheimnis. Stefano Infessura, der schon unter Sixtus IV. sein gutes altes Rom nicht mehr wiedergefunden hatte, fand die passenden Worte: «Im Jahre des Herrn 1492, im Monat August, am 11., nämlich am Samstag in aller Frühe, ist Rodrigo Borgia, Nepot des Papstes Calixt, der Vizekanzler zum Papst gewählt worden und hieß sich Alexander der Sechste, ein Spanier. Und sofort, nachdem er das Papsttum angenommen, verteilte und gab er den Armen alle seine Güter» (zitiert aus Stefano Infessura, Römisches Tagebuch, S. 261). Der erste dieser «Armen» war der Kardinal Orsini, der den Palast des neuen Papstes erhielt – und so weiter. Für einen trockenen Juristen wie Infessura war das viel blutige Ironie. Auch am französischen Hof war man bestens darüber informiert, wem im Konklave was versprochen worden war. Dieses Wissen war für Alexander VI., wie sich der neue Papst mit falscher Zählung nannte – Alexander V. wurde offiziell als Gegenpapst geführt –, gefährlich, denn es ließ sich gegen ihn verwenden: Simonie machte eine Wahl zwar nicht ungültig, den Gewählten aber unwürdig und daher angreifbar. Dass die Einzelheiten des Stimmenkaufs nach außen drangen, lag vor allem daran, dass der Gewählte seine Zusagen nicht einhielt und die Klagen der Geprellten daher immer lauter wurden.

Trotz seiner Vernetzung und aller seiner Reichtümer hätte es Rodrigo Borgia nicht ohne seinen Wahlhelfer Ascanio Sforza auf den Papstthron geschafft. Dieser umtriebige Bruder Herzog Ludovico il Moros führte sich während der ersten beiden Pontifikatsjahre denn auch zum großen Verdruss aller Borgias als «Über-Papst» auf und diktierte Alexander VI. eine Politik im Interesse der mailändischen Herrscherfamilie. Diese verbündete sich ganz im Gegensatz zu der *Splendid-isolation*-Politik Lorenzo de' Medicis mit dem französischen König Karl VIII. und ermunterte ihn zu einem Feldzug nach Neapel, das er Anfang 1495 als sein Erbe in Besitz nahm, ohne auf nennenswerten Widerstand zu stoßen. Auf dem Weg an den Vesuv hatte der König in Rom Station gemacht, wo Alexander VI. seine Absetzung als «Simonist» befürchten musste. Doch dazu kam es nicht. Der französische König diktierte dem Papst zwar harte Friedensbedingungen, stieß ihn jedoch nicht vom Thron. Ein kompromittierter und daher erpressbarer Papst war besser als ein spröder Tugendbold – so kalkulierten die meisten europäischen Fürsten. Das Diktat Karls VIII. wurde hinfällig, als er im Sommer 1495 von einer Koalition der italienischen Vormächte nach Frankreich zurückgedrängt wurde.

In diesen drei ersten Pontifikatsjahren hatte Alexander VI. für die Seinen bereits einiges erreicht. Sein Sohn Cesare war im September 1493 zum Kardinal erhoben worden; dieselbe Würde hatte schon im Jahr zuvor der Sohn einer Papstschwester erhalten. Die Tochter des Papstes Lucrezia Borgia war mit Giovanni Sforza, dem Herrn von Pesaro aus einer Seitenlinie der Herzogsfamilie, sein jüngerer Sohn Jofré mit Sanchia, der unehelichen Tochter des Kronprinzen von Neapel, verehelicht worden. Diese Bilanz konnte sich sehen lassen, ohne aus dem Rahmen zu fallen. Das Wesentliche fehlte jedoch noch: ein Borgia-Staat in Italien, durch den die Familie eine dauerhafte Machtposition in Italien und an der Kurie gewinnen würde. Das Herzogtum Gandía in Spanien, das Giovanni Borgia von den spanischen Königen als Nachfolger seines früh verstorbenen Halbbruders Pedro Luis erhalten hatte, war dafür kein Ersatz, sondern eine Rückversicherung für den Fall, dass die großen Pläne in Italien scheitern sollten. Als Gegenleistung hatte Alexander VI. im Mai 1493 bei der Aufteilung der Neuen Welt zwischen Portugal und Spanien die Breitengrade so kräftig zugunsten von Isabella und Ferdinand verschoben, dass schon im Juni 1494 im Vertrag von Tordesillas Korrekturen unumgänglich wurden.

Mit der Emanzipation von den Sforza griff die Politik des Papstes ab 1496 kühner aus, ohne dass sich die damit verbundenen Ambitionen konkretisierten. Neapel – das zeigte sich jetzt schon – war für die Nepoten eine Nummer zu groß; diese Beute würden Spanien und Frankreich untereinander ausmachen. Mit einer Mini-Grafschaft im Stile Girolamo Riarios aber mochte sich der ehrgeizige Familienvater auf dem Papstthron auch nicht begnügen. So hieß es einstweilen abzuwarten und die Machtposition in Rom zu stärken. Zu diesem Zweck enteignete Alexander VI. die Orsini, wurde aber im Januar 1497 von deren Heer geschlagen und musste die Beute wieder hergeben.

Nach diesem Misserfolg rückte die Auflösung von Lucrezias Ehe ganz oben auf die Tagesordnung; die Papsttochter war unter Wert verheiratet worden und sollte für profitablere Allianzen zur Verfügung stehen. Um ihren Ehemann und die ganze Familie Sforza so tief wie möglich zu demütigen, wurde für die kanonische Auflösung der Ehe eine möglichst peinliche Begründung gewählt: Impotenz. Bevor es so weit war, musste im Juni ein neuer Rückschlag eingesteckt werden: Nach einem abendlichen Familienpicknick in den Weinbergen hinter San Martino ai Monti kehrte Giovanni Borgia, der Lieblingssohn des Papstes, nicht mehr in den Vatikan zurück. Ganz Rom suchte fieberhaft nach ihm, bis am Tag darauf sein von

Messerstichen durchlöcherter Leichnam aus dem Tiber gezogen wurde. Der Papst war untröstlich, rief eine Reformkommission ins Leben und versprach öffentlich eine völlige Umkehr seines Pontifikats. Doch statt in sich zu gehen und Nepotismus-Abbitte zu leisten, zeigte Alexander VI. von jetzt an sein wahres Gesicht. Wie ihr uns, so wir euch: Von jetzt an entsorgten auch die Borgia ihre Todfeinde im Tiber. Die Mörder Giovannis aber blieben ohne Gesicht. Die Römer verdächtigten Cesare, der sich vom Platz an der Sonne verdrängt gefühlt habe, doch dieses Gerücht war so haltlos wie alle anderen.

Nach dem Mord an seinem geliebten Sohn fühlte sich Alexander VI. aller Normen und Rücksichtnahmen ledig und fasste Pläne ins Auge, die den Kirchenstaat in seiner Substanz und in seinem Bestand bedrohen mussten. Dabei spielte ihm ein historischer Zufall in die Hände: König Karl VIII. stieß auf dem Weg in sein Ballstadion mit dem Kopf an einen steinernen Türsturz und starb mit nur siebenundzwanzig Jahren an einer Gehirnblutung. Sein Nachfolger Ludwig XII. aus der Linie Orléans hatte ehrgeizige Pläne und ein großes Handicap: Seine Ehe mit Jeanne de France, der Tochter Ludwigs XI., war kinderlos; gleichzeitig drohte die Mitgift der schönen Witwe seines Vorgängers, die Bretagne, dem französischen Königshaus verloren zu gehen. Alle diese Probleme ließen sich mit einem einzigen römischen Gnadenerweis lösen: Der Papst musste nur Ludwigs kinderlose erste Ehe für ungültig erklären, dann stand dessen Wiederverheiratung mit Anne de Bretagne nichts mehr im Weg. Solche Eheauflösungen waren kuriale Routine, ein Wink des Papstes genügte. Doch diesmal wurde ein halbes Jahr lang verhandelt, und zwar nach allen Regeln der diplomatischen Kunst, mit Finten, Erpressung, Ablenkungsmanövern und gezielt ausgestreuten Gerüchten. Nicht nur für den König, sondern auch für den Papst und Cesare ging es wieder einmal um alles. Eine solche Gelegenheit würde nicht noch einmal kommen, also mussten sie das Maximum herausschlagen: eine hochadlige Braut für den Papstsohn nebst französischem Lehen und vor allem französische Truppen für die Eroberung der Romagna, die zum Borgia-Fürstentum auserkoren worden war. Die Nepoten Sixtus IV. hatten mit Imola und Forlì den kleinen Finger genommen, die Borgia nahmen mit dem Norden des Kirchenstaats die ganze Hand.

Voraussetzung für diese hochfliegenden Pläne war, dass Cesare sein Kardinalat aufgab, um als Fürst, General und Dynastiebegründer auftreten zu können. Zwar galt die Kardinalswürde in der Kirche als *indelebilis*, wörtlich: unauslöschlich, man durfte sie also nicht einfach wie ein lästiges Kleidungsstück abstreifen, doch brachen die Borgia auch diese Norm. Im August 1498 legte der Papstsohn den lästigen roten Hut ab und kurz darauf Hochzeitskleider an. Nur für Lucrezia hatte Alexander VI. zu diesem Zeitpunkt keine rechte Verwendung; sie wurde 1498 mit einem unehelichen Prinzen aus dem neapolitanischen Königshaus zwischenverheiratet.

Ende 1498 waren die Abmachungen mit Ludwig XII. unter Dach und Fach; mit dem neuen Jahr trat der zweite Borgia-Pontifikat in seine heiße Phase ein. Cesare, frischgebackener Ehemann der schönen jungen Charlotte d'Albret, Tochter des Königs von Navarra in den nördlichen Pyrenäen, und Duc de Valentinois, zog mit französischer Unterstützung zur Eroberung der Romagna aus, wo er in den nächsten dreieinhalb Jahren Angst und Schrecken verbreitete: Besiegte Gegner wurden durch Versprechen freien Geleits in Sicherheit gewiegt und kurz darauf tot aus dem Tiber gezogen. Der Terror diente einer unmissverständlichen Botschaft: Wer sich den Borgia entgegenstellte, starb auf schmachvolle Art und Weise! Der florentinische Diplomat Niccolò Machiavelli, der mit Cesare mehr als einmal verhandelte, erkannte als einer der Wenigen, dass diese Einschüchterungsstrategie elementare Schwächen verdeckte: Bislang war der Nepot vom Glück begünstigt, doch was würde geschehen, wenn sich das Blatt wendete und der Papst starb?

Schon im Juni 1500 fehlte nicht viel und es wäre so weit gewesen: Aus heiterem Himmel trug ein Tornado das Dach des Vatikanischen Palastes ab, Alexander VI. wurde verschüttet, doch nur leicht verletzt. Spätestens jetzt beschäftigten die Borgia die öffentliche Phantasie Europas: Ging es im Vatikan noch mit rechten Dingen zu? Fakten und Legenden verschmolzen in der Sensations-Berichterstattung zu einem aufregenden Gemisch. Tatsache war, dass Lucrezias zweiter Ehemann im Sommer 1500 zuerst von Unbekannten zusammengeschlagen und kurz darauf als Rekonvaleszent von Cesare ermordet wurde – in Notwehr, wie dieser behauptete. Tatsache waren auch die rauschenden Familienfeste im Vatikan, bei denen der Papst selbst mittrank und mittanzte, ebenso wie seine Liaisons mit jungen Blondinen aus gutem Hause. Legenden sind hingegen sein inzestuöses Verhältnis mit Lucrezia und die öffentlichen Orgien im Vatikan, von denen der elsässische Zeremonienmeister Johannes Burckard in seinem Tagebuch schreibt.

Im Frühjahr 1501 hatte Cesare so viele Städte erobert, dass er den Titel eines Herzogs der Romagna annehmen konnte und freie Hand für weitere Unternehmungen hatte. Gegen wen sie sich richten würden, ließen Vater und Sohn bewusst offen: Terror als Methode der politischen Verunsicherung. Nach den Appiano in Piombino traf es schließlich Herzog Guidobaldo da Montefeltro, den Herzog von Urbino, der als Mäzen der Künste und der humanistischen Kultur in ganz Italien hoch geschätzt wurde. Er entkam den Häschern der Borgia mit knapper Not auf venezianisches Gebiet.

Währenddessen trieb Alexander VI. mit friedlicheren, doch deshalb nicht weniger anstößigen Methoden die weitere Erhöhung der Borgia voran. Im Dezember 1501 heiratete die einundzwanzigjährige Lucrezia Borgia, geschiedene Sforza, verwitwete Aragon, in dritter Ehe Alfonso d'Este, den Sohn und Thronfolger des regierenden Herzogs von Ferrara. Damit waren die Borgia ganz oben angekommen. Die Este waren die älteste und vornehmste Adelsfamilie Italiens, und sie ließen sich die Verbindung mit den Parvenüs aus Spanien teuer bezahlen. Zu einer enormen Mitgift in Geld fügte der Papst bedenkenlos Gebiete und Rechte der Kirche hinzu. Lucrezia war damit dem Dunstkreis ihrer Familie entzogen und zeigte jetzt ihr wahres Gesicht, das vorher nur im passiven Protest, zum Beispiel gegen die Ermordung ihres zweiten Gatten, sichtbar geworden war: Als Herzogin von Ferrara erwarb sie sich durch Mildtätigkeit, aber auch durch kluge Finanzoperationen den Ruf einer Modell-Fürstin.

Über ihren zahlreichen Erfolgen hatten die Borgia das Grundgesetz aller Klientelbildung aus den Augen verloren: ihren Verbündeten und Gefolgsleuten einen angemessenen Anteil an der Beute zukommen zu lassen. Als sich die Missstimmung ihrer Unterfeldherrn in konspirativen Zusammenkünften entlud, reagierten Alexander VI. und Cesare mit dem Angebot einer umfassenden Versöhnung und luden die rebellischen Generäle zu einem Bankett ein. Die eben noch so aufmüpfigen Verbündeten nahmen die Einladung im Vertrauen auf das Ehrenwort des Papstes gerne an – und trotteten folgsam zur Schlachtbank. In der Neujahrsnacht 1503 schnappte die Falle in Senigallia an der Adria zu; statt des angekündigten Festessens gab es

Würgeschlingen für die Gäste. In Rom hielt Alexander VI. währenddessen den Kardinal Giovanni Battista Orsini nächtelang beim Kartenspiel hin, bis ein Eilbote die erlösende Nachricht vom großen Coup Cesares überbrachte. Der Kardinal starb kurz darauf im Kerker der Engelsburg, und zwar aus Kummer, wie der Papst verlauten ließ. Machiavelli war die blutige Episode eine Erzählung wert, die er mit viel Phantasie zu einer Lektion für die Ausbildung des perfekten Fürsten ausschmückte: Erst wie ein Fuchs Ränke schmieden und dann wie ein Löwe zuschlagen! So musste man mit seinen Gegnern umgehen.

So turbulent, wie das Jahr 1503 begonnen hatte, ging es auch weiter. Im April 1503 ließen Alexander VI. und Cesare den venezianischen Kardinal Giovanni Michiel vergiften, um mit dessen Geld weitere Feldzüge zu finanzieren; allerdings hatte der greise Kirchenfürst den Großteil seines Vermögens bereits vorsichtshalber in seine Heimatstadt transferiert. Ludwig XII. betrachtete das immer ungehemmtere Treiben seiner römischen Verbündeten mit zunehmendem Unbehagen, denn der schlechte Ruf der Borgia drohte seinem eigenen Image zu schaden. Zudem wurden die französischen Hilfstruppen Cesares in Süditalien benötigt, wo sich die Lage für Frankreich immer ungünstiger gestaltete. Im November 1500 hatten Spanier und Franzosen das südliche Königreich mit Zustimmung Alexanders VI. untereinander aufgeteilt, und zwar – so schien es zumindest – zum Vorteil der Letzteren, die sich die Metropole Neapel gesichert hatten. Doch im nachfolgenden Krieg zeigte sich die zahlenmäßig überlegene französische Armee der Feldherrnkunst des «Großen Kapitäns» Gonzalo Fernandez de Cordoba nicht gewachsen. Dessen Erfolge stimmten auch den Papst und seinen Sohn nachdenklich. Der französische König verlor in Italien rapide an Einfluss; zudem unterstützte er offen die Orsini, ihre Feinde. So schien die Zeit für eine Allianz des spanischen Papstes mit den spanischen Königen reif.

Doch dazu kam es nicht mehr. Im August 1503 erkrankten Alexander VI. und Cesare gleichzeitig an Malaria. Der Papst starb am 18. August, sein Sohn war wochenlang handlungsunfähig. Daraufhin brach das Imperium der Borgia in Italien wie ein Kartenhaus zusammen. Machiavelli, der dieses Ende vorausgeahnt hatte, durfte den Niedergang des hochfahrenden Nepoten als florentinischer Gesandter in Rom aus nächster Nähe miterleben: Leere Drohungen, hilfloses Imponiergehabe, blinder Aktionismus und zuletzt eine fatale Vertrauensseligkeit gegenüber Todfeinden besiegelten das Ende des scheinbar vollendeten Fürsten Cesare Borgia, der fünf Jahre lang ganz Italien in Atem gehalten hatte. Jetzt war er nur noch ein Schatten seiner selbst. Von seinen Feinden von Kerker zu Kerker weitergereicht, konnte er schließlich fliehen und fand 1507 im Kampf für seinen Schwiegervater am Fuß der Pyrenäen ein ebenso heroisches wie unbeachtetes Ende.

Gegen seine wertkonservativen Kritiker konnte sich Alexander VI. auf mancherlei Präzedenzfälle berufen. Sixtus IV. hatte vorgemacht, wie man einen Pontifikat den Interessen der eigenen Familie unterordnet; auch an Skrupellosigkeit konnte es der ehemalige Franziskaner mit dem zweiten Borgia-Papst durchaus aufnehmen, wie seine Rolle in der Pazzi-Verschwörung zeigte. Gravierende Unterschiede stechen trotzdem ins Auge: Der Della-Rovere-Papst und seine Nepoten agierten verdeckter, versuchten ihre Normenbrüche so weit wie möglich zu verbergen und kleideten ihre Regierung durch geschickte Propaganda so traditionell wie möglich ein. Am Ende überstrahlten die Fresken der Sixtinischen Kapelle den schlechten Ruf zu Lebzeiten. In Sachen Medieneinsatz aber waren die Borgia rückständig. Die Freskierung ihrer vatikanischen Räumlichkeiten durch den umbrischen Maler Pintoricchio folgt überwiegend traditionellen Programmen und wirkt insgesamt altväterlich. Allein in der Bilderzählung von Isis und Osiris blitzt etwas vom wahren Wesen der Sippe auf, die hier regierte: Am Ende der blutigen Begebenheiten tritt mit dem Apis-Stier das Wappensymbol der Borgia seinen Siegeszug an – wie Cesare einige Jahre später in der Romagna.

So konservativ sich die Borgia in ihren Bildern präsentierten, in der Realität gingen sie entscheidende Schritte über die Della Rovere und Riario hinaus. Und damit gingen sie zu weit, wie sich schnell zeigen sollte. Sixtus IV. vergab Kardinalate nach dem politischen Nutzen für seine Familie, Alexander VI. versteigerte sie an die Meistbietenden. Mit einer Nepotengrafschaft Imola und Forlì konnten spätere Päpste zur Not leben, mit einem erblichen Borgia-Herzogtum Romagna nicht. Eine dynastische Herrschaftsbildung dieser Art hätte nicht nur den Kirchenstaat verstümmelt, sondern die Stellung von Alexanders Nachfolgern unerträglich herabgedrückt. Daher lag in Cesares Triumph der Keim seines Untergangs beschlossen. Dass die Borgia diese politische Dialektik mit dem mörderischen Scharfblick, den

Die Borgia an der Macht

Gewalt und Terror als Markzeichen der Borgia Ihr wahres Gesicht haben Alexander VI. und die Seinen in Bildern nicht gezeigt. Nur in dem von Pintoricchio gemalten Isis-und-Osiris-Zyklus ihrer vatikanischen Wohnräume blitzt es kurz auf: Der von seinen Feinden zerstückelte Gott Osiris ersteht als Stier, Wappensymbol der Borgia, wieder auf – wehe allen, die sich ihm in den Weg stellten.

sie in so vielen kritischen Situationen bewiesen, nicht erkannten, ist schwer zu erklären. Wahrscheinlich machte sie der tiefe Glaube an ihre Erwählung durch die Vorsehung blind. Denn im Gegensatz zum Bild, das Machiavelli von ihm zeichnete, war Alexander VI. kein Zyniker, der sich der Religion ausschließlich als Machtinstrument bediente, sondern auf seine eigene Weise ein durch und durch religiöser Mensch. Das machte es schon für seine gewieftesten Verhandlungspartner schwierig: Wie konnte ein so gläubiger Papst, der Gott offensichtlich aufrichtig fürchtete, so hemmungslos lügen und betrügen?

Der Pontifikat Alexanders VI. wurde für das Papsttum als Institution zum Trauma. Die posttraumatischen Belastungsstörungen stellten sich jedoch erst Jahrzehnte später ein, als nach der Glaubensspaltung der Kampf der rivalisierenden Konfessionen in Flugblättern und anderen Massenmedien ausgetragen wurde. In dieser Polemik zündete das Argument, dass die wahre Religion an der überlegenen Moral zu erkennen sein müsse, wie kaum ein anderes. Hier boten der Borgia-Papst und die Seinen Lutheranern und Calvinisten unschätzbare Schützenhilfe: Ein Papst, der sich noch mit siebzig junge Mätressen hielt und Bastarde zeugte, widerlegte den Wahrheitsanspruch der katholischen Kirche im Alleingang. Die Kehrtwendung zu einer konservativen, ja zunehmend restriktiven Sexualmoral, die die Päpste ab dem letzten Drittel des 16. Jahrhunderts vollzogen, ist daher auch als Reaktion auf einen Papst zu verstehen, der in dieser Hinsicht keine Hemmungen kannte.

Zurück in die 60er-Jahre – vorwärts ins Goldene Zeitalter: Pius III., Julius II.

Nach der elfjährigen Regierung Alexanders VI. hatten die von ihm erhobenen Kardinäle die Mehrheit im Konklave, doch eine Borgia-Kreatur machte beim Konklave im September 1503 nicht das Rennen. Gewählt wurde mit Francesco Todeschini Piccolomini vielmehr einer der letzten Repräsentanten des Reformflügels, der unter der Borgia-Herrschaft tapfer und unbeugsam das Banner einer anderen, pastoral und auf innere Erneuerung ausgerichteten Kirche geschwungen und das Loblied seines Onkels, Pius' II., gesungen hatte. Dass ein Kandidat der Opposition jetzt mehrheitsfähig war, zeigt, wie weit das Unbehagen an der Borgia-Herrschaft selbst unter Borgia-Klienten um sich gegriffen hatte und wie groß die Sehnsucht nach einer besseren Vergangenheit der Kurie war. Allerdings war der neue Papst, der sich in dankbarem Gedenken an seinen großen Vorgänger Pius III. nannte, alt und schwächlich, also aller Voraussicht nach eine Figur des Übergangs. Diese Prognosen erwiesen sich schnell als richtig. Schon nach sechsundzwanzig Tagen war der Stuhl Petri erneut vakant.

Die kurze Regierung Pius' III. erlaubte es Kardinal Giuliano della Rovere immerhin, seine finanziellen und personellen Ressourcen zu aktivieren und damit eine erdrückende Übermacht zu gewinnen. Nie zuvor war ein Kandidat so siegessicher in ein Konklave gezogen, das sich als eine reine Formsache erwies und nur wenige Stunden dauerte. Dann hatten die üppigen Wahlgeschenke ihre Wirkung getan: Aus Giuliano della Rovere wurde in der Nacht vom 31. Oktober auf den 1. November 1503 Julius II. Den angestammten Namen kaum verändert als Papstnamen zu übernehmen war Programm: Auch als Papst wollte Julius sich und seiner Vergangenheit treu bleiben. Auf einer Medaille nannte sich der neue Pontifex maximus einige Jahre später Julius II. Cäsar. Auch das sprach für sich.

Doch wofür stand seine Vergangenheit? Für den Historiker Francesco Guicciardini war der Fall im Rückblick der späten 1530er-Jahre klar: Als Kardinal verkörperte der Emporkömmling aus der ligurischen Provinz mit seiner würdelosen Hab- und Raffgier die fatale Abkehr vom alten, besseren Italien mit seiner Politik des Augenmaßes und der Gleichgewichtswahrung. Als Papst wurde Giuliano della Rovere für ihn sogar zum Totengräber der italienischen Freiheit, der sich paradoxerweise wie kein anderer Papst vor ihm als Wahrer und Schützer eben dieser Unabhängigkeit feiern ließ. Der florentinische Patrizier Guicciardini hatte seine Gründe, einem Papst zu grollen, der die Republik von 1494 stürzte und die Medici 1512 wieder an die Macht brachte. Doch bei aller emotionalen Einfärbung seines Urteils hat seine Diagnose im Kern Bestand: Auch der zweite Della-Rovere-Papst war ein Normen-Stürzer, der die moralischen Maßstäbe seiner Zeit auf seine Art zutiefst verletzte: als Kriegsherr an der Spitze seiner eigenen Truppen und als Zerstörer von Alt-Sankt Peter, der erinnerungsreichsten und ehrwürdigsten Basilika der Christenheit.

Wer und was unter den Borgia anstößig gewesen war, wurde unter Julius ausgelöscht. Sein Hass reichte so weit, dass er sich weigerte, im Vatikan dieselben Räume wie Alexander VI. zu bewohnen. Symbolisch war der zweite Borgia-Papst durch das Fresko Pintoricchios, das ihn im goldenen Prunkmantel kniend zeigte, dort immer noch präsent. Julius II. aber wollte an diesen «verfluchten Marranen» keineswegs permanent erinnert werden – «Marrane» war ein böses Schimpfwort für einen zum Schein getauften Juden von der Iberischen Halbinsel. Um die Erinnerung an seinen unseligen Vorgänger und dessen Anhang zu entgehen, zog Julius innerhalb des vatikanischen Palastkomplexes um. Zufrieden mit seinen Räumlichkeiten war er trotzdem nicht. Für die Wohnstätten des vicarius Christi war nur das Beste gut genug. So gab Julius II. grandiose neue Baulichkeiten in Auftrag: monumentale Galerien, Loggien und einen majestätischen Hof, die erst nach seinem Tod fertiggestellt wurden.

Von sexuellen Eskapaden im Vatikan war fortan keine Rede mehr, und auch der päpstliche Nepotismus rückte aus dem Visier der Öffentlichkeit. Das war beabsichtigt: Julius II. wollte als der große Wiederhersteller des Kirchenstaats und der kirchlichen Ordnung in die Geschichte eingehen, und das ist ihm auch voll und ganz gelungen. Weitgehend unbemerkt blieb, dass gerade seine unauffälligen Strategien der Familienförderung von den bislang größten Erfolgen auf diesem Gebiet gekrönt wurden. Sixtus IV. und Alexander VI. hatten Verschwörungen angezettelt und Kriege geführt, Julius II. genügte eine Adoption: Durch sie bestimmte der kinderlose Herzog Guidobaldo da Montefeltro 1504 Francesco Maria della Rovere, den Sohn seiner Schwester und Giovanni della Roveres, zu seinem Nachfolger. Um den altadligen Herzog zu diesem Schritt zu bewegen, war beträchtlicher Druck notwendig. Als nächstes musste dieser nur noch rechtzeitig abtreten, damit der adoptierte Verwandte des Papstes das für ihn vorgesehene Erbe antreten konnte. Auch diesen Gefallen tat der gichtbrüchige Sohn des großen Generals Federico dem Papst: Er starb 1508, so dass Julius II. den Übergang der Herrschaft auf seinen Neffen absegnen konnte. Er und seine Nachfolger regierten von nun an 123 Jahre lang in dem kleinen, aber prestigeträchtigen Herzogtum Urbino – mehr hatte noch keine Nepotenfamilie erreicht.

Auch in Rom knüpfte der Papst nützliche Allianzen. So verheiratete er seine uneheliche Tochter aus Kardinalstagen mit einem Orsini-Prinzen; ein

Neffe ehelichte mit Laura Orsini die Tochter und Erbin der schönen Giulia Farnese, die als Mätresse Alexanders VI. ihrem Bruder Alessandro, dem späteren Paul III., den roten Hut verschafft hatte. Auch hier triumphierten die Della Rovere also über die Borgia. Die Heirat einer Papstnichte mit Marcantonio Colonna aus der anderen großen Baronalfamilie rundete die römische Etablierung der Della-Rovere-Nepoten ab. Wie üblich hatten sie bei diesen Verschwägerungen das Ranggefälle durch Gefälligkeiten auszugleichen. So erhielt der Colonna-Bräutigam die Lehenshoheit über Frascati in den Albanerbergen übertragen, ein wahrhaft fürstliches Hochzeitsgeschenk ganz im Stil der Borgia. Der Hauptunterschied zu den verhassten Vorgängern bestand jedoch darin, dass Julius II. solche Feste nicht im Vatikan feierte.

1506 begann Julius II. seine legendären Feldzüge zur Vertreibung allzu selbständig gewordener Stadtherren – aus der Sicht des Papstes allesamt finstere «Tyrannen» – aus Schlüsselpositionen des Kirchenstaats. Die intensive Propaganda, die diese Kampagnen begleitete, gab sie als heroische Aktionen zur Befreiung unterdrückter Untertanen und zur Wiederherstellung der päpstlichen Autorität aus. Die Straffung der Macht im eigenen Herrschaftsgebiet gehörte zweifellos zum Regierungsprogramm Julius' II., doch kamen auch sehr persönliche Motive ins Spiel: Alle «Tyrannen», die jetzt um ihre Positionen fürchten mussten, hatten mit Kardinal Giuliano della Rovere schwere Konflikte ausgetragen und diesen dabei in seiner Ehre gekränkt. Auch als Papst hatte er diese Beleidigungen nicht vergessen, geschweige denn verziehen. Wehe all denen, so befand Machiavelli, die mit diesem wütenden Greis jemals aneinandergeraten waren! Und wohl denen, die sich bei diesem cholerischen Charakter einzuschmeicheln wussten wie der Kardinal Giovanni de' Medici! Der Autor des «Fürsten» hatte den Papst im Auftrag seiner Republik Florenz auszuforschen. Als Gesandter einer nicht übermäßig befreundeten Macht stand der Diplomat dem Papst distanziert bis ablehnend gegenüber, doch haben seine psychologisch und politisch scharfsichtigen Beobachtungen trotz dieser Voreingenommenheit Bestand: Dieser Pontifex maximus handelte impulsiv, irrational und nicht selten widersprüchlich.

Das zeigte sich beim Vorgehen des Papstes gegen Bologna und Perugia. In der umbrischen Kapitale musste der «Tyrann» Giampaolo Baglioni seine informelle Herrschaft aufgeben und fliehen – um kurz darauf in die Dienste desselben Papstes zu treten, der ihn vertrieben hatte. Für diesen musste er gegen die Bentivoglio kämpfen, die Julius II. ebenfalls aus ihrem Machtzentrum Bologna verjagt hatte, die aber einige Jahre später zurückkehren konnten. Dieses Hin und Her zeigt, dass sich das Problem der allzu autonomen Stadtherren innerhalb des Kirchenstaats miliärisch nicht lösen ließ, sondern nur vertraglich, durch einen Interessenausgleich zwischen den lokalen Eliten und der römischen Zentrale. Solche Abkommen sicherten in der Folgezeit den führenden Familien den beherrschenden Einfluss vor Ort; den päpstlichen Legaten blieb wenig mehr als Kontrolle, Schiedsgerichtsbarkeit und die nominelle Hoheit. Von einer durchgreifenden politischen «Zentralisierung» im Kirchenstaat kann deshalb keine Rede sein. Der einzige wesentliche Unterschied zu den früheren Zuständen bestand darin, dass jetzt nicht mehr eine einzelne Familie, sondern die Oligarchie als ganze regierte – womit der Ehre des Papstes offenbar Genüge getan war.

Die Ehre kam auch im Krieg gegen Venedig ins Spiel. Die Markusrepublik war mit Alexander VI. und Cesare Borgia verbündet gewesen und dadurch in den Augen Julius' II. zutiefst diskreditiert. Dass sie sich gleichsam als Belohnung für das anstößige Bündnis päpstliche Gebiete angeeignet hatte und weiterhin Gesetze für ihren Klerus erließ, ohne sich um den Einspruch des Papstes zu scheren, machte den Fall für ihn vollends unerträglich. So trat der Papst im Frühjahr 1509 der Liga von Cambrai bei, die die europäischen Großmächte im Jahr zuvor gegen die Serenissima geschlossen hatten, und verhängte das Interdikt über diese. Als die venezianischen Truppen kurz darauf bei Agnadello in der Provinz Cremona eine vernichtende Niederlage erlitten, ging es für die Republik um Sein oder Nichtsein. Die kaiserlichen, französischen und spanischen Truppen eroberten Verona und Padua und rückten unaufhaltsam gegen die Lagune vor. Dadurch war nicht nur die Unabhängigkeit Venedigs, sondern Italiens insgesamt durch den Einfall fremder Barbaren akut bedroht; so stellte es zumindest die Propaganda an der Lagune dar. Jetzt kam alles darauf an, den Papst aus dieser unheiligen Allianz herauszulösen, was nach Rückgabe der eroberten Gebiete und schwierigen Verhandlungen im Februar 1510 auch gelang.

Julius trat aus dem Bündnis aus, weil er einen neuen Hauptfeind, seinen ehemaligen Verbündeten Ludwig XII. von Frankreich, gefunden hatte. Diese Wende kam völlig unerwartet, hatte Kardinal Giuliano della Rovere doch seinerzeit in Frankreich Asyl und Rückhalt gegen die Borgia gefunden. Worin der eigentliche Grund für die Streitigkeiten bestand, die sich ab 1507 entzündeten, konnten selbst gut informierte Kreise schon bald kaum noch sagen. Eine Reihe von kirchenpolitischen Kleinigkeiten und diplomatischen Nadelstichen steigerte sich durch die Unnachgiebigkeit beider Seiten zu einem Konflikt, in dem Papst und König schweres Geschütz auffuhren. Ludwig XII. lud die europäische Geistlichkeit zu einem Konzil nach Pisa, auf dem der Papst zur Rechenschaft gezogen und abgesetzt werden sollte. Julius II. konterte mit der Berufung eines Konzils in den Lateran, organisierte den militärischen Widerstand gegen Frankreich, setzte die feindlichen Kardinäle ab und exkommunizierte den Herzog von Ferrara, seinen mit Frankreich verbündeten Lehnsmann, nicht jedoch den französischen König selbst. Den «allerchristlichsten» Monarchen aus der Kirche auszuschließen war offensichtlich ein Tabu: Ein Menschenalter nach dem Konzil von Basel war eine so schroffe Durchsetzung des politischen Primats immer noch nicht opportun.

Sowohl an der kirchlichen als auch an der militärischen Front gewann Julius II. nach schweren Rückschlägen allmählich die Oberhand über seine Feinde. Die französischen Kardinäle und ihre Anhänger eröffneten zwar im Herbst 1511 ihr Konzil in Pisa, doch großen Zulauf verzeichnete ihre Versammlung nicht, ganz im Gegensatz zur päpstlichen Gegenveranstaltung, die im Mai 1512 in Rom begann und eine weitaus größere Anzahl führender europäischer Prälaten anzog. Militärisch verbündete sich der Papst mit Spanien und Venedig, doch den Ausschlag gaben die schweizerischen Söldner. Sie hatte Julius II. schon 1505/06 als persönliche Leibgarde für seine Sicherheit im Vatikan angeworben. Jetzt bildeten sie das Kernstück der Armee, der Julius II. im legendären Winterfeldzug 1510/11 erneut in eigener Person voranzog. Wie der Stellvertreter Christi auf Erden die Belagerung der Festung Mirandola in Eis und Schnee befehligte, hat die Zeitgenossen tief beeindruckt – positiv wie negativ. Für die römischen Humanisten war das eine Heldentat im Stile Julius Cäsars, für den Reformflügel innerhalb der Kirche ein Graus.

In diesen Kämpfen behielten die Franzosen unter ihrem charismatischen jungen Feldherrn Gaston de Foix zunächst die Oberhand. Erst als dieser in der verlustreich gewonnenen Schlacht von Ravenna an Ostern

1512 fiel, wendete sich das Blatt schnell. Von nun an trieben die eidgenössischen Verbände die Franzosen vor sich her und aus Italien hinaus. Julius hatte seine Kampagnen unter dem Motto «Italien den Italienern!» geführt und ließ sich jetzt als Befreier des Vaterlands von den Barbaren feiern. Dabei übersah man in Rom geflissentlich, dass dieser Sieg nicht von Italienern, sondern von Schweizern, die sich zu Herren über Mailand aufschwangen, und Spaniern, die von nun an die Vormacht auf der Halbinsel bildeten, errungen worden war.

Julius' Allianz mit Spanien hatte auch für Florenz tiefgreifende Folgen. Die Republik am Arno hatte Ludwig XII. ihre Untertanenstadt Pisa für dessen Konzil zur Verfügung gestellt und damit die Ehre des Papstes aufs Schwerste verletzt. Das sollte sie nun büßen. Ein spanisch-päpstliches Heer führte die verbannten Medici unter der Führung von Kardinal Giovanni im Spätsommer 1512 in ihre Heimatstadt zurück, wo sie hinter einer immer brüchigeren republikanischen Fassade weiterregierten.

Das päpstliche Konzil im Lateran tat das, was alle einschließlich des Papstes, der es einberufen hatte, von ihm erwarteten und die meisten Kurialen erhofften. Es diskutierte drei Jahre lang in aller Ausführlichkeit die längst überfälligen Reformen der Kirche, machte kluge Vorschläge für die Behebung von Missständen wie der Kumulation von Bistümern in der Hand einzelner Prälaten, arbeitete präzise Richtlinien für eine bessere Ausbildung der Geistlichen aus, erließ wohlklingende Aufrufe zur moralischen Neuausrichtung und schränkte einige besonders ärgerliche Missbräuche ein, doch de facto änderte sich dadurch nichts. Einem durchgreifenden Wandel stand die Dispenspraxis der Päpste entgegen, die ihre Günstlinge und die Günstlinge von deren Günstlingen von allen entgegenstehenden Vorschriften entbanden.

Diese Praxis erregte das Missfallen ernsthafter Reformer wie Kardinal Tommaso de Vio, genannt Cajetan, und Egidio da Viterbo, seines Zeichens General der Augustinereremiten. Beide waren sich bewusst, dass der römische Fiskalismus und Zentralismus, die Methoden der Pfründenbeschaffung, der Lebensstil vieler Kirchenfürsten und der florierende Ablasshandel, vor allem für bereits Verstorbene, außerhalb Italiens und besonders in Deutschland ein Klima des Misstrauens und der Abneigung gegen Rom erzeugt hatten, das Schlimmes erwarten ließ. Egidio – der Vorgesetzte eines Wittenberger Theologen namens Martin Luther, der 1510/11 zur Verhandlung von Ordensstreitigkeiten nach Rom kam – verquickte diesen Pessimismus mit hochfliegenden Zukunftserwartungen zu einem eigentümlich prophetischen Welt- und Geschichtsbild: Die Kirche werde zuerst für ihre Sünden bestraft werden, dann Buße tun und schließlich die Welt im Christentum vereinen.

Die kurialen Humanisten um Pietro Bembo und Sigismondo de' Conti waren noch viel enthusiastischer: Für sie brach unter Julius II. ein Goldenes Zeitalter an, in dem Künste und Wissenschaften unter der Führung des Papsttums neue Gipfel erklimmen würden. In den religiösen und philosophischen Lehren des Altertums sah dieser enthusiasmierte Gelehrtenkreis die Keime der göttlichen Offenbarung, die sich im Evangelium vollendete. Die Grenzlinie zwischen Heidentum und Christentum wurde dadurch nicht aufgehoben, doch vielfältig überschreitbar: In der Kunst konnten christliche Botschaften in Szenen aus der antiken Mythologie einkleidet werden. Und Philosophen entdeckten immer mehr Parallelen zwischen den weltlichen Weisheitslehren des Altertums und der christlichen Theologie, ohne deren Vorrang infrage zu stellen.

Seinen höchsten künstlerischen Ausdruck fand dieses synkretistische Weltbild in der Ausmalung der Vatikanischen Stanzen, die Julius II. auf Empfehlung seines Architekten Bramante dessen entferntem Verwandten Raffaelo Sanzio übertrug. In Raffaels Fresken verschmelzen alle Gegensätze zwischen den Religionen und Kulturen unter den Eichen-Wappen der Della Rovere, die für Frieden, Gerechtigkeit und Harmonie stehen. Auf dem Parnass, dem Berg der großen Dichter, geben sich der blinde Homer und der lorbeerumkränzte Dante ein Stelldichein. Das Fenster unter dem Bild öffnet sich zu den Vatikanischen Gärten und zeigt so, wo dieser Gipfel der Kunst wirklich liegt: im innersten Hoheitsbereich des Papstes. In der sogenannten «Schule von Athen» diskutieren Lehrer und Schüler aller philosophischen Richtungen des Altertums in einer Wandelhalle der Weisheit, die mit ihrer idealen Architektur unverkennbar römisch ist, die unterschiedlichsten Thesen und Lehren, im Einzelnen kontrovers, doch im Großen harmonisch – in der Stadt des Papstes treffen sich die größten Geister zum edelsten Wettstreit. Doch so kühn ihre Ideen auch zum Höchsten streben, es gibt eine Wahrheit über der Ratio. Das zeigt ein weiteres Fresko, das dem Tri-

Kulturfrühling unter der Wappen-Eiche Papst Julius' II. della Rovere In den Vatikanischen Stanzen malte Raffael von 1509 bis 1513 das erhabenste Verherrlichungsprogramm, das jemals ein Herrscher für sich ersinnen ließ. In der «Schule von Athen» debattieren die vornehmsten Philosophen der Antike über die Wahrheiten, die der Mensch mit dem Verstand allein

umph des allerheiligsten Altarsakraments und damit des Glaubens über das Wissen gewidmet ist. Hinter dem Altar mit der Hostie erscheint ein neues Rom als Neues Jerusalem auf.

In denselben Räumen des Vatikans, die zum Empfang von Gesandten und anderen hochgestellten Persönlichkeiten dienten, zeigte der Papst auch sein kämpferisches Gesicht. Von seiner Schweizer Garde getragen und umgeben sieht er mit grimmigem Antlitz zu, wie der Tempelräuber Heliodor von himmlischen Heerscharen aus dem Allerheiligsten von Jerusalem vertrieben wird. Das war eine durchsichtige Chiffre für den Kampf Julius' II. gegen die Franzosen in Oberitalien, doch vor allem eine Parabel von übergeschichtlicher Tragweite: Gott schützt den Papst gegen jegliche Art der Bedrohung und der Bestreitung! Dasselbe Thema nimmt ein weiteres Fresko

Zurück in die 60er-Jahre – vorwärts ins Goldene Zeitalter

erschließen kann. In der «Verherrlichung des Altarsakraments» erörtern und verehren die berühmtesten Theologen der Vergangenheit und Gegenwart das Mysterium der Eucharistie. Der Glaube transzendiert die Ratio, ohne zu ihr im Widerspruch zu stehen.

auf, das die Begegnung Leos I. mit dem Hunnenkönig Attila quellenwidrig von Mantua vor die Tore Roms verlegt. Nach dem Pontifikatswechsel musste Raffael die bereits gemalten Gesichtszüge Julius' II. herausschlagen und das Porträt des neuen Papstes einsetzen: Propaganda als Chronik der laufenden Ereignisse.

Wenige Schritte von den vatikanischen Stanzen entfernt, in der Sixtinischen Kapelle, hatte Julius II. heilige Pflichten der Pietas zu erfüllen. An der Decke der päpstlichen Privatkapelle, deren Wände sein Onkel Sixtus IV. so prächtig hatte schmücken lassen, war ein langweiliger Sternenhimmel gemalt. Diese Fläche sollte sich zum Ruhm des Papstes und seiner Familie besser nutzen lassen. Der Auftrag zu ihrer Ausmalung wurde zur Verblüffung der Kurie dem dreiunddreißigjährigen Starbildhauer Michelangelo Buonarroti erteilt, der Riesensummen für das Grabmal des Papstes erhalten, doch noch nichts geliefert hatte und keinerlei Erfahrung als Freskenmaler besaß. Von 1508 bis 1512 schuf Michelangelo eine aus fünf Haupterzählsträngen verwobene Menschheitsgeschichte, die den Bogen von der Erschaffung der Welt bis zum vorläufigen Ende der Trunkenheit Noahs nach der Sintflut schlägt. Die neun Bildfelder auf dem zentralen Grat der Decke werden von Propheten des Alten Testaments und heidnischen Sibyllen umrahmt. Sie verkünden unisono die Ankunft des Erlösers, dessen Geschichte bereits auf den Wandfresken darunter erzählt wird. Zwischen den Feldern der biblischen Erzählung schweben nackte Jünglinge von berückender Attraktivität und unerhörter erotischer Ausstrahlung. Sie sind von Eichengirlanden umgeben, doch geht die Familienpropaganda der Della Rovere in diesem Meer der Schönheit völlig unter.

Diese Schönheit jedoch ist trügerisch, denn die Geschichte der Menschheit ist böse. Gewalt dominiert in den Gewölbezwickeln mit Szenen aus dem Alten Testament: David schneidet Goliath den Kopf ab, Verbrecher werden gekreuzigt, giftige Schlangen züngeln. In der Ahnengalerie Christi herrscht der Geist der Satire: Dümmlich blickende Frauen und kauzige alte Männer wechseln sich ab – die Vorfahren des Erlösers lassen nichts, aber auch gar nichts von dessen Göttlichkeit vorausahnen. Im Zentrum des Gewölbes werden aufsässige und abtrünnige Vertreter des suspekten Menschengeschlechts sogar zweimal bestraft. Eva lässt sich von der Schlange zur Übertretung des göttlichen Gebots verführen, in der Sintflut ertrinken alle sündigen Menschen außer Noah und den Seinen. Noahs Rausch im letzten Bildfeld ist ernüchternd: Es geht so weiter wie bisher, nichts ist besser geworden. Was 1512 noch fehlte, war ein Bild des letzten Gerichts.

Sein Grabmal in Sankt Peter plante Julius II. schon zu Lebzeiten, und zwar mit gigantischen Ausmaßen, die die Dimensionen der Peterskirche sprengten. Die Schlussfolgerung daraus lautete nicht, das Monument kleiner zu planen oder es andernorts zu platzieren, sondern die altehrwürdige Basilika sollte abgetragen und an ihrer Stelle eine neue, größere errichtet werden. Der Abriss der in Jahrhunderten gewachsenen Kirchenstadt begann im Frühjahr 1506 mit einem pietätlosen Furor, der in der ganzen Christenheit tiefe Bestürzung auslöste. Der Neubau, für den der Papst von seinen Hofastrologen den 18. April 1506 als günstigstes Datum berechnen ließ, gestaltete sich jedoch problematischer als gedacht. Beim Tod Julius' II. am 21. Februar 1513 war wenig mehr als der Plan eines kolossalen Zentralbaus aus der Feder des Architekten Bramante vorhanden. Schon Nikolaus V. hatte eine neue Basilika gewollt und in Angriff nehmen lassen; diese Option war zwar unter Theologen und Architekten umstritten, aber vertretbar. Doch auf das Wie und Warum kam es an. Die Entscheidung des Papstes, mit der alten Kirche tabula rasa zu machen, um sein ganz persönliches Ruhmesmonument aufstellen zu können, spiegelt ohne Frage den übersteigerten *Anything-goes*-Optimismus der kurialen Humanisten wider. Darüber hinaus zeugt sie von einem Größenwahn, der schon kritischen Zeitgenossen pathologisch anmutete. Nicht nur Machiavelli fragte sich immer wieder, ob dieser Pontifex maximus eigentlich noch zurechnungsfähig war. Hinzu kam, dass der Abriss mit äußerster Pietätlosigkeit vorgenommen wurde: Dutzende von Papstgrabmälern und andere kostbare Erinnerungsorte wurden rüde zerschlagen. Dass mit der Zerstörung der alten Peterskirche ein Traditionsverlust verbunden war, der zum Legitimationsverlust des Papsttums werden musste, trat völlig in den Hintergrund. Der Nachwelt außerhalb Roms blieb somit ein blutiger Papst in Erinnerung, der die Fundamente der eigenen Kirche zerstörte.

Genussmensch und Machtpolitiker: Leo X.

Von den fünfundzwanzig Kardinälen, die Anfang März 1513 in den frisch ausgemalten Stanzen des Vatikans das Konklave bezogen, waren neunzehn Italiener. Obwohl sich die Abfassung von Wahlkapitulationen fast immer als verlorene Liebesmüh erwiesen hatte, machten sich die Kirchenfürsten erneut an die Arbeit. Das Ergebnis war der übliche Text, der die Dringlichkeit einer umfassenden Reform beschwor, doch vor allem die Privilegien der Purpurträger und ihren bestimmenden Einfluss auf alle wichtigen Regierungshandlungen festschrieb. Die Wahl selbst ging schnell über die Bühne: Schon im zweiten Durchgang erhielt Kardinal Giovanni de' Medici die nötige Zweidrittelmehrheit. Seit den fernen Tagen Innozenz' III. war kein so junger Kandidat mehr gewählt worden: Leo X., wie sich der neue Papst nannte, war gerade einmal siebenunddreißig Jahre alt. Seine Wahl verdankte er mehreren Faktoren: Er galt als chronisch krank, so dass ein kurzer Pontifikat zu erwarten war, als Gegner Frankreichs und als ein geschickter Vermittler. Vor allem aber war er der Sohn des großen Lorenzo de' Medici, der zwanzig Jahre nach seinem Tod zum Mythos und Symbol eines selbstbestimmten Italien geworden war. Schließlich eilte dem Medici-Papst der Ruf der Leutseligkeit, der Großzügigkeit und Weitherzigkeit voraus. Die römischen Spottversdichter formulierten es etwas anders: Nach dem hinterlistigen Erotomanen Alexander VI. und dem cholerischen Krieger Julius II. bestieg jetzt ein ewig heiterer Lebenskünstler den Papstthron. Ob das dem Papsttum zuträglich war, musste offenbleiben: «Viele blinde Kardinäle wählten den blinden zehnten Leo», so formulierte es ein anonymer Satiriker unter Anspielung auf die notorische Sehschwäche des neuen Papstes, aber sicherlich auch auf dessen Charakter (A. Fabronius, Leonis X P. M. vita, Pisa 1797, S. 270).

Der Hedonismus gehörte zum Lebens- und Regierungsstil des Medici-Pontifex: Musik- und Komödienaufführungen, Stegreifrezitationen, Darbietungen von Jongleuren und Possenreißern – sein Unterhaltungsbedürfnis war legendär. Feinsinniges und Obszönes, alles wurde gleichermaßen gierig konsumiert. Jovialität und Generosität prägten auch die sorgfältig konstruierte Selbstdarstellung des Pontifikats: Der liebenswürdige Stellvertreter des milden Christus auf Erden teilte materielle und spirituelle Gnaden in verschwenderischer Fülle aus, niemand verließ ihn mit leeren Händen – dieses Bild sollte sich in der ganzen Christenheit verbreiten.

Scharfsichtige Diplomaten wie die venezianischen Botschafter erkannten schnell, dass sich hinter dem Image des lächelnden Kulturgourmets ein kühl kalkulierender Machtpolitiker verbarg, der sich zum Global player, ja zum Zünglein an der Waage der europäischen Politik aufgerufen fühlte und dabei unbeirrbar den Interessen seiner Familie verpflichtet war. Seit achtzig Jahren war die Stellung der Medici in Florenz bei allem Einfluss ungesichert, ja gefährdet, wie die Vertreibung im Herbst 1494 belegte. Das alles beherrschende Ziel des Pontifikats bestand deshalb darin, die Herrschaft in Florenz hinter republikanischer Fassade in eine solide fundamentierte fürstliche Herrschaft umzuwandeln. Das war eine riskante Option. Die florentinischen Patrizier hatten ab 1434 mehrheitlich die Schiedsrichter- und Moderatorenrolle der Medici akzeptiert, weil sie ihnen den unruhigen Mittelstand vom Hals hielten und ihre Privilegien sicherten. Doch von einer solchen Akzeptanz konnte keine Rede mehr sein, als der vom Medici-Papst erhoffte Pfründen- und Geldsegen ausblieb. Ämter und Prestige wurden in Florenz wie in Rom nur noch an die loyalsten Parteigänger des Hauses verteilt. Schlimmer noch: Florenz musste den grenzenlosen Finanzbedarf des Papstes decken helfen, der seine Heimatstadt überdies von Rom aus regierte. Steuerlasten und Prestigeverlust ließen die Zahl der Unzufriedenen am Arno bedrohlich ansteigen.

Weil die befristete Herrschaft in Rom und die gewachsenen Beziehungen zum florentinischen Patriziat nicht ausreichten, um die Macht der Medici in Florenz fest zu institutionalisieren, benötigten sie eine dritte Machtbasis in Form eines fürstlichen Territoriums. Die Eroberung eines solchen Stützpunkts hielt die Kurie drei Jahre lang in Atem. Bei der Suche nach einem geeigneten Objekt fiel die Wahl des Papstes und seiner grauen Eminenz Alfonsina Orsini, der Witwe seines älteren Bruders Piero, auf Urbino, also ausgerechnet auf das Herzogtum der Familie Della Rovere, die den Medici 1512 zur Rückkehr nach Florenz verholfen hatte. Dafür hätte Leo X. den Verwandten seines Vorgängers ewige Dankbarkeit geschuldet. Dass er die empfangenen Wohltaten stattdessen mit Absetzung und Krieg vergalt, verletzte das Normen- und Wertesystem der Zeit aufs Schwerste. Dabei war der Papst ebenso Treibender wie Getriebener. Selbst Sohn einer Orsini-Prinzessin und in den Augen des römischen Baronalclans eher ein Orsini als ein Medici, widersetzte er sich dem Ehrgeiz seiner Schwägerin nicht, die für ihren Sohn Lorenzo um jeden Preis das prestigeträchtige Herzogtum der Montefeltro haben wollte, und diskreditierte sich und die Seinen damit auf Dauer.

Im Januar 1516 wurde Francesco Maria della Rovere unter nichtigen Vorwänden für abgesetzt erklärt, seine Hauptstadt im Juli darauf erobert und das Herzogtum im August an Lorenzo verliehen. Doch der Jubel erwies sich als verfrüht: Der Adoptivsohn Guidobaldo da Montefeltros gewann sein Herrschaftsgebiet kurz darauf zurück und musste nochmals vertrieben werden. Am Ende waren alle Anstrengungen und Ausgaben vergeblich: Lorenzo, das Muttersöhnchen (wie er hinter vorgehaltener Hand an der Kurie tituliert wurde), starb schon 1519, erst siebenundzwanzigjährig. Zwei Jahre später kehrte Francesco Maria della Rovere nach Urbino zurück. Dort harrte er der Gelegenheit zur Rache, die sich schon 1527 bieten sollte.

Inmitten der kriegerischen Verwicklungen des Frühjahrs 1517 platzte eine Bombe: Eine Gruppe verschwörerischer Kardinäle trachtete dem Papst nach dem Leben! Getötet werden sollte er durch das Gift, das ihm ein Arzt zur Heilung einer schwärenden Wunde verabreichen sollte, doch ließ sich Leo X. auf eine Behandlung durch einen ihm unbekannten Mediziner nicht ein. Bei der Ausarbeitung eines Plans B verhielt sich der Anführer der Verschwörer, Kardinal Alfonso Petrucci aus Siena, dann so verdächtig, dass ihm die päpstlichen Agenten auf die Schliche kamen und das Unternehmen auffog. Petrucci gehörte zu den jungen Kirchenfürsten, die Leo X. zur Wahl verholfen hatten, sich für diese guten Dienste aber ungenügend belohnt fühlten. Schlimmer noch: Er fühlte sich vom Papst geschädigt, da dieser in Siena einen Machtwechsel zu seinen Ungunsten herbeigeführt hatte. Das Komplott, das er daraufhin anzettelte, war ein Menetekel: Päpste, die eine so skrupellose Machtpolitik betrieben, wie sie seit Sixtus IV. in Rom üblich geworden war, konnten immer weniger auf die Aura der Petrus-Nachfolge zählen, die sie und ihre Herrschaft wie ein Schutzschild umgab. Von nun an mussten sie damit rechnen, dass ihnen mit gleicher Münze heimgezahlt wurde. Das zeigte sich bereits an dem Kardinal, den die Verschwörer nach Leos Ermordung auf den Papstthron setzen wollten: Raffaele Sansoni Riario hatte 1478 den Lockvogel beim Anschlag auf das Leben von Giuliano und Lorenzo de' Medici gespielt. Knapp vierzig Jahre Jahre später war er darüber erbost, dass der Medici-Papst seinen Verwandten aus Urbino vertrieben hatte.

Leo X. machte die Attentatspläne in ganz Europa bekannt und ließ auch den Prozess gegen die Verschwörer so öffentlich wie möglich ablaufen: Die ganze Christenheit sollte von dem ruchlosen Vorhaben erfahren und Abscheu gegen die Schuldigen und Mitgefühl mit dem Papst empfinden. Doch das Entsetzen über Rom und eine Kurie, an der Verbrecher Kirchenfürsten wurden, herrschte vor. Am Ende des Verfahrens wurde Petrucci in der Engelsburg hingerichtet. Mit Sansoni Riario, der so gerne der dritte Papst seiner Familie geworden wäre, schloss der Papst einen Vergleich: Der Verschwörer übertrug der Apostolischen Kammer seinen prunkvollen Palast bei San Lorenzo in Damaso, der fortan als Kanzlei der Kirche diente, und durfte als Gegenleistung für diese milde Gabe seine Kardinalswürde behalten. Kurz darauf der Triumph: Am 1. Juli 1517 ernannte Leo X. einunddreißig neue Kardinäle und stärkte durch diese Flut roter Hüte seine Stellung beträchtlich.

Der Kaiser als treuer Sohn der Kirche Im Rückblick von siebenhundert Jahren wurde aus dem übermächtigen Karl dem Großen ein gehorsames Werkzeug der römischen Kirche, das sich zum Zeichen seines Gehorsams vom Papst zum Kaiser krönen ließ. In diesem Fresko Raffaels und seiner Schüler trägt der fränkische Monarch die Gesichtszüge König Franz' I. von Frankreich, den Leo X. zeitweise als Kandidaten für die Nachfolge Maximilians I. favorisierte.

Auf der Bühne der großen Politik beschäftigten Leo X. der Kampf zwischen Frankreich und Spanien um die Vormacht in Italien und die Nachfolge Kaiser Maximilians im Heiligen Römischen Reich deutscher Nation. Im Ringen zwischen Franz I. von Frankreich und Karl I. von Spanien um Mailand wechselte Leo im Interesse seines Hauses mehrfach die Positionen, um sich am Ende dem habsburgischen Sieger anzuschließen. In der damit eng verbundenen Kaiserfrage versuchte der Medici-Papst jedoch, Karls Wahl um jeden Preis zu verhindern. Zu diesem Zweck unterstützte er zuerst die Kandidatur des französischen Monarchen. Ja, Franz I. versprach sogar, ein neuer Karl der Große zu werden, zumindest in der päpstlichen Wahlwerbung: Auf einem Fresko, das Raffael und seine Schüler in den Vatikanischen Stanzen malten, erhielt der alte fränkische König bei seiner Kaiserkrönung in der Peterskirche vorsorglich schon einmal die Gesichtszüge des jungen französischen Monarchen. Als sich die Aussichtslosigkeit dieser Bewerbung abzeichnete, favorisierte Leo X. den sächsischen Herzog und Kurfürsten Friedrich den Weisen, der für die Rolle als päpstlicher Strohmann jedoch nicht zur Verfügung stand. Nach Maximilians Tod im Januar 1519 machte der spanische König Karl I., der sich als Kaiser Karl V. nannte, das Rennen. Leo X. war zuerst entsetzt, doch schon bald erfreut: Das neue Reichsoberhaupt stand aufseiten der Medici und unterstützte die Kurie in einem Streit, der sich zwei Jahre zuvor in Deutschland entzündet hatte und rasch immer weitere Kreise zog.

Im Herbst 1517 hatte der Wittenberger Theologieprofessor Martin Luther aus dem Orden der Augustinereremiten Thesen veröffentlicht, die den Ablass als schmutziges Geschäft mit den Ängsten der Gläubigen anprangerten und im gleichen Atemzug auch die Macht der Päpste infrage stellten, die diesen Straferlass im Jenseits herbeiführten. Für Luther konnte der Papst nur Bußen aufheben, die er selbst verhängt hatte. Bis ins Fegefeuer reichte sein Arm nicht, und so konnte er die Aufenthalte der armen Seelen dort auch nicht, wie es die Ablässe versprachen, abkürzen oder gar aufheben. Mit seiner in beißendem Ton vorgetragenen Kritik, die in Deutschland rasch starke Resonanz fand, attackierte der rebellische Mönch nicht nur die ideologische Basis der päpstlichen Machtstellung, sondern gefährdete auch die Finanzen der Kurie, die mit dem Verkauf der Ablässe viel Geld verdiente. Konkret störte Luthers Intervention ein Geschäft, das die Kurie 1514 mit dem neuen Erzbischof von Mainz, Albrecht von Brandenburg, eingefädelt hatte. Dieser hatte für die Ausnahmegenehmigung, seinem reichen Ämter- und Pfründenschatz die Mainzer Großdiözese hinzuzufügen, einen hohen Betrag zu entrichten, den er ohne die Einnahmen aus der 1517 beginnenden Ablasskampagne nicht aufbringen konnte.

Für Leo X. war die damit anhebende Kontroverse alles andere als Mönchsgezeter im hinterwäldlerischen Nordostdeutschland, sondern von Anfang an eine theologische und politische Haupt- und Staatsaktion. Schon im Februar 1518 verlieh er seiner tiefen Besorgnis Ausdruck, dass daraus ein verheerender Flächenbrand für die gesamte Christenheit entstehen könnte, und ergriff Maßnahmen. Dem kanonischen Verfahren entsprechend, wurde zuerst der vatikanische Hoftheologe Silvestro Mazzolini, genannt Prierias, mit der Beurteilung der 95 Thesen betraut. Nach einer sehr kurzen und summarischen Prüfung befand dieser sie im Juni 1518 für ketzerisch. Für den Dominikaner und erfahrenen Thomisten Prierias war die Kirche in ihrer Rechtgläubigkeit mit dem Papst und dessen Lehre gleichzusetzen; wer die verbindliche Gültigkeit von dessen Dekreten zum Ablass und zu anderen Fragen der Doktrin bestritt, war demnach kein Christ. Im nachfolgenden Schlagabtausch, den Luther über die Druckerpresse mit enormem Echo vor der deutschen Öffentlichkeit austrug, kristallisierte sich schnell die Frage nach der Auslegungshoheit der Heiligen Schrift als Kernpunkt heraus. Für die römischen Theologen wie Prierias musste der Papst, der sich dabei auf die Tradition der Kirchenlehrer stützte, das letzte Wort in allen Deutungskontroversen besitzen, um das Auseinanderfallen der Kirche in rivalisierende Sekten zu verhindern. Für Luther bedeutete das, dass sich der Papst über die Bibel stellte, die einzige Quelle der Glaubenswahrheit. Seine kurialen Gegner zogen daraus den Schluss, dass ein unberatener Einzelner seine subjektive Interpretation des Evangeliums für alle Gläubigen verbindlich vorschreiben wollte – für Rom ein Akt beispielloser Selbstüberhebung. So sank die Auseinandersetzung schnell auf beiden Seiten in immer heftigere Polemiken und Beschimpfungen ab.

Währenddessen schritt der Prozess gegen den Wittenberger Professor, der als Häretiker verdächtigt wurde, rasch voran. Nach einem Verhör durch den Kardinallegaten Cajetan in Augsburg, das sich ganz überwiegend auf den Ablass konzentrierte, musste Luther Ende 1518 die Auslieferung nach Rom befürchten. Davor schützte ihn jedoch die Hinhaltetaktik seines Landesherrn Friedrichs des Weisen und der Tod Kaiser Maximilians, der einen Strategiewechsel in Rom zur Folge hatte. Einige Monate lang umwarb der Papst jetzt den sächsischen Kurfürsten, den er gerne auf dem Kaiserthron gesehen hätte, und setzte daher das Verfahren gegen dessen Schützling aus, um dieses nach der Wahl Karls V. umso energischer wieder aufzunehmen: Im Juni 1520 erließ Leo X. eine Bulle, die 41 Aussagen Luthers als irrtümlich oder ketzerisch auflistete und diesen ultimativ zum Widerruf aufforderte; verweigerte er diesen, drohte ihm die Exkommunikation.

Luther seinerseits setzte den Papst in seinen Schriften mit der apokalyptischen Figur des Antichrist gleich, der die Gläubigen mit seiner falschen Lehre in die Hölle führen wollte. So folgte Anfang Januar 1521 die Bannbulle gegen ihn nach. Zu diesem Zeitpunkt war die Spaltung der Christenheit nicht nur juristisch, sondern auch theologisch vollzogen. Luther entwickelte in seinen reformatorischen Hauptschriften das Konzept einer Kirche, die im Gegensatz zur korrupten Papstkirche der Gegenwart auf den Prinzipien des Urchristentums fußen sollte. Diese reformierte, also in ihrer «wahren Gestalt» wiederhergestellte Kirche kam ohne geistlichen Stand aus, kannte nur noch die beiden Sakramente der Taufe und des Abendmahls, die die Gläubigen in ihrem Vertrauen auf Christus, den Erlöser, bestärken sollten, und erkannte weder die Heiligen noch die Heilswirksamkeit der guten Werke an. Ihr dogmatisches Gerüst bildeten die Grundsätze *sola fide*, *sola gratia* und *sola scriptura*: die Rechtfertigung des Sünders «durch den Glauben allein» und «allein aus Gnade», ohne Anschauung menschlicher Verdienste. Die Grundlage dieser Kirche und ihrer Lehre sollte «allein die Heilige Schrift» sein, und zwar in Luthers verbindlicher Auslegung.

Mit der Protektion seines Kurfürsten und einem Geleitbrief des Kaisers wurde der Wittenberger Professor im April 1521 auf den Reichstag nach Worms geladen, wo der vatikanische Bibliothekar Girolamo Aleandro als Nuntius die Positionen Leos X. vertrat. Aleandro hatte vehement gegen Luthers Vorladung agitiert, weil er befürchtete, dass die Anhänger des Ketzers aus diesem Auftritt ein Medienereignis ohnegleichen machen würden – zu Recht, wie sich schnell zeigte. Zudem wurde Luther zum Entsetzen der Kurie nach einem sehr kurzen ersten Verhör am zweiten Tag die Gelegenheit gegeben, seine Positionen und damit seine Kampfansage an Rom näher zu erläutern. Für Rom war diese Lehre eine barbarische Mixtur aus grenzenloser Selbstüberschätzung und diversen Ketzereien der Kirchengeschichte, die hier von einem Strohmann der deutschen Fürsten zu einem Manifest der Absage an die römische Kirche zusammengestoppelt wurden. Die überlegene Kultur Italiens als Ganze wurde damit infrage gestellt. Dahinter stand – wie Aleandro alarmiert nach Rom meldete – ein umfassendes Misstrauen gegenüber dem Papst: Dass Leo X. ausschließlich im Interesse der Medici regiere und für Deutschland nur Verachtung übrig habe, sei selbst in klerikalen Kreisen die vorherrschende Meinung. Sie machte laut Aleandro ein entschlossenes Vorgehen gegen den außer Rand und Band geratenen Ketzer und seine Anhänger, aber auch weitreichende Reformmaßnahmen erforderlich, sonst war dieser Teil Europas für die Kirche verloren. Immerhin konnte Rom darauf bauen, dass der neue Kaiser Karl V. unver-

Genussmensch und Machtpolitiker

Der Heilige Vater selbdritt, im Kreise seiner Nepoten Raffaels Porträt verleiht den faszinierend hässlichen Zügen des ersten Medici-Papstes eine spirituelle Würde, die sich im Sesselknauf, einer Medici-Wappen-Kugel, mit einer Kreuzeserscheinung widerspiegelt. Der Kardinal zur Rechten Leos, Giulio de' Medici, wird 1523 als Clemens VII. selbst den Stuhl Petri besteigen und Rom in seine größte Katastrophe, den Sacco di Roma, steuern.

brüchlich für den alten Glauben kämpfte. Das von ihm im Mai 1521 unterzeichnete Wormser Edikt erklärte Luther und seine Anhänger für vogelfrei. Da sich um dieselbe Zeit auch der Kampf um Mailand zugunsten Leos X. und seines kaiserlichen Verbündeten entschied, war man in Rom optimistisch, ja euphorisch gestimmt. Dieser Überschwang fand mit dem Tod des Medici-Papstes Anfang Dezember 1521 in seinem Jagdschloss La Magliana bei Rom ein jähes Ende.

Schuldzuweisungen und Selbstzerfleischung: Hadrian VI.

Das Konklave nach dem plötzlichen Tod Leos X., der wie immer in solchen Fällen von Giftmord-Gerüchten umwittert war, wurde zu einem wahren Psychodrama. Am meisten auf dem Spiel stand für Kardinal Giulio de' Medici, der als Cousin Leos X. während dessen Pontifikat eine führende und oft bestimmende Rolle gespielt hatte. Mit dem Tod des erst sechsundvierzigjährigen Papstes hatten sich die Reihen der Familie Medici weiter gelichtet: Schon 1516 war Giuliano, Leos Bruder, gestorben, 1519 sein Neffe Lorenzo. Außer Giulio lebten aus dem Hauptzweig der Familie nur noch jüngere Sprösslinge von zweifelhafter Legitimität. So kämpfte der Kardinal jetzt nicht nur um den Papstthron, sondern auch um den Machterhalt in Florenz. Aber Bestechung und Stimmenkauf waren am Ende vergeblich: Für die älteren Kirchenfürsten war er mit fünfundvierzig Jahren zu jung, andere fürchteten um den ohnehin schon schwer lädierten Ruf der Kurie, wenn zwei Mitglieder derselben Familie unmittelbar aufeinander folgten. So zog sich die Einschließung der Kardinäle ungewöhnlich lange hin: Vom 27. Dezember 1521 bis zum 9. Januar 1522 blieben alle Wahlgänge erfolglos. Keiner der neununddreißig anwesenden Kardinäle konnte Papst werden – mit diesem Fazit lenkte Giulio de' Medici schließlich die Aufmerksamkeit auf den Kardinal Adrian Florensz d'Edel aus Utrecht, der sich als Statthalter Karls V. in Spanien aufhielt. Gegen den Widerstand der Franzosen erhielt dieser enge Gefolgsmann des Kaisers jetzt schnell die nötige Zweidrittelmehrheit.

Seine Wahl war schon bald darauf selbst für seine Wähler nur noch schwer nachvollziehbar: Sechunddreißig von ihnen waren Italiener, und trotzdem hatten sie keinen Landsmann, sondern einen nördlichen Barbaren erhoben und damit die Vormacht Karls V. weiter gestärkt. Noch unbegreiflicher erschien ihnen ihre eigene Entscheidung, weil die Abneigung des neuen Papstes gegen die Kurie, ihre Höflinge und deren Lebensstil allgemein bekannt war. Ihre Entschuldigung fiel kläglich aus: Schuld war der Stress der wochenlangen Zusammenpferchung auf engstem Raum und der Druck von außen. Eine gewisse Logik war am ehesten auf der Seite der Medici-Anhänger zu erkennen: Bis der neue Papst, der immerhin dreiundsechzig Jahre zählte, nach Rom kam, würden Monate vergehen, und bis dahin konnte viel passieren. Doch für die meisten Prälaten war das ein schwacher Trost. Die Regierung eines ältlichen Niederländers von entschieden konservativer Gesinnung kam den vielen Hedonisten an der Kurie wie ein Alptraum vor. Jetzt erkannten sie, was sie mit dem Tod Leos X. verloren hatten. Der nostalgische Rückblick musste die Sehnsucht nach einem zweiten Medici-Pontifikat unwiderstehlich werden lassen; Kardinal Giulio konnte es nur recht sein.

In der Tat ließ das Erscheinen Hadrians VI., wie sich der Pontifex maximus aus dem Norden nannte, bis August 1522 auf sich warten. Was im darauf folgenden Jahr geschah, ist seit Langem zu einer Standarderzählung geronnen, die in wesentlichen Teilen auf den Papst selbst zurückgeht: Das Rom der arroganten Humanisten, der korrupten Kirchenfürsten und des sittenlosen Volkes verspottete und boykottierte den hochherzigen Stellvertreter Christi aufs Unbarmherzigste bis zu seinem frühen Tod, den er als Erlösung vom Bösen empfand. In diesem verkommenen Rom, so das Fazit, konnte ein edel gesinnter Außenseiter mit seinem idealistischen Reformprogramm nur scheitern. Die klischeehafte Erzählung klingt einleuchtend, bedarf aber vieler Korrekturen.

Zum einen gab es an der Kurie selbst durchaus Kräfte, die auf eine umfassende Reform drängten und auch genaue Vorstellungen davon hatten, was vorrangig zu geschehen hatte: Trockenlegung des römischen Pfründensumpfs mit seinen Reservationen, Expektanzen und Pensionen, über den sich Martin Luther in seinen frühen Reformschriften so genüsslich empört hatte; Besetzung von kirchlichen Führungspositionen allein nach erbrachten Leistungen; Ordnung und Verbesserung der Priesterausbildung, nur noch ein Bistum pro Kopf, Abschaffung der Kommenden, Bestrafung von Korruption auf allen Ebenen, Normierung des klerikalen Lebensstils, vor allem durch eine rigorose Begrenzung der Kardinalseinkünfte, einschneidende Reduzierung der Ablässe, der kurialen Ämter und Gebühren. Alle diese Forderungen wurden seit Jahrzehnten erhoben; dass sie Hadrian VI. 1522 in diversen Memoranden vorgelegt wurden, zeigte nur ein weiteres Mal, dass sie sich nicht durchsetzen ließen. Die Reformer wussten auch, woran das lag: Jeder Kirchenfürst hatte seine eigenen Klienten zu versorgen und beanspruchte für deren Versorgung Ausnahmen von den Regeln, die für die anderen gelten sollten.

Solch harte Wahrheiten sagte der niederländische Papst den Kardinälen schon bei seinem ersten Konsistorium im September 1522 ins Gesicht: Die Schäden der Kirche hätten sich von der Spitze aus verbreitet, und von dort aus müssten sie auch abgestellt werden. Rom sei so sittenlos geworden, dass das Laster geradezu als Regel, nicht als Ausnahme gelte. Um den völlig ruinierten Ruf der Kurie wiederherzustellen, sollten die Kardinäle bei sich selbst anfangen und ihren Lebensstil gründlich reformieren. Wen der Papst damit meinte, machte er rasch deutlich: Die als reformfeindlich geltenden Kardinäle wurden von Audienzen und wichtigen Geschäften ausgeschlossen. Mit seinen Zwangs- und Diskriminierungsmaßnahmen stieß Hadrian jedoch auch die Kreise vor den Kopf, die mit den Zielen seines Reformprogramms weitgehend übereinstimmten. Abgestoßen fühlten sie sich durch den rüden Ton, der alle Anstandsregeln verletzte, durch den Pauschalverdacht gegen die gesamte Kurie und durch das unüberwindliche Misstrauen, das Hadrian VI. gegen alle Italiener hegte. So sahen beide Seiten ihre tief verwurzelten Vorurteile wie eine erfüllte Prophezeiung bestätigt. Verständigung war auf diese Weise nicht mehr möglich, erst recht nicht über das schwierige Thema Reform. Der Papst lebte als Asket im Vatikan, was seine Höflinge zu Recht als täglich erneuerten Vorwurf an ihre Adresse verstanden und darum als Marotte eines tölpelhaften Sonderlings verspotteten.

So erfuhr die Kurie aus erster Hand, was man außerhalb Italiens von ihr dachte. Dass sie nördlich der Alpen seit Jahrzehnten jeglichen Kredit verspielt hatte, konnte sie so lange verschmerzen, wie dieser Imageschaden ohne direkte Auswirkungen für sie blieb. Jetzt aber hatte sie den Reputationsverlust gleich doppelt vor Augen: durch den unaufhaltsam voranschreitenden Abfall fürstlicher Herrschaften und freier Städte in Deutschland und in einem Papst, der zwar als Gegner Luthers auftrat, dessen vernichtendes Urteil über seine Vorgänger und Mitarbeiter aber zu teilen schien.

Aus dieser Meinung machte Hadrian VI. auch am Brennpunkt des Geschehens kein Hehl. Auf dem Reichstag zu Nürnberg ließ er seinen Nuntius Francesco Chieregati im Januar 1523 vor den Kurfürsten, Fürsten und Vertretern der freien Städte eine Erklärung verlesen, die einer Anklagerede gegen die Päpste und die Kurie gleichkam: «Wir alle, Prälaten und Geistliche, sind vom Wege des Rechts abgewichen, und es gab schon lange keinen einzigen, der Gutes getan. Deshalb müssen wir alle Gott die Ehre geben und vor ihm uns demütigen; ein jeder von uns soll betrachten, weshalb er gefallen, und sich lieber selbst richten, als dass er von Gott am Tag seines Zorns gerichtet werde ... Doch soll sich niemand wundern, dass wir nicht mit einem Schlage alle Missbräuche beseitigen; denn die Krankheit ist tief eingewurzelt und vielgestaltig» (zitiert aus Pastor 4/2, S. 93 f.). Gott straft die Christenheit durch die Glaubensspaltung für die Sünden, die ihren Ursprung in der moralischen Verdorbenheit der Geistlichkeit haben. Von den Päpsten, die mit schlechtestem Beispiel vorangegangen waren, hätten sich die Schäden dann über die Prälaten auf die einfachen Priester und von diesen auf die Laien ausgedehnt, bis schließlich alle vom Bösen angesteckt waren.

Dieses Eingeständnis der Verantwortung hatte der Papst zwar in der «Wir-Form» abgefasst, doch wussten seine Zuhörer in Deutschland genauso gut wie die Kurialen in Rom, gegen wen sich die Anklagen richteten: Seine Vorgänger seit Sixtus IV. und die von ihnen erhobenen Kardinäle hatten die Christenheit ins Unglück gestürzt! Sich selbst und seine Mitstreiter nahm Hadrian VI. von diesem Verdammungsurteil offensichtlich aus. Anderenfalls konnte die sittliche Besserung der Kirche wohl kaum von der Spitze der Kirche ausgehen. Von Rom hatte das Übel seinen Ausgang genommen, von Rom sollte es bekämpft und besiegt werden – das war das Modell, das der niederländische Papst den Deutschen schmackhaft zu machen versuchte. Aussicht auf Erfolg hatte dieses Vorgehen jedoch nur, wenn in Rom inzwischen die Kräfte des Guten die Macht übernommen hatten. Also lief die vermeintliche Selbstanklage auf eine Selbstverherrlichung hinaus; die Schuldzuweisung betraf die Römer und letztlich die italienische Nation als ganze, in deren Hände das Papsttum unglückseligerweise gefallen war. Damit verprellte der niederländische Pontifex maximus seine letzten Sympathisanten in Rom. So harsche Kritik durfte kein Papst an seinen Vorgängern äußern, sonst lief er Gefahr, das Amt, das er innehatte, irreparabel zu beschädigen. Die Lutheraner konnten sich bestätigt fühlen: Wenn schon der Papst selbst die Zustände am Tiber so nachtschwarz schilderte, wie grauenerregend mussten sie dann wirklich sein! Dieses neue Babylon konnte man nicht reformieren, sondern nur noch ausräuchern. Die Anhänger Luthers verbreiteten diese Lösung in zahlreichen Flugblättern mit Holzschnitten, die an Deutlichkeit nichts zu wünschen übrig ließen: an den Galgen mit dem Papst und seinen Kardinälen!

Der Rest des Pontifikats von Januar bis September 1523 war Zerwürfnis und Blockade. Einem Papst, der seinen eigenen Apparat der Verdammung preisgab, schuldete niemand mehr Gehorsam. Anweisungen Hadrians VI. wurden nur noch unvollständig oder gar nicht mehr befolgt; auf Loyalität durfte er nur noch bei seinen niederländischen Gefolgsleuten zählen. Das war ein weiterer Widerspruch, der die reformbereiten Kreise am Tiber irritierte. Der Papst praktizierte zwar keinen Nepotismus, aber sein engster Berater war mit Willem van Enckevoirt einer der berüchtigtsten Pfründenjäger der Kurie, der für seine Habgier auch noch mit dem roten Hut belohnt wurde. Mit solchen Günstlingen diskreditierte der Reformer sein eigenes Programm.

Beim Tod Hadrians VI. am 14. September 1523 waren die Kalkulationen Giulio de' Medicis aufgegangen: Der Pontifikat des Fremden war kurz gewesen und hatte die Regierung seines Cousins Leo X. mehr denn je in verklärendes Licht getaucht. Schon jetzt, keine zwei Jahre danach, sprach man vom «Goldenen Zeitalter» des Medici-Papstes. Rauschende Feste, verführerische Kurtisanen, große Künstler, heiterer Lebensgenuss, Milde, Duldsamkeit und Großzügigkeit gegen jedermann – wer das nicht erlebt hatte, hatte umsonst gelebt! Diese nostalgische Stimmung galt es im Konklave auszunutzen, das die Kardinäle Anfang Oktober in der Sixtinischen Kapelle bezogen. Beherrscht wurde die Wahl vom Konflikt zwischen Kaiser Karl V. und König Franz I. von Frankreich, der weiterhin im Kampf um Mailand ausgetragen wurde. So gab es eine kaiserliche und eine französische Kardinalspartei, doch in sich geschlossen waren diese Gruppierungen nicht. Giulio de' Medici konnte zwar die Unterstützung Karls V. für sich geltend machen, doch stimmten deshalb nicht alle Parteigänger des Kaisers für ihn. Von einer Einschließung der Wähler konnte diesmal keine Rede sein; entgegen den Konklave-Bestimmungen gingen Agenten und Informanten nach Belieben ein und aus.

Selbstzerstörung: Clemens VII.

Am Ende der langen Wahlprozedur nach dem Tod Hadrians VI. gaben die seit Alexander VI. üblichen Methoden den Ausschlag: Giulio de' Medici verteilte seinen immensen Besitz an Pfründen und Ämtern an seine Wähler und machte so nach sieben zermürbenden Wochen am 18. November 1523 das Rennen. Diejenigen, die sich bestechen ließen, konnten ihr Gewissen damit beruhigen, dass der neue Papst, der sich Clemens VII. nannte, einen guten Ruf genoss, ja an dieser Kurie geradezu als moralische Ausnahmeerscheinung galt. Sparsamkeit, Zurückhaltung und Bedächtigkeit bei wichtigen Entscheidungen schienen ihn für das hohe Amt geradezu zu prädestinieren. Eingeweihte wie Francesco Guicciardini wussten es aus eigener Anschauung jedoch besser: Giulio de' Medici war unter Leo X. ein guter Vize-Papst gewesen, weil er mit seinem gegensätzlichen Charakter dessen Hang zur Verschwendung und zur Hochrisikopolitik ausglich. Auf sich allein gestellt aber drohte er durch seine chronische Entscheidungsschwäche, seine Beeinflussbarkeit und seinen pathologischen Geiz zu einer politisch unberechenbaren Größe zu werden; diese Gefahr konnte nur von Ratgebern gebannt werden, die durch Einigkeit und Entschlossenheit diese Schwächen kompensierten. Doch davon konnte erst recht keine Rede sein. Die engsten Mitarbeiter des Papstes, zu denen auch Guicciardini zählte, waren untereinander heillos zerstritten. Der eine tendierte zu Frankreich, der andere zu Spanien. Das Ergebnis war eine Schaukelpolitik, die Rom zunehmend diskreditierte und an deren Ende eine Katastrophe ohnegleichen stand.

Ganz in der Tradition seines Cousins Leo X. versuchte Clemens VII., im Machtkampf zwischen Karl V. und Franz I. das Zünglein an der Waage zu spielen, um dabei so viel wie möglich für seine Familie herauszuschlagen. In diesem Ringen sprach anfangs alles für den französischen König, der sich anschickte, das 1521 an Spanien verlorene Mailand zurückzuerobern. Mit diesem Alliierten und seinem starken Heer schien der Papst, der als Kandidat des Kaisers gewählt worden war, auf der sicheren Seite zu stehen. Doch zum Entsetzen der Kurie kam es anders. Im Februar 1525 wurde Franz I. von den deutschen Landsknechten und spanischen Söldnern im Schlosspark von Pavia geschlagen und gefangen genommen. Der Sieg machte Karl V. zum Herren Italiens, doch einen nachhaltigen Politikwechsel in Rom bewirkte er nicht. Vielmehr votierten die meisten Ratgeber Clemens' VII. für ein «Jetzt erst recht»: Der Papst sollte sich der Hegemonie Spaniens mit der ganzen Autorität seines Amtes entgegenstellen. Selbst wenn diese Opposition erfolglos bliebe, hätte er nichts zu befürchten. Kein christlicher Herrscher würde es wagen, Hand an den Stellvertreter Christi auf Erden zu legen; die Strafe für eine solche Blasphemie wäre der dauerhafte Ausschluss aus der christlichen Staatengemeinschaft.

Durch solche Ratschläge bestärkt, setzte Clemens VII. seine Politik gegen die Vormachtstellung Karls V. fort. Er entband Franz I. von den eidlichen Verpflichtungen, die dieser als Voraussetzung für seine Freilassung aus dem spanischen Kerker hatte eingehen müssen, und verschaffte ihm damit den moralischen Kredit für die Wiederaufnahme der Kämpfe in Italien. Dort schien der französische Monarch die stärkeren Bataillone auf seiner Seite zu haben. Karl V. war durch die immer schwierigeren Verhandlungen mit den Lutheranern in Deutschland und durch das Vordringen des Osmanischen Reichs in Ungarn politisch und militärisch so bedrängt und durch finanzielle Engpässe so geschwächt, dass an eine erfolgreiche Gegenwehr gegen das französische Vordringen in Italien kaum zu denken war. In dieser Notlage mobilisierte die kaiserliche Seite ihre letzten Ressourcen: Sie schickte ein Aufgebot deutscher Landsknechte unter der Führung des legendären Condottiere Georg von Frundsberg nach Italien, ohne diese bezahlen zu können. Statt Sold blieb den Söldnern nur die Hoffnung auf reiche Beute.

Dieses letzte Aufgebot zog im Winter 1526 über die Alpen und traf in der Po-Ebene auf wenig Widerstand. Entgegen den Erwartungen des Papstes agierte das Heer seiner Verbündeten Frankreich und Venedig überaus vorsichtig, um nicht zu sagen: passiv. Ja, der Chef dieses zusammengewürfelten Aufgebots, Francesco Maria della Rovere, schien jeglichen Zusammenstoß mit dem Feind geradezu systematisch zu vermeiden. So konnte sich Frundsbergs Truppe mit den spanischen Kontingenten des kaiserlichen Feldherrn Charles de Bourbon vereinen, die sich in einer äußerst bedrängten Stellung befunden hatten, durch die Untätigkeit des Gegners aber Oberwasser gewannen und im Frühjahr 1527 zusammen mit den Landsknechten nach Süden zogen. Bislang hatten sich die Söldner mehr schlecht als recht «vom Land» ernährt, das heißt: die Bauern in ihren schutzlosen Dörfern ausgeplündert. Doch reichten diese «Ressourcen» auf Dauer nicht aus. Frundsbergs und Bourbons Heer kämpfte von nun an nicht mehr gegen die päpstliche Liga, die ihm in sicherer Entfernung folgte, sondern um das nackte Überleben. In diesem Kampf war sich jeder selbst der Nächste. Als die militärische Kommandogewalt schon bröckelte, erlitt Frundsberg auch noch einen Schlaganfall und fiel für den Rest des Unternehmens aus. Da Bourbon das Autoritäts-Vakuum nicht schließen konnte, befehligte sich die Armee ab März 1527 selbst – und rückte weiter Richtung Süden vor.

In dieser Lage sah Clemens VII. immer noch keinen ernsthaften Grund zur Sorge. Er fühlte sich weiterhin durch seine Verbündeten geschützt und dadurch der Notwendigkeit enthoben, größere Anstrengungen zur Verteidigung Roms zu unternehmen. Selbst als das halb verhungerte Söldnerheer Florenz erreichte, blieb der sonst so ängstliche Papst optimistisch. Bourbons Angebote, gegen die Zahlung von Lösegeld umzukehren, wies er eines nach dem anderen empört zurück, obwohl die geforderten Summen keineswegs unbezahlbar waren. An dieser Haltung änderte sich auch nichts, als die feindliche Armee Florenz umging und in Richtung Rom weiterzog. Selbst als sich der Belagerungsring um die Aurelianischen Mauern bereits geschlossen hatte, ging Clemens VII. auf Verhandlungen über einen Freikauf in letzter Minute nicht ein. So begann im Morgengrauen des 6. Mai 1527 der Sturm auf die Ewige Stadt. Schon nach den ersten Kampfhandlungen zeigte sich, dass die römische Stadtmiliz den militärischen Profis nichts entgegenzusetzen hatte. Obwohl Bourbon schon bei der ersten Attacke ums Leben kam, waren bis Mittag die Mauern des Borgo überrannt und Peterskirche und Vatikan eingenommen. Unter dem Schutz seiner Schweizer Gardisten, von denen 147 ihr Leben ließen, konnte sich Clemens VII. mit knapper Not in die uneinnehmbare Stadtfestung der Engelsburg flüchten. Von dort aus musste er ohnmächtig zusehen, wie die spanischen und deutschen Söldner nach kurzer Siesta die übrigen Stadtviertel einnahmen. Größere Hinder-

Spuren des Terrors, von heutigen Denkmalschützern sorgsam konserviert Die siegreichen Söldner haben Rom im Jahr 1527 nicht nur geplündert, sondern auch Zeichen ihrer Weltsicht hinterlassen. Das «Babilon», das einer der Eroberer in ein Fresko der Villa Farnesina ritzte, zeugt von gut Lutherscher Gesinnung.

nisse stellten sich ihnen nicht entgegen. Engelsbrücke und Ponte Sisto waren nicht gesprengt worden, so dass die Eroberer ganz bequem den Tiber überqueren konnten. Als die Nacht über den Sieben Hügeln anbrach, schlugen die Trommeln zu einer beispiellosen Orgie der Plünderung und Gewalt: Der Sacco di Roma brach an.

Um dieselbe Abendzeit stieß ein Vorauskommando der Liga-Armee in die nördliche Umgebung Roms vor. Es sah Rom brennen wie einst unter Nero, verharrte aber tatenlos. Auch als das Hauptkontingent zwei Wochen später nachrückte, geschah nichts. Rom sehen und umkehren, so lautete die Devise des Oberkommandierenden. Francesco Maria della Rovere, adoptierter Montefeltro und wieder eingesetzter Herzog von Urbino, hatte mit den Medici noch eine Rechnung offen: Sie hatten ihn nicht nur zehn Jahre zuvor aus seinem Herzogtum vertrieben, sondern waren ihm darüber hinaus immer noch Teile von dessen Territorium schuldig, von den verletzten Gesetzen der *pietas* ganz zu schweigen. Dass sich Clemens VII. auf die

Bündnistreue und den Schutz dieses Kommandanten verließ, bleibt unbegreiflich. Della Roveres Rache aber war süß. Von den gut 55 000 Einwohnern, die Rom laut einer Volkszählung am Vorabend des Sacco gezählt hatte, gingen etwa 4000 an der Gewalt der Söldner und an den Folgen der Anarchie zugrunde, die jetzt über die gepeinigte Stadt hereinbrach.

Zwischen Mai 1527 und Februar 1528 herrschte in Rom der einfache Söldner. Selbst die Hauptleute, die doch aus der Truppe hervorgegangen waren, hatten jetzt nichts mehr zu sagen, von den adligen Unterbefehlshabern ganz zu schweigen: Der Sacco di Roma war eine soziale Revolution des gemeinen Mannes in Waffen, der einzige längere Zeit erfolgreiche Umsturz dieser Art in der älteren europäischen Geschichte überhaupt.

Die wichtigste Überlebensregel der Römer lautete jetzt: Protektion kaufen, koste es, was es wolle! Wer sich gegen Zahlung horrender Lösegelder unter den Schutz einer Söldnergruppe stellte, hatte noch die besten Chancen, ohne Schäden an Leib und Leben davonzukommen. Doch wirklich sicher fühlen durften sich auch diese «Schutzbefohlenen» nicht. Die Sieger jagten sich gegenseitig ihre Beute ab, so dass immer neue Schutzgelder an neue «Schutzherren» fällig wurden; bis zum Schluss mussten die bereits Ausgeplünderten mit immer neuen Repressalien der bislang zu kurz gekommenen Plünderer rechnen. Da im Frühjahr 1527 die Felder großenteils unbestellt geblieben waren und dort, wo ausgesät worden war, die Ernte nicht eingebracht werden konnte, ließ eine extreme Brotteuerung nicht lange auf sich warten; Hunger und Mangelernährung hatten eine Epidemie zur Folge, die auch die Reihen der Sieger dezimierte. So viel Genugtuung wurde den Besiegten immerhin zuteil.

Clemens VII. war während dieser ganzen Zeit der Anarchie der politische Spielball des Kaisers. Er musste Knebelverträge unterschreiben, die ihn zu hohen Lösegeldzahlungen und sogar zur Einberufung eines Konzils verpflichteten. Von seinem befestigten Gefängnis der Engelsburg aus musste er zuschauen, wie die deutschen Landsknechte seine Autorität verhöhnten. Unter der Regie von Kameraden, die antipäpstliche Pamphlete gesehen hatten, spielten sie deren Holzschnitte in lebenden Bildern nach und verwendeten dazu originale Ausstattungsstücke: Vor dem Kerker des echten Papstes ritt ein Landsknecht mit den echten Abzeichen der päpstlichen Würde bekleidet, die bei der Eroberung des Vatikans erbeutet worden waren, rückwärts und mit obszönen Gesten auf einem Esel vorbei. Die Macht des Antichrist am Tiber war gebrochen, so lautete auch die Botschaft, die die Sieger in die Fresken der vatikanischen Stanzen ritzten.

Doch dieser Triumph war verfrüht. Je länger die Demütigung des Papstes dauerte, desto mehr wurde sie für den Kaiser, den Protektor des katholischen Glaubens und der katholischen Kirche, zu einer politischen Hypothek. Von dem Zerwürfnis zwischen den Universalgewalten Papsttum und Reich profitierten nur die Protestanten, die beide Seiten doch bekämpfen wollten. So wurde auf Betreiben Karls V. mit einer Leichtigkeit Frieden geschlossen, die den schwer getroffenen Römern wie blanker Hohn vorkam. Der Papst erhielt seine Provinzen zurück und krönte Karl im Februar 1530 an dessen dreißigstem Geburtstag zum Kaiser, nicht in Rom, dieses Spektakel wollte man den Opfern des Sacco denn doch nicht zumuten, sondern in Bologna. Papst und Kaiser demonstrierten bei dieser Gelegenheit bestes Einvernehmen, als sei nichts gewesen.

Die Debatte über den Sacco di Roma und seine Ursachen war damit zwar nicht zu Ende, doch Clemens VII. nahm daran nicht teil. Für ihn stellte sich die Frage gar nicht: Schuld waren die anderen, die Kräfte der Auflehnung und des Neides, die seit jeher gegen die Herrschaft des vicarius Christi den Stachel löckten. Dass sie aus dem barbarischen Norden kamen und von der dort um sich greifenden Ketzerei angesteckt waren, passte nahtlos in dieses Feindbild, das von den meisten Römern geteilt wurde. Scharfsichtige politische Beobachter wie die Brüder Francesco und Luigi Guicciardini gelangten allerdings zum umgekehrten Ergebnis: In Rom hatte die pure Unvernunft regiert, die Irrationalität der päpstlichen Politik hatte die Katastrophe verursacht. Für den spekulativen Geschichtstheologen Egidio da Viterbo war der Sacco die große Gottesstrafe, die den Durchbruch zur umfassenden Erneuerung der Kirche zur Folge haben musste. Andere Reformer wie Jacopo Sadoleto sahen darin den endgültigen Schiffbruch der päpstlichen Machtpolitik und die ultimative Aufforderung zur Reform, zuerst am Haupt und dann an den Gliedern.

Doch die Reform blieb aus. In den folgenden fünf Jahren widmete sich Clemens VII. ausschließlicher denn je den Interessen der Familie Medici. Diese hatte wenige Tage nach dem Sacco di Roma auch die Macht in Florenz verloren. Dort herrschte eine Regierung des gehobenen Mittelstands, die an die Prophezeiungen des 1498 verbrannten Propheten Savonarola anknüpfte und im Geiste der Endzeit-Erwartung immer entschiedener gegen die Patrizier und besonders gegen die Anhänger des Papstes vorging. Durch diese Radikalisierung wurde sie für die Italienpolitik Karls V. ein Störfaktor, so dass Clemens VII. wenig Mühe hatte, diesen zum militärischen Vorgehen gegen die unruhige Republik zu bewegen. Diese musste im August 1530 die Waffen strecken. Danach ergriff mit dem Segen und unter der politischen Vormundschaft des Kaisers ein unehelicher Medici-Spross namens Alessandro die Macht und legte sich den seltsamen Titel eines Herzogs der Republik Florenz zu. So hatte der Papst, der Rom in die Katastrophe gestürzt hatte, für seine Familie mehr erreicht als alle seine Vorfahren.

Und das war noch nicht alles. Wie vor dem Sacco versuchte Clemens VII., die Großmächte zum Vorteil der Medici gegeneinander auszuspielen. Im Rahmen dieser Strategien bahnte er Verhandlungen über ein Heiratsprojekt zwischen den Medici und dem französischen Königshaus an, das von kaiserlicher Seite mit tiefem Misstrauen betrachtet wurde. Um die Ehe Caterina de' Medicis mit dem französischen Prinzen Heinrich abzusegnen, reiste der Papst im Herbst 1533 sogar selbst nach Marseille. Das Ranggefälle zwischen Braut und Bräutigam wurde nicht nur durch eine exorbitante Mitgift, sondern auch durch drei rote Hüte für Günstlinge Franz' I. ausgeglichen. Wie weit sich Clemens bei seinen Verhandlungen mit diesem auf dessen Pläne einließ, Mailand und Urbino für einen französischen Prinzen zu erobern, ist ungewiss. Dass er nach wie vor bestrebt war, die Vormacht Karls V. in Italien zu brechen, steht außer Frage; von einem politischen Lernprozess nach der Katastrophe von 1527 kann daher keine Rede sein.

Die Umtriebigkeit, mit der Clemens VII. die Stellung seiner Familie zu erhöhen suchte, kontrastiert aufs schärfste mit seinem fast vollständigen Desinteresse an der kirchenpolitischen Lage in Deutschland. Die alarmierenden Berichte der Nuntien über den fortschreitenden Abfall immer neuer Fürsten und Städte von Rom wurden dort mit einer Mischung aus Nonchalance, Naivität und Apathie zur Kenntnis genommen, welche die wenigen verbliebenen Verteidiger der alten Kirche im Reich zur Verzweiflung trieb. Ja, es kam so weit, dass die päpstlichen Diplomaten selbst ihren Dienstherrn am Tiber an seine Pflichten als Oberhaupt der Kirche erinnern mussten und ihm damit indirekt seine Versäumnisse vorwarfen – vergeblich. Nuntien und Legaten konnten dem Papst noch so oft vor Augen halten, dass allein die sofortige Einberufung eines Konzils den grassierenden Verlust von Prestige, Reputation, Loyalität und Obödienz nördlich der Alpen aufhalten konnte: Clemens setzte seine Hinhalte- und Obstruktionstaktik unbeirrt fort. Ein Konzil sei zwar wünschenswert, doch zum gegenwärtigen Zeitpunkt, an dem sich Franz I. und Karl V. so feindselig gegenüberständen, nicht zu verwirklichen. Gleichzeitig tat der Papst alles, um diesen Konflikt weiter zu schüren. Die Ausrottung der lutherischen Häresie war in seinen Augen eine rein politisch-militärische Operation und fiel daher in den Aufgabenbereich des Kaisers, der dabei nicht einmal mit römischer Finanzhilfe rechnen durfte; dieses Geld wurde für die Medici-Nepoten benötigt.

Von einem Konzil befürchtete der Medici-Papst die Beschneidung seiner Vollgewalt und sogar die Absetzung aufgrund seiner unehelichen Geburt. So arbeitete er mit immer neuen Aufschubvorwänden den Protestanten in die Hände. Diese hatten auf den Reichstagen und in ihrer Propaganda leichtes Spiel, die Glaubwürdigkeit der katholischen Reformankündigungen infrage zu stellen und sich die Forderung nach einer allgemeinen Kirchenversammlung zu eigen zu machen, von der sie die Durchsetzung der Reformation im gesamten Reich erhofften. Karl V. seinerseits drang auf ein Konzil, das die auch von Katholiken beklagten Missstände in der alten Kirche beseitigen und dieser damit wieder Kredit verschaffen sollte, fand aber damit bei Clemens VII. ebenso wenig Gehör wie dessen eigene Diplomaten.

Die Geschmeidigkeit, die Clemens VII. gegenüber Franz I. an den Tag legte, ließ er in seinen Verhandlungen mit dem englischen König Heinrich VIII. vermissen. Was europäischen Potentaten in der Vergangenheit nach entsprechenden Konzessionen regelmäßig zugestanden wurde, blieb dem englischen Monarchen verwehrt. Clemens VII. weigerte sich strikt, Heinrichs kinderlose Ehe mit Katharina von Aragon, der Tante Karls V., für ungültig zu erklären. So musste sich der König anderweitig behelfen. Der gefügige Erzbischof von Canterbury erklärte im Januar 1533 die Verbindung mit Katharina für null und nichtig, so dass Heinrich Anfang Juni Anne Boleyn heiraten konnte. Diese brachte kurz darauf nicht den ersehnten Thronfolger, sondern «nur» eine Prinzessin zur Welt, die auf den Namen Elisabeth getauft wurde und England ab 1558 äußerst erfolgreich regierte. Als Clemens VII. im März 1534 die Gültigkeit der ersten Ehe des Königs bestätigte und diesen damit zum Bigamisten machte, löste dieser die englische Kirche von Rom ab und erhob sich selbst zum Herrn der *Church of England*. Die Abfallbewegung setzte sich im Norden fort: Der König von Dänemark, der auch über Norwegen herrschte, und der König von Schweden setzten in den 1530er-Jahren die Reformation nach lutherischem Vorbild durch.

Als Clemens VII. am 25. September 1534 starb, waren die düsteren Vorahnungen Francesco Guicciardinis in einem Maße bestätigt worden, das selbst die eingefleischtesten Pessimisten kaum für möglich gehalten hätten. In den elf Jahren des zweiten Medici-Pontifikats hatte Rom mehr an Ansehen und Anhang verloren als jemals zuvor in der Geschichte der Kirche. Seit Sixtus IV. war das Papsttum – von kurzen Atempausen abgesehen – immer mehr zu einem Familienbesitz für Familienzwecke geworden. Wenn es so weiterging, würden sich die Prophezeiungen der Protestanten erfüllen, dass es mit der Macht des Pontifex maximus am Tiber am Ende ging. Abhelfen konnte dem Niedergang nur eine schnelle Reform auf einem allgemein anerkannten Konzil. Diese Notwendigkeit sahen die Reformer innerhalb der Kirche ganz klar – das nächste Konklave würde eine Weichenstellung für Sein oder Nicht-Sein bedeuten.

10.

Konzil, Reform und die Grenzen der Erneuerung

Von Paul III. bis Clemens VIII. (1534–1605)

Januskopf: Paul III.

Nach dem Tod des Medici-Papstes Clemens VII. war die lateinische Christenheit tief gespalten, der Kredit des Papsttums aufgebraucht. Was jetzt Not tat, brachten die römischen Reformkreise und die Nuntien in aller Herren Ländern auf den Punkt: ein Papst, der das Konzil zur Chefsache erhebt und so schnell wie möglich mit spektakulären Reformmaßnahmen Ernst macht! Allerdings war nicht absehbar, wo ein solcher Erneuerer herkommen sollte. Das Kardinalskollegium war seit 1513 fast ausschließlich nach politischen und finanziellen Interessen des Hauses Medici besetzt worden. Ohne Reformkräfte im Konklave aber würde kaum ein Reformpapst gewählt werden. Dementsprechend spielte die Einstellung der Kandidaten zur Frage der Reform bei der Abwägung der Chancen auch nicht die geringste Rolle. Ausschlaggebend waren wie bisher die politischen Antagonismen: die Gegen-

Ein einziger Strudel der Erlösung und Verdammung Heilige zittern vor dem Weltenrichter Christus, Engel ohne Flügel tragen die Leidenswerkzeuge des Herrn, Petrus gibt beschädigte Schlüssel zurück: Am «Jüngsten Gericht» Michelangelos hatten die Inquisitoren keine Freude, sondern viel zu monieren. Pius IV. schützte das Fresko zwar vor der Zerstörung, doch nicht vor der Übermalung der zahlreichen «Blößen».

sätze zwischen Parteigängern Frankreichs und Spaniens sowie innerrömische Rivalitäten. Wie immer in solchen Fällen hatten weitgehend neutrale und daher beiden Seiten genehme Kardinäle die besten Aussichten.

Von diesen machte der älteste und reichste sehr schnell das Rennen: Alessandro Farnese, dem Alexander VI. als Dank für die Liebesdienste seiner schönen Schwester Giulia einundvierzig Jahre zuvor den roten Hut geschenkt hatte. Der neue Papst, der sich Paul III. nannte, war also nicht nur durch sein fortgeschrittenes Alter von sechsundsechzig Jahren, sondern auch durch die Umstände seines Aufstiegs ein Mann eben der Vergangenheit, die die Reformer so schnell wie möglich überwinden und verblassen lassen wollten. Allerdings mussten auch die schärfsten Kritiker zugeben, dass Farnese die so würdelos erlangte Stellung in der Folgezeit recht ehrbar vertrat. Die beiden großen Fragen nach seiner Wahl lauteten: Welchen Stellenwert werden die Interessen der Nepoten haben, und welche Impulse gehen von diesem voraussichtlich eher kurzen Pontifikat für Konzil und Reform aus?

Am Ende wurde die Regierungszeit des Farnese-Papstes mit fünfzehn Jahren die längste des Jahrhunderts und statt eines «Entweder–Oder» ein widerspruchsvolles «Sowohl–Als auch». Die Politik Pauls III. auf italienischer wie europäischer Bühne wurde ganz und gar von den Interessen des Hauses Farnese bestimmt: Oberste Priorität hatten in jeder Hinsicht die Strategien, die auf die Gewinnung und Sicherung eines Farnese-Staats ausgerichtet waren; diesem Ziel war die gesamte römische Diplomatie in anderthalb Jahrzehnten untergeordnet. Das war ein schwerer Schlag für die Reformer, die sich manchmal sogar an die unseligen Zeiten der Borgia erinnert fühlten. Trotzdem hatten sie nicht nur Grund zur Klage: Mit seinen Kardinalsernennungen leitete der Farnese-Papst einen Prozess des Wandels ein, der mit der Einberufung des Konzils von Trient im Dezember 1545 ebenso augenfällig wie unwiderruflich wurde, ohne während des Pontifikats bereits greifbare Ergebnisse hervorzubringen. Erneuerung vollzog sich an der Kurie nicht als radikale Abkehr von tief verwurzelten Traditionen und Gewohnheiten, sondern keimte langsam im Schoße des Alten und bewahrte von diesem mehr, als den ungestümen Reformern lieb war.

Dasselbe Nebeneinander von Tradition und Innovation zeigte sich in Selbstdarstellung und Propaganda Pauls III. Clemens VII. hatte als logi-

Konzil, Reform und die Grenzen der Erneuerung

Eindringliche Plädoyers für eine runderneuerte Kirche In Michelangelos Fresko der Cappella Paolina ist die Landschaft öde, Damaskus am rechten hinteren Bildrand noch weit, der Moment der Bekehrung aber nahe: Christus hat sich den großen Christenverfolger Saulus zum Apostel auserkoren, der Lichtspeer hat ihn geblendet, die Bekehrung muss er wie der

schen Abschluss der Sixtina-Ausmalung ein Fresko des Jüngsten Gerichts vorgesehen, das er als Strafgericht über die Verursacher des Sacco di Roma verstand. Paul III. nahm dieses Projekt auf und übertrug die Ausführung Michelangelo Buonarroti, der kurz zuvor noch als Kriegsminister die radikale Republik Florenz gegen den Medici-Papst und dessen spanische Truppen verteidigt hatte. Bei der Gestaltung des Themas ließ der Papst dem Künstler freie Hand. Das Resultat erregte die Bewunderung der Kunst-

Betrachter selbst vollziehen. Im zweiten Fresko derselben Kapelle konzentriert sich alles auf das Gesicht des Petrus, der bereits mit dem Kopf nach unten ans Kreuz genagelt ist. Mit schier übermenschlicher Anstrengung wendet er trotzdem den Blick dem Betrachter zu: Folge mir nach, so wie ich dem Herrn nachgefolgt bin!

kenner und das Entsetzen der Hoftheologen, die die kolossale Komposition nach ihrer Enthüllung an Allerheiligen des Jahres 1541 wegen der Nacktheit der fast vierhundert Figuren als unanständig und unfromm betrachteten und den Künstler bald auch der Ketzerei bezichtigten. Verdächtige Elemente ließen sich zuhauf auflisten: Engel ohne Flügel, das Zittern und Zagen der Heiligen, die ihrer Errettung keineswegs sicher zu sein scheinen, die beschädigten Schlüssel, die Petrus Christus zum Zeichen einer ungenügend

Konzil, Reform und die Grenzen der Erneuerung

Vom Machtzentrum der römischen Republik zum Triumphplatz des Papsttums Das Kapitol war traditionell Sitz der römischen Stadtgemeinde. Paul III. ließ es von Michelangelo monumental ausgestalten: Die städtischen Behörden im Senatoren- und Konservatorenpalast (im Hintergrund und auf der rechten Seite) sind gezähmt, und der bronzene Kaiser Mark Aurel hat, wie die Inschrift auf dem Sockel bezeugt, seine imperiale Hoheit an den Papst abgetreten.

erfüllten Mission zurückgibt. All das deutete für die Bild-Inquisitoren nicht nur auf Kritik an der Kirche hin, sondern sprach sogar für dogmatische Abweichung, wenn nicht gar für Sympathien mit der lutherischen Häresie. Damit lagen sie ganz sicher falsch, doch ein tiefes Befremden über das Papsttum der Zeit spiegelt das Fresko ohne Frage wider. Die Nachfolger des Petrus haben ihre Hauptaufgabe, der sündigen Menschheit zum Heil zu verhelfen, eklatant vernachlässigt und stattdessen nach irdischer Größe und vergänglichem Ruhm gestrebt; so müssen sie jetzt selbst mit der Verdammung am Tag des Zorns rechnen. Paul III. aber stand zum Künstler und seinem Werk. Trotz aller theologischen Bedenken und Anklagen erteilte er

Michelangelo auch noch den Auftrag zur Ausmalung der Cappella Paolina im Vatikan.

Auf dem ersten der beiden dort geschaffenen Fresken trifft ein vom muskulösen Arm Christi ausgesendeter Lichtpfeil den Christen-Verfolger Saulus, der durch die Wucht der himmlischen Erscheinung vom Pferd gestürzt worden ist und den Arm abwehrend über die Stirn erhebt. Die Wirkung des Strahlenspeers ist Blendung und Erleuchtung zugleich – der künftige Heidenapostel muss solange das Augenlicht verlieren, bis er in sich selbst die Wahrheit und seine daraus folgende Mission erkannt hat. Das zweite Fresko der Kreuzigung Petri wird von dessen Blick beherrscht, der den Betrachter förmlich fixiert und zur Nachfolge im Martyrium verpflichtet. Nach der vernichtenden Abrechnung mit dem Papsttum in der Sixtinischen Kapelle folgen hier also Ermahnung und Ermunterung: Zur Umkehr ist es nie zu spät, auch für die pflichtvergessenen Nachfolger des Petrus nicht, sie müssen sich nur auf ihre eigentliche Aufgabe besinnen. Am Anfang der Erneuerung steht die Regung des menschlichen Willens, der sich durch sein Streben die göttliche Gnade verdient. Von protestantischer Prädestinationslehre kann daher keine Rede sein, wohl aber von tiefem Sündenbewusstsein und Erlösungssehnsucht.

Sehr viel weltlicher, ja regelrecht imperial inszenierte Michelangelo den Herrschaftsanspruch des Farnese-Papstes auf dem Kapitol, dessen Platz er völlig neu gestaltete. In die Mitte stellte er zwar die antike Bronzestatue des heidnischen Philosophen-Kaisers Mark Aurel, doch die Macht des Imperators ist – wie die Sockelinschrift bezeugt – in den Primat des Papstes eingeflossen, der als Stellvertreter Christi über die Ewige Stadt und den Weltkreis geistlich und weltlich gebietet.

Dass Michelangelo 1547 auch der Neubau der Peterskirche anvertraut wurde, obwohl er keinerlei Erfahrung mit architektonischen Projekten dieser Größenordnung besaß, spiegelt den geradezu religiös anmutenden Glauben des Papstes an die übermenschlichen Fähigkeiten des «göttlichen» Künstlers wider. Von den unumschränkten Vollmachten, die ihm Paul III. in einem regelrechten «Ermächtigungs-Breve» übertrug, machte der zweiundsiebzigjährige Newcomer reichlich Gebrauch: Er verwarf alle Planungen seines Vorgängers Giuliano da Sangallo, ließ abreißen, was unter diesem errichtet wurde, und kehrte mit neuen Akzenten zur ursprünglichen Zentralbau-Konzeption Bramantes zurück.

Konzil, Reform und die Grenzen der Erneuerung

Verhinderter Zentralbau Michelangelos Peterskirche war ganz auf die gewaltige, 1590 fertiggestellte Kuppel ausgerichtet, die die Versöhnung von Gott und Mensch und die Mittlerrolle der Kirche symbolisiert. Nach den Anstückungen unter Paul V. sieht man sie in ihrer ganzen schwebenden Glorie nur noch von hinten.

Von kritischer Auseinandersetzung mit der jüngsten Vergangenheit, wie sie die großen Werke Michelangelos zeigen, war in der praktischen Politik Pauls III. nicht viel zu erkennen. Ob in diplomatischen Schlichtungsversuchen auf höchster europäischer Ebene oder in den Verhandlungen über die Einberufung des längst fälligen Konzils – die Interessen der Farnese flossen in Haupt- und Staatsaktionen des Pontifikats entscheidend mit ein. Dabei hatte gerade diese Papstfamilie – so schien es besonnenen Beobachtern – die päpstliche Gunst am wenigsten nötig: Seit vielen Generationen erfreute sie sich des respektablen Status einer ansehnlich begüterten Feudalfamilie in der Gegend des Lago di Bolsena. Doch damit ließ es Paul III. schon als Kardinal nicht genug sein. Seine vier Kinder aus der langjährigen Lebensgemeinschaft mit der römischen Patrizierin Silvia Ruffini ließ er nach dem Vorbild seines großen Förderers Alexander VI. legitimieren. Und seine Bestrebungen, seinem äußerst übel beleumdeten Sohn Pier Luigi und seinem Enkel Ottavio eigene Staaten zu gewinnen, hielten anderthalb Jahrzehnte lang die europäische Diplomatie in Atem. Die begehrlichen Blicke der drei Farnese-Generationen richteten sich vor allem auf die Städte Parma und Piacenza, die nach langem Hin und Her zwischen Kaiser und Papst dem Kirchenstaat zugeschlagen worden waren. Gegen den anhaltenden Widerstand Karls V. und der Kardinäle setzte Paul III. 1545 durch, dass daraus jetzt ein selbständiges Familienherzogtum der Farnese wurde. Allerdings wurde der frischgebackene Herzog Pier Luigi schon zwei Jahre später ermordet, höchstwahrscheinlich mit Wissen des Kaisers; wie Alexander VI. musste auch Paul III. erleben, dass seine Nepoten alles andere als sakrosankt waren. Im Gegensatz zu den Borgia vermochten sich die Farnese allerdings trotz dieses Rückschlags in ihrem Herzogtum zu behaupten. Auch mit ihren Heiratsstrategien gelangten sie höher hinaus als die meisten ihrer Vorgänger. So vermählte sich Pier Luigis Sohn Ottavio mit Margarethe, der unehelichen Tochter Karls V., und durfte daher stärker als die übrigen Familienmitglieder auf dessen Protektion zählen. Für ihn wurden zuerst die Herzogtümer Camerino und Nepi erworben, die nach der Belehnung Pier Luigis mit Parma und Piacenza gegen das im Grenzgebiet der heutigen Regionen Latium und Toskana gelegene Herzogtum Castro «umgetauscht» wurden. Castro war wie Parma und Piacenza dem Heiligen Stuhl lehenszinspflichtig, doch durch räumliche Nähe und rechtliche Klauseln stärker von Rom abhängig – und für spätere Päpste ein Dorn im Fleisch des Kirchenstaats.

Nicht nur auf der politischen Landkarte Italiens, auch an der Kurie schlug Paul III. für die Seinen dauerhaft Pflöcke ein. Zwei seiner Enkel wurden schon im Dezember 1534 zu Kardinälen erhoben: der sechzehnjährige Guido

Ascanio Sforza di Santafiora, Sohn der Papsttochter Costanza, und der vierzehnjährige Alessandro Farnese, Sprössling Pier Luigi Farneses und der Girolama Orsini. Auf Alessandro, den meistbegünstigten der beiden Kardinalnepoten, ging ein warmer Regen aus führenden Kurienämtern, darunter das des Vizekanzlers, und Pfründen nieder, der ihn zum reichsten Kirchenfürsten seiner Zeit machte. Diesen Reichtum münzte er, ganz wie der Großvater, in Lebensgenuss um. So durfte er sich rühmen, die schönste Tochter, das schönste Pferd, die schönste Kirche und den schönsten Palast von Rom sein Eigen zu nennen. Den Ehrentitel eines «großen Kardinals» verdiente Alessandro Farnese sich allerdings nicht mit diesen Statussymbolen, sondern durch geschickte und loyale diplomatische Missionen im Auftrag Pauls III., durch sein herrschaftliches Auftreten und seine großzügigen Investitionen in die schönste Kirche, Il Gesù, den repräsentativen Sakralbau des jungen Jesuitenordens, dessen Aufstieg er nach Kräften unterstützte. Die ersehnte und nach dem Vorbild der Medici von langer Hand geplante Wahl zum zweiten Farnese-Papst gelang ihm jedoch nicht. Dieser Krönung seiner Laufbahn stand das von Paul III. einberufene Konzil von Trient im Wege.

Das Reformkonzil war mit den Familienstrategien vielfältig verflochten, doch zugleich Ziel und Zweck für sich. Aus päpstlicher Sicht war seine Hauptaufgabe die Zurückdrängung der Protestanten, die parallel dazu mit politischen und militärischen Mitteln vorangetrieben wurde. Untrennbar damit verknüpft war die Festigung der dogmatischen Positionen und die Reform der katholischen Kirche an Haupt und Gliedern. Diese Aufgaben ließen sich nach Auffassung der Kurie nur erfüllen, wenn zuvor die Hoheit des Papstes über das Konzil gesichert und durch die Ernennung loyaler und reformbereiter Kardinäle die personelle Basis dafür geschaffen war. So erhielten ab Mai 1535 mit Gasparo Contarini, Jacopo Simonetta, Girolamo Ghinucci und Jacopo Sadoleto die Wortführer und Vorkämpfer der katholischen Reform den roten Hut. Deren Vertreter hatten sich seit einem Vierteljahrhundert in Bruderschaften, Gebetskreisen und Diskussionszirkeln organisiert und artikuliert, wurden aber erst jetzt offiziell gewürdigt und anerkannt. Trotzdem war der Weg nach Trient zu Beginn des Pontifikats noch weit. Einer sofortigen Einberufung des Konzils standen die Kriege zwischen Karl V. und Franz I. entgegen, der sich mit dem osmanischen Sultan verbündete und die konfessionelle Spaltung im Reich förderte, um seinen Rivalen dadurch zu schwächen, und daher kirchliche Ausgleichsverhandlungen mit allen Mitteln zu verhindern suchte.

Der Vorbereitung des Konzils diente die Ernennung einer Reformkommission unter dem Vorsitz des venezianischen Patriziers und Humanisten Contarini. Sie arbeitete 1537 unter dem Titel «Consilium de emendanda Ecclesia» ein Reformkonzept aus, das mit der Radikalität seiner Vorschläge für große Unruhe unter den Pfründenjägern an der Kurie sorgte. Quelle aller Missstände war für Contarini und die Reformzirkel die schrankenlose Dispenspraxis der Päpste, die ihrerseits aus einem falschen Verständnis der päpstlichen Gewaltenfülle hervorging. Auch der Stellvertreter Christi auf Erden – so der Tenor des Memorandums – ist an die Grundgesetze des von ihm ausgeübten Amtes gebunden, und diese schreiben vor, Pfründen nur an die Würdigsten und in streng begrenzter Zahl zu verleihen, in der Regel nach dem Grundsatz «ein Kleriker, ein Benefizium». Diese Einschränkung würde diejenigen, die den geistlichen Beruf wegen der damit verbundenen Einkünfte und Privilegien wählten, abschrecken; eine rigorose Würdigkeitsprüfung aller Priesteramtskandidaten würde ein Übriges bewirken, so dass sich die sittliche Erneuerung der Kirche von unten und oben gleichzeitig vollziehen konnte. Für ihre höheren Ränge sollten die Reformen sogar besonders einschneidende Veränderungen mit sich bringen: Kein Kurienkardinal sollte mehr Bischof sein, da er in seiner Diözese nicht anwesend sein konnte. Diese Residenzpflicht wurde für die radikalen Reformer von nun an zum Maß aller Dinge: Kein Geistlicher sollte sich künftig bei der Ausübung seiner Pflichten vertreten lassen dürfen. Klöster, in denen die Ordensregeln nicht beachtet wurden, sollten geschlossen und danach mit besserem Personal zu neuem Leben erweckt werden. Im Einzelnen war nichts an diesem Reformprogramm neu, doch in der Summe war der Katalog der dringenden Neuerungen geradezu revolutionär. Das galt auch für die Stimmungslage und den Ton, in dem er verkündet wurde: So schonungslos waren die Forderungen nach radikaler Umkehr und Neubesinnung noch keinem Papst vorgetragen worden.

Paul III. tolerierte nicht nur die Forderungen, sondern auch die neue Eindringlichkeit, mit der sie vorgebracht wurden, obwohl er sie mit seinem extremen Nepotismus an allen Ecken und Enden missachtete. Selten prallten in einem Pontifikat so unterschiedliche Wertvorstellungen und Normen so weit divergierender Flügel und Strömungen aufeinander. Der Farnese-Papst hörte alle an, nahm die unterschiedlichsten Meinungen zur Kenntnis und verwarf nur wenige. So war die Bandbreite des Katholischen in seinem Pontifikat ungewöhnlich groß. Sie reichte von radikalen Säuberern wie Kardinal Gian Pietro Carafa, die die Welt am liebsten mit dem Scheiterhaufen gesund brennen wollten, bis zu moderaten Protestanten-Verstehern wie Gasparo Contarini und Giovanni Morone, die in der Lutherschen Lehre bei aller Ablehnung im Ganzen doch beachtenswerte Aspekte wie die Christozentrik und die zentrale Bedeutung des Glaubens für die Rechtfertigung des Menschen vor Gott entdeckten.

Allerdings mehrten sich die Zeichen, dass die Zeiten der relativen Duldsamkeit gegenüber dogmatischen Abweichlern zu Ende gingen. Im September 1540 bestätigte Paul III. die Gründung des Jesuitenordens, der sich bedingungslosen Gehorsam gegenüber dem Papst, die Reform der Kirche, die Rekatholisierung der protestantischen Gebiete und die Missionierung außerhalb Europas auf die Fahnen geschrieben hatte. Am 21. Juli 1542 folgte die Einrichtung der römischen Zentralinquisition, in der sechs Kardinäle als General-Inquisitoren für die ganze Kirche amtierten. Diese «Congregatio Romanae et universalis Inquisitionis» oder kurz «Sant'Uffizio» war nach dem Wortlaut ihrer Gründungsbulle «Licet ab initio» mit umfassenden Vollmachten für die Reinhaltung der Lehre in der ganzen Christenheit zuständig. Mit ihrer Wirksamkeit blieb sie jedoch de facto auf Italien beschränkt und musste sich selbst dort in der Regel mit den örtlichen Behörden arrangieren. Wie weit Anspruch und Wirklichkeit auseinander klafften, zeigt sich schon an dem Anlass, dem die fortan legendenumwobene Behörde ihre Existenz verdankte: In der kleinen Republik Lucca war aus römischer Sicht seit Längerem eine «lutherische Ansteckung» ausgebrochen, die sich mit herkömmlichen Mitteln nicht erfolgreich bekämpfen ließ. Doch tat sich auch die neue «Superbehörde» mit der «infizierten Republik» noch jahrzehntelang schwer.

Auf den ersten Sitzungen des Konzils von Trient stand die Frage nach der Tagesordnung im Mittelpunkt: Sollte die Auseinandersetzung mit den protestantischen Irrlehren oder die Reform an Haupt und Gliedern den Anfang machen? Dabei ging es um mehr als rein Organisatorisches. Für Karl V. hatte die Abstellung der äußeren Missstände absolute Priorität. Nur so ließ sich die Ausbreitung des Luthertums eindämmen, eine sofortige Debatte über Dogmen hingegen musste die Kluft weiter vertiefen. Paul III. sah das anders. Für ihn hatte sich die Rückführung der Häretiker in den Schoß der Kirche mit den friedlichen Mitteln der Disputation als Illusion erwiesen. Hier half nur die Gewalt, die sich kurz nach Konzilsbeginn mit den erfolgreichen Feldzügen der kaiserlichen Truppen gegen den Schmalkaldischen Bund der Protestanten so wunderbar bewährte. Die Reform als Traktandum Nummer eins kam für ihn schon deshalb nicht infrage, weil eine solche Rangfolge die Gespenster von Konstanz und Basel heraufbeschwor. Anfängen wie 1414 und 1432 aber wollte Rom von vornherein wehren.

So widmete sich das Konzil in seinem ersten Jahr den theologischen Grundlagen und besonders den Lehrsätzen, die ins Kreuzfeuer der protestantischen Kritik geraten waren. Gegen das Luthersche «sola scriptura» wurde die Verbindlichkeit der Tradition, wie sie sich in den Schriften der Kirchenväter niederschlug, betont und zugleich die höchste Autorität des Papstes bei der Auslegung der Bibel festgeschrieben. In der sechsten Sitzung vom Januar 1547 erteilte das Konzil mit seinem Rechtfertigungs-Dekret dem Lutherschen «sola gratia» die katholische Antwort. Im Gegensatz zur schroffen Prädestinationslehre des Reformators hielten die Konzilsväter einstimmig daran fest, dass allen im Schoße der wahren Kirche getauften Menschen ein göttliches Gnadenangebot zuteil werde, das sie mit ihrem freien Willen ablehnen oder im Zusammenwirken mit weiterer göttlicher Gnade annehmen können.

Nach so vielversprechendem Beginn trudelte das Konzil plötzlich in politisch verursachte Krisen. Im Zeichen rapide verschlechterter Beziehungen zum Kaiser verfügte Paul III. im März 1547 die Verlegung der Versammlung aus Trient, das zum Reich und damit zum Einflussbereich Karls V. gehörte, nach Bologna. Die Ermordung Pier Luigi Farneses im September desselben Jahres zerrüttete das Verhältnis zwischen Kaiser und Papst vollends, so dass sich das Konzil in eine papsttreue Mehrheit in Bologna und eine kaisertreue Minderheit in Trient spaltete und nach vorübergehender Suspension im Mai 1551 in Trient mühsam «wiedervereinigt» werden musste. Doch diese Zweite Trienter Tagungsperiode erlebte Paul III. nicht mehr. Er starb am 10. November 1549 in Rom.

Förderer des Frohsinns: Julius III.

Die weitere Entwicklung des Konzils war beim Tod Pauls III. im November 1549 so offen wie der Ausgang des anschließenden Konklaves, das mit zehn Wochen das längste seit Menschengedenken wurde. Wie üblich überkreuzten sich darin mehrere Loyalitäts- und Konfliktlinien. Nach anderthalb Jahrzehnten extremer Privilegienausbeutung musste die Familie Farnese mit vehementen Gegenreaktionen rechnen. So forderte Karl V. nach der Ermordung des Papstsohns Pier Luigi im September 1547 den Rückfall von Parma und Piacenza ans Reich und gefährdete die Stellung der Familie Farnese jahrelang aufs Höchste; am Ende konnten die Nepoten diesen Sturz mit vereinten Kräften verhindern, doch Federn lassen mussten sie trotzdem.

Um einer Vendetta nach seinem Tod vorzubeugen, hatte Paul III. im Frühjahr 1549 ein Quartett farnesetreuer Kardinäle ernannt. So waren die Wahlgänge von Anfang an heiß umkämpft. Anfang Dezember kam der englische Kardinal Reginald Pole, der von Karl V. unterstützt wurde, der Tiara bis auf eine Stimme nahe. Dass er diese und damit die Zweidrittelmehrheit nicht erhielt, hing mit seinem Reformkurs zusammen, den die Fraktion der Hardliner um Gian Pietro Carafa als zu verständigungsbereit gegenüber den Protestanten und daher verdächtig einstufte. So machte auf Betreiben Herzog Cosimos de' Medici mit Kardinal Giovanni Maria Ciocchi del Monte ein Kompromisskandidat das Rennen, den keine der Parteien begünstigt, aber auch keine ausgeschlossen hatte. Für den Reformflügel der *zelanti* («Eiferer»), die von jetzt an in jedem Konklave eine wortmächtige und manchmal auch ausschlaggebende Minderheit bilden sollten, war diese Wahl eine herbe Enttäuschung. Dass der neue Papst keiner der Ihren war, zeigte er schon durch die Wahl seines Namens: Als Julius III. huldigte er einem Vorgänger zweifelhaften Angedenkens.

Die Familie Julius' III. entstammte dem Patriziat einer toskanischen Landstadt; seine Karriere in der Kirche war von einem Kardinal-Onkel in die Wege geleitet und gefördert worden. Nicht nur die Herkunft, sondern auch der Werdegang und die Persönlichkeit des Papstes waren so typisch wie unauffällig – mit einer Ausnahme: 1527 hatte er zu den Geiseln gezählt, die Clemens VII. als Gefangener in der Engelsburg für die Zahlung des versprochenen Lösegelds stellen musste. Da diese Summen ausblieben, wurden die Geiseln mit Scheinhinrichtungen gefoltert, bis sie in letzter Minute ihre Wachen betrunken machen und fliehen konnten. Für den Geretteten war das fraglos ein Zeichen dafür, dass ihn die Vorsehung zu Höherem bestimmt hatte. Auch sein Hang zur Zerstreuung ließ sich wohl auf diese traumatischen Erfahrungen zurückführen: Pflücke den Tag, so lange es Zeit ist! Im Gegensatz zu den Festen Pauls III., die sich durch höfische Eleganz, chevaleresque Vergnügungen wie Ritterturniere und erlesenen Geschmack an der Tafel ausgezeichnet hatten, bevorzugte Julius III. rustikalere Genüsse. Köche und Gäste wussten schaudernd von seiner Vorliebe für Riesenzwiebeln und ungeheure Mengen Knoblauch in allen Speisen zu berichten. Für den meisten Hofklatsch aber sorgte, dass er einen jungen Günstling aus der Unterschicht in seine engste Umgebung zog, adoptierte und als Innocenzo del Monte sogar zum Kardinal erhob.

Wie es eine seiner Herrschaftsmedaillen programmatisch verkündete, widmete Julius III. seinen Pontifikat der *hilaritas publica*, der öffentlichen Fröhlichkeit, und die Römer liebten ihn dafür. Dreißig Jahre nach dem Tod Leos X. schien dessen Goldenes Zeitalter wiederzukehren: Nächtliche Boot-Corsos auf dem Tiber bei Kerzenschein und Stierkämpfe auf öffentlichen Plätzen wechselten sich mit üppigen Gastmählern im Vatikan und in Kardinals-Palästen ab, wo der Papst bei solchen Gelegenheiten nicht nur speiste, sondern auch nächtigte. Dazu kamen Herrenabende mit obligatorischem Glücksspiel, bei denen der Papst verwegene Einsätze riskierte und oft ein Erkleckliches verlor; abgerundet wurde das vatikanische Unterhaltungsprogramm durch Jagdpartien, Darbietungen der Hofnarren, von denen manche im Vatikan dauerhafte Anstellung fanden, und Aufführungen antiker wie zeitgenössischer Komödien, in denen es vorwiegend um Verführung und Ehebruch ging. Gewürzt wurde das Ganze durch die berühmt-berüchtigten Zoten des Papstes, der mit seinen Derbheiten auch bei diplomatischen Anlässen nicht hinter dem Berg hielt. Der Kardinal Ciocchi del Monte, der als Präsident des Konzils in Trient eine kluge Rolle als Vermittler und Schlichter gespielt hatte, war als Julius III. nicht wiederzuerkennen, darin waren sich alle Beobachter einig.

Dass darin wie knapp sechzig Jahre zuvor unter Innozenz VIII. auch eine Reaktion gegen die familiären Ambitionen des Vorgängers zu sehen war, entging den Kritikern und Spöttern. Nicht nur durch sein öffentliches Unterhaltungs-Programm entsprach dieser Papst den volkstümlichen Vorstellungen von einem guten Herrscher. Auch die Bedingungen der «moralischen Ökonomie», wie sie die politische Ethik Gregors I. vorschrieb und von den kleinen Leuten gefordert wurde, erfüllte er perfekt. Seit Langem hatte kein Herrscher mehr für so viel erschwingliches Brot gesorgt, selbst bei schlechten Ernteerträgen; in solchen Jahren ließ die Camera Apostolica, das päpstliche Finanzministerium, durch die Nuntien in ganz Europa Korn aufkaufen, ohne die hohen Marktpreise an die römischen Verbraucher weiterzugeben.

Mit der Beschränkung des Pontifikats auf überschaubare, bodenständige Ziele wie Brot und Spiele für das Volk und ausgelassene Vergnügungen für die Privilegierten ging eine Redimensionierung des Nepotismus einher. Bereicherung statt Staatengründung, so lautete das Programm Julius III. für die Seinen. Durch die Ernennung von zwei Kardinalnepoten und zahlreiche Schenkungen des Papstes flossen die Gelder zum Kauf von Lehen und Latifundien zugunsten der Familien Ciocchi del Monte, Della Corgna und De' Nobili reichlich, doch die politische Landkarte Italiens wirbelten diese Erwerbungen nicht durcheinander. Auch in Rom ließen sich die Nepotenschwärme in weiser Erkenntnis ihrer Grenzen nicht auf einen Verdrängungskampf gegen die etablierten Papstsippen ein. An Anstößigkeit trat diese Familienförderung im engeren Sinne denn auch weit hinter den Gunstbeweisen zurück, die auf seinen jungen Günstling Kardinal Innocenzo del Monte niederregneten. Vom Affenwärter zum Staatssekretär, also zum Chef der römischen Diplomatie: das war für einen Siebzehnjährigen eine wahrhaft atemberaubende Karriere und für die Protestanten aller Richtungen die bestmögliche Propaganda: Alexander VI. hatte Inzest mit seiner Tochter Lucrezia betrieben, Julius III. machte seinen Lustknaben zum Herrn des Vatikans, einer war widerlicher und widernatürlicher als der andere. Der Antichrist am Tiber ließ allmählich die Maske fallen, so lautete das Medienecho nördlich der Alpen.

Alles andere als heiter gestimmt waren außer den verschiedenen Reformzirkeln, die durch das Auftreten Julius' III. einen Imageverlust im Streit der Konfessionen befürchteten, auch die Farnese. Doch die Probleme hatten sie sich selbst zuzuschreiben. Julius III. hatte auf die übliche Abrechnung mit den Nepoten seines Vorgängers nicht nur verzichtet, sondern diese sogar mit weiteren Privilegien und Gunstbeweisen versehen. In den Auseinandersetzungen der Farnese mit Karl V., der Parma und Piacenza für das Reich beanspruchte, war seine Unterstützung jedoch nur von begrenztem Wert. So ging Herzog Ottavio entgegen dem päpstlichen Verbot eine Allianz mit König Heinrich II. von Frankreich ein, der seinen Einfluss in Italien auszubauen versuchte. Daraufhin entzog ihm Julius III. seine Lehen und trat an der Seite Karls V. in einen Krieg ein, der durch den Umsturz der Machtverhältnisse im Reich zu einem brüsken Ende kam. Durch den Übertritt Herzog Moritz' von Sachen auf die Seite Frankreichs und der oppositionellen Kurfürsten war die Stellung des Kaisers im Frühjahr 1552 so stark geschwächt, dass sich Julius III. auf einen demütigenden Frieden mit seinem rebellischen Vasallen einlassen und den Farnese sämtliche Besitzungen bestätigen musste.

Konziliant trat der Ciocchi-del-Monte-Papst auch in der Konzilsfrage auf. Er stimmte der Rückverlegung der Kirchenversammlung nach Trient zu, wo sich auf Befehl Karls V. auch die im Schmalkaldischen Krieg unterlegenen Protestanten einfinden mussten. Für eine theologische Einigung aber war es längst zu spät. Das zeigte sich schon am Eucharistie-Dekret des Konzils. Darin wurde die von Luther, Zwingli und Calvin vehement bestrittene Lehre von der Transsubstantiation verbindlich festgeschrieben: Während der Messe verwandeln sich Brot und Wein, die ihre Form unverändert bewahren, ihrem Wesen nach in Fleisch und Blut Christi. Nach gebührender Verwerfung der protestantischen Lehrmeinungen, egal ob sie mit Luther eine Realpräsenz Christi in Brot und Wein vertraten oder wie Zwingli eine rein symbolische Präsenz, definierte das Konzil während der Zweiten Trienter Tagungsperiode vom Mai 1551 bis zum April 1552 auch die Sakramente der Buße und der Letzten Ölung verbindlich. Die ersten Monate des Jahres 1552 standen ganz im Zeichen der Auseinandersetzung mit den Protestanten, die die bislang getroffenen Beschlüsse des Konzils aufgrund seiner einseitigen Abhängigkeit vom Papst bestritten. Als sich um Ostern die militärischen Ereignisse im Reich überstürzten, verfügte Julius III. die Suspension der Kirchenversammlung, die bis zu seinem Tod am 23. März 1555 nicht wieder zusammentrat.

Reform, milde und hart: Marcellus II. und Paul IV.

Nach seinem Tod lebte Julius III. in der Erinnerung der Römer als guter Papst und im römischen Stadtbild durch die grandiose Villa Giulia außerhalb der Porta del Popolo fort. Im Konklave trafen wie schon fünf Jahre zuvor die Kardinäle Kaiser Karls V. und des französischen Königs Heinrich II. aufeinander, so dass erneut ein mehr oder weniger neutraler Kandidat gefunden werden musste. Dass es diesmal ein Exponent des Reformflügels war, zeigt, wie stark der Einfluss dieser Bewegung zugenommen hatte. Gewählt wurde mit Marcello Cervini, der als Marcellus II. seinen Taufnamen beibehielt, ein Vertreter der moderaten Fraktion, die gegenüber den Protestanten zu begrenzten Zugeständnissen bereit war, Papstmacher aber war mit Gian Pietro Carafa das Haupt der intransigenten Radikalreformer.

Als Marcellus II. nach dreiwöchigem Pontifikat starb, ging Carafa aus dem zweiten Konklave des Jahres 1555 selbst als Sieger hervor und nahm den Namen Paul IV. an. Die Favoriten Spaniens und Frankreichs hatten wiederum keine Chance gehabt, akzeptable Kompromisskandidaten waren nicht in Sicht. So bot es sich an, mit dem neunundsiebzigjährigen Neapolitaner aus einem der vornehmsten Adelshäuser Süditaliens eine Übergangslösung zu finden. Für Carafa sprachen sein Vorleben als Mitbegründer und Oberhaupt des Theatiner-Reformordens sowie seine intime Kenntnis des kurialen Apparats. Allerdings hatte er diese, wie man sehr wohl wusste, dazu genutzt, Dossiers über alle Prälaten anzulegen, die er geheimer Sympathien mit der protestantischen Ketzerei verdächtigte. Dazu gehörten auch Mitglieder des Kardinalskollegiums wie Giovanni Morone, der im Konklave selbst als *papabile* gegolten hatte. Mindestens ebenso irritierend waren hervorstechende Charaktereigenschaften des neuen Papstes, die von den auswärtigen Berichterstattern übereinstimmend notiert wurden. Diese Merkmale nahmen sich widersprüchlich und daher bedenklich aus: das Misstrauen, das jetzt im Vatikan Einzug hielt, der Jähzorn, der alle diplomatischen Konventionen sprengte, der Redeschwall, der jeden Dialog unterband, das übersteigerte Ehrbewusstsein und sein Pendant, die Ressentiments gegenüber allen, die ihm auf seiner langen Laufbahn zu wenig Respekt gezollt haben sollten, die Vorliebe für die Inquisition und ihre gewaltsamen

Paradies für einen lebensfrohen Pontifex maximus Den Pontifikat Julius' III. spiegelt die für ihn erbaute und nach ihm benannte Villa Giulia vollendet wider. Außerhalb der Stadtmauern, nahe der Via Flaminia, haben die Architekten Vasari, Ammanati und Vignola ein raffiniertes Bau-Ensemble aus Loggien, Höfen und Brunnen geschaffen, das seinen Höhepunkt im eleganten Nymphäum findet.

«Bekehrungsmittel», der Hass auf Spanien und der ausgeprägte Familiensinn, der einem Radikalreformer seltsam zu Gesicht stand, die Askese im persönlichen Lebensstil und die ungeheure Prunkentfaltung bei allen Amtshandlungen. Hinter vorgehaltener Hand fragte man sich, ob der greise Pontifex maximus eigentlich voll zurechnungsfähig sei. Karl V. hatte Carafa nicht ohne Grund für unwählbar erklärt, doch sein Stern war im Sinken und sein Ausschlussvotum überstimmt worden.

Die Bedenken erwiesen sich schnell als berechtigt. Der vierjährige Pontifikat Pauls IV. wurde für Rom, die Kurie und große Teile Europas zu einem einzigen Alptraum. Das begann mit dem persönlichen Herrschaftsstil: Von seniler Schlaflosigkeit getrieben, machte der greise Pontifex maximus die Nacht zum Tag und studierte bei Kerzenschein seine Lieblingsakten aus dem Sant'Uffizio; feste Büro- und Audienzzeiten waren ihm ein Greuel, so dass auch Gesandte selten wussten, woran sie mit ihren Geschäften waren. Diese Unstetigkeit hatte Methode: Sie verunsicherte selbst höchstgestellte Persönlichkeiten, die sich immer eindringlicher fragen mussten, wie viel belastendes Material der Papst durch seine zahlreichen Spitzel über sie zusammengetragen hatte.

Im Fall Kardinal Morones reichte das Material der Inquisition aus, um diesen in der Engelsburg gefangen setzen zu lassen und einen Prozess gegen ihn zu beginnen. Für Paul IV. war dieser allgemein geschätzte Kirchenfürst allerdings nur ein Mitläufer. Als Oberhaupt einer Ketzerverschwörung im Senat der Kirche verdächtigte er Kardinal Reginald Pole, der zu seinem Glück in England weilte und von Königin Mary entgegen dem päpstlichen Ersuchen auch nicht ausgeliefert wurde. So war Pole vor dem Scheiterhaufen sicher, der jetzt auf dem Campo de' Fiori zur tiefen Befriedigung des Papstes immer häufiger loderte. Ich selbst werde das Brennholz zusammentragen, wenn mein Vater der Ketzerei überführt sei: Nach diesem gesprächsweise geäußerten Motto des Papstes wurde jetzt allenthalben verfahren. Die Römische Inquisition wurde so im vierzehnten Jahr ihres Bestehens zu einem Instrument der gezielten Einschüchterung und der Sozialkontrolle breiter Kreise.

Kleine Leute und große Herren sollten gleichermaßen in der Furcht vor dem Autodafé – «Actus fidei», Glaubensakt, nannte man in Spanien die Ketzergerichte und -verbrennungen – leben und so zum Gehorsam gegenüber der Kirche, ihren Geboten und ihrem Oberhaupt gezwungen werden. Terror als Methode der Sozialdisziplinierung: Das war ebenfalls dem spanischen Vorbild abgeschaut, das gerade dieser Papst aus tiefster Seele verabscheute: ein weiterer Widerspruch. Zu diesem Programm gehörte auch der Index der verbotenen Bücher, der zu Beginn des Jahres 1559 von der Römischen Inquistion publiziert wurde. Er las sich wie ein Verzeichnis der Weltliteratur: Höfische Romane, Satiren und Versepen, Komödien, die unter Julius III. noch im Vatikan zur Aufführung gelangten, Novellensammlungen, die seit Jahrhunderten zum Lesekanon der gebildeten Schichten Italiens gehörten – sie alle wurden jetzt verboten und verbrannt. So lastete auf literarischen Klassikern wie Giovanni Boccaccio und Ludovico Ariosto jetzt der posthume Verdacht, systematisch zu Unsittlichkeit und Unglauben zu verführen; erst das Zweite Vatikanische Konzil (1962–1965) schaffte das ominöse Verzeichnis der verderblichen Lektüre ab. Dass man mit dem Index des Carafa-Papstes übers Ziel hinausgeschossen war, blieb selbst der Kurie nicht verborgen; so wurde die anstößige Liste der anstößigen Bücher schon bald durch eine entsprechende Kommentierung eingeschränkt.

Das alles beherrschende Misstrauen des Carafa-Papstes richtete sich selbst gegen höchste Persönlichkeiten von erprobter Katholizität. Vom Hass gegen die spanische Herrschaft in seiner Heimat Neapel beseelt, führte Paul IV. gezielt einen Konflikt mit König Philipp II. herbei, der verbal, militärisch und juristisch rasch eskalierte. Um die Vormacht des spanischen Monarchen in Italien zu brechen, verbündete sich der Papst mit König Heinrich II. von Frankreich und gab diese Koalition als Kampf für die Befreiung Italiens von den Barbaren aus. Das war in der umgekehrten Konstellation – mit Spanien, gegen Frankreich – bereits ein knappes halbes Jahrhundert zuvor der Schlachtruf Julius' II. gewesen. Dass es auch dem Carafa-Papst nicht um Patriotismus und nationale Würde, sondern ausschließlich um seine persönliche Ehre und damit verbundene Ressentiments ging, stach deutlich hervor: Wie konnte ein Papst, der seiner fünf Sinne mächtig war, gegen einen so durch und durch katholischen König wie Philipp II. einen Prozess eröffnen, der zu Exkommunikation und Absetzung führen sollte? War dem Pontifex maximus nicht bewusst, dass er damit der Sache der Protestanten im Reich und in den Niederlanden unschätzbaren Vorschub leistete? Solche Fragen drängten sich jetzt selbst den Kardinälen immer beunruhigender auf, die das harte Vorgehen Pauls IV. gegen die Abweichler in den eigenen Reihen bislang mitgetragen hatten.

Noch viel härter traf es die jüdische Gemeinde Roms. Sie hatte jahrhundertelang rituelle Demütigungen, zum Beispiel im Karneval, ertragen müssen, doch konnten sich ihre Mitglieder insgesamt, mit großen Schwankungen von Pontifikat zu Pontifikat und je nach Stand und Einfluss, am Tiber einigermaßen sicher vor systematischer Repression und Verfolgung fühlen, wie sie in anderen Teilen Europas üblich war. Umso größer war der Schock, als Paul IV. gleich nach Pontifikatsbeginn am 14. Juli 1555 mit seiner Hassbulle «Cum nimis absurdum» ihre Einschließung in einem ummauerten Ghetto beim Theater des Marcellus und dem Bogen der Octavia anordnete. Hinzu kamen zahlreiche berufliche Einschränkungen, Ausgrenzungen und Demütigungen. Das römische Ghetto, das letzte seiner Art in Westeuropa, verschwand erst nach der Eroberung Roms durch das Königreich Italien im September 1870.

Politisch und militärisch mündete der Krieg gegen Spanien schnell in das vorhersehbare Desaster. Der Herzog von Alba rückte mit einem starken spanischen Heer von Neapel nach Norden vor, schlug das päpstliche Aufgebot vernichtend und schloss die Ewige Stadt ein; im August 1557 ging dort die Angst vor einem zweiten Sacco di Roma um. Doch Philipp II. war nicht Karl V. Er diktierte dem Papst maßvolle Friedensbedingungen und ließ seinen gefürchteten General abziehen. Das Schicksal Clemens' VII. blieb Paul IV. dank der Großmut seines Todfeindes erspart; das war für ihn die schlimmste Demütigung überhaupt.

Auch an den Colonna lebte Paul IV. gleich nach Pontifikatsbeginn seine Rachegelüste aus. Die führende römische Baronalfamilie war traditionell mit Kaiser und Reich verbündet. Das wurde ihr jetzt zum Vorwurf gemacht: Marcantonio Colonna wurde seiner Lehen für verlustig erklärt und das Juwel seiner Besitzungen, das Herzogtum Paliano, einem Nepoten des Papstes übertragen. Das Vorgehen gegen einen ungehorsamen Vasallen mochte in den Augen mancher Kardinäle als vertretbar durchgehen; dass aber die Carafa erbten, was die Colonna verloren, war im Jahre 1556 für die meisten unverzeihlich.

Dieses vernichtende Urteil galt für den Nepotismus Pauls IV. insgesamt. Von einem so rigorosen Reformpapst hätte man dergleichen niemals erwartet: zwei Carafa-Kardinäle mit reichem Pfründen- und Ämterbestand, dazu eine Fülle von Ehren, Funktionen, Einkünften, Lehen und Latifundien für die Neffen, die nicht die geistliche Laufbahn beschritten. Die Carafa waren seit Langem reich und mächtig, wozu jetzt dieser peinliche Aufwand? Noch viel beängstigender waren die politischen Handlungsspielräume, die Paul IV. seinen Verwandten einräumte. Besonders der «Ober-Nepot» Kardinal Carlo Carafa verfolgte kühne Pläne, die an die Strategien der Borgia gemahnten: Er hatte ein Auge auf Siena geworfen, das Herzog Cosimo de' Medici erobert hatte und im Juli 1557 als Lehen des Reichs übertragen erhielt.

Umso unheimlicher dann im Januar 1559 der jähe Sturz der Nepoten durch ihren eigenen Onkel. Er habe – so die offizielle Darstellung Pauls IV. – vom korrupten Treiben seiner Verwandten keinerlei Kenntnis gehabt und sei über deren permanenten Machtmissbrauch selbst am meisten entsetzt.

Als hinfälliger Greis in Finanzsachen unkundig wie ein unschuldiges Kind, habe er seinen Nepoten blind vertraut. Diese Behauptung, die darauf hinauslief, nicht Täter, sondern selbst Opfer gewesen zu sein, widerlegte sich bei einem tatkräftigen Selbstregierer wie dem Carafa-Papst von selbst, zumal in Rom die Spatzen die Methoden seiner Nepoten von den Dächern pfiffen. Die Distanzierung des Papstes von seinen Verwandten wurde jetzt auch räumlich zum Ausdruck gebracht: Kardinal Carlo, Giovanni, der Herzog von Paliano, und Antonio, ein weiterer mit feudalen Titeln reichlich eingedeckter Neffe, mussten Rom verlassen. Ihre «Verbannungsorte» waren allerdings nicht allzu weit von der Ewigen Stadt entfernt, so dass kuriale Insider mit ihrer baldigen Rückberufung rechneten. Dafür sprach auch, dass ihnen der Papst zwar die lukrativen Ämter, die er ihnen selbst verliehen hatte, entzog, die wichtigsten Würden, Titel und Besitzungen aber beließ. Doch zur befürchteten Rehabilitierung kam es durch den Tod des Papstes nicht mehr.

Paul IV. feierte seinen Sieg über den Nepotismus – Hauptzweck der ganzen Übung – und widmete sich der weiteren Verschärfung seines inquisitorischen Reformprogramms: Nach dem Vorbild von Calvins Genf wurden in Rom Tanz und Kartenspiel verboten, rigorose Richtlinien für die Residenzpflicht der Bischöfe erlassen und die Zuständigkeiten der Inquisition stetig erweitert. Als der Papst am 18. August 1559 starb, feierten die Römer das Ende einer vierjährigen Tyrannei. Die Ehrenstatue, die die Kommune Rom dem Carafa-Papst gleich nach seiner Wahl als Zeichen der Unterwürfigkeit hatte errichten lassen, wurde feierlich enthauptet und in den Tiber geworfen, das Inquisitionsgebäude eingeäschert. Das war Abrechnung und Warnung zugleich: In das Alltagsleben der kleinen Leute mischte sich das Sant'Uffizio von jetzt an nicht mehr ein.

Rollentausch: Pius IV.

Die Geschichte der entmachteten Neffen Pauls IV. nahm unter dem neuen Papst Pius IV., der nach fast viermonatigem Konklave am Weihnachtag 1559 als ein weiterer Kompromisskandidat gewählt wurde, eine dramatische Wende. Jetzt wurde ihnen ein regelrechter Prozess gemacht, der mit einem zweifachen Todesurteil endete: Kardinal Carlo Carafa wurde 1561 in der

Engelsburg erwürgt, Giovanni Carafa enthauptet. Der Schlusspunkt unter die sensationelle Affäre war auch das noch nicht. Unter Pius' gleichnamigem Nachfolger wurde der Prozess wieder aufgenommen. Er endete mit der Rehabilitierung der Verurteilten. Damit fiel auf den Papst, der ihre Hinrichtung angeordnet hatte, der Verdacht unlauterer Motive. Verstärkt wurde er dadurch, dass erklärte Feinde der Carafa mit der Führung des Prozesses betraut und deren enteignete Güter an die Nepoten Pius' IV. verteilt wurden.

Pius IV. hieß mit Familiennamen Medici, doch stammte er aus Mailand und war mit der Herzogsfamilie von Florenz nicht verwandt, dafür aber mit einflussreichen Kreisen des lombardischen Adels verschwägert und verbündet. Auf diese regneten jetzt die Gunstbeweise, die ein neu gewählter Papst zu vergeben hatte, nach dem Gießkannenprinzip nieder. Die Spitzenpositionen unter den vielen Nepoten nahmen zwei Kardinäle aus den Familien Hohenems (italienisiert Altemps) und Borromeo ein. Als eigentlicher Kardinalnepot und damit als Oberaufseher des Kirchenstaats amtierte der einundzwanzigjährige Carlo Borromeo, der von nun an bis zu seinem Tod im Jahr 1584 zum Motor und Symbol tiefgreifender kirchlicher Erneuerungsbestrebungen wurde. Seine Heiligsprechung im Jahre 1610 sollte der Welt demonstrieren, dass man mit der richtigen Einstellung hoch dotierter Kirchenfürst, radikaler Reformer und weltabgewandter Asket zugleich sein konnte. Von 1559 bis 1565 wurden die Rollen an der Kurie daher neu aufgeteilt. Der Papstneffe, der bisher immer für die Bereiche des höfischen Lebens und der aristokratischen Repräsentation zuständig gewesen war, gewann als Verkörperung der Reform das Prestige, das dem Papst mit seiner allseits bekannten Vorliebe für rauschende Feste im Vatikan völlig abging. So ließ er sich in den Vatikanischen Gärten eine liebliche Villa errichten, auf deren Reliefs Nymphen und Faune tanzen: von den Berührungsängsten gegenüber der heidnischen Mythologie, wie sie die strengen Reformer hegten, keine Spur, stattdessen werden sie für Botschaften der katholischen Reform nutzbar gemacht.

Nach dem chaotischen Gegeneinander von Altem und Neuem unter Paul IV. stand die Doppelspitze aus Carlo Borromeo und Pius IV. für eine moderate Synthese aus Reformen und Renaissance-Traditionen, auch wenn diese Union gegen Ende des Pontifikats am Unwillen des späteren Heiligen über die allzu weltliche Regierung seines Onkels zu zerbrechen drohte: 1565

Verschmelzung von heidnischer Mythologie und katholischer Reform Der strenge Paul IV. begann die Villa der vatikanischen Gärten, der weltoffene und genussfreudige Pius IV. gestaltete sie zu einem spannungsreichen Ganzen. Zwischen Fabeltieren und Fruchtgirlanden verkünden Bilder aus der Werkstatt Federico Baroccis unter dem Kugelwappen des Medici-Papstes aus Mailand die Tauflehre des Konzils von Trient.

begab sich der Kardinalnepot in sein Erzbistum Mailand, um sich dort der Reform in seiner Diözese und der Rekatholisierung in der angrenzenden Eidgenossenschaft zu widmen. Diese Abreise ließ sich als Absage an einen päpstlichen Hof deuten, in dem das Seelenheil durch mondäne Vergnügungen und Familieninteressen gefährdet war. Wie sehr Pius IV. der Aufstieg seiner Familie am Herzen lag, zeigt sogar sein Wappen. Herzog Cosimo von Florenz hatte ihm schon als Kardinal wider besseres genealogisches Wissen die Erlaubnis erteilt, die Kugeln der Florentiner Medici auf dem Schild zu führen. Durch diese heraldische Adoption und ähnliche Freundschaftsgesten wusste er sich auch während des Pontifikats mannigfaltige Vorteile zu sichern.

Paul IV. hatte seine eigenen Vorstellungen von Reform gehabt, ein Konzil störte da nur. Pius IV. aber ließ die so lange unterbrochene Kirchenversammlung im Januar 1562 wieder in Trient zusammenkommen und brachte sie knapp zwei Jahre später, im Dezember 1563, zum Abschluss. Dadurch, dass er die Dekrete des Konzils mit seiner apostolischen Vollgewalt bestätigte, ist er als Konzils- und Reformpapst in die Ruhmesgalerie der Kirchengeschichte eingegangen. Der Widerspruch zwischen seiner Amtsführung und den Reformdekreten des Konzils hat früh Verschwörungstheorien aufkommen lassen. Für den kurienfeindlichen venezianischen Staatstheoretiker und Historiker Paolo Sarpi, dessen 1619 in London publizierte «Geschichte des Konzils von Trient» jahrhundertelang Wasser auf die Mühlen der protestantischen Kirchengeschichtsschreibung schaufelte, war die Approbation der Konzilsbeschlüsse durch Pius IV. ein Akt der perfekten *dissimulazione*, der Verschleierung und Verstellung. Laut Sarpi spiegelte der Papst dadurch den Willen zur Reform vor, um hinter dieser Fassade die sperrigen Bestimmungen von Trient umso unauffälliger nach und nach außer Kraft zu setzen. Sarpis Darstellung ist effektvoll zugespitzt, in vielem überzogen und nicht selten mit gefälschten Dokumenten unterlegt, doch deshalb nicht völlig falsch.

Von 1545 an standen sich in Trient Radikalreformer, gemäßigte Kräfte und entschiedene Reformverhinderer in schroffer Opposition gegenüber. Dass die *zelanti* mit ihren weitreichenden Forderungen nicht auf die Unterstützung Roms zählen konnten, war ein offenes Geheimnis. So konnten sie sich in der entscheidenden Frage, ob die bischöfliche Residenzpflicht *jure divino*, als göttliches Recht ohne Ausnahmeregelungen, gelten sollte, nicht durchsetzen; die Anwesenheit des Bischofs in seiner Diözese wurde zwar als grundsätzliche Verpflichtung eingeschärft, doch konnte der Papst weiterhin davon dispensieren. Die schwerste Niederlage aber erlitten die entschiedenen Reformer an der Nepotismus-Front. Auch hier drangen sie mit ihren Forderungen nach unumstößlichen Begrenzungen nicht durch. Das Konzil beließ es bei einem dringenden Appell an die Päpste, künftig bei der Förderung ihrer Verwandten mit Augenmaß und Abstand vorzugehen. Damit war – wie schon der laufende Pontifikat zeigte – nichts gewonnen, sondern viel verloren.

Markantere Zeichen setzte das Konzil im Bereich der Kulturpolitik, vor allem in seinem knappen, aber gewichtigen Bilderdekret. Künftig sollten kirchliche Kunstwerke in radikaler Abkehr von Stil und Motiven der Renaissance auf heidnische Stoffe und Einkleidungen verzichten, Nacktheiten, Frivolitäten und sonstige kapriziöse Erfindungen konsequent vermeiden und stattdessen fromme Themen in möglichst eingängiger, auch für einfache Leute verständlicher Art und Weise darstellen und so selbst zu Besinnung und Andacht anregen. Fromm und verständlich sollte auch die Kirchenmusik werden. Deren Reform ist bis heute mit dem Namen des römischen Komponisten Giovanni Pierluigi da Palestrina verbunden. Er soll – so will es eine der großen Anekdoten der Musikgeschichte – die Konzilsväter durch eine Aufführung seiner Missa Papae Marcelli im entscheidenden Moment davon überzeugt habe, dass seine kunstvollen und zugleich melodiös einprägsamen polyphonen Kompositionen dem neuen Ideal perfekt entsprachen. Diese Eignungsprüfung ist zwar eine vom Künstler selbst geschickt lancierte Legende, doch im höheren Sinn auch wieder wahr: Palestrinas geistliche Musik wurde von nun an zur Tonsprache der Katholischen Reform, in Rom und in Europa.

Eine Kulturrevolution wurde das Konzil von Trient trotzdem nicht, dazu waren seine Wirkungen zu kurz und zu begrenzt. In den bildenden Künsten setzte sich schon um 1600 ein neuer Stil durch, der Frömmigkeit und Sinnlichkeit zu einer neuen Einheit verschmolz. Und der dringenden Empfehlung, bei der Ausstattung ihrer Verwandten mit Titeln und Gütern Maß zu halten, ist bis zum letzten Viertel des 17. Jahrhunderts nur ein einziger Papst gefolgt. Weitere Beschlüsse des Konzils wie das Seminardekret, das in jeder Diözese eine Ausbildungsstätte für Priester vorsah und das Curriculum dafür normierte, wurden erst mit beträchtlicher Verspätung und oft verwässert umgesetzt. Eine soziale Umschichtung des europäischen Klerus hat das Tridentinum erst recht nicht zur Folge gehabt: Domherren und Bischöfe entstammten weiterhin ganz überwiegend dem Adel. Zudem wurden die Priesterseminare nicht zu Monopol-Ausbildungsstätten, das Studium an «weltlichen» Universitäten blieb vor allem für Kleriker aus den höheren Schichten durchaus üblich. Mythos ist auch die angeblich tridentinische Messliturgie, die in Wirklichkeit erst 1570 unter Pius V. mit dem *Missale Romanum* dekretiert wurde, doch ebenfalls nicht als einzig gültige Ordnung – ältere Messliturgien blieben dessen ungeachtet weiter in Kraft. Ein reiner Mythos ist das «Reformkonzil» trotzdem nicht. Es hat unleugbar einen allmählichen Wandel innerhalb der Kirche herbeigeführt, neue Werte und Ideale verbreitet und nicht zuletzt neue Formen der Selbstdarstellung hervorgebracht.

Mit seiner Bulle «Iniunctum nobis» vom 13. November 1564 schrieb Pius IV. Pfarrern, Äbten und Bischöfen die Ablegung des Tridentinischen Glaubensbekenntnisses vor. Dieser Glaubenseid umfasst kurze Basisformeln, die auf Nicaea und andere Konzilien der Frühzeit zurückgehen, und sehr viel ausführlicher die von den Protestanten bestrittenen und in Trient neu eingeschärften Lehrentscheidungen zum Purgatorium, zu den Heiligen, zu Realpräsenz und Wandlung im Abendmahl, zu den übrigen sechs Sakramenten und natürlich zum päpstlichen Primat.

Radikalreform: Pius V.

Die Auswirkungen des soeben beendeten Konzils von Trient waren schon im Konklave der Jahreswende 1565/66 spürbar, in dem die Bestimmungen aus dem 13. Jahrhundert, die eine Abschließung der Wähler von der Außenwelt vorschrieben, relativ konsequent umgesetzt wurden. Am deutlichsten war die Neuorientierung im Verhalten Kardinal Borromeos spürbar. Seine Rolle als Kardinalnepot hätte traditionell darin bestanden, die Kreaturen seines Onkels zu einem möglichst geschlossenen Abstimmungsverhalten zugunsten eines ihm genehmen Kandidaten zu bewegen. Genau diese Leader-Funktion zugunsten der Familie und ihrer Gefolgsleute verweigerte der Ausnahme-Nepot zu Beginn des Wahlkampfs im Konklave und hob den Fraktionszwang auf: Jeder Wähler sollte sein Votum vor Gott allein rechtfertigen. Doch als nach gut zwei Wochen scheinbar aussichtsreiche Kandidaten reihenweise gescheitert waren, führte Borromeo die alten Bräuche wieder ein. Zu den Gescheiterten gehörte auch Giovanni Morone, den Pius IV. von allen Häresievorwürfen freigesprochen und zum Präsidenten des Konzils erhoben hatte. Mit dieser Rehabilitierung waren jedoch nicht alle Kardinäle einverstanden. Für die Vertreter einer Radikalreform wie Michele Ghislieri, der es als Angehöriger des Dominikanerordens bis zum Generalinquisitor gebracht hatte, war diese Reinwaschung voreilig erfolgt. Zudem galt für ihn und seine Gesinnungsgenossen der Grundsatz, dass schon der Verdacht der Häresie zum Ausschluss ausreichte. Als die wahlmüden Kardinäle schließlich den Werbungen Alessandro Farneses, des reichsten und mächtigsten unter ihnen, zu erliegen schienen, forderte Borromeo die Autorität, die er freiwillig abgelegt hatte, zurück und legte sein Veto ein. Der Dialog, der sich daraufhin entspann, spiegelt den Umbruch der Zeiten exemplarisch wider. Farnese berief sich – so Konklaveberichte aus gut informierten Kreisen – auf die Wohltaten, die seine Familie den Borromeo erwiesen hatte, und besonders auf seine Rolle im Konklave von 1559: Er habe Borromeos Onkel zum Papst gemacht, jetzt sei dieser an der Reihe, ihm denselben Dienst zu erweisen und ihn zum Papst zu machen! Borromeo aber durchbrach die Regeln des Gabentauschs und damit das Grundgesetz der Kurie. Sein Einfluss machte wenig später mit Ghislieri den Strengsten der Strengen zum Papst. Als Hommage an seinen Wahlhelfer nannte sich der neue Papst nach dessen Onkel Pius V.

Nach dem Urteil der Zeitgenossen wie der Nachwelt verkörperte Pius V. die Prinzipien der strengen Reform geradezu exemplarisch, und so wurde er als einziger Pontifex maximus zwischen Cölestin V. (1294) und Pius X. (1904–1914) 1712 heiliggesprochen. Trotzdem verzichtete auch Pius V. nicht auf ein gewisses Maß an Nepotismus. Im März 1566 erhob er seinen Großneffen Michele Bonelli zum Kardinalnepoten; mit dieser Position war seit Paul III. der Titel eines Oberaufsehers des Kirchenstaats verbunden. Von einer tatsächlichen Amtsführung konnte bei einem fünfundzwanzigjährigen Dominikaner ohne politische Erfahrungen keine Rede sein; das Argument, dass der Papst dadurch von einem Großteil der weltlichen Geschäfte entlastet werde, widerlegt sich damit von selbst. Ein weiterer Nepot namens Paolo Ghislieri erhielt ein militärisches Kommando und wurde zum Gouverneur des Borgo ernannt. Weitere Verwandte empfingen Unterstützungszahlungen, mit denen sie ihren sozialen Status auf das Niveau von Kleinstadt-Patriziern anheben konnten.

Doch damit erschöpfte sich die Funktion dieses Minimal-Nepotismus nicht. Pius V. reicherte ihn um eine didaktische Komponente an, die trotz aller Abmilderung an Paul IV. erinnert. So wurde der Kardinalnepot Bonelli regelmäßig für Grenzüberschreitungen getadelt, die im Vergleich zum Lebensstil der Borgia von geradezu rührender Harmlosigkeit waren: Ein Ausflug in die Weinberge innerhalb der römischen Stadtmauern, der

Gebrauch teurer Teller und Schüsseln, die Anbringung seidener Vorhänge und ähnliche «Exzesse» boten den Anlass für die Inszenierung moralischer Rigorosität: Dieser Papst ließ sich nicht von Familieninteressen leiten und missbilligt sogar noch sichtbar, was er aufgrund von Einflüsterung der Kardinäle und Botschafter aus übergroßer Güte für seine Familie getan hatte. Die herbe Botschaft lautete also: Ein Papst hat die Regungen der gefallenen Natur in sich zu überwinden, da sein Amt übernatürlichen Ursprungs und von übernatürlicher Erhabenheit ist. Das gilt sogar für die natürliche Liebe zu den Seinen, die von der Erbsünde am wenigsten beschädigt wurde. Paolo Ghislieri verstand die Regeln dieses Rollenspiels zu seinem nachhaltigen Schaden nicht. Er lebte wie ein Nepot alten Stils und wurde dafür aus Rom und dem Kirchenstaat verbannt.

Was dem Gouverneur des Borgo zum Verhängnis geworden war – Luxus, Parties, Frauen –, wurde jetzt im Vatikan verboten und die dazugehörige Ausstattung entfernt. Zum Entsetzen der römischen Humanisten und Aristokraten ging der Inquisitor-Papst jetzt konsequent daran, die Stadt systematisch von ihren heidnischen «Götzenbildern» zu säubern: Antike Statuen und Büsten wurden aus öffentlichen Räumen entfernt und an benachbarte Fürsten wie Cosimo de' Medici verschenkt. Dieser Exorzismus ging weit über das Bilderdekret von Trient hinaus, entsprang aber demselben Geist: Die Trennlinie zwischen der heidnischen und der christlichen Antike wurde neu gezogen. Sie war auch für die Päpste der Renaissance und ihre Gelehrten immer deutlich markiert, doch durch das Fortschreiten der göttlichen Offenbarung von den Ägyptern und Persern bis zur Menschwerdung des Erlösers in literarischen Themen und Bildmotiven zugleich überschreitbar gewesen. Unter Pius V. wurde sie zu einer tiefen kulturellen und moralischen Kluft.

Die neue Distanz zur Antike hatte nicht nur die Entfernung und Zerstörung von Kulturgut zur Folge, sondern brachte auch produktive Lösungen hervor, die sich teilweise schon unter dem vorangehenden Pontifikat abgezeichnet hatten. So wurden jetzt Monumente des bösen Altertums zum Ruhme seiner Opfer, der frühesten christlichen Blutzeugen, umgestaltet. In diesem Geist entwarf der greise Michelangelo im Auftrag Pius' IV. die Pläne, nach denen die Thermen des Christenverfolgers Diocletian in die Kirche Santa Maria degli Angeli umgewandelt wurden. Aus der sittenlosen Bade-

Radikalreform

Sinnbild der katholischen Reform und ihrer weiteren Entwicklung Die Basilika Santa Maria degli Angeli erhebt sich auf den Fundamenten der Diocletians-Thermen. Von Michelangelo unter Pius IV. als Mahnmal für die Märtyrer monumental und schmucklos geplant, wurde der Kirchenbau im Laufe des 17. und 18. Jahrhunderts mit Bildern, Grabmälern, Stuck und sogar einem Bronzemeridian (s. Abb. S. 678) verziert und damit seiner grandiosen Wirkung zumindest teilweise beraubt.

anstalt des gottlosen Tyrannen erwuchs so ein christlicher Kultraum, der mit seiner herben Kahlheit die Bitternis und Erhabenheit des Martyriums symbolisierte.

Auch die Aufgaben des päpstlichen Hofes wurden neu definiert. Das Grundprinzip des neuen Regelwerks bestand darin, die Andersartigkeit der päpstlichen Machtausübung vorzuführen und dadurch ihre Höherwertigkeit gegenüber der weltlichen Gewalt zu zelebrieren. Unter dem Franziskanerpapst Sixtus IV. hatte der päpstliche Hof die fürstlichen Höfe Italiens mit deren ureigenen Mitteln zu übertreffen; das Ergebnis waren die Borgia und die Reformation. 1566 konnte die Absage an diese Vergangenheit nicht schneidend genug ausfallen. Diplomaten konstatierten betrübt, dass der Vatikan zum Kloster werde. Statt Komödienaufführungen und ritterlichem Lanzenstechen gab es jetzt fromme Predigten und für die Gebildeteren Vorlesungen zu Theologie und Philosophie, statt Gaumenfreuden den Zwang zum regelmäßigen Empfang des Altarsakraments. Mit beträchtlicher Verspätung gegenüber Lutheranern und Calvinisten hielt jetzt auch im päpstlichen Palast die Konfessionalisierung ihren Einzug: Frömmigkeits-Nachweise entschieden über Rang und Würden, wer die neuen Konformitäts-Normen und den damit verbundenen Verhaltenskodex der ostentativen Demut und die dazugehörige Sprache der neuen Korrektheit nicht beherrschte, hatte jetzt keine Karriereaussichten mehr. Parallel dazu schrumpfte der lebende Hof: von über tausend Personen unter Pius IV. auf sechshundert unter Pius V.

Die Umerziehung zu einem geistlichen, im Streit der Konfessionen propagandistisch nutzbaren Lebensstil beschränkte sich nicht auf Nepoten und Dienstpersonal. Auch die Kardinäle sahen sich jetzt den didaktischen Bemühungen des Papstes ausgesetzt: Sie sollten sich – so der Tenor seiner unablässigen Unterweisungen – in ihrem Lebensstil an Christus und ihm selbst ein Beispiel nehmen, das heißt: ihre überflüssigen Güter verschenken und ihr Leben der Fürsorge für die Armen und Andachtsübungen wie dem Besuch der sieben Hauptkirchen widmen. Kardinäle fürstlichen Ranges wie Ippolito d'Este fassten sich an den Kopf: Von einem hergelaufenen Bettelmönch aus kleinsten Verhältnissen der hinterwäldlerischen Provinz Alessandrias wollten sie sich nicht über ihre Pflichten belehren lassen.

Diejenigen, die sich mit sanften Methoden nicht fügen wollten, mussten mit Gewalt dazu gezwungen werden. Auch dafür stand der ehemalige Generalinquisitor auf dem Papstthron mit seinem Namen ein. In seinen ersten drei Pontifikatsjahren erlebte Rom insgesamt neun Autodafés, wörtlich: Akte des Glaubens. Bei diesen feierlichen Demütigungszeremonien in der Kirche Santa Maria sopra Minerva hatten die Angeklagten die letzte Gelegenheit, der Häresie, die ihnen zur Last gelegt wurde, abzuschwören und dann in der Regel mit milderen Strafen davonzukommen. Standhafte und Rückfällige hingegen wurden der weltlichen Justiz übergeben, was Todesurteil und Hinrichtung zur Folge hatte. «Am Montag, dem 10. Mai 1568, wurden drei rückfällige Kezter bei der Engelsbrücke aufgehängt und dann verbrannt. Einer von ihnen, ein siebzigjähriger Greis, hielt zuvor eine überaus christliche Ansprache, warf sich danach vor dem Galgen auf die Knie und rührte damit alle Zuhörer zu Tränen. Die beiden anderen aber blieben unbußfertig und leugneten neben manchem anderen die Autorität des Papstes. Nach zahllosen fruchtlosen Ermahnungen wurden sie ohne Kreuz, mit Schandmitren auf dem Kopf, auf denen die Teufel, ihre Herren und Beschützer, gemalt waren, da sie bei ihren falschen Meinungen beharrten, lebend verbrannt» (aus dem Tagebuch des Cornelio Firmano, Pastor 8, S. 636). Höchster Zweck der Hinrichtung ist die erbauliche Bekehrung in letzter Minute; findet sie nicht statt, bleibt der Effekt der Abschreckung. Unter Pius V. endete ein Dutzend solcher Fälle mit dem Scheiterhaufen.

Verglichen mit den verfolgungsintensiven Jahren unter Paul IV. war das eine relativ niedrige Quote, die sich aus andersartigen Prioritäten erklärt. Im Gegensatz zum Carafa-Papst hielt Pius V. die Inquisition aus dem Alltag der kleinen Leute heraus und konzentrierte ihre Tätigkeit auf die Ausrottung der letzten «Lutheraner», ein Sammelbegriff für alle aus römischer Sicht von den Richtlinien des Trienter Konzils abweichenden Strömungen und Richtungen. Solche «Ketzernester» witterte die Inquisition innerhalb des Kirchenstaats vor allem im Norden, in Faenza, Ferrara sowie in Moden und der weiterhin renitenten Republik Lucca. Um lupenreine Anhänger der Reformation in Wittenberg oder Genf handelte es sich dabei aus heutiger Sicht eher selten. Theologisch waren die Bekenntnisse der «reformierten» Gemeinden auf der Halbinsel meist recht diffus. Neben mehr oder weniger originalgetreu adaptierten Versatzstücken protestan-

Sieg der spanischen, venezianischen und päpstlichen Flotte über die Türken bei Lepanto
Für Pius V., den rigorosesten Reform-Papst der Neuzeit, malte Giorgio Vasari in der Sala Regia des vatikanischen Palastes dieses Fresko, das die Seeschlacht von Lepanto im Oktober 1571 zeigt. Wie siebenhundert Jahre zuvor vor Ostia triumphieren die christlichen Flottenverbände über die «Ungläubigen», doch die wahren Sieger sind Christus und die Apostel im Himmel.

tischer Dogmatik wie der Rechtfertigung durch den Glauben war in solchen Zirkeln die Abneigung gegen dogmatische Spitzfindigkeiten, den Machtanspruch der Päpste und den Klerus im Allgemeinen ausgeprägt. Fast immer verbanden sich solche undogmatischen Grundhaltungen mit dem Bestreben, politische Autonomie zu erhalten oder zurückzugewinnen. Bei ihren Verfahren gegen diese Abweichler gingen die Inquisitoren – entgegen allen schwarzen Mythen, die sich bis heute um ihre Institution ranken – nach heutigen Kriterien rechtsstaatlicher vor als die meisten staatlichen Gerichte der Zeit. So wurden die Anklagen stets sorgfältig geprüft, und die Angeklagten hatten das Recht auf einen Verteidiger.

Nachdem der «liberale» Pius IV. die diskriminierenden Bestimmungen Pauls IV. gegen die römischen Juden aufgehoben hatte, setzte Pius V. sie wieder in Kraft, ja er verschärfte sie sogar noch durch eine Bulle, in der er ihnen verbotene magische Praktiken wie Wahrsagerei, Teufelsbeschwörungen und Hexenwerk vorwarf. In der Bulle «Hebraeorum gens sola» verfügte er am 26. Februar 1569, dass alle Juden den Kirchenstaat innerhalb von drei Monaten zu verlassen hatten; andernfalls sollten sie enteignet und versklavt werden. Davon ausgenommen waren nur die beiden Ghettos des Kirchenstaats in Rom und Ancona.

Eine massenhafte Hexenverfolgung, wie sie um dieselbe Zeit in Mitteleuropa einsetzte, blieb in Rom und Italien hingegen aus. Im Gegensatz zu dem, was der Papst in seinen Bullen gegen die Juden verkündete, waren die meist humanistisch gebildeten Richter südlich der Alpen weiterhin nicht vom Realitätsgehalt von Hexereivorwürfen überzeugt. Bezeichnend dafür ist ein Fall aus dem Rom des Jahres 1568: Ein Geistlicher beauftragte einen «Geheimnishändler», mithilfe eines Teufels in einer Glasflasche zu berechnen, wie lange Pius V. noch zu leben habe. Eine solche Operation hätte dem Magier an den meisten Orten Europas den Tod auf dem Scheiterhaufen eingebracht; der römische Richter verhängte dagegen nur eine Prügelstrafe. Dass man die innerste Ordnung der Natur durch Geheimwissen aus Mathematik, Alchemie, Philosophie und Theologie erkennen könne, war ein weit verbreiteter Glaube der gebildeten Schichten, und zwar bis tief ins 17. und 18. Jahrhundert hinein, wie die okkulten «Nebentätigkeiten» bahnbrechender Naturwissenschaftler vom Rang eines Isaac Newton bezeugen. Die Natur mit solchen Methoden zu erforschen, war daher auch in Rom grundsätzlich erlaubt. Die Inquisition schritt ein, wenn sie glaubte, dass die rote Linie zu kriminellen Machenschaften oder zum Pakt mit dem Bösen überschritten sei. An den Dämon in der Phiole aber glaubte sie nicht.

Als Seele der katholischen Reform kämpfte Pius V. unermüdlich für eine konsequente Durchsetzung der Konzilsbeschlüsse: gegen Simonie und für die strikte Einhaltung der bischöflichen Residenzpflichten, für eine Straffung der Ordensregeln und gegen religiöse Gemeinschaften wie die Humiliaten, die sich diesen Regeln nicht fügen wollten. Er machte sich für die Disziplinierung und Unterweisung der Gläubigen im Gottesdienst und gegen Begräbnisse in Kirchen stark, verbot kirchliche Patronatsrechte einflussreicher Laien und trat für den Schutz kirchlicher Besitzungen sowie gegen die Vergabe neuer Lehen innerhalb des Kirchenstaats ein. Sein Hauptziel in der zweiten Pontifikatshälfte aber war eine Allianz christlicher Mächte gegen das Osmanische Reich. Seine Bemühungen wurden am 7. Oktober 1571 mit dem Sieg der spanischen, venezianischen und päpstlichen Flotte bei Lepanto gekrönt. Mit dem Tod Pius' V. am 1. Mai 1572 ging die Zeit der rigorosen Reform nach sechs Jahren zu Ende.

Rekatholisierung und neue Zeitrechnung: Gregor XIII.

Nach dem Tod Pius' V. machte sich die beherrschende Stellung des spanischen Königs Philipp II. in Italien auch während des Konklaves bemerkbar. Sein Veto brachte die erneute Kandidatur Alessandro Farneses zu Fall. Doch auch Carlo Borromeo konnte sich mit seinen Wunschkandidaten aus dem Kreis der strengen Reformer nicht durchsetzen; die Mehrheit der Kardinäle und der Römer fürchtete einen zweiten Ordenspapst, der die Ewige Stadt in ein Kloster umzuformen drohte. Einen Rückfall in die Zeit vor der Reform aber wollten die Wähler auch nicht. Nach diesem Ausschließungsverfahren kam eigentlich nur noch ein Kandidat infrage, der dann auch schon nach einem Tag am 13. Mai 1572 gewählt wurde: Kardinal Ugo Boncompagni aus Bologna, siebzig Jahre alt, Spitzenjurist, mit allen Wassern gewaschener Diplomat, Vater eines zehn Jahre nach der Priesterweihe gezeugten unehelichen Sohnes, durch Carlo Borromeo zu einem strengeren Lebenswandel bekehrt, aber durch seine Jovialität bei fast allen Parteien beliebt. Mit diesen Eigenschaften und Merkmalen erschien er seinen Wählern wie eine lebende Synthese aus Julius III. und Pius V., aus öffentlicher Fröhlichkeit und dem Willen zu zeitgemäßer Erneuerung, doch ohne die Vorlieben seines Vorgängers für Inquisition und Autodafés. Mit dieser Einschätzung lagen die Kardinäle richtig. Die kreative Kernzeit der Reform war vorbei, die Phase ihrer durchgreifenden Organisation und der planmäßigen Rückeroberung verlorenen Terrains brach an. Als Manager der Reform glaubte sich Gregor XIII., wie sich der neue Papst aus

Bologna nannte, der lästigen Fesseln ledig, die sich sein Vorgänger, die Seele der Reform, auferlegt hatte.

Von dieser Enthemmung profitierten vor allem die Verwandten des Papstes, für die jetzt das Goldene Zeitalter der Renaissance-Nepoten zurückzukehren schien. Der Papst ernannte zwei Neffen zu Kardinälen, deren Aufgabe darin bestand, so viel Geld und Gut wie möglich für den Hauptbegünstigten, seinen Sohn Giacomo Boncompagni, und damit für den Fortbestand einer fürstlichen Boncompagni-Dynastie zusammenzutragen. Giacomo erhielt die üblichen lukrativen Nepotenämter wie das Kastellanat der Engelsburg und den – nominellen – Oberbefehl über die päpstlichen Truppen übertragen, doch die damit verbundenen Einkünfte reichten zu seiner standesgemäßen Ausstattung bei Weitem nicht aus. So kaufte ihm der Papst aus Mitteln der Kirche eine Fülle illustrer Adelsherrschaften und -titel: die Markgrafschaft Vignola im Herzogtum Modena, das Herzogtum Sora im Königreich Neapel, das nach den Della Rovere jetzt an eine zweite Nepotenfamilie fiel, sowie die Grafschaften Arpino und Aquino im Grenzgebiet von Rom und Neapel. Doch selbst damit waren Sohn und Vater noch längst nicht zufrieden. Objekt ihrer weiterreichenden Begehrlichkeiten war ein Reichslehen in der heutigen Provinz Parma, das dem Papstsohn – wie diesem verlockend ausgemalt wurde – die Stellung eines Fürsten auf Augenhöhe mit den souveränen Herren Italiens verschaffen würde. Am Ende standen die Machtverhältnisse diesem großen Coup entgegen; an ihnen scheiterte auch der Erwerb der nicht minder hochkarätigen Markgrafschaft Saluzzo. Um den Verstoß gegen die von Pius V. vorgelebte Zurückhaltung in Sachen Nepotismus abzufedern, zelebrierte auch Gregor XIII. mit seinem Sohn das fast schon obligatorische Spiel von Distanzierung und Tadel. So wurde der weltliche Nepot während des Heiligen Jahres 1575, in dem Rom die Heilige Stadt spielte, tunlichst von dieser Bühne entfernt.

Zu Beginn des Boncompagni-Pontifikats fiel die Bestandsaufnahme des letzten halben Jahrhunderts aus römischer Sicht deprimierend aus. Die Königreiche Dänemark und Norwegen, Schweden, England und Schottland waren für die katholische Kirche verloren gegangen, ebenso weite Teile Norddeutschlands. In Polen, wo der Reichstag 1573 das Prinzip der Glaubensfreiheit dekretiert und die Elite sich überwiegend reformierten Bekenntnissen zugewandt hatte, musste die Lage ebenfalls als dramatisch gelten. In den

Die päpstliche Sicht der Bartholomäus-Nacht In der Sala Regia schuf Vasari für Gregor XIII. unmittelbar nach dem Mord an den Hugenotten in Paris ein Fresken-Triptychon: Im ersten Bild verstümmelt ein Schuss aus dem Himmel Admiral Coligny, dem Ketzer-Chef, die Schwurhand. Da er diese letzte Chance zur Umkehr nicht nutzt, wird er in der folgenden Nacht als teuflische Kreatur mitsamt seinen Anhängern erschlagen. Danach ist, wie das dritte Fresko demonstriert, die Welt vom Bösen gesäubert und die christliche Weltordnung wiederhergestellt.

habsburgischen Erblanden sah es kaum besser aus; auch hier war der Adel wie das reiche Bürgertum großenteils von Rom abgefallen und der Landesherr, Kaiser Maximilian II., überdies protestantischer Sympathien verdächtig. In Frankreich schien sich die Lehre des Erzketzers Calvin unaufhaltsam auszubreiten und nach zehnjährigen Bürgerkriegen auch militärisch zu behaupten, bis kurz nach der Wahl Gregors XIII. eine dramatische Wende erfolgte: Im August 1572 ließ die Königinmutter Catarina de' Medici das Haupt der calvinistischen Hugenotten-Partei, den Admiral Gaspard de Coligny, mit seinem Führungsstab ermorden, um dessen Einfluss auf den jungen König Karl IX. ein Ende zu setzen. Doch lief das Unternehmen «Bartholomäusnacht» kurz darauf völlig aus dem Ruder. In Paris und weiten Teilen Frankreichs kam es zu Massakern an den «Ketzern», die eine weitere Runde der immer mörderischeren «Religionskriege» einläuteten.

Obwohl er an der Planung und Vorbereitung des Anschlags in keiner Weise beteiligt war, beanspruchte Gregor XIII. im Nachhinein das Verdienst für die Ausschaltung Colignys und die nachfolgenden Lynchorgien: Die «Vernichtung der Hugenotten» ließ er nicht nur auf einer Medaille, sondern auch auf drei Fresken feiern, die der florentinische «Kulturminister» Giorgio Vasari unmittelbar nach den blutigen Ereignissen in der Sala Regia, dem Audienzsaal des Vatikans, malte (siehe S. 576). Das erste Bild dieses Fresken-Triptychons zeigt, wie dem Ketzerchef in einem römisch anmutenden Paris durch einen Schuss aus dem Himmel die Schwurhand zerschmettert wird. Anstatt diese letzte Warnung zu beherzigen, verharrt der Hugenottenführer in seiner Verstocktheit. In der anschließenden Nachtszene wird er von den anstürmenden Schutztruppen der wahren Religion von seinem Balkon in die Hölle gestürzt; dorthin folgen ihm seine Helfershelfer, die wie Coligny zu teuflischen Kreaturen mit grausigen Fratzen mutiert sind. Auf dem dritten Fresko ist die katholische Ordnung wiederhergestellt: Im Hintergrund geben fromme Christen auf dem Weg zur Messe den Armen Almosen, im Vordergrund tagt der Rat des Königs, der mit erhobenem Schwert die Rechtmäßigkeit der Ausrottungsaktion und zugleich seine Rolle als Instrument der römischen Kirche anzeigt. Vorne links wird ein junger Adliger in den erlauchten Kreis eingeführt, dessen Körpersprache Widerstreben und Reue zugleich ausdrückt: König Heinrich von Navarra, dessen Heirat mit Catarinas Tochter Marguerite den Anlass zu der «Pariser Bluthochzeit» bot. Mit

Konzil, Reform und die Grenzen der Erneuerung

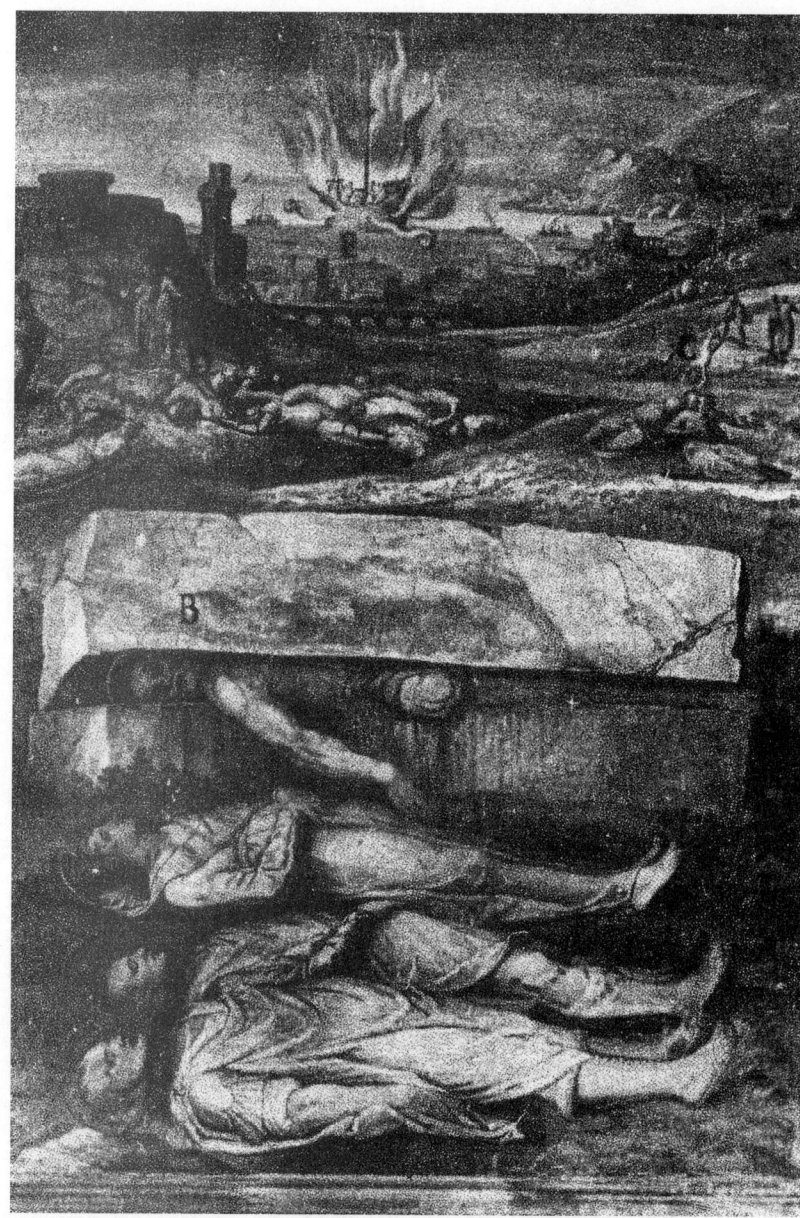

Ein Katalog der wichtigsten römischen Martyrien Die 34 Fresken von Niccolò Circignani und Matteo da Siena in der Kirche Santo Stefano Rotondo zeigen das Leiden der Blutzeugen beiderlei Geschlechts. Sie steigen lächelnd in siedende Ölkessel, lassen sich betend von Löwen zerfleischen oder wie hier von einem steinernen Sarkophagdeckel zerquetschen und in einem gigantischen Feuerofen verbrennen. Die Gewissheit des Himmelreichs besiegt jeden Schmerz:

seinem erzwungenen Übertritt zum Katholizismus endet diese Freskenreihe, vor der die Päpste bis heute Staatsgäste empfangen. Doch die Geschichte ging weiter: Noch zweimal sollte der zwangsbekehrte König von Navarra die Konfession wechseln und schließlich als König von Frankreich für das Papsttum zu einer historischen Schlüsselfigur werden. Als in den 1580er-Jahren mit der sogenannten «Heiligen Liga» unter Führung der Familie Guise, die eigene Thronansprüche hegte, eine dritte, ultrakatholische und von Spanien unterstützte Kraft in Frankreich auf den Plan trat, agierte Gregor XIII. in dieser delikaten Konstellation mit einer Zurückhaltung, die sein ungestümer Nachfolger vermissen ließ.

Seine Hauptaktivitäten entfaltete der Boncompagni-Papst als Organisator der kirchlichen Reform und als Regent des Kirchenstaats. Für beide Zwecke richtete der erfahrene Verwaltungsjurist eine Reihe neuer Kongregationen ein. Solche «Fachausschüsse» wurden unter dem Vorsitz von Kardinälen zur Beratung des Papstes mit Spezialaufgaben betraut, zum Beispiel mit der Neuordnung des Zeremoniells, der Ausarbeitung verbesserter liturgischer Handbücher oder der Wasserversorgung Roms. Eine beträchtliche Ausdehnung erfuhr das Netz der päpstlichen Nuntien; parallel dazu wurde ihr Karriereverlauf normiert. Im Rang von (Erz-)Bischöfen konnten sie sich auf ihren diplomatischen Vorposten den roten Hut verdienen. Dort waren sie als Agenten und Informanten der Kurie tätig, deren Interessen sie gegenüber den katholischen Mächten vertraten, nicht zuletzt bei der Durchsetzung der in Trient verabschiedeten Dekrete. Auch für die Finanzgeschäfte der Nepoten waren sie zuständig – die Papstverwandten galten nicht als «Privatleute», sondern als öffentliche Persönlichkeiten mit weitreichenden Herrschaftsaufgaben.

Denselben Prioritäten wie die innere und äußere Politik folgten die Kardinalsernennungen Gregors XIII. Gemäß den Bestimmungen des Konzils

---

Mit dieser Botschaft werden die Zöglinge des Collegium Germanicum et Hungaricum zum Kampf für die katholische Religion aufgefordert. Zur besseren Lektüre der Fresken sind Buchstaben eingefügt, die auf erläuternde Fußnoten unter den Bildern verweisen: Geschichtsschreibung im Stile des Konfessionellen Zeitalters. Dem hartgesottenen Sixtus V. entlockten die Bilder ganz im Sinne des Trienter Bilderdekrets Tränen des andächtigen Mitleids.

fielen sie internationaler als zuvor aus, trugen der politischen Notwendigkeiten Rechnung und förderten zugleich die Anliegen der Reform. Auch mit seiner Kandidaten-Mischung aus königlichen Favoriten in Frankreich und Spanien, hochgeborenen Vorkämpfern des Katholizismus in Deutschland, Vertretern von Fürstenhäusern und Kräften der kirchlichen Erneuerung in Italien erwies sich Gregor XIII. als ausgesprochen zukunftsweisend. Dabei rückte das lange vernachlässigte Deutschland ins Zentrum der Bemühungen um Reform und Rekatholisierung.

Für die Heranziehung qualifizierten Priesternachwuchses in Deutschland hatte der Jesuitenorden in Rom ein Kolleg eingerichtet, das mangels finanzieller Dotierung vor sich hinkümmerte. Gregor XIII. schuf hier zwischen 1573 und 1584 durchgreifend Abhilfe und fusionierte das Seminar 1580 mit dem kurz zuvor gegründeten Collegium Hungaricum zum Collegium Germanicum et Hungaricum. Das neue Seminar konnte hundert Zöglinge (Alumnen) aus dem Reich (jedoch ohne Böhmen und die Eidgenossenschaft, für die eigene Institute eingerichtet wurden) aufnehmen. Für zweihundert Jahre wurde das «Germanicum» unter Leitung der Jesuiten zur bevorzugten Ausbildungsstätte der zur kirchlichen Laufbahn bestimmten Söhne des katholischen deutschen Adels.

Um die aristokratischen Kleriker auf ihre Aufgabe vorzubereiten, die für den Katholizismus verlorenen Gebiete des Reiches zurückzugewinnen, ließen ihre pädagogisch versierten Lehrer in der Kirche Santo Stefano Rotondo von Niccolò Circignani und Matteo da Pisa einen Freskenzyklus malen, der die Freuden des Martyriums verherrlicht. Die Blutzeugen beiderlei Geschlechts werden mit den grauenhaftesten Martern zu Tode gebracht, doch können ihnen die Henker nichts anhaben: Ob lebendig gehäutet oder aufs Rad geflochten, sie haben den irdischen Schmerz hinter sich gelassen, und der Tod hat für sie keinen Stachel, denn ihnen ist bereits sichtbar der direkte Weg ins Paradies gebahnt. Alle Freskenfelder sind wie ein Nachschlagewerk in Farben mit Namen und Datierungen versehen, Märtyrer im Bischofs- und Papstrang sind deutlich überrepräsentiert. Für Rom und die Würde des Episkopats siegreich sterben: Auf dieses Programm wurden auch die englischen Seminaristen in Rom durch ähnliche Bilder in ihrer Kirche Sant'Apollinare eingestimmt.

Das Lebensgefühl des «gregorianischen» Rom war jedoch nicht von dieser Todesverliebtheit geprägt. Das kulturelle Klima wurde viel stärker durch das Oratorium des florentinischen Weltpriesters Filippo Neri bestimmt, der seit den 1550er-Jahren sein eigenes, eigenwilliges Reformprogramm umsetzte: Durch Sozialfürsorge, Predigten und Musikaufführungen, die auf die Bekehrung der einfachen Leute abzielten, aber auch durch enge Kontakte zu hohen Klerikern, Intellektuellen und Künstlern. In den Kreisen der «Oratorianer» ließen sich Fragen und Probleme der kirchlichen und kulturellen Erneuerung offener und kontroverser diskutieren, als es den Vertretern eines von der Inquisition bestimmten Kurses lieb war. Unter dem Einfluss des Oratoriums entwickelten sich zahlreiche Laienbruderschaften (*confraternite*), oft in enger Verbindung mit den Korporationen einzelner Berufe und Gewerbe, doch unter der Leitung von Klerikern. Laienfrömmigkeit ja, doch nicht eigenständig und spontan, sondern unter Aufsicht und Regie der Kirche, so lautete jetzt die Formel.

Wie sich diese volkstümliche Religiosität im Alltag manifestierte, verzeichnete der französische Philosoph Michel de Montaigne 1580 bei seinem Romaufenthalt in seinem wunderbar anschaulichen Reisetagebuch mit dem analytischen Scharfblick des passionierten Menschenforschers: «Nachdem wir bereits tagsüber eine gewaltige Zahl solcher Vereinigungen gesehen hatten, die alle nach St. Peter geströmt waren, schien bei Einbruch der Dunkelheit die Stadt gänzlich in Feuer zu stehen, als die Brüderschaften in geordnetem Aufzug gegen St. Peter marschierten und jeder eine Kerze – meist aus weißem Wachs – in der Hand trug. Ich glaube, dass da vor mir zwölftausend Fackeln zum mindesten vorüberzogen, denn von acht Uhr abends bis Mitternacht war die Straße ununterbrochen mit diesem Aufzug angefüllt, der dabei so wohl geordnet und ruhig sich bewegte, daß nie eine Lücke oder eine Unterbrechung zu bemerken war» (zitiert aus Michel de Montaigne, Tagebuch einer Badereise. Aus dem Französischen von Otto Flake, Stuttgart 1963, S. 210). Die Massen – so Montaignes tiefgründige Beobachtung – marschierten in den großen Prozessionen zwar unter der Führung von Priestern, doch aus eigenem Antrieb, selbstbewusst und im eigenen Interesse. Die neuere Forschung hat Montaignes intuitive Diagnose bestätigt: Katholische Konfessionalisierung bedeutete in der Regel nicht die Unterdrückung, sondern die Einbettung volkstümlicher Religiosität in offizielle kirchliche Rahmenordnungen.

Montaigne hatte seine Essays im Gepäck, die ihn wenige Jahre später berühmt machen sollten. Darin sagte er den vorherrschenden Gewissheiten seiner Zeit den Kampf an: Er glaubte nicht an Hexen, betrachtete die französischen Religionskriege als eine Orgie menschlicher Grausamkeit, Machtgier und Dummheit und den christlichen Glauben als Vorwand dafür, diese destruktiven Neigungen ungehemmt auszuleben. Doch diese unbequemen Wahrheiten sagte er durch die Blume, verklausuliert oder zwischen den Zeilen, hinter der Fassade ehrenfester Katholizität. Montaigne traf Gregor XIII. in einer Audienz, wunderte sich, wie gut der Papst über die politischen und konfessionellen Verhältnisse seiner Heimat Bordeaux informiert war, und beneidete den Achtzigjährigen um seine gute Gesundheit. Seine Essays hatte er dem vatikanischen Hausinquisitor zur Kontrolle auszuhändigen; kurz darauf erhielt er seine kühnen Texte mit minimalen Beanstandungen zurück. Wer sich mit literarischen Listen tarnte, adligen Status und Protektion besaß, hatte auch jetzt von den Glaubenswächtern nicht viel zu befürchten.

Die kulturelle Großtat Gregors XIII. ist auf den ersten Blick rein wissenschaftlich: Er ließ eine Expertenkommission Lösungen für eine Reform ausarbeiten, die durch die Abweichung des Sonnenjahrs vom Julianischen Kalender notwendig wurde. Die Differenz betrug inzwischen volle zehn Tage, was auch Auswirkungen auf die Berechnung des Ostertermins hatte. Die Verspätung des Kalenders gegenüber den Jahreszeiten wurde auf Anordnung des Papstes dadurch behoben, dass auf Donnerstag, den 4. Oktober 1582 sogleich Freitag, der 15. Oktober folgte. Für die meisten protestantischen Geistlichen und ihre Machthaber war das ein perfides Manöver des Antichrist am Tiber, um durch das Auseinanderklaffen der Datierungen Zwietracht zu stiften und das heilige Osterfest am falschen Tag feiern zu lassen. Ihre Polemik hatte Erfolg – eine weitgehende Vereinheitlichung des europäischen Kalenders stellte sich erst im 18. Jahrhundert wieder ein.

Banditenkrieg und Sternplan: Sixtus V.

Beim Tod Gregors XIII. am 10. April 1585 bestand das Kardinalskollegium aus 60 Mitgliedern, von denen jedoch nur 42 zur Wahl des neuen Papstes in Rom sein konnten. Von den Anwesenden waren 35 Italiener, so dass die

«Internationalisierung» des kirchlichen Senats nur geringfügige Auswirkungen auf das Konklave hatte. Beherrscht wurden die Wahlverhandlungen vom Gegensatz der Familien Medici und Farnese. Ihre Kardinäle führten die stärksten Gefolgschaftsverbände an, da die Boncompagni-Fraktion durch die Uneinigkeit der beiden Nepoten gespalten war. Außerdem war mit dem Kardinal Este aus dem ferraresischen Herrscherhaus eine dritte italienische Regionalmacht einflussreich vertreten. Wer zwei von diesen Parteien auf seiner Seite hatte, würde das Rennen machen, und dieser Favorit war nach wenigen Stimmrunden ausgemacht: Kardinal Felice Peretti, nach seinem Geburtsort in den Marche Montalto genannt. Für die hochgeborenen Papstmacher war der Sohn kleiner Landpächter, der in seiner Kindheit nach eigenen Worten durch Kräutersammeln und Schweinehüten zum kargen Unterhalt der Familie beitragen musste und im Franziskanerorden nach oben gekommen war, der perfekte Kandidat: Von einem Pontifex maximus aus so kleinen Verhältnissen erwarteten sie keine großen Initiativen, sondern Gefügigkeit und Gefälligkeiten. Der neue Papst nannte sich Sixtus V., um damit seinem Ordenskollegen aus der Familie Della Rovere zu huldigen. Er war bei Gregor XIII. dauerhaft in Ungnade gefallen, was nach dreizehn Jahren Boncompagni-Herrschaft die heiß ersehnte Neuverteilung von Posten und Privilegien versprach.

Ein ungesühntes Verbrechen trug entscheidend dazu bei, Montalto die Tiara zu verschaffen. Als Kardinal hatte er, um den Aufstieg seiner Verwandtschaft bemüht, seinen Neffen Francesco mit der schönen Vittoria Accoramboni aus umbrischem Lokaladel verheiratet und das Paar nach Rom kommen lassen. Das war ein Fehler, denn dort begann Herzog Paolo Giordano Orsini, seines Zeichens Chef des immer noch mächtigen römischen Baronalclans, mit den Medici verschwägert und notorischer Womanizer, eine Liaison mit der Femme fatale aus der Provinz, die deren Ehemann das Leben kostete. Orsini ließ Francesco Peretti von seinen Schergen umbringen und heiratete dessen Witwe. Gregor XIII. unternahm nichts gegen den Mörder – und Kardinal Peretti schwieg eisern. Das brachte ihm den erwünschten Ruf der Unterwürfigkeit ein und wiegte seine Gegner während des Konklaves in trügerischer Sicherheit. Dass Kardinal Ferdinando Medici einen Kardinal zum Papst wählen lassen würde, der eine blutige Rechnung mit seinem Schwager offen hatte, schien unvorstellbar. Als das Undenkbare wahr geworden war, ergriffen Paolo Giordano Orsini und seine Gattin schleunigst die Flucht. Ein Happy End in seinem luxuriösen Exil am Gardasee war dem Paar jedoch nicht beschieden. Der Herzog starb bald darauf, seine Gemahlin wurde von seinen Angehörigen umgebracht.

Andere Mitglieder der Familie Orsini wurden aber noch gebraucht. Einen weiteren Triumph über den Mörder seines Neffen feierte Sixtus V. dadurch, dass er eine seiner Nichten mit dem Sohn Paolo Giordano Orsinis verehelichte; eine weitere Nichte heiratete den künftigen Chef des Hauses Colonna. Für die Nachkommen kleiner Landleute waren das atemberaubende Verschwägerungen. Eigentlich hatte der Papst noch höher hinaus gewollt, doch eine Eheallianz mit den Farnese scheiterte am Einspruch Philipps II. von Spanien. Zum Stammhalter der Peretti-Dynastie war ein achtjähriger Knabe ausersehen, auf den jetzt die weltlichen Führungsämter des Kirchenstaats mit ihren lukrativen Erträgen niederregneten. Zusätzliches Kapital für die Familie schöpfte der fünfzehnjährige Kardinalnepot Alessandro Montalto aus zahlreichen Pfründen und geistlichen Posten ab. Ein Novum im Mikrokosmos des päpstlichen Nepotismus war die herausragende Stellung der Papst-Schwester Camilla, die mit ihrem eigenen Hofstaat eine Art «erste Dame» des Pontifikats wurde. Für Reformer der strengen Richtung war das alles ein Rückfall in die unseligen Zeiten vor dem reinigenden Konzil. Doch ihre Klagen verhallten ungehört – in Sachen Nepotismus setzten Gregor XIII. und Sixtus V. Maßstäbe für die Zukunft. Auf die von ihnen gelegten Fundamente ließ sich trefflich aufbauen oder besser: aufstocken.

Auch die Politik des Peretti-Papstes nach innen und außen wurde zutiefst von seinem ländlichen Herkunftsmilieu und dessen Instinkten geprägt. Das betraf vor allem sein Verhältnis zum Geld. Reiche Bauern horteten ihre Goldstücke unter der Matratze oder vergruben sie im Garten, Sixtus V. sammelte seinen Schatz in der Engelsburg. Hinter deren dicken Mauern ließ er in eisenbeschlagenen Schatullen eine Finanzreserve anhäufen, die sich am Ende des Pontifikats auf die gigantische Summe von fünfeinhalb Millionen Scudi belief. Dieser Thesaurus war teuer erkauft. Er stammte aus erhöhten Steuern auf Güter des täglichen Bedarfs, aus Staatsanleihen *(monti)* und dem Verkauf hoher Kurienämter. Auch diese Praxis war den Reformern ein Dorn im Auge, weil sie der Simonie gefährlich nahe kam: Ehrgeizige Prälaten hatten für hohe Richterstellen und andere Kaderpositionen im kurialen Apparat hohe Beträge zu entrichten, die mit ebenso hohem Risiko versehen waren: Starb der Inhaber, bevor sich die Investition rentieren konnte, war das Kapital, zu dem meist die ganze Familie beigetragen hatte, verloren. Groß waren allerdings auch die damit verknüpften Chancen: Wer zum Kardinal erhoben wurde, musste seine Kaufämter an die Kurie zurückgeben, und zwar gratis. So war es kein Wunder, dass der rote Hut meist nicht lange auf sich warten ließ.

Dieser Ämterhandel war eine Belastung für das Ansehen des Papsttums; die von den Päpsten aufgenommenen Anleihen hingegen belasteten das päpstliche Budget. Die römischen Staatspapiere *(luoghi di monte)* wurden so hoch verzinst, dass sich die Anleger auf dem europäischen Geldmarkt um sie rissen. Frisches Geld strömte daher unablässig in die Ewige Stadt; die Kehrseite der Medaille war, dass der Schuldendienst immer mehr Einkünfte absorbierte. Volkswirtschaftlich war die Schatzhortung in der römischen Stadtfestung ohnehin kontraproduktiv, da sie Handel und Gewerbe das nötige Bargeld entzog. Ausgegeben werden sollte die Staatsreserve nämlich nur für die Verteidigung der katholischen Religion und des Kirchenstaats sowie in anderen akuten Notlagen, doch das war trotz der vielen «Religionskriege» und Versorgungsengpässe in der Folgezeit nur so selten der Fall, dass das Gros des «Sixtus-Schatzes» den französischen Revolutionstruppen 1798 bei der Einnahme der Ewigen Stadt in die Hände fiel. Auch andere große Projekte Sixtus' V. wie die Trockenlegung der Pontinischen Sümpfe im Süden Roms oder die Einführung der Seidenraupenzucht im Kirchenstaat schlugen nach Anfangserfolgen fehl.

Zwingend war aus der Sicht des kleinen Landmanns auch der Kampf gegen die «Banditen» und ihre hochgeborenen Protektoren, die der Peretti-Papst mit unauslöschlichem Hass verfolgte und auszurotten versuchte. *Banditi* waren im wörtlichen Sinne alle missliebigen Personen, die durch einen öffentlichen Plakatanschlag *(bando)* der Obrigkeit aus der Gesellschaft der ehrbaren Leute verbannt worden waren. Dieser Ausschluss konnte ganz unterschiedliche Ursachen haben: Streitigkeiten mit dem örtlichen Feudalherrn, Verstoß gegen das Verbot, Waffen zu tragen, Selbstjustiz zur Wahrung der persönlichen Ehre – um nur einige besonders häufige Konfliktmotive anzuführen. «Banditen» wurden von den Sbirren, den verhassten

Zu früh gefreut Auf dem Relief vom Grabmal Sixtus' V. bringen die Häscher des Papstes nach erfolgreicher Treibjagd in der unwegsamen Campagna die abgeschlagenen Köpfe der «Banditen» als Trophäen nach Rom zurück. Doch die abgehackten Häupter wuchsen reichlich nach.

päpstlichen Polizisten, verfolgt, doch bei den unteren Schichten genossen sie oft hohes Ansehen, ja nicht selten Heldenstatus. Den meisten von ihnen blieb nur die Flucht in die «Macchie», das heißt: in die ländliche Wildnis, und von dort in die Söldnertruppen, mit denen die Mächtigen der Zeit ihre Kriege austrugen. War der Krieg vorbei, strömten die Banditen arbeitslos und ohne Auskommen in ihre Ausgangsgebiete zurück und wurden zum Problem für die öffentliche Ordnung. Seinen Krieg gegen diese Störenfriede ließ Sixtus V. sogar auf einem Relieffeld seines zu Lebzeiten entstehenden Grabmals in der eigens dafür errichteten Kapelle von Santa Maria Maggiore verherrlichen. In dieser marmornen Schlüsselszene haben die Soldaten des Papstes die Köpfe der Gesetzlosen abgeschlagen und bringen diese wie Trophäen in die geschützte Welt der städtischen Zivilisation zurück. Doch dieser Triumph war voreilig. Als sich der Pontifikat des Peretti-Papstes dem Ende zuneigte, traten die «Banditen» in Heeresstärke auf und belagerten Rom.

Unterstützung fanden die ländlichen Outlaws auch beim Provinzadel, der sich ebenfalls zu den Verlierern der letzten Jahrzehnte zählte: Die Ausgaben für Mitgiften und Kriegsdienste waren gestiegen, die Einkommen hielten damit immer weniger Schritt. So wuchsen mit dem Neid auf die Nepoten, die sich alles leisten konnten und die ertragreichsten Latifundien als Geschenk erhielten, die Revanchebedürfnisse gegenüber Rom und der Kurie. Gegen solche «Raubritter», die seine Aktionen zur administrativen Durchdringung und Kontrolle des Landgebiets torpedierten, ging Sixtus V. mit drakonischer Strenge vor. So endete ein Mitglied der Familie Malatesta, die jahrhundertelang die Herrschaft über Rimini und Umgebung innegehabt hatte, 1587 auf dem römischen Schafott. Alfonso Piccolomini, der Banditenführer aus der Familie Pius' II., konnte den Nachstellungen des wütenden Papstes nur entgehen, weil mit dem Herzog von Ferrara ein Mächtiger seine schützende Hand über ihn hielt. Noch mehr Aufsehen als die Hinrichtung Lamberto Malatestas erregte die Exekution des Grafen Giovanni Pepoli aus einem der führenden Häuser Bolognas. Dieser hatte sich so wie viele andere Aristokraten geweigert, «Banditen» auszuliefern, und sich nach seiner Verhaftung brieflich über die Tyrannei des Mönchspapstes beklagt, der den Prozess daraufhin einem Todfeind des Angeklagten übertrug – mit dem gewünschten Resultat.

Politische Wunschträume eines machtbewussten Papstes, in simpler allegorischer Verkleidung Der Löwe Sixtus V. hält von seinem Nachen aus die europäischen Potentaten – in der Mitte den habsburgischen Doppeladler – an der Leine. Solche Botschaften konnte ein Papst am Ende des 16. Jahrhunderts nur noch in seinen eigenen Gemächern, hier in der Vatikanischen Bibliothek, malen lassen, sonst drohte eine ausgewachsene Staatskrise.

Als Regent des Kirchenstaats erließ Sixtus V. Bestimmungen, die dessen Ordnung, Verwaltung und Leitung jahrhundertelang prägten. So legte er im Dezember 1586 die Zahl der Kardinäle auf siebzig fest; erst Johannes XXIII. setzte diese Zahl 1958 herauf. 1588 verfügte er, dass es fünfzehn dauerhafte Kongregationen geben sollte, neun für die universelle Kirche, sechs für den Kirchenstaat; jede von diesen stand unter der Leitung eines Kardinals und besaß als bürokratischen Unterbau ein Sekretariat; Experten und Gutachter wurden je nach Bedarf hinzugezogen. Dem Papst war der Vorsitz der Inquisitions-Kongregation vorbehalten. Auch der bürokratische Unterbau der kurialen Notare wurde grundlegend neu geordnet.

Auf der europäischen Bühne agierte der Papst, der von so weit unten kam wie keiner seiner Vorgänger, ähnlich impulsiv wie gegen die Banditen. In den französischen Religionskriegen distanzierte er sich von König Heinrich III., der ihm zu lasch gegen die Hugenotten vorging, stellte sich auf die Seite der Heiligen Liga und musste erleben, wie der calvinistische Thronprätendent Heinrich von Navarra bei Arques und Ivry glänzende Siege über seine ultrakatholischen Feinde feierte. An einer weiteren konfessionellen

Front verbündete sich der Peretti-Papst ebenfalls mit dem Verlierer. In einem Vertrag vom Juli 1587 einigte er sich mit König Philipp II. von Spanien über die Aufteilung einer Beute, die noch erlegt werden musste: Die angeblich unbesiegbare spanische Armada sollte England erobern. Nach erfolgter Rekatholisierung sollten die von Heinrich VIII. eingezogenen Kirchengüter an den Heiligen Stuhl fallen, dem der neue, von Spanien zu ernennende König dann den Lehnseid zu leisten hatte. Obwohl er damit hohe finanzielle Verpflichtungen einging, betrachtete der Papst das ganze Unternehmen mit einer Skepsis, die sich durch die Niederlage der spanischen Flotte wenige Monate später bestätigte.

In das Stadtbild Roms hat der hyperaktive Sixtus V. stärker eingegriffen als alle Herrscher seit Kaiser Augustus. Seiner urbanistischen Umgestaltung lag weiterhin die Vision Nikolaus' V. zugrunde, Rom zu einem Neuen Jerusalem umzugestalten. Dieser große Plan gewann im Zeitalter der katholischen Reform neue Konturen. Neue Straßen sollten den Pilgerströmen, die seit dem Heiligen Jahr 1575 stetig anschwollen, den Besuch der sieben römischen Titelkirchen Lateranbasilika, Sankt Peter, Santa Maria Maggiore, Santa Croce in Gerusalemme sowie San Lorenzo, San Paolo und San Sebastiano, die letzten drei vor den Mauern, erleichtern. Die schnurgeraden Achsen zwischen den innerstädtischen Hauptbasiliken hatten nicht nur eine verkehrstechnische Funktion, sondern auch eine symbolische Bedeutung. Sie sollten den frommen Wanderern vor Augen führen, dass die Bahnen, die sie unter der väterlichen Aufsicht und Fürsorge des Papstes beschritten, geradewegs ins Paradies führten. Brunnen, die die neuen römischen Heilswege säumten, spendeten belebendes Nass. Auch diese Botschaft war klar formuliert: So wie einst Moses gegen den Felsen schlug und das rettende Wasser in der Wüste sprudeln ließ, gewährten die Päpste als Quelle des Heils den Gläubigen ihre Gnaden. Die Obelisken, die der Papst an den Eckpunkten des neuen Straßennetzes aufstellen ließ, hoben seine Rolle als Vermittler zwischen Gott und den Menschen besonders eindrucksvoll hervor. Die gewaltigste dieser altägyptischen Sonnennadeln ließ Sixtus V. 1586 auf dem Petersplatz aufstellen. Der Transport und die Aufrichtung des kolossalen Steinblocks unter der Leitung des Tessiner Ingenieurs und Architekten Domenico Fontana waren eine technische Glanzleistung, die in ganz Europa höchste Bewunderung erregte. Triumphal ist auch die Inschrift, mit

Der Vatikan als Hightech-Zentrum Europas Die Aufstellung des Obelisken auf dem Petersplatz war 1586 eine Großoperation, die noch Michelangelo für unmöglich gehalten hatte. Sixtus V. feierte sie als Triumph der erneuerten Kirche in diplomatischen Noten und Fresken. Ja, er erlaubte seinem Tessiner Meister-Ingenieur Domenico Fontana sogar, sich mit einer Inschrift auf der Sonnennadel zu verewigen. Im Hintergrund des Freskos aus der vatikanischen Bibliothek sieht man die Kuppel der Peterskirche vier Jahre vor ihrer Vollendung.

der Sixtus V. den vatikanischen Obelisken schmückte: Das dem unfrommen Kult der Götter der Heiden gewidmete Monument hat der Papst demnach «den heidnischen Kaisern mit höherem Recht entrissen, mit größter Anstrengung zu den Gräbern der Apostel übertragen und es um so viel glücklicher dem unbezwungenen Kreuz geweiht». Durch diesen reinigenden Akt der Umwertung und Unwidmung erklärte sich der Papst zum rechtmäßigen Erben des römischen Imperiums. Dabei kam der Personen- und Familienkult nicht zu kurz. An allen Straßen, Brunnen und Obelisken des Peretti-Papstes prangten dessen Wappenzeichen: der Stern, nach dem das neue Straßensystem mit dem Mittelpunkt Santa Maria Maggiore gestaltet werden sollte, der Berg und der Löwe, der in Bronze gegossen den Vatikanischen Obelisken trägt. Selbst die Kuppel des Petersdoms, die nach Michelangelos Entwurf am 14. Mai 1590 unter dem Salut der Engelsburg-Kanonen vollendet wurde, ist außen wie innen von Peretti-Löwen übersät. Die Botschaft der himmlischen Erwählung, die sie verkünden, hat das ganze Leben des Papstes nach dessen eigenem Zeugnis bestimmt. Wie so vielen Müttern zuvor war auch Marianna Peretti die Weissagung zuteil geworden, dass der von ihr geborene Knabe einst zur höchsten Würde der Kirche emporsteigen werde. Wie oft sich eine solche Prophezeiung nicht bewahrheitete, lässt sich leider nicht mehr ermitteln.

Kurz nach Vollendung der Kuppel des Petersdoms starb Sixtus V. am 27. August 1590. Seine Zeitgenossen zogen ein zwiespältiges Fazit dieses fünfjährigen Pontifikats. Energie, Tatkraft, ungestümer Wille zur Veränderung kontrastierten mit Selbstüberschätzung, Planlosigkeit und Übereilung. Dass von der neuen Stadt Rom, die dem Papst vorschwebte, mit der Via Sistina und einigen anderen Versatzstücken nur ein Bruchteil verwirklicht wurde, ist kein Verlust für die Architekturgeschichte und bewahrte so manche ältere Bausubstanz vor der Zerstörung. Noch härter fiel das Urteil über die von Sixtus V. in Rekordzeit eigenhändig erarbeitete Neufassung der lateinischen Bibel (Vulgata) aus. Seit mehr als einem Jahrhundert zirkulierten davon so unterschiedliche Versionen – unter anderem von den großen Humanisten Lorenzo Valla und Erasmus von Rotterdam –, dass das Konzil von Trient die Erstellung eines gereinigten und verbindlichen Textes in Auftrag gab. Das Ergebnis, das die zu diesem Zweck eingerichtete Kommission hervorbrachte, missfiel dem Peretti-Papst so sehr, dass er sich selbst an die «Verbesserung» machte. Als der Präsident der Bibelkommission darin elementare Mängel kritisierte, drohte ihm der tödlich gekränkte Papst mit der Inquisition. Doch musste er schließlich doch darauf verzichten, seine Vulgata als allein gültige Ausgabe durchzusetzen. Veröffentlicht wurde sie trotzdem, mit schwerem Schaden für das römische Renommee auch im katholischen Europa.

Nachhall der Reform:
Urban VII., Gregor XIV., Innozenz IX., Clemens VIII., Leo XI.

Nach dem Tod Sixtus' V., der den Römern als Papa terribile, als «schrecklicher Papst», aber auch als «schrecklich großartiger» Papst dauerhaft in Erinnerung geblieben ist, regierten seine drei Nachfolger zusammen weniger als anderthalb Jahre: Urban VII. nur zwölf Tage, Gregor XIV. gut zehn Monate, Innozenz IX. zwei Monate. Alle drei waren Wunschkandidaten Philipps II., so dass ihr rasches Hinscheiden als Orakel für den Niedergang des spanischen Weltreiches gedeutet wurde. Auch beim vierten Anlauf im Januar 1592 schien der spanische Monarch mit seinem Wunschkandidaten Giulio Santori schnell am Ziel zu sein. Aufgrund der Huldigung (Adoration), die ihm durch die spanientreuen Kardinäle zuteil geworden war, glaubte dieser bereits gewählt zu sein, musste aber zu seiner Enttäuschung erleben, dass die Stimmzettel im nachfolgenden Skrutinium keine Zweidrittelmehrheit ergaben. Stattdessen einigten sich die Kardinäle wenig später auf den Florentiner Ippolito Aldobrandini, der nur auf Platz fünf der Wunschliste stand, die Philipp für das Konklave erstellt hatte, und vielen Kardinälen mit sechsundfünfzig Jahren zu jung war. Verglichen mit Sixtus V. schien der neue Pontifex maximus, der sich Clemens VIII. nannte, den diplomatischen Beobachtern erfreulich farblos zu sein: Als Jurist, fleißiger Aktenarbeiter und pflichtbewusster Diplomat verkörperte er den neuen Papsttypus des frommen Bürokraten, der seinen Apparat unter Kontrolle hatte und nicht zu impulsiven Entschlüssen neigte.

Die Aldobrandini hatten in der älteren Republik Florenz zum weiteren Kreis der regierenden Oligarchie gehört, stellten sich in den Machtkämpfen des 15. Jahrhunderts jedoch auf die Seite der Medici-Gegner und hielten an dieser Opposition ein Jahrhundert lang zum Schaden ihres Ranges und Renommees fest. Diese Haltung wandelte sich erst während Ippolitos kurialer Musterkarriere, und zwar so gründlich, dass er mit Unterstützung des Medici-Großherzogs die Tiara erlangte. Ein neuer Papst aus einer Familie mit ansehnlicher Vergangenheit und bescheidener Gegenwart: Das ließ intensiven Nepotismus erwarten. Erstaunen erregte daher allein die Verzögerung von gut anderthalb Jahren, mit der die systematische Erhöhung der Familie einsetzte. Mit der Wahrung dieser Anstandsfrist wollte der neue Papst zum Ausdruck bringen, dass diese Strategien nicht zum Kernprogramm des Pontifikats gehörten und daher auf sich warten lassen konnten. Die Wirklichkeit sah jedoch anders aus. Im September 1593 erhob Clemens VIII. mit Cinzio und Pietro Aldobrandini gleich zwei Kardinalnepoten auf einmal, die ihm – so die Standardbegründung solcher Ernennungen – als Stützen und Vertraute zur Seite stehen sollten, wie es eben nur Blutsverwandte konnten. Zerstritten, wie die beiden Papstneffen waren, konnte aus dieser schönen Zusammenarbeit jedoch nichts werden. Beide rivalisierten mit eigenen Gefolgschaften um die Gunst des Papstes. Nominell waren beide Kardinalnepoten im engeren Sinne, das heißt als Staatssekretäre für die politischen Geschäfte im Kirchenstaat, im übrigen Italien und katholischen Europa zuständig, doch stach Pietro, der gewandtere Diplomat, seinen Nebenbuhler Cinzio rasch aus. Dazu gesellte sich 1603 mit dem erst dreizehnjährigen Silvestro Aldobrandini ein dritter Purpurträger der Familie. Zusammen mit den drei Familienkardinälen wurde zahlreichen Prälaten der rote Hut verliehen, die sich dem Papst und seinen Neffen – verwandt, verschwägert oder «nur» ergeben – durch treue Dienste unentbehrlich gemacht hatten. Nepoten und unterstützendes Umfeld: nach dieser zukunftsweisenden Faustformel Clemens' VIII. füllte sich das Heilige Kollegium von nun an mit einem «Familienanhang», der bis zu einem Viertel der im Konklave anwesenden Mitglieder umfassen konnte. Im Sinne der Trienter Reform war diese Elitenrekrutierung nicht.

Hauptnutznießer der Familienerhöhungsstrategien Clemens' VIII. war mit Gian Francesco Aldobrandini wie üblich der weltliche Nepot, der die neue Hochadelsdynastie begründen sollte. Als Stammhalter erhielt er nicht nur die üblichen Nepotenämter innerhalb Roms und des Kirchenstaats, sondern auch direkte Schenkungen in ungewöhnlicher Höhe, so dass eine fürstliche Grundausstattung aus Latifundien, Lehen und Titeln im Kirchenstaat und im Königreich Neapel schnell zusammengebracht war. Damit war das Hauptziel, die Aldobrandini unter den führenden römischen Adelsgeschlechtern zu etablieren, erreicht. Doch ganz waren die Ambitionen des florentinischen Kaufmannsgeschlechts damit noch nicht erschöpft. Eine Nichte des Papstes heiratete Ranuccio Farnese, den Herzog von Parma und Piacenza, und vernetzte die Nepoten so mit einem regierenden Fürsten

Kein stilles Landhaus, sondern herrschaftlicher Palast im Grünen Die monumentale Villa in Frascati schenkte Clemens VIII. seinem Kardinalnepoten Pietro Aldobrandini als «Belohnung» für die Rückgewinnung Ferraras. Die Architekten Giacomo della Porta und Carlo Maderna und der Ingenieur Giovanni Fontana schufen neben dem gewaltigen Casino eine phantastische Gartenlandschaft aus Grotten, Tempelchen und Ungeheuern, die die Familie Aldobrandini als Ordnungsmacht der Welt verherrlicht.

Italiens. Das war eine wichtige Absicherung gegen unruhige Zeiten nach Pontifikatsende. Der Versuchung, seine Verwandten noch sehr viel höher aufsteigen zu lassen, widerstand Clemens VIII. – und machte aus diesem «Verzicht» mit geschickten Propaganda-Inszenierungen einen Ruhmestitel seiner Herrschaft. Bis heute prangt am eleganten Nymphäum der monumentalen Villa Aldobrandini in Frascati, dem wichtigsten Prestigebau der Familie noch vor den fünf Familienpalästen in Rom, eine Inschrift, die den

Bauherrn Pietro Aldobrandini dafür rühmt, dass er Frieden in der Christenheit geschlossen und dem Kirchenstaat das Herzogtum Ferrara zurückgegeben habe. Das ist eine etwas eigenwillige Version der Ereignisse:

Als Herzog Alfonso II. d'Este Ende Oktober 1597 starb, ohne in drei Ehen einen legitimen Erben gezeugt zu haben, war die Nachfolge in seinem Herrschaftsgebiet teils gesichert, teils gefährdet. Die eine Hälfte, die Reichslehen Modena und Reggio, bestätigte Kaiser Rudolf II. Cesare d'Este, dem Sohn eines unehelich geborenen Sprosses der Este und Vetter des verstorbenen Herzogs. Doch für die Residenzstadt Ferrara und ihr Umland auf dem Gebiet des Kirchenstaats ließ die Belehnung durch den Papst auf sich warten. Der strenge Pius V. hatte in einer Bulle die Erbfolge illegitimer Sprösslinge ausgeschlossen, doch dieses Hindernis wäre für einen wohlwollenden Nachfolger nicht unüberwindlich gewesen. Clemens VIII. aber war für eine Ausnahmeregelung nicht zu gewinnen. Er zog Ferrara im November 1597 als erledigtes Lehen ein und setzte gezielt seine geistlichen und weltlichen Waffen ein, um den «Usurpator» Cesare zum Rückzug zu bewegen. Dieser wurde exkommuniziert, und für alle Fälle bot der Papst ein stattliches Heer auf. Zum Krieg kam es jedoch nicht, weil sich der französische König Heinrich IV. bedingungslos auf die Seite des Papstes stellte. Cesare d'Este zog sich daraufhin unter Tränen und grollend nach Modena zurück, und Kardinal Pietro Aldobrandini, der nominelle Oberkommandierende der päpstlichen Truppen, zog triumphierend in Ferrara ein, ohne dass ein einziger Schuss gefallen war. Damit bereitete er seinem Onkel den Weg, der Ferrara durch einen sechsmonatigen Aufenthalt feierlich in Besitz nahm. Als «Machtantrittsgeschenk» wurden den Ferraresen die Selbstverwaltungsprivilegien ihrer Stadt erweitert; schon zuvor hatten die Aldobrandini führende Familien der lokalen Oligarchie durch die Aufnahme in ihre Gefolgschaft für den Herrschaftswechsel gewonnen und zugleich für ihr künftiges Wohlverhalten belohnt. Die Kehrseite der Medaille war, dass in Ferrara jetzt eine Zitadelle für päpstliche Besatzungstruppen errichtet wurde; noch viel schwerer fiel ins Gewicht, dass die Stadt am Po mit den Este und ihrem glanzvollen Hof ihren Rang als Kulturzentrum Italiens einbüßte und von nun an in jeder Hinsicht zur Provinz absank. Gewinner der «Operation Ferrara» aber waren die Aldobrandini. Einer der Ihren hätte Herzog von Ferrara werden können, doch sie stellten ihre Interessen hinter denen des

Kirchenstaates und der künftigen Päpste zurück – so lautet die eigentliche Ruhmesbotschaft der Villa Aldobrandini und der diplomatischen Verlautbarungen Roms. In Wirklichkeit war diese «Uneigennützigkeit» erzwungen: Eine Belehnung der Aldobrandini mit Ferrara hätte als Rückfall in die Ära der Borgia die Reputation der Familie restlos zerstört. Die Villa in Frascati war also eine fürstliche «Entschädigung» für einen imaginären Verlust.

Die diplomatische Schützenhilfe des französischen Monarchen im Ringen um Ferrara hatte sich Clemens VIII. redlich verdient; sie war eine erste Gegenleistung für eine sehr viel größere Vorleistung, die schon für die meisten Zeitgenossen die eigentliche historische Großtat des Pontifikats ausmachte. Zu Beginn der 1590er-Jahre lag die Lösung der französischen Probleme nämlich in römischen Händen. Nach dreißigjährigen inneren Kriegen, die weite Teile des Landes verwüstet hatten, stand mit Heinrich von Navarra aus der königlichen Seitenlinie der Bourbon zwar der militärische Sieger fest, der zudem als nächster Verwandter der erloschenen Valois deren Erbfolge beanspruchen durfte, doch stellten sich seiner Herrschaft Hindernisse entgegen, die nur ein wohlwollender Papst aus dem Weg räumen konnte. Heinrich war nach den Maßstäben der römischen Inquisition ein rückfälliger Ketzer, hatte also nicht den Thron des allerchristlichsten Königs, sondern den Scheiterhaufen verdient. Als Calvinist, der nach der Zwangs-Konvertierung in der Bartholomäusnacht zu seinem ursprünglichen Glauben zurückgekehrt war, konnte er nach den vorherrschenden Wertvorstellungen der Zeit nicht über die französische Nation herrschen, die in ihrer großen Mehrheit katholisch geblieben war. Der charismatische «Ketzer-König» streckte deshalb frühzeitig Fühler nach Rom aus, um die dortige Bereitschaft für seine zweite Aufnahme in den Schoß der allein selig machenden Kirche zu testen. Diese Wiederannäherungsversuche spalteten die Kurie zutiefst.

Die Spanien verpflichteten Kardinäle schrien Zeter und Mordio, die Gralshüter der strengen Reform wie Kardinal Bonelli, der Nepot Pius' V., sahen darin einen Verrat an den Prinzipien der Reform. Clemens VIII., der pragmatische Jurist auf dem Papstthron, aber prüfte das Für und Wider nüchtern. Dem Misstrauen gegenüber dem «rückfälligen Ketzer» standen verlockende Perspektiven entgegen. Ein im Katholizismus befriedetes und geeintes Frankreich wäre der bislang größte Triumph im Kampf der Konfessionen und das lang ersehnte Gegengewicht zur spanischen Vorherrschaft in Europa und Italien, die sich in den letzten Konklaven so drückend bemerkbar gemacht hatte. Nach langem Ringen setzten sich die kurialen Befürworter einer zweiten Konversion durch. Der Bourbone versprach, dem Calvinismus abzuschwören und dem Papst Gehorsam zu leisten, die alten Konkordate mit dem römischen Stuhl wieder in Kraft zu setzen und die Trienter Reformdekrete umzusetzen, sofern es sich ohne die Gefahr innerer Unruhen bewerkstelligen ließ. Nach diesen Zusagen erhielt er vom Papst die Zusicherung, als König Heinrich IV. von Frankreich und Navarra anerkannt zu werden. Nach Erlass der Absolutionsbulle wurde im September 1595 in Sankt Peter die feierliche Lossprechung vom Bann zelebriert, und zwar ohne alle damit normalerweise verbundenen Demütigungszeremonien – und in Abwesenheit des neuen Katholiken selbst, der sich durch Bevollmächtigte vertreten ließ.

Heinrich hielt auch in der Folgezeit die Versprechen, die er dem Papst gemacht hatte, doch bewahrte er zu dessen großer Enttäuschung auch seinen ehemaligen Glaubensgenossen von der reformierten Religion die Treue. Ihm ging es um die Befriedung des Königreichs und die Stärkung der königlichen Machtposition, ganz nach dem Motto «Paris ist eine Messe wert», das er entgegen einer weit verbreiteten Legende mit Sicherheit nicht aussprach, wohl aber befolgte. Im Toleranzedikt von Nantes stellte der zum zweiten Mal rekatholisierte König 1598 die Angehörigen der Minderheits-Religion zivilrechtlich mit den Katholiken gleich, erlaubte ihren Gottesdienst dort, wo sie Gemeinden gebildet hatten, gab ihnen zu ihrem Schutz Festungen und Garnisonen und räumte ihnen freien Zugang zu den Ämtern des Königreichs ein. So hatte sich Rom die neuen Verhältnisse in Frankreich nicht vorgestellt, doch die Vorteile überwogen trotzdem. Endlich bahnte sich in Europa wieder ein Gleichgewicht der Mächte an, das sich für die Zwecke der Kirche wie der Nepoten gleichermaßen ausnutzen ließ. Heinrich IV. hatte einen «gefährlichen Sprung» gewagt, wie er selbst sagte. Wenige Monate vor seiner Absolution war der Anschlag eines Jesuiten-Zöglings gegen sein Leben gescheitert, weitere Attentatsversuche sollten folgen. Im Mai 1610 hatte ein Mörder schließlich Erfolg.

An einer weiteren Front griff der Aldobrandini-Papst mit ungewöhnlichem finanziellem und familiärem Engagement ein. Im Kampf gegen das

Osmanische Reich, das in Ungarn vorrückte, rüstete er auf eigene Kosten zweimal ein ansehnliches Hilfskorps aus und unterstellte es dem Kommando seines Nepoten Gian Francesco Aldobrandini, der 1601 in Ungarn starb und dadurch das Prestige der Familie weiter vermehrte: So viele Päpste hatten von Kreuzzügen gepredigt und Gelder dafür gesammelt, die in dubiosen Kanälen versickert waren – dieser Papst stellte nicht nur Geld und Truppen, sondern opferte für die Sache der Christenheit sogar seinen eigenen Nepoten!

Kulturell gelangte die katholische Reform zur höchsten Reife, als sie innerkirchlich bereits zu welken begann. So erhob Clemens VIII. 1596 mit Cesare Baronio seinen Beichtvater und zugleich den maßgeblichen Historiker der Kurie zum Kardinal. Baronios Hauptwerk, die *Annales Ecclesiastici*, waren als Kirchengeschichte von den Anfängen bis in die Gegenwart geplant, umfassten jedoch beim Tod ihres Verfassers im Jahr 1607 mit zwölf Bänden erst ebenso viele Jahrhunderte. Druckerlaubnisse für eine neue Ausgabe der erstmals 1479 erschienenen Papstviten des Humanisten Platina und deren Fortführung bis in die Gegenwart hatten die Päpste der Reformzeit konsequent verweigert, obwohl die Texte von Onofrio Panvinio, einem über jeden Zweifel erhabenen Bearbeiter, neu herausgegeben, und das hieß: gesäubert, worden waren. Baronios Werk hingegen trug das Gütesiegel approbierter katholischer Historiographie und galt Rom damit als Widerlegung der *Magdeburger Centurien*, in denen ein Autorenkollektiv die lutherische Sicht der Kirchengeschichte dargelegt hatte. Beide Großwerke waren ein Politikum ersten Ranges: Wer das Erbe der apostolischen und frühchristlichen Zeit für sich beanspruchen konnte, war im Kampf der Konfessionen durch die damit hergestellte Kontinuität gerechtfertigt. Für die Protestanten hatte die Geschichte der Kirche durch das Streben der Päpste nach weltlicher Macht spätestens seit dem 7. Jahrhundert einen unheilvollen Verlauf genommen und die reinen Anfänge schließlich in ihr perverses Gegenteil verkehrt.

Baronio versuchte dagegen, die Bruchlosigkeit der Kirchen- und Papstgeschichte nachzuweisen, was die Diagnose schwerer Krisen wie den moralischen Tiefstand zur Zeit des Tusculaner Papsttums nicht ausschloss. Entscheidend war für ihn jedoch, dass die römische Kirche mit Gottes Hilfe und zugleich aus eigenem Willen und mit eigener Kraft solche Missstände überwunden und damit ihren Anspruch auf den doppelten Primat glanzvoll bestätigt hatte. Auf diese Weise wurde die Misere der Marozia-Zeit und die nachfolgende Reform unter Gregor VII. zum Sinnbild des Renaissancepapsttums und der katholischen Reform. Diese Theorie- und Analogiebildung erlaubte es Baronio, die Konstantinische Schenkung als Fälschung einzuräumen und trotzdem daran festzuhalten, dass auch der weltliche Primat des Papsttums in dessen ältester Geschichte angelegt war. Baronios historische Arbeiten waren mit seinen Studien zur Entwicklung der Liturgie aufs Engste verknüpft, sein Einfluss auf die Neuherausgabe liturgischer Handbücher daher groß: So wie sich der Gottesdienst mit seinen äußeren Formen im Lauf der Zeit wandelte, seinem Wesen nach aber gleich blieb, vollzog sich in seinen *Annales Ecclesiastici* auch die Geschichte der Kirche und besonders der Päpste: Die sichtbare Erscheinung veränderte sich, die Substanz blieb dieselbe.

Getreu den Maximen Nikolaus' V., der um die Mitte des 15. Jahrhunderts die Notwendigkeit eingängiger und eindrucksvoller päpstlicher Propaganda begründet hatte, verlagerte sich die Dynamik der katholischen Reform immer stärker von der sperrigen Realität auf die Ebene der symbolträchtigen Veranschaulichung in Bauten und Bildern. Die vom Konzil eingeschärfte Residenzpflicht der Bischöfe wurde weiterhin von zahlreichen Dispensen aufgeweicht, vor allem wenn es sich um Kardinäle an der Kurie handelte. Umso nachhaltiger musste die auf dem Konzil von Trient zurückgewonnene geistliche Würde der Kirchenfürsten durch eindrucksvolle Zeremonien vor Augen geführt werden, zum Beispiel beim gemeinsamen Zug des Heiligen Kollegiums in die Minerva-Kirche oder ins Konsistorium. Bei solchen Anlässen waren die Kardinäle verpflichtet, einen Aufwand an Gewändern und Gefolge zu betreiben, der ihrem hohen Stand entsprach und damit die Größe der Kirche überzeugend widerspiegelte. Andererseits wurden sie öffentlich getadelt, wenn sie es bei anderen Gelegenheiten mit Prunk und Luxus übertrieben. Auch das war jetzt ein fixes Rollenspiel der Kurie.

Ihren Höhepunkt erreichten die aufwendigen Propagandainszenierungen im Heiligen Jahr 1600, das Hunderttausende von Pilgern aus dem ganzen katholischen Europa nach Rom zog. Die Vorbereitungen für dieses Großereignis hatten Jahre vorher mit einer Reinigung der Stadt von Anstößigkeiten aller Art begonnen. So wurde das Grabmal der Vannozza de' Cattanei, der Lebensabschnittspartnerin Alexanders VI., demontiert, den römischen Prostituierten die Berufsausübung stark erschwert und allenthalben die Erinnerung an das frühchristliche Rom beschworen, das mit der Entdeckung und Erforschung der Katakomben seit einigen Jahrzehnten viel präzisere Umrisse gewonnen hatte. Zu den didaktischen Spektakeln des Jubiläums gehörten Zeremonien der Abschwörung und der Taufe von reuigen Ketzern sowie lodernde Scheiterhaufen für die Unbußfertigen. Einer der bekehrten Häretiker, die in den Schoß der allein selig machenden Kirche zurückkehrten, nannte sich Calvinus und wurde den staunenden Römern als enger Verwandter des 1564 in Genf verstorbenen Erzfeindes präsentiert. Doch war auch das eine Fälschung.

Auf einem der Scheiterhaufen des Jubeljahres 1600 starb am 17. Februar der große Philosoph Giordano Bruno nach achtjähriger Kerkerhaft. In einem bewegten Leben hatte der Freidenker aus Nola bei Neapel nach der Mönchskutte auch die christlichen Grundüberzeugungen abgelegt: Die Welt war nicht geschaffen, sondern ewig und unendlich, Christus nicht Gottessohn und die unter seinem Namen verbreitete Lehre ein einziger Betrug zur Knechtung der Menschheit und zur Herabwürdigung der Natur. Diese Ansichten, die er mit dem Enthusiasmus des Sehers und der Emphase des Missionars verkündete, galten bei Katholiken, Calvinisten, Anglikanern und Lutheranern gleichermaßen als verabscheuungswürdige Blasphemie. Wo auf dem Campo de' Fiori der Scheiterhaufen gelodert hatte, erinnert seit 1889 eine Bronzestatue an den großen Denker. Es sollte noch über hundert Jahre dauern, bis Johannes Paul II. im Heiligen Jahr 2000 das Urteil des Heiligen Offiziums von 1600 für Unrecht erklärte.

Auch ein Kriminalfall, der in ganz Europa Schlagzeilen machte, bewahrt die Erinnerung an den Aldobrandini-Pontifikat. Im September 1598 fiel der römische Patrizier Francesco Cenci einem Mord zum Opfer, den seine Söhne Giacomo und Bernardo, seine Tochter Beatrice und deren Stiefmutter Lucrezia in einem abgelegenen Abruzzen-Nest geplant und in Auftrag gegeben hatten. Sie konnten glaubwürdig versichern, dass sie in äußerster Notwehr gehandelt hatten, denn ihr Vater bzw. Gatte war als pathologischer Geizhals und Gewalttäter dutzendfach gerichtsnotorisch und hatte seine Familie bis aufs Blut gequält. Die Frage, warum dem Trio keine mildernden Umstände zugebilligt wurden, erhitzte von Anfang an die Gerüchteküche, umso mehr, als Gian Francesco Aldobrandini nach der Hinrichtung der drei Cenci Güter aus dem Nachlass des Ermordeten zu einem erstaunlich günstigen Preis erwarb. Auf jeden Fall wollte Clemens VIII. im Vorfeld des Heiligen Jahres ein Exempel statuieren: Auch hochgeborene Missetäter kommen nicht ungeschoren davon! Für diese Rolle als schwarze Schafe und Sündenböcke waren die Cenci nach dem Verlust ihres Sozialprestiges und jeglicher Protektion geradezu prädestiniert. Vor allem das Schicksal der schönen jungen Beatrice Cenci rührte die Zeitgenossen und erregte die Phantasie großer Literaten wie Percey Shelley, der 1819 eine fünfaktige Tragödie über das Familiendrama verfasste, und eines großen Kinopublikums durch einen nach ihr betitelten Film.

Als Clemens VIII. nach dreizehnjährigem Pontifikat am 5. März 1605 das Zeitliche segnete, stand das Konklave wie gehabt im Zeichen des Gegensatzes zwischen Spanien und Frankreich. Wie sehr sich die Machtverhältnisse zugunsten Heinrichs IV. verschoben hatten, zeigte sich daran, dass mit Kardinal Alessandro de' Medici aus einer Seitenlinie des großherzoglichen Hauses ein von Spanien ausdrücklich für unwählbar erklärter Kandidat das Rennen machte. Doch der Jubel des französischen Monarchen über die Wahl eines Kirchenfürsten, der ihm bei seiner Konversion ausgezeichnete Dienste geleistet hatte, währte nicht lange. Leo XI., wie sich der neue Papst als Hommage an den zweiten Medici-Papst nannte, starb nach nur sechsundzwanzigtägigem Pontifikat.

11.

Nepotenherrlichkeit und barocke Prachtentfaltung

Von Paul V. bis Clemens X. (1605–1676)

Verflechtung und Ängstlichkeit: Paul V.

Das zweite Konklave des Jahres 1605 wurde turbulent. Der mächtige Kardinal Pietro Aldobrandini verbündete sich mit der Spanien-Partei und versuchte mit ihrer Rückendeckung, einen ehemaligen Offizier namens Tosco durchzudrücken. Dabei bediente er sich eines seit Langem bewährten Verfahrens: Er ließ lauthals verkünden, dass sein Kandidat über die nötige Mehrheit verfüge, und begann mit seinen Anhängern, Tosco zu adorieren, das heißt: ihm als dem neuen Pontifex maximus zu huldigen – in der Hoffnung, auf diese Weise die in Wirklichkeit noch fehlenden Stimmen zusammenzubringen. Psychologisch war dieses Manöver geschickt durchdacht: Wer bis zum Schluss abseits stand, würde sich die Ungnade des neuen Papstes zuziehen. Doch Aldobrandinis Coup wurde in letzter Minute von Kardinal Cesare Baronio, dem einflussreichen Historiker der Kurie, durchkreuzt, der vehementen Protest gegen diesen Kandidaten einlegte. Danach kam es zu Zusammenrottungen und Krawallen, die deutlich machten, wie dringend erforderlich eine neue Konklaveordnung war. Verboten war das Handstreichverfahren der Adoration seit Langem. Ungeachtet dieses Verbots war sie seit 1513 bei jeder Papstwahl ins Spiel gekommen: als Wahl-Beschleunigung, aber auch als Wahl-Beeinflussung und Wahl-Manipulation. Es war also längst an der Zeit, hier ein päpstliches Machtwort zu sprechen. Trotzdem dauerte es noch siebzehn Jahre, bis ein neues «Konklave-Grundgesetz» in Kraft trat.

Im Mai 1605 glätteten sich die Wogen erst, als mit Kardinal Camillo Borghese ein Kompromisskandidat gefunden war, der mangels Profil niemandem wehtat. Die Familie Pauls V., wie sich der neue Papst nannte, stammte aus den gehobenen Kreisen Sienas; sein Vater war nach der Eroberung der südtoskanischen Republik durch Cosimo de' Medici nach Rom ausgewandert, wo er als Jurist beträchtliches Renommee erwarb. Das Familienvermögen reichte gerade noch aus, um seinem jüngeren und dynamischeren Sohn Orazio ein kuriales Amt zu kaufen, das ihm die Anwartschaft auf den roten Hut garantierte. Als Orazio 1590 plötzlich starb, war das mühsam zusammengekratzte Kapital eigentlich verloren und der soziale Tod der Borghese unabwendbar. Vor dem drohenden Ruin wurde die Familie jedoch durch die einflussreiche Fürsprache gerettet, die den Cenci wenig später fehlte: Das kostbare Amt ging zu sehr vorteilhaften Konditionen an Orazios älteren Bruder Camillo über, der mit diesem Karriereanschub als vorbildlicher Jurist und emsiger Bürokrat zum Kardinal aufstieg. Nach seiner Wahl zum Papst lautete das einhellige Urteil der Diplomaten, ein Mann des Apparats sei an dessen Spitze gewählt worden. Die süffisanteren Kommentatoren fügten hinzu, dass der neue Papst als «unerfahren in den Dingen der Venus» gelte, was zwar den rigorosen Moralvorschriften eines Sixtus V. entsprach, doch an der Kurie eher die Ausnahme gewesen sein dürfte.

Die Kernfamilie, die Paul V. in seinen Pontifikat einbrachte, war klein und sein Nepotismus dementsprechend hoch konzentriert, ja geradezu auf die Minimalbesetzung reduziert: Ein Kardinalnepot und ein fürstlicher Stammhalter räumten ab, was es für Papstverwandte seit den Tagen Gregors XIII. zu holen gab – zuzüglich der Steigerungsrate, die durch die Normenaufweichungen der letzten beiden Jahrzehnte hinzugekommen war.

Doch wie unter Clemens VIII. war die Zahl der Pontifikatsprofiteure deutlich größer als die der Nepoten im eigentlichen Wortsinn: Ihrer Verwandtschaft oder Verschwägerung mit den Borghese verdankten mindestens neun weitere Prälaten den roten Hut; hinzu kamen die Kardinäle, die aus politischen Opportunitätsgründen ernannt wurden. So drängte sich den wenigen übrig gebliebenen Radikalreformern der *zelanti* wie Cesare Baronio und Roberto Bellarmin, dem führenden katholischen Theologen der Zeit aus dem Jesuitenorden, ein deprimierendes Fazit auf: Der Klientelverband der Borghese war an der Spitze der Kirche stärker vertreten als alle Länder der Christenheit, mit Ausnahme Italiens. Mit anderen Worten: Die Zeit der Reform war vorbei, die Zwänge der Politik und die Verführungen des Nepotismus hatten sich als stärker erwiesen!

In seiner Rolle als Kardinalnepot kam Scipione Caffarelli Borghese wie seinen Vorgängern die Aufgabe zu, so viel Geld wie möglich aus kirchlichen Quellen zu sammeln und an die zeugungsberechtigten Mitglieder der Familie weiterzuleiten und ansonsten seine Unterschrift unter Dokumente zu setzen, die andere für ihn erdacht und verfasst hatten. Diese Funktionen hat er vorbildlich erfüllt: In achtundzwanzig Jahren als Kardinal (davon fünfzehn unter Paul V.) trug er fünfeinhalb Millionen Scudi zusammen, von denen 70 Prozent in Form von Investitionen dem Familienvermögen zugute kamen. Das entsprach in etwa dem Hunderttausendfachen des durchschnittlichen Jahresgehalts eines Handwerkers. Parallel dazu erhielten die beiden Brüder des Papstes namens Giovanni Battista und Francesco die weltlichen Nepotenämter wie das Kastellanat der Engelsburg, die Aufsicht über den Borgo und das Generalat sowie zahlreiche Geld- und Sachschenkungen. Was der Kardinal und die beiden Papst-Brüder sammelten, kam Giovanni Battistas Enkel Marcantonio zugute, der zum Begründer der fürstlichen Borghese-Dynastie auserkoren war. Nach langen Verhandlungen wurde Marcantonio mit Camilla Orsini aus der römischen Baronalfamilie verheiratet; zuvor hatte sich die erhoffte Verschwägerung mit den Medici zerschlagen. Mehr denn je wurde der Nepotismus von nun an eine tragende Achse der päpstlichen Politik. Auf diese Weise drangen Familieninteressen in unerwartete Bereiche vor: Als der spanische König Philipp III. darauf drängte, einen spanischen Bauern heiligsprechen zu lassen, sollte er im Gegenzug Marcantonio Borghese zum Granden von Spanien erheben.

Ein Kirchenfürst, mit dem man Pferde stehlen und Karten dreschen kann Giovanni Lorenzo Bernini hat so Scipione Caffarelli Borghese, den Kardinalnepoten Pauls V., in Marmor porträtiert, hart an der Karikatur, doch nicht ohne Sympathie.

Für einen weiteren Zuständigkeitsbereich des Kardinalnepoten, den Publicrelation-Sektor, war Scipione Caffarelli Borghese, dessen Jovialität, Hedonismus und Oberflächlichkeit Giovanni Lorenzo Berninis Meisterbüsten in der Villa Borghese unnachahmlich wiedergeben, keine schlechte Besetzung; seine üppigen Bankette mit anschließenden Glücksspiel-Soireen waren in ganz Italien legendär. Dass er nach solchen «Genuss-Exzessen» von seinem Papst-Onkel öffentlich getadelt wurde, gehörte seit Langem zum kurialen Rollenspiel.

Zu Beginn seines Pontifikats versuchte Paul V., durch entschlossenes Auftreten gegenüber der Republik Venedig die moralische Vormachtstellung und die damit verbundene politische Weisungsbefugnis des Papsttums zur Geltung zu bringen. Anlass zu diesem Konflikt waren Gesetze, die in der staatskirchlichen Tradition der Republik vermögensrechtliche Einschränkungen für Kirchen und Kleriker vorschrieben. Für den Borghese-Papst war das ein Präzedenzfall, der schärfste Interventionen rechtfertigte. Auf dem Konzil von Trient hatte das Papsttum seine alten Ansprüche auf den doppelten Primat zeitgemäß erneuert: Die im Zeichen der ausufernden Häresien dringender denn je erforderliche Verchristlichung der Welt konnte nur unter der umfassenden Erziehungshoheit der Kirche vonstatten gehen. Das schloss ein Vetorecht in sensiblen politischen Sektoren ein, wie es der repräsentative Staatstheoretiker der katholischen Reform, der piemontesische Jesuiten-Zögling Giovanni Botero, in seinem Bestseller über die Staatsräson einige Jahre zuvor formuliert hatte: Vor allen wichtigen Entscheidungen sollte ein katholischer Fürst einen «Gewissensrat» konsultieren, in dem romtreue Kleriker das Sagen haben.

In Venedig hatten Theoretiker wie Paolo Paruta die umgekehrten Vorstellungen weiterentwickelt. Für sie war die Republik Venedig mit ihren zahlreichen Kontroll- und Sicherungsmechanismen das einzige Staatswesen auf Erden, das der menschlichen Anfälligkeit für Korruption wirksam einen Riegel vorschieben kann. Solche Ideen steigerte jetzt der zum Staatstheologen der Republik ernannte Servitenmönch Paolo Sarpi zu einer Theorie, die in seinen zündenden Manifesten europäisches Aufsehen erregte: Die Kirche ist eine ausschließlich für das Jenseits zuständige Behörde unter der uneingeschränkten Verfügungsgewalt des Staates, alle Sonderrechte des Klerus sind durch Betrug zustande gekommen und daher gegenstandslos.

So nachhaltig der römisch-venezianische Konflikt auf die Entwicklung politischer Ideen einwirkte, so sang- und klanglos ging er in der politischen Realität zu Ende. Paul V. belegte Venedig im Frühjahr 1606 mit dem Interdikt, beide Seiten ließen Heere aufmarschieren, doch das Ergebnis, die Wiederherstellung des alten Rechtszustands, kam 1607 durch französische Vermittlung zustande und stellte niemanden wirklich zufrieden. Die Zeiten eines Gregor VII. und Innozenz III., die Kaiser und Könige in die Schranken gewiesen hatten, kehrten nicht zurück. Schlimmer noch: Italien war definitiv zur politischen Provinz abgesunken, die auf die Vermittlung fremder Mächte angewiesen war; das galt jetzt auch für Rom.

Paul V. zog daraus seine Lehren und agierte fortan auf europäischer Bühne mit größter Vorsicht, ja Ängstlichkeit. In den kriegerischen Verwicklungen, die 1618 mit dem Aufstand gegen die Herrschaft der Habsburger in Böhmen ihren Anfang nahmen, spielte die Kurie daher eine untergeordnete

Rolle. Die päpstlichen Diplomaten traten 1619 dafür ein, dass der Habsburger Ferdinand II., der sich in seinen Erblanden als frommer, von den Jesuiten angeleiteter «Rekatholisierer» einen Namen gemacht hatte, zum Kaiser gewählt wurde. Doch an der Randposition Roms in den globalen Konflikten, die über die politische und konfessionelle Zukunft Europas entschieden, änderte sich dadurch nichts.

Wie marginalisiert Rom inzwischen war, zeigt sich auch an den Hilfsgeldern, die Paul V. den katholischen Vormächten in Wien und Madrid zu Beginn des Dreißigjährigen Kriegs bewilligte. Für die zweieinhalb Jahre vom Ausbruch des Kriegs bis zum Pontifikatsende im Januar 1621 belaufen sie sich insgesamt auf deutlich weniger als die gleichzeitigen Einkünfte des Kardinalnepoten Scipione Caffarelli Borghese. Wenn die kaiserlichen und spanischen Gesandten mehr Unterstützung anmahnten, verwies der Borghese-Papst auf seine bedrängte Finanzlage. Zu Pontifikatsbeginn 1606 hatten die Gesamtschulden des Kirchenstaats zwölf Millionen Scudi betragen, Ende 1609 summierten sich schon Verbindlichkeiten von achtzehn Millionen, und zwar bei knapp anderthalb Millionen jährlicher Einnahmen, die zur Gänze für den Schuldendienst, Gehälter und andere fixe Ausgaben aufgebracht wurden. Liquide, wenn auch in sehr beschränktem Maße, blieb die Papstfinanz nur durch außerordentliche Einnahmen aus dem Ämterverkauf und aus der Gewährung von Gnaden und Dispensen; für größere Unternehmungen musste sie sich weiter verschulden. Wozu die neuen Kredite verwendet wurden, wussten die am besten informierten Diplomaten, die venezianischen Botschafter, genau: für Nepoten und für Bauten. Damit waren für das nächste halbe Jahrhundert Prioritäten gesetzt. Die im Dezember 1605 gegründete «Bank des Heiligen Geistes» (Banco di Santo Spirito) sollte nach dem Bankrott zahlreicher privater Geldhäuser die Besitzungen des gleichnamigen Spitals am Tiberufer verwalten, weitete ihre Tätigkeit aber schnell auf andere kirchliche Institutionen aus und wurde dadurch zu einem Stützpfeiler des stets fragilen römischen Finanzwesens.

Innerhalb des Kirchenstaats war die Politik Pauls V. auf Verflechtung ausgerichtet. Führende Familien wichtiger Städte wie Bologna, Perugia und Ferrara wurden in die Klientel der Borghese aufgenommen und damit zu einem wechselseitigen Geben und Nehmen verpflichtet: Gefügigkeit gegen Gefälligkeiten, lautete dieses Grundgesetz. Die auf diese Weise «angebundenen» Provinzler hatten vor Ort im Interesse des Papstes und seiner Verwandten zu wirken und wurden dafür mit Beschleunigungen ihrer kirchlichen Karrieren und mit Pfründen belohnt. Dieses System funktionierte nicht schlecht, doch eine Bürokratisierung des Kirchenstaats hatte es nicht zur Folge. Die nützlichen Beziehungen zwischen Zentrum und Peripherie liefen über die Familie und waren daher nicht von einem Pontifikat zum anderen übertragbar, sondern mussten nach jedem Machtwechsel neu geknüpft werden. Das erwies sich jedoch als schwierig, da die neuen Nepoten fast immer die geschworenen Feinde ihrer Vorgänger waren. Solide Herrschaftsformen ließen sich auf solchen Allianzen jedenfalls nicht aufbauen. Bis zu seinem Ende im September 1870 blieb der Kirchenstaat ein lockeres Personenverbands-Gebilde mit geringem institutionellem Unterbau und noch bescheidenerer administrativer Effizienz. Mehr Staatlichkeit, wie sie sich allmählich in dynamischeren Ländern wie Frankreich herausbildete, stand die Diskontinuität durch den regelmäßigen Herrschaftswechsel entgegen. Zudem kamen ideologische Zwänge ins Spiel: Der Staat der Päpste sollte den christlichen Herrschern Grenzen aufzeigen, die auch sie nicht überschreiten durften. Diese selbst auferlegte Beschränkung schloss sinnvolle Verwaltungsmaßnahmen nicht aus. So wurden die bislang zerstreut gelagerten und dadurch unübersichtlichen schriftlichen Hinterlassenschaften aus anderthalb Jahrtausenden zu einem einheitlichen Vatikanischen Geheimarchiv zusammengelegt.

Von den Bauprojekten Pauls V. war die Weiterführung und, wenn möglich, Vollendung der Peterskirche das bei Weitem wichtigste und drängendste. Der Zentralbau nach den Plänen Michelangelos war zwar weitgehend fertiggestellt, doch waren immer noch große Teile des fünfschiffigen Vorgängerbaus erhalten und von der neuen Kirche nur durch eine provisorische Wand getrennt. Damit ergaben sich Probleme. Riss man diese Reste wie geplant ab, blieb eine große Fläche der alten Basilika unbebaut. Zudem bestand der Neubau aus einem griechischen Kreuz mit vier gleich langen Seiten, das nach dem Konzil von Trient nicht mehr als theologisch angemessen galt. Zu allem Überfluss fehlte auch noch eine Segensloggia. Aus all diesen Gründen entschloss sich Paul V. gleich zu Pontifikatsbeginn zu einer einschneidenden Planänderung: Der Architekt Carlo Maderna fügte in nur sieben Jahren von 1607 bis 1614 ein Langhaus an den Zentralbau an und er-

Nepotenherrlichkeit und barocke Prachtentfaltung

Überbreit und anstößig Der Fassade von Sankt Peter fehlen aus statischen Gründen die geplanten Glockentürme, und im Zentrum prangt nicht der Name des Apostelfürsten, sondern des Auftraggebers, Pauls V. Borghese. So präsentiert sich der Petersdom seit 1612 den Gläubigen.

richtete davor eine Fassade. Auf ihr steht bis heute der Name Pauls V. an herausgehobener Stelle: Was zu Ehren des Apostelfürsten errichtet wurde – so spotteten anonyme Verse an der Pasquinostatue, dem öffentlichen Anschlagbrett des päpstlichen Rom –, diente in Wirklichkeit dem Ruhm der Borghese, deren Wappen ebenfalls unübersehbar an der Schauseite der Basilika prangt.

Mit ihrer monumentalen Villa in Frascati hatten die Aldobrandini einen Wettkampf der Nepoten um die eindrucksvollste Selbstdarstellung der Papstfamilien eröffnet, der mit kurzen Unterbrechungen zweihundert Jahre dauern sollte. Das Bestreben, sich größer, imposanter, kostspieliger, Aufsehen erregender zu präsentieren als die Konkurrenz, verhalf einem neuen Stil, dem Barock, zum Durchbruch. Die Stellung der Nepoten als Hauptprofiteure des Pontifikats war zwar glänzend, doch befristet und nach dem Ende dieses Schlaraffenlandes potentiell bedroht. Um diese prekäre Position

Verflechtung und Ängstlichkeit

Eine Villa zum Sehen und Gesehen-Werden Wilhelm Baurs Bild zeigt um 1630 feine und weniger feine Gesellschaft in der neo-antiken Parkanlage der Villa Borghese vor dem klotzigen Casino mit der kostbaren Kunstsammlung des Kardinals Scipione.

zu festigen, musste ihre Propaganda in Bauten und Bildern das Gegenteil verkünden: unsterbliche Verdienste, Liebe der Untertanen, ewigen Ruhm. Zu diesem Zweck bildete sich mit der Herrschaft der Borghese ein festes Programm an Vorzeigeobjekten heraus. Dazu gehörten eine Villa vor den Toren Roms, eine Kunstsammlung, ein Familienpalast, eine Grabkapelle und ein «Ferienhaus» in Frascati. Das alles musste so aufwendig, prunkvoll und wirkmächtig wie möglich sein. Das unbestrittene Glanzstück unter den Projekten der Borghese war die Villa, die Kardinal Scipione unweit der Stadtmauern auf dem Pincio-Hügel erbauen ließ. Hier wurde mit ungeheuren Kosten eine neo-antike Traumlandschaft Wirklichkeit. In diesem künstlichen Arkadien tummelten sich Statuen aus antiken Torsi und neu angestückten Gliedmaßen zwischen teils echten, teils «frisierten» Tempelfriesen und lauschigen Grotten, in denen den Göttinnen und Göttern des Olymp Quellwasser auf die erlauchten Häupter tropfte. In einer schmiedeeisernen Voliere krächzten Papageien, in einem durch hohe Zäune abgeteilten Tiergehege weideten Antilopen. Und im palastartigen Casino präsentierte der Bauherr seine Kunstsammlung. Prunkstück der Gemälde war Raffaels

«Grablegung», die mit dem Segen des Papstes aus Perugia hierher entführt worden war. Unter den Statuen stachen die Meisterwerke des jungen Giovanni Lorenzo Bernini hervor. Aeneas, der seinen greisen Vater Anchises aus dem brennenden Troja rettet, war eine Huldigung des Auftraggebers an sich selbst: Der fromme Prinz sollte für den Nepoten stehen und dessen aufopferungsvolle Dienste für den Papst verherrlichen. Die Römer, die es besser wussten, hatten etwas zum Schmunzeln.

In die späteren Jahre des Borghese-Pontifikats fällt die erste Phase des Konflikts zwischen dem bahnbrechenden Physiker Galileo Galilei und der römischen Kirche. Galilei war wegen seiner vehementen Aristoteles-Kritik und wegen seines Eintretens für das Kopernikanische Weltbild mit der unbeweglichen Sonne im Zentrum angezeigt worden und musste sich daraufhin auf Betreiben der Inquisition in Rom vor der höchsten theologischen Autorität der Zeit, dem Jesuiten-Kardinal Roberto Bellarmin, dem Neffen Marcellus' II., verantworten. Nach der darüber Ende Februar 1616 ausgestellten Aktennotiz, die im späteren Prozess eine Schlüsselrolle spielen sollte, wurde Galilei offiziell darüber belehrt, dass seine Lehre, wonach sich die Erde um die Sonne drehe, irrig sei und in keiner Weise verkündet oder auch nur diskutiert werden dürfe. Kurz darauf setzte die 1571 von Pius V. gegründete Kongregation für den Index der verbotenen Bücher das Hauptwerk des Kopernikus auf diese schwarze Liste.

Paul V. erlebte noch den Sieg, den die katholischen Habsburger im November 1620 in der Schlacht am Weißen Berg über den calvinistischen «Winterkönig» Friedrich V. von der Pfalz in Prag errangen; diesen Triumph des Katholizismus ließ der Papst mit aufwendigen Dankprozessionen feiern. Kurz darauf ließen die Kräfte des scheinbar unverwüstlichen Pontifex maximus nach. Sein Tod am 28. Januar 1621 als Folge eines Schlaganfalls bereitete der Herrlichkeit der Borghese ein jähes Ende.

Aktives Intermezzo: Gregor XV.

Beim Tod Pauls V. im Januar 1621 verfügte sein Kardinalnepot Scipione Caffarelli Borghese theoretisch über eine satte Mehrheit im Konklave; nicht weniger als 29 von 52 Kardinälen verdankten dem Borghese-Papst den roten

Hut. Doch bei Weitem nicht alle fühlten sich deshalb zu bedingungsloser Gefolgschaft verpflichtet, zumal Scipione versuchte, mit seinem ehemaligen Haushofmeister Pietro Campori den devotesten seiner Klienten durchzusetzen. Erschwert wurde die Kür wie üblich durch den spanisch-französischen Interessengegensatz. Nach dem Ausschluss von deren Wunschkandidaten fiel die Wahl auf einen Kompromiss- und Übergangskandidaten: Kardinal Alessandro Ludovisi, der den Namen Gregor XV. annahm, war alt, krank, friedlich und entsprechend beliebt. Allerdings brachte er einen Neffen mit nach Rom, der alle in zweihundert Jahren bestätigten Regeln und Gewohnheiten der Aufgaben- und Machtverteilung über den Haufen warf. Als Kardinalnepot begnügte sich der sechsundzwanzigjährige Ludovico Ludovisi nicht mit hochtrabenden Titeln, sondern nahm sein Amt als Oberaufseher des Kirchenstaats beim Wort: Er regierte wirklich, und zwar mit Geschick, Energie und Durchsetzungsvermögen. Dabei vernachlässigte er die Interessen seiner Familie keineswegs. Nach der Devise, dass die Ludovisi so schnell wie möglich zugreifen mussten, da ihre Herrschaftszeit nach menschlichem Ermessen kurz sein würde, akkumulierte er in kürzester Zeit Ämter und Einkünfte, die ihm die kostspieligsten Akquisitionen erlaubten. Nach nur zwei Jahren lagen seine Einnahmen bei etwa zwei Dritteln der Summe, die Scipione Caffarelli Borghese nach anderthalb Jahrzehnten bezog. Und als der Ludovisi-Pontifikat ein halbes Jahr darauf zu Ende ging, hatte der umtriebige Kardinal die Hälfte des Gesamtprofits seiner Vorgänger abgeschöpft. Das Juwel seiner Latifundien und Lehnsherrschaften war das Herzogtum Zagarolo, das die Colonna schuldenbedingt veräußern mussten. Dazu kam das kaum weniger prestigeträchtige Herzogtum Fiano. Der Stammhalter der neuen Fürstendynastie Ludovisi wurde mit einer reichen Erbin aus der süditalienischen Hochadelsfamilie Gesualdo verehelicht, die mit den Este und weiteren Fürstenhäusern verschwägert war.

Doch sein strategisches Meisterstück lieferte der kluge Kardinal-Regent mit einer anderen Allianz: Er ließ die Papstnichte Ippolita mit Giovanni Giorgio Aldobrandini verheiraten und diesen zum Nepoten qua Verschwägerung erheben. Die Logik dieser Verbindung war so einfach wie bestechend: Die Ludovisi hatten die Borghese noch unsanfter aus ihrem Privilegien-Paradies vertrieben, als die Aldobrandini ihrerseits von den Borghese verdrängt worden waren. Ob verdrängt oder Verdränger: Aldobrandini und

Nepotenherrlichkeit und barocke Prachtentfaltung

Ein Papst und sein mächtiger Kardinalnepot In Domenichinos Doppelporträt hat sich Gregor XV. entkräftet auf dem Papststuhl niedergelassen, der in den Bildnissen Innozenz' X. und Clemens' IX. wiedererscheinen wird (Abb. S. 634 und S. 650). Kaum traut man ihm zu, dass er noch einmal wieder aufstehen wird, so vergeistigt, nicht mehr von dieser Welt ist sein Blick. Glücklicherweise – so die Bildbotschaft – steht ihm sein dynamischer Neffe Ludovico Ludovisi zur Seite. Ausnahmsweise stimmen Propaganda und Wirklichkeit überein.

Ludovisi hatten mit den Borghese dieselben natürlichen Feinde, und das schweißte zusammen. So erhielt der angeheiratete Nepot zu seinem Fürstentum Rossano zahlreiche weitere Lehen und Güter verliehen.

Nach dem Prinzip, dass gemeinsame Feinde nützliche Freundschaften begründen, machte Ludovisi Schule, auch zu seinem Nachteil. Wer so brachial auf den Vorteil der Seinen bedacht war, wurde angreifbar und musste daher umso mehr auf sein Image in der Öffentlichkeit bedacht sein. Um den Sturz nach dem Tod des Familienpapstes so weit wie möglich abzufedern, investierte der Kardinalnepot daher viel Geld in nützliche Beziehungen und prestigeträchtige Projekte. Hauptnutznießer dieser Strategie zur Gewinnung öffentlichen Wohlwollens waren die Jesuiten und der Bau, der ihnen wie kein zweiter am Herzen lag: die Kirche ihres Ordensgründers Ignatius von Loyola, den niemand anders als Gregor XV. 1622 heiligsprach. Sein Kardinalnepot finanzierte nicht nur die aufwendig ausgestattete Kirche Sant' Ignazio, sondern zeigte sich auch sonst den Jesuiten gegenüber äußerst spendabel. Damit war eine solide Allianz geschmiedet, die dem jungen Orden Glanz und den Ludovisi Sicherheiten bot. Nicht minder sorgfältig inszenierte Ludovisi seine öffentliche Wohltätigkeit. Sein Intimfeind Scipione Caffarelli Borghese hatte es auf diesem Gebiet beim absolut Notwendigen bewenden lassen. Ludovisi hingegen organisierte aufwendige Wohltätigkeitsveranstaltungen, die seinen Ruhm als Vater der Armen verbreiteten. Doch ohne den rituellen Tadel des greisen Papstes für sein weltlich-allzuweltliches Gehabe kam auch er nicht davon, denn diese Distanzierung vom eigenen Geschäftsführer gehörte längst zum unverzichtbaren Repertoire der römischen Hofschauspiele.

Wie unauflöslich sich Familieninteressen und kurialer Reformbedarf unter Gregor XV. verquickten, zeigt sich an dem Konklaveedikt, das der Papst im November 1621 in Kraft setzte. Es verbot mit rigorosen Strafandrohungen alle Manöver, die bislang die Papstwahl entschieden hatten. Künftig sollte es keine Parteiabsprachen mehr geben und erst recht keine Adorationswahl als deren Resultat, stattdessen eine saubere Kür allein mit dem Wahlzettel, das heißt geheim und allein auf das individuelle Gewissen gegründet. Jeder Kardinal hatte künftig einen heiligen Eid zu leisten, dass er nur den Würdigsten und niemand anderen als den Würdigsten wählen werde, ohne jede Beimengung von Parteigeist und Parteiinteresse, im Bewusstsein, darüber am

Jüngsten Tag Rechenschaft ablegen zu müssen. Unter dieser Voraussetzung blieb eine Kür «durch Inspiration», die sich in spontaner Akklamation aller niederschlug, oder «durch Kompromiss», wenn nach erfolglosen Skrutinien eine kleine Gruppe von Kardinälen mit der Bestimmung des neuen Papstes beauftragt wurde, weiterhin gültig, doch kamen diese Methoden de facto nicht mehr zur Anwendung. Da das Konklave künftig in der Sixtinischen Kapelle stattfinden sollte, hatten die Wähler das Weltgericht am Ende der Zeiten bei Eid und Stimmabgabe direkt vor Augen: Sie standen vor Michelangelos gewaltigem Fresko, und zwar auf Augenhöhe mit der Hölle, wo die Teufel mit sadistischer Vorfreude über die frisch Verdammten herfielen. Die neue Wahlordnung war eine Maßnahme gegen den kurialen Klientelismus und als solche im Geiste Trients. Sie war aber auch ein Schlag gegen die Borghese mit ihren zahlreichen Gefolgsleuten und zugleich eine stolze Erklärung in eigener Sache: Wir, die Ludovisi, herrschen durch Verdienst und nicht durch Parteigunst!

Die wichtigste Regierungshandlung des Ludovisi-Pontifikats war die Schaffung der Kardinalskongregation «de propaganda fide», wörtlich: die Kongregation zur Verbreitung des Glaubens. Ähnliche Organisationen hatte es seit Pius V. gegeben, doch immer nur befristet und mit beschränkten Kompetenzen. Die neue Institution sollte wie das achtzig Jahre zuvor gegründete Sant'Uffizio im Prinzip für den Gesamtbereich der Missionen inner- und außerhalb Europas, bei «Ketzern», «Ungläubigen» und «Heiden», zuständig sein. In der Praxis lief die Hauptaufgabe der neuen Kongregation jedoch darauf hinaus, die Missionstätigkeit der einzelnen Orden zu koordinieren und deren Stellung gegenüber den kirchlichen Patronatsansprüchen der Kolonialmächte Spanien und Portugal zu stärken, die de facto zu einem Staatskirchensystem ausgebaut worden waren. So wichtig die «Propaganda» – so die übliche Kurzbezeichnung der neuen Zentralorganisation – auch war, ihre Finanzmittel entsprachen nur einem Viertel des Einkommens, das Kardinal Ludovico Ludovisi pro Jahr bezog; die Prioritäten hatten sich also gegenüber dem Borghese-Pontifikat nicht wesentlich verschoben.

Die wichtigsten Aktivitäten entfaltete die Kongregation der aktuellen Kriegslage entsprechend zunächst in Europa, an der «Häretikerfront». Paul V. hatte im November 1620 den Triumph der Habsburger über den calvinistischen Winterkönig in Prag, den Kurfürsten Friedrich V. von der

Pfalz, erleben dürfen. Als die katholischen Truppen im September 1622 dessen kurfürstliche Residenz Heidelberg einnahmen und die pfälzische Kurwürde an Herzog Maximilian von Bayern überging, sicherte sich der Ludovisi-Papst mit der dortigen Biblioteca Palatina eine kostbare Belohnung für seine Unterstützung des bayerischen Herzogs. Die europaweit berühmte Büchersammlung wurde in 196 Kisten verpackt und auf Mauleseln und Fuhrwerken über die Alpen nach Rom gebracht: ein «Kulturdiebstahl» von epochalen Dimensionen. Nach Vereinbarungen auf dem Wiener Kongress kehrten 1816 847 mittelalterliche deutsche Handschriften der Sammlung nach Heidelberg zurück; sämtliche Drucke und fremdsprachigen Manuskripte liegen bis heute im Vatikan.

Nach dem Tod Gregors XV. am 8. Juli 1623 musste das neue Papstwahldekret seine Bewährungsprobe bestehen, und dies gleich unter erschwerten Bedingungen: Die Kardinäle Borghese und Ludovisi, die Parteiführer, die es eigentlich nicht mehr geben durfte, waren mehr denn je Todfeinde, hinzu kamen die Sommerhitze und ein Ausbruch von Gewalt, wie sie Rom seit Langem nicht mehr während einer Sedisvakanz erlebt hatte – das römische Volk machte von seinem uralten Anspruch auf Anarchie während der papstlosen Zeit durch die Plünderung von Palästen und durch Überfälle auf den römischen Straßen exzessiven Gebrauch. Wenn jetzt jeder Kardinal nur noch seinem Gewissen und nicht mehr den Anweisungen seines Parteiführers folgte, musste man mit einem sehr langen Konklave rechnen. Doch es zeigte sich schnell, dass gegen tief verwurzelte Gewohnheiten, die zudem gewichtige Machtinteressen widerspiegelten, kein (Reform-)Kraut gewachsen war: Ohne eine Absprache der beiden Kontrahenten Borghese und Ludovisi war keine Einigung in Sicht. Dabei drängte die Zeit: Die Temperaturen in den engen Konklavezellen wurden unerträglich, die Malaria ging um, Krankheitsfälle häuften sich. Wie zwei Jahre zuvor trat der Neffe Pauls V. mit einer Mischung aus Arroganz und Uneinsichtigkeit auf, die selbst seinen Anhängern übel aufstieß. Als er sich dann noch auf dem Höhepunkt der Auseinandersetzungen Freigang erbat und seine Gefolgsleute für die Zeit seiner Abwesenheit auf eine Blockadehaltung einschwor, war das Maß voll und Ludovisis Chance gekommen. Die reinen Mehrheitsverhältnisse sprachen gegen ihn: zweiunddreißig von Paul V. erhobene Kardinäle gegen acht, die von seinem Onkel den roten Hut erhalten hatten. Die klügste Lösung bestand darin, unter den Mitgliedern der feindlichen Gruppierung denjenigen auszusuchen, der seinem Parteiführer durch Selbständigkeit und Eigenprofil am wenigsten genehm war: Kardinal Maffeo Barberini aus Florenz. Als Borghese ins Konklave zurückkehrte, musste er diesen zähneknirschend als künftigen Papst akzeptieren und rächte sich auf die ihm eigene unfeine Art: Er fiel vor Barberini auf die Knie und vollzog damit die Adoration, die der verhasste Gregor XV. ausdrücklich verboten hatte.

Der Kosmos der Barberini: Urban VIII.

Wenige Prälaten hatten ihre Karriere so sorgfältig auf den gewandelten Zeitgeist abgestimmt wie der neue Papst, der sich Urban VIII. nannte. An der Kurie hatte er sich durch elegante Verse mit strenger Moral den Ruf eines normenkonformen Schöngeistes erworben. Die Ausstattung der Grabkapelle für seine Eltern in Sant'Andrea della Valle, die er von dem hochgeschätzten Maler Federico Barocci ausschmücken ließ, brachte ihm überdies die Anerkennung der Kunstexperten ein. Der Kauf eines teuren Kurienamts hatte seine Laufbahn beschleunigt, die Sporen des Kardinals erwarb er sich als Nuntius in Paris, wo seine weltmännische Art zusammen mit seiner Sympathie für Land und Leute angenehm auffiel. Was für ein Wechsel in einem halben Jahrhundert! Einundfünfzig Jahre nach dem asketischen Antiken-Verächter Pius V. saß jetzt ein Literat und Connoisseur auf dem Papstthron!

Und wiederum ein Familienmensch, wie sich schnell zeigte. Seit Gregor XIII. hatten alle Päpste das vorgefundene Quantum Nepotismus um eine gewisse Dosis gesteigert, ohne den vorgefundenen Rahmen gänzlich zu sprengen. Unter Urban VIII. fielen solche Grenzen. Jetzt wurde die Förderung der Papstfamilie zur unangefochten dominierenden Ausrichtung des gesamten Pontifikats, einschließlich der großen Politik. Immer wenn ausgeprägte Interessen der Barberini ins Spiel kamen, waren von vornherein die Würfel gefallen, auch auf internationalem Parkett. Natürlich gab es weiterhin Sektoren, in denen diese Belange nicht oder kaum ins Spiel kamen; dann wurde kuriales *business as usual* abgewickelt, doch in der Regel mit deutlich gemindertem finanziellem und diplomatischem Engagement.

Bald nach seiner Wahl erhob Urban VIII. seinen Neffen Francesco Barberini zum Kardinalnepoten und damit zum Oberaufseher des Kirchenstaats. Ein Jahr später verlieh er seinem Bruder Antonio aus dem Kapuzinerorden und seinem Schwager Lorenzo Magalotti den Purpur; im Februar 1628 rückte ein weiterer Neffe namens Antonio der Jüngere ins Heilige Kollegium nach. Von diesen vieren wurde Magalotti als kluger Diplomat und gewandter Organisator selbst von Gegnern der Barberini respektiert. Diesen guten Ruf untermauerte er in seiner Funktion als Staatssekretär, der im 17. Jahrhundert stetig steigende Bedeutung für die Leitung und Koordinierung der inneren und äußeren Politik der Päpste zukam. Als er 1628 sein Amt als Staatssekretär niederlegte und sich in sein Erzbistum Ferrara zurückzog, ging nach allgemeiner Einschätzung der Lotse des Pontifikats von Bord. Von den drei Barberini-Kardinälen spielte der bejahrte Kapuziner Antonio fast nur symbolische Rollen, vor allem wenn es darum ging, die Barberini in der Öffentlichkeit zu rechtfertigen. Francesco und Antonio hingegen lieferten sich in der zweiten Hälfte des fast einundzwanzigjährigen Pontifikats Kämpfe um Einfluss und Prestige, die regelrechte Lähmungen der Herrschaftsausübung zur Folge hatten.

Die Einkünfte, die der Papst seinen geistlichen Nepoten verschaffte, lassen sich relativ genau abschätzen. Zum ersten und zugleich letzten Mal monopolisierte jetzt eine einzige Familie die vier traditionellen Führungsämter der Kurie: das des Papstes, des Vizekanzlers, des Kämmerers (Camerlengo) und des Großpönitentiars. Dazu kamen die ertragreichsten Kommendatararbeiten Italiens, und zwar in einer nie gesehenen Fülle: Mehr als einhundert dieser zweckentfremdeten Klöster wurden den drei Nepoten verliehen, deren Gesamteinnahmen die des bisherigen Rekordhalters Scipione Caffarelli Borghese um das zwei- bis dreifache pro Jahr übertrafen. Dazu kamen erhebliche Geldschenkungen aus der Schatulle des Papstes; sie gingen überwiegend an den weltlichen Hauptnepoten Taddeo Barberini. So beliefen sich die Gesamterträge, die die Barberini unter Urban VIII. abschöpften, auf etwa zwölf bis vierzehn Millionen Dukaten. Ihren Kritikern konnten die Hauptprofiteure des Pontifikats entgegenhalten, dass der Großteil dieser Summen aus kirchlichen Pfründen stammte und nicht vom regulären Budget der Papstfinanz abgezweigt wurde. Doch konnten ihre Gegner einwenden, dass dadurch enorme Mittel blockiert waren, die sonst für kirchliche Institutionen, die Rekatholisierung protestantischer Gebiete und für Prälaten aus anderen Familien zur Verfügung gestanden hätten. Diese Argumente überzeugten. Die Barberini machten sich unbeliebt, an der Kurie, in Rom und im übrigen Kirchenstaat. Wie die Borgia konnten auch sie nicht abgeben.

Die Rolle, die Urban VIII. für den fürstlichen Stammhalter Taddeo Barberini vorgesehen hatte, war ebenfalls mit den etablierten Normen unvereinbar. Dass ihm feudale Titel und Besitzungen in Hülle und Fülle verliehen wurden, natürlich unter systematischer Aufhebung der von Pius V. gegen solche Belehnungen im Kirchenstaat verhängten Verbote, war inzwischen üblich. Neu und anstößig hingegen waren Titel, Funktion und Rang des Prefetto di Roma, die Urban VIII. 1631 für seinen Nepoten wiederbelebte. Dieses Amt hatte de facto seit einem Jahrhundert geruht, da die Familie Della Rovere, der es für drei Generationen übertragen worden war, unter dem Namen Montefeltro in Urbino regierte. Die unerwartete Ernennung Taddeos versetzte Adel und Diplomaten Roms in heftige Unruhe: Als «Präfekt-Fürst» hatte der Papstneffe jetzt bei großen Zeremonien den Vorrang vor den Botschaftern der auswärtigen Mächte, was nicht nur deren vehemente Proteste, sondern regelrechte politische Krisen, zum Beispiel mit der Republik Venedig, zur Folge hatte. So wurde auch die Verheiratung Taddeo Barberinis eine Haupt- und Staatsaktion. Vier Jahre lang liefen in dieser Sache die diplomatischen Drähte in Italien heiß. Wie seine Vorgänger hoffte Urban VIII. auf eine Allianz mit einer regierenden Fürstenfamilie, doch deren Chefs stellten unannehmbare Bedingungen oder winkten von vornherein ab. Günstiger sah es anfangs mit der Erbin des mehr oder weniger unabhängigen Mini-Herzogtums Sabbioneta bei Mantua aus, doch machte der allmächtige spanische Minister Olivares den päpstlichen Brautwerbern auch hier einen Strich durch die Rechnung.

Am Ende erhielt Taddeo Barberini mit Anna Colonna, der Tochter des Herzogs von Paliano, eine Gattin, die ihn nicht nur an Vornehmheit der Geburt, sondern auch an Intelligenz und Tatkraft weit übertraf. In der zölibatären Männergesellschaft des Vatikans spielte die «Präfektin-Fürstin» eine Rolle, die sie sich selbst maßgeschneidert hatte: Als angeheiratete Nepotin, Sachwalterin der Colonna und Patronage-Maklerin gewann sie einen Einfluss, der sie zu einer wichtigen Anlaufstelle an der Kurie machte.

Ihren eitlen und schwächlichen Ehemann hat sie, wie ihre Briefe eindrucksvoll belegen, verachtet. Mit ihm Nachwuchs zu bekommen, war das Opfer, das sie zum Statuserhalt ihrer Familie erbringen musste.

Nach den außenpolitisch eher defensiv ausgerichteten Pontifikaten seiner beiden Vorgänger fühlte sich Urban VIII. dazu berufen, eine führende Rolle auf europäischer Bühne zu spielen. Die erste Gelegenheit dafür bot sich im Veltlin, dem Untertanengebiet der Republik der Drei Bünde, des heutigen Schweizer Kantons Graubünden. Durch deren Territorium verliefen einige der wichtigsten Passstraßen der Ostalpen, denen als Verbindung zwischen den habsburgischen Besitzungen in Österreich und Oberitalien hohe militärische Bedeutung zukam. Durch den Konflikt zwischen Spanien und dem Kaiser auf der einen Seite und Frankreich auf der anderen, der das ganze 17. Jahrhundert beherrschen sollte, rückte die dünn besiedelte Region daher zunehmend in den machtpolitischen Brennpunkt. Zum europäischen Konfliktherd wurde die Berg-Republik weiter dadurch, dass die knapp fünfzig Gemeinden, die die politische Souveränität innehatten, konfessionell tief gespalten waren, was blutige Übergriffe und Repressalien von Reformierten und Katholiken gegen die jeweiligen «Glaubensfeinde» zur Folge hatte. In dieser explosiven, für Fremde kaum durchschaubaren Gemengelage konnten auswärtige Mächte mit ihren Interventionen nur verlieren, wie Frankreich und Spanien nach anderthalb Jahrzehnten gleichermaßen frustriert erkennen mussten. Der erste, der dabei Geld und Prestige einbüßte, war jedoch Urban VIII. Er hatte von Gregor XV. die Treuhänderschaft über die Veltliner Festungen geerbt, wollte jedoch im Gegensatz zu diesem im Streit der katholischen Vormächte eine aktive Rolle als Vermittler und Friedensstifter spielen. Dieser Versuch schlug nach zwei Jahren kläglich fehl: Spanien und Frankreich einigten sich hinter dem Rücken des Papstes und ließen eine pompös inszenierte Legation des Kardinalnepoten Francesco Barberini blamabel ins Leere laufen.

Der Vorfall zeigt, dass Urban VIII. nicht der «gemeinsame Vater der Christenheit» war, sondern den ganzen Pontifikat hindurch mehr oder weniger eng mit Frankreich verbündet war. Diese Anlehnung diente nicht zuletzt den Interessen der Nepoten, die von dort hohe Einkünfte bezogen. Weder jetzt noch bei späteren Konflikten war Urban VIII. der Staatskunst des Kardinals Richelieu gewachsen, der die latente Befangenheit des Barberini-Papstes in den achtzehn Jahren seines Wirkens als Erster Minister des allerchristlichsten Königs Ludwig XIII. virtuos ausnutzte. Richelieu gelang es sogar, den Barberini mit Giulio Mazzarini ihren besten Diplomaten und Ratgeber abzuwerben. Sein Übertritt in französische Dienste stellte die Nachfolger Urbans VIII. vor schier unlösbare Probleme, da Mazarin sein römisches Insiderwissen konsequent gegen sie verwendete.

Aufs Schwerste kompromittiert wurde die Stellung des Papstes in der katholischen Welt, als Richelieu im Dezember 1630 einen Vertrag mit Gustav II. Adolf, dem lutherischen König von Schweden, schloss, der diesem französische Finanzhilfe für seinen Kampf gegen die habsburgische Vormacht im Reich zusicherte. Dieser Akt der reinen Staatsräson, der die Interessen Frankreichs vor die Belange der katholischen Religion stellte, erregte in Spanien höchste Empörung, und zwar nicht nur gegen Richelieu, sondern auch gegen seinen Dauerverbündeten in Rom. Als der schwedische König im März 1632 nach einem militärischen Siegeszug durch Deutschland im Zenit seiner Macht stand, schlug das habsburgische Imperium zurück: Vor der Versammlung der Kardinäle im Konsistorium drohte der spanische Kronkardinal Gaspare Borja dem Barberini-Papst als Helfershelfer eines Ketzers mit Konzil und Absetzung! Die Habsburger hatten weitere gute Gründe, mit Urban VIII. zu hadern. Gegenüber ihren Gesuchen, die katholische Seite im Krieg gegen Schweden mit Subsidien zu unterstützen, zeigte er sich zugeknöpft; die 120 000 Dukaten, die er Ende 1631 für ein Jahr freigab, nahmen sich im Verhältnis zu den Schenkungen an die Nepoten äußerst bescheiden aus. Rom rückte aus dem Zentrum Europas immer weiter an die Peripherie.

Der «Borja-Skandal» hatte unerwartete Folgen. Spanien hatte nicht nur die Überparteilichkeit Urbans VIII., sondern auch dessen Engagement für die katholische Kirche insgesamt bestritten. Für einen Pontifex maximus war das ein unerträglicher Verdacht. Um das Gegenteil zu beweisen, brach der Barberini-Papst jetzt mit seiner bislang liberalen Kulturpolitik, von der vor allem Galilei profitiert hatte. So befand sich im Familienpalast der Barberini ein Fresko der göttlichen Weisheit von Andrea Sacchi, das diverse Tugendallegorien in einem Weltraum mit der Sonne im Mittelpunkt und der Erde am Rand zeigte. Selbst wenn man eine solche Darstellung als Jonglieren mit Vermutungen und als künstlerische Freiheit abtat, zeugte das Bild von einer bemerkenswerten Offenheit im Umgang mit der weltbewe-

Ein ketzerisches Weltbild in der Stadtresidenz einer Papstfamilie? Im Palazzo Barberini malte Andrea Sacchi ein Fresko mit der Sonne im Mittelpunkt, die Erdkugel ist an den Rand abgedrängt. Doch ein Bekenntnis zu Galilei ist das Bild nicht, sondern allenfalls ein höfisches Spiel mit Hypothesen.

genden Frage, welcher Himmelskörper sich um wen drehte. Damit war jetzt Schluss. Der an sich so gewandte Hofmann Galilei stürzte plötzlich tief, auch durch eigenes Zutun. Den Anlass dafür lieferte 1632 Galilei mit der Publikation seines «Dialogs über die beiden hauptsächlichsten Weltsysteme». Darin treffen Vertreter des ptolemäischen und des kopernikanischen Weltbildes aufeinander, und Galilei legte ausgerechnet dem notorischen Dummkopf der Runde die Argumente Urbans VIII. in den Mund, dass das Koperikaniche Weltbild nie mehr als eine bloße Hypothese sein werde. So war Galilei zum Sündenbock prädestiniert, dessen Opfer die Rechtgläubigkeit des von Spanien attackierten Papstes unter Beweis stellen sollte. Dass der greise Physiker am Ende seines Inquisitionsprozesses im Juni 1633 mit der demütigenden Abschwörung und dem Hausarrest in seiner toskanischen Villa davonkam, verdankte er der Protektion des Großherzogs in Florenz und einiger Kardinäle.

Nepotenherrlichkeit und barocke Prachtentfaltung

Doppelkrönung Berninis Bronzebaldachin in der Peterskirche soll die Grabstätte des Apostelfürsten Petrus überkrönen, doch dient er mindestens ebenso sehr dem Ruhm Urbans VIII. und der Barberini, wie ihre allgegenwärtigen Wappenbienen zeigen.

Nach der Regel «Je mehr Nepotismus, desto mehr Propaganda» wurde Rom unter den Barberini zu einem Eldorado für Architekten, Bildhauer und Maler aus ganz Europa. Zum Herrn der Künstler und der Künste erhob Urban VIII. Giovanni Lorenzo Bernini. Bernini hatte mit seiner Plastik des Apoll, der der Nymphe Daphne nachstellt und zusehen muss, wie sich die Schöne durch die Verwandlung in einen Lorbeerbusch seinem lüsternen Zugriff entzieht, das erste große Meisterwerk eines neuen, auf dramatische Handlungsführung und expressive Emotionalität ausgerichteten Stils geliefert und damit das Entzücken der Kunstszene erregt. Urban VIII. ernannte ihn nach dem Tod Carlo Madernas 1629 zum Leitenden Architekten der 1626 feierlich eingeweihten, aber noch keineswegs zu Ende gebauten Peterskirche. Für die neue Basilika schuf Bernini den monumentalen Bronzebaldachin, der das Petrusgrab ruhmvoll überwölben sollte, doch von unten bis oben derartig dicht mit den Wappen-Bienen und weiteren Symbolen der Barberini bedeckt war, dass die sichtbare Botschaft anders ausfiel: Rom erlebt unter der segensreichen Herrschaft der Barberini ein neues Goldenes Zeitalter des Glaubens und der Kultur! Das hatten schon viele Nepotenfamilien von sich behauptet, doch kaum eine so aufwendig und allgegenwärtig wie die Barberini. Da die Geschichte der Familie eine andere Sprache sprach, ließ der Papst deren sichtbare Zeugnisse vernichten. So wurden jetzt die alten Wappenschilde systematisch zerstört, auf denen nicht fleißige Bienen, sondern stechwütige Pferdebremsen zusammen mit den Scheren der Tuchhändler, dem angestammten Metier der Barberini, zu sehen waren. Parallel dazu «fanden» devote Historiker illustre Vorfahren, mit denen sich die mediokre Genealogie der Familie verschönern ließ; in altadligen Kreisen erregte die imaginäre Ahnentafel allerdings nicht Bewunderung, sondern Heiterkeit.

Wie die Barberini von nun an gesehen werden wollten, zeigen am eindrucksvollsten ihr Stadtpalast an der Via delle quattro fontane und das Deckenfresko Pietro da Cortonas in dessen großem Salon. Mit ihrer grandiosen Stadtresidenz, zu der ein Theater und ein Ballspielstadion gehörten, stachen die Nepoten Urbans VIII. alle ihre Vorgänger bei Weitem aus. Der von Carlo Maderna entworfene und von Bernini vollendete Palazzo Barberini war ein glanzvoller Gegenpol zum Vatikan und zeigte unübersehbar, wer in Rom die Macht hatte. Cortonas Meisterwerk im Prunkraum des Palastes nimmt dieses Thema auf und zeigt, woher die Barberini die Macht

Nepotenherrlichkeit und barocke Prachtentfaltung

hatten und wozu sie diese benutzten. Im Zentrum der figurenreichen Komposition werden die drei Bienen der Barberini unter der Tiara und den Schlüsseln des Papstes auf Anordnung der Vorsehung von den drei Kardinaltugenden Glaube, Liebe und Hoffnung mit Lorbeer umkränzt; Allegorien zahlreicher weiterer Tugenden stehen ihnen dabei zur Seite. Welcher Segen daraus für die Welt entspringt, machen die ruhmreichen Taten des Herkules alias Taddeo Barberini deutlich. Der heroische Halbgott als Alter ego des übel beleumdeten «Fürsten-Präfekten»: Die Feinde der Barberini hatten viel zu spotten.

Der Barberini-Pontifikat endete im Zeichen des Scheiterns, symbolisch und real. Der erste der beiden Glockentürme von Sankt Peter, den Bernini errichtete, wurde verdächtigt, die Statik der ganzen Basilika zu gefährden, und unter dem nächsten Pontifikat wieder abgerissen. Dadurch bleibt die Peterskirche mit ihrer überbreiten Fassade bis heute unvollendet. Zum Desaster, das den Ruf der Barberini vollends ruinierte, wurde jedoch der Krieg um das kleine Herzogtum Castro gut hundert Kilometer nordwestlich von Rom, das Paul III. 1537 den Farnese verliehen hatte. Diese bezahlten mit den Einkünften aus dem fruchtbaren Getreideanbaugebiet die Schulden, die sie in Form eines eigenen *monte*, einer eigens für sie eingerichteten Anleihe, bei zahlreichen Gläubigern inner- und außerhalb Roms zu bedienen hatten. Als die Castro-Erträge in den 1630er-Jahren dafür nicht mehr ausreichten, machten die Barberini Herzog Odoardo Farnese erst ein Kauf- und dann ein Heiratsangebot. Als dieser beides in beleidigenden Tönen ausschlug, war die Ehre der Nepoten schwer beschädigt. Mit der Begründung, die Interessen der Gläubiger schützen zu müssen, ging Urban VIII. immer massiver gegen den Herzog vor. Im Januar 1642 exkommunizierte er Odoardo, erklärte ihn aller seiner Lehen, einschließlich Parmas, für verlustig und rückte mit einem rasch zusammengewürfelten Heer gegen ihn vor; die Führung der päpst-

Grandiose Verherrlichung einer Papstfamilie Papst Urban VIII., seine Nepoten und der Nepotismus als staatstragende Kraft erfahren in Pietro da Cortonas Deckenfresko des großen Salons im Palazzo Barberini eine Apotheose ohnegleichen. Die göttliche Vorsehung krönt die drei Wappenbienen der Familie mit der Tiara, daneben säubert der tugendhafte Herkules als Alter Ego Taddeo Barberinis die Welt von Ungeheuern.

Grabmal mit bewegter Geschichte Urban VIII. gab schon zu Lebzeiten seine monumentale letzte Ruhestätte bei Giovanni Lorenzo Bernini in Auftrag, doch fertig war sie beim Tod des Papstes noch nicht. Als seine Nepoten unter Urbans Nachfolger Innozenz X. aus Rom nach Paris fliehen mussten, kümmerte sich mit Kardinal Angelo Giori, ihrem ehemaligen Hauslehrer, der Treueste der Treuen um die Vollendung. Als es schließlich 1647 enthüllt wurde, musste selbst der feindselige Pamphili-Papst zugeben, dass es schön war. Und von «schön» zu «wahr» war nur ein Schritt. So überdeckte ganz allmählich das majestätische Monument die hässliche Erinnerung an die zweite Hälfte des Barberini-Pontifikats, ohne sie gänzlich auszulöschen.

lichen Armee hatten die Nepoten Taddeo und Antonio Barberini junior inne. Odorado Farnese verbündete sich jedoch mit Venedig und den Este in Modena und konnte auf französische Unterstützung zählen. Als er mit seiner Armee nach Süden vorrückte, zerstreute sich die päpstliche Truppe in alle Winde, und die Situation wurde für Rom immer bedrohlicher. Um das Schlimmste zu verhindern, musste Urban VIII. klein beigeben und im Friedensschluss vom März 1644 den alten Rechtszustand bestätigen. Um die exorbitanten Kriegskosten aufzubringen, hatte der Papst eine Mahlsteuer eingeführt, die den Brotpreis erhöhte, und damit an ein Tabu gerührt, das bis in die Zeit Gregors I. zurückreichte. Die Römer verziehen den Barberini vieles, doch die *gabella del macinato*, die Mühlenabgabe, blieb ein dauerhafter Makel des Pontifikats, der sich noch im späten 19. Jahrhundert als Politikum instrumentalisieren ließ.

Als Urban VIII. am 29. Juli 1644 für immer die Augen schloss, ging es für seine Kardinalnepoten im Konklave vor allem um Schadensbegrenzung. Warum, das fassten zwei lateinische Verse zusammen, die nach dem Tod des Barberini-Papstes an der Pasquino-Statue, dem Satire-Anschlagbrett Roms, zu lesen waren: «Dem Grabe Urbans mögen nur wenige Worte eingemeißelt werden: So gut, wie er die Bienen hütete, so schlecht hütete er die Schafe» (Pastor 13/2, S. 880). Der verblichene Pontifex maximus hatte den Seinen alle nur erdenklichen Schutzbriefe und Unbedenklichkeitsbescheinigungen ausgestellt, die sie vor jeglicher Strafverfolgung nach seinem Tod bewahren sollten. Die Frage war nur, ob sich der neue Papst dadurch gebunden fühlen würde. Dafür standen die Chancen rein numerisch nicht schlecht. Von den 56 Kardinälen, die Anfang August das Konklave bezogen, waren sage und schreibe 48 von Urban VIII. ernannt worden und zudem sieben Florentiner, also bedingungslose Parteigänger der Barberini. Doch wie fast immer in vergleichbaren Situationen konnten die Nepoten ihren Wunschkandidaten nicht durchbringen – zu lange und zu hemmungslos hatten die Barberini die Ressourcen Roms und des Kirchenstaats ausgebeutet. So schlug das Pendel jetzt zur entgegengesetzten Seite aus: Mit dem siebzigjährigen Giovanni Battista Pamphili machte am 14. September 1644 zwar ein Barberini-Kardinal, doch kein Barberini-Gefolgsmann das Rennen. Zudem bestieg nach dem frankophilen Urban VIII. jetzt ein Parteigänger Spaniens den päpstlichen Thron – und ein Nachkomme Alexanders VI. Borgia, von dessen Tochter

Isabella Matuzzi der neue Papst mütterlicherseits abstammte. Seine Karriere wurde von dieser anrüchigen Herkunft jedoch nicht behindert.

Die «Päpstin» und ihre Skandale: Innozenz X.

Innozenz X., wie sich der Pamphili-Papst nannte, wartete ein knappes Jahr, dann forderte er die Nepoten seines Vorgängers, die ihn als Kardinal oft gedemütigt hatten, ultimativ auf, über die Finanzierung des Castro-Krieges Rechenschaft abzulegen. Das war der Auftakt zu einem Prozess wegen Unterschlagung und Misswirtschaft, den die Barberini, wie sie sehr wohl wussten, verlieren würden: Als erster setzte sich Kardinal Antonio, als Matrose verkleidet, im September 1645 zu Schiff nach Frankreich ab, im Januar 1646 folgten ihm Francesco und Taddeo unter nicht weniger abenteuerlichen Umständen. Im französischen Exil wurden sie von ihrem ehemaligen Protégé Mazzarini, der sich jetzt Mazarin nannte, ihrerseits protegiert. Der ehemalige Sekretär der Barberini war auf Druck Richelieus im Dezember 1641 zum Kardinal ernannt worden und seinem Patron ein Jahr später als Erster Minister des französischen Königs nachgefolgt.

Damit war ein Insider des römischen Systems an die Macht gelangt, der seine intime Kenntnis der römischen Verhältnisse von jetzt an virtuos dazu nutzte, die Macht Frankreichs in Italien zu erhöhen. Im Falle Innozenz' X. lief diese Strategie darauf hinaus, den spanienfreundlichen Papst nach allen Regeln der Kunst zu diskreditieren. Zu diesem Zweck setzte Mazarin durch, dass der Prozess gegen die Barberini niedergeschlagen wurde. Darüber hinaus wurde ihnen ihr beschlagnahmter Besitz zurückerstattet und vollständige Genugtuung zuteil. Durch dieses Einknicken war das Prestige des Papstes, der als Feind des exzessiven Nepotismus angetreten war, empfindlich geschmälert, doch hatte die Niederlage für die Pamphili-Nepoten auch ein Gutes: Innozenz X. konnte jetzt ohne Rücksicht auf seinen ohnehin schon ruinierten Ruf in die Fußstapfen seiner Vorgänger treten, mit denen er sich durch ein Heiratsprojekt aussöhnte.

Auf dem Pontifikat des Pamphili-Papstes lastete eine soziale Hypothek. Seine Schwägerin Olimpia Maidalchini, Tochter eines wohlhabenden Getreideaufkäufers in Diensten der römischen Annona, hatte ihm seine Kar-

Eine starke Frau in der vatikanischen Männergesellschaft Die «papessa» Olimpia Maidalchini, wie sie der Bildhauer Alessandro Algardi, Berninis Konkurrent, in Marmor porträtierte – und wie sie zweifellos auch gesehen werden wollte.

riere finanziert, pochte jetzt auf Gegenleistungen und hatte damit durchschlagenden Erfolg: Von den Römern als *papessa* («Päpstin») verhöhnt und gefürchtet, agierte sie zehn Jahre lang als graue Eminenz des Vatikans. Von ihrem Schwager auf dem Papstthron erhielt sie das Herzogtum San Martino in den Cimino-Vulkanbergen nördlich von Rom. Dort ließ sie für die Minenarbeiter eine Mustersiedlung errichten und die Abteikirche aufwendig neu gestalten. Ihren Ruf in Rom verbesserte sie damit jedoch nicht. Dort galt sie als raffgierige Tyrannin, rücksichtslose Spekulantin, die durch überhöhte Brotpreise das verachtete Volk verhungern lassen wollte, und am Ende als Ausgeburt der Hölle schlechthin.

Unter Olimpias Fuchtel standen auch die drei Familienkardinäle, die Innozenz X. im Laufe seiner Regierungszeit ernannte. Der erste von ihnen, Olimpias schwächlicher Sohn Camillo, war als Kardinalnepot selbst den bescheidenen Anforderungen des rein repräsentativen Amts nicht gewachsen und bescherte seinem Onkel nach zwei Jahren einen Skandal, den die Hofklatsch-Gazetten ganz Europas weidlich ausschlachteten: Der junge Kirchenfürst hatte sich in Olimpia Aldobrandini, die Witwe des mit nur vierundzwanzig Jahren verstorbenen Borghese-Erben Paolo, verliebt und wünschte diese zu ehelichen! Wegen einer Amour fou den Purpur abzulegen war eine Beleidigung für die zweithöchste Würde der Kirche. Dispense dieser Art galten allenfalls als legitim, wenn dadurch wie einige Jahrzehnte

Zu schön, um Kardinal zu bleiben Camillo Pamphili legte den Purpur nieder, um die schönste und reichste Erbin Roms zu heiraten, und blamierte dadurch seinen päpstlichen Onkel bis auf die Knochen; Porträt von Justus Sustermans.

zuvor in Florenz eine fürstliche Dynastie vor dem Aussterben und Italien vor politischen Unruhen bewahrt wurde. Trotzdem gab Innozenz X. zähneknirschend nach, so dass künftig im Vatikan zwei Olimpias ein und aus gingen, die die Phantasie der Römer und der diplomatischen Berichterstatter dauerhaft erhitzten. Die böse Schwägerin, ihr schwächlicher Sohn, seine schöne Frau und von allen hin und her gezerrt der Papst – diese Viereck-Konstellation sorgte mit tätiger Nachhilfe Mazarins in ganz Europa für Empörung und Gelächter. In dieser konfliktträchtigen Gemengelage behauptete sich die ältere Olimpia weitaus besser als die beiden neuen Kardinalnepoten Francesco Maidalchini und Camillo Astalli. Von geordneten Regierungsgeschäften konnte so keine Rede sein.

Reibungslos lief dagegen die Propagandamaschinerie der neuen Papst-

Die «Päpstin» und ihre Skandale

Schlechte Zeiten für großartige Bauten Im Hungerjahr 1648/49 ließ Innozenz X. auf der Piazza Navona von Bernini den Vierströme-Brunnen errichten, der den Ruhm der Pamphili in allen vier damals bekannten Erdteilen verkündet und zusammen mit der Familiengrabkirche Sant'Agnese und dem aufwendigen Familienpalast ein Triumphensemble ohnegleichen bildet. Die Römer waren alles andere als entzückt: Sie verfluchten den Pamphili-Papst und seine «Päpstin» Olimpia Maidalchini übers Grab hinaus.

Nepotenherrlichkeit und barocke Prachtentfaltung

Defensiv, lauernd, misstrauisch, aber auch bauernschlau und verschlagen So sieht Innozenz X. in Diego Velázquez' Bildnis 1650 die Welt und den Menschen. Nur allzu wahr, soll der Porträtierte zu seinem Konterfei gesagt haben. Dreihundert Jahre später variierte der englische Maler Francis Bacon das Bild des großen Spaniers mehr als vierzigmal. Alle seine Versionen sind im Original angelegt, auch die dramatischste mit dem aufgerissenen Mund. Der Unterschied besteht darin, dass der Pamphili-Papst sein Unbehagen an seinem Amt und seinen Nepoten 1650 nicht hinausschreit, sondern in sich hineinfrisst.

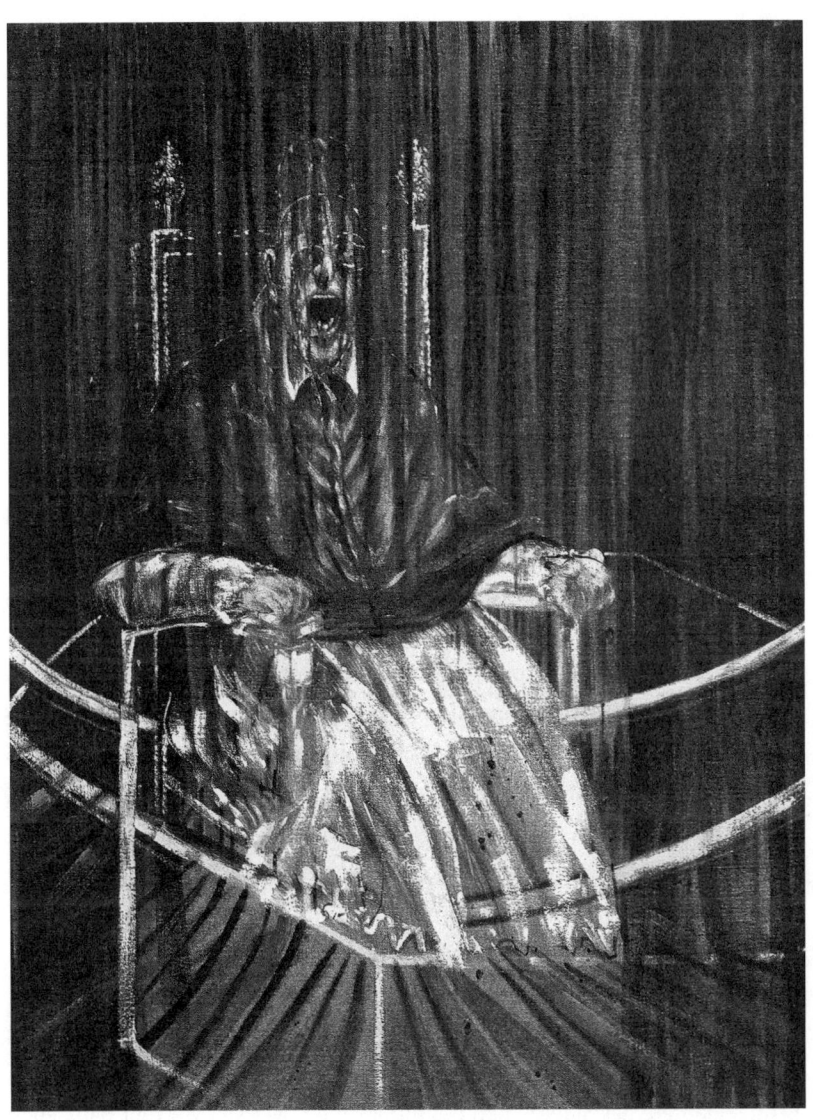

familie. Die immer schwierigere Aufgabe, ihre Vorgänger mit zumindest einem Großprojekt glanzvoll zu übertrumpfen, lösten die Pamphili grandios; dabei stand ihnen mit dem Prälaten Virgilio Spada einer der besten Kunstkenner seiner Zeit zur Seite. Unter seiner kundigen Anleitung gestalteten die Pamphili die Piazza Navona, das alte Stadion des Kaisers Domitian, zu ihrem Verherrlichungs-Raum um. Hier errichteten sie ihren majestätischen Familienpalast, in dem Pietro da Cortonas Fresken Episoden aus Vergils Aeneis erzählen und dadurch den Mythos von einer altrömischen Abstammung der Familie Pamphili pflegen. Hier gestalteten sie Seite an Seite mit ihrer noblen Residenz die nicht minder vornehme letzte Ruhestätte ihrer Toten: Francesco Borromini verschaffte der alten Kirche der Märtyrerin Sant'Agnese, die jetzt als Familienheilige «entdeckt» wurde, mit seinem unvergleichlichen Fassadenschwung neuen Glanz. Das Grabmal Innozenz' X. über dem Eingang spiegelt hingegen die ganze Misere des Pontifikats wider. Nach dem Tod des Papstes im Januar 1655 fühlte sich kein Mitglied der Familie für die Bestattung des gemeinsamen Wohltäters zuständig, so dass der Pamphili-Papst in einer Art Armen-Grab zwischengelagert werden musste. Den Blickfang der stupenden Platzinszenierung aber bildet Berninis Brunnen der vier Ströme, die die Herrschaft des Papstes über die damals bekannten Weltgegenden symbolisieren. Als Haus- und Hofkünstler der Barberini wurde der große Bildhauer nach dem Pontifikatswechsel von 1644 für einige Jahre kaltgestellt, seine Konkurrenten wie Borromini hatten Oberwasser, doch mit dem unaufgefordert präsentierten Modell der phantastischen Fontäne schlug er seine Rivalen aus dem Feld und war bis zu seinem Tod 1680 wieder bestens im Geschäft.

Für die Römer war die Brunnenanlage eine Quelle des Unglücks und des Protests: Wir wollen keinen Brunnen, sondern Brot, Brot und nochmals Brot, so lautete der Slogan, den die hungernden Massen vor den Baustellen der Piazza Navona im Frühjahr 1649 skandierten. Die Mahlsteuer Urbans VIII. hatte ihr Brot um ein Sechzehntel verteuert, das war ein dauerhaftes Ärgernis. Unter Innozenz X. verdoppelte sich dieser Preis; für die kleinen Leute, die zwei Drittel der römischen Bevölkerung ausmachten und den Großteil ihres kargen Einkommens für das Grundnahrungsmittel Brot ausgaben, war das eine Katastrophe. Sie litten ein halbes Jahr lang bitteren Hunger und mussten zusehen, wie sich die Preistreiber im Vatikan mit kostspieligen Prunkbauten verewigten. Das Geld, das an der Piazza Navona in Brunnen, Palast und Kirche floss, wurde dem Budget für Sozialpolitik entzogen – so lautete der Vorwurf an die Adresse Innozenz' X., und er traf zu. Die päpstlichen Nuntien hatten auf dem europäischen Getreidegroßmarkt Amsterdam baltischen Weizen geordert, der rechtzeitig und in ausreichenden Mengen in Rom eintraf, um die Hungersnot zu verhindern – hätte ihn der Papst nur zu sozial verträglichen Preisen an die römischen Bäcker abgegeben. Innozenz X. und die *papessa* aber bestanden auf Kostendeckung, nahmen damit die Brotteuerung in Kauf und hatten Glück im selbstverschuldeten Unglück. Die unterernährten Massen verfielen in Apathie, statt zu rebellieren. Ein Aufstand wie in Neapel blieb daher aus. Dort hatte zuerst das Volk unter der Führung des Fischers Masaniello im Juli 1647 gegen die schlechte Versorgungslage und die hohe Besteuerung rebelliert, und danach ein Aufstand unzufriedener Adelsfamilien die spanische Herrschaft im Süden akut bedroht.

Bei den zähen Verhandlungen in Münster und Osnabrück über ein Ende der seit 1618 in Europa wütenden Kriege konnte Innozenz X. keinen Einfluss geltend machen, obwohl er ab 1644 durch den Kölner Nuntius Fabio Chigi vertreten war, der seine schwierige Sache sogar nach dem Urteil der Protestanten gut machte. In einem 1650 verfassten, doch auf November 1648 rückdatierten Breve verurteilte der Papst zentrale Bestimmungen des Westfälischen Friedenswerks von 1648 wie die Regelung der konfessionellen Verhältnisse und kirchlichen Besitzungen auf dem Stand von 1624 als unerträglichen Verlust für den wahren Glauben und Triumph der protestantischen Häresie. Folgen hatte dieser Protest aber nicht, denn auch im katholischen Europa war die Autorität des Papstes erschüttert.

Um dieselbe Zeit führte Innozenz X. einen Krieg vor der eigenen Haustür und brachte damit zu Ende, was Urban VIII. vergeblich in Angriff genommen hatte. Der neue Herzog Ranuccio Farnese zahlte ebenso wenig wie sein Vorgänger die Zinsen für die Schulden, die auf seinem Herzogtum Castro lasteten. Der Pamphili-Papst machte diesem finanziell unhaltbaren Zustand dadurch ein Ende, dass er das Herzogtum 1649 eroberte und das ganze Gebiet als heimgefallenes Lehen in den Kirchenstaat einfügte. Für die Farnese, die faulen Schuldner, rührte sich diesmal keine Hand. Umso schwerer war der italienischen Öffentlichkeit zu vermitteln, dass das Städtchen Castro mitsamt allen Kirchen dem Erdboden gleichgemacht wurde. Mit dieser unmotivierten Zerstörung wollte Innozenz X. offensichtlich die beschädigte Ehre des Papsttums wiederherstellen.

Innerkirchlich stellte der Pamphili-Pontifikat Weichen im theologischen Jahrhundert-Streit zwischen Jansenisten und Jesuiten. Dessen Wurzeln lagen in den antiken Auseinandersetzungen zwischen Pelagianern und Augustinus-Anhängern über die Freiheit des Willens und die Prädestination. Die Vorgeschichte fällt in die 1590er-Jahre. Unter Clemens VIII. befehdeten sich der Jesuit Luis de Molina und der Dominikaner Domingo Bañez wieder einmal über die Frage, wie sich göttliche Allmacht und freier Wille des Menschen zueinander verhielten. Prädestination oder nur Präscienz, Vorherbestimmung oder nur Vorherwissen Gottes, der seinen Geschöpfen damit Freiraum für eigene Verdienste einräumte, das war hier die Frage. An ihr entzündete sich ein Streit über die Gnade, der unter Paul V. fortschwelte. Dieser erklärte die Debatte für überflüssig und erledigt, löste die dafür zuständige Kongregation auf und verhängte ein Schweigegebot. Seine Begründung: Beide Parteien hätten sich keine Häresieverstöße zuschulden kommen lassen, der Zeitpunkt für eine Entscheidung sei aber noch nicht gekommen. Doch so einfach ließ sich die Kontroverse über ein so zentrales Mysterium des Christentums nicht beilegen. Kurz darauf goss der niederländische Theologe Cornelius Jansen mit seinem Buch über Augustinus reichlich Öl ins weiter glimmende Feuer. Mit seinem Verweis auf den ruhmreichen Kirchenvater aus Nordafrika gab er den Startschuss für eine intellektuelle Entwicklung, die in Frankreich von hohen Justizbeamten aus dem so genannten Robenadel und den von ihnen beherrschten obersten Gerichtshöfen (*parlements*) sowie dem Kloster Port-Royal bei Paris geprägt wurde. Die führenden Jansenisten Antoine Arnauld und Blaise Pascal erarbeiteten eine Gnadenlehre, die sie von der reformierten Prädestinationsdoktrin abgrenzten: Der Mensch hat theoretisch die Möglichkeit, dem Geschenk der göttlichen *gratia gratis data* zu widerstehen, doch erweist sich de facto diese von Gott geschenkte Gnade als unwiderstehlich. Für ihre Gegner, die Jesuiten, waren das notdürftig verbrämte Versatzstücke des Calvinismus.

Mit solchen Thesen suchten die französischen Jansenisten die Anerkennung durch den Papst zu gewinnen. Wie seine Vorgänger Clemens VIII. und Paul V. berief Innozenz X. eine Kardinalskongregation ein, die sich auf das

Wissen handverlesener Experten stützen sollte. Unter diesen Fachleuten hatten die Anhänger der Jesuiten eine klare Mehrheit; die projansenistische Minderheit zog sich nach dem Kommissionsvotum sogar die Ungnade des Papstes zu. Die Ursachen für diese Aversion lagen auf der Hand: Arnauld hatte die Apostel Petrus und Paulus an Würde gleichgestellt – für Rom war das eine Bestreitung des päpstlichen Primats. Gleichermaßen schrill klang den meisten Kardinälen die Kritik der Jansenisten an der äußeren Prunkentfaltung der Kirche, an Nepotismus und Pfründenwesen, aber auch ihr Lob der innerweltlichen Askese und der uneigennützigen priesterlichen Seelsorge in den Ohren. Ihre Verurteilung durch eine Bulle Innozenz' X. vom Mai 1653 war daher eine bloße Formsache.

Beim Tod des Pamphili-Papstes am 7. Januar 1655 hatten Renommee und Finanzen der Kurie einen neuen Tiefstand erreicht. Trotzdem spaltete nicht die Frage der Reform das Konklave der sechsundsechzig Kardinäle, sondern der habsburgisch-französische Gegensatz zusammen mit der Rivalität der Barberini- und Pamphili-Klienten. Die Mazarin-Barberini-Partei favorisierte die Kandidatur des Kardinals Giulio Sacchetti, der sich durch intellektuelle Eigenständigkeit profiliert, aber mit kühnen Reformforderungen auch unbeliebt gemacht hatte. Als Spross einer florentinischen Bankiersfamilie, aber in Rom geboren, setzte Sacchetti auf die gezielte Förderung der wirtschaftlich produktiven Schichten und den Abbau der Subventionen, die den Armen der Ewigen Stadt durchgehend einen niedrigen Brotpreis garantierten. Vielen Kollegen im Heiligen Kollegium waren diese Ideen nicht geheuer. Sacchetti erhielt wochenlang die Hälfte der Stimmen, zur Zweidrittel-Mehrheit aber reichte es nicht.

Den Kandidaten mit den zweitmeisten Voten, den Ex-Nuntius und Staatssekretär Fabio Chigi, hatte Mazarin vor dem Konklave als zu spanienfreundlich und daher für unwählbar erklärt, so dass sich jetzt ein Eilkurier auf den Weg machen musste, um ihn umzustimmen. Bis dieser mit dem Plazet des allmächtigen Kardinalministers zurückkam, hatten die Kardinäle in ihren beengten Schlafkabinen auszuharren. Nach achtzig Tagen war schließlich der neue Papst gemacht, der sich Alexander VII. nannte. Das war keine Sympathieerklärung für den Borgia-Papst, sondern eine Huldigung an Alexander III., der wie Chigi aus Siena stammte.

Den Sonnenkönig im Nacken: Alexander VII.

Nicht nur in Siena hatte der Name Chigi einen magischen Klang. Zur Zeit Julius' II. und Leos X. war Agostino Chigi der führende Geschäftsmann Roms und Italiens gewesen. Am Tiber zeugt seine prachtvolle Villa, die in den Besitz der Farnese übergewechselt war und nach ihnen benannt wurde, bis heute von seinem Reichtum und Kunstgeschmack. Agostinos Vermögen war allerdings nach seinem Tod rasch zusammengeschmolzen. Auch von der freigeistigen Haltung seines großen Vorfahren hatte der neue Papst nichts geerbt; er war stolz darauf, ein so «vergiftetes» Buch wie Machiavellis *Principe* nie in die Hand genommen zu haben. Vom selben Willen zur moralischen Säuberung zeugte sein Entschluss, dem Nepotismus ein Ende zu bereiten. Zur Feier dieser heroischen Selbstbeschränkung wurden Medaillen geschlagen, Gedichte geschrieben und Hymnen komponiert. Um sich stets die Vergänglichkeit alles Irdischen vor Augen zu halten, ließ der Papst einen Sarg in seinem Schlafzimmer und einen von Bernini gefertigten Marmortotenkopf auf seinem Schreibtisch platzieren: Alles ist eitel, nichts ist vergeblicher als das Streben nach irdischer Ewigkeit! Nach einem Jahr war die Zeit der Enthaltsamkeit jedoch vorbei und ihr Lob Makulatur. Alexander VII. hatte zur Nepotismusfrage die übliche «Expertenkommission» einberufen, die ihm das erwünschte Ergebnis lieferte: Verwandtenförderung mit Augenmaß ist ein Gebot der *pietas*!

Von vornehmer Zurückhaltung konnte allerdings keine Rede mehr sein. Wie eine reißende Flut – so der süffisante Kommentar des venezianischen Botschafters – strömten die Mitglieder der Familie Chigi jetzt aus Siena nach Rom. Der Vergleich ist nicht übertrieben. Der Kardinalnepot Flavio Chigi erhielt den üblichen Fundus an Kommenden und Ämtern, ein weiterer Neffe namens Agostino war zum Begründer der fürstlichen Dynastie auserkoren und bekam noble Lehnsherrschaften in Hülle und Fülle. Dazu kam das volle Propaganda-Programm: zwei repräsentative Familienresidenzen, eine bei der Kirche Santi Apostoli (heute Palazzo Odescalchi), die andere bei der Mark Aurel-Säule, heute Sitz des italienischen Ministerpräsidenten, eine Villa an der Via delle quattro fontane sowie die Neugestaltung der Kirche Santa Maria del Popolo zum Chigi-Mausoleum. An Masse konnten alle diese Bauten mit den Prunkprojekten der Vorgänger nicht konkurrieren, dafür setzte der neue Kardinalnepot auf Klasse. Seine Villa war kleiner als das protzige Casino der Borghese, dafür aber mit erlesenem Geschmack ausgestattet. In seinem Palast zeigte sich der Kirchenfürst vollends als Mann von Welt. Über seinem Bett prangte ein Gemälde Giambattista Gaullis, das die Geschichte von Endymion zeigt, der die Götter um ewigen Schlaf bittet, um seine berückende Schönheit zu bewahren, worauf sich die Göttin Diana unsterblich in den selig Schlummernden verliebt. Chigi wusste, was er seinem Ruf schuldig war: In seiner römischen Villa hingen extra für ihn angefertigte Porträts der schönsten Frauen seiner Zeit. Eine Wunderkammer mit mancherlei Missbildungen der Natur und exotischen Kunstgegenständen rundete die Selbstdarstellung des geistlichen Papstneffen in Rom ab. Das «Übertrumpfungsprojekt» der Chigi aber schuf Bernini nicht in Rom, sondern südlich davon in Ariccia: Einen so mondänen Baronalpalast mit einer so großartigen Kirche hatten die anderen Fürstenfamilien nicht.

Hatten Flavio Chigis Vorgänger als Oberaufseher des Kirchenstaats immerhin noch den Eindruck ernster Geschäftigkeit aufrechterhalten, so wurde in seinem Fall die Maske endgültig fallen gelassen: Er trug zwar weiterhin den pompösen Titel eines Oberaufsehers des Kirchenstaats, doch wurde er im Vatikan definitiv nicht mehr gebraucht. Über den höchstbezahlten Arbeitslosen Europas ergoss sich der Spott der Hofgazetten, die von Gregorio Leti, dem Vater des Sensationsjournalismus, mit immer neuen pikanten Anekdoten über dessen wechselnde Geliebte versorgt wurden. Die Verschleißerscheinungen des Systems Nepotismus wurden damit unübersehbar: Die Papstverwandten hatten immer noch viel Geld, aber nicht einmal mehr den Schein der Macht für sich. Doch diese Entmachtung brachte dem Papst keinen moralischen Bonus, sondern den Nepoten Hohn und Verachtung ein.

Wie tief die Reputation Roms gesunken war, zeigte sich am deutlichsten in der sogenannten Korsen-Affäre. Die Botschafter der Großmächte Frankreich und Spanien traten in der Ewigen Stadt traditionell als Herren aus eigenem Recht auf: In ihren Palästen fanden Banditen Asyl, die päpstlichen Sbirren durften diese Schwelle nicht überschreiten. Ihren souveränen Status nutzten die hochadligen Ambassadoren weidlich aus. Wenn nötig, ließ sich auf diese Weise sogar eine diplomatische Krise ersten Ranges inszenieren.

Zu schön, um zu altern
Endymion wünscht sich ewigen Schlaf, Diana verliebt sich in ihn, ihr Komplize Amor steht ihr gern zu Diensten. Giovanni Battista Gaullis Bild war für das Schlafzimmer eines Kardinalnepoten ein ungewöhnliches Sujet. Doch Flavio Chigi sah sich zuerst als Lebemann und erst danach als Kirchenfürst. Die Zweite Reform unter Innozenz XI. war ihm ein Gräuel. Von Ferdinand Voet ließ er sich im Schlafrock porträtieren.

Anlässe wie im August 1662 waren schnell gefunden. Dienstboten des französischen Botschafters, des Herzogs von Créqui, hatten sich ein Scharmützel mit den päpstlichen Soldaten aus Korsika geliefert; dabei wurden auch Schüsse auf die Residenz des Botschafters, den Palazzo Farnese, abgefeuert. Als Créquis Gattin von einem abendlichen Gottesdienst dorthin zurückkehrte, gingen die Feindseligkeiten in die zweite Runde; als die Nacht hereinbrach, lag ein französischer Page tot auf dem Platz. Auf Anweisung seines gekrönten Dienstherrn bauschte Créqui den Vorfall zu einer Art zweiter Bartholomäusnacht auf: Er und die Seinen seien nur um Haaresbreite einem vom Papst geplanten Massaker entkommen!

Nun zog der dreiundzwanzigjährige Ludwig XIV., der seit dem Tod Mazarins im März 1661 alleine regierte, die Affäre an sich: Er unterstellte dem fassungslosen Chigi-Papst Frankreich-Feindlichkeit von Anfang an, berief seinen Botschafter ab, besetzte zeitweise die päpstliche Exklave Avignon, verlangte die Absetzung und Verbannung des einflussreichen Papst-

bruders Mario Chigi nach Siena und die Errichtung eines Denkmals in Rom, das den schändlichen Vorfall für die Nachwelt festhalten sollte. Auf die empörte Reaktion Alexanders VII. antwortete der König mit der Drohung eines zweiten Sacco. Am Ende wurde eine Anzahl Korsen, die doch nur ihren Dienstherrn verteidigt hatten, entlassen und das «Schandmal» errichtet. Noch eine weitere Demütigung musste der gebeutelte Papst hinnehmen: Er musste seinen Hofkünstler Bernini für eine längere Dienstreise nach Paris «ausleihen». Ludwig XIV. betrachtete sich als Monarch von Gottes Gnaden, der ihm seine Macht ohne Mittler übertragen hatte; damit war der politische Primat des Papstes für ihn erledigt. Auch als Herrn der Kirche erkannte der Roi Soleil den Papst in seinem Königreich nur noch sehr bedingt an. Er selbst wählte die Bischöfe aus, die ihre Angelegenheiten in guter gallikanischer Tradition selbst regelten; für den Pontifex maximus in Rom

Huldigung an eine kapriziöse Ex-Königin An der Innenseite der Porta del Popolo hat Alexander VII. den einzigen Triumph seines Pontifikats verewigt. Unter dem riesigen Stern und den monumentalen Bergen ranken sich Getreideähren, die Wappensymbole der zum Katholizismus konvertierten Christina von Schweden, deren glücklichen Eintritt in die Ewige Stadt im Dezember 1655 eine Inschrift feiert.

blieb nur ein Ehrenvorsitz. Mit der Annahme der demütigenden Friedensbedingungen erkaufte sich der Papst immerhin die Rückgabe Avignons. Die Schandpyramide durfte sein Nachfolger am 31. Mai 1668 als Gunstweis des Sonnenkönigs wieder abtragen; zuvor hatte sie die französische Propaganda in Stichen tausendfach verbreitet.

Ein Platz, der die Gläubigen umarmt Arbeitsbeschaffungsmaßnahme in Zeiten abflauender Konjunktur, Huldigung an den Apostelfürsten und damit an den päpstlichen Primat, urbanistische Großtat, Personenkult Alexanders VII. und Verherrlichung der Familie Chigi – das alles sind Berninis gewaltige Petersplatz-Kolonnaden zugleich. Wenn sich die Besucher durch das enge Borgo-Viertel hindurchgezwängt hatten, erwartete sie hier eine städtebauliche Offenbarung mit Heilsversprechen: So wie sie von den gewaltigen Säulenarmen des Platzes umfangen wurden, so würde ihnen der Papst mit seiner Schlüsselgewalt zu den Freuden des Paradieses verhelfen. Durch den Bau der Via della Conciliazione zur Feier der Lateranverträge von 1929 ist diese Szenographie für immer zerstört.

Ein Triumph war Alexander VII. in zwölf Pontifikatsjahren gleichwohl vergönnt: Im Dezember 1655 traf Christina von Schweden, die Tochter und Nachfolgerin König Gustavs II. Adolf, in Rom ein, wo sie feierlich empfangen wurde. Die Tochter des «Löwen aus Mitternacht» war zum katholischen Glauben übergetreten, hatte dem Thron entsagt und wollte fortan in Rom leben. Ihr Einzug war dem Papst die Neugestaltung des nördlichen Stadttores, der Porta del Popolo, wert, wo sein großes Wappen neben dem kleinen Wappen Christinas an diesen zeremoniellen Großanlass erinnert. Mehr als eine symbolische Jubelfeier war es nicht, da Christina als Monarchin im Ruhestand nach Rom kam. Das hinderte sie jedoch nicht daran, auf mancherlei monarchischen Vorrechten zu bestehen und sich überhaupt äußerst selbstbewusst und unkonventionell aufzuführen. Immerhin verhalf sie mit ihren breit gestreuten Interessen von der Poesie über die Archäologie bis zur Alchemie dem leise welkenden römischen Kulturleben zu neuem Auftrieb und verschaffte durch ihre Eskapaden der europäischen Gerüchteküche immer neue Nahrung.

In seinem ersten Regierungsjahr ohne Nepotismus wagte Alexander VII. eine weitere einschneidende Reform: Der römische Brotpreis sollte sich ab jetzt an den Konjunkturen des Marktes ausrichten. Das hatte umgehend eine Verteuerung um ein Viertel zur Folge, die von den kleinen Leuten sehr ungnädig aufgenommen wurde. Zur Mangelernährung breiter Kreise kam wie so oft die Pest. An Hunger und Seuche zusammen starben 1656 und 1657 etwa 15 000 Personen. Leichtsinnigerweise ließ sich Alexander VII. um dieselbe Zeit an den Wänden der von ihm neu gestalteten Kirche Santa Maria della Pace in Vergil-Versen als Idealherrscher feiern, der seine Untertanen mit einem wahren Überfluss an Brot beglückt. Begreiflicherweise kam diese Selbstverherrlichung nicht gut an. Schon Ende Juli 1658 hatten die Versuche, die römische Bevölkerung an Brotpreis-Schwankungen zu gewöhnen, ein Ende. Bis zum Untergang des Kirchenstaats im Februar 1798 stiegen die Kosten für das (Über-)Lebensmittel nicht mehr über die akzeptable Grenze. Die schüchternen Experimente mit einem Minimum an «Kapitalismus» waren damit vorbei. Die Wirtschaftsethik Gregors des Großen, die sich an der Heiligkeit der Armut ausrichtete, triumphierte über alle Versuche, die kleinen Leute am Tiber zu einem eigenverantwortlichen Wirtschaftsverhalten nach der Devise «fordern und fördern» umzuerziehen.

In Rom legte Alexander VII. ein gigantisches Arbeitsbeschaffungsprogramm in Zeiten widriger Konjunktur auf: Er beauftragte Bernini damit, den Vorplatz von Sankt Peter neu zu gestalten. Ab Juni 1657 wuchsen hier die majestätischen Kolonnaden empor, an denen bis heute die riesigen Wappenschilde des Chigi-Papstes mit je zwei (von Julius II. seinem Bankier Agostino Chigi verliehenen) Eichen und zwei Bergen prangen. Die 284 monumentalen Säulen verliehen dem Vorplatz von Sankt Peter, der 1586 bereits durch die Aufrichtung des Vatikanischen Obelisken aufgewertet worden war, hohe symbolische Bedeutung. Wie liebevoll bergende Arme umfassen sie den Besucher, der durch das Gassengewirr des Borgoviertels zu dieser Stätte des Heils hindurchgefunden hat. Durch die Anlage der Via della

Den Sonnenkönig im Nacken

Berninis Inszenierung des päpstlichen Primats im Chor von Sankt Peter Der päpstliche Lehrstuhl wird von himmlischen Mächten getragen, der Primat des Pontifex maximus ist nicht von Menschen, sondern von Gott selbst eingerichtet.

Nepotenherrlichkeit und barocke Prachtentfaltung

Der Tod ist das Tor zum Leben Wer wie Alexander VII. auf Berninis majestätischer Grabmals-Inszenierung die Caritas Romana, die römische Allegorie der Nächstenliebe, mit einem massiven Säugling an der Brust, und die Veritas, die historische Wahrheit, auf seiner Seite hat, muss das Ende des irdischen Lebens nicht fürchten. So triumphiert der zu Lebzeiten arg gebeutelte Pontifex maximus barhäuptig und kniend über den Sensenmann, der ihm frech die Sanduhr als Symbol der Vergänglichkeit entgegenhält.

Conciliazione, die den Blick vom Tiber bis zur Fassade der Basilika öffnet, ist die Platzanlage im 20. Jahrhundert ihrer einzigartigen szenischen Wirkung beraubt worden. Nicht weniger prachtvoll gestaltete Bernini unter Alexander VII. den Chor der Peterskirche. Dort fügte er die als «Bischofsstuhl Petri» verehrte Reliquie in eine Prunkkonstruktion aus kostbarsten Materialien ein, die den Primat des Apostelfürsten und seiner Nachfolger, der Päpste, wie kein anderes Monument zum Ausdruck bringt: Die bronzene «Lehrkanzel» mit ihrem goldenen Dekor scheint zu schweben, die vier lateinischen und griechischen Kirchenlehrer Augustinus, Ambrosius, Athanasius und Chrysostomus, die sie umgeben, tragen sie nicht, sondern stützen sie nur symbolisch mit ihrer Lehre. Die tiefste Demütigung in der politischen Realität brachte die kühnste Verherrlichung in der Kunst hervor.

Das von Bernini geschaffene Grabmal Alexanders VII. in Sankt Peter zeigt den Chigi-Papst mit abgesetzter Tiara kniend, Auge in Auge mit dem Knochenmann, der ihm die abgelaufene Sanduhr entgegenstreckt. Derselbe Bildhauer hatte Urban VIII. in derselben Basilika noch mit majestätischer Segens- und Befehlsgeste thronend verewigt; die unterschiedliche Darstellung spiegelt nicht nur seelische Befindlichkeiten, sondern auch den Niedergang des Systems Rom. Beim Tod Alexanders VII. am 22. Mai 1667 gingen die Schulden der Papstfinanz auf vierzig Millionen Dukaten zu. Die drei letzten Pontifikate hatten zusammen vierundvierzig Jahre gedauert; noch eine Barberini-, Pamphili- oder Chigi-Herrschaft, und Rom wäre restlos ruiniert.

Maß und Maßlosigkeit: Clemens IX., Clemens X.

Im Juni 1667 fiel die Wahl der Kardinäle schnell auf einen allseits beliebten Kompromisskandidaten mit notorisch schwacher Gesundheit: Kardinal Giulio Rospigliosi aus Pistoia war siebenundsechzig Jahre alt und hatte sich als Dichter frommer Schauspiele einen Namen gemacht. Seine Dramen handelten von der Glaubensstärke der Märtyrer, vom Sieg der Heiligen über die Anfechtungen der Welt und von der Bekehrung der Zweifelnden und Irrenden. Wirkungsvoll in Szene gesetzt wurden die Stücke des Jesuitenzöglings vom Allround-Künstler Bernini. Gegen Rospigliosi sprach allein die große

Nepotenherrlichkeit und barocke Prachtentfaltung

Werbung für das Papsttum in Zeiten der Krise und des Machtverlusts Carlo Marattas Bildnis Clemens' IX. ist die Antwort auf Velázquez' Bildnis Innozenz' X. (S. 634). Der Porträtierte sitzt auf demselben Sessel mit den gekreuzten Schlüsseln auf den Knäufen, doch ansonsten ist alles wundersam verwandelt: Der Rospigliosi-Papst ist ein schöner Mann, dem man Alter und Krankheit nicht ansieht, er blickt dem Betrachter offen, optimistisch und tatkräftig ins Gesicht.

Zahl seiner Verwandten. Wie viel oder wie wenig sie bekommen würden, musste zur Nagelprobe des Pontifikats werden. Schon der Name des neuen Papstes, Clemens IX., war in dieser Hinsicht ein Programm: Milde – so das Regierungsmotto – wolle er nicht gegen sich und die Seinen, sondern gegen die anderen sein.

Damit waren die Würfel für einen «sanften» Nepotismus gefallen, den der Papst mit dem Geschick des Bühnenautors öffentlichkeitswirksam inszenierte. Zwar wurde ein Neffe Kardinalnepot und ein weiterer Neffe General der Kirche und Kastellan der Engelsburg, doch wurde der Aufwand für die Papstverwandten ostentativ zurückgeschraubt: Weniger Ämter, weniger Einkommen, weniger Schenkungen und dafür noch mehr Distanz des Papstes zu seiner Familie, so lautete die Devise. Das Ergebnis war dennoch dasselbe: Die Rospigliosi sicherten sich in zweieinhalb Jahren ihren Platz im römischen Hochadel umso müheloser, als ihnen kaum Feindseligkeit entgegenschlug. Was ihnen der Papst weniger gab, gewannen sie durch die Heirat des weltlichen Hauptnepoten mit einer reichen Erbin aus dem Fürstenhaus Pallavicini. Angesichts der Zeitverhältnisse war das die klügste Strategie. Die öffentlich zelebrierte Zurückhaltung sicherte den Nepoten öffentliche Akzeptanz und soziales Kapital. In den europäischen Großereignissen spielte der milde Papst eine Nebenrolle: Im Krieg Ludwigs XIV. gegen Spanien blieben seine Vermittlungen ebenso erfolglos wie die Galeeren, die er der Republik Venedig zur Verteidigung Kretas gegen die Türken schickte, und seine Bemühungen um eine Versöhnung zwischen Jansenisten und Jesuiten in Frankreich.

Nach dem Tod Clemens' IX. am 9. Dezember 1669 dauerte die Suche nach einem Kandidaten, der sowohl Spanien als auch Frankreich genehm war, volle vier Monate. Das Rennen machte schließlich der achtzigjährige Emilio Altieri, der erst Ende November 1669 zum Kardinal ernannt worden war und den Namen Clemens X. annahm. Damit setzte sich der Kandidat Flavio Chigis, des Ex-Nepoten Alexanders VII., durch. Davon profitierte wiederum Kardinal Paluzzo Paluzzi degli Albertoni, dessen Familie mit den Chigi verwandt und mit den Altieri verschwägert war. Er wurde von Clemens X. adoptiert, durfte sich Altieri nennen und wurde zum Kardinalnepoten mit allen damit verbundenen Rechten und Einkünften ernannt. Dadurch kam eine Schicht an die Macht, die die Entwicklung Roms und des Kirchenstaats seit dem 15. Jahrhundert aus dem Schmoll- und Grollwinkel beobachtet hatte: Die Altieri stammten aus dem römischen Stadtadel, der sich seit dem Niedergang der Kommune von der Kurie ausgebootet fühlte und im Namen der «römischen Römer» Protest gegen die «Internationalisierung» seiner Heimatstadt eingelegt hatte. Rom den Römern: Dieses Motto, das die Vorfahren Clemens' X. so lange so trotzig vertreten hatten, wurde jetzt konsequent umgesetzt. Paluzzi regierte im Namen des greisen und meistens kranken Pontifex maximus zugunsten seines Verwandtschafts- und Verschwägerungsumfelds, dem die kurialen Schlüsselpositionen und zahlreiche rote Hüte verliehen wurden.

Selbst die Toten gingen nicht leer aus. Im Bewusstsein, die Geschichte seiner Familie zum verdienten Gipfel emporgeführt zu haben, ließ Clemens X. deren Kapelle in der Minerva-Kirche neu ausschmücken. Verglichen mit den Peretti und Borghese, die es gewagt hatten, die altehrwürdige Basilika

Tod, wo ist dein Stachel? Ludovica Albertoni stirbt in Berninis erhaben makabrer Inszenierung zwar im Fleische, doch ihr ekstatischer Blick und die Engel in ihrer Grabkapelle machen deutlich, dass sie nur das irdische Dasein mit dem ewigen Leben in der Seligkeit des Paradieses vertauscht. Die Seligsprechung hundertvierzig Jahre nach ihrem Tod durch Clemens X. verdankte sie einem Verwandten, dem allmächtigen Kardinal Paluzzi; das Honorar für den Bildhauer bestand in der Amnestie für dessen straffällig gewordenen Bruder. So gewann bei dieser Seligsprechung jeder etwas.

Stein des Anstoßes Der Palazzo Altieri wurde in Zeiten horrender Staatsverschuldung von Giovanni Antonio de' Rossi für die Nepoten Clemens' X. auf Kosten der Papstfinanz gestaltet.

Santa Maria Maggiore mit ihren gewaltigen Mausoleen regelrecht aufzubrechen, war das ein bescheidenes Unterfangen. Trotzdem erhielt auch die Altieri-Paluzzi-Sippe einen Ruhmestitel, den die anderen Nepoten nicht hatten. Schon nach einem Jahr sprach Clemens X. mit Ludovica degli Albertoni eine Vorfahrin Kardinal Paluzzis selig und brachte damit einen Prozess zum Abschluss, der seit über hundert Jahren stagnierte. Die verwitwete Franziskaner-Tertiarierin hatte die besten Erinnerungen an ihr frommes und karitatives Wirken hinterlassen, doch hätten diese unbestrittenen Verdienste allein nie und nimmer ausgereicht, um auf der langen Warteschlange der Kanonisation so viele Plätze zu überspringen. Jetzt musste die frisch erhobene Beata Ludovica nur noch ein repräsentatives Denkmal erhalten; dafür kam nach den hohen Qualitätsmaßstäben regierender Kardinalnepoten nur der greise Bernini in Frage. Da dessen Bruder Luigi wegen sexueller Vergehen angeklagt war, auf die die Todesstrafe stand, ließ sich schnell ein Deal einfädeln: Der greise Meister meißelte gratis, und sein Bruder kam mit einer milden Strafe davon, die kurz danach ganz aufgehoben wurde. Bernini zeigte die sterbende Ludovica im Moment der Ekstase, als sie der Herrlichkeiten des Paradieses ansichtig wird. Die dazugehörige Kapelle in San Francesco a Ripa ist wie eine Bühne gestaltet; der Besucher schaut wie durch einen Vorhang in das sich auftuende Jenseits und wird so zur tugendhaften Nachahmung Ludovicas aufgefordert.

Darüber hinaus absolvierten die Altieri und Paluzzi das volle Propagandaprogramm der Nepoten; im Stadtbild präsent ist bis heute ihr imposanter Palast bei der Kirche Il Gesù. Clemens X. hat ihn nie besucht. Das war ein letzter Reflex des traditionellen Distanzierungsritus, der die öffentliche Kritik auf die Nepoten ablenken sollte. Finanziert wurde der Familienpalast wie üblich aus Mitteln der Apostolischen Kammer.

Clemens X. starb am 22. Juli 1676 und hinterließ ein hochverschuldetes, politisch und theologisch geschwächtes Papsttum. Auf europäischer Bühne rückte Rom während des sechsjährigen Altieri-Pontifikats weiter an den Rand. Weder in den Kriegen Ludwigs XIV. noch im Dauerstreit zwischen Jansenisten und Jesuiten spielte der Papst eine nennenswerte Rolle. Für die katholischen Souveräne war das die Ideallösung. Sie erweiterten die Kontrolle über ihren Klerus, ohne auf größeren Widerstand der Kurie zu treffen.

12.

Wider den Geist der Zeit

Von Innozenz XI. bis Pius VI. (1676–1799)

Zweite Reform: Innozenz XI.

Als Clemens X. im Juli 1676 starb, stand der Kirchenstaat mit einem hohen jährlichen Budgetdefizit und Gesamtschulden von nahezu 50 Millionen Dukaten am Rande des Staatsbankrotts. Wie dramatisch die Lage war, sahen selbst die Kardinäle ein, die vom alten System am meisten profitiert hatten. Das System Rom bedurfte einer Radikalkur, und dafür kam nur einer in Frage: Benedetto Odescalchi, der unbestrittene Chef der *zelanti*. Um ihn, den Favoriten, auch als Papst aus dem Konklave hervorgehen zu lassen, fehlte nur noch die Zustimmung des allmächtigen Königs von Frankreich, der ihn im Konklave von 1669 noch für unerwünscht erklärt hatte, jetzt aber gnädigst sein Plazet zu geben geruhte. Odescalchi war der Spross einer reichen Kaufmannssippe aus Como, fünfundsechzig Jahre alt, Kardinal seit 1645 und stand für eine vollständige Neuausrichtung der Kirche an Haupt und Gliedern. Einundzwanzig Jahre zuvor war Alexander VII. mit ähnlichen Versprechungen angetreten, die er jedoch nicht gehalten hatte. Dieses

Mal kam es anders: Am 21. September 1676, dem Tag, an dem Kardinal Benedetto Odescalchi zum Papst gewählt wurde und den Namen Innozenz XI. annahm, endete eine Ära. Ob damit auch eine neue Epoche beginnen würde, war die große Frage.

Als erster Papst seit mehr als drei Jahrhunderten verweigerte Innozenz XI. jegliche Form von Nepotismus. Das war Fundamentalkritik in ihrer unerbittlichsten Form und wurde auch so verstanden: Dieser Papst sprach seinen Vorgängern die moralische Legitimation ab und stellte sich moralisch über sie. Das wurde Innozenz vor allem von den Kardinalnepoten seiner Vorgänger zum Vorwurf gemacht, doch ließ er sich davon nicht beeindrucken. Ohne Nepoten war ein Papst schwer zu beeinflussen. Das wussten die römischen Diplomaten aus langer Erfahrung am besten, doch auch ihre Vorhaltungen, endlich einen Kardinalnepoten zu berufen, blieben erfolglos. Stattdessen regierte Innozenz XI. mit Prälaten, die aufgrund ihrer besonderen Qualifikationen befördert wurden. Dieses «Technokraten-Kabinett» zeigte schnell, mit welchen Methoden sich selbst ein so marodes Staatswesen wie das römische sanieren ließ, wenn der Wille dazu wirklich vorhanden war.

Das Hauptproblem der Papstfinanz war mehr denn je der Schuldendienst, der die regulären Einkünfte fast vollständig aufzehrte. Die römischen Staatsanleihen waren durch die eiserne Zahlungsmoral der Päpste, die stets neue Schulden zeichneten, nicht zuletzt um die alten zu bedienen, und durch hohe Erträge von fünf bis sechs Prozent jährlich so attraktiv, dass Innozenz XI., der keine neuen Kredite für Nepoten brauchte, eine kühne Operation wagen konnte: Er reduzierte den Zinsfuß der römischen *monti* auf einheitliche drei Prozent und fasste überdies die vielen hundert Einzelanleihen in einer einzigen konsolidierten, en bloc von der Papstfinanz garantierten Staatsschuld zusammen. Dadurch hatte die dafür zuständige Apostolische Kammer erstmals einen Überblick über die Verpflichtungen, die sie in mehr als anderthalb Jahrhunderten eingegangen war. Die Halbierung der Zinsen ließ die Gläubiger, die große Teile ihres Vermögens in römischen Schuldscheinen angelegt hatten, zwar aufheulen, doch den römischen Finanzmarkt – anders als von vielen vorhergesagt – nicht zusammenbrechen.

Reduziert wurde auch die Hofhaltung im Vatikan, und zwar so weitgehend, dass sie diesen Namen nicht mehr verdiente. Der Papst nahm nur die einfachsten Speisen zu sich, bewirtete seine Gäste ebenso bescheiden und trug jahrelang dieselbe zerschlissene Soutane. Damit wollte er Zeichen setzen und zur Umkehr bewegen: Die Päpste waren den Römern und der ganzen Christenheit schlechte Lebenslehrer gewesen; statt sie zur Geringschätzung der irdischen Genüsse anzuleiten, hatten sie darin geschwelgt und so ein fatales Beispiel gegeben. Auch diese Demonstration der Weltabgewandtheit im Alltag war eine kaum verhüllte Kritik an den Vorgängern und wurde von den Ex-Nepoten als Verunglimpfung von deren Andenken aufgefasst. Innozenz XI. selbst wollte die Botschaft so verstanden wissen: Die Erneuerung, die ihren Ausgang vom Trienter Konzil nehmen sollte, hatte nicht stattgefunden; deshalb war eine zweite, durchgreifende Reform erforderlich. Ganz oben auf der Liste der Versäumnisse standen die dauerhafte Abschaffung oder zumindest einschneidende Einschränkung des Nepotismus sowie die Aufhebung der kurialen Kaufämter, mit denen die Söhne reicher Bankiers ihre kirchliche Karriere beschleunigen konnten. Beide Großvorhaben wurden unter dem Odescalchi-Papst in Angriff genommen und entsprechende Vorschriften weitgehend gebrauchsfertig ausgearbeitet, doch in Kraft traten sie wegen des wütenden Widerstands einflussreicher Kurienkreise erst unter dem übernächsten Pontifikat.

Fromme Christen statt prunkvoller Kirchenbauten: Mit dieser tridentinischen Devise kehrte der asketische Revolutionär im Vatikan eine weitere Priorität seiner Vorgänger um. Sein Widerwille gegen die seit mehr als zweihundert Jahren vorherrschende Selbstdarstellung des Papsttums ging so weit, dass er den Posten des Architekten von Sankt Peter streichen wollte; offenbar stand der gigantische Bau in seinen Augen nicht für den Triumph der Kirche, sondern für den Verlust kostbarer Traditionen. Am Ende blieb die Stelle erhalten, allerdings sollte sich ihr Inhaber künftig auf reine Restaurierungsarbeiten beschränken.

Symbolische Aussagekraft hatte auch die aufwendigste Baumaßnahme Innozenz' XI.: Bernini erhielt von ihm den Auftrag, den Palast am Lateran, der knapp hundert Jahre lang reinen Repräsentationszwecken gedient hatte, in ein Spital umzuwandeln. Der greise Meisterbildhauer rächte sich für die ostentative Geringschätzung seiner Künste mit den Waffen des begnadeten Karikaturisten. In einer hämischen Zeichnung liegt der kränkliche Odescalchi-Papst wie eine gefallene Heuschrecke auf seinem Bett, doch selbst dort gibt er keine Ruhe.

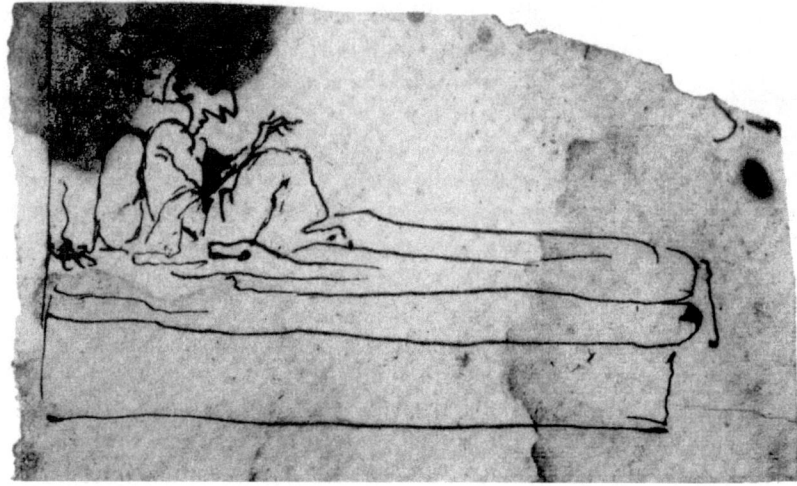

Ein «Papstporträt» der etwas anderen Art Giovanni Lorenzo Berninis böse Zeichnung zeigt Innozenz XI. wie ein ungefüges Rieseninsekt mit der Tiara auf dem Krankenbett. Der große Bildhauer hatte seine Gründe, dem Odescalchi-Papst zu grollen. Spitäler statt Paläste, so lautete die Devise des strengen Pontifex maximus.

Als Spiel- und Spaßverderber war Innozenz XI. bei Adligen und kleinen Leuten gleichermaßen unbeliebt. Er verbot öffentliche Opernaufführungen und damit ein aristokratisches Freizeitvergnügen par excellence. Wie die Kultur insgesamt war die Musik in seinen Augen beklagenswert verweltlicht; die Dekrete von Trient hatten dieser Dekadenz nur kurzfristig Einhalt gebieten können. Selbst die Theateraufführungen der Jesuiten, die ihre Schüler damit doch zum Einsatz für den wahren Glauben ermuntern wollten, waren jetzt wegen ihrer aufwendigen technischen Effekte suspekt. Ein Dorn im Auge war dem asketischen Papst auch der römische Karneval mit seinen ritualisierten Ausschweifungen; nicht weniger als dreimal wurden diese Feierlichkeiten wegen der ernsten Zeitumstände ganz verboten. Für die große Mehrheit der Römer kam das einer offenen Kampfansage gleich. Aber was sollte man von einem Papst, dem so offensichtlich das Gespür für das Menschliche fehlte, schon anderes erwarten? Das war der Tenor der Spott- und Hassgedichte, die an den «sprechenden Statuen» Roms in rauen Mengen zu lesen waren. Die kürzeste dieser Pasquinaden paraphrasierte einen Satz aus dem Evangelium des Matthäus: «Und als Jesus fortging, sahen sie einen Menschen an der Zollschranke sitzen.» Das sagte alles: Dieser Papst hatte eine Buchhalter-Mentalität, würde neue Gebühren erfinden und an allen Ecken und Enden sparen.

Innozenz XI. ertrug den Hohn mit stoischer Gelassenheit. Die Menschheit neigte zur Sittenlosigkeit, das zeigte sich für ihn an allen Ecken und Enden, auch an der Kleidung der Römerinnen und Römer. Die offenherzigen Dekolletés der vornehmen Damen waren der letzte Schrei in Versailles und daher auch in Rom angesagt. Der Papst konnte nackte Arme und Schultern nicht ertragen und erließ eine Reihe von Luxus- und Kleidervorschriften, doch gegen die Modetrends des französischen Hofes kam er nicht an. So weht ein resignativer Grundzug durch den letzten Versuch einer konsequenten Konfessionalisierung am Tiber: Auch wenn die Welt in die Irre ging und sich von diesem fatalen Kurs partout nicht abbringen lassen wollte, musste der *vicarius Christi* unverdrossen einen Gegenkurs steuern und den Orientierungslosen die wahren Werte vor Augen halten.

Ohnmacht und symbolischer Protest waren auch die Leitmotive der päpstlichen Frankreichpolitik. Ludwig XIV. war seit anderthalb Jahrzehnten daran gewöhnt, die Päpste als Befehlsempfänger zu behandeln, wofür ihm der Nepotismus ideale Ansatzpunkte lieferte: Bist du nicht gefügig, trifft mein Bannstrahl deine Familie! Diese Erpressungsmethode funktionierte jedoch bei einem Papst ohne Nepoten nicht. Zum ersten Mal seit mehr als zweihundert Jahren stieß der französische Monarch mit seiner Staatskirchenpolitik auf entschiedenen Widerstand. In diesem Streit hatte der König die Mehrzahl der hohen französischen Geistlichen auf seiner Seite, die in gallikanischer Tradition dem Papst nur noch Ehrenvorrechte zubilligen wollten. Die Situation spitzte sich zu, als die französischen Bischöfe auf einer eigens zu diesem Zweck anberaumten Versammlung des französischen Klerus 1682 vier Artikel verabschiedeten, die die Machtposition Roms insgesamt infrage stellten. Der erste dieser sogenannten Gallikanischen Artikel sprach die weltliche Gewalt von jeglicher Einflussnahme durch die Kirche frei und dem Papst das Recht ab, Herrscher abzusetzen. Artikel zwei erklärte die Bestimmungen, in denen das Konzil von Konstanz seine Oberhoheit über den Papst verkündet hatte, für unverändert gültig und belebte damit ein römisches Trauma neu. Demgemäß war der Papst laut Artikel drei als konstitutionell gebundener Herrscher dazu verpflichtet, die geltenden Gesetze zu beachten und damit auch die Privilegien des französischen Klerus zu respektieren. Im vierten und letzten Artikel wurde sogar die römische Lehrautorität infrage gestellt: Glaubensdekrete des Papstes seien nur dann verbindlich, wenn sie die Zustimmung der Gesamtkirche erhielten.

Diese Verlautbarungen der französischen Bischöfe wurden vom König postwendend zum staatlich verankerten Grundgesetz der französischen Kirche erhoben. Für Innozenz XI. bedeutete dieser Akt die Loslösung der französischen Kirche von Rom und ein neues Schisma: Der doppelte Primat des römischen Stuhls war in seinen Augen mit einem Schlag annulliert, das Papsttum erpressbar und ein Spielball der großen Mächte. Der Kampf gegen die Vier Artikel und die damit verbundenen Machtansprüche des Sonnenkönigs wurden für Rom zu einem Ringen um Selbstbehauptung. Innozenz XI. verweigerte daraufhin den Klerikern, die an der «schismatischen» Versammlung teilgenommen hatten, die Ernennung zu Bischöfen und bereitete eine Bulle gegen die «verderblichen» Artikel vor, die allerdings aus Rücksicht auf die angespannte Lage nicht zur Veröffentlichung gelangte. Im Oktober 1685 änderte sich die kirchliche Situation in Frankreich nochmals einschneidend: Ludwig XIV. hob das von seinem Großvater Heinrich IV. 1598 erlassene Toleranzedikt von Nantes auf. Damit entzog er den Anhängern der calvinistischen Minderheitsreligion, die schon in den vorangehenden Jahrzehnten durch Einquartierungen von Soldaten und andere Zwangsmaßnahmen drangsaliert worden waren, definitiv das Existenzrecht in seinem Königreich. Reformierte Gottesdienste waren von nun an verboten, Pastoren mussten auswandern oder konvertieren, auf Zuwiderhandlungen standen schwerste Strafen. Entgegen den Erwartungen des königlichen Rates, der nur mit geringem Widerstand gerechnet hatte, kam es zu einer Emigrationswelle, die Frankreichs Wirtschaftskraft schwächte und sein Ansehen in Europa schmälerte. Die protestantische Propaganda stellte den französischen Monarchen als Tyrannen, ja als Antichrist dar und traf damit auf offene Ohren.

Mit der Wiederherstellung der Religionseinheit hatte Ludwig XIV. seine Ehre erhöhen, sein Gewissen beruhigen und weitere Zugeständnisse von Rom in Fragen der königlichen Kirchenhoheit erreichen wollen. Doch zu Konzessionen war Innozenz XI. dadurch nicht zu bewegen. Offiziell wurde die religiöse «Wiedervereinigung» Frankreichs in Rom zwar gefeiert, doch mündlich und symbolisch machte der Papst kein Hehl daraus, dass er das Vorgehen des Sonnenkönigs missbilligte: Zum einen wurden die zwangsweise «zurückgeführten» Katholiken Mitglieder einer Kirche, deren Rechtgläubigkeit nicht mehr gewährleistet war, zum anderen missbilligte er die brutalen Methoden der «Bekehrer». Als Ausdruck dieser Distanzierung zeichnete er die französischen Bischöfe aus, die ebenfalls Protest gegen diese Methoden anmeldeten.

Seinen einzigen Erfolg auf der großen politischen Bühne feierte der Odescalchi-Papst im Kampf gegen das Osmanische Reich, das mit der diplomatischen Unterstützung Ludwigs XIV. zum zweiten Mal gegen Wien vorrückte und die Hauptstadt des Habsburgerreichs im Juli 1683 zu belagern begann. Innozenz XI. vermittelte durch seinen Nuntius nicht nur ein Bündnis Kaiser Leopolds I. mit dem polnischen König Johann Sobieski, sondern unterstützte die antitürkische Allianz darüber hinaus auch mit Hilfsgeldern von mehr als zwei Millionen Dukaten. Summen dieser Größenordnung waren durch die rigorose Sparpolitik und die Streichung des Nepotismus jetzt für solche Zwecke verfügbar.

Während der Streit zwischen Jansenisten und Jesuiten weiterhin überwiegend in Frankreich ausgetragen wurde, spitzte sich die Auseinandersetzung um den sogenannten Quietismus in Rom zu. Hier wirkte der Begründer dieser mystisch-meditativen Richtung, der spanische Priester Miguel de Molinos, jahrelang als einflussreicher Prediger, Seelsorger und Beichtvater. Sein Hauptwerk mit dem Titel *Geistlicher Führer* erhielt die päpstliche Druckerlaubnis und wurde selbst von späteren Gegnern als rechtgläubig anerkannt. Darin lehrte Molinos, dass der fromme Christ sich im Gebet ganz und gar Gott anheimstellen und jegliche eigene Willensanstrengung unterlassen solle. Wenn diese Versenkung des Gläubigen keine Antwort zur Folge habe, solle man sie nicht durch eigene Bemühungen erzwingen, der Akt der reinen Hingabe sei Verdienst genug. Führende Kardinäle, römische Fürstinnen und Christina von Schweden zählten zur Anhängerschaft des charismatischen Geistlichen, der sich durch seine Mildtätigkeit auch das Ansehen des Papstes erwarb. Diese Erfolge riefen Gegner aus dem Jesuitenorden auf den Plan, die Molinos eine gefährliche Nähe zu den lehramtlich verurteilten Jansenisten vorwarfen. Die Passivität des Menschen gegenüber

Gott interpretierten sie als Leugnung des freien Willens und als Abwertung der Sakramente. Daraufhin griff die Inquisition ein. Sie forschte, suchte und wurde fündig, vor allem in Tausenden von Molinos' Briefen. Hier sah sie ihren Verdacht bestätigt: Das höchste Ziel der mystischen Hingabe sei die völlige Auslöschung des Ichs, seiner Fähigkeiten und Regungen. Dabei durfte sogar der Teufel Hilfestellung leisten, denn er konnte auch den Frommsten überwältigen und rein äußerlich zu sündhaften Handlungen zwingen. Gerade dadurch aber mache er den Menschen leer und bereit zur völligen Verschmelzung mit Gott.

Solche Schlussfolgerungen verschafften den Jesuiten leichtes Spiel. Sie warfen Molinos die bedingungslose Kapitulation im Kampf gegen das Böse vor, der doch das Wesen des Christentums ausmache. Der Angeklagte blieb auch im Prozess seinen eigenen Anweisungen, keinen Widerstand gegen das Böse zu leisten, treu. Er wurde 1687 verurteilt, musste abschwören und starb neun Jahre später hinter Gefängnismauern. Seine Bücher wurden den Flammen übergeben. Sehr viel glimpflicher erging es Molinos' hochgestelltem Gesinnungsgenossen Kardinal Pier Matteo Petrucci. Auch er musste seinen «quietistischen» Grundsätzen abschwören, doch vollzog sich dieser Akt der Demütigung und Unterwerfung diskret, nämlich im Büro des zuständigen Kardinal-Kollegen. Weitere Folgen hatte die Prozedur für den Kirchenfürsten nicht. Als Innozenz XI. am 12. August 1689 nach knapp dreizehnjährigem Pontifikat starb, hatte er eine Alternative zur traditionellen Amtsführung aufgezeigt, die seine Nachfolger vor die Wahl stellten, welchem Vorbild sie folgen wollten. Auch an ungewollten Wirkungen und Erkenntnissen fehlte es nicht: Durch seine unwandelbare Treue zu den Prinzipien von Trient hatte der Odescalchi-Papst unfreiwillig bewiesen, dass die Zeit für eine konsequente Konfessionalisierung, das heißt die kirchliche Reglementierung und Kontrolle aller Lebensbereiche nach den strengen Richtlinien von Trient, abgelaufen war. Die katholischen Mächte duldeten keine römische Bevormundung mehr. Und die katholischen Eliten waren erst recht nicht mehr bereit, sich einer strengen Disziplinierung im Sinne der kurzlebigen katholischen Reform zu unterwerfen. Der Zeitgeist wurde von Versailles und seiner höfischen Etikette bestimmt. Aus England, wo im Todesjahr des Papstes mit der «Glorious Revolution» die restaurierte Stuart-Monarchie mit ihren absolutistischen Bestrebungen endete und das System der Gewaltenteilung seinen Anfang nahm, breiteten sich neue Ideen auf dem Kontinent aus: Vorstellungen von der Religion als Privatsache und Forderungen nach umfassender Toleranz fanden ihren Weg bis nach Rom. Die Zweite Reform war damit als unzeitgemäß erwiesen. Auf der anderen Seite hat der Odescalchi-Pontifikat den bankrotten Kirchenstaat für weitere hundertzwanzig Jahre überlebensfähig gemacht. 1689 war mehr als ein Zehntel der erdrückenden Staatsschuld getilgt, selbst das jährliche Budget schrieb wieder tiefschwarze Zahlen. So drängte sich kritischen Prälaten die peinvolle Frage auf, wie die Geschichte der letzten drei Jahrhunderte verlaufen wäre, wenn alle Päpste denselben Grundsätzen gehuldigt hätten wie der jetzt verstorbene.

Rückfall und Fortsetzung: Alexander VIII., Innozenz XII.

Nach dem Tod des Reform-Papstes Innozenz XI. standen sich im August 1689 im Konklave die Partei seiner Testamentsvollstrecker und die der ehemaligen Kardinalnepoten gegenüber. Die ersten drängten auf eine konsequente Fortsetzung des finanziellen und moralischen Sanierungskurses, die zweiten auf die Wiederherstellung ihrer verlorenen Ehre. Beide glaubten nach relativ kurzen Wahlverhandlungen in dem neunundsiebzigjährigen Kardinal Pietro Ottoboni aus Venedig, der sich Alexander VIII. nannte, einen Papst nach ihren Wünschen gefunden zu haben. Die «Innozenzianer» hielten ihn für einen der Ihren, doch am Ende lag der umtriebige Kardinalnepot Flavio Chigi als Papstmacher mit seiner gegenteiligen Einschätzung richtig. Das zeigte schon die Wahl des Papstnamens; auch ein Blick in die jüngere Familiengeschichte des Gewählten hätte für Klarheit sorgen können. Die Ottoboni waren Aufsteiger jüngsten Datums. Drei Jahrhunderte lang hatten sie an der Lagune zu den *cittadini originarii* gehört, die zwar nicht zum Adel zählten und daher im Großen Rat nicht mitregieren durften, dafür aber das Personal der Dogenkanzlei und damit das bürokratische Fundament der Republik stellten und von dieser Position aus nach weiterem Aufstieg strebten. Das war den Ottoboni zu Lebzeiten Pietros auch gelungen, allerdings zu einem hohen Preis: Sie hatten sich für viel Geld in den Adel eingekauft und witterten jetzt am Tiber ihre Chance, noch viel höher emporzukommen. Ein greiser Papst wie Alexander VIII. würde ihnen diese Gunst kaum versagen, so die Skeptiker. Und sie behielten Recht. Fünfzehn Monate lang hatte es jetzt den Anschein, als habe es die leise Revolution Innozenz' XI. nie gegeben.

Pietro Ottoboni der Jüngere, ein erst neunzehnjähriger Großneffe des Papstes, wurde als Kardinalnepot Oberaufseher des Kirchenstaats, Staatssekretär und Vizekanzler. Dass er Titel und Einkünfte sammelte, ohne die damit verbundenen Aufgaben wahrzunehmen, verstand sich angesichts seines Alters, seines hedonistischen Lebensstils und seiner Interessen von selbst. In wenigen Monaten stiegen seine Einkünfte von Null auf über siebzigtausend Scudi. Das war nach zwei Jahrzehnten der abflauenden Konjunktur, sinkender Grundrente und Deflation sehr viel mehr, als die reine Ziffer anzeigt, und vor allem mehr, als die Prinzipien des neuen Rigorismus erlaubten. Als der Kardinal fünfzig Jahre später das Zeitliche segnete, hinterließ er trotzdem einen ungeheuren Schuldenberg. Ruiniert hatte ihn nicht wie so viele Aristokraten der Zeit die Bauwut, sondern die Musik. Schon als Kardinalnepot komponierte er eine Oper mit dem Titel «Columbus», die im römischen Karneval des Jahres 1691 uraufgeführt wurde, aber nicht den Beifall des anspruchsvollen Publikums fand.

Sehr viel kostspieliger war jedoch die Förderung, die er der geliebten Musik angedeihen ließ. Ottoboni scharte einige der bedeutendsten Musiker seiner Zeit um sich, darunter den Komponisten und Violinisten Arcangelo Corelli, der in seiner Residenz, dem riesigen Palazzo della Cancelleria, wohnte und dort Konzerte und Opernaufführungen leitete. Dafür hielt sich der Kardinalnepot Alexanders VIII. ein eigenes Orchester, das ihn Unsummen kostete, die nur durch die Annahme von Bestechungsgeldern ausländischer Herrscher, vor allem Ludwigs XIV., beschafft werden konnten. So ging für einmal aus Korruption große Kunst hervor, als deren Förderer sich der Kardinal feiern lassen durfte.

Auch andere Verwandte des Papstes kamen auf ihre Kosten. Zwei weltliche Ottoboni-Nepoten erhielten die üblichen hoch dotierten Ämter in Rom und im Kirchenstaat, der jüngere wurde als Stammhalter des fürstlichen Hauses mit einer Colonna-Prinzessin verheiratet – Nepoten-*business as usual*. Alexander VIII. stand zur Förderung der Seinen. Sein humorvoller Lieblingsspruch lautete sinngemäß: Es ist fünf vor zwölf. Das hieß im Klartext: Ich bin uralt, es ist Zeit zu raffen, was das Zeug hält. Nicht nur die *zelanti* fanden das nicht witzig.

Dass ein solcher Papst gegenüber Ludwig XIV. zur Nachgiebigkeit neigen würde, war absehbar, ebenso, dass Kaiser Leopold nicht mit weiteren Hilfsgeldern für den Krieg gegen das Osmanische Reich rechnen durfte. Diese Mittel wurden jetzt für die Nepoten gebraucht, für die der Papst auch testamentarisch vorsorgte: Um die Familie für die Zukunft abzusichern, wurde die Vererbung von Namen und Vermögen bis ins dreißigste Verwandtschaftsglied geregelt. Ein langes Nachleben aber konnte ihnen auch der *vicarius Christi* nicht garantieren. Die Ottoboni starben in der männlichen Linie mit dem musikbesessenen Kardinal im Jahr 1740 aus; schon anderthalb Jahrzehnte zuvor waren ihre reichen Besitzungen durch Heirat an die Nepotendynastie der Boncompagni übergegangen, die sich jetzt aus Pietät Boncompagni Ludovisi nannten.

Als die letzten fünf Minuten für Alexander VIII. am 1. Februar 1691 abgelaufen waren, stellten sich die Parteien im Konklave neu auf. Dass sich die Anhänger Spaniens und des Kaisers mit den *zelanti* zusammentaten, war nach den Ausrichtungen der beiden letzten Pontifikate logisch; dass sich ihnen Flavio Chigi mit seinen Gefolgsleuten anschloss, kam hingegen überraschend und war nur aus dessen Abneigung gegen Pietro Ottoboni zu erklären. Dass die Wahl dann fünf lange Monate dauerte, lag daran, dass der Wunschkandidat dieser Gruppierung, der venezianische Kardinal Gregorio Barbarigo, dem Kaiser in Wien nicht zusagte. Am Ende machte am 12. Juli 1691 mit Antonio Pignatelli, Sohn des Fürsten von Minervino in der Basilikata, ein anderer «Innozenzianer» das Rennen, der den entschiedenen *zelanti* etwas weniger genehm war, sich zum Bekenntnis seiner Gesinnung aber immerhin Innozenz XII. nannte.

Für Pignatellis Wahl hatte gesprochen, dass er schon sechsundsiebzig Jahre alt war, nur wenige Verwandte hatte und diese reich begüterte Mitglieder des süditalienischen Hochadels waren. Sie erhielten in Rom weder Ämter noch Einkünfte. Auch die symbolische Abstrafung seiner Vorgänger setzte der Papst aus dem Süden in der Tradition Innozenz' XI. fort, zum Beispiel dadurch, dass er die Armen Roms öffentlich seine Nepoten nannte. Das war kein Lippenbekenntnis: Der Pignatelli-Pontifikat war mit seinen Prioritäten und Zielsetzungen im Wesentlichen sozialpolitisch ausgerichtet. Das

Hospital, Sozialstation, Erziehungsanstalt, Bettlerkaserne, Ausbildungsstätte Das Ospizio di San Michele a Ripa war das monumentale Zeichen der «Zweiten Reform» und sollte die Hauptstadt der Päpste als einen Ort tätiger Fürsorge und Nächstenliebe ausweisen. Radierung von Giuseppe Vasi, 1697

Bild des frühen Christentums, das alle drei großen Konfessionen als Erbe für sich in Anspruch nahmen, war von tätiger Nächstenliebe, freiwilligem Verzicht, Anspruchslosigkeit und Luxusverachtung geprägt. Unter Päpsten wie Urban VIII. und Innozenz X. war Rom stattdessen zur Goldenen Stadt mit majestätischen Palästen und prachtvoll geschmückten Prunkkirchen geworden. Der Gegensatz zur Urkirche mit ihren Katakomben und schlichten Gotteshäusern war schwer überbrückbar, hier bestand also beträchtlicher Korrekturbedarf. Zudem konnte Rom jetzt auf einen Ruhmestitel pochen, der bislang in der päpstlichen Selbstdarstellung und Propaganda eine untergeordnete Rolle gespielt hatte: Während in weiten Teilen Europas Hungersnöte herrschten, hielten die Päpste eisern an den Versorgungsprivilegien der römischen Unterschicht fest und überschritten den Basispreis für das Brot der einfachen Leute nicht an einem einzigen Tag. Damit hob sich Rom vorteilhaft vom Frankreich Ludwigs XIV. ab, der seinem Land zur Finanzierung seiner allzu teuren Kriege immer drückendere Steuern auferlegte und damit das Überleben der Armen akut gefährdete. Die große Idee, die Hauptstadt des *vicarius Christi* zum Spiegel von dessen Amt und Herrschaft zu gestalten, gewann damit neue Nuancen: Am Verzicht zugunsten der Schwachen sollte das Neue Jerusalem am Tiber vorrangig zu erkennen sein. Die weltlichen Herrscher verschwendeten das sauer verdiente Geld ihrer Untertanen für pharaonenhafte Schlösser, die wie Versailles, Matrix und Mutter aller maßlosen Prunkbauten, doch nur der Selbstvergottung eines machtgierigen Herrschers dienten.

Am Tiber wuchs mit dem riesenhaften Ospizio di San Michele a Ripa ein Gegen-Versailles heran, das die Herrscher Europas christlich regieren lehren sollte. Dass die Päpste zu Schutzherren der Bedürftigen von Gott eingesetzt waren und nicht zur Verfolgung ihres eitlen Ruhmes und dass sie Gott für das Wohlergehen der Schwächsten Rechenschaft schuldeten, das war die Botschaft von Roms größtem Bauwerk. Die gigantische Anlage übertraf am Ende mit einer Fassadenlänge von 335 Metern sogar die gewaltigsten Zirkusanlagen der Antike. Sein ältester Kern bestand aus einem Waisenhaus, das die Familie Innozenz' XI. während dessen Pontifikat gestiftet hatte. Statt sich am Gut der Kirche zu bereichern, trugen die Verwandten des Papstes, die keine Nepoten sein durften, dazu bei, die christliche Muster- und Modellherrschaft auszugestalten: Auch diese ostentative Umkehrung des Nepotismus in sein moralisch vorbildliches Gegenteil, die Innozenz XI. vorgemacht hatte, setzte sich unter Innozenz XII. fort. San Michele wurde durch die reichen Geldmittel des Papstes Schritt für Schritt zu einer multifunktionalen Sozialstation im Geiste der Zweiten Reform ausgebaut. Hier wurden Waisen, Alte und Kranke versorgt, Straßenkinder und Prostituierte in nützlichen Berufen ausgebildet, jugendliche Straftäter resozialisiert und Bettler einquartiert. So wurde nicht nur den Bedürftigen und Gefährdeten aufgeholfen, sondern die Ewige Stadt auch von deklassierten und moralisch dubiosen Subjekten gesäubert. Im Hinblick auf das Heilige Jahr 1700 war auch das ein Ziel der Hospiz-Gründung.

Mehr als ein Tropfen auf den heißen Stein der sozialen Misere war die riesenhafte Versorgungs- und Besserungsanstalt trotzdem nicht: Die knapp tausend Insassen, die maximal aufgenommen werden konnten, machten höchstens zwei bis drei Prozent der römischen Unterschicht aus. Trotz aller Disziplinierung und Indoktrinierung, die hinter den langen Mauern am Tiberufer herrschte, war San Michele kein Hochsicherheitsgefängnis zur dauerhaften Isolierung und Überwachung subversiver Elemente. Dazu fehlten nicht nur äußerliche Zwangsmittel wie Zäune und Wachen, sondern auch Wille und Ideologie. Speziell bei den Bettlern, Obdachlosen und Vagabunden setzte die Institutsleitung stärker auf Anreize als auf strikte Kasernierung. Das Logis war zwar karg, doch die Kost, verglichen mit den Ernährungsgewohnheiten der Ärmsten, opulent. So bot es sich für sie an, in Zeiten der Not und Krankheit in San Michele Station zu machen, um danach wieder in den Dschungel der Großstadt mit seinen Attraktionen und seinen Gefahren einzutauchen.

Zwei weitere Reformideen von Trient, deren Realisierung nun nachgeholt wurde, sollten die Kurie grundlegend verändern. Die Aufhebung der Kaufämter und die Einschränkung des Nepotismus trugen die Unterschrift Innozenz' XII., der damit dekretierte, was sein großer Vorvorgänger geplant und entworfen hatte.

Die Abschaffung der Ämterkäuflichkeit war ein gezielter Schlag ins Gesicht der Familienverbände, die bisher die Führungspositionen der Kirche unter sich verteilt hatten. Im Geiste der Zweiten Reform sollte die Spitze der Kirche keine Oligarchie der Reichen und Vornehmen mehr sein, sondern eine handverlesene Elite der Besten werden, was sie nach Einschätzung der beiden Päpste bisher nicht war. Das alte Rekrutierungssystem hatte nicht wegen seiner finanziellen Rentabilität so lange Bestand gehabt – die Erträge aus dem Verkauf kurialer Ämter waren für das päpstliche Budget kaum relevant –, sondern aufgrund der sozialen Exklusivität und Homogenität, die es erzeugte. Doch die Hoffnung auf mehr Wettbewerb und einen neuen Prälaten-Typ, der nicht nach Rang, Reichtum und Ruhm schielte, erfüllte sich trotz der Reform nicht. Stattdessen erlebte die Kurie einen Alterungs- und Bürokratisierungsschub. Vor allem der Entschleunigungseffekt war frappant. Vorher konnten junge Geistliche aus reichem Hause durch das väterliche Startkapital früh weit nach oben gelangen, jetzt war der Marsch durch die Institutionen Pflicht. Und noch eine Nebenwirkung sticht ins Auge: Da Seiteneinsteiger aus Metropolen wie Genua und Florenz jetzt keine Startvorteile mehr hatten, wurden sich die kurialen Amtsträger in Dienstauffassung, Haltung und Weltanschauung immer ähnlicher. Die Zeit der großen theologischen und weltanschaulichen Debatten, die Rom im 16. Jahrhundert zu einem Brennspiegel europäischer Entwicklungen gemacht hatten, war definitiv vorbei. Die mentale und kulturelle Vereinheitlichung des kirchlichen

Spitzenpersonals machte den Päpsten das Regieren zwar leichter, doch Rom zugleich immer provinzieller. Den Ideen der europäischen Aufklärung stand der neue Typus des Karriereprälaten von Anfang an skeptisch bis ablehnend gegenüber. Aus römischer Sicht würde die Zukunft nicht den Fortschritt, an den die europäischen Intellektuellen jetzt immer inbrünstiger glaubten, sondern nur Verschlechterungen mit sich bringen. Die schlimmste dieser Fehlentwicklungen war für die Kurie die Freisprechung des Menschen von der Erbsünde und ihren Folgen im Ungeist eines ungehemmten Geschichtsoptimismus und damit eine völlige Ablösung des Staates und der Gesellschaft von den Geboten der Kirche.

Normiert wurde auch der Nepotismus, den sowohl der Odescalchi- als auch der Pignatelli-Papst demonstrativ ablehnten. Beide vertrauten nicht allein auf die Kraft ihres Vorbildes, dafür war ihr Bild des Menschen im Allgemeinen und des Geistlichen im Besonderen zu pessimistisch eingefärbt. Um dem Nepotismus auch in Zukunft enge Schranken zu setzen, hatte schon Innozenz XI. eine Bulle mit präzisen Vorschriften geplant, die Innozenz XII. dann ausarbeitete. Der Ausformulierung der Bestimmungen gingen umfangreiche Berechnungen und Beratungen voraus, in denen sich manche Kardinäle strikt jeder Einschränkung in der Zukunft widersetzten, obwohl der Nepotismus das Papsttum finanziell ruiniert und moralisch diskreditiert hatte. Am vehementesten legten mit den Kardinälen Paluzzi und Ottoboni zwei ehemalige Hauptprofiteure dagegen Protest ein. Aber am Ende unterschrieben auch sie die Bulle «Romanum decet pontificem» («Es ziemt sich für den Papst») vom Juni 1692. Darin wurde allen künftigen Päpsten untersagt, ihre Verwandten mit Gütern der Kirche auszustatten, ausgenommen waren allein Unterstützungsmaßnahmen für wirklich Bedürftige. Die klassischen (Schein-)Ämter der weltlichen Nepoten wurden aufgehoben und durften auch nicht wieder eingeführt werden. Den roten Hut sollten die Päpste einem Neffen nur noch verleihen, wenn dieser sich vorher entsprechend verdient gemacht hatte. Den Titel eines Oberaufsehers des Kirchenstaats durfte er allerdings auch dann nicht mehr führen. Um einer unerwünschten Machtstellung weiter vorzubeugen, durften diese «Familienkardinäle» nicht mehr als 12 000 Dukaten an jährlichen Einkünften beziehen.

Verglichen mit den Einnahmen der Kardinalnepoten des alten Typs war das geradezu lächerlich wenig. Das Ziel des Maßnahmenpakets war weit gespannt: Mit dem Fall des Großnepotismus würden die Päpste ein Beispiel moralischer Erneuerung geben. Die Begünstigung von Verwandten und Freunden war überall in Europa das Grundprinzip der sozialen Ordnung. Schließlich hatten auch protestantische Pfarrer Söhne und Schwiegersöhne, die es zu versorgen galt; Stadträte, Korporationen, ja ganze Universitäten konnten im lutherischen Deutschland von wenigen Familienverbänden beherrscht werden. Wenn sich die Kurie hier nach dem Vorbild Innozenz' XI. und XII. musterhaft zurückhielt, würde sie im Streit der Konfessionen moralische Autorität zurückgewinnen. Die Erwartungen waren sogar noch kühner. Ohne Kaufämter und ohne dominante Kardinalnepoten würde die Kurie zum Prinzip des frühen Christentums zurückfinden, dass allein der pastorale Eifer und die charakterliche Eignung über den Aufstieg in der kirchlichen Hierarchie entschieden.

Andererseits hatte die römische Dispenspraxis bislang über alle Reformansätze triumphiert. Dutzende von Wahlkapitulationen waren einstimmig beschworen worden und schon am Tag darauf vergessen. Einem Papst konnte niemand bindende Vorschriften machen; dieses Prinzip stand jeder politischen Kontinuität unüberwindlich im Wege. Daher setzte die Bulle auf das Prinzip der Scham. Sie schärfte die neuen Vorschriften so rigoros ein, dass sehr viel Unverfrorenheit vonnöten war, um diese offen zu überschreiten. Allerdings gab es weiterhin indirekte Methoden, die lästigen Beschränkungen zu umgehen, ohne schamrot zu werden. Wenn pro Pontifex nur noch ein Familienkardinal mit der eng gezogenen Einkommensgrenze erlaubt war, dann mussten sich die Päpste eben gegenseitig helfen. Wenn man darauf vertrauen konnte, dass der Nachfolger das tat, was der Onkel nicht durfte, war «Romanum decet pontificem» in Kraft und zugleich ausgehebelt. Genau so kam es.

Ohnmacht in Zeiten des Krieges: Clemens XI.

Innozenz XII. starb nach neunjährigem Pontifikat am 27. September 1700 und wurde von den Römern wegen seiner Milde und Mildtätigkeit aufrichtig betrauert. Wenige Wochen darauf folgte ihm Karl II., der letzte habsburgische König von Spanien, kinderlos ins Grab. Damit war der Streit um die spanische Erbfolge eröffnet. Auf diesen Ernstfall hatten sich die europäischen Mächte seit Langem vorbereitet. Bourbonen und österreichische Habsburger würden sich die Nachfolge in Madrid streitig machen, so viel war absehbar. Siegen würde, wer die stärkste Allianz zusammenbringen konnte. Der Papst hatte zwar keine schlagkräftigen Bataillone, doch konnte seine Unterstützung im Streit zweier katholischer Reiche trotzdem ins Gewicht fallen. Ludwig XIV. behandelte das Konklave vom Herbst 1700 daher als Chefsache. Seine Kardinäle waren ausgezeichnet instruiert und organisiert, sehr zum Unwillen der *zelanti*, die den neuen Papst nicht nach politischen, sondern nach rein kirchlichen Gesichtspunkten gewählt sehen wollten. Sie selbst zählten zehn Köpfe, konnten aber auf 28 von 58 Stimmen zählen: zu wenig, um einen der Ihren durchzusetzen, genug, um einen unliebsamen Kandidaten zu verhindern. In dieser Konstellation fiel die Wahl nach sechs Wochen auf Gian Francesco Albani, der nach dem Tagesheiligen, dem römischen Bischof Clemens, den Namen Clemens XI. annahm.

Albani war eine Kreatur Alexanders VIII., was ihn den Gegnern der *zelanti* sympathisch machte, dafür aber an der Ausarbeitung der Nepotismusbulle beteiligt, was in den Augen der «Innozenzianer» für ihn sprach. Mit einundfünfzig Jahren war er jünger als alle Päpste seit 1534 (und bis heute). Für die französisch ausgerichteten Kardinäle war das ein Argument, das gegen ihn sprach, weil ihr König einen gefügigen Greis auf dem Papstthron vorzog, doch konnte Albani dieses Handicap durch seine frankophile Gesinnung wettmachen. Emporgekommen war die Familie Albani, die aus Urbino stammte, durch treue Dienste für die Barberini, die sich jetzt ebenfalls beglückwünschen durften.

Das galt auch für die nächsten Verwandten Clemens' XI. Die Bulle von 1692 hatte die weltlichen Nepotenämter aufgehoben, aber den Päpsten nicht verboten, ihre Verwandten mit Adelsprädikaten und Lehen auszustatten. So erwarb der Papst für seinen Neffen Carlo die Markgrafschaft Soriano, die bis 1631 zum Herrschaftsgebiet der Herzöge von Urbino gehört hatte und 1721 von Clemens XI. zum Fürstentum erhöht wurde. Das war eine ansehnliche Karriere für die ehemaligen Kleinstadt-Patrizier. Allerdings fragten sich die *zelanti*, woher der Papst – Enkel eines Juristen und Sohn eines Haushofmeisters – den Kaufpreis genommen hatte; nach menschlichem Ermessen kamen dafür nur, entgegen den Bestimmungen der Nepotismus-

Bulle von 1692, Einkünfte der Kirche infrage. Gerade deshalb trennten die Albani in kluger Rücksicht auf die neuen Normen, was unter ihren Vorgängern räumlich zusammengehört hatte: den Aufstieg des weltlichen Familienzweigs und die Präsenz der Familien-Geistlichen an der Kurie.

An der Kurie spielten fünf Albani-Kardinäle bis 1834 immer wieder Schlüsselrollen. Dem ersten von diesen, seinem Neffen Annibale, verlieh Clemens XI. 1712 selbst den roten Hut. Mit einer Wartezeit von zwölf Jahren glaubte er der «Bewährungsklausel» der Bulle Genüge getan zu haben, obwohl Annibale auf seinen diplomatischen Missionen alles andere als erfolgreich agiert hatte. 1719 erhielt er auch das Amt des Camerlengo, doch hatte der Papst die damit verknüpften Einkünfte zuvor beträchtlich reduziert. Den zweiten Familienkardinal, Annibales jüngeren Bruder Alessandro, ernannte Clemens' Nachfolger Innozenz XIII., so dass er nicht mehr als Nepot zählte und folglich auch nicht mehr den Beschränkungen von 1692 unterlag. Jedenfalls war Alessandro Albani vierzig Jahre danach reich genug, um sich an der Via Nomentana von Carlo Marchionni die teuerste aller suburbanen Villen bauen lassen zu können. Seine reichen Antikensammlungen waren eine Fundgrube für den sächsischen Altertumsforscher Winckelmann, der als Schützling des einflussreichen Kirchenfürsten ein Jahrzehnt lang in Rom und speziell in der Villa Albani seine kunstwissenschaftlich innovativen und für die Ausbildung des neuen klassizistischen Stils bahnbrechenden Forschungen betrieb. Ihre führende Position an der Kurie behaupteten die Albani auch in den nächsten Generationen mit bemerkenswertem Geschick; so zeigte sich schnell, dass die Bestimmungen Innozenz' XII. die Kreise der kurialen Eliten kaum zu stören vermochten.

In die Vorgeschichte des europäischen Konflikts um die spanische Erbfolge war Clemens XI. schon vor seiner Wahl verstrickt worden. Wenige Monate vor seinem Tod hatte der körperlich und geistig behinderte Karl II. ein Testament entworfen, mit dem er den französischen Prinzen Philippe d'Anjou als Nachfolger einsetzte, und dieses zur Beurteilung nach Rom gesandt. Unter den Kardinälen, die es für gut befanden, war auch Kardinal Gian Francesco Albani. Als Papst war er in seiner Rolle als «gemeinsamer Vater» zu einer unparteiischen Schiedsrichterrolle verpflichtet, doch konnte er sie aufgrund seiner notorischen Sympathie für Frankreich zu keinem Zeitpunkt glaubwürdig ausfüllen. Da Philippe de Bourbon zudem in Spanien schnell Fuß fasste, erkannte ihn der Papst unter dem Namen Philipp V. als legitimen Herrscher an.

Auch die anschließenden diplomatischen Schritte des Papstes entsprachen voll und ganz den Interessen Frankreichs. So legte Clemens XI. scharfen Protest dagegen ein, dass sich Kurfürst Friedrich III. von Brandenburg, der mit dem Kaiser gegen Ludwig XIV. verbündet war, im Januar 1701 zum König in Preußen krönte. Preußen – so das seltsam unzeitgemäße Argument der Kurie – sei Besitz des Deutschen Ordens und von den brandenburgischen Herrschern seit eindreiviertel Jahrhunderten unrechtmäßig besetzt. In Italien rief der Albani-Papst zu einer Neutralität auf, die das militärische Vordringen Frankreichs gegen Mailand begünstigen musste. Und Vittorio Amedeo II., den ehrgeizigen und tatkräftigen Herzog von Savoyen und Fürsten von Piemont, forderte er zur Bündnistreue gegenüber Ludwig XIV. auf – vergeblich. Aus der Sicht Wiens hatte sich der Pontifex maximus damit ein für alle Mal als befangen zu erkennen gegeben.

Das Blatt wendete sich erstmals zu Ungunsten von Versailles und Rom, als der kaiserliche Feldherr Prinz Eugen von Savoyen auf dem oberitalienischen Kriegsschauplatz erschien. Im Juli 1701 schlug Eugen die französischen Truppen bei Carpi vernichtend und rückte gegen Ferrara, also auf Gebiet des Kirchenstaats, vor. Um dieselbe Zeit versuchten pro-habsburgische Kräfte, einen Umsturz gegen die bourbonische Herrschaft in Neapel herbeizuführen. Der Aufstand schlug zwar fehl, doch bewogen die Unruhen im Süden den Papst dazu, sich in der Folgezeit noch enger an Frankreich anzuschließen. So hielt er unbeirrt an der Anerkennung Philipps V. fest, als Kaiser Leopold I. seinen jüngeren Sohn Karl als Karl III. zum König von Spanien ausrufen ließ, und begünstigte die militärischen Operationen Frankreichs im Gebiet von Ferrara. Diese einseitige Parteinahme, an der Rom auch unter Leopolds Nachfolger Joseph I. festhielt, rächte sich, als die französische Position 1706 in Spanien und Italien wankte und einbrach: Katalonien und Aragon ergriffen jetzt für Karl III. Partei, der nach Philipps Flucht in Madrid einzog; gleichzeitig erlitten die französischen Armeen an der flandrischen Front schwere Niederlagen. Im September 1706 besiegte Prinz Eugen die französischen Truppen, die Turin belagerten, und besetzte kurz darauf Mailand. Schon auf dem Weg dorthin hatte der Prinz Gebiete des Kirchenstaats durchquert und Lebensmittel requiriert, jetzt rückte er gegen Ferrara und Bologna vor.

Durch seine militärischen Erfolge veränderte sich das Machtgefüge Norditaliens grundlegend. Uralte Reichsrechte, die seit Jahrhunderten in verstaubten Archiven vor sich hin schlummerten, wurden plötzlich wiederbelebt. Auf dieser Grundlage mussten de facto unabhängige Staaten wie die Toskana, Genua und Lucca auf einmal Steuern bezahlen, die seit den Tagen Heinrichs VII. (1308–1313) in Vergessenheit geraten waren. Auch der Kirchenstaat wurde trotz aller Proteste Clemens' XI. finanziell kräftig zur Ader gelassen. Im Frühjahr 1707 rückte die kaiserliche Armee gegen Neapel vor. Der Papst hatte eine offizielle Belehnung Philipps V. mit Neapel zwar bisher hinausgezögert, die bourbonische Herrschaft am Vesuv jedoch faktisch anerkannt. Nun eroberten die österreichischen Truppen das Königreich, ohne auf größeren Widerstand zu stoßen, und nahmen es für Karl III. von Spanien in Besitz. Parallel dazu besetzte Prinz Eugen Parma und Piacenza; beide Herzogtümer wurden der kaiserlichen Lehenshoheit unterstellt und ebenfalls mit hohen Abgaben belegt. Clemens XI. reagierte auf diesen «Länderraub» mit der Ankündigung der Exkommunikation, doch diese Drohung verpuffte wirkungslos. Roms geistliche Waffen waren stumpf geworden.

Der Streit zwischen den alten Universalgewalten Kaiser und Papst, die sich jetzt als Territorialherren mit unvereinbaren Gebietsansprüchen gegenüberstanden, eskalierte weiter, als die kaiserliche Armee 1708 das Gebiet von Comacchio okkupierte; die adriatische Küstenregion mit ihren Salinen gehörte seit einem Jahrhundert zum Kirchenstaat, wurde von Wien jedoch ebenfalls als Reichslehen betrachtet. In der trügerischen Hoffnung auf französische Truppenunterstützung wagte Clemens XI. einen militärischen Widerstand, der zwar Unsummen kostete, doch bald darauf kläglich zusammenbrach. Das kaiserliche Heer nahm kampflos Bologna ein und drohte, nach Rom weiterzumarschieren. Daraufhin gab der Papst nach und erkannte Karl III. im Oktober 1709 als König von Spanien an, was postwendend geharnischte Proteste vonseiten Philipps V. und französische Repressalien nach sich zog. Damit war Roms Rolle im europäischen Geschehen vollends ausgespielt.

Erst der plötzliche Pockentod des jungen Kaisers Joseph I. im April 1711 hatte einen großen Umschwung der Allianzen und Kriegsziele zur Folge, da sein jüngerer Bruder Karl jetzt mit der Kaiserwürde und den Kronen von Spanien und Neapel ein neuer Universalherrscher im Stile Karls V. zu werden drohte. Demgegenüber war ein Bourbone in Madrid für England, das bisher Wien unterstützt hatte, das kleinere Übel. Auf den Friedenskongressen von Utrecht und Baden wurden die europäischen Machtverhältnisse 1713 und 1714 neu austariert, ohne dass dabei die Stimme des Papstes ins Gewicht fiel. Der Bourbone Philipp V. durfte ganz Spanien und dessen riesiges Kolonialreich behalten; dafür musste er alle Besitzungen Spaniens in Italien und den Niederlanden – Mailand, Neapel, Sizilien, Sardinien, die spanischen Niederlande – an die Habsburger abtreten.

Eine noch brennendere Demütigung erlitt Clemens XI. 1717, als eine mit seinen Hilfsgeldern ausgerüstete spanische Flotte nicht, wie vereinbart, nach Griechenland auslief, um Venedig im Kampf gegen das Osmanische Reich zu unterstützen, sondern das nun habsburgische Sardinien eroberte und ihn damit vollends diskreditierte. Der Albani-Papst – so der französische Botschafter in Rom – war wie ein Schilfrohr: Er drehte sich mit dem Wind und knickte ein, wenn der Druck stärker wurde.

Im Dauerstreit um die jansenistische Gnadenlehre in Frankreich war der Druck Ludwigs XIV. übermächtig. Der greise Sonnenkönig witterte seit Langem unter den Anhängern des Klosters Port-Royal nicht nur Häresie, sondern auch eine politische Opposition, die im Zusammenspiel mit dem Pariser Parlament sein Gottesgnadentum und damit seinen Anspruch auf Allmacht infrage stellte. So ließ er die Abtei im Oktober 1709 schließen und drei Jahre später dem Erdboden gleichmachen; selbst der Friedhof wurde eingeebnet. Doch durch diese Profanierung wurde Port-Royal erst recht zum Wallfahrtsort, Berichte über Wunderheilungen machten die Runde. So musste wieder einmal eine päpstliche Verurteilung her. Diesmal zog ein schon 1672 veröffentlichtes Buch des Jansenisten Pasquier Quesnel, seine bis 1699 mehrfach aufgelegten und ergänzten *Réflexions morales sur le Nouveau Testament*, den römischen Bannstrahl auf sich. In der Tradition Arnaulds und Pascals lehrte Quesnel, der nach Arnaulds Tod 1694 zum führenden Kopf der Jansenisten aufgestiegen war, dass die von Gott geschenkte Gnade den Willen des Menschen durch ihre unwiderstehliche Anziehungskraft vollständig beherrscht. Auf diese Weise unterdrückt sie den natürlichen Hang der Kreatur zur Sünde, und zwar so, dass nach Ansicht der römischen Zensoren menschliche Verdienste durch das Zusammenspiel des Willens mit der Gnade ausgeschlossen waren. In seiner Bulle «Unigenitus» vom September 1713 verurteilte Clemens XI., der wie Innozenz X. in den Positionen von Port-Royal in erster Linie eine Infragestellung des römischen Primats sah, nicht weniger als 101 irrige oder sogar ketzerische Sätze aus dem Werk – und stach damit in ein Wespennest. Der Streit um Gnade und freien Willen wurde in Frankreich mehr denn je zu einem Machtkampf zwischen Jansenisten und Jesuiten, Parlament und Hof, Gallikanern und Ultramontanen.

Auch im fernen China wurde eine dogmatische Entscheidung Clemens' XI. folgenreich. Dort hatten jesuitische Missionare seit dem späten 16. Jahrhundert durch ihre astronomischen und mathematischen Kenntnisse am kaiserlichen Hof Prestige und einen gewichtigen Ausschnitt der Eliten für das Christentum gewonnen. Voraussetzung dafür war die Bereitschaft der Missionare, den tief verwurzelten Ahnen- und Konfuziuskult als zivil und nicht religiös einzustufen. Dieses Entgegenkommen erregte seit Langem den Unwillen von Dominikanern und Franziskanern; seit mehr als hundert Jahren schwelte ein Konflikt, der als Riten- oder Akkomodationsstreit in die Geschichte eingegangen ist. Im Zuge dieser Auseinandersetzungen wurde den Jesuiten eine zu weitreichende Nachgiebigkeit gegenüber den «heidnischen» Bräuchen vorgeworfen. In eine neue Phase trat der Konflikt 1692, als ein kaiserliches Edikt die christliche Predigt in China freigab. Vor allem von jansenistischer Seite verstärkten sich daraufhin die Anklagen gegen den Orden, zu deren Überprüfung Innozenz XII. kurz vor seinem Tod eine Kardinalskommission einberief. Die römischen Verhandlungen führten unter seinem Nachfolger 1704 zu einem Verbot der chinesischen Riten, die als Aberglaube verurteilt wurden; 1710 und 1715 folgten weitere Dekrete Clemens' XI., die diese Bestimmungen bestätigten und einschärften. Die christliche Mission im Reich der Mitte kam dadurch zu einem brüsken Ende, der innerkirchliche Streit über die Ritenfrage aber dauerte fort. Einen Schlusspunkt unter die gehässigen Debatten setzte Benedikt XIV. mit seiner Bulle «Ex quo» vom 11. Juli 1742, die die Verordnungen des Albani-Papstes für unumstößlich erklärte.

Schon bald nach seiner Wahl bezeichnete Clemens XI. seinen Pontifikat als ein Martyrium: Nach einer Zeit der Kämpfe und kurzfristigen Triumphe sei die Kirche unter seiner Herrschaft in eine Ära des Leidens eingetreten. In

Ohnmacht in Zeiten des Krieges

Zurück zur Schlichtheit der Urkirche Carlo Fontanas Fassade von S. Clemente bricht radikal mit dem bewegten Pathos der barocken Prunkkirchen. Der neuen Bescheidenheit ist nicht nur die Neugestaltung der alten Basilika, sondern auch die Selbstdarstellung des Papsttums unter Clemens XI. insgesamt verpflichtet.

einer Welt, die von rücksichtsloser Staatsräson und Religionsverachtung dominiert werde, sei das der Platz, den Gott ihr jetzt zuweise. Martyrium und Märtyrerverehrung wurden unter Clemens XI. denn auch zum Leitmotiv der päpstlichen Selbstdarstellung, im Gegensatz zum Blutzeugenkult der 1570er- und 80er-Jahre jedoch nicht in der kämpferischen, sondern in der duldenden Variante. Während die 1582/83 von Niccolò Circignani und Matteo da Siena geschaffenen Fresken in Santo Stefano Rotondo in vierunddreißig drastischen Folterszenen zum siegreichen Kampf durch kühne Selbstaufopferung aufrufen, legte die Bau-, Ausgrabungs- und Sammeltätigkeit unter Clemens XI. den Akzent auf fromme Hinnahme und Hingabe. So wurde die Kirche des heiligen Clemens mit einer Fassade versehen, deren Schlichtheit die Bedürfnislosigkeit und Sittenreinheit des frühen Christen-

Vereinbarkeit von Religion und Wissenschaft in zeitgemäßem Gewand Mit dem Bronzemeridian, den Francesco Bianchini im Auftrag Clemens' XI. schuf, hielt die Astronomie Einzug in die herben Hallen von Michelangelos Kirche Santa Maria degli Angeli, die auf den Fundamenten der Diocletians-Thermen erbaut wurde.

tums widerspiegeln soll. Betont zurückhaltend fielen auch die zahlreichen Restaurierungsarbeiten an den altehrwürdigen Basiliken Santa Cecilia und Santa Maria in Trastevere aus. Das Gesamtkunstwerk Rom war im Wesentlichen fertig und musste nur noch ergänzt und bewahrt werden, so wie die ewige Wahrheit der katholischen Lehre keine Neuerungen, sondern nur noch Bekräftigungen und Rückbesinnungen auf ihre Wurzeln zuließ.

Die alte Botschaft, dass der Papst mit seiner Schlüsselgewalt und seinem zweifachen Primat alleiniger Garant der kirchlichen Kontinuität sei, wurde nicht nur mit der von den bedrängten Zeitumständen gebotenen Herbheit, sondern auch mit dem Anspruch auf wissenschaftliche Unanfechtbarkeit verkündet. Bei der Erschließung der Katakomben und anderer frühchristlicher Denkmäler gingen die Ausgräber mit einer dokumentarischen Akribie vor, die Rom auf Augenhöhe mit intellektuellen Zentren wie Paris und London stellen sollte. Michelangelos Thermenkirche Santa Maria degli Angeli ließ der Papst sogar zu einer Stätte astronomischer Berechnungen und Kalenderkorrekturen ausstatten, damit eine Expertenkommission den Gregorianischen Kalender überprüfen konnte: Der mit Tierkreismotiven aus edlem Marmor verzierte Meridian aus Bronze, der in den Fußboden der Basilika eingearbeitet wurde, sollte zeigen, dass Glaube und Wissen, Unterordnung unter die römische Lehrautorität und Forscherneugier vereinbar und im Schoße des Papsttums bestens aufgehoben sind. Konkrete Folgen für die Datierung ergaben sich diesmal nicht, dazu waren die festgestellten Abweichungen zu gering.

Clemens XI. starb am 19. März 1721 nach mehr als zwanzigjährigem Pontifikat. Wie viele Päpste vor ihm hatte er sich ein einfaches Grabmal gewünscht; im Gegensatz zu ihren Vorgängern waren die Albani-Nepoten klug genug, diesen letzten Willen zu erfüllen: Die einfache Grabplatte in Sankt Peter hebt sich von den vielen prunkvollen und ruhmredigen Monumenten der Basilika bis heute prestigeträchtig ab.

Schwach und aus alter Familie: Innozenz XIII., Benedikt XIII.

Beim Tod des Albani-Papstes waren wichtige politische Fragen wie die Zugehörigkeit Comacchios und der rechtliche Status von Parma und Piacenza offen; auch im Streit um das habsburgisch beherrschte Neapel hatten sich die Wogen noch nicht geglättet. Durch die kriegerischen Ereignisse hatte sich die Wirtschaftslage im Kirchenstaat weiter verschlechtert; die Papstfinanz drückten neue Schulden. Rom brauchte jetzt einen geschickten Diplomaten und einen ökonomischen Sanierer in einer Person. Doch im Konklave herrschten andere Prioritäten vor. Die *zelanti* wollten nach Innozenz XI. und XII. einen dritten Asketen auf dem Papstthron. Ihnen standen drei übermächtige Fraktionen entgegen, die den neuen Pontifex nach politischen Kriterien auswählen wollten. Zumindest eine von diesen, die Partei Kardinal Annibale Albanis, hätte es nach der Bulle von 1692 nicht mehr geben dürfen; die beiden übrigen waren durch ihre Loyalität gegenüber Habsburg und den Bourbonen festgelegt. Neu war allein, dass sich nun die beiden vormals habsburgischen Mächte Spanien und Österreich feindlich gegenüberstanden. Nach sechswöchigem Tauziehen endete das Konklave mit einem Punktsieg Wiens: Kardinal Michelangelo de' Conti war dem Kaiser genehm und für die anderen annehmbar, am wenigsten behagte er den strengen Reformern. Der erfolgreiche Kandidat stammte von Riccardo de' Conti, dem Bruder Innozenz' III., ab, der von diesem mächtigsten Papst der Geschichte mit zahlreichen Lehen im südlichen Latium bedacht worden war. Dass er sich nach dem Statusbegründer seiner Familie Innozenz XIII. nannte, war eine Hommage an Familientraditionen, die einen intensiven Nepotismus erwarten ließ. Innozenz XIII. nährte diese Befürchtungen weiter, als er kurz nach seiner Wahl seinen Bruder zum Kardinal ernannte; von der in der Bulle Innozenz' XII. vorgesehenen Bewährungsfrist konnte keine Rede sein. Allerdings soll das Einkommen des Papstbruders nach zeitgenössischen Quellen die vorgeschriebene Obergrenze nicht überschritten haben.

Der tatkräftige Politiker, den die Zeitverhältnisse erforderten, war der De' Conti-Papst nicht, im Gegenteil: Kränklich, lethargisch und nachgiebig gegenüber den Großmächten, hinterließ er in der Geschichte und in Rom kaum Spuren. Die Verhandlungen über die Rückgabe Comacchios an den Kirchenstaat zogen sich hin, Kaiser Karl VI. beanspruchte weiterhin die Lehenshoheit über Parma und Piacenza. In Frankreich witterten die Jansenisten Morgenluft, weil die Beziehungen des Papstes zu den Jesuiten gespannt waren, doch setzte der Regent Philippe d'Orléans den repressiven Kurs Ludwigs XIV. gegen die Quesnel-Anhänger fort. Die Gegnerschaft des Papstes bekam die Gesellschaft Jesu trotzdem zu spüren, und zwar mit einer Härte, die sie in den Grundfesten erschütterte. Die Anlässe dafür lagen in China, wo sich die verschiedenen Orden gegenseitig die Schuld am Scheitern der Mission zuschoben. Den Jesuiten fiel dabei die Rolle des Sündenbocks zu: Sie hätten – so die Anklage, die vor allem in der Kongregation der Propaganda Widerhall fand – den Kaiser von China geradezu ermutigt, auf den von Rom untersagten Riten zu bestehen, und sich selbst trotz gegenteiliger Schwüre nicht an dieses Verbot gehalten. Solche Anklagen wogen schwer. Dominikaner und Franziskaner, die Rivalen der Jesuiten, waren ein halbes Jahrtausend alt; gegen das Gewicht dieser Tradition kam die Societas Jesu mit weniger als zweihundert Jahren nicht an. Vor allem aber hatte sie sich durch ihren starken Einfluss an der Kurie und an den katholischen Höfen so mächtige Feinde geschaffen, dass selbst ihre Aufhebung jetzt nicht mehr undenkbar schien. Ja, im Dekret, das die Propaganda-Kongregation im September 1723 an den Ordensgeneral Michele Tamburini richtete, wurde diese Drohung deutlich ausgesprochen: Wenn sich die Gesellschaft nicht durch präzise Dokumente von den gegen sie erhobenen Vorwürfen reinigen könne, dürfe sie keine Novizen mehr aufnehmen! So weit kam es einstweilen nicht, doch die Stellung des scheinbar allmächtigen Ordens war von jetzt an geschwächt.

Nach dem Tod Innozenz' XIII. am 7. März 1724 deutete alles auf ein langes Konklave hin, so unübersichtlich überkreuzten sich die Partei- und Loyalitätsverhältnisse. Dass sich Anhänger der Bourbonen-Monarchien und Habsburgs als Rivalen gegenüberstehen und die *zelanti* auf die Wahl eines pastoral ausgerichteten Pontifex drängen würden, war vorherzusehen. Den Störfaktor in dieser Konstellation bildete Annibale Albani, der darauf bestand, in der offiziell abgeschafften Tradition des regierenden Kardinalnepoten die Rolle des Gefolgschaftsführers zu spielen und mit diesem aufdringlichen Gehabe seine eigenen Kandidaten diskreditierte. So fiel die Wahl nach zwei aufreibenden Monaten am 29. Mai 1724 stressbedingt auf einen Kandidaten, vor dem selbst seine Gesinnungsgenossen warnten: Pietro Francesco Orsini, der sich als Dominikaner Bruder Vincenzo Maria nannte, beziehungsweise Benedikt XIII., wie er als Papst hieß. Der neue Pontifex maximus war fünfundsiebzig Jahre alt, was in den Augen der gleichfalls betagteren Kardinäle für ihn sprach; so sahen sie noch eine Chance für ihre eigene Wahl. Zudem war er seit hundertvierunddreißig Jahren der erste Ordensmann auf dem Papstthron. Das war an sich kein Ablehnungsgrund. Pius V. war als Seele der katholischen Reform vor kurzem heiliggesprochen worden, und Sixtus V. als einer der machtvollsten Päpste in mythisch verklärter Erinnerung.

Gegen Benedikt XIII. sprach, dass mit ihm die Provinz ins Zentrum Einzug hielt. Der Sohn des Herzogs von Gravina aus dem apulischen Zweig des Orsini-Clans hatte aufgrund seiner vornehmen Geburt schon mit dreiundzwanzig Jahren den roten Hut erhalten, doch Erfahrung an und mit der Kurie hatte der strenge Asket auch nach zweiundfünfzig Kardinalatsjahren nicht gewonnen. Achtunddreißig davon hatte er in seinem Erzbistum Benevent zugebracht, das er zur Musterdiözese mit rigoros disziplinierten Priestern, regelmäßigen Synoden und strengen Visitationen umgeformt hatte. Unter einem solchen Papst fürchteten die Römer eine Rückkehr zu den Verhältnissen unter Innozenz XI., der ihnen alles verboten hatte, was Spaß machte. Im Gegensatz zum Odescalchi-Papst aber galt Benedikt XIII. nicht nur als weltabgewandt, sondern auch als weltfremd und somit als willenloses Werkzeug seiner eigenen Kreaturen.

Dieses Bild herrscht bis heute vor, sofern man sich des Orsini-Papstes überhaupt noch erinnert. Doch von solch heiligmäßiger Unbedarftheit kann nach neuesten Untersuchungen bei Benedikt XIII. keine Rede sein. In Benevent, einer Exklave des Kirchenstaats inmitten des Königreichs Neapel, hatte sich Erzbischof Orsini eine Position erobert, die der eines lokalen «Priesterkönigs» gleichkam. Dort hatte er sich eine Klientel aufgebaut, die ihm bedingungslos ergeben war und genau wusste, warum: Ihr Patron ging mit ihr durch dick und dünn und belohnte sie für ihre Loyalität reichlich. Bei seiner Machteroberung in der alten Langobarden-Hochburg Benevent hatte sich Orsini selbst zwei furchtbare Naturkatastrophen virtuos zunutze gemacht. Zweimal hatte ein schweres Erdbeben seinen Diözesansitz verheert, zweimal war der Erzbischof dabei in seinem Palast verschüttet worden, zweimal hatte ihn nach seinen eigenen Worten die Anrufung Filippo Neris, seines Lieblingsheiligen, vor dem Schlimmsten bewahrt. Diese wundersamen Rettungen machte der Kirchenfürst durch eigene Veröffentlichungen bekannt und bastelte damit an einem Mythos, der ihm im quälenden Konklave des Jahres 1724 entscheidend zugutegekommen sein dürfte: Ein Kardinal, auf dem so sichtbar der Segen des Himmels ruhte, würde vielleicht auch das Wunder bewirken, den maroden Kirchenstaat zu sanieren und Rom dringend benötigtes neues Ansehen zu verschaffen.

Die beiden Erdbeben von 1688 und 1702 hatten große Teile der Stadt Benevent zerstört. Da die kommunalen Behörden kein Geld für den Wiederaufbau hatten, sprang der Erzbischof mit dem Orsini-Vermögen ein. Er gewährte Institutionen und Privatpersonen günstige Unterstützung aus einem Kreditfonds und machte die Stadtgemeinde durch diesen heiligen Machiavellismus auf Dauer von seiner Familie abhängig. Die Mitarbeiter, die diese komplizierten Operationen zum Erfolg geführt hatten, brachte der neue Papst jetzt nach Rom mit. Damit schuf er für die Römer ein neues Feindbild: Die Neapolitaner waren schlimm, wie die Pontifikate Bonifaz' IX. und Pauls IV. gezeigt hatten, doch die Beneventaner sind noch viel schlimmer, wie der laufende Pontifikat täglich belegte! So war die Meinung über Benedikt XIII. schnell gemacht: Alle Macht gehörte den unwürdigen Kreaturen eines naiven Greises, der nicht sah, was vor seinen eigenen Augen geschah. Auch an einer einzelnen Hassfigur fehlte es nicht: Niccolò Coscia, das Haupt der «Beneventaner-Bande», die rechte Hand des Papstes, der nach Meinung der Römer ungeheure Reichtümer in seine Taschen abzweigte. Orsini hatte den Sohn armer Leute in Benevent zum Kanonikus und Kanzler erhoben, um ihm 1725 den roten Hut zu verleihen. Die Ernennung dieses umtriebigen Parvenüs war für das heilige Kollegium eine Provokation. Als Benedikt XIII. Coscias bevorstehende Erhöhung verkündete und routinemäßig die Kardinäle nach ihrer Meinung dazu befragte, erhoben nicht weniger als neun von ihnen Einspruch. Sie begründeten ihren Protest damit, dass Coscia wegen seines schlechten Rufs unannehmbar sei; dieser üble Leumund gehe auf seine notorisch korrupte Amtsführung zurück. Kardinal wurde Coscia trotzdem. Ja, Benedikt XIII. hielt bis zu seinem Tod unbeirrt an seinem Günstling fest, der als eine Art Erster Minister die Politik des Pontifikats bestimmte.

Dass der «Ober-Beneventaner» und seine Gehilfen kräftig profitierten, geht aus diversen Rechnungsbüchern der Kurie und ihrer Behörden unwiderleglich hervor. Doch das hatten Günstlinge anderer Päpste auch – und zwar ebenfalls mit deren Segen – getan, ohne dass sich ein Sturm der öffentlichen Entrüstung erhob. Der Unterschied lag darin, dass die vorangehenden Pontifikats-Profiteure fast immer Nepoten oder zumindest Männer des kurialen Apparats aus angesehenen Familien gewesen waren, die die Sprache der Kurie gesprochen und deren Verhüllungsmechanismen praktiziert hatten. Coscia aber beherrschte nicht die Kunst der stilvollen Bestechung und Bestechlichkeit, sondern griff rüde und ungeniert zu. Mit denselben Methoden brachte der Günstling seine eigenen Günstlinge in Schlüsselpositionen der Kurie unter. Er selbst nahm Einsitz in der Inquisitionskongregation, eine seiner devoten Kreaturen wurde Staatssekretär, ein anderer treuer Gefolgsmann Vikar von Rom. Wohlmeinende Beobachter beschrieben Benedikt XIII. daraufhin als Gefangenen im Vatikan: Die Beneventaner-Bande habe ihn regelrecht umzingelt, isoliert und auf diese Weise zum willenlosen Helfershelfer ihrer unsauberen Machenschaften herabgedrückt. Doch in Wirklichkeit spielte der Orsini-Papst ein wohlbekanntes Spiel in ungewöhnlicher Besetzung. Er selbst widmete sich seinen Leidenschaften, die nach Einschätzung der Diplomaten einem braven Gemeindepfarrer, nicht jedoch einem regierenden Pontifex maximus gut zu Gesicht standen: Er weihte in Rom und Umgebung neue Kirchen und Altäre, verbot den Geistlichen, Perücken aufzusetzen, und den Laien, einen weißen Priesterkragen zu tragen. Lotterien, die sein Vorgänger erlaubt hatte, um den maroden Staatsfinanzen aufzuhelfen, wurden ebenfalls untersagt; wer trotzdem Lose in Umlauf brachte oder erwarb, musste mit der Exkommunikation rechnen. Alle Vatikanangestellten wurden dazu verdonnert, regelmäßig Moralpredigten zu hören, neue Heilige reihenweise erhoben.

Damit war eine klare Aufgabenteilung vorgenommen und die größtmögliche Distanz des Papstes zu den «weltlichen» Regierungsgeschäften gewahrt. Seine Vorgänger hatten sich damit begnügt, ihre Kardinalnepoten mit diesen zu beauftragen und sie rituell abzustrafen, wenn sie in den Augen der Öffentlichkeit Grenzen überschritten hatten. Benedikt XIII. ging in diesem Rollenspiel entscheidende Schritte weiter: Er selbst lebte wie ein Mönch im Vatikan und demonstrierte dadurch extreme Differenzen zum Lebensstil Coscias und der meisten anderen Kardinäle, die sich mondän wie zu Zeiten Urbans VIII. gaben. Ein heiligmäßiger Papst lebte wie ein Eremit an einem verweltlichten Hof – solche Eindrücke sollten die Vatikanbesucher mit nach Hause nehmen. Zu diesem Zweck war es unerlässlich, jegliche Kenntnis der politischen Geschäfte zu leugnen und dem allmächtigen Stellvertreter scheinbar freie Hand zu lassen. Als es im Konklave auf ihn hinauslief, hatte Kardinal Orsini tränenreich darum gefleht, von seiner Wahl Abstand zu nehmen, und deren Annahme zunächst verweigert. Das war längst ein obligatorischer Akt, der die Demut und damit die Würdigkeit des erfolgreichen Kandidaten unter Beweis stellen sollte. Benedikt XIII. hatte diesen Ritus jedoch mit einer Hartnäckigkeit vollzogen, die den Rahmen des Üblichen sprengte. Als Papst konnte er deshalb darauf verweisen, dass er diesen Rang nie angestrebt habe.

Ungewöhnlich war auch, dass Benedikt nach seiner Wahl Erzbischof von Benevent blieb, natürlich mit Coscia als Koadjutor. Doch sein symbolischer Stellvertreter wurde ein anderes, längst verstorbenes Familienmitglied. Als ihm die Republik Venedig die Reliquien des seligen Giovanni Orsini, einst Bischof in Dalmatien, schenkte, ließ er die Überreste dieses entfernten Verwandten in einem edel ausgestatteten Schrein sofort nach Benevent bringen. Mental hatte er sich von dort ohnehin nie entfernt, Rom war ein ungeliebtes

Exil. Sobald der Frühling anbrach, zog es den Papst unwiderstehlich in seine spirituelle Heimat. 1727 und 1729 stattete er Benevent ausgedehnte Besuche ab. Dabei visitierte er Kirchen, firmte Hunderte von Kindern und ermahnte die Priester zur Einhaltung der Disziplin.

Währenddessen agierten Coscia und seine Gefolgsleute auf politischer Bühne keineswegs erfolglos. So wurde im Februar 1725 das lange umkämpfte Comacchio wieder dem Kirchenstaat eingegliedert. Einen für beide Seiten akzeptablen Kompromiss fanden Kaiser und Kurie auch im Streit um die *monarchia sicula*, das sizilianische Staatskirchentum. Clemens XI. hatte die Vollmachten, die Urban II. dem Normannen Roger I. bei der Eroberung der Insel 1098 eingeräumt hatte, kurzerhand aufgehoben und damit in Wien wütende Proteste hervorgerufen. Benedikt XIII. unterzeichnete eine Bulle, mit der er die Position des Albani-Papstes verteidigte und zugleich die bestehenden Machtverhältnisse im Wesentlichen unangetastet ließ. Eine weitere problematische Hinterlassenschaft des Albani-Pontifikats wurde stillschweigend liquidiert. Als Ergebnis des Spanischen Erbfolgekriegs hatte Herzog Vittorio Amedeo II. Sizilien mit dem dazugehörigen Königstitel erhalten, die von seinen Stammlanden weit entferne Insel jedoch nicht behaupten können, weil seine energischen Bemühungen, die Macht der Monarchie auf Kosten des Feudaladels zu stärken, auf unüberwindliche Opposition gestoßen waren. So musste der frisch gebackene König Sizilien gegen Sardinien eintauschen und damit einen beträchtlichen Verlust an Prestige und Einkünften hinnehmen. Auf Sardinien aber hatten die Päpste seit den fernen Tagen der frühen Karolinger Anspruch erhoben; Bonifaz VIII. hatte die Insel dem Königshaus Aragon verliehen, Clemens XI. betrachtete sie daher als heimgefallenes Lehen und verweigerte Vittorio Amedeo II. die Anerkennung als König. Diese Hindernisse wurden jetzt aus dem Weg geräumt. Im Gegenzug hatte der sardische Monarch beim Konkordat mit dem Heiligen Stuhl Abstriche zu machen. Sein Entwurf zielte darauf ab, die Kirche in seinen Ländern der Kontrolle des Staates zu unterstellen, und zwar rechtlich, fiskalisch und disziplinarisch. Doch dieser Plan ließ sich gegen den Widerstand Roms so nicht durchsetzen; speziell in Sachen kirchlicher Immunitäten waren Zugeständnisse unumgänglich. Trotzdem gewann Vittorio Amedeo II. gegenüber seinem Klerus eine Machtposition, die in Italien ohne Beispiel war, die Begehrlichkeit der übrigen Herrscher er-

Wider den Geist der Zeit

Heiter triumphale Festlichkeit für Augen und Füße Die Spanische Treppe bildete in den 1720er- und 1730er-Jahren mit ihren sanft geschwungenen und leicht erklimmbaren Stufen den Kontrapunkt zu den strengen Straßenachsen Sixtus' V. und zur frühchristlich stilisierten Bescheidenheit unter Clemens XI. Wer den Geboten der Kirche folgte, so die Botschaft, konnte das Leben vernünftig genießen und trotzdem zum Heil gelangen. Foto um 1880

regte und das Kardinalskollegium spaltete. Hatte Rom unter dem frommen Benedikt XIII. unverzichtbare Positionen preisgegeben? Ausgerechnet die *zelanti*, die dem Orsini-Papst zur Wahl verholfen hatten, erhoben jetzt solche Vorwürfe.

1728 dehnte Benedikt XIII. per Dekret den zuvor auf Salerno beschränkten Kult Gregors VII. auf die gesamte Kirche aus; in diesem Zusammenhang erfuhr der große Reformpapst eine pointierte Würdigung: «Gegen die ruchlosen Versuche Kaiser Heinrichs bewährte er sich durchgehend als ein wahrer Athlet Christi und fürchtete sich nicht, sich als Mauer des Hauses Israel aufzustellen. Und er entzog dem in schwerste Sünden abgefallenen Heinrich sein Königreich, sonderte ihn aus der Gemeinschaft der Gläubigen ab und löste seine Untertanen von ihrem Treueeid» (Pastor Bd. 15, S. 502). Diese Lobeshymne auf den großen Exkommunikator klang den Fürsten schrill in den Ohren. Der Papst aber gab damit seinen Kritikern eine klare Antwort: Zumindest in der Theorie wird kein Fußbreit zurückgewichen. Allerdings beschwor er damit ein weiteres Mal die Dämonen der Vergangenheit herauf. Kaiser Karl VI. sah darin den Versuch, den politischen Primat Roms zur Unzeit wieder einzuschärfen, und ging scharf gegen das anstößige Dekret vor. Benedikt XIII. aber hatte gezeigt, dass er an den alten Machtansprüchen festhielt, auch wenn diese in so widrigen Zeiten nicht durchsetzbar waren. Aus römischer Sicht verlief die Geschichte nicht geradlinig. Momentan waren die religionsfeindlichen Kräfte wieder einmal im Aufwind. Vieles sprach sogar dafür, dass die Kirche bald Verfolgung zu erdulden haben würde. Es wurde Zeit, sich für den Kampf mit den Gottlosen zu rüsten.

Die architektonische Antwort auf das Zeitalter, das glaubte, allein mit Erfahrung, Vernunft und Wissenschaft selig zu werden, hatte schon Benedikts Vorgänger bei den Architekten Alessandro Specchi und Francesco de Sanctis in Auftrag gegeben. Zwischen dem Platz vor dem Palast des spanischen Botschafters, der sich dort wie ein Territorialherr eigenen Rechts gebärdete, und der Kirche der Trinità dei Monti, die sich auf einer Anhöhe hoch darüber erhob, klaffte eine hässliche Lücke, die zwischen 1723 und 1726 mit einer grandiosen Inszenierung geschlossen wurde. Die Treppenanlage, die das Viertel um die Via del Babuino und die Via Margutta mit der Via Sistina verknüpft, wurde ein Prunkstück der mondänen Heilsarchitektur, mit der sich Rom jetzt reichlich eindeckte. Mit ihren bequem zu ersteigenden Stufen, den weit ausschwingenden Plattformen, die zum behaglichen Rückblick auf den bereits bewältigten Aufstieg einladen, und den Balustraden, die zum geselligen Verweilen auffordern, bildete die «Spanische Treppe» die visuelle Antwort Roms auf die Prädestinationslehre der Jansenisten. Wie die Jesuiten lehrten, war der Weg zur ewigen Seligkeit nicht notwendigerweise mit Dornen gespickt. Wer den Geboten des Papstes folgte, konnte mit beiden Füßen im Leben stehen und trotzdem ins Paradies gelangen. Schönheit und Frömmigkeit, maßvoller Lebensgenuss und Heilserwerb schlossen sich nicht aus. Dieselbe Botschaft verkündet die wenige Jahre später fertiggestellte Fassade der Maddalena-Kirche in der Nähe des Pantheons mit ihrem eleganten Schwung und reichen Statuenschmuck.

Wider den Geist der Zeit

Gleichzeitig entstanden und doch so anders Giuseppe Sardis Fassade der Maddalena-Kirche von 1735 ist im Gegensatz zur Lateran-Schaufront nicht monumental, sondern verspielt, verschnörkelt und durch reiche Dekoration verlockend. Dass diese Kirche dem strengen Krankenpfleger-Orden des heiligen Camillo de Lellis gehört und sich dahinter ein Siechen-Spital verbirgt, will man kaum glauben: Aufopferung für den Nächsten ist höchste Glücksentfaltung, so lautet die Botschaft des architektonischen Schmuckstücks.

Unmittelbar nach dem Tod Benedikts XIII. am 21. Februar 1730 brach, wie vorhersehbar, die Beneventaner-Dämmerung herein. Ungewöhnlich am Vorgehen gegen die Günstlinge des verstorbenen Papstes war die doppelte Stoßrichtung. Die Kardinäle selbst ergriffen sofort Maßnahmen gegen den verhassten Coscia. Er und seine engsten Mitarbeiter mussten den Vatikan umgehend verlassen. In den Straßen tobte sich, von den Behörden kaum behindert, der Volkszorn gegen alle Süditaliener aus. Nach dem bizarrsten Pontifikat seit Menschengedenken formierten sich die Parteien im Konklave neu. Neu war vor allem, dass sich jetzt eine sardisch-piemontesische Partei bildete; sie stützte sich auf Coscia, seine Gefolgsleute und weitere Kardinäle, die aktiv am Zustandekommen des Konkordats zwischen dem Vatikan und dem Königreich Sardinien beteiligt gewesen waren. Erschwert wurden die Verhandlungen über die Wahl des neuen Papstes wie schon sechs Jahre zuvor durch die Todfeindschaft der beiden Albani-Kardinäle. Diese Spaltungen vertieften sich durch den bourbonisch-habsburgischen Gegensatz, der einen baldigen Krieg vorausahnen ließ. Gut informierte Kreise glaubten sogar zu wissen, dass dieser Konflikt auf dem Boden Italiens ausgetragen würde. Zudem dämmerte in Florenz die Dynastie der Medici ihrem Ende entgegen. Der regierende Großherzog war alt und ohne Nachfolger; die Toskana würde daher in absehbarer Zeit zum Zankapfel der Großmächte werden. Besonders Kaiser Karl VI. spekulierte auf das toskanische Erbe und wünschte daher keinen florentinischen Papst, der ihm dabei im Wege stehen konnte. Trotzdem wurde nach mehr als viermonatigem Konklave mit Lorenzo Corsini, der sich Clemens XII. nannte, ein Florentiner gewählt; der Wiener Hof hatte in der Zwischenzeit beruhigende Zusicherungen erhalten, dass sich der bereits achtundsiebzigjährige Kandidat als wahrer *padre comune* so unparteiisch wie möglich verhalten werde.

Vergreisung: Clemens XII.

Die Familie Corsini war nach den Medici die reichste von Florenz. Exzessiver Nepotismus im ökonomisch immer rückständigeren Rom war daher kaum zu befürchten, eher schon ein Desinteresse an der Ewigen Stadt, wie es Benedikt XIII. mit seiner Vorliebe für Benevent an den Tag gelegt hatte.

Festlich wie Spanische Treppe und Fontana di Trevi, monumental wie Berninis Petersplatz-Kolonnaden Die Fassade der Lateranbasilika wurde 1732 bis 1736 von Alessandro Galilei gestaltet. Im Unterschied zur Schaufront der Peterskirche prangt in der herausgehobenen Mitte der Inschrift nicht der Name des Auftraggebers, sondern des Erlösers. Clemens XII. hatte aus dem Missgriff Pauls V. gelernt.

Clemens XII. ernannte bald nach seiner Wahl am 12. Juli 1730 seinen Neffen Neri Corsini zum Kardinal und verstieß damit gegen die Bewährungsbestimmungen der Bulle von 1692. Als der greise Papst 1732 erblindete und nach dem unaufhaltsamen Verfall seiner körperlichen Kräfte um 1737 auch die Regierungsfähigkeit einbüßte, tat sich ein Machtvakuum auf, das der Kardinalnepot nicht zu füllen vermochte. Seine Aktivitäten waren von anderer Art: Im *rione* Trastevere ließ er den Palast Raffaele Sansoni Riarios, in dem die Ex-Königin Christina von Schweden residiert hatte, von Ferdinando Fuga renovieren und im Stile eines Königsschlosses erweitern. Rasch füllte sich die prunkvolle Nepotenresidenz mit Kunstwerken aus Antike und Neuzeit, die ihr Besitzer mit seinem unerschöpflichen Budget in ganz Europa zusammentragen ließ. Ihre Lebensmittelpunkte teilten die Mitglieder der Familie Corsini zwischen Florenz und Rom auf: Wirtschaftlich blieb die Arno-Metropole das Zentrum ihrer Aktivitäten, doch Rom, genauer: die altehrwürdige Lateran-Basilika, wurde ihr neuer Verewigungs- und Erinnerungsort. Das ist bis heute an der Inschrift der monumentalen Fassade ablesbar. Clemens XII. schrieb den Wettbewerb um ihre Neugestaltung aus, und niemand war überrascht, als mit Alessandro Galilei ein toskanischer Architekt den Zuschlag für das attraktive und lukrative Großprojekt erhielt. Galilei gestaltete auch die monumentale Grabkapelle der Corsini im Inneren der Kirche aus; dort steht das Grabdenkmal Clemens' XII., flankiert von den Kardinaltugenden der Standhaftigkeit, Gerechtigkeit, Klugheit und Mäßigung.

Gerechtigkeit sollte als erstes gegen Kardinal Niccolò Coscia geübt werden, so verlangten es Volkes Stimme und eine große Zahl von Kardinälen. Zu diesem Zweck wurde eine eigene Kongregation eingerichtet, in der ausschließlich Feinde des in Ungnade gefallenen Günstlings vertreten waren. Coscia war nach Neapel unter den Schutz Karls VI. geflüchtet, musste aber nach Rom zurückkehren, um in dem Prozess gegen ihn seinen völligen Ruin zu verhindern. Doch diese Bemühungen blieben erfolglos: Im April 1733 wurde er wegen Amtsmissbrauchs und Ungehorsams gegenüber Benedikt XIII. mit der großen Exkommunikation belegt, zu zehnjähriger Haft in der Engelsburg verurteilt, sämtlicher Benefizien entkleidet und zu einer Geldbuße von 100 000 Scudi verurteilt. Die Aufarbeitung des Orsini-Pontifikats war damit nicht zu Ende. Die Fiktion, dass Coscia gegen den Willen und die ausdrücklichen Anweisungen des Papstes gehandelt habe, erlaubte es, missliebige Maßnahmen der vorangehenden Regierungszeit rückgängig zu machen oder zumindest infrage zu stellen. Als Dominikaner hatte Benedikt XIII. seinen Orden im endlosen Gnadenstreit zum Nachteil der Jesuiten begünstigt. Auch diese Entscheidungen wurden jetzt unter Verweis auf angebliche Machenschaften Coscias aufgehoben, in diesem Fall sicherlich zu Unrecht. Allerdings liefen die Säuberer Gefahr, mit dieser Aktion die päpstliche Lehrautorität zu beschädigen.

Selbst an das ärgerliche Konkordat mit Piemont-Sardinien wagten sich die Revisoren heran mit der Begründung, dass bei seinem Abschluss gravierende Formfehler vorgefallen und unverzichtbare Rechte der Kirche preisgegeben worden seien. Der neue König Carlo Emanuele I. war begreiflicherweise anderer Meinung, so dass der Streit rasch eskalierte. Der Papst machte den Anfang und erklärte im August 1731 die Ungültigkeit des Konkordats. Das war ein ungewöhnlicher Schritt, der den Pontifikat des Vorgängers schwer belastete. Zudem bestätigte er die allgemeine Überzeugung, dass die päpstliche Herrschaft durch den permanenten Wechsel an der Spitze zu nachhaltigen Regierungsmaßnahmen unfähig sei. In der Verwaltung des Kirchenstaats hatte die europäische Öffentlichkeit diesen Mangel an Kontinuität seit Langem vor Augen. Hier war die Nichtbefolgung päpstlicher Gesetze Gesetz, denn der nächste Pontifex maximus fand erfahrungsgemäß an den Verfügungen seines Vorgängers eine Menge auszusetzen. Und die nützlichen Netzwerke, die die herrschende Papstfamilie mit den Eliten des übrigen Kirchenstaats geschmiedet hatte, kehrten sich nach dem Pontifikatswechsel gegen den neuen Papst aus einer neuen Familie – und so weiter. Staat war in Rom ein Synonym für Familienbesitz, Verflechtung kein Ersatz für Konsolidierung durch allmähliche Bürokratisierung. Dass sich diese Diskontinuität und die aus ihr resultierende Unwägbarkeit jetzt auch auf die äußere Politik übertrug, war allerdings neu.

Während keine der beiden Seiten im Streit um das Konkordat Nachgiebigkeit signalisierte, fädelte der leitende Minister in Turin, der Marchese D'Ormea, einen ganz besonderen Deal ein. Er lud den neapolitanischen Historiker und Staatsrechtler Pietro Giannone ein, von Genf nach Piemont zu kommen, wo ihn verständnisvolle Förderung erwarte. Giannone hatte sich der Kurie durch seine *Zivile Geschichte des Königreichs Neapel* verhasst gemacht, in der er den Niedergang Süditaliens von den stolzen Höhen der Normannenzeit in die ökonomischen, politischen und moralischen Niederungen der Gegenwart auf zwei in seinen Augen gleichermaßen unheilvolle Faktoren zurückführte: den Feudalismus, der die Barone zu Tyrannen auf dem Lande degenerieren ließ, und die Vorrechte der Kirche, die dieses Willkürsystem und damit ihre eigenen Interessen förderte. Urgrund aller Übel war für Giannone die Lehnshoheit der Päpste über den Süden, die sie sich mit Lug und Trug erschlichen hätten. Der Weg zu einer mündigen Zivilgesellschaft musste daher durch den Sturz der kirchlichen und aristokratischen Privilegien freigekämpft werden. Der kritische Intellektuelle folgte der Einladung nach Piemont bereitwillig, doch sobald er die Grenze nach Piemont überschritten hatte, ließ D'Ormea ihn verhaften, um ihn danach an Rom auszuliefern. An diesem perfiden Spiel beteiligte sich der König zwar nicht und verhinderte die Auslieferung, doch blieb Giannone bis zu seinem Tod im Jahre 1748 im Kerker der piemontesischen Inquisition. Der Papst drückte seinen tief empfundenen Dank für diesen Freundschaftsdienst aus und zeigte sich in den nachfolgenden Verhandlungen über das Konkordat um einiges verbindlicher.

Ideen wie die Giannones waren für Rom aufrührerisch und ketzerisch zugleich. Das galt auch für die Freimaurerlogen, die sich in den 1730er-Jahren von England aus in Italien ausbreiteten. Zur Erbitterung Clemens' XII. wurde ausgerechnet «sein» Florenz zum Mittelpunkt solcher Zirkel, deren Mitglieder sich gemäß ihren Statuten zur Förderung von Menschenliebe, Eintracht und Duldsamkeit über alle Grenzen der Konfessionen und Nationen hinaus verpflichtet hatten. Da sie diese edlen Ziele mit mancherlei mysteriösen Riten der Initiation und Geheimhaltung verbanden, sich dabei auch christlicher Symbole bedienten und durch ihre reich abgestufte Hierarchie wie eine höhnische Nachahmung der Kirche wirkten, war der Argwohn der Inquisition früh geweckt. Misstrauen erregte vor allem der Anspruch dieser elitären Zirkel, ohne Bindung an ein bestimmtes religiöses Bekenntnis moralische Erziehungsarbeit zur Verbesserung des Menschengeschlechts zu leisten. Verbunden mit dem strikten Schweigegebot konnten solche Geheimbünde in römischen Augen nur auf die Unterwanderung der gottgewollten Ordnung abzielen. Mit dieser Begründung verbot Clemens XII. das Freimaurertum im April 1738 und belegte Zuwiderhandlungen mit der Exkommunikation; kurz darauf folgten Edikte, die für die Mitglieder einer Loge die Todesstrafe nebst Beschlagnahmung sämtlicher Güter hinzufügten. Wie ernst es der Papst mit diesen drakonischen Maßnahmen meinte, erfuhr der rührige Freimaurer Tommaso Crudeli, seines Zeichens Sekretär der florentinischen Loge, am eigenen Leibe. Er wurde 1739 auf Betreiben der Inquisition eingekerkert. Nur der Tod des Papstes und die Fürsprache einflussreicher Persönlichkeiten retteten ihn vor der Hinrichtung. Am Ende kam er mit Abschwörung und Verbannung aus Florenz glimpflich davon – die Diskontinuität der päpstlichen Herrschaft hatte auch ihr Gutes.

Der französische Italienreisende Charles de Brosses berichtet in einem seiner geistreichen Briefe aus Rom von einem vielsagenden Stoßseufzer Clemens' XII.: Ich war ein reicher Abbé, ein wohlhabender Prälat, ein armer Kardinal und bin nun ein bankrotter Papst. Auch wenn dieses Bonmot dem funkelnden Esprit des notorischen Salonlöwen und nicht der bitteren Erkenntnis des sorgengeplagten Landesherrn entsprungen sein dürfte – den Zustand von Finanzen und Wirtschaft im Kirchenstaat fasst es adäquat zusammen. Von Überschüssen im jährlichen Budget, wie sie unter Innozenz XI. erwirtschaftet worden waren, konnte längst keine Rede mehr sein; die Apostolische Kammer schrieb wieder tiefrote Zahlen, der Gesamtschuldenstand betrug um 1740 horrende sechzig Millionen Scudi. Das neue Defizit, das nach den fernen Radikalreformtagen der Odescalchi- und Pignatelli-Päpste angehäuft worden war, ging im Unterschied zur vorangehenden Zeit nicht vorrangig auf Ausgaben für Nepoten zurück, denn in dieser Hinsicht durfte sich die Kurie moralische Entlastung erteilen.

Politisch und ökonomisch waren die neuen Schulden jedoch viel bedenklicher, denn sie spiegelten regelrechte Auflösungserscheinungen des Kirchenstaats wider. Diese hatten viel mit der fehlenden Nachhaltigkeit auf allen Ebenen der Herrschaft und Verwaltung zu tun. Mit jedem Pontifikatswechsel wurde nicht nur das Personal von ganz oben bis ganz unten ausgetauscht, sondern auch Verantwortlichkeit abgegeben. Da die Amtsinhaber überdies wussten, dass ihre Vollmachten mit dem Tode des regierenden Papstes erloschen, versuchten sie, so viel wie möglich aus ihren Posten herauszuschlagen und ihre Spuren danach zu verwischen. Das hatte zur Folge, dass zentrale Behörden wie die Annona, die für die Versorgung Roms mit Getreide zuständig war, über längere Zeiträume hinweg keine geordnete Buchführung mehr hatten. Größere Sanierungsprojekte verboten sich so von selbst. Wenn sie überhaupt angestoßen wurden, kamen sie in der Regel unter dem nächsten Papst wieder zum Stillstand. Einschneidende Reformmaßnahmen stießen überdies auf den erbitterten Widerstand der Banken, die vom herrschenden System der Steuerpachten profitierten. Die großen italienischen Geldhäuser in Genua und Florenz handelten mit der Apostolischen Kammer eine jährliche Pauschalsumme aus, für die sie die Abgaben auf Mehl, Fleisch, Wein oder Spielkarten einziehen und behalten durften. Wie groß die Differenz zwischen dem Pachtpreis und den tatsächlich eingenommenen Erträgen und damit die Gewinn- oder Verlustspanne der Unternehmer war, wussten diese allein, und natürlich hüteten sie sich, ihre wahren Profite offenzulegen. Die Finanzsysteme der meisten damaligen Staaten waren kaum weniger chaotisch, doch galten die Kontrollen vonseiten der römischen Behörden als besonders lasch und die Vertragsbedingungen für die Pächter als entsprechend lukrativ. Da der Papst in regelmäßigen Abständen auf neue Kredite angewiesen war, verbot sich ein energischeres Vorgehen gegen diese Missstände von selbst. So blieb Rom bis zum vorläufigen Ende der päpstlichen Herrschaft 1798 im Zangengriff der Geldgeber.

Abhilfe konnte nur eine kräftige Erhöhung der Einkünfte schaffen. Zu diesem Zweck führte Clemens XII. 1731 die römische Lotterie wieder ein, die sein Vorgänger wegen moralischer Bedenken abgeschafft hatte. Für potentielle Investoren war das ein abschreckendes Beispiel dafür, wie wenig man sich auf die römische Gesetzgebung verlassen konnte. Doch die Einnahmen aus dem Losverkauf waren nur ein Tropfen auf den heißen Stein und für die *zelanti* ein Stein des Anstoßes.

Die Ursachen der wirtschaftlichen Misere waren hausgemacht. Rom war im Gegensatz zu Florenz oder Pisa nie eine Stadt der produzierenden Gewerbe und des internationalen Großhandels, sondern immer nur ein Zentrum der regionalen Agrarwirtschaft und des Luxuskonsums. Das chronische Defizit in der Handelsbilanz des Kirchenstaats war lange Zeit dadurch ausgeglichen worden, dass die Pfründenhauptstadt Rom finanzkräftige Prälaten, Agenten und Spekulanten aus aller Herren Länder anzog. Die permanente Neuverschuldung der Papstfinanz hatte dazu beigetragen, den bei Weitem aktivsten Sektor der römischen Ökonomie, die Bau- und Kunstwirtschaft, anzukurbeln. Mit dem Ende des Ämterverkaufs, der Reform des Benefizienwesens und dem stark verminderten repräsentativen Aufwand unter Innozenz XI. waren zwar nach Einschätzung der Reformpäpste moralische Sümpfe trockengelegt, aber eben auch reiche Geldquellen versiegt.

Um das Maß der wirtschaftlichen Misere voll zu machen, sank die Grundrente, also der Ertrag aus Landgütern im Verhältnis zum Kaufpreis, mit der die römische Aristokratie ihren Lebensstil finanzierte, seit den 1660er-Jahren kontinuierlich ab und erreichte um 1740 ihre Talsohle. Das hatte zur Folge, dass die Reichen weniger reich wurden, weniger konsumierten, weniger Dienstboten beschäftigten und damit die Steuereinnahmen minderten, die Zahl der Erwerbslosen und Bedürftigen sich aber vermehrte. Trotz dieser Misere zahlte Rom weiterhin zuverlässig die Zinsen für seine Schulden, deren Titel überwiegend von großen Bankhäusern in Genua und Florenz gehalten wurden. Attraktiv waren die päpstlichen Staatsanleihen zudem dadurch, dass der Edelmetallgehalt der römischen Münzen weiter aufgestockt wurde – im Gegensatz zu anderen Ländern, die ihn verminderten. Daher floss das «gute» Geld fast völlig aus dem Kirchenstaat ab, so dass man dort kaum noch bar bezahlen konnte. Experimente mit Papiergeld unter Clemens XII. verschärften die Krise weiter, weil dieses Zahlungsmittel zu Recht als nicht seriös galt und die Flucht in Gold und Silber daher beschleunigte.

Das finanzielle und wirtschaftliche Elend war auch eine Folge der kriegerischen Ereignisse, die sich – wie vielfach vorhergesagt – während des Corsini-Pontifikats, doch ohne eine aktive Rolle des Corsini-Papstes auf italienischem Boden zutrugen. Für Rom waren die Kriege und die Friedensschlüsse gleichermaßen desaströs. In der Frage der Erbfolge in den Herzogtümern Parma und Piacenza wurde Clemens XII. auf demütigende Weise ausgebootet; Kaiser Karl VI. brachte seine Lehnshoheit bei der Einsetzung des spanischen Prinzen Carlos zur Geltung, Rom blieben nur ohnmächtige Proteste. Für Carlos wurden bald noch viel kühnere Pläne geschmiedet. Im Zuge des polnischen Thronfolgekrieges schlossen sich 1733 Frankreich, Spanien und Sardinien-Piemont zu einer Koalition zusammen, deren Ziel die Schwächung der kaiserlichen Macht in Italien war. In der Lombardei war diese schnell gebrochen, zu erobern blieb noch der Süden. Anfang 1734 zog eine spanische Armee unter der Führung des siebzehnjährigen Carlos von Parma und Piacenza Richtung Neapel, das ohne nennenswerten Widerstand eingenommen wurde. Damit war das päpstliche Lehen in bourbonischer Hand, de jure gehörte es jedoch weiterhin dem Kaiser. Dieser ließ denn auch im Juni 1734 ostentativ den Lehenszins nebst dem traditionellen weißen Pferd nach Rom überbringen. Um die Proteste des Bourbonen Carlos, jetzt Karl III. von Neapel, zu vermeiden, beschloss die zuständige Kardinalskongregation, im nächsten Jahr von niemandem Tribut entgegenzunehmen. Das war eine Vogel-Strauß-Taktik, die beide Seiten vergraulte. Rom war zum Spielball der katholischen Mächte geworden; als Zeichen des Widerstands blieb nur noch die symbolische Verweigerung. Da die fremden Truppen durch den Kirchenstaat marschierten, ohne sich an die vereinbarten Durchzugsregeln zu halten, standen Beschlagnahmungen und Plünderungen auf der Tagesordnung. In all diesen Auseinandersetzungen versuchte Clemens XII. zumindest seine Ehre als gerechter Schiedsrichter zu bewahren, doch lagen am Ende schwere Schatten über seinem Ruf der Überparteilichkeit: Karl III., der neue König von Neapel, der auch Sizilien erobert hatte, setzte als seinen Stellvertreter auf der Insel Bartolomeo Corsini, einen Nepoten des Papstes, ein, ohne dass dieser gegen den eklatanten Bruch seiner Neutralität Einspruch erhob.

Als im Oktober 1735 in Wien Frieden zwischen Frankreich und dem Kaiser geschlossen wurde, stand Clemens XII. wie schon seine Vorgänger bei ähnlichen Großanlässen abseits. Karl III. wurde die Herrschaft in Neapel und Sizilien bestätigt; damit war der Kirchenstaat zwar aus der habsburgischen Umklammerung herausgelöst, sah sich aber im Süden zuerst einem immer selbstbewussteren und reformfreudigeren Monarchen und am Ende des Jahrhunderts einem revolutionären Krisengebiet gegenüber. Der Habsburger Karl VI. erhielt mit Ausnahme einiger Städte, die an Piemont-Sardinien fielen, die Lombardei zurück und dazu die Herzogtümer Parma und Piacenza. Die Toskana sollte nach dem Tod des letzten Großherzogs aus der Familie Medici an Franz von Lothringen, den künftigen Gatten der Kaisertochter Maria Theresia, fallen, deren Nachfolge in den habsburgischen Erblanden ebenfalls bestätigt wurde; Frankreich erwarb dafür die Anwartschaft auf die Herzogtümer Lothringen und Bar. Die päpstlichen Ansprüche auf Parma und Piacenza aber waren für die Großmächte kein Thema. Im Kirchenstaat war die ohnehin schon schwache Autorität des Papstes durch den Durchzug spanischer und kaiserlicher Truppen nahezu völlig erloschen. In Rom taten sich spanische Offiziere erst recht keinen Zwang mehr an. Ihre brutalen Methoden, neue Söldner «anzuwerben», führten zu einem regelrechten Volksaufstand.

All diese Niederlagen und Miseren sind dem Lieblingsbauprojekt Clemens' XII., der Fontana di Trevi, nicht anzusehen. An der Rückwand des

Die endgültige Domestizierung der heidnischen Antike In der grandiosen Brunnen schauwand der Fontana di Trevi zähmt Oceanus im Namen Clemens' XII., Benedikts XIV. und Clemens' XIII. Wassermänner und Wasserpferde, so dass die wilden Fluten als nährendes Nass herabströmen.

De' Conti-Palastes gestaltete der Architekt Niccolò Salvi einen Triumphbrunnen ohnegleichen. Zwischen korinthischen Pilastern und Säulen paradieren die Allegorien der vier Jahreszeiten, in der Mitte erhebt sich mit herrscherlicher Geste der mythologische Urvater Oceanus auf einem Muschelgefährt, das von mythologischen Seefabelwesen gezogen wird, flankiert von Statuen, die Gesundheit und Fruchtbarkeit symbolisieren. Wasser aus der Wasserleitung der Aqua virgo bildet darunter eine dekorative Kaskade. Doch der wahre Wasserspender regiert im Vatikan: Der Papst sorgt sich nicht nur um das ewige Heil, sondern auch um das irdische Wohlergehen seiner Untertanen – diese Botschaft wird von dem monumentalen Wappen Clemens' XII. unübersehbar verkündet. Finanziert wurde das kostspielige Monument durch die römische Lotterie; da es beim Tode des fast achtundachtzigjährigen Corsini-Papstes am 6. Februar 1640 noch nicht fertiggestellt war, durfte sich auch sein Nachfolger dort verewigen.

Verjüngung: Benedikt XIV.

Nach dem Tod Clemens' XII. im Februar 1740 dauerte es ein halbes Jahr, bis sein Nachfolger im 255. Wahlgang endlich gewählt wurde. Zuvor hatte zwei Kandidaten nur eine einzige Stimme zur nötigen Zweidrittelmehrheit gefehlt. Hauptgrund für die qualvolle Verzögerung des Konklaves – des längsten seit mehr als dreieinhalb Jahrhunderten – war eine Neuformierung der Parteien, die bald auch politische und militärische Folgen haben sollte: Kaiserliche und französische Parteigänger fanden sich zu einträchtiger Kooperation zusammen und bildeten so eine gemeinsame Front gegen die spanientreuen Kardinäle. Da sich zudem Annibale Albani und Neri Corsini gegenseitig blockierten, fiel die Wahl schließlich auf den Kompromisskandidaten Prospero Lambertini, der den Namen Benedikt XIV. annahm.

Der neue Papst stammte aus dem Patriziat Bolognas und hatte sich als Spezialist für Heiligsprechungen an der Kurie einen Namen gemacht. In den Verhandlungen über das Konkordat mit Turin hatte er zu den Prälaten gehört, die den piemontesischen Forderungen weit entgegengekommen waren, was seinen Ruf bei den *zelanti* schädigte. Dazu trug auch Lambertinis Auftreten an der Kurie bei; sein sarkastischer Witz war ebenso gefürchtet wie seine unterhaltsame Ader beliebt. Gesetzte Kreise mit Bonmots zu verblüffen, die sich hart am Rande des Zumutbaren bewegten, wurde zum Markenzeichen des gelehrten Geistlichen. Er trat in den vatikanischen Kongregationen ebenso sicher auf wie in römischen Adelssalons, beherrschte den modischen Jargon der Aufklärung genauso gut wie die Fachsprache der Kanonisten, sprach Kritik offen aus, konnte aber auch selbst Tadel einstecken. Von allen markanteren Persönlichkeiten der Kurie schien er den Ideen der Aufklärung am nächsten zu stehen – zu nahe, wie nicht wenige meinten.

Wider den Geist der Zeit

Allegorie der Unbestechlichkeit Der muntere Knabe mit dem Füllhorn voller Münzen kommt, wie seine Fledermausflügel zeigen, direkt aus der Hölle. Doch bei Papst Benedikt XIV. richtet er nichts aus. Die Allegorie der Uneigennützigkeit auf dessen von Pietro Bracci geschaffenen Grabmal weist seine bösen Gaben empört zurück: Dieser Papst nimmt keine «Geschenke» an, und Nepotismus betreibt er erst recht nicht, im Gegensatz zu fast allen Vorgängern und seinem Nachfolger.

Verjüngung

Sie übersahen jedoch, dass sich hinter dem ironisch-selbstsicheren Auftreten des klerikalen Weltmanns sehr traditionelle Weltsichten und Überzeugungen verbargen: Man musste der Welt und ihren Moden so weit entgegenkommen, wie es die Verteidigung der ewigen Glaubenswahrheiten vertrug; deren Substanz nahm keinen Schaden dadurch, dass man sie in Formen einkleidete, die der Zeitgeist nahelegte. Dieses Programm hat dem Lambertini-Papst zusammen mit seiner Verachtung des Zeremoniells und seiner Vorliebe für ungezwungene Ferien auf dem Lande bis heute den Ruf des sympathischsten und weltoffensten aller Päpste eingebracht, vor allem bei Nichtkatholiken. Was die angebliche Nähe des Lambertini-Papstes zu den Toleranzideen sowie den Fortschritts- und Wissenschaftsvorstellungen des 18. Jahrhunderts betrifft, haben sie sich gründlich getäuscht.

Das zeigt sich am groteskesten in Benedikts Briefwechsel mit dem Vordenker der europäischen Aufklärung Voltaire. Ein Kardinal, der mit dem in ganz Europa berühmten *philosophe* befreundet war, hatte Benedikt XIV. 1745 dessen Tragödie *Mahomet* zukommen lassen. Der Papst quittierte dieses literarische Geschenk nicht nur mit freundlichen und anerkennenden Worten, sondern auch mit kostbaren goldenen Medaillen. Gelesen hat er das Stück jedoch nicht. Ganz offensichtlich wusste an der Kurie auch niemand, wer Voltaire war und was er dachte, über Gott und die Welt im Allgemeinen und über die katholische Kirche im Besonderen. Dabei wäre gerade die Lektüre des *Mahomet* hilfreich gewesen: Am Beispiel des Propheten verdammt der radikale Aufklärer Voltaire darin jegliche Form von Religion, die über den bloßen Glauben an einen Schöpfergott hinausgeht. Schon in den rudimentären Urformen der Kirche ist für den radikalen Aufklärer der Keim der Unduldsamkeit, des Machtstrebens und der Unterdrückung des freien Geistes angelegt. Die Geschichte der Päpste zeige diese fatale Entwicklung geradezu exemplarisch: Mit ihrer Monopolstellung verhindere die katholische Kirche im katholischen Europa bis heute den Fortschritt von Aufklärung und Wissenschaft. Abhilfe kann laut Voltaire nur die konsequente Zurückdrängung der Religion in die Privatsphäre schaffen – und die Aufdeckung der Machenschaften, mit denen die Kleriker der Welt ein schlechtes Gewissen machten, um sie zu beherrschen.

Nach Erhalt der päpstlichen Gegengabe machte sich der große Spötter Voltaire ein diabolisches Vergnügen daraus, die Korrespondenz mit dem

Pontifex maximus weiterzuführen. Er dankte für die Geschenke mit dem frommen Wunsch, Benedikt XIV. möge erst sehr spät in die Gemeinschaft der Heiligen aufgenommen werden, deren Erhebung er mit so großem Scharfsinn und so glänzenden Ergebnissen erforscht und reglementiert habe! Spätestens jetzt hätte man in Rom hellhörig die ironischen Zwischentöne erkennen und die Korrespondenz abbrechen müssen, doch der arglose Papst führte sie weiter und ließ sich von seinem geistvoll boshaften Gegenüber vorführen. Er fühlte sich bemüßigt, die Kritik an einem lateinischen Verschen, das Voltaire auf ihn verfasst hatte, zu erörtern, was der gefeierte Großschriftsteller gar nicht liebte, obwohl ihn der Papst vom Vorwurf metrischen Missgriffs freisprach. Als Antwort darauf bescheinigte der Freigesprochene Benedikt XIV. in Sachen Literaturkritik dieselbe Unfehlbarkeit wie in Glaubensdingen. Kurz darauf klärten alarmierte französische Bischöfe die Kurie darüber auf, mit wem es der Papst zu tun hatte. Der «Dialog», an dem sich die französischen Aufklärer ergötzten, fand so ein jähes Ende, *Mahomet* wurde in Rom verboten.

In Sachen Nepotismus zeigte sich der sonst so umgängliche Lambertini-Papst strenger als manche *zelanti*: Er ernannte keinen Kardinalnepoten und übertrug auch keinem Verwandten weltliche Ämter. Ja, der Anti-Nepotismus wurde sogar zum Regierungsprogramm: Die Kirche ist meine Familie – nach dieser Devise übte Benedikt XIV. im Stile Innozenz' XI. harte Kritik an seinen Vorgängern, die andere Prioritäten gesetzt hatten. An der Frage, wie es ein Papst mit seinen Verwandten halten sollte, schieden sich die Geister im Kardinalskollegium mehr als je zuvor. Selbst in die heiligen Hallen der Peterskirche fand diese Debatte Eingang. Dort wird das Grabmonument Benedikts XIV. bis heute von einer Statue geziert, die oberflächliche Betrachter für einen Engel halten. Seine Fledermausflügel weisen die kecke Figur mit dem von Gold und Geschmeide überfließenden Füllhorn jedoch als Teufelchen aus, das die Christen und speziell die Päpste dazu verführen möchte, ihre Familie mit den Schätzen dieser Welt zu überschütten und damit der Hölle zuzuführen. Bei Benedikt XIV. – so die polemische Aussage des Grabmals – biss der Mini-Satan auf Granit, doch bei vielen anderen Päpsten, die in der Nähe ruhten, hatte er großen Erfolg gehabt.

Von seinen Vorgängern hatte Benedikt XIV. die Querelen über das Konkordat mit dem Königreich Sardinien geerbt, an dessen Zustandekommen er vor seiner Wahl beteiligt gewesen war. So kam er den Wünschen der Turiner Regierung jetzt weit entgegen: Die geistlichen Gerichtshöfe wurden stark eingeschränkt, große Teile der kirchlichen Besitzungen besteuert und das altertümliche Recht der Kirchen, flüchtigen Verbrechern Asyl zu gewähren, beschnitten. Um dieselben Streitpunkte ging es in den Verhandlungen mit Neapel, wo König Karl III. ebenfalls nach effizienter Kontrolle über seinen reichen und selbstherrlichen Klerus strebte. Auch hier machte Benedikt XIV. in einem Konkordat Zugeständnisse, die bei vielen Kardinälen auf erbitterten Widerstand stießen, zumal sie entgegen dem üblichen Prozedere an der Ausarbeitung der Vereinbarungen nicht beteiligt worden waren. Ihre Befürchtungen bestätigten sich, als der König sich durch die Vereinbarung dazu ermächtigt fühlte, seine Hoheit über die Kirche auf Glaubensfragen und auf die Zensur von Druckerzeugnissen auszudehnen. Auch im Konkordat mit Spanien erwies sich der Papst 1753 als sehr nachgiebig. Er verzichtete auf die Besetzung von 12 000 Pfründen, deren Vergabe jetzt dem König zufiel, und erhielt dafür 1,3 Millionen Scudi Entschädigung. Anstatt damit das daniederliegende römische Wirtschaftsleben anzukurbeln, wurde diese Summe dem fruchtlosen Engelsburgschatz zugeführt. Mit den spanischen Benefizien büßte Rom zugleich weiter an Internationalität ein; mehr als viertausend Spanier, die in Rom auf reich dotierte Abteien und Kanonikate gehofft hatten, verließen jetzt nach und nach die Stadt, in der es für sie nichts mehr zu holen gab.

Wenige Wochen nach der Wahl Benedikts XIV. trat in Wien der Fall ein, für den die kaiserliche Politik in Form der Pragmatischen Sanktion seit Jahren Vorsorge getroffen hatte. Karl VI. starb, seine dreiundzwanzigjährige Tochter Maria Theresia sollte seine Nachfolge in den habsburgischen Erblanden antreten und ihr Mann Franz Stephan, seit 1737 Großherzog der Toskana, zum Kaiser gewählt werden. Diesen Plänen widersetzten sich Frankreich, das die Ansprüche des bayerischen Kurfürsten Karl Albert unterstützte, und Spanien, das auf territoriale Zugewinne in Italien spekulierte. Der Papst erkannte die Kaisertochter als Erbherrscherin an, verhielt sich bei der Kaiserwahl jedoch anfangs neutral. Als sich die Waagschale 1741 zugunsten Bayerns neigte, das auch militärisch gegen Österreich Erfolge feierte, schwenkte der päpstliche Legat auf die Seite Karl Alberts über, der im

Februar 1742 in Frankfurt als Karl VII. zum Kaiser gekrönt und kurz darauf vom Papst als Reichsoberhaupt anerkannt wurde.

Im Norden zogen die österreichischen Truppen gegen den preußischen König Friedrich II. den Kürzeren, der die reiche Provinz Schlesien eroberte. Im Süden war die Lage für die Habsburger kaum weniger bedrohlich. Von Neapel aus rückten spanische Truppen gegen die Lombardei vor; in den nachfolgenden Kämpfen wurden auch die nördlichen Gebiete des Kirchenstaats in Mitleidenschaft gezogen. Die Lage Maria Theresias schien zu diesem Zeitpunkt aussichtslos, besserte sich jedoch bald darauf durch militärische Erfolge gegen Bayern. Als die österreichischen Truppen 1744 die Gegenoffensive zur Rückeroberung des Königreichs Neapel antraten, das die Habsburger 1735 an die spanischen Bourbonen hatten abtreten müssen, wurde das päpstliche Territorium sogar zum Kriegsschauplatz. Im August kam es in und um Velletri südlich von Rom zur Entscheidungsschlacht, die die Truppen Karls III. für sich entschieden. Kurz darauf empfing Benedikt XIV. den Sieger in Rom wie einen Befreier. Doch dieser Jubel war verfrüht. Beide Armeen überwinterten in den Provinzen des Kirchenstaats und plünderten diese aus. Die Hauptschuld an seiner Misere gab der Papst Österreich, das ihm weiterhin die Souveränität über Parma und Piacenza verweigerte.

Von einer überparteilichen Schiedsrichterrolle des Pontifex maximus konnte so keine Rede mehr sein. Als nach dem Intermezzo Kaiser Karls VII., der nach schweren Niederlagen im Januar 1745 weitgehend machtlos gestorben war, erneut eine Kaiserwahl anstand, war der päpstliche Einfluss daher gleich null. Ja, die drei geistlichen Kurfürsten bestanden sogar darauf, dass sich der päpstliche Nuntius nicht einmal in Frankfurt aufhalten durfte. Diesmal hatte der Gatte Maria Theresias keinen Gegenkandidaten zu fürchten, im Oktober 1745 wurde er als Franz I. zum Kaiser gekrönt. Dem neuen Reichsoberhaupt stand die Kurie skeptisch gegenüber; als Großherzog hatte der Lothringer in Florenz eine Reformpolitik betrieben, die den Einfluss der Kirche in Rechtsprechung, Wirtschaft und Kultur zurückdrängte. So ließ die päpstliche Anerkennung der Wahl auf sich warten.

Als der Österreichische Erbfolgekrieg im Herbst 1748 mit dem Frieden von Aachen zu Ende ging, konnte Benedikt XIV. seine Ansprüche auf die Herzogtümer Parma und Piacenza nicht durchsetzen. Die wichtigsten Bestimmungen der europäischen Flurbereinigung betrafen Österreich, das den Verlust Schlesiens an Preußen hinnehmen und lombardische Grenzgebiete an Piemont abtreten musste, durch die Bestätigung der Pragmatischen Sanktion und die Behauptung Mailands, der Toskana und Mantua aber insgesamt gefestigt aus der großen Krise nach 1740 hervorging. Der Papst aber war mehr denn je zu einer diplomatisch vernachlässigbaren Größe geschrumpft. Immerhin brach jetzt für ganz Italien eine Friedensperiode an, die erst durch die Erschütterungen der Französischen Revolution beendet werden sollte.

Auch als Regent des Kirchenstaats bestach Benedikt XIV. zwar durch seine Leutseligkeit, nicht aber durch aufgeklärte Reformen. Finanziell konnte Rom, das um die Mitte des 18. Jahrhunderts die 150 000-Einwohner-Schwelle überschritt, nicht von der wieder anspringenden europäischen Konjunktur profitieren; Budgetdefizit und Staatsschuld wuchsen weiter an, so dass sich der Papst mit Steuererhöhungen zu helfen versuchte. Einem verbesserten Verhältnis von Einnahmen und Ausgaben standen weiterhin die geballten Interessen der Geldhäuser entgegen, die auch jetzt nicht angetastet wurden. In Rom ließ sich der seit achtzig Jahren nicht überschrittene Basispreis für Brot nur deshalb aufrechterhalten, weil die Großgrundbesitzer den Pakt mit der päpstlichen Regierung respektierten, der sie zu hohen Anbauquoten verpflichtete; auf diese Weise ließen sich die Getreidepreise bei guten Ernteergebnissen weiterhin sehr niedrig halten.

Allerdings begann es während des Lambertini-Pontifikats in den Kreisen der Produzenten zu gären. Neue Ideen von einer dynamischen Wirtschaftsordnung, die den Ertrag aus Grund und Boden zum Motor des Fortschritts erklärten, machten auch am Tiber die Runde; zugunsten der «unproduktiven» Schichten auf Profit und Investitionen zu verzichten, erschien den jüngeren römischen Aristokraten ungerecht und kontraproduktiv zugleich. Benedikt XIV. versuchte die Interessen beider Seiten zu wahren. In einem feierlichen Edikt verlieh er den Armen Roms das Recht der Ährenlese: Sie durften von nun an auf den abgeernteten Feldern einsammeln, was übriggeblieben oder von den Erntewagen heruntergefallen war: Brosamen vom Tisch der Reichen. Der römischen Aristokratie schenkte er nach venezianischem Vorbild ein Goldenes Buch, in dem die Namen der 187 Familien eingetragen wurden, die Anrecht auf den Titel eines *nobilis romanus* hatten;

den vornehmsten Geschlechtern war ein spezielles Verzeichnis vorbehalten. Während im aufgeklärten Europa leidenschaftlich gegen den Widersinn der adligen Vorrechte gewettert und für Aufstieg nach Verdienst und die Öffnung aller öffentlichen Ämter unabhängig von der Geburt plädiert wurde, schottete sich die herrschende Schicht in Rom noch weiter vom Rest der Gesellschaft ab.

Auch an den intellektuellen Frontstellungen Roms änderte sich unter Benedikt XIV. nichts Wesentliches. Eine Reform der Indexkongregation hatte zur Folge, dass Bücherverbote einem stärker bürokratisierten Verfahren unterworfen wurden, um irrtümliche oder willkürliche Verurteilungen zu verhindern. Die von Clemens XII. erlassenen Verbote der Freimaurerei wurden erneuert, in Frankreich unterstützte der Papst wie seine Vorgänger den Kampf gegen die Jansenisten. Neu hingegen war, dass diese jetzt auch an der Kurie breiteren Anklang fanden und auch hier ihren Kampf gegen die Jesuiten aufnahmen. Anlass zu Polemiken bot vor allem der Prozess zur Seligsprechung des Jesuiten Roberto Bellarmin, den Benedikt XIV. führen ließ. Er selbst votierte leidenschaftlich dafür, von siebenundzwanzig kurialen Experten stimmten nur drei dagegen, darunter der Ex-Kardinalnepot Neri Corsini, um den sich die Jesuitengegner scharten. Da der Botschafter Frankreichs, wo die Jesuiten, von Jansenisten und Aufklärern als Feinde des Fortschritts und der Nation sowie als Spionagetruppe des Papstes denunziert, zunehmend unter Beschuss gerieten, vehementen Widerstand gegen Bellarmins postume Erhöhung leistete, verzichtete der Papst darauf: ein für den ganzen Pontifikat bezeichnender Akt der Nachgiebigkeit. Nicht nur in Europa, sondern auch in Südamerika zeigte sich die Stellung der Societas Jesu geschwächt; in den 1750er-Jahren wurde ihr durch Verfügung der spanischen Monarchie die Leitung der Missionsstationen in Paraguay entzogen.

Getreu der von den meisten Päpsten des 18. Jahrhunderts geteilten Überzeugung, dass Rom als Spiegelstadt des Papsttums im Wesentlichen fertig gebaut sei und jetzt nur noch des Schutzes und der Bewahrung bedürfe, tat sich Benedikt XIV. in seiner Hauptstadt vor allem als Restaurator antiker Monumente und wichtiger Basiliken hervor. So ließ er das Kolosseum instandsetzen und weihte das Amphitheater der flavischen Kaiser durch die Aufstellung eines Kreuzes dem Andenken an die Passion Christi. 1741 legte er den Grundstein für die neue Fassade von Santa Maria Maggiore, die der vatikanische Hofarchitekt Ferdinando Fuga der frühchristlichen Basilika in eleganten Rokokoformen anfügte. In Rom und Bologna förderte der bolognesische Papst Universitäten und Akademien, und zwar unter spezieller Berücksichtigung der Kirchengeschichte, deren zeitgemäße Pflege ihm am Herzen lag. Zeitgemäß hieß für ihn, sich durch Kenntnis der Quellen und Stilsicherheit auf Augenhöhe mit den führenden Historikern der Aufklärung zu bewegen und zugleich unbeirrbar am Wahrheitsmonopol der katholischen Kirche festzuhalten, womit die Grenzen der Öffnung markiert waren. Diesen Kriterien entsprach der Priester-Historiker Ludovico Antonio Muratori (1672–1750) so vollkommen, dass er von Benedikt XIV. zahlreiche Gunstbeweise erhielt – was Divergenzen über die Machtstellung des Papstes in seinen Staaten nicht ausschloss.

Venedig am Tiber: Clemens XIII.

Nach dem Tod Benedikts XIV. am 3. Mai 1758 deutete wiederum alles auf ein langes Konklave hin. Die Partei der älteren Kardinäle und der *zelanti* verfügte über knapp die Hälfte der insgesamt vierundvierzig Stimmen, politisch traten sich die Parteien Frankreichs und Österreichs gegenüber, ideologisch stand die Frage der Aufhebung des Jesuitenordens im Zentrum. So wurden die Verhandlungen im Konklave stärker denn je durch die Botschafter und Agenten der europäischen Mächte bestimmt. Bevor deren Anweisungen in Rom eintrafen, verbrachten die Kardinäle ihre Zeit mit Planspielen und ergebnislosen Wahlgängen, bei denen vor allem klar war, dass derjenige, der die meisten Stimmen erhielt, gewiss nicht das Rennen machen würde. Ende Juni schien Kardinal Carlo Alberto Guidoboni Cavalchini dem Ziel sehr nahe zu sein, wurde aber in letzter Minute durch das Veto Frankreichs gestoppt; gegen ihn sprach sein Votum für die Seligsprechung Bellarmins. So fiel die Wahl am 6. Juli 1758 auf einen Kardinal, den keine einflussreiche Fraktion auf der schwarzen Liste hatte: Carlo Rezzonico, fünfundsechzig Jahre alt, aus Venedig gebürtig, für seine Mildtätigkeit und intellektuelle Unauffälligkeit gleichermaßen bekannt. Allein seine Herkunft hätte ihm noch in die Quere kommen können, denn die Beziehungen zwischen der Serenissima und Rom waren wieder einmal gespannt. Doch diese

Querelen fielen nicht mehr sonderlich ins Gewicht. Venedig war allenfalls noch eine Mittelmacht, der Kirchenstaat nicht einmal mehr das.

Die Familie des neuen Papstes, der sich Clemens XIII. nannte, stammte wie Alexander VIII. aus der Klasse der *cittadini originarii*; seine Familie hatte sich, auch darin den Ottoboni ähnlich, erst 1687 für teures Geld in den Adel eingekauft. Politisch rentierten sich solche Standeserhöhungen an der Lagune kaum. Die Neu-Adligen mussten einen langen, mehrere Generationen umspannenden Weg durch die Institutionen antreten, bevor sie der wirklichen Macht auch nur nahekamen; so war es kein Wunder, dass sie auf die Karte Rom setzten. Wie der Ottoboni-Papst erweckte auch Clemens XIII. den zeitweise welkenden Nepotismus zu neuem Leben. Schon bald nach seiner Wahl erhob er seinen Neffen Carlo zum Kardinalnepoten und übertrug ihm hohe Einkünfte; das waren unverblümte Verstöße gegen die Bulle von 1692. Ein weiterer Neffe erhielt ein hohes Kurienamt und wurde nach dem inzwischen bewährten System «Eine Hand wäscht die andere» unter Clemens' Nachfolger Kardinal. Am anstößigsten für die *zelanti* aber war, dass die weltlichen Nepoten wieder eine Hauptrolle auf römischer Bühne zu spielen begannen. Ganz im Stil des 17. Jahrhunderts wurde Abbondio Rezzonico mit feudalen Titeln und Besitzungen eingedeckt und zum Begründer einer fürstlichen Dynastie bestimmt. Auf den Spuren ihrer Vorgänger zur Zeit Urbans VIII. und Innozenz' X. errichteten die Rezzonico-Nepoten repräsentative Bauten wie die von Piranesi gestaltete Villa Malta auf dem Aventin. Ihre Propaganda-Projekte waren zwar im Verhältnis zu den großen Vorbildern der Barberini und Pamphili räumlich und finanziell reduziert, doch ihre Botschaft war die alte: Die Familie des Papstes ist aufgrund ihrer Verdienste zur Regierung Roms berufen! Wie weit die Begünstigung von Landsleuten unter dem Rezzonico-Pontifikat reichte, hielt der venezianische Abenteurer und Literat Giacomo Casanova in seinen Memoiren fest: In den Korridoren des Vatikans sprach jetzt selbst das Raumpflege-Personal venezianischen Dialekt!

Während des Rezzonico-Pontifikats kam es zur Implosion des römischen Brotversorgungssystems, die sich seit mehr als einem Jahrzehnt abgezeichnet hatte: Die Großgrundbesitzer der Campagna romana traten 1763 in einen unbefristeten Anbaustreik. Dadurch sank der Ernteertrag im Sommer dieses Jahres auf die Hälfte des römischen Getreidebedarfs ab. Für solche Notfälle war die Annona finanziell und logistisch gerüstet. Sie importierte für viel Geld auswärtiges Getreide und schloss so die Lücke, die sich in Süditalien noch viel dramatischer auftat; in Neapel und Umgebung verhungerten im Frühjahr 1764 Zehntausende. So dramatisch gestaltete sich die Lage in Rom nicht, doch ein Tabu wurde auch hier gebrochen: Erstmals seit mehr als einem Jahrhundert wurde die Deckelung des Brotpreises aufgegeben und dieser um ein Viertel erhöht. Die römischen Konsumenten zahlten auf diese Weise für die zahlreichen Hungermigranten mit, die vom Land in die Stadt strömten. Das war ein hausgemachtes Problem, denn wegen der rechtlich zulässigen Beschlagnahmung von Getreide im römischen Umland durch die Annona war dort die Not groß. Eine Elends-Karawane nach der anderen hielt jetzt in der Ewigen Stadt Einzug.

Zum Glück für die Papstfinanz fiel die Ernte des Jahres 1764 sehr viel günstiger aus, so dass nach vier Monaten und zehn Tagen der gewohnte Brotpreis wieder in Kraft trat. Doch damit war das Problem langfristig nicht gelöst. 1763 war die gesamte Anbaufläche für Getreide im römischen Umland gegenüber dem Durchschnitt der Jahre 1750 bis 1762 um vierzig Prozent verringert worden. Das war ein eindeutiges Signal für die Zukunft: Roms Reiche waren nicht mehr bereit, die Versorgungsprivilegien der Armen durch Abstriche an ihrer Grundrente zu finanzieren. Dass es sich dabei nicht um eine einmalige Drohgeste, sondern um eine dauerhafte Wende handelte, zeigte sich schnell. Immer mehr Felder blieben unbestellt und wurden für die lukrativere Viehwirtschaft genutzt. Der römische Sozialpakt war damit ein für alle Mal aufgekündigt. An Protesten ließen es Clemens XIII. und seine Nachfolger nicht fehlen.

Schon bald nahmen diese Verlautbarungen den Charakter wirtschaftsethischer Manifeste an: In einer Zeit des allenthalben grassierenden Eigennutzes schärft allein der *vicarius Christi* die heilige Pflicht der Reichen und Mächtigen ein, väterlich für die Bedürfnisse der Armen zu sorgen. Jeder Besitz unterliegt einer unauflöslichen Sozialbindung; sie schreibt unumstößlich vor, aus Liebe zu Gott und den Menschen freiwillig abzugeben, wenn andere Hunger leiden! Dieses Grundgesetz der christlichen Ökonomie ist jetzt durch fatale Lehren von der grenzenlosen Freiheit des Handels ins perverse Gegenteil verkehrt worden. Freier Handel bedeutet, dass die lebensnotwendigen Güter dorthin wandern, wo die großen Firmen die höchsten Gewinne einstreichen; diese Zeche haben die kleinen Leute mit ihrem Leben zu bezahlen. Doch ihr gesichertes Überleben ist mehr wert als der Profit der Wenigen.

Das waren keine leeren Worte. Seit der Mitte des 17. Jahrhunderts hatte die Annona ihre Schulden von zweieinhalb Millionen Scudi nicht mehr erhöht. Gegenüber den Summen, die im selben Zeitraum für Nepoten aufgewendet worden waren, fiel dieses Defizit kaum ins Gewicht. Das änderte sich jetzt grundlegend. Von 1763 bis 1769 machte die Getreidebehörde 1,3 Millionen Scudi Schulden, bis zur Ausrufung der Römischen Republik im Februar 1798 kamen weitere 4,4 Millionen hinzu. Das war der Weg in den Bankrott, verschaffte den Päpsten aber bei den Armen und konservativen Politiktheoretikern ungeahntes Prestige: Am – vorläufigen – Ende ihres Staates erfüllten die Päpste die Forderungen Gregors I. aufs Wort: Sie ruinierten sich für das Wohlergehen der Armen. Dass sie ihre Schulden nach der Wiederherstellung des Kirchenstaats im Jahr 1814 nicht bezahlten, steht auf einem anderen Blatt.

In der großen Politik beschränkte sich die Rolle Clemens' XIII. aufs Zuschauen. Als der preußische König Friedrich II. im August 1756 das neutrale Sachsen «präventiv» überfiel, rechtfertigte er den dadurch ausgelösten Siebenjährigen Krieg auf traditionelle Weise mit seinem Eintreten für die protestantische Sache, also als Religionskrieg. Dass der Angriff nicht aus konfessionellen Motiven, sondern aus reinem Machtinteresse erfolgte, wusste man auch in Rom; trotzdem trat die Kurie gegenüber dem reformierten Aggressor äußerst vorsichtig auf. So nahm der Papst zwar entschieden für das katholische Österreich Partei und verlieh Maria Theresia sogar den Titel einer «Apostolischen Königin», war aber zugleich ängstlich darauf bedacht, Friedrich dem Großen keinen Anlass für seine antikatholische Propaganda zu liefern.

Auch theologisch geriet Clemens XIII. während des Krisen- und Hungerjahrs 1763 in Bedrängnis. Dieser Schlag kam ebenfalls aus Deutschland: Unter dem Pseudonym Justinus Febronius veröffentlichte der Trierer Weihbischof Johann Nikolaus von Hontheim Thesen, die den Primat der Päpste über die Kirche grundsätzlich infrage stellten. Diese Machtstellung hatten sie laut Hontheim durch Betrug und Gewalt an sich gerissen und so die von Christus gewollte Kirche verunstaltet. Deren wahre Verfassung sehe vor, dass die Schlüsselgewalt den Gläubigen in ihrer Gesamtheit übertragen sei, die Rechtshoheit gebühre den Bischöfen und speziell dem nationalen Metropoliten, dem Papst hingegen nur noch ein Ehrenvorrang mit gewissen zeremoniellen Vorrechten. Konkret folgte daraus, dass dem Pontifex maximus die Unfehlbarkeit in Entscheidungen der Lehre und die Gesetzgebung über die Kirche abgesprochen wurde. Alle päpstlichen Verfügungen sollten demnach erst in Kraft treten, wenn sie von der Kirche angenommen worden waren. Laut Hontheim war der Papst wenig mehr als ein Bischof unter anderen, *primus inter pares*, aber nicht der Herr der Kirche. Alle Hoheitsrechte, die ihm entzogen wurden, gingen an das Konzil als Forum der gesamten Kirche über. Mit diesen konstitutionellen Thesen waren schwere Anklagen an die Adresse Roms verbunden: Durch ihre Usurpationen und Rechtsverletzungen hätten die Päpste Häretiker wie Luther überhaupt erst hervorgebracht; mit der Sanierung des veruntreuten Systems würde sich die Wiedervereinigung der Kirche daher von selbst vollziehen. Da die Päpste freiwillig nie und nimmer auf ihre angemaßte Macht verzichteten, müssten die christlichen Fürsten sie dazu zwingen. Als gefährlichste Gegenspieler betrachtete Hontheim die Jesuiten; international organisiert, wie sie waren, verhinderten sie die Entstehung von nationalen Kirchen, den Keimzellen der neuen Gesamtkirche.

Mit seiner Mischung aus Reformimpuls, Verklärung des frühen Christentums, aufgeklärtem Verfassungsdenken und vehementer Kurienkritik traf Hontheims Werk, das auf fünf Bände anwuchs, den Nerv der Zeit; das Rätselraten um den Verfasser, von dem nur bekannt wurde, dass er eine hohe Funktion innerhalb der katholischen Kirche bekleidete, verstärkte den Verkaufserfolg weiter. Wie nicht anders zu erwarten, fiel die Reaktion der katholischen Herrscher auf den «Febronianismus», wie diese katholische Reformbewegung genannt wurde, wohlwollend aus. Von Portugal über Spanien, Frankreich, Deutschland und Venedig erhielt die Publikation nicht nur Druckerlaubnisse, sondern wurde sogar im offiziellen Auftrag übersetzt, verbreitet und für den Gebrauch an Schulen vorgeschrieben. In den Augen der Monarchen war der Papst fast nur noch lästig. Er stand ihren Bestrebungen, die Kleriker zu Staatsbeamten mit öffentlichem Erziehungsauftrag zu machen, entgegen und war somit das Reformhindernis Nummer eins. Für machtbewusste Herrscher wie Kaiser Joseph II. war Hontheims Modell jedoch keine akzeptable Lösung; seine Politik zielte darauf ab, die Kirche zu einer reinen Staatsbehörde umzuformen, für die Position eines «Superbischofs» war in diesem Programm kein Platz. 1778 musste «Febronius» nach heftigen römischen Pressionen seine Thesen widerrufen, drei Jahre später nahm er diesen Widerruf allerdings zu großen Teilen wieder zurück.

Als kaum weniger störend wurden die Einsprüche des Papstes gegen den Fortschrittsoptimismus des Zeitalters und gegen das Wachstum des Staates empfunden, der im Namen der Aufklärung und ihres Erziehungsgedankens alle Lebensbereiche durchdrang. Moralische Autorität konnte der Heilige Stuhl dagegen nicht in die Waagschale werfen; sie war nach den Nepotismus-Exzessen der letzten Jahrhunderte erschöpft. Rückständig, korrupt, unbelehrbar, intolerant: Das Papsttum galt zunehmend als Inbegriff des finsteren Mittelalters, das die europäischen Aufklärer erfanden, um es durch den Triumph der Vernunft für überwunden zu erklären. Kuriale Intellektuelle wie der Historiker und spätere Kardinal Giuseppe Garampi nahmen diesen Vorwurf auf und drehten den Spieß um: Europa hätte das Mittelalter besser nie hinter sich gelassen. «Mittelalter» war für die Kritiker der Aufklärung ein Synonym für eine Welt, die unter der segensreichen Ägide der Päpste im Glauben geeint war. Die Moderne hatte mit ihrem zersetzenden Rationalismus, einer Frucht der sündhaften menschlichen Selbstüberschätzung und Selbstüberhebung, diese Harmonie zwischen Mensch, Gott und Natur zerstört und damit die Triebkräfte des Bösen, des menschlichen Eigennutzes und Machtstrebens, entfesselt. Als Strafe für diesen Abfall von der gottgewollten Weltordnung waren ungeheure Katastrophen zu erwarten.

Für Clemens XIII. war das konzertierte Vorgehen der katholischen Mächte gegen die Jesuiten denn auch nur ein Vorspiel des Endkampfes, der sich gegen das Papsttum selbst richten musste. Am heftigsten fiel die Reaktion gegen den Orden in Portugal aus, wo dieser unter schwachen Monarchen beherrschenden Einfluss auf die Staatsgeschäfte ausgeübt hatte und jetzt vom allmächtigen Reformminister Pombal für die Misswirtschaft verantwortlich gemacht wurde. Benedikt XIV. hatte Pombals Druck kurz vor seinem Tod nachgegeben und einer Visitation, das heißt: einer kritischen Generalüberprüfung der Societas Jesu durch einen geistlichen Günstling des Ministers, zugestimmt. Dieser stellte gravierende Unregelmäßigkeiten wie unerlaubte Handelsgeschäfte und andere Verstöße gegen die Regeln des Ordens fest, worauf der Kardinal von Lissabon dessen Mitgliedern alle seelsorgerischen Aktivitäten untersagte. Damit kam eine Lawine ins Rollen. Pombal bezichtigte die Jesuiten der Rebellion gegen den König; sie hätten das Königreich ausgeplündert, um mit dem erbeuteten Geld die Völker Südamerikas zu unterjochen und ihrer Willkürherrschaft zu unterwerfen. Wenig später wurden sie sogar beschuldigt, Drahtzieher eines Attentats auf den König gewesen zu sein. Dieser verfügte kurz darauf die Ausweisung aller Ordensmitglieder aus Portugal und seinen überseeischen Besitzungen; daraufhin machten sich im Herbst 1759 mehr als 1100 Patres auf den Weg nach Rom. Nach diesem Affront brach Clemens XIII. die diplomatischen Beziehungen zu Portugal ab.

Ein noch heftigerer Sturm gegen die Jesuiten braute sich 1761 in Frankreich zusammen. Das traditionell projansenistische Pariser *parlement*, der oberste Gerichtshof des Landes, befand die Statuten des Ordens für unvereinbar mit den Gesetzen der Nation und lancierte eine Propagandakampagne, in der dessen Mitgliedern die schlimmsten Verbrechen vorgeworfen wurden. Im August 1762 folgte das Verbot der Gesellschaft, die sich die Auflösung von Staat und Moral zum Ziel gesetzt habe; ihre Besitzungen wurden beschlagnahmt. Vom Hof hatten die Jesuiten keine Hilfe zu erwarten, im Gegenteil: Am 1. Dezember hob eine königliche Verordnung die Societas Jesu in Frankreich auf. Die Begründung Ludwigs XV. für dieses Verbot fiel im Gegensatz zu den Verlautbarungen des *parlement* betont nüchtern aus: Die Jesuiten hätten ihre Schuldigkeit getan, doch jetzt müssten sie gehen. Sie hätten wesentlich dazu beigetragen, das Land im wahren Glauben wiederzuvereinigen, aber danach seien sie zu einem Störfaktor für die öffentliche Ruhe geworden. Clemens XIII. entgegnete darauf im Januar 1765 mit einer Konstitution, die einer umfassenden Ehrenerklärung für den Orden gleichkam: Er werde verfolgt, weil er in unwandelbarer Treue zu den Prinzipien seines heiligen Gründers für die Rechte der Kirche und des Papstes eintrete. Zur Genugtuung des Papstes schlossen sich die französischen Bischöfe in ihrer Generalversammlung dieser Deklaration an. Doch auf politischer Ebene gab es längst kein Halten mehr. 1767 folgten König Karl III. von Spanien und König Ferdinand IV. von Neapel dem Beispiel ihres französischen Kollegen und verboten den Orden. Der nächste Schritt bestand darin, dass die drei Mächte im Januar 1769 den Papst um die Aufhebung des Ordens ersuchten. Kurz nach Entgegennahme des Antrags starb der Rezzonico-

Papst am 2. Februar an einem Schlaganfall, nach Meinung seiner Umgebung aus Entsetzen und Empörung über diese Zumutung. Andere vermuteten, er sei von den Jesuiten ermordet worden, die seine Zustimmung zu ihrer Aufhebung befürchteten.

Das Konklave nach dem Tod Clemens' XIII. war wie nie zuvor von den Interessen der Großmächte und den hektischen Aktivitäten ihrer Vertreter bestimmt. Die Kardinäle mussten daher auf die Anweisungen der Regierungen in Madrid, Versailles, Wien und Neapel warten. Das hatte zwei lange Monate der erzwungenen Tatenlosigkeit zur Folge. Den Römern verkürzte ein ungewöhnlicher Besuch die Wartezeit: Im März 1769 traf Kaiser Joseph II., Maria Theresias ältester Sohn, in der Ewigen Stadt ein. Er war nach dem Tod seines Vaters Franz I. 1765 zum Reichsoberhaupt gewählt worden, doch nicht in dieser Eigenschaft, sondern inkognito, als «Graf von Falkenstein», hielt er sich am Tiber auf. Dieses Pseudonym wurde allerdings schnell gelüftet. Als Joseph den im Konklave versammelten Kardinälen seine Aufwartung machte, wurde ihm ganz traditionell als Schutzherrn der Kirche gehuldigt. Wie er diese Rolle auffasste, machte der ebenso radikale wie autoritäre Aufklärer den Kirchenfürsten unmissverständlich deutlich: Sie sollten einen gemäßigten Papst nach dem Vorbild Benedikts XIV. wählen. Die in dieser Aufforderung enthaltene Warnung war unüberhörbar: Wenn sich Rom den staatskirchlichen Interessen der katholischen Mächte nicht beugte, würden diese zu Zwangsmaßnahmen greifen. Im Gespräch unter Diplomaten äußerte sich der Kaiser abschätzig über die Kardinäle: Am einfachsten sei es, den neuen Papst durch das Los zu bestimmen; wen es träfe, mache ohnehin keinen Unterschied. In der «Jesuiten-Frage» hielt sich Joseph bedeckt. Im Gespräch mit dem spanischen Botschafter drückte er sein Verständnis für die Forderung nach Aufhebung des Stör-Ordens aus, gab sich aber ansonsten neutral. Diese Haltung wurde auch den kaiserlichen Gefolgsleuten im Konklave als Order ausgegeben. Für Portugal, Spanien, Frankreich und Neapel aber kamen nur Kandidaten infrage, von denen die Aufhebung der Societas Jesu zu erwarten war. Zu diesem Zweck wurden Wählbarkeits-Ranglisten aufgestellt und in Umlauf gebracht; ihre Kategorien reichten von «sehr gut» (extrem jesuitenfeindlich) bis «ganz schlecht» (notorischer Jesuitenfreund).

Gegen die Jesuiten: Clemens XIV.

Der Kandidat, der schließlich am 19. Mai 1769 das Rennen machte, rangierte gemäß der französischen Klassifizierung von Anfang an in der ersten Kategorie der extremen Jesuitenfeinde, bei den Spaniern immerhin auf der zweiten, noch wählbaren Stufe: Lorenzo Ganganelli, dreiundsechzig Jahre alt, Franziskaner aus der Gegend von Rimini, war den drei Höfen in Portugal, Spanien und Frankreich nach Prüfung auf Herz und Nieren genehm. In einem regelrechten Examen durch einen Agenten Frankreichs hatte Ganganelli auf die entscheidende Frage eine befriedigende Antwort gegeben. Die Auflösung des Jesuitenordens durfte somit als beschlossene Sache gelten.

Der Jesuiten-General Lorenzo Ricci hingegen schöpfte neue Zuversicht: Ein Ordens-Papst würde doch wohl keinen Orden aufheben. Nicht wenige seiner Untergebenen wussten es besser: Der neue Papst war Spanien hörig und würde sich den spanischen Direktiven nie und nimmer widersetzen. Clemens XIV., wie sich der neue Papst als Hommage an seinen Vorgänger nannte, war der erste Franziskaner auf dem Thron Petri seit Sixtus V. Vergleiche und Prognosen lagen daher nahe. Die Tatkraft und Selbständigkeit des Peretti-Papstes würde Clemens XIV. nicht erreichen, so viel stand fest. Anders sah es mit der Pontifikats-Dauer aus. So berichtet Casanova, dass dem neuen Papst eine genauso lange Regierung wie Sixtus V. geweissagt worden sei: fünf Jahre, vier Monate und drei Tage. Genau so kam es tatsächlich.

Außer Frage steht auch, dass sich mit dem neuen Papst der Regierungsstil der Kurie wandelte. Clemens XIV. stammte aus einem Sippenverband mittelitalienischer Kleinstadt-Honoratioren, das Kardinalskollegium hingegen setzte sich überwiegend aus Abkömmlingen aristokratischer Familien zusammen, speziell der römische Adel war klar überrepräsentiert. Das soziale Gefälle zwischen dem Senat der Kirche und dem regierenden Pontifex maximus machte sich rasch negativ bemerkbar. Dieser fühlte sich von den Spitzen des kurialen Apparats verachtet; seine Reaktion bestand darin, dass er sich eine eigene Hausmacht aufbaute. Diese Vertrauten stammten wie ihr Patron aus bescheidenem Milieu. Und wie dieser hatten sie keine diplomatische oder administrative Erfahrung. So verbreitete sich um den Papst eine

Aura der Exklusivität, des Geheimnisses und des Misstrauens. Die Kardinäle sahen sich von den wichtigen Geschäften ausgeschlossen, informelle Kanäle traten an die Stelle der offiziellen Dienstwege, auf den vatikanischen Korridoren herrschte eine Atmosphäre der Unsicherheit. Die Vertreter der Mächte wussten oft nicht, welche Nachrichten verlässlich waren und an wen sie sich zu halten hatten. Alle diese Wirkungen waren gewollt; sie sollten die Macht des Papstes steigern.

Im Streit über die Verfassung der Kirche, die «Febronius» in ganz Europa ausgelöst hatte, zeigte sich Clemens XIV. unnachgiebig. So schärfte er die päpstliche Kirchenhoheit mit der gegen den «Febronianismus» und andere verderbliche Neuerungen gerichteten Enzyklika «Cum summi apostolatus» vom 12. Dezember 1769 als absolut heilsnotwendig ein. Auf diplomatischer Bühne agierte der Ganganelli-Papst hingegen recht geschmeidig. Er gestattete den Bischöfen in Konflikten mit den Fürsten mancherlei Entgegenkommen und zeigte sich gegenüber den regierenden Dynastien loyal, nicht selten geradezu devot. So nahm er bald nach seiner Wahl die von seinem Vorgänger abgebrochenen diplomatischen Beziehungen zu Portugal wieder auf; für die Jesuiten-Partei war das ein ebenso fatales Signal wie die Verleihung des roten Huts an den Bruder Pombals. Konkrete Schritte gegen den missliebigen Orden sollten denn auch nicht lange auf sich warten lassen. Im Frühjahr 1771 wurde das römische Priesterseminar visitiert, für ungenügend befunden und den Jesuiten entzogen. Trotzdem verhielt sich Clemens XIV. gegenüber den immer drängenderen Forderungen Spaniens, den Orden formell aufzuheben, reserviert und zögerlich. Statt dieser ultimativen Maßnahme fasste er einen Kompromiss ins Auge. Er sollte darin bestehen, die Macht des Ordensgenerals – der angeblich hinter den Kulissen die Fäden des Papsttums in der Hand hielt – durch Dezentralisierung zu reduzieren, die Aufnahme von Novizen zu stoppen und den Mitgliedern Predigt und Beichtabnahme zu verbieten. Auf diese Weise sollte der politische Druck abgeschwächt und Zeit für eine angemessene Reform sämtlicher Orden gewonnen werden, in der Hoffnung, durch diese Gesten des guten Willens die Jesuiten aus der politischen Schusslinie zu nehmen.

Doch auf solche Pläne ließ sich der spanische Gesandte nicht ein. Auch von bislang neutraler Seite hatten die Jesuiten keine Fürsprache zu erwarten. Maria Theresia erklärte ihre Nichteinmischung, König Friedrich II. von

Preußen, der durch seine Eroberung Schlesiens Landesherr katholischer Untertanen geworden war, hatte gleichfalls nichts dagegen einzuwenden. Trotzdem spielte Clemens XIV. immer noch auf Zeit. Er ordnete erneut eine Visitation jesuitischer Einrichtungen an, diesmal in Bologna, was für die Betroffenen einen Hoffnungsschimmer aufglimmen ließ. Allerdings bereitete der wachsame Diplomat aus Madrid diesen Überprüfungen schnell ein Ende. In der Zwischenzeit hatte die Kurie im Auftrag des Papstes den Text der Aufhebungsbulle vorformuliert und zur Genehmigung an König Karl III. von Spanien geschickt; nicht nur für protestantische Beobachter war das die definitive Rache für die vielen Canossas, die das Papsttum im Laufe seiner Geschichte europäischen Herrschern zugefügt hatte. Die Schlussredaktion war dann eine Gemeinschaftsarbeit des Papstes und des allmächtigen spanischen Gesandten. Veröffentlicht wurde das Dekret zur Aufhebung der Societas Jesu unter dem Datum des 21. Juli 1773 in der bescheidenen Form eines Breves unter dem Titel «Dominus et redemptor».

«Der Herr und Erlöser» – so die lateinischen Anfangsworte des Erlasses – habe dem Papst die unumschränkte Hoheit über die Kirche verliehen, damit er sie in Frieden regiere und die Christen untereinander versöhne. Zu diesem Zweck waren auch die Orden ins Leben gerufen worden; wenn eine dieser Gemeinschaften dieser Aufgabe nicht gerecht werde, sehe sich der *vicarius Christi* daher zum Einschreiten gezwungen. Nach dieser bedrohlichen Einleitung zählt das Breve Präzedenzfälle auf, darunter das Vorgehen gegen die Templer im Jahre 1312. Mit der Erwähnung dieses skandalösen Verfahrens war Clemens XIV. schlecht beraten, denn dadurch stellte er sich in eine Reihe mit Clemens V., einem Papst, der überall außer in Frankreich als willfähriger Helfershelfer eines kolossalen Justizmords galt. Den Bogen von den Templern zu den Jesuiten schlug das Breve mit dem Vorwurf des Ungehorsams: Die Societas Jesu habe sich in ihren Statuten zu bedingungsloser Befolgung päpstlicher Befehle verpflichtet, doch diese heiligen Eide von Anfang an gebrochen. Die Belege für diese Anklage lesen sich wie eine regelrechte Kriminalgeschichte des Ordens: Er habe schon immer nach autonomer Macht gestrebt und dadurch innerhalb wie außerhalb der Kirche beständig Streit und Konflikte provoziert: «In dieser Gesellschaft (ist) gleich bei ihrem Entstehen manngifacher Same der Zwietracht und Eifersucht aufgekeimt, nicht allein in ihrem Innern, sondern auch gegen andere Orden, gegen die Weltpriesterschaft, gegen Akademien, Universitäten, öffentliche Schulen, ja sogar selbst gegen die Fürsten, in deren Staaten die Jesuiten Aufnahme fanden» (zitiert aus Pastor 16/2, S. 211). Ja, sogar gegenüber dem Papst, dem sie doch bedingungslose Treue geschworen hatten, hätten sich die Jesuiten illoyal verhalten. Deshalb habe schon der Franziskanerpapst Sixtus V. ein energisches Einschreiten gegen die außer Rand und Band geratene Gesellschaft vorgesehen, sei aber vor der Ausführung dieser Pläne gestorben. Die Schlussfolgerung lautete daher: Der Orden erfüllt nicht mehr den Zweck, für den er gegründet wurde, und stört überdies den Frieden in der Kirche und der Christenheit. Deshalb und aus weiteren Gründen, die der Papst in seinem Herzen verborgen halte, werde der Jesuitenorden mit sofortiger Wirkung aufgehoben und abgeschafft.

Die Rechtfertigungsstrategie tritt klar hervor: Clemens XIV. tut das, was seine Vorgänger längst tun wollten oder hätten tun sollen. Seine Maßnahme ist also nicht revolutionär, sondern bewahrend. Auf das Breve folgten wenige Wochen später die Bestimmungen zu dessen Umsetzung. Die Novizen der Jesuiten sollten sofort entlassen werden, Mitglieder mit den niederen Weihen hatten sich eine andere Tätigkeit zu suchen, die Priester konnten in einen anderen Orden eintreten oder als Weltgeistliche amtieren. Im Gegensatz zu diesen relativ kulanten Konditionen ging Clemens XIV. gegen den siebzigjährigen Ordensgeneral Lorenzo Ricci mit brutaler Härte vor. Obwohl – oder weil – sich dieser während der langen Vorgeschichte der Aufhebung äußerst devot verhalten und keine Gegenmaßnahmen ergriffen hatte, wurde er zusammen mit anderen prominenten Ordensgenossen wie ein Staatsverbrecher in der Engelsburg eingekerkert, wo er zwei Jahre später starb. Eine Rechtfertigung für diese Repressalien konnten auch die Lobredner Clemens' XIV. nicht liefern, denn Ricci blieb bis zum Schluss dem Papst gegenüber unterwürfig.

Das Breve «Dominus et redemptor» ist bis heute ein Stein des Anstoßes geblieben, weit über Anklage oder Verteidigung der Jesuiten hinaus. Clemens XIII. hatte sie ausdrücklich in Schutz genommen, der Ganganelli-Papst beschuldigte sie aufs Schwerste, Pius VII. stellte den Orden 1814 mit einer ebenso umfassenden Ehrenerklärung wieder her. Zumindest ein Papst musste also Unrecht haben. Zwar war das Breve vom Juli 1773 keine Lehrentscheidung *ex cathedra* und fiel damit nicht unter den Anspruch der Unfehlbarkeit, doch war der offene Dissens der Päpste in dieser bedeutsamen Frage nicht gerade der beste Beleg für die beanspruchte Bruchlosigkeit.

In katholischen Ländern waren die Jesuiten jetzt verboten, im lutherischen Brandenburg-Preußen mit einem zumindest offiziell calvinistischen König hingegen bestanden sie fort. Das war eine Ironie der Geschichte, über die sich Friedrich II. als Freidenker im Sinne Voltaires selbst am meisten amüsierte: Für seine katholischen Landeskinder waren ihm gute Mathematiker und Astronomen willkommen, der Hader der Konfessionen galt ihm als abgetanes Theologengezänk. In den habsburgischen Erblanden aber war der Befehl des Papstes Gesetz, und zwar eines, das der aufgeklärten Säkularisations- und Toleranzpolitik Josephs II. ab 1780 entgegenkam. Das Wohlwollen der Monarchen für seine Duldsamkeit bekam Clemens XIV. sofort zu spüren. Clemens XIII. hatte Widerworte und sogar etwas Widerstand gewagt und war dafür von Frankreich mit der Besetzung von Avignon und Umgebung bestraft worden – der Ganganelli-Papst erhielt die okkupierten Gebiete nun anstandslos zurück. Sogar die Beziehungen zu Großbritannien, die seit der kirchlichen Ablösung von Rom unter Heinrich VIII. auf Eis lagen und sich durch die päpstliche Förderung katholischer Thronprätendenten nach 1689 weiter verschlechtert hatten, ließen sich jetzt wieder anbahnen.

In Frankreich setzte Clemens XIV. den Kampf gegen die Protagonisten der französischen Aufklärung und ihre Hauptwerke mit den Mitteln der Indexkongregation fort, allerdings ohne Erfolg, denn die Verbote machten die inkriminierten Bücher nur noch interessanter. Selbst in Rom lasen die jungen Aristokraten Voltaire, Diderot sowie atheistische Schriften aus der Feder des Barons d'Holbach und seiner Mitstreiter. Nicht minder ergebnislos waren die Versuche, Finanzen und Wirtschaft des Kirchenstaats zu sanieren. Auch hier ging die Elite mit der Fortsetzung ihrer Getreideanbau-Verweigerung konsequent eigene Wege.

Allerdings waren die Auswirkungen dieser Vertragsaufkündigung im Jahrfünft Clemens' XIV. weniger spürbar. Das lag an den günstigen klimatischen Bedingungen und an Niccolò Bischi aus Tivoli, der mit Billigung des Papstes die Annona ausgeschaltet hatte. Die altehrwürdige Getreidebehörde war seit Jahrzehnten personell aufgebläht, ineffizient und korrupt. Sie zahlte den Großgrundbesitzern Gefälligkeitspreise und agierte bei der Beschaffung auswärtiger Kontingente schwerfällig. Als Reaktion darauf erteilte der Ganganelli-Papst dem erfolgreichen Agrarunternehmer Bischi umfassende Versorgungsvollmachten. Er nutzte sie zu groß angelegten Geschäftsoperationen, die Rom reichlich Weizen zu niedrigeren Preisen verschafften. Der Gegenschlag der entmachteten Annona-Funktionäre und ihres einflussreichen Netzwerks ließ nicht lange auf sich warten. Bischi wurde nach dem Tod seines päpstlichen Protektors der Unterschlagung und Veruntreuung öffentlicher Gelder angeklagt, schuldig gesprochen und enteignet.

Für prestigeträchtige Bauunternehmungen interessierte sich der nepotismusfreie Ganganelli-Papst nicht. Umso höhere Summen flossen in die römische Armenfürsorge. Als Clemens XIV. am 22. September 1774 der Weissagung gemäß wie Sixtus V. fünf Jahre, vier Monate und drei Tage nach seiner Wahl starb, machten Gerüchte die Runde, er sei von den Jesuiten oder ihren Anhängern vergiftet worden. Besonders hartnäckig hielt sich das gegenteilige Gerücht, er habe auf dem Totenbett die Wiederzulassung der Jesuiten geplant und sei deshalb von deren Gegnern umgebracht worden. Die Ärzte, die die Autopsie des toten Pontifex maximus vornahmen, fanden jedoch kein Anzeichen einer Vergiftung; neuere medizinische Gutachten scheinen ihnen aufgrund langjähriger Krankheitssymptome Recht zu geben. Die Kirche Santi Apostoli, für die der junge Starbildhauer Antonio Canova das Grabmal Clemens XIV. schuf, soll nach römischem Volksglauben danach kein Jesuit mehr betreten haben. So wurde der Ganganelli-Pontifikat der umstrittenste der neueren Papstgeschichte. Je nach Haltung zum Jesuitenorden wurde Clemens XIV. als Verderber der Kirche oder als ihr Retter gefeiert. Nimmt man das Breve «Dominus et redemptor» aus, blieb nach den Maßstäben der Kurie ein ehrenhaft unauffälliger Pontifikat mit einigen bizarren Zügen zu bilanzieren.

Die Wahl des neuen Papstes zog sich hin. Dabei waren sich die führenden katholischen Mächte im Prinzip so einig wie selten zuvor: Ein Papst von der Nachgiebigkeit, ja Gefügigkeit des verstorbenen sollte es sein. So bildeten Portugal, Spanien, Frankreich, Neapel und Habsburg mit den Kardinälen auf ihren Gehaltslisten eine geschlossene Front; dagegen standen die *zelanti*, die auf eine größere Unabhängigkeit des neuen Pontifex maximus pochten. Weniger einig war man sich an den katholischen Höfen, welcher Kandidat den so eindeutig definierten Kriterien am besten entsprach. Klare Instruktionen an die Parteiführer ließen daher auf sich warten. Diese Verzögerung hatte Methode; auf den liebgewonnenen Demütigungs-Ritus wollte keiner der Monarchen verzichten. So saßen die Kardinäle wiederum monatelang tatenlos herum und füllten Stimmzettel für Kollegen aus, die keine Aussicht auf die Tiara hatten. Die peinliche Blockade rief die Satiriker auf den Plan. Am erfolgreichsten wurde eine Art Musical, das den pathetischen Stil des Wiener Hofdramatikers Metastasio auf die klägliche Lage der zum Faulenzen verdammten Kardinäle übertrug und durch diesen Gegensatz komische Effekte erzielte. Auch in Rom lachte man Tränen über die Phrasen dreschenden Kirchenfürsten an der kurzen Leine der Fürsten. Der Autor der Satire, ein geistreicher florentinischer Geistlicher namens Gaetano Sertori hingegen weinte bittere Zähren; nachdem sein Pseudonym aufgedeckt war, ging die Inquisition gegen ihn vor und bestrafte ihn mit Verbannung.

Nepoten und Jakobiner: Pius VI.

Erst im neuen Jahr 1775 kam allmählich Bewegung in die Fronten. Nach einigen Probemanövern war klar, dass keine Seite ihre Favoriten durchsetzen konnte, so dass jetzt die Stunde der «neutralen» Kandidaten schlug. Von diesen politisch unbeschriebenen Blättern machte nach einigem Hin und Her am 15. Februar Angelo Braschi, Sohn eines romagnolischen Provinz-Grafen und mit siebenundfünfzig Jahren der jüngste Papst seit Clemens XI., das Rennen. Braschi war unter Clemens XIV. Finanzminister gewesen, so dass man ihn zumindest für einen fähigen Verwalter hielt. Einen solchen hatte der Kirchenstaat mit Schulden von inzwischen mehr als 70 Millionen Scudi und permanent roten Budgetzahlen auch verzweifelt nötig. Der neue Papst sah seine Rolle anders, das machte schon sein Amtsname deutlich. Als Pius VI. wollte er an den strengen Reformer Pius V. anknüpfen und seinem Pontifikat wie dem Papsttum als Ganzem wieder ein geistlicheres Profil verleihen: Schluss mit der Nachgiebigkeit gegenüber den katholischen Monarchen, nieder mit dem Zeitgeist der faulen Kompromisse und der verlogenen Toleranz, und sei es um den Preis schwerer Konflikte!

Gleich mit seiner ersten, Weihnachten 1775 veröffentlichten Enzyklika richtete der neue Papst eine fulminante Kampfansage an den Ungeist der

Gegenwart. Auf den unerforschlichen Wegen der göttlichen Vorsehung – so der Anfang der feierlichen Verlautbarung – war das Böse in der Welt mächtig emporgekommen. Unter seinem Einfluss entfernte sich die Christenheit immer weiter vom Papst und damit von den Prinzipien des wahren Glaubens. So hatte der Teufel leichtes Spiel, unaufhörlich neue Seelen zu verführen. Seine treuesten Helfershelfer waren die Philosophen und Dichter der Aufklärung, die unter dem Deckmantel der Menschenliebe und des Fortschritts die Fundamente von Gesellschaft und Staat unterhöhlten. Mit dieser Zielvorstellung hatten die Voltaires, Diderots und D'Alemberts als Häupter der weit verzweigten Verschwörung die Fürsten gegen die Kirche aufgehetzt und damit die gottgewollte Weltordnung empfindlich gestört. Ruhen und rasten würden die professionellen Wahrheitsverdreher erst, wenn sie selbst die Macht ergriffen und die Völker zu mörderischen Kriegen angestachelt hätten. Entgegenstellen konnte sich ihnen nur eine neu formierte, für den Kampf gegen die Mächte der Schöpfungszerstörung gestählte Kirche. Voraussetzung dafür war das Ende jeglicher Duldsamkeit mit Andersdenkenden und Andersgläubigen.

Das erfuhren die römischen Juden als Erste, und zwar am eigenen Leibe. Seit der brutalen Einsperrung unter Paul IV. hatte die jüdische Bevölkerung ein Auf und Ab von Lockerungen und Restriktionen erlebt. Doch so hart wie jetzt hatte es sie seit den fernen Tagen des Carafa-Papstes nicht mehr getroffen. Mit seinem Dekret, das den vielsagenden Titel «Zu den dringendsten Aufgaben des geistlichen Hirten» trug, schärfte Pius VI. die diskriminierenden Bestimmungen von 1555 in sage und schreibe 44 Artikeln wieder ein und bezeichnete die jüdische Gemeinde als «Gefahr der Unterwanderung»; im Zeitalter der Vernunft und Toleranz wurden die Juden wieder zu Feinden der Christen und damit zu Parias abgestempelt. Der Aufschrei, den das Intoleranz-Edikt im aufgeklärten Europa hervorrief, war einkalkuliert und erwünscht. In seiner Frontstellung gegen die irregehende Welt wurde Pius VI., der selbst kein Intellektueller war, von Kardinal Giuseppe Garampi, dem brillantesten Kopf der Kurie, angeleitet. Katholische Autoren mit liberalen Ideen mussten sich von nun an in Acht nehmen.

In schroffem Gegensatz zu diesen Strategien, die auf ein herb spirituelles, den Genüssen dieser Welt abgewandtes Image abzielten, ließ der Braschi-Papst den Nepotismus im Stil des 17. Jahrhunderts wieder aufleben. Dass er

1786, also nach einer Wartefrist von elf Jahren, seinen Neffen Romoaldo Onesti-Braschi zum Kardinal ernannte, war mit der Bulle von 1692 vereinbar, nicht hingegen der steile Aufstieg von dessen Bruder Luigi Onesti-Braschi. Mit Karriere und Auftreten dieses weltlichen Nepoten schienen die Tage Urbans VIII. und der Barberini zurückzukehren. Luigi erhielt die Nutznießung der ehemaligen Jesuiten-Güter in der Gegend von Tivoli de jure verpachtet, de facto geschenkt, so gering fiel die jährliche «Pachtsumme» aus. Damit entgingen der Apostolischen Kammer dringend benötigte Einnahmen. Noch peinlicher war, dass ausgerechnet Besitzungen des kurz zuvor unter dubiosen Begleitumständen enteigneten Ordens der Bereicherung der Papstverwandten dienten. Ähnlich dubios waren die Verträge, die der Nepot zur Nutzung der Anbauflächen schließen durfte, die bei der Trockenlegung von Teilen der Pontinischen Sümpfe gewonnen worden waren; auch hier war die Pachtsumme rein symbolisch, der Profit hingegen groß. Das aufwendigste wirtschaftliche Reformprojekt im Kirchenstaat des späten 18. Jahrhunderts kam auf diese Weise nicht der öffentlichen Hand, sondern der Familie des Papstes zugute.

Auch die Rollenverteilung unter den Familienmitgliedern war die übliche. Kardinal Romoaldo leitete seine kirchlichen Einkünfte an Luigi weiter, dem der Papst aus Mitteln der Kirche das Herzogtum Nemi am gleichnamigen See in den Albanerbergen kaufte. Die Hochadelsdynastie der Braschi war damit begründet, so fehlte nur noch die passende Braut für den frischgebackenen Herzog. Auch sie war bald gefunden: 1781 wurde Luigi Onesti-Braschi mit Costanza Falconieri aus einer reichen und vornehmen römischen Familie verheiratet; der Papst ließ es sich nicht nehmen, das Paar selbst zu trauen. Das ebenfalls persönlich überreichte Hochzeitsgeschenk bestand aus zehntausend spanischen Golddublonen. Das war stilvoll, doch mehr als drei Paläste oder zwei größere Landgüter konnte sich die junge Familie davon nicht kaufen. Die Zeiten wurden schlechter, die Ernteerträge im römischen Umland wieder schmaler und die Schulden immer höher, da hieß es selbst für den Papst, an der Mitgift für seinen Nepoten zu sparen.

Um dieser Notlage abzuhelfen, fädelte Pius VI. ein Nachlass-Geschäft ein, das sich zu einem Skandal auswuchs. De facto lief es auf ein Erpressungsmanöver hinaus: Ein schwerreicher Steuer- und Zollpächter wurde angeklagt, frisierte Abrechnungen eingereicht und sich auf diese Weise Gelder

Letzter Großbau des päpstlichen Nepotismus Die Schenkungen Papst Pius' VI. und eine dubiose Erbschaft machten seinen Neffen Luigi Onesti-Braschi so reich, dass er sich an der Piazza Navona einen Palast bauen lassen konnte, der mit seinen kolossalen Dimensionen sogar die prunkvolle Residenz der Pamphili in den Schatten stellt. Heute beherbergt der Palast das Museo di Roma zur Geschichte der Ewigen Stadt.

der Apostolischen Kammer angeeignet zu haben; angesichts der nachlässigen Buchhaltungstechniken auf beiden Seiten ließen sich solche Vorwürfe jederzeit leicht erheben und schwer widerlegen. Aber der Beschuldigte sollte sich auch gar nicht rechtfertigen, sondern zahlen, genauer: Sein Sohn und Erbe, ein Priester des Malteserordens, sollte ihn freikaufen. Diesem hatte der väterliche Krösus Vermögenswerte überschrieben, die die Finanzberater des Papstes auf sagenhafte anderthalb Millionen Scudi schätzten. Um sich diesen Goldschatz möglichst unauffällig anzueignen, vereinbarte Pius VI. den folgenden Deal: Der Sohn des angeklagten Pächters setzt den Papst zum Erben seines gesamten Vermögens ein, Nutznießer aber ist sein Neffe, der Herzog von Nemi. Als Gegenleistung dafür wird der Prozess gegen den Vater stillschweigend niedergeschlagen. Der Tausch «Vermögen gegen Straflosigkeit» wäre auch lautlos über die Bühne gegangen, wenn nicht eine Nichte des Priesters vor Gericht Einspruch dagegen erhoben hätte. So standen sich jetzt Pius VI. und die enterbte Erbin vor der Sacra Rota als Prozessparteien gegenüber – und das päpstliche Gericht hatte den Mut, gegen den Papst zu entscheiden! Dann starb, just zum rechten Zeitpunkt, der reiche Malteser. In seinem Nachlass wurde wundersamerweise ein Testament gefunden, das den Papst begünstigte. Daraufhin ging der Prozess in die zweite Runde, wiederum vor der Rota. Er endete nach insgesamt achtjährigem Gezerre mit einem Vergleich: Luigi Onesti-Braschi und die mutige Nichte teilten sich schiedlich-friedlich den Nachlass zu gleichen Teilen auf. Was die Römer davon hielten, zeigte sich an den öffentlichen Freudenkundgebungen nach dem ersten Urteil gegen den Papst. Dessen Ruf war daraufhin nicht nur am Tiber beschädigt. Die Früchte der anstößigen Operation hat bis heute jeder Rombesucher in Gestalt des riesigen Palazzo Braschi an der Piazza Navona vor Augen.

Umso dringender war Pius VI. darauf angewiesen, Kritik in seiner unmittelbaren Umgebung zum Schweigen zu bringen. Zu diesem Zweck wurde die Kurie nicht nur von den letzten Anhängern der Jesuiten, sondern auch von all denjenigen gesäubert, die geheimer Sympathien mit den jansenistischen Kreisen in Frankreich verdächtig waren. Demselben Ziel waren die Kardinalsernennungen Pius' VI. untergeordnet. In vierundzwanzigeinhalb Pontifikatsjahren vergab der Braschi-Papst fünfundsiebzig rote Hüte, so viele wie keiner seiner Vorgänger. Unter den neuen Purpurträgern waren auffällig viele altbekannte Namen wie Boncompagni, Ludovisi, Altieri, Borgia und Pamphili. Ihre Ernennung war auch eine Antwort auf die Nepotismus-Vorwürfe: Die Familien der Päpste verdankten ihre Vorrangstellung an der Kurie ihren Verdiensten und schlossen sich zur Förderung der kirchlichen Interessen zusammen, so lautete die päpstliche Version der jüngeren Geschichte.

Das Sagen hatten so Prälaten, die den Kampf gegen den Zeitgeist bedingungslos unterstützten. Konkret bedeutete das, den doppelten Primat des Papstes über Kirche und Politik als göttliches Gesetz einzuschärfen. Um dieser mahnenden und warnenden Stimme in der stetig expandierenden Öffentlichkeit Gehör zu verschaffen und der «aufgeklärten Lügenpresse» wirkungsvoll entgegentreten zu können, benötigte die Kurie – wie die Medienberater des Papstes zu Recht monierten – dringend ein eigenes Publikationsorgan. Gesagt, getan: 1785 eröffnete das *Giornale ecclesiastico di Roma* die Polemik gegen alle, die inner- und außerhalb der Kirche der Abweichung vom Kurs der kompromisslosen Konfrontation verdächtig waren. Das waren nicht wenige.

Mit aller Härte traf es die römischen Freimaurer, die sich um den sizilianischen Berufsabenteurer Cagliostro geschart hatten. Cagliostro – alias Jacopo Balsamo, Sohn eines palermitanischen Handwerkers, mehr Hochstapler als Revolutionär und in zahlreiche Hofintrigen Europas verwickelt – wurde im Dezember 1789 verhaftet, von der Inquisition zum Tode verurteilt und vom Papst zu lebenslanger Festungshaft begnadigt; seine Schriften warf der Henker auf dem römischen Campo de' Fiori ins Feuer.

Gefährlichere Gegner erwuchsen Pius VI. mit seinen unzeitgemäßen Machtansprüchen in den katholischen Reformmonarchien, vor allem in den habsburgischen Erblanden. Hier praktizierte Maria Theresias Sohn Joseph II. nach dem Tod der Kaiserin eine radikale Reformpolitik. Er setzte aufgeklärte Forderungen wie religiöse Toleranz, Abschaffung der Privilegien von Adel und Kirche und eine bessere Volkserziehung um, doch nicht im Zusammenspiel mit einer mündigen Zivilgesellschaft, sondern autoritär, einseitig und ohne Rücksicht auf Traditionen und tief verwurzelte Mentalitäten. Bei seinem Kampf gegen kirchliche Sonderrechte durfte der rastlose Neuordner jedoch auf den Beifall der aufgeklärten Öffentlichkeit zählen. Sein Ziel, den Klerus zu einer Behörde unter staatlicher Aufsicht umzuformen, stand weit oben auf der Wunschliste der Reformer. Auf diesem Weg war Joseph II. weit vorangeschritten: Rein kontemplative Orden ohne «nützliche» Tätigkeitsfelder waren ebenso wie Bruderschaften und kirchliche Feiertage abgeschafft, die Juden hingegen, die Pius VI. als Feinde der Christen ins Ghetto gesperrt hatte, rechtlich bessergestellt worden. Durch diese Maßnahmen war in den Augen des Papstes und seines engsten Beraters Kardinal Garampi die göttliche Weltordnung unterminiert, der Weg in den Abgrund eingeschlagen – und die Zeit für eine wirkungsvolle Gegendemonstration gekommen: Pius VI. würde zum Zeichen des Protests in die Höhle des Löwen, das heißt: nach Wien ziehen, um den Kaiser an seine heiligen Pflichten zu erinnern. Dass er damit den nüchternen Reformer auf dem Kaiserthron umstimmen oder auch nur nachhaltig beeindrucken würde, glaubte weder der Papst noch Garampi. Der eigentliche Zweck der Unternehmung war denn auch ein anderer: Mit seiner spektakulären Reise ins Herz der aufgeklärten Finsternis wollte der *vicarius Christi* der Welt ein Zeichen zur Umkehr geben und, falls dieses ungehört verhallte, zumindest feierlichen Einspruch gegen die Verwirrung aller Werte einlegen. Darüber hinaus wollte er den Mächtigen vor Augen führen, dass ihre Untertanen im Gegensatz zu ihnen dem wahren Glauben und der gottgewollten Ordnung treu geblieben waren.

Diese von langer Hand geplante Inszenierung gelang über die Maßen gut. Pius VI. spielte seine Rolle als «apostolischer Pilger» – eine Bezeichnung, die aus volkstümlichen Papstweissagungen geschöpft war – perfekt, und das Volk tat, was man von ihm erwartete: Überall, wo der Papst durchzog, knieten die kleinen Leute ergriffen nieder und baten um den Segen des Petrus-Nachfolgers, den dieser gerne reichlich spendete. Auch Joseph II. trat so auf, wie man es in Rom vorhergesehen hatte: Er begrüßte Pius VI. nicht als Oberhaupt der katholischen Christenheit, sondern als Souverän des Kirchenstaats. In der Sache blieb er jedoch bis auf minimale Zugeständnisse hart. Bald darauf kam es für Rom sogar noch schlimmer: Zwei Jahre nach dem ungebetenen Besuch diktierte Joseph II. dem Papst seine Neuorganisation der habsburgischen Diözesen in einer Schrift, die mit «Freundschaftliche Übereinkunft» betitelt war. Wenn diese Missachtung der kirchlichen Freiheiten «Freundschaft» war, wie sah dann die Feindschaft aus?

Mit der päpstlichen Pilgerreise, die in der Erinnerung breiter Schichten mythisch fortlebte, verschärfte sich der Kampf der Kurie gegen die Tendenzen der Zeit weiter. Diese waren in der benachbarten Toskana besonders ausgeprägt. Hier entfaltete Großherzog Pietro Leopoldo, der jüngere Bruder Kaiser Josephs II. (und von 1790 bis 1792 als Leopold II. dessen Nachfolger), eine intensive Reformtätigkeit, die von der Kurie mit tiefem Misstrauen betrachtet wurde. Freier Getreidehandel innerhalb der Landesgrenzen, gekoppelt mit Ausfuhrerlaubnissen bei guten Ernteerträgen, Abschaffung der Zünfte, Aufteilung von staatlichem Grund und Boden an Bauern, von wohlhabenden Landbesitzern gewählte Gemeinderäte: In einem nach solchen frühliberalen Prinzipien regierten Land hatte die Kirche alten Stils keinen Platz mehr. Inquisition, Bücherzensur, eigene Tribunale, Orden ohne sozialen Nutzen – das alles fiel jetzt dem Rotstift des aufgeklärten Großherzogs zum Opfer, der als erster Monarch überhaupt die Todesstrafe abschaffte und sogar die Einführung einer Verfassung plante, die auf der Basis der Gewaltenteilung seine Macht beschneiden sollte. In enger Zusammenarbeit mit dem jansenistischen Bischof von Pistoia und Prato Scipione de' Ricci wurde die toskanische Kirche auf der Synode von Pistoia 1786 dem römischen Einfluss weitgehend entzogen und entgegen den römischen Prinzipien neu geordnet, und zwar horizontal statt hierarchisch, mit Diözesansynoden, auf denen die Gemeindepfarrer eine tragende Rolle spielten. Obwohl diese Vertreter der «Kirche von unten» dadurch aufgewertet wurden, blieben sie den radikalen Neuerungen gegenüber überwiegend skeptisch: Die neue Kirche brach in ihren Augen zu radikal mit geheiligten Traditionen, wenn sie etwa Wallfahrten verbot und Feiertage einschränkte. Auch die wirtschaftlichen Reformen nährten den Verdacht, den Interessen der Reichen zu dienen und zu deren Vorteil die Kosten für Getreide und Brot in die Höhe zu treiben. Das Verdammungsurteil, das Pius VI. 1794 über die große Reformsynode verhängte, war den meisten der einfachen Geistlichen daher aus dem Herzen gesprochen.

Wirtschaftliche Reformen versuchte auch Pius VI. in seinem Staat durchzusetzen, doch im umgekehrten, konservativ-paternalistischen Geist, auf der Basis der alten Besitz- und Machtverhältnisse und überholter merkantilistischer Theorien. Dieses Programm erwies sich schnell als Widerspruch in sich und scheiterte daher. Die neu gegründeten Manufakturen, die die defizitäre Handelsbilanz des Kirchenstaats aufbessern sollten, waren international nicht konkurrenzfähig, Anreize für Getreideanbau waren nicht ausreichend und die Kataster, die für Steuergerechtigkeit sorgen sollten, ungenau. Für das römische Umland hatte man auf solche Verzeichnisse von vornherein ganz verzichtet, so dass die größten Latifundienbesitzer ungeschoren davonkamen. Gnädig stimmen ließen sie sich dadurch jedoch nicht. Im Gegenteil wurde ab 1779 die Versorgung der Ewigen Stadt mit Brot immer schwieriger und kostspieliger, so dass die geheiligte Preisobergrenze um sechs Prozent überschritten wurde. Angesichts der rasanten Teuerung war das eine moderate Anpassung, mit der die römische Unterschicht leben konnte.

Die Haltung von Papst und Kurie gegenüber den Umwälzungen, die sich ab dem Frühjahr 1789 in Paris zu vollziehen begannen, stand seit Langem fest: Jetzt erntete die Welt die giftigen Früchte der gottlosen Aufklärung! In auffälligem Gegensatz zu dieser apokalyptischen Erwartungshaltung verhielt sich Pius VI. gegenüber der revolutionären Kirchenpolitik der ersten Nationalversammlung lange zurückhaltend. Diese schaffte mit wenigen Federstrichen jahrhundertealte Rechtsgrundlagen, Vereinbarungen und Gewohnheiten ab: Der Katholizismus verlor seinen Rang als Staatsreligion. Die Abgabe des Zehnten, der eigentlich zur Finanzierung des Ortspfarrers gedacht war, doch längst in undurchsichtigen Kanälen versickerte, wurde ersatzlos gestrichen, die Aufnahme neuer Nonnen und Mönche untersagt und der reiche Besitz der Kirche, der in manchen Provinzen zwanzig Prozent vom Grund und Boden ausmachte, verstaatlicht. Damit war die Symbiose von Thron und Altar aufgekündigt, die Pius VI. als ewig gültiges Modell einer christlichen Gesellschafts- und Staatsordnung pries. Seine Bedenken gegen diese revolutionären Maßnahmen äußerte er jedoch vorerst nur mündlich und im Juli 1790 in einem persönlichen Schreiben an König Ludwig XVI., der den Veränderungen in seinem Königreich ebenfalls mit Verständnislosigkeit und Angst gegenüberstand. In diesem Breve forderte der Papst den König auf, sein Veto gegen die Zivilkonstitution des französischen Klerus einzulegen, die die Nationalversammlung soeben ausgearbeitet hatte und kurz danach verabschiedete. Die neue Verfassung der Kirche sah vor, dass Bischöfe und Pfarrer künftig von den Mitgliedern der Departements-Wahlkollegien, also der Schicht der Besitzenden, ob katholisch oder nicht, bestimmt werden sollten. Für Rom hieß das, die Axt an das Fundament der christlichen Weltordnung anzulegen: Keine politische Körperschaft der

Welt – so Pius VI. an Ludwig XVI. – durfte sich anmaßen, die von den Kirchenvätern und Konzilien geschaffene Organisation anzutasten.

Der Protest des Papstes konnte die weitere Entwicklung nicht aufhalten. Im September 1790 trat die Zivilkonstitution in Kraft, zwei Monate später mussten alle Geistlichen mit seelsorgerlichen Aufgaben einen Treueeid auf die Nation, den König und das neue Gesetz schwören. Als zahlreiche französische Bischöfe daraufhin ein Memorandum veröffentlichten, in dem sie die Verfassung ablehnten, neue Verhandlungen darüber jedoch akzeptierten und zugleich verlangten, dass die Meinung des Papstes eingeholt werde, hielt Pius VI. den Augenblick für gekommen, seine Position offen darzulegen. In seinem Breve «Quod aliquantum» vom 10. März 1791, einem der Schlüsseldokumente der neueren Kirchengeschichte, rechnete er umfassend mit dem revolutionären Umsturz in Frankreich ab. «Durch diesen Beschluss (d. h. die Zivilkonstitution) wird verkündet, dass der Mensch in der Gesellschaft von Rechts wegen jegliche Freiheit genießt, in Religionssachen nicht behelligt werden darf, dass es zu seiner Freiheit gehört, sich über die Religion frei zu entscheiden, zu sprechen, zu schreiben und seine Meinung darüber im Druck zu verbreiten. Das alles leitet die Konstitution von dieser monströsen Gleichheit und natürlichen Freiheit unter den Menschen ab» (der lateinische Text in Auszügen bei Pastor 16/3, S. 477 ff.). Der Urgrund der fatalen Fehlentwicklung, die sich im Land des allerchristlichsten Königs vollzog, war für den Papst die Selbstüberschätzung, die seit Anbeginn der Zeiten den Menschen gegen Gott und alle gottgewollten Autoritäten aufhetzte. Diese unausrottbare *superbia* hatte im Zeichen der Aufklärung eine neue, scheinbar humane Färbung angenommen: Die falschen Philosophen verkündeten die Fähigkeit des Menschen, sich aus eigener Kraft vom Bösen zu befreien, erklärten damit die Erlösung durch Christus für überflüssig und leugneten zusammen mit der Erbsünde die Mission der Kirche. Von wahnhafter Selbstvergottung angetrieben, verkündeten die Revolutionäre als getreue Gefolgsleute der lügenhaften Philosophen so absurde Prinzipien wie die allgemeinen Menschenrechte einschließlich Rechtsgleichheit, Religions- und Gewissensfreiheit. Gipfel dieser imaginären Selbstgestaltungs- und Selbstvervollkommnungsfähigkeiten war die Idee des Gesellschaftsvertrags. Die Ordnung des menschlichen Lebens werde nicht – wie Rousseau und seine Jünger glaubten – von einem ausgeklügelten Pakt, sondern durch die von

Gott geschaffene Natur und die in ihr angelegte heilsame Ungleichheit bestimmt. Mit der Lösung dieser vermeintlichen Fesseln öffneten die Aufklärer in Wirklichkeit den Kräften des Bösen Tür und Tor. Für Rom war und blieb der Mensch ein sündhaftes, von unstillbarem Egoismus beseeltes Wesen, das ohne die Gnade Gottes und die von der Kirche verabreichten Sakramente zur Zerstörung seiner selbst und der Schöpfung neigte. Der «Fortschritt» der Aufklärung führte daher geradewegs in die Hölle.

Die schneidend scharfe Absage trug wie die meisten Manifeste Pius' VI. gegen das aufgeklärte Staatskirchentum und gegen die Französische Revolution die intellektuelle Handschrift Kardinal Giuseppe Garampis, der seine Karriere als Historiker begonnen hatte, zum Chefideologen des Vatikan aufstieg, die Radikalisierung der Französischen Revolution voraussagte, aber schon 1792, vor der Machteroberung der Jakobiner, starb. Seine Position war an der Kurie selbst nicht unumstritten. Nicht wenige Kardinäle hätten eine flexiblere Haltung vorgezogen, um damit Zugeständnisse zu erreichen. Doch für Garampi war der Zeitpunkt vorbei, an dem sich der Lauf der Ereignisse durch Interventionen von oben beeinflussen ließ. Der französische König – so seine hellsichtige Diagnose – war diskreditiert und machtlos. Die letzte Autorität der alten Welt, die die Revolutionäre jetzt noch stürzen mussten, war der Papst. Diesen Ansturm galt es in Würde auszuhalten und nicht in falscher Demut abzuschwächen. Die Kräfte des Bösen mochten zeitweise die Oberhand gewinnen, doch sie würden, wie von Christus verheißen, am Ende nicht triumphieren. Solche Ideen wurden jetzt im Auftrag der Kurie publizistisch verbreitet.

Der römische Kurs war damit abgesteckt. Fünf Wochen nach «Quod aliquantum» zog Pius VI. aus seiner Verurteilung der Zivilkonstitution die rechtlichen und praktischen Konsequenzen: Alle Geistlichen, die den Eid auf die Zivilkonstitution nicht verweigert hatten, wurden im April 1791 suspendiert, die Ernennungen neuer Bischöfe ohne Zustimmung Roms für ungültig erklärt und die diplomatischen Beziehungen mit Frankreich kurz darauf abgebrochen. Als der Papst die Flucht Ludwigs XVI. begrüßte und hochgestellte französische Emigranten mit ostentativer Herzlichkeit in Rom willkommen hieß, eskalierte der Konflikt schnell. Im November 1791 wurden Avignon und der Comtat Venaissin im Namen der einen und unteilbaren französischen Nation besetzt und dieser inkorporiert. Die Kurie reagierte mit diplomatischen Aktivitäten, die darauf abzielten, eine Union der Monarchien gegen die revolutionäre Unterwanderung zusammenzubringen; in diese Allianz zur Aufrechterhaltung der gottgewollten Ordnung wurden sogar nichtkatholische Souveräne wie die russische Zarin Katharina und George III. von England miteinbezogen. Damit spielte Pius VI. den radikalen Kräften in Paris in die Hände, die ihn in ihrer Propaganda zum Haupt einer reaktionären Verschwörung erklärten, deren Agenten in ganz Frankreich das Handwerk gelegt werden müsse. Vor allem die Eidverweigerer unter den Geistlichen gerieten dadurch in eine immer bedrohlichere Lage, doch gefährdete der Vorwurf der «ultramontanen», das heißt nach Rom ausgerichteten Loyalität auch die «konstitutionellen» Priester. So war es kein Wunder, dass Tausende von ihnen nach Rom auswanderten, wo sie mit gemischten Gefühlen empfangen wurden: Waren sie bereits vom revolutionären Ungeist angesteckt und wollten diesen jetzt auch im Zentrum der Christenheit verbreiten? Das Misstrauen erwies sich rasch als unbegründet. Stattdessen brachten die Emigranten nach der «zweiten Revolution» vom August 1792, mit der die Jakobiner an die Macht gelangten, immer neue Schreckensnachrichten über die Verfolgung von Adel und Geistlichkeit an den Tiber.

Pius VI. ließ diese Berichte sammeln und als Dokumente einer neuen Christenverfolgung im Stile eines Nero und Diocletian publizieren. Mit der Hinrichtung Ludwigs XVI. im Januar 1793 schienen sich die düsteren Vorhersagen Garampis endgültig zu bewahrheiten. Wenige Tage zuvor war ein Vertreter der französischen Republik namens Bassville in Rom attackiert worden, als er im offenen Wagen mit dem revolutionären Symbol der rot-weiß-blauen Flagge über die Via del Corso fuhr. Er wurde von einer wütenden Menge zuerst mit Steinen beworfen und dann durch einen Messerstich so schwer verletzt, dass er zwei Tage später starb, und zwar nach Absage an die Zivilkonstitution, mit der Letzten Ölung und mit dem Papst versöhnt. Die Volkswut war damit noch nicht gestillt. Mit der Parole «Es lebe der Papst und der katholische Glaube!» machten bewaffnete Banden Jagd auf alle Franzosen und verwüsteten französische Einrichtungen, um danach das jüdische Ghetto anzugreifen. Beide Seiten hatten jetzt ihre toten Helden: Die Anhänger der Revolution pflegten den Kult Bassvilles, der Papst erklärte den enthaupteten französischen König zum Märtyrer.

Die neuen Herrscher in Paris versuchten, das Verbrechen an ihrem Repräsentanten wie weiland Ludwig XIV. die «Korsenaffäre» auszunutzen, doch dem standen die Zeitumstände entgegen. Die französische Republik, die zum Entsetzen Roms nicht mehr nach Christi Geburt, sondern nach ihrer eigenen Gründung datierte, musste in den Jahren eins und zwei schwere Kämpfe an ihren nördlichen Fronten bestehen, so dass Italien aus dem Fokus des militärischen Geschehens herausrückte. Umso heftiger wurde der Krieg zwischen Paris und Rom in Pamphleten ausgetragen. Für die politischen Journalisten in Diensten Pius' VI. war die Revolution das Ergebnis eines Komplotts, das atheistische Philosophen, Jansenisten und Freimaurer geschmiedet hatten, um in einer von Gott abgefallenen Welt die Macht zu ergreifen. Solche Verschwörungstheorien erlangten in Rom geradezu kanonische Gültigkeit und prägten das Geschichtsbild der Kurie dauerhaft. Den finsteren Machenschaften der Verschwörer – so der Tenor der antirevolutionären Publizistik – mussten die Christen mutig entgegentreten, dann würde ihnen die Hilfe des Himmels zuteilwerden. Gott will es: Unter diesem Motto wurde zu einem regelrechten Kreuzzug gegen die blutrünstigen Religionsfeinde aus dem Norden aufgerufen. Diese Appelle fanden vor allem auf dem Lande intensive Resonanz: Berichte über Wundererscheinungen, mit denen die höheren Mächte ihre Missbilligung des Umsturzes kundtaten, mehrten sich in ganz Italien, wurden in Rom gesammelt und zur Verlesung von den Kanzeln verbreitet. Mit ihrer antirevolutionären und antifranzösischen Propaganda rannten die römischen Publizisten bei den einfachen Leuten offene Türen ein. Kleinpächter und Tagelöhner waren längst davon überzeugt, dass in Paris teuflische Mächte am Ruder waren, deren höchstes Ziel darin bestand, die Armen verhungern zu lassen. Insofern hatten die italienischen Intellektuellen, die die Französische Revolution als Befreiung von klerikaler Bevormundung und feudaler Willkür feierten, Unrecht: Der Hass der kleinen Leute nährte sich aus der Angst vor Teuerung und Gottesstrafe und nicht aus der antirevolutionären Propaganda. Allerdings trug diese dazu bei, die ohnehin schon apokalyptisch aufgeladene Stimmung in ganz Italien weiter aufzuheizen.

Das offizielle Rom agierte vorsichtiger. Pius VI. gewährte dem gegenrevolutionären Europa zwar seine ideologische, diplomatische und publizistische Unterstützung, doch war er bestrebt, seinen eigenen Staat so weit wie möglich aus der Schusslinie zu halten. Trotzdem durfte sich der Papst im Sommer 1793 als moralischer Sieger fühlen: Er und seine Vorgänger hatten seit Langem vor der Katastrophe gewarnt. Seine düsteren Vorhersagen hatte man verlacht, doch wurden sie von der Schreckensherrschaft mit ihrer systematischen Priesterverfolgung und Entchristianisierung voll und ganz bestätigt. Immerhin waren die Folgen des Terrors durch sein segensreiches Wirken jetzt eingedämmt: Preußische Truppen hielten das Elsass, die Engländer Toulon besetzt, und in Frankreich selbst versprach der Aufstand in der Vendée eine Rückkehr zum Ancien Régime. Doch dieser Jubel erwies sich als verfrüht. Die Jakobiner bereiteten der royalistischen Rebellion im eigenen Land ein blutiges Ende, die französische Armee feierte Triumphe an der niederländisch-belgischen Front und rückte im Süden unaufhaltsam gegen das Königreich Sardinien-Piemont vor, das im Juli 1794 besiegt und okkupiert wurde. Der Sturz Robespierres am Ende dieses Monats weckte in Rom große Hoffnungen, die alsbald enttäuscht wurden: Das neue Regime des Direktoriums war zwar ideologisch deutlich gemäßigter, vertrat die Interessen des Besitzbürgertums und stoppte die sozialpolitischen Experimente der Jakobiner, doch mit der expansiven Außenpolitik brach es ebenso wenig wie mit der Propaganda der revolutionären Missionierung Europas.

Um die inneren Konflikte zwischen Royalisten, Moderaten und Jakobinern einzudämmen, setzten die neuen Machthaber in Paris mehr denn je auf den Krieg: Militärische Eroberungen sollten die streitenden Parteien patriotisch zusammenschweißen, dringend benötigtes Geld ins Land bringen und so die Kräfte der Ordnung stärken. Damit rückte Italien wieder ins Blickfeld. Hier hatten die ideologischen Hauptgegner der Revolution, der Kaiser und der Papst, ihre Bastionen, durch deren Erstürmung die Revolution symbolisches Kapital sammeln konnte, ganz zu schweigen von den materiellen Schätzen, zum Beispiel in der römischen Engelsburg. Mit stärkerem Widerstand war südlich der Alpen nirgendwo zu rechnen. Weder Venedig noch Rom oder Neapel konnten starke Bataillone ins Feld führen.

Auf mächtige Verbündete konnte Pius VI. ebenfalls nicht mehr zählen; die antirevolutionäre Koalition schmolz 1795 rasch zusammen. Preußen und Spanien machten ihren Frieden mit dem militärisch erfolgreichen Gegner, Neapel übte sich gleichfalls in *appeasement*. So blieb an verlässlichen Alliierten nur noch Österreich, das mit Erzherzog Karl überdies einen Feldherrn von Format aufwies, allerdings in Mailand und Florenz eigene Interessen zu verteidigen hatte. Die militärischen Ressourcen des Kirchenstaats waren gleich null, das hatte die Vergangenheit gründlich gelehrt. Und die geistlichen Waffen wie Exkommunikation und Interdikt boten keinen Schutz mehr, sondern waren für die gottlosen Revolutionäre sogar ein Anreiz mehr, gegen Rom zu ziehen: Nieder mit dem Papsttum, der letzten Hochburg des korrupten Ancien Regime! Mit solchen Parolen ließ sich am Tiber mit geringem Aufwand unsterblicher Ruhm gewinnen.

Wer ihn ernten durfte, war Anfang 1796 entschieden: General Napoleon Bonaparte aus Korsika, der sich durch die Niederschlagung jakobinischer Aufstände im Inneren bewährt hatte, als innovativer Stratege gerühmt wurde und ein Meister in Sachen Selbstdarstellung und Mediennutzung war. So wurden die Feldzüge, die der sechsundzwanzigjährige Oberkommandierende im Auftrag des Direktoriums im März 1796 begann, zu einem Siegeszug und einer Propagandaveranstaltung ohnegleichen. Nach der Einnahme Mailands im Mai erließ Bonaparte ein Manifest, das in Rom die höchste Alarmstufe auslöste: Das revolutionäre Frankreich habe es sich in heroischer Uneigennützigkeit zur Aufgabe gemacht, die unterjochten Völker von ihren Despoten zu befreien. Die unter der Knute ihres päpstlichen Tyrannen seufzenden Römer dürften jetzt auf rasche Abhilfe hoffen: Die neuen Gallier würden das Kapitol wieder zum Zentrum einer Republik erheben, die ihrer großen Vorfahren würdig sei.

Doch auch das war erst einmal Propaganda, die den Gegner einschüchtern sollte. Der französische Kommandant hatte die Stimmung im Lande genau sondiert und schnell erkannt, dass die große Mehrheit der Bevölkerung die Franzosen nicht als Befreier, sondern als Invasoren und Ausbeuter betrachtete. In dieser Situation mit aller Härte gegen den Papst vorzugehen, hieß, einen Bürgerkrieg zu entfachen. So fiel die revolutionäre Armee der Grande Nation zwar in den Kirchenstaat ein, besetzte Ferrara und Bologna, doch nach Rom rückte sie nicht vor. Stattdessen schloss Bonaparte im Juni 1796 mit den Vertretern des Papstes einen Waffenstillstand. Parallel dazu wurden die Diplomaten beider Seiten aktiv. Dabei zeigte sich schnell, dass eine Verständigung ausgeschlossen war. Das Direktorium verlangte von Pius VI. die Zurücknahme seiner Verdammungsdekrete und die Anerkennung der Zivilkonstitution des französischen Klerus. Als der päpstliche Gesandte diese Vorbedingungen für unannehmbar erklärte, wurde er ausgewiesen und in den nördlichen Provinzen des Kirchenstaats die «Cispadane Republik» ausgerufen. Sie war einer von vielen Vasallenstaaten, die das Direktorium systematisch ausplündern ließ. Die Beute bestand nicht nur aus Geld, sondern auch aus Kunstwerken. Mit ästhetisch motivierter Sammelleidenschaft hatte das nichts zu tun; durch die Raubzüge in öffentlichen Museen und privaten Galerien sollte den besetzten Gebieten ihre Geschichte und damit ihre gewachsene Identität genommen werden.

Pius VI. verbündete sich daraufhin im Dezember 1796 mit Neapel und Österreich, musste aber nach der Niederlage seiner Truppen im Februar 1797 im Frieden von Tolentino offiziell auf die nördliche Hälfte seines Staates verzichten, der jetzt der neu gegründeten Cisalpinen Republik einverleibt wurde, und hohe Kontributionen leisten. Kirchenpolitische Zugeständnisse machte der Papst hingegen nicht, was sein Ansehen in konservativen Kreisen inner- wie außerhalb der Kurie beträchtlich hob: Der Nachfolger des gekreuzigten Petrus wich militärisch und politisch der nackten Gewalt, um seinen Untertanen das Schlimmste zu ersparen, doch in geistlichen Dingen blieb er unbeugsam bis zum Martyrium – diese Haltung machte im katholischen Europa Eindruck und sollte sich nach dem Sturz Napoleons 1814 auszahlen.

Zwischenspiel ohne Staat

Als im Dezember 1797 der französische General Duphot, der Bonaparte auf einer diplomatischen Mission begleitete, in Rom ermordet wurde, waren auch die Tage des Rumpf-Kirchenstaats gezählt. Der Papst vertraute die Ewige Stadt dem Schutz der vornehmsten Reliquien an, die feierlich durch die Straßen getragen wurden, und harrte in würdiger Gelassenheit seiner Entmachtung. Am 10. Februar 1798 besetzten französische Truppen die Stadt. Fünf Tage später – am 23. Jahrestag der Wahl Pius' VI. – wurde in einer pompösen Zeremonie auf dem Kapitol die Römische Republik ausgerufen. Die weltliche Herrschaft der Päpste sollte damit ein für alle Mal beendet sein – nach einem Jahrtausend der Tyrannei, wie die Festredner betonten. Die kirchliche Vorrangstellung des Pontifex maximus war von dieser Abschaffung ausdrücklich ausgenommen. Ja, die neuen Volksvertreter verpflichteten sich sogar feierlich, ihn zu schützen und ihm einen angemessenen Lebensunterhalt zu verschaffen.

Doch zeigte sich nur allzu bald, dass der alte Herrscher nicht als eine Art Staatspensionär in der neuen Republik wohnhaft bleiben konnte. Dafür war sie zu unbeliebt. Die große Mehrheit der Römer trauerte den alten Verhältnissen nach, denn ihnen brachte der aus Frankreich importierte Umsturz nur Nachteile. Die Aufhebung der Adelstitel und Feudalrechte betraf sie nicht, das Wahlrecht besaßen nur die Besitzenden, die Lasten aber hatten die ärmeren Schichten zu tragen: neue Steuern, militärische Zwangsaushebungen und übertreuertes Brot. Mit den ruinösen Subventionen für den Versorgungssektor hatte es nach der Entmachtung des Papstes ein Ende; das neue Staatswesen war fest in den Händen der Bankiers und Agrarunternehmer. «Bereichert euch!», so lautete die Devise. Idealistische junge Männer mochten noch so pathetisch davon reden und schreiben, dass die Stunde der moralischen Wiedergeburt am Tiber geschlagen habe und ein neues, den antiken Tugendwerten verpflichtetes Rom wiederauferstehe – das Sagen hatten die neuen Reichen, die im trauten Zusammenspiel mit den französischen Besatzungsoffizieren glänzende Geschäfte machten.

Um die Erinnerung an das päpstliche Rom zu tilgen, waren 1798 allenthalben Säuberungskolonnen unterwegs. Sie benannten Straßen und Plätze um – aus der Piazza di Spagna und der Piazza Venezia wurden jetzt die Plätze der Freiheit und Gleichheit – und zerschlugen so viele päpstliche Wappen, wie ihnen vor die Spitzhacke kamen. Die Kulturfunktionäre führten den «entchristlichten» revolutionären Kalender mit den neuen Tages- und Monatsbezeichnungen sowie die mitteleuropäische Uhrzeit ein und organisierten als Ersatz für die gestrichenen kirchlichen Feiertage aufwendige Huldigungen an Märtyrer der Freiheit wie General Duphot. Erfolg hatten sie mit diesem Festersatz nicht. Die Römer wollten die alte Ordnung wiederhaben: einen Staat, der sich nicht einmischte, unter einem Papst, der ihnen Heilsbrücken baute. Die Koexistenz der Republik mit dem Pontifex maximus erwies sich daher als unmöglich. Schon wenige Tage nach Ausrufung der Republik wurde der greise Papst nach Siena verbannt, wo sich ihm sein Neffe, der ehemalige Herzog von Nemi, anschloss. Dessen Versuche, sich als «Bürger Braschi» mit der weiß-rot-blauen Kokarde am Hut den neuen Machthabern anzudienen, waren kläglich gescheitert. Im Mai 1798 musste der Papst von Siena in die Kartause von Florenz umziehen. An beiden Exilorten nahm der gestürzte Souverän beträchtlichen Einfluss auf die Entwicklung in seinem ehemaligen Herrschaftsgebiet. Dort mussten alle Staatsangestellten, zu denen jetzt auch die Geistlichen zählten, einen feierlichen Eid ablegen. Darin hatten sie der Republik Treue zu schwören, der Monarchie und Anarchie hingegen Hass. Wer dieses Doppel-Bekenntnis verweigerte, verlor seine Stelle. Für den Papst war diese Formulierung unannehmbar: Die Monarchie war für ihn eine gottgefällige, in seinem Fall sogar von Gott selbst eingesetzte Staatsform, der man nicht pauschal den Kampf ansagen durfte. Sein Alternativvorschlag für die Eidesformel beließ den Hass auf die Anarchie, setzte das Versprechen hinzu, sich auf keine Verschwörungen oder Aufstände gegen die momentan herrschende Staatsordnung einzulassen, und fügte die Verpflichtung ein, neben der Republik und ihrer Verfassung auch der katholischen Religion unverbrüchliche Treue zu schwören. Natürlich war dieser Schwurtext für die neuen Herren inakzeptabel. Pius VI. verlangte seinerseits von allen, die den verbotenen Eid geleistet hatten, einen sofortigen Widerruf und schuf damit ein Dilemma, an dem Karrieren und Existenzen zerbrachen.

Der entmachtete Papst war also weiterhin eine Macht, sehr zum Ärger des französischen Direktoriums. In dessen Auftrag wurden nun phantastische Pläne für die Ausschaltung dieses Störfaktors geschmiedet. Der originellste zielte darauf ab, den Pontifex maximus mit den Waffen seiner eigenen Geschichte zu schlagen: Volk und Klerus sollten in Rom – ähnlich wie 1328 auf Initiative Kaiser Ludwigs des Bayern – einen neuen Papst wählen und dem alten durch diese Anknüpfung an die ältesten Bräuche der Kirche das Wasser abgraben. Die Verantwortlichen nahmen jedoch von einem so abenteuerlichen Projekt Abstand. Dass es überhaupt ernsthaft in Erwägung gezogen wurde, zeigt, wie hoch man die Bedeutung des verbannten Papstes immer noch einschätzte. Dass es nicht zustande kam, spiegelt wohl auch die Einsicht wider, dass man diesem mit solchen Aktionen in die Hände spielte. Nie war die Kirche so stark gewesen wie in Zeiten der Verfolgung durch die weltliche Macht, das war schließlich eine Lehre der Kirchengeschichte. Allerdings hielten nicht alle Kirchenfürsten dem Druck der Macht stand. Der Rücktritt zweier Kardinäle, darunter einer aus der Familie Clemens' X., war für die Rumpf-Kurie, die sich um den Papst scharte, ein Zeichen dafür, dass es auch diesmal Abtrünnige gab und weiterhin geben würde.

Um dieser Auflösung entgegenzuwirken, traf Pius VI. Vorkehrungen. Sie betrafen vor allem das Konklave nach seinem Tod. In Rom, unter der Herrschaft der republikanischen Räuberbande, durfte die Wahl nicht stattfinden, Florenz war seit dem Frühjahr 1799 ebenfalls von den Franzosen besetzt. So blieb innerhalb Italiens nur Venedig. Die Republik hatte im Mai 1797 kampflos vor den Truppen Bonapartes kapituliert und ihre Aufhebung ohne Widerstand hingenommen. Anfang 1799 stand Venedig unter österreichischer Herrschaft; nach Meinung der Kurie waren das die besten Voraussetzungen für eine Papstwahl. Kaiser Franz II., der Sohn des aufgeklärten Großherzogs und späteren Kaisers Leopold II., war von gänzlich anderer Art als Vater und Onkel. Er hasste die Aufklärung und die Aufklärer aus tiefster Seele und steuerte einen konservativen Gegenkurs. In seinem Venedig würden die Kardinäle und der Heilige Geist ein sicheres Refugium finden und der Kirche den besten Hirten aussuchen.

Aus Florenz wurde Pius VI. schwer krank nach Turin und von dort über den Mont Cenis nach Briançon und Valence deportiert, wo er am 29. August 1799 starb. Seine letzten anderthalb Lebensjahre in den Händen der gottlosen Feinde wurden postwendend zum Mythos ausgestaltet. Plötzlich zirkulierten allenthalben angeblich uralte Weissagungen, die den Pontifikat des Braschi-Papstes zum Kampf gegen die Mächte der Finsternis verklärten und seine Gegner zum Antichristen abstempelten. Pius VI. war tot, ein Märtyrerpapst geboren. Die Erinnerungen an die Selbstbedienungsmentalität der Nepoten und an die hässliche Erbschaftsaffäre waren wie weggeblasen. Offenbar fuhren die Päpste ohnmächtig und verfolgt besser als im Vollbesitz der weltlichen Macht, war die leidende Kirche populärer als die triumphierende. Auch diese Lehre drängte sich 1799 auf: Binnen weniger Verfolgungsmonate hatte das Papsttum sehr viel von dem Prestige zurückgewonnen, das es in den beiden Jahrhunderten zuvor verspielt hatte. War es besser, den Kirchenstaat als Ballast über Bord zu werfen? Auch diese Schlussfolgerung schien 1799 viel für sich zu haben. Gezogen haben sie die Päpste der Folgezeit jedoch nicht.

Schon bald nach dem Tod Pius' VI. hellte sich die politische Großwetterlage beträchtlich auf. In Neapel wurde die liberale Republik, die gleichzeitig mit der römischen «Schwester» aus der Taufe gehoben worden war, in einem Meer von Blut erstickt. Nicht der feige König, der sich nach Sizilien unter englischen Schutz begeben hatte, sondern Kardinal Fabrizio Ruffo, ein hochadliger Kirchenfürst von altem Schrot und Korn, hatte die Initiative ergriffen und in Kalabrien eine Armee aus Bauern und Banditen zusammengestellt, die das Königreich von Süden her aufrollte und die Hauptstadt am Vesuv zurückeroberte. Kurz darauf brach auch die römische Republik in Ermangelung französischen Truppenschutzes zusammen. Die antirevolutionäre Koalition war überall auf dem Vormarsch. In Frankreich selbst putschte sich General Napoleon Bonaparte im November 1799 an die Macht; sein Titel eines Ersten Konsuls war eine dünne Tünche über einer reinen Militärdiktatur. Der Zeitgeist wandelte sich schnell. Nach so vielen revolutionären Umwälzungen sehnten die besitzenden Schichten eine stabile Ordnung herbei. Dafür stand die katholische Kirche seit anderthalb Jahrtausenden. So sprach alles für eine neue Symbiose von geistlicher und weltlicher Macht.

Getreu dem letzten Willen Pius' VI. fand das Konklave in Venedig, und zwar im Inselkloster San Giorgio Maggiore, statt. Von 46 Kardinälen waren nur 35 anwesend, darunter 29 Italiener. Mit Ausnahme von je zwei Kreaturen Benedikts XIV. und Clemens' XIV. hatten alle Kardinäle den Purpur von Pius VI. erhalten. Eine in sich geschlossene Braschi-Partei gab es trotzdem nicht, sondern eine Zwei-Parteien-Konstellation, die mancherlei *Déjà-vu*-Erlebnisse weckte: Einer kleinen, aber einflussreichen *zelanti*-Gruppe stand eine Mehrheit der «politischen» Kardinäle gegenüber, die zu gewissen Zugeständnissen an Zeitgeist und Zeitverhältnisse bereit war. Zwischen den Fronten standen die «Neutralen», aus deren Reihen gemeinhin die erfolgreichen Kompromisskandidaten rekrutiert wurden. Doch danach sah es zunächst nicht aus. Dem Kandidaten der «Politischen» fehlten nur zwei Stimmen zur Zweidrittelmehrheit, aber die *zelanti* und ihr Anhang hielten dem Ansturm stand. So wurden nach drei ergebnislosen Monaten die weniger exponierten Kardinäle auf ihre Annehmbarkeit überprüft; nach einem langen Ausscheidungsprozess blieb am 14. März 1800 Barnaba Chiaramonti, Benediktinermönch und Bischof seiner Heimatstadt Cesena, übrig. Gegen ihn sprachen sein «jugendliches» Alter von achtundfünfzig Jahren, seine angebliche Verwandtschaft mit seinem Landsmann Pius VI., der ebenfalls aus

Cesena stammte, und seine politische Unerfahrenheit, die ihn für so bewegte Zeitläufte ungeeignet erscheinen ließ. Doch gerade diese Weltfremdheit war in den Augen der einsichtigen Kardinäle Chiaramontis größtes Plus. Auch wenn sich der Horizont momentan aufgehellt hatte, konnte die Verfolgung der Kirche jederzeit wieder einsetzen. Dann brauchte sie keinen gewieften Diplomaten, sondern einen würdigen Dulder.

Für alle anderen Aufgabenfelder hatte der neue Papst, der sich als Hommage an seinen Vorgänger Pius VII. nannte, einen Mitarbeiter, der ihm nicht erst im Konklave gute Dienste geleistet hatte: Ercole Consalvi, aus römischem Kleinadel gebürtig, ein Prälat von bemerkenswerter Weltoffenheit und Vorurteilslosigkeit, der seine Talente als Verwalter und Diplomat auf allen Stationen seiner brillanten Karriere unter Beweis gestellt hatte und schon im August 1800 zum Staatssekretär und Kardinal aufstieg. Bei aller Loyalität zu Pius VI. und seiner rückwärtsgewandten Kurie hatte Consalvi erkannt, dass Aufklärung und Revolution nicht nur Gefahren, sondern auch Errungenschaften mit sich brachten und Chancen boten, die sich mit der gebührenden Vorsicht auch für Rom und den Kirchenstaat nutzen ließen – Überzeugungen, die der Chiaramonti-Papst teilte oder zumindest tolerierte. Ein weiterer Unterschied zwischen den beiden Pius-Päpsten aus Cesena bestand darin, dass Nepotismus jetzt kein Thema mehr war. Die Chiaramonti, die sich wie so viele Kleinstadt-Honoratiorenfamilien im nördlichen Kirchenstaat mit dem Grafentitel schmückten, wurden zwar 1810 wie die Verwandten der vorangegangenen Päpste in den römischen Adel aufgenommen und heirateten in dessen Kreise ein, doch zu sozialer und politischer Prominenz brachten sie es weder während des Pontifikats noch danach. Einigen Verwandten in Cesena verhalf der Papst zu «Mittelbau»-Stellen im örtlichen Klerus; den Familienpalast, der eine Generation zuvor aufgrund wirtschaftlicher Engpässe verkauft worden war, erwarb er zurück – das war alles.

13.

Selbstabschließung und Sackgasse

Von Pius VII. bis Pius X. (1800–1914)

Napoleons Papst: Pius VII.

Der am 14. März 1800 in Venedig gewählte Pius VII. zelebrierte aufwendig das Gedächtnis seines Vorgängers. Gleich die erste Enzyklika des Pontifikats war dessen «Opfergang» gewidmet; an ihm sollten sich alle Christen ein Beispiel nehmen. Die französischen Bischöfe, Priester und Laien, die sich den gotteslästerlichen Pressionen der Republik widersetzt und die falschen Eide verweigert hatten, wurden ebenfalls als Modell gerühmt. Diese ersten autoritativen Verlautbarungen wurden noch in Venedig erlassen. Doch dann zog es Pius VII. so schnell wie möglich in seine angestammte Hauptstadt, die die neapolitanischen Truppen mittlerweile für ihn zurückerobert hatten. Schon Anfang Juli 1800 residierte somit wieder ein Papst im Vatikan. Doch von einer Wiederherstellung der alten Ordnung konnte keine Rede sein, denn noch war der in Valence gestorbene Pius VI. nicht zu den Gräbern der Apostel heimgekehrt. Diese symbolische Lücke schmerzte, zudem schuldete die Welt nach Ansicht der Kurie dem nach Frankreich deportierten Pontifex maximus umfassende Wiedergutmachung.

Die Verhandlungen darüber, was mit den sterblichen Überresten Pius' VI. geschehen sollte, wurden so zur Haupt- und Staatsaktion. Im Zeichen der sich anbahnenden Versöhnung zwischen Staat und Kirche gab der Erste Konsul Bonaparte nach, erlaubte die Überführung nach Rom und schenkte dem restaurierten Papsttum damit seine erste große Zeremonie. Per Schiff von Marseille nach Genua transportiert, wurde der tote Papst auf seinem Weg nach Rom an jeder Station mit feierlichen Exequien geehrt und dort triumphal wie ein heimkehrender Held, mit der Tiara auf dem Totenschädel, begrüßt und in einer pompösen Zeremonie nach Sankt Peter geleitet, wo ihm der regierende Papst einen ehrfürchtigen Empfang und eine majestätische Begräbnisfeier bereitete. Mit der Rückkehr des entführten Papstes näherte sich die Welt wieder der gottgewollten Ordnung an, die die Revolution zerstört hatte – so lautete die Botschaft der aufwendigen Zeremonie.

Aufräumarbeit musste auch im Kirchenstaat geleistet werden, wo die Verhältnisse durch die Republik ebenfalls aus dem Lot geraten waren. Diese Säuberungen fielen in Rom sehr moderat aus. Im Rahmen der «Entrevolutionierung» wurden die meisten Adligen, Unternehmer, Künstler und Intellektuellen, die mit den Franzosen kollaboriert hatten, als bloße Mitläufer eingestuft und durch eine umfassende Amnestie entlastet. Das war nicht nur ein kluger Akt der inneren Befriedung, sondern auch der Staatsräson: Für den Wiederaufbau des Kirchenstaats, der mit den nördlichen Provinzen seine reichsten Steuerzahler verloren hatte, mussten sowohl Eliten als auch Technokraten gewonnen werden. So schienen die Chancen für einen politischen und administrativen Neuanfang in dieser Stunde null gut zu stehen. Unter der Leitung des Staatssekretärs Ercole Consalvi arbeitete eine Expertengruppe Reformvorschläge aus, die von nicht weniger als vier Kongregationen geprüft und gutgeheißen wurden. Ganz im Zentrum stand die wirtschaftliche Wiederbelebung. Ihr sollte die Freigabe des Handels mit Getreide und anderen primären Bedarfsgütern dienen. Sie sollte Anreize für verstärkte Produktion bieten und wurde von den Grundbesitzern daher günstig aufgenommen; bei den meisten Verbrauchern schürte sie hingegen tief sitzende Ängste. Für kirchenstaatliche Verhältnisse geradezu revolutionär fiel die Neuordnung der öffentlichen Verwaltung aus: Erstmals übernahmen Laien die Leitung wichtiger Behörden, deren Organisation vor allem im Wirtschaftssektor gestrafft, vereinfacht und zentralisiert wurde.

Dasselbe galt für den Bereich der Justiz; hier wurde der Wildwuchs der Kompetenzen und Privilegien nachhaltig gestutzt.

Ein moderner Musterstaat im Geiste der autoritären Aufklärung wurde das Herrschaftsgebiet des Papstes trotzdem nicht. Consalvi selbst musste seinen Masterplan durch Zugeständnisse an Korporationen und andere einflussreiche Lobbys stärker aufweichen, als ihm lieb war. So beraubte er traditionelle Ämter und Institutionen zwar mancher Kompetenzen und Einkünfte, schaffte sie aber nicht ab. Diese Halbherzigkeit sollte sich rächen. Die Vertreter der Institutionen und Schichten, deren Einfluss geschmälert worden war, leisteten auf allen Ebenen zähen Widerstand: von der Kurie, wo sich der letzte Kardinalnepot Onesti-Braschi in seiner Funktion als Camerlengo erbittert gegen alle Neuerungen sperrte, über die Provinzen, wo der Adel den Verlust mancher Vorrechte nicht hinnahm, bis zu Städten und Dörfern, die sich durch die neuen Freihandelsprinzipien ihrer traditionellen Versorgungssicherheiten beraubt sahen.

Kirchenpolitisch begann das neue Jahrhundert für Rom hingegen verheißungsvoll. Napoleon Bonaparte hatte mit der Schlacht von Marengo im Juni 1800 die Hoheit über weite Teile Italiens zurückgewonnen und war daraufhin bestrebt, diese Hegemonie durch inneren Ausgleich in Frankreich wie in den «Schwesterrepubliken» zu festigen. Trotz aller Säkularisierung und ungeachtet der Trennung von Kirche und Staat blieb Frankreich ein mehrheitlich katholisches Land mit tief verwurzelten konservativen Mentalitäten und Instinkten. Daran hatte auch der Verkauf der Kirchengüter nichts geändert. Diese Besitzumschichtungen durften zwar nicht rückgängig gemacht werden, und auch sonst musste jede Rückkehr zu den vorrevolutionären Verhältnissen real und symbolisch sorgsam vermieden werden. War das aber gewährleistet, sprach vieles für den Abschluss eines neuen Konkordats mit dem Heiligen Stuhl. Für die Stabilisierung der französischen Eroberungen auf der Halbinsel war eine solche Versöhnung sogar von höchster politischer Relevanz.

Für die Verhandlungen über ein Konkordat stellten beide Seiten ihre fähigsten Diplomaten zur Verfügung. Für Paris verhandelte der Außenminister Talleyrand, der seine politische Anpassungsfähigkeit in den letzten zwölf Jahren virtuos unter Beweis gestellt hatte, für Rom Consalvi, der sich auf internationalem Parkett sicherer als alle anderen Kurialen bewegte. So kam nach acht Monaten am 15. Juli 1801 ein Abkommen zustande, das beiden Seiten zwar weitreichende Zugeständnisse abverlangte, ihnen aber zugleich in entscheidenden Punkten entgegenkam. Der Papst musste hinnehmen, dass der Katholizismus in Frankreich nicht mehr als Staats-, sondern nur noch als Mehrheitsreligion galt. Die Minderheitenbekenntnisse der Calvinisten und Juden wurden weiterhin als gleichwertig anerkannt, ihre Mitglieder blieben Staatsbürger mit denselben Rechten wie die Katholiken. Allen diesen Kirchen und Konfessionen stand die Französische Republik neutral gegenüber. Die revolutionären Errungenschaften waren damit geschützt, die Republik wahrte ihre Ehre. Umso leichter konnte sie der katholischen Kirche die Rechte zurückgeben, die sie ab 1790 verloren hatte: Der Papst weihte die Bischöfe, die der Erste Konsul Napoleon Bonaparte ernannte – damit war der Grundsatz des Konkordats von 1516 wieder in Kraft.

Doch der alte Gallikanismus, der so vielen Päpsten schlaflose Nächte bereitet hatte, schien tot zu sein. Politisch entschied jetzt die Republik über den französischen Klerus, kirchlich sollte Rom bestimmen. Darauf deutete zumindest eine Schlüsselklausel des Abkommens hin: Alle Bischöfe mussten nach dessen Abschluss gemeinsam ihr Amt niederlegen, um es gegebenenfalls von Gnaden Bonapartes und Pius' VII. zurückzuerhalten. Das war ein Akt des Neuanfangs, aber auch des Exorzismus: Nicht nur die vor 1790 ernannten, also noch aus dem Ancien Régime stammenden Oberhirten, sondern auch die *évêques constitutionnels*, die der Republik den Treueeid geschworen hatten, mussten zurücktreten; damit wurde aus römischer Sicht die Erinnerung an einen schmachvollen Verrat getilgt. Nachhaltigen Widerstand konnte der entmachtete Episkopat kaum mehr leisten. Sein sagenhafter Reichtum war durch die Beschlagnahmungen der Revolutionszeit verloren gegangen. Dass der Papst diese Enteignung jetzt formell legalisierte, war die Quittung für jahrhundertealte Aufmüpfigkeit – lieber eine arme und gehorsame französische Kirche, deren Mitglieder vom Staat besoldet werden, als eine reiche und unabhängige mit gallikanischen Neigungen. Auch den Treueeid auf die Regierung konnte Pius VII. ohne Weiteres akzeptieren. Der Apostel Paulus lehrte schließlich im 13. Kapitel seines Römerbriefs, dass alle staatliche Gewalt von Gott kam; schon Pius VI. hätte den Treueeid auf die römische Republik akzeptiert, wenn darin die Kirche mit inbegriffen gewesen wäre. Für die alten Mächte aber gab Pius VII. damit dem Konsul mehr, als dem Konsul gebührte. Für Kaiser Franz II. und den französischen Thronprätendenten, den späteren Ludwig XVIII., hatte er mit Napoleon den Nachlassverwalter der Revolution und letztlich diese selbst legalisiert; für den Papst hingegen zählte allein, dass die katholische Kirche im einwohnerreichsten Land Europas wieder mit Rom vereint und damit rechtgläubig wurde.

Die Umsetzung des vom Papst im August 1801 ratifizierten und von den legislativen Organen der französischen Republik im April 1802 verabschiedeten Konkordats gestaltete sich jedoch schwieriger als von Rom erwartet. Nur gut die Hälfte der alten Bischöfe erklärte sich zum Rücktritt bereit, die meisten anderen unterzeichneten einen flammenden Protest gegen die Neuordnung, zwei der Unbeugsamen gründeten sogar eine eigene Kirche, die im konservativen Westfrankreich einigen Zulauf fand. Eine noch viel größere Enttäuschung ließ gleichfalls nicht lange auf sich warten. Der Erste Konsul Bonaparte zeigte sich kirchenpolitisch als Erbe Ludwigs XIV.; er ließ die Vier Artikel der Klerusversammlung von 1682 als obligatorischen Lehrstoff in die Curricula der Priesterseminare aufnehmen und machte die Veröffentlichung päpstlicher Dekrete in Frankreich von einer staatlichen Genehmigung abhängig. Pius VII. protestierte dagegen, fügte sich aber, als sein Einspruch wirkungslos blieb.

Im Konkordat für die von Frankreich abhängige «Italienische Republik», die als Nachfolgerin älterer Vasallenstaaten den Großteil Nord- und Mittelitaliens umfasste, ließ sich sogar der für die Kurie so wichtige Ausdruck «Staatsreligion» durchsetzen; größere Freiheiten gewann die katholische Kirche durch diese Anerkennung jedoch nicht.

Der ebenfalls von Frankreich erzwungenen Neuordnung des Heiligen Römischen Reichs deutscher Nation stand der Papst ebenso ablehnend wie machtlos gegenüber. Durch die territoriale Flurbereinigung des Reichsdeputationshauptschlusses von 1803 und die Säkularisation wurden die geistlichen Fürstentümer von der politischen Landkarte getilgt; der zuvor so mächtige Reichsklerus verlor durch die Einziehung von Kirchengütern seine materielle Grundlage. Diesen herben Einbußen versuchte der Papst durch den Abschluss eines Konkordats zu begegnen, jedoch scheiterten die Verhandlungen darüber am Widerstand Napoleons und der größeren Einzelstaaten. Im August 1806 stellte Kaiser Franz II. den Papst vor vollendete Tatsachen: Nachdem immer mehr wichtige Territorien dem von Frankreich beherrschten Rheinbund beigetreten waren, verfügte er die Auflösung des Reiches und machte sich selbst zum Kaiser von Österreich.

In der Zwischenzeit hatten sich die Beziehungen zwischen Paris und Rom immer enger gestaltet. Zum Zeichen dieses Einvernehmens ernannte Pius VII. im Januar 1803 Abbé Joseph Fesch, den Erzbischof von Lyon und Onkel des inzwischen auf Lebenszeit ernannten Ersten Konsuls, zum Kardinal, obwohl dieser als Priester seinerzeit den in Rom so verpönten Treueeid geschworen hatte. Im Herbst 1804 nahm der Papst sogar die Einladung an, bei der Krönung des Ersten Konsuls zum Kaiser der Franzosen mitzuwirken. Das konservative Europa war entsetzt: Der *vicarius Christi* spendete dem Emporkömmling Bonaparte und damit der Revolution seinen apostolischen Segen!

Das pompöse Schauspiel ließ Napoleon, Regisseur und Hauptdarsteller in einer Person, nicht in Reims, dem Krönungsort der französischen Könige, sondern in der Kathedrale Notre-Dame de Paris über die Bühne gehen. Ludwig XVI. war noch mit dem heiligen Öl gesalbt und kirchlich geweiht worden, doch jetzt war der kirchliche Rahmen reine Staffage: Napoleon setzte sich die Krone selbst aufs Haupt und krönte danach seine Gemahlin Joséphine, der Papst thronte stumm daneben, spielte also nur eine Nebenrolle. Die Kirche war zu einem Organ des Staates, der Pontifex maximus zum Kaplan des Kaisers herabgedrückt worden. Diese Botschaft war unübersehbar, wie konnte sich ein Papst zu solch erniedrigenden Statistendiensten hergeben? Das fragten sich hinter vorgehaltener Hand nicht wenige Kardinäle. Pius VII. selbst sah darin nichts Abträgliches, sondern durch seine Mitwirkung eine neue Union von Thron und Altar besiegelt. Dementsprechend ließ er sich auf dem Rückweg nach Rom bejubeln und dort im Mai 1805 einen triumphalen Empfang bereiten.

Doch die Harmonie zwischen dem Kaiser der Franzosen und dem Papst war nicht von langer Dauer. Schon im Herbst 1805 zeigte sich, dass Napoleon den Kirchenstaat als abhängiges Territorium und dessen Herrscher als Vasallen betrachtete. Als Pius VII. mit dem Verweis auf seine Neutralität die Teilnahme an der Kontinentalsperre verweigerte, mit der der Kaiser England ökonomisch in die Knie zwingen wollte, besetzten französische Truppen päpstliche Häfen und kurz darauf Neapel; an die Stelle des wiederum nach Sizilien entflohenen bourbonischen Monarchen trat Napoleons Schwager Murat. Der Papst war jetzt eingekreist und bekam das bald zu spüren. Seine Enklaven im Königreich Neapel wurden mit den dazugehörigen Adelstiteln an verdiente Paladine des Kaisers verliehen. Als diese Maßnahmen nicht die erhoffte Wirkung erzielten, verstärkte Napoleon den Druck: Er erzwang die Absetzung Consalvis als Staatssekretär und schickte einen neuen Botschafter nach Rom, der 1792 im Konvent für den Tod des Königs gestimmt hatte. Die Warnung war unmissverständlich: Die Jakobiner können jederzeit wieder von der Leine gelassen werden, außer dem Kaiser ist niemand sakral.

Seinen Personenkult betrieb Napoleon jetzt auch mit kirchlichen Mitteln und Methoden. So wurde für ganz Frankreich die Verehrung des Heiligen Napoleon vorgeschrieben, den keine Quelle der Kirchengeschichte als solchen verzeichnet; bezeugt ist stattdessen ein Neopolus aus Alexandria, der unter Diocletian zu Tode gefoltert worden sei und dessen am 2. Mai gedacht wurde. Aus Neopolus wurde jetzt Napoleon und dessen Festtag der 15. August, der Geburtstag des Kaisers. So verstanden selbst die Begriffsstutzigsten, wer hier wirklich gefeiert wurde. Damit nicht genug: Im offiziellen Katechismus des Jahres 1806 wurden die französischen Katholiken dazu verpflichtet, nicht nur Gott und die Kirche, sondern auch das Empire und seinen Herrn zu schützen und zu lieben. Diese fortschreitende Vereinnahmung der Kirche durch den Staat sah die Kurie mit wachsendem Unbehagen; Kardinäle wie Bartolomeo Pacca, die den Versöhnungskurs des Papstes für einen Irrweg hielten und das Schlimmste prophezeiten, gewannen an Einfluss.

Dass Pacca mit seiner Einschätzung richtig lag, zeigte sich schnell. Als der Papst weiterhin seine Teilnahme an der Kontinentalsperre verweigerte und von Napoleon ernannte Bischöfe in Italien und Frankreich nicht anerkannte, besetzten französische Truppen im September 1807 den Norden des Kirchenstaats und im Januar 1808 Rom. Zahlreiche Kardinäle mussten Rom verlassen, der Papst zog sich mit Pacca in den Quirinalspalast zurück. Der Schwebezustand dauerte bis zum Mai 1809. Vom frisch eroberten Wien aus verfügte Napoleon, dass Umbrien und Rom nebst Umland als Departements Tevere und Trasimeno dem Empire eingegliedert wurden. Die weltliche Souveränität des Papstes war damit innerhalb von elf Jahren zum zweiten

Mal erloschen. Als Entschädigung für den Verlust des päpstlichen Hofes wurde Rom zur «zweiten Stadt des Kaiserreichs» ernannt. Pius VII. antwortete auf den Verlust seiner politischen Herrschaftsstellung mit einer Bulle, die heimlich an den großen römischen Basiliken angeschlagen wurde: Alle, die sich an dem Angriff auf die Rechte der Kirche beteiligt oder diesem auch nur Vorschub geleistet hatten, wurden mit der Strafe der Exkommunikation belegt. Napoleon wurde zwar nicht namentlich genannt, war aber eindeutig an erster Stelle gemeint und betroffen.

Auf Napoleons Befehl besetzten französische Truppen Anfang Juli 1809 den Quirinalspalast, nahmen Pius VII. gefangen und deportierten ihn zuerst nach Grenoble und von dort nach Savona. In der ligurischen Küstenstadt wurde der Papst zunächst im Rathaus und danach im Bischofspalast interniert. Im Gegensatz zur Deportation Pius' VI. elf Jahre zuvor blieb das Echo diesmal schwach. Europa hatte so viele Staaten stürzen, wiederauferstehen und erneut verschwinden sehen, dass sich der Sensations- und Erregungseffekt in engen Grenzen hielt. Damit schien Napoleons Kalkulation aufzugehen: Im Windschatten der großen historischen Ereignisse würde der Papst, von der Außenwelt sorgsam abgeschirmt, an Bedeutung verlieren und allmählich in Vergessenheit geraten.

Pius VII. spielte die ihm zugedachte Rolle zur Zufriedenheit seiner Aufseher, doch mit umgekehrter Blickrichtung. Als guter Christ leistete er der Staatsgewalt keinen Widerstand, sondern fügte sich in sein Schicksal, ja, er verwandelte sich, wie er später erklärte, wieder in den bescheidenen Benediktinermönch Barnaba Chiaramonti zurück, der er am Beginn seiner kirchlichen Karriere gewesen war. Gott hatte gegeben, Gott hatte genommen, der Name des Herrn sei gepriesen: Die fromme Resignation des Papstes bezog sich auf die Wechselfälle des launischen Schicksals, das nach Gottes unerforschlichem Ratschluss erhob und erniedrigte, doch nicht auf die Würde des Amtes. Der Gefangene von Savona gab in den Jahren seiner Haft kein Jota seiner Ansprüche preis und vertraute auf die Hilfe des Himmels. Mit dieser zugleich demütigen und stolzen Haltung gewann der Papst – ähnlich wie sein Vorgänger – das Prestige zurück, das er durch seine Nachgiebigkeit gegenüber dem französischen Diktator eingebüßt hatte.

Die ersehnte Zeitenwende ließ allerdings auf sich warten. 1810 ließ sich Napoleon von Joséphine scheiden und heiratete die österreichische Kaisertochter Maria Louisa. Damit wurde die Hoffnung des Papstes auf habsburgische Hilfe hinfällig. Von jetzt an drängten auch österreichische Diplomaten den Papst, seine Obstruktionshaltung gegenüber dem allmächtigen Herrn Europas aufzugeben – vergeblich. Da Pius VII. allen von Napoleon ernannten Bischöfen die Bestätigung vorenthielt, suchte dieser nach anderen Lösungen; so sollte der zuständige französische Erzbischof künftig die vom Papst verweigerte Weihe erteilen können. Doch dieses Spiel spielten die französischen Bischöfe selbst nicht mit – die alten Loyalitäten erwiesen sich als zählebiger, als es dem großen Modernisierer auf dem Kaiserthron lieb war. Als dieser seinen Feldzug nach Russland vorbereitete und deshalb alle verfügbaren Truppen im Nordosten Europas konzentrierte, erschien ihm das Risiko, dass die englische Flotte die kostbare Geisel in Savona befreite, so groß zu sein, dass er im März 1812 deren Verlegung nach Frankreich anordnete. Verantwortlich für die neuerliche Deportation war General Camillo Borghese, der Ehemann von Napoleons Lieblingsschwester Paolina und Nachfahre eines Nepoten Papst Pauls V. Diese historische Pointe machte die Runde in ganz Europa, doch der zweifelhafte Ruhm, als Mitglied einer Papstfamilie Gefangenenwärter eines Papstes zu sein, schadete Borghese nicht. Obwohl er die Anweisungen seines Kaisers äußerst rüde ausführte – der Papst musste bei Nacht und Nebel in einer versiegelten Karosse mit nur zwei Begleitern aufbrechen –, fiel er nach dessen Sturz bei seinem ehemaligen Häftling nicht in Ungnade.

Als neuen Aufenthaltsort für Pius VII. hatte Napoleon das Schloss Fontainebleau südlich von Paris bestimmt. Dort traf er nach seinem katastrophalen Rückzug aus dem brennenden Moskau im Januar 1813 mit dem Papst zusammen, um diesem die bislang verweigerten Zugeständnisse abzuringen. Zum Erstaunen seiner Umgebung hatte der Kaiser, geschlagen, aber noch nicht besiegt, mit seinem Drängen Erfolg. Von der langen Gefangenschaft zermürbt, akzeptierte Pius VII. einen Konkordatsentwurf, der mit einem Schlag alles preisgab, was er bislang so hartnäckig verteidigt hatte: Er verzichtete auf Rom als Residenzstadt sowie auf die Einsetzung der französischen Bischöfe und gewann dafür die Freiheit und diplomatischen Sonderstatus. Nach Besprechungen mit seinen gleichfalls aus langer Haft freigelassenen Beratern widerrief er diese Abmachungen jedoch und wurde daraufhin erneut interniert.

Als die Alliierten nach der siegreichen Völkerschlacht bei Leipzig zu Beginn des Jahres 1814 nach Frankreich vorstießen, ordnete Napoleon an, die päpstliche Geisel wieder nach Savona zurückzuverlegen. Auf seiner Reise durch Mittel- und Südfrankreich wurde der zweiundsiebzigjährige Pontifex maximus von den einfachen Leuten als Friedensbringer und Heilsbote verehrt: untrügliche Zeichen dafür, dass sich die Stimmung im Lande gewandelt hatte.

Die zweite Gefangenschaft des Papstes in Savona dauerte nur wenige Wochen. Schon im März 1814 ließ ihn Napoleon nach Bologna bringen, was einer bedingten Freilassung gleichkam. Kurz darauf zogen die Alliierten in Paris ein, der Kaiser dankte ab, und mit Ludwig XVIII. wurde die Bourbonen-Monarchie wiederhergestellt. Pius VII. hatte den Verlauf der Ereignisse in der heimatlichen Romagna abgewartet. Von dort aus verkündete er der katholischen Christenheit seine Bilanz der letzten anderthalb Jahrzehnte: Gott hatte in seinem unendlichen Mitleid geruht, seinen Stellvertreter auf Erden nach fast fünf Jahren brutaler Verschleppung aus den Händen eines Feindes zu erretten, dem sein grenzenloser Hochmut zum Verhängnis geworden war. Auch wenn die Truppen der Alliierten auf dasselbe Ziel hingearbeitet hatten, blieb diese Befreiung ein Wunder, mit dem der Himmel die demütige Zuversicht des stillen Beters im Kerker von Savona belohnt hatte. Das war eine hochgemute Deutung, die alle Ansprüche des Amtes wahrte: Der Papst hatte den Zorn Gottes über die Sünden der Menschen auf sich genommen und durch seinen Opfergang beschwichtigt. So war es jetzt an ihm, der Menschheit den Weg in eine bessere Zukunft zu zeigen.

Wohin dieser Kurs führen sollte, steckten die päpstlichen Beauftragten in Rom und im Kirchenstaat schnell ab: Alle revolutionären Veränderungen waren auszutilgen und die alten Verhältnisse wiederherzustellen. In den fünf Jahren seiner direkten Zugehörigkeit zum französischen Empire hatte Rom einen veritablen Modernisierungsschock erlebt. Unter einer straffen und effizienten Verwaltung mit einem Präfekten an der Spitze, der seine Direktiven aus der Pariser Zentrale erhielt, war ein imponierendes Reformprogramm abgewickelt worden. Mit der Einführung des Code Napoléon war ein modernes Gesetzbuch in Kraft getreten, das bürgerliche Rechtsgleichheit statt feudaler Privilegien garantierte. Steuern und Abgaben wurden vereinheitlicht und betrafen jetzt alle, auch Adel und Geistlichkeit; das seuchenträchtige Kanalisationssystem wurde saniert, Geometer und Mathematiker vermaßen die Stadt und erstellten Statistiken zu Wirtschaftskraft und Bedürftigkeit. Auch städtebaulich hatten die neuen Herren große Pläne: Umfassende Ausgrabungen sollten die erhabenen Ruinen der Antike ans Tageslicht fördern und dadurch das Erziehungswerk krönen, mit dem die französischen Eroberer aus den verweichlichten Sklaven des Papst-Tyrannen wieder Catos und Scipionen machen wollten. Zu diesem Zweck sollten zahlreiche Bauten der päpstlichen Verfallszeit abgetragen, ganze Stadtviertel neu errichtet und neue kühne Straßendurchbrüche vorangetrieben werden. Doch zu dieser Entkernung des römischen Stadtzentrums kam es durch den Sturz des Kaisers nicht mehr.

Aus welcher Richtung der Wind nach der Rückkehr des Papstes wehte, zeigten die neuen Zwangsmaßnahmen gegen die jüdische Gemeinde Roms. Fünf Jahre hatten ihre Mitglieder gleiche Rechte als freie Bürger genießen dürfen, jetzt wurden sie wieder in das enge und unhygienische Ghetto gesperrt. Mit den alten Vorschriften und Gesetzbüchern kehrte auch das traditionelle Verwaltungssystem mit den obligaten Prälaten an der Spitze aller Ressorts zurück. Den Hardlinern in der Entourage des Papstes genügte diese Restauration jedoch nicht. Sie träumten davon, die historischen Uhren noch viel weiter zurückzustellen; ihnen schwebte ein neues Trient oder besser noch ein neues Mittelalter unter einem Papst vor, der den Weltbekehrungseifer Gregors VII. mit der diplomatischen Virtuosität Innozenz' III. verquickte. Den kurialen Ultras stand die Consalvi-Fraktion gegenüber, die aus der Nachlassmasse der Revolution und Napoleons zu retten versuchte, was sich mit einer maßvollen Wiederherstellung und vorsichtigen Neuorganisation des päpstlichen Herrschaftsgebiets vereinbaren ließ. Zwischen beiden Lagern bestanden erhebliche weltanschauliche Differenzen. Diese ideologischen Gräben sollten sich bis ins 20. Jahrhundert hinein vertiefen; von jetzt an folgte fast immer auf einen ultrakonservativen Pontifikat ein moderat liberaler.

Seit 1814 stand der Chiaramonti-Pontifikat ganz im Zeichen dieses Konflikts. Der zunehmend entscheidungsschwache Papst ernannte zwar Ercole Consalvi wieder zum Staatssekretär, gab ihm jedoch mit Bartolomeo Pacca den profiliertesten Vertreter der rückwärtsgewandten *zelanti* zum Stellvertreter. Die Aufgabenverteilung des widersprüchlichen Duos sah vor, dass

Consalvi für die Diplomatie und Pacca für die innere Politik zuständig sein sollte. Seinen Auftrag, die Restitution des Kirchenstaats in seinen Grenzen von 1795 durchzusetzen, bewältigte der Staatssekretär mit der gewohnten Bravour. In Konsultationen mit Paris und London und durch geschicktes Taktieren auf dem Wiener Kongress erzielte er ein Traumresultat: Mit Ausnahme unbedeutender Gebiete nördlich des Po erhielt der Papst sein altes Territorium zwischen Ravenna und Gaeta zurück. Segen oder Fluch? Die Frage, ob dieses *dominio temporale* für den Heiligen Stuhl unverzichtbar war oder eine dauerhafte Belastung darstellte, war damit von offizieller Seite definitiv beantwortet: Der Papst brauchte seinen Staat, um seine Unabhängigkeit von den politischen Mächten zu bewahren. Vor allem aber wollte er durch seine segensreiche Herrschaft über dieses Modellterritorium die Mächtigen davor bewahren, den Irrtümern der Aufklärung und der Revolution ein weiteres Mal zu erliegen: Am Beispiel der Ewigen Stadt sollte die Welt die Lektionen christlicher Politik lernen. Im Sinne des österreichischen Staatskanzlers Metternich waren diese Prinzipien jedoch nicht. Metternich wollte eine wirtschaftliche Modernisierung von oben durch einen ebenso autoritären wie effizienten Verwaltungsstaat. In seiner Aversion gegen Verfassung und Gewaltenteilung ging er mit der Kurie konform, doch deren Blockadehaltung gegenüber allen Strömungen und Tendenzen der Gegenwart gefährdete seine modernisierende Restauration je länger desto mehr.

Was er unter Restauration verstand, machte Pacca rasch unmissverständlich deutlich: Im August 1814 stellte Pius VII. den einundvierzig Jahre zuvor aufgehobenen Jesuitenorden wieder her. Damit sollte das peinliche Kapitel päpstlicher Unterwürfigkeit gegenüber den Monarchien des späten Ancien Regime getilgt und das Konfessionelle Zeitalter mit seinem konsequenten Kampf gegen die Kräfte der Abweichung, Aushöhlung und Unterwanderung wiederauferstehen. Demselben Zweck diente die «Kongregation für den Klerus», die das Verhalten der kirchlichen Elite in den Zeiten der Anfechtung – das heißt: von 1798 bis 1814 – unter die Lupe zu nehmen hatte. An die Stelle der Duldsamkeit, die Pius VII. in einer ähnlichen Situation 1801 an den Tag gelegt hatte, trat jetzt gnadenlose Härte.

Das galt vor allem für die Zeit nach der Schlacht bei Waterloo, in der Napoleon nach seiner überraschenden Rückkehr aus der Verbannung am

18. Juni 1815 ein zweites Mal vernichtend geschlagen wurde. Äußere Bedrohungen, die zur Nachgiebigkeit rieten, waren jetzt nicht mehr in Sicht. So wurden die Prälaten, die sich der allzu eilfertigen «Kollaboration» mit den Mächten der Finsternis schuldig gemacht hatten, ihres Amtes enthoben, darunter sogar ein Kardinal, der in der Engelsburg gefangen gesetzt wurde. Einer totalen Zurückschraubung der inneren Verhältnisse konnte sich Consalvi jedoch mit Erfolg entgegenstellen. 1816 konnte er sogar bescheidene Neuerungen in der Zentralverwaltung des Kirchenstaats durchsetzen, ab 1818 wurden die Feudalrechte des Adels allmählich eingeschränkt. Reaktionärer Kurs und moderater Gegenkurs trafen so unverbunden aufeinander.

Wie es weitergehen würde, musste sich an der Zusammensetzung der kurialen Führungsschicht entscheiden. Hier setzte Consalvi auf die Rekrutierung jüngerer Prälaten aus den Kreisen des moderat liberalen italienischen Adels. Dieser hatte im Norden der Halbinsel mit den Franzosen kooperiert, weil er die Vorteile einer Modernisierung von oben nach dem Vorbild des napoleonischen Frankreich erkannte: Das Gerüst der Feudalgesellschaft war morsch geworden, ein Verzicht auf die damit verbundenen Privilegien daher kein großes Opfer, sondern sogar ein Vorteil, wenn dagegen die Vorrangstellung in einer auf Eigentum und Profit gegründeten Gesellschaft eingetauscht werden konnte. Doch gerade diese junge und dynamische Elite war immer weniger an der Karriere an einer Kurie interessiert, die sie als rückständig einstufte, und setzte ihre Hoffnungen stattdessen auf die nationale Einigung durch die besitzenden und gebildeten Schichten des Landes. Dieser Option stand das restaurierte Papsttum ab 1814 jedoch verständnislos, ja zunehmend feindlich gegenüber. So wurde im Laufe des 19. Jahrhunderts das bislang Undenkbare wahr: Hochadel und Kurie entfernten sich voneinander; an die Spitze der Kirche stieg allmählich ein neuer Prälaten-Typus aus bürgerlichem, nicht selten sogar kleinbürgerlichem Milieu mit zutiefst konservativer mentaler Prägung auf.

Auch außerhalb Italiens festigte sich die römische Position nach 1814 durch Consalvis geschickte Diplomatie. So gelang 1817 der Abschluss eines Konkordats mit dem Königreich Bayern, das darin Abstriche an seinem staatskirchlichen Kurs hinnehmen musste. Durch eine Bulle von 1821, deren Bestimmungen ins preußische Recht Eingang fanden, wurde zudem der Status der katholischen Kirche in Preußen, das auf dem Wiener Kongress mit

Selbstabschließung und Sackgasse

Unbarock und unpathetisch Bertel Thorvaldsens Grabmal Pius' VII. fällt aus dem Rahmen. Fast unauffällig sitzt der Papst Napoleons auf seinem Grabmal in der Peterskirche dem Betrachter gegenüber. Dieser Pontifex maximus triumphiert nicht, sondern segnet und lehrt, von den Allegorien der Tapferkeit und Weisheit zur Rechten und Linken unterstützt. Kraftvoll ist allein sein Blick.

den Rheinprovinzen ausgedehnte katholische Gebiete hinzugewonnen hatte, verbindlich geregelt.

Als Pius' VII. nach dreiundzwanzig Pontifikatsjahren am 20. August 1823 starb, wurde sogar sein Grabmal zu einem Streitobjekt, das die Kurie entzweite und ihre inneren Bruchlinien offenbarte. Auftraggeber des Monuments war Consalvi, der dafür beizeiten die Bildhauer Antonio Canova und Bertel Thorvaldsen vorgesehen hatte, und zwar in dieser Reihenfolge. Da Canova vor dem Papst starb, rückte Thorvaldsen auf Platz eins vor, sehr zum Unwillen, ja zur Beunruhigung der *zelanti*. Der weltweit gefeierte Künstler lebte und arbeitete zwar seit einem Vierteljahrhundert in Rom, war aber Mitglied der dänischen Staatskirche, also Lutheraner, und das hieß für die konservative Kurie: Ketzer. Consalvi war das jedoch egal, er billigte die Skizzen des Grabmals, unterzeichnete den Vertrag – und starb im Januar 1824 selbst; er wurde in San Marcello begraben, sein Herz aber im Pantheon in einer von Thorvaldsen gestalteten Urne. Obwohl die Hardliner nun darauf drängten, dem Protestanten den Auftrag zu entziehen, wurde Consalvis Letzter Wille nicht angetastet, wohl aber Thorvaldsens ursprünglicher Plan modifiziert, der einen Papst ohne Tiara auf dem nackten Sarkophag sitzend vorsah. In der endgültigen Gestalt des Grabmals bei der Cappella Clementina des Petersdoms trägt Pius VII., von den Allegorien der Standhaftigkeit und der Weisheit flankiert, die dreifache Krone und streckt den rechten Arm zum Segen aus, doch vom Triumphgestus der zahlreichen barocken Papstgrabmäler ist die Komposition des dänischen Protestanten weit entfernt. Der Chiaramonti-Papst thront nicht, sondern sitzt sehr viel bescheidener auf einem an antike Amtsstühle erinnernden Podest. Alle Energie und Ausstrahlung ist auf sein Antlitz konzentriert, das Familienwappen geschrumpft und zudem über dem Eingang zur Gruft angebracht. Hier ruht ein Pontifex maximus, der groß im Dulden und frei von Nepotismus war – so lässt sich die Botschaft des eigentümlich verhaltenen und von Anfang an als störend empfundenen Werks zusammenfassen.

Im Konklave vom Herbst 1823 musste sich zeigen, ob die *zelanti* oder die «Consalvianer» den längeren Atem haben würden. Zum weltanschaulichen Gegensatz kam die politische Rivalität zwischen Frankreich und Österreich. Unter Ludwig XVIII. war die Restauration sehr moderat ausgefallen. Die Verfassung von 1814 respektierte die Gewaltenteilung, die Gesetzgebung lag bei einem nach Steueraufkommen gewählten Honoratioren-Parlament. Dementsprechend begünstigte Paris die Erhebung eines moderaten Kardinals, während Metternich auf konservative Kandidaten ohne ultrareaktionäre Anwandlungen setzte. Nach den letzten Kardinalsernennungen Pius' VII. hatten diese die besseren Karten; Consalvi und seine Anhänger konnten nur auf eine Sperrminorität zählen. Im Gegensatz zu so vielen Pattsituationen der Vergangenheit gab es diesmal keine «Neutralen»: Die Französische Revolution hatte Europa politisiert und polarisiert, das zeigte sich jetzt beim Konklave wie in einem Brennspiegel. So blieb als Kompromiss nur die Lösung, einen *zelante* mit kurzer Herrschaftserwartung zu erheben und nach diesem Intermezzo auf eine Klärung der verworrenen Verhältnisse zu hoffen. Diesen Vorgaben gemäß fiel die Wahl am 28. September 1823 auf Kardinal Annibale della Genga, der den Namen Leo XII. annahm.

Restauration: Leo XII.

Der neue Papst war dreiundsechzig Jahre alt, aber chronisch krank, stammte aus einer kleinadligen Familie der Provinz Marche mit Ablegern in Umbrien, also einem ähnlichen Milieu wie seine beiden Vorgänger, war erst 1816 Kardinal geworden, hatte sich aber in seiner Funktion als Kardinalvikar von Rom in den letzten drei Pontifikatsjahren Pius' VII. als politischer Exorzist einen Ruf wie Donnerhall erworben. Unter seiner eisernen Hand wurde die Sittengesetzgebung des Konfessionellen Zeitalters wiederbelebt und mit drakonischer Strenge umgesetzt: Wer das Abendmahl zu Ostern versäumte oder die Ehe brach, wurde unnachsichtig bestraft. Mit den alten Gesetzen kehrten auch die alten Riten zurück, und zwar massiv: Rom wurde wieder zur Schaubühne der religiösen Feste und Prozessionen. Mit besonderer Vorliebe wurden die Stätten verehrt und geschmückt, die unter dem französischen Regime vernachlässigt oder gar profaniert worden waren. Die Stoßrichtung der allgegenwärtigen Zelebrierungen ging nach innen wie nach außen. Rom zeigte dem übrigen Europa und speziell dem arroganten Herrn von Metternich in Wien, was Restauration wirklich bedeutete: nämlich die Resakralisierung des Alltags.

Damit wollte Leo XII. dem Grundübel der Gegenwart abhelfen, das er in einer Enzyklika vom Mai 1824 richtungsweisend für seinen Pontifikat beim Namen nannte: die religiöse Gleichgültigkeit, die sich mit innerer Notwendigkeit aus den Ideen der Aufklärung, besonders der Toleranz, heraus entwickelt habe. Beim Kampf gegen diese tödliche Krankheit müssten die weltlichen Machthaber dem Papsttum zu Diensten sein. Mit diesem Aufruf an die katholischen Herrscher fand der Papst in Frankreich, auf das er seine größten Hoffnungen setzte, kein Gehör. Die restaurierte Bourbonen-Monarchie war darauf angewiesen, durch Zugeständnisse an Konservative und Liberale die Kräfte der Mitte zu bündeln; eine Konfrontation mit dem Zeitgeist, wie sie der Papst wollte, kam ihr daher denkbar ungelegen. In Österreich waren diese fundamentalistischen Tendenzen ebenso wenig willkommen. Intensiven Widerhall fanden die römischen Appelle hingegen in Sardinien-Piemont und in reaktionär regierten Kleinstaaten wie dem Herzogtum Modena.

Wer den Zeitgeist besiegen wollte, musste auf die kommenden Generationen setzen. Getreu dieser Logik widmete sich der Della-Genga-Papst der Neuordnung des Schul- und Erziehungswesens. Dieser Sektor wurde jetzt einer eigenen Kongregation unterstellt. Sie hatte darüber zu wachen, dass die bescheidenen Einsprengsel «weltlicher» Lehrstoffe aus der Zeit Consalvis, der gleich nach Pontifikatsbeginn im Herbst 1823 als Staatssekretär entlassen wurde, getilgt wurden und der Unterricht auf allen Ebenen, von der Primar- bis zur Hochschule, unter jesuitischer Kontrolle wieder vorrangig der Einschärfung und Einübung von Rechtgläubigkeit diente.

Das Heilige Jahr 1825 sollte dem Papst die ersehnte Gelegenheit bieten, sein Rom als Modell einer gottgewollten Ordnung einer breiten europäischen Öffentlichkeit vorzuführen. Doch von den knapp einhunderttausend Pilgern, die an den offiziellen Empfangs- und Beherbergungsstätten registriert wurden, kamen nur drei Prozent aus dem Ausland. Wallfahrten dieser Art waren offenbar in großen Teilen des katholischen Europa aus der Mode gekommen, nicht jedoch in Italien, wo die kleinen Leute wie eh und je zu den Gräbern der Apostel zogen, um den begehrten Plenarablass zu gewinnen. Sie bekamen darüber hinaus viel zu sehen: Fromme Umzüge, öffentliche Bekehrungen, illuminierte und reich geschmückte Basiliken boten ihnen erbaulichen Augenschmaus ganz im Geist von Trient. Demselben Zweck, die Macht des Papstes einzuschärfen, diente ein blutiges Schauspiel am Ende des Jubiläumsjahres: Auf der Piazza del Popolo wurden zwei *carbonari* («Köhler») enthauptet, die einen Polizeispitzel ermordet hatten. Köhler nannten sich die Mitglieder diverser Geheimbünde, die in ganz Italien, aber mit auffälliger Häufung im Norden des Kirchenstaats, den Sturz der etablierten Gewalten planten. Was an deren Stelle treten sollte, darüber waren die Vorstellungen der Verschwörer eher vage: Liberale Verfassungsideen verbanden sich mit einem ausgeprägten Hang zur regionalen Autonomie, aber auch mit heftigen Rivalitäten untereinander und einer Vorliebe für mystische Initiationsriten und steile Hierarchien. Gemeinsam war den stark zersplitterten Untergrundgesellschaften der Hass auf die restaurierte Herrschaft der Priester und – im Widerspruch zum Provinzialismus der konkreten Programme – ein romantisch eingefärbtes Nationalgefühl. Für die überwiegend jungen, meist akademisch ausgebildeten Männer, die sich diesen Zielen verschrieben, verkörperte der Papst die negativen Gegenkräfte der Geschichte und den Verrat an der Nation: Seine Vorgänger hatten im unheiligen Bunde mit der repressiven Kolonialmacht Spanien die kreativen Kräfte Italiens erstickt und auf diese Weise eine große Geschichte abgebrochen, die es jetzt zu erneuern galt. Nicht nur die zornigen jungen Männer in den Geheimgesellschaften wurden von der Ultra-Reaktion in Rom abgestoßen. Auch die liberalen Honoratioren, die die revolutionären Methoden der *carbonari* missbilligten, wurden durch die kleinliche Zensur von Büchern und Zeitschriften verprellt. Regelrechtes Entsetzen erregte das von Leo XII. ausgesprochene Verbot der Pockenimpfung; dieses Verdikt galt fortan in ganz Europa als Beweis dafür, dass das Papsttum dem Fortschritt und den Wissenschaften pauschal den Kampf angesagt hatte. Als weiterer Beleg dafür galt der liberalen Öffentlichkeit die harsche Diskriminierung der Juden, die nach der Einsperrung durch Pius VII. erneut verschärft wurde. Leo XII. ließ dafür eigens das Ghetto erweitern, jedoch nicht sanieren.

Leo XII. reagierte auf die revolutionäre Gärung im Kirchenstaat mit den in seiner römischen Vikariatszeit bewährten Mitteln: Er schickte einen Kardinal mit umfassenden Vollmachten in die unruhige Romagna, um dort durch Massenprozesse aufzuräumen. Mit diesem brachialen Vorgehen stieß er die moderaten Kreise jedoch noch mehr vor den Kopf. Selbst konservative Kreise zeigten sich befremdet. Die Wirtschaft des Kirchenstaats stagnierte, halbherzige Förderungsmaßnahmen verpufften ergebnislos. Und an der Kurie machten nur ultrakonservative Prälaten aus den Heimatprovinzen des Papstes Karriere. So gewann der alte Nepotismus durch die gezielte Förderung von «Provinzgenossen» ein ganz neues Gesicht. Intensiv widmete sich Leo XII. gemäß seinem Selbstverständnis als Wiederhersteller der alten

Kirche der Fürsorge für die Armen, denen er nach langer Durststrecke wieder stabile Brotpreise garantierte. Populär wurde er trotzdem nicht. Dem standen seine rigiden Disziplinierungsversuche entgegen. Zulassungsbeschränkungen für römische Tavernen, wie sie der Della-Genga-Papst erließ, hatte selbst ein Pius V. auf dem Höhepunkt der katholischen Reform nicht zu dekretieren gewagt. Den katholischen Mächten ihrerseits behagte die Schroffheit nicht, mit der die römische Kurie ihre Weisungshoheit in allen politischen und kulturellen Fragen verkündete; die Zeiten einer klerikalen Weltdeutungshegemonie waren auch in den Augen gestandener Konservativer vorbei und die kirchlichen Immunitäten da, wo sie noch bestanden, ein Ärgernis.

Rom und der Kirchenstaat wurden so zu Schwachstellen des restaurierten Europa. Während in Polen oder Griechenland starke Nationalbewegungen aufkamen, war im Herzen Italiens der katholische Fundamentalismus mit seiner Verweigerungshaltung gegenüber der Moderne in all ihren Erscheinungsformen der Störfaktor. So musste ausgerechnet der österreichische Staatskanzler den Papst zu moderaten Reformen seines wirtschaftlich darniederliegenden und rückständig regierten Staatswesens drängen. Wie immer in solchen Fällen wurden Alibi-Kommissionen ins Leben gerufen, die Vorschläge für eine effizientere Zentralverwaltung ausarbeiteten. Diese wurden zwar im Finanzsektor teilweise umgesetzt, doch schrieb das Staatsbudget Jahr für Jahr weiter rote Zahlen. Selbst den Zeitpunkt seines Todes am 10. Februar 1829 verzieh das römische Volk dem ungeliebten Papst nicht: Wegen der Trauerfeierlichkeiten wurden die Feiern und Vergnügungen des Karnevals verboten.

Kurze Öffnung, lange Isolation: Pius VIII., Gregor XVI.

Das Konklave im Februar und März 1829 wurde wie sechs Jahre zuvor vom Gegensatz zwischen *zelanti* und Gemäßigten beherrscht – mit einem bedeutsamen Unterschied: Frankreich geriet unter König Karl X. in immer konservativeres Fahrwasser und begünstigte daher gleichgesinnte Kandidaten, während Metternich einen Papst vom Schlag Leos XII. tunlichst verhindern wollte. Darin war er sich mit so vielen Kardinälen einig, dass Ende

März mit Francesco Saverio Castiglioni ein waschechter Consalvianer das Rennen machte. Allerdings war das ein Sieg auf Zeit; mit seinen siebenundsechzig Jahren und chronischen Krankheiten musste auch Castiglioni als klassischer Übergangspapst gelten. Wem er nacheifern wollte, zeigte der neue Papst, der wie seine drei Vorgänger aus dem Provinzadel des nördlichen Kirchenstaats stammte, bereits mit der Wahl seines Namens: Als Pius VIII. versprach er seinen Wählern, den Kurs einer vorsichtigen Öffnung zur Gegenwart aus den Anfängen Pius' VII. fortzusetzen, ohne dabei von den traditionellen Ansprüchen des Papsttums abzurücken. Das hieß konkret, politische Zugeständnisse zu machen, wo sie unumgänglich schienen, doch an den Rechten der Kirche, wie sie von Rom verstanden wurden, eisern festzuhalten; so verkündete es die für den Pontifikat wegweisende Enzyklika «Traditi humilitati» vom 24. Mai 1819. In Rom und im übrigen Kirchenstaat schlug sich der Pontifikatswechsel denn auch nicht in neuen Programmen, sondern in einem entspannteren Klima und in symbolischen Gesten nieder. So wurden schikanöse Maßnahmen wie die viel bespöttelten Kontrollen der römischen Gasthäuser aufgehoben und die Bespitzelungen von Staatsbediensteten und Priestern eingestellt, für die Leo XII. sogar eine eigene Kongregation eingesetzt hatte. Den Kampf gegen die Geheimbünde der *carbonari* in der Romagna setzte der Castiglioni-Papst mit unveränderter Intensität fort, allerdings ohne Todesurteile vollstrecken zu lassen. An seinem negativen Urteil über die Gegenwart änderte dieses partielle Entgegenkommen jedoch nichts. Auch er sah das Hauptproblem der Zeit in der Abwendung von Gott und der Religion als Folge der Aufklärung, doch fielen die Töne der Missbilligung und Absage jetzt deutlich milder aus als unter dem kämpferisch gesinnten Della-Genga-Papst.

Wie Pius VII. machte sich sein Nachfolger im Geiste das Prinzip zu eigen, Machtverhältnisse anzuerkennen, auch wenn sie aus revolutionären Umwälzungen hervorgegangen waren. Das kam den neuen südamerikanischen Staaten zugute, die sich ab 1810 in Unabhängigkeitskriegen vom spanischen Mutterland abgelöst hatten. Mit der Entsendung apostolischer Vikare bestätigte der Papst de facto ihre Unabhängigkeit, bevor diese von Madrid akzeptiert wurde. Den Hass der Traditionalisten zog sich der Castiglioni-Papst zu, als er im Herbst 1830 gegen das Votum einflussreicher Ratgeber den «Bürgerkönig» Louis Philippe und damit das Ergebnis der französischen Juli-Revolution anerkannte. Kurz darauf ging mit dem Tod Pius' VIII. am 30. November 1830 der «liberalste» Pontifikat des 19. Jahrhunderts nach gerade einmal zwanzig Monaten zu Ende. Seine Bilanz fiel für alle Seiten ernüchternd aus. Durch seine Versuche, die Fundamentalopposition der Kirche zur Gegenwart zu überwinden, hatte Pius VIII. unfreiwillig gezeigt, wie klein die Spielräume für Veränderungen in Rom waren. Wenn dieser Pontifikat das Maximum an Reformwillen und Innovation darstellte, zu dem sich die Kurie aufraffen konnte, wie sollte es dann im Verhältnis von Papsttum und Außenwelt weitergehen? Diese Frage musste man sich nicht nur in Wien immer besorgter stellen. Eine vorläufige Antwort hatten die Kardinäle im nächsten Konklave zu geben.

Es begann Mitte Dezember 1830 und endete am 2. Februar 1831, einen Tag, bevor in Bologna ein Aufstand gegen die päpstliche Herrschaft ausbrach, dem sich binnen Kurzem drei Viertel des Kirchenstaats anschlossen; nur in Rom blieb es wie immer ruhig. Die Angst vor einer Revolution beherrschte schon die Wahlverhandlungen im Konklave. Sollte man dem Zeitgeist ein Stück weit entgegenkommen, um das Schlimmste zu verhindern, oder ihm eine harsche Absage erteilen und das Übel im Keim ersticken? Darüber waren die Kardinäle weiterhin so tief zerstritten, dass die Wunschkandidaten beider Seiten chancenlos waren. Als es angesichts der sich zuspitzenden politischen Lage schnell gehen musste, hatten die *zelanti* die besseren Karten: Der Sieger Bartolomeo Cappellari, Notarssohn aus Belluno im Veneto, stand dem ultrakonservativen Flügel der Kardinäle nahe. Das zeigte sich schon in seinem neuen Namen: Als Gregor XVI. huldigte er nicht nur Gregor XV., dem Gründer der Propaganda-Kongregation, der er als Kardinal seit 1826 vorgestanden hatte, sondern vor allem Gregor VII., der gegen den wütenden Widerstand der Mächtigen die göttliche Weltordnung unter der unumschränkten Hoheit des Papstes durchzusetzen versucht hatte. Diesen Primat hatte Cappellari als junger Camaldulenser-Mönch in einer antirevolutionären Kampfschrift verteidigt, zusammen mit der Unfehlbarkeit und der Unauslöschlichkeit der doppelten päpstlichen Herrschaft über Kirche und Kirchenstaat.

Den revolutionären Agitationen im Norden seines Territoriums stand der neue Papst hilflos gegenüber. Sie wurden von österreichischen Truppen niedergeworfen, denen französische Kontingente auf dem Fuße folgten. Beide kontinentalen Vormächte blieben volle sieben Jahre in der Romagna, so wenig trauten sie dem Frieden, den sie mit Waffengewalt wiederhergestellt hatten. Dabei waren die Forderungen der Aufständischen sehr moderat, sieht man von den nationalen Parolen als unvermeidlichem Zugeständnis an den Zeitgeist ab. Die besitzenden und gebildeten Schichten verlangten im Zeichen liberaler Gewaltenteilung eine zeitgemäße Teilhabe an der Politik und ihren Schlüsselpositionen, standen sich mit ihren lokalen Eigeninteressen und Eifersüchteleien jedoch selbst im Wege. Eine Einheitsfront der fortschrittlichen Kräfte konnte sich so nicht bilden, von einer Mobilisierung der Massen ganz zu schweigen. Die Untergrundgesellschaften hatten mit dem kläglichen Verlauf des Aufstandes ein für alle Mal ihre Untauglichkeit im Kampf für ein neues, modernes Italien erwiesen; zu tief wurzelten sie mit ihrem Partikularismus und ihrer Verschwörungsmystik in der Vergangenheit. Einen Schlussstrich unter die Zersplitterung und den Obskurantismus der liberalen Kräfte zog kurz nach dem Scheitern der «Februar-Revolutionen» von 1831 ein junger Genuese namens Giuseppe Mazzini.

Mazzinis Strategie bestand darin, den herrschenden Gewalten offen den Kampf anzusagen; sein Bund nannte sich «Junges Italien», *Giovine Italia*, und legte sein revolutionäres Programm offen dar. Seine Mitglieder bildeten wie die *carbonari* eine verschworene Gemeinschaft, doch mit neuen Ideen und Parolen, die die überkommene Gedankenwelt der verknöchert rationalistischen Aufklärung überwinden sollten und die nationale Einigung Italiens zu einer gottgewollten Mission erhoben. Gott, der Lenker der Geschichte, hatte den Nationen unterschiedliche Aufgaben gestellt. Frankreich hatte 1789 die morsche alte Welt zerschlagen und dem Neuen den Weg gebahnt; damit war die historische Rolle der Grande Nation ausgespielt. Jetzt hing alles von Italien ab. Italien, die Christus-Nation, die seit dem 16. Jahrhundert von Spanien und den reaktionären Päpsten gekreuzigt wurde, würde die Welt durch ein Meer des Leidens auf den Weg des Wiederaufstiegs führen. Nicht von schnöden materiellen Interessen, sondern vom reinen Willen beseelt, Nation werden zu wollen, würden die Italiener aus eigener Kraft die fremden Herren aus dem Land verjagen und sich dann durch freiwilligen Verzicht der Reichen zu einer brüderlich teilenden Solidargemeinschaft zusammenschließen. In dieser Vision eines urchristlich anmutenden Sozialismus kam ausgerechnet Rom, der Stadt der Dispense, die Rolle des einigenden, alle Privilegien überwindenden Mittelpunkts zu. Für den Papst sah Mazzini dabei keine Rolle vor. In seinen Augen hatte der Pontifex maximus die Prinzipien der wahren Religion verleugnet und die Kirche zu einer korrupten Institution zugunsten der Mächtigen herabgewürdigt. Seine Macht musste untergehen, damit Italien leben konnte.

Je mehr unter den jüngeren Angehörigen der höheren Schichten die Vorstellung um sich griff, dass Italien nach der langen Nacht der Nationalgeschichte glanzvoll und geeint wiederauferstehen müsse, desto drängender stellte sich auch den gemäßigten Kreisen die Frage, welchen Platz der Papst in diesem künftigen Nationalstaat einnehmen würde. Eine Alternative zu dem von Mazzini angestrebten säkularen Nationalstaat wurde in den 1840er-Jahren von dem piemontesischen Priester Vincenzo Gioberti entwickelt. Er plante eine lockere Föderation von moderat modernisierten Einzelstaaten unter dem Ehrenvorsitz des Pontifex maximus, der damit seiner so lange veruntreuten Mission eines väterlichen Schiedsrichters endlich gerecht werden konnte. Die Chancen, dieses Modell zu verwirklichen, hingen davon ab, wie sich der Papst zur Nationalbewegung in ihren unterschiedlichen Erscheinungsformen stellen würde. Unter Gregor XVI. sah es jedenfalls nicht so aus, als ob Rom in diesem Prozess eine Führungsrolle übernehmen könnte, ganz im Gegenteil. Für die besitzenden Schichten, die ihre Privilegien und ihre Vorrangstellung in eine zeitgemäße neue Gesellschafts- und Staatsordnung hinüberretten wollten, bot sich neben den Modellen von Mazzini und Gioberti ein dritter Weg, die piemontesische Lösung, an. Das in Turin regierende Haus Savoyen sollte seine Herrschaft nach Süden ausdehnen und dort nach piemontesischem Vorbild eine hierarchische Sozialordnung mit effizienter Verwaltung und strikter Polizeikontrolle durchsetzen. Wie das mit der Eigenstaatlichkeit des Papstes zu vereinbaren war, stand allerdings in den Sternen.

Metternichs Truppen warfen die Revolten im Kirchenstaat im Februar 1831 zwar nieder, doch die Forderungen des allmächtigen österreichischen Staatskanzlers an den Papst ähnelten dem Programm der geschlagenen *carbonari*. Das zeigte sich bei einer Konferenz, zu der im März 1831 die Vertreter Österreichs, Frankreichs, Englands, Russlands und Preußens in Rom zusammenkamen. Sie repräsentierten die unterschiedlichsten politischen Systeme von entschieden liberal bis extrem autokratisch und waren sich doch im entscheidenden Punkt einig: Der Kirchenstaat war ein Störfaktor, der durch seine anachronistischen Prinzipien zum politischen Seuchenherd Europas zu werden drohte. Konkret rieten die Diplomaten dem Papst daher dringend, die Schlüsselpositionen im Kirchenstaat nicht mehr mit Geistlichen zu besetzen, Gemeinderäte auf Basis des Zensuswahlrechts einzurichten, eine übersichtlichere Finanzverwaltung einzuführen und das mittelalterlich anmutende Justizsystem zu modernisieren. Es sollte nicht der letzte Mächtekongress dieser Art bleiben, und gerade deshalb ist zu fragen, worum es dabei eigentlich ging.

Eine Revolution im Nachhall des Pariser Julis hatten auch andere Staaten erlebt, der russische Zar konnte im annektierten Polen davon ein Lied singen; dass die Grundsätze seiner Staatsführung «moderner» als die des Papstes waren, ließ sich mit Fug und Recht bezweifeln. Dass sich die Kritik des weiterhin mehrheitlich «restaurierten» Europas auf Rom konzentrierte, musste also andere, tiefer liegende Gründe haben: Der Papst wollte kein Herrscher wie die anderen sein und erst recht nicht an deren Elle – sei es Staatsräson, Reformismus, Finanzaufkommen oder Militärstärke – gemessen werden. Die päpstliche Herrschaft über den Kirchenstaat war mehr denn je als permanenter politischer Anschauungsunterricht gedacht, er sollte den weltlichen Machthabern zeigen, wie sie nach göttlichem Willen zu regieren hatten. Wenn die Abweichung zwischen Rom und der übrigen Welt zunahm, war das für den Papst kein Anstoß für Veränderungen, sondern ein schlagender Beweis dafür, dass das Böse an Gewalt zunahm.

Die Zeiten, in denen Päpste diese harte Wahrheit offen aussprechen konnten, waren jedoch vorbei. So machte Gregor XVI. gute Miene zum bösen Spiel: Er kam den Forderungen von außen formell entgegen, um einschneidende Veränderungen umso erfolgreicher torpedieren zu können. Dem Reformmemorandum der Großmächte entsprechend, wurde das päpstliche Staatssekretariat in zwei Ministerien für Innen- und Außenpolitik aufgeteilt, was außer dem Staatssekretär niemandem wehtat, doch erhielt der Kirchenstaat weder eine zeitgemäße Finanzverwaltung noch ein einheitliches Straf- oder Zivilgesetzbuch, geschweige denn einen kohärenten Gerichtsinstanzenzug. In diesem sensiblen Bereich genossen Adel und Geistlichkeit weiterhin die alten Privilegien; auch die anachronistischen Strafandrohungen des Konfessionellen Zeitalters für Sitten- und Glaubensvergehen dauerten fort. Die Überlegenheit des Kirchenstaats bestand in den Augen der Kurie gerade darin, das Ewige über das Zeitliche, das Jenseits über das Diesseits, die Religion über die Politik zu stellen. Deshalb waren Geistliche auch die besseren Politiker: Sie hatten die Welt überwunden und konnten sie daher ohne Eigeninteressen regieren. Zusammen mit den Familien, die selbst Päpste gestellt hatten und aufgrund ihrer Verdienste um die Kirche mit Herrschaftsrechten im Kirchenstaat ausgezeichnet worden waren, bildeten sie eine verschworene Gemeinschaft, die sich der verderblichen Tendenz der Gegenwart widersetzte, Staat, Kultur und Wissenschaft von der Deutungs- und Lenkungshoheit des Papstes abzukoppeln. So stand die Moderne in Rom für das Böse in all seinen Erscheinungsformen. Seinem Eindringen in das päpstliche Herrschaftsgebiet musste daher mit allen Mitteln die Stirn geboten werden. Ob es in der Verkleidung von Pockenimpfung oder wissenschaftlichen Kongressen auftrat, tat nichts zur Sache; der päpstliche Glaubens- und Reinheitswächter erkannte den diabolischen Kern sofort und ließ sein Verbot auf dem Fuße folgen. Selbst die moderne Eisenbahn-Technologie war verdächtig. Dabei hätte sie der rückständigen Wirtschaft im Kirchenstaat aufhelfen können.

Dass die Wirklichkeit anders aussah als die Theorie, konnte Gregor XVI. und seine Kurie nicht beirren. Dass das römische System des reglementierten Marktes mit seinen Ausfuhrverboten und Binnenzöllen inmitten von Staaten, die wie die Toskana zum Freihandel übergegangen waren, die Getreide- und Brotpreise in Rom und den Provinzen nach oben trieb, statt sie zu senken, wurde nicht zur Kenntnis genommen. Dass die weiterhin hohe Subventionierung des römischen Brotpreises Initiativen lähmte, Investitionen verhinderte, die Zahl der Bettler vermehrte, das jährliche Staatsdefizit atemberaubende Höhen erklimmen und den Schuldenstand in vier Jahrzehnten von Null auf vierzig Millionen Scudi ansteigen ließ, war allgemein bekannt, fiel aber gegenüber der Tradition nicht ins Gewicht. Die Tradition verpflichtete den Papst, die Armen so und nicht anders zu schützen. Besserwisserische Ökonomen mochten den Nutzen dieses Systems infrage stellen, doch das waren rationalistische Kritteleien glaubensloser Liberaler.

Dieselben unveräußerlichen Prinzipien galten für die äußere Politik, wie Gregor XVI. mit einer Enzyklika vom August 1831 kategorisch festhielt. In der Tradition Pius' VI. erkannte er Machthaber und Regierungen als *faits accomplis* an, auch wenn sie von Revolutionen nach oben gespült worden waren, doch im höheren Sinne legitimiert wurden sie dadurch nicht. Mit den Vertretern solcher Regime Verhandlungen zum Schutz der Kirchen und Geistlichen zu führen, war eine von den widrigen Umständen diktierte Notstandsmaßnahme. Diese Unterscheidung zwischen legitimen und illegitimen Gewalten hatte weitreichende Konsequenzen für die Direktiven der kirchlichen Diplomaten.

In Preußen stellte sich das Problem der «Mischehen» von Lutheranern oder Reformierten – beide wurden 1817 vom König «uniert» – und Katholiken verstärkt seit der Eroberung Schlesiens durch Friedrich II. und den territorialen Zugewinnen im katholischen Rheinland nach dem Wiener Kongress. Vor allem in den konfessionell heterogenen westlichen Provinzen spitzte sich die Situation unter Gregor XVI. zu. Sein Vorgänger Pius VIII. hatte kurz vor seinem Tod in einem Breve verfügt, dass sich bei gemischt konfessionellen Eheschließungen die Rolle des katholischen Priesters auf «passive Anwesenheit» ohne Segensspendung beschränken sollte, wenn nicht zuvor das bindende Versprechen gegeben worden war, die Kinder, die aus der Verbindung hervorgehen würden, katholisch zu erziehen. Solche Heiraten galten zwar als kanonisch gültig, wurden jedoch von den Betroffenen als so unbefriedigend empfunden, dass sich die preußische Regierung zum Eingreifen veranlasst fühlte. Sie einigte sich 1834 mit den Bischöfen auf eine Verlautbarung, die die päpstlichen Bestimmungen abschwächte und dadurch die ersehnte Einsegnung der Ehen durch den katholischen Geistlichen ermöglichte. Als der Erzbischof von Köln diese Vereinbarung 1836 aufkündigte und zu den Verfügungen Pius' VIII. zurückkehrte, wurde er im Herbst 1837 auf Anweisung König Friedrich Wilhelms III. verhaftet. Hatte sich der Papst bislang zurückgehalten, so protestierte er jetzt mit aller Schärfe gegen diese Zwangsmaßnahmen, die er als Missbrauch der weltlichen Gewalt brandmarkte. Die Lage entspannte sich erst mit dem Regierungsantritt des neuen, dem Katholizismus gegenüber positiv eingestellten Königs Friedrich Wilhelm IV. drei Jahre später. Obwohl von Gregor XVI. aufgrund seines heroischen Widerstands gegen staatliche Willkür belobigt, durfte der gemaßregelte Oberhirte nach seiner Freilassung nicht in seine Diözese zurückkehren, behielt aber die mit dem verlorenen Amt verbundenen Titel und Würden.

So unnachgiebig der Papst gegenüber «häretischen» Machthabern auftrat, so flexibel fiel sein Umgang mit katholischen Herrschern und Staaten aus. Hier konnte sich Gregor XVI. vom starren Legitimismus lösen, dem sich die Kurie ansonsten verschrieben hatte, etwa durch seine Politik gegenüber den neuen lateinamerikanischen Staaten, die in Spanien weiterhin auf Widerstand stieß.

Sein Verhältnis zur Welt und ihrer Geschichte legte der Camaldulenser-Papst in der Enzyklika «Mirari vos» vom 15. August 1832 nieder, die mit der französischen Zeitschrift *L'Avenir* und ihrem Herausgeber, dem Theologen und Philosophen Hugues Félicité Robert de Lamenais, abrechnete. Darin hieß es: «Ehrwürdige Brüder. Wir handeln von Angelegenheiten, die ihr selbst mit euren eigenen Augen erkennen könnt und die wir vereint beklagen. Unsaubere, freche Wissenschaften und entfesselte Dreistigkeit erfechten unverschämte Triumphe, das heilige Wesen der Gott geweihten Dinge ist der Verachtung preisgegeben, die von der Kirche vorgeschriebene Verehrung des Herrn, die in früheren Zeiten so mächtig war, wird von verabscheuungswürdigen Menschen verlacht, profaniert und verspottet. Daher wird die reine Lehre in die Irre geführt, während alle möglichen Irrtümer Anerkennung genießen. Vor der Unverschämtheit dieser Leute, die nichts als Unrecht verkünden, ist nichts geschützt» (Lettres apostoliques de Pie IX, Grégoire XVI, Pie VII, encycliques, brefs, etc., Paris 1901, S. 200 f.). So wandte sich Gregor XVI. an alle katholischen Bischöfe. Zu den Dreisten und Frechen rechnete er an vorderster Stelle Lamenais. Dieser hatte die Synthese von Katholizismus und aufgeklärten Freiheitsrechten gewagt und sich dadurch einen Neubeginn von Glauben und Kirche im Land Voltaires versprochen. Für den Papst war das ein fataler Abfall von den Prinzipien der biblisch verbürgten Wahrheit: Durch die Gnade Christi war die Kirche ihre ganze Geschichte hindurch ihrem Auftrag unverbrüchlich treu geblieben. So war allein schon der von Lamenais entwickelte Gedanke ihrer Erneuerung, geschweige denn Wiedergeburt, eine unerträgliche Herabwürdigung der Tradition, setzte er doch Niedergang und Krise voraus. Krisenhaft aber war allein die Welt, da sie gesetzmäßig dazu neigte, gegen die segensreiche Leitungskompetenz der Kirche zu rebellieren. Das ganze Elend der Gegenwart war auf diese fatale Abweichung zurückzuführen. Die angeblichen Erneuerer der Kirche waren daher in Wirklichkeit ihre Schänder, denn sie wollten aus der göttlichen Stiftung und ihrer vom Himmel gewährleisteten Irrtumsfreiheit eine rein menschliche, dem Vor- und Zurückfluten der Zeit unterworfene Institution machen, um sich ihrer umso leichter bemächtigen zu können. Die Kirche und ihr Haupt aber standen mit ihrer Verkündigung ewiger Wahrheiten über dem Auf und Ab der Geschichte, auch wenn sie den Anschlägen des Bösen in seiner zeitlichen Gestalt unterworfen waren. So gebührte es allein dem Papst, zu entscheiden, wann Ausnahmen von traditionellen Normen und Gesetzen gemacht werden durften, um die äußere Form der Kirche den historisch bedingten Verwandlungen der Welt anzupassen.

Unter Berufung auf Leo I. und weitere Gründergestalten des Papsttums nahm Gregor XVI. damit eine Hegemonie der Weltdeutung in Anspruch, die auch für moderate Katholiken um die Mitte des 19. Jahrhunderts nicht mehr hinnehmbar war. Dass es eine höchste Instanz geben musste, die durch ihre unangefochtene Autorität schädliche Einflüsse ausschaltete und so die Reinheit der kirchlichen Lehre garantierte, galt ihnen als unstrittig. Doch war auch für die romtreuesten Gläubigen nicht ohne Weiteres einsehbar, was liberale Verfassungen und wissenschaftlicher Fortschritt mit diesen hehren Prinzipen zu tun hatten. Genau darin bestand für Denker wie Lamenais denn auch die eigentliche Krise der Kirche. Sie musste zwischen dem Unveräußerlichen und dem Zeitbedingten besser unterscheiden lernen: kulturell, sozial und politisch.

Als Gregor XVI. am 1. Juni 1846 starb, war es für solche Differenzierungen höchste Zeit, wenn nicht sogar schon zu spät. «Bürgerwehren», die sich oft aus kriminellen Banden rekrutierten, terrorisierten alle echten oder vermeintlichen Gegner der päpstlichen Herrschaft in der Romagna und machten diese damit nur noch unpopulärer. Wenn der Papst sich dem Drang nach der Vereinigung Italiens in einem Nationalstaat weiterhin so schroff verweigerte, musste er damit rechnen, dass diese Entwicklung über ihn hinweggehen und zumindest seine weltliche Herrschaftsstellung beseitigen würde. Wenn er aber diese offensichtlich unaufhaltsame Entwicklung mitgestalten wollte, mussten jetzt oder nie die richtigen Zeichen gegeben werden.

Flirt mit dem Risorgimento und die Revolution: Pius IX., 1846–1849

Der Streit darüber, wie die Signale in Richtung Liberalismus und italienischer Einigung ausfallen sollten, bestimmte das Konklave vom Juni 1846. Es wurde mit zwei Tagen kurz, der Pontifikat des so schnell gewählten Papstes mit mehr als einunddreißig Jahren aber der mit Abstand längste der Geschichte. Obwohl mit vierundfünfzig Jahren eigentlich zu jung für das alte Amt, wurde Kardinal Giovanni Maria Mastai Ferretti von Konservativen und Moderaten gleichermaßen als einzig akzeptabler Kompromisskandidat angesehen. Welcher Richtung er näherstand, machte der neu Gewählte mit seinem Amtsnamen deutlich: Als Pius IX. versprach er an die verschüttete Tradition Consalvis und der gemäßigten Reformer anzuknüpfen. Auch geographisch, sozial und kulturell schien diese Kontinuität perfekt gewährleistet zu sein: Wie Pius VII. und Pius VIII. stammte Pius IX. aus dem Kleinadel des nördlichen Kirchenstaats, dem klassischen Rekrutierungsmilieu des Papsttums im 19. Jahrhundert. Als junger Kleriker hatte sich der Grafensohn im sozialpolitischen Bereich und als Erzbischof von Imola als Verfechter eines vermittelnden Kurses zwischen den Extremen profiliert. Außenpolitische Erfahrungen besaß der Provinzhirte hingegen kaum, sieht man vom exotischen Intermezzo einer Reise nach Chile, quer durch die Anden, ab, die er als Sekretär eines erfolglosen Nuntius, aber für seine Karriere durchaus förderlich absolvierte. Ungewöhnlich am Vorleben des neuen Papstes war vor allem seine Krankengeschichte. Zwischen dem zehnten und dreißigsten Lebensjahr verzeichnete sie epileptische Anfälle, die nach dem Abklingen der akuten Symptome in heftige Gefühlsbewegungen übergingen.

Diese reizbare Emotionalität äußerte sich in einem breiten Spektrum an Verhaltensweisen, von gesteigerter Empathie und sprühendem Witz über plötzliche Panik bis hin zu schroffer Härte, schlug sich aber auch in einem starken Bedürfnis nach Konsens und Huldigung, ja Schmeichelei nieder. Auf die meisten Zeitgenossen, gerade auch andersdenkende, wirkte Pius IX. trotzdem wie das lang ersehnte Gegenbild zu seinem ältlichen, mürrischen, engherzigen und pessimistischen Vorgänger, nämlich weltoffen, kommunikativ und – in Maßen – innovativ. Mit diesem Papst war ein Generationensprung vollzogen, der zu einem neuen Verständnis der Gegenwart führen musste. Selten wurde ein neuer Pontifikat mit so kühnen Erwartungen und Hoffnungen begrüßt wie im Juni 1846. Aus seiner Kritik an den verkrusteten Verhältnissen im Kirchenstaat hatte der Kardinal Mastai Ferretti kein Hehl gemacht, ebenso wenig wie aus seiner Abneigung gegen fanatische Liberale und Ultrakonservative. Auf seinen dritten Weg wartete ganz Italien mit atemloser Spannung.

Die ersten Signale schienen den Befürwortern eines neuen Kurses vielversprechend. Einen Monat nach seiner Wahl proklamierte Pius IX. eine Amnestie für politische Gefangene. Begnadigungen oder Strafverkürzungen nach einem Konklave gehörten seit Jahrhunderten zum festen Riten-Repertoire des Papsttums; der als Verschwörer verdächtigte politische Querdenker Niccolò Machiavelli erlangte durch einen solchen Gnadenakt im März 1513 seine Freiheit zurück. In der aufgeheizten Atmosphäre des italienischen «Vormärz» – der Zeit vor der revolutionären Entladung des Frühjahrs 1848 – gewann diese eher banale Geste jedoch plötzlich epochale Bedeutung: Dieser Papst distanzierte sich von der Repressionspolitik seines Vorgängers und eröffnete eine neue Ära, in der sich Katholizismus und Liberalismus, Kirche und Nation versöhnten! Solche Hoffnungen und Prophezeiungen beruhten auf einer eigentümlichen Mischung aus Missverständnissen, Manipulationen und Manifesten aller politischen Strömungen. Das Ergebnis war eine zwei Jahre dauernde Zeit kollektiver Euphorie, ja Hysterie rund um den neuen Papst, die den unterschiedlichsten Interessen diente. Während die gemäßigten Kräfte des Risorgimento zwischen Illusionen und Bedenken schwankten, nutzten die Anhänger Mazzinis die Gunst der Stunde auf ihre Weise: Sie schürten den Rausch mit, weil sie die große Ernüchterung voraussahen, die unweigerlich folgen und ihren Zwecken dienen musste. Im September 1847 verfasste der in die Jahre gekommene Berufsrevolutionär Mazzini sogar eine Flugschrift, mit der er sich im Namen der Weltgeschichte und Italiens direkt an den Papst wandte. Dessen von Gott gewollte Mission, so verkündete er, bestand darin, sich an die Spitze des revolutionären Volkes zu stellen und mit diesem, für dieses und durch dieses die Epoche einer neuen urchristlichen Brüderlichkeit und Freiheit anheben zu lassen. Um dieser historischen Aufgabe gerecht zu werden, sollte der Pontifex maximus der Revolution seinen allerhöchsten Segen erteilen, den Rest würden die Revolutionäre selbst erledigen. Dass Pius IX. dieses Zauberwort niemals aussprechen würde, wusste Mazzini genau, diese Weigerung war Teil seines revolutionären Programms.

Idealistische junge Römer zogen auch ohne den päpstlichen Segen in den Krieg gegen Österreich. Die habsburgische Herrschaft in Norditalien hatte sich seit den Tagen Maria Theresias durch Reformbereitschaft und effiziente Verwaltung von den Nachbarstaaten abgehoben. Daran hatte sich auch im 19. Jahrhundert zunächst kaum etwas geändert; vor allem auf dem Land war der Kaiser in Wien weiterhin populär. Erst seit Kurzem waren zwischen der habsburgischen Administration und den lokalen Eliten atmosphärische Störungen aufgetreten. Sie steigerten sich rasch. Am Ende der 1840er-Jahre machte der hochgehende Nationalismus eine Fortsetzung der Habsburgerherrschaft zunehmend unmöglich. Der Glaube an die seligmachende Nation verquickte sich nicht nur mit der Religion, sondern wurde selbst zur Religion.

Im Gegensatz zu den hoch gespannten Erwartungen war Pius IX. keineswegs liberal oder national im Sinne des Risorgimento eingestellt. Er verstand seine Rolle als Herrscher des Kirchenstaats ganz traditionell als die eines väterlichen Schiedsrichters über den Parteien und eines von Gott gesandten Beglückers des einfachen Volkes. Alle Maßnahmen, die er bis zum Sommer 1848 ergriff, sollten eine neue Vertrautheit, ja Innigkeit im Verhältnis von Herrscher und Beherrschten herbeiführen. Dieser Papst – das erkannten vatikanische Insider früh – wollte nichts so sehr wie geliebt, bewundert und verehrt werden. Das war jedoch kein politisches Programm, ja nicht einmal eine politische Perspektive. Beides fehlte diesem Papst, der weder politisch dachte noch handelte, sondern in hohem Maße von den Zeitstimmungen beeinflusst wurde. Diese trugen ihn zunächst in eine Richtung, die von den Liberalen als liberal interpretiert wurde. Darunter fielen die Lockerung der Pressezensur, die Einführung eines Zivilkabinetts und die Zulassung eines römischen Gemeinderats, der von den besitzenden Schichten gewählt wurde. Alle diese Maßnahmen folgten 1847 in kurzen Abständen aufeinander; dieser Rhythmus verstärkte den Eindruck weiter, dass der Papst eine tiefgreifende Umgestaltung des ganzen Systems plante. Dabei wurde schlicht übersehen, dass alle diese Reformen schon anderthalb Jahrzehnte zuvor von den Großmächten unter Führung Metternichs angemahnt worden waren und keineswegs auf eine umfassende Konstitutionalisierung des Kirchenstaats hinausliefen. Minister und Stadträte hatten weiterhin rein konsultative Funktionen, von einer Gewaltenteilung konnte also keine Rede sein. Als Pius IX., von der Welle des allgemeinen Enthusiasmus getragen, im Februar 1848 dann noch den Segen Gottes auf Italien herabflehte, wurde diese pathetische Geste als Aufruf zur Befreiung des Vaterlandes von der Fremdherrschaft aufgefasst.

Als kurz darauf die Revolutionen in Palermo, Paris, Berlin, Wien, Mailand und Venedig ausbrachen, sah sich der Papst zur Deutung dieser Umstürze aufgerufen: Gott stürzte die Großen und machte die Kleinen groß! Den Mächtigen war ihr Hochmut zum Verhängnis geworden, jetzt schlug die Stunde der Kirche, die die Fehlentwicklungen der letzten Jahrhunderte beklagt, doch mit ihren Warnungen kein Gehör gefunden hatte. Mit dieser theologischen Auslegung der jüngsten Ereignisse übersah der Papst die Triebkräfte und die Konsequenzen des Umsturzes für Italien und für Rom komplett. Im Norden des Landes hatten sich moderate und radikale Kräfte zu einer Allianz zusammengeschlossen, die mit der Vertreibung der Österreicher aus den Metropolen zunächst große Erfolge feierte, doch danach schnell wieder auseinanderbrach. Zu tief waren die ideologischen und programmatischen Risse zwischen den Mazzinianern, die eine umfassende Demokratisierung wollten, und den Liberalen, die auf eine Einigung von oben, durch die Savoyer Monarchie, und ein Zensuswahlrecht setzten, das die politischen Rechte auf die schmale Schicht der Besitzenden beschränkte.

Diese Parteien machten sich jetzt auch in Rom bemerkbar. Den Forderungen nach einer Verfassung für den Kirchenstaat kam Pius IX. im März 1848 – wenige Tage nach dem König von Sardinien-Piemont – mit einem Statut nach, das die unmögliche Synthese von Gewaltenteilung und päpstlicher Machtvollkommenheit herzustellen versuchte. Es sah ein parlamentarisches Zweikammern-System vor, dessen Gesetzgebung jedoch dem Plazet des Pontifex maximus unterworfen war. Die liberale Basisforderung nach Glaubensfreiheit fand in diese seltsame Hybrid-Verfassung keinen Eingang, Mitglieder nichtkatholischer Kirchen wurden weiterhin benachteiligt. Wie unschwer vorhersehbar, stellte der bizarre Kompromiss keine Seite wirklich zufrieden, so dass der Versuch fehlschlug, mit dieser Verfassung in Rom der Revolution den Wind aus den Segeln zu nehmen.

Auch die Vermittlerrolle, die Pius IX. in Italien und Europa zu spielen versuchte, wurde jetzt hinfällig. Er musste im Krieg zwischen den Aufständischen und Österreich in Norditalien Farbe bekennen: für die nationale Einigung und mit Waffengewalt gegen die katholische Vormacht Österreich oder für die Aufrechterhaltung der alten Ordnung und damit gegen die Kräfte des Risorgimento. Den Mittelweg, den der Papst im Auge gehabt hatte, gab es definitiv nicht mehr – wenn es ihn überhaupt jemals gegeben hatte. Das wurde der italienischen Öffentlichkeit bei einer Ansprache Pius' IX. am 29. April 1848 klar, die auf ein *non possumus* hinauslief: Ein Papst konnte sich an diesem Krieg nicht beteiligen, und er konnte auch nicht Haupt eines neuen italienischen Staates werden.

Mit dieser Erklärung war die längst überfällige Klärung der Verhältnisse vollzogen und die Zeit des Aneinander-vorbei-Redens vorbei. Damit hatten sich auch die Zugeständnisse erübrigt, zu denen sich der Papst in Rom hatte hinreißen lassen. Trotzdem dauerte die Phase der Schein-Konstitutionalisierung am Tiber noch ein halbes Jahr an. Der prekäre Schwebezustand ging am 15. November mit einer archaischen Bluttat zu Ende: Der gemäßigte Reformminister Pellegrino Rossi wurde auf den Stufen der Cancelleria, seines Amtssitzes, erdolcht, am Tag darauf beschossen radikale Revolutionäre den Palast des Papstes auf dem Quirinal. Dieser hielt noch acht Tage in seiner belagerten Hauptstadt aus, dann floh er nach Gaeta, in die südlichste Stadt seines Herrschaftsgebiets, richtete eine Gegenregierung ein und bat das katholische Ausland um Truppenhilfe zur Rückeroberung Roms. Dort wurde im Februar 1849 zum dritten Mal binnen eines halben Jahrhunderts die weltliche Herrschaft des Papstes für beendet erklärt und erneut die Republik ausgerufen. Im Vergleich zur Erstauflage von 1798 war sie radikaler und universeller zugleich: Von Rom, dem Haupt der Alten Welt, sollte die Weltrevolution ausgehen, die alle unterdrückten Nationen befreien und in geschwisterlicher Liebe zusammenschließen würde. In diesem Prozess der Erlösung vom politisch Bösen sollte die römische Republik als Vorbild dienen: durch die Aufteilung von Adelsland in Bauernhand, durch demokratische Rechte für alle volljährigen Männer und durch den Geist der brüderlichen Einigkeit zwischen hoch und niedrig geborenen Italienern.

Trotz dieser Verheißungen blieb die zweite römische Republik eher eine Herzensangelegenheit der Nicht-Römer als der Römer; die kleinen Leute am

Tiber verhielten sich überwiegend passiv und harrten der Dinge, die da kommen sollten. Sie kamen von außen. Der päpstliche Hilferuf traf in Paris auf offene Ohren. Dort versuchte der Präsident der zweiten Republik namens Louis Napoléon Bonaparte, das Stigma des revolutionären Emporkömmlings abzulegen. Dem bedrängten Papst militärische Unterstützung gegen sozialistische Aufrührer zukommen zu lassen, musste ihm die Herzen des katholischen Frankreich nur so zufliegen lassen. Aus diesem Kalkül begann im Frühsommer 1849 der Kampf um Rom. Auf römischer Seite wurde er von Giuseppe Garibaldi, einem Berufsrevolutionär aus Nizza, geleitet, dem der Ruf eines begabten Guerilla-Strategen vorauseilte. Garibaldi hatte keinerlei Bedenken, seine Freiwilligen im Ringen um den Gianicolo-Hügel unweit des Vatikans in die französischen Gewehrsalven laufen zu lassen. Solche Blutopfer waren erwünscht. Sie sollten die unvermeidliche Niederlage veredeln, ja sogar in einen moralischen Sieg verwandeln, wie ihn das am Ort des Blutvergießens aufgestellte Denkmal bis heute verkündet. Anfang Juli 1849 waren die französischen Truppen Herren Roms, im April 1850 kehrte der Papst in seine Hauptstadt zurück.

Vorwärts ins Mittelalter: Pius IX., 1850–1870

Die ausländischen Diplomaten hatten das Gefühl, Pius IX. nicht mehr wiederzuerkennen, als er in den Vatikan zurückkehrte. Der Papst war im Exil ergraut, doch das war nicht der wahre Grund für ihr Befremden. Seine Einstellung zur Welt schien sich nicht nur gewandelt, sondern geradezu ins Gegenteil verkehrt zu haben: Liberalismus und Konstitutionalismus, moderne Wissenschaften und freie Presse waren in seinen Augen endgültig als Mächte des Verderbens entlarvt und mussten mit allen Mitteln bekämpft werden. Der Papst war in seiner grenzenlosen Gutherzigkeit der Moderne mit offenen Armen entgegengetreten, doch sie hatte ihm dieses Vertrauen mit Verrat gedankt. Dieser Fehler – wenn denn bei so viel Menschenliebe und Arglosigkeit überhaupt von einem Fehler die Rede sein konnte – sollte jetzt wiedergutgemacht werden. So wurden die Weichen für eine Ultra-Restauration gestellt, die ein persönlicher Reinigungsakt und der Welt ein Zeichen zur Umkehr sein sollte.

Zu diesem Zweck wurden die Reihen der Kurie rigoros gesäubert, die bescheidenen Befugnisse des römischen Stadtrats rückgängig gemacht, die strengen Regeln der Pressezensur wiedereingeschärft, der Polizei weitreichende Vollmachten zu Überwachung und Bespitzelung des öffentlichen wie des privaten Lebens erteilt, oppositionelle Bewegungen im Keim erstickt und neue Männer in Schlüsselpositionen berufen, die diese brüske Rückkehr in eine vermeintlich bessere Vergangenheit mitvollzogen und organisierten. Dabei taten sich die Jesuiten hervor, die von jetzt an aus der engsten Umgebung des Papstes nicht mehr wegzudenken waren. Zum wichtigsten Ratgeber und Staatssekretär bestellte Pius IX. 1852 den streng konservativen Kardinal Giacomo Antonelli, der bis zu seinem Tod 1876 die Politik der Kurie bestimmte. Seine Schlüsselposition nutzte der umtriebige Kirchenfürst dazu, alle potentiellen Konkurrenten auszuschalten sowie sich und seine getreuen Kreaturen zu bereichern.

Der Umschwung der Ideen und Machtverhältnisse verlangte nach Sündenböcken. Noch im Sommer 1848 hatte Pius IX. dem (2007 seliggesprochenen) Theologen Antonio Rosmini, der in seinem Buch *Die fünf Wundmale der heiligen Kirche* luzide Kritik an der Selbstabschließung der Kirche gegenüber der Moderne geübt hatte, das Kardinalat und den Posten des Staatssekretärs versprochen. Neun Monate später wurde das Werk auf den Index der verbotenen Bücher gesetzt. Ähnlich erging es Vincenzo Gioberti, der während der Revolution, als er kurzzeitig zum Ministerpräsidenten von Sardinien-Piemont aufgestiegen war, die Rolle der Jesuiten infrage gestellt und damit zu ihrer kurzfristigen Vertreibung im Revolutionsjahr 1848 beigetragen hatte; auch seine Werke wanderten jetzt auf den Index der verbotenen Bücher.

Die eigentliche Antwort auf das revolutionäre Zeitalter aber gab Pius IX. theologisch. Seine Bestrebungen, die Rolle der Gottesmutter Maria aufzuwerten, reichten in die vorrevolutionäre Ära zurück, gewannen aber durch die Erfahrungen des Umsturzes und des Exils eine ganz neue Bedeutung, und zwar persönlich, politisch, kirchlich und kulturell. Nach der Zeit der Anfechtungen, die die Kirche durch den Beistand der Himmelskönigin glücklich überstanden hatte, war es an der Zeit, ein Zeichen des Dankes und des Triumphes zu setzen und damit zugleich die Ursachen aufzuzeigen, die zu den Verirrungen geführt hatten. So verkündete der Papst am 8. Dezember 1854 in seiner Bulle «Ineffabilis Deus», der «unaussprechliche Gott», als Dogma, dass die Gottesgebärerin Maria selbst durch göttliche Gnade ohne den Makel der Erbsünde empfangen worden sei. Die «unbefleckte Empfängnis», die vorher nur für den Sohn galt – in der gesteigerten Form einer jungfräulichen Empfängnis –, wurde jetzt lehrverbindlich auf die Mutter übertragen. Die neue, für alle Katholiken glaubensverbindliche Lehrentscheidung wurde so formuliert, dass sie in Übereinstimmung mit der ältesten Doktrin der Kirche zu stehen schien, Pius IX. also scheinbar nur vollendete, was seine Vorgänger vorgedacht hatten:

«Und so erstrahlte sie immer in der Glorie der allervollkommensten Heiligkeit, so dass sie selbst vom Makel der Erbsünde verschont blieb ... Auf diese Weise sollte durch natürliche Bindung dieselbe Person zugleich das Kind Gottes und der Jungfrau werden. So erkor der Sohn selbst sich diese zur Mutter, so wie der Heilige Geist wünschte und wirkte, dass derjenige, aus dem er selbst hervorging, von ihr empfangen und geboren ward. Diese Unberührtheit von der Erbsünde ... hat die heilige katholische Kirche, vom Heiligen Geist instruiert und immer eine Säule und Feste der Wahrheit, stets als eine von Gott offenbarte Lehre verkündet» (Der lateinische Text in Pii IX Acta, Teil 1a, Band 1, S. 597).

In Wirklichkeit war diese Lehre seit Jahrhunderten umstritten. 1854 erregte das neue Dogma naturgemäß den Widerspruch der Protestanten und den Hohn der Liberalen. Beides war beabsichtigt. Die Philosophen der Aufklärung hatten den Sündenfall als Erklärung für das Böse im Menschen und in der Natur bestritten und die Ursachen dafür in historischen Fehlentwicklungen zu finden geglaubt. Umso dringender war es, sie mit der unbequemen Wahrheit zu konfrontieren, dass der Mensch in Sünde empfangen wurde, gesetzmäßig zur Sünde neigte und der Erlösung durch Christus bedurfte, die es nur durch die Vermittlung von dessen irdischem Stellvertreter in Rom geben konnte. Die jetzt zum Glaubensartikel erhobene unbefleckte Empfängnis Mariens sollte zudem einer wissenschaftsgläubigen Welt ins Gedächtnis rufen, dass Gott die Gesetze der Natur jederzeit aufheben konnte, Natürliches und Übernatürliches also nicht im Gegensatz zueinander standen, sondern eine unauflösliche Einheit bildeten. Die Erforschung der Natur, der sich das 19. Jahrhundert so rückhaltlos verschrieb, konnte also höchstens unvollkommene und provisorische

Zeichen der Zeit, Zeichen gegen die Zeit Am südöstlichen Ende der mondänen Piazza di Spagna ließ Pius IX. 1856 zur ewigen Erinnerung an das von ihm zwei Jahre zuvor verkündete Dogma der Unbefleckten Empfängnis Mariens eine antike Säule aufstellen und mit einer Statue der Gottesmutter von Giuseppe Obici krönen. Am Sockel sollen die Statuen des Moses, Jesaja, Ezechiel und David belegen, dass das neue Dogma seine Wurzeln in der ältesten Überlieferung der Kirche habe. Foto um 1900

Wahrheiten zutage fördern. Die ganze Wahrheit kannte Gott allein, die höhere Deutung der Natur lag weiterhin bei den Theologen – so war der 8. Dezember 1854 auch eine weitere Absage an Galilei. Das hieß nicht, dass der Papst gegen den verachteten Materialismus der Naturwissenschaft eine geistige Einsicht setzte, sondern er stellte ihm einen Materialismus der Wunder entgegen und zeigte sich damit ungewollt als Kind seiner Zeit. Als 1858 in der Nähe von Lourdes am Fuße der Pyrenäen der vierzehnjährigen Bernadette Soubirous mehrfach eine weiß gekleidete Frau erschien, wurde dies als eine leibhaftige Offenbarung der Unbefleckten Empfängnis und wundersame, mit Händen zu greifende Bestätigung des Dogmas gedeutet. Heute ist Lourdes mit der Mariä-Empfängnis-Basilika einer der meist besuchten Wallfahrtsorte.

Selbstabschließung und Sackgasse

Kinderaugen leuchten, Historikerstirnen runzeln sich Der Innenraum der altehrwürdigen Basilika Santa Maria sopra Minerva wurde während und nach der Revolution von 1848 im Geschmack des 19. Jahrhunderts mit falschem Marmor an den Säulen und pseudomittelalterlichen Fresken «gotisiert». Für Pius IX. lag die Zukunft der Christenheit in einem neuen Mittelalter.

Vor allem aber war die Verkündigung des neuen Dogmas, an dessen Ausformulierung der Papst selbst leidenschaftlichen Anteil nahm, eine stolze Behauptung des Primats und dadurch ein Meilenstein auf dem Weg zu einem noch viel höher gesteckten Ziel. Auch massenpsychologisch war die neue Doktrin klug kalkuliert. Mochten die Intellektuellen inner- wie außerhalb der Kirche auch die Köpfe darüber schütteln, bei den kleinen Leuten erregte die Erhöhung der Gottesmutter Begeisterung. Schon ihren Widerstand gegen die Umwälzungen ab 1796 hatten sie mit der Parole «Viva Maria» artikuliert, das Dogma von 1854 gab ihnen also nachträglich recht.

Zur ewigen Erinnerung an die Verkündigung ließ Pius IX. in seiner Hauptstadt zwischen der Spanischen Treppe und dem Palast der Propaganda Fide eine Marienstatue auf hoher Säule platzieren. Das war kein Einzelfall. Nach längerer Pause, in der sich die Päpste mit urbanistischen Projekten zurückgehalten hatten, wurde jetzt der Stadtraum als Propagandafläche wiederentdeckt und neu erschlossen. Das ungewöhnlichste Resultat dieser Bemühungen, die das Bild Roms in den nächsten Jahrzehnten wesentlich umgestalten sollten, war die «Gotisierung» der Basilika Santa Maria sopra Minerva. Sie war ein Erinnerungsort besonderer Art: Sie gehörte den Dominikanern, dem Orden der Inquisitoren, in der Carafa-Kapelle lag Paul IV., der Papst der Inquisition, begraben, im dazugehörigen Konvent hatte Galilei 1633 auf Druck der Inquisition dem «Irrtum» des heliozentrischen Weltbildes abschwören müssen. Nichts lag also näher, als gerade diese Kirche zum Triumph der guten Vergangenheit über die lügenhafte Gegenwart auszugestalten. Die gute Vergangenheit war für Pius IX. das Mittelalter; der erhabenste Ausdruck des Mittelalters war der gotische Baustil. Schon sein Vorgänger hatte deshalb mehr Gotik angemahnt. Was das hieß, musste die altehrwürdige Minerva-Kirche ab 1848 am steinernen Leib erfahren. Dabei war sie gemäß ihrer Bauzeit von 1280 bis 1350 ohnehin schon lupenreines Mittelalter, aber eben nicht «gotisch» genug. So machte sich der Dominikaner-Laienbruder Girolamo Bianchedi aus Faenza ab 1848 daran, diesem Mangel an Gotik durch die Hinzufügung von Spitzbögen und Maßwerkfenstern abzuhelfen, zuerst auf Kosten der Dominikaner, nach Erschöpfung von deren Finanzen durch großzügige Zuwendungen des Papstes. Über die einschneidenden Veränderungen der Architektur hinaus wurden die Säulen mit falschem Marmor verkleidet und wie die Wände mit

Selbstabschließung und Sackgasse

Persönliche Verherrlichung und politische Metapher Das Gebäude stürzt ein, doch der Papst wird vom heiligen Petrus höchstpersönlich vor dem Sturz in die Tiefe bewahrt. Mit diesem Bild von Domenico Tojetti knüpfte Pius IX. 1858 nahtlos an den Personenkult Benedikts XIII. an, der seine zweimalige Errettung als Erzbischof von Benevent in den Erdbeben von 1688 und 1702 der Intervention des heiligen Filippo Neri zuschrieb. Darüber hinaus enthält das Gemälde eine politische Botschaft: Wenn die Welt zusammenbricht, weil das Böse bodenlos geworden ist, wird sie allein vom *vicarius Christi* aufrechterhalten.

Fresken bedeckt, die die wachsame Kirche und ihre niemals ruhenden Spürhunde, die *domini canes*, die Hunde des Herrn im Dominikanerorden, feiern.

Für seriöse Kulturhistoriker wie den preußischen Liberalen Ferdinand Gregorovius, der nach der gescheiterten Revolution von 1848/49 an den Tiber übersiedelte, um dort die monumentale «Geschichte der Stadt Rom im Mittelalter» zu verfassen, und über seinen Aufenthalt zur Zeit Pius' IX. ein faszinierendes Tagebuch hinterlassen hat, war das abstoßender Kultur-Vandalismus: «Eröffnung der Kirche Minerva – prächtige doch bunte Restauration. Unechter Marmor ist eine Schande für Rom» (zitiert aus Ferdinand Gregorovius, Römische Tagebücher 1852–1889, hg. von H.-W. Kruft/M. Völkel, München 1991, S. 56, Eintrag vom 11. August 1855). Die Kurie sah es anders: Kirchen waren keine Museen, sondern Orte der lebendigen Religion, Spiegel des Glaubens und der gelebten Frömmigkeit. So war es von zwingender Logik, sie den Erfordernissen der Zeit gemäß umzugestalten und auf diese Weise Brücken zwischen Vergangenheit und Gegenwart zu schlagen. Diesem Programm zeigte sich Pius IX. an vielen Orten verpflichtet. So ließ er im Kloster von Sant'Agnese 1858 eine Kapelle errichten, die mit einem Fresko daran erinnert, wie der Papst nach dem Einsturz des Kirchenbodens verschüttet und unverletzt geborgen wurde: ein frommes Ex-Voto und zugleich Zeugnis eines Personenkults, der von jetzt an immer schrillere Formen annahm.

Eine weitere Provokation des liberalen Europas war die Diskriminierung der Juden im Kirchenstaat. In Rom wurden sie weiterhin ins Ghetto gesperrt, in anderen Städten durch rigorose Kontaktverbote isoliert. Die Botschaft war dieselbe: Sie drohten die Christen mit der falschen Religion zu infizieren und moralisch zu verderben. Dagegen waren in den Augen der Kurie auch Zwangsmaßnahmen legitim. Sie kamen 1858 in Bologna auf eine Art und Weise zur Anwendung, die über Italien hinaus einen Sturm der Entrüstung auslöste. Dort hatte das christliche Dienstmädchen der jüdischen Eheleute Mortara deren sechs Jahre zuvor geborenen Sohn Edgardo heimlich getauft. Eine solche Maßnahme sah das kanonische Recht nur für sehr wenige Notsituationen vor, die hier nicht gegeben waren. Im Widerspruch zu diesen Bestimmungen betrachtete die Inquisition den Knaben jedoch als Christen, ließ ihn mit Polizeigewalt aus seinem Elternhaus entführen, da christliche Kinder nicht von Juden erzogen werden durften, und in ein Institut für «Neugetaufte» überführen. Die Eltern wurden in ihrem Kampf um das Kind von den Regierungen Großbritanniens, Frankreichs und Österreichs unterstützt, die beim Papst intervenierten, doch Pius ließ sich nicht erweichen. Seinem Ansehen hat die Affäre Edgardo Mortara schwer geschadet.

Kurz darauf beschleunigte sich die politische Entwicklung in Italien nach einem Jahrzehnt der postrevolutionären Stagnation beträchtlich. Die neuen Anstöße zur Einigung gingen von Piemont-Sardinien aus, dem einzigen Staat auf der Halbinsel, der mit dem *Statuto* vom März 1848 eine liberale Rumpf-Verfassung mit Gewaltenteilung zwischen einem Honoratioren-Parlament und der Monarchie in Kraft gelassen hatte. Auf dieser Grundlage hatte sich durch die aktive Teilhabe einer schmalen Besitzelite ein eng begrenztes politisches Leben entwickelt, das sich trotzdem in den Augen der Liberalen vorteilhaft vom autoritären und reaktionären Stil der übrigen Regime abhob und neue Hoffnungen auf die 1848 gescheiterte nationale Einigung von oben weckte. Treibende Kraft dieser Entwicklung war Graf Camillo Cavour. Er entstammte einer Familie, die sich in napoleonischer Zeit durch den Kauf von Kirchengütern bereichert hatte, und tat sich neben seinen politischen Aktivitäten durch lukrative Aktienspekulationen und riskante Geschäftsbeteiligungen hervor. Cavour war ein Meister der skrupellosen Staatsräson, ein Virtuose der politischen Propaganda und der diplomatischen Winkelzüge, italienischer Patriot und scharfsinniger Zyniker zugleich. Sein Credo lautete: In einem so rückständigen Land wie Italien sind alle Mittel erlaubt, auch die moralisch anrüchigsten. Von diesen machte Cavour reichlich Gebrauch: Politische Gegner wurden am Wahltag unter Hausarrest gestellt oder auf den Wahllisten «vergessen» und Wähler nach allen Regeln der Kunst unter Druck gesetzt. Der Zweck, der diese dubiosen Methoden heiligte, war für ihn der Fortschritt, der Italien aus den gegenwärtigen Niederungen der Geschichte zu neuer Größe emporführen sollte. Dafür war eine Einigung vonnöten, die zunächst Nord- und Mittelitalien umfassen sollte.

Mit diesem Ziel vor Augen fädelte Cavour ab der Mitte der 1850er-Jahre eine internationale Politik ein, die der Papst und seine Ratgeber eklatant unterschätzten. Durch die Teilnahme am Krimkrieg machte Cavour seinen piemontesisch-sardischen Mittelstaat satisfaktionsfähig, um sich danach Napoleon III. anzunähern, dem unberechenbarsten, da permanent prestigebedürftigen *global player* der Zeit. Der ehemalige *carbonaro* Bonaparte war vom Präsidenten der Republik per Plebiszit zum Kaiser der Franzosen aufgestiegen und musste diese Rangerhöhung durch unablässige Prestigegewinne rechtfertigen. Als Erbe seines längst zum Mythos erhobenen Onkels Napoleon I., der Europa die Segnungen der gezähmten Revolution zukommen ließ, hatte er unter anderem das Selbstbestimmungsrecht der Völker und zugleich den Schutz des Heiligen Vaters in Rom auf seine Fahnen geschrieben. Das war ein Spagat, dessen Schwierigkeiten Cavour klar erkannte und für seine Zwecke auszunutzen gedachte. Es gelang ihm tatsächlich, Napoleon den Kleinen (wie ihn der republikanische Großschriftsteller Victor Hugo im Exil spöttisch taufte) vor seinen Karren zu spannen und dessen militärische Unterstützung für die Bildung eines Königreichs Italien zu gewinnen, das unter der Herrschaft der savoyischen Dynastie die Lombardei, das Veneto sowie die Herzogtümer Parma und Modena umfassen sollte.

Doch nachdem die piemontesisch-französische Koalition Österreich im Juni 1859 in der blutigen Schlacht von Solferino besiegt hatte, waren diese Pläne schnell Makulatur. Napoleon III. einigte sich über den Kopf seines vermeintlichen Junior-Partners Cavour hinweg mit Kaiser Franz Joseph auf ein Abkommen, das nur noch die Abtretung der Lombardei vorsah, während Venetien bei Österreich verbleiben sollte. Daraufhin traten die besitzenden Schichten Mittelitaliens einschließlich der Romagna in Aktion und erklärten in feierlichen Versammlungen ihren Beitritt zum neuen Königreich Italien. Kurz danach begann Garibaldi seine Freischärler-Expedition nach Sizilien und Süditalien, die Pius IX. und Antonelli als aussichtslos einstuften. Sie übersahen, dass die Eliten des Südens das bourbonische Königreich weitgehend abgeschrieben hatten, und unterschätzten die Unterwanderung seiner Armee durch Bestechung. So hatte Garibaldi leichtes Spiel auf der Insel und in Neapel, das mit tatkräftiger Unterstützung der Camorra, des organisierten Verbrechens, «befriedet» wurde. Währenddessen war die piemontesische Armee nach Süden vorgerückt, hatte das päpstliche Aufgebot mühelos besiegt und auf diese Weise die Provinzen Marche und Umbrien erobert, die den Anschluss an Piemont in Plebisziten mit großer

Mehrheit guthießen. Nach der Ausrufung des Königreichs Italien im März 1861 war das Herrschaftsgebiet Pius' IX. somit auf die heutige Region Lazio reduziert und in einem Zangengriff eingezwängt, der sich sehr viel bedrohlicher als die staufische Umklammerung sechseinhalb Jahrhunderte zuvor ausnahm.

Zu denken geben musste dem Papst auch, dass in seiner Armee überwiegend französische Monarchisten gekämpft hatten; seine vermeintlich so treuen Untertanen hatten wieder einmal durch Abwesenheit geglänzt. Schlimmer noch: Die Honoratioren der verlorenen Provinzen hatten ihren Abfall mit Anklagen begründet, die ihn wie einen finsteren Tyrannen aussehen ließen. Drei Jahre zuvor war Pius IX. auf einer Reise durch dieselben Provinzen mit Jubelkundgebungen und Ergebenheitsadressen nur so überschüttet worden. Wie dieser plötzliche Stimmungsumschwung zustande gekommen war, beantwortete sich für ihn von selbst: Ein kleiner Kreis gewissenloser Opportunisten hatte mit den piemontesischen Usurpatoren kollaboriert und das an sich papsttreue Volk mit seiner Demagogie verführt. Dass die Begeisterung seiner Landeskinder von Antonelli inszeniert worden war, wusste die Kurie, doch nicht der Papst. Ebenso verschloss sich ihm, dass es in der Ober- und Mittelschicht seit Langem gegärt hatte und die angestaute Unzufriedenheit ihr naheliegendes Ventil im Anschluss an das neue Königreich Italien fand.

Damit waren die Positionen festgelegt. Das von ihm regierte Gebiet – so Pius IX. gegenüber allen auswärtigen Diplomaten, die ihn zur Anerkennung der vollendeten Tatsachen bewegen wollten – gehöre nicht ihm, sondern der Kirche; ihre Rechte zu wahren, habe er sich eidlich verpflichtet. Weder er noch irgendeiner seiner Nachfolger könne gegen diesen heiligen Schwur handeln. Für die Vertreter der Großmächte war dieses Festhalten an einem maroden Staatswesen seniler Starrsinn. In den letzten hundert Jahren – so ihre Argumentation in weiteren Unterredungen mit dem Papst – hatten sich die Grenzen der europäischen Staaten stärker und schneller verschoben als je zuvor; uralte politische Gebilde wie das Königreich Polen und die Republik Venedig waren im Zuge dieser Entwicklungen verschwunden, die nun einmal zu den Gesetzmäßigkeiten der Politik gehörten. Sie übersahen dabei jedoch, dass der Papst nicht nur für die Kirche, sondern auch für seinen Staat einen Platz über der Geschichte beanspruchte. Das eigene Herrschaftsgebiet war in seinen Augen nicht Anhängsel oder gar Ballast, sondern die vom Himmel verliehene Garantie für die Unabhängigkeit der Kirche und zudem ein dauerhaftes Demonstrationsobjekt dafür, wie eine wahrhaft christliche Herrschaft aussehen musste.

So konnte man sich nicht verständigen. Im Vollgefühl seiner Schlüsselgewalt zu binden und zu lösen verhängte Pius IX. am Osterfest des Jahres 1860 die Exkommunikation über alle «Kirchenräuber» und ihre Helfershelfer. Ob dieser Ausschluss aus der Kirche auch für die einfachen piemontesischen Soldaten galt, blieb offen. Sicher war hingegen, dass die gesamte politische und militärische Elite des künftigen Königreichs Italien nach offizieller römischer Verlautbarung ihre Hoffnung auf Erlösung im Jenseits aufgeben musste – es sei denn, sie zeigte vor ihrem Tod Reue über ihre Missetaten und machte das Unrecht, das sie dem *vicarius Christi* angetan hatte, wieder gut. Die große Mehrheit der Risorgimento-Aktivisten, die sich als Italiener und Katholiken zugleich verstand, stürzte durch den Kirchenbann in mehr oder weniger schwere Gewissenskonflikte. Dabei ging es ihnen nicht nur um das Seelenheil. Der liberale Konstitutionalismus der Cavour-Anhänger verband sich mit einem ausgeprägten sozialen Konservatismus, also mit einer tiefen Skepsis gegenüber der politischen Reife des Volkes, das zwar in den Plebisziten über den Anschluss seiner Provinzen an Italien mitstimmen durfte, ansonsten jedoch durch eine hohe Zensusschranke von den politischen Geschäften ferngehalten wurde. Für den autoritären Staat, der den Honoratioren des neuen Italien vorschwebte, war die Mitwirkung der Kirche unverzichtbar, weil sie von der Kanzel mäßigend auf die unteren Schichten einwirken sollte. Das neue Italien mit seinen alten Eliten brauchte andererseits aber auch Rom. Ohne das Zentrum des antiken Imperiums, seine Mythen und Erinnerungsorte würde Italien unvollständig, ja ein historischer Torso bleiben.

Der Konflikt zwischen Staat und Kirche war daher in den Augen der neuen Elite ein Geburtsfehler des neuen Königreichs Italien und zugleich unvermeidlich – es sei denn, der Papst rückte von seinen Maximalforderungen nach Totalrestitution ab und ließ sich auf einen Deal ein, den ihm Cavour Anfang 1861 schmackhaft zu machen versuchte. Er lief darauf hinaus, dass Pius IX. auf seinen Staat verzichtete und dafür mit seinen Palästen und Basiliken in Rom den Status eines Souveräns eigener Art gewann: mit dem uneingeschränkten Hoheitsrecht über die Kirche, zum Beispiel bei der Besetzung von Bischofssitzen, aber auch mit dem Verzicht darauf, in die Hoheitssphäre des Staates, also in Ehegesetzgebung, Schule und Sozialfürsorge, einzugreifen. Dieses Modell einer Koexistenz zweier Mächte in einer Stadt kam für die Kurie zu früh. Sie verkannte – so lässt sich im Rückblick bequem urteilen –, welche Chancen ihr dadurch geboten wurden, Politik und Kultur Italiens von der sicheren Warte eines vatikanischen Ministaats aus nachhaltig zu beeinflussen. Verständlicher wird die Verweigerung des Papstes, wenn man bedenkt, mit wem er es zu tun hatte. Die zählebigen Risorgimento-Mythen verdecken bis heute, dass Cavour nicht der verfassungsgläubige Vorzeige-Liberale war, sondern ein mit allen Wassern gewaschener Machtpolitiker ohne rechtliche und moralische Skrupel. Sich auf das Wort eines solchen Abenteurers einzulassen, war in den Augen der Kurie ein unverantwortliches Wagnis und ein Verrat an ihren ethischen Prinzipien.

So standen die Zeichen ab 1860 auf Konfrontation. Das «liberale» Italien konfiszierte in ganz Italien den Besitz zahlreicher Kirchen und Klöster und schränkte deren Rechte ein. Pius IX. antwortete auf diese Provokation mit der Exkommunikation und symbolträchtigen Inszenierungen: Der Papst ist der Felsen, gegen den die Wogen der irregeleiteten Gegenwart branden, um sich an ihm zu brechen. Dieses Stück wurde jetzt ein Jahrzehnt lang auf der römischen Bühne mit dem Papst als Hauptdarsteller in der Rolle des Warners, Mahners und Opfers gespielt, und zwar an den passenden Erinnerungsorten. Dem großen Mediävisten Gregorovius gingen die Augen dabei über: Das Mittelalter, über das er schrieb, war nicht vergangen, sondern brandheiße Gegenwart. «Am 12. April (= 1864) war Rom feenhaft beleuchtet – es galt die gewohnte Feier dieses Jahrestags der Rückkehr des Papstes aus Gaeta und seiner Rettung in S. Agnese ... Heute hat der Papst die neue Konfession in Sta. Maria Maggiore eingesegnet, wobei die heilige Krippe ausgestellt war – darf man in ihrem Angesicht über den Mithrasdienst lachen?» (zitiert aus Tagebücher, S. 176 f., Eintrag vom 18. April 1864). Eindrucksvolle Darbietungen dieser Art waren auch Gruppenheiligsprechungen wie im Jahr 1862 und 1867 und das fünfzigjährige Priesterjubiläum Pius' IX. 1869. Zu diesem Anlass brachten nicht nur die Gemeinden des Kirchenstaats dem greisen Pontifex maximus Geschenke dar, sondern auch die europäischen Mächte, obwohl dieser Anlass – wie Gregorovius verstimmt vermerkte – doch eigentlich Privatsache war. Aber im Zusammenhang mit diesem Papst war jetzt nichts mehr privat, sondern alles öffentlich. So präsentierte er sich etwa im Juli 1859 mit seiner Eisenbahn, die er entgegen dem Verbot Gregors XVI. verspätet doch noch zugelassen hatte, auf deren winzigem Streckennetz den extra an den Bahnhof bei der Porta Maggiore beorderten Jubel-Römern.

Doch nicht alle jubelten auf Bestellung. Mit seinem Eintreten für die vor-nationalstaatlichen Verhältnisse wusste sich der Papst auf der Seite der kleinen Leute, vor allem im Süden der Halbinsel. Dort tobte zwischen den Obrigkeiten des Königreichs Italien und den ländlichen Unterschichten ein unerklärter Krieg von archaischer Grausamkeit. Für Kleinpächter und Tagelöhner hatte der Anschluss an Italien nichts als Nachteile mit sich gebracht: Zwangsaushebungen zum Militärdienst, Steuern sowie die Streichung der feudalen und kirchlichen Sozialfürsorge. Vor allem aber war der neue Staat in ihren Augen gottlos, so dass schwere Strafen des Himmels zu erwarten waren. Solche Ängste wurden vom örtlichen Klerus, der sich dabei auf die Verdammung des Papstes berufen konnte, weiter geschürt.

Rom als Fluchtburg in einem Ozean des Bösen: Diese Selbstwahrnehmung sah die Kurie durch die politischen Ereignisse der 1860er-Jahre bestätigt. 1861 scheiterte der Versuch Garibaldis, Rom mit seinen Freischaren zu «erlösen», schon am Aspromonte in Kalabrien. Sechs Jahre später rückte er bis nahe an die römische Stadtgrenze heran, wurde aber zum Erstaunen Europas von der kleinen päpstlichen Armee geschlagen. Ein Jahr zuvor hatte Italien im Krieg zwischen Preußen und Österreich als Juniorpartner der protestantischen Großmacht eine klägliche Rolle gespielt. Vor allem die gegen die österreichische Flotte verlorene Seeschlacht vor der dalmatinischen Insel Lissa (Vis) im Juli 1866 hatte die ganze Korruption und Inkompetenz der herrschenden Klasse im jungen Italien unübersehbar vor Augen geführt. Dass Italien an der Seite des preußischen Siegers die ersehnte Beute, Venedig und das Veneto, trotzdem erhielt, machte die Demütigung nur noch brennender. Auf diesem Staat – so predigten es die Geistlichen von den Kanzeln – ruhte sichtbar nicht der Segen des Herrn.

Die Generalabrechnung mit der irregehenden Welt nahm Pius IX. 1864 in seinem *Syllabus errorum* vor, einem Verzeichnis von achtzig Gegenwartsirrtümern. Sie werden in diesem Text, der in seiner kämpferischen Schroffheit an Gregor VII. erinnert, auf die ketzerische Grundhaltung der *superbia*, des Hochmuts, zurückgeführt. Der Mensch macht sich vom Geschöpf zum Schöpfer, glaubt Herr der Geschichte zu sein und erfindet den Fortschritt im Namen der Wissenschaft. Dabei übersieht er in fataler Selbstüberschätzung, dass ihm die Fähigkeit zur Selbsterlösung vom Bösen völlig abgeht. Allein schon die Vorstellung von dieser Freiheit, sich ohne die göttliche Gnade zum Guten entscheiden zu können, ist eine Frucht des Hochmuts und damit der Erhebung gegen Gott. Aus dieser pervertierten Wertordnung gehen dann Überzeugungen hervor, die der Syllabus mit der Wucht eines «Aufklärungshammers» zu zertrümmern sucht. Im Kern ging es dabei um die «Irtümer», dass sich die Religion der Wissenschaft unterzuordnen habe; dass sich der Staat der moralischen Hoheit der Kirche entledigen müsse; dass man außerhalb der katholischen Kirche die ewige Seligkeit erlangen könne und dass es daher Religionsfreiheit geben müsse.

Durch diese Verurteilung erklärte der Papst alles, worauf das «moderne» 19. Jahrhundert stolz war, zum Tand: liberale Verfassungen, nationale Einigungen, wissenschaftliche Errungenschaften, ja, den Staat mit seinem Führungs- und Erziehungsanspruch insgesamt. Der *Syllabus* erneuerte dagegen explizit den uralten Anspruch der Päpste, über der weltlichen Gewalt zu stehen, diese zu überwachen und bei gravierenden Verstößen gegen die göttliche Weltordnung abzustrafen. Dieser Strafe waren König Vittorio Emanuele II. und sein Ministerpräsident Cavour durch den Ausschluss aus der Kirche und damit aus dem Paradies verfallen. Für Cavour war der Urteilsspruch endgültig, er war 1861, drei Jahre vor Veröffentlichung des *Syllabus*, unversöhnt mit der Kirche gestorben. Mahnung und Warnung aber richteten sich an alle Mächte: Der Primat des Papstes war weiterhin ganzheitlich in Kraft, auch mit seiner zweiten, politischen Dimension. Dass die europäische Staatenwelt den *Syllabus* als Kampfansage verstand und diesen Kampf als einen Kampf konkurrierender Kulturen auffasste, war also ganz im Sinne des Papstes.

Unfehlbarkeit und Gefangenschaft im Vatikan: Pius IX., 1870–1878

Die Kampfansage des *Syllabus errorum* verlangte nach ihrem Gegenstück, der Apologie der eigenen Position; auf die Auflistung der Irrtümer musste die umfassende Kundgebung der Wahrheit folgen. Da die Fundamentalkritik des Syllabus auch bei vielen Katholiken auf Widerspruch stieß, war es an der Zeit, die Lehrautorität des Papstes dogmatisch für alle Zeit zu festigen. Dazu bedurfte es eines Konzils, dessen Einberufung Pius IX. seit Längerem erwog, das er im Juni 1868 offiziell ankündigte und am 8. Dezember 1869 im Vatikan eröffnen ließ. Dieses Erste Vaticanum stand in verschiedenen Traditionslinien. Es war der logische Abschluss der Entwicklung hin zu einer gesteigerten Lehrautorität des Papstes, die mit dem Dogma der Unbefleckten Empfängnis und dem *Syllabus* bereits weit vorangeschritten war, und sollte vollenden, was das Tridentinum dreihundert Jahre zuvor in den Augen der Kurie nur ungenügend geleistet hatte: Es sollte die Macht des Papstes über die Kirche und seine moralische Hoheit über die Christenheit auf ein ehernes Fundament stellen. An Verlautbarungen in der Geschichte der Kirche, die dies bestätigten und an die sich anknüpfen ließ, fehlte es nicht. Gregor VII. hatte in seinem *Dictatus Papae* die Grundsätze und die Tragweite des doppelten Primats mit aller wünschenswerten Klarheit herausgearbeitet; zudem war 1439 auf dem Konzil von Florenz bei den Unionsverhandlungen mit der griechischen Kirche die oberste Jurisdiktionsgewalt des römischen Pontifex nachdrücklich genug betont worden. Ein Menschenalter später hatte Luthers erster theologischer Gegner Prierias auf dessen 95 Thesen mit vier Gegenthesen geantwortet, die sich in zwei Sätzen zusammenfassen ließen: Der Papst ist die Kirche, und er entscheidet für sie. Doch in einer Zeit, in der die Kräfte des Bösen mit nie gekannter Wut gegen das römische Bollwerk der Wahrheit anstürmten, schien das nicht genug. Die bedrohte Festung bedurfte eines weiteren, unbezwingbaren Mauerrings, das hochragende Gebäude der katholischen Doktrin benötigte den krönenden Schlussstein, die ein für alle Mal verbindliche Festlegung der päpstlichen Unfehlbarkeit *(infallibilitas)* als Dogma.

Mit Thesen, die die Unfehlbarkeit des Papstes bekräftigen, hatten das neue vatikanische Journal, der *Osservatore romano*, und die vatikanisch gelenkte Presse dem Konzil vorgearbeitet. Doch auch die Gegner des Infallibilitätsdogmas waren nicht untätig geblieben. Ihr Vordenker, der Münchner Stiftspropst und Kirchenhistoriker Ignaz von Döllinger, führte den Kampf vor allem mit historischen Argumenten: Päpste wie Liberius und Honorius hatten mit ihren Lehrentscheidungen geirrt und waren von ihren Nachfolgern und Konzilien ausdrücklich verurteilt worden. Zudem beruhte der päpstliche Primat laut Döllinger auf Fälschungen wie den pseudoisidorischen Dekretalen und dem *Constitutum Constantini*. Für die «Unfehlbarkeitsfundamentalisten» waren das jedoch nur Mäkeleien, Sophismen und Bedenken, die sich problemlos ausräumen ließen, zum Beispiel mit den Argumenten, dass die angeblich häretischen Texte falsch interpretiert, nachträglich verändert, nicht vom Papst selbst verfasst oder autorisiert beziehungsweise nicht *ex cathedra*, also nicht als verbindliche Lehre, verkündet worden seien. So gingen die Wogen schon hoch, bevor die siebenhundert Bischöfe am 8. Dezember 1869 in der Peterskirche zu tagen begannen.

Wie ein Konklave musste auch ein Konzil frei sein. Der Heilige Geist wehte nur dort, wo sich die Wahrheit im unbehinderten Wettstreit der Geister durch die ihr innewohnende Kraft durchsetzen konnte. Galt das für das Erste Vaticanum? Darüber waren die Ansichten schon 1870 geteilt. Außer Frage steht, dass die Opposition, die etwa ein Viertel des versammelten Episkopats ausmachte, zu Wort kam. Dass dieses oppositionelle Wort im eigentlichen Wortsinn frei war, darf hingegen mit Fug und Recht bezweifelt werden, denn die Minderheit, die vor allem aus deutschen und französischen Bischöfen bestand, wurde von Anfang an unter Druck gesetzt. Je länger die Debatte dauerte, desto mehr wurde sie angefeindet, schließlich sogar verdächtigt und am Ende regelrecht schikaniert. Dabei tat sich der Papst in eigener Person und eigener Sache hervor. Als es um die Frage ging, in welchem Verhältnis das Dogma der Unfehlbarkeit zur Tradition der Kirche stehe, ließ er sich zu dem gewagten Ausspruch hinreißen: Die Tradition bin ich! Mit weiteren Interventionen dieser Art machte Pius IX. deutlich, dass seine doktrinäre Irrtumslosigkeit für ihn eine Frage der persönlichen Ehre war. Seine emotionalen Reaktionen warfen die Frage auf, ob der zu diesem Zeitpunkt achtundsiebzigjährige Pontifex maximus eigentlich noch voll zurechnungsfähig war. Zweifel an seinem

Geisteszustand, die schon von kritischen Beobachtern wie Gregorovius geäußert wurden, sind bis heute nicht ausgeräumt. Für die Erklärung, warum das Konzil seine Beschlüsse fasste, sind diese Diskussionen jedoch eher unerheblich. Diese Entscheidungen waren sorgfältig erwogen und folgten einer schlüssigen Strategie.

Weitgehend unumstritten waren die Themen der ersten Sitzungen und ihre Dekrete zum Verhältnis von Wissen und Glauben: Gott kann durch den Verstand erkannt, doch erst durch die biblische Offenbarung vollständig erfasst werden; Wissen und Glauben stehen somit nicht im Widerspruch zueinander, doch hat der Glaube das höhere Erkenntnisvermögen. Das war nicht neu, doch im Jahr 1870 eine Spitze gegen den Anspruch der Wissenschaft, die Welt besser als die Theologen zu erklären. Auch der Jurisdiktionsprimat des Papstes, der danach erörtert wurde, bildete keinen Stein des Anstoßes. Umso heftiger war dann der Schlagabtausch über das eigentliche Konzilsthema, die Frage der päpstlichen Unfehlbarkeit. Außer den «Ketzer-Päpsten» konnte die Opposition weitere gewichtige Argumente in die Waagschale werfen: Der Papst ist nicht die Kirche, sondern ihr vornehmster Diener; was er als Dogma verkündet, hat die Kirche in ihrer Gesamtheit durch ihren Glauben bestätigt. In den Ohren der Infallibilisten klangen solche Themen geradezu ketzerisch; ähnliche Thesen, die den Papst auf die Rolle eines Wortführers und ausführenden Organs der Christenheit reduzierten, hatte schon Luther in der ersten Phase seiner Auseinandersetzung mit der Kurie verkündet.

Als am 18. Juli die Abstimmung über das Unfehlbarkeitsdogma auf der Tagesordnung stand, verließen 55 von knapp 600 Teilnehmern das Konzil zum Zeichen ihres Dissenses. Ihnen entging ein denkwürdiges Schauspiel. Als die Konstitution «Pastor aeternus» («Der ewige Hirte») verkündet und ihrem Auftraggeber, dem Papst, überreicht wurde, entlud sich über der Ewigen Stadt ein kolossales Gewitter. Es wurde so dunkel, dass Pius IX. seine Approbation beim künstlichen Licht eines eilig herbeigeschafften Leuchters verlesen musste. Am Ende hatte er mit dem genehmigten Text sein Ziel erreicht: Aufgrund des Beistands, den Christus, wie er es Petrus verheißen hat, seiner Kirche zukommen lässt, ist die Lehre des Papstes, wenn er sie *ex cathedra*, also mit der vollen apostolischen Autorität, verkündet, in allen Fragen, die den Glauben und die Lehre der Sitten betreffen, unfehlbar und unwiderruflich, und zwar aus eigener Kraft, nicht durch den Konsens der Kirche. Dieser von jetzt an für alle Katholiken verbindliche Glaubenssatz wurde wie der Primat als älteste, von Anbeginn an verwurzelte Tradition der Kirche ausgegeben. Dass historisch gesehen beides falsch und das Gegenteil wahr ist, wussten schon Philologen und Historiker der Renaissance wie Lorenzo Valla und Francesco Guicciardini. Als Folge des Unfehlbarkeitsdogmas spalteten sich in Deutschland, Österreich und der Schweiz die altkatholischen (in der Schweiz: christkatholischen) Kirchen von Rom ab. Die Konstitution «Pastor aeternus» verstand sich als eine Kampfansage an die kritische Wissenschaft und deren konkurrierenden Primatsanspruch. Auch politisch war die höchste Entscheidungsautorität des Papstes, wie sie jetzt festgelegt worden war, brisant. Viel hing davon ab, wie man die Formel von der Unfehlbarkeit in Fragen der Sittenlehre konkret auslegte, ob man sie ausdehnte oder einengte. Wie auch immer der Papst dabei vorging, seine Stellung weit über den weltlichen Gewalten war mit einer Unbedingtheit eingeschärft worden, die nicht zufällig an den Stil Gregors VII. und Bonifaz' VIII. erinnerte. Rom gab mit dem «Ewigen Hirten» seine endgültige Antwort auf das Revolutionszeitalter. Die Konsequenzen waren unabsehbar. Wenn der Papst zum Beispiel Eingriffe des Staates in die Ehegesetzgebung oder sogar politische Entwicklungen als Verstöße gegen das von ihm unumstößlich fixierte Sittengesetz anprangerte, standen gläubige Katholiken vor einem Dilemma: Entweder sie übertraten die Gesetze ihres Landes, oder sie liefen Gefahr, ihr Seelenheil zu verlieren.

Am Tag nach der von Blitzen durchzuckten Szene im Petersdom erklärte Frankreich Preußen den Krieg. In diesen Konflikt wurden weder das Königreich Italien noch der Rumpfkirchenstaat direkt hineingezogen. Betroffen waren sie trotzdem: der Papst, weil französische Truppen seinen Staat bislang vor der Eroberung durch Italien bewahrt hatten, der italienische König, weil seine Position vom Ausgang des Konflikts wesentlich beeinflusst werden musste. Verlor Frankreich, stürzte aller Voraussicht nach auch Napoleon III., was die Stellung der Monarchien insgesamt und speziell seines Juniorpartners Vittorio Emanuele II. in Rom gefährden musste. Mit dem Fall des «kleinen» Napoleon würden auch seine Schutzversprechen zugunsten des Papstes hinfällig werden. So war die politische Öffentlichkeit Italiens gespalten: Sollte man Frankreich aus Dankbarkeit für den Beistand gegen

Österreich in der Schlacht von Solferino die erbetene Truppenhilfe leisten oder eher darauf hoffen, dass Rom, wie schon 1861 beschlossen, die Hauptstadt des glücklich vereinten Italien werden würde? Vielleicht ließ sich sogar beides miteinander vereinbaren, das heißt: als Lohn für die militärische Unterstützung für Frankreich von Frankreich die Zustimmung zur Einnahme Roms gewinnen? Nach heftigen Debatten im Parlament und in der Presse setzten sich die Befürworter der Neutralität durch. Napoleon III. hatte zu wenig geboten. Er hatte seine Truppen zwar aus Rom abgezogen, doch Italien zum Verzicht auf gewaltsame Aktionen gegen den Pontifex maximus verpflichtet. Zurückhaltung gebot auch der Zustand der italienischen Armee; sie war immer noch so veraltet, dass jede Intervention in einem größeren Konflikt zu einem Desaster werden musste. Vor diesem Hintergrund schlug die Stimmung rasch gegen Frankreich und für Preußen um, mit dem Italien vier Jahre zuvor – wiederum gegen Österreich – auf der Siegerseite gestanden hatte. So wartete man in Florenz, wo König Vittorio Emanuele II. ab 1865 Hof hielt, ab und blickte gebannt auf den Kriegsschauplatz.

Dort geschah das Unerwartete: Die preußisch-deutschen Truppen traten einen Siegeszug an, der Napoleon III. umgehend in höchste Bedrängnis und nach der Schlacht von Sedan am 2. September 1870 sogar in Gefangenschaft brachte. Schon nach seinen ersten Niederlagen war der Druck auf die italienische Regierung, nun gegen Rom vorzurücken, stark geworden, nach der Ausrufung der französischen Republik zwei Tage nach Sedan wurde er unwiderstehlich. Am 7. September kündigte das Königreich Italien offiziell sein bewaffnetes Vorgehen gegen die Hauptstadt des Papstes an, dem sie zugleich umfangreiche Sicherheitszusagen machte. Auf die Unterstützung katholischer Mächte konnte Pius IX. nicht rechnen, da der Ruf des Kirchenstaats seit Jahrzehnten ruiniert war. Der *Syllabus errorum* und die Unfehlbarkeitskonstitution «Pastor aeternus» hatten die letzten Sympathien zerstört.

Wie Pius VI. zweiundsiebzig Jahre zuvor vertraute Pius IX. auf den Schutz der himmlischen Mächte. Nach dem Vorbild Clemens' VII. am Tag vor dem Sacco di Roma glaubte er nicht, dass der Gegner seine Drohung, die Ewige Stadt mit Waffengewalt zu erstürmen, wahrmachen würde. Völlig falsch lag er mit dieser Einschätzung nicht. König Vittorio Emanuele II.

wurde in letzter Minute von heftigen Skrupeln gepeinigt; um sein gequältes monarchisches Gewissen zu beruhigen, schickte er zum Entsetzen seiner Minister einen Gesandten mit einem persönlichen Schreiben an den Papst. Darin wurde die militärische Besetzung Roms als eine unverzichtbare Maßnahme zur Wahrung von Ruhe und Ordnung in Italien und speziell in Rom ausgegeben, also als eine Art politische Dienstleistung für den Papst, der diesen uneigennützigen Service zu allem Überfluss auch noch gutheißen sollte! Kein Wunder, dass Pius IX. diesen Akt der Heuchelei mit einem seiner gefürchteten Wutanfälle quittierte und mit einem Brief von eisiger Kälte beantwortete: Gott möge dem König die Barmherzigkeit gewähren, die er als Kirchenräuber dringend benötigt.

Die Frage war jetzt nur noch, wie Rom die Invasoren erwarten sollte: zum äußersten Widerstand entschlossen, mit rein symbolischem Protest oder mit einem kontrollierten Blutopfer, mit oder ohne Papst. Ein fliehender Papst hätte die italienische Regierung internationaler Kritik ausgesetzt, doch an Fahnenflucht dachte Pius IX. offensichtlich nicht. Er verkündete am 10. September 1870 den Belagerungszustand und ließ an strategischen Schlüsselpunkten Kanonen platzieren sowie die Stadttore befestigen, denn kampflos sollte der letzte Akt des Kirchenstaats nicht über die Bühne gehen. Das römische Heer war 13 000 Mann stark, mehr als die Hälfte davon waren Ausländer; das Königreich Italien mobilisierte ein viermal größeres Aufgebot. Diese Armee rückte jetzt von Norden gegen Rom vor. Die Städte des nördlichen Kirchenstaats ergaben sich ihr ohne Schusswechsel, so dass sie schon am 18. September den römischen Stadtrand erreichte. Da der Papst weiterhin nicht an den Ernstfall der bewaffneten Erstürmung glaubte, gab er immer noch keine klaren Anweisungen, wie sich die 9000 Mann innerhalb der Stadtmauern bei einem Angriff verhalten sollten. Ihr Kommandant, der badische Graf Hermann Kanzler, wollte kämpfen, Kardinal Antonelli war dafür, die Stadttore zu schließen und sich dann mit stummem Widerstand zu begnügen. Pius IX. wollte es anfangs bei einem etwas lauteren Protest bewenden lassen: einige wenige Schüsse, dann die weiße Fahne hissen. Doch am 19. September lautete seine Order anders: Kapitulieren sollten seine Truppen erst, wenn der Feind eine Bresche in die Stadtmauer geschlagen hatte. Kurz zuvor verfasste Pius IX. ein Scharaden-Gedicht auf das Wort *tremare*, also auf das Zittern und Zagen, das jetzt im Vatikan um sich griff –

eine Anwandlung von schwarzem Humor, die gut zu den Ereignissen des nächsten Tages passte. Tremare ließ sich in die Wörter *tre*, drei, und *mare*, Meer, zerteilen, doch bei aller Angst, die jetzt herrschte, verließ der Papst nach drei Tagen Rom nicht übers Meer.

Der 20. September 1870 war wie Garibaldis «Eroberungen» in Sizilien ein Medienereignis ersten Ranges. Die heroische Farce begann früh morgens mit dem Artilleriebeschuss der italienischen Truppen, der von zahlreichen Touristen und Bauern aus der Umgebung gebührend bestaunt wurde – die letzten Stunden des Kirchenstaats wollte sich niemand entgehen lassen. Auch als die Mauer bei der Porta Pia niedergerissen war, gingen die Kämpfe zunächst noch weiter. Sie endeten erst kurz vor zehn Uhr vormittags, als Pius IX. endlich das Zeichen zur Kapitulation geben ließ. Bis dahin waren 68 Soldaten ums Leben gekommen, 19 für den Papst, 49 gegen ihn. Für einen letztlich symbolischen Protest war das ein hoher Blutzoll. Die Verhandlungen über die Übergabe der Ewigen Stadt wurden geschichtsbewusst in der Villa Albani geführt, in der noblen Stadtrand-Residenz der Nepoten Clemens' XI., der als einer der ersten Päpste direkt zu spüren bekommen hatte, dass er als weltlicher Herrscher auf keinerlei Rücksichtnahme der Großmächte zählen durfte.

Zwölf Tage nach der Einnahme Roms wurden die männlichen Einwohner zum Plebiszit über den Anschluss ihrer Stadt an Italien gerufen. Das Ergebnis wurde auf dem Kapitol mit großem Pomp verkündet: fast 41 000 Stimmen dafür, nur 46 dagegen. Rom hatte 1870 gut 200 000 Einwohner, davon etwas mehr als die Hälfte nicht stimmberechtigte Frauen. Die niedrige Zahl der Gegenstimmen erklärt sich nicht zuletzt daraus, dass Geistliche und ihre Familien nicht wählen durften. Die Mehrheit der kleinen Leute hatte zudem durch Abwesenheit geglänzt. Als papsttreue Kreise im Juni 1871 ein inoffizielles Gegen-Plebiszit veranstalteten, in dem die Wiedereinrichtung des Kirchenstaats gefordert wurde, konnten sie mehr als 21 000 Unterschriften sammeln. Wie in Süditalien war der Nationalstaat mit seinem Militärdienst, seinen Steuern und seinen Enteignungen kirchlicher Einrichtungen auch am Tiber äußerst unpopulär.

Pius IX. betrachtete sich fortan als Gefangener im Vatikan und wurde nicht müde, seine Diplomaten in ganz Europa sein Leid klagen zu lassen: Seine Briefe würden durchsucht, Besucher ferngehalten. Davon konnte jedoch keine Rede sein. Die Regierung des Königreichs Italien hatte viel zu große Angst vor einer Flucht des Papstes, um ihn so zu schikanieren. Wie Rom künftig mit einem König und einem Papst leben sollte, darüber wurde in den beiden Parlamentskammern nach dem 20. September lebhaft diskutiert. Das Ergebnis der Debatten war das sogenannte Garantiegesetz vom Mai 1871. Es sicherte dem Papst sakrale Unantastbarkeit zu und stellte ihn dadurch mit dem König von Italien gleich. Darüber hinaus sollte er über freie Postverbindungen mit dem In- und Ausland, über Gesandtschaften sowie über seine Residenzen in Castel Gandolfo, im Vatikan und Lateran verfügen dürfen. Der städtische Sommerpalast auf dem Quirinal stand ihm hingegen nicht mehr zur Verfügung, dort war König Vittorio Emanuele eingezogen. Was das Garantiegesetz bewusst ausließ, waren Souveränität und Territorialität. Der Papst war eine politische Größe eigener Art: unabhängig von dem Land, das ihn umgab, aber nicht mehr Herr über ein eigenes Staatsgebiet. Pius IX. sah das verständlicherweise anders. Für ihn wurde aus Raub kein Recht. Die Päpste seien von Gott selbst als Herren des Kirchenstaats eingesetzt worden, keine weltliche Gewalt könne dieses höhere Recht aufheben. Eine Finanzierung seines Budgets durch die «Kirchenräuber» lehnte er folgerichtig ab. So blieb die «Römische Frage» jahrzehntelang offen.

Die römische Oberschicht spaltete sich nach 1870 in Anhänger und Gegner des neuen Regimes, die papsttreuen Geistlichen hofften auf ein Wunder, das die weltliche Macht des Pontifex maximus wiederherstellte, und die Kurie zog einen rigorosen Trennstrich: 1874 verbot sie allen Katholiken, an den Wahlen zum nationalen Parlament teilzunehmen; die Bildung einer papsttreuen Partei auf oberster politischer Ebene wurde damit verhindert. Bei Gemeindesrats- und Regionalwahlen galt dieses Verbot jedoch nicht; hier gewannen katholische Parteien und Verbände rasch beträchtlichen Einfluss. In Rom gestaltete sich die Koexistenz von Papst und Monarch, wie unschwer vorhersehbar, feindlich. Beide Seiten schenkten sich nichts. Die neuen Machthaber enteigneten zahlreiche Kirchen und Köster, Pius IX. wetterte in seinen Ansprachen gegen die Mächte der Finsternis, die jetzt in Rom herrschten. Als König Vittorio Emanuele II. am 9. Januar 1878 an einer Lungenentzündung starb, gewährte ihm der Papst in letzter Minute das Sterbesakrament. Der Priester, der ihm in seinem Auftrag die Letzte Ölung erteilen sollte, drang jedoch nicht bis ans Sterbebett vor. Der Tod des Königs war ein Politikum allerersten Ranges, über das der Hof allein bestimmen wollte. Die offizielle Version lautete denn auch, Vittorio Emanuele II. habe bedauert, dem Papst als Person Kummer bereitet zu haben, und sei als guter Katholik gestorben; seine Mission, Italien durch die Einnahme Roms zu einen, habe er jedoch ausdrücklich bekräftigt. In Wirklichkeit dürfte der sterbende König Angst und Reue empfunden haben.

Der achtundzwanzig Jahre ältere Pius IX. starb vier Wochen später am 7. Februar 1878 nach einem Pontifikat von einunddreißig Jahren, sieben Monaten und zweiundzwanzig Tagen, dem bei Weitem längsten der Geschichte. Bei seinem Tod blieb alles ruhig, doch bei der Überführung des Sarkophags in die Kirche San Lorenzo Fuori le Mura im Juli 1881 kam es zu wilden Demonstrationen kirchlicher und kirchenfeindlicher Kreise. Pius IX. hatte sich sein Grabmal in der alten Hauptkirche außerhalb der Mauern und nicht in Sankt Peter gewünscht. Das konnte man als Gestus der Bescheidenheit, aber auch als deren Gegenteil auslegen: Ohne die Konkurrenz der vielen anderen toten Päpste versprach die letzte Ruhestätte des Mastai-Feretti-Papstes viel eher zu einer Pilgerstätte zu werden.

Diplomatischer Schöngeist: Leo XIII.

Das Konklave vom Februar 1878 stand unter hohem Erwartungsdruck. Die europäischen Mächte wollten in seltener Einmütigkeit einen Papst, der die lästige Römische Frage entschärfte, das hieß: die geschaffenen Tatsachen so weit akzeptierte, dass er auf Versuche, den Kirchenstaat in seinen alten Grenzen zurückzugewinnen, sowie auf allzu lautstarke Proteste verzichtete. Dafür kam nur ein gemäßigter Kandidat in Betracht, der nicht zur Hofkamarilla Pius' IX. gehört hatte, dessen Grundsatzpositionen jedoch nicht infrage stellte. Pius IX. hatte 123 Kardinäle kreiert – ein Rekordwert –, von denen ihn sechzig überlebten. Unter diesen waren die Moderaten so dünn gesät, dass keine Findungskommission eingesetzt werden musste: Nach nur 48 Stunden war am 20. Februar 1878 mit Kardinal Vincenzo Gioacchino Pecci der neue Papst, der sich Leo XIII. nannte, gewählt, auch mit den Stimmen notorischer Hardliner. Pecci war achtundsechzig Jahre alt und entstammte wie die meisten seiner Vorgänger im 19. Jahrhundert dem länd-

Photogener Leo XIII.
«Dreht unser geist begierig nach verehrung / Und schauernd vor der wahren majestät / Zum ernsten väterlichen angesicht / Des Dreigekrönten wirklichen Gesalbten» – so hymnisch beschrieb Stefan George 1907 den Papst. Foto von 1890

lichen Adel; seine Familie schmückte sich im südlichen Lazio mit dem Grafentitel und einer langen Tradition von lokalen Bischöfen. Er war Nuntius in Brüssel und anschließend einunddreißig Jahre lang Bischof von Perugia gewesen, bis ihn der greise Pius IX. 1877 nach Rom berief und zum Camerlengo ernannte. Die nötige Distanz zum «Geheimkabinett» des Vorgängers war damit gegeben, ja, der neue Papst konnte sogar darauf verweisen, dass ihn der allmächtige Staatsekretär Antonelli bewusst von der Kurie ferngehalten hatte.

Distanz war auch das Schlüsselwort für seine Haltung zu den Haupt- und Staatsaktionen Pius' IX. gewesen. Er hatte Abstand zum Dogma der Unbefleckten Empfängnis, zum *Syllabus errorum* und selbst zur lehramtlichen Unfehlbarkeit gewahrt, ohne deshalb zur Opposition zu gehören; so hatte er die Infallibilitätserklärung vom 18. Juli 1870 ungeachtet seiner Reserven mitunterzeichnet. Ob er sie in dieser Form für opportun hielt, stand auf einem anderen Blatt. Auf jeden Fall schien er seinen Kollegen mit dieser Semi-Neutralität der richtige Mann zur richtigen Zeit zu sein. Das galt auch für seine persönliche Kultur, die sich durch klassische Bildung, feinsinnige Diskurse und taktvolle Vornehmheit positiv von den brüsken Stimmungsschwankungen seines Vorgängers abhob, und selbst für seine äußere Erscheinung, die im Zeitalter der photographisch illustrierten Journale immer wichtiger wurde: Mit seinem vergeistigten Lächeln und seiner schlanken Gestalt wurde Leo XIII. als aristokratisches Gegenbild zu seinem rundlichen, jähzornigen und rustikal wirkenden Vorgänger wahrgenommen.

Auch in seinem Regierungsstil war Leo XIII. auf Abgrenzung zur jüngsten Vergangenheit bedacht. Das Amt des Staatssekretärs verlor an Bedeutung; als engstes Beratergremium fungierte ein Kreis von handverlesenen Vertrauten aus Perugia. Dass er ungeachtet dieser Unterschiede an der Substanz, wie sie seine Vorgänger definiert hatten, festzuhalten gesonnen war, machte der neue Papst gleich in seiner ersten Enzyklika vom April 1878 deutlich. Sie zeichnet ein düsteres Bild von der *conditio humana* am Ende des 19. Jahrhunderts: Störungen der sozialen Ordnung, wohin man blickt, grenzenlose Habgier, unmenschliche Ausbeutung, blutige Kriege und Bürgerkriege, Vergeudung kostbarer Ressourcen, Auflehnung gegen jegliche Form von Autorität. Die Lobredner der Gegenwart übertünchen diese Missstände mit hehren Werten wie Vaterlandsliebe und Fortschritt, doch können sie den Urgrund all dieser Übel mit ihrer Schönfärberei nicht verdecken: Der Mensch will selbst Gott sein und hat sich zu seinem Verderben von der Kirche abgewandt, die im Namen des Herrn über die Schöpfung wacht und allein die Aufrechterhaltung menschenwürdiger Lebensbedingungen in Staat und Gesellschaft gewährleistet. An Vehemenz und Eindringlichkeit stand diese Gegenwartsanklage den älteren päpstlichen Abrechnungen mit Aufklärung, Revolution und Liberalismus nicht nach. Auch mit Polemik war sie reichlich gewürzt. So war die Attacke gegen die falsche Vaterlandsliebe auf die Protagonisten des Risorgimento und des Königreichs Italien gemünzt, mit dem Leo XIII. seinen ganzen langen Pontifikat hindurch mehr oder weniger auf Kriegsfuß stand. Diese Antipathie wurde ihm im neuen, «italienischen» Rom von ganzem Herzen erwidert.

Antiklerikales Monument Wo im Februar 1600 die Flammen des Scheiterhaufens loderten, steht seit 1889 ein Denkmal, das Papst Leo XIII. und die Kurie zutiefst beunruhigte: Giordano Bruno, der große Freidenker, hat doch gesiegt – so lautet die Botschaft der düsteren Statue und ihrer polemischen Reliefs.

So leidenschaftlich die Patrioten Rom als Hauptstadt des vereinten Italien herbeigesehnt hatten, so schwer taten sie sich mit dem dadurch angetretenen Erbe. Wie schwer dieses Erbe wog und wie schnell die Gegenwart im Vergleich mit einer übermächtigen Vergangenheit zu einer Winzigkeit oder gar Lächerlichkeit schrumpfen konnte, war den intellektuell profilierten Köpfen der neuen politischen Elite wie Quintino Sella oder Marco Minghetti wohl bewusst. Um die Konkurrenz mit dem Rom der Antike und dem Rom der Päpste aushalten zu können, bedurfte das Rom der Gegenwart großer Ideen, zugkräftiger Ideologien und eindrucksvoller Kunstwerke. Als große Ideen boten sich Nation und Wissenschaft, als Ideologie der unaufhaltsame Fortschritt an; mit diesem Credo sollte sich das Papsttum, das der Nation feindlich gegenüberstand und den Fortschritt im Namen des Aberglaubens verhinderte, wirksam bekämpfen lassen. Baulich sollte vor allem das Vittorio

Emanuele II. gewidmete Nationalmonument die Ebenbürtigkeit mit der Antike vor Augen führen und die Inszenierung der Päpste in den Schatten stellen. Doch das misslang gründlich. Die verwickelte Baugeschichte mit ihren endlosen Skandalen und Verzögerungen wurde stattdessen ab der Mitte der 1880er-Jahre zum Spiegel «Italiettas», des kleinen Italien, das mit seinen Großmachtambitionen in Äthiopien katastrophalen Schiffbruch erlitt und von einer Regierungskrise in die andere schlitterte. Zur symbolischen Aus- und Aufrüstung des neuen, nationalen Rom gehörten Denkmäler, die die Opfer der päpstlichen Tyrannei verherrlichen sollten. Besonders antiklerikal fiel das Giordano-Bruno-Monument auf dem Campo dei Fiori aus, wo der Verkünder des unendlichen Kosmos im Februar 1600 von der Inquisition verbrannt worden war. Der düstere Seher mit der unheimlichen Kapuze steht auf einem Sockel, dessen Reliefs feiste Mönche und fanatische Blutrichter bei ihrer perfiden Unterdrückungs-Arbeit zeigen. Leo XIII. fühlte sich von diesem Bronze-Manifest so betroffen, dass er um seine eigene Sicherheit fürchtete.

An eine Klimaverbesserung, geschweige denn Aussöhnung zwischen Italien und der Kurie war so nicht zu denken, obwohl es an Vermittlungsversuchen nicht fehlte und die einzig mögliche Lösung des Problems, ein selbständiger Miniaturstaat auf dem Vatikanischen Hügel, seit den Tagen Cavours im Raum stand. Doch zu einem solchen Kompromiss waren beide Seiten nicht bereit. Keinen Quadratmeter des heiligen italienischen Bodens für die Feinde des Vaterlands und des Fortschritts: So dröhnte es jetzt von den Rednertribünen des Parlaments, in dem die Linke ab 1878 die Mehrheit der Abgeordneten stellte. Besonders der Alt-Garibaldianer Francesco Crispi nährte als Ministerpräsident und Strippenzieher hinter den Kulissen mit seiner Mischung aus Jakobinismus, Zentralismus, Imperialismus und Klientelismus die kirchenfeindliche Stimmung. Rhetorisch und argumentativ blieb ihm der Papst nichts schuldig. In einer Enzyklika aus dem Jahr 1884 verortete er die gefährlichsten Feinde der Kirche wie gehabt bei den Freimaurern, die sich unter dem Vorwand von Freiheit und Fortschritt gegen den Heiligen Stuhl verschworen, um diesem nach dem Staat auch die Autorität über die Seelen zu rauben und danach ungehindert Sitte und Moral zu untergraben. Um dieser Unterwanderung aller Hierarchien entgegenzutreten, sollten sich die Katholiken ihrerseits zusammenschließen: in traditionellen Formen wie dem Laienorden der Franziskaner, doch auch in moderneren Assoziationen wie Berufsgenossenschaften und Vereinen.

Im Gegensatz zu seiner Unbeweglichkeit in der Römischen Frage zeigte sich der Pecci-Papst im Umgang mit dem Ausland flexibel. In Deutschland hatte sich 1870 mit der Zentrumspartei eine politische Interessenvertretung der Katholiken gebildet. Sie kam bei den Reichstagswahlen 1871 auf 18,6 Prozent und steigerte diesen Stimmenanteil drei Jahre später nochmals um fast die Hälfte, was in etwa dem Anteil des Katholizismus im Reich entsprach. Das «Zentrum» wurde so von der Honoratioren- zur Massenpartei, hatte seine Bastionen aber weiterhin vor Ort, in den lokalen Eliten und Vereinen. Die Ziele dieses «Graswurzel-Katholizismus» waren keineswegs immer mit den Strategien des deutschen Episkopats deckungsgleich, so dass es zwischen den Bischöfen und der Parteibasis regelmäßig zu Richtungskämpfen kam. Einig waren sich alle Strömungen und Flügel jedoch in der Opposition gegen Bismarcks innere Politik, die sie als Gefährdung einer in Jahrhunderten gewachsenen und gefestigten katholischen Identität ansahen. Der Reichskanzler seinerseits war zwar von antikatholischen Vorurteilen beseelt, doch als lupenreiner Machiavellist alles andere als ein Kulturkämpfer um des Kulturkampfs willen. Diesen hatten die Liberalen erfunden, die den Papst wie ihre italienischen Gesinnungsgenossen als das letzte große Bollwerk gegen Wissenschaft, Fortschritt und Nationalstaat ansahen. Bismarck griff diese Affekte mit seiner viel zitierten Formel «Nach Canossa gehen wir nicht» auf, weil er die gemäßigten Liberalen als Bündnispartner und den politischen Katholizismus als Feindbild für seine Politik der Polarisierung brauchte.

So wurden die Katholiken als Feinde der nationalen Einigung verdächtigt und als kulturell rückständig angeprangert. Für alle diese Propaganda-Kampagnen hatten die Verlautbarungen Pius' IX. nach 1860 reichlich Stoff geboten: Dieser Papst war ein Feind des modernen Staates, den er mit allen Mitteln zu schwächen versuchte; staatliche Gegenwehr war daher legitim, auch als vorbeugende Maßnahme gegen weitere kirchliche Repression. Anlässe, diesen Präventivkrieg zu führen, gab es in den Kampfzonen von katholischer Kirche und Staat – Schulpolitik, Militärseelsorge, kirchliche Lehrerlaubnis bzw. deren Entzug – reichlich, doch ging es bei all diesen Scharmützeln nicht primär um pragmatische Lösungen, sondern um die

Zurückdrängung des Zentrums als politischer Störfaktor. Die Folgen des «Kulturkampfs» reichten allerdings weit über diese begrenzten Zielsetzungen hinaus. Zum einen fühlte sich der deutsche Kulturprotestantismus in seinem Führungsanspruch auf Dauer bestätigt, mit Konsequenzen für die höheren Bildungsanstalten, insbesondere für die Geisteswissenschaften: *Catholica non leguntur*, katholische Texte werden nicht gelesen, Katholiken als Wissenschaftler nicht ernst genommen. Die zweite Hauptwirkung war ungewollt, ja in den Augen Bismarcks sogar kontraproduktiv: Die deutschen Katholiken schlossen sich zusammen, und zwar nicht nur politisch, sondern auch kulturell, in Vereinen und Verbänden, wie es Leo XIII. für Italien angeregt hatte.

Mit der Wende, die Bismarck 1878/79 vollzog, hatten die Liberalen als Alliierte und damit auch die Katholiken als «Reichsfeinde» ihre Schuldigkeit getan; diesen Platz traten sie jetzt an die Sozialdemokraten ab. In der neuen Konstellation kam dem Papst eine neue Bedeutung zu. In ihm sah Bismarck nun einen nützlichen Bundesgenossen gegen die basisdemokratischen Kräfte innerhalb der Zentrumspartei. So bahnte sich auf höchster diplomatischer Ebene eine Verständigung an, die von der katholischen Basis mit Misstrauen betrachtet wurde. Im Zuge dieses Tauwetters wurden 1882 die diplomatischen Beziehungen zwischen Preußen und dem Heiligen Stuhl wieder aufgenommen und Einigungen über die Besetzung strittiger Bistümer erzielt. Die beiden Oberhirten von Posen und Köln, die sich in den Turbulenzen des Kulturkampfs besonders romtreu gezeigt hatten und daher aus ihren Diözesen verbannt worden waren, orderte Leo XIII. um des politischen Friedens willen ehrenvoll nach Rom ab, so dass auch hier einvernehmliche Neuberufungen erfolgen konnten. 1886 und 1887 wurden Kampfgesetze aufgehoben, die der kirchlichen Ausbildungshoheit für Priesternachwuchs entgegenstanden, und mit Ausnahme der Jesuiten auch die Orden wieder legalisiert. Der sogenannte Kanzelparagraph, der die Verlautbarungen katholischer Priester unter strikte staatliche Aufsicht und gegebenenfalls Strafandrohung stellte, blieb jedoch in Kraft. Lebendig blieb auch das tief verwurzelte Misstrauen vieler Katholiken gegen das protestantisch dominierte Kaiserreich, obwohl ihre Partei, das Zentrum, allmählich in eine staatstragende Rolle hineinwuchs. 1885 erlebte Leo XIII. sogar einen persönlichen Triumph von Bismarcks Gnaden: Im Streit um die Carolinen-Inseln schlug Spanien den Papst als Schiedsrichter vor – und Deutschland akzeptierte die Vermittlung.

Im Kampf um Rom und für die vatikanische Eigenstaatlichkeit taten sich für den Papst auch durch diese Annäherungen keine neuen Perspektiven auf. Im Gegenteil, hier schien Bismarcks Außenpolitik durch den Dreibund Deutschlands mit Österreich und Italien letzte Aussichten zu verbauen. So war es aus kurialer Sicht nur konsequent, dass Leo XIII. das Verbot seines Vorgängers, an den Parlamentswahlen in Italien teilzunehmen, 1886 erneuerte. Außerhalb Italiens aber zog der Pecci-Papst die Trennlinie zwischen dem Unverzichtbaren und dem Zugestehbaren viel weitherziger gegenüber einer Moderne, die er trotz aller summarischen Verdammungen differenzierter betrachtete als sein Vorgänger. Den politischen Kernsatz des Neuen Testaments, dass alle Gewalt von Gott sei, legte Leo XIII. positiver aus als seine Vorgänger, vor allem in seiner «Libertas», Freiheit, betitelten Enzyklika vom 20. Juni 1888. Gemäß seiner Interpretation des 13. Römerbrief-Kapitels konnte auch eine republikanische Verfassung wie die Frankreichs nicht nur legitim, sondern auch christlich sein, vorausgesetzt, sie erkannte die Rechte der Kirche und Gott als den Ursprung ihrer Macht an. Der Unterschied stach ins Auge: Pius VI. hatte christliches Herrschaftsrecht 1791 noch ausschließlich als Fürstenrecht definiert. Mit der Aufwertung der republikanischen Staatsform war die Aufforderung an die Katholiken verbunden, in ihren Staaten politisch aktiv zu werden – es sei denn, dieser Partizipation stellten sich wie in Italien unüberwindliche rechtliche und moralische Hindernisse entgegen.

Selbst den modernen Freiheitsrechten, wie sie die Revolutionen in den Vereinigten Staaten von Amerika und Frankreich verkündet hatten, konnte der greise Pontifex maximus etwas Gutes abgewinnen. Ja, er stellte die Kirche sogar in eine auf den ersten Blick erstaunliche Tradition: Sie allein habe im Verlauf der Geschichte unbeugsamen Widerstand gegen alle Versuche geleistet, die menschliche Freiheit zu unterdrücken! Das war ein theologischer Seitenhieb gegen die Reformatoren, die das *liberum arbitrium*, die Freiheit des Menschen, sich für oder gegen die göttliche Gnade zu entscheiden, mit ihrer schroffen Prädestinationslehre geleugnet hatten. Wahre Freiheit war dagegen die freiwillige Unterordnung des Menschen unter die Gebote Gottes und der Kirche. Wer diese Bindungen löste, entfesselte wie

Soziale Frage Während vom 15. bis 18. Jahrhundert Allegorien der Tugenden die Grabmäler der Päpste bevölkerten, kniet neben der Statue Leos XIII. in der Lateranbasilika ein Arbeiter.

die französischen Jakobiner im Namen der Freiheit die niedersten Instinkte und stürzte die Welt in Anarchie. Trotz dieser Einschränkungen ließ das Lob der Freiheit aus dem Munde Leos XIII. aufhorchen: Seine Moderne war nicht mehr das Zeitalter der Finsternis. Selbst die Freiheit des Wortes und der Presse war jetzt nicht mehr verdammungswürdig, vorausgesetzt, sie sank nicht zu Hetze und Demagogie ab. Wo hier die Grenze zu ziehen war, blieb allerdings offen. Am Ende des päpstlichen Freiheitslobs zeigte sich auch dessen Hauptzweck. Wenn alle so viele Freiheiten genießen durften, hatte auch die Kirche Anrecht auf ihre verbrieften Freiheiten. Voraussetzung dafür aber war die staatliche Unabhängigkeit.

Wie Benedikt XIV., Consalvi und Pius VIII. zog Leo XIII. die Bilanz der Geschichte nicht nur negativ, sondern als Summe von Verlusten und Gewinnen. Die Kirche musste genauer entscheiden, was ihr zuträglich war und was nicht; ein Staat mit Parlament und Massenparteien bot ihr Handlungschancen, die von seinen Vorgängern unterschätzt worden waren. Wer wollte, konnte das eine Öffnung zur Welt nennen; es war ja nicht die erste dieser Art in der Geschichte der Päpste. Sinn und Zweck dieses Der-Welt-Entgegengehens bestanden ganz traditionell darin, die alten Primatsansprüche des Papsttums zeitgemäß einzukleiden und dadurch leichter durchzusetzen.

Am Ende des 19. Jahrhunderts sah sich das Papsttum zu einer Auseinandersetzung herausgefordert, die es im Ringen mit dem italienischen Nationalstaat lange Zeit unterschätzt und vernachlässigt hatte: Die gottlosen Sozialisten und Kommunisten warben der Kirche die kleinen Leute ab, auf die sie sich in ihrem Kampf gegen die liberalen Honoratioren bislang am sichersten verlassen konnte. Der Übergang von Jesus zu Marx brachte vor allem in Süditalien Mischformen hervor, in denen sich rote Fahnen und Kruzifixe, Verheißungen des klassenlosen Zeitalters und Erwartung des Millenniums verquickten. Umso dringender war es, dass die Kirche in der brennend aktuellen sozialen Frage endlich Position bezog. In welchem Maße sich Leo XIII. diese Aufgabe zu eigen machte, verdeutlicht sein Grabmal in der Lateranbasilika. An der Seite des Schausarkophags, auf dem der Papst mit ausgestrecktem Segensarm steht, kniet eine bärtige Männergestalt, die durch den Hammer an ihrem Gürtel als Arbeiter und durch den Rosenkranz in der Hand als frommer Katholik ausgewiesen ist – ein Wunschbild

der Kurie, gewiss, doch eines, mit dem die Welt der Arbeit Einzug in die
Bildwelt des Papsttums hielt, in der sie bislang selten vertreten war. Allerdings ähnelt die Figur eher dem heiligen Joseph, also einem Zimmermann, und nicht einem modernen Industriearbeiter in einer der großen Fabriken, die durch die späte, aber intensive wirtschaftliche Modernisierung Norditaliens seit den 1880er-Jahren wie Pilze aus dem Boden geschossen waren.

Diesem traditionellen Bild der Arbeit war auch die erste Stellungnahme Leos XIII. zur «Arbeiterfrage» vom Dezember 1878 verpflichtet. Sie sah die Lösung der sozialen Spannungen weiterhin in der Gründung von Vereinigungen, die ihre Mitglieder unter kirchlicher Anleitung daran gewöhnen sollten, ihr hartes Los klaglos und mit Würde auf sich zu nehmen. Diese Funktion hatten lange die Berufsgenossenschaften alten Stils mit den ihnen angeschlossenen Bruderschaften erfüllt. Für eine Arbeitswelt, in der Großfabriken an die Stelle der kleinen Handwerksbetriebe getreten waren, taugte dieses Modell jedoch nicht mehr. Das wurde im nachfolgenden Jahrzehnt auch der Kurie klar, und zwar vor allem durch Anstöße aus ökonomisch fortgeschrittenen Ländern wie den Vereinigten Staaten. Dort hatte sich mit den «Rittern der Arbeit» eine Gewerkschaft gebildet, die Mitglieder ohne Unterschied der Religion aufnahm. Sie wurde trotzdem 1886 von den amerikanischen Bischöfen gebilligt, von der römischen Inquisition hingegen verboten. Nach Protesten des Bischofs von Baltimore zog Leo XIII. den Fall an sich und forderte das Sant'Uffizio zur Überprüfung der Entscheidung auf. Sie fiel, abgesehen von einigen Auflagen, positiv für die neue Organisation aus.

Dasselbe Umdenken spiegelt die Enzyklika «Rerum novarum» vom 15. Mai 1891, die Leo XIII. ganz den «Neuen Verhältnissen» der industrialisierten Ökonomie widmete. Sie ist ein Paradedokument der neuen Grenzziehung zwischen Form und Substanz: modern durch das Krisenbewusstsein, durch die Billigung von gewerkschaftlichen Vereinigungen, den Ton der Dringlichkeit und durch die schonungslose Analyse der kapitalistischen Ausbeutungsmechanismen, traditionell durch die Moralisierung der wirtschaftlichen Probleme und deren Einfügung in das Bild einer von Gott abgefallenen Gegenwart. Der Urgrund der zeitgenössischen Übel ist derselbe wie in allen Gegenwartsdiagnosen der Päpste seit Pius VI.: die Abwendung von der Religion als oberster Richtschnur von Gesellschaft und Staat sowie die maßlos übersteigerte Verehrung der neuen Götzen Wissenschaft und

810 Fortschritt. Die Ablehnung einer von der Religion emanzipierten Naturforschung und die tiefe Skepsis gegenüber der Entfesselung der ökonomischen Potenzen in einem System des freien Warenaustauschs und der unbehinderten Kapitalbewegungen, wie sie die Päpste des 17. und 18. Jahrhunderts vorgedacht hatten, verbinden sich in «Rerum novarum» zu einer negativen Dialektik des Fortschritts. Die technischen Errungenschaften der Gegenwart, die doch der Menschheit zum Segen gereichen sollten, haben gewaltige Kräfte freigesetzt, die der menschlichen Destruktivität ungeahnte Entfaltungschancen bieten: Der ungehemmte Egoismus, der dem Menschen als Frucht der Erbsünde innewohnt, führt zur immer krasseren Bereicherung einiger weniger und zur dramatischen Verarmung der Massen. Zügel anzulegen vermag dieser hässlichen neuen Welt nur die Kirche, die die Nachtseiten der Entwicklung von jeher angeprangert hat.

Die Kirche muss darum im Interesse der Schwachen tätig werden, um diese vor den übermächtigen Ausbeutern, aber auch vor den diabolischen Verführern zu schützen, die den Klassenkampf als einzigen Ausweg propagieren und Gott als eine Erfindung der Priester verstehen, mit der die Masse ruhiggestellt und auf das Jenseits vertröstet werden soll. So ist auch das Bild der Arbeiterbewegung ambivalent eingefärbt: Sie verfolgt den legitimen Zweck, die irdischen Lebensbedingungen ihrer Mitglieder zu verbessern, läuft aber Gefahr, deren Seelenheil zu verspielen. Deshalb muss die Kirche die geistige Führung dieser Organisationen ergreifen und sie in die gottgewollte Richtung lenken. Dafür hat sie bei Kapitalisten wie Sozialisten gleichermaßen zu missionieren. Beide Seiten müssen in ihrem Gegenüber das Bild Christi erkennen und daraus die gebotenen Konsequenzen ziehen. Für die Arbeitgeber heißt das, die Arbeiter nicht als bloßes Mittel zum Zweck des erhöhten Profits zu betrachten, sondern ihre Menschenwürde zu respektieren, humane Arbeitsbedingungen zu schaffen und einen gerechten Lohn zu zahlen, der dem Arbeiter und seiner Familie ein Auskommen ohne Überlebensangst garantiert. Die Arbeiter ihrerseits haben von den verderblichen Doktrinen des Sozialismus und Kommunismus Abschied zu nehmen und sich an fair ausgehandelte Verträge zu halten.

Da die Gegenwart von so idealen Zuständen weit entfernt ist, steigert sich die Enzyklika zu einer pathetischen Beschwörung des Jüngsten Gerichts über die hartherzigen Fabrikbesitzer, die vor dem Antlitz des Herrn so wenig Mitleid finden werden, wie sie selbst für die Sklaven ihrer Habgier erübrigten. Das Verdammungsurteil Gottes am Ende der Zeit ersetzt so die Revolution im Diesseits. Die Lösungen, die «Rerum novarum» nach so machtvollen Anklagen bietet, stellen sich allerdings bescheiden dar. Sie laufen auf Umdenken und Gesinnungswandel auf beiden Seiten und letztlich auf ein paternalistisches Modell hinaus: Der Unternehmer hat für seine Arbeiter wie ein verantwortungsbewusster Vater zu sorgen. Ob er den päpstlichen Mahnruf beherzigen würde, blieb naturgemäß offen. Um sich gegen die mögliche Verweigerungshaltung der Kapitalisten zu schützen, durften die Arbeiter Vereinigungen zum Schutz ihrer Interessen gründen, zum Beispiel genossenschaftliche Versicherungen gegen Krankheit und Invalidität. Die Enzyklika nennt diese Zusammenschlüsse «Korporationen», was ihren privatrechtlichen Charakter unterstreicht, doch kam ihre Funktion gegenüber den Arbeitgebern den Aufgaben einer Gewerkschaft gleich, zum Beispiel durch das Aushandeln gerechter Löhne. Kam es darüber zu Konflikten, sollte der Staat vermittelnd eingreifen. Bislang hatten Polizei und Militär des Königreichs Italien auf streikende Arbeiter geschossen; mit dieser einseitigen Parteinahme sollte jetzt Schluss sein. Dem Konzept des gerechten Lohns lagen Ideen der Scholastik und speziell Thomas von Aquins zugrunde, deren Aktualität Leo XIII. schon 1879 in einer Enzyklika hervorgehoben hatte.

Während des fünfundzwanzigjährigen Pecci-Pontifikats wandelte sich Italien nicht nur wirtschaftlich, sondern auch politisch und kulturell grundlegend. Das Königreich Italien von 1861 war die *cosa nostra* einer schmalen Besitzelite aus Adel und reichem Bürgertum mit minimaler politischer Partizipation und reinen Honoratioren-Parteien gewesen. Als Leo XIII. am 20. Juli 1903 im Alter von dreiundneunzig Jahren starb, waren aus diesen exklusiven Wählervereinigungen weitverzweigte Organisationen mit klar definierten Zielen und Interessen geworden; diese Entwicklung fand 1912 ihren logischen Abschluss im nahezu allgemeinen Wahlrecht für Männer. Zu den Bewegungen des neuen Typs gehörte auch die «Democrazia cristiana», die die sozialpolitischen Ideen Leos XIII. um das Streikrecht sowie ein konsequentes Eintreten für die parlamentarische Demokratie erweiterte und durch dieses Programm mancherlei Konflikte mit der konservativen Kirchenhierarchie provozierte. Zu einer nationalen Massenpartei konnte die «Christliche Demokratie» allerdings nicht werden, dem stand weiterhin das Teilnahmeverbot aus der Zeit Pius' IX. entgegen.

Gegen Moderne und «Modernisten»: Pius X.

Im sommerlichen Konklave des Jahres 1903 standen sich die Parteien der «politischen» und der «pastoralen» Kardinäle gegenüber; in dieser Konstellation lebten die Gegensätze zwischen «Moderaten» und *zelanti* fort, die die Papstwahlen so lange beherrscht hatten. Die Anhänger Leos XIII. wollten den Kurs einer vorsichtigen Öffnung mit diplomatischen Mitteln fortsetzen, um endlich die Lösung der Römischen Frage voranzutreiben. Ihre Gegner sehnten nach dem «politischen» Pontifikat des humanistisch gebildeten Aristokraten einen «Seelsorger-Papst» herbei, der dem allzu «weltlich» auftretenden Heiligen Stuhl wieder ein entschieden geistliches Profil verschaffen sollte. Eine schnelle Einigung war so nicht in Sicht. In den ersten Wahlgängen vereinigte mit Kardinal Rampolla, dem Staatssekretär Leos XIII., ein Kandidat, der für Kontinuität stand, die meisten Stimmen auf sich. Rampollas Aussichten auf die Tiara verflüchtigten sich jedoch, als der Kardinal von Krakau verkündete, dass dieser der kaiserlichen Regierung in Wien nicht genehm sei. Mit einem solchen Einspruch hatten Könige und Kaiser jahrhundertelang den Ausgang des Konklaves zu beeinflussen versucht, oft genug mit Erfolg, obwohl dieses «Veto» kirchenrechtlich in keiner Weise verankert und daher für die Wähler auch nicht verbindlich war. Im Konklave vom August 1903 trug es fraglos dazu bei, der Gegenpartei Oberwasser zu verschaffen; zwei Tage später, am 4. August 1903, erhielt ihr Wunschkandidat Giuseppe Sarto mit 50 von 62 Stimmen eine Mehrheit über die nötigen zwei Drittel hinaus.

Der neue Papst nannte sich Pius X., was zu Recht als Programm aufgefasst wurde: keine weiteren Zugeständnisse an eine kirchenfeindliche Moderne! Seine Standfestigkeit gegenüber solchen Ideen und Zielen hatte Sarto eindrucksvoll unter Beweis gestellt. Er entstammte dem kleinbürgerlichen Milieu der Kleinstadt Treviso im Hinterland Venedigs und repräsentierte allein schon durch seine Herkunft einen neuen Papst-Typ, der sich nicht als Nuntius und politischer Ratgeber, sondern durch seine Basisarbeit als Priester in der Provinz definierte und profilierte. Auf allen Stationen seiner Laufbahn hatte sich der jetzt Gewählte durch sein soziales Engagement für die Armen, seine radikale Ablehnung des Liberalismus in all seinen Erscheinungsformen, durch seine volkspädagogische Ader und seine Vorliebe für Liturgie, Chorgesang und kirchliches Dekorum hervorgetan. Als junger Priester hatte er für seine Gemeinde einen Katechismus verfasst, der mit mehr als 500 Fragen und Antworten alle Aspekte der Rechtgläubigkeit und des christlichen Lebenswandels abdeckte. Seine Wähler erwarteten eine Fortsetzung dieser Bestrebungen, und sie wurden nicht enttäuscht. Mit diesem Papst wurden genau die Haltungen wiederbelebt und die Positionen gestärkt, die sein Vorgänger abschwächen oder sogar behutsam verblassen lassen wollte: die schroffe Frontstellung gegenüber Wissenschaft und Fortschrittsoptimismus und als Gegengewicht dazu eine starke Betonung von Hierarchie und Gehorsam als Grundprinzipien der Kirche.

Mit solchen Überzeugungen fühlte sich der «Seelsorger-Papst» zu umfassenden Weichenstellungen gegen den Geist der Zeit berufen, die schon in seiner ersten, programmatischen Enzyklika vom Oktober 1903 einer konsequenten Verkündung des doppelten Primats gleichkamen. Dass er damit Anstoß und Ärgernis erregte, nahm der von missionarischem Eifer beseelte Pontifex maximus in Kauf. Mehr noch: Er suchte geradezu die Konfrontation mit einem gottlosen Zeitalter. Die ganze Welt sollte sich in Christus erneuern, und das hieß konkret: seinem Stellvertreter auf Erden in allen Fragen der Moral und der Weltdeutung bedingungslosen Gehorsam leisten. Diesem umfassenden Führungsanspruch des Papstes hatten sich auch die Mächtigen in allen sozialen und politischen Fragen rückhaltlos zu unterwerfen. Ihre vordringliche Aufgabe bestand darin, die verderblichen Tendenzen der modernen Philosophie und des zivilen Rechts, die die Menschheit auf Abwege gebracht hatten, mit allen Mitteln zu bekämpfen. Das kam der Ansage eines neuen Kulturkampfs gleich. Staat und Gesellschaft, die in Europa unaufhaltsam auf die Demokratisierung aller Lebensbereiche zusteuerten, sollten in letzter Minute einer heilsamen Indoktrinierung und Disziplinierung unterzogen werden. Auf diese Weise sollten die liberalen Freiheiten, die nur Chaos und Unfrieden gestiftet hatten, zugunsten einer neuen Ordnung aufgehoben werden, die den Menschen in allen Lebenslagen anleitete, kontrollierte und korrigierte. Ideologen der äußersten Rechten und der radikalen Linken sahen das durchaus ähnlich: Das Individuum ging an seiner Individualität zugrunde und musste daher im Kollektiv aufgehen.

Reformen waren für den Sarto-Papst Maßnahmen zur Wiederherstellung eines besseren Kirchen- und Weltzustands. Wo im Einzelnen der Hebel anzusetzen war, hatte er selbst durch Visitationen der italienischen Diözesen untersucht. Die entscheidende Voraussetzung für die Wiedereinschärfung der veruntreuten Normen war die Sammlung des gesamten Kirchenrechts, wie es sich seit anderthalb Jahrtausenden in zahllosen Einzelverfügungen entwickelt hatte, in unterschiedlichen Fassungen zusammengetragen und seit 1582 als *Corpus Iuris Canonici* kompiliert worden war. Pius X. griff damit einen Auftrag des Ersten Vaticanums auf, was sich auch im Ergebnis der Kodifizierung niederschlug. Der monumentale neue *Codex Iuris Canonici*, der erst drei Jahre nach dem Tod Pius' X. zum Abschluss gelangte, war nicht nur eine Sammlung vorhandener Bestimmungen, sondern steigerte darüber hinaus die Macht des Papstes weiter, dem zahlreiche neue Kompetenzen übertragen wurden.

Die nächste große Baustelle innerhalb des konservativen Reformwerks war eine Neuorganisation der Kurie, deren administratives Grundgerüst im Wesentlichen seit Sixtus V. (1585–1590) unverändert geblieben war. Bei der 1908 anstehenden Revision fiel ein Dutzend überflüssiger Kongregationen dem Rotstift zum Opfer. Neue Zentralbehörden übernahmen die Aufgaben, die dem Papst besonders am Herzen lagen: die Überwachung des Klerus, seines Lebenswandels und seiner Lehre, die Auswahl und Ernennung neuer Bischöfe und die Ausarbeitung neuer Lehrpläne für den Priesternachwuchs sowie dessen Kasernierung in Seminaren und Kollegien. Die alte Indexkongregation, die für den Katalog der verbotenen Bücher zuständig war, ging genauso wie das Sant'Uffizio gestärkt aus dieser Generalüberprüfung hervor. Auf beide wartete viel Arbeit: Pius X. war entschlossen, die katholische Welt von der Pest verderblicher Literatur zu befreien und deren Autoren, sofern sie dem Klerus angehörten, zu maßregeln. Allen administrativen Einzelmaßnahmen lag somit ein klar konturiertes, kohärentes Programm zugrunde: Die Reform musste bei den Reformern, bei ihrer Disziplinierung und kulturellen Prägung, ansetzen; nur so konnte die Kirche die irregehende Welt wieder auf Kurs bringen.

Diese Rekonfessionalisierung benötigte nicht nur entsprechend ausgebildetes und ausgerichtetes Personal, sondern auch neue Texte, die die geplante Einübung im Glauben vorantrieben. Diese Erfahrung galt für die Pfarrgemeinde im Veneto genauso wie für die Weltkirche. So machte sich Pius X. an seine lebenslange Lieblingsarbeit, einen Katechismus auszuarbeiten, der allen Gläubigen in leicht verständlicher Darstellung die heilsnotwendigen Glaubenswahrheiten vermitteln sollte. Er erschien zuerst 1905 als *Kompendium der christlichen Lehre* und sieben Jahre darauf in erweiterter Form. Bezeichnenderweise lagen ihm zwei Texte des 18. Jahrhunderts zugrunde – die Gegenwart sollte an einer besseren Vergangenheit genesen.

Wie weiland 1563 in Trient stand jetzt auch eine Reform der Kirchenmusik an. Seit Langem hatte sich der Brauch eingebürgert, Melodien aus Opernhaus und Konzertsaal mit sakralen Texten unterlegt im Gottesdienst zu singen und zu spielen. Dieser Noten-Transfer war umso selbstverständlicher, als die großen Komponisten des 18. Jahrhunderts wie Antonio Vivaldi in ihrer geistlichen Musik auf dieselben virtuosen Stilmittel zurückgriffen wie bei ihrer Produktion für das Theater; der Erfolg ihrer glanzvoll verzierten Motetten und Messen gab ihnen recht. Für Pius X. war diese Vermischung der Genres eine unerträgliche Profanierung, die drastische Gegenmaßnahmen erforderte. So dekretierte er die Rückkehr zu den lauteren Quellen der Kirchenmusik, wie sie bei Palestrina oder besser noch in den Gregorianischen Gesängen flossen.

Demselben Zweck, die Volksfrömmigkeit zu fördern, diente auch die Aufforderung an die Gläubigen, das Sakrament des Abendmahls häufig, möglichst sogar täglich, zu empfangen, und zwar von Kindesbeinen an; das Mindestalter dafür wurde auf sieben Jahre gesenkt. Mit größerem Widerstand der katholischen Basis war bei diesen rückwärtsgerichteten Reformen nicht zu rechnen, denn vor allem bei der ländlichen Bevölkerung stieß die vom Vatikan betriebene Wiedereinschärfung traditioneller Werte und Verhaltensregeln auf Sympathien.

Die schroffste Frontstellung, die Pius X. aufbaute, war aber nach innen gerichtet, gegen einen Feind, den er für bedrohlicher hielt als alle Voltaire-Epigonen und sozialistischen Theoretiker, die die Kirche von außen berannten: gegen die Theologen, die der Welt weiter entgegengekommen waren, als es der Kirche guttat, in einem Wort: gegen die «Modernisten», die die Kirche und ihre Lehre zeitgemäß erneuern wollten und dadurch ins Verderben stürzten. Dieser Konflikt spitzte sich für den Papst auf den Gegensatz zwischen Wissenschaft und Hierarchie zu. Das Streben des Menschen nach umfassender Erkenntnis, die Gott allein vorbehalten war, hatte den Sündenfall und in dessen Folge die Vertreibung aus dem Paradies zur Folge gehabt. Dieselbe unersättliche Forscherneugierde hatte zu Beginn des 20. Jahrhunderts die Entfremdung der Welt von Gott und Glauben bewirkt und sie dadurch in Anarchie gestürzt. Die maßlose Überschätzung der Ratio hatte dazu geführt, dass alle Autoritäten ausgehöhlt worden waren, und zwar im Namen des vermeintlichen Fortschritts und eines Scheinwissens, auf das sich seine Lobredner beriefen. Mit den schwachen, stets der Täuschung unterworfenen Mitteln und Methoden des Verstandes aber ließen sich die tiefsten Wahrheiten der gottgewollten Ordnung nicht ergründen, zumal die aufrührerische Ratio gegen nichts so heftig rebellierte wie gegen die segensreichen Prinzipien von Hoheit und freiwilliger Unterwerfung, Gebot und Gehorsam. Auf diese Grundpfeiler hatte Christus seine Kirche gebaut, mit diesen Prämissen hatte er dem Apostelfürsten deren Führung und die Missionierung der ganzen Welt anvertraut. Wer sich dagegen erhob, untergrub seine eigene Lebensgrundlage.

Das alles war nicht neu, war aber selten mit einer solchen Schärfe gegenüber Kirche und Außenwelt vorgetragen worden. Mit noch größerem Rigorismus gelangten diese Grundsätze bei der jetzt anhebenden Säuberung der Kirche zur Anwendung. Für deren Durchführung waren die 1902 von Leo XIII. gegründete Bibel-Kommission und das sieben Jahre später ins Leben gerufene päpstliche Bibel-Institut zuständig. Der modernistischen Häresie verdächtig waren alle Forscher und Institutionen, die sich der seit dem 18. Jahrhundert aufblühenden Historischen Bibelwissenschaft und damit einer Disziplin gewidmet hatten, deren Ziel die Erforschung des geschichtlichen Jesus, seiner Umwelt, seiner Lebensbedingungen und seiner daraus ableitbaren Absichten und Ziele war. Solche Untersuchungen hatten mit den verfeinerten Methoden historischer Quellenkritik unüberbrückbare Widersprüche zwischen harten historischen Fakten und den Berichten der Evangelien zutage gefördert, die sich in diesem neuen Licht zunehmend als Legenden und Mythenbildungen darstellten. Die vor allem von protestantischer Seite betriebene, aber auch von katholischen Theologen intensiv zur

Kenntnis genommene «Leben Jesu-Forschung» mit ihrer Tendenz, zentrale Elemente der christlichen Lehre aus ihrem Zeitzusammenhang heraus zu erklären, war daher eines der großen Zielobjekte der Modernisten-Jagd. In den Augen des Papstes stellten die Anhänger dieser Richtung die überzeitliche Gültigkeit der biblischen Verkündigung infrage. Ins Visier der Verfolgung geriet dabei vor allem der französische Orientalist und Bibelwissenschaftler Alfred Loisy, der mit seinen Büchern ein breites Publikum erreichte, mit Lehrverbot belegt und 1908 exkommuniziert wurde.

Mit Einzelverurteilungen der zersetzenden Theorien konnte es für den Papst jedoch nicht sein Bewenden haben, umfassendere Maßnahmen drängten sich auf. Im Juli 1907 publizierte er ein Dekret gegen die Zeit-Irrtümer, das auch als «Kleiner Syllabus» bezeichnet wird, an Umfang und Radikalität dem *Syllabus errorum* von 1864 aber mindestens gleichkommt; zwei Monate darauf folgte eine Verurteilung durch die Enzyklika «Pascendi». Unter dem Verdammungswort des Modernismus wurde in diesen Dokumenten ein weiteres Mal aufgelistet, was der Lauf der Geschichte seit Reformation und Aufklärung an fatalen Resultaten aufzuweisen hatte. Wie dreiundvierzig Jahre zuvor wurde der Urgrund aller Übel an der Loslösung der Politik von der Religion festgemacht und im Gegensatz dazu die alles umfassende Leitungskompetenz der Kirche hervorgehoben: Der Papst allein durfte bestimmen, was Christen lesen und denken durften und wie sie sich politisch zugunsten ihrer Kirche verhalten mussten. Naturgemäß stieß der Anspruch eines mäßig gebildeten Pontifex maximus, die modernen Wissenschaften, die er nur vom Hörensagen kannte, zu beurteilen und in Gut und Böse zu scheiden, bei den Bildungseliten aller Konfessionen auf schroffe Ablehnung und auch innerhalb der Kirche auf Widerstand.

Diese Opposition wurde mit den Methoden der Bespitzelung, der Denunziation und permanenter Pressionen systematisch niedergekämpft. Im Klima der Überwachung und Verdächtigung traf der Bannstrahl des Papstes zwischen 1910 und 1914 nicht nur die eigentliche Zielgruppe, sondern auch erwiesene Anti-Modernisten und «Neutrale», wenn diese sich wie der weltweit anerkannte Kirchenhistoriker Louis Duchesne «moderner», das heißt: von der Kirche nicht approbierter wissenschaftlicher Methoden bedienten. Die Resultate dieser Hexenjagd wurden sogar von den wenigen moderaten Kurialen, die die Säuberungen unbeschadet überstanden hatten, als Selbstzerstörung katholischer Kultur beklagt. Auf dem Höhepunkt dieser Kampagnen richtete sich die Verfolgung sogar gegen deren Urheber: Auch die Jesuiten, die sich seit ihrer Neugründung 1814 als treueste Gehilfen der Päpste im Kampf gegen die auflösenden Tendenzen des Zeitalters hervorgetan hatten, waren jetzt in den Augen Pius' X. nicht mehr über jeden Verdacht erhaben. Die Angst des Papstes vor einer lautlosen Unterwanderung der Kirche konnten alle Säuberungen und Verfolgungsmaßnahmen nicht bannen. Im Gegenteil: Pius X. sah die Aushöhlung der wahren Werte weiter voranschreiten und fühlte sich dadurch zur äußersten Gegenwehr genötigt.

Im September 1910 schrieb Pius X. allen Klerikern mit höheren Weihen die Leistung eines Eides vor, der schon mit seiner ersten Klausel deutlich machte, worum, oder genauer: wogegen es ging. «Ich umfasse fest und nehme samt und sonders an, was vom irrtumslosen Lehramt der Kirche definiert, behauptet und erklärt wurde, vor allem diejenigen Lehrartikel, die den Irrtümern dieser Zeit unmittelbar widerstreiten» (zitiert aus: P. Neuner, Der Streit um den katholischen Modernismus, Frankfurt am Main/Leipzig 2009, S. 355). Ausnahmen von diesem Schwurzwang wurden nur in seltenen Fällen zugestanden, zum Beispiel für Professoren ohne seelsorgerische Aufgaben. Der Antimodernisteneid blieb bis 1967 in Kraft; an seine Stelle trat danach die Ablegung eines Glaubensbekenntnisses.

Eine Annäherung zwischen einem Papst, der Politik als moralische Erziehung der Mächtigen auffasste, und dem Königreich Italien, das die Ausdehnung des Wahlrechts auf die gesamte männliche Bevölkerung ansteuerte, war eigentlich nicht zu erwarten. Sie kam trotzdem zustande, allerdings indirekt und unter Vorbehalt. Um der Gefahr sozialistischer Mehrheiten in besonders «gefährdeten» Wahlkreisen zu begegnen, setzte Pius X. im November 1904 die alte Vorschrift, die den Katholiken die Teilnahme an Parlamentswahlen untersagte, in einem entscheidenden Punkt aus: Die Bischöfe durften jetzt nach Maßgabe der zu erwartenden Mehrheitsverhältnisse darüber entscheiden, ob die Gläubigen für moderate Kandidaten votieren durften oder nicht. Der Gründung einer katholisch-demokratischen Partei zeigte sich der Papst jedoch weiterhin abgeneigt. Als sich eine solche politische Gruppierung mit der «Lega democratica nazionale» 1906 dennoch konstituierte, traf sie das päpstliche Anathema mit aller

Schärfe; Priester, die sich ihr angeschlossen hatten, mussten für diesen Akt des Ungehorsams mit schweren Kirchenstrafen rechnen. Verdächtig wurden in der Folgezeit sogar die christlichen Gewerkschaften: Arbeiterorganisationen jeglicher Art hatten für Pius X. ihren Ursprung in den revolutionären Bewegungen seit 1789 und tendierten stets dazu, sich der kirchlichen Bevormundung zu entziehen.

Der stärkste Gegenwind gegen die restaurativen Bestrebungen Pius' X. blies im Westen. Leo XIII. hatte die französischen Katholiken auf einen Kurs der friedlichen Koexistenz mit der laizistischen Dritten Republik einzuschwören versucht und damit der Kirche konservative Kreise entfremdet. Diese sahen ihre Ablehnung bestätigt, als die Nationalversammlung 1904 den Unterricht an katholischen Schulen einschränkte, die diplomatischen Beziehungen mit dem Vatikan abbrach, im Dezember 1905 die Trennung von Kirche und Staat vollzog und die kirchlichen Besitzungen verstaatlichte. Pius X. reagierte darauf mit einer Enzyklika, die das Vorgehen der Republik als blasphemischen Willkürakt brandmarkte, und heizte damit den Konflikt weiter an. Lieber Armut und Verfolgung als Kompromisse mit den Mächten der Finsternis, so lautete seine Devise, die jede gütliche Einigung im Kleinen ausschloss. Durch die Kompromisslosigkeit der Kurie kam es zu ähnlichen Konflikten in Portugal und Mexiko. Im Kontrast zu dieser moralischen Unbedingtheit duldete der Papst im Kampf gegen die Modernisten die bedenklichsten Methoden der Aushorchung und Bespitzelung – der Zweck heiligte die Mittel.

Von allen Herrschern Europas schätzte Pius X. Kaiser Franz Joseph von Österreich am höchsten – kein Wunder, war im habsburgischen «Kakanien» das von der Kurie idealisierte Alteuropa doch am lebendigsten. Dass er nach der Ermordung des Thronfolgers Franz Ferdinand im Juni 1914 versucht habe, den greisen Kaiser zur Annahme der serbischen Antwort auf sein Ultimatum zu bewegen und damit von seinem Kriegskurs abzuhalten, ist Legende – ebenso wie die antiklerikale Gegenerzählung, der Papst sei vor Freude über den Ausbruch des Krieges gestorben, von dem er die Rückgewinnung orthodoxer Länder für die Kirche erhofft habe. Im Zuge des Heiligsprechungsprozesses, der zehn Jahre nach Pius' Tod begonnen wurde, sollten die mit den biographischen Recherchen beauftragten Geistlichen vor allem Dokumente zutage fördern, die ihn von den inkriminierten Methoden der Modernistenverfolgung entlasteten. Dieses Reinwaschungsunternehmen misslang auf der ganzen Linie: Die neu erschlossenen Quellen belegten klipp und klar, dass der Papst das Vorgehen seiner Spitzel und Inquisitoren als eine Art heiligen Machiavellismus voll und ganz absegnete. Dass das Verfahren im Mai 1954 unter Pius XII. trotzdem mit der Kanonisation abgeschlossen wurde, war ein Signal an die Katholiken in der ganzen Welt: Die Kirche hielt an ihrem Anspruch auf absolute Führung und unbedingten Gehorsam auch nach dem Zweiten Weltkrieg eisern fest.

14.

Schwankende Haltungen zur Gegenwart

Von Benedikt XV. bis Franziskus I. (1914 bis heute)

Zwischen den Fronten: Benedikt XV.

Pius X. starb am 20. August 1914. Die zehntägige Trauer-Sedisvakanz und das darauffolgende dreitägige Konklave fielen mit den ersten entscheidenden Schlachten des Ersten Weltkriegs an der Marne zusammen. Am 3. September 1914, kurz bevor der deutsche Vormarsch gestoppt wurde und der Schlieffenplan zur Überrennung Frankreichs gescheitert war, präsentierte sich auf der Loggia des Petersdoms der neue Papst, der sich Benedikt XV. nannte – eine Hommage an Benedikt XIV., seinen Vorgänger als Erzbischof von Bologna. Mit dieser Wahl stellte das Kardinalskollegium ein weiteres Mal seine Fähigkeit unter Beweis, nach besonders einseitig ausgerichteten Pontifikaten einen deutlichen Richtungswechsel zu vollziehen. Diese Flexibilität hatte seit dem 15. Jahrhundert die allzu lange Dominanz von Papstfamilien und ihren Netzwerken verhindert und seit der Französischen Revolution mit einer gewissen Regelmäßigkeit ultrakonservative und eher moderate Päpste aufeinander folgen lassen, und zwar meistens so, dass der neue Papst an die Strategien und Ziele seines Vor-Vorgängers anknüpfte.

Das bewahrheitete sich auch diesmal. Benedikt XV. wurde 1854 in Genua als Giacomo Della Chiesa geboren und entstammte väterlicherseits einer Adelsfamilie, die sich aus der langobardischen Herzogssippe von Spoleto ableitete; seine Mutter zählte Papst Innozenz VII., der von 1404 bis 1406 während des Großen Schismas in Rom regierte, zu ihren Vorfahren. Der Milieuwechsel vom Kleinbürgertum zum ältesten europäischen Adel hätte kaum brüsker ausfallen können. Der neue Papst verkörperte genealogisch also genau die vermeintlich bessere Vergangenheit, der sein Vorgänger nachgetrauert hatte, doch gerade deshalb teilte er diese nostalgischen Sehnsüchte nicht. Er war an der Seite Kardinal Rampollas, des Staatssekretärs und Alter Egos Leos XIII., emporgekommen und hatte in dieser Schule den gesellschaftlichen und intellektuellen Feinschliff erhalten, der unter Pius X. als Abkehr von den Prinzipien apostolischer Simplizität verpönt war; zum Kardinal war der gewandte Diplomat denn auch erst im Mai 1914 erhoben worden. Als Papst ernannte er mit Pietro Gasparri einen Prälaten von ähnlicher Statur zum Kardinalstaatssekretär.

Die Friedensbemühungen des Papstes setzten sofort nach seiner Wahl ein. Am 8. September 1914 sandte er eine «Esortazione apostolica», also eine apostolische Ermahnung, an Katholiken und speziell die Machthaber, die in beschwörenden Tönen ein Ende des Blutvergießens forderte. Auch seine erste Enzyklika «Ad Beatissimi» vom 1. November war naturgemäß der Jahrhundert-Katastrophe des Weltkriegs gewidmet. Getreu den Ansprüchen seiner Vorgänger auf verbindliche Deutung der Geschichte hielt der Papst der Menschheit die Antriebe vor Augen, die sie in diesen Abgrund der Inhumanität und Selbstzerfleischung gestürzt hatten. Als Matrix aller Übel nannte er, wie zu erwarten, die Abkehr der Staaten von der Religion und den heilsamen Weisungen der Kirche. Seit Langem hatte diese davor gewarnt, dass der Abfall von der göttlichen Wahrheit die schlimmsten Folgen zeitigen würde, und war für diese Mahnungen verlacht worden. In einer Welt ohne Gott hatte schrankenloser Egoismus alle Brüderlichkeit verdrängt und jegliche Autorität ausgehöhlt, so dass die Gier nach materiellem Besitz zum Endzweck des Daseins geworden war. Der Kult der Nation war an die Stelle des Gottesdienstes getreten, Klassenkampf trug den Konflikt ins Innere einer Gesellschaft, die jegliche Bindung an höhere Werte und damit ihren Halt verloren hatte. Unter dem Strich wurde so die Säkularisierung seit der Aufklärung als eigentliche Ursache des Weltkonflikts namhaft gemacht – als ob es vor 1789 keine blutigen Kriege unter katholischen Mächten gegeben hätte, ganz abgesehen davon, dass das erzkatholische Haus Habsburg 1914 die erste der kriegstreibenden Mächte gewesen war. Hinter dieser historischen Deutung stand ebenso traditionell die *superbia* des Menschengeschlechts als Urgrund aller Übel: Der Mensch glaubte in fataler Selbstüberschätzung seiner Kräfte und Fähigkeiten, sich ohne göttliche Offenbarung zum Herrn der Geschichte aufschwingen zu können, und erlitt dabei furchtbaren Schiffbruch.

Diese durch und durch antimodernistische Analyse vermied einseitige Schuldzuweisungen und betonte darüber hinaus, dass die Kurie den Weltenbrand nicht im kleinlichen Eigeninteresse für die Lösung der Römischen Frage auszunutzen gedachte. Konkret wandte sich Benedikt XV. an den schmalen Zirkel der politischen Entscheidungsträger in Rom mit dem Appell, Italien aus dem zerstörerischen Konflikt herauszuhalten. Mit dieser Beschwörung der Neutralität sprach der Papst der großen Mehrheit der Bevölkerung und der Parlamentarier sowie anfangs auch den Regierungskreisen aus dem Herzen. Ob er selbst durch Überparteilichkeit der alten Rolle des «gemeinsamen Vaters» gerecht wurde, bildete europaweit unter Katholiken und Nicht-Katholiken den Gegenstand kontroverser Debatten. Den Verdacht einer zumindest indirekten Parteinahme weckten schon die Religionsverhältnisse in den kriegführenden Ländern: Den zwei «häretischen» Mächten England und Russland und dem offiziell «atheistischen» Frankreich standen das immerhin zu einem Drittel katholische Deutschland und das in jüngster Zeit bemerkenswert kirchenfromme Habsburger Imperium gegenüber.

In den drei ersten Kriegsjahren konzentrierten sich die Bemühungen des Vatikans neben allgemeinen Aufrufen zum Frieden auf humanitäre Aktionen wie die Vermittlung von Gefangenenaustausch, den Schutz der Zivilbevölkerung und die Versorgung von Verwundeten in neutralen Ländern wie der Schweiz. Darüber hinaus versuchte Benedikt XV., Kaiser Franz Joseph zur Abtretung des Trentino an Italien zu bewegen. Damit wollte er die politische Führungsschicht dazu motivieren, die Verhandlungen mit den kriegführenden Parteien nach dem Muster «Welche Seite bietet mehr?» einzustellen. Vergeblich, wie sich im Mai 1915 zeigte, als eine kleine Clique um König Vittorio Emanuele III. und Ministerpräsident Salandra den Kriegseintritt Italiens an der Seite der Entente, das heißt Großbritanniens, Frankreichs und Russlands, durchsetzte und das Land damit einer militärischen und innenpolitischen Belastungsprobe aussetzte, der es kaum gewachsen war.

Kriegsmüdigkeit und Symptome allgemeiner Erschöpfung zeigten sich 1917 nicht nur in Italien, sondern an allen Fronten immer dramatischer, so dass sich Benedikt XV. zu einer breit angelegten Friedensinitiative entschloss. In seiner Note – offiziell ebenfalls eine «Esortazione Apostolica» – vom 1. August 1917, die nach den französischen Anfangsworten «Dès le debut», «Seit Beginn (unseres Pontifikats)», genannt wird – beschränkte sich der Della Chiesa-Papst nicht mehr auf allgemeine Appelle, sondern legte einen sorgfältig ausgearbeiteten Plan für eine schnelle Herbeiführung des Friedens vor, der durch seine Ausgewogenheit allen Seiten gerecht werden sollte. Er sah die sofortige Abrüstung, den Verzicht auf Reparationszahlungen, die Räumung und Rückgabe besetzter Gebiete sowie die Einrichtung einer supranationalen Schiedsstelle vor, die künftig einen friedlichen Ausgleich zwischen den Staaten gewährleisten und Sanktionen gegen Mächte verhängen sollte, die sich dieser Schlichtung widersetzten.

Von diesen zukunftsweisenden Neuerungen abgesehen war das Ziel der Vermittlung also die Wiederherstellung des Status quo ante: Deutschland hatte sich aus dem okkupierten Belgien, dessen staatliche Souveränität und Neutralität wiederhergestellt werden sollten, und aus Nordfrankreich zurückzuziehen, die Entente musste die deutschen Kolonien in Afrika zurückerstatten. Durch diese Forderungen konnte sich keine Seite begünstigt fühlen; wer aus der Umsetzung der Vorschläge den größeren Nutzen ziehen würde, hing von der militärischen Lage ab. Hier sahen sich zum Zeitpunkt der päpstlichen Friedensinitiative beide Parteien im Vorteil. Deutschland hatte im Osten die Oberhand gewonnen und hoffte, nach einem Siegfrieden mit Russland die dadurch freigesetzten Divisionen im Westen mit durchschlagendem Erfolg einsetzen zu können. Die Entente fühlte sich durch den Kriegseintritt der Vereinigten Staaten im Aufwind, obwohl sich der militärische Zugewinn durch den Zuzug aus Übersee vorerst in Grenzen hielt. So stieß der Plan des Papstes überall auf Misstrauen und Ablehnung. Für die französischen Republikaner war er ein Verbündeter Habsburgs und suchte dessen morsches Imperium zu stützen, der amerikanische Präsident Wilson sah seine eigene Rolle als Friedensstifter infrage gestellt. In Deutschland loderten antikatholische Affekte beim Vierhundert-Jahre-Gedenken des Reformationsbeginns heftig auf. Von einem Klima der Entspannung und Verständigung, das der Papst mit seinem Vorstoß herbeiführen wollte, konnte daher keine Rede sein. Allgemeine Empörung erregte die Note zudem dadurch, dass sie den Krieg als «nutzloses Blutvergießen» (inutile strage) bezeichnete. Die Kirchen aller Konfessionen hatten den Krieg durch ihren Segen als gottgewollt geheiligt. Dass der millionenfache Tod im Schützengraben kein Blutopfer zur Rettung des Vaterlandes, sondern schlicht sinnlos sein sollte, war undenkbar und unannehmbar.

Besonders feindselig fielen die Reaktionen der italienischen Regierung aus, die sich in ihrem Abkommen mit der Entente gegen jegliche Beteiligung des Papstes an künftigen Friedensverhandlungen abgesichert hatte. Dahinter stand die Furcht, dass der Heilige Stuhl international aufgewertet werden könnte und dass er dieses Prestige für eine vorteilhafte Lösung der Römischen Frage nutzen könnte. Hinter den Kulissen der Friedensverhandlungen, die ab Januar 1919 in und um Paris geführt wurden, versuchte die päpstliche Diplomatie trotzdem, dieses Ziel im direkten Kontakt mit dem neuen italienischen Ministerpräsidenten Orlando zu erreichen. In diesen Gesprächen schlug der Kardinal-Staatssekretär Gasparri die Einrichtung eines unabhängigen Vatikanstaats vor, dessen Territorium im Wesentlichen mit dem schon von Cavour ins Auge gefassten Umfang übereinstimmen sollte. Orlando hielt diesen Vorschlag für verhandelbar, doch König Vittorio Emanuele III. legte sein Veto ein, weil er solche Zugeständnisse als Preisgabe der Siege von 1870 und 1918 ablehnte.

Auf internationalem Parkett begrüßte Benedikt XV. die Gründung des Völkerbunds als Schritt zur Aussöhnung der verfeindeten Nationen in der Hoffnung, dass sich diese Weltgemeinschaft auf das christliche Sittengesetz stützen und so künftige Konflikte verhindern möge. Für das politische Leben in Italien war folgenreich, dass er das Verbot für italienische Katholiken, an Wahlen auf nationaler Ebene teilzunehmen, aufhob. Dadurch konnte der Anfang 1919 gegründete *Partito Popolare Italiano*, das italienische Gegenstück zum deutschen Zentrum, an den Parlamentswahlen desselben Jahres teilnehmen – und auf Anhieb über ein Fünftel der Stimmen gewinnen.

Innerkirchlich bereitete der Della-Chiesa-Papst dem Klima der Bespitzelung und Verdächtigungen ein Ende und erteilte dem ultrakonservativen «Sodalitium Pianum», der «Piusbruderschaft», eine entschiedene Absage. Die 1909 gegründete Priestergemeinschaft hatte es sich im Geiste Pius' V., des strengen Reformers nach dem Konzil von Trient, und mit Billigung Pius' X. zur Aufgabe gemacht, Priester und Theologen, die sie des «Modernismus» verdächtigte, zu beobachen und der Kurie zwecks Exkommunikation anzuzeigen. Dass Benedikt XV. sie verbot, war ein Signal gegen den Antimodernismus und das Maximum an verschlüsselter Kritik, die ein Papst an seinem Vorgänger üben konnte. Doch der Antimodernismus lebte weiter. 1970 gründete Erzbischof Marcel Lefebvre erneut eine «Piuspriesterbruderschaft», die «Fraternitas Sacerdotalis Sancti Pii X., die sich gegen liturgische Neuerungen des Zweiten Vatikanums, Ökumene, Religionsfreiheit und die Anerkennung des Judentums als Heilsweg wandte. Benedikt XVI. hob im Januar 2009 die Exkommunikationen gegen vier ihrer Mitglieder auf und versetzte die Organisation dadurch in einen merkwürdigen Schwebezustand zwischen Nicht-Verbot und Nicht-Erlaubnis.

Benedikt XV. bemühte sich weiterhin an verschiedenen Fronten um Entspannung. Er nahm Beziehungen zur antiklerikalen französischen Regierung auf, sprach Jeanne d'Arc heilig und konnte die diplomatische Anerkennung des Heiligen Stuhls durch Frankreich und Großbritannien als Erfolg verbuchen. 1920 protestierte er gegen die harten Maßnahmen der Sieger im Friedensvertrag von Versailles und förderte in den außereuropäischen Missionsgebieten die Ausbildung einheimischen Priesternachwuchses. Der weltoffenste Pontifex maximus seit den Tagen Benedikts XIV. starb am 22. Januar 1922.

Mussolinis Papst: Pius XI.

Im viertägigen Konklave nach dem Tod Benedikts XV. standen sich Gemäßigte und Anti-Modernisten etwa gleich stark gegenüber, so dass die Wahl nur auf einen Kandidaten fallen konnte, der zwischen den ideologi-

schen Lagern vermittelte. Als solcher erhielt Achille Ratti, Erzbischof von
Mailand und wie sein Vorgänger erst seit wenigen Monaten Kardinal, nach
vier Tagen mit 42 von 53 Stimmen die nötige Zweidrittelmehrheit. Sein
wichtigster Wahlhelfer war mit Kardinal Gasparri ein Protagonist des abgelaufenen
Pontifikats, was für Kontinuität sprach; dass er sich Pius XI. nannte,
signalisierte den Konservativen Sympathie für ihre Anliegen. Auch das Vorleben
des neuen Pontifex maximus ließ keine eindeutigen Rückschlüsse auf
seinen weltanschaulichen Standort zu. In seiner geistlichen Laufbahn hatte
er sich vorwiegend als Gelehrter in den Fachrichtungen Jura, Theologie und
Geschichte profiliert und dabei eine für die Kurie der Zeit ungewöhnlich
differenzierte Sicht der Geschichte, jenseits der pauschalen Fortschritts- und
Gegenwartsverdammungen, entwickelt. Auf der anderen Seite sind von seiner
wenig erfolgreichen Nuntiatur im Polen der unmittelbaren Nachkriegszeit
antisemitische Hasstiraden überliefert. In einer breiteren Öffentlichkeit
war er vor allem als leidenschaftlicher Alpinist populär.

Wie immer zeigten die ersten Enzykliken des Pontifikats dessen Positionierung
zu Vergangenheit und Zukunft an. In den Jahren 1922 bis 1925 markierten
sie einen Trennstrich zwischen Kirche und Moderne, der die von
Benedikt XV. vorgenommenen Öffnungen und Erweiterungen in mancher
Hinsicht zurücknahm. So betonte der Ratti-Papst im Geiste Pius' X. die
Unterordnung der Politik unter die Weisungsbefugnisse der Kirche. Kritische
Beobachter erinnerte der Ton dieser Verlautbarungen an Bonifaz VIII.
und seine Bulle «Unam sanctam» – zu Recht: Der verwirrten und irregehenden
Gegenwart und besonders dem Völkerbund wurde die Einheit der
Christenheit unter den großen Päpsten des Mittelalters als Vorbild zur eigenen
Orientierung vor Augen gehalten. Damit sollte der fundamentale Irrtum
der Aufklärung korrigiert werden, dass eine mündige Zivilgesellschaft
sich durch eine säkulare, auf Empirie und Vernunft basierende Ethik selbst
regulieren und durch diese Eigenverantwortlichkeit immer höhere Gestade
der Humanität ansteuern könne. Für Pius XI. war genau das Gegenteil der
Fall: Die Laien sollten aus der Fehlentwicklung der Geschichte lernen,
demütig werden und sich in ihrer Lebensführung wieder ganzheitlich den
Vorschriften des Papstes unterordnen. Diese «Rechristianisierung» der
säkularisierten Gegenwart war eine definitive Absage an den Liberalismus,
der im Italien des Jahres 1922 ohnehin in den letzten Zügen lag.

Auf die kurze Euphorie des Sieges im Ersten Weltkrieg war in Italien eine wirtschaftliche, mentale und politische Krise gefolgt, der sich die Politikerkaste mit den überholten Instrumentarien der Verfassung von 1848 nicht gewachsen zeigte. In den schweren Konflikten zwischen Sozialisten und Faschisten, die in umkämpften Regionen wie der Romagna zu bürgerkriegsähnlichen Zuständen führten, setzte die alte Elite auf den ehemaligen Sozialisten Benito Mussolini und seine Schlägertrupps. Der Faschistenführer erschien ihr als das kleinere Übel oder sogar als ein nützliches Instrument, mit dem sich die alten Hierarchien und Besitzverhältnisse zementieren ließen. Mussolini selbst hatte diese Annäherung durch eine geschickt konzipierte Doppelstrategie befördert. Gegenüber den Aktivisten seiner Bewegung gab er sich radikal, ja totalitär: Der faschistische Staat, den es aufzubauen galt, duldete keinen Pluralismus, erst recht keine weltanschauliche Konkurrenz durch die Kirche, sondern zielte auf die Beherrschung des ganzen Menschen. Das Individuum verlange geradezu danach, unter der Führung eines im Krieg gestählten Diktators in der Masse aufzugehen. Zu diesem Zweck müsse der faschistische Staat die uneingeschränkte Propaganda- und Erziehungshoheit gewinnen; in dieser neuen Kultur der Jugend, des Aufbruchs und der Technik hatten weder vom Liberalismus infizierte Großbürger noch papsthörige Prälaten ihren Platz. Doch gegenüber den Honoratioren des alten Systems und Vertretern der Kirche klang es anders: Der Faschismus werde zusammen mit den morschen Resten des liberalen Italien die unnatürliche Feindschaft zwischen Staat und Kirche beseitigen. Darüber hinaus falle dem Papsttum als uritalienischer Institution, die den zivilisatorischen Primat Italiens jahrhundertelang vertieft und verkörpert habe, eine neue sakrale Aufgabe zu: In einträchtiger Zusammenarbeit mit dem Staat müsse die Kurie ihren Beitrag dazu leisten, dass Italien erfolgreich an seine große Geschichte anknüpfen und den ihm gebührenden Rang als erste der Nationen zurückgewinnen könne.

Mit diesen Verheißungen, die das Risorgimento nicht hatte einlösen können, gewann Mussolini, der seit dem Herbst 1922 als Ministerpräsident amtierte, einen großen Teil der altliberalen Führungsschicht und auch der Kurie für sich. Für sie war der Duce, wie es dieser neu kreierte Titel suggerierte, der Mann der Vorsehung. Oder, wie es Pius XI. 1939 in einer aufgrund seiner tödlichen Krankheit nicht mehr gehaltenen Ansprache formulierte:

Unter seiner Herrschaft wurde Gott Italien und Italien Gott zurückgegeben. Solche Hoffnungen auf eine «Verchristlichung» Italiens oder auf eine Weiterführung des liberalen Staates mit anderen, autoritären Mitteln erwiesen sich jedoch schnell als Illusionen. Spätestens mit der Ermordung des sozialdemokratischen Politikers Giacomo Matteotti im Juni 1924 zeigte das Regime sein wahres, gewaltsames und zunehmend totalitäres Gesicht. Das erfuhr auch der *Partito Popolare Italiano*, der unter der Führung des Priesters Luigi Sturzo Katholizismus und parlamentarische Demokratie zu verschmelzen versuchte und 1923 als Zeichen des Protests gegen die repressive Politik Mussolinis aus dessen Regierung austrat. In der Folgezeit wurde die Partei durch den gemeinsamen Druck des Duce und des Papstes domestiziert; aktiver Widerstand gegen das Regime war von ihr nicht mehr zu erwarten.

Die Umpolung des PPI war ein Zugeständnis auf dem Weg zur Verständigung mit dem faschistischen Staat. Ihn säumten weitere freundliche Gesten: Kruzifix und Katechismus fanden wieder Eingang in die Schulräume, die Biblioteca Chigiana wechselte aus dem Besitz des Staates in die Vatikanische Bibliothek über. Die Verhandlungen über eine endgültige Lösung der Römischen Frage gestalteten sich trotzdem zäh und gelangten erst am 11. Februar 1929 mit der Unterzeichnung eines dreiteiligen Vertragswerks zum Abschluss. Es bestand aus der Gründung des Vatikanstaats, einem Finanzabkommen und dem Konkordat zwischen dem Heiligen Stuhl und dem Königreich Italien. Dieses erkannte die Souveränität des Papstes auf dem Gebiet des Vatikanischen Hügels und in einer Reihe exterritorialer Basiliken und Paläste in Rom und Castel Gandolfo an. Damit hatte der faschistische Diktator ein Tabu des Risorgimento gebrochen, das da lautete: keinen Fußbreit heiligen italienischen Bodens für die weltliche Herrschaft des Papstes! Im parlamentarischen Ratifizierungsverfahren musste Mussolini dieses Zugeständnis daher kleinreden: Von einem eigenständigen Staatswesen könne bei diesem Miniterritorium mit maximal vierhundert Bewohnern keine Rede sein. Umgekehrt erkannte der Papst das Königreich Italien und die Herrschaft der savoyischen Dynastie mit ihrer Hauptstadt Rom an. Beide Akte galten der europäischen Öffentlichkeit als überfällig.

In der Frage der Entschädigung des Papstes für seinen 1870 verlorenen Staat wurde ebenfalls ein Kompromiss erzielt. Allein schon die Tatsache, dass das Königreich Italien die Existenz einer solchen Schuld anerkannte, war ein schwerer Schlag für die letzten lebenden Garibaldianer. Bei der Bemessung der Summe wiederum kam der Papst dem Duce entgegen. Der Betrag war trotzdem hoch genug, um dem Vatikan den Erwerb eines regelrechten Immobilen-Imperiums zu erlauben. In der klugen Voraussicht, dass die Ewige Stadt als Kapitale Italiens unaufhaltsam expandieren werde, kauften die Makler im Auftrag des Papstes kostengünstig Grundstücke an einer Peripherie, die sich schon bald in zentrumsnahe Wohn- und Regierungsviertel verwandeln sollte. Vollends zu einem Triumph wurde der Abschluss der Lateranverträge für den Papst durch das abschließende Konkordat.

Als Staatsreligion legte die katholische Kirche die Lehrpläne für den Religionsunterricht an staatlichen Schulen vor; die durch sie vollzogenen Eheschließungen wurden vom Staat als gültig anerkannt; bei der Ernennung von Bischöfen hatte der Papst weitgehend freie Hand. Die Kirche war jetzt, rein rechtlich betrachtet, frei, allerdings nicht in einem freien Staat, wie es Cavour geplant hatte. Was die ihr im Konkordat zugesicherten Freiheiten in einem totalitären Staat wert sein würden, musste die Zukunft erweisen. An Absicherungen dafür fehlte es nicht. Als Tüpfelchen auf dem i hatte Mussolini der Kirche zugestanden, eigene Vereine, vor allem für Jugendliche, zu führen, vorausgesetzt, diese Assoziationen verhielten sich unpolitisch. Das war der neuralgische Punkt des Vertragspakets: Pius XI. wollte eine kirchlich, Mussolini eine faschistisch indoktrinierte Jugend. Konflikte waren damit programmiert.

Doch erst einmal war es Zeit zu feiern. Die Kirchenglocken läuteten zur Feier der «Versöhnung»; zu ihren Ehren wurde eine neue Prachtstraße zwischen dem Tiber und Sankt Peter gebaut, die Berninis geniale Inszenierung mit monotonen Imponierbauten auf eine öde Geradlinigkeit reduzierte. Als Gewinner sahen sich beide Seiten. Der Duce durfte sich rühmen, mit der Aussöhnung zwischen Staat und Kirche das Erbe Cavours angetreten und das Risorgimento übertroffen zu haben. Das machte ihn und sein terroristisches Regime im konservativen Europa honorig und hoffähig. Der andere Mussolini versuchte den faschistischen Hardlinern das Abkommen in einem vollkommen anderen Licht schmackhaft zu machen: Der lächerliche Ministaat um die Peterskirche ist der passende Sarkophag für das historisch abgetane Papsttum! Pius XI. durfte sich als Wiederhersteller des Kirchenstaats und damit der kirchlichen Unabhängigkeit bejubeln lassen. Auch seinem Ziel einer Rekonfessionalisierung der Gesellschaft und vor allem der kommenden Generationen durfte er sich durch den Vereinsartikel des Konkordats näher fühlen.

Diese Freude hielt jedoch nicht lange vor. Schon 1931 genügte die Neutralität der katholischen Vereine nicht mehr, um ihre Duldung zu erkaufen; von nun an mussten sie sogar ihre Treue zum Regime bekennen. Zudem mussten sie den Sport, ihr attraktivstes Freizeitangebot, zugunsten der faschistischen Jugendorganisation aus ihrem Programm streichen. Es blieb nicht der einzige Bruch des Konkordats. Nach Mussolinis rassistischer Wende in den 1930er-Jahren wurden kirchlich geschlossene jüdisch-christliche Ehen vom Staat entgegen den Bestimmungen von 1929 nicht mehr anerkannt.

Trotz aller Reserven und Bedenken betrachtete der Ratti-Papst den Duce als Verbündeten im globalen Kampf gegen die Kräfte des Bösen, die allesamt aus der Saat der Aufklärung hervorgegangen waren: Freimaurertum, Liberalismus, Sozialismus und Bolschewismus. So fand die Diktatur Francos in Spanien mit ihrer autoritär-katholischen und antidemokratisch-korporativen Ausrichtung die volle Billigung des Vatikans; schon zuvor hatte Pius XI. dem Putsch-General in seinem Kampf gegen die Republik seine Unterstützung zukommen lassen. Der Caudillo und der Papst hatten gemeinsame Grundwerte: den Glauben an Hierarchie und Gehorsam als Eckpfeiler der sozialen Ordnung, die Ablehnung des Rationalismus in all seinen philosophischen und politischen Erscheinungsformen als Produkt einer dekadenten Moderne, den starken Einheitsstaat als Voraussetzung für ideologische Konformität, die Unterdrückung von Pluralismus in Gesellschaft und Kultur, die Hoffnung auf eine neue Verschmelzung von Kirche und Staat im Kampf gegen die zersetzenden Tendenzen der Gegenwart und die Rückbesinnung auf vermeintlich unveräußerliche Traditionen. Für den Papst war damit der verhasste Geist des 19. Jahrhunderts endgültig überwunden und der Weg zu einer rekonfessionalisierten Lebensordnung gebahnt.

Die Symbiose von Kurie und Faschismus hatte auch dann noch Bestand, als der Duce in der zweiten Hälfte der 1930er-Jahre eine Phase der Radikalisierung einleitete, mit der er der ökonomischen und ideologischen Krise des Regimes abhelfen wollte. Nach dem rassistisch motivierten Eroberungskrieg gegen Äthiopien vom Völkerbund geächtet, geriet Italien immer stärker in das Fahrwasser des nationalsozialistischen Deutschland. Im Inneren war der Kontrast zwischen der Zukunftsideologie des Faschismus und der Dominanz der alten Eliten in Wirtschaft und Gesellschaft unüberbrückbar und für die jüngeren Aktivisten ein Stein des Anstoßes. Um sein selbst in Parteikreisen welkendes Charisma aufzufrischen und seine nicht mehr unumstrittene Herrschaft zu festigen, stellte sich Mussolini an die Spitze der radikalen Bewegungen, die endlich den wahren Faschismus Wirklichkeit werden lassen wollten. Zu diesem Zweck mussten zugkräftige neue Feindbilder geschaffen werden. Ab 1934 war in der faschistischen Presse Italiens daher von der Gefahr durch jüdische Unterwanderung zu lesen. Diese Diffamierungskampagnen nahmen die alten christlichen Stereotypisierungen von den Juden als Christusmördern und Feinden des wahren Glaubens auf und steigerten diese Verunglimpfungen mit Versatzstücken des modernen Antisemitismus zur Verdammung als minderwertige und schmarotzende Rasse. Auch die katholischen Verbände, vor allem ihre Vorreiterin, die *Azione Cattolica*, bekamen den neuen Druck des Regimes zu spüren; Mussolini witterte in ihren Aktivitäten den Versuch der katholischen Eliten, seine Herrschaft zu beerben und einen Staat nach spanischem Vorbild zu schaffen.

Die Konflikte, die aus den konkurrierenden Ganzheitlichkeits- und Führungsansprüchen von katholischer Kirche und faschistischem Staat entsprangen, spitzten sich Anfang 1938 zu und ließen sich im Sommer desselben Jahres mit einer Art Waffenstillstand entschärfen: Die Mitgliedschaft in der *Azione Cattolica* und in der Faschistischen Partei war jetzt miteinander vereinbar, und auch die «Judenfrage» wurde einvernehmlich geregelt. Das Regime sicherte zu, dieses «Problem» wissenschaftlich und politisch anzugehen. Da sich der Antisemitismus seit dem 19. Jahrhundert wissenschaftlich verbrämte, verhieß das den Betroffenen nichts Gutes. Zusätzlich ließ sich die kirchliche Seite zusichern, dass es den Angehörigen der diskriminierten Minderheit nicht schlechter ergehen würde als im päpstlich beherrschten Rom, das heißt im Ghetto, das 1870 aufgelöst worden war. Diese Formel deckte ein breites Spektrum an Möglichkeiten ab, das von relativer Tolerierung unter Sixtus V. bis hin zu schroffer Repression unter Päpsten wie Paul IV. und Pius VI. reichte. An der Haltung Pius' XI. zu den Juden hatte sich seit der Zeit seiner

Unterschriften unter ein problematisches Dokument Kardinalstaatssekretär Eugenio Pacelli, seit dem 2. März 1939 Papst Pius XII., und der Vizekanzler des deutschen Reiches, Franz von Papen, unterzeichnen des Konkordat zwischen Deutschland und dem Heiligen Stuhl.

Warschauer Nuntiatur nichts geändert. Er sah in ihnen die treibende Kraft der Unterwanderung und Zersetzung in der Moderne, wie sie sich im Kommunismus und Atheismus manifestierte, und warnte daher davor, das unter britischem Mandat stehende Palästina in einen jüdischen Staat umzuwandeln. Die Kurie befürchtete den Verlust von Kirchengütern und des katholischen Einflusses insgesamt, dazu ein Zunehmen «bolschewistischer» Tendenzen durch Einwanderung aus der Sowjetunion.

Komplexer und ambivalenter gestaltete sich das Verhältnis zwischen dem Vatikan und dem nationalsozialistischen Deutschland, das im Sommer 1933 in einem Konkordat seinen ersten Niederschlag fand. Die Vereinbarung mit dem Heiligen Stuhl, die am 20. Juli feierlich von Kardinalstaatssekretär Eugenio Pacelli und Vizekanzler Franz von Papen im Vatikan unterzeichnet wurde, verschaffte Hitler und seinem Regime im In- und Ausland einen Anstrich von Honorigkeit, der sich propagandistisch ausschlachten ließ und ihm die Loyalität der katholischen Bevölkerung und ihres Klerus sicherte. Für die Kurie schlug zu Buche, dass sie ihren Einfluss auf den deutschen Episkopat stärkte; zudem hoffte sie, der deutschen Kirche durch das Abkommen Schutzzonen in einem totalitären Staat zu verschaffen, dessen repressive Dynamik die des faschistischen Italien bei Weitem übertraf. Diesem Ziel sollte vor allem Artikel eins dienen: «Das Deutsche Reich gewährleistet die Freiheit des Bekenntnisses und der öffentlichen Ausübung der katholischen Religion. Es anerkennt das Recht der katholischen Kirche, innerhalb der Grenzen des für alle geltenden Gesetzes, ihre Angelegenheiten selbständig und zu ordnen und zu verwalten und im Rahmen ihrer Zuständigkeiten für ihre Mitglieder bindende Gesetze und Anordnungen zu erlassen» (wie unten zitiert aus: Reichsgesetzblatt von 1933, Band II, S. 679 ff.). Ebenso wurde dem Heiligen Stuhl die unbehinderte Kommunikation mit allen Klerikern zugesichert; das schloss Verfügungen und Anweisungen an diese ausdrücklich ein. Ebenso wurde die freie Besetzung aller Kirchenämter und die Vergabe von Benefizien garantiert, falls nicht Bestimmungen der Konkordate mit Preußen, Bayern und Baden dagegenstanden. Auch in den Bereichen Religionsunterricht, Bekenntnisschulen und katholische Fakultäten konnte die Kirche ihren rechtlichen Besitzstand sichern. Die eigentliche Machtfrage aber wurde erst in Artikel 31 angesprochen: «Diejenigen katholischen Organisationen und Verbände, die ausschließlich religiösen, reinkulturellen und karitativen Zwecken dienen und als solche der kirchlichen Behörde unterstellt sind, werden in ihren Einrichtungen und in ihrer Tätigkeit geschützt.» Diese Schutz sollte auch für Organisationen gelten, die zusätzlich soziale oder berufsständische Aufgaben wahrnehmen – vorausgesetzt, sie enthielten sich politischer Aktivitäten. Die Abgrenzung solcher Vereine sollte zwischen der Reichsregierung und den deutschen Bischöfen vorgenommen werden. Darüber hinaus sollten die Mitglieder staatlicher Jugendorganisationen «zu nichts veranlaßt werden, was mit ihren religiösen und sittlichen Überzeugungen nicht vereinbar wäre».

Als sich die meisten dieser Klauseln als Makulatur erwiesen und sich die Erwartungen, den Katholizismus in Deutschland zu schützen, zerschlagen hatten, verkündete Pius XI. im März 1937 die Enzyklika «Mit brennender Sorge». Sie legte Protest gegen die vielfältigen Verletzungen des Konkordats ein und griff die Weltanschauung des Nationalsozialismus als einen Rückfall in ein Neuheidentum an, dessen die Deutschen in der kurialen Optik stets verdächtig waren: Die götzenhafte Anbetung des Staates, des Volkes, der Nation und der Rasse seien ein Verstoß gegen die gottgewollte Ordnung. Das war eine klare Distanzierung von einem Regime, das die Kirche, die doch im Hinblick auf die Formung der Menschen selbst einen Ganzheitlichkeitsanspruch aufrechterhielt, zu einem Instrument totalitärer staatlicher Macht hinabzudrücken suchte. Noch sehr viel vehementer als den Staat Hitlers verdammte der Pontifex maximus in derselben Enzyklika den Kommunismus. Ja, in Hitler sah er geradezu einen Verbündeten gegen diese satanische Macht schlechthin, eine Perspektive, die die Politik des Vatikans bis 1945 in vieler Hinsicht erklärt.

Im Laufe des Jahres 1938 bereitete Pius XI. nach sicheren Zeugnissen eine schärfere Stellungnahme gegen die nationalsozialistische Ideologie vor. In diesem Sinne erklärte er im Juni 1938 während einer Ansprache vor belgischen Katholiken den modernen Antisemitismus für unvereinbar mit der biblischen Tradition und die Katholiken für spirituelle Nachkommen Abrahams und damit, spirituell betrachtet, für Semiten. Doch diese Äußerungen der Empathie und der Sympathie fanden in der Wiedergabe des «Osservatore romano» kein Echo. Zur Ausarbeitung der geplanten Generalabrechnung wurden führende katholische Intellektuelle herangezogen; ihr Text soll beim Tod Pius' XI. am 10. Februar 1939 auf dessen Schreibtisch gelegen haben und seinem Staatssekretär Pacelli bekannt gewesen sein. Zur Veröffentlichung gelangte er nicht.

Der siebzehnjährige Pontifikat Pius' XI. ist von Widersprüchen geprägt, die sich aus der Geschichte des Papsttums erklären. In der Tradition Pius' IX. betrachtete er das «liberale» Königreich Italien als Hauptgegner und dessen Überwindung durch die faschistische Diktatur daher als eine historische Errungenschaft. Dass es eine Freiheit der Kirche ohne umfassende zivile und politische Freiheitsrechte des Einzelnen im Staat nicht geben konnte, verschloss sich seiner Wahrnehmung gänzlich. Zum Scheitern verurteilt war sein Versuch, die Richtungen Pius' X. und Benedikts XV. zu einer Synthese zu verschmelzen. Das Ergebnis waren Widersprüche: die Verurteilung der rechtskatholisch-nationalistischen *Action française* in Frankreich auf der einen und das Eintreten für Franco auf der anderen Seite. So wurde der Trennstrich zwischen Kirche und Moderne, zwischen Verbindlichkeit der

836 Tradition und Öffnung zur Moderne, eine Zickzack-Linie. Der kuriale Wertekompass geriet immer stärker ins Kreiseln; die Gründe für diesen Orientierungsverlust, der sich seit 1789 abzeichnete, reichen tief in die Geschichte zurück.

Seit ältesten Zeiten haben die Päpste im Geiste des augustinischen Radikaldualismus zwischen dem Reich Christi und dem des Teufels unterschieden und diese beiden verfeindeten Sphären in der Kirche und in einer Welt verortet, die sich allenfalls vom Schlimmsten abhalten, doch nie auf Dauer zum Guten bekehren lassen würde. Diese Schwarz-Weiß-Zeichnung haben sie ungeachtet ihrer grundsätzlichen Welt-Skepsis auf die Beurteilung der politischen Gewalten übertragen, je nach tatsächlicher oder vermeintlicher Nähe der weltlichen Herrschaft zur Kirche und ihrem umfassenden Führungsanspruch. Dieses dichotomische Wahrnehmungsmuster mit seinem apokalyptischen Hintergrund mochte sich aus Sicht der Kurie bis zum Ende des Ancien Regime bewährt haben, weil es den Päpsten zeitweise die Hoheit über die politischen Machthaber und bis zum Ende des 18. Jahrhunderts der Kirche die Rolle eines Staates im Staate zusicherte. Spätestens im 19. und 20. Jahrhundert erwies es sich jedoch als untauglich, eine immer komplexere Auffächerung der Gesellschaft, ihrer Interessen, Ideologien und kulturellen Ausdrucksformen zu erfassen, zu bewerten und zu beeinflussen. Die Hilflosigkeit vor Regimen und Ideologien, die wie die Kirche selbst den ganzen Menschen einforderten, und damit die Ratlosigkeit vor einer Geschichte, die mit ihrer Entwicklung den Erwartungen der Aufklärung und ihrer Kritiker gleichermaßen Hohn sprach, war die Konsequenz.

Der letzte Papst im alten Stil: Pius XII.

Das Konklave nach dem Tod Pius' XI. war kurz. Schon im dritten Wahlgang erhielt sein Staatssekretär Eugenio Pacelli am 2. März 1939, seinem dreiundsechzigsten Geburtstag, die nötige Stimmenmehrheit, vor allem durch die Unterstützung der französischen Kardinäle, die in ihm einen entschiedenen Gegner des Nationalsozialismus sahen. Pius XII., wie sich der neue Papst nannte, entstammte einer Familie, die den Päpsten mehrfach Funktionäre des Kirchenstaats gestellt hatte, doch adlig wurden die Pacelli erst durch die

Bemühungen ihres Papstes. Der künftige Papst konnte Studienabschlüsse in Theologie und Jura vorweisen und kletterte auf der kurialen Stufenleiter rasch empor; im Mai 1917 erhielt er mit der Nuntiatur in München seine erste diplomatische Mission von Belang. Damit war der erst einundvierzigjährige Karriereprälat in Ermangelung einer päpstlichen Gesandtschaft im «häretischen» Berlin nicht nur für Bayern, sondern für ganz Deutschland zuständig. Als die Weimarer Republik 1920 offizielle diplomatische Beziehungen mit dem Vatikan aufnahm, wurde ihm auch diese Nuntiatur übertragen; die damit verbundenen zusätzlichen Aufgaben nahm er anfangs weiterhin von München aus wahr.

So erlebte er im November 1918 den Sturz der Monarchie und die Ausrufung der sozialistischen Republik an der Isar hautnah mit. Ähnlich wie Achille Ratti, der spätere Pius XI., setzte er sozialistischen Umsturz und Judentum gleich; dass der Münchner Revolutionsführers Kurt Eisner Jude war, bestätigte ihm diese Einschätzung, an der er in der Folgezeit festhielt. Trotz seiner negativen Erfahrungen während des Umsturzes in München trat er angesichts der politischen Krise nach dem Zusammenbruch des Kaiserreichs für die demokratische Verfassung der Weimarer Republik ein. Nach seiner Einschätzung bot sie den deutschen Katholiken günstigere Voraussetzungen zur Entfaltung und Durchsetzung seiner Interessen als die Herrschaft der protestantischen Hohenzollern-Dynastie. Aus diesen Gründen trat der päpstliche Nuntius sogar für die Koalition der katholischen Zentrumspartei mit den Sozialdemokraten ein – Kirchen-Räson ging vor weltanschaulicher Ablehnung, zumindest in Deutschland.

Die Deutschen nahm der vatikanische Diplomat als großes Kulturvolk wahr und kehrte damit die traditionelle Bewertung Roms seit den Tagen Pius' II. um. Diesen Sympathien entsprechend bewertete er den Versailler Friedensvertrag mit seinen Gebietsabtretungen und Reparationszahlungen als eine ungerechte Strafmaßnahme, die nur den radikalen Parteien auf der äußersten Linken und Rechten Auftrieb geben würde. Von einer solchen Union nationalrevolutionärer und bolschewistischer Kräfte hatte die Kirche seiner Ansicht nach das Schlimmste zu befürchten. Am 9. Dezember 1929 wurde der bewährte Nuntius aus Deutschland abberufen, eine Woche später zum Kardinal und am 9. Februar 1930 zum Nachfolger Enrico Gasparris als Staatssekretär ernannt. Das Staatssekretariat baute er in der Folgezeit zu einem «Superministerium» und zum Sprungbrett auf den Stuhl Petri aus. Auf zahlreichen Reisen nach Süd- und Nordamerika und in die wichtigsten katholischen Staaten Europas knüpfte er Beziehungen zu gegenwärtigen wie künftigen Eliten und schuf sich damit ein Netzwerk inner- und außerhalb der Kirche, das in seinem Pontifikat große Bedeutung erlangte. Die rastlose diplomatische Tätigkeit sollte Rechte und Kompetenzen der Kirche unabhängig von Regierungsformen und Machtverhältnissen sichern, kam aber überwiegend den autoritären Regimen zugute, die sich auf der Iberischen Halbinsel, in Polen und Österreich bildeten. Nicht zuletzt handelte er 1933 auch das Konkordat mit dem Deutschen Reich federführend aus. In der Wende zum Einparteienstaat auf korporativer Grundlage sah der vatikanische Staatssekretär die beste Voraussetzung dafür, die kirchlichen Vorschriften wieder zur Richtschnur in allen Lebensbereichen zu erheben. Dieses Ziel hatte auch in seiner eigenen Regierungszeit höchste Priorität.

Die Nebenwirkungen der Heilmittel, mit denen die Kirche die tödlichen Gebrechen der Zeit zu kurieren suchte, waren allerdings beträchtlich. Zum einen fühlten sich Diktatoren wie Mussolini und Hitler an die Bestimmungen ihrer Konkordate nicht gebunden. Vor allem in Deutschland war der Versuch der Kirche, durch Formen unpolitischer Vereinsbildung Einfluss auf Erziehung und Kultur zu behalten, von vornherein zum Scheitern verurteilt. Zum anderen diskreditierte sich die Kirche langfristig durch diese unheiligen Allianzen im demokratischen Rest-Europa. Pacelli war wie Pius XI. von der Kurie des 19. Jahrhunderts mit ihrer verengten Wahrnehmung, ihren Feindbildern und Phobien zutiefst geprägt. Diese Schwarz-Weiß-Zeichnung der Geschichte und des Menschen lief auf die traditionelle Überzeugung *extra ecclesiam nulla salus* hinaus: Außerhalb der Kirche gibt es kein Heil, so dass die Außenwelt jenseits der Kirche in seiner Wahrnehmung zur Bedeutungslosigkeit schrumpfte.

Dieser scheinbar unverrückbare Maßstab aber versagte seit 1933 mehr denn je, vor allem bei der ideologischen Standortbestimmung Deutschlands. Als großes Kulturvolk gehörte es für Pacelli zum *orbis christianus*, ja es diente im Osten geradezu als Bollwerk der christlichen Zivilisation gegen die atheistischen Horden des Bolschewismus. Dabei nahm er durchaus zur Kenntnis, dass das «christliche» Deutschland seit 1933 von einem «neuheid-

Ein Papst, der über den Menschen schwebt
Pius XII. hielt als letzter Papst an den traditionellen Verherrlichungsriten des Papsttums und damit an einer langen Tradition fest: Höchste Würde muss eindrucksvoll vor Augen geführt werden, auch auf der *sedia gestatoria*. Die Diskussionen, ob ein Papst bzw. Kirchenfürst zum Anfassen sein oder entrückt auftreten soll, toben im 21. Jahrhundert heftiger denn je. Foto vom 29. Mai 1954

nischen» Germanien politisch und kulturell nicht nur zeitweise überlagert, sondern regelrecht ausgelöscht wurde, und in luziden Momenten erschloss sich ihm, dass der Nationalsozialismus mit seinem mörderischen Antisemitismus und seiner Ideologie des Vernichtungskriegs gegen «minderwertige» Völker die abendländischen Werte mindestens ebenso fundamental bedrohte wie der militante Kommunismus, doch brachen sich solche Einsichten weder vor der Wahl zum Papst noch danach in eindeutigen Stellungnahmen Bahn.

An Appellen zum Frieden ließ es der Pacelli-Papst nach seiner Wahl jedoch nicht fehlen. Berühmt ist seine Formulierung vom 24. August 1939, acht Tage vor dem Ausbruch des Zweiten Weltkrieges: «Mit dem Frieden ist nichts verloren, mit dem Krieg aber kann alles verloren sein». In Deutschland versuchte er, die Spannungen zwischen Kirche und Regime zu vermindern; in Italien richteten sich seine Bemühungen darauf, den Eintritt des Landes in den Krieg an der Seite Deutschlands zu verhindern. Als diese

Friedensbemühungen gescheitert waren und Italien im Juni 1940 in Frankreich einmarschierte, verhielt sich der Vatikan neutral. Dahinter stand die Furcht, durch eine Stellungnahme pro oder contra die Kirche zu spalten und es sich mit der am Ende siegreichen Seite zu verderben. Eine eindeutige Position bezog der Heilige Stuhl jedoch gegen die Forderung nach der bedingungslosen Kapitulation Nazideutschlands, wie sie die Alliierten Anfang 1943 auf der Konferenz von Casablanca stellten. Das viel zitierte und kritisierte Schweigen des Pacelli-Papstes reichte jedoch über diese vatikanische Staatsräson weit hinaus. Während er die Verfolgung katholischer Geistlicher klar beim Namen nannte, begnügte er sich in seinen Kommentaren zum Menschheitsverbrechen der nationalsozialistischen Judenvernichtung mit eher vagen Bemerkungen, obwohl die Kurie früh über den Genozid in den deutschen Konzentrationslagern informiert war. Berühmt-berüchtigtes Zeugnis für diese ängstliche Verschlüsselung der grausamen Sachverhalte ist die Radiobotschaft Pius' XII. zum Weihnachtsfest des Jahres 1942. Darin sprach er den Hunderttausenden, die ohne jede eigene Schuld, nur aufgrund ihrer Nationalität und Abstammung, Tod und Untergang geweiht waren, zwar Mitgefühl und Solidarität aus, doch ohne die Täter und die Mechanismen der Massenvernichtung aufzudecken. Die Begründung für diese durchgehend befolgte Zurückhaltung lautete stets: um noch schlimmere Untaten zu verhindern. Des Dilemmas, in das er mit dieser selbst auferlegten Abstinenz geriet, war sich der Papst bewusst. So betonte er im Februar 1944 in einem Brief an den Bischof von Passau die «Notwendigkeit für den Heiligen Stuhl, sich in vernünftiger Zurückhaltung zu üben, und zwar auch dort, wo ein energisches Eingreifen eigentlich nötig wäre» (Actes et documents du Saint-Siège relatifs à la Seconde Guerre mondiale, Band 2, S. 355). Mit anderen Worten: Die Gräuel der Zeit erforderten eine machtvolle Verdammung *ex cathedra*, doch die Verhältnisse ließen sie angeblich nicht zu.

Dabei bot die Geschichte der Kirche – wie der historisch beschlagene Pontifex maximus genau wusste – Präzedenzfälle für beide Haltungen, für Anpassung und Widerstand. Unter der politischen und militärischen Hoheit der Kaiser in Konstantinopel hatten sich seine Vorgänger unterschiedlich, fügsam oder aber zum Martyrium bereit, gezeigt; die Verehrung der Gläubigen war jedoch nur den Opferbereiten zuteil geworden. Welche Folgen eine unmissverständliche Abrechnung mit dem nationalsozialistischen Vernichtungskrieg und dem millionenfachen Mord an den Juden vonseiten des Papstes gehabt hätte, wenn sie mit der vollen Autorität des Amtes samt der 1870 dekretierten Unfehlbarkeit zwischen 1942 und 1945 vorgetragen worden wäre, bleibt Spekulation. Hätte ein solcher Protest – wie die Verteidiger des Papstes betonen – den Gang der Ereignisse nicht nur nicht aufgehalten, sondern beschleunigt und eine Verfolgung der Kirche und der Gläubigen von nie gesehenem Ausmaß ausgelöst? Oder hätte dieser Einspruch den Holocaust eindämmen oder zumindest verlangsamen können – so wie sich die nationalsozialistische Terrormaschinerie manchmal durch mutige Demonstrationen aufhalten ließ? Von der Antwort auf diese Frage hängt die Beurteilung des wohl umstrittensten Pontifikats der Geschichte bis heute ab.

Die ideologische Auseinandersetzung mit den Verwerfungen der Gegenwart bestritt der Pacelli-Papst in den Bahnen seiner Vorgänger: Das Grundübel der Zeit war die Abwendung von der wahren Religion; daraus entstanden Materialismus, Utilitarismus und Nihilismus. Aus diesen Geisteshaltungen gingen die Verachtung Gottes und der Menschwürde hervor; die Folgen waren Klassenkampf, Krieg und Völkermord. Eine Heilung der Gegenwartswunden war nur durch die Rückwendung zu den christlichen Grundwerten unter der wachsamen Aufsicht der Kirche zu erwarten, die bei dieser Aufgabe von einer verantwortungsbewussten Herrschafts-Elite unterstützt wurde: Das war die Zwei-Schwerter-Lehre von Papst Gelasius, neu eingekleidet. Dass dieser Kreuzzug für eine zutiefst katholisch geprägte Gesellschaft und Kultur nur unter der Leitung des Papstes zum Erfolg führen konnte, verstand sich für Pius XII. von selbst. Mit dieser Lehre dachte und plante der Vatikan für die Zeit nach Faschismus und Weltkrieg voraus. Für ein solches Modell einer rekonfessionalisierten Lebensordnung konnte eine parlamentarische Demokratie durchaus den geeigneten politischen Überbau bilden, allerdings nur mit einer dominanten katholischen Partei. Deren Aufgabe würde es sein, die Autorität des Papstes, die Interessen der Kirche und ihre Werte wie Hierarchie und Gefolgschaft in den neuen Staat einzubringen. Mit anderen Worten: Der Weg in die Nachkriegsordnung sollte im Zeichen des päpstlichen Primats beschritten werden.

Diesem Ziel diente das Auftreten Pius' XII. während der Faschismus-Dämmerung ab dem Sommer 1943. Das krisenhafte Machtvakuum, das der Duce hinterließ, füllte der Papst auf seine Weise auf: durch vorsichtiges

Taktieren und eindrucksvolle Inszenierungen. In Verhandlungen mit den deutschen Besatzern erreichte der Vatikan, dass Rom den Status einer offenen Stadt erhielt und dadurch vor größeren Plünderungen und Verwüstungen bewahrt blieb. Für die jüdische Gemeinde galt diese Schonung jedoch nicht. Das zeigte sich mit aller Deutlichkeit in den frühen Morgenstunden des 16. Oktober 1943, als die SS ihre Razzia gegen die jüdische Bevölkerung der Stadt begann und mehr als tausend Personen gefangen nahm, darunter 200 Kinder; von den nach Auschwitz Deportierten kehrten nach dem Krieg sechzehn lebend zurück. Die Rolle Pius' XII. als Zeuge der Deportation, die sich gewissermaßen unter den Fenstern des Vatikans abspielte, wurde von Anfang an kontrovers diskutiert: effiziente, aber eben stille Hilfe oder moderate Proteste, die den Schutz des Vatikans und damit dessen Eigeninteresse in den Vordergrund stellten? Neueste Quellenauswertungen bestätigen die These, dass sich der Papst auch in dieser extremen Situation sehr reserviert verhielt und die ihm gebotenen Ressourcen nicht auszuschöpfen wagte.

Eine besonders wirkungsvolle Gelegenheit zur Selbstdarstellung bot sich Pius XII. im Juli 1943 nach einem alliierten Bombenangriff, der in den Arbeiterquartieren des Verano-Viertels um die Kirche San Lorenzo fuori le mura Todesopfer gefordert hatte: Ganz im Stil eines Gregor I. sprach er den Verletzten Trost zu und glänzte so in der angestrebten Rolle des *defensor civitatis*, des Verteidigers der Ewigen Stadt und ihrer nicht minder ewigen Zivilisation. Die dankbaren Römer spielten den ihnen zugedachten Part in diesem Stück und huldigten dem Papst als Retter gebührend. Ihnen und ihrer Stadt war in der globalen Vision des Pontifex maximus eine herausgehobene Position sicher: Wie im Mittelalter sollten sich alle Blicke der zivilisierten Welt auf Rom und den Papst als Wegweiser in eine bessere Zukunft richten und so Atheismus und Revolution, die Hauptgefährdungen der Nachkriegszeit, für immer verbannen.

Bis diese Nachkriegszeit endlich anbrach, bemühte sich der Vatikan, schwer belasteten Tätern des nationalsozialistischen und faschistischen Regimes zur Flucht über die sogenannte «Rattenlinie» nach Südamerika zu verhelfen. Nach 1945 lief die neue Ordnung in Italien unter der obersten moralisch-politischen Weisungsbefugnis des Papstes auf einen militanten Antikommunismus und den politischen Vorrang der neu gegründeten

Democrazia Cristiana hinaus. In dieser Partei hatten sich einflussreiche Politiker und ihre Gefolgschaften zu einem Breitbandbündnis zwischen christlichem Sozialismus, Kapital, traditionellem Paternalismus und der organisierten Kriminalität des Südens zusammengeschlossen. Diese Strategien hatten Erfolg – und ihren Preis: Chronische Instabillität durch innerparteiliche Machtkämpfe, ausgeprägten Klientelismus mit der unvermeidlichen Korruption, Intransparenz der Entscheidungsfindung, weltanschauliche Polarisierung und Lagerbildung zwischen links und rechts prägten die politischen Verhältnisse des – nach dem Plebiszit vom 2. Juni 1946 nicht mehr monarchischen, sondern republikanischen – Landes mehr als vier Jahrzehnte lang, und zwar mit dem ausdrücklichen Segen der Kirche. Die Mitgliedschaft in der Kommunistischen Partei, der ideologischen und kulturellen Gegenwelt zum Democrazia Cristiana-Italien, hingegen war mit der Exkommunikation belegt. Das Prestige, das Papst und Kirche durch ihre Rolle in den letzten beiden Kriegsjahren gewonnen hatten, wurde so schnell wieder verspielt. Den theologischen Nachkriegskurs steckte Pius XII. mit seiner Enzyklika «Humani generis» vom August 1950 ab. Sie wurde zu einer Generalabrechnung mit allen Strömungen, die sich, wie er meinte, unter dem Deckmantel zeitgemäßer Neuerungen in die Kirche eingeschlichen hatten, um die ewige Gültigkeit von deren Lehre infrage zu stellen und sie dadurch von innen zu zersetzen. Als besonders gefährlich wurde eine historische Betrachtungsweise angeprangert, die die Lehrmeinungen der Kirche als Ausdruck des jeweiligen Zeitgeistes betrachtete und deren dauerhafte Verbindlichkeit mit dieser relativierenden Perspektive infrage stellte. Nicht minder schädlich seien existenzialistische Ansätze, die Einzelphänomene wie individuelle Schicksale verabsolutierten, und eine Bibelkritik, die systematisch vom Wortsinn (*sensus litteralis*) abrückte und dadurch elementare Offenbarungen wie die göttliche Schöpfung in Zweifel zog. Allen diesen falschen Innovationen war laut Pius XII. gemeinsam, dass sie ewige Wahrheiten wie die Erbsünde und ihre Folgen, die für den menschlichen Stolz unangenehm waren, leugneten. Als Heilmittel gegen diese Auflösungserscheinungen verordnete die Enzyklika ein weiteres Mal die absolute Lehrautorität des Papstes, die in besonderen Fällen auch dann als unwiderruflich gelten konnte, wenn sie nicht, wie 1870 festgelegt, *ex cathedra* verkündet wurde.

844 Das einzige neue Dogma des Papstes wurde der Welt kurz darauf, am Allerheiligentag des Jahres 1950, mitgeteilt. Es schrieb die Himmelfahrt der Gottesmutter und Jungfrau Maria fest, die am Ende ihres irdischen Lebens körperlich unversehrt ins Himmelreich aufgenommen worden sei und dort als Königin throne. Für Pius XII. und seine Theologen war das die logische Fortsetzung der Unbefleckten Empfängnis, die Pius IX. sechsundneunzig Jahre zuvor verkündet hatte: Wer wie Maria ohne Erbsünde gezeugt wurde, dem konnte auch der Tod nichts anhaben. Mit diesem weiteren Akt der gesteigerten Marienverehrung hoffte der Pacelli-Papst auf Anklang und Popularität bei den Massen, doch im Gegensatz zu 1854 blieb das Echo trotz der jubelnden Menschenmenge auf dem Petersplatz bescheiden. Begeisterung erregte das neue Dogma hingegen bei den Franco-Anhängern in Spanien, die mit ähnlichen Parolen ihren Kreuzzug gegen die sozialistischen und kommunistischen Oppositions-Bewegungen führten. In der protestantischen Welt wurde das Dogma hingegen als Absage an alle ökumenischen Bestrebungen verstanden. Zu seiner Bekräftigung deklarierte der Papst 1954 als «Maria-Jahr», das nicht nur eine Fülle frommer Veranstaltungen, sondern wie erhofft auch zahlreiche Berichte über Marienerscheinungen und -wunder hervorbrachte. Der Papst selbst ließ ausrichten, dass er beim Promenieren in den Gärten des Vatikans die Sonne habe rotieren sehen; das nahm auf die Wunderberichte im portugiesischen Fatima des Jahres 1917 Bezug und klang nicht zuletzt wie eine Widerlegung Kopernikus' und Galileis durch die Intervention höherer Mächte. Mit diesen glaubte der Papst – folgt man den Zeugnissen vatikanischer Insider – ohnehin in unmittelbarer Beziehung zu stehen: als Mittler zwischen Gott und Mensch, durch besondere Gnade über die Irrtümer der Menschheit erhoben und deshalb Experte in allen relevanten Wissensgebieten. Ganz in diesem Sinne besetzte Pius XII. das 1944 vakant gewordene Amt des Staatssekretärs nicht neu, sondern amtierte wie Ludwig XIV. ab 1661 ohne «ersten Minister».

Seinem hohen Selbstbewusstsein entsprechend fiel die ausgefeilte Selbstdarstellung des Pontifex maximus aus: in der Pose erhaben meditativer Einsamkeit, dem Irdischen entwachsen durch eine Spiritualität, die schon zu Lebzeiten die künftige Heiligkeit durchscheinen ließ. Der Papst, der die alte Kardinal- und Kardinalstugend der *prudentia*, der klug abwägenden Vorsicht, zu seiner Regierungsdevise erhob, ließ sich nach 1945 so pathetisch und pompös wie kaum einer seiner Vorgänger als Retter Roms, Italiens und der Christenheit feiern. Darüber hinaus hielt er als der letzte «tridentinische» Pontifex maximus der Geschichte auch in der demokratisch-pluralistischen Nachkriegszeit an Selbstverständnis und Selbstdarstellung des frühneuzeitlichen Papsttums fest. Diese Unzeitgemäßheit war wohlerwogen und geschickt inszeniert. Durch sein konsequentes Festhalten an den Riten der Vergangenheit wollte der äußerst geschichtsbewusste Papst die Gegenwart, die sich an materielle Güter verlor, auf den rechten Weg einer von der Kirche angeleiteten Lebensgestaltung und damit zum Heil zurückführen. Doch die aufwendig zelebrierten Feste und Prozessionen erzielten immer seltener die erwünschten erzieherischen Wirkungen. So wurde das forcierte Sich-über-die-Welt-Erheben Pius' XII. – wörtlich auf dem traditionellen Tragstuhl der *sedia gestatoria*, im übertragenen Sinn durch den Anspruch auf autoritative Weltdeutung – je länger desto intensiver Gegenstand der Satire wie in Roger Peyrefittes Roman *Die Schlüssel von Sankt Peter*.

Dem Anspruch auf umfassenden Primat hatten unter dem Pacelli-Papst selbst die archäologischen Wissenschaften zu dienen. Er ordnete Ausgrabungen unter der Peterskirche an, deren «Ergebnis», die Auffindung des Petrusgrabs, feierlich verkündet wurde.

Pius XII. starb nach Jahren der Krankheit und abnehmenden Schaffenskraft am 9. Oktober 1958 in Castel Gandolfo. Die sterblichen Überreste wurden in der Krypta des Petersdoms bestattet, nur wenige Meter von dem vermeintlichen Petrusgrab entfernt.

Die Erinnerung an Pius XII. ist zwiespältig. Da er sich nie zu einer umfassenden Verdammung des nationalsozialistischen Regimes und des Holocaust durchgerungen hatte, bleibt er für viele der Papst, der geschwiegen hat. Der deutsche Dramatiker Rolf Hochhuth hat 1963 in seinem Erfolgsstück *Der Stellvertreter* die Rolle Pius' während des Zweiten Weltkriegs kritisch thematisiert und damit international Entrüstung und Diskussionen ausgelöst. Für andere ist Pius XII. dagegen der Papst, der aus kluger Rücksichtnahme noch Schlimmeres verhindert und hinter den Kulissen so viel Hilfe wie irgend möglich geleistet hat. Aber Pius' unklare Haltung zum «Dritten Reich» und sein Schweigen zum Holocaust werfen weiter einen langen Schatten. Der im zweiten Jahrzehnt des 21. Jahrhunderts angeblich kurz vor dem erfolgreichen Abschluss stehende Seligsprechungsprozess erregt internationales Aufsehen, das weit über die solchen Verfahren gemeinhin gezollte Aufmerksamkeit hinausgeht. Speziell von jüdischer Seite sind die Proteste gegen die posthume Erhöhung des Papstes vehement. Nach Aussagen von Papst Franziskus vom Mai 2014 kommt der Seligsprechungsprozess momentan nicht voran, da es am Nachweis des notwendigen Wunders fehle.

Aufbruch in die Gegenwart: Johannes XXIII.

Nach dem Tod Pius' XII. benötigten die Kardinäle elf Wahlgänge, um sich auf einen Kompromiss- und Übergangskandidaten, den siebenundsiebzigjährigen Angelo Giuseppe Roncalli, seines Zeichens Patriarch von Venedig, zu einigen. Die Wahl war für alle eine Überraschung, auch für den neuen Papst, der sich Johannes XXIII. nannte, denn seine Karriere hatte nichts von der Geradlinigkeit und Zielstrebigkeit, wie sie das Curriculum seines Vorgängers aufwies. Das Handicap begann schon mit der Geburt. Roncalli entstammte der patriarchalischen Welt einer weit verzweigten Bauernsippe in der Provinz Bergamo und fühlte sich diesem traditionellen Milieu lebenslang zugehörig. Auf den engen Raum der Diözese Bergamo beschränkten sich auch seine Aktivitäten bis zum vierzigsten Lebensjahr; über die pastoralen Aufgaben hinaus bestanden sie in journalistischen Gelegenheitsarbeiten und historischen Untersuchungen, überwiegend zu lokalen Themen, doch auch zum großen Kirchengeschichtsschreiber Cesare Baronio. Die Säuberung der Kirche von den «Modernisten» begrüßte Roncalli ausdrücklich, nicht jedoch die Methoden, mit denen sie vollzogen wurde. Den Ersten Weltkrieg erlebte der Bauernsohn als Sanitätsunteroffizier und Feldkaplan, allerdings nicht an der Front. Briefe aus dieser Zeit spiegeln Skepsis gegenüber den Mächtigen und tief empfundenen Patriotismus.

1921 wechselte der Provinzgeistliche nach Rom über, wo er für das Missionswerk der Propaganda fide arbeitete. 1925 wurde er als apostolischer Visitator nach Bulgarien, 1934 als apostolischer Delegierter nach Istanbul entsandt, wo er den Ausbruch des Zweiten Weltkriegs als himmlische Strafe für eine von Gott abgefallene Welt empfand und Freundschaft mit dem deutschen Botschafter Franz von Papen, 1933 einer der Steigbügelhalter Hitlers, schloss. Ende 1944 erhielt der Diplomat zweiter Klasse im fortgeschrittenen Alter von dreiundsechzig Jahren seine Beförderung zum Nuntius im frisch von den Deutschen befreiten Paris. Während seines achtjährigen Aufenthalts im Land Pascals und Voltaires knüpfte er mit der ihm eigenen menschlichen Unbefangenheit Kontakte, die weit über das in Rom approbierte vatikantreue Milieu hinausreichten. Sogar den «Arbeiterpriestern», die die gedrückten Lebensbedingungen ihrer Pfarrkinder teilten und in Rom sozialistischer Sympathien verdächtig waren, stand er mit vorsichtiger Wertschätzung gegenüber, was diese vor dem Bannstrahl Pius' XII. nicht zu schützen vermochte. 1953 wechselte er, zum Kardinal erhoben, auf den Patriarchenstuhl von Venedig über – eine Position, die er als unerwartete Krönung einer eher mediokren Karriere verstand. Dort machte er durch seinen unorthodoxen Führungsstil auf sich aufmerksam: Humor, Selbstironie, Lockerheit, Freundlichkeit und Direktheit wurden von nun an zu Markenzeichen seines Auftretens, das sich vom mystischen Personenkult des regierenden Papstes deutlich abhob. Doch waren diese persönlichen Merkmale nicht ohne Weiteres mit der dazugehörigen Weltanschauung gleichzusetzen. So geißelte Kardinal Roncalli Anfang 1957, weniger als zwei Jahre vor seiner Wahl zum Papst, Liberalismus, Demokratismus, Marxismus, Freimaurertum und Laizismus als die Hauptübel der Zeit.

Mit diesem ambivalenten Erscheinungsbild war er im Herbst 1958 für linientreue und moderate Kardinäle gleichermaßen wählbar. In welche Richtung der neue Pontifex maximus tendierte, zeigte sich jedoch schnell. Gleich zu Beginn ernannte Johannes XXIII. einen Kardinalstaatssekretär und besetzte damit eine Stelle, die sein Vorgänger zugunsten seiner unbeschränkten Machtfülle vierzehn Jahre lang vakant gelassen hatte. Auch die programmatische Weichenstellung des Pontifikats ließ nicht lange auf sich warten: Ende Januar 1959 teilte der Papst den Kardinälen mit, dass er ein Ökumenisches Konzil einzuberufen gedenke. Die Reaktionen der überwiegend konservativen Purpurträger fielen verhalten aus: Das Erste Vaticanum hatte 1869/70 das dogmatische Lehrgebäude der Kirche geschlossen und gekrönt. Wozu eine Kirchenversammlung nicht einmal hundert Jahre danach dienen sollte, erschloss sich ihnen nicht – oder erfüllte sie mit Sorge. Der greise Papst ließ sich von diesen Bedenken nicht beirren. In seinen Augen sollte das geplante Zweite Vaticanum mit tatkräftiger Unterstützung des

Heiligen Geistes ein neues Pfingstwunder zur Erneuerung der Kirche werden. Nüchterner, traditioneller und vager zugleich wurde der offizielle Zweck des Konzils durch die Aufgabe bestimmt, die Substanz des menschlichen und christlichen Denkens, das der Kirche seit Jahrhunderten zur Führung anvertraut war, zeitgemäß wieder in Geltung und Ansehen zu setzen. Unter einem solchen *aggiornamento* – wörtlich: Auf-den-Tag-Bringen – ließ sich eine Wiedereinschärfung des Primats ebenso wie eine Neubestimmung des Verhältnisses von Kirche und Gegenwart verstehen.

Was Johannes XXIII. darunter verstand, machte er durch vielfältige Initiativen schon vor der Eröffnung des Konzils klar. Er nahm die unter Pius XII. abgebrochenen Dialoge mit Orthodoxen und Protestanten wieder auf und ließ von dem – unter Pius XII. als Modernist verdächtigen – Jesuiten Augustin Bea das Sekretariat für die Einheit der Christen aufbauen. Seine Enzyklika «Mater et magistra», die im Mai 1961 – mit bedeutungsvoller Symbolik exakt siebzig Jahre nach Leos XIII. Enzyklika «Rerum novarum» – veröffentlicht wurde, beschäftigte sich mit den Problemen, die aus der fortschreitenden Industrialisierung und Technisierung der letzten Jahrzehnte entstanden waren. Hatte der Pecci-Papst für eine konservative Reform im Geist eines christlichen Paternalismus votiert, so betonte Johannes XXIII. in deutlichem Gegensatz dazu die tragende Rolle der arbeitenden Klassen in Wirtschaft und Politik. Zugleich monierte «Mater et magistra» die Ausbeutung der «Dritten Welt» und das Wettrüsten, das die großen Menschheitsziele, den Weltfrieden und die Einheit der Völker, gefährdete. Des Beifalls fortschrittlich und pazifistisch gesinnter Kreise durfte sich der Roncalli-Papst damit sicher sein: ein erstaunliches Echo für ein katholisches Kirchenoberhaupt. Diejenigen, die am lautesten applaudierten, übersahen jedoch, dass der scheinbar so progressive Papst den doppelten Anspruch, Kirche und Welt anzuleiten, nicht aufgab, sondern diesen umfassenden Primat nur sanfter und moderner formulierte.

Die Kirche stand weiterhin über den irdischen Umtrieben der Politik, in deren mehr oder weniger schmutzige Geschäfte sie sich tunlichst nicht einmischen sollte; ihr sehr viel noblerer Auftrag bestand darin, die Menschen durch die Irrungen und Wirrungen des vergänglichen Lebens zum ewigen Heil zu führen. Allerdings hellten sich in dieser Perspektive die historischen Horizonte beträchtlich auf. Das zeitlich begrenzte Leben hienieden stand nicht mehr ausschließlich im Zeichen des drohenden Endgerichts und fataler Fehlentwicklungen, die dieses ankündigten, sondern ließ durchaus Stolz auf die Errungenschaften der Zivilisation und damit auch einen vernünftigen Optimismus zu. So wurde der Trennstrich zwischen Tradition und Gegenwart, Substanz und Form, unveräußerlichem Erbe und verzichtbarem Ballast ein weiteres Mal neu gezogen. Von einer Nicht-Einmischung des Vatikans in die Niederungen italienischer Parteipolitik konnte allerdings in diesen Jahren keine Rede sein.

Den Beginn des Zweiten Vatikanischen Konzils legte Johannes XXIII. auf den 11. Oktober 1962. Die Kirchenversammlung sollte im Geiste von Kollegialität und Universalität tagen, doch gesprochen werden durfte nur auf Lateinisch. In seiner Eröffnungsrede vor zweitausend Bischöfen erteilte der – durch eine Krebserkrankung stark geschwächte – Papst den Kritikern der Gegenwart als notorischen Schwarzsehern und selbsternannten Weltuntergangs-Propheten erneut eine Absage. Aus der Geschichte – so die positive Schlussfolgerung – ließen sich durchaus günstige Prognosen für die Zukunft des Menschengeschlechts ziehen. Den Willen der göttlichen Vorsehung auszulegen, blieb allerdings weiterhin der Kirche und damit der Autorität des Papstes vorbehalten. Allein Kirche und Papst – so Johannes XXIII. weiter – sind auch im Besitz der Mittel, die die Gebrechen der Gegenwart zu heilen vermögen. Die erstrebte Wirkung erzielen sie jedoch nur, wenn sie zeitgemäß verabreicht werden, das heißt: nicht mehr in Form von Verboten und Verdammungsurteilen, sondern aus Mitgefühl, Mitleid und Mitmenschlichkeit. Damit war die große Aufgabe des Konzils definiert. Es sollte die unveränderliche Doktrin in neuen Formen mit neuer Attraktivität versehen und so die vom Heiligen Stuhl getrennten Christen und die Anhänger noch nicht christlicher Religionen in den Schoß der römischen Kirche führen. Von den traditionellen Ansprüchen und Hoffnungen auf eine Vereinigung des Weltkreises im katholischen Glauben war somit nichts aufgegeben.

Der Auftrag des Konzils, die Lehre der Kirche als frohe, ja fröhliche Botschaft zu verkünden und damit bei den Menschen ein Wohlgefallen zu erregen, war human und zeitgeistgerecht zugleich konzipiert. Die demokratische Massengesellschaft ließ sich nicht mehr durch harsche Verbote regulieren; in der immer stärkeren Konkurrenz der Heilsangebote musste die Kirche verstärkt um ihre Gläubigen werben. Der neue Kurs, auf die Menschen der Gegenwart und ihre Bedürfnisse zuzugehen, war zugleich ein Maximum unausgesprochener Kritik an einer Kurie, die das starre Dogma über die Gebote der christlichen Nächstenliebe gestellt hatte.

Dieselbe Erkenntnis, dass sich die Kirche den drängenden Problemen der Gegenwart zuzuwenden und deshalb auch dann einzugreifen habe, wenn «nur» das irdische Wohlergehen der Menschheit auf dem Spiel stand, veranlasste den Papst dazu, seinen Einfluss in der «Kubakrise» 1962 öffentlich geltend zu machen. Während der ersten Session des Zweiten Vaticanums hielt er sich hingegen bewusst zurück: Die Freiheit der Konzilsväter, durch offene Diskussion die adäquaten Lösungswege zu finden, sollte nicht eingeschränkt werden. Konkrete Beschlüsse fasste die Versammlung in der ersten Sitzungsperiode, die am 8. Dezember 1962 mit der Vertagung auf den kommenden September schloss, jedoch nicht.

Manifest und Testament des Roncalli-Pontifikats wurde die im April 1963 publizierte Enzyklika «Pacem in terris». «Den Frieden auf Erden», den die Eingangsworte beschwören, sollte nach den Worten des Papstes eine neue Weltordnung sichern, die auf der Anerkennung elementarer Menschenrechte beruhte. Dazu gehörte nicht nur der Schutz vor Hunger und Not, den sich die Päpste seit Gregor I. in ihrem «Modellstaat» auf die Fahnen geschrieben hatten, sondern auch die Anerkennung des Rechts auf verantwortliche Mitwirkung im demokratischen Staat. Selbst sozialistische Systeme konnten jetzt – ungeachtet ihrer beklagenswerten ideologischen Irrtümer – mit ihren politischen Zielen das Gute und Richtige wollen. Das bedeutete im Klartext, dass auch jenseits des Eisernen Vorhangs Menschen mit dem Licht der ihnen von Gott gegebenen Vernunft nach menschenwürdigen Lösungen der großen Gegenwartsprobleme suchten. Verglichen mit den Positionen, die Pius XII. gegenüber der Sowjetunion und ihren Vasallenstaaten bezogen hatte, war das eine vatikanische Revolution, die dem Papst denn auch mancherlei Anfeindungen von konservativer Seite einbrachte.

Das Konzil und die Folgen: Paul VI., Johannes Paul I.

Das Sterben des Papstes, das danach begann, war erstmals ein internationales Medienereignis; sein Tod am 3. Juni 1963 rührte Millionen. Das nachfolgende Konklave bezogen achtzig – ungeachtet aller «Internationalisierung» weiterhin mehrheitlich italienische – Kardinäle. Im fünften Skrutinium wählten sie mit Giovanni Battista Montini, dem Erzbischof von Mailand, einen der erklärten Favoriten zum Papst. Dieser nannte sich nach dem Heidenapostel Paulus Paul VI., um wie dieser das Evangelium in die ganze Welt hinauszutragen. Doch dazu fehlte ihm das televise Charisma – im neuen Leitmedium Fernsehen fiel der neue Papst mit seiner Introvertiertheit und trockenen Rhetorik gegenüber seinem jovialen Vorgänger ab, ein Handicap, das den ganzen Pontifikat überschattete. Die Päpste hatten die Entwicklung von Medien und Propaganda seit der Antike stärker geprägt als jede andere europäische Macht. Jetzt hatten sie sich einer Entwicklung anzupassen, die ihnen ihre eigenen Gesetze auferlegte. Paul VI. tat sich damit schwer, was nicht selten zu einseitigen und vorschnellen Bewertungen in der Öffentlichkeit führte.

Der Montini-Papst stammte aus Brescia, wo seine Familie seit mehreren Generationen zu den Honoratioren zählte. Sein Vater war als Jurist, Journalist und Politiker im regionalen Rahmen erfolgreich und schaffte als Mitglied des PPI sogar den Sprung ins nationale Parlament, wo er sich als Gegner des Faschismus hervortat. Sein Sohn Giovanni Battista hatte auf diese Weise Startvorteile, die ihn schon mit siebenundzwanzig Jahren in Einstiegsämter der kurialen Laufbahn brachten. Seine wichtigste Tätigkeit war zuerst die pastorale Betreuung der katholischen Studentenorganisation; ab 1930 zog ihn Eugenio Pacelli, der Staatssekretär Pius' XI., zur Mitarbeit heran. In dieser Position gewann der junge Prälat eine Vertrauensstellung, die unter dem Pacelli-Pontifikat keine adäquate Widerspiegelung in Ämtern und Titeln fand. In diesem Vierteljahrhundert, das erst 1954 mit der Ernennung zum Erzbischof von Mailand – anfangs ohne die damit normalerweise verbundene Kardinalswürde – zu Ende ging, erwarb sich Montini eine intime Kenntnis des kurialen Apparats; im Konklave vom Oktober 1958 war er der große Abwesende, den nicht wenige Wähler schon damals auf der

Rechnung hatten. Unter Johannes XXIII. gewann er als Rat- und Ideengeber die Position zurück, die er bis 1954 innegehabt hatte.

Nach den medialen Begeisterungsstürmen, die Johannes XXIII. erregt hatte, musste sein Nachfolger seinen Pontifikat gegenüber der Weltöffentlichkeit als Fortsetzung und Vollendung von dessen Werk ausgeben. Mit dem Tod eines Papstes war ein Konzil gemäß kanonischem Recht suspendiert. Die Wiedereinberufung der Versammlung, die Paul VI. bald nach seiner Wahl am 21. Juni auf Ende September 1963 ansetzte, war jedoch eine Formsache. Ob es dasselbe Konzil sein würde, das heißt: ob es im Geist Johannes' XXIII. abgehalten werden würde, darüber wurden vor allem von der «Konzilslinken» systematische Zweifel geschürt. Sie konnten aufkommen – so Paul VI. in seinen bitteren Reflexionen über solche Verdächtigungen –, weil man dem Roncalli-Papst Überzeugungen und Absichten unterstellte, die weit über seine tatsächlichen Pläne hinausgingen. In Wirklichkeit habe dieser fest an den unveräußerlichen Grundpositionen der Kurie festgehalten und die Gefahren sehr wohl erkannt, die mit einer zu weiten Öffnung gegenüber einer religiös indifferenten Gegenwart verbunden waren. In den Augen Pauls VI. bildeten die Pontifikate Pius' XII. und Johannes XXIII. bei aller Unterschiedlichkeit des Stils und der Akzentsetzung eine unauflösliche Einheit. Der Initiative der «Progressiven», den Roncalli-Papst ohne langwierige Prozeduren durch spontane Akklamation heiligzusprechen, widersetzte er sich daher; sie würde durch die einseitige Erhöhung des einen Papstes den anderen desavouieren.

Das Konzil, das außer Johannes XXIII. kaum ein einflussreicher Prälat, Montini eingeschlossen, gewollt hatte, brachte dieser als Papst nach drei Jahren, am 8. Dezember 1965, zum Abschluss. Schon in der langen Phase seiner Vorbereitung hatten sich die unterschiedlichen weltanschaulichen Lager kontroverse Debatten geliefert, vor allem über das Prinzip der Religionsfreiheit, eine Kernforderung des den Päpsten so verhassten Liberalismus. Dabei schien sich der konservative Standpunkt mit den Vorgaben (Schemata) durchzusetzen, die die Debatte auf theologische und juristische Themen traditioneller Prägung beschränken sollten. Mit diesen Prämissen sollte die Dauer des Konzils auf wenige Wochen befristet und seine Tätigkeit auf die Verabschiedung weitgehend vorbereiteter Dekrete reduziert werden. Doch darauf ließ sich die Mehrheit der 2540 Teilnehmer nicht ein, genauso wenig wie auf die Besetzung der zehn leitenden Kommissionen, deren Mitglieder ebenfalls «vorsortiert» waren. Bei der definitiven Wahl der Ausschussmitglieder wurden die handverlesenen Kandidaten der Kurie allerdings nicht berücksichtigt; einige von ihnen gelangten trotzdem durch die Ernennung Johannes' XXIII. in die für sie vorgesehenen Schlüsselpositionen.

Das erste Hauptthema der ersten, vorbereitenden Sitzungsperiode war mit der Liturgie ein scheinbar unverfängliches. Doch taten sich mit den Voten für eine zumindest partiell in der Volkssprache zu feiernde Messe auf der einen und mit dem Festhalten am Lateinischen als unveränderlicher Sprache ewiger Wahrheiten auf der anderen Seite Gräben auf, die sich bei der Frage der Offenbarungsquellen vertieften. Hier plädierten die Theologen, die das betreffende Schema ausgearbeitet hatten, nicht nur für das Prinzip der Gleichwertigkeit der Bibel mit der Tradition der Kirchenväter und Heiligen, das ihre Vorgänger schon in der Auseinandersetzung mit Luthers *Sola-scriptura*-Lehre vertreten hatten, sondern wollten darüber hinaus die Infallibilität aller biblischen Aussagen festschreiben; fromme Legenden wie die Berichte der Evangelien von Geburt und Jugend Christi wären auf diese Weise in den Rang historischer Fakten erhoben worden. Ähnliche Gegensätze zwischen den Wortführern einer «pastoralen», auf den Erfahrungshorizont der Gläubigen und den Wissensstand der Gegenwart abgestimmten und einer streng dogmatischen Sichtweise traten auch in Vorberatungen der übrigen Schemata hervor; im Falle der Offenbarungs-Problematik fand noch Johannes XXIII. durch die Einberufung einer paritätisch besetzten Kommission die Lösung. Bei seinem Tod war daher absehbar, dass seinem Nachfolger die schwierige Aufgabe zufiel, zwischen den divergierenden Flügeln einer Kirche zu vermitteln, die trotz aller Modernisten-Jagd zum Spiegel einer pluralistischen Weltgesellschaft geworden war.

Die Spaltung setzte sich in den Beratungen der zweiten Konzilsperiode vom Herbst 1963 fort. Besonders hart prallten die Meinungen zum Thema der Ökumene aufeinander. Für die «Traditionalisten» gab es hier keinen Diskussions-, geschweige denn Innovationsbedarf: Jede Abweichung von der Lehrmeinung des unfehlbaren Papstes kam allein durch die Schuld der Andersgläubigen zustande; Ökumene konnte daher nur die Rückführung der Irrenden in den Schoß der allein seligmachenden katholischen Kirche bedeuten. Die «Progressiven» betonten stattdessen eine Mitschuld der katholischen Kirche an der Glaubensspaltung und die Gemeinsamkeiten im Glauben über Konfessionsgrenzen hinweg.

Genauso schroff prallten die Meinungen in der Frage der Religionsfreiheit aufeinander. Zwar lehnten auch die Verfechter des konservativen Standpunkts Zwangsmaßnahmen in Glaubensdingen ab, doch wollten sie die staatliche Duldung nichtkatholischer Religionen und Kirchen auf die rein privatrechtliche Sphäre begrenzen: Die Verfechter der Unwahrheit hätten kein Recht darauf, ihre Irrtümer öffentlich zu verbreiten, so lautete ihre sehr traditionell eingefärbte Begründung.

Für die ebenfalls sehr kontrovers geführten Debatten über die Position der katholischen Kirche zu den Juden hatte Johannes XXIII. schon 1959 Vorarbeiten geleistet, als er judenfeindliche Passagen aus dem Karfreitagsgebet streichen ließ – die Juden wurden jetzt nicht mehr als «treulos» bezeichnet», und auch von ihrer «Verblendung» war keine Rede mehr, sondern nur noch von ihrer Bekehrung. Dass die Meinungen über das Verhältnis zu den Juden weiterhin geteilt waren, zeigte sich jedoch auch auf dem Zweiten Vaticanum; aus politischen Gründen wurde die Ausarbeitung einer versöhnenden Erklärung zu einem der großen Streitpunkte des Konzils.

Zu Beginn der dritten Sessionsphase im November 1964 sah es so aus, als müsse der Ertrag der Konzilsdebatten nur noch abschließend formuliert werden, doch dieser Schein trog. Die konservative Minderheit versuchte, zumindest einen Aufschub zu erreichen, um die Verabschiedung unliebsamer Dekrete zu verhindern. Das betraf die Konstitution über die Kirche, in der die Lehre von der Kollegialität der Bischöfe betont wurde, ohne dass damit dem Primat des Papstes Abbruch getan werden sollte. Trotzdem ging der Text konservativen Kirchenfürsten zu weit, ebenso wie die Erklärung zur Religionsfreiheit, die auf das nächste Jahr verschoben wurden, und zur Einheit der Kirche, deren sehr versöhnliche Formeln an wichtigen Stellen abgeschwächt wurden. Alle diese Modifizierungen wurden von Paul VI. angeordnet, der sich damit zum Sprachrohr der konservativen Konzilsminorität machte. Sein Ziel war eine möglichst große Zustimmung zu den zentralen Verfügungen des Konzils; das machte Kompromisse unumgänglich.

So konnten 1964 zwei Basistexte verabschiedet werden. Die Konstitution zur Kirche blieb weiterhin auf das Prinzip der Kollegialität der Bischöfe gestützt, doch wurde ihr eine Note vorgeschaltet, die den päpstlichen Primat als unveräußerliches Leitungsprinzip betonte. Das sollte beide Seiten zufriedenstellen, las sich für ein breiteres Publikum jedoch einigermaßen widersprüchlich. Dieselbe Mischung von Tradition und Innovation fand in das Dekret zur Ökumene Eingang. Es schrieb den Anspruch der katholischen Kirche fest, allein die von Christus gewollte Einheit im Glauben zu verwirklichen, also im höheren Sinn die einzige Kirche auf Erden zu sein. Zu ihren unveräußerlichen Wesenszügen gehörten das Amt des Papstes und damit der Primat; das waren Konditionen, die die protestantischen Glaubensgemeinschaften so nie und nimmer akzeptieren konnten. Allerdings räumte das Konzil ein, dass auch die katholische Kirche regelmäßig der Erneuerung bedürfe und deshalb Dialoge mit den Angehörigen der anderen christlichen Kirchen führen müsse.

Am schwersten tat sich die Versammlung weiterhin mit der Religionsfreiheit, die die Päpste des 19. Jahrhunderts als eines der verhängnisvollsten Prinzipien des Liberalismus so erbittert bekämpft hatten. Weitgehend konsensuell war wie schon zuvor die Respektierung des freien Gewissens, doch wurde in einer extra eingefügten Passage die privilegierte Stellung des Katholizismus in bestimmten Ländern gerechtfertigt. So konnte, wer wollte, darin eine partielle Aussöhnung mit der Aufklärung und ihren Freiheitsforderungen oder aber eine Bestätigung des Staatskirchentums in autoritär beherrschten Ländern wie Spanien und Portugal sehen. Trotz der Zugeständnisse an die konservativen Konzilsväter ging auch dieser Text nicht ohne Gegenstimmen durch. Das galt auch für die Erklärung zu den nichtchristlichen Religionen, in der eine kollektive Schuld der Juden am Tod Christi zurückgewiesen, der Vorwurf des Christusmords an die heutigen Juden verworfen und der Antisemitismus insgesamt verurteilt wurde.

Kompromisse zwischen den Konzilsflügeln prägten auch den Wortlaut der Offenbarungskonstitution. Hier mussten die Traditionalisten zurückstecken: Die Irrtumsfreiheit der Bibel wurde – nach langem Ringen um die treffende Ausdrucksweise – auf die Stellen beschränkt, in denen Gott um des Heils willen zu den Menschen sprach. Auch die schroffe Gegenposition zum protestantischen *sola scriptura* wurde abgeschwächt, denn Schrift und Tradition standen nicht mehr gleichwertig nebeneinander. Die Kirche – so die neue Konsensformel – kann endgültige Sicherheit über die Offenbarung und ihre Bedeutung nicht ausschließlich aus der Bibel gewinnen, sondern ist bei deren Interpretation auf die Autorität der Kirchenväter, Heiligen und Päpste angewiesen: Gott hat durch Menschen zu Menschen gesprochen und dadurch seine Wahrheiten dem begrenzten menschlichen Fassungsvermögen angepasst; Galilei hatte es mehr als dreihundert Jahre zuvor im Streit um das Kopernikanische Weltbild ganz ähnlich formuliert. Die abschließende Pastoralkonstitution «Gaudium et spes» verurteilte zwar Atheismus, Kommunismus und atomares Wettrüsten als Verachtung und Bedrohung der göttlichen Schöpfung, zeigte sich aber überwiegend von einem moderaten Fortschritts-Optimismus im Geiste Johannes' XXIII. geprägt und stellte die Kirche ganz an die Seite der Armen.

So konnten sich am Ende alle ideologischen Strömungen auf das Konzil berufen, das dadurch schnell zum historischen Wendepunkt erklärt und zum Mythos überhöht wurde. Wie Paul VI. den Ertrag der Kirchenversammlung verstand, hielt er in seiner Ansprache vom 7. Dezember 1965 fest: Die Kirche habe sich in den letzten drei Jahren mit dem Menschen von heute auseinandergesetzt, und zwar in all seinen vielfältigen Erscheinungsformen. Auf diese Weise sei sie dem säkularisierten Laien-Humanismus in seiner abschreckenden Gestalt und mit seinen unerträglichen Herausforderungen wirkungsvoll entgegengetreten. Dieses Aufeinandertreffen der Religion des Gottes, der Mensch wurde, und der Religion des Menschen, der sich zum Gott macht, hätte – so weiter der Papst – mit Kampf und Bannstrahl enden können und mündete stattdessen in Verständnis und Mitgefühl. So forderte er die modernen Humanisten, die eine Transzendenz über dem Diesseits leugneten, auf, den neuen Humanismus der Kirche anzuerkennen, die als einzige die höchsten Werte der Humanität respektierte. Hinter der salbungsvollen Einkleidung in die zeitgeistkonforme Sprache einer neuen Sanftheit sind die alten Feindbilder, aber auch die tradierten Vorstellungen von einem umfassenden Primat des Papsttums unschwer wiederzuerkennen: Der Mensch will Gott sein und wird für seine *superbia* bestraft; Wege zum irdischen und ewigen Heil kann ihm allein die Kirche aufzeigen und bahnen.

Wie das Konzil von Trient verzichtete auch das Zweite Vaticanum darauf, eine umfassende Reform der kirchlichen Führungsorgane in Angriff zu nehmen. So blieb der kuriale Apparat als Machtinstrument des Papstes ebenso unangetastet wie – trotz aller Beschwörungen bischöflicher Würde und Verantwortung – dessen uneingeschränkte Verfügungsgewalt über die Kirche. Ja, durch die jetzt vollzogene Anpassung der Form an die Erfordernisse der Gegenwart war diese monarchische Autorität sogar gestärkt worden; auch das war eine Parallele zum Tridentinum.

Bald nach dem Ende des Konzils machte Paul VI. von dieser Vollgewalt einen Gebrauch, der den gravierendsten Konflikt der Kirche mit der Moderne nach dem Zweiten Weltkrieg heraufbeschwor. Im Juli 1968 verbot er in seiner Enzyklika «Humanae vitae» den Katholiken alle «nicht-natürlichen» Methoden der Empfängnisverhütung wie Kondome und Anti-Baby-Pille, obwohl eine bereits von Johannes XXIII. eingerichtete Kommission in ihrem Abschlussbericht deren verantwortungsbewussten Gebrauch zulassen wollte. Die unauflösliche Verbindung von Sexualität und Fortpflanzung stand in einer langen kirchlichen Tradition; bereits Sixtus V. hatte mit diesem Argument Eheschließungen von Kastraten untersagt. Im erregten Klima der späten 1960er-Jahre wurde das päpstliche Veto als Ausdruck einer repressiven Sexualmoral und einer Weltfremdheit der Kirche angeprangert, die in offenem Gegensatz zu den «progressiven» Tendenzen des Konzils zu stehen schien. Dabei wurde übersehen, dass «Humanae vitae» Leitmotive der päpstlichen Gegenwartskritik aufnimmt und konkretisiert: Durch die neuen Methoden der Geburtenkontrolle will sich der Mensch in seinem Streben nach hemmungslosem Lebensgenuss über die von Gott in der Natur gesetzten Grenzen erheben und Herr seines Schicksals werden; damit klingt das *superbia*-Motiv unüberhörbar an. Schon ein Jahr zuvor hatte Paul VI. in einer Enzyklika den Zölibat und damit ein weiteres Gebot bekräftigt, das in immer schrofferem Gegensatz zum Zeitgeist stand. Das Aufsehen, das diese Enzykliken erregten, ließ Verlautbarungen des Papstes in den Hintergrund treten, in denen er die Ausbeutung der «Dritten Welt» durch die Industrieländer und die ungerechte Verteilung materieller Ressourcen anklagte.

Seinem Papstnamen suchte Paul VI. dadurch gerecht zu werden, dass er als erster Pontifex maximus den Missionsauftrag, das Christentum in die ganze Welt hinauszutragen, wörtlich nahm, alle fünf Kontinente bereiste und vor der UNO auftrat. 1963 sorgte er in seiner engsten Umgebung für Überraschung und Unverständnis, als er ankündigte, in Kürze ins Heilige Land pilgern zu wollen. Seit 150 Jahren hatte kein Papst mehr italienischen

Boden verlassen, und zuletzt Pius VII. auch nur von Napoleon gezwungen. Überhaupt war es die erste Pilgerfahrt, die je ein Papst ins Heilige Land unternahm. Bei seinem Besuch im Januar 1964 betonte der Montini-Papst, durch seinen Besuch keine politische Stellungnahme für oder gegen die Konfliktparteien im Nahen Osten abzugeben, sondern allein dem Frieden dienen zu wollen. Auch das Kardinalskollegium wurde in einem vorher unbekannten Ausmaß international besetzt und dadurch auf mehr als hundert Mitglieder erweitert. Allerdings durften die über achtzigjährigen Purpurträger vom vornehmsten Recht ihres Standes, den Papst zu wählen, seit November 1970 keinen Gebrauch mehr machen. Da für den Papst keine Altersgrenze galt, hob diese Beschränkung den Würdigkeits-Unterschied zwischen dem Pontifex maximus und den Kirchenfürsten krass, ja geradezu demütigend hervor.

In seinem Miniatur-Staat tat sich der Montini-Papst als Bauherr und Museums-Gestalter hervor. So ließ er vom italienischen Stararchitekten Pier Luigi Nervi die neue Audienzhalle des Vatikans errichten und in den alten Wohnräumen der Borgia moderne religiöse Kunst ausstellen. Paul VI. starb kurz nach seinem fünfzehnjährigen Pontifikatsjubiläum am 6. August 1978 in seiner Sommerresidenz Castel Gandolfo. Zwischen den 111 wahlberechtigten Kardinälen waren die Gräben, die das Konzil aufgerissen hatte, tief. Die konservative Fraktion drängte auf die Wahl eines Papstes, der die innerkirchliche Rebellion, die in ihren Augen mit dem Zweiten Vaticanum ausgebrochen war, mit harter Hand unterdrückte; ihre Gegner hofften auf einen Nachfolger, der die Menschenrechte und die Ökumene zum Hauptanliegen seines Pontifikats erheben würde. Die Mehrheit der Wähler aber suchte nach einem Papst, der zwischen den Parteien vermitteln konnte und dadurch die Einheit der Kirche bewahrte. Dieser Vorstellung entsprach am besten ein italienischer Kardinal, der im Gegensatz zu seinem Vorgänger dem kurialen Apparat fernstand und durch sein gesetztes Alter sowie sein pastorales Profil die ersehnten Brücken zwischen den ideologischen Lagern schlagen konnte. Nach diesen Kriterien wurde am 26. August 1978 im vierten Wahlgang Albino Luciani, der sechsundsechzigjährige Patriarch von Venedig, gewählt; er war nach Pius X. und Johannes XXIII. schon das dritte geistliche Oberhaupt der Lagunenstadt, das im 20. Jahrhundert siegreich aus einem Konklave hervorging.

Der neue Papst, der sich zum Zeichen der Verbundenheit mit seinen beiden Vorgängern Johannes Paul nannte, entstammte einer Arbeiterfamilie des Veneto; sein Vater war Maurer, Sozialist und öfter als «Saisonnier» in der Schweiz tätig. Nach Tätigkeiten als Gemeindepfarrer in seiner Heimat und stellvertretender Leiter des örtlichen Priesterseminars, Sekretär der Diözesansynode von Belluno und Domherr an der dortigen Kathedrale wurde Luciani 1958 Bischof von Vittorio Veneto. In dieser Funktion nahm er am Zweiten Vatikanischen Konzil teil, ohne dort öffentlich das Wort zu ergreifen. Schon 1949 hatte er einen Katechismus verfasst, der den einfachen Leuten die Glaubenslehre der Kirche in einer neuen, verständlicheren Sprache nahebringen sollte. Im Licht der dabei gewonnenen Erfahrungen sah der Provinzbischof auch die Aufgaben des Konzils und die Herausforderungen der Zukunft: Es galt, unveränderliche Wahrheiten zeitgemäß zu vermitteln. Mit anderen Worten: Die Kirche brauchte keine neue Theologie, sondern eine neue Didaktik. 1969 wechselte Luciani auf den venezianischen Patriarchenstuhl über, 1973 wurde er Kardinal.

Politisch wandte sich Albino Luciani in all seinen Ämtern und Funktionen gegen eine Öffnung der Democrazia Cristiana nach links, doch seine Bewertung des Marxismus fiel für einen hohen Prälaten ungewöhnlich differenziert aus: Marx' Analyse von Wirtschaft und Gesellschaft des kapitalistischen Zeitalters sei hellsichtig und im Gegensatz zu seinem Materialismus für eine Lösung der sozialen Probleme durchaus nützlich. Eine solche Position ließ herbe Kapitalismuskritik zu, wie sie sich seit der Zeit Pius' VI. an der Kurie eingebürgert hatte: Der gemeinsam erwirtschaftete Mehrwert musste allen, auch den Arbeitern, zugute kommen, für deren Wohlergehen die Kirche besondere Verpflichtungen einging.

Unmittelbar nach seiner Wahl brach Johannes Paul I. mit ältesten Traditionen des Papsttums: Er verzichtete auf die Krönungszeremonie und die Tiara und begann seinen Pontifikat mit einer Messe. So zeigte sich die Bedeutung des päpstlichen Doppelnamens schnell: Im persönlichen Stil des Auftretens und Umgangs knüpfte der Luciani-Papst mit seiner Direktheit, Leutseligkeit und Selbstironie an Johannes XXIII. an, programmatisch hielt er sich an Paul VI. In seiner Urbi-et-orbi-Ansprache kurz nach dem Konklave klangen vertraute Töne an: Der moderne Mensch verleugnet Gott, weil er selber Gott sein will, und gerät mit der Ablösung von der Kirche auf fatale Abwege; sie allein kann ihn wieder auf den rechten Weg zurückführen. Innerkirchlich hieß das, einen mittleren Kurs zwischen den extremen Flügeln einzuschlagen. Doch mehr als Ankündigungen und symbolische Zeichensetzungen waren Johannes Paul I. nicht beschieden. Er starb in der Nacht vom 27. auf den 28. September 1978 nach einem nur dreiunddreißigtägigen Pontifikat; höchstwahrscheinlich war sein geschwächtes Herz-Kreislauf-System dem Trubel des Pontifikatsbeginns nicht gewachsen. Mit einer so simplen Erklärung wollte sich die Öffentlichkeit allerdings nicht begnügen; Gerüchte von einer Ermordung des der Kurie angeblich «unbequemen» Pontifex maximus machten die Runde und finden bis heute ein dankbares Echo.

Polen in Rom: Johannes Paul II.

Das zweite Konklave des Jahres 1978 endete am 16. Oktober nach drei Tagen und acht Wahlgängen mit einer Sensation: Mit Karol Wojtyla bestieg nach 455 Jahren der erste Nicht-Italiener und der erste Pole überhaupt den Stuhl Petri. Der neue Papst, der sich als Hommage an seine drei Vorgänger Johannes Paul II. nannte, war der Sohn eines Offiziers aus dem südpolnischen Wadowice bei Krakau und mit achtundfünfzig Jahren jünger als seit einem Jahrhundert üblich. Nach Studien an der Philosophischen Fakultät der Universität Krakau verdiente er sich unter der nationalsozialistischen Okkupation Polens einen kargen Lebensunterhalt als Steinbruch- und Fabrikarbeiter, um sich danach der Theologie zuzuwenden und 1942 in das Krakauer Priesterseminar einzutreten. In diesen Jahren galt seine besondere Vorliebe dem Theater, und zwar als Schauspieler wie Verfasser eigener Stücke. Nach seiner Weihe zum Priester im Jahr 1946 setzte er seine Studien in Rom und Paris fort. 1948 kehrte er nach Polen zurück; nach einer Tätigkeit als Pfarrer wurde er 1956 als Dozent für Moraltheologie an die Universität Krakau berufen, 1963 zum Erzbischof seiner Heimatdiözese ernannt und 1967 Kardinal. An den Arbeiten des Zweiten Vaticanums nahm er als Sprecher der polnischen Bischöfe und Mitglied der Kommission teil, die für die Ausarbeitung der Konstitution «Gaudium et spes» über «die Kirche in der Welt heute» zuständig war.

Prägend für die Weltsicht des Priesters, Erzbischofs und Papstes Wojtyla war die Erfahrung des kommunistischen Regimes, seiner Unterdrückung aller individuellen Freiheitsrechte, seines Atheismus und seiner Kirchenfeindlichkeit. Für Paul VI. war der Kommunismus ein Übel, mit dem sich die Kirche zu ihrem Leidwesen arrangieren musste, um noch Schlimmeres zu verhindern. Johannes Paul II. hingegen sah die totalitäre Herrschaft in den Ländern des Ostblocks nicht als unabwendbares Schicksal an, sondern widmete seinen Pontifikat dem Kampf gegen diese Tyrannei. Diese ideologische Ausrichtung ging nicht mit einer Apologie des «freien Westens» und seines ungehemmten Kapitalismus einher. Hier monierte der polnische Pontifex maximus das andere Extrem: übersteigerten Individualismus, zügellosen Hedonismus, Aushöhlung aller Autoritäten und Hierarchien. Sein Ideal war ein dritter Weg zwischen den Weltblöcken: eine auf die traditionellen Werte der Familie gestützte gerechte und solidarische Gesellschaft unter der moralischen Aufsicht und Anleitung der Kirche. Dieses Modell basierte auf der «Rerum novarum»-Enzyklika Leos XIII., die Johannes Paul II. zum hundertjährigen Jubiläum 1991 feierlich bekräftigte und zu erneuern suchte.

Sein Programm sah der polnische Pontifex maximus in der Folgezeit erst eingelöst und dann veruntreut. Der Fall der «realsozialistischen» Regime im Jahr 1989 war Triumph und Höhepunkt des Pontifikats, die nachfolgende innenpolitische Entwicklung Polens nach dem Vorbild des «säkularisierten» Westeuropa eine einzige Enttäuschung. Diese doppelte Frontstellung hatte von Anfang an äußerst gegensätzliche Bewertungen zur Folge. Für linksliberale Katholiken war die Politik des polnischen Papstes ein beklagenswerter Rückfall in eine überwunden geglaubte Vergangenheit. Das galt vor allem für die Personalpolitik des Vatikans: Führungspositionen wurden fast nur noch an Kandidaten mit ausgeprägt konservativer, nicht selten reaktionärer Gesinnung vergeben, linke Befreiungstheologen hingegen abgemahnt und abgestraft. Nicht minder irritierend klangen die theologischen Verlautbarungen Johannes Pauls II. So beschwor er den Teufel ganz unmittelbar als Akteur des aktuellen Weltgeschehens und damit als historische Realität; alle theologischen Versuche, das Prinzip des Bösen zu abstrahieren oder symbolisch zu verstehen, schienen mit dieser unerwarteten Wiederauferstehung zunichte gemacht.

Die alles beherrschende Konzentration auf Polen und zahlreiche Reisen in alle Weltteile – allein im ersten Jahrzehnt des Pontifikats mehr als hundert – hatten zur Folge, dass der dynamischste Papst seit Jahrzehnten an der Kurie nie wirklich Fuß fasste und die Regierung der Kirche sowie die Führung des Apparats zum großen Teil engen Vertrauten wie dem deutschen Kardinal Joseph Ratzinger überließ. Modern, ja innovativ in allen Fragen der Inszenierung, die dem «Theatermann» Wojtyla seit seinen Anfängen vertraut waren, grundkonservativ in allen Fragen der Dogmatik und der Moral – dieser scheinbare Widerspruch des zweitlängsten Pontifikats der Geschichte löst sich auf, wenn man sich die damit verbundenen Zielvorstellungen vergegenwärtigt: Es ging darum, die orientierungslose Gegenwart mit ihren eigenen Waffen zu schlagen. Die Kirche musste sich auf der Basis einer ausgeklügelten Medientheorie die neuesten Errungenschaften der Technologie und der Massenkommunikation zunutze machen, um die Welt zu den unveränderlichen und unveräußerlichen Wahrheiten des Glaubens und zu der damit untrennbar verbundenen Lebensordnung zurückzuführen. Dabei setzte Johannes Paul II. vor allem auf die Jugend, die in spektakulären Weltveranstaltungen zu Hunderttausenden mobilisiert wurde, und auf die «Dritte Welt», die als Opfer westlicher Ausbeutung im Zentrum der pastoralen Bemühungen seit dem Zweiten Vaticanum stand. So wurde die Trennlinie zwischen Kirche und Welt, zwischen unveränderlicher Substanz und wandelbarer Form, ein weiteres Mal neu gezogen; Vorbilder für eine solche Kombination aus modernem Auftreten und traditionellen Wertvorstellungen gab es in der Geschichte der Päpste reichlich, zum Beispiel unter Benedikt XIV.

Am Anfang schienen die Aussichten des Papstes, Polen den angestrebten «dritten Weg» zu bahnen, günstig. In diesem Land, das am Ende des 16. Jahrhunderts als einziges in Europa die unbeschränkte Freiheit des religiösen Bekenntnisses kannte, war die katholische Kirche seit Langem Kernbestandteil der nationalen Identität. Zudem war sie die einzige Institution, die sich dem totalitären System zumindest partiell entgegenstellen konnte. Die Reisen, die Johannes Paul II. ab Juni 1979 immer wieder nach Polen führten, sollten die Kräfte der national-katholischen Opposition schützen, stärken und ermuntern. Schon in seiner ersten öffentlichen Ansprache klangen die Leitmotive dieser Einflussnahme an: Die Treue zu Christus ist das Schlüssel-

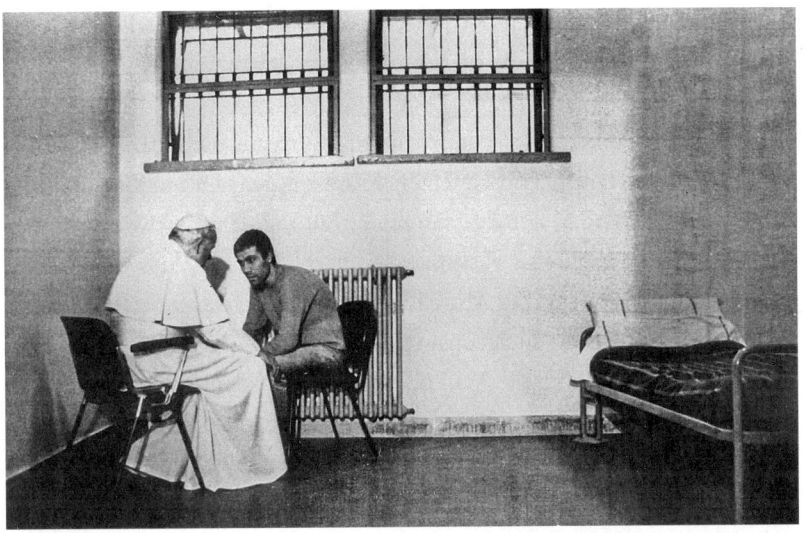

Der Papst, sein Attentäter und ein Photograph Johannes Paul II. hat, wie das Bild zeigt, Ali Agca im Gefängnis besucht und ihm verziehen, doch die Hintergründe des Anschlags vom 13. Mai 1981 wurden nie geklärt.

element der polnischen Geschichte; wer den Erlöser und seine Kirche leugnet, veruntreut das historische Erbe seiner Heimat. Eng damit verbunden war der Versuch, die vom Kommunismus bekämpfte und in den Untergrund abgedrängte Volksfrömmigkeit neu zu beleben, zum Beispiel durch den Marienkult, dem sich der Wojtyla-Papst in besonderem Maße verschrieb, etwa durch das M auf seinem Wappen, das Pontifikatsmotto «Ganz der Deine» und durch die Ausrufung eines «Marien-Jahres» von Mai 1987 bis August 1988. Die damit verbundenen Formen der Marienverehrung stießen bei katholischen Intellektuellen außerhalb Polens auf Befremden, zumal damit ein immer ausgeprägterer Personenkult verbunden war. Dieser Papst ließ sich von der Menge feiern wie zuletzt Pius IX.; das konnten Millionen Fernsehzuschauer in aller Welt miterleben. Selbst ein Attentat, bei dem Johannes Paul II. im Mai 1981 auf dem Petersplatz durch drei Schüsse schwer verletzt wurde, ließ sich für diese Zwecke instrumentalisieren. Als Johannes Paul II. 1984 den Attentäter Mehmet Ali Agca im Hochsicherheitsgefängnis besuchte, um ihm zu vergeben, gingen die Bilder davon um die Welt. Bei einem Besuch im portugiesischen Marienheiligtum von Fatima, der auf den

Tag neunzehn Jahre danach stattfand, ließ der Papst verlauten, dass sich das dritte «Geheimnis» der dort im Jahre 1917 verorteten Wundererscheinung auf diesen Anschlag beziehe.

In seiner praktischen Nutzanwendung verband sich der gesteigerte Marienkult mit einem konsequenten Kampf gegen Abtreibung und alle künstlichen Methoden der Empfängnisverhütung. Umso schwerer traf es den polnischen Papst, dass auch in Polen nach dem Sturz des Kommunismus eine Liberalisierung der Abtreibungsgesetze vorgenommen wurde und der Einfluss der Kirche auch sonst stark zurückging. Diesen globalen Entwicklungen suchte Johannes Paul II. nicht nur mit den modernen Mitteln der Massenkommunikation, sondern auch ganz traditionell entgegenzutreten: durch Hunderte von Heilig- und Seligsprechungen und durch Enzykliken, die die Fehlentwicklungen der Zeit an den Wurzeln erfassen sollten.

Eine solche lehramtliche Diagnose der Gegenwartszustände findet sich etwa in der Enzyklika «Fides et ratio» vom Oktober 1998. «Glaube und Vernunft» – so die Eingangsworte – verschmelzen in der Lehre der katholischen Kirche zu einer unauflöslichen Einheit; sie sind parallel in ihren Ergebnissen, der Erkenntnis Gottes, doch mit der höheren Gewissheit und Wahrheit auf der Seite der Offenbarung, ganz im Sinne des Thomas von Aquin und der scholastischen Theologie. Diese wird denn auch den heutigen Menschen mit ihrem zunehmenden Zweifel an den Naturwissenschaften und auf ihrer Suche nach spiritueller Orientierung als sicherer Fixpunkt empfohlen. Dem Skeptizismus und Relativismus einer verunsicherten Gegenwart die Autorität eines Theologen des 13. Jahrhunderts entgegenzustellen, hieß zugleich, die Lehrautorität der Kirche in ihrem Kampf gegen diese Zersetzungserscheinungen und damit den umfassenden Primat des Papsttums einzuschärfen.

Solche Standpunkte verquickten sich mit einer Bereinigung der Kirchengeschichte. Im Laufe der Jahrhunderte – so lauteten die «Schuldbekenntnisse» der Jahre 1994 und 2000 – hatte die Kirche als Organisation und Institution mancherlei Unrecht begangen, zum Beispiel durch die blutige Verfolgung von Andersgläubigen und durch die Unterdrückung von unbequemen Meinungen und Erkenntnissen wie im Falle Galileis. Doch das waren Irrtümer und Sünden von Menschen; die Irrtumslosigkeit der Kirche als höchste Instanz der Lehre für Glauben und Moral wurde von diesen Eingeständnissen in keiner Weise berührt.

Von Parkinson und Krebs gezeichnet Die Weltöffentlichkeit verfolgte den langen Leidensweg Johannes Pauls II. bis zum Ende mit. Am Ostersonntag 2005, sechs Tage vor seinem Tod, spendete er trotz starker Schmerzen noch den traditionellen Segen «urbi et orbi». Sein Nachfolger Benedikt XVI. hingegen trat nach knapp achtjährigem Pontifikat im Februar 2013 zurück. Die Zukunft wird zeigen, ob das Papstamt ein Beruf mit Pensionsberechtigung oder bis zum Tode ist.

Das letzte Jahrfünft des Wojtyla-Pontifikats blieb der Weltöffentlichkeit durch zahlreiche Live-Übertragungen von Auslandsreisen und Zeremonien im Vatikan als ein Martyrium in Erinnerung: Der von der Parkinson-Krankheit und einem Krebsleiden immer stärker gezeichnete Pontifex maximus verzehrte sich in Ausübung seiner Pflichten und gewann damit ein Charisma, das am Ende die von seinem Pontifikat aufgeworfenen Gräben in der Kirche weit überstrahlte. Dennoch schwankt sein Bild in der Geschichte heute mehr denn je. Für seine Bewunderer ist er der Papst, der den Kommunismus spirituell besiegte und so entscheidend zu seinem Zusammenbruch beitrug, für seine Kritiker der Totengräber des Zweiten Vaticanums, der eine umfassende Rückwärtswendung der Kirche mit unabsehbaren Folgen eingeleitet hat. Objektivere Abklärungen seien späteren Historikern überlassen, die auf die momentan noch gesperrten Quellen des Vatikanischen Archivs Zugriff haben werden.

Johannes Paul II. starb am 2. April 2005, nachdem er sich drei Tage zuvor, schon vom Tod gezeichnet und unfähig zu sprechen, ein letztes Mal der Öffentlichkeit gezeigt hatte.

Disziplin und Fürsorge: Benedikt XVI., Franziskus I.

Siebzehn Tage nach dem Tod Johannes Pauls II. wurde am 19. April 2005 mit Kardinal Joseph Ratzinger, dem Präfekten der Glaubenskongregation (der Nachfolgeinstitution des Sant'Uffizio, also der römischen Zentralinquisition von 1542), der «Vizepapst» des zu Ende gegangenen Pontifikats gewählt. Das Echo auf den ersten deutschen Papst seit 951 Jahren war weltweit erstaunlich emotional: In der italienischen Presse war mit einem unübersetzbaren Wortspiel vom *pastore tedesco* die Rede – vom deutschen Hirten und Schäferhund. In England kursierten Bilder des Sechzehnjährigen in Flakhelfer-Uniform, in Deutschland titelte ein Massenblatt «Wir sind Papst». Der neue Pontifex maximus nannte sich nicht, wie allgemein erwartet, Johannes Paul III., sondern Benedikt XVI. und bezog sich damit auf den Vermittler im Ersten Weltkrieg und den Ordensgründer Benedikt von Nursia.

Der Werdegang des Achtundsiebzigjährigen spiegelt die Kirchengeschichte der zweiten Jahrhunderthälfte wider. Der Sohn eines bayerischen Dorfpolizisten war 1945 ins Freisinger Priesterseminar eingetreten, 1951 Priester geworden und hatte nach früher Promotion und Habilitation von 1963 bis 1977 in Münster, Tübingen und Regensburg theologische Professuren inne. In seinen ersten Dozentenjahren und vor allem während des Zweiten Vaticanums trat er als Kritiker verkrusteter Kirchenstrukturen auf, forderte ein Bekenntnis zur Religionsfreiheit und allgemein eine größere Öffnung zur Welt. Für die «progressive» Richtung war er damit einer der Ihren. Umso größer war dann der Unmut, als sich der scheinbar so aufmüpfige Neuerer auf den nächsthöheren Karrierestationen zum Hüter der Tradition und Wächter über die Rechtgläubigkeit wandelte – eine Entwicklung, die auch mit kritischer Distanzierung zu eigenen Positionen der «wilden» Frühzeit einherging. Das Schlüsselerlebnis für diese Wende dürften die «Achtundsechziger-Jahre» gewesen sein, die der Theologieprofessor an der Universität Tübingen als eine Phase der Intoleranz und des Terrors empfand.

1977 wurde Ratzinger Erzbischof von München-Freising und Kardinal, 1981 Chef der vatikanischen Glaubenskongregation. Den Kampf gegen den allzu lässig-lockeren Zeitgeist inner- wie außerhalb der Kirche hatte er bereits in seinen Münchner Jahren aufgenommen: Eine Kirche, die der Gegenwart nach dem Munde redete und alles ausklammerte, was diese falsche Harmonie stören konnte, verriet ihr Wesen und ihre Mission. Verantwortungsbewusste Seelenhirten mussten dieser Verwässerung dadurch entgegensteuern, dass sie bewusst unbequeme Wahrheiten wie die Erbsünde und rational nicht fassbare Mysterien wie die Auferstehung des Fleisches am Jüngsten Tag verkündeten. Der nächste Schritt zur Besserung der dekadenten Zeitverhältnisse war dann die Selbsterkenntnis; die Einsicht in die Erlösungsbedürftigkeit des sündigen Menschen musste schließlich die Annahme der kirchlichen Lehrautorität zur Folge haben. So trat der bayerische «Großinquisitor» als Gralshüter des päpstlichen Primats und Gegner der Befreiungstheologie in Mittel- und Südamerika auf.

Eine große Zurücknahme war für «linke» katholische Intellektuelle auch das dreibändige Werk über Jesus Christus, das Ratzinger noch als Kardinal begann und gegen Ende seines Pontifikats fertigstellte. Versuchte er darin doch, den «historischen» Jesus in seiner Lebenswirklichkeit und zugleich als Mensch gewordenen Gottessohn zu erfassen, also eine Historisierung des himmlischen Heilsplans zu leisten. Für dogmatisch ungebundene Wissenschaftler war das Werk mit seinem systematischen Verzicht auf Distanz zum Gegenstand und seiner Verbindung von Natürlichem und Übernatürlichem ein methodischer Rückfall in einen unkritischen Umgang mit den geschichtlichen Quellen. Für den Jesus-Biographen auf dem Papstthron war diese Kritik jedoch nicht stichhaltig. Vernunft und Glauben ergänzten und überprüften sich für ihn gegenseitig, ohne zueinander im Gegensatz zu stehen. Doch erkannte der Glaube letztlich im Sinne des Thomas von Aquin höhere Wahrheiten als die Vernunft. Ja, der so verstandene christliche Glaube stellte sich ihm geradezu als Vollendung der Aufklärung dar.

Für die Mediengesellschaft des 21. Jahrhunderts war Benedikt XVI. mit seiner Skepsis gegenüber dem Zeitgeist, seiner salbungsvoll psalmodierenden Rhetorik und seinem betont zurückhaltenden Auftreten eine Enttäuschung, und das ließ sie ihn fühlen. Im Gegensatz zu seinem Vorgänger und seinem Nachfolger schlug ihm in den meinungsbildenden Formaten nicht Sympathie, sondern Abneigung entgegen. Die üblichen Skandale im Innern des Vatikans ließen sich als persönliche Niederlagen des Papstes ausschlachten. Am 14. September 2006 zitierte er in Regensburg während einer Rede eine islamkritische Äußerung des byzantinischen Kaisers Manuel II. Paläologos (1350–1425): «Zeig mir doch, was Mohammed Neues gebracht hat, und da wirst du nur Schlechtes und Inhumanes finden wie dies, dass er vorgeschrieben hat, den Glauben, den er predigte, durch das Schwert zu verbreiten.» Die Distanzierung von diesem Zitat erfolgte nachträglich, nachdem es als angebliche «Hasspredigt» gegen die andere große Weltreligion angeprangert worden war. Hinter solchen Polemiken traten die tatsächlichen Frontlinien des Pontifikats zurück: der Kampf gegen die Relativierung der Wahrheit und für die Monopolstellung der katholischen Kirche, die keine anderen Kirchen im tiefsten Verständnis des Begriffs neben sich anerkennt. Dass evangelische Christen nur «kirchenähnliche Gemeinschaften» bilden können, war eine Aussage, die auf protestantischer Seite hohe Wellen schlug und als Absage an eine moderne Ökumene auf Augenhöhe verstanden wurde. In der Sache war sie allerdings alles andere als neu, selbst das Zweite Vaticanum hatte ähnlich argumentiert; doch war es unüblich geworden, diesen Primat so schroff zu betonen.

Der Theologen-Papst aus Deutschland aber zog den Trennstrich zwischen Substanz und Form wieder deutlich schärfer als seine Vorgänger. So erlaubte er es den Traditionalisten 2008, die Messe nach dem lateinischen Ritus des Tridentinums ohne Einholung der bischöflichen Genehmigung zu feiern. Und im Januar 2009 verkündete der Vatikan, dass Benedikt XVI. die Exkommunikation von vier Bischöfen der ultrakonservativen Priesterbruderschaft des heiligen Pius X. aufgehoben habe; diese Organisation hatte sich aus der rechtskatholischen Lefebvre-Bewegung gegen das Zweite Vaticanum entwickelt, war wegen Widerstands gegen die päpstliche Autorität aus der Kirche ausgeschlossen worden und jetzt, nach formeller Unterwerfung unter diese, wieder Teil von ihr. Kurz zuvor hatte der Brite Richard Williamson, einer der Führer der Bewegung, im schwedischen Fernsehen die Gaskammern von Auschwitz geleugnet. Die zahlreichen Versöhnungsgesten des deutschen Papstes gegenüber den Juden traten nach dieser Meldung ganz in den Hintergrund. Überschattet wurden sie von den Berichten über zahlreiche Fälle sexuellen Missbrauchs an Kindern und Jugendlichen durch katholische Priester in den letzten Jahrzehnten und den Vorwurf an Papst und Kirche, nicht konsequent gegen die Schuldigen vorzugehen. Dazu kamen Nachrichten über finanzielle Unregelmäßigkeiten, gezielte Indiskretionen und weitere Skandale. Der Papst habe seinen Apparat nicht im Griff, auf diese Formel einigte sich die internationale Presse schnell.

Bei einer Reise in die Abruzzen Anfang Juli 2010 verehrte Benedikt XVI. in auffälliger Weise das Grab Cölestins V. Am 11. Februar 2013 machte der fast Sechsundachtzigjährige es dem Einsiedler vom Morrone nach und verkündete seinen Rücktritt zum Ende des Monats. Seine offizielle Anrede wurde die eines «Pontifex maximus emeritus», ein völlig neuer Titel, der gut zu einem ehemaligen Universitätsprofessor passte; der «emeritierte» Papst lebte bis zu seinem Tod Ende 2022 im Vatikan und nahm an Feierlichkeiten wie Heiligsprechungen weiterhin teil. Dreizehn Tage nach seinem Rücktritt wurde am 13. März mit Kardinal Jorge Maria Bergoglio, seit 1998 Erzbischof von Buenos Aires, der erste Jesuit und Südamerikaner Papst. Ein weiterer Bruch mit der Tradition war der Amtsname Franziskus, den der sechsundsiebzigjährige neue Papst aus Verehrung für den Heiligen von Assisi wählte. Gut informierte Quellen wollten wissen, dass seine Kandidatur schon im Konklave von 2005 aussichtsreich gewesen sei.

Bergoglios Eltern waren 1929 aus Piemont nach Argentinien ausgewandert; für die Italiener war der Pontifex maximus, der sich der wartenden Menge auf dem Petersplatz nach seiner Wahl mit einem schlichten «Guten Abend» vorstellte, daher einer der Ihren. Sein unprätentiöses, manchmal geradezu unkonventionelles Auftreten erinnerte zudem an Johannes XXIII. – die Sympathien der Medien und der Katholiken, die innerkirchliche Reformen, zum Beispiel im Umgang mit Geschiedenen und Homosexuellen, erhofften, flogen ihm nur so zu. Stimmen, die den argentinischen Jesuiten-Provinzial in den 1970er-Jahren der Kollaboration mit der Militärjunta bezichtigten und ihm konkret vorwarfen, zwei Mitglieder seines Ordens als Terroristen denunziert zu haben, fanden demgegenüber kein größeres Echo, zumal entsprechende Anschuldigungen keine Verurteilung zur Folge hatten und andere Zeitzeugen ihn ausdrücklich entlasteten.

Bald nach seiner Erhebung weckte der Papst durch seine Äußerungen zu brennenden Zeitfragen noch größere Erwartungen. So schien er mit der Feststellung, dass Christus alle Menschen, auch Atheisten, erlöst habe, dem Grundprinzip der Kirche, dass es außerhalb von ihr kein Heil gebe, eine Absage zu erteilen; allerdings wurde dieser bemerkenswerte Satz von vatikanischer Seite wenig später im Wesentlichen wieder zurückgenommen. Kurz

870 darauf nahm Franziskus in einem Interview mit dem nichtkatholischen Publizisten Eugenio Scalfari dieses Thema wieder auf. Auf dessen Frage, ob er sich von der göttlichen Gnade berührt fühle, antwortete er: «Das kann niemand wissen. Der Gnade ist man sich nicht bewusst, sie ist die Menge Licht, die wir in der Seele haben, nicht Wissen noch Vernunft. Auch Sie könnten, ohne es zu wissen, von der Gnade berührt sein.» Das Interview wurde vom *Osservatore Romano* übernommen und auf die vatikanische Internetseite gestellt, doch bald darauf wieder gelöscht.

Seinen Pontifikat stellt der Bergoglio-Papst unter das Motto «Durch Mitleiden und Erwählen» – *Miserando atque eligendo*. Diese Entscheidung begründete er mit der Erwählung des Matthäus zum Apostelamt: «Auch die Berufung des Matthäus geschieht vor dem Horizont der Barmherzigkeit. … Der heilige Beda Venerabilis schrieb in seinem Kommentar zu dieser Stelle des Evangeliums, dass Jesus den Matthäus mit barmherziger Liebe anschaute und erwählte: miserando atque eligendo. Dieses Wort hat mich so sehr beeindruckt, dass ich es zu meinem Wahlspruch machte» (zitiert aus http://de.radiovaticana.va).

Sein Mitleid gilt in besonderem Maße den Ausgebeuteten und Entrechteten dieser Welt. In nahtloser Anknüpfung an die kuriale Kapitalismuskritik seit dem 18. Jahrhundert klagt er die Mechanismen des ungezügelten Marktes als Tyrannei und Verstoß gegen elementare Menschenrechte an. Diese Kampfansage verquickt sich, ebenfalls in vatikanischer Tradition, mit einer Absage an den Marxismus und die ihm nahestehenden Befreiungstheologen. Den dritten Weg zwischen den Extremen kann allein die Kirche mit ihrer Mahnung zu Brüderlichkeit und Verzicht aufzeigen.

In diesem Sinne verkündete Franziskus im April 2015 ein außerordentliches Heiliges Jahr, das vom 8. Dezember 2015 bis zum 20. November 2016 dauern und ganz im Zeichen des Mitleids und der Vergebung stehen sollte. «Jesus Christus ist das Antlitz der Barmherzigkeit des Vaters» – unter diesem Motto sollte das Jubiläum als Anknüpfung an das Zweite Vaticanum die Gläubigen zu Einkehr und Nächstenliebe anleiten (hier und im Folgenden zitiert aus http://de.radiovaticana.va).

Der Eckpfeiler der Kirche, so der Papst in dieser Verlautbarung, ist Mitleid. Der Mensch der Gegenwart glaubt, Mitleid und Erlösung nach den erstaunlichen Fortschritten in Wissenschaft und Technologie nicht mehr nötig zu haben, doch diese *superbia* wird ihm mehr denn je zum Verhängnis. Das Jubiläumsjahr ist also ein Appell zur Umkehr und zur Rückkehr unter die Lehrautorität der Kirche. In Kapitel 19 schlägt der pastorale Ton der Bulle in eine harsche Kritik von Geldgier und Korruption um. «Die Korruption nimmt Menschen die Hoffnung auf die Zukunft, denn in ihrer Rücksichtslosigkeit und Gier zerstört sie die Zukunftspläne der Schwachen und erdrückt die Armen. ... Um sie aus dem privaten und öffentlichen Leben auszurotten, bedarf es Klugheit, Wachsamkeit, Gesetzestreue, Transparenz und den Mut, den Finger in die Wunde zu legen. Wer die Korruption nicht offen bekämpft, wird früher oder später zum Komplizen und zerstört die Existenz.» Konkret richtet sich diese Anklage gegen die organisierte Kriminalität in jedweder Form und damit auch gegen die Cosa nostra in Sizilien, die 'Ndrangheta in Kalabrien und die Camorra in Kampanien, deren Mitglieder zu Reue, Buße und Bekehrung aufgefordert werden.

In einem Interview vom Juli 2013 äußerte der Papst Verständnis für gleichgeschlechtlich orientierte Menschen: Wer als Homosexueller Gott sucht und mit gutem Willen strebt, dürfe nicht verurteilt, sondern müsse in die Gesellschaft integriert werden. Diese Bemerkungen ließen aufhorchen, hatte Bergoglio als Erzbischof von Buenos Aires doch die Ehe von Homosexuellen in Argentinien als Zerstörung der göttlichen Weltordnung bekämpft. 2015 formulierte er diese Ablehnung als Papst nicht weniger schroff. Diese Position hat Franziskus bis in die Spätphase seines Pontifikats immer wieder bekräftigt: Gleichgeschlechtliche Ehen sind ein Verstoß gegen die gottgewollte Weltordnung; auch dürfen solche Paare keineswegs Kinder adoptieren, die auf diese Weise diskriminiert würden. Einer staatlichen Anerkennung solcher Lebensgemeinschaften stehe aus Sicht der Kirche jedoch nichts im Wege, ja, diese sei sogar zu begrüßen. Die Praxis deutscher Bischöfe, solche Eheschließungen zu segnen, geht aus der Sicht des Vatikans hingegen zu weit.

Hoffnungen machten sich nach entsprechenden Äußerungen des Papstes auch die Katholiken, die sich nach einer Scheidung wiederverheiratet hatten, gemäß kirchlicher Lehre aber keine gültige Ehe eingegangen waren. Über das Problem, wie man mit ihnen künftig verfahren sollte, debattierte im Herbst 2015 eine Bischofssynode in Rom. Eine Wiederzulassung zu den

Sakramenten ohne Wenn und Aber schlug sie nicht vor. Allerdings votierte der Papst für einen flexibleren Umgang mit dem Problem, eine stärkere Würdigung des Einzelfalls und eine Entscheidung auf lokaler Ebene.

In seiner Ansprache zum Weihnachtsfest des Jahres 2014 ging der Papst mit seiner Kurie hart ins Gericht – von geistiger Alzheimerisierung war gar die Rede. Daraufhin sah ihn die begeisterte Öffentlichkeit als aufrechten Streiter gegen den sturen und geistlosen «Apparat» der hartherzigen «Bürokraten». Was sie nicht sah, war die Tradition, in der eine solche Distanzierung eines Papstes von der Kurie stand. Manche Vorgänger wie etwa Benedikt XIII. und Benedikt XIV. hatten dieses alte Rollenspiel exemplarisch vorgemacht.

Dieses Amtsverständnis und das damit verbundene Auftreten wurden die prägendsten Merkmale des Pontifikats überhaupt und haben für mancherlei beabsichtigte und ungeplante Ambivalenzen, Doppeldeutigkeiten und Missverständnisse gesorgt. Das lag daran, dass Franziskus in dieser Aufteilung, ja Aufspaltung des Amtes und seines Trägers weiter ging als alle seine Vorgänger. So kam es zu bemerkenswerten Divergenzen, was der «Mensch» Bergoglio zur «menschlichen» Seite aktueller Debatten äußerte, nämlich viel Verständnis für Abweichung und Andersartigkeit, und den nachfolgenden lehramtlichen Einlassungen zu denselben Themen, die allenfalls «in modo», im Ton, aber nicht «in re», in der Sache und ihrem Kern, Zugeständnisse erkennen ließen. So verurteilte Franziskus die Hexenprozesse im frühneuzeitlichen Europa als Unrecht, ohne den Hexenglauben selbst als Wahnvorstellung zu bezeichnen oder die Rolle führender katholischer Geistlicher bei der Hexenverfolgung zu problematisieren, etwa die seines jesuitischen Amtsbruders Petrus Canisius, eines der mörderischsten Hexenjäger.

In der Sache im Wesentlichen unverändert blieben auch die Haltungen des Vatikans zur Abtreibung, die Franziskus 2022 als Auftragsmord bezeichnete, zur Empfängnisverhütung mit «künstlichen» Mitteln, zur Berufung von Frauen ins Priesteramt, zum Zölibat, von dem wie bisher in begründeten Fällen dispensiert werden kann, und zum römischen «Zentralismus», das heißt: der Machtverteilung in Kirche und Kurie. Auch hier können geschickte Anpassungen an den Zeitgeist und seinen Jargon nicht verbergen, dass diese «Strukturen» unverändert blieben oder sich sogar weiter verfestigten. Zum «Rollenverteilungsmodell» der Kurie gehörte auch, dass sich der «emeritierte»

Papst Benedikt XVI. gelegentlich zu Wort meldete, und zwar keineswegs immer im Sinne des regierenden Pontifex maximus. Eine solche Vielstimmigkeit sollte «Pluralismus» an der Spitze der Kirche signalisieren, wurde aber häufiger als Dissonanz und damit als irritierend empfunden.

Das zeigte sich exemplarisch an der Neuordnung der vatikanischen Institutionen und Dienstwege, die als «Säuberung» der Kurie von Eigennutz und Korruption ausgegeben wurde. Sie gipfelte in der am 19. März 2022 verkündeten und am 5. Juni desselben Jahres umgesetzten «Apostolischen Konstitution» mit dem Titel «Praedicate Evangelium». Hier sollte die frohe Botschaft verkündet werden, dass zusammen mit der Vertreibung von mancherlei Ungeist eine neue, befreiende Atmosphäre von Offenheit und Transparenz in die Administration und Organisation von Kurie und Kirchenstaat Einzug halte, zum Beispiel dadurch, dass einzelne Fachbereiche («Dikasterien») jetzt auch von Laien und sogar Frauen geleitet werden dürfen. Eine genaue Betrachtung der Neuordnung zeigt allerdings auch, dass der souveräne Zugriff des Papstes als Inhaber ungeteilter Gewaltenfülle auf die Kirche und seinen Miniatur-Staat dadurch eher gestärkt als geschwächt wurde.

Das gilt auch für die Stellung des Papstes gegenüber den Kardinälen, die seit Jahrhunderten umso stärker ausfällt, je größer deren Zahl ist. Von Februar 2014 bis November 2020 kreierte Franziskus 101 Kardinäle, was auf die Pontifikatsdauer bezogen ungefähr dem Durchschnitt der letzten Jahrzehnte entspricht (Johannes Paul II., 1978–2005: 231; Benedikt XVI., 2005–2013: 90). Auf umso größeres Interesse stieß deshalb Franziskus' Ankündigung vom 29. Mai 2022, im Konsistorium vom 27. August einundzwanzig neue Purpurträger zu ernennen; von den zwanzig, die tatsächlich den roten Hut erhielten, hatten sechzehn das achtzigste Lebensjahr noch nicht vollendet und besaßen deshalb in einem zeitnahen Konklave zusammen mit 115 Kollegen das Wahlrecht – ein Rekordwert für die gesamte Papstgeschichte (2013 und 2005 jeweils 115 Wahlberechtigte). «Eingeweihte» Kommentatoren sahen in dieser Massen-Kreation den Versuch des argentinischen Pontifex, durch die vielen neuen Wähler das Ergebnis des nächsten Konklaves in seinem Sinne zu beeinflussen. Die Erwartung, dass eine solche Papstwahl nahe bevorstand, hatte Franziskus selbst nach der Rückkehr aus Kanada, seiner 38. Auslandsreise, Ende Juli 2022 mit der scheinbar beiläufigen Bemerkung, dass ein Papst austauschbar sei, und mit Hinweisen

874 auf seine angegriffene Gesundheit (Darmoperation im Juli 2021) kräftig geschürt.

In einer langen Kontinuitätslinie stehen auch die «ideologischen» Positionen des ersten Jesuiten-Papstes. Das gilt insbesondere für Franziskus' Wirtschaftsethik. Sie äußert sich in einer vehementen Kritik an der globalen Wirtschaftsordnung und damit vor allem an der «freien Marktwirtschaft». Hier steht der Papst aus Argentinien – teilweise wörtlich – in einer unmittelbaren Tradition mit seinen Vorgängern im 18. Jahrhundert. Auch sie hatten bereits die damals neue Idee einer «unsichtbaren Hand», den Glauben an das Zusammenspiel der Eigeninteressen zum Wohle des Ganzen, als durchsichtige Verschleierung von Ausbeutung gebrandmarkt. Wie ein Pius VI. knüpft Franziskus daran die Schlussfolgerung und die Lehre, dass eine Ökonomie ohne Religion, das heißt: ohne moralische Aufsicht durch die Kirche, unweigerlich zu Unmenschlichkeit führe. Der seit dem 11. Jahrhundert vom Papsttum beanspruchte zweite Primat, die Kontrolle über die Ausübung der «weltlichen» Macht, wird so erneuert. Ihre Entsprechung findet diese Haltung in der päpstlichen Stellungnahme zum Thema Karikaturen und Spott über Religionen. So verurteilte Franziskus zwar den islamistischen Mordanschlag auf die Redaktion der französischen Satirezeitschrift *Charlie Hebdo* im Januar 2015, zog der Veröffentlichungsfreiheit in diesem sensiblen Sektor jedoch zugleich enge Grenzen. Fragen zu seinem Familienmodell warf der «private» Kommentar des Papstes zu einem prügelnden Familienvater auf, weil er die körperliche Züchtigung von Kindern billigte, wenn sie «in Würde» geschehe.

In der globalen Debatte über die Aufarbeitung sexuellen Missbrauchs durch Vertreter der katholischen Kirche hat der Papst wiederholt rigorose Verurteilungen mit dem Willen zu rückhaltloser Aufklärung verknüpft. Zweifel daran, dass die katholische Kirche ihre jahrhundertealte Sonderstellung mit dem Privileg eigener Justiz und Abschottung gegenüber dem Staat aufgeben wird, bleiben jedoch bestehen. So lehnte Franziskus das Rücktrittsgesuch des Kölner Erzbischofs und Kardinals Rainer Maria Woelki ab, der sich in der Öffentlichkeit schweren Vorwürfen der Vertuschung von Kindesmissbrauch ausgesetzt sah. Stattdessen verordnete er diesem von Oktober 2021 bis März 2022 eine Auszeit, um ihn danach seinen Dienst bis zur Fällung eines – bislang ausgebliebenen – endgültigen Urteils wieder antreten zu lassen. Die eigentümliche Konstellation der «Doppelspitze» aus einem emeritierten und einem regierenden Papst fand am 31.12.2022 mit dem Tod Benedikts XVI. ein Ende, der nicht nur in der deutschsprachigen Presse ein ungewöhnlich intensives Echo fand; für konservative Kreise – so der Eindruck – verlor die Kirche damit ihren «spirituellen» Führer. Dazu trug auch das schon wenige Tage nach dem Ableben des deutschen Pontifex veröffentlichte Erinnerungsbuch seines langjährigen Privatsekretärs Georg Gänswein, seines Zeichens Titularerzbischof von Urbs Salvia, bei, das mit ausgeprägt hagiographischer Tendenz von starken Spannungen und Divergenzen zwischen Benedikt und seinem Nachfolger zu berichten weiß.

Den klarsten Niederschlag findet das Amtsverständnis des Bergoglio-Papstes in seinen Stellungnahmen zum «synodalen Weg». Dieses Reformprojekt, das den Gläubigen insgesamt eine stärkere Mitbestimmung in der Kirche ermöglichen will, findet vor allem in Deutschland unter Laien und Klerikern große Zustimmung. Wie immer ins solchen Fällen liegen von Seiten des Papstes dazu Äußerungen in zweierlei Gestalt vor. So hat er laut der vatikanischen Website www.vaticannews.va (14.6.2022), dem offiziellen Nachrichtenportal des Heiligen Stuhls, im Juni 2022 klipp und klar erklärt, dass es in Deutschland bereits eine gute evangelische Kirche gebe und es daher keiner zweiten bedürfe. Mit der Unterstellung, der «synodale Weg» führe zu einer zweiten protestantischen Kirche, war das Projekt einer innerkatholischen Erneuerung delegitimiert.

In einem Schreiben an die deutschen Katholiken «An das pilgernde Volk Gottes» (www.vaticannews.va, 29.6.2019) kritisierte Franziskus, der «synodalen Weg», setze zu einseitig auf die Reform von Strukturen, von Administration und Organisation, und predige damit «eine Art neuen Pelagianismus». Das war ein unerwartetes Echo aus den Tiefen der ältesten Kirchengeschichte – «Pelagianer» waren Ketzer, weil sie die Selbstheilungs- und Selbstvervollkommnungsmöglichkeiten des Menschen überbewerteten und die allein erlösende Kraft der Gnade unterschätzten.

Mit ähnlichen Argumenten hatte die Kurie des 16. Jahrhunderts auf Reformbestrebungen und Reformationen reagiert – Erneuerung ja, aber unter der exklusiven Leitung des Papsttums selbst. Alle anderen, seien es Kardinäle oder Laien, können allenfalls Anregungen dazu geben. Damit bleibt das Papsttum in einer weiteren Hinsicht seinen Traditionen treu: So wie die

876 Päpste der Renaissance ganz neue Modelle der Propaganda und der Kommunikation erfunden haben, so stellt sich das Papsttum des 21. Jahrhunderts durch die Nutzung neuester Medien als «modern» und zukunftsfähig dar, um dahinter seine bewahrenden Positionen und Werte zu verbergen. Ob diesem Modell Erfolg beschieden ist, werden die Fortsetzung des Pontifikats und die nachfolgenden Pontifikate erweisen.

Anhang

ROM
Das historische Zentrum

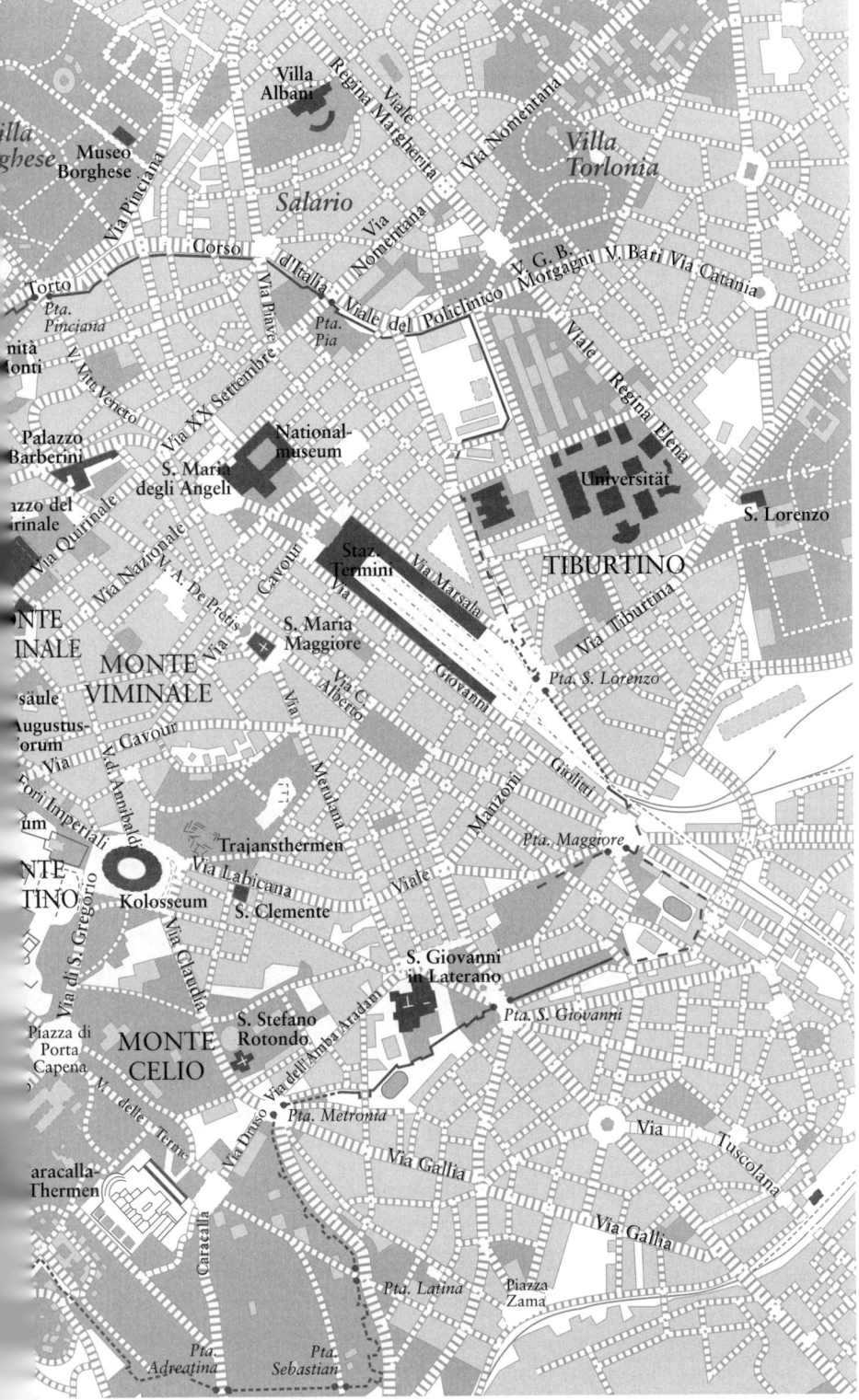

Anhang

Die Provinzen des Kirchenstaats unter Pius IX. vor 1860.

Karten

Die annonarischen Provinzen (16. bis 18. Jahrhundert), in denen die römische Getreidebehörde die Aufkauf- und Preissetzungshoheit innehatte.

Anhang

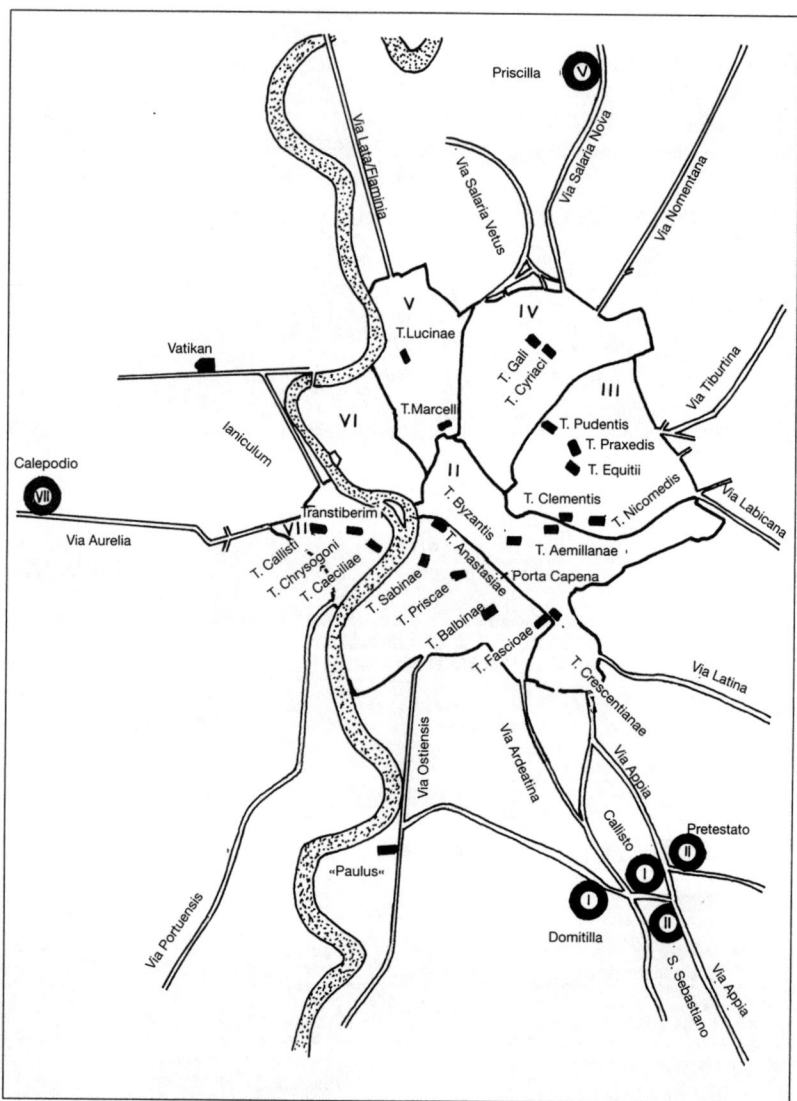

Das christliche Rom im 2. bis 3. Jahrhundert: Die Lage der christlichen Titelkirchen und der Friedhöfe, die durch römische Ziffern in den Kreisen den Stadtteilen zugeordnet sind.

Liste der Päpste und Gegenpäpste

Die nachfolgende Aufstellung mit ihren Päpsten und Gegenpäpsten (Namen in Anführungszeichen) basiert im Wesentlichen auf den Angaben, die der Vatikan im jährlichen *Annuario pontificio* veröffentlicht (Ausgabe 2016). Dieser «Papstkatolog» ist ein historisches Konstrukt, das von dogmatischen Vorannahmen bestimmt wird: dass in jedem Fall eine Unterscheidung zwischen rechtmäßiger und ungültiger Wahl möglich ist und dass ein ordnungsgemäß erhobener Pontifex maximus nicht abgesetzt werden kann. Wie die Ausführungen dieses Buches deutlich machen, war die geschichtliche Wirklichkeit komplexer, zudem wich das Urteil der Zeitgenossen häufig von den Wertungen ab, die im Rückblick in diese Liste Eingang gefunden haben. Die «privaten» Namen der Päpste und Gegenpäpste werden erst ab dem 13. Jahrhundert aufgeführt; vorher sind sie zum großen Teil unvollständig oder unsicher. Bis zum Anfang des 3. Jahrhunderts sind auch die Amtsjahre Annäherungswerte.

Hl. Petrus	64/67	Hl. Eutychianus	275–283
Hl. Linus	68–79	Hl. Caius	283–296
Hl. Cletus (Anaclet)	80–92	Hl. Marcellinus	296–304
Hl. Clemens I.	92–99	Hl. Marcellus I.	308–309
Hl. Evaristus	99–108	Hl. Eusebius	309
Hl. Alexander I.	108–116	Hl. Miltiades	311–314
Hl. Sixtus I.	117–126	Hl. Silvester I.	314–335
Hl. Telesphorus	127–137	Hl. Marcus	336
Hl. Hyginus	138–142	Hl. Julius I.	337–352
Hl. Pius I.	142–157	Liberius	352–366
Hl. Anicetus	157–168	«Felix II.»	355–365
Hl. Soter	168–177	Hl. Damasus I.	366–384
Hl. Eleutherus	177–185	«Ursinus»	366–367
Hl. Victor I.	186–197	Hl. Siricius	384–399
Hl. Zephyrinus	198–217	Hl. Anastasius I.	399–401
Hl. Calixtus I.	218–222	Hl. Innozenz I.	401–417
«Hl. Hippolyt»	217–235	Hl. Zosimus	417–418
Hl. Urban I.	222–230	Hl. Bonifaz I.	418–422
Hl. Pontian	230–235	«Eulalius»	418–419
Hl. Anterus	235–236	Hl. Cölestin I.	422–432
Hl. Fabian	236–250	Hl. Sixtus III.	432–440
Hl. Cornelius	251–253	Hl. Leo I.	440–461
«Novatian»	251	Hl. Hilarius	461–468
Hl. Lucius I.	253–254	Hl. Simplicius	468–483
Hl. Stephan I.	254–257	Hl. Felix III.	483–492
Hl. Sixtus II.	257–258	Hl. Gelasius I.	492–496
Hl. Dionysius	259–268	Anastasius II.	496–498
Hl. Felix I.	269–274	Hl. Symmachus	498–514

Anhang

«Laurentius»	498–506	Hl. Paul I.	757–767
Hl. Hormisdas	514–523	«Constantin»	767–768
Hl. Johannes I.	523–526	«Philipp»	768
Hl. Felix IV.	526–530	Stephan III.	768–772
Bonifaz II.	530–532	Hadrian I.	772–795
«Dioskur»	530	Hl. Leo III.	795–816
Johannes II.	533–535	Stephan IV.	816–817
Hl. Agapet I.	535–536	Hl. Paschalis I.	817–824
Hl. Silverius	536–537	Eugen II.	824–827
Vigilius	537–555	Valentin	827
Pelagius I.	556–561	Gregor IV.	827–844
Johannes III.	561–574	«Johannes»	844
Benedikt I.	575–579	Sergius II.	844–847
Pelagius II.	579–590	Hl. Leo IV.	847–855
Hl. Gregor I.	590–604	Benedikt III.	855–858
Sabinian	604–606	«Anastasius»	855
Bonifaz III.	607	Hl. Nikolaus I.	858–867
Hl. Bonifaz IV.	608–615	Hadrian II.	867–872
Hl. Deusdedit	615–618	Johannes VIII.	872–882
Bonifaz V.	619–625	Marinus I.	882–884
Honorius I.	625–638	Hl. Hadrian III.	884–885
Severinus	640	Stephan V.	885–891
Johannes IV.	640–642	Formosus	891–896
Theodor I.	642–649	Bonifaz VI.	896
Hl. Martin I.	649–655	Stephan VI.	896–897
Hl. Eugen I.	654–657	Romanus	897
Hl. Vitalian	657–672	Theodor II.	897
Adeodatus	672–676	Johannes IX.	898–900
Donus	676–678	Benedikt IV.	900–903
Hl. Agatho	678–681	Leo V.	903
Hl. Leo II.	682–683	«Christophorus»	903–904
Hl. Benedikt II.	684–685	Sergius III.	904–911
Johannes V.	685–686	Anastasius III.	911–913
Konon	686–687	Lando	913–914
«Theodor»	687	Johannes X.	914–928
«Paschalis»	687	Leo VI.	928
Hl. Sergius I.	687–701	Stephan VII.	929–931
Johannes VI.	701–705	Johannes XI.	931–935
Johannes VII.	705–707	Leo VII.	936–939
Sisinnius	708	Stephan VIII.	939–942
Constantin	708–715	Marinus II.	942–946
Hl. Gregor II.	715–731	Agapet II.	946–955
Hl. Gregor III.	731–741	Johannes XII.	955–964
Hl. Zacharias	741–752	Leo VIII.	963–965
Stephan II.	752–757	Benedikt V.	964–965

Liste der Päpste und Gegenpäpste

Johannes XIII.	965–972	Cölestin II.	1143–1144	
Benedikt VI.	972–974	Lucius II.	1144–1145	
«Bonifaz VII.»	974, 984–985	Sel. Eugen III.	1145–1153	
Benedikt VII.	974–983	Anastasius IV.	1153–1154	
Johannes XIV.	983–984	Hadrian IV.	1154–1159	
Johannes XV.	985–996	Alexander III.	1159–1181	
Gregor V.	996–999	«Victor IV.»	1159–1164	
«Johannes XVI.»	997–998	«Paschalis III.»	1164–1168	
Silvester II.	999–1003	«Calixtus III.»	1168–1178	
Johannes XVII.	1003	«Innozenz III.»	1179–1180	
Johannes XVIII.	1004–1009	Lucius III.	1181–1185	
Sergius IV.	1009–1012	Urban III.	1185–1187	
Benedikt VIII.	1012–1024	Gregor VIII.	1187	
«Gregor»	1012	Clemens III.	1187–1191	
Johannes XIX.	1024–1032	Cölestin III.	1191–1198	
Benedikt IX.	1032–1044	Innozenz III. (Lotario de' Conti)	1198–1216	
Silvester III.	1045			
Benedikt IX.	1045	Honorius III. (Cencio)	1216–1227	
Gregor VI.	1045–1046	Gregor IX. (Ugolino de' Conti)	1227–1241	
Clemens II.	1046–1047			
Benedikt IX.	1047–1048	Cölestin IV. (Goffredo da Castiglione)	1241	
Damasus II.	1048			
Hl. Leo IX.	1049–1054	Innozenz IV. (Sinibaldo Fieschi)	1243–1254	
Victor II.	1055–1057			
Stephan IX.	1057–1058	Alexander IV. (Rinaldo de' Conti)	1254–1261	
«Benedikt X.»	1058–1059			
Nikolaus II.	1058–1061	Urban IV. (Jacques de Pantaléon)	1261–1264	
Alexander II.	1061–1073			
«Honorius II.»	1061–1064	Clemens IV. (Guy Foucois)	1265–1268	
Hl. Gregor VII.	1073–1085	Sel. Gregor X. (Tebaldo Visconti)	1271–1276	
«Clemens III.»	1080–1100			
Sel. Victor III.	1086–1087	Sel. Innozenz V. (Pierre de Tarentaise)	1276	
Sel. Urban II.	1088–1099			
Paschalis II.	1099–1118	Hadrian V. (Ottobono Fieschi)	1276	
«Theoderich»	1100–1102			
«Albert»	1101	Johannes XXI. (Pedro Julião)	1276–1277	
«Silvester IV.»	1105–1111			
Gelasius II.	1118–1119	Nikolaus III. (Giangaetano Orsini)	1277–1280	
«Gregor VIII.»	1118–1121			
Calixtus II.	1119–1124	Martin IV. (Simon de Brie)	1281–1285	
Honorius II.	1124–1130	Honorius IV. (Giacomo Savelli)	1285–1287	
«Cölestin II.»	1124			
Innozenz II.	1130–1143	Nikolaus IV. (Girolamo d'Ascoli)	1288–1292	
«Anaclet II.»	1130–1138			
«Victor IV.»	1138	Hl. Cölestin V. (Pietro del Morrone)	1294	

Anhang

Bonifaz VIII. (Benedetto Caetani)	1294–1303	
Sel. Benedikt XI. (Niccolò da Treviso)	1303–1304	
Clemens V. (Bertrand de Got)	1305–1314	
Johannes XXII. (Jacques Duèze)	1316–1334	
«Nikolaus V.» (Pietro Rinalducci)	1328–1330	
Benedikt XII. (Jacques Fournier)	1334–1342	
Clemens VI. (Pierre Roger)	1342–1352	
Innozenz VI. (Etienne Aubert)	1352–1362	
Sel. Urban V. (Guillaume Grimoard)	1362–1370	
Gregor XI. (Pierre Roger)	1370–1378	
Urban VI. (Bartolomeo Prignano)	1378–1389	
«Clemens VII.» (Robert von Genf)	1378–1394	
Bonifaz IX. (Pietro Tomacelli)	1389–1404	
«Benedikt XIII.» Pedro de Luna	1394–1423	
Innozenz VII. (Cosmato dei Meliorati)	1404–1406	
Gregor XII. (Angelo Correr)	1406–1415	
«Alexander V.» (Pietro Filargis)	1409–1410	
«Johannes XXIII.» (Baldassare Cossa)	1410–1415	
Martin V. (Oddone Colonna)	1417–1431	
Eugen IV. (Gabriele Condulmer)	1431–1447	
«Felix V.» (Amedeo VIII. von Savoyen)	1439–1449	
Nikolaus V. (Tommaso Parentucelli)	1447–1455	
Calixtus III. (Alonso de Borja)	1455–1458	
Pius II. (Enea Silvio Piccolomini)	1458–1464	
Paul II. (Pietro Barbo)	1464–1471	
Sixtus IV. (Francesco della Rovere)	1471–1484	
Innozenz VIII. (Giovanni Battista Cibo)	1484–1492	
Alexander VI. (Rodrigo Borgia)	1492–1503	
Pius III. (Francesco Todeschini Piccolomini)	1503	
Julius II. (Giuliano della Rovere)	1503–1513	
Leo X. (Giovanni de' Medici)	1513–1521	
Hadrian VI. (Adrian Floransz d'Edel)	1522–1523	
Clemens VII. (Giulio de' Medici)	1523–1534	
Paul III. (Alessandro Farnese)	1534–1549	
Julius III. (Giovanni Maria Ciocchi del Monte)	1550–1555	
Marcellus II. (Marcello Cervini)	1555	
Paul IV. (Gian Pietro Carafa)	1555–1559	
Pius IV. (Giovan Angelo Medici)	1559–1565	
Hl. Pius V. (Antonio Michele Ghislieri)	1566–1572	
Gregor XIII. (Ugo Boncompagni)	1572–1585	
Sixtus V. (Felice Peretti)	1585–1590	
Urban VII. (Giovanni Battista Castagna)	1590	
Gregor XIV. (Niccolò Sfondrati)	1590–1591	
Innozenz IX. (Giovanni Antonio Facchinetti)	1591	
Clemens VIII. (Ippolito Aldobrandini)	1592–1605	
Leo XI. (Alessandro de' Medici)	1605	
Paul V. (Camillo Borghese)	1605–1621	

Gregor XV. (Alessandro Ludovisi)	1621–1623	Pius VI. (Angelo Braschi)	1775–1799
Urban VIII. (Maffeo Barberini)	1623–1644	Pius VII. (Barnaba Chiaramonti)	1800–1823
Innozenz X. (Giovanni Battista Pamphili)	1644–1655	Leo XII. (Annibale della Genga)	1823–1829
Alexander VII. (Fabio Chigi)	1655–1667	Pius VIII. (Francesco Saverio Castiglioni)	1829–1830
Clemens IX. (Giulio Rospigliosi)	1667–1669	Gregor XVI. (Bartolomeo Cappellari)	1831–1846
Clemens X. (Emilio Altieri)	1670–1676	Sel. Pius IX. (Giovanni Maria Mastai Ferretti)	1846–1878
Sel. Innozenz XI. (Benedetto Odescalchi)	1676–1689	Leo XIII. (Vincenzo Gioacchino Pecci)	1878–1903
Alexander VIII. (Pietro Ottoboni)	1689–1691	Hl. Pius X. (Giuseppe Sarto)	1903–1914
Innozenz XII. (Antonio Pignatelli)	1691–1700	Benedikt XV. (Giacomo Della Chiesa)	1914–1922
Clemens XI. (Gian Francesco Albani)	1700–1721	Pius XI. (Achille Ratti)	1922–1939
Innozenz XIII. (Michelangelo de' Conti)	1721–1724	Pius XII. (Eugenio Pacelli)	1939–1958
Benedikt XIII. (Pietro Francesco Orsini)	1724–1730	Hl. Johannes XXIII. (Angelo Roncalli)	1958–1963
Clemens XII. (Lorenzo Corsini)	1730–1740	Paul VI. (Giovanni Battista Montini)	1963–1978
Benedikt XIV. (Prospero Lambertini)	1740–1758	Johannes Paul I. (Albino Luciani)	1978
Clemens XIII. (Carlo Rezzonico)	1758–1769	Hl. Johannes Paul II. (Karol Wojtyla)	1978–2005
Clemens XIV. (Giovan Vincenzo Ganganelli)	1769–1774	Benedikt XVI. (Joseph Ratzinger)	2005–2013
		Franziskus (Jorge Mario Bergoglio)	seit 2013

Literaturhinweise

Um dem an einer Vertiefung im Allgemeinen oder Besonderen interessierten Leser einen «Lektürepfad» durch die komplexe Thematik zu bahnen, folgen hier orientierende Empfehlungen, die nach Hinweisen zu epochenübergreifenden Werken im Sinne einer Wegleitung chronologisch angeordnet sind. Die Kurztitel können mithilfe der Bibliographie entschlüsselt werden.

Weitere Überblicksdarstellungen und Epochenabrisse

H. Fuhrmann, Päpste *(brillant zu Amtsverständnis und Mittelalter)*.
Zu den «dunklen» Jahrhunderten: Scholz, Politik.
Zum mittelalterlichen Papsttum: Ullmann, Short History; Herbers, Geschichte.
Zum Avignonesischen Papsttum: Hamesse (Hg.), Vie.
Zu Rom als «Hauptstadt» des Papsttums im Mittelalter: Wickham, Roma.
Zum Papsttum der Frühen Neuzeit: Wright, Early Modern Papacy.
Zum 20. Jahrhundert: Mathieu-Rosay, Päpste; Schwaiger, Papsttum.
Zum Problem «legitimer» und «illegitimer» Pontifikate: Müller/Hotz (Hg.), Gegenpäpste.
Zu Begräbnisriten und Konklave: Paravicini Bagliani, Morte; Visceglia, Morte.

Von den Anfängen bis 715

Zur Frage der Petrus-Präsenz in Rom und der daran anknüpfenden Mythenbildung: Pesch, Simon-Petrus; Ray, Upon this rock.
Zu den jüdischen Gemeinden Roms von den Anfängen bis zur Spätantike: Cappelletti, Jewish Community.
Zur Stellung der Christen im römischen Westreich: Dahlheim, Welt; Bernet, Chrétiens; Curran, Pagan City.
Zur Rolle Constantins des Großen: Rosen, Konstantin.
Zu den Auseinandersetzungen über die theologischen Formeln seit dem Konzil von Nicaea: Spada, Formule; Ayres, Nicaea.
Zur Stellung Roms und des Papsttums unter oströmischer Herrschaft: Anastos, Aspects.
Zur Entwicklung des päpstlichen Primats: Schatz, Primat; Klausnitzer, Primat; Ullmann, Machtstellung.
Zur Krise des 5. Jahrhunderts und der Rolle der Päpste: Meier/Atzold, August 410; Wessel, Leo the Great.
Zu Gregor dem Großen in Rom und in der christlichen Welt: Markus, Gregory; Gregorio Magno.
Zu den Auseinandersetzungen zwischen Papst und Kaiser im 6. und 7. Jahrhundert: Chazelle/Cubbitt (Hg.), Crisis; Barceló, Constantius II.
Zu den Ursprüngen des Kirchenstaats: Capo, Liber pontificalis.

Von 715 bis 1415

Zur Konstantinischen Schenkung, ihrer Datierung und Deutung: Fried, Donation.
Zur Legende von der Päpstin Johanna: Gössmann (Hg.), «Mulier papa».
Zum Kampf der Päpste gegen «Ketzer»: Althoff, Selig.

Zum Kardinalat und seiner Entwicklung: Dendorfer/Lützelschwab (Hg.), Geschichte.
Hervorstechend aus der Fülle der oft romanhaften Literatur zum Templer-Prozess: Barber, Trial.
Zu Gregor VII.: Cantarella, Sole.
Zu Canossa und zur «Canossa-Frage»: Weinfurter, Canossa; Fried, Canossa *(mit der These vom erfundenen Bußgang)*; Hasberg/Scheidgen (Hg.), Canossa *(Diskussion der Fried-Thesen und Gegenpositionen)*.
Zur Machtstellung Innozenz' III.: Frenz (Hg.), Papst Innozenz III.; Moore (Hg.), Pope Innocent III; Sommerlechner (Hg.), Innocenzo III.
Zum «Engelspapst» und seinem Rücktritt: Gatto/Plebani (Hg.), Celestino V; Herde, Cölestin V.; Valeri (Hg.), Celestino V.
Zu weiteren markanten Pontifikaten: Hartmann, Hadrian I.; Scherer, Pontifikat Gregors IV.; Herbers, Leo IV.; Moehs, Gregorius V.; Herrmann, Tuskulanerpapsttum; Hägermann, Papsttum; Gresser, Clemens II.; Munier, Pape Léon IX; Stroll, Calixtus II.; Bolton/Duggan (Hg.), Adrian IV.; Clarke/Duggan (Hg.), Pope Alexander III; Laudage, Alexander III.; Doran/Smith (Hg.), Pope Celestine III; Righetti-Tosti-Croce (Hg.), Bonifacio VIII; Esch, Bonifaz IX.
Zu Konziliarismus und Konziliaristen: Oakley, Conciliarist Tradition.

1415–1800

Zu den Konzilien von Konstanz und Basel und ihren Folgen: Sudmann, Basler Konzil; Helmrath, Basler Konzil; Dendorfer/Märtl (Hg.), Nach dem Basler Konzil.
Zu Pius II. und Pienza: Reinhardt, Pius II.
Zu Nikolaus V. als Normengeber und Stadtplaner: Bonatti/Manfredi (Hg.), Niccolò V; Borsi, Niccolò V.
Zur Deutung des zweiten Della-Rovere-Pontifikats: Cantatore (Hg.), Metafore.
Zum Neubau der Peterskirche grundlegend: Bredekamp, Sankt Peter.
Zu den frühneuzeitlichen Papstgrabmälern: Bredekamp/Reinhardt (Hg.), Totenkult.
Zu Kardinälen und Päpsten um 1500: Reinhardt, Der unheimliche Papst; Pellegrini, Ascanio Maria Sforza.
Zum Sacco di Roma: Reinhardt, Blutiger Karneval.
Zu den kurialen Reformkreisen: Prezzolini/Novembri (Hg.), Papa Marcello II.
Zu Inquisition, Inquisitoren und verbotenen Büchern: Firpo, Presa di Potere; Frajese (Hg.), Congregazione; Wolf, Index.
Bilanzen zum Konzil von Trient: O'Malley, Trent; Prodi/Reinhard (Hg.), Konzil von Trient.
Zur Kunst im Umkreis des Konzils von Trient: Cattoi/Primerano (Hg.), Arte; Jones/Worcester (Hg.), From Rome.
Zur «strengen» Reform 1566 bis 1572: Cervini/Spantigati (Hg.), Tempo di Pio V.
Zur Lage der Juden im frühneuzeitlichen Rom: Stow, Jewish Life.
Zum Jesuitenorden und seinen Einflüssen auf Kultur und Kunst: O'Malley/Bailey/Harris/Kennedy, Jesuits.
Zu Sixtus V. und seiner Bautätigkeit: Stephan, Rom.
Zu Getreideversorgung, Brotpreispolitik und päpstlicher Wirtschaftsethik: Reinhardt, Überleben.
Zu Politik, Kunst und Propaganda des 17. Jahrhunderts: Karsten, Künstler; Karsten, Bernini.
Zu den Formen der Papstwahl: Wassilowsky, Konklavereform.
Zu Papsttum und Französischer Revolution: Pelletier, Rome.

Anhang

Zu den Päpsten und Rom im 17. Jahrhundert insgesamt: Reinhardt, Im Schatten von Sankt Peter.
Zur barocken Festkultur in Rom: Visceglia, Città rituale.
Zu Politik und Kultur des späten 18. Jahrhunderts: Collins, Papacy.

1800 bis heute

Zu den Päpsten im langen 19. Jahrhundert: Chadwick, History.
Zur Sozialgeschichte der Kurie: Weber, Kardinäle.
Zu Pius IX., dem Ersten Vaticanum und dem Ende des Kirchenstaats: Severini, Repubblica romana; Seibt, Rom oder Tod; Hasler, Wie der Papst.
Zu den Neuansätzen unter Leo XIII: Levillain/Ticchi (Hg.), Léon XIII; Viaene (Hg.), Papacy.
Zu Papsttum und Erstem Weltkrieg: Scottà, Papa Benedetto XV.
Zu Papsttum, Kirche, Faschismus und Nationalsozialismus: Ceci, L'interesse; Kertzer, The Pope; Wolf, Papst & Teufel.
Zu Pius XII. und seiner Haltung zum Holocaust: Rigano, Jenseits von «schwarzer und weißer Legende»; Rittner/Roth (Hg.), Pope Pius XII; Milza, Pie XII; Braham (Hg.), The Vatican; Lawler, Popes; Blet, Pio XII; Zuccotti, Under his very windows; Cornwell, Pius XII; Kühlwein, Pius XII.
Zu Kurie und Nachkriegszeit in Italien: Tranfaglia, Come nasce.
Zum «guten» Papst Johannes XXIII.: Hebblewaithe/Fleisthauer (Hg.), Jean XXIII; Alberigo, Dalla laguna al Tevere.
Zu Geschichte und Wirkungsgeschichte des Zweiten Vatikanischen Konzils: Wassilowsky, Zweites Vatikanum; Wenzel, Kleine Geschichte; Van Bühren, Kunst und Kirche; Wilde, Vatican II; Greeley, Catholic Revolution.
Zu den nach-konziliaren Pontifikaten: Samerski, Johannes Paul II.; Rowland, Ratzinger's Faith; Tück (Hg.), Theologenpapst; Verweyen, Joseph Ratzinger – Benedikt XVI.; Deckers, Papst Franziskus.

Bibliographie

Die folgende Aufstellung soll eine möglichst umfassende und zugleich gebündelte Übersicht zum Forschungsstand der Papstgeschichte bieten. Zu diesem Zweck wird die neueste Fachliteratur aus den letzten zwei Jahrzehnten aufgeführt; diese Titel bieten zudem Hinweise zu allen spezielleren Aspekten und Facetten des Themas. Die ältere Fachliteratur, die hier nur mit besonders wichtigen Arbeiten erscheint, ist in den drei Bänden der *Enciclopedia dei Papi* aus dem Jahr 2000 erfasst, der neuesten Gesamtdarstellung aller römischen Bischöfe und Päpste von den Anfängen bis zu Johannes Paul II.

Alle Übersetzungen im Text, die nicht mit «zitiert aus» gekennzeichnet sind, stammen vom Autor.

Ago, R.: Economia barocca. Mercato e istituzioni nella Roma del Seicento, Roma 1998
–: Il gusto delle cose. Una storia degli oggetti nella Roma del Seicento, Roma 2006
Alberigo, G.: Dalla laguna al Tevere. Angelo Giuseppe Roncalli da San Marco a San Pietro, Bologna 2000
–: Breve storia del Concilio Vaticano II, Bologna 2005
Alexander, J.: From Renaissance to Counter-Reformation. The Architectural Patronage of Carlo Borromeo during the Reign of Pius IV, Roma 2007
Allegrezza, F.: Organizzazione del potere e dinamiche familiari. Gli Orsini dal Duecento agli inizi del Quattrocento, Roma 1998
Allegrezza, P.: L'amministrazione assente. Uffici e burocrazia municipali a Roma da Pio IX alla febbre edilizia, 1847–1882, Roma 2000
Althoff, G.: «Selig sind, die Verfolgung ausüben». Päpste und Gewalt im Hochmittelalter, Darmstadt 2013
Alto Bauer, F.: Das Bild der Stadt Rom im Frühmittelalter. Papststiftungen im Spiegel des Liber pontificalis von Gregor III. bis Leo III., Wiesbaden 2004
Amerise, M.: Il battesimo di Costantino il Grande. Storia di una scomoda eredità, Stuttgart 2005
Anastos, M. V.: Aspects of the Mind of Byzantium. Political Theory, Theology, and Ecclesiastical Relations with the See of Rome, Aldershot 2001
Anderson, R.: Pope Pius VII, 1800–1823. His life, reign and struggle with Napoleon in the aftermath of the French Revolution, Rockford 2001
Angelini, A./M. Butzek/B. Sani (Hg.): Alessandro VII Chigi (1599–1667). Il papa senese di Roma Moderna, Siena 2000
Angold, M.: The Fourth Crusade. Event and Context, Harlow/New York/Paris 2003
Arnold, C.: Die römische Zensur der Werke Cajetans und Contarinis (1558–1601). Grenzen der theologischen Konfessionalisierung, Paderborn 2008
Arnold, D.: Johannes VIII. Päpstliche Herrschaft in den karolingischen Teilreichen am Ende des 9. Jahrhunderts, Frankfurt am Main 2005
Asbridge, T.: The First Crusade. A New History, New York 2004
Aubert, A.: Paolo IV. Politica, inquisizione e storiografia, Firenze 1999
Ayres, L.: Nicaea and its Legacy. An Approach to Fourth-Century Trinitarian Theology, Oxford 2004
Azzarra, C. (Hg.): Gregorio Magno, l'impero e i «regna», Firenze 2008

Baietto, L.: Il papa e la città. Papato e comuni in Italia centro-settentrionale durante la prima metà del secolo XIII, Spoleto 2007

Bailey, G. A.: Between Renaissance and Baroque. Jesuit Art in Rome, 1555–1610, Toronto 2003

Baldan, S.: Il conclave di Venezia. L'elezione di papa Pio VII: 1 dicembre 1799 – 14 marzo 1800, Venezia 2000

Ballweg, J.: Konziliare oder päpstliche Ordensreform. Benedikt XII. und die Reformdiskussion im frühen 14. Jahrhundert, Tübingen 2001

Barber, M.: The Trial of the Templars, 2. Auflage Cambridge 2012

Barberini, G.: L'Ostpolitik della Santa Sede. Un dialogo lungo e faticoso, Bologna 2007

Barbiche, B.: Bulla, legatus, nuntius. Etudes de diplomatique et de diplomatie pontificales (XIIIe–XVIIe siècles), Paris 2007

Barceló, P. A.: Constantius II. und seine Zeit. Die Anfänge des Staatskirchentums, Stuttgart 2004

Bathrellos, D.: The Byzantine Christ. Person, Nature and Will in the Christology of Saint Maximus the Confessor, Oxford 2004

Becker, A.: Papst Urban II. (1088–1099), 3 Bde., Hannover 1964–2012

Becker, E. M. (Hg.): Die antike Historiographie und die Anfänge der christlichen Geschichtsschreibung, Berlin/New York 2005

Benedetti, M. (Hg.): Benedetto XI frate predicatore e papa, Milano 2007

Benedict P./S. Seidel Menchi/A. Tallon (Hg.): La Réforme en France et en Italie. Contacts, comparaisons et contrastes, Roma 2007

Benigni, M./G. Zanchi: Giovanni XXIII. Biografia ufficiale, Cinisello Balsamo 2000

Benocci, C.: Le belle. Ritratti di dame del Seicento e del Settecento nelle residenze feudali del Lazio, Roma 2004

Benzi, F. (Hg.): Sisto IV. Le arti a Roma nel primo Rinascimento, Roma 2000

Bernasconi, M.: Il cuore irrequieto dei papi. Percezione e valutazione ideologica del nepotismo sulla base dei dibattiti curiali del XVII secolo, Bern 2004

Bernet, A.: Les chrétiens dans l'Empire romain. Des persécutions à la conversion, Ier–Ve siècle, Paris 2003

Bianca, C.: Da Bisanzio a Roma. Studi sul cardinale Bessarione, Roma 1999

Bianchi, E. (Hg.): Un cristiano sul trono di Pietro. Studi storici su Giovanni XXIII, Gorle 2002

Bienert, W. A./U. Kühneweg (Hg.): Origeniana septima. Origenes in den Auseinandersetzungen des 4. Jahrhunderts, Leuven 1999

Biferali, F./M. Firpo: «Navicula Petri». L'arte dei papi nel Cinquecento, 1527–1571, Roma/Bari 2009

Bischoff, G./B.-M. Tock (Hg.): Léon IX et son temps, Turnhout 2006

Blet, P.: Pio XII e la Seconda Guerra mondiale negli Archivi Vaticani, Cinisello Balsamo 1999 (deutsch: Papst Pius XII. und der Zweite Weltkrieg, Paderborn 2000)

Blumenthal, U.-R.: Gregor VII. Papst zwischen Canossa und Kirchenreform, Darmstadt 2001

Bocquet, D.: Rome ville technique (1870–1925). Une modernisation conflictuelle de l'espace urbain, Roma 2007

Bölling, J.: Das Papstzeremoniell der Renaissance. Texte, Musik, Performanz, Frankfurt am Main 2006

Boesch Gajano, S.: Gregorio Magno: alle origini del Medioevo, Roma 2004

Boespflug, T.: La Curie au temps de Boniface VIII. Etude prosopographique, Roma 2005

Bolgia, C.: The Mosaics of Gregory IV at S. Marco: Papal Response to Venice, Byzantium, and the Carolingians, in: Speculum 81 (2006), S. 1–34

Bolton, B./A. J. Duggan (Hg.): Adrian IV. The English Pope (1154–1159). Studies and Texts, Aldershot 2003

Bonifacio VIII, Spoleto 2003
Bonifacio VIII, i Caetani e la storia del Lazio, Roma 2004
Bonifacio VIII. Ideologia e azione politica, Roma 2006
Bonatti, F./A. Manfredi (Hg.): Niccolò V nel sesto centenario della nascita, Città del Vaticano 2000
Bonnefous, E./J. Foyer/J.-B. D'Onofrio: La papauté au XXe siècle, Paris 1999
Bono, V. G.: San Pio V Ghislieri, Garbagnete Milanese 2004
Bonora, E.: Roma 1564. La congiura contro il papa, Roma/Bari 2011
Bonvini Mazzanti, M./G. Piccinini (Hg.): La quercia dai frutti d'oro. Giovanni della Rovere (1457–1501) e le origini del potere roveresco, Ancona 2004
Bonvini Mazzanti, M./M. Miretti (Hg.): Cesare Borgia di Francia, gonfaloniere di Santa Chiesa Romana (1498–1503). Conquiste effimere e progettualità statale, Ostra Vetere 2005
Boockmann, H./H. Dormeier: Konzilien, Kirchen- und Reichsreform (1410–1495), Stuttgart 2005
Bordin, M./P. Trovato (Hg.): Lucrezia Borgia. Storia e mito, Firenze 2006
Borromeo, A. (Hg.): L'Inquisizione, Città del Vaticano 2003
Borsi, S.: Niccolò V e Roma. Alberti, Angelico, Manetti e un grande piano urbano, Firenze 2009
Bougard, F./M. Scot (Hg.): Liber, gesta, histoire. Ecrire l'histoire des évêques et des papes, de l'Antiquité au XXIe siècle, Turnhout 2009
Boutry, P./E. Pitocco/C. M. Travaglini (Hg.): Roma negli anni di influenza e dominio francese. Rotture, continuità, innovazioni tra Settecento e inizio Ottocento, Napoli 2000
Boutry, P.: Souverain et pontife. Recherches prosopographiques sur la Curie romaine à l'âge de la Restauration (1814–1846), Roma 2002
Bowd, S.: Reform before the Reformation. Vincenzo Querini and the Religious Renaissance in Italy, Leiden/Boston 2002
Braham, R. L. (Hg.): The Vatican and the Holocaust. The Catholic Church and the Jews during the Nazi era, New York 2000
Brambilla, E.: Alle origini del Sant'Uffizio. Penitenza, confessione e giustizia spirituale dal medioevo al XVI secolo, Bologna 2000
Brandenburg, H.: Die frühchristlichen Kirchen Roms vom 4. bis zum 7. Jahrhundert. Der Beginn der abendländischen Kirchenbaukunst, Darmstadt 2004
Brandmüller, W.: Das Konzil von Pavia-Siena, Paderborn 2002
Braun, G.: Imagines imperii. Die Wahrnehmung des Reiches und der Deutschen durch die römische Kurie im Reformationsjahrhundert (1523–1585), Münster 2014
Brechenmacher, T.: Das Ende der doppelten Schutzherrschaft. Der Heilige Stuhl und die Juden am Übergang zur Moderne (1775–1870), Stuttgart 2004
–: Der Vatikan und die Juden. Geschichte einer unheiligen Beziehung vom 16. Jahrhundert bis zur Gegenwart, München 2005
–: Reformen im Kirchenstaat des 19. Jahrhunderts, in: Historisches Jahrbuch 128 (2008), S. 55–76
Bredekamp, H.: Sankt Peter in Rom und das Prinzip der produktiven Zerstörung. Bau und Abbau von Bramante bis Bernini, Berlin 2000
Bredekamp, H./V. Reinhardt (Hg.): Totenkult und Wille zur Macht. Die unruhigen Ruhestätten der Päpste in St. Peter, Darmstadt 2004
Bremmer, R. H., Jr./K. Dekker/D. F. Johnson (Hg.): Rome and the North. The Early Reception of Gregory the Great in Germanic Europe, Leuven 2001
Brizzi, G. P./R. Greci (Hg.): Gesuiti e università in Europa (secoli XVI–XVIII), Bologna 2002

Broggio, P.: La teologia e la politica. Controversie dottrinali, Curia romana e Monarchia spagnola tra Cinque e Seicento, Firenze 2009

Brunelli, G.: Soldati del papa. Politica militare e nobiltà nello Stato della Chiesa (1560–1644), Roma 2003

–: Il Sacro Consiglio di Paolo IV, Roma 2011

Büchel, D./V. Reinhardt (Hg.): Die Kreise der Nepoten. Neue Forschungen zu alten und neuen Eliten Roms in der frühen Neuzeit, Bern 2001

–/– (Hg.): Modell Rom? Der Kirchenstaat und Italien in der Frühen Neuzeit, Köln 2003

Bühren, R. van: Kunst und Kirche im 20. Jahrhundert. Die Rezeption des Zweiten Vatikanischen Konzils, Paderborn 2008

Buranelli, F. (Hg.): Habemus Papam. Le elezioni pontificie da San Pietro a Benedetto XVI, Roma 2006

Butzek, M.: Die kommunalen Repräsentationsstatuen der Päpste des 16. Jahrhunderts in Bologna, Perugia und Rom, Bad Honnef 1978

Caccia alle streghe in Italia tra XIV e XVII secolo, Bolzano 2007

Caffiero, M.: Religione e modernità in Italia (secoli XVII–XIX), Pisa/Roma 2000

Capitani, O. (Hg.): La fortuna dei Borgia, Roma 2005

Cahill, T.: Pope John XXIII, New York 2002

Cajani, F. (Hg.): Pio XI ed il suo tempo, Besana Brianza 2000

Canfora, D./M. Chiabò/M. De Nichilo (Hg.): Principato ecclesiastico e riuso dei classici: gli umanisti e Alessandro VI, Roma 2002

Cantarella, G. M./D. Romagnoli (Hg.): 1106. Il concilio di Guastalla e il mondo di Pasquale II, Alessandria 2007

Cantarella, G. M.: Il sole e la luna. La rivoluzione di Gregorio VII papa 1073–1085, Roma/Bari 2005

Cantatore, F., u. a. (Hg.): Metafore di un pontificato. Giulio II, 1503–1513, Roma 2010

Capo, L.: Il Liber pontificalis, i Langobardi e la nascita del dominio territoriale della Chiesa romana, Spoleto 2009

Cappelletti, S.: The Jewish Community of Rome. From the Second Century B. C. to the Third Century C. E., Leiden 2006

Cardini F./M. Belloli/B. Vetere (Hg.): Verso Gerusalemme. Il Convegno internazionale nel IX centenario della I crociata (1099–1999), Galatina 1999

Carocci, S.: Feudi, vassallaggi e potere papale nello Stato della Chiesa (metà XI sec.-inizio XIII sec.), in: Rivista Storica Italiana 112 (2000), S. 999–1035

– (Hg.): Nobiltà romana nel medioevo, Roma 2006

Castaldi, L. (Hg.): Scrittura e storia. Per una lettura delle opere di Gregorio Magno, Firenze 2007

Casula, L.: La Cristologia di San Leone Magno. Il fondamento dottrinale e soteriologico, Milano 2000

–: Leone Magno. Il conflitto tra ortodossia e eresia nel quinto secolo, Roma 2002

Casula, L./G. Mele/A. Piras (Hg.): Per longa maris intervalla. Gregorio Magno e l'Occidente mediterraneo fra tardo antico e altomedioevo, Cagliari 2006

Cattoi, D./D. Primerano (Hg.): Arte e persuasione. La strategia delle immagini dopo il concilio di Trento, Trento 2014

Ceci, L.: L'interesse superiore. Il Vaticano e l'Italia di Mussolini, Roma/Bari 2013

Cervini, F./C. A. Spantigati (Hg.): Il tempo di Pio V, Pio V nel tempo, Alessandria 2006

Chadwick, H.: The Church in Ancient Society. From Galilee to Gregory the Great, Oxford 2001

–: East and West. The Making of a Rift in the Church. From Apostolic Times until the Council of Florence, Oxford/New York 2003

–: A History of the Popes, 1830–1914, Oxford 2003
Chambers, D.: Popes, cardinals and war. The military church in Renaissance and early modern Europe, London/New York 2006
Chazelle, C./C. Cubbitt (Hg.): The Crisis of the Oikoumene. The Three Chapters and the Failed Quest for Unity in the Sixth-Century Mediterranean, Turnhout 2007
Chenaux, P.: Pie XII. Diplomate et pasteur, Paris 2003
Chiomenti Vassalli, D.: Donna Olimpia o del nepotismo nel Seicento, Milano 1979
Chiron, Y.: Saint Pie X. Réformateur de l'Eglise, Versailles 1999
–: Pie XI (1857–1939), Paris 2004
Christianson, G./T. M. Izbicki/C. M. Bellitto (Hg.): The Church, The Councils, and Reform. The Legacy of the Fifteenth Century, Washington 2008
Clarke, P. D./A. J. Duggan (Hg.): Pope Alexander III (1159–1181). The Art of Survival, Aldershot 2012
Cohen, T. V.: Love and Death in Renaissance Rome, Chicago/London 2004
Collins, A.: Greater than Emperor. Cola di Rienzo (ca. 1313–1354) and the World of Fourteenth-Century Rome, Ann Arbor 2002
Collins, J.: Papacy and Politics in Eighteenth-Century Rome. Pius VI and the Arts, Cambridge 2004
Colonna, S. (Hg.): Roma nella svolta tra Quattrocento e Cinquecento, Roma 2004
Le concile de Perpignan (15 novembre 1408–16 mars 1409), Canet 2010
Cools, H./C. Santing/H. de Valk (Hg.): Adrian VI. A Dutch Pope in a Roman Context, Turnhout 2012
Cooper, K./J. Gregory (Hg.): Elite and Popular Religion, Suffolk 2006
Cooper, K./J. Hillner (Hg.): Religion, dynasty, and patronage in early Christian Rome, 300–900, Cambridge 2007
Cornwell, J.: Hitler's Pope. The Secret History of Pius XII, New York 1999 (deutsch: Pius XII. Der Papst, der geschwiegen hat, München 1999)
Courtright, N.: The Papacy and the Art of Reform in Sixteenth-Century Rome. Gregory XIII's Tower of the Winds in the Vatican, Cambridge/New York 2003
Cucco, G. (Hg.): Papa Albani e le arti a Urbino e a Roma, 1700–1721, Venezia 2001
Le culture di Bonifacio VIII, Roma 2006
Curran, J. R.: Pagan City and Christian Capital. Rome in the Fourth Century, Oxford 2000
Cushing, K.: Reform and Papacy in the Eleventh Century. Spirituality and Social Change, Manchester 2005
D'Afflitto, C./D. Romei (Hg.): I teatri del paradiso. La personalità, l'opera e il mecenatismo di Giulio Rospigliosi (Papa Clemente IX), Siena 2000
Dal Cavolo, E./R. Uglione (Hg.): Chiesa e Impero. Da Augusto a Giustiniano, Roma 2001
D'Agostino, M. G.: Il primato della Sede di Roma in Leone IX (1049–1054). Studio dei testi latini nella controversia greco-romana nel periodo pregregoriano, Cinisello Balsamo 2008
Dahlheim, W.: Die Welt zur Zeit Jesu, München 2013
Daley, B. A.: Position and Patronage in the Early Church. The Original Meaning of «Primacy of Honour», in: E. Ferguson (Hg.), Recent Studies in Early Christianity. A Collection of Scholarly Press, Bd. 3, New York 1999, S. 201–225
De Angelis, M. A.: Prospero Lambertini (Benedetto XIV). Un profilo attraverso le lettere, Città del Vaticano 2008
Debenedetti, E. (Hg.): Architetti e ingegneri a confronto. L'immagine di Roma fra Clemente XIII e Pio VI, 3 Bde., Roma 2006–2008
De Buchanda, J. M. (Hg.): Index des livres interdits. Index librorum prohibitorum (1600–1966), Genève 2002

De Caprio, V./C. Ranieri (Hg.): Presenze eterodosse nel Viterbese tra Quattro e Cinquecento, Roma 2000

Decker, R.: Die Päpste und die Hexen. Aus den geheimen Akten der Inquisition, Darmstadt 2003

Deckers, D.: Papst Franziskus. Wider die Trägheit des Herzens. Eine Biographie, München 2016

De Jong, J. L.: The Power and the Glorification. Papal Pretensions and the Art of the Propaganda in the Fifteenth and Sixteenth Centuries, University Park 2013

Del Col, A.: L'Inquisizione in Italia dal XII al XXI secolo, Milano 2006

Del Fuoco, M. G./L. Pellegrini (Hg.): Da Celestino V all' «Ordo Coelestinorum», L'Aquila 2005

Delumeau, J.: Vie économique et sociale de Rome dans la seconde moitié du XVIe siècle, 2 Bde., Paris 1957, 1959

De Martini, V. (Hg.): Il tesoro delle reliquie. Fasti e riti di Vincenzo Maria Orsini papa «beneventano», Roma 2000

Demurger, A.: Les Templiers. Une chevalerie chrétienne au Moyen âge, Paris 2005 (deutsch: Die Templer. Aufstieg und Untergang, München 1991)

Dendelet, T. J.: Spanish Rome: 1500–1700, New Haven 2001

Dendorfer J./C. Märtl (Hg.): Nach dem Basler Konzil. Die Neuordnung der Kirche zwischen Konziliarismus und monarchischem Papat (ca. 1450–1475), Münster 2008

Dendorfer, J./R. Lützelschwab (Hg.): Geschichte des Kardinalats im Mittelalter, Stuttgart 2011

Denzler, G.: Das Papsttum. Geschichte und Gegenwart, München 1997

De Rosa, G./G. Cracco (Hg.): Il papato e l'Europa, Soveria Mannelli 2001

Detoni, S.: Giovanni IV papa dalmata, Città del Vaticano 2006

De Vincentiis, A.: Battaglie di memorie. Gruppi, intellettuali, testi e la discontinuità del potere papale allà metà del Quattrocento, Roma 2002

Di Carlo, S.: L'ombra di Celestino V sul pontificato di Bonifacio VIII, L'Aquila 2001

Di Carpegna Falconieri, T.: Il clero di Roma nel medioevo. Istituzioni e politica cittadina (secoli VIII–XIII), Roma 2002

Dieudonné, P.: La paix clémentine. Défaite et victoire du premier jansénisme français sous le pontificat de Clément IX (1667–1669), Leuven 2003

Diefenbach, S.: Römische Erinnerungsräume. Heiligenmemoria und kollektive Identitäten im Rom des 2. bis 5. Jahrhunderts n. Chr., Berlin 2007

Donati, A. (Hg.): Pietro e Paolo. La storia, il culto, la memoria nei primi secoli, Milano 2000

Donato, M. P.: Accademie romane. Una storia sociale, 1671–1824, Napoli 2000

D'Onofrio, M. (Hg.): Romei e giubilei. Il pellegrinaggio medievale a San Pietro (350–1350), Milano 1999

Doran, J./D. J. Smith (Hg.): Pope Celestine III (1191–1198). Diplomat and Pastor, Aldershot 2008

Drake, H. A.: Constantine and Bishops: the Politics of Intolerance, Baltimore 2000

– (Hg.): Violence in Late Antiquity. Perception and practices, Aldershot 2006

Duffy, E.: Saints and Sinners. A History oft he Popes, New Haven 1997

Elm, V.: Die Revolution im Kirchenstaat. Ein Literaturbericht über die jüngere Forschung zur Vorgeschichte und Geschichte der Repubblica Romana (1798–1799), Frankfurt am Main 2002

Elze, R./H. Schmidinger/H. Schulte Nordholt (Hg.): Rom in der Neuzeit. Politische, kirchliche und kulturelle Aspekte, Wien 1976

Emich, B.: Bürokratie und Nepotismus unter Paul V. (1605–1621). Studien zur frühneuzeitlichen Mikropolitik in Rom, Stuttgart 2001

—: Territoriale Integration in der Frühen Neuzeit. Ferrara und der Kirchenstaat, Köln/Weimar/Wien 2005
Emich, B./C. Wieland (Hg.): Kulturgeschichte des Papsttums in der Frühen Neuzeit, Berlin 2013
Enciclopedia dei Papi, 3 Bde., Roma 2000
Erkens, F.-R.: Konrad II. (um 990–1039). Herrschaft und Recht des ersten Salierkaisers, Regensburg 1998
Ertl, T.: Alle Wege führten nach Rom. Italien als Zentrum der mittelalterlichen Welt, Ostfildern 2010
Esch, A.: Bonifaz IX. und der Kirchenstaat, Tübingen 1969
—: Economia, cultura materiale ed arte nella Roma del Rinascimento. Studi sui registri doganali romani, 1445–1485, Roma 2007
Esposito, E. (Hg.): Dante e il Giubileo, Firenze 2000
L'Etat angevin. Pouvoir, culture et société entre XIIIe et XIVe siècle, Roma 1998
Fattori, M. T.: Clemente VIII e il Sacro Collegio (1592–1605). Meccanismi istituzionali ed accentramento di governo, Stuttgart 2004
Favier, J.: Les papes d'Avignon, Paris 2006
Feingold, M. (Hg.): Jesuit Science and Republic of Letters, Cambridge, Mass. 2003
Feldkamp, M.: Pius XII. und Deutschland, Göttingen 2000
—: Geheim und effektiv: über 1000 Jahre Diplomatie der Päpste, Augsburg 2010
Feldmann, C.: Benedikt XVI. Bilanz des deutschen Papstes, Freiburg i. Br. 2013
Field, L.: Liberty, Dominion, and the Two Swords: On the Origin of Western Political Theology (180–339), South Bend 1998
Filippini, O.: Benedetto XIII (1724–1730). Un Papa del Settecento secondo il giudizio dei contemporanei, Stuttgart 2012
Fink, U./H. de Weck/C. Schweizer (Hg.): Hirtenstab und Hellebarde. Die päpstliche Schweizergarde in Rom 1506–2006, Zürich 2006
Fiorani, L./A. Prosperi (Hg.): Roma, la città del papa. Vita civile e religiosa dal giubileo di Bonifacio VIII al giubileo di papa Wojtyla, Torino 2000
Firpo, M.: Dal sacco di Roma all'inquisizione. Studi su Juan de Valdés e la Riforma italiana, Alessandria 1998
—: Inquisizione e controriforma. Studi sul cardinal Giovanni Morone (1509–1580) e il suo processo d'eresia, Brescia 2005
—: La presa di potere dell'Inquisizione romana. 1550–1553, Roma/Bari 2014
—: Juan de Valdés e la Riforma nell'Italia del Cinquecento, Roma/Bari 2016
Fletcher, S./C. Shaw (Hg.): The World of Savonarola. Italian Elites and Perceptions of Crisis, Aldershot 2000
Flori, J.: La guerre sainte. La formation de l'idée de croisade dans l'Occident chrétien, Paris 2001
Formica, M.: Sudditi ribelli. Fedeltà e infedeltà politiche nella Roma di fine Settecento, Roma 2004
Fosi, I.: La giustizia del papa. Sudditi e tribunali nello Stato Pontificio in età moderna, Roma/Bari 2007
—: Convertire lo straniero. Forestieri e Inquisizione a Roma in età moderna, Roma 2011
Fosi, I./A. Koller (Hg.): Papato e impero nel pontificato di Urbano VIII (1623–1644), Città del Vaticano 2013
Fragnito, G. (Hg.): Church, Censorship and Culture in Early Modern Italy, Cambridge 2001
—: Proibito capire. La chiesa e il volgare nella prima età moderna, Bologna 2005

–: Storia di Clelia Farnese. Amore, potere, violenza nella Roma della Controriforma, Bologna 2013

Frajese, V.: Nascita dell'Indice. La censura ecclesiastica dal Rinascimento alla Controriforma, Brescia 2006

– (Hg.): La Congregazione dell'Indice e la cultura italiana in età moderna, Roma 2012

Frale, B.: L'ultima battaglia dei Templari. Dal codice ombra d'obbedienza militare alla costruzione del processo per eresia, Roma 2001

Frati minori e inquisizione, Spoleto 2006

Freiberg, J.: The Lateran in 1600. Christian Concord in Counter-Reformation Rome, Cambridge 1995

Frenz, T. (Hg.): Papst Innozenz III. Weichensteller der Geschichte Europas, Stuttgart 2000

Fried, J.: Canossa. Entlarvung einer Legende. Eine Streitschrift, Berlin 2012

–: Donation of Constantine and Constitutum Constantini. The Misinterpretation of a Fiction and its original Meaning, Berlin 2007

–: Karl der Große. Gewalt und Glaube, 4. Auflage München 2014

Friedrich, M.: Der lange Arm Roms? Globale Verwaltung und Kommunikation im Jesuitenorden 1540–1773, Frankfurt am Main 2011

Frommel, C. L.: Architettura alla corte papale nel Rinascimento, Milano 2003

Frommel, C. L./M. Pentiricci (Hg.): L'antica basilica di San Lorenzo in Damaso. Indagini archeologiche nel Palazzo della Cancelleria (1988–1993), 2 Bde., Roma 2009

Frugoni, A.: Il giubileo di Bonifacio VIII., Roma 1999

Fuchs, K. (Hg.): Enea Silvio Piccolomini nördlich der Alpen, Wiesbaden 2007

Fuhrmann, H.: Die Päpste. Von Petrus zu Johannes Paul II., München 1998

Gaddis, M.: There is no crime for those who have Christ. Religious violence in the Christian Roman Empire, Berkeley 2005

Galavotti, E.: Processo a papa Giovanni. La causa di canonizzazione di A. G. Roncalli (1965–2000), Bologna 2005

Gallagher, C. R.: Vatican Secret Diplomacy. Joseph P. Hurley and Pope Pius XII, New Haven 2008

Gampp, A. C.: Die Peripherie als Zentrum. Strategien des Städtebaus im römischen Umland. Die Beispiele Ariccia, Genzano und Zagarolo, Worms 1996

Gamrath, H.: Roma sancta renovata. Studi sull'urbanistica di Roma nella seconda metà del sec. XVI., con particolare riferimento al pontificato di Sisto V, Roma 1987

Gardi, A.: Costruire il territorio. L'amministrazione della Legazione pontificia di Ferrara nel XVII e XVIII secolo, Roma 2011

Gatto, L.: Riflettendo ancora una volta sulla rivoluzione romana di Stefano Porcari, in: Clio 41 (2005), S. 393–418

–: Il pontificato di Gregorio X (1271–1276), Napoli 2007

Gatto, L./E. Plebani (Hg.): Celestino V. Cultura e società, Roma 2007

Gattoni, M.: Leone X e la geo-politica dello Stato Pontificio, 1513–1521, Città del Vaticano 2000

–: Clemente VII e la geo-politica dello Stato pontificio, 1523–1534, Città del Vaticano 2002

–: Gregorio XIII e la politica iberica dello Stato Pontificio, 1572–1585, Roma 2007

–: Sisto IV, Innocenzo VIII e la geopolitica dello Stato Pontificio, 1471–1492, Roma 2010

Geertmann, H. (Hg.): Il Liber pontificalis e la storia materiale, Assen 2003

–: Hic fecit basilicam. Studi sul Liber pontificalis e gli edifici ecclesiastici di Roma da Silvestro a Silverio, Leuven 2004

Genet, J.-P. (Hg.): Rome et l'Etat moderne européen, Roma 2007

Ghosch, K.: The Wycliffite Heresy. Authority and the Interpretation of Texts, Cambridge 2002

Giakalis, A.: Images of the Divine. The theology of icons at the Seventh Ecumenical Council, Leiden/Boston 2005

Giannini, M. C.: L'oro e la tiara. La costruzione dello spazio fiscale italiano della Santa Sede (1550–1620), Bologna 2004

– (Hg.): Papacy, Religious Orders, and International Policy in the Sixteenth and Seventeenth Centuries, Roma 2013

Gioia, L.: The Theological Epistemology of Augustinus' De Trinitate, Oxford 2008

Giovannucci, P.: Canonizzazioni e infallibilità pontificia in età moderna, Brescia 2008

Girolamo Savonarola, l'uomo e il frate, Spoleto 1999

Godthardt, F.: Marsilius von Padua und der Romzug Ludwigs des Bayern. Politische Theorie und politisches Handeln im späten Mittelalter, Göttingen 2011

Goldhahn, A.: Von der Kunst des sozialen Aufstiegs. Statusstrategien und Kunstpatronage der venezianischen Papstfamilie Rezzonico, Wien/Köln 2016

Görich, K.: Friedrich Barbarossa. Eine Biographie, München 2011

Gössmann, E. (Hg.): «Mulier papa», der Skandal eines weiblichen Papstes. Zur Rezeptionsgeschichte der Gestalt der Päpstin Johanna, München 1994

Goez, E.: Papsttum und Kaisertum im Mittelalter, Darmstadt 2009

Gouwens, K.: Remembering the Renaissance. Humanist Narratives of the Sack of Rome, Leiden 1998

Gouwens, K./S. E. Reiss (Hg.): The pontificate of Clement VII. History, politics, culture, Aldershot 2005

Graulic, M.: La potestà del papa secondo il pensiero di Adriano VI, Roma 1999

Greeley, A. M.: The Catholic Revolution. New Wine, old Wineskins, and the Second Vatican Council, Berkeley 2004

Green, B.: The Soteriology of Leo the Great, Oxford 2008

Gregorio Magno nel XIV centenario della morte, Roma 2004

Gresser, G.: Die Synoden und Konzilien in der Zeit des Reformpapsttums in Deutschland und Italien von Leo IX. bis Calixt II. 1049–1123, Paderborn 2006

–: Clemens II. Der erste deutsche Reformpapst, Paderborn 2007

Guasco, M./A. Torre (Hg.): Pio V nella società e nella politica del suo tempo, Bologna 2006

Guidi Bruscoli, F.: Papal banking in Renaissance Rome. Benvenuto Olivieri and Paul III, 1534–1549, Aldershot 2007

Guidobaldi, F./A. Guiglia Guidobaldi (Hg.): Ecclesiae Urbis, Città del Vaticano 2002

Gwynn, D. M.: The Eusebians. The polemic of Athanasius of Alexandria and the construction of the arian controversy, Oxford 2007

Hack, A. T.: Das Empfangszeremoniell beim mittelalterlichen Papst-Kaiser-Treffen, Köln 1999

Hageneder, O.: Il sole e la luna. Papato, impero e regni nella teoria e nella prassi dei secoli XII e XIII, Milano 2000

Hägermann, D.: Das Papsttum am Vorabend des Investiturstreits. Stephan IX. (1057–1058), Benedikt X. (1058) und Nikolaus II. (1058–1061), Stuttgart 2008

Hahn, J.: Gewalt und religiöser Konflikt. Studien zu den Auseinandersetzungen zwischen Christen, Heiden und Juden im Osten des Römischen Reiches (von Konstantin bis Theodosius II.), Berlin 2004

Hamesse J.: (Hg.): La vie culturelle, intellectuelle et scientifique à la cour des papes d'Avignon, Turnhout 2006

Hamman, A. G. (Hg.): Les évêques apostoliques. Clément de Rome, Ignace d'Antioche, Polycarpe de Smyrne, Paris 2000

Hammond, F.: Music and Spectacle in Baroque Rome. Barberini Patronage under Urban VIII, New Haven/London 1994

Harreither, R./P. Pergola (Hg.): Frühes Christentum zwischen Rom und Konstantinopel, Wien 2006

Hartmann, F.: Hadrian I. (772–795). Frühmittelalterliches Adelspapsttum und die Lösung Roms vom byzantinischen Kaiser, Stuttgart 2006

–: L'Adelspapsttum nel secolo VIII, in: Rivista di Storia della Chiesa in Italia 63 (2009), S. 363–378

Hasberg, W./H.-J. Scheidgen (Hg.): Canossa. Aspekte einer Wende, Regensburg 2012

Hasler, A. B.: Wie der Papst unfehlbar wurde. Macht und Ohnmacht eines Dogmas, München/Zürich 1979

Hebblewaithe, P./J. Fleisthauer: Jean XXIII, le pape du concile, Paris 2000

Heid, S. (Hg.): Petrus und Paulus in Rom. Eine interdisziplinäre Debatte, Freiburg i. Br. 2011

Helmrath, J.: Das Basler Konzil. Forschungsstand und Probleme, Köln/Wien 1987

Herbers, K.: Leo IV. und das Papsttum in der Mitte des 9. Jahrhunderts, Stuttgart 1996

–: Geschichte des Papsttums im Mittelalter, Darmstadt 2012

Herde, P.: Cölestin V. (1294). Der Engelspapst, Stuttgart 1981

Herklotz, I.: Die Beratungsräume Calixtus' II. im Lateranpalast und ihre Fresken. Kunst und Propaganda am Ende des Investiturstreits, in: Zeitschrift für Kunstgeschichte 52 (1989), S. 145–214

–: Gli eredi di Costantino. Il papato, il Laterano e la propaganda visiva nel XII secolo, Roma 2000

Herrmann, K.-J.: Das Tuskulanerpapsttum (1012–1046). Benedikt VIII., Johannes XIX., Benedikt IX., Stuttgart 1973

Hess, H.: The Early Development of Canon Law and the Council of Serdica, Oxford 2002

Hirschmann, S.: Die päpstliche Kanzlei und ihre Urkundenproduktion (1141–1159), Frankfurt am Main 2001

Howe, E. D.: Art and Culture at the Sistine Court. Platina's «Life of Sixtus IV» and the Frescoes of the Hospital of Santo Spirito, Città del Vaticano 2005

Huber, C.: Papst Paul VI. und das Kirchenrecht, Essen 1999

Hunter, I./J. C. Laursen/C. J. Nederman (Hg.): Heresy in Transition. Transforming Ideas of Heresy in Medieval and Early Modern Europe, Aldershot 2005

Identités franciscaines à l'âge des réformes, Clermont-Ferrand 2005

Innocenti, E.: Storia del potere temporale dei papi, Napoli 2001

L'Inquisizione romana. Letture e ricerche, Roma 2003

Isenmann, M.: Die Verwaltung der päpstlichen Staatsschuld in der Frühen Neuzeit. Sekretariat, Computisterie und Depositerie vom 16. bis zum ausgehenden 18. Jahrhundert, Stuttgart 2005

Isola, A. (Hg.): Gregorio Magno e l'eresia tra memoria e testimonianza, Firenze 2009

Jaitner, K.: Der Hof Clemens' VIII. Eine Prosopographie, in: Quellen und Forschungen aus italienischen Archiven und Bibliotheken 84 (2004), S. 137–331

–: Il nepotismo di papa Clemente VIII. Il dramma del cardinale Cinzio Aldobrandini, in: Archivio Storico Italiano 146 (1988), S. 57–93

Jamme, A./O. Poncet (Hg.): Offices et papauté (XIVe-XVIIe siècles). Charges, Hommes, Destins, Roma 2005

–/– (Hg.): Offices, écrit et papauté, Roma 2007

Jankowiak, F.: La Curie romaine de Pie IX à Pie X. Le gouvernement central de l'Eglise et la fin des Etats pontificaux (1846–1914), Roma 2007

Jaritz, G./T. Jörgensen/K. Salonen (Hg.): The long arm of papal authority. Late medieval christian peripheries and their communication with the Holy See, Bergen 2006
Jasper, D./H. Fuhrmann: Papal Letters in the Early Middle Ages, Washington 2001
Jones, P. M./T. Worcester (Hg.): From Rome to Eternity. Catholicism and the Arts in Italy, ca. 1550–1650, Boston 2002
Johnson, P.: The Papacy, London 1997
Just, P.: Imperator et Episcopus. Zum Verhältnis von Staatsgewalt und christlicher Kirche zwischen dem 1. Konzil von Nicaea (325) und dem 1. Konzil von Konstantinopel (381), Wiesbaden 2003
Karmon, D.: The Ruin oft the Eternal City. Antiquity and Preservation in Renaissance Rome, Oxford 2011
Karsten, A.: Kardinal Bernardino Spada. Eine Karriere im barocken Rom, Göttingen 2001
–: «Nepotismum discussurus» – Die Korsenaffäre 1662 und ihre Auswirkungen auf die Nepotismus-Diskussion an der Kurie, in: Historische Anstöße. Festschrift für Wolfgang Reinhard zum 65. Geburtstag am 10. April 2002, Berlin 2002, S. 263–290
–: Künstler und Kardinäle. Vom Mäzenatentum römischer Kardinalnepoten im 17. Jahrhundert, Köln 2003
–: Bernini. Der Schöpfer des barocken Rom. Leben und Werke, München 2006
– (Hg.): Jagd nach dem roten Hut. Kardinalskarrieren im barocken Rom, Göttingen 2004
Kertzer, D. J.: The Pope and Mussolini. The Secret History of Pius XI and the Rise of Fascism in Europe, London/Oxford 2014
Kessler, H. J./J. Zacharias: Rome 1300. On the Path of the Pilgrim, New Haven/Yale 2000
Key Fowden, E.: The Barbarian Plain. Saint Sergius between Rome and Iran, Berkeley 1999
Klausnitzer, W.: Der Primat des Bischofs von Rom. Entwicklung – Dogma – Ökumenische Zukunft, Freiburg i. Br. 2004
Köchli, U.: Das Barberini-Prinzip. Nepotismus unter Urban VIII. Barberini (1623–1644), unveröffentlichte Dissertation Fribourg 2015
Koller, A. (Hg.): Die Außenbeziehungen der römischen Kurie unter Paul V. Borghese (1605–1621), Tübingen 2008
Koeppel, P. (Hg.): Papes et papauté au XVIIIe siècle, Paris 1999
Krafft, O.: Papsturkunde und Heiligsprechung. Die päpstlichen Kanonisationen vom Mittelalter bis zur Reformation, Köln / Weimar/Wien 2005
Krünger, T. M.: Überlieferung und Relevanz der päpstlichen Wahlkapitulationen (1352–1522). Zur Verfassungsgeschichte von Papsttum und Kardinalat, in: Quellen und Forschungen aus italienischen Archiven und Bibliotheken 81 (2001), S. 228–255
Kühlwein, K.: Pius XII. und die Judenrazzia in Rom, Berlin 2013
La Bella, G. (Hg.): Pio X e il suo tempo, Bologna 2003
La croisade albigeoise, Carcassonne 2004
La Due, W.: The Chair of St. Peter. A History of the Papacy, Maryknoll 1999
Lai, B.: Affari del Papa. Storia dei cardinali, nobiluomini e faccendieri nella Roma dell'Ottocento, Roma 1999
Lambert, M.: The Cathars, Oxford 1998
Laudage, J.: Alexander III. und Friedrich Barbarossa, Köln / Weimar/Wien 1997
Lawler, J. G.: Popes and Politics. Reform, Resentment, and the Holocaust, New York/London 2002
Lecler, J.: Le Concile de Vienne, Paris 2005
Lecomte, B.: Jean-Paul II, Paris 2006
Lee, E. (Hg.): Habitatores in Urbe. The Population of Renaissance Rome, Roma 2006

Leonzi, A.: La dottrina e l'esercizio del primato romano in San Simplicio Papa, Roma 2000
Le Pogam, P.-Y.: De la «cité de Dieu» au «palais du pape». Les résidences pontificales dans la seconde moitié du XIIIe siècle (1254–1304), Roma 2005
Leppin, H.: Theodosius der Große, Darmstadt 2003
Levillain, P. (Hg.): Dictionnaire historique de la papauté, Paris 2003
- (Hg.): «Rome, l'unique objet de mon ressentiment». Regards critiques sur la papauté, Roma 2011
Levillain, P./J.-M. Ticchi (Hg.): Le pontificat de Léon XIII. Renaissances du Saint-Siège?, Roma 2006
Lill, R.: Die Macht der Päpste, Limburg-Kevelaer 2006
Linehan, P.: The Processes of Politics and the Rule of Law. Studies on the Iberian Kingdoms and Papal Rome in the Middle Ages, Aldershot 2002
Lizzi Testa, R.: Senatori, popoli, papi. Il governo di Roma al tempo dei Valentiniani, Bari 2004
Lo Bianco, A./A. Negro (Hg.): Il Settecento a Roma, Milano 2005
Longo, F./C. Zaccagnini (Hg.): Gregorio XVI promotore delle arti e della cultura, Roma 2008
Lorusso, C.: Il modernismo cattolico e la cultura italiana nel primo Novecento, Roma 2000
Loskoutoff, Y.: Rome des Césars, Rome des papes. La propagande du cardinal Mazarin, Paris 2007
Luisier, P. (Hg.): Studi su Clemente Romano, Roma 2003
Lützelschwab, R.: Flectat cardinales ad velle suum? Clemens VI. und sein Kardinalskolleg. Ein Beitrag zur kurialen Politik in der Mitte des 14. Jahrhunderts, München 2007
Lyman, R.: Early Christian Traditions, Cambridge/Mass. 1999
Machamer, P. (Hg.): The Cambridge Companion to Galileo, New York 1998
Madden, T. F.: The Crusades. The Essential Readings, Oxford 2002
Maire, C.: De la cause de Dieu à la cause de la Nation. Le Jansénisme au XVIIIe siècle, Paris 1998
Maire Vigueur, J.-C.: L'autre Rome. Une histoire des Romains à l'époque communale (XIIe-XIVe siècle), Paris 2010
Malena, A.: L'eresia dei perfetti. Inquisizione romana ed esperienze mistiche nel Seicento romano, Roma 2003
Malusa, L. (Hg.): Antonio Rosmini e la Congregazione dell'Indice. Il decreto del 30 maggio 1849, Stresa 1999
Marazzi, F.: I «patrimonia Sanctae Romanae Ecclesiae» nel Lazio (secoli IV-X). Struttura amministrativa e prassi gestionali, Roma 1998
Marek Nowak, A.: La questione ebraica nel pensiero di Giovanni Paolo II, Roma 2002
Marini, A.: Celestino V e le origini del mito del papa angelico, in: Studi Storici 41 (2000), S. 1001–1022
Markus, R. A.: Gregory the Great and his World, Cambridge 1997
Marocchi, M./F. De Giorgi (Hg.): Il «Gran Disegno» di Rosmini. Origine, fortuna e profezia delle «Cinque piaghe della Santa Chiesa», Milano 1999
Martels, Z. von/A. Vanderjagt (Hg.): Pius II. «El più expeditivo pontifice». Selected Studies on Aeneas Silvius Piccolomini (1405–1464), Leiden/Boston 2003
Märtl, C.: Kardinal Jean Jouffroy (+ 1473). Leben und Werk, Sigmaringen 1996
Märtl, C./C. Kaiser/T. Ricklin (Hg.): «Inter graecos latinissimus, inter latinos graecissimus». Bessarion zwischen den Kulturen, Berlin/Boston 2013
Masini, R.: Il debito pubblico pontificio a fine Seicento: i monti camerali, Città di Castello 2005
Mathieu-Rosay, J.: Die Päpste im 20. Jahrhundert, Darmstadt 2005
McManners, J.: Church and Society in Eighteenth-Century France, 2 Bde., Oxford 1998

McPhee, S.: Bernini and the Bell Towers. Architecture and Politics at the Vatican, New Haven 2002

McQuillan, S.: The Political Development of Rome, 1012–1085, Lanham 2002

Mecacci, E. (Hg.): Conferenze su Pio II nel sesto centenario della nascita di Enea Silvio Piccolomini (1405–1464), Firenze 2006

Meier, M./S. Atzold, August 410. Ein Kampf um Rom, Stuttgart 2010

Mele, G./N. Spaccapelo (Hg.): Il papato di San Simmaco (498–514), Cagliari 2000

Melloni, A.: Il conclave. Storia dell'elezione del Papa, Bologna 2005

–: Papa Giovanni. Un Cristiano e il suo Concilio, Torino 2009

Menestò, E. (Hg.): Dal patrimonio di San Pietro allo Stato pontificio. La Marca nel contesto del potere temporale, Spoleto 2000

Menghini, A./F. Menghini Di Biagio: Paolo III. Pillole e profezie. Astrologia e medicina alla corte papale del Cinquecento, Perugia 2004

Mengozzi, M. (Hg.): I pontificati di Pio VI e Pio VII, Cesena 2000

Menniti Ippolito, A.: Il tramonto della curia nepotista. Papi, nipoti e burocrazia curiale tra XVI e XVII secolo, Roma 1999

–: Il governo dei papi nell'età moderna. Carriere, gerarchie, organizzazione curiale, Roma 2007

Merz, J. M.: Das Heiligtum der Fortuna in Palestrina und die Architektur der Neuzeit, München 2001

Metzger Habel, D.: The Urban Development of Rome in the Age of Alexander VII, New York 2002

Metzler, G.: Französische Mikropolitik in Rom unter Paul V. Borghese (1605–1621), Heidelberg 2008

Miccoli, G.: I dilemmi e i silenzi di Pio XII, Milano 2000

Miethke, J.: De potestate papae. Die päpstliche Amtskompetenz im Widerstreit der politischen Theorie von Thomas von Aquin bis Wilhelm von Ockham, Tübingen 2000

Milioni, A.: L'arcibasilica papale del Laterano nei secoli, Roma 2007

Milza, P.: Pie XII, Paris 2014

Minnich Nelson, H.: Councils of the Catholic Reformation: Pisa I (1409) to Trent (1545–1563), Aldershot 2008

Minns, D./P. Parvis (Hg.): Justin, Philosopher and Martyr, Oxford 2009

Mochi Onori, L./S. Schütze/F. Solinas (Hg.): I Barberini e la cultura europea del Seicento, Roma 2007

Modica, M.: Infetta dottrina. Inquisizione e quietismo nel Seicento, Roma 2009

Moehs, T. E.: Gregorius V. 996–999, Stuttgart 1972

Molteni, F. (Hg.): Il prigioniero itinerante. Da Venezia a Savona. Pio VII nel bicentenario dell'elezione, Savona 2002

Monciatti, A.: Domus et splendida palatia. Residenze papali e cardinalizie a Roma fra XII e XV secolo, Pisa 2004

–: Il Palazzo Vaticano nel Medioevo, Firenze 2005

Montègre, G.: La Rome des Français au temps des Lumières. Capitale de l'antique et carrefour de l'Europe, Roma 2011

Moore, J. (Hg.): Pope Innocent III and his World, Aldershot 1999

Morelli Timpanaro, M. A.: Tommaso Crudeli, Poppi 1702–1745. Contributo per uno studio sulla inquisizione a Firenze nella prima metà del XVIII secolo, Firenze 2003

Mörschel, T.: «Buona amicizia?» Die römisch-savoyischen Beziehungen unter Paul V. (1605–1621). Studien zur frühneuzeitlichen Mikropolitik in Italien, Mainz 2002

- (Hg.): Papsttum und Politik. Eine Institution zwischen geistlicher Gewalt und politischer Macht, Freiburg i. Br. 2007
Motta, F.: Bellarmino. Una teologia politica della controriforma, Brescia 2005
Müller, H./B. Hotz (Hg.): Gegenpäpste. Ein unerwünschtes Phänomen, Wien 2012
Müller-Merkens, E.: Römisches Reich im Frühmittelalter. Kaiserlich-päpstliches Kondominat, salischer Herrschaftsverband, in: Historische Zeitschrift 288 (2009), S. 51–92
Munier, C.: Le Pape Léon IX et la réforme de l'Eglise, Strasbourg 2002
Murphy, C. P.: The Pope's Daughter. The extraordinary life of Felice della Rovere, Oxford 2005
Musto, R. G.: Apocalypse in Rome. Cola di Rienzo and the Politics oft he New Age, Berkeley 2003
Nanni, S.: Roma religiosa nel Settecento. Spazi e linguaggi dell'identità cristiana, Roma 2000
Nante, A./C. Cavalli/S. Pasquali (Hg.): Clemente XIII Rezzonico. Un papa veneto nella Roma di metà Settecento, Milano 2008
Nardi, C.: Napoleone a Roma. Dalla consulta romana al ritorno di Pio VII (1811–1814), Roma 2005
Nasto, L.: La questione della mendicità nello Stato pontificio, sec. XVIII–XIX, Roma 2001
Nater, C.: Zwischen Konvention und Rebellion. Die Handlungsspielräume von Anna Colonna Barberini und Maria Veralli Spada in der papsthöfischen Gesellschaft des 17. Jahrhunderts, Göttingen 2011
Neil, B.: Seventh-century popes and martyrs. The political hagiography of Anastasius Bibliothecarius, Turnhout 2006
Nevola, F. (Hg.): Pio II Piccolomini: il Papa del Rinascimento a Siena, Siena 2009
Nicosia, A./M. Pizzo(Hg.): Giovanni Paolo II e Roma, Roma 2005
Noble, T. F.: La Repubblica di San Pietro. Nascita dello Stato Pontificio (680–825), Genova 1999
Nold, P.: Pope John XXII and His Franciscan Cardinal. Bertrand de la Tour and the Apostolic Poverty Controversy, Oxford/New York 2003
Nuvolone, F. G. (Hg.): Gerberto d'Aurillac – Silvestro II. Linee per una sintesi, Bobbio 2005
Oakley, F.: The Conciliarist Tradition. Constitutionalism in the Catholic Church, 1300–1870, New York/Oxford 2003
O'Malley, J. W./G. A. Bailey/S. J. Harris/T. F. Kennedy, The Jesuits. Cultures, Sciences and the Arts, 1540–1773, 2 Bde., Toronto 1999, 2005
O'Malley, J. W. (Hg.): Trent and all that. Renaming Catholicism in the Early Modern Era, Cambridge, Mass. 2000
–: Trent. What happened at the Council, Cambridge, Mass. 2013
Ostrow, S. F.: L'arte dei papi. La politica delle immagini nella Roma della Controriforma, Roma 2002
Palese, S./G. Locatelli (Hg.): Il Concilio di Bari del 1098, Bari 1999
Pancheri, R./D. Primerano (Hg.): L'uomo del concilio. Il cardinale Giovanni Morone tra Roma e Trento nell'età di Michelangelo, Trento 2009
Pancheri, R.: Il concilio di Trento. Storia di un'immagine, Trento 2012
Pani Ermini, L. (Hg.): L' « Orbis christianorum antiquus» di Gregorio Magno, Roma 2007
La Papaute à la Renaissance, Paris 2007
Le Pape et l'empereur. La réception de Pie VII par Napoléon à Fontainebleau, Fontainebleau 2004
Papa Gregorio XVI e Belluno, Belluno 1997
Papst Paul VI. Zur 100. Wiederkehr seines Geburtstages 1897–1997, Neustadt/Aisch 1999
Paravicini Bagliani, A.: Il corpo del papa, Torino 1994
–: Le chiavi e la tiara. Immagini e simboli del papato medievale, 2. Auflage Roma 2005

–: Morte e elezioni del papa. Norme, riti e conflitti. Il medioevo, Roma 2013
Pastor, L. von: Geschichte der Päpste seit dem Ausgang des Mittelalters, 16 Bde., 13. Auflage Freiburg i. Br. 1956
Pattenden, M.: Pius IV and the Fall oft the Carafa. Nepotism and Papal Authority in Counter-Reformation Rome, Oxford 2013
Pecorara Maggi, M. R.: Il processo a Calcedonia. Storia e interpretazione, Milano 2006
Pegg, M. G.: A most holy war. The Albigensian crusade and the battle for Christendom, Oxford/New York 2008
Pellegrini, M.: Ascanio Maria Sforza. La parabola politica di un cardinale-principe del Rinascimento, Roma 2002
Pelletier, G.: Rome et la Révolution française. La théologie et la politique du Saint Siège devant la Révolution française, Roma 2004
Pesch, R.: Simon-Petrus. Geschichte und geschichtliche Bedeutung der ersten Jüngers Jesu Christi, Stuttgart 1980
Petersohn, J.: Kaisertum und Rom in spätsalischer und staufischer Zeit. Romidee und Rompolitik von Heinrich V. bis Friedrich II., Hannover 2010
Phayer, M.: Pius XII, the Holocaust and the Cold War, Indianapolis 2008
Phillips, J. (Hg.): The First Crusade: Origins and Impacts, Manchester 1997
–: The Second Crusade. Extending the frontiers of Christendom, New Haven/London 2007
Phillips, J./M. Hoch (Hg.): The Second Crusade: Scope and Consequences, Manchester/New York 2001
Piaia, G./R. Battocchio (Hg.): Il giubileo tra storia delle idee e teologia, 1999
Piazzoni, A. M.: Storia delle elezioni pontificie, Casale Monferrato 2003
Piccialuti, M.: L'immortalità dei beni. Fedecommessi e primogeniture a Roma nei secoli XVII e XVIII, Roma 1999
Pierfederici, S.: Il grande giubileo del 1750. Pellegrini, poveri e confraternite nella Roma del Settecento, Firenze 2000
Pietrini, S.: Religio e ius romanum nell'epistolario di Leone magno, Milano 2002
Pilara, G.: Problemi ancora aperti nel pontificato damasiano: lo scisma ursiniano e i concili romani nel pontificato di Damaso, in: Clio 38 (2002), S. 115–133
Pin, C. (Hg.): Ripensando Paolo Sarpi, Venezia 2006
Pius IX. und der Kirchenstaat in den Jahren 1860–1870. Ein deutsch-italienisches Kolloquium, Erlangen 1995
Poeschel, S.: Alexander Maximus. Das Bildprogramm des Appartamento Borgia im Vatikan, Weimar 1999
Politica retorica e simbolismo del primato: Roma e Costantinopoli (secoli IV–VII). Omaggio a R. Storaci, Bd. 2, Catania 2004
Pollard, J. F.: Il papa sconosciuto. Benedetto XV e la ricerca della pace, San Paolo 2001
–: Money and the rise of the modern papacy. Financing the Vatican, 1850–1950, New York 2005
Poulat, E.: Les prêtres-ouvriers. Naissance et fin, Paris 1999
Prezzolini, C./V. Novembri (Hg.): Papa Marcello II Cervini e la Chiesa della prima metà del '500, Montepulciano 2003
Procaccioli, P. (Hg.): Giulio II. la cultura non classica, Roma 2010
Prodi, P./W. Reinhard (Hg.): Das Konzil von Trient und die Moderne, Berlin 2001
Prodi, P.: Il sovrano pontefice. Un corpo e due anime: la monarchia papale nella prima età moderna, 2. Aufl. Bologna 2006
La propaganda politica nel basso medioevo, Spoleto 2002
Prosperi, A.: Il concilio di Trento: una introduzione storica, Torino 2001

Anhang

—: Tribunali della coscienza. Inquisitori, confessori, missionari, Torino 2009

Quaranta, C.: Marcello II Cervini. Riforma della Chiesa, concilio, inquisizione, Bologna 2010

Quednau, R.: Päpstliches Geschichtsdenken und seine Verbildlichung in der Stanza dell'Incendio, in: Münchner Jahrbuch der bildenden Kunst 35 (1984), S. 83–128

Raccagni, G.: The Lombard League, 1167–1225, Oxford 2010

Rader, O. B.: Friedrich II. Der Sizilianer auf dem Kaiserthron. Eine Biographie, München 2010

Ragg, S.: Ketzer und Recht. Die weltliche Ketzergesetzgebung des Hochmittelalters unter dem Einfluss des kanonischen und römischen Rechts, Hannover 2006

Raggi, P.: La Nona Crociata. I volontari di Pio IX in difesa di Roma (1860–1870), Ravenna 2002

Ravenna da capitale imperiale a capitale esarcale, Spoleto 2005

Ray, S. K.: Upon this rock. St. Peter and the Primacy of Rome in Scripture and the Early Church, San Francisco 1999

Réceptions de Vatican II. Le concile au risque de l'histoire et des espaces humains, Leuven 2004

Rehberg, A.: Kirche und Macht im römischen Trecento. Die Colonna und ihre Klientel auf dem kurialen Pfründenmarkt (1278–1378), Tübingen 1999

Reinbold, W.: Propaganda und Mission im ältesten Christentum. Eine Untersuchung zu den Modalitäten der Ausbreitung der frühen Kirche, Göttingen 2000

Reinhard, W.: Nepotismus. Der Funktionswandel einer papstgeschichtlichen Konstanten, in: Zeitschrift für Kirchengeschichte 86 (1975), S. 145–185

— (Hg.): Römische Mikropolitik unter Papst Paul V. Borghese (1605–1621) zwischen Spanien, Neapel, Mailand und Genua, Tübingen 2004

—: Paul V. Borghese, 1605–1621. Mikropolitische Papstgeschichte, Stuttgart 2009

Reinhardt, N.: Macht und Ohnmacht der Verflechtung. Rom und Bologna unter Paul V. Studien zur frühneuzeitlichen Mikropolitik im Kirchenstaat, Tübingen 2001

Reinhardt, V.: Kardinal Scipione Borghese (1605–1633). Vermögen, Finanzen und sozialer Aufstieg eines Papstnepoten, Tübingen 1984

—: Rom. Kunst und Geschichte 1480–1650, Freiburg i. Br./Würzburg 1990

—: Überleben in der frühneuzeitlichen Stadt. Annona und Getreideversorgung in Rom 1563–1797, Tübingen 1991

—: Rom. Ein illustrierter Führer durch die Geschichte, München 1999

—: Der unheimliche Papst. Alexander VI. Borgia 1431–1503, München 2005

—: Wille zur Gotik. Der Umbau von S. Maria Minerva in Rom (1848–1855) und der Pontifikat Pius' IX., in: S. Gasser/C. Freigang/B. Boerner (Hg.): Architektur und Monumentalskulptur des 12.–14. Jahrhunderts. Produktion und Rezeption. Festschrift für Peter Kurmann zum 65. Geburtstag, Bern 2006, S. 681–700

—: Blutiger Karneval. Der Sacco di Roma – eine politische Katastrophe, Darmstadt 2009

—: Im Schatten von Sankt Peter. Die Geschichte des barocken Rom, Darmstadt 2011

—: Pius II. Piccolomini. Der Papst, mit dem die Renaissance begann, München 2013

Rezza, D./M. Stocchi: Il capitolo di San Pietro in Vaticano dalle origini al XX sexolo. Bd. 1: La storia e le persone, Città del Vaticano 2008

Riccardi, A.: Pio XII e Alcide De Gasperi. Una storia segreta, Roma 2003

—: Il «partito romano». Politica italiana, Chiesa cattolica e Curia romana da Pio XII a Paolo VI, Brescia 2007

—: L'inverno più lungo, 1943–44. Pio XII, gli ebrei e i nazisti a Roma, Roma 2008

—: Giovanni Paolo II. La biografia, Cinisello Balsamo 2011

Ricci, S.: Il sommo inquisitore. Giulio Antonio Santori tra autobiografia e storia (1532–1602), Roma 2002

Riccioni, S.: Il mosaico absidale di S. Clemente a Roma: exemplum della chiesa riformata, Spoleto 2006

Rietbergen, P. J. A. N.: Power and Religion in Baroque Rome. Barberini Cultural Politics, Leiden/Boston 2006

Rigano, G.: Jenseits von «schwarzer und weißer Legende». Eine Diskussion über Pius XII. und die Deportation der römischen Juden, in: Quellen und Forschungen aus italienischen Archiven und Bibliotheken 94 (2014), S. 311–337

Righetti-Tosti-Croce, M. (Hg.): Bonifacio VIII e il suo tempo. Anno 1300 il primo giubileo, Milano 2000

Rittner, C./J. K. Roth (Hg.): Pope Pius XII and the Holocaust, New York 2001

Roberto, S.: Gianlorenzo Bernini e Clemente IX Rospigliosi. Arte e architettura a Roma e in Toscana nel Seicento, Roma 2004

Robertson, I.: Tyranny under the Mantle of St Peter. Pope Paul II and Bologna, Turnhout 2002

Romano, S./J. Enckell Julliard (Hg.): Roma e la Riforma gregoriana. Tradizioni e innovazioni artistiche (XI–XII secolo), Roma 2007

Roma religiosa nell'età rivoluzionaria 1798–1799, Roma 2006

Romei, D. (Hg.): Lo spettacolo del sacro, la morale del profano. Giulio Rospigliosi (Papa Clemente IX), Firenze 2005

Rosa, M. (Hg.): Eretici, esuli e indemoniati nell'età moderna, Firenze 1998

–: La curia romana nell'età moderna. Istituzioni, cultura, carriere, Roma 2013

Rosen, K.: Konstantin der Große. Kaiser zwischen Machtpolitik und Religion, Stuttgart 2013

Rossi, R. (Hg.): Viaggi apostolici di Paolo VI, Roma 2004

Rowland, I. D.: The Culture of the High Renaissance. Ancients and Moderns in Sixteenth-Century Rome, Cambridge 1998

Rowland, T.: Ratzinger's Faith. The Theology of Pope Benedict XVI, Oxford 2008

Ruffini, M.: Le imprese del drago. Politica, emblematica e scienze naturali alla corte di Gregorio XIII (1572–1585), Roma 2005

Rusconi, R. (Hg.): Gioacchino da Fiore tra Bernardo di Clairvaux et Innocenzo III, Roma 2001

Sale, G. (Hg.): Ignazio e l'arte dei gesuiti, Milano 2003

Salvarani, R./L. Castelfranchi (Hg.): Matilde di Canossa. Il papato, l'impero, storia, arte, cultura alle origini del romanico, Cinisello Balsamo 2008

Samerski, S.: Johannes Paul II., München 2008

Santarelli, D.: Il papato di Paolo IV nella crisi politico-religiosa del Cinquecento. Le relazioni con la Repubblica di Venezia e l'atteggiamento nei confronti di Carlo V e Filippo II, Roma 2008

Santoncini, G.: Il buon governo. Organizzazione el legittimazzione del rapporto fra sovrano e comunità nello stato pontificio, secc. XVI–XVIII, Milano 2002

Saxer, V.: Sainte-Marie-Majeure. Une basilique de Rome dans l'histoire de la ville et de son Eglise (Ve–XIIIe siècle), Roma 2001

Schatz, K.: Der päpstliche Primat. Seine Geschichte von den Ursprüngen bis zur Gegenwart, Würzburg 1990

Scherer, C.: Der Pontifikat Gregors IV. (827–844). Vorstellungen und Wahrnehmungen päpstlichen Handelns im 9. Jahrhundert, Stuttgart 2013

Schiffmann, R.: Roma felix. Aspekte der städtbaulichen Gestaltung Roms unter Sixtus V., Bern 1995

Schimmelpfennig, B.: Das Papsttum von der Antike bis zur Renaissance, 6. Auflage Darmstadt 2009

Schmidt, T.: Alexander III. und die römische Reformgruppe seiner Zeit, Stuttgart 1977

Scholz, S.: Politik – Selbstverständnis – Selbstdarstellung. Die Päpste in karolingischer und ottonischer Zeit, Stuttgart 2006

Schwaiger, G.: Papsttum und Päpste im 20. Jahrhundert. Von Leo XIII. zu Johannes Paul II., München 1999

Schwedt, H. J.: Die Anfänge der römischen Inquisition. Kardinäle und Konsultoren 1542–1600, Freiburg i. Br. 2012

Scopelliti, N./F. Taffarel: Lo stupore di Dio. La vita di papa Luciani, Milano 2006

Scott, J. B.: Images of Nepotism. The Painted Ceilings of Palazzo Barberini, Princeton 1991

Scottà, A.: Papa Benedetto XV. La Chiesa, la grande guerra, la pace (1914–1922), Roma 2009

Seibt, G.: Rom oder Tod. Der Kampf um die italienische Hauptstadt, Berlin 2001

Serio, A.: Una gloriosa sconfitta. I Colonna tra papato e impero nella prima età moderna (1431–1530), Roma 2008

Servatius, C.: Paschalis II. (1099–1118). Studien zu seiner Person und seiner Politik, Stuttgart 1979

Sette, M. P. (Hg.): Restauro architettonico a Roma nell'Ottocento, Roma 2007

Severini, M.: La Repubblica romana del 1849, Venezia 2011

The Shape of Christology. Studies in the Doctrine of the Person of Christ, Edinburgh 1998

Shaw, C.: The Political Role of the Orsini Family from Sixtus IV to Clement VII. Barons and Factions in The Papal States, Roma 2007

Sibilio, V.: Benedetto XI. Il papa tra Roma e Avignone, Roma 2004

Signorotto, G./M. A. Visceglia (Hg.): Court and Politics in Papal Rome 1492–1700, Cambridge 2002

Smith, D.: Innocent III and the Crown of Aragon. The Limits of Papal Authority, Aldershot 2004

Sodi, M./J. Ickx (Hg.): La Penitenzieria Apostolica e il sacramento della penitenza. Percorsi storici, giuridici, teologici e prospettive generali, Città del Vaticano 2009

Somerville, R.: Pope Urban's Council of Piacenza. March 1–7, 1095, Oxford 2011

Sommerlechner, A. (Hg.): Innocenzo III. Urbs et orbis, Roma 2003

Spada, D.: Le formule trinitarie. Da Nicea a Constantinopoli, Città del Vaticano 2003

Spagnesi, G.: L'architettura a Roma al tempo di Pio IX (1830–1870), Roma 2000

Spinelli, G. (Hg.): Pio VII benedettino nel bicentenario della sua elezione, Cesena 2003

Sprenger, K.-M.: Damnatio memoriae oder damnatio in memoria? Überlegungen zum Umgang mit so genannten Gegenpäpsten als methodisches Problem der Papstgeschichtsschreibung, in: Quellen und Forschungen aus italienischen Archiven und Bibliotheken 89 (2009), S. 31–62

Stader, I.: Herrschaft durch Verflechtung. Perugia unter Paul V. (1605–1621). Studien zur frühneuzeitlichen Mikropolitik im Kirchenstaat, Frankfurt am Main 1997

Stephan, P.: Rom unter Sixtus V. Stadtplanung als Vergegenwärtigung von Heilsgeschichte, in: Zeitschrift für Kunstgeschichte 72 (2009), S. 165–214

–: Transformation und Transfiguration. Die bauliche und geistige Erneuerung Roms unter Sixtus V., in: W. Oechslin (Hg.): Heilige Landschaft – Heilige Berge, Einsiedeln/Zürich 2014, S. 84–129

–: Michelangelos Jüngstes Gericht und die Krise der Kirche. Die Sixtinische Kapelle als ein dekonstruierter Heilsraum, in: K. Igel/T. Lau (Hg.): Die Stadt im Raum. Vorstellungen, Entwürfe und Gestaltungen im vormodernen Europa, Köln/Weimar/Wien 2016, S. 27–48

Stinger, C. L.: The Renaissance in Rome, Bloomington 1985

Stow, K.: Jewish life in early modern Rome. Challenge, conversion, and private life, Aldershot 2007

Strangio, D.: Il debito pubblico pontificio. Cambiamento e continuità nella finanza pontificia dal periodo francese alla restaurazione romana, 1798–1820, Padova 2001
Stroll, M.: Calixtus II. (1119–1124). A Pope born to Rule, Leiden / Boston 2004
Studt, B.: Papst Martin V. (1417–1431) und die Kirchenreform in Deutschland, Köln 2004
Stumpo, E.: Il capitale finanziario a Roma fra Cinque e Seicento. Contributo alla storia della fiscalità pontificia in età moderna (1570–1660), Milano 1985
Suarez Fernandez, L.: Benedicto XIII. Antipapa o Papa? (1328–1423), Barcelona 2002
Sudmann, S.: Das Basler Konzil. Synodale Praxis zwischen Routine und Revolution, Frankfurt am Main/New York 2005
Tabacchi, S.: Il Buon Governo. Le finanze locali nello Stato della Chiesa (secoli XVI–XVIII), Roma 2007
Tagliaferri, M. (Hg.): Pier Damiani. L'ermita, il teologo, il riformatore (1007–2007), Bologna 2009
Teodori, M.: I parenti del papa. Nepotismo pontificio e formazione del patrimonio Chigi nella Roma barocca, Padova 2001
Teofilatto, A./P. Teofilatto, Il papato di Giovanni XII (955–964), Roma 2001
Terrana, P.: I laici nella comunità romana nel IV secolo, Messina 1999
Tewes, G. R.: Die römische Kurie und die europäischen Länder am Vorabend der Reformation, Tübingen 2001
Tewes, G.-R./M. Rohlmann (Hg.): Der Medici-Papst Leo X. und Frankreich. Politik, Kultur und Familiengeschäfte in der europäischen Renaissance, Tübingen 2002
Theissen, G.: Die Religion der ersten Christen. Eine Theorie des Urchristentums, Gütersloh 2000
Thiessen, H. von: Diplomatie und Patronage. Die spanisch-römischen Beziehungen 1605–1621 in akteurszentrierter Perspektive, Epfendorf 2010
Thompson, A. (Hg.): The Religion of the Italian Communes, 1125–1325, University Park 2005
Tönnesmann, A.: Pienza. Städtebau und Humanismus, München 1990
Tornielli, A.: Paolo VI. Il timoniere del Concilio, Casale Monferrato 2003
Toscano, B. (Hg.): Arte e immagine del papato Borghese, 1605–1621, San Casciano Val di Pesa 2005
Tosini, P. (Hg.): Arte e committenza nel Lazio all'età di Cesare Baronio, Roma 2009
Tosti, M. (Hg.): Da Perugia alla Chiesa universale. L'itinerario pastorale di Gioacchino Pecci, Perugia 2006
Touber, J.: Law, Medicine, and Engineering in the Cult of Saints in Counter-Reformation Rome. The Hagiographical Works of Antonio Gallonio, 1556–1605, Leiden/Boston 2014
Trampus, A.: I gesuiti e l'illuminismo. Politica e religione in Austria e nell'Europa centrale (1773–1798), Firenze 2000
Tranfaglia, N.: Come nasce la Repubblica. La mafia, il Vaticano e il neofascismo nei documenti americani e italiani, Milano 2004
Trincia, L.: Conclave e potere politico. Il veto a Rampolla nel sistema delle potenze europee (1887–1904), Roma 2004
Tück, J.-H. (Hg.): Der Theologenpapst. Eine kritische Würdigung Benedikts XVI., Freiburg i. Br. 2013
Twyman, S.: Papal Ceremonial at Rome in the Twelfth Century, Rochester 2002
Ullmann, W. A.: Die Machtstellung des Papsttums im Mittelalter. Idee und Geschichte, Graz/Wien/Köln 1960
–: A Short History of the Papacy in the Middle Ages, London/New York 2002
Urbs capta. The Fourth Crusade and its Consequences, Paris 2005

Viaene, V. (Hg.): The papacy and the new world order. Vatican diplomacy, catholic opinion and international politics at the time of Leo XIII, Leuven 2005

Valente, M.: Diplomazia pontificia e Kulturkampf. La Santa Sede e la Prussia tra Pio IX e Bismarck (1862–1878), Roma 2004

Valeri, B. (Hg.): Celestino V nel settimo centenario della morte, Roma 2001

Verweyen, H.: Joseph Ratzinger – Benedikt XVI. Die Entwicklung seines Denkens, Darmstadt 2007

Vian, G. M.: La donazione di Costantino, Bologna 2004

Visceglia, M. A.: La città rituale. Roma e le sue cerimonie in età moderna, Roma 2002

– (Hg.): Papato e politica internazionale nella prima età moderna, Roma 2013

–: Roma papale e Spagna. Diplomatici, nobili e religiosi tra due corti, Roma 2013

–: Morte e elezione del papa. Norme, riti e conflitti. L'Età moderna, Roma 2013

Vogas, K.: Die Stadt als Bühne und Buch. Zur Selbstinszenierung Pius' II. in der Architektur Pienzas, Berlin 2005

Vogel, C.: Der Untergang der Gesellschaft Jesu als europäisches Medienereignis (1758–1773). Publizistische Debatten im Spannungsfeld von Aufklärung und Gegenaufklärung, Mainz 2006

Völkel, M.: Römische Kardinalshaushalte des 17. Jahrhunderts. Borghese-Barberini-Chigi, Tübingen 1993

Wassilowsky, G.: Zweites Vatikanum – vergessene Anstöße, gegenwärtige Fortschreibungen, Freiburg i. Br./Basel/Wien 2004

–: Die Konklavereform Gregors XV. (1621/22). Wertekonflikte, symbolische Inszenierung und Verfahrenswandel im posttridentinischen Papsttum, Stuttgart 2010

Wassilowsky, G./H. Wolf (Hg.): Werte und Symbole im frühneuzeitlichen Rom, Münster 2005

Weber, C.: Kardinäle und Prälaten in den letzten Jahrzehnten des Kirchenstaates. Elite-Rekrutierung, Karriere-Muster und soziale Zusammensetzung der kurialen Führungsschicht zur Zeit Pius' IX., 2 Bde., Stuttgart 1978

–: Familienkanonikate und Patronatsbistümer. Ein Beitrag zur Geschichte von Adel und Klerus im neuzeitlichen Italien, Berlin 1988

Weigel, G.: Witness of Hope. The New Biography of Pope John Paul II, New York 1999

–: Der Papst der Freiheit. Johannes Paul II. Seine letzten Jahre und sein Vermächtnis, Paderborn 2011

Weinfurter, S.: Canossa. Die Entzauberung der Welt, München 2006

–: Karl der Große. Der heilige Barbar, München 2013

– (Hg.): Päpstliche Herrschaft im Mittelalter. Funktionsweisen – Strategien – Darstellungsformen, Ostfildern 2012

Weis, O.: Modernismus und Antimodernismus im Dominikanerorden. Zugleich ein Beitrag zum «Sodalitium Pianum», Regensburg 1998

Weiss, C.: Die Versorgung des päpstlichen Hofes in Avignon mit Lebensmitteln (1316–1378). Studien zur Sozial- und Wirtschaftsgeschichte eines mittelalterlichen Hofes, Berlin 2002

Wendland, A.: Der Nutzen der Päpste und die Gefährdung der Seelen. Spanien, Mailand und der Kampf ums Veltlin 1620–1641, Zürich 1995

Wenzel, K.: Kleine Geschichte des Zweiten Vatikanischen Konzils, Freiburg i. Br. 2005

Wessel, S.: Leo the Great and the spiritual rebuilding of a universal Rome, Leiden/Boston 2008

Wickham, C.: La struttura della proprietà fondiaria nell'Agro Romano, 900–1150, in: Archivio della Società Romana di Storia Patria 132 (2009), S. 181–238

–: Roma medievale. Crisi e stabilità di una città, 900–1150, Roma 2013

Wieland, C.: Fürsten, Freunde, Diplomaten. Die römisch-florentinischen Beziehungen unter Paul V. (1605–1621), Köln / Weimar/Wien 2004
Wilde, M. J.: Vatican II. A sociological analysis of religious change, Princeton 2007
Windorf, W.: Sakrale Historienmalerei in St. Peter in Rom. Faktizität und Fiktionalität in der Altarbildausstattung unter Papst Urban VIII., 1623–1644, Regensburg 2006
Winroth, A.: The Making of Gratian's Decretum, Cambridge 2000
Woch, J.: «Portamus onera omnium qui gravantur ...». Il pontificato di papa Siricio (384–399) alla luce dei suoi scritti e delle fonti archeologiche, Roma 2000
Wolf, H. (Hg.): Inquisition, Index, Zensur, Wissenskulturen der Neuzeit im Widerstreit, Paderborn 2001
–: Index. Der Vatikan und die verbotenen Bücher, München 2006
–: Papst & Teufel. Die Archive des Vatikan und das Dritte Reich, München 2008
– (Hg.): Römische Bücherverbote. Edition der Bandi von Inquisition und Indexkongregation, 1701–1813, Paderborn / München/Wien 2009
–: Krypta. Unterdrückte Traditionen der Kirchengeschichte, München 2015
Wolf, H./J. Schepers (Hg.): In wilder zügelloser Jagd nach Neuem. 100 Jahre Modernismus und Antimodernismus in der katholischen Kirche, Paderborn 2009
Wright, A. D.: The Early Modern Papacy. From the Council of Trent to the French Revolution, 1564–1789, London 2000
Zanke, S.: Johannes XXII., Avignon und Europa. Das politische Papsttum im Spiegel der kurialen Register (1316–1334), Leiden / Boston 2013
Zanotti, A. (Hg.): Prospero Lambertini. Pastore della sua chiesa, pontefice della cristianità, Bologna 2004
Zimmermann, H.: Papstabsetzungen des Mittelalters, Graz / Wien/Köln 1968
Zuccarello, U.: Le canonizzazioni e beatificazioni di Giovanni Paolo II. Quale politica papale della santità, in: Società e Storia 28 (2005), S. 541–568
Zuccotti, S.: Under his very windows. The Vatican and the Holocaust in Italy, New Haven 2000

Bildnachweis

akg-images: *Seite 134, 180, 634, 635, 650, 686, 779, 800, 833*
akg-images/Paul Almasy: *Seite 698*
akg-images/AP: *Seite 838, 863*
akg-images/Bildarchiv Monheim/Schütze/Rodemann: *Seite 690*
akg-images/De Agostini Picture Lib. / V. Pirozzi: *Seite 782*
akg-images/Rainer Hackenberg: *Seite 555*
akg-images/IAM: *Seite 460*
akg-images/Andrea Jemolo: *Seite 105, 594*
akg-images/Erich Lessing: *Seite 403, 510*
akg-images/Mondadori Portfolio/Sergio Anelli: *Seite 122*
akg-images/Pirozzi: *Seite 180*
akg-images/Schütze/Rodemann: *Seite 401*
akg-images/Science Photo Library: *Seite 802*
bpk/Joseph Martin: *Seite 644*
bpk/Scala: *Seite 372, 570*
colaimages/Alamy Stock Photo: *Seite 653*
ullstein bild/AP: *Seite 865*
Achille83/Wikimedia commons: *Seite 725*
Pieter Antoon van Verschaffelt/creative commons Namensnennung 3.0 Unported (CC BY 3.0): *Seite 126*
Dguendel/creative commons Namensnennung 3.0 Unported (CC BY 3.0): *Seite 807*
LPLT/Wikimedia Commons: *Seite 688*
Volker Reinhardt: *Seite 461*
Agosti, B.: Michel-Ange et son entourage, 2008, Seite 307, 131, 130, 264 f.: *Seite 538, 540, 541, 544*
Bär, A./P. Quensel: Bildersaal deutscher Geschichte, 1890: *Seite 92*
Cecchi, A.: La Libreria Piccolomini nel Duomo di Siena, 1982: *Seite 468*
Duffy, E.: Saints and Sinners, 1997: *Seite 335*
Enciclopedia dei Papi, Bd. 1, 2000, Seite 586, 631, 685, 682, 726: *Seite 137, 152, 173, 175, 204*
Enciclopedia dei Papi, Bd. 2, 2000, Seite 293, 454: *Seite 314, 370*
Gasser, S. (Hg.): Architektur und Monumentalskulptur des 12.–14. Jahrhunderts, 2006, Seite 683: *Seite 780*
Hehl, E.-D.: Das Papsttum in der Welt des 12. Jahrhunderts, 2002, Seite 284, 285: *Seite 297*
Karsten, A.: Künstler und Kardinäle, 2003, Abb. 7, 21, 33, 49, 47: *Seite 606, 614, 632, 642, 643*
Kretzschmar, H. (Hg.): Dokumente zur deutschen Geschichte aus dem Sächsischen Landeshauptarchiv Dresden, 1957: *Seite 208*
Martini, L./B. Santi: Il Palazzo Piccolomini, 1968, Seite 6: *Seite 469*
Osborne, J., u. a. (Hg.): Santa Maria Antiqua al Foro Romano, 2005, Seite 89: *Seite 161*
Poeschke, J.: Wandmalerei der Giottozeit in Italien, 2003, Taf. 81: *Seite 366*
Reinhardt, V.: Florenz zur Zeit der Renaissance, 1990, Seite 42: *Seite 431*
–: Rom. Kunst und Geschichte, 1992, Seite 28, 29, 147, 131, 37, 17, 44, 182, 157, 167, 170, 175, 164, 193, 203, 156, 244, 231, 251, 20, 248, 230: *Seite 486, 487, 501, 511, 517, 530, 542, 561, 567, 574, 575, 576, 578, 586, 588, 590, 610, 611, 623, 624, 626, 633*
–: Rom. Ein illustrierter Führer, 1999, Seite 109, 112, 213, 229, 230: *Seite 439, 452, 666, 677, 678*

– (Hg.): Totenkult und Wille zur Macht, 2004, Seite 180, 198, 226, 227, 242: *Seite 628, 648, 700, 701, 756*
–: Im Schatten von Sankt Peter, 2011, Seite 47, 109, 220, 104, 72: *Seite 631, 645, 647, 652, 658*
Schramm, P. E.: Die deutschen Kaiser und Könige in Bildern ihrer Zeit, 1983: *Seite 32, 33*
Simson, O. von: Propyläen-Kunstgeschichte, Bd. 6: Das hohe Mittelalter, 1972, Abb. 61, 60, 358: *Seite 75, 76, 77*
Universität Hamburg, Kunstgeschichtliches Seminar: *Seite 479*
Vecchi, P. de: Raffael, 2002, Seite 180, 193, 192, 130: *Seite 86, 199, 201, 521*
Wisskirchen, R.: Die Mosaiken der Kirche Santa Prassede in Rom, 1992, Abb. 62: *Seite 190*

Karten
Seite 874–875: Aus: V. Reinhardt, Geschichte Roms. Von der Antike bis zur Gegenwart, München 2008, Seite 124–125
Seite 876: Peter Palm, Berlin
Seite 877: Peter Palm, Berlin, nach einem Entwurf von Volker Reinhardt
Seite 878: Aus: F. Kolb, Rom. Die Geschichte der Stadt in der Antike, München 2002, Seite 630

Personenregister

Fette Seitenzahlen verweisen auf Kapitel zu den Päpsten.

Abélard, Pierre 305
Accoramboni, Vittoria 583
Adalbert von Hamburg-Bremen
 (Erzbischof) 259, 272
Adelheid von Burgund 234
Adeodatus *siehe* Deusdedit
Adeodatus 145–148
Adolf I. von Altena (Erzbischof von Köln) 331
Adolf von Nassau (Kg. HRR) 380
Agapet I. 111–118
Agapet II. 226–231
Agapitus (Hl.) 194
Agata (Hl.) 101
Agatho 145–148
Agca, Mehmet Ali 863
Ageltrude 216
Agilulf (Kg. der Langobarden) 135
Agnes von Poitou 265–267, 271 f.
Aistulph (Kg. der Langobarden) 160, 162 f., 166 f.
Akakios (Patriarch von Konstantinopel) 89–91, 97, 99, 101 f.
Al-Kamil (Sultan von Ägypten) 344
Alarich (Kg. der Goten) 66
Albani, Alessandro (Kardinal) 672
Albani, Annibale (Kardinal) 672, 679, 681, 699
Albani, Carlo 671
Albergati, Niccolò (Kardinal) 443, 453
Alberich I. 219, 224
Alberich II. 219, 222, 226, **226–231**
Alberich III. 246, 251
Alberti, Leon Battista 459
Albertoni, Ludovica degli 653 f.
Albertoni, Paluzzo Paluzzi degli (Kardinal) 651, 653
Alboin (Kg. der Langobarden) 120
Albornoz, Gil (Kardinal) 407 f.
Albrecht I. (Kg. HRR) 383, 392

Albrecht von Brandenburg (Erzbf. von Mainz und Magdeburg/Kardinal) 518
Albret, Charlotte d' 497
Aldobrandini, Cinzio (Kardinal) 593
Aldobrandini, Gian Francesco 593, 598, 600
Aldobrandini, Giovanni Giorgio 613
Aldobrandini, Olimpia 631
Aldobrandini, Pietro (Kardinal) 593, 595, 603
Aldobrandini, Silvestro (Kardinal) 593
Aleandro, Girolamo (Kardinal) 520
Alexander (Bf. von Alexandria) 49
Alexander I. 30
Alexander II. **271–274**, 333
Alexander III. **311–317**, 317, 345, 639
Alexander IV. **350–356**, 357
Alexander V. (Gegenpapst) 426 f.
Alexander VI. 15 f., 464, 471, 478, 482, 485, 489, **492–502**, 502, 504–506, 514, 527, 539, 545, 552, 599, 629
Alexander VII. 637, 639, **640–649**, 651
Alexander VIII. **663–665**, 671, 709
Alexios I. Komnenos (byz. Ks.) 287
Alfonso I. (Kg. von Neapel und Aragon) 368, 446, 455, 457, 463, 465
Alighieri, Dante 366, 378, 380, 393, 395, 509
Alvarez de Toledo, Fernando 558,
Amalaswintha (Kg.in der Ostgoten) 104
Ambrosius (Bf. von Mailand) 62, 64 f., 96, 649
Ammanati, Jacopo (Kardinal) 473, 475
Ammianus Marcellinus 59
Anaclet II. 300–304 (Gegenpapst)
Anacletus *siehe* Cletus
Anastasios I. (byz. Ks.) 91, 93, 96, 101 f.
Anastasios II. (byz. Ks.) 154 f.
Anastasius (Gegenpapst) 198, 207, 211, 214
Anastasius I. **63–69**
Anastasius II. **97–104**
Anastasius III. **219–226**

Anastasius IV. 305–311
Andreas (Hl.) 101
Andreas II. (Kg. von Ungarn) 340
Andronikos II. (byz. Ks.) 376
Angelico, Fra 462
Anicetus 30
Anjou, René d' (Kg. von Neapel) 446, 470
Anne Boleyn (Kg. in von England) 534
Anne de Bretagne (Kg. in von Frankreich) 496
Anno (Erzbf. von Köln) 272
Anteros 35
Antonelli, Giacomo (Kardinal) 777, 785 f., 796, 800
Antoninus Pius (röm. Ks) 202
Antonius von Padua (Hl.) 349
Aretino, Spinello 315
Ariosto, Ludovico 556
Aristoteles 363
Arius 49, 51
Arnaldo da Brescia 302, 307, 309 f.
Arnauld, Antoine 638 f., 675
Arnulf von Kärnten (röm. Ks.) 216, 218
Artabasdos (byz. Ks.) 159
Astalli, Camillo 632
Athalarich (Kg. der Ostgoten) 104
Athanasius (Bf. von Alexandria) 51 f., 54 f.
Athanasius der Große (Bf. von Alexandria) 649
Attila (Kg. der Hunnen) 85 f., 511
Augustinus (Bf. von Hippo, Hl.) 42, 68 f., 71, 74–77, 80, 84, 104, 191, 470, 649
Augustus (röm. Ks.) 135, 173, 347, 589
Aurea (Hl.) 196
Autari (Kg. der Langobarden) 122
Averroes 363

Bacon, Roger 381
Baglioni, Giampaolo 505
Bañez, Domingo 638
Barbarigo, Gregorio 665
Barberini, Antonio der Ältere (Kardinal) 619, 630
Barberini, Antonio der Jüngere (Kardinal) 619, 629
Barberini, Francesco (Kardinal) 619, 621, 630
Barberini, Taddeo 619 f., 627, 629 f.
Barocci, Federico 618

Baronio, Cesare (Kardinal) 17, 221 f., 598 f., 603, 605, 846
Basileios I. (byz. Ks.) 211
Basileios II. (byz. Ks.) 249
Bassville, Hugues de 733
Bea, Augustin 848
Beda Venerabilis 870
Belisar (oström. Feldherr) 113–115
Bellarmin, Roberto (Kardinal) 605, 612, 707 f.
Bembo, Pietro (Kardinal) 509
Benedikt I. 121
Benedikt II. 145–148
Benedikt III. 207, 222
Benedikt IV. 215–219
Benedikt V. 231–235
Benedikt VI. 236–239
Benedikt VII. 236–239
Benedikt VIII. 244–250, 251
Benedikt IX. 251–257, 260, 280
Benedikt X. (Gegenpapst) 266–268
Benedikt XI. 378–388, 389 f.
Benedikt XII. 399–406
Benedikt XIII. (Gegenpapst) 420 f., 423–426, 429, 433, 441
Benedikt XIII. 681–689, 872
Benedikt XIV. 20, 676, 699–708, 741, 808, 862, 872
Benedikt XV. 821–826, 827, 835
Benedikt XVI. 19, 377, 826, 862, 866–869, 873, 875
Benedikt von Nursia 866
Berengar II. (Gf. von Ivrea, Kg. von Italien) 227, 229
Bernhard von Clairvaux 300–303, 305, 397
Bernini, Giovanni Lorenzo 606, 612, 625, 636, 640 f., 643, 646, 649, 653, 657, 830
Bernini, Luigi 653
Berta (Tochter Marozias) 225
Bertha von Holland (Kg. in von Frankreich) 286
Bertha von Turin 273, 277
Bessarion, Basilios (Kardinal) 449, 463
Bianchedi, Girolamo 781
Bischi, Niccolo 720
Bismarck, Otto Fürst von 804 f.
Boccaccio, Giovanni 556
Boethius 103

915

Boncompagni, Giacomo 573
Bonelli, Michele (Kardinal) 565, 596
Bonifacio (Gf. von Canossa) 260
Bonifatius 155
Bonifaz I. 69–78
Bonifaz II. 104–109, 111, 113
Bonifaz III. 132–136
Bonifaz IV. 132–136
Bonifaz V. 132–136, 137
Bonifaz VI. 215–219
Bonifaz VII. (Gegenpapst) 236–239
Bonifaz VIII. 367, 374, 376–377, 378–388, 389–391, 393, 415, 425, 685, 794, 827
Bonifaz IX. 419–423, 427 f., 493, 682
Bonizo von Sutri 253
Borghese, Camillo 751
Borghese, Francesco 605
Borghese, Giovanni Battista 605
Borghese, Marcantonio 605
Borghese, Orazio 604
Borghese, Paolo 631
Borghese, Scipione Caffarelli (Kardinal) 605 f., 608, 611–613, 615, 617–619
Borgia, Cesare (Kardinal) 485, 493 f., 496–500, 506
Borgia, Giovanni 493, 495 f.
Borgia, Jofré 493
Borgia, Lucrezia 493, 495, 497 f., 552
Borgia, Pedro Luis 464, 495
Borja, Gaspare (Kardinal) 622
Borja, Isabel de 464
Borja, Jofré de 464
Borrell II. (Gf. von Barcelona) 242
Borromeo, Carlo (Kardinal) 560, 564 f., 572
Borromini, Francesco 246, 636
Botero, Giovanni 607
Botticelli, Sandro 488
Bracciolini, Poggio 437
Bramante, Donato 509, 513
Brancaleone degli Andalò 355
Branda da Castiglione (Kardinal) 440
Birgitta von Schweden 413
Brosses, Charles de 694
Bruni, Leonardo 458
Bruno, Giordano 600, 802 f.
Buonarroti, Michelangelo siehe Michelangelo
Burckard, Johannes 498

Caecilianus (Bf. von Karthago) 46 f.
Caelestius 68–71
Cagliostro (eig. Jacopo Balsamo) 727
Caius 41–43
Cajetan, Thomas (Kardinal) 508, 519
Calandrini, Filippo (Kardinal) 454
Caligula (röm. Ks.) 81
Calixtus I. 31–35, 304
Calixtus II. 294–305
Calixtus III. 312, 463–466, 479, 493
Calvin, Johannes 553, 559, 577
Campori, Pietro (Kardinal) 613
Canisius, Petrus 872
Canova, Antonio 721, 757
Capranica, Domenico (Kardinal) 442, 467
Carafa, Antonio (Kardinal) 559
Carafa, Carlo (Kardinal) 558 f.
Carafa, Giovanni (Hzg. von Paliano) 559 f.
Carafa, Oliviero (Kardinal) 493
Carlo Emanuele I. (Kg. v. Piemont-Sardinien) 692
Casanova, Giacomo 709, 716
Cattanei, Vanozza de' 493, 599
Cavalchini, Carlo Alberto Guidoboni 708
Cavour, Camillo Benso Graf von 784, 787 f., 790, 803, 825, 830
Cenci, Beatrice 600 f.
Cenci, Bernardo 600
Cenci, Francesco 600
Cenci, Giacomo 600
Cesarini, Giuliano (Kardinal) 443
Charles III. de Bourbon 529
Chierigati, Francesco 525
Chigi, Agostino 640 f., 646
Chigi, Flavio (Kardinal) 640 f., 651, 663, 665
Chigi, Mario 643
Childebert II. (Kg. der Franken) 122
Chosrau II. (Großkg. der Perser) 131, 134, 137
Christina (Kg. in von Schweden) 645, 661, 690
Christophorus (Gegenpapst) 219
Christophorus 170–172
Chrysostomus, Johannes (Erzbf. von Konstantinopel) 649
Cibo, Franceschetto 489–491
Circignani, Niccolò 580, 677
Clef (Kg. der Langobarden) 120
Clemens I. 25, 29, 69, 203, 209

Clemens II. 259–264, 265
Clemens III. (Gegenpapst) 279, 282 f., 286, 288 f.
Clemens III. 317–325, 328
Clemens IV. 356–363
Clemens V. 389–394, 394
Clemens VI. 399–406, 409 f., 412, 416
Clemens VII. (Gegenpapst) 416–420
Clemens VII. 522 f., 526, 527–535, 537, 539, 550, 558, 795
Clemens VIII. (Gegenpapst) 441
Clemens VIII. 592–601, 605, 638
Clemens IX. 649–651
Clemens X. 649–654, 655, 739
Clemens XI. 670–679, 685, 722, 797
Clemens XII. 689–699
Clemens XIII. 708–715, 719 f.
Clemens XIV. 716–722, 741
Cletus 29
Cölestin I. 69–78
Cölestin II. (Gegenpapst) 298
Cölestin II. 305–311
Cölestin III. 317–325, 327, 332
Cölestin IV. 350–356
Cölestin V. 19, 69–78, 373–378, 386, 390, 417, 565, 869
Coligny, Gaspard de 577
Colonna, Anna 620
Colonna, Marcantonio 505, 558
Colonna, Sciarra 385
Consalvi, Ercole (Kardinal) 742, 744 f., 753 f., 755, 757, 771
Constans (röm. Ks.) 52, 54
Constans II. (byz. Ks.) 141–144
Constantin I., der Große (röm. Ks.) 45–52, 78, 87, 93, 95, 116 f., 179, 182, 191, 345, 354, 364
Constantin 148–154, 155
Constantin (Gegenpapst) 169–171
Constantin IV. (byz. Ks.) 144–147
Constantin V. (byz. Ks.) 159, 162 f., 168
Constantin XI. (byz. Ks.) 456
Constantius II. (oström. Ks.) 52, 54–56, 58
Constanze von Sizilien 317, 320, 322, 330 f.
Contarini, Gasparo (Kardinal) 546–548
Conti, Michelangelo de' 679
Conti, Ricardo de' 680
Conti, Sigismondo de' 509

Corelli, Arcangelo 664
Cornelius 35–38, 43, 304
Corsini, Bartolomeo 697
Corsini, Neri (Kardinal) 690, 699, 707
Cortona, Pietro da 625, 636
Coscia, Niccolò (Kardinal) 683–685, 689, 691
Cosimo de' Medici 432
Cranmer, Thomas (Erzbf. von Canterbury) 534
Créqui, Charles III. de 642
Crescenzio («vom marmornen Pferd») 234, 236
Crescenzio I. (di Teodora) 236–238
Crescenzio II. (di Teodora) 238–240
Crispi, Francesco 803
Cristiano, Benedetto 300
Crudeli, Tommaso 693
Cyprian (Bf. von Karthago) 26, 33, 36, 38–40

D'Alembert (eig. Jean-Baptiste le Rond) 723
Damasus I. 23, 42 f., 57–63, 65 f., 72, 93, 96, 257
Damasus II. 259–264
Dandolo, Enrico (Doge von Venedig) 332
Decius (röm. Ks.) 35 f., 38
Desiderius (Kg. der Franken) 167 f., 170–172
Deusdedit 132–136
Diderot, Denis 720, 723
Dietrich I. (Bf. von Metz) 235
Diocletian (röm. Ks.) 42, 46, 566, 733
Dionysius (Bf. von Alexandria) 40 f.
Dionysius 35–38
Dioscurus (Gegenpapst) 106, 111
Döllinger, Ignaz von 792
Domenicus (Ordensgründer, Hl.) 348 f.
Domitian (röm. Ks.) 27, 81, 636
Donatello 432
Donatus von Casae nigrae (Bf. von Karthago) 47
Donus 145–148
Duchesne, Louis 817
Duphot, Léonard 737 f.

Eco, Umberto 377
Edward III. (Kg. von England) 412
Egidio da Viterbo (Kardinal) 508, 532

Einhard 186
Eisner, Kurt 837
Eleutherius (Exarch von Ravenna) 136
Eleutherus 28–30, 31
Elisabeth I. (Kg. in von England) 534
Elisabeth von Thüringen 349
Elzéar de Sabran 409
Enckevoirt, Willem van (Kardinal) 526
Ennodius (Bischof von Pavia) 280
Erasmus von Rotterdam 591
Este, Alfonso I. d' (Hzg. von Ferrara) 498
Este, Alfonso II. d' (Hzg. von Ferrara) 587, 595
Este, Cesare d' (Hzg. von Modena) 595
Este, Ippolito II. d' (Kardinal) 568, 583
Estouteville, Guillaume d' (Kardinal) 466, 478
Eugen (Prinz von Savoyen) 673 f.
Eugen I. 140–144
Eugen II. 193–197
Eugen III. 305–311
Eugen IV. 442–453, 455, 458, 463, 467, 475, 477
Eulalius (Gegenpapst) 71
Eusebius (Bf. von Cäsarea) 31, 50
Eusebius (Bf. von Nikomedia) 52 f.
Eusebius 41–43
Eutyches 83 f., 89
Eutychianus 41–43
Evaristus 30
Ezzelino da Romano 348

Fabian 35–38
Falconieri, Costanza 724
Farnese, Alessandro 546, 565, 572
Farnese, Costanza 546
Farnese, Giulia 505, 539
Farnese, Odoardo I. (Hzg. von Parma und Piacenza) 627, 629
Farnese, Ottavio (Hzg. von Parma und Piacenza) 545, 553
Farnese, Pier Luigi (Hzg. von Parma und Piacenza) 545 f., 549 f.
Farnese, Ranuccio I. (Hzg. von Parma und Piacenza) 593
Farnese, Ranuccio II. (Hzg. von Parma und Piacenza) 637
Felicissimus (Hl.) 194

Felix I. 41–43
Felix II. (Gegenpapst) 55–57
Felix III. 87–92, 93
Felix IV. 104–109
Felix V. (Gegenpapst) 447, 450, 454, 467
Ferdinand II. (Ks. HRR) 608
Ferdinand III. (Kg. von Neapel) 491, 495
Ferdinand IV. (Kg. v. Neapel) 714
Fernandez de Cordoba, Gonzalo 499
Ferrante (Kg. von Neapel) 446, 465, 470, 472, 481 f., 484, 489, 491
Ferrer, Vicente 463
Fesch, Joseph (Erzbf. v. Lyon) 748
Filarete 452
Flavius Ricimer 88
Foix, Gaston de (Hzg. v. Nemours) 507
Folmar von Karden (Erzbf. von Trier) 322
Fontana, Domenico 589
Formosus 212, 215–219, 222, 224
Franco, Francisco 831, 835
Franz Ferdinand (Erzhzg.) 819)
Franz I. (Kg. von Frankreich) 517, 526–528, 533 f., 546
Franz I. (Ks. HRR) 705, 715
Franz II. (Ks. HRR) 747
Franz Joseph (Ks. von Österreich) 785, 819, 823
Franziskus 18, 846, 869–875
Franziskus von Assisi 336, 347, 349, 369, 372
Fried, Johannes 181
Friedrich I. (Kg. von Preußen) 673
Friedrich I. Barbarossa (Ks. HRR) 308–317, 320–322, 332, 345 f.
Friedrich II. (Kg. von Preußen) 705, 711, 717
Friedrich II. (Ks. HRR) 330–332, 340–347, 349–355
Friedrich III. (Ks. HRR) 454, 458, 467
Friedrich III., der Schöne (Gegenkg. HRR) 397
Friedrich III., der Weise (Kf. von Sachsen) 518 f.
Friedrich IV. (Hzg. von Österreich) 431 f.
Friedrich V. (Kf. von der Pfalz) 612, 616
Friedrich Wilhelm III. (Kg. von Preußen) 768
Friedrich Wilhelm IV. (Kg. von Preußen) 768

Frundsberg, Georg von 528 f.
Fuga, Ferdinando 691, 708

Galdino della Sala 320
Galilei, Alessandro 691
Galilei, Galileo 612, 622 f., 779–781, 856, 864
Galla Placidia 79
Gänswein, Georg 875
Garampi, Giuseppe (Kardinal) 713, 723, 728, 732 f.
Garibaldi, Giuseppe 776, 785, 789, 797
Gasparri, Pietro 822, 825, 827
Gaulli, Giambattista 641
Geiserich (Kg. der Vandalen) 86
Gelasius I. 93–97, 101, 841
Gelasius II. 288–294, 295–305
Georg III. (Kg. von England) 733
Gesualdo, Isabella 613
Ghinucci, Girolamo (Kardinal) 546
Ghislieri, Paolo 565 f.
Giannone, Pietro 692 f.
Gioberti, Vincenzo 765, 777
Giovannetti, Matteo 403
Giovanni di Crescenzio (Patricius) 245 f.
Gisulf (Hzg. von Benevent) 150
Gonzaga, Francesco (Kardinal) 476
Gordian III. (röm. Ks.) 35
Gottfried (Gf. von Tuszien) 265–267, 271 f.
Gratian 61, 308
Gregor I., der Große 123–132, 133, 135 f., 150, 159 f., 239, 267, 552, 629, 646, 711, 842, 850
Gregor II. 155–159, 174
Gregor III. 155–159
Gregor IV. 193–197, 202 f.
Gregor V. 239–244, 245, 251
Gregor VI. 251–257, 274
Gregor VII. 221, 255 f., 267, 269, 274–282, 283–285, 289 f., 293 f., 296, 298, 304, 316, 330, 333, 342, 434, 599, 607, 686, 753, 763, 791, 794
Gregor VIII. (Gegenpapst) 294 f.
Gregor VIII. 317–325
Gregor IX. 343–349, 350–352, 355, 389
Gregor X. 356–363
Gregor XI. 404, 412–414
Gregor XII. 423–432, 442, 475
Gregor XIII. 572–582, 583 f., 604, 618

Gregor XIV. 592
Gregor XV. 612–618, 621, 763
Gregor XVI. 763–770
Gregorovius, Ferdinand 783, 788 f., 793
Guaimario (Gf. von Salerno) 260
Guicciardini, Francesco 503, 527, 532, 535, 794
Guicciardini, Luigi 532
Guidantonio da Montefeltro (Gf. von Urbino) 435
Guido (Markgf. der Toskana) 224
Guido IV. (Hz. von Spoleto röm. Ks.) 215 f.
Guido da Velate (Erzbf. von Mailand) 270
Guillaume de Nogaret 384 f., 387
Guiscard, Robert (Hzg. von Apulien, Kalabrien und Sizilien) 263, 269, 279, 283
Gustav II. Adolf (Kg. von Schweden) 622, 645

Hadrian (röm. Ks.) 135
Hadrian I. 172–183, 195
Hadrian II. 196, 209, 211–215
Hadrian III. 211–215
Hadrian IV. 305–311
Hadrian V. 356–363
Hadrian VI. 522–527
Haller, Johannes 18
Harald II. (Kg. von England) 273
Hatto I. (Erzbf. von Mainz) 228
Heinrich I. (Hzg. von Sachsen) 228
Heinrich der Löwe (Hz. von Sachsen) 331
Heinrich II. (Kg. von Frankreich) 533, 553 f., 557
Heinrich II. (Ks. HRR) 245, 247 f.
Heinrich III. (Kg. von England) 355
Heinrich III. (Kg. von Frankreich) 588
Heinrich III. (Ks. HRR) 252, 254–256, 259–261, 263 f., 265, 271, 276, 349
Heinrich IV. (Kg. von Frankreich) 577, 579, 588, 595–597, 601
Heinrich IV. (Ks. HRR) 265, 271–274, 276–279, 283–285, 289, 397, 686
Heinrich V. (Ks. HRR) 289–296, 298 f.
Heinrich VI. (Ks. HRR) 317 f., 320, 322, 324 f., 330, 346
Heinrich VII. (Ks. HRR) 332, 340 f., 344, 392, 406, 674
Heinrich VIII. (Kg. von England) 534, 589, 720

Heinrich von Thüringen (Hzg. von Brabant) 354
Helena 191
Helinard von Lyon (Erzbf. von Lyon) 261
Herakleios (oström. Ks.) 135 f., 138, 140 f.
Heribert (Erzbf. von Mainz) 240
Hieronymus (Hl.) 65
Hieronymus von Prag 435
Hilarius 87–92
Hinkmar (Erzbf. von Reims) 208
Hippolyt (Hl.) 32, 35, 123
Hitler, Adolf 833, 835, 839, 846
Hochhuth, Rolf 845
Holbach, Paul-Henri Baron d' 720
Honoratus (Bf. von Arles) 74
Honorius (röm. Ks.) 70–72
Honorius I. 136–140, 141, 146, 149, 792
Honorius II. (Gegenpapst) 271, 273
Honorius II. 298, 299–305
Honorius III. 336, 339–343, 347 f., 351 f.
Honorius IV. 356, 367–373
Hontheim, Johann Nikolaus von (Justinus Febronius) 711 f., 717
Hormisdas 101–104, 108, 112
Hugo I. (Kg. von Italien) 224, 226
Hugo von Cluny 261
Hugo, Victor 785
Hugues Candide de Remiremont 261
Hugues, Roger 409
Humbert von Silva Candida (Kardinal) 261, 264
Hume, David 20
Hus, Jan 435, 441
Hyginus 30

Ignatius von Loyola (Gründer des Jesuitenordens, Hl.) 615
Ilarius (Bf. von Arles) 74
Illyricus, Flavius 18
Imerius (Bf. von Tarragona) 63
Infessura, Stefano 485 f., 493
Innozenz I. 63–69, 70 f.
Innozenz II. 299–305
Innozenz III. (Gegenpapst) 312, 317
Innozenz III. 182, 327–339, 340–343, 350 f., 354 f., 368, 379, 381 f., 389, 513, 607, 680, 753
Innozenz IV. 350–356, 357, 362, 389

Innozenz V. 356–363
Innozenz VI. 406–414
Innozenz VII. 419–423, 427, 434
Innozenz VIII. 489–492, 551
Innozenz IX. 692–601
Innozenz X. 629, 630–639, 666, 676, 709
Innozenz XI. 655–663
Innozenz XII. 665–670
Innozenz XIII. 679–681
Institoris, Heinrich 492
Irenäus von Lyon 29, 31
Irene (byz. Ks. in) 183
Isabella I. (Kg. in von Kastilien und Léon) 491, 495
Isidor von Kiew (Kardinal) 449
Isidorus Mercator 205

Jacques de Molay 392
Jacques de Vitry (Bf. von Akkon, Kardinal) 338
Jansen, Cornelius 638
Jean de Brienne (Kg. von Jerusalem)
Jeanne d'Arc 826
Jeanne de Valois 496
Joachim von Fiore 375
Johann II. (Kg. von Frankreich) 409
Johanna I. von Anjou (Kg. in von Neapel) 408, 413, 417
Johannes I. 97–104
Johannes II. 104–109
Johannes III. 118–123
Johannes IV. 140–144
Johannes V. 145–148, 149
Johannes VI. 148–154
Johannes VII. 148–154
Johannes VIII. 211–215
Johannes IX. 215–219
Johannes X. 219–226
Johannes XI. 219–226, 227
Johannes XII. 226–231, 232
Johannes XIII. 231–235, 236, 242
Johannes XIV. 236–239
Johannes XV. 236–239
Johannes XVI. (Gegenpapst) 241
Johannes XVII. 244–250, 251
Johannes XVIII. 244–250
Johannes XIX. 244–250, 251
Johannes XXI. 356–363

Johannes XXII. 394–398, 399 f., 404, 438
Johannes XXIII. 21, 588, **846–850**, 852, 854, 855–858, 869
Johannes XXIII. (Gegenpapst) 426–428, 430–432, 434
Johannes Paul I. **858–860**
Johannes Paul II. 15, 600, **860–865**, 873
Johannes I. Tzimiskes (byz. Ks.) 236
Johannes VIII. (byz. Ks.) 449
John of Salisbury (Bf. von Chartres) 308
Joseph I. (Ks. HRR) 673 f.
Joseph II. (Ks. HRR) 715, 720
Joséphine de Beauharnais 748, 750
Julius I. **52–57**, 304
Julius II. 87, 480, 489, 491, 493, **502–513**, 514, 557, 640, 646
Julius III. **550–553**, 554, 556, 572
Justinian I. (byz. Ks.) 102 f., 108, 112–119, 146, 310
Justinian II. (byz. Ks.) 148–154
Justinus I. (byz. Ks.) 102 f.

Kant, Immanuel 20
Kanzler, Hermann 796
Karl (Erzhzg. von Österreich) 735
Karl der Große (Kg. der Franken röm. Ks.) 165, 171 f., 176, 183–187, 189, 196, 212, 309–311
Karl der Kahle (röm. Ks.) 212
Karl I. von Anjou (Kg. von Sizilien) 357–359, 361 f., 364, 367–369
Karl II. (Kg. von Spanien) 670, 672
Karl II. von Anjou (Kg. von Neapel) 368 f., 373–377, 386, 392
Karl III. (Kg. von Neapel und Ungarn) 417 f.
Karl III. (Kg. von Spanien) 674, 714, 718
Karl III., der Dicke (röm. Ks.) 214
Karl IV. (Ks. HRR) 406, 409, 411, 418, 428
Karl V. (Kg. von Frankreich) 410–412
Karl V. (Ks. HRR) 517–520, 522 f., 526–528, 532–534, 545 f., 548–550, 553–555, 558, 675
Karl VI. (Kg. von Frankreich) 428
Karl VI. (Ks. HRR) 673 f., 687, 704
Karl VII. (Kg. von Frankreich) 450
Karl VII. (Ks. HRR) 704 f.
Karl VIII. (Kg. von Frankreich) 491, 494, 496
Karl IX. (Kg. von Frankreich) 577

Karl X. (Kg. von Frankreich) 761
Karlmann (Bruder Pippins) 163
Karlmann (Kg. der Franken, Sohn Pippins) 165, 171 f.
Karl Martell 158
Katharina II. (Zarin von Russland) 733
Katharina von Alexandrien (Hl.) 440
Katharina von Aragon (Kg. in von England) 534
Katharina von Siena 413, 418
Kono 148–154
Konrad I. (Kg. der Franken) 224
Konrad II. (Ks. HRR) 250–252
Konrad III. (Kg. HRR) 285, 307, 309
Konrad IV. (Kg. HRR) 345, 354
Konrad von Ivrea (Gf. von Spoleto) 240
Konrad (Gf. von Montferrat) 313
Kues, Nikolaus von 443, 449, 474
Kyrillos (Bf. von Alexandria) 73

Ladislaus von Durazzo (Kg. von Neapel) 419, 421, 427 f.
Laetus, Julius Pomponius 476
Lambert (röm. Ks.) 215 f., 218
Lamenais, Hugues Félicité Robert de 769 f.
Lando **219–226**
Lanfranco di Pavia (Erzbf. von Canterbury) 273
Latino Malabranca (Kardinal) 374
Laurentius (Gegenpapst) 98–101
Laurentius (Hl.) 123
Lefebvre, Marcel 826
Le Fort, Gertrud von 300
Leo I., der Große 23, **79–87**, 88, 93–95, 101 f., 105, 114, 142, 149, 153, 160, 217, 267, 511, 770
Leo II. **145–148**
Leo III. **184–192**, 184–186, 189, 193, 197 f., 212, 215
Leo IV. **197–206**, 207, 209, 365
Leo V. **215–219**
Leo VI. **219–226**
Leo VII. **226–231**
Leo VIII. **231–235**
Leo IX. **259–264**, 265 f., 269
Leo X. 199 f., 491, 505, 508, **513–522**, 523, 526 f., 551, 640
Leo XI. **601**

Leo XII. 758–761
Leo XIII. 17, 799–812, 848, 861
Leon III. (byz. Ks.) 155–157
Leon IV. (byz. Ks.) 168
Leontius (Bf. von Arles) 88
Leopold I. (Ks. HRR) 661, 665, 673
Leopold II. (Ks. HRR) 729
Leti, Gregorio 641
Liberius 35, 54–58, 792
Licinius (röm. Ks.) 46, 48
Linus 28–30
Liutprand (Bf. von Cremona) 220, 223, 231–233
Liutprand (Kg. der Langobarden) 156–160
Loisy, Alfred 817
Loschi, Antonio 437
Lothar I. (Kg. der Franken röm. Ks.) 189, 193, 201, 218
Lothar II. (Kg. der Franken) 207
Lothar III. (Ks. HRR) 299, 301 f.
Louis Philippe (Kg. von Frankreich) 762
Lucius I. 38
Lucius II. 305–311
Lucius III. 317–325
Ludovisi, Ippolita 613
Ludovisi, Ludovico (Kardinal) 613, 615–617
Ludovisi, Niccolò 613
Ludwig I., der Fromme (Kg. der Franken röm. Ks.) 187–189, 193 f., 196
Ludwig II. (röm. Ks.) 197
Ludwig IV., der Bayer (Ks. HRR) 395–398, 401, 406
Ludwig VI. (Kg. von Frankreich) 295
Ludwig VII. (Kg. von Frankreich) 307
Ludwig IX. (Kg. von Frankreich) 357 f., 382
Ludwig X. (Kg. von Frankreich) 394
Ludwig XI. (Kg. von Frankreich) 496
Ludwig XII. (Kg. von Frankreich) 496 f., 499, 506–508
Ludwig XIII. (Kg. von Frankreich) 622
Ludwig XIV. (Kg. von Frankreich) 642 f., 651, 654, 659 f. 664–666, 671, 673, 675, 734, 747, 844
Ludwig XV. (Kg. von Frankreich) 714
Ludwig XVI. (Kg. von Frankreich) 730 f., 733, 748
Ludwig XVIII. (Kg. von Frankreich) 752, 757
Ludwig von Anjou (Hzg. von Anjou) 412
Luther, Martin 221, 509, 518–520, 523, 525 f., 553, 791, 793

Machiavelli, Niccolò 446, 497, 499, 502, 505, 513, 640, 772
Maderna, Carlo 609, 625
Magalotti, Lorenzo (Kardinal) 619
Maidalchini, Francesco (Kardinal) 632
Maidalchini, Olimpia 630 f.
Malatesta, Carlo 428 f.
Malatesta, Lamberto 587
Malatesta, Sigismondo 472
Manfred (Kg. von Sizilien) 355–358
Manuel I. Paläologos (byz. Ks.) 868
Marcellinus 41–43
Marcellus I. 41–43
Marcellus II. 554, 612
Marchionni, Carlo 672
Marcus 52–57, 194 f.
Marcus Aurelius (röm. Ks.) 354
Mareas 118
Margarethe I. (Kg. in von Dänemark, Norwegen und Schweden) 424
Margarethe von Parma 545
Maria Louisa (Ks. in von Frankreich) 751
Maria Theresia (Ks. in) 704 f., 715, 717, 773
Marinus (Bf. von Arles) 46
Marinus I. 211–215, 218
Marinus II. 226–231
Markianos (byz. Ks.) 84
Marozia 16, 219–226, 246
Marsilius von Padua 396 f., 425
Martin I. 140–144, 149, 153
Martin II. *siehe* Marinus I.
Martin IV. 357, 367–373
Martin V. 433–441, 442, 444, 447
Mary I. (Kg. in von England) 556
Masaniello, Tommaso 637
Masolino da Panicale 440
Maternus (Bf. von Köln) 46
Matteo da Pisa 580
Matteo da Siena 677
Matteotti, Giacomo 829
Matuzzi, Isabella 630
Maurikios (byz. Ks.) 131
Maurus (Erzbf. von Ravenna) 144

Maxentius (röm. Ks.) 42 f., 45 f., 179
Maximilian I. (Ks. HRR) 517–519
Maximilian I. (Kurfürst von der Pfalz) 617
Maximilian II. (Ks. HRR) 577
Maximinus Thrax (röm. Ks.) 35
Mazarin (Giulio Mazzarini) 622, 630, 632, 639, 642
Mazzini, Giuseppe 764 f., 772 f.
Medici, Alessandro de' (Hzg. von Florenz) 533
Medici, Caterina de' (Kg. in von Frankreich) 533, 577
Medici, Cosimo de›, il Vecchio 445, 449, 455, 457, 482
Medici, Cosimo I. de' (Großhzg. der Toskana) 550, 558, 561, 566, 604
Medici, Ferdinando I. de' (Kardinal) 583
Medici, Giuliano di Piero de' (Hzg. von Nemours) 483, 516, 522
Medici, Lorenzo de›, il Magnifico 482–484, 488, 491 f., 494, 514, 516
Medici, Lorenzo di Piero de' (Hzg. von Urbino) 515, 522
Medici, Maddalena de' 491
Mehmet II. (Sultan des Osmanischen Reiches) 456
Meister Eckhart von Hochheim 398 f.
Messalina 220
Metastasio, Pietro 722
Methodius (Missionar der Mähren) 213
Metternich, Klemens Wenzel (Fürst von) 754, 757, 761, 765
Michael I. (Patriarch von Konstantinopel) 264
Michelangelo 26, 511 f., 540, 543 f., 566, 591, 609, 616, 678
Michele da Cesena 396
Michelozzo di Bartolommeo 432
Michiel, Giovanni (Kardinal) 499
Milas, Luis Juan de (Kardinal) 464
Miltiades 45–52
Minghetti, Marco 802
Molina, Luis de 638
Molinos, Miguel de 661 f.
Monica (Mutter des Augustinus) 191
Montaigne, Michel de 581 f.
Monte, Innocenzo Ciocchi del (Kardinal) 551 f.

Montefeltro, Federico da (Hzg. von Urbino) 458, 483, 504
Montefeltro, Guidobaldo da (Hzg. von Urbino) 498, 504, 515
Moritz (Kf. von Sachsen) 553
Morone, Giovanni (Kardinal) 548, 554, 556, 564
Mortara, Edgardo 783
Murad II. (Sultan des Osmanischen Reiches) 450
Murat, Joachim 749
Muratori, Ludovico Antonio 708
Mussolini, Benito 828–832, 839, 841

Napoleon I. (Ks. der Franzosen) 276, 736 f., 741, 744–751, 785
Napoleon III. (Ks. der Franzosen) 776, 785, 794 f.
Narses (oström. Feldherr) 119
Neri, Filippo (Hl.) 581, 682, 782
Nero (röm. Ks.) 24, 80 f., 87, 733
Nervi, Pier Luigi 858
Nestor (Bf. von Konstantinopel) 73, 78, 102
Newton, Isaac 571
Nikephoros II. Phokas (Ks. von Byzanz) 235
Nikolaus I., der Große 206–209, 211, 221
Nikolaus II. 265–274
Nikolaus III. 363–367, 369, 371, 373, 395, 434
Nikolaus IV. 367–373
Nikolaus V. (Gegenpapst) 397
Nikolaus V. 453–462, 463, 466, 481, 485, 493, 513, 589, 599
Nouvel, Arnaud (Kardinal) 399
Novatian (Gegenpapst) 36, 38

Odilo, Abt von Cluny 241, 259
Odo, Abt von Cluny 225
Odoaker (Kg. von Italien) 88, 90, 96
Olivares, Conde de (Gaspar de Guzmán) 620
Olympios (Exarch von Ravenna) 142
Onesti-Braschi, Luigi 724–726
Onesti-Braschi, Romoaldo (Kardinal) 724, 745
Origenes 65
Orlando, Vittorio Emanuele 825
Ormea, Carlo Vincenzo Ferrero d' (Marchese) 692 f.

Orsini, Alfonsina 515
Orsini, Camilla 605
Orsini, Giacomo (Kardinal) 414
Orsini, Giovanni 684
Orsini, Giovanni Battista (Kardinal) 494, 499
Orsini, Girolama 546
Orsini, Laura 505
Orsini, Paolo Giordano (Hzg. von Bracciano) 583 f.
Otto I. (Ks. HRR) 220, 228–236, 242, 276, 290, 309 f., 353
Otto II. (Ks. HRR) 234 f., 236
Otto III. (Ks. HRR) 239–245
Otto IV. (Ks. HRR) 331 f.
Ottoboni, Pietro (Kardinal) 664, 669
Ottokar II. (Kg. von Böhmen)

Pacca, Bartolomeo (Kardinal) 749, 753 f.
Palestrina, Giovanni Pierluigi da 563, 815
Pamphili, Camillo Francesco 632
Pancratius (Hl.) 101
Panvinio, Onofrio 598
Paolina Bonaparte 751
Papen, Franz von 833, 846
Paruta, Paolo 607
Pascal, Blaise 638, 675, 847
Paschalis (Gegenpapst) 148 f.
Paschalis I. 184–192, 193 f.
Paschalis II. 287, **288–294**
Pastor, Ludwig von 17 f.
Patroclus (Bf. von Arles) 69 f., 72, 74
Paul I. 167–172, 175
Paul II. 206, 475–478
Paul III. 505, **537–549**, 550 f., 565, 627
Paul IV. 548, 550, **554–559**, 560, 562, 565, 569, 571, 682, 723, 781, 832
Paul V. 78, **603–612**, 612, 616, 638, 751
Paul VI. **851–858**, 861
Paulus, Apostel 24, 27, 30, 33, 60, 64, 67, 71, 78 f., 86, 122, 179, 190 f., 199, 352, 354, 366, 372, 394, 470, 639
Pedro III. (Kg. von Aragon) 368 f.
Pelagius 68–71
Pelagius I. 118–123
Pelagius II. 118–123, 125
Pepoli, Giovanni 587
Peretti, Alessandro (Kardinal) 584

Peretti, Camilla 584
Peretti, Francesco 583
Peretti, Marianna 591
Perugino 488
Petrarca, Francesco 406, 411
Petroni, Lucrezia 600
Petronia 92
Petrucci, Alfonso (Kardinal) 516
Petrucci, Pier Matteo (Kardinal) 662
Petrus (Bf. v. Alexandria) 61
Petrus, Apostel 14, **23–31**, 60, 66–69, 72, 77–80, 82, 85–88, 92 f., 95 f., 100, 115, 122, 125, 129 f., 136, 146 f., 162, 166, 175, 179, 190 f., 194, 199, 202, 235, 280, 304, 352, 354, 366, 372, 394, 425, 639, 782
Petrus Damiani (Bf. von Ostia) 259–261, 266, 272 f.
Philipp I. (Kg. von Frankreich) 274, 276, 286
Philipp II. (Kg. von Spanien) 557 f., 572, 584, 589, 592
Philipp II. Auguste (Kg. von Frankreich) 332 f.
Philipp III. (Kg. von Spanien) 605
Philipp III. (Kg. von Frankreich) 367–369
Philipp IV., der Schöne (Kg. von Frankreich) 380–382, 384–387, **389–394**, 397
Philipp V. (Kg. von Spanien) 672 f.
Philipp VI. (Kg. von Frankreich) 404, 406
Philipp von Schwaben (Kg. HRR) 331
Philippikos Barda (byz. Ks.) 154
Philippus (Gegenpapst) 170
Philippus Arabs (röm. Ks.) 35
Phokas (byz. Ks.) 131–135
Picaud, Aimeric 300
Piccinino, Niccolò 443
Piccolomini, Alfonso 587
Piccolomini, Antonio 470
Pierre d'Ailly (Kardinal) 428, 431
Pietro (Bruder Johannes' X.) 224
Pietro di Olivi 377, 395
Pintoricchio 500, 504
Pippin III. (Kg. der Franken) 161–167, 169–171, 182, 230
Piranesi, Giovanni Battista 709
Pius I. 30
Pius II. 443, 449, 457, **463–474 (oder 466–474)**, 475 f., 479, 493, 502
Pius III. 473, 493, **502–503**

Pius IV. 174, 559–564, 566, 568, 571
Pius V. 563, 564–572, 573, 595 f., 616 f., 618, 620, 681, 826
Pius VI. 722–742, 743, 746, 767, 795, 809, 832, 874
Pius VII. 719, 743–758, 760, 771, 806, 858 f.
Pius VIII. 761–763, 768, 771, 808
Pius IX. 771–799, 800, 804, 863
Pius X. 565, 812–820, 821 f., 827, 835, 858
Pius XI. 826–836, 837, 851
Pius XII. 833, 836–846, 850
Platina, Bartolomeo 206 f., 476 f., 598
Pole, Reginald (Kardinal) 550, 556
Pombal, Sebastian Marchese von 713
Pontian 35–38
Porcaro, Stefano 458 f.
Prierias (alias Silvester Mazzolini) 518 f., 791
Priscillian 64

Quesnel, Pasquier 675

Raffael 85, 185, 199, 509, 511, 517, 611
Raimund VII. (Gf. von Toulouse) 358
Rampolla del Tindaro, Mariano (Kardinal) 812, 822
Ranke, Leopold von 17, 22
Ratti, Achille 837
Reticius (Bf. von Autun) 46
Rezzonico, Abbondio 709
Rezzonico, Carlo (Kardinal) 709
Riario, Girolamo (Gf. von Forlì) 482–485, 495
Riario, Pietro (Kardinal) 480
Riario, Raffaele Sansoni (Kardinal) 483, 516
Ricci, Lorenzo 716, 719
Ricci, Scipione de' (Bf. v. Pistoia und Prato) 729
Richelieu, Armand Jean du Plessis de (Kardinal) 621 f., 630
Rienzo, Cola di 405, 407, 420, 444, 459
Robert der Weise von Anjou (Kg. von Neapel) 392, 397 f., 408
Robert II. (Kg. der Franken) 240, 248
Robert II. von Mailand (Bf. von Verdun) 356
Rodulfus Glaber 249
Roger I. (Gf. von Sizilien) 263, 269, 283, 303
Roger II. (Kg. von Sizilien) 299, 301–303, 305, 309, 317, 685

Roger III. (Hzg. von Apulien) 303
Romanus 215–219
Romulus Augustulus 88
Rosmini, Antonio 777
Rossellino, Bernardo 471
Rossi, Pellegrino 775
Rousseau, Jean Jacques 731
Rovere, Francesco Maria della (Hzg. von Urbino) 504, 515, 528, 530
Rovere, Giovanni della (Hzg. von Sora) 504
Rovere, Lionardo della 481
Rudolf I. (Kg. HRR) 362, 364
Rudolf II. (Ks. HRR) 595
Rudolf von Rheinfelden (Hzg. von Schwaben, Gegenkönig HRR) 278 f.
Ruffini, Silvia 545
Ruffo, Fabrizio 741

Sabinian 132–136
Sacchetti, Giulio (Kardinal) 639
Sacchi, Andrea 622
Sacchi Bartolomeo siehe Platina
Sadoleto, Jacopo (Kardinal) 532, 546
Saladin (Sultan von Ägypten und Syrien) 320
Salandra, Antonio 824
Salutati, Coluccio 411, 413
Salvi, Niccolo 698
Salviati, Francesco (Erzbf. von Pisa) 483
Sanctis, Francesco de 687
Sangallo, Giuliano da 543
Santori, Giulio (Kardinal) 592
Sanzio, Raffael siehe Raffael
Sarpi, Paolo 562, 607
Savonarola, Girolamo 533
Scalfari, Eugenio 870
Scarampo, Ludovico (Kardinal) 446
Schwaiger, Georg 18
Sella, Quintino 802
Seppelt, Franz Xaver 18
Sergios (Patriarch von Konstantinopel) 138
Sergius I. 148–154
Sergius II. 193–197
Sergius III. 217–218, 219–226
Sergius IV. 244–250
Sertori, Gaetano 722
Severinus 140–144
Sforza, Ascanio (Kardinal) 494

Sforza, Caterina (Gf. in von Forlì) 485
Sforza, Francesco (Hzg. von Mailand) 443 f., 455, 457
Sforza, Giovanni 495
Sforza, Guido Ascanio (Kardinal) 546
Sforza, Ludovico (Hzg. von Mailand) 494
Shelley, Percey 601
Siger von Brabant 363, 381
Sigibuldo 106
Sigismund (Ks. HRR) 427 f., 430–432, 435, 443
Silverius 101, 111–118
Silvester I. 45–52, 54, 168, 179, 181, 194, 354 f.
Silvester II. 239–244
Silvester III. 251–257
Simon IV. de Montfort 334
Simonetta, Jacopo (Kardinal) 546
Simplicius 87–92
Siricius 63–69
Sisinnius 148–154
Sixtus I. 30
Sixtus II. 35–38, 462
Sixtus III. 69–78, 79
Sixtus IV. 206, 478–488, 489, 493, 496, 500, 504, 511, 516, 525, 535, 568
Sixtus V. 78, 582–591, 592, 604, 681, 814, 832, 857
Sobieski, Johann (Kg. v. Polen) 661
Sophronios (Patriarch von Jerusalem) 141
Soter 30
Soubirous, Bernadette 779
Sozomenos 55
Spada, Virgilio 636
Specchi, Alessandro 687
Sprenger, Jakob 492
Stefania da Palestrina 233
Stephan I. (Kg. von Ungarn) 243
Stephan I. 38–41
Stephan II. 159–167, 175
Stephan III. 167–172
Stephan IV. 184–192, 196
Stephan V. 211–215
Stephan VI. 215–219
Stephan VII. 225
Stephan VIII. 227–231
Stephan IX. 265–274
Stephanus (Hl.) 123, 168
Sturzo, Luigi 829

Süleyman I. (Sultan des Osmanischen Reiches) 546
Symmachus 97–104, 228, 280

Tacitus, Cornelius 22
Talleyrand, Charles-Maurice de 745
Tankred von Lecce (Kg. von Sizilien) 322, 324
Tankred von Hauteville 284, 304
Tebaldeschi, Francesco (Kardinal) 415
Telesphorus 30
Theoderich (Kg. der Ostgoten) 96, 98–104, 112
Theodor (Gegenpapst) 148 f.
Theodor I. 140–144
Theodor II. 215–219
Theodora (Gattin Theophylakts) 223
Theodora (Mutter Paschalis' I.) 191
Theodora I. (byz. Ks. in) 112 f.
Theodoranda 234
Theodosius I. (oström. Ks.) 61, 96
Theodosius II. (oström. Ks.) 72
Theodotus (röm. Adliger) 172 f.
Theophano (Ks. in) 235
Theophylakt (Exarch von Ravenna) 150
Theophylakt 219, 222–225, 363
Thomas von Aquin 811, 864, 867
Thorvaldsen, Bertel 757
Tiberios III. (byz. Ks.) 150
Tojetti, Domenico 782
Totila (Kg. der Ostgoten) 115
Trajan (röm. Ks.) 33, 202

Ubertino da Casale 377
Ulrich (Bf. von Augsburg) 238
Urban I. 35–38
Urban II. 198, 283–288, 685
Urban III. 317–325
Urban IV. 356–363
Urban V. 406–414
Urban VI. 414–418, 419
Urban VII. 592
Urban VIII. 618–630, 636 f., 649, 666, 684, 709, 724
Ursinus (Gegenpapst) 57 f.

Valdes, Pierre 316
Valentin 193–197

Valentinian I. (röm. Ks.) 58
Valerian (röm. Ks.) 38, 40
Valla, Lorenzo 181, 591, 794
Vasari, Giorgio 577
Victor I. 31-35
Victor II. 265-274
Victor III. 283-288
Victor IV. (Gegenpapst) 302, 312
Vigilius 107, 111-118, 119
Vipsanius Agrippa (röm. Feldherr) 135
Visconti, Bernabò 411, 413
Visconti, Filippo Maria (Hzg. von Mailand) 443, 455
Visconti, Gian Galeazzo (Hz. von Mailand) 418 f., 422
Visconti, Giovanni (Erzbf. von Mailand) 405
Vitalian 140-144, 145
Vitelleschi, Giovanni (Kardinal) 445
Vittorio Amedeo II. (Hz. von Savoyen, Kg. von Sardinien) 673, 685
Vittorio Emanuele II. (Kg. von Italien) 794 f., 798, 802 f.
Vittorio Emanuele III. (Kg. von Italien) 824 f.
Vivaldi, Antonio 815

Voltaire (eig. François-Marie Arouet) 19 f., 702 f., 720, 723, 847

Wenzel (Kg. HRR) 418 f.
Wilhelm der Eroberer (Kg. von England) 273
Wilhelm I. (Kg. von Sizilien) 303, 310 f.
Wilhelm II. (Kg. von Sizilien) 322
Wilhelm von Holland (Kg. HRR) 354 f.
Wilhelm von Occam 396
Williamson, Richard 868
Willibrord 150
Wilson, Woodrow 825
Winckelmann, Johann Joachim 672
Winfried *siehe* Bonifatius
Witigis (Kg. der Ostgoten) 113
Woelki, Rainer Maria 874
Wyclif, John 412, 416

Zabarella, Francesco 428
Zacharias 159-167
Zamometic, Andrea (Erzbf. von Granea) 487
Zenon (byz. Ks.) 89 f.
Zephyrinus 31-35
Zosimus 69-78, 88
Zwingli, Huldrych 553

927